严格依据最新教师招聘考试命题研究编撰

2021年最新版

山东教师招聘考试专用教材

教育基础知识

教育学、教育心理学、普通心理学、新课改、师德、教育法律法规、教育管理

青年为师教师招聘考试研究中心　组织编写

卢松波　段学东　主编

山东教育出版社

严格依据最新教师招聘考试命题研究编撰

图书在版编目（CIP）数据

教育基础知识/卢松波，段学东主编；青年为师教师招聘考试研究中心组织编写 . — 济南：山东教育出版社，2016（2021.1重印）

山东教师招聘考试专用教材

ISBN 978-7-5328-9592-2

Ⅰ. ①教…　Ⅱ. ①卢…　②段…　③青…　Ⅲ. ①教育学 - 教师 - 聘用 - 资格考试 - 教材　Ⅳ. ①G40

中国版本图书馆CIP数据核字（2016）第288604号

SHANDONG JIAOSHI ZHAOPIN KAOSHI ZHUANYONG JIAOCAI
JIAOYU JICHU ZHISHI

山东教师招聘考试专用教材

教育基础知识

青年为师教师招聘考试研究中心　组织编写

卢松波　段学东　主编

主管单位：山东出版传媒股份有限公司

出版发行：山东教育出版社

地址：济南市市中区二环南路 2066 号 4 区 1 号　　邮编：250003

电话：（0531）82092660　　网址：www.sjs.com.cn

印　　刷：济南鲁艺彩印有限公司

版　　次：2016 年 10 月第 1 版

印　　次：2021 年 1 月第 5 次印刷

开　　本：880 毫米×1230 毫米　1/16

印　　张：45.5

字　　数：910 千

定　　价：110.00 元

（如印装质量有问题，请与印刷厂联系调换）

印厂电话：0531-88665353

前言
FOREWORD

　　济南青年为师教师招考培训中心一直专门从事教师资格、教师招聘等的考试培训，学员已逾数千名，课程历来受到广大学员的好评。教学团队在研究授课模式、授课体系、出题思路，判定考试重难点等方面，都已有相当成熟的思考与积累。青年为师组织一线教研团队编写的这本考试专用教材《教育基础知识》，力求充分满足考生的备考需要，提高广大考生复习的针对性和实效。

　　本书有两大特点：

　　第一，内容全面，深入挖掘。

　　从考试命题的角度看，近年来，随着教师招聘考试的火爆，为了增强考试的区分度，命题专家在题目设置时经常对知识进行纵向深挖与横向扩展。本书参阅了大量专业教材，将教育理论知识内容进行了丰富与扩展，尽量使考生避免在考试时出现"未知领域"。

　　第二，题目翔实，重点突出。

　　本书专为山东教师招聘考试而编写，强调针对性与时效性，突出"应试取向"。本书知识修订增添了顺应山东考情的最新考点，并全新编排了"真题回顾与模块自测"，以突出教师招聘考试的"永恒重点""年度热点""地域特点"。

　　本书在编写过程中参考了中外专家学者大量的文献资料，除在书中注明外，在此谨向他们表示诚挚的谢意。该教材的编写得到了山东师范大学高等教育研究所诸位老师、研究生的大力支持，该教材的出版得到了山东教育出版社领导及责编的鼎力相助，在此一并表示感谢。

　　本书由青年为师教师招考培训中心教研员卢松波、段学东主编，吴永为、李晓璐、王路瑶、王锋、商潇等参与了编写工作。由于编者能力有限，本书不当之处在所难免，敬请读者批评指正。

编者

2020年12月

目录
CONTENTS

●●●●●●●●●●● 第一部分　教育学 ●●●●●●●●●●●

第一章　教育与教育学 ··· （2）

第一节　教育及其产生与发展 ································· （2）

第二节　教育学概述 ··· （28）

真题回顾与模块自测 ····························· （53）

第二章　教育的基本规律 ··· （56）

第一节　教育与社会发展 ····································· （56）

第二节　教育与人的发展 ····································· （72）

真题回顾与模块自测 ····························· （83）

第三章　教育目的与教育制度 ····································· （86）

第一节　教育目的概述 ······································· （87）

第二节　我国的教育目的 ····································· （95）

第三节　我国教育目的的落实与素质教育 ····················· （98）

第四节　教育制度 ··· （106）

真题回顾与模块自测 ····························· （115）

第四章　教师与学生 ··· （117）

第一节　教师 ··· （117）

第二节　学生 ··· （133）

第三节　师生关系 ··· （141）

第四节　教师职业道德 ······································· （147）

真题回顾与模块自测 ····························· （175）

第五章 课　程 ……………………………………………………………………（177）

　　第一节　课程概述 ………………………………………………………………（177）

　　第二节　课程编制 ………………………………………………………………（191）

　　第三节　新一轮基础教育课程改革 ……………………………………………（212）

　　　　　　真题回顾与模块自测 …………………………………………………（229）

第六章 教　学 ……………………………………………………………………（231）

　　第一节　教学概述 ………………………………………………………………（232）

　　第二节　教学过程 ………………………………………………………………（234）

　　第三节　教学设计与教学模式 …………………………………………………（243）

　　第四节　教学原则与教学方法 …………………………………………………（252）

　　第五节　教学组织形式 …………………………………………………………（265）

　　第六节　教学工作的基本环节 …………………………………………………（271）

　　第七节　教学评价 ………………………………………………………………（275）

　　　　　　真题回顾与模块自测 …………………………………………………（280）

第七章 德　育 ……………………………………………………………………（283）

　　第一节　德育概述 ………………………………………………………………（283）

　　第二节　德育目标与德育内容 …………………………………………………（287）

　　第三节　德育过程 ………………………………………………………………（291）

　　第四节　德育原则、途径与方法 ………………………………………………（293）

　　第五节　德育模式 ………………………………………………………………（300）

　　第六节　当前我国学校德育改革 ………………………………………………（303）

　　　　　　真题回顾与模块自测 …………………………………………………（304）

第八章 学校管理与班主任工作 …………………………………………………（306）

　　第一节　学校管理 ………………………………………………………………（306）

　　第二节　班级与班级管理 ………………………………………………………（309）

　　第三节　班主任与班主任工作 …………………………………………………（317）

　　第四节　课外活动 ………………………………………………………………（327）

　　　　　　真题回顾与模块自测 …………………………………………………（333）

第九章 教育科学研究 ……………………………………………………………（335）

　　第一节　教育科学研究概述 ……………………………………………………（336）

　　第二节　教育科学研究过程 ……………………………………………………（340）

　　第三节　教育科学研究方法 ....（344）

　　第四节　教育科学研究成果的表述 ....（355）

　　　　　真题回顾与模块自测 ....（356）

第二部分　普通心理学

第一章　心理学概述 ....（359）

　　第一节　心理学的研究对象 ....（359）

　　第二节　心理活动的生理基础 ....（361）

　　第三节　心理学发展流派 ....（366）

　　　　　真题回顾与模块自测 ....（368）

第二章　认知过程 ....（370）

　　第一节　感觉 ....（370）

　　第二节　知觉 ....（376）

　　第三节　记忆 ....（386）

　　第四节　思维与想象 ....（395）

　　第五节　注意的发展 ....（408）

　　　　　真题回顾与模块自测 ....（414）

第三章　情绪、情感与意志过程 ....（417）

　　第一节　情绪、情感 ....（417）

　　第二节　意志 ....（427）

　　　　　真题回顾与模块自测 ....（431）

第四章　个性心理 ....（432）

　　第一节　个性心理（人格）概述 ....（432）

　　第二节　个性心理倾向 ....（434）

　　第三节　个性心理特征 ....（440）

　　　　　真题回顾与模块自测 ....（465）

第一章 教育心理学概述 ……………………………………………………………… (469)

第一节 教育心理学的研究对象与研究内容 …………………………………… (469)

第二节 教育心理学的发展进程 ………………………………………………… (471)

第三节 教育心理学的研究方法与研究原则 …………………………………… (474)

第四节 教育心理学的作用（任务） …………………………………………… (476)

真题回顾与模块自测 …………………………………………………………… (477)

第二章 心理发展与教育 ……………………………………………………………… (479)

第一节 心理发展概述 …………………………………………………………… (479)

第二节 认知发展理论与教育 …………………………………………………… (481)

第三节 人格发展理论与教育（学生个性、社会性的发展与教育） …………… (491)

第四节 心理发展的个别差异与教育 …………………………………………… (495)

真题回顾与模块自测 …………………………………………………………… (503)

第三章 学习及其理论 ………………………………………………………………… (505)

第一节 学习概述 ………………………………………………………………… (505)

第二节 学习理论 ………………………………………………………………… (511)

真题回顾与模块自测 …………………………………………………………… (541)

第四章 学习动机 ……………………………………………………………………… (544)

第一节 学习动机概述 …………………………………………………………… (544)

第二节 学习动机理论 …………………………………………………………… (549)

第三节 学习动机的培养与激发 ………………………………………………… (560)

真题回顾与模块自测 …………………………………………………………… (564)

第五章 学习迁移 ……………………………………………………………………… (567)

第一节 学习迁移概述 …………………………………………………………… (567)

第二节 学习迁移理论 …………………………………………………………… (570)

第三节 学习迁移与教学 ………………………………………………………… (573)

真题回顾与模块自测 …………………………………………………………… (578)

第六章 学习策略 ……………………………………………………………………… (580)

第一节 学习策略概述 …………………………………………………………… (580)

　　第二节　学习策略理论 ·· （583）

　　第三节　学习策略训练 ·· （589）

　　　　　真题回顾与模块自测 ·· （591）

第七章　知识的学习与技能的形成 ·· （593）

　　第一节　知识的学习 ·· （593）

　　第二节　技能的形成 ·· （606）

　　　　　真题回顾与模块自测 ·· （612）

第八章　态度与品德 ·· （614）

　　第一节　态度与品德概述 ·· （614）

　　第二节　学生品德发展的基本特征 ······································ （618）

　　第三节　态度与品德的形成与培养 ······································ （623）

　　　　　真题回顾与模块自测 ·· （630）

第九章　问题解决与创造性 ·· （632）

　　第一节　问题解决概述 ·· （632）

　　第二节　创造性及其培养 ·· （642）

　　　　　真题回顾与模块自测 ·· （647）

第十章　教学设计 ·· （649）

　　第一节　教学目标设计 ·· （649）

　　第二节　教学策略与教学环境设计 ······································ （655）

　　第三节　教学内容与时间设计 ·· （661）

　　第四节　教学测量与评价 ·· （662）

　　　　　真题回顾与模块自测 ·· （667）

第十一章　课堂管理 ·· （669）

　　第一节　课堂管理概述 ·· （669）

　　第二节　课堂群体管理 ·· （673）

　　第三节　课堂纪律管理 ·· （681）

　　　　　真题回顾与模块自测 ·· （685）

第十二章　心理健康及其教育 ·· （687）

　　第一节　心理健康教育概述 ·· （687）

　　第二节　心理评估与心理辅导 ·· （692）

　　　　　真题回顾与模块自测 ·· （698）

第十三章　教师心理 ………………………………………………………（700）

　　第一节　教师心理特征 …………………………………………………（700）

　　第二节　教师职业成长 …………………………………………………（704）

　　第三节　教师角色 ………………………………………………………（708）

　　第四节　教师心理健康 …………………………………………………（711）

　　　　　　真题回顾与模块自测 ……………………………………………（714）

附录　教育法律法规真题回顾 …………………………………………………（716）

第一部分

教育学

在教师招聘笔试中，教育学是其中最重要的学科之一，要求考生系统掌握教育学的基本理论、基本知识和基本方法，能够运用所学的基本理论、基本知识和基本方法分析、判断和解决有关理论和实际问题。

本书将教育学的内容分为九章：教育与教育学、教育的基本规律、教育目的与教育制度、教师与学生、课程、教学、德育、学校管理与班主任工作、教育科学研究。考生在备考时应结合各地区考试实际加强学习的针对性，重视基础知识的学习，勤于思考，灵活应用。

第一章 教育与教育学

教育是有目的地培养人的社会活动。教育学是一门以教育现象和教育问题为研究对象，探索并揭示教育规律的科学。学习本门课程首先要研究教育与教育学的产生与发展。

思维导图

```
                                         ┌─ 教育的概念
                                         ├─ 教育的结构与功能
                        教育及其产生与发展 ┤
                                         ├─ 教育的起源
                                         └─ 教育的发展历程
        教育与教育学
                                         ┌─ 教育学的概念
                        教育学概述        ┤
                                         └─ 教育学的产生与发展
```

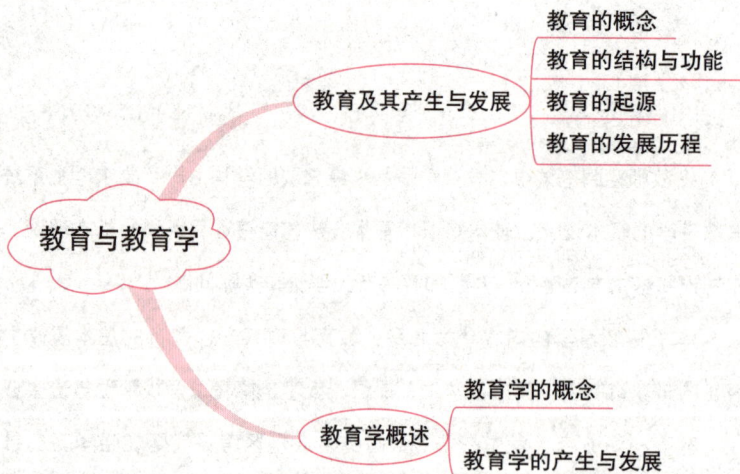

第一节 教育及其产生与发展

一、教育的概念

（一）"教育"一词溯源

1. 中国古代"教育"一词的使用

在中国，"教"字和"育"字最早出现于甲骨文中。在先秦时期的重要著作中，对"教"字多有论述。《中庸》提出"天命之谓性；率性之谓道；修道之谓教"，认为教的目的是帮助人踏上人间正道。《荀子·修身》认为"以善先人者谓之教"。《学记》主张"教也者，长善而救其失者也"。

一般认为最早将"教""育"二字连用的人是孟子。孟子在《孟子·尽心上》中提出人生的三大乐趣："父母俱在，兄弟无故，一乐也；仰不愧于天，俯不怍于人，二乐也；得天下英才而教育之，三乐也。"这里的"教育"指的是教诲培育。

按东汉许慎《说文解字》的解释："教，上所施下所效也；育，养子使作善也。"这是我国古代首次对"教育"一词做出解释。"教育"一词，可以理解为是上对下、成人对儿童的一种影响，其目的是使受教者"作善"，手段是"上所施下所效"。

综上所述，在20世纪以前，人们很少把"教育"当成一个词来使用，当时用得比较多的是"教"与"学"，且两者是统一的，是从成人或儿童两个不同的角度来描述同一种社会活动。直到19世纪末20世纪初，从日文转译过来的"教育"一词在我国才被正式用来阐述教育之事。1906年，学部奏请清朝廷颁布"教育宗旨"，民国之后，正式改"学部"为"教育部"。自此之后，"教育"一词逐渐取代了传统的"教"与"学"成为我国教育学的一个基本概念，这也是我国教育现代化和传统教育学范式现代转换的一个语言学标志。

2.西方对于"教育"一词的不同说法

在西方，教育一词源自拉丁文"educare"，后来分别转化为英语的"education"和德语的"erziehung"。其中拉丁语中的前缀"e"是引出或导出的意思，意为"采用一定手段，引导儿童固有的潜能充分发展"。

古希腊思想家苏格拉底认为，教育"使人得到改进"。

古希腊著名哲学家柏拉图在《理想国》中借助"洞穴中的囚徒"这个隐喻阐释了教育的概念。他认为，"学习即回忆"，"教育乃是心灵的转向"，教育是为了以后的生活所进行的训练，"它能使人变善、为善，从而行为高尚起来"。

卢梭提出"自然教育说"，认为教育的任务是使儿童从社会因袭的束缚中解放出来，归于自然，培养自然的人、自由的人。"教育应当按照儿童自然发展的程序，培养儿童所固有的观察、思维和感受的能力。"

捷克著名教育家夸美纽斯说："教育在于发展健全的个性。"他认为，人人都有知识、德行和虔诚的种子，但这些种子不能自发地生长，需要凭借教育的力量，"人只有受过恰当的教育之后，才能成为一个人"。

瑞士教育家裴斯泰洛齐认为，教育"依据自然的法则，发展儿童的道德、智慧和身体各方面的能力"，"人的全部教育就是促进自然天性遵循它固有的方式发展的艺术"，"教育意味着完整的人的发展"。

德国教育家赫尔巴特说："教育的全部问题可以用一个概念——道德——包括。"

英国哲学家、社会学家斯宾塞认为："教育是为完满生活做准备的。"

法国社会学家涂尔干说："教育就是系统地将年轻一代社会化。"

美国教育家杜威认为，"教育不是奢侈品，而是必需品，是婴孩时期到成人时期的摆渡船。通过这只摆渡船，使人获得赖以生存的资本（经验和知识），并把这些资本源源不断地传给子孙。"他主张"教育即生活""教育即生长""教育即经验之不断改造"。

德国存在主义哲学家、教育家雅斯贝尔斯认为，"教育是主体间的灵肉交流活动。教育的原则是通过现存世界的全部文化导向人的灵魂觉醒之本源和根基。""教育的本质意味着：一棵树摇动另一棵树，一朵云推动另一朵云，一个灵魂唤醒另一个灵魂。"

（二）"教育"概念的日常用法

在现代日常生活中，人们经常使用"教育"一词，用法大致可分为三类：作为一种过程的"教育"、作为一种方法的"教育"和作为一种社会制度的"教育"。

1. 作为一种过程的"教育"

作为一种过程的"教育"，表明一种深刻的思想转变过程，如"读完了《钢铁是怎样炼成的》这部小说，我受到了深刻的教育""我从这部影片中受到了一次深刻的教育""我之所以走到今天，是因为小时候没有受到良好的教育"。

2. 作为一种方法的"教育"

作为一种方法的"教育"，如"你的孩子真有出息，你是如何教育孩子的""在当前这样一个社会，应该教育孩子自立、自强和自尊"。

3. 作为一种社会制度的"教育"

作为一种社会制度的"教育"，如"百年大计，教育为本""教育要面向现代化，面向世界，面向未来""教育是振兴地方经济的基础"。

在这三类用法中，最基本的还是第一种。

（三）现代"教育"概念的科学界定

1. "教育"定义的方式

美国教育哲学家谢弗勒（L.Scheffler）在《教育的语言》（The Language of Education，1960年）一书中提出了教育研究中常用的三种陈述形式的逻辑力量，分别为"教育的定义""教育的口号""教育的比喻"。"定义"具有澄清作用，如"教育是有目的的培养人的社会活动"；"口号"具有鼓动作用，如"我们教儿童而不是学科"；"比喻"描述的是所研究的内容的一些非常关键的类似的东西，如生物学比喻（生长比喻）和艺术比喻（塑造比喻、雕刻比喻）。

谢弗勒及其博士生索尔蒂斯等把在教育学科领域不按逻辑规则而仅仅通过语言陈述来进行定义的方式称之为"定义性陈述"，他们列举了三种定义性陈述方式：

（1）"规定性定义"。所谓规定性定义即作者自己所创制的定义，其内涵在作者的某种话语情境中始终是同一的。它要求人们在使用概念或术语时遵守逻辑学中的"同一律"，而对定义本身内容的正误并无要求。比如，就"教育"这一概念而言，如果所下定义是错误的，只要作者在同一著作或文献中始终使用这一错误的定义，那么，他就没有违背"规定性定义"的规则。

（2）"描述性定义"。所谓描述性定义是指对被定义对象的适当描述或对如何使用定义对象的适当说明，在词典中一般见到的大多是描述性定义的罗列。在这类定义中没有任何逻辑要求或规定，定义的质量完全取决于下定义者的主观意图和知识、语言水平。比如"因材施教"，使用者既可以通过描述把它定义为一种教育指导思想，亦可以描述为一种教育原则，或一种教育方法。通过"描述性定义"，可以使人们了解同一概念或术语在不同环境中的意义。

（3）"纲领性定义"。这类定义主要不是揭示概念内涵的实际状况，而是旨在说明概念应该具有什么样的内涵，即"事物应该是什么"。

谢弗勒有关定义方式的区分为我们研究纷繁多样的教育定义提供了一个逻辑的视角。但事实上，任何一个"教育"的定义往往同时具备"规定性""描述性"和"纲领性"，凸显了"教育"定义的复杂性、多样性和歧义性。

2. "教育"的定义

"教育"的定义与定义的方法仁者见仁、智者见智，下面列举的是中国教育学界的几种代表性观点。

（1）观点一：按照《中国大百科全书·教育》的说法，"教育"的概念有广义和狭义之分。

广义的教育指增进人们的知识和技能、影响人们的思想观念的所有活动，包括家庭教育、学校教育和社会教育。狭义的教育主要指学校教育，是教育者根据一定社会（或阶级）的要求，依据受教育者的身心发展规律，有目的、有计划、有组织地通过对受教育者的身心施加影响，促使他们朝着期望方向变化的活动。更狭义的教育，有时指思想品德教育活动。

（2）观点二：叶澜在《教育概论》中认为，广义的教育是有意识的以影响人的身心发展为直接目标的社会活动。至于狭义的，则是指学校教育，即由专职人员和专门机构承担，有制度保证的、有目的、有系统、有组织的，以影响入学者的身心发展为直接目标的社会活动。

学校教育与其他教育活动比较起来，最主要的区别有两个方面。第一，学校教育是目的性、系统性、组织性最强的一种教育活动，因此也是可控性最强的。它是一种由制度作出保证的教育，具有明显的制度化。第二，学校教育是由专门的机构和专职人员承担的，学校教育的任务是专门培养人，这些人是取得入学资格的。

（3）观点三：全国十二所重点师范大学联合编写的《教育学基础》中提出，教育既不是一种"外在的强制过程""生活的同义语"，也不等同于"个体的学习和发展过程"（教育虽然包含学习，但并不是所有的学习都是教育，例如，完全独立自主的"自学"很难说是"教育"，日常生活中"自我教育"的概念应该在一个比喻意义上被理解），因此兼顾社会和个体两个方面的角度可以将教育定义为："教育是在一定社会背景下发生的促使个体的社会化和社会的个性化的实践活动。"

首先，教育具有实践性。作为一种实践活动，教育必然有其明确的目的，没有明确目的、偶然发生的外界对个体发展的影响不能称为"教育"。一个顽皮的孩子偶然把手指伸到火苗上被灼伤，并由此获得"火"的有关知识的过程，不能算是受到了教育。其次，教育活动具有交往性。教育是"个体社会化"和"社会个性化"的耦合过程，因此机械的灌输和随心所欲的生活都不是教育，教育总是包含必要的"规范""限制"和"引导"的。再次，教育活动具有"动力性"。教育对人的发展具有"促进"或"加速"作用，因此日常生活中的"抚养""养育"行为严格来说也不能称为"教育"。最后，教育活动具有社会性、历史性和文化特征。

3. "教育"概念的内涵与外延

（1）"教育"概念的内涵

尽管对教育的解说各不相同，但教育学家一般都把教育看作是"有意识（有目的）的培养人的社会活动"，这是教育区别于其他现象的根本特征，是教育的质的规定性。它具有以下四方面特点：

① 教育是人类特有的有意识的社会活动，是个体在社会中的生存需要。

② 教育是有意识、有目的、自觉地传递社会经验的活动。

③ 教育是以培养人为直接目标的社会实践活动。

④ 在这种培养人的活动中，存在着教育者、受教育者及教育影响三种要素之间的矛盾运动。

我国教育学者曾经有过关于教育本质问题的讨论，主要有上层建筑说（教育属于社会意识形态范围，由经济基础决定）、生产力说（教育是劳动力的再生产过程）、双重属性说（教育具有上层建筑和生产力的双重属性）、特殊范畴说（教育的本质是有目的地培养人的社会实践活动；教育的本质是传授知识或传递社会生活经验的工具，教育是传递生产生活经验，传承社会文化的基本途径；教育的本质是促进个体的社会化）等几种影响较大的观点。其中，特殊范畴说力图突破人们已有的社会基本结构的概念，不纠结"教育属于什么"，对我们不无启示意义。

（2）教育的社会属性

教育是人类社会发展的产物，教育具有社会性。教育的社会属性包括永恒性、历史性（历史时代性）和相对独立性等，有些学者还提出教育具有阶级性、生产性、长期性、民族性、未来性、社会制约性与人的制约性等特点。

① 教育具有永恒性

教育是人类延续和社会发展必不可少的条件，其存在的必然性不因社会的更迭、变化而改变。只要人类社会存在，就存在教育，教育与人类社会共始终。教育的功能决定了教育的永恒性。

② 教育具有历史性

教育是一种历史现象，在不同的社会或同一社会的不同历史阶段，教育的性质、目的、内容等各不相同。不同时期的教育有其不同的历史形态、特征，如秦代"焚书坑儒"，西汉初期则实行"罢黜百家，独尊儒术"的文教政策。

③ 教育具有相对独立性

教育受一定社会的政治经济等因素的制约，但作为一种培养人的社会活动，教育有其自身独特的发展规律和能动性，具有相对独立性。具体体现在：

a）教育具有自身的质的规定性。教育的质的规定性就是培养人，这是教育区别于其他社会现象的根本特征。培养人是教育最基本的立足点和最基本的功能，也是教育存在和发展最基本的依据。作为培养人的社会活动，一方面与社会有着密切的联系，另一方面又有其自身内在的特殊规律。教育规律具有必然性，无论是哪个阶级、哪个社会办教育，都必须遵循教育的内部规律，不能以社会规律取而代之。

b）教育是一种转化活动的过程。教育是培养人的一种社会活动，它要解决的问题是把人类积累的生产斗争经验和社会生活经验转化为受教育者个体的精神财富，形成受教育者的个性，这是教育所独有的特点。

c）教育具有继承性（教育具有自身发展的传统、连续性、继承性和惯性）。教育具有自身的继承关系，当下教育都与以往教育有着渊源关系。同其他社会现象一样，教育在其历史发展过程中必然从各个方面吸收和利用以往历史阶段的教育成果和经验。在同样的政治经济制度和生产力发展水平的国家，会有不同特色的教育；不同民族的教育会表现出不同的传统和特点，具体表现在教育内容的继承、教育方式的继承、教育理论与教育经验的继承等方面。

d）教育要受其他社会意识形态的影响。教育作为社会意识形态中的一种，与其他意识形态是相互影响的平行性关系。作为意识形态的教育，决定于经济基础，但同时又和上层建筑其他意识形态（主要表现为政治思想、道德观念、哲学思想、宗教、文学、艺术、法律等）发生密切联系且相互作用。其他意识形态对教育的影响，一是表现在教育观点上，二是反映在教育内容上。

e）教育与生产力和政治经济发展的不平衡性。教育与政治经济制度和生产力的发展并不完全同步，不能认为社会发展达到什么水平，教育就一定或只能达到什么水平。这有两种情况：一种情况是教育落后于一定的政治经济发展水平，这时教育对政治经济发展起着阻碍作用；另一种情况是教育超前于一定的政治经济发展水平，这时教育对新的政治经济起着催生作用。

坚持教育的相对独立性有着重要的教育学和社会学意义。首先，我们不能把教育的相对独立性，理解为绝对独立性，因为教育归根结底是受生产力的发展水平和政治经济制度的性质决定的，受民族文化的发展状况与需求制约的，也就是说教育的社会制约性仍是其根本的特性。其次，应当重视教育的相对独立性，注重发挥教育特有的社会功能，注意遵循教育自身的规律性和发展的连续性。教育必须坚持自己独立的品格，教育对社会的适应必须是有批判性和选择性的。教育适应社会不等于盲目顺应社会，教育不能一时依附于政治，一时依附于经济，今天是政治的奴仆，明天是经济的婢女，忽而政治化，忽而商品化、产业化。

（3）教育概念的外延

教育概念的外延即教育呈现出的不同形态。根据不同标准，可以划分出不同的教育形态。

① 非制度化的教育与制度化的教育

根据教育系统自身的标准或教育系统自身形式化的程度，可以将教育形态划分为"非制度化的教育"与"制度化的教育"两类。

非制度化的教育是与生产或生活高度一体化的，没有从日常的生产或生活中分离出来成为一种相对独立的社会机构及其制度化行为，人类学校产生以前的教育就属于这种非制度化的教育。就是在人类学校已经形成一个高度复杂网络的今天，非制度化的教育也仍然存在，散布在广大的社会网络之中，如教室、车间、办公室、家庭、旅游场所等。制度化的教育是从非制度化的教育中演化而来，是指由专门的教育人员、机构及其运行制度所构成的教育形态，它是人类教育的高级形态。美国教育家、非学校化运动的倡导者伊里奇在《非学校化社会》一书中指出，近代以来人类所建立起来的以"组织化""制度化"和"仪式化"为主要特征的学校体系，在总体上具有"压制性""同质性"和"破坏性"，妨碍了真正的学习和教育，降低了人类自我成长的责任心，是导致许多人"精神自杀"的根源。因此，应该彻底颠覆制度化的学校教育以及建立于其之上的学校化社会，代之以"教育网络"（一种开放的、多元的、生活化的教育系统）。

② 正规教育、非正规教育与非正式教育

依据教育的正规化程度，可以将教育分为正规教育、非正规教育与非正式教育三类。

正规教育主要指学校教育，是有目的、有计划、有组织、由专职人员和专门机构承担的，以影响入学者的身心发展为直接目标的全面系统的训练和培养活动。非正规教育是在正规教育制度以外所进行的，为成人和儿童有选择地提供学习形式的有组织、有系统的活动，包括各种岗位培训、校外教育、继续教育等。非正规教育与正规教育的相似之处是精心而系统地传授知识、观点和技能，但其教育的重点是技能。其区别在于非正规教育一般结构松散，时间上有伸缩性，目标更直接，组织较分散，易于因地制宜地使用。正规教育与非正规教育二者合称为正式教育，除此之外，还有非正式教育。非正式教育是指每个人从日常生活经验和生活环境（家庭、工作单位、社会）中学习和积累知识技能，形成态度和见识的无组织、无系统的终身过程。

③ 家庭教育、学校教育与社会教育

从教育系统所赖以运行的场所、实施机构或空间标准出发，可以将教育形态划分为"家庭教育""学校教育"与"社会教育"三类。

家庭是由婚姻关系、血缘关系或收养关系组成的社会生活的基本组织。依据家庭的构成形式，一般将家庭分为传统家庭（指包括三代或三代以上的家庭组织形式）、标准家庭（指由一对中年夫妻及其已婚子女组成的家庭）和核心家庭（指由一对夫妻及其未婚子女组成的家庭）。孔子说："少成若天性，习惯如自然。"可见，早期家庭教育是学校教育的基础，它具有先导性、权威性、感染性、针对性、终身性等特点。在西方，许多的教育名著都是作者从事家庭教育经验的结晶，像洛克的《教育漫话》就是这样。由于今日的学校面临越来越多的问题，家庭教育更是为人们所看重。在一些国家或地区，甚至出现了"家庭学校"或"在家上学"（home schooling）这种新兴的教育方式。

学校教育是社会发展到一定阶段（奴隶社会初期）的产物，它是教育发展的高级形态，自产生伊始，便在整个教育体系中居于核心地位，并成为现代教育的一种主导形态。学校教育产生的原因和条件有：生产力的发展（社会生产水平提高，出现剩余产品）和奴隶制国家的形成（国家机器产生，统治阶级需要借助教育来维护统治）——历史基础；体脑分工和专职教师的出现（脑力劳动与体力劳动逐步分离，产生了专门的脑力劳动者，即教师）——客观条件；文字的产生和应用——重要标志。总之，学校是奴隶社会政治、经济、文化等多因素综合发展的结果，其产生条件具体表现在：生产力的发展是学校产生的物质基础，奴隶制国家巩固政权的需要是学校产生的政治基础，文字的出现和生产经验的积累是学校产生的文化基础。学校教育作为一种独立的教育形态，具有职能的专门性、组织的严密性、作用的全面性、内容的系统性、手段的有效性、形式的稳定性等特点，具体体现在：第一，较强的目的性、系统性和组织性；第二，较强的可控性；第三，教育的专业性；第四，教育时空的集中性和效率性。

社会教育作为一种教育形态，也是自古就有。原始社会人们所举行的各种仪式或宗教活动，都具有社会教育的意义。社会教育有广义和狭义之分，从外延上或内容上可分为社会传统的教育、社会制度的教育和社会活动或事件的教育等类型，从机构或形式上可分为职业组织教育、文化组织教育和社区教育等类型。因此，依据从事教育的机构，可以将教育形态分为学校教育、家庭教育、职业组织教育、文化组织教育和社区教育五类。社会教育具有开放性、群众性、多样性、补偿性、融合性等特点。

④农业社会的教育、工业社会的教育与信息社会的教育

从教育系统所赖以运行的时间标准以及建立于其上的产业技术和社会形态出发，可以将教育形态划分为"农业社会的教育""工业社会的教育"与"信息社会的教育"三类。

与农业社会的基本特征相适应，农业社会的教育有以下特征：第一，古代学校的出现和发展。第二，教育阶级性的出现和强化。第三，学校教育与生产劳动相脱离。

工业社会以机器大工业的出现为主要标志，工业社会的教育呈现出许多新的特征：第一，现代学校的出现和发展。第二，教育与生产劳动从分离走向结合，教育的生产性日益突出。第三，教育的公共性日益突出。第四，教育的复杂性程度和理论自觉性都越来越高，教育研究在推动教育改革中的作用越来越大。

信息社会又可以称为"后工业社会""知识社会"等，信息社会的教育呈现出以下主要特征：第一，学校的目的、类型、教育教学时空等将发生一系列变革，教育的服务性、可选择性、公平性和公正性将成为学校改革的基本价值方向。第二，教育的功能将进一步得到全面理解，教育的政治性、文化性将继教育的生产性之后成为备受人们关注的教育性质。第三，教育的国际化与教育的本土化趋势都非常明显。第四，教育的终身化、全民化和全纳教育的理念成为指导教育改革的基本理念。教育已远不局限于学龄阶段，而是贯穿人的一生；教育也不再是青少年一代的专利，而是所有社会成员的基本需要。教育改革也应该着眼于创造一个适合于终身学习的社会，满足不同年龄段受教育者的教育需求。从一定意义上说，受教育权成为与人的生存和发展权紧密相关的一项公民权利，全民教育和全纳教育的理念不断从理论走向实践。

⑤实体教育与虚拟教育

根据教育现象在时空中存在的形态，可以将其划分为实体教育与虚拟教育两类。

实体教育是具备承担教育者角色的人在具体的现实环境中对那些有学习需要的人的身心施加适当的影响的活动。可以说，自教育产生以来至信息社会前的所有教育都是实体教育。

虚拟教育是一种与传统的教育形式相区别的新型教育形式。虚拟教育意味着教学活动可以在很大程度上脱离物理空间的限制，是以电子技术、信息技术以及网络空间为媒介而展开的一种教育形态。虚拟教育中的信息传递可以不受时间和地点的限制，学习内容可以重复，可以采用交互的方式进行学习，学生可以自主安排学习进度。但实现教育优良的学习环境，浓郁的学习氛围，融洽的师生关系，亲密的

同学之情，是虚拟教育不能实现的。在信息化社会，虚拟教育不会完全取代实体教育，近年来兴起的"O2O"（从线上到线下）教育模式就是实体教育与虚拟教育相结合的典型例证。

二、教育的结构与功能

（一）教育的结构

教育结构包括内部结构和外部结构。教育的内部结构是指教育活动的结构，主要包括教育者、受教育者和教育影响。教育的外部结构是指教育系统的结构，主要包括教育层次结构、教育类型结构、办学形式结构和教育管理体制结构。

1.教育的内部结构

教育的内部结构又称为教育活动的结构或教育的构成要素。教育作为一种培养人的活动，是由教育者、受教育者（学习者）和教育影响（教育中介系统、教育措施）等基本要素构成的，这些要素之间的相互作用构成了教育活动的内部结构。教育内部结构的运行方式，是教育者借助教育手段、以教育内容作用于受教育者，其结果是影响受教育者的身心发展。

（1）教育者。教育者是从事教育活动的人，包括学校教师、教育管理人员以及参加教育活动的其他人员。教育者意味着一种"资格"，而不是一种"实体"，是能够根据自己对于个体身心发展及社会发展状况或趋势的认识，来"引导""促进""规范"个体发展的人。教育者是教育活动的主导者，是教育过程中"教"的主体，其基本特征是主体性、目的性和社会性。教师是学校教育者的主体，是最直接的教育者，对受教育者知识、技能、思想、品德等方面的发展起着很大的作用。

（2）受教育者（学习者）。受教育者是接受各种教育活动的人，即各级各类学校中学习的儿童、少年和青年，以及各种形式的成人教育中的学生。人有受教的可能性和必要性，社会的需要和人所固有的"受教性"都是使人成为教育实践对象的必要基础和条件。受教育者既要接受教育者的改造和塑造，同时也要自我改造和塑造，因此受教育者既是教育的对象，也是学习的主体。学习是一种高度个性化的活动，从一定意义上说，对受教育者（学习者）个性的把握程度，就决定了教学有效性的大小与教学所能达到的境界的高低。

（3）教育影响（教育中介系统）。教育影响即教育活动中教育者作用于学生的全部信息，是教育者和受教育者相互作用的中介和纽带，既包括信息的内容，也包括信息选择、传递和反馈的形式，是形式与内容的统一。从内容上说，主要就是教育内容、教育材料或教科书（主要体现在课程、教科书、教学参考书以及相关的电视影像资料、报刊、广播等信息载体以及教育环境等）；从形式上说，主要是教育手段（包括黑板、粉笔、多媒体、教师的语言等）、方法和教育组织形式。总之，教育影响主要包括教育目的、教育内容、教育途径、教育方法、教育手段和教育环境等方面。

上述教育的三要素之间既相互独立，又相互联系，共同构成一个完整的实践活动系统。教育者与受教育者是教育活动中人的因素，他们是教育活动的复合主体，他们的共同客体（共同对象）是教育内容。在教育的诸多矛盾中，受教育者与教育内容这一对矛盾是教育中的基本的、决定性的矛盾，因为它是教育活动的逻辑起点。不同要素的变化及其组合，最终形成了多样的教育形态，担负起促使不同历史时期和不同社会环境下个体社会化和社会个体化的神圣职责。

此外，教育的基本要素可划分为主体性要素（教育者和受教育者）、内容性要素（教育内容）和资源性要素（教育手段）。（1）主体性要素是指教育活动中的人，教育的主体性要素包括教育者和受教育者。教育者是教育活动中教的主体，构成教育活动的支撑性要素；受教育者是教育活动中学的主体，构成教育活动的驱动性要素。两者的地位不是绝对的、固定不变的，在一定条件下可以互相转化。（2）教育的的内容性要素即教育内容，是指师生交往活动需要传递的信息。教育内容是教育活动中师生共同认识的客体，主要表现为课程标准和教材。学校教育内容与非学校教育内容（广义的教育内容）相比，具有鲜明特点：学校教育内容以教育方针为指导，具有鲜明的目的性（学校教育内容表达的是社会、家庭、个人对受教育者未来发展状况的理想要求和预期状态）；学校教育内容广泛，具有全面的价值；学校教育内容与教育主体密切联系，构成教育过程的基本矛盾。（3）教育手段是教育活动的基本条件，包括物质手段（教育的活动场所和设施、教育媒体、教育辅助手段）和精神手段（教育方法和教育途径）。教育的资源性要素是教育活动中人们用来影响或改变受教育者的一切物质资源，可分为教学的场所与设施、教育媒体两大类。教学的场所与设施布置与安排要符合两个基本原则：教育性和实用性。教育媒体可分为传统教育媒体和现代教育媒体。在教育的基本要素中，教育者与学习者之间的关系是最基本的关系，它在教育活动中主要表现为教与学的关系。教与学之间的矛盾是教育活动的基本矛盾。教育者代表社会所提出的教育要求与学习者的身心发展水平之间的差距，是推动学习者身心发展的基本动力。

2. 教育的外部结构

教育的外部结构又称为教育系统的结构，即构成教育总体系的各个部分的比例关系及其结合方式。它具有多层次性和多方面性，主要包括教育层次结构、教育类型结构、办学形式结构和教育管理体制结构。教育作为社会的一个子系统，与社会的政治、经济、科学技术、文化和人口等其他系统共同构成完整的社会结构。教育与其他社会系统间存在着相互影响、相互制约的关系，共同影响着社会的发展。

（1）教育层次结构

教育的层次结构又称为纵向结构、级别结构或程度结构，它是按教育程度划分的各级教育在教育总体系中的比例关系。目前我国教育层次结构包括"四等"，即学前教育、初等教育、中等教育和高等教育。

（2）教育类型结构

教育的类型结构又称为横向结构、类别结构或专业结构，它是按教育的类别或专业划分的各类教育在教育总体系中的比例关系。我国教育的类型结构主要包括普通教育、职业（技术）教育、成人教育、特殊教育、专业教育（专门教育）等。

（3）办学形式结构

教育的办学形式结构是按办学形式划分的各种形式的教育在全部教育中的比例关系。我国教育的办学形式主要有全日制教育、半工（农）半读教育、业余教育、函授教育、刊授教育、广播教育、电视教育等。

（4）教育管理体制结构

教育的管理体制结构是指教育管理机构的设置、隶属关系、管理权限等的构成状态及作用方式。我国教育的管理体制结构有公办教育、民办教育、社会团体办学、企业事业办学以及私人办学等。

（二）教育的功能

所谓教育功能，指教育活动的功效和职能，即"教育是干什么的"问题。教育功能不是主观的期望，而是客观的结果，它往往指向教育活动已经产生或者将会产生的结果，尤其是指教育活动所引起的变化、产生的作用。

教育功能不同于教育本质。教育本质回答"教育是什么"的问题，教育功能回答"教育干什么"的问题。教育功能也不同于教育价值（教育目的）。教育价值或教育目的是人们对教育的一种期待，反映的是"教育应该干什么"，而教育功能是一种实效，反映的是"教育实际上干了什么"。教育功能亦不同于教育职能。我们一般不说教育的职能，只说学校的职能；我们可以规定学校的职能，但不能规定教育的职能；教育功能是学校职能实现的自然结果。

教育功能具有客观性、社会性、多样性、整体性、条件性、层次性、迟效性等特征。此外，教育的社会功能具有间接性、隐含性、潜在性、迟效性、超前性等特征。（1）客观性。教育功能不是主观臆断的，它是由教育的本质和教育系统的结构决定的。教育功能为教育本身所固有的客观属性，不以人的意志为转移。教育价值可以期待，学校职能可以规定，但教育功能是不能选择的。（2）社会性。教育对社会的作用，是以社会对教育的制约和影响为前提的。教育的功能随社会历史条件的变化而变化，教育首先受社会政治经济的制约，在社会制约的前提下，才能发挥教育的功能。（3）多样性。在社会发展的不同阶段，因对教育认识的不同，故教育功能的重点也自然会有所不同。古代社会侧重伦理道德教育，凸显的是教育政治教化功能；近代工业革命以来，教育的生产性和经济功能日益凸显；当代教育呈现出全方位的功能，既有政治功能，也有经济功能、文化功能，以及人口功能、生态功能、社会分层功能等。（4）整体性。教育多样的功能之间不是杂乱无序的，而是一个有序的组合体，表现出整体性。教育功能不仅存在着本体和派生的顺序，而且各功能是整体联动、相互促进、相互交融、共生共赢的。教育的整体性不仅表现在教育系统内部的协调一致，还表现在教育与社会系统的整体联动。教育作为社会大系统的组成部分，与社会的政治、经济、文化等系统相互联系，相互影响，共同促进社会的整体发展。（5）条件性。功能客观地存在于事物的结构之中，具有一定的潜在性。功能的实现是有层次的，从"应该"转化为"实际"是需要条件的：一是要符合教育自身的规定和规律，二是需要现实提供适合功能发挥的条件。（6）迟效性。教育功能的迟效性体现在个体功能上，也体现在社会功能上。教育社会功能的迟效性是指教育的社会功能一般要经过较长的人才培养周期之后才能得以显现。"十年树木，百年树人"，教育，尤其是基础性、普通性和理论性的教育，具有周期长的特点，其社会功能具有明显的迟效性。

1. 个体功能和社会功能

根据教育作用对象的不同，教育功能可分为个体功能和社会功能。或者从教育功能的层次来看，教育功能可以分为本体功能（基本功能）和派生功能（工具功能）。

（1）个体功能

教育的个体功能指教育对个体发展的影响和作用，是教育的本体功能、固有功能和直接功能。教育的个体功能具体表现为：教育的个体发展功能（个体社会化功能和个体个性化功能）、教育的个体谋生功能、教育的个体享用功能。

①发展为本：教育的个体发展功能

现实生活中的人，既是社会的人，又是个体的人。从本质上说，个体发展就是通过个体的社会化和个性化，促使一个生物体的自然人成为一个现实、具体的社会人。因此，教育的个体发展功能就表现为教育的个体社会化功能和教育的个体个性化功能。

a）教育的个体社会化功能。教育的个体功能首先表现为促进个体社会化的功能。社会化的过程是一个持续终身的过程，大致可以分为三个阶段，即初始的社会化、预期的社会化和发展的社会化。社会化有很多内容，最基本的有技能社会化、政治社会化、道德社会化、行为社会化和角色社会化。学校教育的个体社会化功能具体表现在：第一，教育促进个体思想意识的社会化；第二，教育促进个体行为的社会化；第三，教育促进个体职业和角色身份的社会化。

b）教育的个体个性化功能。真正的教育是个性化的教育，促进人的个性发展是教育最根本的功能。个性化是个体在社会生活中追求主体性（自主性）、独特性、创造性的过程。学校教育的个体个性化功能主要表现为：第一，教育促进人的主体意识和主体能力的发展，培养个体的主体性；第二，教育促进个性差异的充分发展，形成人的独特性；第三，教育开发人的创造性，促进个体价值的实现。教育促进个体的发展是有条件的，这些条件主要有：教育活动必须遵循个体的身心发展规律；教育活动必须符合社会发展的方向和要求；有效地组织教育活动以促进学生的发展；发挥教师的引导作用，培养学生的自觉能动性。

②生存为基：教育的个体谋生功能

教育要满足个体发展的需要，也要满足个体生存的需要。从起源上看，教育首先是为了满足人类生存的需要。为了个体更好地生存，教育成为个体获取谋生本领的一种手段、一种有效途径和方式。从这个意义上说，教育的个体谋生功能是更为现实、直接的。

③幸福为上：教育的个体享用功能

幸福是生活的主题。教育作为现代人生活的一部分，它是人性成长的追求。从根本上说，教育就是培养人们感受幸福、追求幸福、创造幸福的能力。幸福是完善人性的展示和表现，这种人性融智慧、情感、道德于一体。教育通过受教育者人格的提升和完善，使他们体验到精神上的幸福。受过教育的人，是自由之人，也是幸福之人。

（2）社会功能

教育的社会功能指教育对社会发展的影响和作用，包括政治功能、经济功能、文化功能、科技功能、人口功能等，是教育的派生功能、工具功能和间接功能。

从大的层面来讲，教育的社会功能主要体现为推动社会发展变迁和促进社会流动。教育的社会变迁功能是就教育培养的社会实践主体在生产、科技、经济、政治和文化等社会生活各个领域发挥的作用而言的，主要指向社会整体的存在、延续、演变和发展。教育的社会流动功能则是就教育培养的社会实践主体，通过教育的培养和提高以及在此基础上的个人能动性、创造性的发挥，以实现在职业岗位和社会层次之间的流动和转换而言的，主要指向社会个体的生存与发展境遇的改善。教育的社会流动功能，按其流向可分为横向流动功能和纵向流动功能。教育的社会流动功能的地位和作用随着社会的发展变革而日益提升，主要表现在：首先，教育已成为现代社会中个人社会流动的基础。联合国教科文组织国际21世纪教育委员会在《教育——财富蕴藏其中》指出，我们必须认识到："基础教育"是必不可少的"走向生活的通行证"，它使享受这一教育的人能够选择自己将要从事的职业，参与建设集体的未来和继续学习。其次，教育是社会流动的主要通道。中国自唐以来，许多士人一直把"十年寒窗苦读""一旦金榜题名"视为从"朝为田舍郎"到"暮登天子堂"的一条艰辛而有希望的读书做官的途径。在今天我国农村，年轻一代要成功地进行社会流通，尤其是纵向流通，只有经过教育，甚至只有经过优秀的高等教育才能实现。其三，教育的流动功能关乎人的发展权利的教育资源分配问题。教育的社会流动功能，对社会成员来说，实质上是一种关乎发展权利和生存方式的教育资源分配问题，是一种关乎自我实现的教育资源的获得和利用的问题。由此也就产生了教育机会均等的问题。关于教育的社会流动功能，代表性的观点有筛选理论和劳动力市场划分理论。本书将在"教育的基本规律"予以详细说明。

当然，教育对社会的作用不是无限的，而要受社会结构、社会发展规律和社会性质制约的。教育在不同的社会，其社会功能的重点是不同的。古代社会，教育的功能主要是政治功能，维护统治阶级的既有利益。《学记》指出："建国君民，教学为先。""君子如欲化民成俗，其必由学乎！"汉代教育家董仲舒在其《对贤良策》中，总结中国教育发展的历史经验，向汉武帝提出建议："古之王者明于此，是故南面而治天下，莫不以教化为大务。"现代社会，教育社会功能的重点转向了经济功能、文化功能等，"科教兴国"成为教育社会功能的基本方向。

2. 正向功能和负向功能

根据教育作用方向的不同，可分为正向功能和负向功能，这一维度最早由美国社会学家莫顿于20世纪50年代末提出。

正向功能亦称积极功能，指教育有助于社会进步和个体发展的积极影响和作用。

负向功能亦称消极功能，指教育阻碍社会进步和个体发展的消极影响和作用。我们要改革"陈腐的传统教育思想和僵硬的教学方法"，就是因为它不适应我国社会主义现代化建设提高民族素质的需要。"灌输、注入式的教育，窒息人的智慧"，"标准化的教学很可能束缚学生的想象力和创造力，扼杀学生的创新精神"——这些均属教育的负向功能。

3. 显性功能和隐性功能

根据教育功能呈现的形式或从教育功能的表面属性和外部特征来看，可分为显性功能和隐性功能。

显性功能指教育活动依照教育目的，在实际运行中所出现的与之相吻合的结果，主要标志是计划性，如促进人的全面和谐发展及社会进步等。

隐性功能是伴随显性教育功能所出现的非预期的功能，如教育复制了现有的社会关系，再现了社会的不平等，学校照管儿童的功能等，都是隐性功能的表现。显性与隐性的功能是相对的，一旦隐性的潜在功能被有意识地开发、利用，就转变成了显性教育功能。

4. 教育功能多维度的复合分类

莫顿将社会功能按性质、形态加以划分，得出正向、负向功能这对概念，与此同时还得出另一对重要概念——显性、隐性功能。日本教育社会学家柴野昌山则把这两对概念引入教育领域，构想出学校教育功能的理论分析框架。柴野昌山在其《学校的负向功能》一文中，利用莫顿的结构功能理论把学校教育功能划分为四类：显性正功能、显性负功能、隐性正功能、隐性负功能。柴野昌山对四种教育功能分别予以举例说明，例如考试作为教师评价学生学习效果、强化学生学习欲望的工具来说具有正向显性功能，但若教师仅凭考试成绩来评价学生，便会导致学生产生书呆子型成就中心的偏向，这是考试的负向隐性功能；又如，学校中的表扬制度以及晨会之类的仪式性活动的本来目的只在于帮助学生区分正误，但也可能会产生增强学生对学校的归属意识，促进群体整合等预料之外的副产品，这些副产品便是正向隐性功能；至于负向显性功能，学校教育作为一种价值追求，一开始就竭力避免教育的负向显性功能，但由学生群体的反学校、反教师的亚文化而导致的各种不良行为或越轨行为则属于负向显性功能。

5. 自我保存功能和自我更新功能（保守功能和超越功能）

从教育作用的性质看，可分为自我保存功能和自我更新功能。

对教育功能作自我保存与自我更新功能的划分，最早见于联合国教科文组织编写的《学会生存》一书。该书指出："教育能使自己再现，也能使自己更新。"

在该书看来，教育具有传递传统价值的功能，它倾向于构成一种时间上和空间上密封的体系。其基本特征是重复，即重复地把上一代从祖先那里继承下来的知识经验传递给年轻一代。有人从三方面分析了教育的自我保存功能：一是就教育的源泉来讲，教育作为传递社会文化的工具，自身不能不落后于它所传递的文化本身。二是就教育的过程来讲，教育者与受教育者的关系相对固定，它倾向于形式化、公式化，教育的微观结构不能不具有相当大的稳固性，并影响到教育的中观、宏观结构的稳固性。三是就教育的结果来讲，教育"产品"的检验过程复杂而漫长，这不仅由于教育活动的周期长，而教育活动的成效要在活动周期结束后较长时间才能充分显示出来；而且因为个人的成长受到主客观多方面因素的影响，很难从一个人的成长中把教育的功效所占比重精确计算出来。教育成果检验不易，可能成为教育保守的正当理由。但是，与此同时，教育也能使自己更新。它一方面附属于社会，反映着那个社会的主要特征；另一方面，它也受外部压力的影响，从而不断改革和更新自身。相比之下，教育由于其自身具有保守倾向，其自我保存功能一般要强于自我更新功能。

在对教育功能进行静态、横断式的分析之后，明确了"教育有哪些功能"，但更需要进一步明确这些功能是"怎样形成"和"怎样释放"的。（1）教育功能的形成是发生在教育过程中的，它的起点来自社会和个人发展的期待和要求，终点是教育结果的出现。它大体经历三个阶段，即教育功能取向的确立、教育功能行动的发生和教育功能直接结果的产生。（2）教育功能的释放不同于发生在教育活动之中的教育功能的形成，它是发生在社会系统之中，通过教育功能的结果参与社会活动而实现的。教育功能释放的场域在社会，主要包括两个环节：一是产品的社会输入，二是产品的社会利用。

三、教育的起源

（一）神话起源说

神话起源说认为教育与其他万事万物一样，都是由神创造的，教育的目的是体现神或天的意志，使人皈依于神或顺从于天。这种观点是错误的，是非科学的。之所以如此，主要是受到当时在人类社会起源问题上认识水平的局限。

（二）生物起源说

生物起源说认为教育完全来自动物的本能，是种族发展的本能需要。这是教育史上第一个把教育起源问题作为学术问题正式提出的教育起源说，标志着在教育起源问题上开始从神话解释转向科学解释。其代表人物是法国哲学家、社会学家利托尔诺和英国教育家沛西·能。其错误在于完全否认了人与动物的区别，否认了教育的目的性（意识性）和社会性。

法国社会学家利托尔诺在其所著《动物界的教育》一书中指出，教育是一种生物现象，教育起源于一般的生物活动。他说："动物尤其是略为高等的动物，完全同人一样，生来就有一种由遗传而得到的潜在的教育。"他认为在动物世界里存在着如母隼教幼隼，母鸭带雏鸭、燕雀、欧棕鸟等各种禽类的示范与学习，兽类中的母熊教幼熊、雌象教幼象以及老兔教小兔等都属于教育现象。英国教育家沛西·能在《人民的教育》中指出："教育从它的起源来说是一个生物学的过程，教育是与种族需要、种族生活相应的、天生的，而不是获得的表现形式，教育既无须周密地考虑使它产生，也无须科学予以指导，它是扎根于本能的不可避免的行为""生物的冲动是教育的主要动力"。在中国古代，有"乌反哺，羊跪乳"等谚语和故事，用以劝诫人们报答父母的养育之恩。近几年来有人在教育起源问题上提出"前身说"，认为在人类社会产生之前，在古猿中已经有了教育活动。所有这些主张，其基本错误是混淆了动物的本能活动与人类社会教育活动的界限。

（三）心理起源说

心理起源说主张教育产生于儿童对成人的无意识的模仿，其代表人物是美国教育家孟禄。他在其著作《教育史教科书》中写道：原始社会的教育"普遍采用的方法是简单的无意识的模仿"。在这种原始共同体中，儿童对年长成员的无意识模仿就是最初的教育的发展。

教育的心理起源论者避免了生物起源论的错误所在，提出模仿是教育起源的新说，有其合理的一面。模仿作为一种心理现象，作为一种学习方式，可视为教育的诸种途径之一。孟禄的错误在于他把全部教育都归于无意识状态下产生的模仿行为，不懂得人之所以成为人是有意识的本质规定，不懂得人的一切活动都是在意识支配下产生的目的性行为。

生物起源和心理起源这两种学说从不同角度揭示了教育的起源，其共同缺陷是否认了教育的社会属性和目的性，否认了教育是一种自觉有意识的活动，把动物本能和儿童无意识的模仿同有意识的教育混为一谈。

（四）劳动起源说

劳动起源说也被称为教育的社会起源说，它是在批判生物起源说和心理起源说的基础上，在马克思主义唯物史观指导下形成的。它认为教育起源于人类特有的生产劳动，起源于劳动过程中社会生产、社会生活需要和人的发展需要的辩证统一。主要代表人物有苏联的米丁斯基、凯洛夫等。

劳动起源说的直接理论依据和方法论基础是恩格斯的著作《劳动在从猿到人的转变过程中的作用》。其主要观点可以概括为：第一，人类教育起源于劳动或劳动过程中所产生的需要；第二，以制造和利用工具为标志的人类劳动不同于动物的本能活动，教育是人类特有的一种社会活动；第三，教育产生于劳动是以人类语言和意识的发展为条件的；第四，教育从产生之日起，其职能就是传递劳动过程中形成与积淀的社会生产和生活经验；第五，教育范畴是历史性与阶级性的统一。教育的劳动起源说提供了理解教育起源和教育性质的一把"金钥匙"。

四、教育的发展历程

按照生产力和生产关系相统一的观点，教育的发展经历了四个阶段：原始社会的教育、古代社会的教育、近现代学校教育和当代形态的教育。

（一）原始社会的教育

原始社会的基本特征是生产力发展水平低下和生产资料公有制，这个时期的教育具有以下几个共同特征：

第一，教育与生产劳动相结合（融合性、非独立性）。教育和社会生活、生产劳动紧密相连，没有从社会生活和生产中分化出来，而是在生产劳动和社会生产中进行的。

第二，教育没有阶级性（无阶级性、同一性）。这个阶段的教育具有自发性、全民性、广泛性、无阶级性、教育机会均等等特点。

第三，教育内容简单，教育方法单一（原始性）。教育具有原始性，主要传递生产经验。由于没有文字和书籍，教育方法只限于动作示范与观察模仿、口耳相传与耳濡目染。

（二）古代社会的教育

古代社会的教育一般指奴隶社会教育和封建社会教育。古代学校教育是生产力和生产关系发展到一定阶段的产物。世界上最早的学校产生于古代中国、古代埃及、古代印度、古代巴比伦等东方文明古国。

1. 中国古代教育的发展

我国古代教育的类型主要包括官学、私学和书院等几类。

（1）学校萌芽的传说

相传五帝时期的"成均"是最早的萌芽状态的学校。按照郑玄的解释——"均，调也。乐师主调其音"，可知"成均"是实施乐教之地。

古史还有"虞氏之庠"的传说。据《礼记·明堂位》记载："米廪，有虞氏之庠也。"孟轲说："庠者，养也。"可见，"庠"是养老与教育的机构。

（2）夏代、商代的教育

根据历史记载，中国早在4000多年前的夏代，就有了最早的学校教育。关于夏代学校的设置，主要有"序"和"校"等。夏代国都的学校称为"序"。《王制》记载："夏后氏养国老于东序，养庶老于西序。"《孟子·滕文公上》注释："序者，射也。"可见，"序"最初是教射的场所，兼有教育职能。夏代地方的学校称为"校"。《孟子·滕文公上》注释："夏曰校"，"校者，教也"。可见，"教"是军事训练和习武的场所，后来"校"为乡学。商代的学校有"大学""小学""瞽宗"等，另外地方上的学校也承袭了以前朝代的"庠"和"序"等。《礼记·明堂位》记载："殷人设右学为大学，左学为小学，而作乐于瞽宗。"

（3）西周的教育

西周在文化教育上，其历史特征是"学在官府"（"学术官守"）。西周建立了典型的政教合一的官学体系，并有了"国学"（设在王城或诸侯国都的学校）与"乡学"（设在地方的学校）之分。西周的教育内容可以总称为六艺教育（礼、乐、射、御、书、数），它是西周教育的特征和标志。礼的内容极广，凡政治、伦理、道德、礼仪皆为其包括；乐是当时的艺术教育，内容包括诗歌、音乐、舞蹈；射指射箭的技术训练，御指驾驭马拉战车的技术训练；书指的是文字读写，数指的是算法。六艺教育的中心是礼乐教育；书数是文化基础知识技能教育，作为"小艺"，安排在小学学习。六艺教育包含多方面的教育因素，产生了深远的历史影响。它既重视思想道德，也重视文化知识；既注重传统文化，也注重实用技能；既重视文事，也重视武备；既要符合礼仪规范，也要求内心情感修养。

西周的大学主要有辟雍、泮宫等。《礼记·王制》记载："大学在郊，天子曰辟雍，诸侯曰泮宫。"西周的小学主要有私塾、庠、序等。《礼记·学记》记载："古之教者，家有塾，党有庠，术有序，国有学。"

总之，人伦道德教育是奴隶社会学校教育的重要内容。《孟子》有云，夏、商、周"设庠、序、学、校以教之，庠者养也，校者教也，序者射也。夏曰校，殷曰序，周曰庠，学则三代共之，皆所以明人伦也"。

（4）春秋战国时期的教育

春秋战国时期官学衰微，私学大兴。私学的发展是我国教育史、文化史上的一个重要里程碑，促进了学术下移并形成了百家争鸣的盛况。"百家"是虚指，乃是形容学派之多。在教育方面颇有造诣的，则为儒、墨、道、法诸家，尤以儒墨两派最有实力，当时有"非儒即墨"之说，儒墨两派被称为"显学"。

稷下学宫是战国时代齐国的一所著名学府，它既是战国百家争鸣的中心与缩影，也是当时教育上的重要创造。稷下学宫是一所由官方举办而由私家主持的特殊形式的学校，同时也是一所集讲学、著述、育才活动为一体并兼有咨议作用的高等学府。学术自由是稷下学宫的基本特点，表现为容纳百家、相互争鸣与吸取等方面。稷下学宫促进了战国时期思想学术的发展，显示了中国古代士人的独立性和创造精神，创造了一个出色的教育典范。

（5）秦汉时期的教育

秦朝在文化教育上采取的一系列措施有：统一文字（小篆体）；严禁私学（焚书坑儒）；吏师制度（以法为教、以吏为师）。

西汉时期，董仲舒在《对贤良策》中提出他的三大文教政策：罢黜百家，独尊儒术；兴太学以养士；重视选举，任贤使能。汉武帝采纳了董仲舒提出的"罢黜百家、独尊儒术"的建议，并采取了一系列措施：专立五经博士；开设太学（成为中国古代的最高学府）；选士采用察举制（察举科目有"贤良""孝廉""秀才"等，尤重以儒术取士）。汉武帝时期实行的思想专制主义的文化教育政策和选士制度，对后世产生了深远的影响。

东汉灵帝时，设立鸿都门学，这是我国最早专门研究文学艺术的高等专科学校，同时也是世界上最早的文学艺术专门学校。汉承秦制，地方官学称为郡县学，始于汉景帝时蜀郡太守文翁进行的"文翁兴学"。

（6）魏晋南北朝时期的教育

魏晋南北朝时期，社会的等级制度非常严格，有"上品无寒门，下品无士族"之说，严重制约了人才的教育和发展，其选士采用九品中正制。

国子学是中国封建时代的教育管理机关和最高学府之一。晋武帝咸宁二年（公元276年）始设国子学，与太学并立。南北朝时，或设国子学，或设太学，或两者同设。北齐改名国子寺。明清仅设国子监，为教育管理机关，兼具国子学性质。

南朝宋明帝泰始六年（公元470年），因国学废止，宋明帝下令设立总明观，又称东观。总明观不是纯粹的教学机构，而是藏书、研究和教学三位一体的机构。总明观以结构完备的领导机构统领四科，比四馆（儒学馆、玄学馆、史学馆、文学馆）在管理上更为完善，使四个单科性质的大学发展成为多科性大学并实行分科教授的制度。

（7）隋唐时期的教育

隋唐时期最早实行科举制的选士制度，使政治、思想、教育的联系更加制度化。科举制是中国古代通过考试选拔官吏的制度。隋炀帝大业二年（606年）秋七月"始设进士科"，标志着科举考试制度的形成。科举制具有分科考试、取士权归于中央所有、允许自由报考（即"怀牒谱自荐于州县"，与察举制的"他荐"相区别）和主要以成绩定取舍的四个显著特点。科举制极大程度上改善了之前的用人制度，彻底打破了血缘世袭关系和世族的垄断。"朝为田舍郎，暮登天子堂"，部分社会中下层有能力的读书人进入社会上层，获得施展才智的机会。科举制的诞生将选士制度和育士制度紧密地结合在一起，使科举考试制度成为操纵学校教育发展的杠杆。科举制后期从内容到形式严重束缚了应考者，使许多知识分子不讲求实际学问，思想受到了束缚。

唐朝时形成了以"六学二馆"（国子学、太学、四门学、律学、书学、算学，崇文馆、弘文馆）为代表的完备的官学教育体系。唐朝的"六学二馆"有不同的入学要求，有严格的等级限制，这表明社会政治经济制度决定着受教育的权利。

（8）宋代的教育

宋代以后，程朱理学成为国学，儒家经典被缩减为"四书""五经"，而且被作为教学的基本教材和科举考试的依据。"四书"指的是《大学》《中庸》《论语》《孟子》，"五经"指《诗经》《尚书》《礼记》《易经》《春秋》。

宋代历史上有三次著名的兴学，即范仲淹主持的"庆历兴学"（推广胡瑗创立的"分斋教学"，即"苏湖教学法"）、王安石主持的"熙宁兴学"（创立"三舍法"，把太学分为内舍、外舍、上舍三类；编纂《三经新义》）以及蔡京主持的"崇宁兴学"。

书院萌芽于唐，作为一种教育制度形成兴盛于宋朝，著名的有六大书院：白鹿洞书院（江西九江）、岳麓书院（湖南长沙）、应天府书院（河南商丘）、嵩阳书院（河南郑州）、石鼓书院（湖南衡阳）、茅山书院（江苏句容）。其中，朱熹的《白鹿洞书院揭示》，形成了比较完整的书院教育理论。

（9）明朝的教育

明代科举考试的文体为八股文，段落有严格的规定，内容充泛，形式死板，标志着封建社会教育开始走向衰落。明朝著名的书院有东林书院等，地方学校有社学等。

（10）清朝的教育

清朝末年，洋务运动兴起。洋务派所开办的学堂，以及所派遣的留学生等，在近代教育史上称为"洋务教育"。洋务运动以张之洞在《劝学篇》中确立的"中学为体、西学为用"为指导思想，洋务学堂以洋务人才为培养目标，以"西文"（外国语言文字）、"西艺"（西方的军事技术及自然科学）为教学内容，学校类型分为外国语学堂（也称方言学堂，如京师同文馆）、军事学堂（如福建船政学堂）、科技学堂（也称技术实业学堂，如天津西医学堂）三类。洋务教育带有浓厚的封建性和买办性，是中国半殖民地半封建教育的开端，但是从整个中国教育史发展过程看：洋务学堂在封建教育制度上打开了一个缺口，第一次建立了新型学校，第一次把西学付诸实践；改变了传统以儒经为主的教育内容，增添了天文、数学、物理、化学等自然科学知识和技术学科，培养了中国第一代科技人才。

1898年百日维新时的教育改革措施有：废除八股，改革科举制度，增设经济特科；设立京师大学堂；书院改办学堂；兴办学会与发行报刊等。

清末新政时期的教育改革措施有：颁布"壬寅学制"和"癸卯学制"；建立教育行政体制；1905年，清政府下令废科举，兴学堂；1906年确定"忠君、尊孔、尚公、尚武、尚实"五项教育宗旨，这是中国近代第一次正式宣布的教育宗旨。

2. 外国古代教育的发展

（1）古巴比伦教育

泥板书舍是古代巴比伦的早期学校，最早出现于两河流域的寺庙中。

泥板书舍由两河流域的苏美尔人最早设立。由于学校使用泥板教学生书写和掌握各类知识，学生做练习或者作业也用泥板，学校最主要的教学工具是泥板，故被称为"泥板学校"。

在泥板学校中，负责人称为"校父"，教师称为"专家"，助手称为"大兄长"，学生称为"校子"。泥板学校分为两个级别：一级是初级教育，主要教授读、写、算；另一级是高级教育，除了读、写、算，还教授文法、苏美尔文学和祈祷文。

（2）古印度教育

在古印度，宗教权威至高无上，教育控制在婆罗门教和佛教中。婆罗门教有严格的等级规定，把人分成四种等级，处于最高等级的是僧侣祭司，应该受到最优良的教育；其次是刹帝利，为军事贵族，这两个种姓是天然的统治者；再次是吠舍种姓，仅能从事农工商业；最低等级的是首陀罗种姓，被剥夺了受教育的权利，识字读经被认为是违反了神的旨意，可能被处死。

公元前8世纪以后，古印度出现一种办在家庭中的婆罗门学校，即"古儒学校"，记诵《吠陀经》，教育活动主要是背诵经典和钻研经义。古儒学校在教学中常让年长儿童充当助手，由助手协助教师教学。这种方法后被英国教师贝尔袭用，成为19世纪在英国盛极一时的"导生制"。

佛教比较关心大众，表现在教育上主要是广设庙宇，形成了寺院学府的特色。修习的僧徒考验合格者叫作"比丘"。

（3）古埃及教育

据可查证的资料，人类最早的学校，出现在公元前2500年左右的埃及。根据文献记载，埃及在古王国末期已有宫廷学校（最早创办的世俗学校），它是法老教育皇子皇孙和贵族子弟的场所。中王国以后，为满足培养官吏的需要，开设了职官学校。这些学校都以吏为师，以法为教，招收贵族及官员的子弟，同时也进行文化训练和业务训练。古代埃及设置最多的是文士学校（书吏学校）。文士精通文字，能写善书，执掌治事之权，社会地位较高。"学为文士"成为一般奴隶主阶级追求的目标。为了满足这种需要，许多文士便设立私学，招收生徒，同时也传授天文、数学、医学等实用知识。于是，"以僧为师""以吏为师"成为古代埃及教育的一大特征。当然，只有奴隶主阶级才有权利接受教育，农民子弟和奴隶子弟是没有受教育的权利的。

（4）古希腊教育

古希腊教育是西方教育的源泉，其城邦国雅典和斯巴达的教育则成为两类不同教育的典型代表。

①古典时代的教育

a）智者派的教育活动。智者又称诡辩家，在公元前5世纪后期主要指以收费授徒为职业的巡回教师。智者派的思想特征是：相对主义、个人主义、感觉主义、怀疑主义。代表人物为普罗塔哥拉（其主要观点是"人是万物的尺度"）、高尔吉亚（其主要观点是"无物存在"和"一切都是假的"）、普罗狄克斯、安提丰、希比阿斯、克里底亚等。

b）智者派的教育贡献：主张有教无类，提倡学术自由，扩大了教育对象，推动了文化知识的传播，促进了社会的流动；以培养政治家为教育目标，最为关心道德问题和政治问题，把系统的政治知识作为主要的教育内容；确定了教育内容和方式，最早确立了"七艺"中的修辞、文法和辩证法；引发了西方教育界关于教育形式和实质的争论。智者的出现标志着教育工作的职业化；智者对希腊教育思想的发展所做出的贡献尤为突出，在智者教育思想中已经包含希腊全部教育思想发展的基本线索和方向。

② 古风时代的教育

a）古斯巴达教育的目的是培养忠于统治阶级的强悍的军人，强调军事体育训练和政治道德灌输；学习的主要内容是"五项竞技"（赛跑、跳跃、角力、掷铁饼、投标枪）。青年要进入有军事训练性质的团体进行教育，称为"埃弗比"。古斯巴达教育的特征是：教育具有阶级性；教育是国家的事业，受统治阶级的控制；片面重视道德和军事教育，忽视知识文化的教育；重视女子教育。

b）古雅典教育的目的是培养有文化修养和多种才能的政治家和商人，注重身心的和谐发展，教育内容比较丰富，教育方法也比较灵活。古雅典被称为"文雅教育"的发源地，主要的学校类型有文法学校和琴弦学校等，主要学习内容是"自由七艺"。古雅典教育的特点是：教育具有阶级性；教育培养的是身心和谐发展的人；既有公共教育也有私人教育，重视国家和私立教育的发展；不重视女子教育。

（5）西欧中世纪的教育

从公元476年西罗马帝国灭亡到14世纪意大利文艺复兴前的近1000年，通称为"中世纪"。这是西欧封建制度从发生、发展到衰落的历史时期。西欧中世纪教育就是指这一时期的教育。在整个中世纪，教会学校是占主导地位的教育机构，与教会学校并存的是世俗教育。

教会学校主要培养教士和僧侣，分为僧院学校、大主教学校和教区学校三个层次。其中教区学校主要对普通贫民子弟进行宗教教育，也适当讲授一些读、写、算知识。教会学校学习的内容主要是神学和"七艺"。"七艺"（文法、修辞、辩证法/逻辑学、算术、几何、天文、音乐）又称为"自由七艺"，是古希腊创立的学科，后来传入罗马并得到发展，至公元4世纪时被公认为学校的课程。

世俗教育主要包括宫廷学校教育和骑士教育两类。宫廷学校是设在宫廷内专门为王族子弟提供教育的学校。骑士教育是一种集宗教精神与尚武精神于一体的特殊的家庭教育形式，学习内容为"骑士七技"（骑马、游泳、投枪、击剑、打猎、下棋、吟诗）。此外，一般把中世纪后期西欧兴起的行会学校和城市学校作为现代小学的开端。

从12世纪开始，西欧教育的发展进入到一个新的历史时期，中世纪大学的建立是这种发展的主要标志。

3. 古代教育的特征

古代东西方的教育虽然在具体内容和形式上存在许多差异，但也有一些共同特征。古代社会的教育特征主要表现为：出现了专门的教育机构和专职的教育人员；教育对象有了鲜明的阶级性与严格的等级性；教育内容逐渐丰富且与生产劳动相分离；教育方法较多崇尚呆读死记与体罚；官学与私学并行的教育体制；教学组织形式主要是个别施教或集体个别施教。

（1）教育与生产劳动相分离

这一时期出现了学校教育并成为教育的主要形式，学校的出现是教育形成自己相对独立形态的标志，意味着正规教育制度的诞生，是人类教育发展的一个质的飞跃。教育与生产劳动相分离是古代学校教育（奴隶社会和封建社会的教育）的显著标志，是与原始社会教育、近现代社会教育的最主要区别。"樊迟问稼"的典故，孔子提出"君子谋道不谋食，忧道不忧贫"，孟子主张"劳心者治人，劳力者治于人"，都反映了古代文人墨客重视读书以考取功名而不愿意委身于生产劳动的思想观念，也反映了古代教育与生产劳动相分离的特点。同样，欧洲有位考古学家发现了一份古埃及的纸草书，上面写着一位父亲劝儿子读书的话："要用心学习书写，这会使你摆脱一切艰苦劳动，成为一名有名望的官员。"我国奴隶社会学校教育的主要内容是"六艺"，封建社会学校教育的主要内容是"四书""五经"，与生产劳动没有直接关系。在欧洲，不论雅典教育、斯巴达教育还是中世纪的教育，也都只重视思想统治教育和军事教育，而蔑视生产知识的学习。

a）"樊迟问稼"。《论语·子路》："樊迟请学稼，子曰：'吾不如老农。'请学为圃，曰：'吾不如老圃。'樊迟出。子曰：'小人哉，樊须也！上好礼，则民莫敢不敬；上好义，则民莫敢不服；上好信，则民莫敢不用情。夫如是，则四方之民襁负其子而至矣，焉用稼？'"可翻译为：孔子的弟子樊迟，向孔子请教种庄稼，孔子说"我不如老农"。樊迟又请教种菜，孔子说"我不如菜农"。樊迟退出后，孔子说："这个樊迟，真是个乡野之人，士大夫只要讲求礼、义、信，民自归附，何必学习种庄稼？"一般都把这段话作为孔子轻视并反对生产劳动的佐证。

b）"劳心者治人，劳力者治于人"。孟子提出的"劳心者治人，劳力者治于人"论断讲的是如何区分社会工作的伦理问题。这一论断创造性的发明了体力劳动与脑力劳动的差别，反映了我国古代学校教育脑力劳动与体力劳动相分离的特点。

（2）教育具有阶级性和等级性

在我国，夏商周三代的文教政策为"学在官府"，只有奴隶主及其子弟才能享受学校教育，劳动人民子弟被排斥在学校大门之外，只能接受自然形态的非形式化教育。在西方，古希腊斯巴达和雅典的学校专为贵族阶级而设。古埃及的宫廷学校只收王子、王孙和规则子弟入学。劳动人员只能在生产和生活中，通过仗着和师傅的言传身教，接受自然形态的教育。到了封建社会，各国教育在阶级性的基础上又加上了鲜明的等级性，如我国唐代"六学二馆"的入学要求有等级界限之分，统治阶级子弟也要按家庭出身、父兄官职高低进入不同等级的学校。学校的等级与出仕授官、权利分配等紧紧联系在一起。

（3）教育具有道统性

学校的教学内容主要是古典人文科学和寓统治术和治人术于其中的圣人之言和祖宗遗训。

（4）教育具有专制性

教育过程是管制与被管制、灌输与被灌输的过程。

（5）教育具有刻板性

教学组织形式主要采用个别教学方式，教学方法倾向于自学和死记硬背。

（6）教育具有象征性

教育的象征性功能占主导地位，能够接受什么样的教育标志着一个人的社会地位。

4. 文艺复兴后的欧洲教育

14世纪下半叶到17世纪初期是欧洲文艺复兴时期。文艺复兴时期资产阶级提倡的那种新的文化和世界观被称为"人文主义"。

人文主义教育的基本特征是：人本主义、古典主义、世俗性、宗教性和贵族性等。这一时期教育上的主要代表人物有意大利的维多里诺（创办第一所新式学校"快乐之家"）、尼德兰的伊拉斯谟、法国的拉伯雷和蒙田、英国的莫尔等。

（三）近现代社会的教育

1.近代资本主义国家建立现代教育体系的主要措施

（1）国家加强了对教育的重视和干预，公立教育崛起（教育国家化）。19世纪以后，工业生产的发达和社会生活方式的改变，使得资产阶级政府开始认识到公共教育的重要性并逐渐建立了公立教育系统。

（2）普遍实施初等义务教育（初等教育义务化）。近代资本主义社会最早提出了"普及义务教育"的口号。1619年，德意志魏玛邦公布的学校法令规定，父母应送其6—12岁子女入学，否则政府强迫其履行义务。此为义务教育的开端。1763—1819年，德国（普鲁士王国）先后三次修订法令推行义务教育，故一般认为德国是实行义务教育最早的国家。在美国，马萨诸塞州于1852年第一个颁布《义务教育法》。宗教改革家马丁·路德强调教育的公共性、世俗性，主张广设学校并强迫父母送子女接受教育。加尔文也提出了普及教育的主张，还亲自领导了普及教育工作并推行免费教育。基于此，美国学者班克罗夫特认为加尔文是"普及教育之父""免费学校创始人"。

（3）教育的世俗化。教育的目的是为了培养大量的人才，以适应生产需要。实用功利的教育目标成为主体，教育从宗教中分离出来。有些国家明确规定，宗教、政党不得干预教育。

（4）重视教育立法，以法治教（教育法制化）。西方教育发展的一个明显特点就是有强有力的法律保障。近代以来教育的每次重要进展或重大变革，都以法律的形式规定并提供保障。

2.社会主义社会的教育

（1）教育目的在于培养社会主义事业的建设者和接班人。

（2）教育权为广大劳动人民所掌握。

3.现代社会教育的特征

（1）现代教育具有生产性，教育同生产劳动从分离走向结合，这是古代教育和现代教育的分水岭。正如马克思在资本论中所指出的，"从工厂制度中萌发了未来教育的幼芽，未来教育对所有已满一定年龄的儿童来说，就是生产劳动同智育和体育相结合，它不仅是提高社会生产的一种方法，而且是造就全面发展的人的唯一方法"。人们日益认识到，今天的教育就是明天的经济。教育的消费是明显的消费、潜在的生产；是有限的消费、扩大的生产；是今日的消费、明日的生产。教育的生产性和经济功能得到了世界各国政府充分的重视，教育改革因此被作为经济发展的战略性条件。

（2）教育的公共性、普及性和多样性日趋突出。强调保障"人人享有受教育的权利"，使教育的公共性日益突出，这是现代教育的一个重要进步。为了保障人的受教育权利，现代社会已经作出并继续作出巨大的努力。1989年在联合国大会上通过的《儿童权利公约》，进一步强调了儿童生存、发展和受教育的权利。教育越来越成为社会的公共事业，师生关系也由农业社会的不平等关系转变为工业社会的民主关系，由绝对的教师中心走向教师指导和帮助下的学生自治。

（3）教育的科学化水平日益提高。

此外，现代教育学校的普及和发展普遍以班级授课制为教学组织形式，极大地提高了教学效率；教育制度逐步完善，但其划一性（标准化）和封闭性的弊端也需要克服；教育的复杂性程度和理论自觉性都越来越高，教育研究在推动教育改革中的作用越来越大。

（四）当代教育（20世纪以后的教育）

第二次世界大战尤其是20世纪60、70年代以来，世界经济迅猛发展，世界格局剧烈变化，引起当代教育乃至21世纪教育发展向着终身化、全民化、民主化、多元化、现代化、信息化、全球化、个性化、整合化等方向发展。

1. 教育的终身化

终身教育产生的背景可以从社会变化加速、科学和技术的进步、人口的增长、闲暇时间的增多等方面考量。终身教育是适应科学知识的加速增长和人的持续发展的要求而逐渐形成的一种教育思想和教育制度，它的本质在于，现代人的一生应该是终身学习、终身发展的一生。它是对过去将人的一生分为学习阶段和学习结束后阶段的否定。它强调职前教育与职后教育的一体化、青少年教育与成人教育的一体化、学校教育与社会教育的一体化。可见，终身教育贯穿于整个教育过程和教育形式，把终身教育等同于职业教育或成人教育是不正确的。终身教育重视人去适应职业，但并不意味着人就是经济与社会发展的工具。终身教育还使每个人潜在的才干和能力能得到充分的发展。

终身教育的思想古已有之，且绵延久远。孔子是东方终身教育思想的伟大先行者，古希腊"派代亚"观念也包含着终身教育的思想。《1919年报告书》是现代终身教育思想兴起的标志。1929年英国成人教育家耶克斯利出版了世界上第一本终身教育专著——《终身教育》。终身教育理论的积极倡导者和理论奠基者法国教育家保罗·朗格朗在1970年出版的《终身教育引论》中首先提出并系统论述了终身教育思想。保罗·朗格朗主张，"终身教育所意味的，并不是指一个具体的实体，而是泛指某种思想或原则，或者说是指某种一系列的关心与研究方法。概括而言，也即指人的一生的教育与个人及社会生活全体的教育的总和。"1972年，埃德加·富尔在《学会生存——教育世界的今天和明天》中对"终身教育"加以确定，并提出了"学习化社会"的概念。《学会生存——教育世界的今天和明天》是终身教育思想的奠基之作。在报告书中，国际教育委员会认为终身教育是个人自我成长及国家永续发展的重要基石。国际21世纪教育委员会在《教育——财富蕴藏其中》（1996年）中提出了终身教育的四大支柱——学会认知（learning to know）、学会做事（learning to do）、学会共同生活（learning to live together）、学会生存（learning to be），此为终身教育最终形成的标志。《教育——财富蕴藏其中》的报告中认为，在迅速变革的时代，终身教育应该处于社会的中心位置，终身教育是"打开21世纪之门的一把钥匙"。它是"知识社会的根本原理"，动摇了传统教育大厦赖以存在的基石，"可以与哥白尼日心说带来的革命相媲美，是教育史上最惊人的事件之一"。

总之，终身教育是人一生各阶段当中所受各种教育的总和，是人所受不同类型教育的统一综合。前者是从纵向来讲的，说明终身教育不仅是青少年的教育，而且涵盖了人的一生。后者是从横向来讲的，说明终身教育即包括正规教育，也包括非正规教育和非正式教育。终身教育观念和理论的要点是：（1）终身教育的基本原则或原理：连续性—整体性（"一体化"）。这一原则要求人从摇篮到坟墓的一生（"活到老，学到老"）都变成接受教育的过程，整个社会变成有体系的教育场所。前半句是指教育的终身化，后半句是指"教育的社会化"或"社会的教育化"。两者互为前提。（2）终身教育的方法：首先重视作为教育基础的个人和小组，学习的主体是个人、小组，而不是课程和教师。其次，要求教育遵循"兴趣"原理——支配人类活动的重要规律。再次广泛应用小组学习法。最后，广泛采用创造性、非指导性教育方法。（3）终身教育的意义：终身教育作为与战后革新时代经济、科技、文化、社会的迅速变化相适应的现代教育思想，能够推动社会持续高速地发展；它能够保证人的真正个性的发展和自我实现；能够真正地实现教育机会均等，使教育成为实现社会平等和民主的一种强有力的手段。

终身教育具有终身性、全民性、广泛性、灵活性和实用性等特点。（1）终身性。这是终身教育最大的特征。它突破了正规学校的框架，把教育看成是个人一生中连续不断的学习过程，是人们在一生中所受到的各种培养的总和，实现了从学前期到老年期的整个教育过程的统一。既包括正规教育，又包括非正规教育。它包括了教育体系的各个阶段和各种形式。（2）全民性。终身教育的全民性，是指接受终身教育的人包括所有的人，无论男女老幼、贫富差别、种族性别。联合国教科文组织汉堡教育研究员达贝提出终身教育具有民主化的特色，反对教育知识为所谓的精英服务，是具有多种能力的一般民众能平等获得教育机会。而事实上，当今社会中的每一个人，都要学会生存，而要学会生存就离不开终身教育，因为生存发展是时代的主流，会生存必须会学习，这是现代社会给每个人提出的新课题。（3）广泛性。终身教育既包括家庭教育、学校教育，也包括社会教育。可以这么说，它包括人的各个阶段，是一切时间、一切地点、一切场合和一切方面的教育。终身教育扩大了学习天地，为整个教育事业注入了新的活力。（4）灵活性与实用性。现代终身具有灵活性，表现在任何需要学习的人，可以随时随地接受任何形式的教育。学习的时间、地点、内容、方式均由个人决定。人们可以根据自己的特点和需要选择最适合自己的学习。此外，1975年，联合国教科文组织汉堡教育研究所主任戴夫将终身教育的基本特征概括为20个方面：（1）终身教育这个概念是以"生活""终身""教育"三个基本术语为基础的。这些术语的含义和对它们的解释基本上决定了终身教育的范围和含义。（2）终身不是在正规学校教育结束时便告终止，它是一个终身的过程。（3）终身教育不限于成人教育，它包括并统一所有阶段的教育，而且全面的看待教育。（4）终身教育既包括正规教育，也包括非正规教育。（5）家庭在终身教育过程的初期起着决定性的作用，家庭学习贯穿于一个人的一生。（6）当地社会在终身教育体系中也起着重要作用，这种作用是从儿童与它接触时开始的。（7）中小学、大学和训练中心之类的教育结构固然是重要的，但这不过是终身教育机构的一种。它们不再享有教育的垄断权，也不再能够脱离其他社会教育机构而存在。（8）终身教育从纵的方面寻求教育的连续性和一贯性。（9）终身教育从横的方面寻求教育的统合。（10）终身教育与拔尖主义的教育相反，具有普遍性，他主张教育的民主化。（11）终身教育的特征是，在学习的内容、手段、技术和时间方面，既有机动性，又有多样性。（12）终身教育是对教育进行生动有力的探讨，它促使人们能够适应新的开发，自行变更学习内容和学习技术。（13）终身教育为受教育者提供各种可资选择的教育方式和方法。（14）终身教育由两个领域，即普通教育和专业教育。这两者不是独立的，而是互相联系、互相作用的。（15）通过终身教育来实现个人或社会的适应机能和革新机能。（16）终身教育实行补正的机能，克服现行教育的缺点。（17）终身教育的最终目标是维持和改善生活的质量。（18）实施终身教育有三个主要的前提条件：提供适当机会、增进学习动机、提高学习能力。（19）终身教育是把所有的教育组织化的原理。（20）在付诸实施方面，终身教育提供一切教育的全部的体系。

综上所述，终身教育观念能够使近代教育发生本质的变化，即将人生一个阶段的教育改变为终身教育，将制度化教育转变为个性化教育，将学校化教育转变为社会化教育。可见，终身教育使教育回到了"原始点"，因为原始教育是终身的、个性化的、社会化的。但是，回到原始点并不是简单的复原，因为它并没有抛弃，而是扬弃了近代学校教育。终身教育可以统括教育社会化、继续教育以及非学校论对学校神话的批判等。

2.教育的全民化

20世纪80年代以来，终身教育和全民教育成为最具影响力的两大教育思潮，前者的任务侧重于继续教育，后者的任务侧重于普及教育。

全民教育就是教育必须向所有人开放，人人都有接受教育的权利而且必须接受一定程度的教育。教育的民主化（差别平等）和普及化是其主要内涵。全民教育坚持人人都有受教育的权利的基本原则，提出要满足所有人的基本学习需要，主张从普及初等教育、扫除成人文盲（关键任务是扫除"功能性文盲"，即帮助那些没有学会学习的人学会学习）等方面进行教育改革，以消除教育上的不平等。

全民教育思想（概念、目标）的正式提出，始于1990年3月在泰国宗迪恩召开的"世界全民教育大会"（又称"宗迪恩大会"）。大会由联合国教科文组织、儿童基金会、开发计划署和世界银行联合发起召开，并通过了《世界全民教育宣言》和《满足基本学习需要的行动纲领》两个划时代的文件，从而使全民教育思想为国际社会所接受。全民教育的基本含义是：（1）全民教育既是经济发展的需要，又是道德发展的需要；（2）全民教育是广义的，它的范围从学前教育到继续教育、终身教育；教育不仅是投入更是产出，教育有各种传送体系，包括正规教育、非正规教育和不定形教育，学校应当与丰富的学习环境结合在一起；（3）全民教育是一项新的社会责任，赞助者、家庭和非政府组织都要贯彻这一政策。

3. 教育的民主化

教育民主化是民主原则在教育领域中的深化和扩展，一般包括两个方面：个体具有越来越多的受教育机会（"教育的民主"）；个体受到越来越多的民主教育（"民主的教育"）。具体来说，教育的民主化是对教育的等级化、特权化和专制性的否定。教育民主化的中心内容是实现教育平等尤其是教育机会均等，即教育要为所有的社会成员提供平等的教育权利，包括入学机会的均等、教育过程中享有教育资源机会的均等和教育结果的均等，这意味着要对社会弱势群体学生给予特殊照顾；其次是指师生关系的民主化；再次是指教育方式、教育内容等的民主化，为学生提供更多自由选择的机会；最后是追求教育的自由化，包括教育自主权的扩大，根据社会要求设置课程、编写教材的灵活性等。

按照瑞典教育家托尔斯顿·胡森教授的观点，教育机会均等具有三方面的含义：起点均等、过程均等和结果均等。起点上的公平是指每个人不受性别、种族、出身、经济地位、居住环境等条件的影响，均有开始其学习生涯的机会。过程公平是指教育在主客观两个方面以平等的方式对待每一个人。结果公平即教育质量平等。

教育平等是人类的基本理念之一，是人类价值的基本尺度，也是衡量一个社会公正程度的基本标准。教育平等的含义包含四个重点：第一，人即目的，人受教育的最终目标是个体自由和谐地发展；第二，教育权利平等原则，这里所谓的教育权利，指的是"受教育"权利；第三，教育机会均等原则，良好的教育制度，乃是每个人有均等的入学机会、在教育过程中有均等的对待、有均等的学业成功机会；第四，差别性对待原则，要实现教育平等必然需要对每一个个体以不同的教育待遇，但是差别性原则的基本前提是，使全社会中处于最不利地位的人获得和其他人同等的利益。可见，教育公平的本质不是"扯平""同步"和"无差异"，恰恰是提供给相应个体以"相称"的教育。

教育现代化最重要的标志就是受教育者的广泛性和平等性。教育平等观念的要点是：① 教育平等不仅是发展教育所需，而且是实现社会平等的必由之路，即"教育作为一种相对变动的社会结构，对提高（人们的）社会地位仍然是一种重要手段"，因而可以说，"教育是通向平等的入口"。② 平等原则和能力原则是互补的，不应使一个目标屈从于另一个目标。③ 教育平等对个人、社会、民族、国家皆有益而无害。④ "任何一个孩子，只要受过训练，都能取得成功"，或者说，只要教育方法得当，几乎所有的人都可以学到同样的知识，都可以得到发展。

关于教育平等主要有四种理论：① 古代朴素的教育平等观点。古希腊的大思想家柏拉图最早提出教育公平的思想，亚里士多德则首先提出通过法律保证自由公民的教育权利的观点。两千多年前我国古代的大教育家孔子也提出"有教无类"的朴素教育民主思想。古代朴素的教育平等观反映了古代思想者对扩大教育平等的追求，但仍然是以阶级分层为基础的。② 古典自由主义的观点。被誉为"国民教育之父"的马丁·路德率先开创了普及义务教育的实践，夸美纽斯主张并亲身实践了"教育要普及到每一个人""要教一切人以一切知识"的思想，卢梭大力倡导"人人生而平等、人人都有同样权利"的教育思想。古典自由主义的教育平等观突出了教育乃是"天赋人权"的思想，但这种教育平等实际上只是在资本面前的平等。③ "民主主义学派"的观点。在杜威等自由主义者看来，教育具有三大功能：整合、平等与发展。教育首先被看成是"延续社会生命的工具";教育也被看成是具有拉平贫富两大极端的功能;最后教育被视为促进个人心灵发展与道德发展的主要工具。"民主主义学派"的教育平等观强调了"个人自由"是人类的最高理念,而教育平等是实现个人自由与社会民主的基本途径。当然这种自由是基于"资本"和"财富"的自由。④ 技术绩效主义的观点。技术绩效主义的教育平等观把社会不平等归结为个体的竞争能力,因而学校教育的大众化可以为个体提供各种发展机会,进而可以促进经济和社会的平等。

当前,教育民主化向纵深发展的主要表现是:教育普及化的开始,"教育机会均等"口号的提出,教育法制化的形成,教育民主化的质量和水平不断提高。从历史上看,制度化教育是实现教育平等的基本途径;从现实来看,制度化教育又可能成为实现教育平等的制度障碍。终身教育是现代教育制度创新的一个核心理念和实践,它是实现教育平等,推进教育民主化运动的一种十分重要的制度保障。

在教育民主化的潮流中,全纳教育、补偿教育、多元文化教育等理念逐渐得到接纳和推广。①全纳教育起源于特殊教育,但其内容远远超出特殊教育的范畴。作为一种思潮,它兴起于20世纪90年代。1994年,联合国教科文组织在西班牙萨拉曼卡召开了"世界特殊需要教育大会","全纳教育"首次被正式提出。全纳教育作为一种教育思潮,它容纳所有学生,反对歧视排斥,促进积极参与,注重集体合作,满足不同需求,是一种没有排斥、没有歧视、没有分类、"零拒绝"的教育。全纳教育的主要特征包括:平等性、合作性、差异性、持续性等。②补偿教育是指为文化不利儿童设计不同教育方案,以补偿其幼年缺乏文化刺激的环境,进而减少其课业学习困难和增进课业学习能力。③多元文化教育是这样一种理念:所有学生,不论他们属于哪一类群体,诸如在性别、民族、种族、文化、社会阶层、宗教信仰等方面各不相同或者属于某种特殊群体,他们在学校中都应该享有平等的教育。它的实施包括四个方面:内容整合、知识建构、减少偏见、公平的教育和授权性的学校文化与社会结构。

4. 教育的多元化

教育的多元化是对教育的单一性和统一性的否定,它是物质生活和精神生活多元化在教育上的反映。教育的多元化具体表现为培养目标的多元化、办学形式的多元化、管理模式的多元化、教学内容的多元化、评价标准的多元化等。

5. 教育技术的现代化

教育技术的现代化是指现代科学技术在教育技术上的应用,包括教育设备、教育手段、教育方法等的现代化以及由此而引起的教育思想、观念的变化。信息技术将为学习者提供丰富多彩的学习资源,多媒体技术正迅速成为现代教育技术中的主流技术,基于网络环境的教学和教学模式逐渐兴起。

此外,当今教育发展还有以下趋势:

第一,走向国际化(教育全球化)。教育全球化有三种基本的表现形态:第一种形态是教育资源的跨国界流动,日益壮大的留学生潮是其典型的表现;第二种形态是全球性的教育现象,如义务教育制度;第三种形态是全球教育,基于互联网的现代远程教育使得跨国教育体系成为可能。其中,第一种形态和第三种形态与WTO的《服务业贸易总协定》中的四种服务贸易提供方式——跨境交付、境外消费、在服务消费国的商业存在、自然人的流动是相契合的。教育全球化为各国实现快速健康的发展提供了许多新的机会,主要表现为:第一,外国资本在本国投资办学,这种方式的优点主要是可以增加国内的教育资源供给、增加就业、促进经济增长、改善教育系统的整体素质等;第二,到国外接受教育,派出留学生是其主要途径;第三,接受国外教育机构基于互联网的远程教育;第四,在全球聘请优秀的教师;第五,利用国外知识产权;第六,争取各种国际捐赠和项目融资等;等等。

第二,教育信息化。教育信息化有两个含义:一是教育培养适应于信息化社会的人才,二是教育把信息技术手段有效应用于教学与科研。教育信息化要求：（1）让学生学会使用电子计算机；（2）让学生学会收集、选择、处理信息，进而学会创造信息；（3）促进学校教育手段的信息化、现代化，这些手段包括摄影机、录音机、录像机、反映分析器、语言专用教室、程序打字机、电子学习台、闭路电视、计算机辅助教学、计算机管理教学等；（4）进一步建立信息库、信息网络等。信息化已把文化推进到"语言文化""文字文化"之后的"映像文化"。以电视、电影为中心的映像文化具有语言、文字所不能比拟的形象性、具体性，因而对提高教育的直观性，培养学生的主体性、创造能力，增加学生感性认识提供了非常有利的条件。但在另一方面，信息化也会导致人际关系的疏远（因学生埋身于信息媒体之中），造成"间接经验""代理经验""疑似体验"的膨胀，把这些体验混同于现实体验等弊端。这些是我们在教育信息化中应努力加以克服的。

第三，科学成为主导课程。21世纪世界竞争将是科学技术发展水平和更新速度的竞争，因此科学课程将成为主导课程。

第四，体现新人文精神。新的人文精神是指20世纪60年代以来形成的人类生存环境意识、和平与民主及人伦道德等等。各国课程增加了环境科学和环境保护、国际文化交流、新的道德哲学和伦理教育、个性发展与心理健康教育等内容。

第五，教育个性化。教育个性化是为了克服目前教育中存在的划一性、僵化和封闭性，树立尊重个人、发展个性、培养自我责任意识的需要。个性化教育的核心是以学生为中心的教育思想，注重个性发展，培养学生个人的创造性，让学生主动形成乐学、好学的求知态度，以及各种社会活动与适应能力及人际交往能力；同时面向全体儿童，实现教育优异。

（五）当代世界教育思潮的宏观演变与面向21世纪的教育改革

1. 当代世界教育思潮的宏观演变

（1）从"学会生存"到"学会关心"

"学会生存"与"学会关心"是"二战"后相继出现的具有国际意义的教育思潮，是"二战"后教育发展与改革的航标。1972年以法国前总理埃德加·富尔为首的国际教育发展委员会发表了题为《学会生存——教育世界的今天和明天》的报告，由此提出了"二战"后国际教育的新潮流——学会生存。它非常重视现代科学技术的学习，强调早期教育（以适应知识增长的需要）；确定终身教育的地位（以适应生产发展的需要）；注重学生能力的培养（以适应激烈的国际竞争）。它要求教育担负起传授年轻一代在当代社会激烈变化的条件下求得"生存"的各种知识和能力，这是《学会生存》教育思潮的基本宗旨。

《学会关心：21世纪的教育》是1989年联合国教科文组织在我国北京召开的"面向二十一世纪教育国际研讨会"会议报告的主题。它针对物质文明高度发达、精神文明相对薄弱的问题，从宏观上提出了"学会关心"的新构想。《学会关心》提倡学习的第三本护照，即"事业心和开拓技能护照"，这要求把事业心和开拓技能教育提高到目前学术性和职业性教育护照所享有的同等地位。"学会关心"力图弥补"学会生存"的缺陷，试图解决"二战"后物质生产高速发展而精神生产相对薄弱的问题，解决现代高科技给人类带来的精神危机、道德危机及生态危机，改善人类社会的精神生活环境，同时努力培养出能适应未来生活的个性全面发展的人。这可以说是"学会关心"的根本宗旨。

（2）从科学主义、经济主义到推崇教育的社会价值取向

教育的科技取向思潮，与当代西方广为流行的科学主义和技术统治论（简称技治论）不无关系。美国在1958年出台了《国防教育法》以及应运而生的赞科夫"教学促发展"实验教学论、布鲁纳结构主义课程论，都是为此取向服务的。

教育的经济取向思潮起源于20世纪60年代形成的人力资本理论，其最早的代表作是美国经济学家舒

尔茨的《人力资本投资》（1961年）和《教育的经济价值》（1963年）。教育的经济主义思潮包括两个方面：其一，对教育与经济关系的认识；其二，对教育性质的认识。

教育的社会价值取向思潮，就其当代本源来说，根植于"二战"后西方社会教育学中的功能论学派（以帕森斯为代表）和冲突论学派（分为"新韦伯主义"和"新马克思主义"两派）。不论功能论学派还是冲突论学派，都承认教育的社会价值功能，只不过前者从维护现存社会制度出发，后者则从批判现存社会制度出发。

（3）从国家主义教育到国际化教育

教育国际化思潮常常又被人们称为"国际教育""国际理解教育"或"全球教育"。国际化要求的要义是：贯彻和平、平等、全人类道德原则；理解、宽容和尊重异国文化、多元文化；能够和外国人一道顺利开展工作、研究；掌握外语；教育达到很高水平，能够和外国进行学校和文化交流，接纳留学生、访问学者等；为国际社会做出贡献。由此可知，教育国际化包括两方面的含义，一是教育为社会国际化发展培养人才，一是教育本身对外开放，加强国际交流。"从属理论"对分析、理解资本主义教育国际化现象提供了一个很好的思路。

（4）从阶段性教育到终身教育

从教育的侧重点看，阶段性教育重视和强调学校教育，认为学校教育是社会整个教育的主体，对社会的发展和人的发展具有决定性作用，而对社会教育重视不够，对社会教育与学校教育的衔接、配合重视不够。"终身教育"观念和理论是二战后在成人教育的经验基础上形成的。1965年，联合国教科文组织正式采纳了"终身教育"。自从联合国教科文组织终身教育科长保罗·朗格郎的《终身教育引论》（1970年）问世以来，终身教育在国际上产生了广泛的影响。1972年，联合国教科文组织发展委员会又出版了《学会生存》，从此终身教育在整个世界范围尤其在发达国家时髦起来，成为改革成人教育和学校教育并使之一体化的基本指导理论，并在日本等很多国家占据了教育改革中的指导理论地位。

2. 面向21世纪的教育改革

（1）高度重视改革，突出教育的战略地位

各国都视教育改革为决定国家和民族命运的大事，教育获得了前所未有的战略地位。例如，"二战"后美国教育经历了多次较大规模的改革，每次改革都是美国当时政治、经济、文化发展对相对滞后的教育提出革新要求的反映。1958年美国国会颁布的《国防教育法》，是美国"二战"后首次颁布的教育大法，其宗旨是提高美国教育水平，加速科技人才的培养，以保证美国的国家安全。《国防教育法》的主要内容包括：加强普通学校自然科学、数学和现代外语（即"新三艺"）的教学；加强职业技术教育；强调天才教育；增拨大量教育经费。美国20世纪70年代教育改革的主要内容是围绕着"生计教育"和基础教育（"恢复基础教育运动"）进行的。1983年，美国发表了《国家处在危险中：教育改革势在必行》的报告，全面总结了20世纪50年代以来美国教育发展的状况，提出了一系列旨在提高教育质量的建议，要求进行一次全面的教育改革。该报告也成为了80年代美国教育改革运动兴起的标志。进入21世纪，美国政府继克林顿时期的《2000年目标：美国教育法》和2002年小布什签署的《不让一个孩子掉队》法案之后，2015年奥巴马签署《让每一个学生成功法案》，明确规定取消学校年度标准化考试和绩效考试，削弱联邦政府在K—12阶段中的作用，恢复了地方各州的办学控制权。

（2）教育改革的重点转向提高教育质量

20世纪80年代以来，世界上许多发达国家将中小学教育改革的重点放在提高教育质量和办学效率上。如何在数量上满足广大适龄青少年的教育需求，同时又提高基础教育的质量，这是摆在发展中国家面前的一项迫切任务。

（3）课程改革是教育改革的核心

20世纪80年代各国的课程改革主要反映出三个特点。第一，为培养人的合理素质结构调整改革课程结构，注重科学教育课程与社会科学、人文科学、体育、艺术课程之间的平衡，呈现出多样化、实用化、个性化和综合化的特点。第二，为适应社会发展和科学技术进步的要求，增删调整课程内容。第三，强调基础学科的教学。《美国2000：教育战略》确立了英语、数学、科学、地理和历史五门核心课程。我国中小学教育也一贯重视基础知识和基本技能的教学。

（4）加强和改进道德教育

加强传统的道德价值观教育，注重弘扬本民族文化和历史的优良传统，根据新形势更新德育内容，正成为世界各国道德教育的重点。

（5）重视提高师资水平

为提高教师素质，各国采取的改革措施有以下方面：第一，提高教师的聘用标准，完善教师资格证书制度。第二，改善教师待遇。第三，改革教师培训制度。第四，发挥优秀教师的主导作用。

（6）教育公平渐成教育改革的主题

在新的历史背景下，教育权作为一项基本人权的重要地位得到了空前的重视，教育公平的问题在教育改革过程中也成了一个十分突出的改革主题。联合国教科文组织1990年3月在泰国宗迪恩召开的"世界全民教育大会"可以看作这一主题的标志性事件。此后，"满足所有人的基本学习需要"这一理念不断被加强，其意义从一般的普及基础教育逐步扩展到在种族、性别、年龄等方面所有人都平等地享有受教育权利，扩展到面向所有人的终身教育体系和学习化社会的构建。

第二节　教育学概述

一、教育学的概念

教育学是一门以教育现象、教育问题为研究对象，探讨教育价值观念和教育艺术，探索并揭示教育规律的科学。

1.教育学的研究对象

教育学的研究对象是人的教育活动，其中既包括具体个人的教育活动，也包括人类社会中各种教育现象和教育问题。教育学的研究应以教育事实为基础，在教育价值观引导下形成教育问题，其目的在于探索和揭示教育活动的规律性联系，以服务教育实践。

（1）教育现象是教育活动外在、表面的特征，包括教育社会现象和教育认识现象。教育社会现象是反映教育与社会关系的现象，如学校布局的调整、教师工资的增长或拖欠、毕业生的去向、学校管理体制的改革等。教育认识现象是反映教育与学生认识活动、学习活动关系的现象，如学生的思想方法问题、学习问题、心理健康问题、教师的教学方法问题等。有些教育现象既是教育社会现象又是教育认识现象，如制定教学计划、进行课程改革等。

（2）教育问题是指反映到人们大脑中的、需要探明和解决的教育实际矛盾和理论疑难问题。

教育问题的提出标志着教育学的萌芽，教育问题的发展是推动教育学发展的内在动力，教育问题的转换表明教育学研究传统和范式的变革，对同一教育问题的不同回答就形成了不同的教育思想或教育观念及其派别。

2. 教育学的研究任务

教育学的根本任务是揭示教育规律。教育规律是教育内部诸要素之间、教育和其他事物之间内在的必然的本质性联系。由于我们对规律的掌握要经历认识规律、揭示规律、运用规律三个阶段，所以教育学的研究任务及其价值就体现在超越日常的教育经验、科学解释教育问题以及沟通教育理论与实践这三个方面。德国当代元教育家沃尔夫冈·布列钦卡将教育理论分为三种：教育科学理论、教育哲学理论和教育实践理论。教育实践并不完全是一种技术行为或单纯的"做"，它本身蕴含着或隐或显的教育理论。

3. 教育学相关概念辨析

（1）教育学与教育科学体系

教育科学体系是有关教育问题的各种科学理论的学科群，包含教育社会学、教育经济学、教学论、课程论、教育技术学等，其中教育学是教育科学体系中的基础学科，处于教育科学体系的一级学科的地位。普通教育学是一门研究教育的一般原理和中小学教育规律的科学，是师范学校的一门公共必修课程，是理论性和实践性相结合的学科。

（2）教育学与教育方针政策、教育经验汇编

教育方针政策是人们根据一定的需要而制定出来的，是人们主观意志的体现。正确的教育方针政策反映教育的客观规律，却不能替代教育规律。

教育经验汇编多为教育实践经验的汇集。教育经验还只是表面的、局部的、个别的具体经验，尚未揭示出教育规律。教育学应重视教育经验，应将教育经验提高到理论高度，从教育经验中总结教育规律，以丰富和发展教育学。

二、教育学的产生与发展

教育学的发展，大体经历了教育学的萌芽、教育学的独立形态、教育学理论的多元化发展、当代教育学的深化发展等阶段。

（一）教育学的萌芽阶段（前教育学阶段）

萌芽阶段的教育学还没有从哲学、伦理学、政治学中划分出来形成一门独立的学科，只表现为零星的教育思想和教育观点。其主要特点可以概括为：（1）人们对教育的认知活动主要停留在经验和习俗的水平；（2）教育学著作多属论文的形式，缺乏科学的理论分析，没有形成完整的体系；（3）教育学思维与论述的方式以机械类比、比喻、格言、寓言等方式为主。

1. 中国古代的教育思想

（1）孔子

孔子是我国古代伟大的思想家、教育家，儒家学派的创始者，儒家教育理论的奠基人。孔子的教育思想主要通过《论语》中记载的言论来体现。《论语》由孔子弟子及再传弟子编写而成，主要记录孔子及其弟子的言行，较为集中地反映了孔子的思想，是一部有关哲学、政治、伦理和教育等的综合性著作。

① 教育实践活动

孔子一生的主要贡献在于：创办私学、创立儒学和删定"六经"。他是终身教育的践行者："吾十有五而志于学，三十而立，四十而不惑，五十而知天命，六十而耳顺，七十而从心所欲不逾矩。"

② 教育作用

孔子重视教育的社会作用。《论语·子路》记载:"子适卫,冉有仆。子曰:'庶矣哉!'冉有曰:'既庶矣,又何加焉?'曰:'富之。'曰:'既富矣,又何加焉?'曰:'教之。'"他提出了"庶—富—教"的关系问题,是中国最先论述教育与经济发展关系的教育家。

孔子充分肯定了教育在人的发展过程中所起的积极作用。他从探讨人的本性入手,在中国历史上首次提出"性相近,习相远也"。"性"指先天素质,"习"指后天习染(包括教育和社会环境的影响)。孔丘认为,人的先天素质没有多大差别,只是由于后天教育和社会环境的影响作用,人的发展才出现重大的差别。这一理论有一定的科学性,指出人的天赋素质相近,打破了奴隶主贵族比平民高贵、优越的思想。这是人类认识史上一个重大的突破,成为人人都可以受教育、人人都应该受教育的理论依据。孔子的"举贤才"及整个教育思想都立足于这种天赋平等的人性论基础上,他尽力将教育推向平民,为其"有教无类"主张提供理论依据。其缺点在于抹杀了先天禀赋的差异,有环境决定论之嫌。

"性相近,习相远也"是孔子人性论的一个组成部分,他还认为"唯上知与下愚不移,中而知之""中人以上,可以语上也;中人以下,不可以语上也",把人分成等级,这是有缺陷的。

③ 教育对象与办学方针

孔子提倡"有教无类"的办学方针,即不分贵贱、贫富和种族,人人都可以入学受教育。基于这种开放、公平的教育对象观,孔子广泛地吸收学生,"自行束脩以上,吾未尝无诲焉"。

"有教无类"的积极意义在于:首先,它扩大了教育对象,把教育扩大到平民,适应了时代潮流,打破了奴隶主贵族的教育垄断,扩大了教育的基础和人才的来源;其次,把教育扩大到平民阶层之后,进一步促进了文化下移,对战国时期文化学术的繁荣和百家争鸣的出现起了推波助澜的作用。

④ 教育目的与培养目标

孔子希望把人培养成"贤人"和德才兼备的"君子"。对君子的品格,他特别重视,可归结为两个方面:对内要能"修己",对外要能"安人"。孔子对君子强调三方面的修养要求——"仁者不忧,知者不惑,勇者不惧",其中最为重要的是君子道德方面的修养。

孔子提出由平民中培养德才兼备的从政君子,这条培育人才的路线可简称为"学而优则仕"。学习是通向做官的途径,培养官员是教育最主要的政治目的,而学习成绩优良是做官的重要条件。他鼓励学生们"不患无位,患所以立"。

⑤ 教学内容与教学方法

孔子是历来主张智育与德育并重的。因此,他教导弟子:"志于道,据于德,依于仁,游于艺"。他的教学内容也与其培养目标相适应,提出了"四教",即"文、行、忠、信"。其中"文"主要是指"六经",即《诗》《书》《礼》《乐》《易》《春秋》。孔子还主张"述而不作,信而好古","兴于诗,立于礼,成于乐"。

孔子的教学内容有三个主要特点:偏重社会人事,偏重文事,轻视自然知识、科学技术与生产劳动。"君子谋道不谋食",孔子称要学习种地、种菜的樊迟为"小人",轻视生产劳动。孔子在教学上强调"学而知之"和"困而学之",主张智育的首要目的是教给学习者以良好的学习方法(即"智育重法"),总结了一系列行之有效的教学方法。

a)主张学思行结合:"学而不思则罔,思而不学则殆。""学而时习之。""好古,敏以求之者也。""择其善者而从之。""君子耻其言而过其行。""君子欲讷于言而敏于行。"

b)强调启发诱导:"不愤不启,不悱不发。"朱熹注:"愤者心求通而未得之意,悱者口欲言而未能之貌。启谓开其意,发谓达其辞。""启发"一词即由此而来。要求在教学过程中掌握学生的心理状态,务使教学的内容与方法适合学生的接受水平和心理准备条件,以充分调动学生学习的主动性和求知欲。"举一隅不以三隅反,则不复也。""孔子博学于文,约之以礼。""由博返约。""叩其两端。""夫子循循然善诱人,博我以文,约我以礼,欲罢不能。"

c) 主张因材施教:"听其言而观其行。""视其所以,观其所由,察其所安。""求也退,故进之;由也兼人,故退之。""师也过,商也不及。"

d) 提倡好学、乐学、不耻下问与实事求是:"知之者不如好之者,好之者不如乐之者。""敏而好学,不耻下问。""知之为知之,不知为不知,是知也。""毋意,毋必,毋固,毋我。"

⑥道德教育内容与品德修养方法

孔子以"仁"为核心,把仁的思想归结到服从周礼上("克己复礼为仁"),主张"非礼勿视,非礼勿听,非礼勿言,非礼勿动",强调忠孝和仁爱。"仁"和"礼"成为孔子道德教育的主要内容。仁和礼的关系就是内容和形式的关系,礼是仁的形式,仁是礼的内容。仁最通常的意思就是"爱人",也就是承认别人的资格,把人当作人来爱。但"爱人"并不是不分善恶而普遍地爱一切人,而是以"仁"为基本准则,有所爱也有所憎。以仁的精神来对待不同的伦理关系时,就有不同的具体的道德规范,其中最重要的两项道德规范是忠与孝。

"仁"的道德品质是成为君子的重要条件。他说:"君子去仁,恶乎成名?君子无终食之间违仁,造次必于是,颠沛必于是。"不论何时何地,君子都要保持仁德。

孔子还提出一些道德修养的基本要求与原则。

a) 立志:"三军可夺帅,匹夫不可夺志也。"

b) 克己:"君子求诸己,小人求诸人。""躬自厚而薄责于人。""不怨天,不尤人。"

c) 力行:"力行近乎仁。""言必信,行必果"。

d) 中庸:子贡问:"师与商也孰贤?"子曰:"师也过,商也不及。"曰:"然则师愈与?"子曰:"过犹不及。"

e) 内省:"见贤思齐焉,见不贤而内自省也。"

f) 改过:"君子之过也,如日月之食焉:过也,人皆见之;更也,人皆仰之。""过则勿惮改。"

⑦教师观

孔子认为教师应具备以下条件:

a) 学而不厌。教师要尽自己的社会职责,应重视自身的学习修养,掌握广博的知识,具有高尚的品德,这是教育人的前提条件。要保持一种"学如不及,犹恐失之"的积极精神状态,时刻考虑不断进步,他说:"德之不修,学之不讲,闻义不能徙,不善不能改,是吾忧也。"如果不学习,不修养,止步不前,就会失去为师的条件,这是值得忧虑的。

b) 温故知新。教师既要了解、掌握过去的政治历史知识,又要借鉴有益的历史经验,认识当代的社会问题,知道解决问题的办法。

c) 诲人不倦。教育是高尚的事业,需要对学生有高度责任心、对社会有高度责任心的人来为其服务。教师以教为业,也以教为乐,要树立"诲人不倦"的精神。

d) 以身作则。孔子认为教师对学生进行教育的方式,不仅有言教,还有身教。教师身教的示范对学生有重大感化作用,身教比言教更为重要,"其身正,不令而行;其身不正,虽令不从"。

e) 爱护学生。爱护关怀学生的表现是:引导学生们努力进德修业,成为具有从政才能的君子,为实现天下有道的政治目标而共同奋斗。

f) 教学相长。孔子已认识到教学过程中教师对学生不是单方面的传授知识,而是可以教学相长的。《论语·八佾》记载："子夏问曰：'巧笑倩兮！美目盼兮！素以为绚兮！何谓也？'子曰：'绘事后素。''曰：礼后乎？'子曰：'起予者商也，始可与言《诗》已矣。'"他在教学活动中为学生答疑解惑，经常共同进行学问切磋。学生有疑难而请教，教师答疑就本意作了说明，学生得到启发进一步考虑，思考问题更有深度，教师于此反受启发，向学生学习而获益。

（2）孟子

孟子（约公元前372年至公元前289年），名轲，字子舆，战国中期鲁国邹人，著名的思想家、政治家、教育家。他继承了孔子"仁"的思想并将其发展成为"仁政""王道"思想。作为孔子的嫡传弟子，孟子被称为"亚圣"。《史记·孟子荀卿列传》记载孟子"受业子思之门人"，荀子把子思（孔子之孙）和孟子列为一派，这就是后世所称儒家中的"思孟学派"。

① 性善论

"性善论"是孟子教育理论的基础。孟子曰："恻隐之心，人皆有之；羞恶之心，人皆有之；恭敬之心，人皆有之；是非之心，人皆有之。恻隐之心，仁也；羞恶之心，义也；恭敬之心，礼也；是非之心，智也。仁义礼智，非由外铄我也，我固有之也，弗思耳矣。"

孟子认为，性善可以通过每一个人都具有的普遍的心理活动加以验证。既然这种心理活动是普遍的，因此性善就是有根据的，是出于人的本性、天性的，孟子称之为"良知""良能"，"人之所不学而能者，其良能也；所不虑而知者，其良知也"。

② 论教育作用

孟子的性善论具有两重性：一方面表现了先验主义；另一方面表现了对人本质的深刻认识。

孟子认为，教育就是扩充"善端"的过程。所谓"端"，是指事物的开头或缘由。人所具备的恻隐、羞恶、辞让、是非四种心理倾向，不过是仁义礼智的起始点或可能性。把"四端"转化成现实的道德品质，需要靠学习与教育，所谓"学问之道无他，求其放心而已矣"；所以，孟子认为，教育的作用就在于引导人保存、找回和扩充其固有的善端。

③ 论理想人格与教育目的

孟子曾说"万事皆备于我"，主张教育目的在于培养具有浩然之气的"大丈夫"。孟子说："富贵不能淫，贫贱不能移，威武不能屈，此之谓大丈夫。"

孟子曾明确概括了中国古代学校教育的目的即"明人伦"。他主张兴办庠、序、校等教育机构来培养学生。所谓"明人伦"，就是"教以人伦——父子有亲，君臣有义，夫妇有别，长幼有序，朋友有信"。后世亦称之为"五伦"，代表着五种最基本的人际关系，目的在于维护上下尊卑的社会秩序和道德观念。

④ 论道德教育的原则

孟子继承了孔子所提倡的"自省""克己""过则勿惮改"等思想，并且在其性善论的基础上，进一步发展了这些思想，提出了一系列道德教育的原则。

a）持志养气。孟子十分重视立志，认为道德教育的首要问题便是"尚志""持志"，即坚持崇高的志向。他提出"舍生取义"的理想境界："生，亦我所欲也；义，亦我所欲也。二者不可得兼，舍生而取义者也。"孟子要求学生追求高尚的精神生活，不要贪图物质生活的享受。

b）动心忍性。孟子的名言："天将降大任于斯人也，必先苦其心志，劳其筋骨，饿其体肤，空乏其身，行拂乱其所为，所以动心忍性，增益其所不能。"孟子在这里强调了意志锻炼的重要性，他主张在逆境中历练心性。

c）存心养性。孟子主张寡欲。他说："养心莫善于寡欲。"一个人欲望很少，那善性虽有所丧失，但也很少；如果一个人欲望很多，那善性虽有保存，但也很少。

d）反求诸己。"爱人不亲，反其仁；治人不治，反其智；礼人不答，反其敬。行有不得，皆反求诸己。"同时孟子又说："仁者如射，射者正己而后发，发而不中，不怨胜己者，反求诸己而已。"总之，凡事须严于律己，时时反思。

⑤ 论教学方法

孟子在学与思的关系上更为强调"思"的作用。他说："心之官则思，思则得之，不思则不得也。"其教学思想更具内倾性。

a）深造自得。孟子说："君子深造之以道，欲其自得之也。自得之，则居之安，居之安，则资之深，资之深，则左右逢其源。"据此，孟子主张学习中要有独立思考精神，读书是必要的，但应求理解，而不能书云亦云，对前代的文献典籍不能盲从，"尽信书，则不如无书"。

b）盈科而进。孟子说："流水之为物也，不盈科不行。""其进锐者，其退速。"进程过于迅速，势必影响实际效果，以致退步也快。正确的进程应当像流水一样，注满了一个洼坎之后再往下流，这就是"盈科而后进""欲速则不达"的道理。

c）专心有恒。孟子认为两个人同时跟一个围棋国手学习下棋，但结果大不相同，这是由于专心与不专心的缘故。学习必须专心致志，这是孟子在教学实践中总结出来的一条科学原则。他在主张专心致志的同时，还提出了持之以恒的思想。他告诫学生如果停下一个时期不用心学习，学到的知识就会遗忘。因此学习要有不达目的誓不罢休的精神。

d）教亦多术。教师的作用在于积极引导，启发学生思维，因此教学方法不能千篇一律，而应根据不同情况采取灵活多样的方法。他说："教亦多术矣。予不屑之教诲也者，是亦教诲之而已矣。"对学生，教法很多，但要因人而异，因材施教。"君子之所以教者五：有如时雨化之者，有成德者，有达财者，有答问者，有私淑艾者。"

（3）荀子

荀子（约公元前313年至公元前238年），是先秦儒家最后一位大师，也是先秦思想的集大成者。因"荀"与"孙"二字古音相通，故又称为"孙氏之儒"。荀子被称为"六经传人"，孔子整理的"六艺"多经荀况传授。

① "性恶论"与教育作用

在人性论问题上，荀子提出了"性恶论"，批评了孟子的"性善论"。他写了《性恶》一文，认为人的本性都是恶的，并不存在仁、义、礼、智等先天道德品质，如任其发展而不加节制，必然使社会产生混乱。那么，人之善从何而来？荀子认为："人之性恶，其善者伪也。""伪"是指人为，泛指后天一切人为的努力而使本性发生的变化。他认为教育的作用就在于"化性起伪"。人性本恶，任何人的道德观念都不是本性固有的，而是"积伪"的结果，其过程就是由"性"向"伪"转化，"长迁而不反其初谓之化"，最终与恶的本性彻底决裂，永远不再走回头路。

② 论教育目的

荀子在《劝学》中明确地提出了教育目的与内容。在荀子看来，教育目的就是将士最终培养成圣人。荀子对"学而优则仕"思想做了更为深刻的阐述："学者非必为仕，而仕者必如学。"治学并非一定要当官，但当官的必须先治学。

荀子把当时的儒者划分为几个层次，即俗儒、雅儒、大儒。荀子的基本培养目标是"法后王而重礼法"的雅儒，最高目标是"大儒"。他们"志安公，行安修，知通统类"，是"既仁且智"的"王霸之佐"。

③论教学内容

荀子主张"善假于物"，就是指人善于借助知识来丰富自身。因此，他重视古代典籍的学习，尤其是儒家经典的传授。他说："学恶乎始？恶乎终？曰：其数则始乎诵经，终乎读礼；其义则始乎为士，终乎为圣人。"

④论学习过程与学习方法

荀子在教学思想上，更强调"外积"；在学与思的关系上，更侧重于"学"。其教学思想主要包括以下几个方面：

a）注重"积""渐"。"积土成山，风雨兴焉；积水成渊，蛟龙生焉；积善成德，而神明自得，圣心备焉。"这说明知识和道德是一个不断积累和提高的过程。"蓬生麻中，不扶而直；白沙在涅，与之俱黑。"荀子在重视主观上"积"的同时，也重视环境对人的发展的影响作用，这就是他所说的"渐"。

b）闻见知行。荀子说："不闻不若闻之，闻之不若见之，见之不若知之，知之不若行之，学至于行而止矣。""闻""见"是学习的起点、基础，也是知识的来源。"知"的阶段实际上是思维的过程。"行"是学习最高的阶段，"君子之学也，入乎耳，著乎心，布乎四体，行乎动静"。

c）兼陈万物而中悬衡。荀子看到人们在学习过程中容易因片面性而妨碍认识事物的全貌，因而提出了"解蔽救偏、兼陈中衡"的原则。所谓"蔽"，就是片面性，只看到事物的一个方面或只被事物的一个方面所支配，就会对复杂的事物和现象缺乏全面了解。"解蔽"就是要从片面性的局限中解脱出来，学会全面地看问题。

d）理想的学习状态。荀子提出了理想的学习状态——"虚壹而静""大清明"。荀子认为，"心"是藏与虚、两与壹、动与静的统一。虚，即不以已接受的旧知识妨碍新知识的学习；壹，即当多个学习对象同时呈现在面前的时候，能够专注于其中之一，当不同观点同时呈现在面前的时候，能够择善而从，或将它们统一起来；静，即排除各种杂念，使精神专注于学习对象。

⑤论教师

荀子特别重视教师的地位和作用，竭力倡导尊师，他第一个将教师提到与天地、祖宗并列的地位。荀子认为，教师的作用是与国家的前途命运相连的，"国将兴，必贵师而重傅；贵师而重傅，则法度存。"

在教师与学生之间，荀子片面强调学生对教师的服从，主张"师云亦云"，甚至认为"言而不称师，谓之畔（叛）"。荀子同时对教师提出了严格的要求，他说："师术有四，而博习不与焉。尊严而惮，可以为师；耆艾而信，可以为师；诵说而不陵不犯，可以为师；知微而论，可以为师。"即当教师有四个条件：有尊严而令人起敬，德高望重，讲课有条理而不违师法，见解精深而表述合理。此外，荀子承认学生可以超过老师，主张"青出于蓝而胜于蓝"，这是很有积极意义的。

（4）墨家

墨子重视实用，关注下层人民的利益。作为墨家的代表人物，墨子以"兼爱"（爱一切人）、"非攻"（反对战争）、"尚贤"（任人唯贤）为教，同时注重文史知识的掌握和逻辑思维能力的培养，还注重实用技术的传习。

①教育作用

墨子提出"素丝说"，认为人性如素丝，"染与苍则苍，染与黄则黄"，重视环境和教育的作用。他认为，教育可以"兴天下之利，除天下之害"，主张通过"有力者疾以助人，有财者勉以分人，有道者劝以教人"，建设一个民众平等互助的"兼爱"社会。

②教育目的

墨子主张培养"兼士"或"贤士"，具体标准是："博乎道术，辩乎言谈，厚乎德行。"

③ 教育内容

墨子提出了"兼爱""非攻""尚贤""尚同""天志""明鬼""非命""非乐""节葬""节用"等观点。

墨子重视科学和技术教育，这是其最有特色的内容，涉及数学、光学（小孔成像原理）、声学、心理学、器械制造等许多方面。墨子还重视文史教育与培养思维能力的教育。首先，墨子认为，人的认识和言谈是否正确，需要有衡量标准，于是提出应当把握三条标准，即"三表法"："上本之于古者圣王之事""下原察（察度）百姓耳目之实""中国家百姓人民之利"。其次，墨子强调必须掌握思维和论辩的法则，即形式逻辑。墨子在中国逻辑史上首次提出"类""故"的概念，提出"察类明故"的命题，要求懂得运用类推和求故的方法。

墨子认为，人的知识来源可分为三个方面，即亲知、闻知和说知。前两种都不可靠，必须重视"说知"，即依靠类推和明故的方法来获得知识。

④ 教育方法

主动（"上说下教""虽不扣必鸣"）、创造（"述而作"）、实践（"合其志功而观焉"）、量力（"夫知者必量其力所能至而从事焉""深其深，浅其浅，益其益，尊其尊"）。

（5）道家

老子、庄子创立的道家的核心思想是"无为"，主张"弃圣绝智""弃仁绝义"。根据"道法自然"的哲学，道家主张回归自然、"复归"人的自然本性。学习方法上提倡怀疑，讲究辩证法，提倡"贵师""道观""用反""虚静"等教学原则。

（6）法家

法家以商鞅、韩非子等为代表，提出"人性利己说"，主张实行法制教育和极端国家主义。法家主张禁诗书与"以法为教"，禁私学与"以吏为师"。

（7）战国后期的教育论著

① 《大学》

《大学》是一篇论述儒家修身治国平天下思想的散文，原是《小戴礼记》第四十二篇，相传为曾子所作，实为秦汉时儒家作品，是一部中国古代讨论教育理论的重要著作。《大学》提出"三纲领"（明明德、亲民、止于至善）和"八条目"（格物、致知、诚意、正心、修身、齐家、治国、平天下），强调修己是治人的前提，修己的目的是为了治国、平天下。

② 《中庸》

《中庸》是一篇论述儒家人性修养的散文，原是《礼记》第三十一篇，相传为子思所作，是一部中国古代讨论教育理论的重要论著。《中庸》主张"天命之谓性，率性之谓道，修道之谓教"，提倡中庸，"两端执其中"。该著作认为人可以通过两条途径得到完善：其一是发掘人的内在天性，进而达到对外部世界的体认，这就是"自诚明，谓之性"，或者"尊德性"；其二是通过对外部世界的求知，以达到人的内在本性的发扬，这就是"自明诚，谓之教"，或者"道问学"。《中庸》还阐述了"博学之，审问之，慎思之，明辨之，笃行之"的学习过程，此过程后来被朱熹列为《白鹿洞书院揭示》的"为学之序"。

③ 《乐记》

《乐记》是最早的一部具有比较完整体系的汉族音乐理论著作，它总结了先秦时期儒家的音乐美学思想。关于音乐的本质，《乐记》中有精辟的论述。它肯定了音乐是表达情感的艺术，认为："凡音而起，由人心生也。人心之动，物使之然也。""凡音者，生人心者也。情动于中，故形于声。声成文，谓之音。"

④《学记》

《学记》也是《礼记》中的一篇，它是我国也是世界上<u>最早</u>专门论述教育问题的著作。有学者称其为"<u>教育学的雏形</u>"，相传作者为乐正克。《学记》系统地阐发了教育的作用和任务、教育制度和学校管理、教学的原则和方法、教师的地位和作用、师生关系和同学关系等，是罕见的世界教育思想遗产。

a）教育作用与教育目的

《学记》提出"君子如欲化民成俗，其必由学乎""建国君民，教学为先"，揭示了教育的重要性和<u>教育与政治</u>的关系。"玉不琢，不成器；人不学，不知道"，揭示了教育的个体功能。

b）教育制度与学校管理

《学记》设计了从基层到中央的完整的教育体制，提出了严密的视导和考试制度。《学记》以追求古代理想社会制度的方式提出要建立从中央到地方的学制系统——"古之教者，家有塾，党有庠，术有序，国有学"。在学校管理方面，《学记》提出了一个完整的教学进程和考查标准——"比年入学，中年考校。一年视离经辨志，三年视敬业乐群，五年视博习亲师，七年视论学取友，谓之小成。九年知类通达，强立而不反，谓之<u>大成</u>。"

c）教育教学原则

《学记》深刻地揭示了当时教学的弊端，指出："今之教者，呻其占毕，多其讯言，及于数进而不顾其安。使人不由其诚，教人不尽其材。其施之也悖，其求之也拂。夫然，故隐其学而疾其师，苦其难而不知其益也。虽终其业，其去之必速。教之不刑，其此之由乎！"并明确地论述了一系列教育教学原则。

<u>教学相长</u>原则。《学记》云："虽有嘉肴，弗食不知其旨也；虽有至道，弗学不知其善也。故学然后知不足，教然后知困。知不足，然后能自反也；知困，然后能自强也。故曰：教学相长也。"教学相长的本意并非指教与学双方的相互促进，而是仅指教这一方的以教为学；但后人在注释"教学相长"时，有人望文生义，做了引申，将其视为教学过程中教师、学生双方的互相促进、共同提高的过程。

<u>启发诱导</u>原则。《学记》云："君子之教，喻也。道而弗牵，强而弗抑，开而弗达。道而弗牵则和，强而弗抑则易，开而弗达则思。和、易以思，可谓善喻矣。"主张开导学生，但不要牵着学生走；对学生提出较高的要求，但不能使学生灰心。

<u>长善救失</u>原则。《学记》认为："学者有四失，教者必知之。人之学也，或失则多，或失则寡，或失则易，或失则止。此四者，心之莫同也。知其心，然后能救其失也。教也者，长善而救其失者也。"

<u>循序渐进</u>原则。《学记》主张"学不躐等""不陵节而施之谓孙""杂施而不孙，则坏乱而不修"，即教学要遵循学生心理发展特点，循序渐进；同时，重视学生的学习，指出"善学者，师逸而功倍，又从而庸之"。

<u>藏息相辅</u>原则。《学记》认为正课学习与课外练习必须兼顾，课内与课外相结合，相互补充。《学记》指出："大学之教也，时教必有正业，退息必有居学。""故君子之于学也，藏焉修焉，息焉游焉。夫然，故安其学而亲其师，乐其友而信其道，是以虽离师辅而不反也。"

<u>豫时孙摩</u>原则。这是《学记》总结了长期教育、教学中的经验教训后概括出的规律，包含四条原则。"<u>豫</u>"即预防性原则，"禁于未发之谓豫"，要在不良倾向尚未发作时就采取预防措施；"<u>时</u>"即及时性原则，"当其可之谓时"，要把握教学的最佳时机，适时进行；"<u>孙</u>"即循序渐进原则，"不陵节而施之谓孙"，教学要遵循一定的顺序进行；"<u>摩</u>"即学习观摩原则，"相观而善之谓摩"，学习中要相互观摩、取长补短，否则，"独学而无友，则孤陋而寡闻"。

d）教学方法

讲解法。《学记》提出"约而达"（语言简约而意思通达）、"微而臧"（义理微妙而说得精善）、"罕譬而喻"（举少量典型的例证而使道理明白易晓）的讲解方法。

问答法。教师的提问应先简后难，要循着问题的内在逻辑。

练习法。根据学习内容来安排必要的练习，练习要有规范，并且应逐步地进行。

e）尊师重道

《学记》明确提出了"师严然后道尊"的思想，这是一种传统教师观。"学记"提出："能为师，然后能为长；能为长，然后能为君。故师也者，所以学为君也。""师严然后道尊，道尊然后民知敬学。"即使君主对自己的教师也不能按一般臣下对待，即"当其为师，则弗臣也"，以示尊师之礼。

（8）中国古代封建社会教育家及其思想

a）董仲舒，代表作《春秋繁露》《对贤良策》等。他在《对贤良策》中提出三大文教政策：独尊儒术；兴太学以养士；重视选举，任贤使能。在道德教育上，董仲舒主张德政是立政之本，德育内容的中心是"三纲五常"，在道德修养方法层面主张重义轻利，"以仁安人，以义正我"，"必仁且智"。

b）王充，代表作《论衡》等。他致力于批判谶纬神学，主张"天道自然""万物自生""人死神灭"，体现了唯物主义观点。他提出"人有知学，则有力矣"，强调知识便是力量。他把人才分为"文吏、儒生、通人、文人、鸿儒"五种不同层次，在教育目的上主张培养"文人"和"鸿儒"，并且首次提出培养创造性的学术人才。学习上强调学思结合，倡导批判和怀疑精神。他主张"博通百家"，反对迷信圣人；主张"学知与闻见""思考与求是"，分辨知识真伪时坚持"效验与有证"原则；主张"问难与距师"，体现了对权威、对书本的怀疑和批判精神。

c）颜之推，著有我国第一部系统完整的家庭教育指导书《颜氏家训》。他认为人性分三品，并首次从知识是一种谋生手段等方面论述了知识教育的重要性。他主张培养于国家有实际效用的各方面的统治人才。颜之推提出士大夫教育思想，认为士大夫教育的主要内容是德（仁义）、艺（广博知识，如"五经"、百家群书、琴棋书画等杂艺）两个方面。另外，颜之推还论述了家庭教育思想：尽量早教，最好从胎教开始；慈与严结合；均爱而不能偏爱；重视语言（通用语言）和品德教育；等等。

d）韩愈，重视人才培养和人才选拔。《师说》是韩愈论师道的重要教育论著，起了解放思想的作用，具有进步意义。从教育思想发展的历史来看，《师说》在理论上是具有新意的，具体表现为：由"人非生而知之者"出发，肯定"学者必有师"；"传道、授业、解惑"是教师的基本任务；以"道"（即仁义）为"求师"的标准，主张"学无常师"；提倡"相师"，确立民主性的师生关系。

e）朱熹，著有《四书章句集注》《白鹿洞书院揭示》《童蒙须知》等。朱熹认为性分两种——"天命之性"与"气质之性"，主张"明天理，灭人欲"，学校教育的目的是明人伦。朱熹还划分了大学和小学教育，主张小学"教以事"，大学"读书穷理"。

此外，"朱子读书法"给世人留下了一笔宝贵的精神财富：一是循序渐进，包含量力性和打好基础的思想，"字求其训，句索其旨。未得乎前，则不敢求乎后；未通乎此，则不敢志乎彼"；二是熟读精思，包含重视思考的思想，"读书始读，未知有疑。其次则渐渐有疑。中则节节是疑。过了一番后，疑渐渐解，以至融会贯通，都无所疑，方始是学"；三是虚心涵泳，包含客观揣摩的思想，"读书之法无他，惟是笃志虚心，反复详玩为有功耳"；四是切己体察，包含身体力行的思想，"读书不可只专就纸上求义理，须反来就自家身上推究"；五是着紧用力，包含积极奋发的思想；六是居敬持志，包含精神专一、持之以恒的思想，既是朱熹道德修养的重要方法，也是他最重要的读书法，"读书须将心贴在书册上，逐句逐字，各有著落，方始好商量。大凡学者须是收拾此心，令专静纯一，日用动静间，都无驰走散乱，方始看得文字精审"。

f）王守仁（王阳明），提出"心即理""致良知""知行合一"等命题，创立阳明学派。他主张教育的作用在于"致良知"（"学以去昏弊""吾辈用工只求日减，不求日增，减得一分人欲，便是复得一分天理"）。他把"明人伦"作为道德教育的目的。在道德教育和修养的方法上，王守仁以"知行合一"思想为指导，针对程朱理学知而不行、知行脱节的"空疏谬妄"，强调道德践履和实际行动对于道德教育和修养的重要性，他提出下列四个基本主张：静处体悟、事上磨炼、省察克治、贵于改过。王守仁集中论述了儿童教育：揭露和批判传统儿童教育不顾儿童的身心特点；儿童教育必须顺应儿童的性情（"大抵童子之情，乐嬉游而惮拘检，如草木之始萌芽，舒畅之则条达，摧挠之则衰痿"），顺应儿童的身心特点，使他们"趋向鼓舞""中心喜悦"；儿童教育的内容包括歌诗、习礼、读书三方面，应"诱之歌诗""导之习礼""讽之读书"；要"随人分限所及"，量力施教，教学也应该留有余地，"量其资禀"，使儿童"精神力量有余"。王守仁反对"小大人式"的传统儿童教育方法和粗暴的体罚等教育手段，要求顺应儿童性情，根据儿童的接受能力施教，使他们在德育、智育、体育和美育诸方面得到发展等主张，反映了其教育思想的自然主义倾向。

g）黄宗羲，著有《明夷待访录》，主张"公其是非于学校"，学校集讲学和议政于一身。

h）颜元，创立漳南书院和"习斋"。他认为传统教育有三大祸害：毁灭人才、灭绝圣学、破坏社会风气。他认为教育应培养实德实才，即"经世"的人才（政府管理人员）和"百职"人才（专业人才、能工巧匠）。他提出教育应当培养各种专门的人才，尤其强调百工农医在教育中的地位。他主张的教育内容主要包括"六斋"与"实学"（兵、农、钱、谷、水利、火等）。他将教学方法归结为"习动、习行"，主张学用结合、讲练结合。

i）张之洞，在《劝学篇》中集中论述了"中体西用"思想，成为洋务派的指导思想。

j）康有为，著有《大同书》《新学伪经考》《孔子改制考》等。他设计了前后衔接的完整教育体系，重视学龄前教育（康有为在《大同书》中第一次提出在我国实施学前社会教育），主张男女教育平等。

k）梁启超，代表作《变法通议》等。他认为教育的作用在于"开民智""伸民权"，教育的目的是培养"新民"。梁启超还主张废科举；在中国近代史上首次论述了师范教育，认为师范教育是学校教育的基础；提倡女学和儿童教育，主张"人生百年，立于幼学"。

l）严复，翻译了《天演论》等。在中国近代最早提出德智体全面发展的"三育论"：鼓民力、开民智、新民德。他反对中体西用，主张体用一致。

2. 西方古代的教育思想

西方教育学的思想要溯源于古希腊时期。古希腊哲学家苏格拉底（Socrates，公元前469—前399）、柏拉图（Plato，约公元前427—前347）和亚里士多德（Aristotle，公元前384—前322）是西方古代教育家的杰出代表。

（1）苏格拉底

苏格拉底和他的学生柏拉图、柏拉图的学生亚里士多德并称为"古希腊三贤"，是西方哲学的奠基者。苏格拉底常被誉为"西方的孔子"，他在教育理论上的最大贡献是苏格拉底法。该方法以苏格拉底与青年智者的问答中表现出的雄辩才能最为著名，被称为"产婆术"。它也是西方最早的启发式教学方法。这种问答式的启发式教学方法分为三步：第一步称为苏格拉底讽刺，他认为这是使人变得聪明的一个必要步骤，因为除非一个人很谦逊，"自知其无知"，否则他不可能学到真知；第二步叫定义，在问答中经过反复诘难和归纳，从而得出明确的定义和概念；第三步叫助产术，引导学生自己进行思索，自己得出结论。有观点认为，"产婆术"是归纳法、探究法、发现法的渊源，"产婆术"教学分诘问和助产两个阶段；也有观点认为"产婆术"主要由讥讽、助产术、归纳和下定义四个步骤组成。

此外，苏格拉底首次明确提出"美德是否可教"的论题，主张"知识即美德"（"德性就是知识"）。

（2）柏拉图

柏拉图是西方第一位有大量著作流传下来的哲学家，他的教育思想集中体现在他的代表作《理想国》中。他的《理想国》与卢梭的《爱弥儿》、杜威的《民主主义与教育》被称为西方资本主义教育史上的三大里程碑著作。

柏拉图在《理想国》中总结了当时的雅典和斯巴达的教育经验，提出了一个比较系统的教育制度，规定了不同阶级的人的不同的教育内容。柏拉图认为，"现实世界不过是理念世界的摹本"，人的肉体是人的灵魂的影子，灵魂才是人的本质，而灵魂由理性、意志、情感三部分构成。教育的任务就是让人类从"现实世界"走向"理念世界"，帮助未来的统治者获得真知，以"洞察"理想的世界。这种教育只有贯彻了睿智的哲学家和统治者的思想才能引导芸芸众生走向光明。教育与政治有着密切的联系，以培养未来的统治者为宗旨的教育，乃是在现实世界中实现这种理想的正义国家的工具。这种观点是国家主义教育思想的渊源。

在西方教育史上，"七艺"的前三科由智者派提出，而后四科（算术、几何、天文、音乐）是柏拉图最早明确提出并列入教学科目的。另外，柏拉图提出教育目的在于实现个人的"灵魂转向"，主张"学习即回忆""寓学习于游戏"。柏拉图还是西方教育史上第一个提出完整的学前教育思想并且建立了完整的教育体系的人。

（3）亚里士多德

被称为百科全书式哲学家的亚里士多德秉承了柏拉图的理性说，认为追求理性就是追求美德，就是教育的最高目的。亚里士多德的教育思想主要体现在他的著作《政治学》中。他认为，教育应该是国家的，每一个公民都属于城邦，所有的人都应受同样的教育。"教育事业应该是公共的，而不是私人的。"但他所指的"每一个公民"不包括奴隶。他主张一部分人可以受教育，一部分人即奴隶则是不可受教育的。

亚里士多德注意到了儿童心理发展的自然特点，在教育史上首次提出了"教育遵循自然"的观点，主张按照儿童心理发展的规律对儿童进行分阶段教育。"他强调教育必须依靠自然，发展儿童天性中的潜在能力。在这个意义上，他的学说开了后代资产阶级的'遵循自然'教育思想的先河。"他将人的灵魂分为营养的灵魂、感觉的灵魂和伦理的灵魂三类，并首次提出应对儿童进行德、智、体等全面和谐发展的教育。此外，亚里士多德强化了柏拉图开始的"主智主义"的教育观。他的"文雅教育"思想把教育区分为两类：有用的与文雅的。"有用的"是不高尚的，因为它服务于事功与实用；"文雅的"是高尚的、人性的，因为它服务于闲暇。要实施文雅教育，必须具备两个条件：一是有闲暇时间；二是要有自由学科。亚里士多德非常重视音乐的作用，音乐教育是其和谐发展教育的核心。音乐教育的目的不是为了实际生活的需要，而是为了在闲暇时供理智的享受。他提出必须把音乐列入教育的范畴，因为音乐具有教育作用，具有心灵净化和理智享受的功能。

（4）昆体良

古罗马昆体良的《雄辩术原理》（又译为《论演说家的教育》）是西方第一部教育专著，也是世界上第一本研究教学法的著作。昆体良主张教育者要了解儿童的天赋、倾向和才能，遵循儿童的特点进行教育。他非常重视教师的作用，认为教师是教育成败的关键，为此，教师应是德才兼备的人。他将学习过程概括为模仿—理论—练习三个阶段。他的思想中蕴藏着班级授课制的萌芽。

（二）独立形态教育学的产生与发展

教育的产生和教育学的形成是不同步的。从广义角度理解，有了人类，就有了教育；但作为一门学科的教育学的形成，则是以教育理论的成熟为标志的。独立形态的教育学是伴随着以班级授课制为基本特征的现代学校教育的产生而产生的。在教育学的科学化过程中，追求概念的严谨性、方法论的清晰性和结论的可验证性成为教育学发展的基本途径。17世纪以后，教育学的发展进入了一个新的阶段，逐渐形成一门独立的学科。独立形态的教育学创立的标志是：教育问题成为一个专门的研究领域；形成专门的反映教育本质和规律的教育概念与范畴及其体系；有了科学的研究方法；产生了一些重要的教育学家，出现了一些专门的系统的教育学著作；出现了一些专门的教育研究机构；等等。

1. 培根（英国）

培根在《论科学的价值和发展》（1623年）一文中首次提出把"教育学"作为一门独立的学科，与其他学科并列。他提出的实验归纳法为教育学的发展奠定了方法论基础，他被誉为"近代实验科学的鼻祖"。

2. 夸美纽斯（捷克）

夸美纽斯1632年出版的《大教学论》是近代第一部教育学著作，也被认为是最早的一部具有完整体系的教育学著作。《大教学论》的出版是教育学形成独立学科的开始，它开创了近代教育理论的先河。夸美纽斯是使教育学走上独立发展道路的第一人，因此夸美纽斯被称为近代的"教育巨匠"和"教育理论的始祖"。他的教育思想有：

（1）教育适应自然

夸美纽斯提出教育适应自然的原则，这是贯穿其理论体系的根本原则。他所说的"自然"包括两层含义：一是自然界存在的普遍秩序（夸美纽斯认为："秩序是把一切事物教给一切人们的教学艺术的主导原则"，因而教学艺术的根本指导原则就是模仿和遵循自然的秩序）；二是人的自然本性和儿童年龄特征。

（2）"泛智"与普及教育

夸美纽斯论述了普及教育的必要性和可能性，提出了"泛智"（"泛爱"）教育思想，主张"把一切知识和科技教给一切人""一切男女青年都应该进学校"。

（3）提倡"百科全书式"的教育

基于"泛智论"的基本理念，夸美纽斯为学校设计的教学内容包罗万象，因而被称为"百科全书式"的教育。

（4）提出班级授课制

夸美纽斯首次从理论上系统论述了班级授课制，奠定了班级授课制的理论基础。他推进了学校内部工作制度的发展，创立了班级授课制、学年制，提出了系统的学校管理制度及督学制，从而大大推动了学校运作的规范化，堪称学校管理学的创始人。

（5）论教学原则

夸美纽斯首次论述了直观性（直观形象是所有的教师进行教学工作都要遵奉的一条"金科玉律"）、系统性、量力性（"一切学科都应加以排列，使其适合学生的年龄，凡是超出了他们的理解的东西就不要给他们去学习"）、巩固性（"理解的教学就像钉子、钩子，能牢牢的把知识钉住、钩住"）和自觉性等教学原则。

（6）论教师

夸美纽斯高度评价了教师的职业，认为"太阳底下再也没有比教师这个职务再高尚的了"。

（7）大力提倡学前教育

夸美纽斯的学前教育专著有《母育学校》（世界上最早的学前教育专著）、《世界图解》（世界上第一本图文并茂的儿童读本）等。

3. 卢梭（法国）

被誉为"教育上的哥白尼"的卢梭对教育学的最大贡献在于他开拓了以研究个体生长发展与教育的相互关系为主题的研究领域。卢梭在其教育体小说《爱弥儿》中，提出了自然教育思想，引起了教育领域中一次影响深远的革命，在西方教育史上乃至世界教育史上具有划时代的意义。《爱弥儿》享有盛誉，歌德称这本书是教育的自然福利；康德因阅读《爱弥儿》而忘记了十几年定时散步的习惯；席勒则称卢梭为新的苏格拉底、耶稣拟造的人；杜威在《明日之学校》中说，"我们现在努力追求教育改进，其要点已被卢梭一语道破"。

在《爱弥儿》中，卢梭对当时流行的成人化的儿童教育，从教育目标、教育内容到教育方法、教学组织形式进行了猛烈的、全面的抨击。卢梭认为，创建新教育的关键在于树立人们的新观念，这些新观念包含以下几点：第一，教育适应自然的观念（"我们的才能和器官的内在发展，是自然的教育；别人教我们如何利用这种发展，是人的教育；我们对影响我们的事物获得良好的经验，是事物的教育"）。第二，儿童中心的观念。第三，在实践活动中学习的观念。第四，实用主义的观念。第五，发现的观念（"不在于告诉他一个真理，而在于教他怎样去发现真理"）。

卢梭以"性善论"著称，遵循儿童天性的依据是人性本善、自然皆善。他说："出自造物主之手的东西都是好的，而一到了人手里，就全变坏了。"卢梭自然主义教育理论的主要观点包括：自然主义教育的核心是"回归自然"（back to nature）；自然教育的培养目标是"自然人"而不是"公民"；自然教育的方法是通过"消极教育"给儿童以充分自由。

此外，卢梭根据儿童身心发展的特点，把教育划分为婴儿期的教育（0—2岁）、儿童期的教育（2—12岁）、少年期的教育（12—15岁）三个阶段，这是近代教育论述中最完备的关于教育年龄阶段划分的理论。

4. 康德（德国）

康德的教育思想集中体现在《康德论教育》中。他认为，人的所有自然禀赋都有待于发展，"人是唯一需要教育的动物"。教育的根本目的在于充分发展人的自然禀赋，使人人都成为自身，成为本来的自我，都得到自我完善。他还提出"教育一定要成为一种学业，否则无所希望""教育的方法必须成为一种科学，否则决不能成为一种有系统的学问"等教育学思想。1776年，康德在德国柯尼斯堡大学哲学讲座中开讲教育学，他是将教育学作为一门学科在大学里讲授的第一人。

5. 裴斯泰洛齐（瑞士）

瑞士教育家裴斯泰洛齐在瑞士开办孤儿院和学校，进行了很多教育实验。裴斯泰洛齐教育学体系的重心是关于和谐发展的要素教育的理论。他认为教育的目的在于"按照自然的法则全面地和谐地发展儿童的一切天赋力量"，代表作为《林哈德与葛笃德》等。

裴斯泰洛齐第一个提出"教育心理学化"的主张，是第一位将"教育与生产劳动相结合"这一思想付诸实践的教育家。"教育心理学化"就是要把教育提高到科学的水平，将教育科学建立在人的心理活动规律的基础上，其内涵包括：要求将教育的目的和教育的理论指导置于儿童本性发展的自然法则的基础上；必须使教学内容的选择和编制适合儿童的学习心理规律，即教学内容心理学化；教学原则和教学方法的心理学化；要让儿童成为他自己的教育者。他第一个开始了教育理论在初等教育领域里的运用，第一个建立了分科教学法并开师范教育先河，被称为"教育史上小学各科教学法的奠基人"。裴斯泰洛齐提出要素教育理论，主张教学必须从最简单的要素开始，其内容包括：道德教育的最基本的要素是儿童对母亲的爱，他本身的实践活动是情感教育和爱的教育的典范；教学的基本要素是数目、形状和语言；体育的基本要素是关节活动。

6.洛克（英国）

洛克的绅士教育思想主要反映在他的代表作《教育漫话》中。洛克提出"白板说"，认为"人的心灵如同白板，观念和知识都来自后天"，并且得出结论——天赋的智力人人平等。他主张教育万能，认为"人类之所以千差万别，便是由于教育之故"，"我们日常所见的人中，他们之所以好或坏，十分之九都是由他们所受的教育所决定的"。他认为应在家庭中实施"绅士教育"。在西方教育史上，洛克第一次将教育分为体育、德育、智育三部分，并首次把教育的三大组成部分——德育、智育、体育作出了明确的区分且做了详细阐述。"绅士教育"要把德行的教育放在首位，而把"体育"作为德育、智育的重要前提，放在最重要的地位，主张"健康之精神寓于健康之身体"。

7.斯宾塞（英国）

斯宾塞重视实科教育的思想（即实证论——科学主义的教育思想），反映了资本主义大工业对教育的要求，但具有明显的功利主义色彩。1861年他在《教育论》中提出教育的任务是教导人们怎样生活，"为人的完满生活做准备"，他主张启发学生的自觉性，反对形式主义的教学。斯宾塞核心的教育理念主要包括以下几个方面：提倡科学教育，反对古典主义教育；提倡自主教育，反对灌输式教育；提倡快乐和兴趣教育，反对无视学生身心发展规律的教育。

8.赫尔巴特（德国）

赫尔巴特被誉为"现代教育学之父""科学教育学的奠基人"。1806年他出版了代表作《普通教育学》，这是现代第一本教育学著作。《普通教育学》确立了教育学的研究对象和研究方法，是第一部具有科学体系的教育学著作，标志着规范教育学的诞生，从而使教育学成为一门独立的学科。赫尔巴特对19世纪以后的教育实践和教育思想产生了很大影响，被看作"传统教育派"的代表。

（1）科学教育学的奠基人

赫尔巴特首次明确提出把伦理学和心理学作为教育学的理论基础。赫尔巴特明确的指出，"普通教育学必须把论述基本概念放在一切论述之前。"他说，"教育学的第一门科学，虽然远非其科学的全部，也许就是心理学"；"教育学作为一种科学，是以实践哲学和心理学为基础的。前者说明教育的目的；后者说明教育的途径、手段与障碍"。他的贡献在于把道德教育理论建立在伦理学（实践哲学）的基础上，把教学理论建立在心理学的基础上，可以说是奠定了科学教育学的基础。他把哲学中的"统觉"观念移用过来，强调教学必须唤起心中已有的观念；突出兴趣在学生学习中的作用，认为兴趣既是教学的出发点，也是教学的归宿。

（2）论教育目的

赫尔巴特认为教育目的包括"可能的目的"（较近的目的）和"必要的目的"（最终的目的），其中"可能的目的"指"各方面的兴趣"，"必要的目的"即教育的最终目的，指与儿童养成内心自由、完善、仁慈、正义、公平等道德观念有关的目的。赫尔巴特认为："教育目的主要包括两个方面，一方面是职业与谋生相关联的目的；另一方面是必要的培养道德的目的。一个人无论从事什么样的职业，都必须具有一定的完善的道德品质，所以说道德教育是教育的最高目的。"赫尔巴特主张教育要培养良好的社会公民，体现了他社会本位的观点。

（3）首倡"教育性教学"原则

赫尔巴特在西方教育史上第一次明确提出"教学永远具有教育性"的原则。他不承认有"无教学的教育"，同样也反对"无教育的教学"。其主要内容有：教学和教育是相互联系的同一过程的两个方面；教育和教学的关系是目的和手段的关系；决定教学具有教育性的主要因素在于强化教学工作中的教育目的性；对于教育性教学来说，一切都取决于其所引起的智力活动。

（4）论教育过程与四段教学法

赫尔巴特的《普通教育学》包括绪论、教育的一般目的、兴趣之多方面（教学）、品格之道德力量（德育）四个部分，并将教育过程分为相互联系、前后衔接的三个方面，即管理、教学和训育。

赫尔巴特根据其统觉思想，把教学过程分成明了、联合（联想）、系统、方法四个阶段，即四段教学法。明了，即给学生明确地讲授新知识；联想，即新知识要与旧知识建立联系；系统，即做出概括和结论；方法，即把所学知识应用于实际（习题解答、书面作业等）。同这四个阶段相应的学生的心理状态是：注意、期待（期望）、探究（要求）和行动。

赫尔巴特的教学四阶段论，后被他的学生席勒和赖因继承并予以发展。具体来讲，席勒把"明了"分成了"预备"和"提示"两个阶段，组成了分析、综合、联想、系统、方法的教学过程。赖因进行了更符合教学实际的改进，将教学过程发展为预备、提示、联合、总结、应用五段。上述教学过程俗称"五段教学法"。

（5）传统教育"旧三中心论"

赫尔巴特强调系统知识的传授，强调课堂教学的作用，强调教材的重要性，强调教师的权威作用和中心地位，形成了传统教育的"旧三中心论"：课堂中心、教材中心（课本中心）、教师中心。

9. 欧美著名学前教育家

（1）福禄贝尔

德国著名学前教育家福禄贝尔被誉为"幼儿园之父"和"现代学前教育的鼻祖"，其代表作为《人的教育》等。

福禄贝尔的主要贡献有：1840年，他创办了世界上第一所幼儿园；他主张自我活动是儿童教育的基本原则，强调教育应当追随儿童发展之自然；他是历史上首位认可并强调游戏的教育价值并将其列入教学过程的教育家，为此设计了"恩物"（即一套儿童自主活动的教育材料和玩具）；强调作业的重要性；明确提出了幼儿园的任务。

（2）蒙台梭利

蒙台梭利是意大利著名学前教育家、"蒙台梭利教育法"的创始人。1907年她在罗马贫民区创设"儿童之家"，进行她的教育实验，创立了蒙台梭利教育体制，受到全世界的瞩目。

蒙台梭利的学前教育思想主要有：推崇遗传，重视引导儿童的自发冲动；强调环境对儿童发展的重要性，提出教育必须跟儿童发展的敏感期相吻合；注重感官教育，设计了诸多"蒙台梭利教具"；通过工作，使自由和纪律相协调，认为纪律不可能通过命令、说教或任何寻常的维持秩序的手段而获得，而应建立在自由活动的基础之上；爱护信任儿童，细心观察和机智、及时地指导儿童；提供有准备的环境。

（三）20世纪以来教育学理论的多元化发展

1. 实验教育学

19世纪末20世纪初，欧美的教育学者利用实验、统计和比较的方法研究教育问题，出现了"实验教育学"。它首先由德国的梅伊曼于1901年提出；1903年拉伊出版了《实验教育学》，完成了对实验教育学的系统论述。

实验教育学的基本观点有：（1）反对以赫尔巴特为代表的思辨教育学；（2）提倡把实验心理学的研究

成果和方法应用于教育研究；（3）划分了教育实验的基本阶段，把教育实验分为提出假设、进行实验和确证三个基本阶段；（4）主张用实验、统计和比较的方法探索儿童心理发展过程的特点及其智力发展水平，用实验数据作为改革学制、课程和教学方法的依据。实验教育学主张教育研究的科学化，它所强调的定量研究成为20世纪教育学研究的一个基本范式，但也走上了"唯科学主义"的迷途。

2. 文化教育学

文化教育学又称精神科学教育学，是19世纪末出现在德国的一种教育学说。代表人物有德国的狄尔泰、斯普朗格和利特等，代表著作有狄尔泰的《关于普遍妥当的教育学的可能》（1888年）、斯普朗格的《教育与文化》（1919年）、利特的《职业陶冶与一般陶冶》（1947年）等。

文化教育学的基本观点有：（1）人是一种文化的存在；（2）教育的对象是人，因此教育是一种历史文化过程；（3）教育研究既不能采用思辨的方法，也不能采用实验的方法，而只能采用精神/文化科学的方法——理解和解释的方法；（4）教育的目的就是要促进社会历史的客观文化向个体的主观文化的转变，并将个体的主观世界引导向博大的客观文化世界，从而培养完整的人格；而培养完整人格的主要途径就是"陶冶"和"唤醒"，发挥教师和学生两方面的积极作用，建构和谐的对话的师生关系。文化教育学在教育的本质、目的、师生关系以及教育学性质等方面都能给人以许多启发，其不足之处表现在它的思辨气息很浓，在解决现实的教育问题上很难提出有针对性和可操作性的建议。

3. 实用主义教育学

（1）杜威（美国）

杜威是现代教育理论的首要代表，他提出了"儿童中心"（学生中心）、"活动中心""经验中心"的"新三中心论"。其代表作《民主主义与教育》《我的教育信条》《学校与社会》《儿童与课程》《明日之学校》《经验与教育》《我们怎样思维》等所反映的实用主义教育思想，对20世纪的教育和教学有深远影响。其主要教育思想有：

① 教育本质论

"什么是教育？这是任何一位教育思想家首先必须回答的问题。"杜威批判了传统的学校教育，并就教育本质提出了他的基本观点——"教育即生活""教育即生长""教育即经验的改造和改组"。"教育即生活"是指"教育是生活的过程，而不是将来生活的准备"。"教育即生长"指教育是机体与外部环境、内在条件和外部条件交互作用的结果，是一个持续不断的社会化过程。"教育即经验的改造和改组"是指"一切真正的教育从经验中产生"。

杜威还主张"学校即社会"。他认为，既然教育是一种社会生活过程，那么学校就是社会生活的一种形式。他强调说，学校应该"成为一个小型的社会，一个雏形的社会"。在学校里，应该把现实的社会生活简化到一个雏形的状态，应该呈现儿童的社会生活。就"学校即社会"的具体要求来说，杜威提出：一是学校本身必须是一种社会生活，具有社会生活的全部含义；二是校内学习应该与校外学习连接起来，两者之间应有自由的相互影响。

② 教学论

杜威主张"从做中学"，也就是"从活动中学"、从经验中学。这种主张使得学校里知识的获得与生活过程中的活动联系了起来。他还强调教法与教材的统一、目的与活动的统一、智慧与探究（发现真理的方法因素）的统一，形成了以儿童中心、活动课程、做中学为特色的教学思想。

杜威认为，好的教学必须能唤起儿童的思维，学校必须提供可以引起思维的经验的情境。作为一个思维过程，具体分成五个步骤，通称"思维五步"：一是疑难的情境；二是确定疑难的所在；三是提出解决疑难的各种假设；四是对这些假设进行推断；五是验证或修改假设。

③教育目的论

在教育目的上，杜威主张"教育无目的"，教育的真正目的在于组织力量保证儿童的成长。同时，杜威认为，教育是社会的，教育是一种社会过程，教育的首要功能是社会化，而道德是教育的最高和最终目的。杜威从不讳言教育与生长的社会性目的，强调过程内的目的不等于否定教育的社会作用和社会性的目的，因为社会性的要求与儿童的需要并不总是相对抗的。

④教师论

在师生关系上，杜威提出"儿童中心主义"："我们教育中将引起的改变是重心的转移。这是一种变革，这是一种革命，这是和哥白尼把天文学的中心从地球转到太阳一样的那种革命。这里，儿童是中心，教育的措施便围绕他们而组织起来。"

（2）克伯屈（美国）

杜威的学生克伯屈具体阐述了进步教育的学习理论，提出了"设计教学法"（又称"单元教学法"）。

总之，实用主义教育学的主要观点有：①教育即生活，教育的过程与生活的过程是合一的；②教育即学生个体经验连续不断地增长；③学校是雏形的社会；④课程组织应以学生的经验为中心；⑤师生关系以儿童为中心；⑥教学过程中注重学生的独立发现和体验，尊重学生发展的个体差异。

4.马克思主义教育学

（1）克鲁普斯卡娅（苏联）

克鲁普斯卡娅是苏联杰出的教育家、无产阶级政治活动家，是革命导师列宁的夫人和亲密战友，被誉为"苏联国母"。1907年撰写《国民教育和民主主义》一书，这是最早用马克思主义观点探讨教育学问题的著作。

（2）凯洛夫（苏联）

1939年凯洛夫出版的《教育学》，被公认为是世界上第一本以马克思主义的观点和方法阐明社会主义教育的教育学著作。1951年这本书被引入中国，成为当时我国教育工作的指导思想，对我国教师产生过重大影响。凯洛夫吸收了赫尔巴特的教育思想，把教育学分成总论、教学论、德育论和学校管理理论四个部分，其主要特点是重视系统知识教育，强调课堂教学和教师的主导作用。缺点在于对学生是学习的主体和发展学生的智力重视不够。

（3）杨贤江（中国）

杨贤江1930年所著的《新教育大纲》，是我国第一本马克思主义的教育学。该书论述了教育的本质和作用，认为教育为观念形态的劳动领域之一，即社会的上层建筑之一。他还对青年的理想、修养、健康、求学、择友、社交、婚恋等各方面给予耐心的指导，这种全方位的教育谓之"全人生指导"。指导青年树立正确的人生观，是杨贤江青年教育思想的核心。

（4）马卡连柯（苏联）

苏联教育家马卡连柯著有《教育诗》《塔上旗》《父母必读》《论共产主义教育》等。他在流浪儿童和少年违法者的教育改造工作方面做出了杰出贡献，其核心思想是集体主义教育。他提出了平行教育影响原则（每一项针对集体开展的教育活动应收到既教育集体又教育个人的效果）和前景教育原则（教育应当激励学生努力学习和工作，防止享乐主义情绪的产生）。

（5）加里宁（苏联）

加里宁是苏联政治家、革命家，代表作有《论共产主义教育和教学》等。他提出"教师是人类灵魂的工程师""教师应该像海绵一样汲取有用的知识"等著名观点。

马克思主义教育学的基本观点是：① 教育是一种社会历史现象，在阶级社会中具有鲜明的阶级性，不存在脱离社会影响的教育；② 教育起源于社会性生产劳动，劳动方式和性质的变化必然引起教育形式和内容的改变；③ 现代教育的根本目的是促进学生个体的全面发展；④ 现代教育与生产劳动的结合不仅是发展社会生产力的重要方法，也是培养全面发展的人的唯一方法；⑤ 在教育与社会的政治、经济、文化的关系上，教育一方面受它们的制约，另一方面又具有相对独立性，并反作用于它们，对于促进现代社会政治、经济与文化的发展具有巨大的作用；⑥ 马克思主义的唯物辩证法和历史唯物主义是教育科学研究的方法论基础。

5. 制度教育学

制度教育学是20世纪60年代诞生于法国的一种教育学说，代表人物有乌里、瓦斯凯、洛布罗等，代表著作有瓦斯凯和乌里的《走向制度教育学》（1966年）、《从合作班级到制度教育学》（1970年）以及洛布罗的《制度教育学》（1966年）等。

制度教育学的基本观点有：（1）教育学研究要以教育制度作为优先目标；（2）教育制度是造成教育实践中的官僚主义、师生和行政人员疏离的主要原因；（3）教育的目的是帮助完成预想的社会变迁，这就要求要做制度分析；（4）教育制度的分析不仅要做显性的分析，也要对隐性的教育制度做分析。

6. 批判教育学

批判教育学是20世纪70年代后兴起的一种教育思潮，也是当前在西方教育理论界占主导地位的教育思潮，代表人物有美国的鲍尔斯、金蒂斯、吉鲁、阿普尔及法国的布厄迪尔等，代表著作有弗莱雷的《被压迫者的教育学》（1970年）、鲍尔斯、金蒂斯的《资本主义美国的学校教育》（1976年）、布厄迪尔的《教育、社会和文化的再生产》（1979年）、阿普尔的《教育与权力》（1982年）、吉鲁的《批判教育学、国家与文化斗争》（1989年）等。

批判教育学认为，有什么样的社会政治、经济和文化，就有什么样的学校教育机构，学校教育的功能就是再生产占主导地位的社会政治意识形态、文化关系和经济结构。批判教育学的基本观点有：（1）资本主义学校教育是造成现实社会不公平、社会差别和对立的根源；（2）学校教育的功能就是再生产出占主导地位的社会政治意识形态、经济结构与文化关系；（3）教育现象不是中立的和客观的，而是充满利益纷争的；（4）教育理论要采取批判的态度和方法。

7. 欧美教育革新运动与新文化运动影响下的教育思潮

欧美教育革新运动是19世纪末20世纪初在西欧和美国兴起的旨在改造传统教育、使之适应现代社会变化的教育革新运动。欧洲称之为"新教育运动"。1889年，英国的雷迪创办了欧洲第一所新学校，即艾伯茨霍姆学校。法国的德莫林、德国的利茨、瑞典的艾伦·凯、比利时的德可乐利、意大利的蒙台梭利等人创办了一些新学校，提出了以"生活教育""尊重个性""自发学习""社会性"教育为主导的教育纲领。美国称之为"进步主义教育运动"，主要的理论和方法有前期的帕克的昆西教学法、沃特的葛雷制，以及后期的以儿童中心为取向的帕克赫斯特的道尔顿制、华虚朋的文纳特卡计划及社会中心取向的教育理论和实验等。

受西方影响，以民主和科学为旗帜的新文化运动，促使中国现代教育观念发生了巨大的变化。在继洋务教育在技艺层面、维新教育在制度层面上接受西方教育之后，新文化运动时期，中国在思想观念层面上开始自觉地接受西方教育，跟上西方教育，主要表现为：教育的个性化、教育的平民化、教育的实用化、教育的科学化等。同时，"五四"新文化运动时期的教育思想和教育改革也异常活跃，主要有：平民教育思潮、工读主义教育思潮、职业教育思潮、勤工俭学运动、科学教育思潮、国家主义教育思潮等。

8. 中国近现代教育家及其教育思想

（1）蔡元培

蔡元培是中国近代著名的资产阶级革命家和民主主义教育家。曾任中华民国首任教育总长，1916年至1927年任北京大学校长。此间，他革新北大，开"学术"与"自由"之风，为中国高等教育开辟了一片新天地。蔡元培先生被毛泽东誉为"学界泰斗，人世楷模"。蔡元培的教育实践和教育思想主要有：

① "五育并举"的教育方针

1912年初，蔡元培发表《对于教育方针之意见》一文，从"养成共和国民健全之人格"的观点出发，第一次提出军国民教育、实利主义教育、公民道德教育、世界观教育、美感教育"五育并举"的教育思想。

蔡元培认为，"五育"不可偏废，其中军国民教育、实利主义教育、公民道德教育偏于现象世界之观念，为隶属于政治之教育；世界观教育和美感教育以追求实体世界之观念为目的，为超越政治之教育。根据当时流行的德、智、体三育的说法，蔡元培认为，上述"五育"中，军国民教育为体育，实利主义教育为智育，公民道德教育为德育，美感教育可以辅助德育，世界观教育将德、智、体三育合而为一，是教育的最高境界。

② 改革北京大学

蔡元培改革北京大学的主要举措有：

第一，抱定宗旨，改变校风。蔡元培指出，"大学者，研究高深学问者也"，这是他的办学指导思想。具体措施有：改变学生的观念；整顿教师队伍，延聘积学热心的教员；发展研究所，广积图书，引导师生研究兴趣；砥砺德行，培养正当兴趣。蔡元培大学教育思想的基本特征是民主和科学，目的是要把大学办成高水平的教学科研中心。

第二，贯彻"思想自由，兼容并包"的办学原则。蔡元培提出："大学者，'囊括大典，网罗众家'之学府也。""思想自由，兼容并包"也体现在教师的聘任上。蔡元培以"学诣为主"，罗致各类学术人才，使北大教师队伍一时出现流派纷呈的局面。

第三，教授治校，民主管理。评议会等管理体制的改革，体现了蔡元培教授治校、民主管理的思想，目的是把推动学校发展的责任交给教授，让真正懂得学术的人来管理学校。新的管理体制的建立，改变了京师大学堂遗留下来的封建衙门作风，提高了工作效率，从而促进了学校的蓬勃发展。

第四，学科教学与体制改革。具体措施有：扩充文理，改变"轻学而重术"的思想；沟通文理，废科设系；改年级制为选科制（学分制）。

③ 教育独立思想

1922年，蔡元培在《新教育》上发表《教育独立议》一文，阐明了教育独立的基本观点和方法。教育独立的基本要求可大致归结为：教育经费独立、教育行政独立（大学区制）、教育学术和内容独立、教育脱离宗教而独立。

（2）晏阳初

晏阳初是中国现代史上著名的教育家、世界平民教育运动与乡村改造运动的倡导者与实践者，被誉为"国际平民教育之父""世界平民教育运动之父"。他认为中国的大患是民众的愚、穷、弱、私"四大病"，为此他提出了"四大教育"（文艺教育、生计教育、卫生教育、公民教育）和"三大方式"（学校式、家庭式、社会式）的主张。他还主张知识分子要到农村去办民办教育，要想"化农民"必须先"农民化"。

（3）梁漱溟

梁漱溟被称为"中国最后的儒家"。他立足于中国文化传统，在河北定县、山东菏泽等地进行了"乡村自治"实验，在中国近代教育史上独树一帜。梁漱溟认为：中国封建社会后期，帝国主义入侵和西方文化涌入造成中国文化严重失调；因此，要"创造新文化，激活旧农村"，归根结底是乡村建设和乡村教育，而乡村建设和乡村教育的实质是一个中国文化改造的问题。

（4）黄炎培

黄炎培是中国近代职业教育的创始人和理论家。1917年，中华职业教育社成立后发表的《中华职业教育社宣言书》，标志着以黄炎培为代表的职业教育思潮的形成。20年代中后期，黄炎培提出了"大职业教育主义"的观念，至此，黄炎培的职业教育思想基本成熟。

① 职业教育的作用与地位

黄炎培提出职业教育的作用在于"谋个性之发展""为个人谋生之准备""为个人服务社会之准备""为国家及世界增进生产力之准备"。

黄炎培认为，职业教育在学校教育制度上的地位应是一贯的（建立起从初级到高级的职业教育系统并贯穿于全部教育过程和全部职业生涯）、整个的（其他各级各类教育与职业教育相互沟通）和正统的（职业教育的地位应与普通教育等量齐观）。

② 职业教育的目的

黄炎培把职业教育的目的概括为"使无业者有业，使有业者乐业"。

③ 职业教育的方针

黄炎培在数十年的实践中，形成了社会化、科学化的职业教育办学方针。黄炎培将社会化视为"职业教育机关唯一的生命"，犹如人的灵魂。黄炎培所谓职业教育社会化，内涵颇为丰富，其中包括：办学宗旨的社会化、培养目标的社会化、办学组织的社会化、办学方式的社会化等。所谓科学化，是指"用科学来解决职业教育问题"，不论是物质方面的工作还是人事方面的工作，均需遵循科学原则。

④ 职业教育的教学原则

黄炎培根据职业教育的特点总结以往教育的经验，提出"手脑并用""做学合一""理论与实际并行""知识与技能并重"等主张，作为开展职业教育教学工作必须坚持的原则。

⑤ 职业道德教育

黄炎培把职业道德教育的基本要求概括为"敬业乐群"四个字。所谓敬业，即热爱所业，尽职所业；所谓乐群，即有高尚情操和群体合作精神。职业教育的第一要义，即"为群服务"。

（5）徐特立

徐特立是中国著名的革命家和教育家，是毛泽东主席和田汉等著名人士的老师。徐特立一生致力于社会主义的教育事业，主张"经师人师合一"。党中央曾评价他"对自己是学而不厌，对别人是诲人不倦"。毛泽东称赞他"革命第一，工作第一，他人第一"，是"坚强的老战士"。

（6）陈鹤琴

陈鹤琴是中国近代学前儿童教育理论和实践的开创者，被誉为"中国幼儿教育之父""中国现代儿童教育之父""儿童教育的圣人"。他提出并完善了"活教育"的理论体系。

① 家庭教育的重要性

陈鹤琴先生认为，儿童早期所接受的家庭教育关系着人一生的发展，具有积极的奠基作用。

② "活教育"的目的论

陈鹤琴指出，"活教育"的目的是"做人，做中国人，做现代中国人"。他认为"现代中国人"应具备以下五个条件：要有健全的身体；要有建设的能力；要有创造的能力；要能够合作；要有服务精神。

③"活教育"的课程论

鉴于传统教育的严重弊端，他主张到大自然、大社会中去寻找"活教材"。陈鹤琴所谓"活教材"是指取自大自然、大社会的"直接的书"，即让儿童在与自然和社会的直接接触中，在亲身观察中获取经验和知识。他把"活教育"的内容具体化为"五指活动"，即健康活动、社会活动、科学活动、艺术活动和文学活动，其目的是培养儿童完整的生活。之所以用"五指"做比喻，是因为这五种活动犹如一只手的五根指头，是关联的整体。

④"活教育"的教学论

陈鹤琴指出，"活教育"方法论的基本原则是"做中学，做中教，做中求进步"。他把"活教育"的教学过程分为以下四个步骤：一是实验与观察；二是阅读与参考；三是发表与创作；四是批评与研讨。

（7）陶行知

陶行知（1891—1946），中国近现代著名教育家。他一生努力践行平民教育的理念，并根据"生活教育"的理论创办了各类新型学校（晓庄学校、山海工学团、育才学校等）。他是中国近现代教育史上提倡乡村教育、举办乡村学校的先行者。陶行知先生被毛泽东誉为"伟大的人民教育家"，被宋庆龄称为"万世师表"，被周恩来称为"一个毫无保留追随党的党外布尔什维克"。

①"为中国教育寻觅曙光"

陶行知把一生毫无保留地献给了人民的教育事业，"捧着一颗心来，不带半根草去"。具体体现在：

第一，"为了苦孩，甘为骆驼"。真心诚意为劳苦大众及其子女办教育，是他办教育的根本原则。陶行知领导了"科学下嫁"运动、山海工学团（陶行知在其生活教育实践中筹办的一所集学校、工厂、社会于一体的乡村教育机构）、报童工学团、流浪儿工学团、育才学校（专门培养有特殊才能的劳苦民众子弟）等。

第二，"敢探未发明的新理"。陶行知具有开拓创新精神。他指出："行动是老子，思想是儿子，创造是孙子。"换言之，"'行动'是中国教育的开始，'创造'是中国教育的完成"。他进一步提出培养儿童的创造能力需要"六大解放"的主张，即解放儿童的眼睛、解放儿童的头脑、解放儿童的双手、解放儿童的嘴、解放儿童的空间、解放儿童的时间。

陶行知还探索了乡村教育的新模式。晓庄师范无论在培养目标、课程设置、教学方法、学生管理等方面都是崭新的，其中的"艺友制"便是培养农村教师的有效模式。此外，"即知即传"的"小先生制"、生活教育理论等，都是陶行知在探索民族教育道路上的创造。

第三，"小孩也能做大事"。在陶行知看来，儿童是中国实现普及教育的重要力量。他提出的"即知即传"的"小先生制"就体现了这一认识。"小先生制"指人人都要将自己认识的字和学到的文化随时随地教给别人，而儿童是这一传授过程的主要承担者。尤其重要的是，"小先生"的责任不只在教人识字学文化，而在"教自己的学生做小先生"，以此将文化知识不断推广开来。陶行知认为，"小先生制"是为了解决普及教育中师资奇缺、经费匮乏、谋生与教育难以兼顾、女子教育困难等矛盾而提出来的。

②生活教育理论

重视教育与生活的联系，是陶行知从瑞士近代著名教育家裴斯泰洛齐那里受到的启发，而给陶行知直接影响的，是美国教育家杜威。陶行知的"生活教育"理论是对杜威教育思想的吸取和改造。

生活教育理论是陶行知教育思想的理论核心。"从定义上说，生活教育是给生活以教育，用生活来教育，为生活向前向上的需要而教育。从生活与教育的关系上说，是生活决定教育。从效力上说，教育要通过生活才能发生力量而成为真正的教育。""生活即教育""社会即学校""教学做合一"是陶行知先生的三大主张。

第一，"生活即教育"是其生活教育理论的核心，其内涵十分丰富。首先，生活含有教育的含义；其次，实际生活是教育的中心；再次，生活决定教育，教育改造生活。

第二，"社会即学校"是"生活即教育"思想在学校与社会关系问题上的具体化。"社会即学校"首先是指"社会含有学校的意味"，其次是指"学校含有社会的意味"。

第三，"教学做合一"是"生活即教育"在教学方法上的具体化，它是生活教育理论的方法论。"教学做只是一种生活之三方面，而不是三个各不相谋的过程。同时，教学做合一是生活法，也就是教育法。"它的涵义是："教的法子根据学的法子，学的法子根据做的法子；事怎么做便怎么学，怎么学便怎么教。教和学都以做为中心。"首先，"教学做合一"要求"在劳力上劳心"；其次，"教学做合一"是因为"行是知之始"；其三，"教学做合一"要求"有教先学"（即"教人者教己"，或者说教人者先教自己）和"有学有教"（即"即知即传"，它要求：会者教人学，能者教人做）；其四，"教学做合一"是对注入式教学法的否定。

（四）当代教育学理论的深入发展

1. 当代著名教育家

（1）皮亚杰（瑞士）

皮亚杰在《教育科学与儿童心理学》中论述了智力发展的阶段问题，强调了活动教学法，认为教学的首要目的是发展学生的智力。

（2）布鲁纳（美国）

美国教育家布鲁纳在《教育过程》中提出了结构主义教学理论，强调学习学科的基本结构，提出了早期学习和发现学习的理论。

（3）赞科夫（苏联）

苏联教育家赞科夫于1975年出版了《教学与发展》一书，提出了"发展教学论"，其理论核心是"以最好的教学效果来达到学生最理想的发展水平"。他的教学新体系是以苏联维果茨基的"最近发展区理论"为基础的。基于这一理论，他提出了教学要走在发展前面，在学生的发展上下功夫，以尽可能大的效果来促进学生的一般发展。他把学生的"一般发展"作为教学的出发点和归属，一般发展不等同于智力的发展，它包括了身体和心理发展。而心理的发展，他认为主要是从观察力、思维力、实际操作能力的发展三个方面来实现。

赞可夫主张，"在我们这个时代，学生的发展对他们将来的活动有着非常重大的意义！不管教学大纲编排得多么好，男女青年在中学毕业后，不可避免的要碰到他们不懂的科学发现。他们必须独立起来，迅速的弄懂不熟悉的东西并掌握它，只有具备一定的品质、有较高发展水平和新技术的人，才能更好的应付这种情况。"他经过长期的教学实验和理论总结，提出五条教学原则：① 高难度教学原则。高难度含义之一是，加大教材难度，更新教学内容，体现近代科学技术的进步，以充分满足儿童的求知欲望和认识的可能性。因为"儿童的智力也像肌肉一样，如果不给以适当的负担，加以锻炼，它就会萎缩退化""教学要为儿童的精神成长提供足够的食量，不要使他营养不良"。② 高速度教学原则。"以知识的广度达到知识的巩固性"，要求教学"不断地向前运动，不断的以各方面的内容丰富学生的智慧，能为学生越来越深入地理解所学的知识创造条件，因为这些知识被纳入到一个广泛开展的体系中。"③ 理论知识起指导作用。"理论知识是掌握自觉而牢固的技巧的基础。因此，掌握理论知识不仅不妨碍技巧的形成，而且恰恰相反，乃是形成技巧的重要条件"。④ 使学生理解学习过程。注意学习过程本身，着眼于学习活动的内在机制，教会学生怎样学习。⑤ 全体学生得到一般发展（使所有学生包括差生都得到一般发展）。教学面向全体，使全体学生都得到一般发展。

（4）瓦根舍因（德国）

德国教育家瓦根舍因、克拉夫基等创立了范例教学理论，与布鲁纳的结构教学论和赞科夫的教学与发展理论并称为当今三大教学理论。范例教学是通过主体与客体、问题解决学习与系统学习、传授知识与培养能力的统一的教学，使学生获得基本性的、基础性的和范例性的知识的方法。

（5）苏霍姆林斯基（苏联）

苏联教育家苏霍姆林斯基的代表作有《给教师的一百条建议》《把整个心灵献给孩子》《帕夫雷什中学》等，其教育理论的核心是使学生得到全面和谐的发展。由于他的教育思想是建立在丰富的教育实践经验基础之上的，所以他的著作被称为"活的教育学"和"学校生活的百科全书"。他所领导的帕夫雷什中学被列为世界上著名的实验学校之一。

苏霍姆林斯基提倡个性全面和谐发展的教育，应使"智育、体育、德育、劳动教育和审美教育深入地相互渗透和相互交织在一起"。关于德育，他明确指出，"和谐全面发展的核心是高尚的道德"。关于智育，他是知识与智力的统一论者，主张"学习要在一种多方面的、丰富的精神生活的广阔背景下进行。我们应该尽力为学生识记、记熟和在记忆里保持教学大纲规定的教材而创造一个智力背景。只有在学生进行思考的时候，他才能掌握教材。"关于体育，他说："对健康的关注，这是教育工作者首要的工作。孩子的精神生活、世界观、智力发展、知识的巩固和对自己力量的信心，都要看他们是否乐观愉快，朝气蓬勃。"关于美育，他指出："美是道德纯洁、精神丰富和体魄健全的有力源泉"。关于劳动教育，他明确指出："劳动以外的教育和没有劳动的教育是不存在也不可能存在的。"他还论述了德育与美育的关系，认为"在儿童的内心世界中，美的情感和道德情感应是融为一体的，没有道德的美是不存在的，而道德信念的形成又需要以美的情感为基础。"

（6）布鲁姆（美国）

美国教育家、心理学家布鲁姆提出了掌握学习理论。他认为，教学应以掌握学习为指导思想，以教育目标为导向，以教育评价为调控手段。1956年，他出版了《教育目标分类学》，提出了以下观点：完整的教育目标分类学应该包括三个主要部分——认知领域、情感领域、动作技能领域。

（7）叶澜（中国）

"生命·实践"教育学派是华东师范大学教育学终身教授叶澜首创并持续主持、以学派方式创建的当代中国教育学。叶澜指出："把丰富复杂、变动不居的课堂教学过程简括为特殊的认识活动，把它从整体的生命活动中抽象、隔离出来，是传统课堂教学观的最根本缺陷。"呼唤要"从生命的高度用动态生成的观点看课堂教学"，"让课堂焕发出生命的活力"。她认为，真正人的教育，是充满着生命活力的人的教育；教育不是简单的现存知识直接传递的过程，而是生命与生命的交往与沟通的过程，只有有了这种生命的沟通，才能深刻地实现对生命发展的影响。"生命·实践"教育学的宗旨是从生命和基础教育的整体性出发，唤醒教育活动的每一个生命，让每一个生命真正"活"起来。

除叶澜的"新基础教育论"和"生命·实践教育学派"外，当代中国还产生了主体教育学派（裴娣娜）、新教育学派（朱永新）、新课程改革派（钟启泉）、情感教育学派（朱小蔓）、情境教育学派（李吉林）、生命化教育学派（张文质）、理解教育学派（熊川武）、生本教育学派（郭思乐）等诸多教育学派。

2. 现代欧美教育思潮

20世纪30年代以来，欧美国家形成了一些有影响的现代教育思潮。这些现代欧美教育思潮可以分为六类：作为实用主义教育分支的教育思潮；改造主义教育；新传统教育派教育思潮：要素主义教育、永恒主义教育、新托马斯主义教育；以哲学为基础的教育思潮：存在主义教育、分析教育哲学；以心理学为基础的教育思潮：新行为主义教育、结构主义教育、人本主义教育；作为未来教育战略的教育思潮：终身教育；多元文化教育思潮。

（1）改造主义教育

改造主义教育是20世纪30年代从实用主义和进步教育中分化出来的，到50年代形成独立的教育思想。代表人物有康茨、拉格和布拉梅尔德。

改造主义教育的理论主要分为五个方面：① 教育应该以改造社会为目标；② 教育要重视培养社会一致的精神；③ 强调行为科学对整个教育工作的指导意义；④ 教学上应该以社会问题为中心，重视学科之间的联系；⑤ 教师应进行民主的、劝说的教育。

（2）要素主义教育

要素主义教育是20世纪30年代末作为实用主义教育和进步教育的对立面出现的一种教育思想。1938年"要素主义者促进美国教育委员会"的成立是要素主义教育思潮形成的标志。发起者、主要代表人物是巴格莱。60年代代表人物是科南特和里科弗。

要素主义教育的理论观点主要有：① 与美国进步教育思想尖锐对立。② 把人类文化的共同要素作为学校教育的核心。在人类的文化遗产中存在着永恒不变的、共同的、超时空的要素，它们是种族文化和民族文化的基础。在20世纪60年代美国教育改革中，要素主义教育家特别强调"新三艺"，即数学、自然科学和外语。③ 认为教学过程是一个训练智慧的过程，强调传统的心智训练及传授整个人生的知识。④ 强调学生在学习上必须努力和专心。⑤ 强调教师在教育和教学中的核心地位。

（3）永恒主义教育

永恒主义教育是20世纪30年代形成的一种提倡复古的教育理论。代表人物有美国的赫钦斯、阿德勒，英国的利文斯通和法国的阿兰。

永恒主义教育的理论观点主要有：① 教育的性质永恒不变；② 教育的目的是"要引出我们人类天性中共同的要素"，对人施以人性的教育，达到人性的自我实现、人的进步和完善；③ 永恒的古典学科应该在学校课程中占有中心地位；④ 提倡通过教学进行学习。

（4）新托马斯主义教育

在现代欧美教育思潮中，新托马斯主义教育是提倡宗教教育的一种理论。该思潮于20世纪30年代产生于意大利、法国等西欧国家，二战后也曾在美国流行。主要代表人物是法国的马里坦。

新托马斯主义教育的理论观点主要有：① 教育应以宗教为基础；② 教育的目的培养真正的基督徒和有用的公民；③ 实施宗教教育是学校课程的核心；④ 教育应该属于教会。

（5）存在主义教育

存在主义是一种把人的存在（个人主观的自我意识）当作其基础和出发点的哲学。基本论点是萨特的"存在先于本质"，即人首先存在着，通过他自己的自由选择而决定他的本质。德国博尔诺夫、美国尼勒将它应用于教育理论形成存在主义教育思想。

该教育思潮的主要观点有：① 教育的本质和目的在于使学生实现自我生成。通过自我表现、自我肯定意识到自我存在，进而自我完成。教育的具体目标是发展个人的意识，包括自我认识、自我责任感。② 强调品格教育的重要性。③ 提倡学生自由选择道德标准。人的自由就是人的存在，自由是个人的自由选择——个人对自己所做的一切负责。道德教育的任务主要是使学生具有独立意识、自尊心及自主自律的精神。④ 提倡个别教育的方法。⑤ 师生之间应该建立互相信任的关系。教师的作用是利用自己的人格和知识，引导学生认识自我并发展自我。

（6）新行为主义教育

20世纪30年代产生，主要代表人物是美国的托尔曼、斯金纳和加涅。20世纪60年代是其繁盛时期。

该教育思潮的主要观点有：① 教育就是塑造行为；② 提倡程序教学，让学生在学习中运用教学机器；③ 教育研究应该以教和学的行为作为研究的对象。

（7）分析教育哲学

该教育思潮把分析哲学作为一种方法应用于教育理论，注重教育名词和概念的分析。分析哲学认为：哲学的任务是对名词和概念进行分析，哲学的作用在于清思。

分析教育哲学强调教育的实际状况反映在一定的手段、目的逻辑模式之中，以英国的奥康纳为代表。

语义分析学的目的是发展澄清名词和概念的方法。分析教育哲学的特点是：① 把教育概念的普通语言应用作为分析的主要对象，以美国的索尔蒂斯为代表；② 把教育概念的逻辑前提作为分析的主要对象，以英国的彼得斯为代表。

（8）现代人文主义教育思潮

20世纪70年代后在美国盛行的以人本主义心理学为理论基础的一种现代教育思潮，代表人物是美国的马斯洛、罗杰斯。

该教育思潮的主要观点有：① 强调教育的目标是培养完整的人；② 主张课程人本化；③ 学校应该创造自由的心理气氛。

在学校中影响学校气氛的因素有三个：教师和管理者；人与人之间的关系；提倡以人为中心的教学。

真题回顾与模块自测

一、单选题

1.（　　）认为："教育不是奢侈品，而是必需品，是婴儿时期到成人时期的摆渡船。"（2020.8.8济南章丘真题）

A. 孟德斯鸠　　　　　　　B. 卢梭　　　　　　　　C. 杜威　　　　　　　　D. 马卡连科

2. 有学者说："教育的一切行为都只在使人相信，不论现在体制合理与否，一个人只有成为现存体制所接纳的人，就范于它，才能作为体制中有价值的商品兜售出去，他才能向上爬。教育促使人在现有体制的利益驱动下，在各种被社会化了的欲望支配下，在体制为他规定的轨道上不停的行走，它只是在使人变成一头被蒙上眼的推磨驴子。"这段话所论述的应该是教育对（　　）。（2020.8.6济南十区县联考真题）

A. 个体发展的正向功能　　　　　　　　　B. 个体发展的负向功能

C. 社会发展的正向功能　　　　　　　　　D. 社会发展的负向功能

3. 联合国教科文组织国际21世纪教育委员会在1996年发布的《教育——财富蕴藏其中》这一报告中提到：受到"基础教育"是"个人走向生活的通行证"，它使享受这一教育的人能够选择自己将要从事的职业，或继续学习深造。这体现了教育的（　　）。（2020.8.9济宁金乡真题）

A. 文化功能　　　　　　　B. 社会流动功能　　　　C. 政治功能　　　　　D. 经济功能

4. 我国唐代的"六学二馆"主要体现了古代教育的什么特点？（　　　）（2020.6.26潍坊昌邑真题）

A. 民族性　　　　　　　　B. 阶级性　　　　　　　C. 等级性　　　　　D. 垄断性

5. "自行束脩以上，吾未尝无诲焉"这句话反映了孔子的（　　　）教育思想。（2020.12.19山东理工职业学院真题）

A. 有教无类　　　　　　　B. 因材施教　　　　　　C. 全面教育　　　　D. 启发式

6. 第一次提出在我国实施学前社会教育的人物是（　　　）。（2020.11.7滨州滨城幼儿真题）

A. 蔡元培　　　　　　　　B. 张雪门　　　　　　　C. 康有为　　　　　D. 陶行知

7. 下列不属于英国资产阶级思想家、社会学家斯宾塞的教育观点和主张的是（　　　）。（2020.11.28德州乐陵真题）

A. 教育目的是为完满的生活做准备

B. 反对古典语言和文学的教育

C. 主张"人为惩罚"，反对"自然惩罚"

D. 主张启发学生学习的自觉性，反对形式教育，重视实科教育

8. "我们要讨论教育上的一个新运动，就必须具有比较宽阔的或社会的观点。否则，我们会把学校制度和传统的变革看成是某些教师的任意创造。教育方法和课程正在发生的变化如同工商业方式的变化一样，乃是社会情况改变的产物，是适应正在形成中的新社会的需要的一种努力。"这是（　　　）教育思潮的观点。（2020.7.25德州德城、经开、陵城真题）

A. 实用主义　　　　　　　B. 要素主义　　　　　　C. 永恒主义　　　　D. 结构主义

9. 前苏联教育家凯洛夫主编的《教育学》，作为第一部社会主义国家的教育学著作，运用马克思主义的观点、立场和方法，论述教育问题、揭示教育的本质，曾经对我国教育理论与实践产生过重大影响。其教育思想主要体现为（　　　）。（2020.12.26济南历城真题）

A. 用心理学解释教学过程　　　　　　　　　　B. 强调教学过程最优化

C. 强调知识的系统学习和教师的主导作用　　　D. 重视智力发展和创造性培养

二、多选题

1. 发挥教育合力，必须注意几种教育形态的有机结合，形成整合一致的教育目标，这几种教育形态包括（　　　）。（2020.11.14济南商河真题）

A. 家庭教育　　　　　　　B. 学校教育　　　　　　C. 社会教育　　　　D. 自我教育

2. 每一种活动都有其内在的结构，结构是由要素构成的。一般而言，构成教育活动的主体性要素是（　　　）。（2020.8.6济南十区县联考真题）

A. 教育者　　　　　　　　B. 受教育者　　　　　　C. 教育内容　　　　D. 教育影响

3. 终身教育是指人们在一生各阶段当中所受各种教育的总和，是人们受不同类型教育的统一综合，以下关于终身教育的说法，正确的是（　　　）。（2020.9.26济南钢城、山东护理学院真题）

A. 终身教育这一术语由联合国教科文组织成人教育局局长，法国的保罗·朗格朗正式提出

B. 终身教育所意味的并不是指一个具体的实体，而是泛指某种思想或原则，或者说是指某种一系列的关心与研究方法

C. 终身教育涵盖了人的一生，不限于儿童和青少年时期

D. 终身教育既包括正规教育，也包括非正规教育和非正式教育

4. 当代德国教育家布列钦卡将教育理论分为（　　　）。（2020.7.4枣庄滕州真题）

A. 教育方法理论　　　　B. 教育科学理论　　　　C. 教育哲学理论　　　　D. 教育实践理论

5. 下列教育思想中，由赫尔巴特提出的是（　　　）。（2020.7.18青岛真题）

A. 教育性教学原则　　　B. 兴趣的多方面性　　　C. 自然主义教育　　　D. 教学形式阶段

三、判断题

1. 教育的本质属性在于它的永恒性、阶级性、历史性。（　　　）（2020.10.17威海高区真题）

2. 教育机会平等是要肯定每一个人都能受到同样的教育，而且这种教育的进度和方法是适合每个人的特点的。（　　　）（2020.7.15济南市中真题）

3. 教育的产生和教育学的形成是不同步的。（　　　）（2020.11.29济宁职业学院真题）

4. 夸美纽斯是第一次明确提出把"心理发展的研究作为教学总原则的基础"的教育家。（　　　）（2020.8.8烟台招远真题）

【参考答案】

一、单选题

1. B　2. B　3. B　4. C　5. A　6. C　7. C　8. A　9. C

二、多选题

1. ABC　2. AB　3. ABCD　4. BCD　5. ABD

三、判断题

1. ×　2. ×　3. √　4. ×

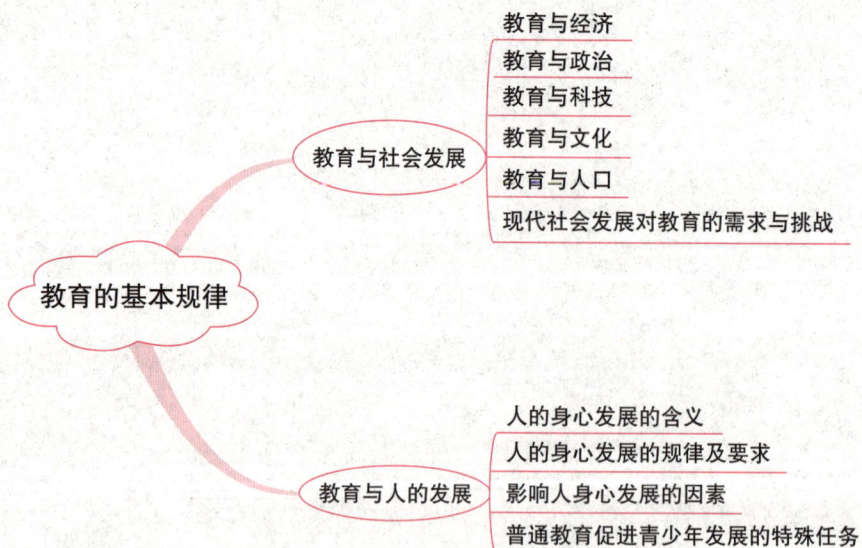

第二章 教育的基本规律

教育在人的发展与社会发展的矛盾中处于中介转化地位。正因为教育在人的发展与社会发展之间的矛盾中处于中介转化地位，教育就有了两个基本的关系：一是教育与社会发展的关系，二是教育与人的发展的关系。而在这两个基本的关系中又内含着人们通常所说的教育的两个基本的规律：一是教育必须适应和促进社会的发展（教育的外部关系规律），二是教育必须适应和促进人的发展（教育的内部关系规律）。

思维导图

教育与社会发展
- 教育与经济
- 教育与政治
- 教育与科技
- 教育与文化
- 教育与人口
- 现代社会发展对教育的需求与挑战

教育的基本规律

教育与人的发展
- 人的身心发展的含义
- 人的身心发展的规律及要求
- 影响人身心发展的因素
- 普通教育促进青少年发展的特殊任务

第一节 教育与社会发展

教育作为一种有目的的培养人的社会现象，必然和社会其他现象发生着经常的密切的联系，在与其他社会现象相互作用中发挥其独特的作用。总体来说，社会各因素与教育之间是"制约"与"促进"的关系，教育的发展既受到这些社会因素的制约（"教育的社会制约性"），同时对这些因素有促进作用（"教育的社会功能"）。

一、教育与社会生产力的关系

（一）生产力对教育发展的制约作用

教育的进步和发展越来越离不开经济发展，尤其是生产力的发展，主要是因为："现代教育也把经济与生产作为它的基本市场，它所培养的人才，首先并且是大量的投入经济和生产领域，为此，它从经济和生产的发展中获得其基本动力——需求的动力。"生产力的发展是引起社会生活一切方面发展变化的最基本、最内在的因素，因而也是教育发展的决定性因素。生产力水平是教育发展的物质基础，同时又对教育提出了相应的要求，以满足经济发展对人才的需要。

1. 生产力发展水平制约着教育发展的规模和速度

办教育需要一定的人力和物力。办多少学校、学校的规模多大、学习年限多长、办学经费多少，都必须有一定的物质条件为保证。生产力的发展为教育提供了物质条件和基础，并要求教育要有相应的发展规模和速度，为物质生产提供所需要的人才。一般而言，教育发展的规模与速度总是与社会生产力发展水平成正比，教育发展不能超越生产力发展可能达到的限度，只有生产力发展了，教育才有可能发展。

从世界教育发展的历程看，第一次工业革命后提出了普及初等教育的要求，第二次工业革命后提出了普及初级中等教育的要求，第三次工业革命后提出了普及高中教育的要求，信息革命后提出了高等教育大众化的要求。这说明随着社会的进步、生产力的发展，教育的规模和水平在不断提高。

2. 生产力发展水平制约着人才培养规格和教育结构

培养什么样的人，与生产力发展水平有密切关系。生产力发展的水平，要求受教育者必须具有某种程度的文化水平和生产所需的知识技术。生产力的发展也必然引起教育结构的变化。设立什么样的学校、开设什么样的专业、各级各类学校之间的比例如何、各种专业之间的比例如何，都受生产力发展水平和产业结构的制约。经济结构对教育的制约具体表现在：产业结构制约着教育专业结构和类别结构；劳动技术结构制约着教育类别结构和教育程度；地区经济结构制约着教育的布局。

3. 生产力发展水平制约着教学内容（学校课程设置）、教学方法、教学手段和教学组织形式的发展与改革

生产力的发展促进了科学技术的发展与更新，也必然促进教学内容的发展与更新。随着社会的发展，学科不断增加，新兴的科学技术不断被纳入学校的教学内容。这一般表现在两个方面：一是学校课程门类由少到多；二是学校教育内容越来越丰富和深化。同样，学校的物资设备、教学实验仪器等都是一定的生产工具和科学技术在教育领域的应用，反映了当时的生产发展水平。与此相适应，教学方法和教育手段随着生产力的发展和科学技术的进步而改变。从口耳相传，到面对面的交流，再到多媒体和互联网支持的教学，都反映了生产力水平对教学方法和教学手段的影响。

此外，经济体制决定着教育体制。经济体制决定着教育体制的基本模式，有什么样的经济体制就有什么样的教育体制。

（二）教育对生产力的发展具有促进作用（教育的经济功能）

英国经济学家亚当·斯密认为："学习是一种才能，须受教育，须进学校，须做学徒，所费不少。这样费去的资本，好像已经实现并且固定在学习者的身上。这样的才能，对于他个人自然是财产的一部分，对于他所属的社会，也是财产的一部分。"现今，教育是形成人力资本的基本途径，因此成为提升人力资本、促进经济增长的重要"法宝"。教育对经济发展的促进功能在当代社会愈发凸显。

1. 教育是<u>劳动力再生产</u>的重要手段

劳动力是人进行劳动的能力，是人生产某种使用价值时所运用的体力和智力的总和。劳动力的质量和数量是教育发展的重要条件，教育担当着再生产劳动力的重任。当人还没有掌握任何生产知识和劳动技能时，他只能是一种可能的、潜在的劳动力。教育可以使人掌握一定的科学知识、生产经验和劳动技术，即把可能的、潜在的劳动力变为掌握科学技能的直接的、现实的劳动力，从而形成新的生产能力，提高劳动生产率，促进社会生产力的发展。

教育是劳动者再生产的基本手段，具体表现在：（1）教育能够把可能的劳动者转化为现实的劳动者。人只有掌握了一定的科学技术知识和相应的劳动能力后才有可能成为生产力中的劳动力要素，科学技术知识和劳动能力也只有内化为劳动者的素质，才有可能转化为现实的生产力。（2）教育能够把一般性的劳动者转化为专门性的劳动者。教育中的专门教育和职业教育可以在普通教育的基础上把一般性的劳动者进一步转变为某一领域、某一行业以至某一工种的专门的劳动者。（3）教育能够把较低水平的劳动者提升为较高水平的劳动者。各级各类教育在促进劳动力的转换中具有不同的作用，普通教育和职业教育使一个潜在的、可能的劳动力转变为现实的劳动力，继续教育使一个简单的劳动力转变为复杂的劳动力。在现代社会，教育已经成为不断提升劳动者素质和促进劳动者进行纵向社会流动的基本手段。（4）教育能够把一种形态的劳动者改造为另一种形态的劳动者。当今社会，改行转业，更换职业和工种，无论是被动的还是主动的，都已逐渐成为习以为常的事情，教育自然是改造劳动者形态和促进劳动者进行横向社会流动的基本手段。（5）教育能够把单维度的劳动者改变为多维度的劳动者。现代经济学对劳动者的理解已经超出了纯经济学的范围，这种劳动者不仅掌握科学技术知识和具有劳动能力，而且也具备一定的文化素养、思想修养、职业道德、心理素质、创新精神、合作意识等品质。教育对劳动者素质的提高是全面的，现代教育越来越注重对未来的劳动者进行多维度的培养。

2. 教育是<u>科学知识再生产和发展科学</u>的重要手段

如果说科学技术是第一生产力，那么教育则是生产第一生产力的工作母机，是生产科学技术的重要手段与途径。教育对科学技术的生产主要通过三个方面：第一，教育传播科学文化知识和技术，实现科学文化知识和技术的再生产。教育通过科学文化知识的传承，实现着科学文化知识和技术的再生产。教育把人类所积累的科学文化知识和技术进行简约化、典型化的加工改造，成为教育的内容，通过教师的传播，使之为少数人所掌握的科学文化知识在较短时间内为更多的人所掌握，从而实现了科学文化知识和技术的高效率的再生产。第二，教育生产新的科学文化知识和技术，是发展科学的一个重要手段。现代社会赋予学校多种职能，其基本职能包括提高受教育者素质（现代学校最基本的职能）、培养现代社会的劳动者和各级各类专门人才、文化的传承与创新、开展科学研究、提供社会服务等五个方面。教育，尤其是高等教育，不仅要传播科学文化知识，还负有生产科学文化的重任。开展科学研究、生产新的科学文化知识和技术是高等学校的主要职能之一。目前，一些著名的高等学校，尤其是从事技术创新的工科院校，已经成功地走出了一条"教学、科研、生产"一体化的道路，及时地把科学研究的成果投入到生产中去，并在生产中应用，转化为生产力，进而推动经济的发展。美国的"硅谷"、日本的"筑波"、中国的"中关村"都是成功的典型。第三，教育培养创新型人才，促进科学技术的发展。教育为科学技术服务，最基本的途径就是通过创新型人才的培养，生产新的科学技术，实现科技的创新。

3. 教育能够产生经济效益，<u>是经济发展新的增长点</u>

教育发展对经济增长具有明显的促进作用，教育投资越来越成为经济发展新的增长点。20世纪后期，世界各国都很重视教育的发展，增加了教育投资，出现了"<u>教育先行</u>"的新现象。教育先行主要表现在两个方面：一是教育投资的增长速度适当超过经济增长的速度；二是教育应为未来经济发展的需要超前培养人才。但是需注意教育先行并非教育无限制地先于经济发展，而是有一个限度。

（三）教育与社会发展的相关理论

1.人力资本理论

传统的西方经济学把土地、劳动、资本看作生产的三要素。20世纪60年代，以美国舒尔茨、贝克尔等为代表的西方经济学家提出了人力资本理论，开辟了关于人类生产能力的崭新思路。人力资本理论的核心概念是人力资本，所谓人力资本，是指凝聚在劳动者身上的知识、技能及其所表现出来的可以影响所从事的生产性工作的能力。它是相对于物质资本而言的，它也是一种生产要素资本，与物质资本相比，它在经济活动中是更活跃、更具发展特性的因素，在现代经济中常常是更具关键性的因素。

人力资本理论是20世纪60年代以来世界上许多国家"教育先行"政策的理论基础。人力资本理论的提出，对教育产生了深远的影响，其基本观点包括：（1）学校教育质量是经济发展的重要因素之一，教育具有巨大的经济效益；（2）人力资本的投资，是最高的投资；（3）人力资本的核心是提高人口质量，而教育投资是关键。也有观点认为，人力资本理论的基本观点是：（1）人口质量重于人口数量；（2）人力投资的收益率大于物力投资的收益率，也高于通常的银行利率；（3）教育投资是人力资本的核心；（4）教育投资的总量必须不断追加；（5）教育投资的收益率是可以测算的。倡导该理论的学者尤其重视教育投资的作用，认为教育不但是一种消费活动，也是一种投资活动。教育投资是人力资本的核心，是一种可以带来丰厚利润的生产性投资，包括学校教育、职业训练、卫生保健等。舒尔茨根据人力资本理论，通过对教育资本储量（国家在某一时期内教育支出的总额）的分析，推算教育对国民收入增长的贡献。经推算，美国1929—1957年教育水平对国民经济增长的贡献为33%。

总之，人力资本理论认为，人力资本是经济增长的关键，教育是形成人力资本的重要力量，其主要缺陷是忽视了劳动力市场中的其他筛选标准。

2.教育独立论

1922年，蔡元培在《新教育》上发表《教育独立议》，提出教育一要独立于政党，二要独立于宗教，应当完全交给教育家去办，保有独立的地位。

3.教育万能论

教育万能论是18世纪法国启蒙思想家、唯物主义哲学家爱尔维修提出的观点。教育万能论是一种片面地夸大教育在人的发展中的作用的观点，认为人完全是教育的产物。该观点持有者普遍忽视或否定遗传素质及人的主观能动性在人的发展中的作用，把社会环境和教育视为影响人的发展的决定性因素。此外，洛克、康德、华生、莱布尼茨等也是教育万能论的代表人物。

4.筛选假设理论

筛选假设理论简称筛选理论，是20世纪70年代初美国经济学家提出的视教育为一种筛选装置、以帮助雇主识别不同能力的求职者、将他们安置到不同职业岗位上的理论。代表人物有迈克尔·斯宾斯、罗伯特·索洛、伯格、阿罗、斯蒂格利茨等。

筛选假设理论认为，教育是一种标识个人能力的工具，揭示了内含于人的未来的生产特征，表明了人的固有生产力，为雇主识别、选拔不同能力求职者提供依据，起到筛选作用。它通过分析劳动力市场上雇主选聘求职者的过程去说明教育的经济价值。它承认教育与工资的正相关，认为教育反映了个人能力，但并没有增加个人的能力。由于这种理论强调教育文凭的重要性，故亦被称为"文凭理论"。

5.劳动力市场理论

20世纪70年代初期出现了劳动力市场理论，皮奥雷、多林格、戈登、卡诺依等是其主要代表人物。

他们认为，筛选假设理论关于教育与工资关系的分析的基本前提不正确，关于教育水平与个人收益成正相关的论断不全面，因为它没有考虑劳动力市场的内部结构因素。

劳动力市场理论采用制度经济学的观点，指出劳动力市场由于种种制度性力量的影响而被划分为不同的部分，即主要劳动力市场和次要劳动力市场。该理论因此也称作"二元劳动力市场理论"。在劳动力市场的不同部分，教育与工资的关系是不同的。不同背景的人将进入不同的劳动力市场从而享受不同的待遇。因此，一个人的工资水平主要取决于他在主要劳动力市场还是次要劳动力市场工作，而与教育程度本身并不直接相关，教育只是决定一个人在哪一个劳动力市场工作的重要因素之一。

6. 社会化理论

20世纪70年代中期，西方国家出现了社会化理论，创始人是萨缪·鲍尔斯和赫伯特·金迪斯等。社会化理论认为，教育的根本功能并不是提高人的生产能力，而是造成人的不同个性品质，与现存社会经济结构和等级秩序相适应。

社会化理论揭露了资本主义教育的阶级实质，指出学校教育的社会化职能不仅在于使未来劳动者获得必要的知识技能，更重要的还在于习得统治阶级所需要的个性品质。这一理论的缺陷是，在强调教育与经济存在对应关系的同时，忽视了教育具有相对独立性和与经济生活相矛盾的一面；因而，它对教育在整个社会经济发展中所起作用的论述带有片面性。

二、教育与社会政治经济制度的关系

政治对教育不但有直接的制约作用，而且，这种制约作用波及教育的一切方面。"教育作为一项社会事业，深受政治的制约，任何社会的教育都体现着该社会的政治特征。"

（一）政治经济制度对教育的制约作用

社会政治经济制度决定教育的性质和发展方向，即政治经济制度决定着教育的思想政治方向和教育为谁服务的问题，并非决定着教育的一切。

1. 政治经济制度决定教育的领导权

教育的领导权和受教育权是判断和确定教育性质最主要的标志。当人类进入到阶级社会以后，教育就不可避免地打上阶级的烙印。谁掌握教育的领导权，谁拥有享受教育的权利，这取决于他们在社会中的地位。谁掌握了生产资料的所有权，谁掌握了国家政权，谁就能够控制精神产品的生产，就能控制学校教育的领导权。在一定政治经济制度中占统治地位的阶级，总是通过教育方针和政策的颁布实施、教育目的的制定、教育经费的分配、教育内容特别是意识形态教育内容的规定、教师和教育行政人员的任免聘用等途径，实现对教育领导权的控制。在政治经济制度中占统治地位的阶级，必然掌握着教育的领导权。

2. 政治经济制度决定着受教育的权利（教育的享受权）

一个国家设立怎样的教育制度，什么人接受什么样的教育，进入不同教育系列的标准怎样确定，基本上是由政治经济制度决定的。教育发展的历史告诉我们，在不同的社会里不同的人享有不同的受教育权。在资本主义社会，法律虽然规定人人享有平等的受教育权，但这只是形式上的平等；实际上，由于经济上和其他条件上的不平等，受教育权仍是不平等的。在阶级社会中，"超阶级""超政治"的教育是不存在的。正如《美国教育基础——社会展望》一书指出，"显然，任何起如此重大作用的社会事业是不允许在某一政体下任意游荡的。"

3. 政治经济制度决定着教育目的的性质和思想品德教育的内容

教育的根本任务是培养人。在一定的政治经济制度下，掌握教育权和受教育权的社会阶层总是按照自己的意愿来培养人。培养什么样的人，特别是培养出来的人应当具有什么样的政治方向和思想意识倾向，体现了一定社会的政治经济要求。社会的政治经济制度不同，教育目的也就不同。政治经济制度，特别是政治制度，是直接决定教育目的或教育宗旨的因素。

政治经济制度决定着教育目的的性质，进而也决定着教育内容的选择，特别是思想品德教育内容的选择。教育目的主要是通过学校中的思想品德教育的内容来实现的，而一定的思想观点、伦理道德是由社会的政治、经济制度决定的。在阶级社会中，思想道德带有阶级性，符合统治阶级利益的思想道德成为学校思想品德教育的主要内容。

此外，社会政治经济制度还制约着教育结构和教育的方针、政策、管理体制。在教育发展的历史上，不同的社会政治制度历来决定着不同的教育管理体制。例如，法国、日本高度中央集权的政治制度决定了学校管理体制的集中统一；美国地方分权的政治制度决定了美国的教育分权制，各州有权根据各州实际颁布各种教育法规，而不是由联邦一统到底。

（二）教育对政治经济制度的影响作用（教育的政治功能）

教育对政治的促进作用体现在培养社会政治人才、维系社会政治稳定、提高社会政治文明水平、促进社会政治变革等方面。

1. 教育为政治经济制度培养所需要的人才

教育通过人才的培养，服务于社会的政治，维护统治阶级的利益，这是教育发挥政治功能的一个最基本的途径（通过培养人才实现对政治经济的影响，是教育作用于政治经济的主要途径）。孔子讲："为政在人""人存则政举，人亡则政息"。墨子也认为："国有贤良之士众，则国家之治厚"。所以，古代教育非常重视培养政治管理人才。在现代学校，世界各国都开设有政治类和思想品德教育的课程，如"社会课""公民课""政治课""品德课""法律课"等，其主要内容都是向学生介绍一个国家的社会政治制度、法律制度、主导的意识形态、公民的权利和义务等，旨在使每个人都形成该社会所要求的政治思想和政治信念，成为社会所期望的合格公民。普通高等学校还专门设置了一些相关专业，直接培养社会的管理人才和政治人才。

2. 教育是一种影响政治经济的舆论力量

学校是一个宣传和传播文化的场所，还是一个营造社会舆论的场所。学校自古以来就是宣传、灌输、传播一定阶级的思想体系、道德规范、政策路线的有效阵地。学校又是知识分子集中的地方，学校使用的教材以及教师和学生的言论、文章、行为，是宣传某种思想、借以影响群众并服务于一定政治经济的现实力量。例如，我国现代的"五四"运动和"一二·九"运动，便发端于学校，扩展到社会，进而形成全国性的政治运动。

3. 教育可以促进年轻一代的政治社会化

教育通过政治课教学、榜样的影响和组织受教育者参加校内外政治活动，来传播一定社会的意识形态，使受教育者形成适应和拥护一定社会政治经济制度和政治活动的思想意识和行为方式，完成年轻一代的政治社会化过程。

4. 教育可以促进民主化进程，是政治民主化的加速器

民主问题是教育与政治关系的核心。从历史上看，教育与政治关系的演进过程，实质上也就是政治民主化与教育民主化演进和发展的过程。一个国家的政治是否民主，主要取决于该国的政体，但也与国民的文化素质密切相关。正如列宁所说："文盲是站在政治之外的，必须先教他们识字，不识字就不能有政治，不识字只能有流言蜚语、传闻偏见，而没有政治。"教育对社会民主的推进主要表现在三个方面：第一，教育传播科学，启迪人的民主观念。第二，教育民主化本身是政治民主化的重要组成部分，

也是衡量社会民主化的重要一环。第三，民主的教育是政治民主化的"孵化器"。

三、教育与科学技术的关系

（一）科学技术对教育的影响和制约作用

科学技术对教育的影响，首先表现为对教育的动力作用，科技进步是现代教育发展的根本动因。其次，科学的发展还能为教育的发展指明方向，预示结果，引导教育遵循科学的轨道前进。

1. 科学技术能够改变教育者的观念，提高其教育能力

科学发展水平决定了教育者的知识水平和知识结构，影响到他们对教育内容的选择和教育方法的运用，最终会影响到他们对教育规律的认识和教育过程中教育机制的设定。

2. 科学技术能够影响受教育者的数量和教育质量

对人身体发育和心理变化的研究正日益揭示出教育对象的身心发展规律，从而使教育活动遵循这些规律。科学的发展及其在教育上的广泛运用，使教育对象得以扩大。科学技术的每一次发展都极大地促进了教育质量的提高和受教育者数量的增长。

3. 科学技术能够影响教育的内容、方法和手段

科学技术为教育资料的更新和发展提供各种必要的思想基础和技术条件，并在此基础上对教育活动的所有环节产生影响。学校类型的变迁、规模的扩大、教育设施的兴建、教育内容的记载与表达、教学用具和实验器材的制造等，都离不开科学技术的作用。

（二）教育对科学技术发展的促进作用（教育的科技功能）

1. 教育能完成科学知识的再生产

科学知识的生产是直接创造新科学的过程，科学知识的再生产则将科学知识传授给更多的人，尤其是传授给新一代人，使他们能充分地掌握前人创造的科学成果。学校教育所进行的科学知识的再生产，是一种有组织、有计划、高效率的再生产。它在知之较多的教师的指导下，通过有效的组织形式，选择最合理的方法，在较短的时间内传授给学习者，因此学校教育是科学知识再生产的最主要途径。

教育作为科学知识的再生产领域，其作用有两个方面：其一在于科学的继承与积累，把前人创造的科学知识加以总结和系统化，一代一代地传下去；其二在于科学的扩大再生产，把前人创造的科学知识传授给新的一代，使他们能够站在前人的肩膀上有所发现与创新，进而创造出更新的科学成果。

2. 教育具有科学研究的功能（教育生产科学知识，发展科学）

教育在传播科学知识的同时，也从事着直接的科研工作，这在高校里尤为突出。据统计，世界上许多国家的大学承担了全国60%以上的科研任务。

3. 教育推进科学的体制化，促进科研技术成果的开发利用

科学的体制化是指出现职业的科学家以及专门的科研机构去开展科学研究。只有在教育高度发达的情况下，才会出现科学的体制化。同时，科学技术在教育上的应用，能够丰富科学技术的活动内容、扩大科学技术的成果。

（三）信息技术与教育

以多媒体和网络技术为核心的信息技术已迅速地闯入了我们的生活，并改变着我们的生活方式。同样，信息技术也对教育产生了深刻的影响。

1. 信息技术改变着人们关于知识的观念

信息技术既改变着知识的数量观念，也改变着知识的质量观念。

2. 信息技术改变着人们关于学习和教育的观念

教育过程在本质上成为一种选择过程，原有意义上的有固定场地、固定班级、固定学校的教育形式，将成为学生进行社会交往的处所，而知识的学习将让位给不受时间和地域限制的信息技术。

3. 信息技术的日益成熟和普及为实现教育的第三次飞跃提供了平台

人类进入20世纪80年代以来，迎来了第三次信息技术革命，即以计算机和网络技术为标志的信息技术时代。阿什比认为，人类教育史上曾经发生过"四次教育革命"。当前，以电子计算机技术和互联网为核心的"第四次教育革命"表现出能力本位主义、个别化模式、广泛采用高科技教学手段以及高情感、高创造性的教育等特征。信息技术对教育的影响是根本性的，教育开始迈向网络时代。

第一，信息技术能够满足学习者的个别需要。信息技术的智能化，可以使施教者根据学习者的情况自动生成相应的教学进度，确定个性化的评价标准，使因材施教的理想真正成为现实。

第二，信息技术实现了人机互动。在传统的教育中，没有学生的积极主动性，教学活动可以照样进行；而在人机系统中，没有学习者的积极反应，教学活动将会终止，学习者的积极主动性是教学活动正常进行的必要条件。

第三，信息技术促进了师生关系的民主化。信息技术通过电脑和网络实现教学，师生面对面的教学模式不复存在，这极大地促进了师生关系的民主化，有利于学生积极人格的养成。

（四）基于"互联网+"的教学改革

1. 网络教育与网络学校

网络教育是现代信息技术（互联网）应用于教育后产生的新概念，即运用网络技术与环境开展的教育，它突破了时空的界限，有别于传统的在校住宿的教学模式。传统的学校教育与网络教育的不同之处体现在：（1）传统学校教育是"金字塔形"的等级制教育，网络教育是"平等的"开放式教育；（2）传统学校教育由他人掌握"筛选制度"来评定优劣，网络教育依据自己的"兴趣选择"评定；（3）传统学校教育是"年龄段教育"，网络教育是"跨年龄段教育"或"无年龄段教育"；（4）传统学校教育存在时空限制，网络教育是跨时空的教育。

在实际教学中，网络教育可以从两个方面理解：一是指网络技术应用于教育中，改变了传统的教育教学手段；二是指在网络上构建网络学校。网络学校集学校、教学手段、教学内容、教学方法于一体，为学习者提供前所未有的开放的学习环境。在这种教育体制下，工作与学习完全融为一体，任何人可以在任意时间、任意地点通过网络自由地学习、工作和娱乐。这是真正意义上的自主学习。这种网络学校是可以扩展至社会每一个角落乃至全世界的开放学校。通过网络教育可以最大限度地发挥学习者的主动性、积极性，既可以进行个别化教学，也可以进行协同式教学，还可以把二者结合起来，是一种全新的教育模式。这种教学模式可以完全按照个人的需要和意愿进行，能够激发学习者的学习兴趣。

2. 翻转课堂

翻转课堂译自"Flipped Classroom"或"Inverted Classroom"，也可译为"颠倒课堂"，是指重新调整课堂内外的时间，将学习的决定权从教师转移给学生。互联网的普及和计算机技术在教育领域的应用，使"翻转课堂"教学模式变得可能和现实。翻转课堂的核心和本质在于"先学后教"，学生在课前借助网络平台观看微视频进行自主学习，课堂上在老师的指导下分组讨论、合作探究。翻转课堂通过教学结构的颠倒安排，实现教学的个性化。与传统教学过程相比，翻转课堂要求学生先要在课前学习教师制作的教学微视频，完成对知识的初步理解，课堂上教师对学生的学习情况及时了解和反馈，有针对性地指导学生，共同解决问题、完成教学任务。翻转课堂的特点主要体现在以下三个方面：第一，翻转课堂使课堂知识传授与课外知识内化发生颠倒；第二，教学视频成为教师与学生连接的新媒介；第三，翻转课堂是信息技术与教育教学的有机结合。翻转课堂教学模式是对基于印刷术的传统课堂教学结构与教学流程的彻底颠覆，由此将引发教师角色、课程模式、管理模式等一系列变革。

翻转课堂教学模式有如下几个鲜明的特点：第一，教学视频短小精悍。大多数的视频都只有几分钟的时间，比较长的视频也只有十几分钟。第二，教学信息清晰明确。视频中唯一能够看到的就是教师的手。第三，重新建构学习流程。学生的学习过程由两个阶段组成：第一阶段是"信息传递"，是通过教师和学生、学生和学生之间的互动来实现的；第二个阶段是"吸收内化"，是在课后由学生自己来完成的。第四，复习检测方便快捷。

3. 慕课（MOOC）

"慕课"译自MOOC（Massive Open Online Courses），即大型开放式网络课程，是新近涌现出来的一种在线课程开发模式，它发端于过去的那种发布资源、学习管理系统以及将学习管理系统与更多的开放网络资源综合起来的旧的课程开发模式。通俗地说，慕课是大规模的网络开放课程，它是为了加快知识传播而由具有分享和协作精神的个人组织发布的散布于互联网上的开放课程。这一大规模在线课程掀起的风暴始于2011年秋天，被誉为"印刷术发明以来教育最大的革新"。2012年被《纽约时报》称为"慕课元年"。

4. 微课

微课是指为使学习者自主学习并获得最佳效果、经过精心的信息化教学设计、以流媒体形式展示的围绕某个知识点或教学环节开展的简短和完整的教学活动。它的形式是自主学习，目的是取得最佳效果，形式是流媒体，内容是某个知识点或教学环节，时间是简短的，本质是完整的教学活动。对于老师而言，最关键的是要从学生的角度去制作微课，而不是从教师的角度去制作，要体现以学生为本的教学思想。

教学视频是微课的核心组成内容，微课的主要特点有：教学时间较短（时长一般为5—8分钟左右）；教学内容较少；资源容量较小；资源组成/结构/构成"情景化"；主题突出、内容具体；草根研究、趣味创作；成果简化、多样传播；反馈及时、针对性强。

四、教育与文化的关系

（一）教育与文化是相互依存、相互制约的关系

1. 教育与文化关系的特殊性

（1）文化本身是一种强大的教育力量和广义的教育活动。这体现在：① 特定时空中的文化构成了特定的文化环境、文化氛围，对生存于其中的人产生着潜移默化的影响，发挥着强大的教育作用；② 一定的社会文化以不同的方式影响着学校文化、班级文化和课堂文化，对教育活动起到无形而又强大的影响作用。

（2）教育是一种特殊的文化现象。教育可以传递与深化文化，同时，教育构成文化本体，这就是教育的双重文化属性。教育与文化是属性与本质的关系，教育几乎与文化的所有部分都发生直接联系，任何一种文化特质和文化模式如果不借助于教育的传递和深化，都将影响它存在的质量或缩短它存在的历史长度。

2. 文化对教育发展的制约作用

文化主要有下列四种存在形态：其一，物质形态，指精神创造物化在物质产品之中，如历史文物、古建筑、各种工艺用品等。其二，用物质手段存留的观念形态，指精神沟通的手段，如人类创造的各种形式的符号（从语言文字到各种数学的抽象符号）、各种科学著作、文艺作品。其三，与各种文化创造和传播有关的活动形态，如学术活动、艺术活动以及与此有关的相应的团体、社会设施（如学术机构、

大众娱乐机构、文化出版机构、学校等）。其四，人的心理、行为形态，如民族的心理素质、价值观、思维方式、精神风貌、社会的生活方式、习俗、传统，个人对周围世界的影响方式等。同政治、经济相比，文化对教育的制约与影响具有广泛性、基础性、深刻性与持久性。

（1）文化影响教育观念（价值取向）

一是文化观念影响人们对教育的态度和行为。例如，同样处在工业化历史进程中，日本、德国等具有大工业意识的国家十分重视发展教育，重视人口素质的提高对社会高质量发展的重要作用。相反，英国等传统和保守的国家则把社会发展归之于政治制度的作用，结果必然导致社会发展进程缓慢。二是文化观念影响教育思想的产生和发展。任何教育家的教育思想都是在一定社会文化背景中孕育的，是其世界观和价值观的反映。例如，中国近代教育史上黄炎培的职业教育思想、陶行知的平民教育思想，都是他们所处时代社会需要的集中反映。西方教育史上夸美纽斯、卢梭、裴斯泰洛齐的"自然教育"原则，则是资产阶级上升时期要求"肯定人性、削弱神性"的社会潮流反映。中国传统文化影响下的教育价值观念对教育的制约体现在：① 重功利轻发展的教育价值观对教育的影响。"十年寒窗无人问，一举成名天下知""万般皆下品，惟有读书高"，就是对中国传统社会读书人狭隘功利主义教育目的的写照。② 重共性轻个性的教育价值观对教育的影响。压制学生个性的一个突出表现就是教育的模式化，造成了学生发展的一律化和平面化，唯唯诺诺、无棱无角。③ 重服从轻自主的教育价值观对教育的影响。深受中国传统文化影响的中国教育至今仍然相当强调学生服从品质的养成，致使所培养出来的人惟书崇上，习惯于跟风跑、随大流，盲目从众，如风吹墙头草，缺乏个人应有的尊严、责任感和自主性。④ 重认同轻创造的教育价值观对教育的影响。中国传统文化的价值观念倾向于厚古薄今，时常感慨"今不如昔""一代不如一代"，倡导"法先王"，鼓吹"天不变，道亦不变"，惟古是法作为一种价值观念，代代相传。时至今日，中国教育最大的、最致命的弊端仍然莫过于压制人的个性和创造性。

（2）文化影响教育目的的确立

教育目的的确立受到文化的影响和制约。例如中国古代社会的主流文化是以儒家为核心的"伦理型"文化，这种文化将"崇善"作为最高范畴，强调的教育目的是"在明明德，在亲民，在止于至善"，在人才规格上强调"贤者"与"君子"的培养。古希腊文化将"爱智慧"作为最高范畴，注重通过知识学习达到对真理的认识，同时重视自然现象领域中各种知识的教育。

（3）文化影响教育内容的选择，促进学校课程的发展

文化对学校教育的影响主要体现在教育内容上，最直接的方面就是学校开设的各门课程和学科。文化自身的性质决定了文化的发展对学校课程的影响主要体现在内容的丰富和课程结构的更新两个方面。

不同民族、不同国家文化传统影响教育内容。例如，欧洲中世纪占统治地位的文化是宗教文化，知识的主导形态是基督教神学知识，因此，中世纪大学的教育内容以神学知识为主。到了文艺复兴时期，古希腊、古罗马的文学艺术被重新发现，学校的教学内容则以世俗性知识为主。中国古代社会长期重农抑商、追求仕途，导致教育内容主要以典章制度为主，很少有自然科学和生产知识；英国一向崇尚人文精神，直至今日古典人文课程仍占较大比例。

（4）文化对教育教学方法、教学组织形式和师生关系有一定影响

不同的文化影响着人们对知识及其来源的认识，在教育上影响着人们对师生关系的认识，由此决定了人们对教育教学方法、教学组织形式的不同应用。例如，中国传统文化强调"书读百遍，其义自见"和"听君一席话，胜读十年书"，即读书和聆听先生教诲是获得知识、增长才干的最佳途径。这反映到教育方法上，就是学校把教师的系统讲授看作获取知识的最佳途径，把读书看成获得真知的唯一源泉，故而倡导"多较多得、少教少得、不教不得"的理念。

此外，文化知识制约教育的内容与水平，文化模式制约教育背景（教育环境）与教育模式，文化传统制约教育的传统与变革等。

3. 教育对文化发展的促进作用（教育的文化功能）

教育的文化功能是指教育具有促进文化延续和发展的功能。教育的文化功能主要表现在文化传承、文化选择、文化交流、文化创新等四个方面。

（1）教育具有传递、保存和活化文化的功能（教育的文化传承功能）

文化的传承是文化得以延续和发展的基本前提，教育传承文化的功能有三种主要表现形式，即传递、保存和活化。首先，文化传递与保存表现为文化在时间上的延续。教育将选择为教育内容的文化刻画在年轻一代身上，实现文化的传递与保存。教育是文化保存和传递的主要手段，是文化再生的宝库。其次，教育要实现真正意义上的文化传承，还必须把储存形态的文化转化为现实活跃形态的文化，即把附着于物体、文字和技术性载体上的文化符号活化到现实生命的人这一载体上，为人所掌握。这一转化的过程就是文化的活化，教育就是活化文化的基本手段。

（2）教育具有筛选、整理和提升文化的功能（教育的文化选择功能）

文化选择是文化变迁和文化发展的起始环节，它表现为对某种文化的自动选择或排斥。杜威对这个问题有精辟的论述，他认为文化过于庞杂，不能全部吸收，必须通过教育进行"简化"，吸取其基本的内容；文化环境中存在丑陋现象，必须通过教育"净化"，消除其不良的东西，选择其中最优秀的东西；为了使人们避免他所在社会群体的限制，必须通过教育以"平衡"社会文化中的各种成分，以便和更广阔的文化建立充满生气的联系。教育进行文化选择的标准通常是：首先，选择有价值的文化精华，剔除文化糟粕，传播文化中的真善美；其次，按照统治阶级的需要选择主流文化；再次，按照学生发展的需要选择系统的、科学的、基本的文化，再对这些文化进行教育学意义的改造。其中，选择什么样的文化进入教育内容，有两个基本标准：一是社会价值标准，它主要是由社会的政治、经济和文化传统决定的，其目的是保证人才培养的方向；二是知识价值标准，它主要是由知识的类型、层次和功用决定的，其目的是要保证人才培养的规格。教育对文化的选择还可以通过对教师的选择来实现。蔡元培任北京大学校长时，实行"思想自由""兼容并包"的办学方针，当时的教师中既有宣传马克思主义者，也有资产阶级民主主义者，还有固守中国传统文化本位主义者。实质上，这些教师是在自觉地利用教育对文化进行选择。教育的文化选择形式总体上有吸收和排斥两种。当今是多元文化并存的社会，应处理好对传统文化、外来文化和未来文化的选择问题。

（3）教育具有传播、交流和融合文化的功能（教育的文化交流、融合功能）

文化的传播与交流，是文化从一个社会文化共同体传输到另一个社会文化共同体，是文化在空间上的流动。教育从两个方面促进文化的交流和融合：一方面是通过教育的交流活动，如互派留学生、教师的出国访问、学术交流等，促进不同文化间的相互吸收、相互影响；另一方面，教育过程本身通过对不同文化的学习，如引进国外的教材、介绍国外的学术成果和理论，对这些异域的文化进行判断、选择，对本土的文化进行变革、改造，进而整合成新的文化，促进文化的不断丰富和发展。教育的过程，作为文化学习的过程，不是对文化的简单认可和复制，而是对文化的选择、重构和创造，这一过程实现了文化的融合。

（4）教育具有更新、创造和发展文化的功能（教育的文化创造功能）

人类文化的发展，不仅需要传递和保存已有的文化，更需要创造新的文化。人类学家格里库里·贝特森在《思想生态学的步骤》一书中，强调了这样一个观点："文化本身是复杂的，学习文化的过程也是复杂的，从某种意义上看，每一代人对他们自己的文化，而且重新结构自己的文化。"没有文化的更新和创造，就没有文化的真正发展。教育的文化功能，最根本就是实现文化的创新与发展。教育通过以下几个方面实现文化的创造功能：首先，教育对文化的选择、批判和融合，总是着眼于古为今用，洋为中用，取其精华，弃其糟粕，适应社会发展变化的需要，构建新的文化特质和体系，使文化得到不断地更新和发展。其次，教育直接生产新的文化。教师在教育活动中，不只是知识的传播者，而且是知识的创造者，他们是新的文化力的生产者。教师与知识的联系不只限于将知识转化为学生可接受或易于接受的形式，而且表现为通过科学研究创造知识。教师的科研活动、研究性教学、师生的创作、科研论文的指导与撰写等都直接创造着新的文化。再次，教育创造文化最根本的途径就是创造性人才的培养。教育通过传授人类精致的文化，培养人的个性和创造力，并将这种创造性的人才输送到社会的各行各业中去，他们在各自的岗位上直接从事文化创造活动，从而使教育系统就像一个能量丰富的文化创造源，实现文化创造的"辐射"和"裂变"效应。

（二）学校文化与校园文化

1. 学校文化的含义

最早提出"学校文化"这一概念的是美国学者华勒。1932年他在《教育社会学》一书中使用了"学校文化"一词，把学校文化解释为"学校中形成的特别的文化"。

学校文化有广义和狭义之分。广义的学校文化是指一所学校在长期的教育实践过程中积淀、演化和创造出来的，为其成员所认同和遵循的价值观念体系、行为规范准则和物化环境风貌的一种整合和结晶。换言之，学校文化是指学校全体成员或部分成员习得且共同具有的思想观念和行为方式。学校文化的核心是学校各群体所具有的思想观念和行为方式，其中最具决定作用的是思想观念，特别是价值观念。狭义的学校文化即"校园文化"，就是学校校园环境中存在的一切文化现象。

2. 学校文化的来源与内容

学校文化的形成来自两个方面：一是教育者根据社会的特定要求及社会的主流文化的基本特征精心设计和有意安排的文化；二是年轻一代的文化。

学校文化最终要表达的是这样一些内容：教育的理想或追求，对学校功能及其社会责任的理解，对人性的理解，对学习、工作的态度以及对集体的看法，学校的人际关系等。

3. 学校文化的特征

学校文化具有互动性、渗透性、传承性三个基本特征。（1）互动性：学校文化是师生共同创造的。（2）渗透性：学校文化存在于校园的各个角落，渗透于各种人员的观念、言行和情感之中。（3）传承性：学校文化代代相传，相沿成习。

关于学校文化的特性，也有人持以下观点：（1）学校文化是一种组织文化；（2）学校文化是一种整合性较强的文化；（3）学校文化以传递文化传统为己任，突出表现在它所使用的教材或传递的教学内容上；（4）校园文化是学校文化的缩影。

4. 学校文化的功能

（1）导向与激励功能

学校的办学目标和办学理念是学校文化的集中体现。学校管理者通过各种文化活动，把师生的积极性引导到实现学校目标所确定的方向上来，使之在确定的目标下从事教育、教学和管理活动。当师生接受和认同学校的办学目标和办学理念时，就会焕发出极大的工作热情和学习积极性，就会在潜移默化的氛围中形成共同的价值观念，产生一股信念和力量，向着既定的目标努力。

（2）凝聚功能

学校文化的凝聚功能表现为学校文化是联系和协调一所学校所有成员的纽带。当学校观念被教职工及学生认同后，它就会以一种润物细无声的方式来沟通人们的思想，使之对学校目标产生认同感，从而形成一股强大的凝聚力量，使学校管理产生巨大的整体效应。

（3）规范功能

学校文化中蕴含着道德因素，能调节人际关系，使之心理相容、和谐有序，这就是学校文化对其成员的规范约束作用。但学校文化中的规范功能并不像规章制度、政策法规那样具有约束力，而是在一个特定的文化氛围中，人们取得心理平衡，服从团体规范，产生从众行为。

5. 校园文化的构成

校园文化是学校文化的缩影。校园文化是人们为了保证学校中教育活动顺利进行而创立和形成的一种特有的文化形态，它是学校全体成员在学习、工作和生活的过程中所共同拥有的价值观、信仰、态度、作风和行为准则。校园文化是由精神文化（观念文化）、组织制度文化（规范文化）和物质文化三部分组成的。

（1）精神文化

学校的精神或观念文化是校园文化的核心和最高层次。它主要包括被全体师生认同的共同文化观念、价值观念、生活观念，是一个学校本质、个性、精神面貌的集中反映。它具体体现在办学指导思想、教育观、道德观、价值观、思维方式、校风、学风、教风、班风、行为习惯或行为方式、学校人际关系、集体舆论、心理氛围等。有学者认为，学校精神文化包括学生文化和教师文化两部分，主要是以人或人际关系为基础构成的文化形态。也有学者把学校精神文化分解为四种基本成分：① 认知成分，即学校这个群体和构成它的个体对教育目的、过程、规律的认识，属于校园文化的理性因素；② 情感成分，是学校这个文化体内的成员对教育、学校、班级、同事、同学、老师、学生特有的依恋、认同、参与、热爱的感情，这种感情内通常包含着很深的责任感、归属感、优越感和献身精神；③ 价值成分，即学校校园所独有的价值取向系统，像"尊师爱生"的价值取向、"教育教学活动优先"的价值取向以及"严谨、守纪、规范、团结"的价值取向等；④ 理想成分，即学校及其成员对各种教育活动和学生的发展水平所表达的希望和追求，比如，创造美好的教育环境，促进学生在德、智、体、美、劳等各个方面得到充分、和谐、全面的发展。

（2）制度文化

学校的制度文化作为校园文化的内在机制，包括学校的传统、仪式、规章制度、管理条例、学生手册、领导体制、检查评比标准，以及各种社团和文化组织机构及其职能范围等。它是维系学校正常秩序必不可少的保障机制，是校园文化建设的保障系统。它有三种主要的表达方式：组织形态、规章制度和角色规范。

（3）物质文化

学校物质文化是校园文化的空间物态形式，是学校精神文化的物质载体。学校物质文化有两种表达方式：① 学校环境文化，包括校园的总体结构和布局、校园绿化和美化、教育和教学场所以及校园环境卫生等；② 设施文化，包括教学仪器、图书、实验设备、办公设备和后勤保障设施等。

校风是一所学校所特有的占主导地位的行为习惯和群体风尚，体现为一种独特的心理环境，它稳定而具有导向性。校风是学校中物质文化、制度文化、精神文化的统一体，是经过长期实践形成的，一旦形成往往代代相传，具有不易消散的特点。良好的校风对师生能起到潜移默化的影响作用。

6. 学校文化的分类

（1）显性文化与隐性文化

学校文化实质上是一种德育隐性课程。以学校文化的呈现形态进行分类，可以分为显性文化与隐性文化两部分。显性文化包括了校园的物质环境，如校园场地布置、校园活动仪式等。隐性文化包括校风、班风、人际关系等。

（2）教师文化与学生文化

从学校德育的对象来进行划分，可以将学校文化分成教师文化、学生文化等。

教师文化是教师群体的价值取向、集体风气、人际关系、角色特点的总体特征。教师角色的特点和风格是教师文化的集中体现。著名教育学者哈格里夫斯在其《人际关系与教育》一书中把教师在教室中的角色分为三种类型：“训狮型”“娱乐型”“浪漫型”。对“训狮型”教师来说，教育是教化学生的过程，纪律必须严格，考试应经常进行。“娱乐型”教师并不相信学生是愿意学习的，认为引导学生学习的最好办法就是使教材有趣味，因而喜欢用精心设计的所谓“发现法”之类的有趣方法进行教学，并常常使用各种音像技术，他们用很多的时间来巡视教室，看学生是否在按主题专心学习。“浪漫型”教师认为学生天生乐意学习，教师的角色是帮助学生学习，课程应由学生与教师共同选择，而不是由教师预先设置。教师与学生的关系必须以信任为基础，分数是靠不住的，因为对学生最为重要的是“学会怎样学习”。此外，从教师群体的自我发展观来看，则可把教师文化划分为“消耗型”和“发展型”。

学生文化是学生群体的价值取向、集体气氛、人际关系、行为特点的总体特征。学生文化的成因有学生个人的身心特征、同伴群体的影响、师生的交互作用、家庭社会经济地位、社区的影响、学校外部各文化形态的影响等。学生文化有以下几个显著的特征：① 过渡性。学生文化是介于儿童世界与成人世界的一种文化现象，是学生从儿童迈向成年的一种过渡性产物。② 非正式性。学生文化一般都是非正式形成的，没有经过教师的组织或有意的安排，往往是学生在日常的相互交往中，以共同的价值观念和行为方式为纽带结为一个个群体而表现出来的。③ 多样性。学生文化的类型是多种多样的。④ 互补性。学生文化作为一种独特的文化类型，是对学校主流文化的一种补充。

7. 学校文化的形成过程

学校文化的形成过程，是对原有文化的传承与改造的过程，是对文化构成要素进行整合的过程，是学校文化主体积极创建的过程，是一个良好行为的改造和积累过程。

五、教育与人口的关系

（一）人口状况对教育发展的影响和制约作用

1. 人口数量影响教育规模。人口高增长必然要求扩大教育的规模。

2. 人口质量影响教育质量。人口质量对教育质量的影响表现为间接和直接两个方面：直接影响是指入学者已有的水平对教育质量的总影响；间接影响是指年长一代的人口质量影响新生一代的人口质量，从而影响以新生一代为教育对象的学校的教育质量。

3. 人口结构影响教育结构。人口的年龄构成制约着各级教育发展的规模与进程；人口就业结构制约着学校教育结构；人口地域分布制约着学校布局。

（二）教育的人口功能

1. 教育可减少人口数量，是控制人口增长的手段之一。控制人口增长的手段很多，发展教育是其手段之一，而且是起长远作用的手段。研究表明，全体国民受教育程度的高低与人口出生率的高低成反比。控制人口数量，需要制度的制约，但根本上需要通过教育改变人们的生育观念，实现少生优育，一方面提高人口素质，另一方面降低人口出生率。

2. 教育可提高人口素质，是改变人口质量的手段之一。人口素质是由人口的身体素质、科学文化素质和思想品德素质三个方面的内容构成的，它们都与教育息息相关。通过教育，可以提高人口的身体、科学文化以及品德素质。

3. 教育可使人口结构趋向合理化。人口结构的合理化指人口结构有利于社会生产和人口的自然平衡。人口结构包括人口的自然结构与社会结构。自然结构指人口的年龄、性别等方面的比例；社会结构指人口的阶级、文化、职业、地域、民族等方面的比例。教育能使人口结构趋向合理主要表现在：第一，教育影响年龄结构；第二，教育影响人口的城乡结构；第三，教育影响人口的行业和职业结构。通过教育可以改变人口的文化结构和职业结构，更好地适应社会发展的需要；教育提高人口素质，减少人口质量的区域差异，尤其是通过提高偏远地区人口素质，促使人口的地域分布趋于合理。

4. 教育有利于人口的迁移。人口迁移是指人口从一个地点向另一个地点的迁居活动。人口有计划的合理的迁移，对适应生产力发展和资源开发，促进地区间文化技术的交流、合作与发展，都具有积极意义。影响人口迁移的因素很多，其中教育对人口迁移的影响主要表现为：受过教育的人口更容易做远距离的迁移；文化教育发达的城市和地区更吸引迁移人口；教育本身就实现着人口的迁移。

六、教育与生态的关系

生态指人类生存的自然环境的条件和状况，亦称生态环境。生态环境是人类生存、发展的必要条件与家园。自然环境遭到破坏，危及人的生存，就谈不上社会的发展。因此，教育的生态功能开始凸显，并且越来越重要。1992年联合国环境与发展大会通过的《21世纪议程》指出："教育促进可持续发展和提高人们解决环境和发现问题的能力，具有重要的作用。"教育的生态功能就是教育对保护自然环境、促进可持续发展和建设生态文明所起的积极作用，具体表现在：一是通过环境教育提高人们保护自然环境的意识、责任和绿色的生活习惯；二是通过发展科学技术，提高人们解决环境问题的能力，有效地解决生态问题；三是形成可持续发展的理念和生态文明的理念。

七、现代社会发展对教育的需求与挑战

党和国家历来重视教育在社会主义现代化建设中的作用。党的十三大明确提出"百年大计，教育为本"，十四大提出"必须把教育摆在优先发展的战略地位"。现代教育是现代社会发展的基础，在我国现代化建设中更是发挥着基础性、先导性、全局性的作用。

邓小平同志指出："教育要面向现代，面向未来，面向世界。"这一英明论断本身就体现和要求教育必须与时俱进。在当代社会迅猛发展的背景下，现代教育正以变革的姿态应对着社会发展对教育的需求和挑战。

（一）现代化与教育变革

现代化是历史上最重要的社会变迁之一，也是当今社会发展的主旋律。现代化是一个综合性极强的概念，具有复杂的内涵和外延。它不仅仅包括以经济和技术指标为基础的物质层面的现代化，还有社会关系、社会结构等制度层面的现代化，以及人的观念、心理、人格上的现代化。社会现代化必然要求教育主动适应社会变化发展的要求，必然要求教育的现代化。

教育现代化指基于教育传统、积极地吸收国外优秀的教育研究成果、适应大工业生产和社会化生活的教育变革过程。具体来讲，教育现代化包括教育观念现代化、教育目标现代化、教育内容现代化、教育方法和手段现代化、教师队伍现代化、教育管理现代化、教育设备现代化、教育制度现代化等。其中，确立和形成现代化的教育观念是实现教育现代化的一个重要前提，教师队伍的现代化是教育现代化的核心。教育现代化的最高目标是实现人的现代化。

（二）全球化与教育变革

在全球化浪潮之下，世界开始关注人类生存的共同问题，并尝试从教育的角度帮助人们去认识和解

决这些问题，进而形成全球性的教育论题。教育全球化的一个明显特征就是教育的国际交流与合作日益频繁。在教育全球化时代，任何一个国家的教育都不可能完全放弃自己的传统和优势，因此，教育也呈现多元化发展趋势。

1. 全球化的基本特征

（1）多领域与多视角

（2）共时性和历时性

（3）整体性与多元性

2. 全球化对学校教育发展的影响

（1）学校教育向外部世界开放，全球式教育规范确立

（2）教育与全球化问题相联系，成为解决全球问题的重要手段

（3）全球化导致人才规格标准变化，教育目的需要有所变化

（4）全球化促使教育内外部矛盾复杂化

① 全球化与本土化的矛盾；② 传统与反传统的矛盾；③ 教育与其他社会系统的矛盾；④ 教育内部发展不均衡的矛盾。

（5）全球化对学校教育内部要素产生消极影响

① 对学生身心发展的消极影响

全球化对学生身心发展的消极影响主要体现在：价值失范、认知缺失、工具理性强化。

② 对学校管理制度的消极影响

全球化对学校管理制度的消极影响主要体现在："侵蚀"学校特色，使学校趋同；教育行政权力分散；学校与学校间的差距拉大。

③ 对课程与教学的消极影响

全球化对课程与教学的消极影响体现在：事实与价值在知识上背离；知识的作用与系统性弱化，能力日益重要和突出，导致知识与能力对立；教学的不确定性与模糊性增强。

④ 对教师的消极影响

全球化对教师的消极影响体现在：身份认同危机、权威松动、职业自主性匮乏。

（三）知识经济与教育变革

知识经济，就是建立在知识和信息的生产、分配和使用基础上的经济。知识经济的出现，标志着人类社会步入以知识资源为依托的新经济时代，知识将成为最重要的经济因素。知识经济不仅对人类社会的生产方式、生活方式产生前所未有的影响，而且也给传统教育体制和人才培养方式带来巨大的冲击。

1. 人力资源是知识经济的依托

2. 教育是开发人力资源的基本途径，是知识经济发展的基础

3. 采取切实措施，积极振兴教育事业

（1）树立先进教育理念；（2）大力发展远程教育；（3）纠正各种畸形现象；（4）实行教育教学改革；（5）提倡多种模式办学；（6）加大教育投资。

（四）信息社会与教育变革

教育信息化是指在教育领域（教育管理、教育教学和教育科研）全面深入地运用现代信息技术来促进教育改革与发展的过程。其技术特点是数字化、网络化、智能化和多媒体化；基本特征是开放、共享、交互、协作；目的在于以教育信息化促进教育现代化，用信息技术改变传统模式。

教育信息化的发展，带来了教育形式和学习方式的重大变革，对传统的教育思想、观念、模式、

内容和方法产生了巨大冲击。教育信息化是国家信息化的重要组成部分，对于转变教育思想和观念、深化教育改革、提高教育质量和效益、培养创新人才具有深远意义，是实现教育跨越式发展的必然选择。教育信息化对学校教学组织方式转型的影响具体体现在：（1）教师的"讲"变为"引"；（2）学生的"听"变成真正的"学"；（3）集体教学向教学的个别化和多样化转变；（4）教学内容的价值取向将更有利于学生的适应性和迁移能力的培养；（5）从夯实"双基"变为学生高级思维和技能的发展。

当前我国十分重视教育信息化的发展，2016年教育部印发了《教育信息化"十三五"规划》。《教育信息化"十三五"规划》提出教育信息化的主要任务是：完成"三通工程两平台"（"宽带网络校校通、优质资源班班通、网络学习空间人人通""教育资源公共服务平台和教育管理公共服务平台"）建设，全面提升教育信息化基础支撑能力等。

（五）多元文化与教育变革

所谓多元文化，主要指关于文化形态及处理不同形态文化之间相互关系的一种理念。而今，多元文化教育的全球化发展趋势已成为世界各国，尤其是多民族国家必须直面的挑战。多元文化对教育的影响主要表现为：

1. 多元文化作为解决文化冲突的基本理念，是抵御诸如文化殖民等形式的文化侵略的有效方式，也是提防诸如故步自封等形式的文化保守行为的有效方式；

2. 多元文化是解决教育和学校内部文化冲突、促进族群融合的重要手段；

3. 多元文化促进教育观念和思维方式的变革，有助于确立平等、接纳和宽容的态度和价值观；

4. 多元文化促进教育民主的发展，有助于保护弱势群体的受教育权利，促进教育公平；

5. 多元文化促进教育模式的多元化，表现为教育目标、课程内容、教育方法以及办学形式的多样化。

值得注意的是，教育在促进各种文化和不同社会族群之间和谐相处和共同发展方面，同样发挥着重要作用。

第二节　教育与人的发展

一、人的发展的含义

教育在解决人的发展与社会发展的矛盾的过程中，基本着眼点是人，是人的发展。人的发展即个体身心发展，是指个体在从生命开始到生命结束的全部人生过程中不断发生的变化过程。在教育学上，人的身心发展是指人的身心在特定阶段的特定方向的发展，亦即人从出生到成年期间在身心两方面发生的积极变化。

人的身心发展主要包括身体和心理两个方面，也包括社会性的发展。身体的发展，即生理的发展，主要包括肌体的发育和体质的增强两部分。心理的发展是指人的精神方面的发展，包括认知（感知、记忆、思维）和意向（需要、兴趣、情感、意志）两方面的发展。人的身心发展的两个方面是相辅相成的。身体的发展是心理发展的物质基础，认识、情感、意志和性格等心理过程和特征也制约着身体的正常发展。

人的特点对教育提出了相应的要求。人具有未特定性和未完成性，人的"未特定化"是人的可塑性和可教育性的前提；人是受动性和能动性的统一，既要发挥教育者的主导作用，又要尊重受教育者的主观能动性；人是共性和个性的统一，要坚持在个人全面发展的基础上发挥个性特长。

二、人的身心发展的一般规律及其对教育的制约

人的身心发展遵循着某些共同的规律和特点。如果能够利用好这些规律，可以使教育工作取得较好的效果；反之，则可能事倍功半，甚至伤害学生。

（一）人的身心发展具有顺序性

人的身心发展的顺序性是指人的身心发展是一个由低级到高级、由简单到复杂、由量变到质变的连续不断的发展过程。譬如，身体动作的发展遵循着自上而下、由躯体中心向外围、从粗动作向细动作的发展规律性。这些规律性可概括为：动作发展的头尾律、近远律（中心四周律）和大小律。儿童体内各大系统成熟的顺序是：神经系统、运动系统、生殖系统。大脑各区成熟的顺序是：枕叶、颞叶、顶叶、额叶。脑细胞发育的顺序是：轴突、树突、轴突的髓鞘化。心理发展的顺序是：由机械识记发展为意义识记，由具体思维发展为抽象思维，由喜怒哀乐等一般情感发展为理智感、道德感、美感等复杂情感。

人的身心发展的顺序性，要求教育工作者要循序渐进地做好教育工作，不能超越（决不能"陵节而施""揠苗助长"），也不能迁就和滞后。要向学生不断提出高于其现有水平又能使其经过努力能够达到的要求，以促进其发展。苏联心理学家维果斯基提出的"最近发展区"理论，还有人们在教育实践中概括的"跳一跳，摘桃子"的经验，即体现了这一点。

（二）人的身心发展具有阶段性

人在不同的年龄阶段表现出身心发展不同的总体特征及主要矛盾，面临着不同的发展任务，这就是身心发展的阶段性。人的身心发展的每一个阶段，都经历一个由量变到质变的过程，质变意味着达到一个新的阶段。青少年身心发展的年龄特征，即在发展的不同年龄阶段中形成的一般的、典型的、本质的特征。

人的身心发展的阶段性，要求教育者必须从教育对象的实际出发，针对不同年龄阶段的学生采用不同的教育内容和方法。教育不能把小学生当作中学生对待，把儿童当作成人对待。在教育工作中搞"一刀切""一锅煮"，违反了教育规律，是无法取得好的效果的。我们也应看到，身心发展的阶段性是相对的，每一年龄阶段都存在着相互联系、相互衔接、持续发展的关系；因而教育工作者既要考虑阶段性，又要着眼于发展，注意衔接和过渡。

（三）人的身心发展具有不平衡性（不均衡性）

人的身心发展的不平衡性表现在两个方面：首先是同一方面在不同年龄阶段的发展是不平衡的。青少年的身高体重有两个生长的高峰，第一个高峰出现在出生后的第一年，第二个高峰则在青春发展期。在这两个高峰期内，身高体重的发展速度比平时要迅速得多。发展不平衡的第二个方面是不同方面发展的不平衡性。有的方面在较早的年龄阶段就已达到较高的发展水平，有的则要到较晚的年龄阶段才能达到成熟的水平。在生理方面，神经系统、淋巴系统成熟在先，生殖系统成熟在后；在心理方面，感知成熟在先，思维成熟在后，情感成熟更靠后。

根据人的身心不同方面有不同的发展期现象，心理学家提出了发展关键期或最佳期的概念。所谓发展关键期是指身体或心理的某一方面机能和能力最适宜于形成的时期。在这一时期中，对个体某一方面的训练可以获得最佳成效，并能充分发挥个体在这一方面的潜力。错过了关键期，训练的效果就会降低，甚至永远无法补偿。发生在"狼孩"身上的问题，正是由于错过了相应的关键期，所以后天补救十

分困难。因此，在教育教学工作中要注意抓住关键期，以求在最短的时间内取得最佳的效果。

（四）人的身心发展具有互补性

人的身心发展的互补性首先存在于生理机能的不同方面。机体某一方面的机能受损甚至缺失后，可通过其他方面的超常发展得到部分补偿，如失明者可通过听觉、触觉、嗅觉等方面的超常发展得到补偿。机体各部分存在着互补的可能性，因此人在自身某方面缺失的情况下依然能与环境协调，为继续生存和发展提供条件。

互补性也存在于心理机能与生理机能之间。人的精神力量、意志、情绪状态对整个机体能起到调节作用，帮助人战胜疾病和残缺，使身心依然得到发展；相反，如果一个人的心理承受能力太差，缺乏自我调节能力和坚强的意志，即使不严重的疾病或磨难也会使其萎靡不振。互补性反映了身心发展各组成部分间的密切关系。有些时候对于隐性的发展的可能性，需要通过别的方面去发现，所以培养自信和努力的品质是教育工作的重要内容。

人的身心发展的互补性规律，要求教育工作者首先要树立信心，相信每一个学生，特别是暂时落后或某些方面有缺陷的学生，通过其他方面的补偿性发展，都会达到与一般正常学生一样的发展水平；其次要掌握科学的教育方法，发现学生的优势，扬长避短，激发学生自我发展的信心和自觉。

（五）人的身心发展具有个别差异性

人的身心发展的个别差异性是指个体之间身心发展以及个体身心发展的不同方面之间，存在着发展程度和速度不同的情况。由于先天素质、内在机能、环境和自身主观能动性的不同，个体在身心发展方面存在着个别差异。

个别差异首先表现在不同儿童同一方面的发展速度和水平不同上。有的人"少年得志"，有的人则"大器晚成"。其次，个别差异表现在不同儿童不同方面的发展存在着差异上。有的儿童理科成绩很好，文科成绩却很差，而有的儿童则相反。个别差异还表现在不同儿童所具有的不同个性心理倾向上，如同年龄的儿童有不同的兴趣、爱好和性格等。另外，个别差异表现为群体的差异，如男女性别的差异，它不仅是自然性上的差异，还包括由性别带来的社会地位、角色、交往群体的差别。按照人的身心发展的差异性，教育就是要适合每个人的个性特长，做到因材施教、长善救失，最大限度地促进每个人的发展，打造适合每个人的个性化教育，"使人成为他自己，变成他自己"。

（六）整体性（全面性）

学生是一个整体的人，以其整个身心投入教学生活，并以整个身心来感知、体验、享受和创造这种教学生活。教师所面对的是一个活生生的整体的人，尽管这个整体不是"完美"的整体。因此，教学应该面对学生整体身心，正如杜威所说："我们所需要的是儿童整体的身心和整个的心灵来创造学校，并以更圆满发展的心灵和甚至更健全的身体离开学校"。教学要着眼于学生的整体性，促进学生的一般发展，注意做到认知因素与非认知因素、意识与潜意识、科学与艺术的统一。

（七）稳定性和可变性

个体身心发展的稳定性是指处于一定社会环境和教育中的某个年龄阶段的青少年儿童，其身心发展的顺序、过程、速度都大体相同。如学龄初期儿童的总特征是身体发展较缓慢，思维以形象思维为主；而学龄中期儿童的特征是身心急剧变化，自我意识增强，独立性增强，特别是情感较丰富，又不容易控制自己，有人称之为"危险期"；学龄晚期学生的身心发展明显成熟，接近成人的水平。

然而，在不同的环境和教育条件中，同一年龄儿童的身心发展水平是有差异的，如我国现在青少年的身高和体重远远超过解放前的青少年身高和体重，这说明人的发展的主客观条件不一样，身心发展具有可变性特征。身心发展的稳定性要求在一定时期内，教育内容、方法等要保持相对稳定性；同时，要根据时代特征、地域特点、文化特点，不断革新教学内容、方法，以适应社会和人的发展。

此外，个体发展还呈现出历史性与社会性、现实性与潜在性等特征。如："个人怎样表现自己的生活，他们自己就是怎样。因此，他们是什么样的，这同他们的生产是一致的——既和他们生产什么一致，又和他们怎样生产一致。因而，个人是什么样的，这取决于他们进行生产的特质条件。"马克思的这段话说明个体的发展具有社会性和历史性的特点。

三、影响人的身心发展的主要因素

（一）人的身心发展的动因

人的身心发展的动力是什么？对此，从古至今不断有人给出不同的回答。关于个体发展影响因素的观点，大致可分为单因素论（遗传决定论、环境决定论、教育决定论）、二因素论（把影响人的发展的因素分为生物因素和社会因素）、三因素论（把影响人的发展因素分为遗传、环境和教育）、多因素论与综合因素论。从总体上来看，影响人的身心发展的动因及其观点也可分为内发论、外铄论、内因和外因交互作用论。

1. 内发论（遗传决定论）

内发论者的共同观点是人的身心发展主要源于人自身的内在需要，身心发展的顺序也是由身心成熟机制决定的。从历史上看，性善论、遗传决定论、成熟论、人本主义心理学一般都强调身心发展的内在因素，其代表人物有孟子、弗洛伊德、威尔逊、高尔登、格塞尔、霍尔、彪勒、马斯洛等。

孟子是我国古代内发论的代表人物。孟子认为，人本性善，"万物皆备于心""人的心中自有浩然之气"，人的本性中就有"恻隐之心""羞恶之心""辞让之心""是非之心"四端，这是仁、义、礼、智四种基本品质的根源，"仁义礼智，非由外铄我也，我固有之也。"人只要善于修身养性，注重"内省"，这些品性就得到健康发展。中国古代的道家也是内发论的代表人物。老子说："人法地，地法天，天法道，道法自然。""道"是万物所遵循的自然，不要人为限制。

内发论的代表人物是英国的高尔登和美国的霍尔，基本观点是：人的发展是由人的本能决定的，后天的环境和教育只能起加速或延缓的作用。他们将个体的心理发展过程视为复演物种进化的过程，其典型言论是："一两的遗传胜过一吨的教育。"

现代西方的内发论者进一步从人的机体需要和物质因素来说明内发论。奥地利精神分析学派的创始人弗洛伊德认为，人的性本能是最基本的自然本能，是推动人发展的最根本的动因。美国当代生物社会学家威尔逊把"基因复制"看作决定人的一切行为的本质力量。而美国心理学家格塞尔认为成熟机制对人的发展具有决定作用。以马斯洛为代表的人本主义心理学家则认为，人的心理发展是人固有潜能的自我实现的结果，"环境、文化等外界因素只是阳光、食物和水，但不是种子"。

总之，内发论的关注重点是人的"生长"以及人的成长规律和成熟机制是怎样的，它旨在使人们相信，"龙生龙，凤生凤，老鼠生来会打洞"。古代"生而知之"的天才论、血统论，基督教的"原罪说"，柏拉图的人分三等论，我国古代的儿童观（孔子的"唯上智与下愚不移"、孟子的性善论、董仲舒的性三品说、韩愈的性三等论），都属于内发论的观点。例如，韩愈在《原性》中主张，"性也者，与生俱生也……性之品有上、中、下三。上焉者，善焉而已矣；中焉者，可导而上下也；下焉者，恶焉而已矣。"

2. 外铄论（环境决定论）

与内发论的观点不同，外铄论的基本观点为，人的发展主要依靠外在的力量，诸如环境的刺激和要求、他人的影响和学校的教育等。性恶论、环境决定论、教育万能论、行为主义心理学都持外铄论的观点，其代表人物有荀子、洛克、华生、斯金纳等。

我国古代性恶论的代表人物荀子认为，"今人之性，生而有好利焉，顺是，故争夺生而辞让亡焉"，教育的作用在于"化性起伪"。英国哲学家洛克提出"白板说"，认为人的心灵犹如一块白板，它本身没有内容，可以任意涂抹。行为主义心理学的心理发展观可以看作是外铄论的典型代表，其创始人华生曾说："给我一打健康的婴儿，不管他们祖先的状况如何，我可以任意把他们培养成从领袖到小偷、乞丐等各种类型的人。"斯金纳继承了华生的环境决定论观点，认为人的行为乃至复杂的人格都可以通过外在的强化或惩罚手段来加以塑造、改变、控制或矫正。

教育万能论可以看作外铄论的一种特殊表现。外铄论一般都注重教育的价值，对教育改造人的本性，形成社会所要求的知识、能力、态度等方面，都保持积极乐观的态度。他们关注的重点是人的"学习"：学习什么和怎样有效学习。外铄论又称为养育论，它的盛行直接导致了传统教育实践具有重视教师权威、书本知识和学校纪律等特点。"严师出高徒"等谚语随之在我国广为流传。

3. 二因素论

二因素论即辐合论，代表人物是吴伟士（或译为"伍德沃斯"）和施泰伦（或译为"斯特恩"），基本观点是：人的身心发展是由遗传和环境共同决定的。

4. 多因素相互作用论（内因与外因交互作用论、共同作用论）

辩证唯物主义认为，人的发展是个体的内在因素（如先天遗传的素质、机体成熟的机制）与外部环境（外在刺激的强度、社会发展的水平、个体的文化背景等）在个体活动中相互作用的结果。在主客观条件大致相似的情况下，个体主观能动性发挥的程度对人的发展有着决定性的意义。

在多因素论中，影响较大的是叶澜教授提出的"两层次三因素论"。两层次即对个体发展的潜在可能产生影响的因素（简称为"可能性因素"）和对个体发展从潜在可能转化为现实产生影响的因素（简称为"现实性因素"）。可能性因素包括个体自身的条件（先天的和后天的）与环境条件两个因素；现实性因素指发展主体所进行的各种类型的实践活动（不同性质、水平的"生命实践活动"）。据此，一般来说，个体发展主要受个体自身因素、环境因素和活动因素的影响。个体自身因素包括遗传素质、成熟、个体发展水平和个体发展的自觉性等四个因素；环境从性质上说，分为自然环境和社会环境；皮亚杰认为，认识起源于能够将主体与客体结合起来的中介物——活动，活动是人发展的决定性因素，基本的活动形式有游戏、学习和劳动。

（二）影响人身心发展的主要因素

影响人身心发展的因素主要有遗传、环境、教育和个体的主观能动性，这些因素分为内部因素和外部因素两大类。就个体发展的整个过程来看，内外部因素是互相影响、密不可分的，实现内外部各层面因素有机联系与整合的途径就是活动。作为一种特殊影响因素，教育在个体身心发展中有着特殊的不可替代的作用。

1. 遗传素质

（1）遗传素质的概念

所谓遗传是指从上代继承下来的解剖生理特点，如机体的结构、形态、感官和神经系统的特点等，也称遗传素质。遗传为人的身心发展提供物质基础，也为人的身心发展提供可能性。

（2）遗传素质在人的身心发展中的作用

①遗传素质是人的身心发展的生理前提，为人的身心发展提供了可能性

人的发展总是以遗传获得的生理组织、一定的生命力为前提的，没有这个前提，任何发展都不可

能。遗传下来的特点，特别是人的大脑神经系统对人的发展有直接关系。例如：无脑畸形儿不但不能产生心理现象，而且连生命也维持不长；难产儿造成的脑损伤则是弱智的原因之一；色盲是由遗传而来的，后天不能补救。

遗传为个体的身心发展提供了可能性，没有良好的遗传素质，个体的发展便无法实现。个体在智力、情感、意志等方面具有的先天的心理特征，会对他后天的学习和生活产生很大的影响。遗传素质并不会直接转变为个体的知识、才能、态度、道德、品质等，如果离开了后天的社会生活和教育，遗传素质所给予人的发展的可能性便不能成为现实。

② 遗传素质的成熟程度制约着人的发展过程及年龄特征

遗传素质有一个发展过程，它表现在人的身体的各种器官的构造及其机能的发展变化上。只有当身体的发展具有了一定的条件，才能为学习一定的知识技能提供可能。个体的遗传素质是逐步发展成熟的。在教育学中，成熟是指儿童个体生长发育的一种状况，指个体的生理和心理都达到比较完备的发展阶段。其标志是：生理方面具有生殖能力，心理方面具有独立自主的自我意识。

美国生理和心理学家格塞尔为了说明成熟对个体发展的决定作用，进行了著名的双生子爬楼梯的实验。据此，格塞尔提出了个体发展的"成熟势力说"。这虽然夸大了成熟的作用，但也说明在教育工作中充分重视成熟的意义非常必要。教育受成熟制约，对人的发展又具有积极的能动作用。教育既要以成熟为前提，又要积极地能动地促进成熟。

③ 遗传素质的差异性对人的身心发展有一定的影响作用

个体的遗传素质是有差异的，这些差异除了包括体态、感觉器官方面，也包含神经活动的类型。这些差异是个性形成的生理基础，是人的个别差异的最初原因。同卵双生子之间的智力相关度高于异卵双生子，一般兄弟姐妹比无关的人有更大的相关，这都说明了遗传素质及其差异性在人的个别差异中的作用。我们必须承认遗传对人的发展的影响是客观存在的。我们需要关心的是，怎样创造条件使具有不同先天素质的人得到尽可能充分的发展。

④ 遗传素质具有可塑性

随着环境、教育和实践活动的变化，人的遗传素质会逐渐地发生变化，"用进废退"和"获得性遗传"等就说明了遗传素质具有一定的可塑性。一个在遗传素质上神经活动强而平衡、灵活的人，在不良环境的影响下，也可以变成类似神经活动弱而不平衡、不灵活的人；一个在遗传素质上神经活动属于强而不平衡、不灵活的人，经过好的教育也会变成有涵养、守纪律的人。

⑤ 遗传不起决定作用，遗传的作用在总体上呈减弱趋势

遗传素质仅为人的身心发展提供了物质前提，为人的身心发展提供了可能性，但不能决定人的身心发展的现实性。人的遗传素质有差异，但就一般人而言不是差别很大。人的身心发展水平主要取决于后天的环境和教育，有些生来似乎愚笨的人经过后天的教育也能成为一代英才。遗传会随着环境、教育的改变和人类实践活动的深入等而逐渐发生变化，遗传素质对个体发展的影响随着年龄增长而在总体上呈减弱趋势。加德纳的多元智力理论认为：人的九种智力在每个人身上以不同的方式、不同的程度组合存在，使得每个人的智力各具特色。世界上不存在谁聪明谁不聪明的问题，而是存在谁哪一方面聪明以及怎样聪明的问题。

2. 环境

（1）环境的概念

环境泛指个体生活中影响个体身心发展的一切外部因素。按一定的标准，可以对环境进行不同的划分，比如我们通常说的自然环境和社会环境，便是按照环境的性质来划分的。若按环境的范围分，可分

为大环境（指个体所处的总体自然环境与社会环境，如某一国家、某一地区）和小环境（与个体直接发生联系的自然环境和社会环境，如一个家庭、一所学校）两类。我们这里所说的环境主要指社会环境，它是人类世代创造的产物，它为个体发展提供了一个外在的客观基础和特定条件，从总体上制约着人的发展状态。

（2）环境在人的身心发展中的作用

① 环境是人的发展的外部条件

要把遗传提供的发展可能性转化为发展的现实性，有赖于后天生活中的环境影响。环境是影响人发展的外部条件，它是人的发展的现实根基与资源，它既为个体发展提供了发展的多种可能性（如机遇、条件、对象等），也为个体发展提供了发展的限制。环境决定人的身心发展的方向、水平、速度和个别差异，在不同历史时期、不同地域、不同民族、不同社会阶级与阶层中生活的人，他们的思想意识、道德品质、知识才能和行为习惯都有明显的差别，每个人的思想、品行、才能与习性无不打上历史、地域、民族文化和社会阶级与阶层的烙印。人的发展离不开环境，尤其是正常的社会环境。"狼孩""熊孩"的例子说明，人脱离了环境就无法成为一个正常人。

② 环境对人的发展的作用离不开人对环境的能动活动

环境的给定性离不开主体的选择性，环境不决定人的身心发展，人的内部因素对人的发展起着决定性作用。由于环境是偶然的、自发的、被动的，因此对个体发展的影响有积极和消极之分。但人接受环境的影响不是消极的、被动的，而是积极的、能动的。环境对人的影响取决于个体自身，尤其是取决于个体对待环境的主观能动性。所以，环境对人的发展的影响大小与人的主观能动性的发挥程度分不开，主观能动性是外部影响转化为内部发展要素的依据。古代思想家墨子所言的"染于苍则苍，染于黄则黄，所入者变，其色亦变"和荀子所说的"蓬生麻中，不扶而直；白沙在涅，与之俱黑"以及西方行为主义心理学家华生的"刺激—反应"学说，都只看到了环境的作用，而忽视了人的自觉能动性。环境不决定人的发展，所谓的"环境决定论"是错误的。

3. 教育

教育对人的发展的重大作用曾被历史上许多思想家、教育家作过充分的肯定。如荀子说："干越夷貉之子，生而同声，长而异俗，教使之然也。"洛克说："我敢说我们日常所见的人中，他们之所以或好或坏，或有用或无用，十分之九都是他们的教育所决定的。人类之所以千差万别，便是由于教育之故。"卢梭说："植物的形成由于栽培，人的形成由于教育。"康德说："人只有通过教育才能成为人，人是教育的产物。"教育是成"人"的必要条件。教育人类学的研究也表明，教育是人的未特定化的需要，人是需要教育的生物。这里所说的"教育"主要是指学校教育，它对人的发展特别是年轻一代的发展起着主导作用。

（1）学校教育的特殊性

学校教育不是单一的因素，它是一种综合性的因素，包含着特殊的个体、特殊的环境和特殊的活动。① 教师和学生是学校教育的特殊主体，学校教育是由担当教育责任的教师和具有发展愿望的学生共同参与的活动。② 学校教育是一种特殊的环境影响，它不同于一般环境的自发性，而是具有极大的人为性和教育性。③ 学校教育活动是一种特殊的实践活动，学校教育教学活动具有明确的目的性、计划性和组织性。

（2）学校教育对年轻一代的发展起主导作用的原因

与遗传素质、环境（指家庭和儿童生活周围的社会环境）相比，学校教育在青少年儿童的身心发展中起主导作用。① 学校教育是一种有目的、有计划、有组织、有系统地进行培养人的活动，它规定着人的发展方向。② 学校教育给人的影响比较全面、系统和深刻。③ 学校教育工作是由受过专门训练和培养的教师或教育工作者来进行的，相对而言效果更好。④ 学校教育能有效地控制和协调影响学生发展的各种因素，让学生处于最佳的发展环境之中。学校教育可以把遗传素质提供的可能性、自发的环境影响以及个人主观努力纳入教育轨道，以促进青少年儿童的发展。

教育不能、也不应包揽儿童的发展，但也不应当否定教育在人的发展中的引领作用。① 学校教育是一种有目的的培养人的社会活动，学校教育在人的发展中起引领作用。② 学校教育主要通过传承文化科学知识来培养人。美国著名教育家赫钦斯有句名言："教育意味着教学。教学意味着知识。"文化知识蕴含着有利于学生发展的多方面的价值，表现为：知识的认识价值（促进人的认识的发展）、知识的能力价值（促进人的能力的发展）、知识的陶冶价值（促进人的精神的发展）和知识的实践价值（促进人的实践的发展）。③ 教育对人的发展的作用越来越大，学校教育对提高人的现代化有显著的作用。

学校教育为什么能够对人的发展，特别是对年轻一代的发展起主导作用呢？① 学校教育具有较强的目的性。首先，学校教育的目的比较明确。培养什么样的人，这是学校教育首先要明确的问题。其次，学校教育的目的比较统一。② 学校教育具有较强的系统性。学校教育的系统性主要表现在计划性、组织性、协作性、全面性等四个方面。③ 学校教育具有较强的选择性。第一是对教育培养目标的选择，第二是对教育内容的选择，第三是对教育的方式、方法和手段的选择。④ 学校教育具有较强的专门性。首先，培养人是学校教育的基本职能和中心任务。学校产生的第一根据就是设立一个场所专门培养人，学校存在的第一理由也是培养人，学校职能的第一任务还是培养人，无论大、中、小学，概莫能外。其次，学校教育设有比较系统和完整的专门课程。第三，学校教育主要是通过专门从事教育工作的教师来进行的。教师是学校存在最显著的标志，没有教师，也就无所谓学校。可以说，教师是学校教育专门性最突出的体现。⑤ 学校教育具有较强的基础性。现代教育越来越注重通识教育，越来越注重宽厚的基础，越来越注重扩大专业口径。正因为学校教育有较强的基础性，因此它对人的发展不仅具有即时的价值，而且具有延时的、久远的和增值的价值，从而对人的发展产生主导性作用。

（3）学校教育在个体发展中的独特价值（学校教育对个体身心发展的特殊功能或学校教育主导作用的表现）

学校教育对个体发展的独特价值表现在：① 学校教育引导个体发展的方向，为个体发展做出符合社会要求的规范。学校教育按社会对个体的基本要求对个体的发展做出社会性规范，对个体的发展具有引导、培养和塑造功能。② 学校教育加速个体的发展，促进个体又好又快的发展。学校教育提升个体发展的速度，具有加速个体发展的特殊功能。③ 学校教育能够开发个体的特殊才能和发展个性。④ 学校教育唤醒个体生命的自觉意识，为个体生命发展奠定基础。学校教育，尤其是基础教育，对个体发展的影响不仅具有即时的价值，还具有延时的价值。学校教育为人的终身发展奠定坚实基础，为离开学校后个体继续发展创造条件。

学校教育在青少年社会化过程中发挥着重要而独特的作用，这是由学校的特点所决定的。① 教育目的反映一定社会对受教育者的要求，对个体的发展作出一定的社会性规范。② 作为社会的子系统，学校教育具有社会的适应性和保守性，培养为社会服务的人。③ 学校本身是一个正式的社会组织，根据社会的主流文化、价值标准规范其成员的行为。④ 作为教育内容的知识、课程，是一种法定的文化，代表统治阶级的利益和价值观。⑤ 教师作为社会的代言人，在教学中代表社会对受教育者提出要求，进行有效地规范引导。

（4）学校教育主导作用有效发挥的条件

《学会生存——教育世界的今天和明天》指出："教育既有培养创造精神的力量，也有抑制创造精神的力量。"甚至有的教育还在摧残儿童。需要指出的是，教育主导作用的发挥是相对的、有条件的。从外部环境方面来说，它依赖于家庭环境的影响和社会发展的状况；从教育系统内部来说，它依赖于教育自身的状况和学习者的主观能动性。

从教育者的角度看，学校教育有效地对学生的发展产生主导作用的基本条件包括：① 学校教育要为个体的发展创设良性的环境。学校教育的目标应符合社会发展的总方向，立足于人类社会发展的当代水平以及所在国家的现有发展水平，使社会大环境与学校小环境能取得正向的一致。与此同时，学校教育应与社会其他教育在对受教育者要求上取得协调，以最有效地利用学校周围及其相关的其他环境因素的积极作用，并减少社会环境中的消极因素，从而保持学校作为小环境的教育独立性。② 学校教育应精心设计各种有益的活动，促进个体的发展。从学校教育内部看，学校应精心设计和开展有利于主体发展的各种活动，使受教育者通过活动实现发展，教育者则通过活动指导、影响受教育者的发展。活动必须要根据个体现有的发展水平提出恰当的目标和要求；活动应该具有清晰的组织结构水平与适当的重复程度便于学生的学习、内化和迁移。③ 学校教育应着重培养学生的主体意识和选择能力。学校教育在影响人的发展方面，应把培养受教育者的自我教育和自我控制能力以及认识、控制、利用环境的能力作为根本性任务，并贯彻到教育的一切阶段和一切活动中去。为此，学校应为学生提供选择的可能和教育学生学会选择，并为自己的选择作出切实的努力和学会对自己的选择负责。④ 学校教育在促进人的发展过程中必须要符合人的身心发展规律。

（5）教育对人类地位的提升

① 教育对人的价值的发现

人的价值的内涵包括：人在现实中的地位得到肯定，人的作用得到发挥，人的尊严得到保证和尊重。教育有责任不断提高人们对自身价值的认识，提高人们对人与人、人与社会、人与自然关系的认识。

② 教育对人的潜能的发掘

潜能是人区别于动物的重要标志，是能够把未成熟的人培养为成熟的人、把平凡的人培养成出色的人的可能性或前提条件。教育工作者的作用就是努力当好"伯乐"，充分认识和发掘学生的潜能并使其得到超常发挥。

③ 教育对人的力量的发挥

人的力量是人的身体力量与精神力量的综合。人的根本力量在于人的精神力量，这也是人与动物的根本差别。人的身体力量的发展有多种途径，教育也是其中的一个重要方面，但人的精神力量的发展只有通过教育才能实现。只有在培养和发展人的身体力量的同时注重精神力量的培养，才能使人的身心得到和谐、充分的发展。

④ 教育对人的个性发展的作用

个性亦称人格，是指个体稳定的心理特征，它具有整体性与独特性。个性又是人的共同性与差别性在每个个体身上的具体统一。发展个性是要在人的共同性的基础上，充分把人的差别性表现出来，从而使每个人都具有自主性和独特性，实现生命的个体价值与社会价值。发展个性是教育的理想，进行个性教育是教育的本质和真谛所在。在教育过程中，心理内化是促进学生个性发展的关键环节。在学生的个性发展中，主要有三种内化形式：道德内化、知识内化和智力内化。

4. 个体主观能动性

（1）主观能动性的概念

主观能动性亦称"自觉能动性"，它指人的主观意识和实践活动对于客观世界的反作用或能动作用。从活动水平的角度看，由生理、心理和社会三种不同层次和内容的活动构成。

（2）主观能动性在人的身心发展中的作用

个体身心发展的特点、深度和广度，主要取决于其自身的主观能动性的强弱。个体在与环境相互作用中表现出来的个体主观能动性，是人的身心发展的内在动力，是外部影响转化为内部发展要素的根据，也是促进个体发展从潜在的可能状态转向现实状态的决定性因素。"出淤泥而不染"就是人的主观能动性的很好表现。具体体现在：学生个体的主观能动性是其身心发展的动力；人的主观能动性推动人的发展；人的主观能动性通过人的活动表现出来，个体的社会实践活动是个体发展的决定性因素，东汉王充"施用累能"的观点正体现了这一点。

四、普通教育促进青少年发展的特殊任务

（一）小学教育促进儿童发展的特殊任务

儿童进入小学后，生活环境发生了很大变化，不能像幼儿那样以游戏为主要任务，而必须以学习为主要任务，身心发展进入一个新的阶段。小学教育根据童年期儿童身心发展的特点提出了相应的任务。

1. 童年期儿童发展的主要特征

（1）童年期儿童生理发展的主要特征

童年期儿童神经系统的发育随着大脑的发育功能逐渐增强，小学生的脑量7岁时可达1280克，11岁时增长至1350克，12岁时接近成人的1400克。教师一方面要根据小学生的特点安排学习和活动，另一方面要通过各种不同活动来加速学生神经系统的形成，增强其神经功能。

童年期儿童的身高、体重、肌肉的强度和耐力以及肺活量的增长都相当均匀。童年期的儿童骨骼增长较快，但骨化尚未完成，因此，小学生的骨骼富有弹性，但不坚硬，易弯曲变形。童年期儿童肌肉含水分相对较多，含蛋白质、脂肪、糖和无机盐较少，富有弹性，而肌力较弱，容易疲劳，但恢复快。大肌肉、上肢肌发育较早，小肌肉与下肢肌发育较迟。小学生心肌纤维较细，心脏功能较差，呼吸系统发育也不成熟；因此，教师一方面要安排适度的活动来增强学生的心肌功能，另一方面应注意不要让儿童参加过分剧烈的活动和繁重的劳动。

（2）童年期儿童心理发展的主要特征

① 观察：小学生尤其是低年级学生观察事物缺乏兴趣及系统性，观察时常注意一些感兴趣的、新鲜的东西，而忽略主要的东西。教师应引导儿童从知觉事物表面特征发展到知觉事物的本质特征。小学生对事物的感知还很笼统，常忽略一些细节，识字或写字过程中常有丢笔少画的现象发生。左右方位也容易出现错误，如把"b"写成"d"。

② 注意：小学生的有意注意不断发展，但无意注意仍起着作用。低年级学生注意力容易分散，需要教师及时提示和提出要求，培养其有意注意。

③ 记忆：儿童年龄小，识记具体的知识、事件、人物要比识记定义、解释、描写等好一些，并且记得牢固些。小学生低年级记忆的主要方式是形象记忆、机械记忆和无意记忆，中年级以后向以抽象记忆、意义记忆和有意记忆为主转变。因此，教学中要注意运用直观教学方法，使孩子们的记忆逐渐系统化。

④ 思维：小学生的思维正处于具体形象思维向抽象逻辑思维的过渡阶段。小学生的思维缺乏自觉性、灵活性。由于概念的形成需要经过分析、综合、抽象、概括的过程，所以小学生在概念获得方面尚有困难。所谓抽象思维，就是掌握概念并运用概念形成恰当的判断、进行合乎逻辑的推理的思维活动。小学生的抽象思维能力相对较差。

⑤ 情感：学校不断地向儿童提出新的要求，使得小学生情感的倾向性、深度、稳定性及效能各方面都发生了变化。但小学生的道德感是比较模糊的，常依靠教师的评价来衡量事物的好坏，而且小学生的

理智感大多是和具体事物相联系的。

⑥自我意识：自我意识包括对自己的感知以及对自己情绪、意志的自我意识。属于对自我感知方面的有自我观察和自我评价等；属于情感、情绪方面的有自爱、自尊、责任感和义务感等；属于意志方面的有自制、自我纪律、自我调节等。小学低年级学生独立评价自己的能力相对较差，小学生从中年级开始逐步学会通过把自己的行为和别人的行为加以比较来评价自己的行为。教师与父母对儿童活动的及时评价以及言行的潜移默化对儿童自我意识的形成有重大作用。

（3）童年期儿童的学习特征

低年级儿童难以深刻理解学习的意义，学习动机是希望得到老师的称赞、父母的夸奖；低年级学生对学习过程的形式感兴趣，学习习惯还没有完全形成，对学习的常规也缺乏足够的了解；对学习结果的重视随年龄的增长而增加。

2. 小学教育的特殊任务

（1）小学教育的总任务

小学教育既是各级各类学校教育的基础，也是个体身心健康发展的基础，所以，小学教育的根本任务就是打好基础。具体要求如下：学好语文、数学，打好读、写、算的基础；全面推进素质教育，为全面发展奠定基础；使小学生初步学会运用自己的手和脑，运用自己的智慧与体力，为培养具有高素质的公民打下基础，为全民族文化素质的提高打下基础。

（2）小学教育的具体任务

根据童年期儿童的生理发展水平，引导他们进行系统的学习，但不应过度疲劳和紧张。老师应培养小学生坐、立、写字与看书的正确姿势，注意锻炼儿童的肌肉，逐步锻炼手部的精细动作，但应避免剧烈的运动。

培养小学生有目的有顺序地进行观察的能力，引导他们从知觉事物表面特征发展到知觉事物的本质特征。不断地向学生提出要求并及时提示，使小学生的有意注意得到发展。帮助小学生学会分析、综合、抽象、概括，逐步发展逻辑思维的能力。注意培养小学生的自我意识和自我评价能力。要引导小学生了解学习在人生中的重大意义和价值，培养他们对学习的兴趣和习惯。引导儿童养成认真学习、积极思考的优良学习品质。培养小学生初步的分辨是非能力，逐步发展他们对道德的理解能力、对自我的评价和教育能力。

（二）少年期的年龄特征与初中教育的个体发展任务

1. 少年期的年龄特征

11、12—14、15岁，属个体发展中的少年期。这是一个身心变化剧烈的时期。少年常常因为缺乏认识和准备，被突如其来的身心变化搞得惊慌失措。心理学家何林渥斯把少年期称为"危险期"或"心理断乳期"，意味着在这一时期儿童将从心理上摆脱对成人的依赖，表现出追求独立的倾向。

身体状态的剧变、内心世界的发现、自我意识的觉醒、独立精神的加强，是少年期表现出的总体性年龄特征。这些个体自身的变化，同时也改变了少年与外部世界的关系，包括与成人的关系。他们不再愿意做被动的适应者、服从者、模仿者、执行者，而是力求成为生活中主动的探索者、发现者与选择者。这是人生过程中由单纯对外部世界的探究到关注内部精神世界变化的转折时期。

2. 初中教育的个体发展任务

少年期的年龄特征决定了初中教育在个体发展中的重要性和艰巨性。由于少年期的自我意识和独立精神增强，教师如果没有正确的少年观，没有高度的教育艺术与机智，便难以出色地完成这一阶段的教育任务。

初中教育阶段的主要任务包括：在心理发展方面，对少年独立的要求给予尊重、支持和引导，丰富少年的内心世界，使之形成正确的自我意识和理想自我；在身体发展方面，要进行保健和青春期教育，让少年懂得青春期生理变化的必然性和意义；在认知方面，应重视抽象思维和概括能力的培养；在情感方面，应着重培养学生的道德理想和深刻的情感体验；在自我教育方面，应帮助学生形成较正确的自我认识，使其掌握评价自我的多维标准。

（三）青年期的年龄特征与高中教育的个体发展任务

1. 青年期的年龄特征

青年期是个体身心发展逐步走向成熟的时期。人的社会化在青年期基本完成，青年将取得公民资格，成为社会的正式成员。青年期是个体内在力量充实的时期。随着心理的成熟，他们形成了对外部世界和自己内部世界的较清晰和较深入的认识，更重要的是在二者之间搭建了发展个人的桥梁。大多数青年对世界、事业、人生和自己都可能有较清晰和深入的思考，能形成相对系统和稳定的见解，并能对自己的未来做出重要的选择；因而，"未来"和"理想"是青年期最重要的概念。在青年的理想中，最诱人的是事业、友谊、爱情和人生价值的实现，这使青年期成为人生最富有浪漫情调和锐气的时期，也是人生的定向时期、个性的定型时期以及个体从准备投入社会生活向正式投入社会生活转变的时期。此外，世界观的形成是一个人个性意识倾向性成熟的主要标志。世界观萌芽于少年期，初步形成于青年初期，到青年中后期进一步成熟。

2. 高中教育的个体发展任务

高中是中学阶段学习负担最重的时期，也是青年体质增强的时期，学校在保证学生身体健康和心理健康方面依然负有重要的责任。紧张的学习和升学或择业的心理压力可能带来身体的疾病，为此，学校要注意提高学生自我调节能力。学校要帮助青年正确认识和处理个人与社会的关系，使他们学会对今后人生道路做出正确的自主选择。解决认识问题和价值问题，是高中阶段思想政治教育的一个特殊任务。从认识方面看，高中生可能出现两类极端问题：一类是过分欣赏自我和苛求社会；另一类是心理失衡，在认识上把社会理想化，对自己缺乏信心。在价值观上，高中生也存在两种极端表现：一种是以个人利益为中心，只求生存适应，缺乏社会责任感；另一种是看不到自己的独特价值，只求生存适应，不求发展创造。这一时期，学校教育的目标是使青年认清时代的要求、个人命运与社会发展的关系，确定远大而又切实可行的奋斗目标，找到实现个人抱负的现实道路。

真题回顾与模块自测

一、单选题

1. 教育的经济功能是伴随着近代工业革命才出现的，并在当代社会更加突出。下列体现现代教育对经济发展具有促进功能的观点是（　　）。（2020.12.26济南历城真题）

   A. 教育使潜在的劳动力转变为现实的劳动力，促进经济的发展

   B. 教育推进社会走向民主

   C. 教育通过培养合格的公民和政治人才，为社会发展服务

D. 教育改善人口结构，促进人口结构合理化

2. 教育要实现真正意义上的传承，必须把储存形态的文化转化为现实活跃形态的文化，这一转化过程体现了教育的（　　）。（2020.12.5山东警官职业学院真题）

A. 文化改造功能　　　　　　B. 文化活化功能　　　　C. 文化保存功能　　　　D. 文化创造功能

3. 北京大学的校徽中"北大"二字上下排列，有人说其中"北"像两个侧立的人像，"大"像正面站立的人像，这突出了北大"以人为本"的办学理念；也有人说"北大"二字上面是学生，下面是教师，教师就要甘为人梯，学生就要青出于蓝。就学校文化和课程类型而言，这分别属于（　　）。（2020.8.1临沂真题）

A. 学校观念文化，隐性课程　　　　　　　　B. 学校规范文化，显性课程

C. 学校制度文化，学科课程　　　　　　　　D. 学校物质文化，活动课程

4. 在联合国环境与发展大会上通过的《21世纪议程》中指出："教育对促进可持续发展和提高人们解决环境和发现问题的能力具有重要的作用。"这一论断主要体现了（　　）。（2020.9.26济南钢城、山东护理学院真题）

A. 教育的经济功能　　　　B. 教育的人口功能　　　C. 教育的文化功能　　　D. 教育的生态功能

5. 学生的身心发展是不均衡的，表现在不同的年龄阶段身心发展甚至同一方面的发展是不均衡的，这就要求教育工作者应做到（　　）。

A. 因材施教　　　　　　　　　　　　　　　B. 把握关键期

C. 认知因素与非认知因素的统一　　　　　　D. 考虑各阶段教育的衔接

6. 荀子曾说："生而同声，长而易俗，教使之然也。"这句话体现的个体发展观是（　　）。（2020.8.6济南十区县联考真题）

A. 内发论　　　　　　　　B. 外铄论　　　　　　　C. 内外因相互作用论　　D. 阶段论

7. 下列关于环境在人的发展中作用的叙述，错误的是（　　）。

A. 社会环境是儿童得以发展的现实条件和资源

B. 环境对人的发展所起作用的性质和程度要因人而异

C. 主体与环境的相互作用蕴含着人的发展的多种可能性

D. 环境具有先在性、给定性，决定着人的发展

8. 小学生容易"p""q"不分，这说明小学生的（　　）能力还不成熟。（2020.7.15济南市中真题）

A. 感知　　　　　　　　　B. 注意　　　　　　　　C. 思维　　　　　　　　D. 记忆

二、多选题

1. 文化与教育是相互依存、相互制约的关系，文化对教育发展的制约作用主要表现在以下方面（　　）。

A. 文化影响教育目的的确立

B. 文化影响教育内容的选择

C. 文化影响教育方法的选择和运用

D. 文化本身不是一种强大的教育力量和广义的教育活动

2. 人的身心发展是最复杂的，是多因素共同影响的结果。就复杂性来说，这些因素不仅难以穷尽，而且有很大的偶然性，难以预测和控制。这些因素大致可以归为（　　）三类。（2020.11.29济宁职业学院真题）

A. 家庭环境因素　　　　　　B. 个体自身因素　　　C. 外部环境因素　　　　D. 社会实践活动

3. 学校教育在青少年社会化过程中发挥着重要而独特的作用，这是因为学校教育具有（　　）等特点。

（2020.10.18济南平阴真题）

A. 教育目的反映一定社会对受教育者的要求

B. 学校教育具有社会的适应性和保守性，培养为社会服务的人

C. 学校根据社会的主流文化规范其成员的行为

D. 教师在教学过程中代表社会对受教育者提出要求

三、判断题

1. 生产力发展水平决定人才培养的质量规格。（　　）（2020.12.27临沂费县真题）

2. 任何教育家的教育思想都是在一定社会文化背景中孕育的，是其世界观和价值观的反映，比如西方教育史上的夸美纽斯、卢梭、裴斯泰洛齐的教育思想都是资产阶级上升时期要求"肯定人性、削弱神性"的社会潮流反映。（　　）（2020.8.6济南十区县联考真题）

3. 教育现代化的最高目的是实现人的现代化，教师素质的现代化是教育现代化的核心。（　　）（2020.7.15济南市中真题）

4. 格塞尔认为，个体的生理和心理发展，都是按基因规定的顺序有规则、有秩序进行的。这一观点的根本缺陷在于过分强调成熟的作用。（　　）

5. "出淤泥而不染"和"同流合污"表明人对环境的影响具有主观能动性。（　　）

四、简答题

简述学生身心发展的基本特征及其对教育的要求。（2020.8.8菏泽真题）

【参考答案】

一、单选题

1. A　2. B　3. A　4. D　5. B　6. B　7. D　8. A

二、多选题

1. ABC　2. BCD　3. ABCD

三、判断题

1. √　2. √　3. √　4. √　5. √

四、简答题

（略）

第三章 教育目的与教育制度

教育目的是教育活动的出发点和归宿，我国以马克思主义关于人的全面发展理论为基础，将教育目的确立为培养德、智、体、美全面发展的社会主义事业的建设者和接班人，并且通过实施素质教育来实现这一目的。教育制度尤其是学校教育制度是教育系统的重要组成部分，应理解教育制度的结构与功能，认识和把握教育制度的演变。

思维导图

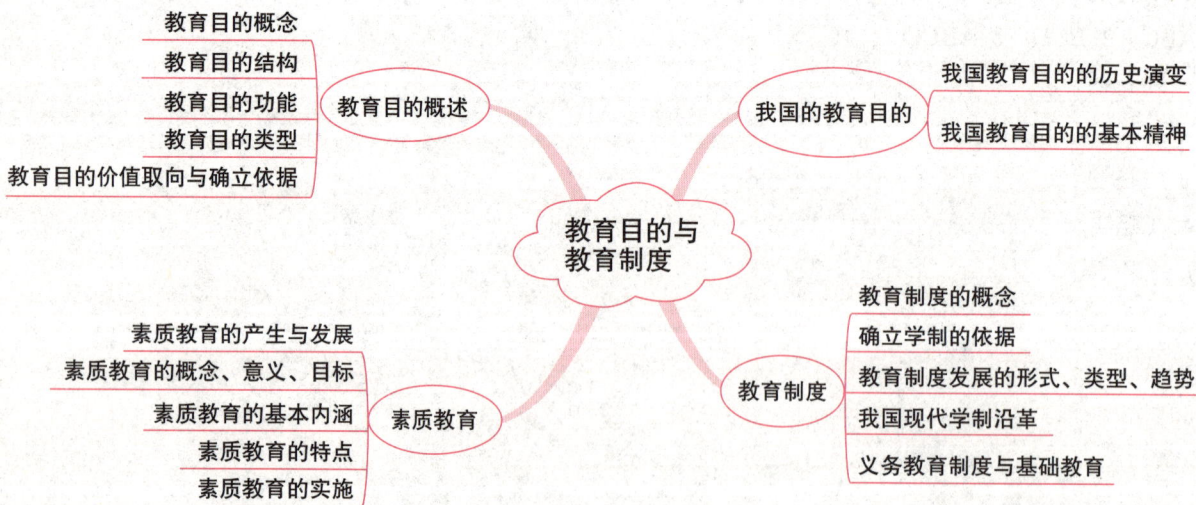

- 教育目的概念
- 教育目的的结构
- 教育目的的功能 —— 教育目的的概述
- 教育目的的类型
- 教育目的价值取向与确立依据

- 我国的教育目的
  - 我国教育目的的历史演变
  - 我国教育目的的基本精神

教育目的与教育制度

- 素质教育的产生与发展
- 素质教育的概念、意义、目标
- 素质教育的基本内涵 —— 素质教育
- 素质教育的特点
- 素质教育的实施

- 教育制度
  - 教育制度的概念
  - 确立学制的依据
  - 教育制度发展的形式、类型、趋势
  - 我国现代学制沿革
  - 义务教育制度与基础教育

第一节　教育目的概述

一、教育目的的概念

（一）教育目的的含义

所谓教育目的，是指把受教育者培养成为什么样人的总要求，它规定着教育所要培养的人的质量标准和规格要求。教育目的是教育要达到的预期结果，反映了教育在人的培养规格、努力方向和社会倾向性等方面的要求。

教育目的有广义和狭义之分。广义的教育目的是指人们对受教育者的期望，即人们希望受教育者通过教育在身心诸方面发生什么样的变化。国家和社会教育机构、家长、教师等对新一代寄予的期望都可以理解为广义的教育目的。狭义的教育目的是国家对培养什么样人才的总的要求。教育目的对所有的学校都具有指导意义。

（二）教育目的的基本特点

同人类社会生活和活动的目的一样，教育目的也带有意识性、意欲性、可能性和预期性等特点。除此之外，还有几个较为明显的特点。

1. 教育目的对教育活动具有质的规定性

（1）教育目的对教育活动具有质的规定性，即规定教育"为谁培养人"；（2）教育目的对教育对象的发展具有规定性，规定了教育对象培养的社会倾向和应有的基本素质，即规定"培养什么样的人"。

2. 教育目的具有社会性和时代性

教育是培养人的社会活动，教育目的受到社会及各个时代的制约，体现不同时代的要求。

此外，有观点认为，教育目的还具有一定的强制性、宏观性、历史性、理想化等特征。

（三）教育目的与教育方针的关系

1. 教育目的与教育方针的联系

教育方针是国家最高权力机关根据政治、经济要求，明令颁布实行的一定历史阶段教育工作的总的指导方针或总方向。教育方针是教育政策的总概括，是全国各级各类教育的目的和必须遵循的准则，是指导整个教育事业发展的战略原则和行动纲领。它反映了一个国家教育的根本性质、总的指导思想和教育工作的总方向。教育方针是教育目的的政策性表达，具有政策的规定性，在一定时期内具有必须贯彻的强制性，而教育目的只是教育方针的若干组成要素之一。

2. 教育目的与教育方针的区别

教育目的与教育方针的区别体现在：（1）"教育目的"是理论术语，是学术性概念，属于教育基本理论范畴；"教育方针"则是工作术语，是政治性概念，属于教育政策学范畴。同时，教育目的属于目的性范畴，而教育方针则属于手段性范畴。（2）教育目的着重于对人才培养规格做出规定，教育方针着重于对教育事业发展方向提出要求。或者说，教育目的反映的是一定社会对人才培养的总要求，规定教育培养人才的质量规格，而教育方针是阶级或政党确定的一定时期内教育发展的基本指导思想。（3）教育目的有时是由社会团体或个人提出的，对教育实践可以不具约束力；而教育方针则是由政府或政党提出的，对教育实践具有强制性。（4）教育方针作为国家教育政策的概括，它对于教育工作产生的影响要大于教育目的，因为教育方针的内容中不只限于教育目的的规定，还涉及教育的性质和实现教育目的的途径。总之，教育目的和教育方针都体现了国家对教育的要求，但二者的着眼点和角度不同。教育方针由国家规定，具有权威性，它规定了教育目的、教育手段以及教育事业发展的根本策略等；教育目的是对教育培养人的总要求。教育方针要及时反映特定时期社会政治、经济的要求，具有易变性；教育目的的指向人才的培养，具有相对稳定性。教育目的和教育方针虽然有所区别，但因为教育方针包含教育目的，在实际中两者经常混用。

3. 教育方针的内容与我国当前的教育方针

教育方针的内容一般包括以下三个组成部分：（1）教育的性质和服务方向（说明教育为谁培养人），即"教育必须为社会主义现代化建设服务"，这指明了我国教育的社会主义性质和服务方向；（2）教育目的（说明教育培养什么样的人），即"培养德、智、体、美全面发展的社会主义事业的建设者和接班人"，它规定了学校教育培养人才的质量和规格，是教育方针中，最核心、最重要的内容；（3）实现教育目的的基本途径（说明教育怎样去培养人），即"必须与生产劳动相结合"。

2010年7月29日，党中央、国务院正式颁布《国家中长期教育改革和发展规划纲要（2010—2020）》。该纲要指出："全面贯彻党的教育方针，坚持教育为社会主义现代化建设服务，为人民服务，与生产劳动和社会实践相结合，培养德、智、体、美全面发展的社会主义建设者和接班人。"这是我国当前的教育方针。

二、教育目的的结构

（一）教育目的的层次结构

教育目的的层次结构是在国家教育总目的的指导下，由各级各类学校的培养目标、实现这些目标所必需的课程与教学目标所构成的教育目标系统，它们由抽象到具体形成了一个完整目标体系结构。一般来说，这一目标体系由四个层次构成，并且有上下位次之分，依次为：教育目的＞培养目标＞课程目标＞教学目标。

1. 国家的教育目的

国家的教育目的居于第一个层次，它是由国家提出来的，其决策要经过一定的组织程序，一般体现在国家的教育文本和教育法令中。国家的教育目的具有总体性、统一性等特点。

2. 各级各类学校的培养目标

各级各类学校的培养目标居于第二个层次，它是根据国家的教育目的制定的某一级或某一类学校、某一专业对人才培养的具体要求，是国家教育目的在不同教育阶段、不同级别的学校及不同专业方向的具体化。

（1）各级各类学校培养目标的确立

根据各级各类学校的教育教学任务确定的对所培养的人的特殊要求，称为培养目标。它是由特定社会领域（如教育、医疗、工业生产、农业生产等工作领域）和特定社会层次（如工程师、专家、教师等）的需要决定的，因受教育对象所处的学校类型、级别不同而不同。各级各类学校只有制定各自的培养目标，才能培养出社会需要的人才。

（2）教育目的与培养目标之间的关系

教育目的与培养目标是普遍与特殊的关系。只有明确了教育目的，各级各类学校才能制定出符合要求的培养目标；而培养目标又是教育目的的具体化。教育目的是针对所有受教育者提出的，而培养目标是针对特定的教育对象提出的。各级各类学校的教育对象有各自不同的特点，因而制定培养目标需要考虑各自学校学生的特点。

3. 课程目标

课程目标居于第三个层次，即课程方案设置的各个教学科目所规定的教学应达到的要求或标准。我国课程目标的变化，大致经历了从"双基"到"三维目标"再到"核心素养""关键能力"的变化。

4. 教学目标

教学目标居于第四个层次，是指教学活动结束后学生所能达到的预期标准。

（1）教学目标的概念

教学目标是教育者在教育教学过程中，在完成某一阶段（如一节课、一个单元或一个学期）工作时，希望受教育者达到的预期标准或产生的变化。

（2）教学目标与教育目的、培养目标之间的关系

教学目标与教育目的、培养目标之间是具体与抽象的关系。教育目的反映的是对人才培养规格总的、普遍的、一般的要求；培养目标则显得较为具体，且具有一定的针对性和现实的可行性，而课程与教学目标则更为具体，最能在实践层面上进行操作和实施。目的与目标不同：目标是可以测量的，但目的是不能测量的。

此外，教育目的也有三层次结构说，即教育目的、培养目标、教学目标。实际上，这里的教学目标即课程与教学目标的统称。课程目标与教学目标相比，没有本质上的差异，只是细化和具体化的程度不同。

（二）教育目的的内容结构

教育目的的内容结构是指教育目的的组成部分及相互关系。教育目的一般由两部分组成：一是就教育所要培养出的人的身心素质做出规定，即指明受教育者在知识、智力、品德、审美、体质诸方面的发展，以期受教育者形成某种个性结构；二是就教育所要培养出的人的社会价值做出规定，即指明这种人符合何种社会的需要或为哪个阶级的利益服务。其中，关于身心素质的规定是教育目的的核心部分。

三、教育目的的意义与功能

（一）教育目的的意义

教育目的是整个教育工作的核心，是一切教育工作的出发点和归宿，在教育活动中居于主导地位。同时，教育目的体现了一个国家最高的教育理想，是一个国家教育的主题和灵魂。它贯穿于教育活动的全过程，对一切教育活动都有指导意义，也是确定教育内容、选择教育方法和评价教育效果的根本依据。

（二）教育目的的功能

1. 定向功能

教育目的一经确立，就成为人们行动的指南，就为教育活动指明了方向。它不仅为受教育者指明了发展方向，预定了发展结果，也为教育工作者指明了工作方向和奋斗目标。教育政策的制定、教育制度的确立、教育内容的取舍、教育方法和手段的选择、教育效果的评价，都是以教育目的为依据和前提的。具体体现在：对教育社会性质的定向作用，对人培养的定向作用，对课程选择及其建设的定向作用，对教师教学方向的定向作用。

2. 评价功能

教育目的是衡量和评价教育实施效果的根本依据和标准。对教育活动的评价有两个方面：其一，对价值变异情况的判断与评价；其二，对教育效果的评价。具体体现在：评价学校的办学方向、办学水平

和办学效益，检查教育教学工作的质量，评价教师的教学质量和工作效果，检查学生的学习质量和发展程度等，都必须以教育目的为根本标准和依据。

3. 调控功能

一定的教育目的，是一定社会根据自身或人的发展需要对教育活动进行调节、控制的一种重要手段。教育目的对具体教育内容的安排、教育手段的选择等有支配、协调的作用；教育目的对国家的教育规划及教育结构的确立与调整具有指导、协调的作用。教育目的对教育活动的调控主要借助以下方式来进行：一是通过价值的方式来进行调控，主要体现在对教育价值取向的把握上；二是通过标准的方式来进行调控；三是通过目标的方式来进行调控。就调控的对象而言，既包括对教育工作者教育观念、教育行为的调控，也包括对受教育者的外部调控和自我调控。

此外，有观点认为教育目的在教育实践中具有导向、激励和评价的功能。还有观点认为，教育目的的功能主要包括四个：规范功能、选择功能、激励功能和评价功能。

四、教育目的的基本类型

（一）按其作用的特点，可分为价值性教育目的和功用性（操作性）教育目的两类

价值性教育目的，即教育在人的价值倾向性发展上意欲达到的目的，内含对人的价值观、生活观、道义观、审美观、社会观、世界观等方面发展的指向和要求，反映教育在建构和引领人的精神世界、人文情感、人格品行、审美意识、生活态度、社会倾向等方面所要达到的结果。这类教育的根本目的是解决培养具有怎样社会情感和个人情操的人的问题。

功用性教育的根本目的是开发与提升人在各种活动中的实际能力和作用效能，发展和增强人在各种活动中的行为的有用性和功效性。

（二）按其要求的特点，可分为终极性教育目的和发展性教育目的两类

终极性教育目的，也称理想的教育目的，是指具有终极结果的教育目的，表示各种教育及其活动在人的培养上最终要取得的结果，它蕴含着人发展的那种最为理想的要求，具有"完人"的性质。

发展性教育目的，也称现实的教育目的，是指具有连续性的教育目的，表示教育及其活动在发展的不同阶段所要取得的各种结果，表明对人的培养的不同时期、不同阶段前后具有衔接性的各种要求。

（三）按被实际所重视的程度，可分为正式决策的教育目的和非正式决策的教育目的两类

正式决策的教育目的，指被社会一定权力机构确定并要求所属各级各类教育都必须遵循的教育目的。

非正式决策的教育目的，指蕴含在教育思想、教育理论中的教育目的，它不是被社会一定的权力机构正式确立而存在的，而是借助一定的理论主张和社会根基而存在的。它虽没有明确的阐述，但常常借助一定的社会功利心理和观念而起作用，如片面追求升学率。

（四）按其体现的范围，可分为内在教育目的和外在教育目的两类

内在教育目的即具体教育过程（或某门课程建设）要实现的直接目的，是对具体教育活动预期结果的直接指向，内含对学习者情意品行、知识认知、行为技能等方面发展变化预期的结果，是通过某门课程及其教学目标或某一单元、某一节课的教学目标体现出来的可预期的具体结果。

外在教育目的是指教育目的领域位次较高的教育目的，它体现一个国家（或一定地区）的教育在人的培养上所预期达到的总的目标和结果，是一个国家（或一定地区）对所属各级各类教育培养人的普遍的原则要求。

（五）按其存在的方式，可分为实然教育目的和应然教育目的两类

实然教育目的是指教育过程的当事人在理论层面理解、贯彻、执行的教育目的，其特点是大众性、可操作性、具体化。

应然教育目的即教育目的的制定主体以成文的、合乎规范的形式所规定并表述的教育目的，其特点是理论化、概念化、理想化、权威性、统一性等。

五、教育目的确立的依据

（一）教育目的的价值取向

教育目的的价值取向是指教育目的的提出者或从事教育活动的主体，依据自身的需要对教育价值做出选择时所持的一种倾向。由于教育目的反映的是教育价值取向，是教育理想的体现，因此不同的教育家往往都会有不同的教育目的观念和理论。

1. 神学本位论

一些教育思想家从宗教的角度或从信仰出发论述教育目的，这就形成了所谓的"神学的教育目的论"。

捷克教育家夸美纽斯认为："今生只是永生的准备。"在现当代，持类似观点的还有法国教育思想家雅克·马利坦和日本教育思想家小原国芳等人。他们主张回归宗教教育，主张以培养青年对于上帝的虔诚信仰作为教育的最高目标。他们认为："教育对人的肉体和精神都要关心，但主要关心的应当是灵魂，教育应当建立在精神实质占优势的基础上。"

2. 社会本位论与个人本位论

在教育目的的价值取向上，争论最多、影响最大、最根本性的问题，是教育活动究竟是注重于个人个性的发展还是注重于社会的需要。在教育史上，有所谓个人本位论和社会本位论两种观点。

（1）社会本位论

社会本位的教育目的论的基本主张是以社会的稳定和发展为教育的最高宗旨，教育目的应当依据社会的要求来决定，个人的发展必须服从社会需要。个人生活在社会中，受制于社会环境。教育的目的是为社会培养合格的成员和公民，使受教育者社会化。社会价值高于个人价值，教育质量和效果可以用社会发展的各种指标来评价。社会本位论的代表人物有孔子、荀子、柏拉图、赫尔巴特、涂尔干（或译为迪尔凯姆）、纳托普（诺笃尔普）、凯兴斯泰纳、孔德、梁启超、巴格莱等。

孔子认为教育是个体社会化的过程，"君子学道则爱人，小人学道则易使也"，学习知识的目的在于"修身、齐家、治国、平天下"。荀况认为"人之性恶"，因此教育要从"礼"这一需要出发，须以"礼义"加以教化。《学记》中提出"建国君民，教学为先""化民成俗，其必由学"，主张教育为统治阶级培养所需人才，同时形成社会道德风尚，维护社会秩序。在西方，柏拉图是强调教育社会价值的第一人，主张培养"理想国"所需要的哲学家和军人。到了近代，社会本位论是同19世纪中期以来巩固资本主义制度的需要和社会学的兴起与发展相联系的。不同学者对于社会本位价值取向的出发点有所不同：有的是基于人的社会化、适应社会要求来主张社会本位的价值取向，有的是基于社会（国家或民族）稳定或延续的重要性来主张社会本位的价值取向。涂尔干认为，社会才是真正的存在，"人实际上因为生活在社会中才是人，教育在于使年轻一代系统地社会化"。"教育的目的就是在儿童身上唤起和培养一定数量的身体、智识和道德状态，以便适应整个政治社会的要求，以及他将来注定所处的特定环境的要求"。孔德认为："真正的个人是不存在的，只有人类才存在，因为不管从哪方面看，我们个人的一切发展，都有赖于社会。"纳托普提出："在事实上个人是不存在的，因为人之所以为人，只是因为他生活在人群之中，并且

参加社会生活。"德国教育家凯兴斯泰纳的社会本位论比较极端，认为"国家的教育只有一个目的，那就是造就公民"。

（2）个人本位论

个人本位论主张教育目的应以个人价值为中心，应主要根据个人自身完善和发展的精神性需要来制定教育目的和建构教育活动。个人本位论具有强烈的人道主义特色，全盛时期出现在18、19世纪，突出人的本性需要和自由发展，反对神学。其观点可归纳为：教育目的不是根据社会需要来制定，而是根据个人的发展的需要而制定的；个人的价值高于社会的价值，社会的价值只在于它有助于个人的发展；人生来就有健全的本能，教育的职能就在于使这种本能不受影响地得到发展。个人本位论主要反映在自然主义和人文主义的教育思想之中，其代表人物有孟子、卢梭、裴斯泰洛齐、福禄贝尔、康德、赫钦斯、奈勒、马斯洛、萨特、帕克等。

18世纪法国思想家、教育家卢梭认为，"出自造物主之手的东西都是好的，而一到人的手里，就全变坏了"，"什么是教育目标……这就是自然的目标"，主张在自然的环境中保护儿童善良的天性。瑞士平民教育家裴斯泰洛齐认为，教育的目的就在于全面和谐地发展人的一切天赋力量和才能，"为人在世，可贵者在于发展，在于发展各人天赋的内在力量，使其经过锻炼，使人能尽其才，能在社会上达到他应有的地位，这就是教育的最终目的"。德国著名学前教育家、"幼儿园之父"福禄贝尔主张，儿童应在社会生活中自我表现、自由发展，教育提供外部条件"解除对学生身体和灵魂的束缚"。永恒主义者赫钦斯说："一个公民或一个国民的职能……在不同社会中可能各不相同……但是作为人的职能，在每一个时代和每一个社会中都是一样的，教育制度的目的就是提高作为人的人。"美国教育家帕克认为："一切教育的真正目的是人，即人的身体、思想和灵魂的和谐发展。"

个人价值与社会价值并没有一个孰重孰轻的问题，个人本位论与社会本位论也没有一个谁正确谁错误的问题。从理论上讲，二者具有同等的合理性与同等的局限性。确定教育目的的科学依据应是社会发展要求和个体发展需求的辩证统一。

3. 内在目的论与外在目的论

美国教育思想家杜威试图调和个人本位论与社会本位论的矛盾。他认为教育过程有两个方面：一是心理学的；一是社会学的。他主张"使个人特性与社会目的和价值协调起来"。其主要观点是：（1）提出"教育无目的论"，倡导儿童中心主义。杜威曾经指出："教育的过程，在它自身以外没有目的，它就是自己的目的"；教育目的只存在于"教育过程以内"，不存在"教育过程以外"的强制的目的；儿童的本能、冲动、兴趣所决定的具体教育过程就是教育的目的。（2）主张"社会中心"，强调把"教育的社会方面放在第一位"，要求教育"成为民主观念的仆人"，充当抵制所谓绝对主义、极权主义的工具。（3）为了兼顾这两个方面，杜威还提出"学校即社会"的主张，要"使得每个学校都成为一种雏形的社会"，企图通过这种"小社会"的活动保证大社会的和谐。

4. 教育准备生活说与教育适应生活说

"生活本位论"把教育目的与受教育者的生活紧密联系在一起，他们或提出教育要为未来生活做准备的"教育准备生活说"，或提出教育即是生活本身的"教育适应生活说"。这方面的典型代表是斯宾塞和杜威。

斯宾塞明确提出"教育准备生活说"（"教育预备说"）。在斯宾塞看来，教育应当教导一个人怎样生活，使他获得生活所需要的各种科学知识，"为完满的生活做好准备"。根据人类活动的重要程度，斯宾塞把教育排列成以下的次序：准备直接保全自己的教育，准备间接保全自己的教育，准备做父母的教育，准备做公民的教育，准备生活中各项文化活动的教育。这是制定一个合理的课程体系的出发点。

杜威提出"教育适应生活说"，认为教育就是儿童现在生活的过程，而不是将来生活的预备。他说："生活就是发展，而不断发展、不断生长就是生活。""教育的目的在于使个人能够继续他们的教育，或者说，学习的目的和报酬是继续不断的生长能力。"

5. 文化本位论

文化本位的教育目的观强调教育应围绕"文化"这一范畴来进行，用"文化"来统筹教育、社会、人三者之间的关系。其最终目的在于唤醒人们的意识，使其具有自动追求理想目标价值的意志，并使文化有所创造，形成与发展新的文化。代表人物有狄尔泰、斯普朗格等。

6. 科学主义教育目的观与人文主义教育目的观

20世纪以来，教育目的观曾出现对立与融合发展的状况。基于科学主义、人文主义和科学人文主义三种文化思潮，形成了科学主义教育目的观、人文主义教育目的观和科学人文主义教育目的观。

（1）科学主义教育目的观

科学主义教育目的观是以社会性需要为出发点和归宿、以科学为中心的功利性教育目的观。科学主义教育目的观的基本特征有：重视教育目的的社会功利性，重视教育目的的社会适应性，重视科学教育。在20世纪，持科学主义教育目的观的教育哲学流派主要有实用主义教育和学科结构主义教育。

（2）人文主义教育目的观

人文主义教育也被称为"自由教育""博雅教育"。人文主义教育目的观是以人为中心和以自身的完善与发展为出发点和归宿的教育目的观。人文主义极为崇尚传统文化遗产，将古典著作视为教育内容的核心，课程中心是人文学科，而不是经验学科。人文主义教育目的观的基本特征有：追求永恒化的教育目的，追求理想化的教育目的，追求人性化的教育目的。从20世纪来看，持人文主义教育目的观的教育思想流派主要有永恒主义教育、新托马斯主义教育、存在主义教育等。

（3）科学人文主义教育目的观

人文主义与科学主义长期以来的尖锐冲突，实质上体现了人和社会发展过程中精神追求和物质追求的矛盾。科学人文主义教育目的观是以科学精神为基础、以人文精神为价值方向的教育目的观。既信奉科学又崇尚人道，以科学为基础和手段，以人文为方向和目的，促进人与社会、物质与精神的协调发展。科学教育和人文教育都只是教育的"一半"，科学主义与人文主义必然融合。怀特海早就说过："没有纯粹的技术教育，也没有纯粹的人文教育，二者缺一不可。"日本教育家井深大在批评当今教育时指出，偏重科学的教育"忘记了方向""丢掉了教育的另一半"。大科学家爱因斯坦认为："只教给人一种专门知识、技术是不够的，专门知识和技术虽然使人成为有用的机器，但不能给他以一个和谐的人格。最重要的是人要藉着教育得到对事物及人生价值的了解和感觉，人必须对从属于道德性质的美和善有亲切的感觉，对于人类的各种动机、各种期望、各种痛苦有了解，才能和别的个人和社会有合适的关系"。

（二）教育目的价值取向确立应注意的问题

1. 社会价值取向确立中应注意的问题

从现代社会的发展来看，教育目的的社会价值取向虽多种多样，但都比较注重取向的全面性与综合性。当代教育目的社会价值取向的确立应注意把握好以下问题：（1）以可持续发展的理念为指导；（2）适应与超越问题；（3）功利价值与人文价值问题；（4）民族性与世界性问题。

2. 人的价值取向确立中应注意的问题

选择、确立教育目的，在人的价值取向上应注意解决好以下问题：（1）人的社会化与个性化问题；（2）人的理性与非理性问题；（3）科技素质与人文素质问题。

（三）确立教育目的的依据

教育目的属于意识形态的范畴，它在形式上是主观的，但在内容上是客观的。教育目的的确立不是随意的，既要受到客观因素的影响，也要受到主观因素的影响。特定的社会政治、经济、文化背景以及受教育者的身心发展规律是确立教育目的的客观依据，人们（制定者）的教育理想是确立教育目的的主观依据。马克思关于人的全面发展学说是确立我国教育目的的理论依据。

1. 社会依据

教育目的的确立要依据特定的社会政治、经济、文化发展的要求。教育的本质是培养社会所需要的人。不同的社会制度、经济条件、文化背景，教育所培养的人也会有不同的发展目标。教育目的是社会需求的集中反映，是教育性质的集中体现。它反映了社会政治和社会生产的需求，体现了教育的历史性、阶级性。

（1）不同社会和时代的生产力和科学技术发展水平有不同的教育目的

教育目的的确立必须反映客观生产力和科学技术发展的实际需要，这是生产关系必须适应生产力发展的基本原理在教育目的上的具体体现。不同社会、不同时代由于生产力和科学技术发展水平不同，对人才规格、类型和标准的需求就有所不同，因此教育目的的具体内容也有所不同。

（2）不同的社会发展阶段、不同的社会制度有不同的教育目的

在阶级社会里，占有统治地位的阶级总是按自己的阶级意志和政治路线培养人，一方面将极少数人通过教育培养成统治者，一方面将其他绝大多数人通过教育等方式培养成被统治者。随着社会条件的变化、时代的变迁，教育目的也在不断发生变化。所以说，教育目的具有历史性、时代性、社会性，在阶级社会具有鲜明的阶级性。

（3）不同国家的文化背景下教育培养的人各具特色

不同社会制度下的教育目的迥然不同，即使是同一种社会制度，在不同的国家，教育目的也不会完全一样。英国比较重视文化素质，教育强调陶冶学生的人格，注重培养有教养的人；德国注重科学技术教育，要求培养具有创新思想和开拓精神的各种人才。这些不同的教育目的反映了不同的文化背景与传统。

2. 人的依据

我们肯定教育目的的社会制约性，并不意味着在提出教育目的时无须考虑受教育者的身心发展规律、特点及需要。事实上，对受教育者特点的认识是提出教育目的的前提和必要条件。首先，教育目的直接指向的对象是受教育者；其次，人们既然希望将所提出的教育目的转化为受教育者的个性，就不能不考虑受教育者的认识发展、心理发展和生理发展的规律和过程；再次，教育目的主要是通过各级各类学校的教育活动实现的；第四，受教育者在教育活动中既是教育的对象又是教育活动的主体。

3. 主观依据

从主观方面来看，教育目的首先是教育活动中人的价值选择。人们在考虑教育目的时往往会受其哲学观念、人性假设和理想人格等观念和价值取向的影响。从不同的哲学观点出发就有不同的教育目的，如实用主义教育目的、要素主义教育目的、永恒主义教育目的等。

4. 马克思主义关于人的全面发展学说

马克思主义关于人的全面发展学说，是确定我国教育目的的理论基础。

（1）人的全面发展的内涵

马克思和恩格斯从劳动能力、社会关系和全人类解放三个方面来说明其"人的全面发展"学说。人的全面发展有两层含义：其一，人的全面发展是指人的劳动能力的全面发展，即人的体力和智力的全面、和谐、充分的发展，还包括人的道德的发展；其二，人的全面发展指克服人发展的一切片面性，实

现人的个性（志趣、兴趣、意志等）的真正全面和自由的发展。由此可知，马克思关于人的全面发展的含义，并不是指体力劳动和脑力劳动相结合，而是指人的"体力和智力获得充分的自由的发展和运用"。

（2）人的全面发展学说的基本观点

马克思主义关于人的全面发展学说的基本理论有如下要点：第一，人的全面发展是与人的片面发展相对而言的，全面发展的人是精神和身体、个体性和社会性得到普遍、充分而自由发展的人；第二，人的发展取决于社会条件；第三，从历史发展的进程来看，人的发展受到社会分工的制约，旧式分工是造成片面发展的根源；第四，现代大工业生产的高度发展必将对人类提出全面发展的要求，并提供全面发展的可能性；第五，人类的全面发展只有在共产主义社会才能得以实现；第六，教育与生产劳动相结合是实现人的全面发展的唯一途径。马克思说："教育与生产劳动相结合，不仅是提高社会生产的一种方法，而且是造就全面发展的人的唯一方法。"

第二节　我国的教育目的

一、我国教育目的的历史演变

（一）我国古代教育目的

1. 孔子

孔子主张"学而优则仕"，教育就是要通过个人的修养，培养"修己以安人""修己以治人"的君子，即封建社会的统治人才。

2. 孟子

孟子提出教育的目的在于"明人伦"："教以人伦，父子有亲，君臣有义，夫妻有别，长幼有序，朋友有信"。

3. 《大学》

《礼记·大学》总结了春秋战国以来的儒家思想，把教育的目的概括为"三纲领八条目"，即"大学之道，在明明德，在亲民，在止于至善""格物、致知、诚意、正心、修身、齐家、治国、平天下"。

4. 朱熹

宋代理学家朱熹继承和发扬了孔孟思想，他在为白鹿洞书院拟定的教规中，将封建社会的教育目的条理化、系统化为"明五教"。这五教是："父子有序，君臣有义，夫妻有别，长幼有序，朋友有信。"这反映了封建社会最基本的道德教育准则"三纲五常"思想，是中国古代教育宗旨的最完整的概括和体现。

（二）我国近现代教育目的

1. 梁启超

1902年，维新派教育家梁启超发表了《论教育当定教育宗旨》一文，首次提出了制定和贯彻全国统一的教育宗旨的必要性。

2.《奏定学堂章程》

在中国近代，由国家制定的教育目的始于1903年清政府的《奏定学堂章程》。该章程反映了当时半殖民地半封建社会教育"中体西用"的方针。

3."忠君、尊孔、尚公、尚武、尚实"

1906年，当时清政府的学部正式规定教育宗旨为"忠君、尊孔、尚公、尚武、尚实"。这一教育目的也反映了对封建传统礼教的继承和对西方思想的吸收。

4.蔡元培

1912年，蔡元培首次提出"五育并举"的教育方针，即"军国民教育、实利主义教育、公民道德教育、世界观教育、美感教育"。同年，国民政府教育部公布了教育宗旨，即"注重道德教育，以实利主义教育、军民教育辅之，更以美感教育完成其道德"，体现了蔡元培的基本思想，否定了清末以来的"尊孔"和"忠君"等内容，是教育目的认识上的一大进步。

5.毛泽东

1938年，在延安根据地，毛泽东针对当时的实际情况，为延安抗大提出了"坚定正确的政治方向、艰苦奋斗的工作作风、灵活机动的战略战术"的教育方针。

1940年，在《新民主主义论》中，毛泽东又提出了建立自己的"民族的、科学的、人民大众的新文化和新教育"的新民主主义教育方针，这个方针一直沿用到新中国成立。

（三）新中国不同历史时期的教育目的

1.1957年，在生产资料所有制的社会主义改造基本完成以后，毛泽东在最高国务会议上提出："我们的教育方针，应该使受教育者在德育、智育、体育几方面都得到发展，成为有社会主义觉悟的有文化的劳动者。"这是新中国成立后颁布的第一个教育方针。

2.1958年《关于教育工作的指示》中提出"两个必须"的教育方针："党的教育工作方针是教育必须为无产阶级政治服务，必须同生产劳动相结合。"这是新中国成立后对教育目的的第一次明确表述。

3.1978年，我国的教育目的在人大会议上通过的宪法中被表述为："我国的教育方针是教育必须为无产阶级政治服务，教育必须与生产劳动相结合，使受教育者在德育、智育、体育几方面都得到发展，成为有社会主义觉悟的有文化的劳动者。"

4.1981年，党的十一届六中全会颁布的《中国共产党中央委员会关于建国以来党的若干历史问题的决议》提出，我们必须"坚持德智体等全面发展、又红又专、知识分子与工人农民相结合、脑力劳动和体力劳动相结合的教育方针"。

5.1982年，《中华人民共和国宪法》首次从法律上对教育目的做出了规定："国家培养青年、少年、儿童在品德、智力、体质等方面全面发展。"

6.1985年，《中共中央关于教育体制改革的决定》指出：教育要为我国的经济和社会发展培养各级各类合格人才。"所有这些人才，都应该有理想、有道德、有文化、有纪律，热爱社会主义祖国和社会主义事业，具有为国家富强和人民富裕而艰苦奋斗的奉献精神，都应该不断追求新知，具有实事求是、独立思考、勇于创造的科学精神。"人们经常把这一表述简称为"四有、两爱、两精神"。

7.1993年，《中国教育改革和发展纲要》指出："各级各类学校要认真贯彻'教育为社会主义现代化建设服务，必须与生产劳动相结合，培养德智体等全面发展的建设者和接班人'的方针，努力使教育质量在90年代上一个新台阶。"

8.1995年，《中华人民共和国教育法》指出："教育必须为社会主义现代化建设服务，必须与生产劳动相结合，培养德智体等全面发展的社会主义事业的建设者和接班人。"这是新时期我国教育目的的基本表述。

9. 1999年6月，《中共中央国务院关于深化教育改革全面推进素质教育的决定》指出，教育要"以培养学生的创新精神和实践能力为重点，造就'有理想、有道德、有文化、有纪律'的德智体美等全面发展的社会主义事业建设者和接班人"。

10. 2001年，《国务院关于基础教育改革与发展的决定》指出："教育必须为社会主义现代化服务，为人民服务，必须与生产劳动和社会实践相结合，培养德、智、体、美等全面发展的社会主义事业建设者和接班人。"

11. 2006年，《中华人民共和国义务教育法》规定："义务教育必须贯彻国家的教育方针，努力提高教育质量，使适龄儿童、少年在品德、智力、体质等方面全面发展，为培养有理想、有道德、有文化、有纪律的社会主义的建设者和接班人奠定基础。"

12. 2010年7月颁布的《国家中长期教育改革和发展规划纲要（2010—2020）》指出："全面贯彻党的教育方针，坚持教育为社会主义现代化建设服务，为人民服务，与生产劳动和社会实践相结合，培养德智体美全面发展的社会主义事业建设者和接班人。"

13. 2018年9月10日，全国教育大会召开。习近平在大会上做了重要讲话，强调要坚持中国特色社会主义教育发展道路，培养德智体美劳全面发展的社会主义建设者和接班人。"培养什么人，是教育的首要问题。我国是中国共产党领导的社会主义国家，这就决定了我们的教育必须把培养社会主义建设者和接班人作为根本任务。"这次会议指出，要在学生中弘扬劳动精神，教育引导学生崇尚劳动、尊重劳动，懂得劳动最光荣、劳动最崇高、劳动最伟大、劳动最美丽的道理，长大后能够辛勤劳动、诚实劳动，创造性劳动。在培养人的素质上，把"劳"与"德智体美"提到同等重要的位置。

二、我国教育目的的精神实质

我国教育目的的表述虽几经变化，但其基本精神却是一致的。我国教育目的的基本精神，具体可以概括为以下几个基本点：

1. 坚持社会主义方向性，培养"劳动者"或"社会主义建设人才"

这是我国教育目的的本质要求，明确了我国教育目的的社会主义方向，指出了我国教育培养出来的人的社会地位和社会价值。社会主义方向性是我国教育目的的最基本精神和教育性质的根本所在；为经济建设和社会的全面发展进步培养各级各类人才，这是我国教育的基本使命。

2. 要求全面发展

这是我国教育目的对人才培养的素质要求。要求学生在德、智、体等方面全面发展，这就需要坚持脑力与体力两方面的和谐发展。人的全面发展是我国教育目的的中心内容。

3. 具有独立个性

强调学生个性的发展，培养学生的创新精神和实践能力。

4. 教育与生产劳动相结合

教育与生产劳动相结合，这是实现我国教育目的的根本途径。

5. 注重提高全民族素质

提高全民族素质，是我国当今社会发展赋予教育的根本宗旨，也是我国当代教育的重要使命。

此外，也有观点认为我国教育目的体现的精神实质有：坚持社会主义方向是我国教育目的的根本性质和特点；培养劳动者是社会主义教育目的的总要求；要求学生德智体等方面全面发展是社会主义教育目的的教育质量标准；坚持教育与生产劳动相结合是实现教育目的的基本途径。我国教育目的的基本特征是：以马克思主义关于人的全面发展学说为指导思想；具有鲜明的政治方向；坚持全面发展和个性发展的统一。

三、教育目的实现的理性把握

1. 要以素质发展为核心

素质教育是以人的素质发展为核心的教育。基于这种发展理念的素质教育，在实践中要把握以下几点：作为教育，素质教育要关注人良好素质的形成，同时也不能忽略对人不良素质的克服与纠正，使人的素质富有健康文明的内涵；素质教育不能停留在应有素质的形成上，更应重视素质的巩固和提升，使人的素质不断地得到充实和丰富；要注重把应然素质和实然素质结合起来。

2. 要确立和体现全面发展的教育观

教育目的的实现，不仅要在人实际程度和水平的发展上关注素质教育，而且要在内容上关注人的全面发展教育。应注意：确立全面发展教育观的必要性；正确理解和把握全面发展；正确认识和处理各育关系；要防止教育目的的实践性缺失。

第三节　我国教育目的的落实与素质教育

一、我国教育目的的落实

（一）落实我国教育目的时要特别注意重点培养少年儿童的素质

在落实我国教育目的时，要特别注意人才素质的以下几个方面：（1）创新精神。（2）实践能力。既包括学以致用、解决实际问题的能力，也包括直接的生产劳动和社会实践的能力。（3）开放思维。要改变单一的思维参照标准，扩大思维的空间范围，具有高度的宽容精神、开放胸怀，敢于接纳新生事物，特别要具有在国际视野中对问题进行比较和分析的能力。（4）崇高理想。创新精神和开放的胸怀只有与崇高的理想相结合才具有方向性。

（二）落实我国教育目的必须正确处理的几个关系

1. 教育目的与教育目标的关系

教育目标是根据教育目的制定的。教育目的到教育目标的转换实际上就是教育目的由一般到具体的实现过程。

2. 德、智、体、美诸育之间的关系（见下文）

3. 全面发展与因材施教的关系

这实际上是我国教育目的的全面发展和个性发展相统一的一个具体要求。全面发展不排斥个性发展，而且以个人合乎本性的自由发展为条件。全面发展不等于平均或平面的发展，必须根据每一个学生的特殊性对学生因材施教，在充分发挥每一个人长处的同时求得他的全面发展。

4. 全面发展与职业定向的关系

在基础教育阶段，个性发展的重要意义就在于使有特殊个性和才干的受教育者更有可能适应未来不同社会工作的需要。全面发展的人才终究要在一定社会中生活，要满足社会发展的需要，所以教育应该为不同的社会岗位培养人才。

（三）当前我国教育目的在实践中存在的主要问题

1. 片面追求升学率是当前我国教育实践中存在的主要问题

片面追求升学率的现象和过度的应试倾向给我国教育造成了很大危害，这主要表现在以下两个方面：（1）注重少数学生的发展而忽视全体学生的发展；（2）注重学生的个别方面（主要是知识方面）的发展而忽视学生素质的全面提高。

2. 解决该问题的主要措施

首先，这有赖于整个社会的发展。只有社会生产力得到大发展，教育的发展才具有坚实的物质基础，教育资源上的供需矛盾得到根本解决才具有现实可能性。其次，要深化教育体制改革。最后，中小学本身也应积极进行改革，端正办学思想，认真落实教育方针和教育目的，深化教育教学改革，提高教育教学的质量和效益，促进全体受教育者身心全面发展。

（四）贯彻我国教育目的的基本要求

1. 端正教育思想，明确教育目的

教育思想主要表现形态是教育指导思想和各种教育观念。教育思想的核心内容集中体现在为谁培养人、培养什么人和如何培养人的问题上。明确教育目的是端正教育思想的关键。

2. 全面贯彻党的教育方针，全面提高教育质量

"两全"是对我国各级各类教育活动的统一要求，是对一切教育行为提出的基本规定，为我国各级各类教育的发展提供了方向和基本要求。

3. 深化教育改革，实施素质教育

素质教育与应试教育相对，是学校教育以"两全"为指导思想、以发展人的多方面素质为根本目的的教育活动。素质教育包括三个层次，即身体素质教育、心理素质教育和社会素质教育，其内容具体包括政治、思想和道德素质教育、科学文化素质教育、审美素质教育、身体素质教育和心理素质教育等。

素质教育与应试教育的对立体现在：素质教育立足于"发展人"来培养人（素质教育是以人的素质发展为核心的教育），而应试教育则立足于"选拔人"来培养人。应试教育是以培养学生单方面的应试能力为根本目的的教育活动，素质教育则是以发展学生的多方面素质（包括应试能力）为根本目的的教育活动。具体来讲：（1）教育对象不同。应试教育重视高分学生，忽视大多数分数相对低的学生；素质教育面向全体学生，它是一种使每个人都得到发展的教育，每个人都在他原有的基础上有所发展，都在他天赋允许的范围内充分发展。（2）教育内容不同。应试教育紧紧围绕考试和升学需要，考什么就教什么，所实施的是片面内容的知识教学；素质教育立足于学生全面素质的提高，教以适合学生发展和社会发展需要的教育内容。（3）教育方法不同。应试教育采取急功近利的做法，大搞题海战术、猜题押题、加班加点、死记硬背、"填鸭式"等，不仅加重了学生的课业负担，也使学生的能力得不到全面的培养；素质教育则要求开发学生的潜能与优势，重视启发诱导、因材施教，使学生学会学习，生动活泼地发展。（4）教育评价标准不同。应试教育要求学校的一切工作都围绕备考这个中心展开，要求学生积累与考试有关的知识、形式、应试技能并考得高分，要求老师将分数作为教学的唯一追求，以分数作为衡量学生和老师水平的唯一尺度；素质教育则立足于学生素质的全面提高，以多种形式全面衡量学生素质和教师的水平。（5）教育结果不同。在应试教育模式下，多数学生受到忽视，产生厌学情绪，个性受到压抑，缺乏继续发展的能力；在素质教育模式下，全体学生的潜能得到充分发挥，获得素质的全面提高，个性得到充分而自由的发展，为今后继续发展打下扎实基础。

二、全面推进素质教育

素质教育运动是马克思主义关于人的全面发展学说在20世纪末中国教育界的具体实践，是当代我国教育的主导思想及教育目的在新的历史时期的体现，也是实现教育目的的重要载体。《国家中长期教育改革和发展规划纲要（2010—2020）》明确提出："坚持以人为本，实施素质教育是当前我国教育改革和发展的战略主题。"素质教育已经提升为党和国家教育的重大决策，成为当前中国教育改革的主旋律。

（一）素质教育观的产生与发展

素质教育观产生于20世纪八九十年代，是对当时我国基础教育出现的应试教育倾向的一个时代回应。

1985年发布的《中共中央关于教育体制改革的决定》中明确指出："在整个教育体制改革过程中，必须牢牢记住改革的根本目的是提高民族素质，多出人才，出好人才。"这是素质教育的最初思想源头。

1993年2月13日，《中国教育改革和发展纲要》指出："中小学要从'应试教育'转向全面提高国民素质的轨道，面向全体学生，全面提高学生的思想道德、文化科学、劳动技能和身体心理素质，促进学生生动活泼地发展，办出各自的特色。"

1994年8月，《中共中央关于进一步加强和改进学校德育工作的若干意见》明确指出："增强适应时代发展、社会进步，以及建立社会主义市场经济体制的新要求和迫切需要的素质教育。"这是第一次正式在中央文件中使用"素质教育"的概念。

1997年10月29日，国家教委颁发《关于当前积极推进中小学实施素质教育的若干意见》，明确提出："在中小学全面贯彻国家的教育方针，积极推进素质教育，已经是摆在我们面前的刻不容缓的重大任务。"

1999年，国务院批转教育部制定的《面向21世纪教育振兴行动计划》，明确提出实施"跨世纪素质教育工程"，整体推进素质教育，拉开了素质教育从典型示范转向整体推进和制度创新的序幕。

1999年6月，《中共中央国务院关于深化教育改革全面推进素质教育的决定》正式颁发，这是素质教育的纲领性文件，素质教育开始成为党和国家的战略决策。

2001年，教育部颁发了《基础教育课程改革纲要（试行）》，启动了新一轮基础教育课程改革，推动了素质教育的新发展。

（二）素质教育的概念

素质教育是依据人的发展和社会发展的实际需要，以全面提高全体学生的基本素质为根本目的，以尊重学生主体性和主动精神、注重开发人的智慧潜能、形成人的健全个性为根本特征的教育。李岚清同志指出："素质教育从本质来说，就是以提高国民素质为目标的教育。"由此可见，素质教育是以促进学生的全面发展为目的、以提高国民素质为宗旨的教育。

（三）实施素质教育的意义

（1）素质教育有助于提高中华民族的整体素质，提高综合国力；（2）素质教育是克服应试教育弊端、深化教育改革的必然趋势；（3）素质教育有助于受教育者全面发展的落实。

（四）素质教育的目标

1.素质教育的总目标

"全面提高国民素质"是素质教育的总目标。或者说，素质教育的根本目的，就是全面地提高学生的素质。所谓全面，有两个含义：一是所有学生的素质都要得到提高，达到某一教育阶段所提出的素质标准与要求；二是各种素质都要有所提高，不能重此轻彼，或重彼轻此。素质教育的根本目的可以分为做人和成才两个层次：前者是后者的基础，偏重于共同要求；后者是前者的发展，偏重于区别对待。

2.素质教育的具体目标

素质教育的具体目标是：（1）促进学生身体的发育；（2）促进学生心理的成熟；（3）造就平等的

公民；（4）培养个体的生存能力和基本品质；（5）培养学生自我学习的习惯、爱好和能力；（6）培养学生的法律意识；（7）培养学生的科学精神和态度。

（五）素质教育的内涵

素质教育的内涵可概括为"一个宗旨、两个重点、三大要义"。素质教育的根本宗旨是提高国民素质；素质教育的两个重点是培养学生的创新精神和实践能力；前国家教委副主任柳斌指出，素质教育的三大要义是：面向全体、全面发展、主动发展。面向全体（全员性）是素质教育与应试教育的根本区别，全面提高（整体性）是素质教育的终极目标，主动发展（主体性）是素质教育的灵魂。

1. 素质教育是面向全体学生的教育

《中共中央国务院关于深化教育改革全面推进素质教育的决定》指出："全面推进素质教育，要坚持面向全体学生。"这和传统的应试教育有着天壤之别。应试教育搞选拔、淘汰，属于精英教育，只能照顾到一部分人。素质教育倡导人人有受教育的权利，强调在教育中每个人都得到发展，而不是只注重一部分人，更不是只注重少数人的发展。

每个学生都能得到发展，不仅是民主的基本理念，而且是每个学生的基本权利。我们应该尊重这种权利，保护这种权利，创造条件实现这种权利。

2. 素质教育是提倡全面发展的教育

素质教育的提法与全面发展教育并不矛盾，从本质上讲，二者是一致的。两者的关系可以概括为：全面发展教育思想是素质教育的理论依据；素质教育是对全面发展教育在社会主义建设时期的具体落实和深化；素质教育是未来真正意义上的全面和谐发展教育的组成部分和通向它的根本途径。

《中共中央国务院关于深化教育改革全面推进素质教育的决定》指出："实施素质教育，必须把德育、智育、体育、美育等有机地统一在教育活动的各个环节中。学校教育不仅要抓好智育，更要重视德育，还要加强体育、美育、劳动技术教育和社会实践，使诸方面教育相互渗透、协调发展，促进学生的全面发展和健康成长。"这意味着，素质教育要做到学生在德、智、体、美等方面全面发展。全面发展的教育目的决定了全面发展教育的内容，德育、智育、体育、美育、劳动技术教育是全面发展教育的基本组成部分。

（1）德育

德育是培养学生正确的人生观、世界观、价值观，使学生具有良好的道德品质和正确的政治观念，形成学生正确的思想方法的教育。要保证教育的方向，培养出社会主义拥护者和建设者，必须做好德育工作。德育的主要任务有：培养学生良好的道德品质；培养学生正确的政治方向；培养学生正确的价值观；培养学生良好、健康的心理品质；培养学生良好的思想品德能力。

（2）智育

智育是传授给学生系统的科学文化知识、技能，发展他们的智力和与学习有关的非认知因素的教育。智育的任务有：帮助学生系统地学习科学文化基础知识，掌握相应的技能和技巧；发展智力，发展学生的思维能力、想象力和创造力，养成良好的学习习惯和自学能力；培养学生良好的学习兴趣、情感、意志和积极的心理品质。

（3）体育

体育是以发展体能、锻炼体魄为目标的教育活动，具体是指向学生传授健康方面的知识、技能，发展他们的体力，增强他们的自我保健意识和体质，培养参加体育活动的需要和习惯，增强其意志力的教育。体育的意义体现在：促进学生身体健康发展，增强学生的体质；体育是促进学生全面发展的不可缺少的重要条件；青少年一代的身心健康水平，关系到整个国家和民族的强弱盛衰。体育的任务有：增强学生的体质是学校体育的根本任务；使学生掌握基本的运动知识和技能，养成坚持锻炼身体的良好习惯；培养学生的竞争意识、合作精神和坚强毅力；培养学生良好的卫生习惯，了解科学营养知识。

广义的体育包括体育教育、竞技运动和身体锻炼三个方面。学校体育的基本特性是教育性、技能性、娱乐性等。学校体育是一种教育活动，与群众体育、竞技体育相比，其突出特点是教育性和基础性。学校体育的具体功能是健体功能、教育功能、娱乐功能等。学校体育的内容包括田径、体操、球类、游戏、武术、军事体育等六项。学校体育的组织形式有体育课、早操和课间操、课外体育锻炼、运动队训练、运动竞赛等，其中体育课是学校体育的基本组织形式。根据《义务教育体育与健康课程标准（2011年版）》，我国中小学体育内容及目标分为运动参与、运动技能、身体健康、心理健康和社会适应五个学习领域。

（4）美育

美育又称审美教育、美感教育，是培养学生健康的审美观，发展他们鉴赏美、创造美的能力，培养他们的高尚情操与文明素养的教育。美育有助于学生成为一个懂得生活并具有高尚情趣的人。"美育"一词最早由德国剧作家、美学家席勒在《美学书简》中提出。在我国，首次提出"以美育代替宗教"、主张把美育作为教育方针的一部分的是蔡元培。

美育的意义体现在：美育能够促进学生的智力发展，扩大和加深他们对客观世界的认识；美育能够促进学生科学世界观和良好道德品质的形成；美育能够促进体育的发展，具有健身怡情的作用；美育能够促进劳动教育，使学生体验到劳动创造带来的喜悦。

美育的任务是：培养学生正确的审美观点；培养和提高学生感受美的能力；培养和提高学生鉴赏美的能力；培养和提高学生表现美、创造美的能力（包括艺术美的创造和现实美的创造）；培养学生的心灵美和行为美；培养和提高学生追求人生趣味和理想境界的能力。其中，树立正确的审美观是美育的首要任务，形成学生创造美的能力是美育的最高层次的任务。

美育的特点体现在：美育具有形象性和情感性的特点；美育就是以美感人、以情动人；美育使学生在自愿享受美的愉悦中，不知不觉地受到教育。

美育的基本形态是艺术美和现实美（生活美），现实美又包括自然美、社会美、教育美。因此，美育的类型、形式或内容主要有艺术美育（核心）、自然美育、社会美育和教育美育四种。也有观点认为，美育的内容可划分为艺术美、自然美、社会美和科学美四个方面。还有观点认为，从体现美的本质教育看，学校美育内容主要包括三个方面：形式教育、理想教育和艺术教育。

美育的功能是：直接功能，即"育美"；间接功能，即育德、促智、健体等；超越性功能，即对于现实生活的超越所形成的人生意趣和理想境界追求。

美育的实施原则是：美育内容的思想性和艺术性的统一；情绪体验和逻辑思维的正确结合；掌握艺术内容和掌握艺术方法相统一；内在美和外在美的统一。此外，实施学校美育还应遵循形象性原则、情感性原则、活动性原则、差异性原则、创造性原则等。

实施美育的途径和方法主要是：① 通过课堂教学和课外文化艺术活动进行美育；② 通过大自然进行美育；③ 在日常生活中进行美育，体现在利用家庭环境进行美育、组织学生参加美化学校环境的活动、引导学生在日常生活中多体验美等方面。

（5）劳动技术教育

劳动技术教育包括劳动教育和技术教育两个方面。劳动技术教育与德育、智育、体育、美育的不同之处，是它更突出实践性和技术；劳动技术教育虽以劳动技术为主要内容，但又不同于劳动技术，它主要通过劳动技术来达到教育人、培养全面发展的人的目的。

劳动技术教育的意义体现在：实施劳动技术教育能够更好地促进学生的全面发展；实施劳动技术教育有助于培养学生的创新精神和实践能力；实施劳动技术教育有利于培养学生的社会责任感。此外，实施劳动技术教育，还有助于学生了解必要的通用技术和职业分工，形成初步的职业意识和能力，为未来专业教育和职业教育奠定基础。

我国的劳动技术教育，是以操作性学习为特征的学习领域。劳动技术教育的总体目标是，学生通过操作性学习，获得积极劳动体验，形成初步的劳动技术素养及劳动技术意识和劳动技术实践能力。劳动技术教育的目标具体表现为：掌握劳动与技术的基本知识和技能；养成良好的劳动态度和劳动习惯；初步具有劳动与技术意识。

根据劳动技术教育的任务，结合我国中小学劳动技术课程，我国劳动技术教育内容可概括为生产劳动与技术、家政与家务劳动、公益性劳动三个方面。此外，劳动技术教育的内容还包括职业认知。

坚持全面发展教育，应正确理解和把握全面发展。第一，不能把西方传统上的"全面发展"与我国现在所讲的人的"全面发展"等同起来。第二，全面发展不是人的各方面平均发展、均衡发展，而是指人的各方面素质的和谐发展。第三，全面发展不是忽视人的个性发展，人的全面发展与个性发展是辩证统一的。第四，要坚持人的发展的全面性。

坚持全面发展教育，还应正确认识和处理"五育"的关系。在全面发展教育中，各育不可分割，又不能相互代替。第一，"五育"各有其相对独立性。五育各有自己的特点、规律和功能，任何一育都是不可代替的。德育在全面发展教育中起着灵魂与统帅的作用，它为人的发展提供方向；智育在全面发展教育中起着前提和支持作用，它为人的发展提供知识基础和智力支持；体育在全面教育中起着基础作用，它为其他各育提供物质基础，是人的全面发展的现实途径；美育在全面发展中起着动力作用，美育使学生在求真、向善、趋美的过程中达到身心发展；劳动技术教育可以综合德育、智育、体育、美育的作用，其实质是培养学生的创造实践能力，它是实现个体与社会协调统一、和谐发展的纽带和桥梁。第二，"五育"之间具有内在联系。五育虽然各自相对独立，但并非互不相干。作为人全面发展的不同方面，它们是相互依存、相互渗透、相互促进的。在教育实践中，五育也不是孤立实施的，而是相辅相成的，在人身心全面发展的统一过程中展开的。因此，应树立整体观点，发挥教育的整体功能，综合地设计五育实施的过程，提高教育实效。第三，"五育"在全面发展教育中的地位存在不平衡性。在实际生活中，青少年德、智、体、美诸方面的发展往往是不平衡的，有时需要针对某个带有倾向性的问题着重强调某一方面。学校教育也常会因某一时期任务的不同，而在某一方面有所侧重，但绝不意味着可以忽视其他方面的影响和作用，割断与其他各育的联系，从而使学习者在德、智、体、美诸方面和谐发展。

3.素质教育是鼓励学生个性发展的教育

从教育对所有学生的共同要求的角度来看，素质教育是全面发展的教育。但每个学生都有其个别性，具有不同的认知特征、不同的欲望需求、不同的兴趣爱好、不同的价值指向和不同的创造潜能；因此，教育还要考虑学生的个性差异，充分发展学生的个性。

培养受教育者的独立个性，也就是说要使受教育者的个性自由发展，增强受教育者的主体意识，形成受教育者的开拓精神、创造才能，提高受教育者的个人价值。一个追求主宰自己的人，才能富有理想，懂得自尊、自立、自强、自制，对自己的言行负责，才能具有对社会、对人类的使命感，才能充分实现自我价值。

以往的教育，过分强调统一性而忽视差别性，以统一性代替个别性，结果抹杀甚至是扼杀了学生的个别性。针对这种弊端，素质教育强调要把学生的全面发展与个性发展结合起来，既充分重视学生共性的发展，对学生基本方面的发展有统一的要求，又要重视学生个性的多样性，对不同的学生有不同的发展要求、不同的教育模式、不同的评价方案，从而把学生的差别性显示出来并加以发展，使每一个学生都成为具有高度自主性、独立性与创造性的人。

4.素质教育是以培养创新精神和实践能力为重点的教育

"李约瑟难题""钱学森之问"等命题都是对中国科学技术缺乏创新型人才的关怀："尽管中国古代对人类科技发展做出了很多重要贡献，但为什么科学和工业革命没有在近代的中国发生？""为什么我们的学校总是培养不出杰出人才？"在新时期，实施创新教育显得尤其迫切和重要。

（1）创新教育的含义

创新教育，从目标上来说，是以培养学生的创新精神和创新能力为重点，以培养创新人才为价值趋向的教育。其核心是着重研究和解决如何培养学生的批判性思维、创新思维和创新人格、创新精神问题。

教育创新不同于创新教育。教育创新是围绕人的发展，对教育观念、教育模式和教育制度等进行全面的变革和创新。创新教育是关于创新素质的培养，尤其指人的创新意识、创新精神、创新能力和创新人格的培养。

创造教育是创新教育的重要组成部分，但不等同于创新教育。创造教育是为培育学生创造力或创造思维技法而进行的专门思维训练或教育，如头脑风暴法、小发明小创造活动等。创新教育是围绕创新人才的培养，对教育的整体定位，是带有全局性、结构性的教育发展的价值追求。

（2）创新教育的基本特征与属性

相对于传统教育而言，创新教育是一种超越式教育；相对于现存教育而言，创新教育是我国的主体性教育，是脱胎于计划经济的教育；相对于应试教育而言，创新教育是一种健全人格的教育。创新教育的基本属性包括普遍性、综合性、革命性。

（3）创新教育的任务

创新教育的任务就是培养学生的创新素质。创新是一种综合素质，是一种积极开拓的状态，是潜在能力的开发。就其实质而言，创新是人的全面发展的结果。创新教育大致包括三个方面：心理创新教育、思维创新教育、实践创新教育。它主要由创新精神、创新意识、创新思维、创新能力（创新技能）、创新人格等要素构成。

（4）创新教育的意义与价值

创新能力是一个民族进步的灵魂，是国家兴旺发达的不竭动力。一个没有创新能力的民族，难以屹立于世界前列。在知识经济时代，培养具有创新精神和能力的新一代人才是素质教育的核心，也是素质教育的时代特征。① 创新能力不仅是一种智力特征，更是一种人格特征，是一种精神状态。创新能力离不开智力活动，但绝不只是智力活动。它不仅表现为对知识的摄取、改组和运用，而且是一种追求创新的意识，是一种发现问题、积极探求的心理倾向，是一种善于把握机会的敏锐性，是一种积极改变自己并改变环境的应变能力。② 创新精神与创新能力相辅相成，对于教育来说，培养创新精神和创新能力不是一般性的要求，更不是可有可无的，而应成为教育活动的根本追求，成为素质教育的核心。这是因为世界是多样的、多变的，缺少创新就会被世界所淘汰。能不能培养学生的创新精神和创新能力是素质教育和应试教育的本质区别。③ 重视创新能力的培养，也是现代教育与传统教育的根本区别所在。传统教育以教学内容的稳定性和单一性为基本出发点，以知识记忆和再现为基本学习目标，强调掌握知识的数量和准确性，强调对过去知识的记忆。因此，传统教育把掌握知识本身作为教学目的，把教学过程理解为知识积累的过程。在这样的教学过程中，创新能力的培养没有也不可能得到重视。在现代教学过程中，强调的是"发现"知识的过程，而不是简单地获得结果；强调的是创造性解决问题的方法和形成探究的精神。在这样的教学过程中，学生的应变能力、创新能力能在解决问题的过程中得到培养和发展。

（5）STEAM教育与创客教育

STEAM代表科学（Science）、技术（Technology）、工程（Engineering）、艺术（Arts）、数学（Mathematics）。STEAM教育就是集科学、技术、工程、艺术、数学多领域融合的综合教育。STEAM教育强调通过多学科融合教育，培养创新型人才。

创客教育是创客文化与教育的结合，基于学生兴趣，以项目学习的方式，使用数字化工具，倡导造物，鼓励分享，培养跨学科解决问题能力、团队协作能力和创新能力的一种素质教育。创客教育在强调学科融合的基础上更加强调创客文化、团队合作和创造实践。

（六）素质教育的特点

素质教育的特性在于：素质教育是面向全体的教育，素质教育是着眼于基础的教育，素质教育是寻求整体发展的教育，素质教育是弘扬主体性的教育，素质教育是促进发展的教育。

1. 全体性

全体性有广义和狭义之分。广义的全体性是指素质教育必须面向全体人民，任何一名社会成员均必须通过正规或非正规的途径接受一定时限、一定程度的基础教育。狭义的全体性是指为全体适龄儿童开放接受正规基础教育的大门。素质教育的全体性特征由以下几点决定：第一，国民素质、民族素质的提高要求素质教育面向全体受教育者；第二，所有受教育者都有发展的可能性。"全体性"是素质教育最本质的规定、最根本的要求。

2. 全面性

全面性是指素质教育既要实现功能性的目标，又要体现形成性的要求。通过实现全面发展教育，可促进学生个体的最优发展。

3. 基础性

所谓"基础性"是相对于专业（职业）性、定向性而言的。素质教育向儿童、青少年提供的是"基本素质"而不是职业素质或专业素质，是让学生拥有"一般学识"而不是成为某一专门领域的"小专家"或某一劳动职业的"小行家"。

4. 主体性

素质教育是一种以受教育者为主体的教育。

5. 发展性

发展性是指要着眼于培养学生自我学习、自我教育、自我发展的能力，真正把培养学生的重心转移到启迪心智、孕育潜力、增强后劲上来。素质教育倡导尊重、发挥和完善学生的主体性。它十分注意培养学生强烈的创造欲望、创造意识和创造能力。

6. 合作性

素质教育是合作性教育而不是竞争性教育。素质教育提倡两种合作：教师与学生的合作，学生与学生的合作。

7. 未来性

未来性是指立足于未来社会的需要培养学生，而不是只顾眼前的升学目标或就业需求。素质教育就是要改变教育的惰性和保守性，它的目标是使年轻一代适应未来发展的需要。

（七）实施素质教育的措施

1. 实施素质教育的策略

（1）提高认识，更新观念

实施素质教育，关键是转变教育观念。各级政府和教育工作者要认识到实施素质教育是历史发展的必然选择，从而树立素质教育观念。

（2）建立素质教育的保障机制

要充分发挥政府作用，加大教育督导力度，提高教育评价的科学性，加强各级各类教育之间的沟通和衔接。

（3）建立素质教育的运行机制

建立学校内部管理机制，提高校长和教师的素质，完善课程体系，优化教学过程。

除此之外，还应加大教育改革的力度，营造良好的校园文化氛围等。

2. 实施素质教育应避免的误区

误区一：素质教育就是不要"尖子生"。

素质教育坚持面向全体学生，意味着素质教育要使每个学生都得到与其潜能一致的发展。

误区二：素质教育就是要学生什么都学、什么都学好。

一方面学生必须学习国家规定的必修课程，夯实基础；另一方面学生还应该学习选修课程，充分发挥自己的特长，形成独特的个性。

误区三：素质教育就是不要学生刻苦学习，"减负"就是不给或少给学生留课后作业。

素质教育要学生刻苦学习，因为只有刻苦学习，才能真正体会到努力与成功的关系，才能形成日后所需的克服困难的勇气、信心和毅力。

误区四：素质教育就是要使教师成为学生的合作者、帮助者和服务者。

教师首先是知识的传播者、智慧的启迪者、个性的塑造者、人生的引路人、潜能的开发者，其次才是学生的合作者、帮助者和服务者。

误区五：素质教育就是多开展课外活动，多上文体课。

教育培养人的基本途径是教学，学生的基本任务是在接受人类文化精华的过程中获得发展。这就决定了素质教育的主渠道是教学，主阵地是课堂。

误区六：素质教育就是不要考试，特别是不要百分制考试。

考试作为评价的手段，是衡量学生发展的尺度之一，也是激励学生发展的手段之一。

误区七：素质教育会影响升学率。

首先，素质教育旨在提高国民素质，促进学生的全面发展，升学率只是衡量教育质量的标准之一；其次，真正的素质教育不会影响升学率，因为素质教育强调科学地学习、刻苦地学习、有针对性地学习，这样做是有助于提高升学率的。

第四节　教育制度

一、教育制度的概念

教育制度是指一个国家各级各类教育机构和组织的体系及其管理规则。它包括两个基本方面：一是教育的施教机构系统方面，包括学校教育机构和幼儿教育机构系统、校外儿童教育机构和成人教育机构系统等；二是教育的管理系统方面，包括教育行政机构、教育督导机构、教育评价和考试系统等以及这些教育机构赖以存在和运行的一整套规则，如各种各样的教育法律法规、制度等。

教育制度有广义和狭义之分。广义的教育制度指国民教育制度，是一个国家为实现其国民教育目的，从组织系统上建立起来的一切教育设施和有关规章制度的总和。狭义的教育制度指学校教育制度，简称"学制"，是一个国家各级各类学校的系统及其管理规则，具体规定着各级各类学校的性质、任务（要求）、入学条件、修业年限及它们之间的衔接与分工关系。学校教育制度可分为学校层级与类别制度、学校办学制度、学校入学与修业年限制度、学校管理制度等。学制是制度化程度最高的教育形式，是一个国家教育制度的主体部分，也是现代教育制度的核心与实质。班级授课制是现代学校教育制度的核心。

教育制度具有客观性、规范性、历史性、强制性等特点。（1）客观性是指人们不能随心所欲地制定或废止教育制度，某种教育制度的制定或废止，有它的客观基础，是有规律可循的。而这个客观基础和规律主要是由社会生产力发展水平所决定的。例如，近代以来普及义务教育的提出，虽然与个别机构或个别人的提倡有关，但是归根结底反映了现代大机器生产对劳动者文化素质的要求，反映了大工业时代初期体力劳动和脑力劳动由分离走向结合的趋势。（2）规范性（取向性）是指任何教育制度都是其制定者根据自己的需要制定的，主要表现为入学条件（即受教育权的限定）和各级各类学校培养目标的日益标准化，在阶级社会中主要表现为阶级性。社会主义的教育制度应该为广大人民的利益服务，应该最大限度地保障和满足广大人民日益增长的文化教育需要，从而体现社会主义教育的性质。（3）历史性是指在不同的社会历史时期和不同的文化背景下，就会有不同的教育制度，就需要建立不同的教育制度。教育制度是随着时代和文化背景的变化而不断创新的。教育制度的创新是教育改革的一个重要内容，也是教育实践得以深化的一个重要条件。（4）强制性是指只要是制度，在没有被废除之前，都不管个人的好恶，无条件地要求个体遵守，违反制度就要受到不同形式的惩罚。例如，学校的考试制度规定任何学生和教师在考试过程中不能有舞弊行为，否则，一经查实，就要给予相应的处分。

二、确立学制的依据

（一）社会生产力发展水平和科学技术发展状况

学制的建立，必须考虑生产力发展水平与科学技术发展状况，要与它们的要求相适应。如普及义务教育制度，主要是由于生产力发展水平与科学技术发展对劳动者的文化素质提出了较高的要求。

（二）社会政治经济制度

学制是社会发展到一定历史时期的产物，反映一定历史时期政治经济制度的要求，并为一定的统治阶级服务。特别是学制中各级各类学校的教育目的、学制年限、入学条件等受统治阶级的有关方针、政策的制约，反映统治阶级的愿望和要求。

（三）青少年儿童身心发展规律

青少年儿童身心发展的各个阶段，都有明显的年龄特征；因此，在制定学制时，如确定入学年龄、修业年限、各级各类学校的分段与衔接，都必须考虑他们的智力和体力发展水平。许多国家都将小学入学年龄规定为5—6岁，就是因为儿童到了5—6岁时，大脑的发育已经成熟，能够适应系统学习的需要。正是由于学制受青少年及儿童身心发展规律的制约，所以不同国家在学制的很多方面是一致的，如入学年龄及大、中、小学阶段的划分等。

（四）人口发展状况

教育事业的规模、教育结构的调整、教育发展规划的制定、教育经费的投入等，与人口状况是分不开的。人口的分布、人口的增长率以及人口的年龄结构等，都对学校教育制度的建立、改革有直接或间接的影响。

（五）本国学制的历史文化传统和国外学制的影响

学制的建立还必须吸取本国原有学制中有用的部分，参照外国学制的经验。每个国家的学制都有其形成与发展的过程，在建立新学制时，既不能脱离本国学制的历史沿革，也不能忽视吸收其他国家学制改革的有益经验。

三、教育制度的历史发展

（一）教育制度在形式上的发展

从形式上看，教育制度经历了从非正式教育（非形式化教育）、正式而非正规教育（形式化教育）再到正规教育（制度化教育）的演变。正规教育的主要标志是近代以学校系统为核心的教育制度，又称制度化教育。以制度化教育为参照，之前的非正式、非正规教育都可归为前制度化教育，而之后的非正式、非正规教育则都归为非制度化教育。因此，教育制度的发展经历了从前制度化教育到制度化教育再到非制度化教育的过程。

1. 前制度化教育

前制度化教育始于人类早期教育，终于定型的形式化教育，即实体化教育。教育实体的形成或多或少具有以下特点：（1）教育主体确定；（2）教育的对象相对稳定；（3）形成系列的文化传播活动；（4）有相对稳定的活动场所和设施等；（5）由以上因素结合而形成独立的社会活动形态。

2. 制度化教育

近代学校系统的出现，开启了制度化教育的新阶段。学校教育系统的形成，即意味着制度化教育的形成。换言之，学校教育制度的建立，是制度化教育的典型表征。

制度化教育主要指的是正规教育，也就是具有层次结构的、按年龄分级的教育制度。它从初等学校延伸到大学，并且除了普通的学术性学习以外，还包括适合于全日制职业技术训练的许许多多专业课程和机构。我国近代制度化教育兴起的标志是清朝末年的"废科举、兴学校"，以及颁布了全国统一的教育宗旨和近代学制。制度化教育的特征有：（1）对入学资格有严格的要求；（2）有明确的修业年限；（3）有规范的教学组织；（4）整体一贯的课程设置；（5）有严格的管理制度；（6）有专业化的教育人员；（7）具有固定的教学场所。

3. 非制度化教育

非制度化教育相对于制度化教育而言，改变的不仅是教育形式，更重要的是教育理念。它指出了制度化教育的弊端，但又不是对制度化教育的全盘否定。非制度化教育所推崇的理想是："教育不应再限于学校的围墙之内。"库姆斯等人陈述的非正规教育的概念、伊里奇所主张的非学校化观念都是非制度化教育思潮的代表，提出构建学习化社会的理想也是非制度化教育的重要体现。

（二）教育制度在类型上的发展

现代学制首先产生于欧洲，欧洲资本主义工业革命后，现代学校迅猛发展，学校的类型不断增加，规模不断扩大，体系不断完善，到19世纪末，现代学制逐步形成。现代学制主要有三种类型：双轨制、单轨制、分支制。

1. 双轨制

双轨制诞生在19世纪的欧洲，以英国等为代表。这类学制把学校系统分为两个互不相通的轨道：一轨是为资产阶级子女设立的（精英教育），是自上而下的（下延型系统），从大学到中学、小学，具有较强的学术性（学术轨）；另一轨是为劳动人民子女设立的（大众教育），是自下而上的（上伸型系统），从小学到中等职业学校，是为培养劳动者服务的（职业轨）。两轨相互平行，双轨制表现出教育中的阶级性和不平等性。欧洲各国在二战以后都对双轨制进行了改革，双轨学制正在向分支型学制和单轨学制方向发展。

2. 单轨制

单轨制最早于19世纪末20世纪初在美国形成，其特点是所有的学生在同样的学校系统中学习，从小学、中学到大学，各级各类学校相互衔接。单轨制被世界许多国家先后采用，是因为它有利于教育的逐级普及。

3. 分支制（中间型）

分支型学制是20世纪上半叶苏联建立的一种学制，以苏联、中国为代表。这是一种在初等教育阶段强调共同的基础性教育，到中等教育阶段分职业教育和普通教育两个分支的学制。分支型学制的典型特点是上通（高等学校）下达（初等学校）、左（中等专业学校）右（中等职业技术学校）贯通，形成了立体式的学制。

四、我国现代学制的沿革

（一）旧中国的学制改革

我国现代学制的建立比欧美国家晚，到清末才出现。我国现代学制的建立是从清末"废科举、兴学堂"开始的。

1. 1902年的"壬寅学制"

1902年，清政府颁布了《钦定学堂章程》，也称"壬寅学制"。壬寅学制以日本的学制为蓝本，是中国首次颁布的第一个现代学制，但只颁布而未及施行即被废止。此外，壬寅学制是中国历史上首次规定实施义务教育的学制。

2. 1904年的"癸卯学制"

中国真正以法令的形式颁布并在全国正式实施的第一个现代学制是《奏定学堂章程》。它颁布于1904年1月，该年为农历癸卯年，所以在历史上也称为"癸卯学制"。该学制分为三段七级，整个学制长达二三十年。

癸卯学制主要承袭了日本的学制，以"中学为体，西学为用"为指导方针，以"忠君、尊孔、尚公、尚武、尚实"为宗旨。该学制规定男女不许同校，轻视女子教育，体现了半封建半殖民地的特点。癸卯学制还首次规定小学教育为初等教育，并将小学教育纳入义务教育，是正式实行义务教育的开端。

3. 1912年的"壬子癸丑学制"

辛亥革命后，南京国民政府在1912—1913年制定颁布了《壬子癸丑学制》。该学制明显反映了资产阶级在学制方面的要求，明令废除在受教育权方面的性别和职业限制，在法律上体现了教育机会均等。

壬子癸丑学制第一次规定了男女同校，废除读经，充实了自然科学的内容，将学堂改为学校。该学制还缩短了3年普通教育，在普通教育系统之外还有师范教育和实业教育两个系统。该学制是我国教育史上第一个具有资本主义性质的学制。

4. 1922年的"壬戌学制"

1922年，中华民国北洋政府以美国学制为蓝本，颁布了《壬戌学制》。由于是采用美国式的六三三分段法，即小学六年、初中三年、高中三年，因此又称"新学制"或"六三三学制"。这个学制受美国实用主义教育的影响，强调适应社会进化的需要，发扬平民教育精神，谋求个性的发展，注重生活教育，使教育易于普及,给各个地方留有伸缩余地。在学校系统上,将全部学校教育分为3段5级:初等教育段为6级,分初小(4年)、高小(2年);中等教育段6年,分初中(3年)、高中(3年);高等教育段4~6年,不分级。壬戌学制明确以学龄儿童和青少年身心发展规律作为划分学校教育阶段的依据,这在我国现代学制史上是第一次。它也是近代中国使用时间最长的学制,一直使用到全国解放初期。

壬戌学制的主要特点是:(1)缩短小学修业年限,更加务实合理,利于普及;中等教育是改制的核心,是新学制的精髓,延长了中学修业年限;高等教育缩短年限,取消大学预科。(2)若干措施注意根据地方实际需要,不做硬性规定。(3)重视学生的职业训练和补习教育。(4)课程和教材内容侧重实用。(5)实行选科制和分科教育,在高中增设职业科,首次在中学阶段兼顾学生升学和就业两种准备。

1922年制定的新学制,表明中国现代教育制度从效法日本转向了效法美国,由军国民主义教育转向了平民主义教育。新学制的颁布和实施,标志着中国资产阶级新教育制度的确立,标志着中国近代以来的学制体系建设基本完成。1928年,国民党政府在1922年新学制基础上根据时局需要做出局部变通,颁行"戊辰学制"。

学制、别称	颁布时间、人物	指导思想、借鉴国家	内容	地位
壬寅学制《钦定学堂章程》	1902年,清政府张百熙	日本	最早规定要实施义务教育	首次颁布,未实施
癸卯学制《奏定学堂章程》	1903/1904年,清政府张之洞、张百熙、荣庆	"中学为体,西学为用""以忠孝为本,以中国经史文学为基础……务期他日成长,各适实用"日本	三段五级/三段七级,突出特点是修业年限长;首次将学前教育(蒙养院)纳入学制系统;最早把初等小学教育规定为义务教育(强迫教育、免费),是我国历史上首次实行义务教育的开始;实业教育首次纳入学制系统,首次从制度上确立了我国职业教育体系;划分了交实施师范教育,单独建立了师范教育体系;设立体操课,标志着近代体育课程登上历史舞台	首次以法令的形式颁布且正式实施的第一个近现代学制 中国近代学校走向制度化、法制化的标志
壬子—癸丑学制	1912—1913年,南京国民政府蔡元培	"养成健全人格,发展创造精神"日本	第一规定男女同校;废除读经,充实自然科学内容;将学堂改为学校;增设补习学校	第一个具有资本主义性质的学制
壬戌学制1922年"新学制""六三三学制"	1922北洋政府留美派全国教育联合会	"发扬平民教育精神,谋求个性发展,注重生活教育"美国实用主义	3段5级;首次将"幼稚园"纳入学制系统,确立了学前教育在学制中的独立和基础地位;缩短小学年限(7→6),延长中学年限(4→6);根据实际需要,不做硬性规定;重视职业训练和补习教育,以"职业教育"代替"实业教育",标志着职业教育体系正式确立;课程内容侧重实用;实行选科制和分科教育;高中增设职业科,兼顾升学和就业	近代使用时间最长、影响最大的学制 第一次明确以青少年身心发展规律作为划分学制的依据

（二）新中国的学制改革

1.1951年学制改革

1949年中华人民共和国成立,中央人民政府政务院于1951年颁布了《关于改革学制的决定》,明确规定了中华人民共和国的新学制。这是我国学制发展的一个新阶段。首先，这个学制吸收了老解放区的经验、1922年学制和苏联学制的合理因素，发扬了我国单轨学制的传统，使各级各类学校互相衔接，保证了劳动人民子女受教育的平等权利；其次，职业教育在新学制中占有重要地位，体现了重视培养各种建设人才和为生产建设服务的方针，表现了我国学制向分支型学制方向的发展；第三，重视工农干部的速成教育和工农群众的业余教育，坚持了面向工农和向工农开门的方向，初步表现了我国学制由学校教育机构系统向包括幼儿教育和成人教育在内的现代教育施教机构系统的发展，显示出终身教育的萌芽。

2. 1958年学制改革

1958年9月，中共中央和国务院颁布了《关于教育工作的指示》。该指示指出："为了多快好省地发展教育事业，必须动员一切积极因素。"该指示提出了学制改革的"两条腿走路"的办学方针和"三个结合""六个并举"的具体办学原则。"三个结合"：统一性与多样性相结合；普及与提高相结合；全面规划与地方分权相结合。"六个并举"：国家办学与厂矿企业、农业合作社办学并举；普及教育与职业（技术）教育并举；成人教育与儿童教育并举；全日制学校与半工半读、业余学校并举；学校教育与自学（包括函授学校、广播学校）并举；免费教育与收费教育并举。

3. 1985年《中共中央关于教育体制改革的决定》

1985年，《中共中央关于教育体制改革的决定》颁布。其主要内容有：（1）教育体制改革的目的。《中共中央关于教育体制改革的决定》明确提出，这次教育体制改革的根本目的就是提高中华民族素质，多出人才，出好人才。（2）实行九年义务教育。《中共中央关于教育体制改革的决定》规定地方承担九年义务教育的责任，有计划、有步骤地普及九年制义务教育，还提出制定《义务教育法》。（3）中等教育改革主要是调整中等教育结构，大力发展职业技术教育。（4）高等教育改革主要是改革高校招生计划和毕业生分配制度，扩大高校办学自主权。（5）对学校实行分级管理（基础教育和中等教育归属地方，高等教育形成中央、省自治区直辖市、中心城市三级办学的体制），加强领导，保证改革的顺利进行。

4. 1993年《中国教育改革和发展纲要》

《中国教育改革和发展纲要》中有关教育制度的内容是：（1）确定了20世纪末教育发展的总目标——"两基""两全""两重"，即基本普及九年义务教育和基本扫除青壮年文盲，全面贯彻党的教育方针，全面提高教育质量，要建设好一批重点学校和一批重点学科；（2）调整中等教育结构；（3）改革办学体制；（4）改革高校的招生和毕业生分配制度，即改变"统招统分"和"包当干部"的就业制度，实行自主择业的制度；（5）改革和完善教育投资体制，即增加教育经费，努力实现"三个增长"。

5. 1995年《中华人民共和国教育法》

该法规定，国家实行学前教育、初等教育、中等教育和高等教育的学校教育制度，实行九年义务教育制度。

6. 1999年《中共中央国务院关于深化教育改革全面推进素质教育的决定》

该决定第一次明确提出"终身教育"，要求形成社会化、开放式的教育网络。内容包括：（1）明确基本普及九年义务教育和基本扫除青壮年文盲是全面推进素质教育的基础，是教育工作的"重中之重"；（2）调整教育结构；（3）构建相互衔接的教育体制；（4）分组管理；（5）多种力量办学；（6）改革招生考试和评价制度，改变一考定终身状况，试行国家课程；（7）加大教育投入，逐步实现国家财政性教育经费支出占国内生产总值4%的目标。

7. 2001年《国务院关于基础教育改革与发展的决定》

该决定规定：（1）确立基础教育地位，坚持基础教育优先发展；（2）进一步完善农村义务教育管理体制，在农村贫困地区义务教育阶段实行"一费制"；（3）改革考试评价和招生选拔制度，小学成绩评定应实行等级制，学校和教师不得公布学生考试成绩和按考试结果公开排队；（4）推进办学体制改革，鼓励社会力量办学。

8.2006年《中华人民共和国义务教育法》

《中华人民共和国义务教育法》明确提出九年义务教育学制主要有"六三制"和"五四制"两种，少数地区实行八年制的义务教育，即小学五年制、中学三年制。

9.2010年《国家中长期教育改革与发展规划纲要（2010—2020）》

该纲要是进入21世纪以来我国第一个教育规划纲要，是指导教育改革和发展的纲领性文件。根据这一规划，今后一个时期我国教育事业改革发展的工作方针是：优先发展、育人为本、改革创新、促进公平、提高质量。该纲要提出：坚持把教育摆在优先发展的战略地位，把育人为本作为教育工作的根本要求，把改革创新作为教育发展的强大动力，把促进公平作为国家基本教育政策，把提高质量作为教育改革发展的核心任务。

到2020年，我国教育事业改革发展的战略目标是"两基本、一进入"——基本实现教育现代化，基本形成学习型社会，进入人力资源强国行列。

该纲要提出，坚持以人为本、全面实施素质教育是教育改革发展的战略主题。核心是解决好培养什么人、怎样培养人的问题，目标是培养德智体美全面发展的社会主义建设者和接班人，重点是提高学生的社会责任感、创新精神和实践能力，推进思路是坚持德育为先、能力为重、全面发展。

在学制方面，该纲要按照完善现代国民教育体系、形成终身教育体系的要求，明确了今后一个时期我国学制方面的发展任务主要有：（1）积极发展学前教育，重点发展农村学前教育；（2）巩固提高九年义务教育水平，重点推进均衡发展；（3）普及高中阶段教育；（4）把职业教育放在更加突出的位置；（5）全面提高高等教育质量；（6）发展继续教育，努力建设学习型社会；（7）关心和支持特殊教育，完善特殊教育体系，健全特殊教育保障机制。

（三）我国现行学制

学校教育体系的构成可从纵、横两个维度去认识，即横向的类别结构和纵向的层次结构，二者合一称为学校教育结构。学校教育结构是指学校教育的总体中各个部分的比例关系和组合方式。从层次结构上来看，我国现行学校教育包括学前教育（幼儿教育）、初等教育、中等教育和高等教育四个层次；从类别结构上来看，我国现行学校教育可划分为基础教育、职业教育、高等教育、成人教育和特殊教育五个大类。

从形态上看，我国现行学制是从单轨学制发展而来的分支型学制。我国学制改革和发展的基本方向是重建和完善分支型学制，即通过发展义务教育后的职业教育走向分支型学制，再通过高中综合化走向单轨制，这也是现代学制发展的大趋势。

（四）义务教育制度

1.义务教育的概念

义务教育，是指依据法律规定，适龄儿童和青少年都必须接受，国家、社会、家庭必须予以保证的国民教育。其实质是国家依照法律的规定对适龄儿童和青少年实施的一定年限的强迫教育的制度。普及义务教育是学校教育系统的基础，是提高民族文化心理素质的保证，是现代社会文明和进步的标志。

2.义务教育的特点

《中华人民共和国义务教育法》（2006年修订版）规定："义务教育是国家统一实施的所有适

龄儿童、少年必须接受的教育，是国家必须予以保障的公益性事业。"义务教育的基本特征是强制性、公益性、统一性。《国家中长期教育改革和发展规划纲要（2010—2020年）》指出："义务教育是国家依法统一实施、所有适龄儿童少年必须接受的教育，具有强制性、免费性和普及性，是教育工作的重中之重。"综合来看，义务教育具有强制性（强迫性或义务性）、普及性（普遍性或统一性）、免费性（公益性）、公共性、基础性等特点。

（1）义务教育的国家强制性

义务教育的国家强制性，是义务教育最本质的特征。义务教育是国家、社会、学校和家庭必须予以保证的教育。

（2）义务教育的普及性

全体适龄儿童及少年（包括具有接受教育能力的残疾儿童及少年）都必须入学接受义务教育。

（3）义务教育的免费性

义务教育的免费性是指国家对接受义务教育的学生免除全部或者大部分的就学费用。

（4）义务教育的公共性

义务教育是一种社会公共事业，属于国民教育的范畴。公共性表现在：一是教育和宗教分离；二是义务教育由国家设立或批准的学校来实施；三是实施义务教育的学校和教师具有公共和公务性质；四是国家对实施义务教育进行有效的监督和管理。

（5）义务教育的基础性

根据法律规定，所有适龄儿童、少年都必须完成规定年限的教育，并接受基础知识、基本技能、基本方法和基本态度等方面的教育。义务教育的基础性表现为义务教育是一种全民性教育，而不是英才教育。

3. 我国的义务教育制度

1986年通过的《中华人民共和国义务教育法》规定，国家实行九年制义务教育，标志着我国确立了义务教育制度。到2000年，我国已基本普及九年制义务教育，到2008年底，我国实现了义务教育的全面免费。

2006年新修订的《中华人民共和国义务教育法》规定，义务教育"不收学费、杂费"，义务教育"实行国务院领导，省、自治区、直辖市人民政府统筹规划实施，县级人民政府为主进行管理的体制"等一系列制度。此外，该法明确提出我国义务教育学制主要有"六三制（小学六年，初中三年）"、"五四制（小学五年，初中四年）"两种。但实际上，在普及义务教育的学制年限方面，目前我国各地根据实际情况，灵活采用不同的学制形式，如新课程倡导"九年一贯制"，还有幼儿园、小学、初中一贯制等形式。

2010年《国家中长期教育改革和发展规划纲要（2010—2020）》提出，巩固提高九年义务教育水平，推进义务教育均衡发展。（1）到2020年，全面提高普及水平，全面提高教育质量，基本实现区域内均衡发展，确保适龄儿童及少年接受良好义务教育。（2）均衡发展是义务教育的战略性任务。建立健全义务教育均衡发展保障机制。推进义务教育学校标准化建设，均衡配置教师、设备、图书、校舍等资源，缩小校际、城乡、区域差距。

4. 义务教育与基础教育的关系

联合国教科文组织在《教育——财富蕴藏其中》中指出："基础教育是必不可少的走向生活的通行证"，基础教育是为人的一生发展打基础的教育，我国基础教育包括学前教育（幼儿园）和普通中小学教育（小学、初中、高中）。基础教育和义务教育是包含与被包含的关系，九年义务教育属于基础教育的一部分。

五、现代教育制度的发展趋势

现代教育进入了一个新的历史时期，各国的教育制度也呈现出一些共同的发展趋势。从学校系统分析，双轨学制在向分支型学制和单轨学制方向发展。单轨制是机会均等地普及教育的好形式；综合中学是双轨制并轨的一种理想形式，因而综合中学化就成了现代中等教育发展的一种趋势。从学校阶段看，每个阶段都发生了重大变化，具体体现在以下几个方面：

（一）加强学前教育并重视与小学教育的衔接

在二战之前，学前教育很少被纳入国家教育系统。现在，很多国家已经将学前教育纳入国家教育系统，并重视其与小学教育的衔接。这是现代学制的一个重要特点，是现代学制向终身教育制度发展的重要标志之一。

（二）强制普及义务教育，延长义务教育年限

义务教育是国家用法律形式规定的、对一定年龄的儿童免费实施的某种程度的学校教育。19世纪末欧美一些国家开始实行义务教育。最初是初等义务教育，之后开始延长义务教育的年限。现在，世界上190多个国家有2／3以上实行九年或九年以上的义务教育制度。

（三）普通教育与职业教育朝着互相渗透的方向发展

关于普通学术教育和职业技术教育是分还是合的争论被称作普职之争，其实质是现代中等教育中的教育分流问题。普通教育以升学为主要目标，以基础科学知识为主要内容；职业教育以就业为主要目标，以从事某种职业或生产劳动的知识和技能为主要教学内容。二战前，这两种教育制度是并行的，即为升学做准备和为就业做准备的两种教育制度并存，且两种制度之间几乎不相通。这种双轨制存在着严重的弊端，使学生缺乏重新选择的机会，因此限制了学生的发展。二战后，兼顾升学与就业、给学生提供多种选择机会的综合中学的比例逐渐增加，出现了普通教育职业化、职业教育普通化的趋势。高中阶段学制的多种类型，即高中阶段教育结构的多样化，乃是现代学制的一个重要特点。当前，我国普通中学的双重任务即：为高一级学校培养合格新生，为社会输送劳动后备力量。

（四）高等教育大众化、层次化和类型日益多样化

现代大学和现代高等学校最早产生于欧洲，是经过两条途径发展起来的：一条是通过增强人文学科和自然学科把这些中世纪大学逐步改造成现代大学；另一条是创办新的大学和新的高等学校。随着社会的发展，人们对教育的需求不断提高，传统的以学术性为单一标准的大学逐渐发生了变化。在形式上，不同学制、不同办学形式的学校纷纷出现；在内容上，基础性、应用性、工艺性的学校各显特色；入学目的和考试评价的方法也呈现出多样性。

美国教育社会学家马丁·特罗根据一个国家大学适龄青年中接受高等教育者的比率，提出了高等教育发展阶段划分的理论：高等教育的毛入学率低于15％的属精英教育阶段，大于15％小于50％的为大众化阶段，大于50％的为普及化阶段。我国已跨入高等教育大众化阶段。

（五）学历教育与非学历教育的界限逐渐淡化，逐步构建终身教育体系

社会对人的综合素质的要求越来越高，以获得文凭为目的的学历教育在逐渐降低其重要性，以补充知识、丰富人生为目的的非学历教育越来越受到推崇。社会受教育程度越高，学历教育与非学历教育的界限就越淡化。

现代教育制度的发展方向是终身教育制度。终身教育观念和理论带来了教育领域的一系列变革。在教育观念上，要求树立大教育观，同等重视正规教育和非正规教育；在教育体系上，要求建构终身教育体系，使教育贯穿人的一生；在教育目标上，要求培养和提升人的终身学习的意识和能力；在教育方式

上，要求实施多样化的教育，促进学习者更加主动地学习。

（六）教育制度有利于国际交流

由于交通和通信技术的发展，国际的教育文化交流越来越频繁，自然要求各国的教育制度要有利于国际的教育交流。

真题回顾与模块自测

一、单选题

1. 裴斯泰洛齐说："为人在世，可贵者在于发展，在于发展每个人天赋的内在力量，使其经过锻炼，使人能尽其才，能在社会上达到他应有的地位，这就是教育的最终目的。"裴斯泰洛齐的这一教育目的观属于（　　）。（2020.8.6济南十区县联考真题）

    A. 个人本位论　　　　　B. 社会本位论　　　　C. 个人社会本位论　　　D. 需要本位论

2. 习近平在2018年全国教师大会的讲话中强调："要坚持中国特色社会主义教育发展，需要培养（　　）全面发展的社会主义建设者和接班人。"（2020.8.6济南十区县联考真题）

    A. 德智体　　　　　　　B. 德智体美　　　　　C. 德智体等方面　　　　D. 德智体美劳

3. 在不同的国家和地区学校教育制度有很多共同点，比如各学段的入学年龄、各学段的划分等在很多国家都是相似的。这说明学制的建立要受到（　　）。（2020.11.14济南商河真题）

    A. 生产力发展水平的制约　　　　　　　　B. 青少年身心发展规律的影响

    C. 本国学制的历史传统和国外学制的影响　　D. 社会政治经济制度的影响

4. 某学制规定，学堂的办学宗旨是"以忠孝为本，以中国经史文学为基，俾学生心术一归于纯正，而后以西学沦其知识，练其艺能，务期他日成才，各适实用"。该学制还规定了各级各类学堂的性质、任务、入学条件、修业年限及相互衔接和关系。该学制是指（　　）。（2020.9.26济南钢城、山东护理学院真题）

    A. 壬戌学制　　　　　　B. 癸卯学制　　　　　C. 壬子癸丑学制　　　　D. 壬寅学制

二、多选题

1. 教育目的及其所具有的层次性，不仅内含对整体教育活动努力方向的指向性和结果要求，而且还含有对教育活动的具体规定性。教育目的对教育活动的这种定向功能具体表现为（　　）。（2020.12.26济南历城真题）

    A. 对教育社会性质的定向作用　　　　　　B. 对人的培养的定向作用

    C. 对教师教学的定向作用　　　　　　　　D. 对学生学习的定向作用

2. 关于"劳动技术教育"内容的表述，下列选项中正确的是（　　）。（2020.7.18青岛真题）

    A. 我国当前的劳动技术教育尚不包括职业认知

    B. 中小学的公益性劳动主要体现为服务性的劳动

    C. 人的全面发展是在劳动技术实践过程中实现的

    D. 劳动技术教育属于以操作性学习为特征的学习领域

3. 19世纪中期开始，义务教育逐渐在世界范围内普及，一般来说义务教育的主要特点有（　　　）。（2020.8.6济南十区县联考真题）

A. 普及性　　　　　　　B. 专业性　　　　　　　C. 强制性　　　　　　　D. 免费性

三、判断题

1. 教育目的与教育方针既有联系又有不同。教育目的一般只包含"怎样培养人"的问题和教育事业发展的基本原则，而教育方针除此之外，还包括"培养什么样的人"的问题。（　　）
2. 随着教育的公平化和民主化，普通教育与职业教育的性质逐渐趋同。（　　）

【参考答案】

一、单选题

1. A　2. D　3. B　4. B

二、多选题

1. ABC　2. BCD　3. ACD

三、判断题

1. ×　2. ×

第四章　教师与学生

教育活动是一种培养人的社会活动，教育系统是一个以人的集合为主要构成要素的社会系统。在教育系统中，人的集合主要指教师和学生，教师与学生是教育系统中的两个最基本的要素。

思维导图

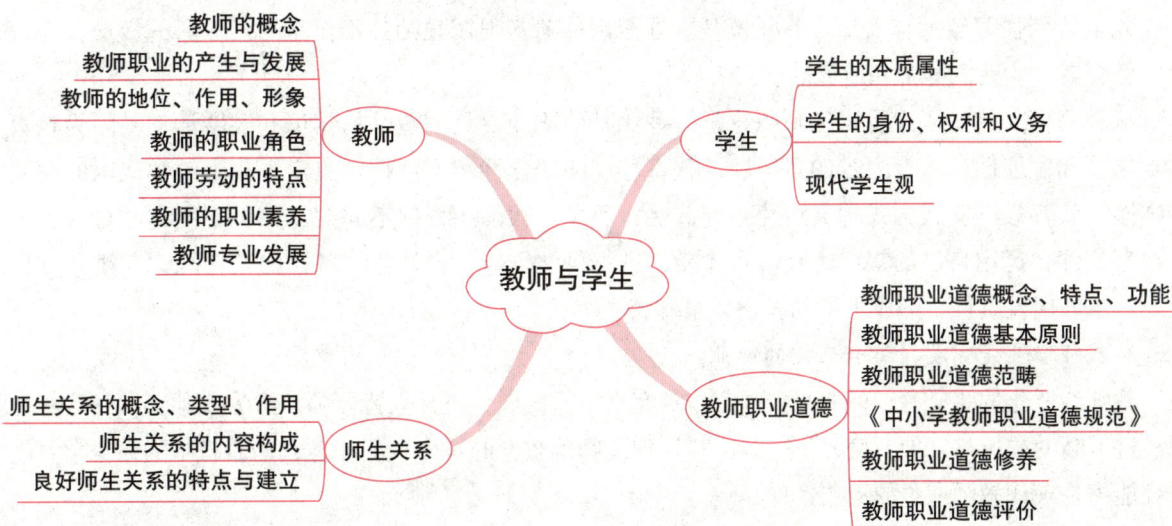

教师
- 教师的概念
- 教师职业的产生与发展
- 教师的地位、作用、形象
- 教师的职业角色
- 教师劳动的特点
- 教师的职业素养
- 教师专业发展

学生
- 学生的本质属性
- 学生的身份、权利和义务
- 现代学生观

教师与学生

师生关系
- 师生关系的概念、类型、作用
- 师生关系的内容构成
- 良好师生关系的特点与建立

教师职业道德
- 教师职业道德概念、特点、功能
- 教师职业道德基本原则
- 教师职业道德范畴
- 《中小学教师职业道德规范》
- 教师职业道德修养
- 教师职业道德评价

第一节　教师

一、教师的概念和性质

要全面理解教师这一概念，必须把教师作为一个集合体，从其职业的特性、扮演的社会角色、承担的社会职责以及与活动对象的关系等方面进行考察。

（一）教师的概念

1."教师"名称的起源

"教师"名称起源于军官，"师"最初是军官的称号，后来担任教育工作的职官也都可以称为"师"。

2.教师的含义

从广义上讲，凡是把知识、技能和技巧传授给别人的人，都可称之为教师。从狭义上讲，教师指经过专门训练、在学校从事教育教学工作的专门人员。

《中华人民共和国教师法》对教师进行了科学界定："教师是履行教育教学职责的专业人员，承担教书育人、培养社会主义事业建设者和接班人、提高民族素质的使命。"

（二）教师职业的性质

1.教师是专业人员（身份特征），教师职业是一种专门的职业

作为专门职业具有三个基本特征：一是需要专门技术和特殊智力，在职前必须接受过专门的教育；二是提供专门的社会服务，具有较高职业道德和社会责任感；三是拥有专业性自主权或控制权。教师职业是一种专业性职业，1994年实施的《中华人民共和国教师法》第一次从法律角度确认了教师的专业地位。

2.教师是教育者，教师职业是以教书育人（职业特征）为目的的创造性职业

教师是学校教育工作的主要实施者，其最重要的职责就是履行教育教学工作。教师的根本任务、职业使命和职责是教书育人，这是教师职业区别于其他职业的本质特征。这一特征表明教师的职业工作具有较高的道德性，即教师从事的教育工作本质上是一种合乎目的、导人向善的、具有道德性的活动。徐特立先生特别强调经师与人师。苏联教育家苏霍姆林斯基强调教师"不仅是自己学科的教员，而且是学生的教育者、生活的导师和道德的引路人。"

从教书育人的实质来看，教师职业是一种比其他职业更具创造性的认识和实践活动。因为教育对象的复杂性和发展性、教育内容的多样性、教育环境的变化性和不可控性决定了教育教学认识的发展性与整体性、教育教学实践方式的灵活性与创造性，所以，教师应根据不同的对象、不同的教育内容及不同的教育条件，运用自己的知识、经验和才能，进行科学创造，设计各式各样的教育教学方案和方法，机智处理各种偶发事件，形成不同的教学风格和特色。

3.教师职业是需要持续专业化的职业

教师专业化的要义有二，一是教师工作具有不可替代性，不是人皆可师，人易成师；二是这种专业必须经过不断的成长与发展。培养研究型教师是现代师范教育的一个重要任务，培养教师的终身学习能力和研究能力是现代教师成长的重要条件。

二、教师职业的产生与发展

教师职业的发展经历了非专业化兼职教师、非专业化专职教师、专业化专职教师等阶段。非专业化兼职教师是指没有受过专门培训又不专门从事教育工作的人；非专业化专职教师指专门从事教育工作但没有受过专门职业培训的教师；专业化专职教师指受过专门职业训练、专门从事教育工作的教师。总体来看，教师职业自产生以来，先后经历了职业化和专业化的发展路径，即教师职业从兼职到专职（非职业化—职业化），从专门到专业（非专门化—专门化—专业化）。

（一）非职业化阶段

在原始社会，教育尚未从生产劳动中分离出来，长者为师，师长合一，没有专门的教育机构和专门从事教育的人员，这是教师职业的原始形态和萌芽，古代原始部落的氏族首领和具有生产、生活经

验的长者也就成为最早的兼职教师。

（二）职业化阶段

专职教师是在奴隶社会学校产生后出现的。西周时，实行政教合一，官师一体，官学中设有专职的教育官"师氏"，有"大师""小师"之分。战国时期，韩非子主张以法为教，以吏为师。秦始皇三十四年（公元前213年）采纳丞相李斯"若欲有学法令，以吏为师"的建议，实行吏师制度。汉代以后，中央及地方官学中有"博士""祭酒""助教""直讲""典学"等专职教师。唐代以后，除了有"祭酒""司业""博士""助教"以外，还有"学正""学录""典簿""典籍""掌馔"等专职教师。除官学外，春秋战国之后，私学兴起，诸子百家私学的教师和"士"群体是中国第一代教师群体。我国古代教师多以"学识"和"人格"为本，所谓"师者，教人以道者之称也"（《周礼》），"师者，所以正礼也"（《荀子》），"师也者，教之以事而喻诸德者也"（《礼记》），"智如泉涌，行可以为仪表者，人之师也"（韩婴），"师者，人之模范也"（杨雄），"师者，所以传道授业解惑也"（韩愈），"吐辞为经，举足为法"（韩愈），"经师易遇，人师难遭"（司马光）。教师的功能主要表现为社会政治伦理功能和教化功能。

在西方，古希腊时期出现的"智者派"是最早的教师，以教授无知的人有知识而生存。在中世纪，僧院学校、教会学校多以僧侣、神父、牧师为师。

（三）专门化阶段

近代工业革命的发展和教育的普及化与制度化导致了教师职业的专门化。教师职业的专门化以专门培养教师的教育机构的出现为标志。世界上第一所师资训练学校诞生于1681年的法国；我国最早的教师教育机构是1897年盛宣怀创办的"南洋公学"（师范院）。

人们对教师职业的认识在不断地发展，教师的社会功能日益显著。如英国哲学家培根就曾把教师称为"科学知识的传播者，文明之树的栽培者，人类灵魂的设计者"。俄国教育家乌申斯基说："一个教师如果不落后于现代社会进程，他就会感到自己是克服人类无知和恶习大机构中的一个活跃而积极的成员，是过去历史上所有高尚而伟大的人物跟新一代之间的中间人，是那些争取真理和幸福的人的神圣遗训的保存者。"苏联教育家加里宁称教师是"人类心灵的工程师"。我国教育家杨昌济称教师有"神圣之天职，扶危定倾，端赖于此"。

（四）专业化阶段

教师职业虽然有着悠久的历史，但直到20世纪中叶以后，教师职业的专业性和教师作为专业人员才被普遍认可。1966年10月，联合国教科文组织在《关于教师地位的建议》中提出，应该把教师工作视为专门职业，它是一种要求具备经过严格训练而持续不断的研究才能获得并保持专业知识及专门技能的公共业务，它还要求教师对其管理下的学生的教育和福利具有个人的和公共的责任感。这是首次以官方文件形式对教师专业化做出说明。在国际劳工组织制定的《国际标准职业分类》中，教师被列入了"专家、技术人员与有关工作者"的类别中。1986年6月21日，我国国家统计局和国家标准局发布的《中华人民共和国国家标准职业分类与代码》中，各级各类教师被列入了"专业、技术人员"这一类别。1993年颁布的《中华人民共和国教师法》第一次从法律上确认了教师职业的专业地位。

此外，资格证书制度是教师职业专业化的一个重要特征。在西方国家，最早实施教师资格制度的是法国。1803年法兰西第一帝国决定建立初等教育教师考核和证书制度，1833年《基佐法案》正式实施了这一制度。在美国所有的州于1903年均实施了这项制度。我国于1993年颁布的《中华人民共和国教师法》，首次以法律形式规定"国家实行教师资格制度"。1995年颁布的《教师资格条例》以及2000年发布实施的《教师资格条例实施办法》，进一步明确了教师的专业地位。

当代教育已成为社会持续发展的动力，教师的作用也在增强和扩大，它不仅是人类文化的继承者与传递者，也是社会物质财富的创造者，还是社会发展与变革的重要力量；教师不仅要传授知识，还要培养和发展学生的智力和能力，陶冶他们的情操，关怀和指导他们的学习和全面成长。要实现教师的功能，教师必须经过严格的专业训练，要做终身学习的模范。师范教育走向教师教育，并在全球范围内的迅速发展正是这种需要的体现。总之，现代意义上的"教师"与古代意义上的"教师"有着本质的区别：一是多功能性；二是专门性，作为教师，必须经过培养和培训，取得合格证书；三是高素质性，现代教师的内涵更丰富，是"经师"与"人师"的统一；四是发展性，现代教师必须终身学习，不断更新自己的知识结构、能力结构，使自己成为会学习的人。

三、教师的地位与作用

（一）教师职业的社会地位

教师职业的社会地位是通过教师职业在整个社会中所发挥的作用和所占有的地位资源来体现的，主要包括：政治地位、经济地位、法律地位和专业地位。

1.教师职业的政治地位

教师职业的政治地位是指教师职业在国家或民族的政治生活中所处的地位和所起的作用，表现为教师的政治身份获得、教师自治组织的建立、政治参与度、政治影响力等。从世界发展的趋势看，形成统一的专业组织是认同教师专业和争取专业权利的重要手段。随着社会的发展，教育地位的提升，教师政治地位的提高成为提高教师职业社会地位的前提。如今，党和政府充分认识到教育的重要性，进而更加注重教师的社会地位，从政策的导向上和法律的制定上均体现了对教师政治地位的重视。如教师节的确立，教师当选人大代表参政议政，从教师中选拔人才进入各级政府的领导班子等，这些措施都有力地提高了教师的社会影响和政治地位。

2.教师职业的经济地位

教师职业的经济地位是指教师职业与其他职业相比较，其劳动报酬（包括工资、奖金及医疗、保险、退休金等）的差异状况及其经济生活状态。自古以来，除少数大师鸿儒外，普通教师的经济待遇一直比较低下，"家有一斗粮，不当孩子王""两袖清风"等正是这种情况的真实写照。现代社会，教师的价值与教育的价值、知识的价值紧密联系在一起，教师的经济待遇在不断提高。教师的经济待遇不仅影响教师个体的生存和发展，也影响教师队伍的稳定和教师职业的专业化程度，它是教师社会地位的最直观表现。

3.教师职业的法律地位（教师职业的权利和责任）

教师职业的法律地位是指法律赋予教师职业的权利、责任。教师职业的权利主要是指法律赋予教师在履行职责时所享有的权利。教师享有的社会权利，除一般公民权利（如生存权、选举权，享受各种待遇和荣誉等）外，还包括职业本身特点所赋予的专业方面的自主权（如教育的权利、专业发展权、参与管理权等）。以法律手段确立、保障教师的权利，是提高教师社会地位的必要措施。

4.教师职业的专业地位（教师职业的从业标准）

教师职业的专业地位是教师职业社会地位的内在标准。它主要是通过其从业标准来体现，有没有从业标准和有什么样的从业标准是教师职业专业地位高低的指示器。教师职业的从业标准既有软性标准，如道德要求、个性要求等；也有硬性标准，如高学历、教师资格证书等，这成为教师职业学术性要求和从事专业活动的基本要求，它保证了教师队伍的专业性。

此外，职业声望是社会公众对某一职业的意义、价值和声誉的综合评价，具体体现在职业形象的优劣、职业吸引力的大小、职业的稳定性和威信等方面。教师的职业声望是其社会地位的综合体现，直接影响着教师群体的职业权利的实现及教师个体的心理状态。

（二）教师的作用

习近平在2018年召开的全国教育大会上指出："教师是人类世代积累的科学文化知识的传递者，是人类文明的播种机。教师被誉为人类灵魂的工程师，肩负着塑造灵魂、塑造生命、塑造人的时代重任。教师是教育发展的第一资源，是国家富强、民族振兴、人民幸福的重要基石。"教师职业的社会作用是指教师职业对一定社会的发展所产生的实质性影响，它是教师社会地位的客观基础。一般来说，职业社会作用的大小与其地位高低呈正相关。教师职业对社会发展的作用是巨大的。首先，教师是人类文化的传递者，在人类社会发展中起着承上启下的作用；其次，教师是社会物质财富和精神财富的创造者，通过理论建构、知识创新、品德示范、宣传咨询等直接参与社会物质文明和精神文明建设，起着"先导"作用（加里宁称"教师是人类灵魂的工程师"，在塑造年轻一代的品格中起着关键性的作用）；再次，教师是人才生产的主要承担者，担负着培养一代新人的重任，在学生发展中起着引导作用（教师是人的潜能的开发者，对个体发展起促进作用）。因此，教师职业的社会作用不可取代，教师的劳动理应受到全社会的尊重与承认。

（三）教师的职业形象

教师的职业形象是教师群体或个体在其职业生活中的形象，是其精神风貌和生存状态与行为方式的整体反映。它既是社会对教师职业及其日常行为的一种总体性评价与概括性认识，也是教师群体内部或个体自身对其职业所持有的价值认识与情感认同。教师的职业形象是通过其内在精神和外显事物显现出来的，其内在精神包括职业的精神风貌、工作态度、敬业精神、创新精神等；外在事物表现为教师的节日、教师自己的组织、教师的着装等。教师个人的形象包括对学生的态度、工作态度、道德水平、教学水平、人际关系等。教师职业形象至少包括以下几个方面：

1. 教师的道德形象

教师的道德形象是教师最基本的形象，"为人师表""学高为师，身正为范"强调教师的榜样、示范作用，"乐于奉献，坚持公正"是时代对教师职业的基本伦理道德要求。

2. 教师的文化形象

教师的文化形象是教师形象的核心。"才高八斗""学富五车"是教师的典型文化特征。

3. 教师的人格形象

教师的人格形象是教师形象的整体体现，是学生亲近或疏远教师的首要因素。理想教师的人格包括善于理解学生、富有耐心、性格开朗、情绪乐观、意志力强、有幽默感等。

四、教师的职业角色

教师的地位和作用是通过教师在教育教学中充当的角色行为来表征和实现的。教师的职业角色是指教师在教育系统内的身份、地位、职责及相应的行为模式。教师在教学中的角色是教师的多种社会属性和社会关系在教学活动中的反映，是教师在教育教学中的一整套行为规范和人们对教师的角色期待。美国学者雷道和华顿保研究认为，一个教师兼有以下十种不同的角色：① 社会的代表；② 知识的源泉；③ 裁判员或法官；④ 辅导者；⑤ 学生行为优劣的观察者；⑥ 认同的对象；⑦ 父母的替身；⑧ 团体的领导者；⑨ 朋友；⑩ 情感发泄的对象。美国心理学家H.C.林格伦把教师扮演的各种角色归纳为三类，即教学的与行政的角色、心理定向的角色以及自我表现的角色。有的学者认为，教师的角色是："人类文化的传递者""新生一代灵魂的塑造者""学生心理的保健医生""学习者和学者""人际关系的艺术家""教学的领导和管理者"等。也有学者认为，教师的基本角色包括：① 学习者和研究者；② 知识的传授者；③ 学生心灵的培育者；④ 学生学习的榜样；⑤ 学生的朋友；⑥ 教学活动的设计者、组织者和管理者；⑦ 学校的管理者。还有学者认为，教师"角色丛"是指与教师特定的社会职业和地位相关的所有角色的集合，包括：① "家长代理人"和"朋友、知己者"的角色；② "传道、授业、解惑者"的角色；③ "管理者"的角色；④ "心理调节者"的角色；⑤ "研究者"的角色。国外有的学者曾经根据教师的情感因素，将其作用从消极到积极分为：① 消极的作用，如替罪羊、侦探和纪律的执行者；② 权威者的作用，如家长的代理人、知识的传授者、模范的公民；③ 支持的作用，如治疗学家、朋友与知己。现代教师的角色是多重的、不断变化和创新的，教师职业的最大特点在于职业角色的多样化。

1. 传道者角色

"道之所存，师之所存也。"教师负有传递社会传统道德、价值观念的使命。一般来说，教师的道德观、价值观总是代表着处于社会主导地位的道德观、价值观。教师对学生的"做人之道""为业之道""治学之道"等也有引导和示范的责任。

2. 授业、解惑者角色

教师在掌握了人类经过长期的社会实践活动所获得的知识、经验、技能的基础上，对其精心加工整理，以特定的方式传授给年轻一代，并帮助他们解除学习中的困惑，启发他们的智慧，形成一定的知识结构和技能技巧，使他们成为对社会有用的建设者。

3. 示范者角色

夸美纽斯曾说过，教师的职责是用自己的榜样教育学生。学生具有向师性的特点，教师的言论行为、为人处世的态度等对学生具有耳濡目染、潜移默化的影响作用，教师是学生最直接的学习和模仿的榜样。"教育无小事，教师无小节"。教师的一言一行、一举一动都应是规范的，是学生学习的模范，而优秀教师还是其他教师学习的模范，是社会各界学习的模范，这就构成师表维度的四个不同层次：规范、垂范、模范、世范。"学高为师，身正为范；学为人师，行为世范"应是每个教师具备的优秀品质。

4. 管理者角色

教师的职责包括确定目标、建立班集体、制定和贯彻规章制度、维持班级纪律、组织班级活动、协调人际关系等，并对教育教学活动进行控制、检查和评价。教师必须担负起组织教育教学活动和管理学生的职责。

5. 朋友角色

在成长过程中，学生往往愿意把教师当作朋友，也期望教师能把他们当作朋友看待，希望得到教师在学习、生活、人生等方面的指导，希望教师能与他们一起分担痛苦与忧伤，分享欢乐与幸福。

6. 研究者角色

教师工作的对象是充满生命力的、千差万别的、活生生的人，传授的内容是不断发展变化的人文、科学知识。这就决定了教师要以一种变化发展的态度来对待自己的工作对象、工作内容，要不断地学习，不断地反思，不断地创新。

7. 教学活动的设计者、组织者和管理者

（1）教师是教学活动的设计者。好的教学设计可以使教学有序进行，给教学提供良好的环境，使学生养成循序渐进的习惯，全面地完成教学任务。要精心地进行教学设计，就要求教师全面把握教学的任务、教材的特点、学生的特点等要素。

（2）教师是教学活动的组织者，即教师在教学资源分配（包括时间分配、内容安排、学生分组）和教学活动展开等方面是具体的实施者。通过科学地分配活动时间，采取合理的活动方式，可以启发学生的思维，协调学生的关系，激发集体学习的动力。

（3）教师是教学活动的管理者。教学管理是对教学要素及其关系进行系统的调控。作为教师主要是通过对教学活动的调控来实现其管理功能，如对教学环节的调控，对学习态度、学习活动、学习习惯、学习质量的调节，对教学偶发事件的处理等。传统的教学将管理这一概念理解为管制约束，常通过纪律的维持来实现，教师扮演的是"警察""保姆"的角色。而好的教师在教学管理活动中的角色行为是：① 建立各种教学常规，特别是课堂教学常规；② 倡导学生参与管理，树立集体观念，充分发挥集体的凝聚力；③ 通过建立自己的威信，充分发挥情感在管理中的作用，教师扮演的是"向导""建议者"等角色。

总之，教师的角色是多方面的，既有显性的，也有隐性的；既有认知方面的，也有情感方面的。这些角色统一于教育教学活动中。作为教师，要熟练地运用积极角色技能，成功地扮演相应角色，避免角色不清、角色紧张、角色冲突和角色失败。其中，教师职业常见的角色冲突主要有以下几种：① 社会"楷模"与"普通人"的角色冲突；② "令人羡慕"的职业与教师地位低下的实况冲突；③ 教育者与研究者的角色冲突；④ 教师角色同家庭角色的冲突。

五、教师劳动的特点

（一）教师劳动的复杂性和创造性

教师劳动的创造性和复杂性是由教师劳动目的和劳动过程的复杂性以及教师劳动对象的特殊性决定的。

1. 教师劳动的复杂性

教师劳动的复杂性是由其劳动性质的复杂性、劳动对象的复杂性、劳动任务的复杂性和劳动手段及劳动过程的特殊性来决定，主要表现在：（1）教育目的的全面性（促进学生全面发展）；（2）教育对象的差异性和复杂性；（3）教育任务的多样性（既教书又育人）；（4）教育过程和手段的复杂性；（5）影响学生发展因素的广泛性。

2. 教师劳动的创造性

教师劳动的创造性主要是由教育对象的特殊性和教育情境的复杂性所决定的。对待具有差异性的学生，不能像对待无生命的物体那样，按照固定的工作流程、统一的标准、同一个模子来铸造。教师的工作虽然有规律可循，但定式可依，这无疑使教师的劳动充满了挑战性和创造性。教师工作是变动不居、最富有创造性的劳动。苏霍姆林斯基说过，教师劳动创造性的最重要特征之一是他的工作对象——儿童经常在变化，永远是新的，今天同昨天就不一样。教师不可能采用循环往复的方法对待每届学生，不可能采用一成不变的方法对待每个学生而收到良好的教育教学效果。正如马卡连柯所言："一般地说来，教育学是最辩证、最灵活的一种科学，也是最复杂、最多样的一种科学。"美国教育家舍恩认为，教师在教育教学过程中通常会存在两类问题情境：一类是"平坦地"，另一类"沼泽地"。在教学中绝大多数的情境属于"沼泽地"。由于教育教学活动的复杂性和不确定性，理论不能作为通用方法解决实践中的所有问题，这就需要教师在教育教学的具体情境中，培养实践反思能力，创造性地解决问题。教师劳动的创造性表现在因材施教上，表现在对教育教学的原则、方法、内容的运用、选择和处理上（尤其是教学方法上的不断更新，即"教学有法，教无定法"），也表现在教师对教材内容的处理和加工上，还表现在教师的教育机智上。教育机智就是一种对突发性教育情境做出迅速、恰当处理的随机应变的能力。

（二）教师劳动时间的连续性和劳动空间的广延性

1. 教师劳动时间的连续性

教师劳动时间连续性的产生是有客观原因的：一方面，教师工作任务比较重；另一方面，教师在教学和生活中要不断地了解学生的过去与现状。

2.教师劳动空间的广延性

教师不能只在课内、校内发挥他的影响力，还要走出校门，进行家访、街访，协调学校、社会、家庭的教育影响，以便形成教育合力；因此，教师的劳动具有空间上的广延性。

（三）教师劳动的长期性和间接性

1.教师劳动的长期性

"十年树木，百年树人。"长期性指人才培养的周期比较长，教育的影响具有迟效性（滞后性、延时性）。教师劳动的成效并不是一时就可以检验出来的，而是需要教师付出长期的大量的劳动才能看到并得到验证，教师的某些影响对学生终身都会发生作用。因此，教师的劳动具有长期性。

2.教师劳动的间接性

间接性是指教师的劳动不直接创造物质财富，而是以学生为中介实现教师劳动的价值。教师的劳动并没有直接服务于社会，或直接为社会贡献物质产品和精神产品。教师劳动的结晶是学生，是学生的品德、学识和才能，待学生走上社会，由他们来为社会创造财富。

（四）教师劳动的主体性和示范性

1.教师劳动的主体性

主体性指教师自身可以成为活生生的教育因素和具有影响力的榜样。首先，教师劳动的基本手段存在于教师主体本身，即教师的知识和技能以及人格等是教师劳动的重要手段。在这里，教师本身既是劳动者又是劳动手段。其次，教师在使用教材、挂图、模型等这样一些物化的教学工具时，必须经过一个主体化过程，将凝聚在其中的智能和情感完全转化为教师主体的东西。

2.教师劳动的示范性

（1）教育是培养人的活动。教育活动的这一本质特点，决定了教师的劳动必然带有强烈的示范性。（2）教师劳动和其他劳动的一个最大的不同点，就在于教师主要是用自己的思想、学识和言行，通过示范的方式去直接影响劳动对象，即教师劳动手段的特殊性决定了教师劳动具有示范性。（3）教师劳动示范性的特点也是由学生的向师性和模仿性的心理特征决定的。教师的示范是学生最直接、最经常的表率，是引导和规范学生成长不可缺少的手段。德国著名教育家第斯多惠曾指出："教师本人是学校里最重要的师表，是最直观的、最有教益的模范，是学生最活生生的榜样。"

此外，教师劳动还具有专业性、繁重性、自觉性、综合性、系统性、群体与个体的统一性等特点。

六、教师的专业素养

洛克在《教育漫话》中指出："教育上的错误不可轻犯，教育上的错误正和错配了药一样，第一次弄错了，决不能借第二次、第三次去补救，它们的影响是终身洗刷不掉的。"教师的专业素质是教师作为专业人员应该具备的多方面的专业要求，是顺利进行教育活动的前提，也是教师胜任工作的基本条件。教师的专业素质不仅具有多样性、时代性特征，而且具有结构性特征。其素质结构包括教育理念、专业知识、专业能力、专业道德、身体素质和心理素质等方面。

"百年大计，教育为本。教育大计，教师为本。国家繁荣、民族振兴、教育发展，需要我们大力培养造就一支师德高尚、业务精湛、结构合理、充满活力的高素质专业化教师队伍，需要涌现一大批好老师。"关于怎样才能成为"好老师"，习近平提出了四条要求：其一，要有理想信念。其二，要有道德情感。合格的教师首先应该是道德上的合格者，好老师首先应该是以德施教、以德立身的楷模。其三，要有扎实学识。其四，要有仁爱之心。这对新时代教师的素质提出了更高的要求。

（一）先进、科学的教育理念

教育理念是教师对教育工作本质理解的基础性上形成的关于教育的观念和理性信念，它是以观念或信念的形式存在于教师头脑中的对教育现象和教育问题的看法，如学生主体观、教学交往观、发展性教学评价观、创造人才观、学校人本管理观等。

（二）合理的专业知识

教师的专业知识结构是教师职业的核心部分，也是教师专业品质中研究最早的一个领域。不同的学者从不同的角度对教师知识结构进行了分类。比如舒尔曼将教师知识分为：（1）学科内容知识；（2）一般教学法知识；（3）课程知识；（4）学科教学法知识（即学科教学知识，简称PCK，是教师知识结构中的核心部分）；（5）有关学生的知识；（6）有关教育情境的知识；（7）其他课程的知识。申继亮和辛涛将教师知识分为本体性知识、实践性知识和条件性知识。

教师的专业知识包括"教什么"和"怎么教"的知识。据此，教师合理的知识结构可以划分为四类：（1）本体性知识（学科专业知识或教师所任教学科的知识），即特定学科及相关知识，是教学活动的基础。"资之深，则取之左右逢其源"，具体来说，精深的学科专业知识包括以下几个方面：内容知识、实质知识、章法知识、精通有关学科的信念、精通有关学科的发展。（2）通识性知识（普通文化知识或广博的科学文化知识），即教师应具有哲学、社会科学、自然科学等方面的知识，不仅要"渊博"，而且要"饱学有识"。（3）条件性知识（教育科学知识或教育理论知识），即认识教育对象、开展教育活动和研究所需的教育学科知识和技能，如教育原理、心理学、教学论、学习论、班级管理、现代教育技术等。"学者未必是良师，还必须会教"，教育理论知识一般包括三种类型：教育基础理论知识（如教育学、心理学）、学科教育知识（如语文课程与教学论）和教育教学技能知识（如"三字一话"、班主任工作、心理咨询，甚至教育研究的知识。林崇德把教师的条件性知识具体化为三个方面，即学生身心发展的知识、教与学的知识和学生成绩评价的知识。（4）实践性知识（默会知识），即课堂情境知识，体现教师个人的教学技巧、教育智慧和教学风格，如导入、强化、发问、课堂管理、沟通与表达、结课等技巧。

（三）复合型的专业能力

教师的专业能力是教师在教育教学活动中表现出来的，促进教育教学顺利完成的能力与本领。其主要包括以下几方面：（1）处理教学内容的能力；（2）分析研究学生的能力；（3）设计教育教学活动的能力；（4）良好的表达能力；（5）教学组织管理能力；（6）教学自我调控能力和反思能力；（7）教学研究能力；（8）终身学习能力；（9）课程开发能力；（10）专业发展规划能力；等等。本书将重点论述教师必备的语言表达能力、组织管理能力、教育机智能力等专业能力。

1.语言表达能力

教师的语言表达能力包括口头表达能力、体态语表达能力和书面表达能力等。对教师的语言表达要求如下：（1）准确、简练，具有科学性；（2）清晰、流畅，具有逻辑性；（3）生动、形象，具有启发性；（4）口头语言和肢体语言的巧妙结合。

教师的口头表达能力是最重要的，它是教师教书育人的基本手段。从形式角度看，教育口语有如下主要特点：（1）语流相对清晰畅达；（2）词句比较准确、简练和规范；（3）逻辑性相对较强；（4）语气变化有致、情绪饱满、丰富，但一般不夸张。从内容角度看，教育口语的特点及要求主要有以下几点：（1）针对性。即教师在教育过程中要因人施言、因时施言、因地施言；（2）诱导性。即要求教师掌握一定的思想方法，做到由表及里，由浅入深，实事求是地分析问题、解决问题，既悦耳又达心；（3）说理性。即摆事实讲道理，以理服人；（4）感染性。即动之以情，以灼热的情感渲染气氛，打动学生；（5）教育性。即对学生要有教育上的意义。

2. 组织管理能力

教师应具有较强的组织和管理能力。（1）教师应具有计划能力，即根据学校安排和班级的实际情况确定班级教育目标并制订实施计划的能力；（2）教师应具有组织实施能力，即按既定的计划，组织人力、物力、财力去实现既定目标的能力；（3）教师应具有协调能力，即调节和处理集体内部、集体与集体之间各种矛盾的能力；（4）教师应具有常规管理能力，即对学生班级进行日常管理的能力；（5）教师应具有思想工作能力，即对学生的思想情况、特点、动机等进行分析的能力，以及针对学生的思想特点和出现的问题进行启发、引导的能力。

3. 较高的教育机智（课堂调控能力）

教育机智是教师在教学活动中表现出来的对新的、意外的情况正确而迅速地做出判断并决定合理的处理方式以解决问题的能力，主要包括：洞察力、思维力、反应力、判断力、应变力。教育机智是在不断地学习教育理论、总结教育经验、努力参加教育实践的过程中逐步形成和发展起来的，是教师观察学生的敏锐性、思维活动的灵活性、意志活动的果断性的优秀结合，是教师优秀心理品质和高超教育技能的概括，是教师熟练地掌握学生和机敏地教育学生的艺术体现。学生行为和教学情境的多变性决定了教育机智成为教师必备的教学能力。

教学机智的类型主要包括：处理教学失误的机智；处理学生失当行为的机智；处理教学环境突变的机智；处理学生意外回答的机智。

影响教育机智发挥的主要因素在于教师自身。首先，教师对工作和学生的态度是教师能否表现教育机智的基本前提；其次，教师意志的自制性和果断性是产生教育机智的重要因素；再次，教师深厚的知识素养和教学经验的积累使教师能够灵活处理教学中的意外情况。

教师在面对偶发事件、发挥教育机智时，应遵循的原则有：（1）教育性原则。教师在处理偶发事件时要以让学生受教育，促进每个学生的成长为目的。教师要本着教育从严、处理从宽、化解矛盾、教育全班的精神。（2）客观性原则。教师在处理问题时，要避免"定势思维"的影响，充分调查、了解事实的真相，公平公正地分析和处理问题，客观地对待每一个学生。（3）有效性原则。教师处理偶发事件时一定要考虑所用方法和措施的效果，要用"育人"的态度去看事件，用发展的眼光去看学生。（4）可接受性原则。教师对偶发事件的处理要能使当事双方对处理意见或结果心悦诚服地接受，要让学生从内心深处接受，认识到自己的错误，进而积极加以改正。（5）冷处理原则。教师在处理偶发事件时，保持冷静、公平、宽容的心态。对于有些偶发事件，教师不应急于表态、急于下结论，而应冷静地观察，待把问题的来龙去脉弄清楚再去处理。

在教学中，教师的教育机智主要体现在：第一，循循善诱，因势利导。教师针对学生的特殊需求，采取疏导的方法，引导学生成长。第二，灵活果断，随机应变。教师根据特定的教育情境，迅速解决问题，组织教学活动。第三，对症下药，方法多样。教师分析问题产生的原因，采取多样的方法，有的放矢地进行教育。第四，实事求是，掌握分寸。教师在处理问题时，本着教育学生的原则，不夸大也不缩小问题，以最小的代价取得最大的教育效果。理解教育机智的内涵，需要分析它所强调的三个关键词：一是教学的"复杂性"；二是教学的"情境性"；三是教学的"实践性"。教师的教育机智水平，是衡量其是否成熟的重要标志。

（四）崇高的专业道德

教师的专业道德是教师在教育教学中必须遵循的基本规范和行为准则，是由教育工作的性质、任务和教育对象的特点决定的。根据教育部2008年修订的《中小学教师职业道德规范》，教师的专业道德主要包括爱国守法、爱岗敬业、关爱学生、教书育人、为人师表、终身学习等。

（五）强健的身体素质和健康的心理素质

教师的身体素质是指教师在教学活动中的自然力，是教师的身体健康状态和身体素质状态在教学中的表现。

教师的心理素质是教师素质的重要组成部分，是教师在教学实践中形成的为教学所必备的心理品质，具体包括认真、负责、亲切的教学态度，积极、丰富的教学情感，坚韧不拔的教学意志，多种兴趣爱好，机智果断的办事作风，善良、随和的性格特征等。教师健康的职业心理包括：（1）高尚的师德；（2）愉悦的情感；（3）良好的人际关系；（4）健康的人格。

此外，关于教师应具备的专业素养的其他观点有：

观点一：教师职业专业化的条件包括：（1）教师的学科专业素养。教师的学科专业素养（学科知识素养）是教师胜任教学工作的基础性要求，主要表现在：① 精通所教学科的基础性知识和技能；② 了解与该学科相关的知识；③ 了解该学科的发展脉络；④ 了解该学科领域的思维方式和方法论。（2）教师的教育专业素养。① 具有先进的教育理念。教育理念是指教师在对教育本职工作理解的基础上形成的关于教育的观念和理性信念。树立"以人为本"的教育理念是克服教育对个体发展产生负向功能的关键。叶澜认为，教师应具有以下现代教育理念：a. 新的教育观。符合时代特征的教育观要求教师对教育功能有全面的认识，要求教师全面理解素质教育。b. 新的学生观。符合时代特征的学生观要求教师全面理解学生的发展，理解学生的全面发展与个性发展、全体发展与个性发展、现实发展与未来发展的关系。c. 新的教育活动观。新的教育活动观强调教育活动的"双边共时性""灵活结构性""动态生成性"和"综合渗透性"。② 具有良好的教育能力。教育能力是教师职业的特殊要求，是指教师完成一定教育教学活动的本领，具体表现为完成一定教育教学活动的方式、方法和效率。③ 具有一定的研究能力。研究能力是指综合地、灵活地运用已有的知识进行创造性活动的能力，是对未知事物探索性的、发现性的心智及情感主动投入的过程。④ 掌握科学有效、灵活的教学方法和教学艺术。教育艺术的特点主要表现为：a. 情感性。教育活动由于受教育规律和客观条件的制约，其情感影响的性质或方向则更为确定、更为健康和更富引导性。b. 双边性。教育艺术诞生于师生间的交往、合作和互动中。现代教育学都将双边性作为教育活动的重要特点来描述，并把它作为现代教育艺术的一大特点。c. 创造性。教育者面对的是活生生的人，以及由此而造成的教育情景的千变万化，因此教师在教育活动中要适宜地发挥教育机智，即教师在教育教学工作中，要有高度的智慧，能巧妙地、发人深省地给人以引导和启示。在教育活动中扬长避短，表现出自己的个性特点，从而形成自己的教育风格，是教育艺术的最高境界。d. 审美性。教育艺术的审美性是受教育目标制约的。教育艺术审美的目的性和效益性，一般说来，是其他艺术特别是纯艺术所不具备的。教学艺术风格是指教师个体在一定的理论指导下和在长期的教学实践中形成的独具个性的教学思想、教学技能技巧和教学风度的稳定性表现。教学艺术风格具有独特性、多样性、发展性等特点。教学艺术风格的形成过程一般经历模仿、独立、创造和个性化四个阶段。（3）教师的道德素养。① 热爱教育工作。热爱自己所从事的本职工作是教师道德素养的基本要求。② 热爱学生。热爱学生是教师道德的核心。③ 自身道德修养。（4）教师的人格特征教师的人格特征是指教师的个性、情绪、健康以及处理人际关系的品质等。教师的人格要素主要包括：① 积极乐观的情绪；② 豁达开朗的心胸；③ 坚韧不拔的毅力；④ 广泛的兴趣。

观点二：现代教师应具备的素养包括：（1）高尚的师德。① 热爱教育事业，富有献身精神和人文精神；② 热爱学生，诲人不倦；③ 热爱集体，团结协作；④ 严于律己，为人师表。（2）宽厚的文化素养。（3）专门的教育素养。教师专门的教育素养主要包括三个方面的内容：① 教育理论素养；② 教育能力素养（课程开发的能力、良好的语言表达能力、组织管理能力、引导与创新能力）；③教育研究素养。（4）健康的心理素质。健康的心理素质概括起来主要指教师要有轻松愉快的心境，有昂扬振奋的精神、乐观幽默的情绪以及坚韧不拔的毅力等。

观点三：教师专业素养是指从事教育教学工作所必须具备的特质。一般来讲，教师专业素养主要由四个部分构成：即专业精神、专业知识、专业能力和专业实践。（1）教师的专业精神是教师应具有的理想追求、道德规范和伦理要求等基本理性价值取向，是指导教师献身于教育工作的精神动力。教师的专业精神具体包括教育理念、专业态度和师德。（2）教师的专业知识是教师在教师教育和教育实践中获得的、直接作用于教育过程的实用性知识。教师专业知识主要包括学科知识、实践知识和教育类知识。（3）教师的专业能力是教师组织教育活动，对学生施加有目的的影响的主体"行动"能力。这些能力通过教育活动来体现并保证教育活动有效进行，主要包括：教学能力（教学设计能力、教学实施能力、教学评价能力）、组织管理能力和科研能力。（4）教师的专业实践是教师组织和指导学生的认知、达成教学目标的师生共同实践活动，是教师专业素质的外化形式。

观点四：教师的基本素质是一个结构体系，包括专业精神、师德修养和业务素质三方面。21世纪的教师应努力具备的前瞻性素质有：（1）教育家的意识；（2）创新精神和改革意识；（3）教育研究的意识和能力；（4）健康的心理素质；（5）运用现代教育技术的能力；（6）法律意识。

七、教师专业发展

（一）教师专业发展的概念

教师专业发展又称教师专业成长，是指教师在整个专业生涯中，依托专业组织、专门的培养制度和管理制度，通过持续的专业教育，习得教育教学专业技能，形成专业理想、专业道德和专业能力，从而实现专业自主的过程。它包括教师群体的专业发展和教师个体的专业发展。

教师群体的专业发展是指教师职业不断成熟，逐渐达到专业标准，并获得相应的专业地位的过程。它既是教师个体专业化的条件与保障，同时也最终代表着教师职业的专业化。教师群体的专业发展主要包括以下内容：（1）教育知识技能的体系化，形成学科专业和教育专业，国家对教师任职既有规定的学历标准，也有必要的教育知识、教育能力和职业道德的要求。（2）国家有教师教育的专门机构、专门教育内容和措施，教师教育专门化。（3）国家有对教师资格和教师教育机构的认定制度和管理制度。（4）形成社会公认的教师专业团体。

教师个体的专业发展是指教师作为专业人员，从专业理想到专业知识、专业能力、专业心理品质等方面由不成熟到比较成熟的发展过程，即由一个专业新手发展成为专家型教师或教育家型教师的过程。教师专业发展具有漫长性、生长性、自主性、阶段性和连续性、情境性、多样性等特点，因此，教师专业化过程虽然与时间有关，但不仅仅是时间得自然延续，更是教师自身素质的提高和专业自我的形成，最终真正成为教育世界的创造者。从历史发展的总趋势来看，教师专业发展的核心以及最终体现就在于教师个体的专业发展。

（二）教师专业发展的内容

教师专业发展主要包括专业知识的发展、专业能力的发展和专业情意的发展。

1. 专业知识的拓展

教师的专业知识是教师职业区别于其他职业的理论体系与经验系统。教师的专业知识拓展包括三个方面：首先是量的拓展，即教师要不断地更新知识，补充知识，扩大自己的知识范围。其次是知识的质的深化，即从知识的理解、掌握到知识的批判，再到知识的创新。教师知识的质的深化体现了教师职业的学术性，教师能不能说"自己的话"，能不能在自己教育教学领域有发言权，是衡量其专业化程度的标志之一。再次是知识结构的优化，以广泛的文化基础知识为背景，以精深的学科知识为主干，以相关学科知识为必要补充，以丰富的教育科学知识和心理科学知识为基本知识边界的复合性的主体知识结构，是专业性教师追求的目标。当然，知识结构的优化过程还包括教师个体独到的感悟、体验和经验总结。

2. 专业能力的发展（专业技能的发展）

教师的专业能力就是教师的教育教学能力，是教师在教育教学活动中所形成的顺利完成某项任务的能量和本领。教师的专业能力是教师综合素质的最突出的外在表现，也是评价教师专业性的核心因素。教师常用的教学技巧主要有导入技巧、提问技巧、强化技巧、变化刺激技巧、沟通技巧、教学手段应用的技巧以及结束的技巧等。教师的专业技能涵盖教学认知能力、教学操作能力、教学监控能力、教育教学研究能力等，教育的教学能力具体包括设计教育教学活动的能力、语言表达能力、教育教学组织管理能力、教育教学交往能力、反思能力、教育教学研究能力、创新能力、教学实施能力、学生评价能力、课程开发与建设能力等。

3. 专业情意的发展

教师的专业情意包括专业理想的树立（职业认同感、职业投入感）、专业情操的养成（核心是师德）、专业性向的调适（个性特征、个性倾向）和专业自我的建立（最高境界）。

（1）专业理想的建立

教师的专业理想是教师在对教育工作感受和理解的基础上所形成的关于教育本质、目的、价值和生活等的理想和信念。如"科教兴国"的理想，"让每个学生都成才和成人"的理念等。它是教师在教育教学工作中的世界观和方法论，是教师专业行为的理性支点和专业自我的精神内核。教师的专业理想是教师成为一个成熟的教育教学专业工作者的向往和追求，它为教师提供奋斗目标，是推动教师专业发展，并献身于教育工作的根本动力。教师的专业理想，其核心是对学生的爱，包括高尚的职业道德观念和职业道德精神。

（2）专业情操的养成

教师的专业情操是教师对教育教学工作带有理智性的价值评价的情感体验，它是构成教师价值观的基础，是构成优秀教师个性的重要因素，也是教师专业情意发展成熟的标志。从内容上看，教师的专业情操包括：① 理智的情操，是由对教育功能和作用的深刻认识而产生和光荣感和使命感；② 道德的情操，是由对教师职业道德规范的认同而产生的责任感和义务感。

（3）专业性向的调适

教师的专业性向是教师成功从事教学工作所具备的人格特征，或者说适合教学工作的个性倾向。

（4）专业自我的形成

教师专业自我就是教师在职业生活中创造并体现符合自己志趣、能力与个性的独特的教育教学生活方式以及个体自身在职业生活中形成的知识、观念、价值体系与教学风格的总和。教师的专业自我是教师个体对自我从事教学工作的感受、接纳和肯定的心理倾向，具体包括以下几个方面：① 自我形象的正确认知；② 积极的自我体验；③ 正确的职业动机；④ 对职业状况的满意；⑤ 对理想的职业生涯的清晰认识；⑥ 对未来工作情境有较高的期望；⑦ 具有个体的教育哲学与教学模式。

（三）教师专业发展的阶段

从历史发展的总趋势看，教师的专业发展及其研究经历了由被忽视到逐渐关注；由关注教师专业群体的专业化到关注教师个体的专业发展；由关注专业发展的"外部"环境和对社会专业的认可到关注"内部"专业素质提高的过程。教师专业发展是一个持续社会化和个性化的过程，具有多阶段性特征。

1. 福勒等的教师教学关注理论

1969年，福勒和布朗根据对职前师资课程的关注和研究，提出教师专业发展需要经历四个阶段：（1）教学前关注阶段（职前准备阶段）；（2）关注生存阶段；（3）关注情境阶段；（4）关注学生阶段。

2. 凯兹的教师发展阶段论

1972年，美国学者凯兹针对学前教师的训练需求和专业成长，提出了四个发展阶段理论：（1）生存阶段；（2）巩固阶段；（3）更新阶段；（4）成熟阶段。

3. 伯顿的教师生涯发展论

美国学者伯顿提出，教师专业发展一般经历三个阶段：（1）生存阶段；（2）适应阶段；（3）成熟阶段。

4. 费斯勒的教师生涯循环论

1984年，费斯勒提出了动态教师生涯循环论，将教师专业发展分成八个阶段：（1）职前教育阶段；（2）入门阶段；（3）能力建立阶段；（4）热心和成长阶段；（5）生涯挫折阶段；（6）稳定和停止阶段；（7）生涯低落阶段；（8）生涯退出阶段。

5. 休伯曼教师职业生命周期论

1993年，休伯曼通过对教师职业生命周期的研究，将教师职业生涯过程归为五个时期：（1）入职期，时间是入职的第1—3年，是"求生、适应和发现期"；（2）稳定期，时间是工作后的第4—6年；（3）实验和重估期，时间是工作后的第7—18年，这一时期的主体特征是重新评价和自我怀疑；（4）平静和保守期，时间在从教的第19—30年；（5）退出教职期，时间是教师工作的第30—40年。

6. 叶澜的"自我更新"取向教师专业发展五阶段论

叶澜在《教师角色与教师专业发展》一书中，提出了"自我更新"取向教师专业发展五阶段论：（1）"非关注"阶段；（2）"虚拟关注"阶段；（3）"生存关注"阶段；（4）"任务关注"阶段；（5）"自我更新关注"阶段。

表1-4-1 "自我更新"取向教师专业发展阶段及其特征

阶段名称	时限	主要特征
1."非关注"阶段	正式教师教育之前	无意识中以非教师职业定向的形式形成了较稳固的教育信念，具备了一些"直觉式"的"前科学"知识与教师专业能力密切相关的一般能力。
2."虚拟关注"阶段	师范学习阶段（包括实习期）	对合格教师的要求开始思考，在虚拟的教学环境中获得某些经验，对教育理论及教师技能进行学习和训练，有了对自我专业发展反思的萌芽。
3."生存关注"阶段	新任教师阶段	在"现实的冲击"下，产生了强烈的自我专业发展的忧患意识，特别关注专业活动中的"生存"技能，专业发展集中在专业态度和动机方面。
4."任务关注"阶段		随着教学基本"生存"知识、技能的掌握，自信心日益增强，由关注自我的生存转到更多地关注教学，由关注"我能行吗"转到关注"我怎样才能行"。
5."自我更新关注"阶段		不再受外部评价或职业升迁的牵制，自觉依照教师发展的一般路线和自己目前的发展条件，有意识地自我规划，以谋求最大程度的自我发展，关注学生的整体发展，积累了比较科学的个人实践知识。

此外，美国学者伯利纳（Berliner，1988）认为，教师专业发展经历新手、高级新手、胜任、熟练、专家五个阶段。本书将在"教师心理"这一章节予以详细说明。

（四）教师专业发展的途径

教师专业发展的方式包括教师进行学习的途径、形式与过程。教师专业发展（教师教育）包括职前的教师专业教育（职前培养）、新教师的入职教育（入职辅导）和在职教师的专业发展教育（在职培训）三个阶段。从教师个体专业发展的途径来看，主要包括师范教育、新教师的入职辅导、教师的在职教育、教师专业发展学校、同伴互助和教师的自我教育等。

教师专业发展的途径和形式可以在"理论性—实践性"和"集体性—个人性"两个维度上划分出四种类型。具体来说，学位课程、专题研修和远程培训属于以集体的方式着重理论知识的学习，教师自主阅读是以个人的方式着重理论知识的学习，校本教研和师徒指导是以集体的方式着重实践性知识的学习，教学反思和行动研究是以个人方式着重实践性知识的学习。

1. 师范教育

师范教育是教师个体专业性的起点和基础，它是建立在教师的专业特性之上，为培养教师专业人才服务。为此，师范教育必须强化其培养教育专业人才的职能，把学术性、师范性和服务性结合起来；注重师范专业信念体系的形成和敬业精神的培养；建构反映教师专业所需要的知识和技能的课程体系；加强教育理论与实践的联系，建立有效的教育实习制度。从世界范围来看，教师的职前培养模式主要有定向型（又称封闭型）和开放型（又称非定向型）两种。一般来说，定向型对于保证师资的数量需求作用明显，而开放型对于提高师资的质量尤其是专业化水平更有益处。

2. 新教师的入职辅导

新教师的入职辅导是20世纪70年代发展起来并被人们所广泛接受的一种促进教师专业发展的指导措施。新教师的入职辅导有一个安排有序的计划，主要是由有经验的导师进行现场指导。在我国，各级师范院校还承担了短期的系统培训工作。其目的是向新教师提供系统而持续的帮助，使之尽快转变角色、适应环境。

3. 在职培训

教师在职培训主要是为了适应教育改革与发展的需要，为在职教师提供的适应于教师专业发展不同阶段需要的继续教育，主要采取"理论学习、尝试实践、反省探究"三结合的方式，引导教师掌握不断涌现的现代教育理论，培养教师研究教育对象、教育问题的意识和能力，并辅之以计算机知识、现代化的教育技术手段。教师在职培训活动很广，可以是业余进修（以自学、业余、短期为主），也可以是校本培训（如集体观摩、相互评课、相互研讨）。校本教师培训简称校本培训，最早兴起于英国。校本培训包括"校本"与"培训"两个基本概念。"校本"主要包括"为了学校""在学校中"和"基于学校"三层含义，"培训"被赋予了"持续""复杂"和"专业发展"三方面含义。1999年9月13日，国家教育部制定的《中小学教师继续教育规定》规定：中小学教师培训应坚持"因地制宜、分类指导、按需施教、学用结合"的原则。

总之，教师在职提高的途径，主要包括教学反思、校本培训、校外支援与合作等形式。教学反思通常主要有：记录观察反思、撰写反思日记、教育叙事、进行案例研究、行动研究等形式。比较常见的校本教研活动形式有：相互评课、教学观摩或示范研讨课、课题研究等。校外专业支援与合作的主要形式有跨校合作、专家指导、政府教育部门和教研机构组织的各类专业培训和交流活动等。

4. 自我教育

教师的自我教育就是专业化的自我建构，它是教师个体专业化发展的最直接、最普遍的途径。教师自我教育的方式主要有经常性的系统的自我反思、主动收集教改信息、研究教育教学中的各种关键事件、自学现代教育教学理论、积极感受教学的成功与失败等。教师自我教育是专业理想确立、专业情感积淀、专业技能提高、专业风格形成的关键。

5.教师专业发展学校

教师专业发展学校是20世纪80年代末崛起于美国的一种新型教师教育模式，90年代逐步被我国学者所认同并在有些地区开始尝试。这种教育模式力图在大学的教育学院与中小学之间建立协作关系，以此实现教师职前培养与在职教师专业发展的一体化。它在认可中小学校对于学生发展的价值的基础上，强调学校也是教师发展的场所，学校应当具有使教师获得持续有效的专业化发展的功能。目前，教师专业发展学校已不仅仅是一种计划方案，而是作为一种生活方式整合进了教师教育模式中。

6.同伴互助

20世纪80年代初，美国学者乔伊斯和肖尔斯首先提出了"同伴互助"的概念。同伴互助是指在两个或两个以上教师之间发生的、以专业发展为指向、通过多种手段开展的，旨在实现教师持续主动地自我提升、相互合作并共同进步的教学研究活动，以达到改善教学之目的。同伴互助的形式有：沙龙会谈、一课多研、同课异构、专业对话、教练型教师示范教学、微型教学、相互听课、共同评价与分享、彼此鼓励、彼此写作与反馈等。

综上所述，"教师专业发展"比"在职培训"包含更多含义，具体说来包含"过程性"与"实践性"两个理念。"过程性理念"意为，专业发展包括教师从职前教育开始并贯穿入职教育与在职培训的整个职业生涯，在整个职业生涯中，教师随着环境变迁和新职责的赋予，持续地发展有效专业实践必需的知识与技能；而"实践性理念"则意为，教师专业发展所提升的知识与技能，必须在已有基础上更大程度地直接与教师面对的真实问题相关。有观点认为，当代教师专业发展的基本途径，有"教师教育课程改革""教师学习""教师参与研究"（校本教研强调真实问题、实践研究和全员参与）"校本培训"和"专业发展学校"等。也有观点认为，教师专业发展的途径与方法包括终身学习、行动研究、教学反思、同伴互助、专业引领和课题研究。

（五）教师专业化的实现

教师专业发展的核心问题是教师职业专业化。教师职业的专业化体现在：从业人员需要经受长期的专门训练，具备专精化的知识和技能；工作上具有权威性及独立自主性；有自己的专业团体和明确的职业道德；具有高度的自律性和自我提高精神。实现教师专业化的条件，从客观上来看，需要国家和政府的法律、政策和资金支持；从主观上来看，需要教师的个人努力。

1.国家和政府对教师专业化的促进和保障

（1）加强教师教育；（2）制定法律法规；（3）提供经济保障。

2.教师个人为实现专业化应做的主观努力

（1）善于学习。学习是运用特定方式和方法摄取知识以扩充知识和提高认识的过程。从学习内容看，要学习马列主义、毛泽东思想和邓小平理论，学习专业知识，学习各种相关学科的知识，学习教育科学知识；从学习对象看，要向前人学习，向同时代的人学习，向同事学习；从学习的途径和方法来看，要勤奋敏思，善于交流。

（2）恒于研究。通过科学研究我们可以发现规律，根据规律进行工作可以提高工作效率和效能。通过科研，我们可以发现规律，根据规律进行工作可以提高工作效率和效能。科学研究要注意研究什么和怎样研究的问题。从研究对象来看，主要研究教育教学工作，研究学生，研究教师自身的成长与发展。从怎样研究来看，要破除科研迷信，树立研究意识；把握科学研究规律，掌握科学研究方法；坚持积累，善于升华。

（3）勤于反思。反思是个体或群体以自身为对象，以寻求更好的发展为目的而进行的积极的和仔细的审视与思考的活动。通过反思，既可以总结经验、坚定信念，也可以发现问题、完善自己。反思应关注反思什么和怎样反思两个问题。就反思对象而言，我们不仅要反思自己的言语、行动，而且要反思我们的经验和思想。就怎样反思而言，一是要及时反思自己的言语和行动，总结成绩，鼓励自己，找出问题，及时纠正；二是要总结成绩与找出差距并重；三是要深入反思，要多问几个为什么，在多次追问中不断完善。

（4）勇于实践。实践是人们有目的地改造特定对象的活动。认识是实践的前提，实践是认识的基础。在实践过程中应注意两个方面的问题：① 要有实践的意识、勇气和将想法转化为实践的行动；② 要讲究实践的方法。

（六）《中/小学教师专业标准》

2012年2月10日，教育部下发"关于印发《幼儿园教师专业标准（试行）》《小学教师专业标准（试行）》和《中学教师专业标准（试行）》的通知"（教师（2012）1号）。为促进中/小学教师专业发展，建设高素质中/小学教师队伍，根据《中华人民共和国教师法》和《中华人民共和国义务教育法》，特制定《中/小学教师专业标准（试行）》。

1. 基本理念

（1）师德为先。热爱中/小学教育事业，具有职业理想，践行社会主义核心价值体系，履行教师职业道德规范，依法执教。关爱中/小学生，尊重中/小学生人格，富有爱心、责任心、耐心和细心；为人师表，教书育人，自尊自律，做中/小学生健康成长的指导者和引路人。

（2）学生为本。尊重中/小学生权益，以中/小学生为主体，充分调动和发挥中/小学生的主动性；遵循中/小学生身心发展特点和教育教学规律，提供适合的教育，促进中/小学生生动活泼学习、健康快乐成长。

（3）能力为重。把学科知识、教育理论与教育实践有机结合，突出教书育人实践能力；研究中/小学生，遵循中/小学生成长规律，提升教育教学专业化水平；坚持实践、反思、再实践、再反思，不断提高专业能力。

（4）终身学习。学习先进中/小学教育理论，了解国内外中/小学教育改革与发展的经验和做法；优化知识结构，提高文化素养；具有终身学习与持续发展的意识和能力，做终身学习的典范。

2. 基本内容

《中/小学教师专业标准》包括专业理念与师德、专业知识和专业能力三个内容维度，每一维度包含多个领域及基本要求，具体包括：（1）专业理念与师德，包括职业理解与认识、对学生的态度与行为、教育教学的态度与行为、个人修养与行为等领域。（2）专业知识，中学为教育知识、学科知识、学科教学知识、通识性知识，小学为小学生发展知识、学科知识、教育教学知识、通识性知识。（3）专业能力，中学为教学设计、教学实施、班级管理与教育活动、教育教学评价、沟通与合作、反思与发展等能力，小学为教育教学设计、组织与实施、激励与评价、沟通与合作、反思与发展等能力。

第二节　学生

学生是教育过程和教学过程的最基本的要素之一，是教师工作的对象。教师在开展工作时，应充分理解教材和充分认识学生。要做到充分认识学生，就必须分析学生的本质属性和他们享有的权利与应尽的义务。

一、学生的本质属性

学生的本质属性，亦即学生的基本特点。学生的本质特征体现在具有明显的发展特征、以系统学习间接经验为主、具有主体性等方面。

（一）学生是具有发展潜能和发展需要的人

1. 学生是人（学生是完整的人）

第一，学生是具有能动性的个体。学生是主体与客体统一的人。作为主体，他们具有自我意识和自控能力，是自我学习与自我管理的主体，是自我改造与自我发展的主体。作为客体，他们既是教育者改造和塑造的对象，也是自我改造、自我塑造的对象。作为被改造的对象，他们表现出人所特有的能动性，表现为他们是根据自己的爱好、兴趣、追求来选择外来影响并内化为各自的身心发展内容。

第二，学生是具有思想感情的个体。学生有独立的人格，有特定的需要、愿望和尊严。教师不仅要把学生作为一种认识对象，更应该把学生当成平等的人来对待，满足他们的需要，维护他们的尊严，关注他们的情感体验。

第三，学生具有独特的创造性。学生虽然很少独立地发明创造，但是通过教育可以开发他们的创造潜能，形成他们的创造能力，使他们在未来的社会里对社会、对人类创造出更大的价值。

2. 学生是具有发展的可能性和发展需要的人

第一，学生是发展中的人，具有与成人不同的身心特点。学生是发展中的人，集中体现在他们的不成熟性上；因此，教师要理解和宽容学生，把握学生身心发展的特点，并根据他们的需要和特点提出教育要求。

第二，学生具有发展的可能性与可塑性。学生正处于从不成熟到基本成熟、从不定型到基本定型的发展关键阶段，在他们身上潜藏着各方面发展的极大可能性，因而他们也具有极大的可塑性。

第三，学生是具有发展需要的人。学生发展的可能性和可塑性能否转变为现实性，取决于学生发展的需要、环境的影响以及个体与环境的相互作用，从根本上来说，是由个体的社会实践活动决定的。学校作为为了个体发展而有意识地安排的一种特殊环境，其要求、内容及各种活动能否引起并满足学生发展的需要，取决于教师对这种环境的安排和教师自身的实践。

（二）学生是教育的对象，也是自我教育和发展的主体

现代教育理论认为，在教育过程中，学生既是认识的客体，又是认识的主体。学生在教育过程中处于主体地位，是主体与客体的统一体。

1. 学生是教育的对象

学校教育是有计划、有目的、有组织地培养人的社会活动，学校教育对学生的成长起着主导的作用。在教育这种特定环境下，作为教育对象的学生是学习者，是受教育者，其主要任务是学习，通过学习获得身心的发展。教师在学生心目中具有天然的权威性，这种权威性是教师进行教育工作的重要条件。

学生之所以成为教育的对象，其依据有：第一，从教师方面看，教师是教育过程的组织者、领导者，学生是教师教育实践活动的作用对象，是被教育者、被组织者和被领导者。第二，从学生自身特点看，学生具有可塑性、依赖性和向师性等特点。

2. 学生是自我教育与发展的主体

学生是学习的主体，也是自我教育与发展的主体。一方面是由教育的最终目的是促进学生的成长和发展决定的；另一方面是由学生是具有主观能动性的人决定的，学生具有自我教育的素质和能力。

学生的主观能动性主要表现在三个方面：（1）自觉性，也称主动性，这是学生主观能动性最基本的表现。它表现在学生能根据一定的目标或要求，或在某种情境的激发下，自行采取相应的态度或行动。如学生在课堂上主动回答问题，参与活动，课下主动完成作业，主动帮助同学等等。（2）独立性，也称自主性，这是自觉性进一步发展的表现。它表现在学生不仅具有自觉性，而且能自行确定或选择符合自身需要、特点和条件的目标和行动方式，并能在实现目标的行动中自我监督和调控。（3）创造性，这是学生主观能动性的最高表现。它表现在学生不仅具有自觉性和独立性，而且有超越意识，如超越书本、超越教师、超越自己和群体等。在教学过程中，表现为不满足于书上的现成结论，不满足于教师提供的解题方法，倾向于提出新颖或与众不同的见解或解决问题的方法。还有观点认为，学生具有主体性，即学生在教学中具有主观能动性，具体包括独立性、选择性、调控性、创造性、自我意识性等。

在教学中可以采取以下措施培养学生主体性（主观能动性）：（1）建立民主和谐的师生关系，重视学生自学能力的发展；（2）引导学生主体参与课堂，获得体验；（3）尊重学生的个别差异，进行有针对性的教育。

二、学生的社会地位

（一）学生的身份和法律地位

学生是独立的社会个体，有独立的法律地位。从道义上讲，儿童和青少年是社会的未来、人类的希望。从法制角度讲，儿童和青少年是独立的社会个体，有着独立的法律地位。他们不仅享有一般公民的绝大多数权利，而且受到社会特别的保护。这一点正是1989年11月20日联合国大会通过的《儿童权利公约》的核心精神。体现这一精神的基本原则是：儿童利益最佳原则、尊重儿童尊严原则、尊重儿童观点与意见原则、无歧视原则。

1. 学生的身份

我国自20世纪80年代以来，颁布了一系列的法律法规，初步明确了教育领域中中小学生的身份和法律地位。对中小学生身份的定位是从三个层面进行的：第一个层面，中小学生是国家公民；第二个层面，中小学生是未成年的公民；第三个层面，中小学生是接受教育的未成年公民。因此，中小学生是在国家法律认可的各级各类学校及其他教育机构中接受教育的未成年公民。

2. 学生的法律地位

中小学生身份的确定为其法律地位的定位提供了前提。法律地位是由法律主体在法律关系中所享有的权利和履行的义务决定的。学生作为社会权利的主体，享有法律所规定的各项社会权利。在教育领域中，作为未成年公民，学生享有未成年公民所享有的一切权利，如身心健康权、隐私权、受教育权等；作为学生，在教育过程中，学生享有受教育的平等权、公正评价权、物质帮助权等。这些权利必须受到特别保护，教师不能因为履行教育职责而侵害学生的权利。当然，在教育过程中，学校和教育行政机关有权教育和管理学生，学生有接受教育和管理的义务。

（二）学生的权利

学生是权利的主体，依法享有国家法律所规定的各项社会权利。《中华人民共和国教育法》《中华人民共和国义务教育法》《中华人民共和国未成年人保护法》等均对未成年学生的权利做出了规定。未成年学生享有的主要权利概括起来主要包括人身权和受教育权，其中，儿童最基本的权利是生存权、受教育权、受尊重权、安全权。

1. 人身权

人身权是公民权利中最基本、最重要、内涵最为丰富的一项权利。由于未成年学生正处于身心发的关键时期，因此人身权应受到特别的保护。国家除了对未成年学生的人身权进行一般保护外，还对未成年学生的身心健康权、人身自由权、人格尊严权、隐私权、名誉权和荣誉权等进行特殊保护。

身心健康权指未成年学生的生命健康、人身安全、心理健康等权利。《中华人民共和国宪法》规定："父母有抚养和教育未成年子女的义务。"《中华人民共和国未成年人保护法》第16条规定："学校不得使未成年学生在危及人身安全、健康的校舍和其他教育教学设施中活动。"第25条规定："严禁任何组织和个人向未成年人出售、出租或者以其他方式传播淫秽、暴力、凶杀、恐怖等毒害未成年人的图书、报刊、音像制品。"

人身自由权是指未成年学生有支配自己人身和行动自由的权利，未经法定程序，不得非法拘禁、搜查和逮捕，如教师不得因为各种理由随意对学生进行搜查，不得对学生关禁闭等。

人格尊严权是指学生享有受他人尊重、保持良好形象及尊严的权利，如教师不得对学生进行谩骂、体罚、变相体罚或采取其他有辱其人格尊严的行为。

隐私权是指学生有权要求私人的、不愿或不便让他人获知或干涉的、与公共利益无关的信息或生活领域，如教师不得随意宣扬学生的生理缺陷或隐私，不得随意私拆、毁弃学生的信件、日记等。

名誉权和荣誉权是指学生有权享有大家根据自己日常生活行为、作风、观点和学习表现而形成的关于其道德品质、才干及其他方面的正常的社会评价，有权享有根据自己的优良行为而由特定社会组织授予的积极评价或称号，他人不得歪曲、诽谤、诋毁和非法剥夺。

2. 受教育权

受教育权是学生最主要的权利，《中华人民共和国宪法》《中华人民共和国义务教育法》《中华人民共和国未成年人保护法》等一系列法律法规都对此做出了明确规定。

学生的受教育权包括受完法定年限教育权、学习权和公正评价权。也有观点认为，受教育权从其实现过程可以分为学习机会权、学习条件权和学习成功权。（1）学习机会权是指学生具有入学和获得学生身份的权利，包括入学升学机会权、教育选择权和学生身份权。（2）学习条件权包括教育条件建设请求权、教育条件利用权和获得教育资助权。（3）学习成功权包括获得公正评价权和学业学位证书获得权。

从我国的有关法律法规来看，学校和国家在保证学生的受教育权方面负有重要责任。国家除了为所有学生提供正常的教育机会外，在义务教育阶段还要尤其关注贫困和残疾学生，使他们享受物质帮助权，如对贫困学生和残疾学生减免学杂费，设立帮困、帮残基金，实施奖学金、助学金、贷学金制度等。学校无权因学生交不起学杂费或其他摊派费用（如建校费、校服费等）而让学生停学、退学或变相开除等。

（三）学生的义务

在享有法律规定的各项权利的同时，未成年学生也要履行法律规定的各项义务。教师有责任教育学生了解自己的义务，履行自己的义务。如果学生在日常生活和教育活动中未尽义务或违反规定，由此造成的后果则应由学生自负。《中华人民共和国教育法》中规定学生应尽的义务有：

1. 遵守法律、法规；
2. 遵守学生行为规范，尊敬师长，养成良好的思想品德和行为习惯；
3. 努力学习，完成规定的学习任务；
4. 遵守所在学校或者其他教育机构的管理制度。

三、我国中小学生发展的时代特点

中小学生发展的时代特点就是当代中小学生区别于过去时代中小学生的共有的典型特征，了解和研究这些特点是教师开展教育工作的前提，根据这些特征进行科学的教育是实现教育目的的基本保证。我国中小学生发展的时代特点有：（1）身体发育水平持续提高，身体素质持续下降；（2）学习目的多元化、实用化；（3）价值观念多元化，具有较高的职业理想和务实的人生观；（4）自我意识增强，具有一定的社会交往能力；（5）心理问题和行为问题增多；（6）网络生活成为大部分中小学生生活的重要组成部分。

四、学校教育与学生生活

（一）学生心理障碍

学生心理障碍是指学生在学校生活和其他社会生活的矛盾冲突下，不能很好地适应差异，产生了心理异常和心理疾病，严重影响了学校的正常生活，主要表现在人格障碍、神经症和精神病三类。研究发现，在学生中常见的心理障碍主要有以下四种：

1. 攻击。例如，有些学生在学校受到挫折后，回到家里向家人出气，以发泄自己的情绪。在学校可能会有违反课堂规则、破坏公共秩序、顶撞老师、打架、骂人、破坏公物等行为。

2. 退缩。例如，一些学生受到挫折后，会表现出一种与自己的年龄、身份很不相称的幼稚行动。特别是一些在家庭生活中受到父母溺爱的学生，一旦在学校生活中受到较强烈的刺激，就很容易形成胆怯、退缩、冷漠、封闭的心理障碍。

3. 焦虑。焦虑是一种特殊的恐惧或忧虑，是一种不愉快的情绪状态。在学生中，考试焦虑、人际关系紧张的焦虑是最常见的表现形式。事实上，多数学生的厌学、逃学都与学生对考试、校园人际关系的焦虑有关。

4. 恐怖。研究表明，一些学生如果在学校生活中受到了强烈的负面刺激或长期不当的影响，可能会形成学校恐怖症，极度讨厌学校生活，坚决拒绝上学，形成怕课堂、怕教师、怕校园的心理障碍。

（二）学生失范行为

1. 学生失范行为的各种表现

学生的失范行为主要表现为越轨行为与违法行为两类。学生的越轨行为主要是指违背教育习俗、教育规章的行为，即违规、违纪行为，具体包括不诚实行为、逃学行为、欺骗行为、违纪行为等。学生的违法行为主要是指违背教育法律以及国家其他法律、法规的行为，即普通违法行为和犯罪行为。一般性违法行为数量很大，人们已经司空见惯。最常见的违法行为是小偷小摸、打架、流氓行为、赌博、违反交通规则等。普通违法行为与犯罪行为最主要的区别是前者的社会危害性还不足以用刑罚来惩罚。普通违法行为与越轨行为的区别是前者的危害性显然比后者严重，因而遭到的惩罚方式、执行力量也截然不同。

当前，学生的失范行为尤其表现为以下几个方面：（1）校园暴力触目惊心，欺辱现象日渐增多；（2）青少年色情犯罪严重；（3）青少年以侵财行为为目的的越轨犯罪比例最高；（4）青少年出现吸毒、网络欺凌、不良短信等违法违规行为的新倾向。

2. 学生失范行为的理论解释

心理学上主要有两种观点来解释学生的失范行为：（1）"心理缺陷说"力图把越轨、犯罪解释为"心理缺陷"的结果，而"心理缺陷"主要是因童年的社会化失调（如遭到双亲遗弃）造成的。（2）"挫折—侵犯说"认为，越轨行为是一种由挫折产生的针对他人和社会的侵犯形式。

社会学关于学生失范行为的解释，主要包括以下几种：（1）"差异交往说"认为，人的社会化取决于他们与谁交往，这种理论正印证了中国的老话："近朱者赤，近墨者黑"。（2）"控制缺乏说"认为，越轨和犯罪是由于社会内外部的控制削弱和受到破坏引起的。（3）"失范说"认为，由于社会剧变，控制个人行为的道德规范越来越松弛，个人之间的道德制约丧失了。（4）"手段—目的说"认为，人们在没有合法的手段时，会用非法的手段去实现目标，因而出现越轨行为。（5）"亚文化群理论"认为，亚文化群（如社会下层阶级居住区）所具有和维护的价值观及行为倾向，与主流文化的价值观及其行为倾向相抵触、相背离，这是犯罪的真正根源。（6）"标签理论"从越轨行为发生的过程进行解释，强调违法、犯罪是社会创造的，而非本体所赋予或自然发生的。

德国社会学家韦伯所提出的关于社会行为的"理想类型"是对所有社会行为的高度的理论概括，据此可以把学生失范行为划分为：目的取向型失范行为、价值取向型失范行为、情感型失范行为、传统型失范行为这四类理想类型。（1）目的型失范行为，是指行为失范者采用违背教育规范的手段谋取个体或群体利益的失范行为，如盗窃、抢劫、诈骗等。（2）价值取向型失范行为，是指行为失范者的价值观念与教育主导观念相背离，力图诋毁或改变教育主导观念而违背教育规范所造成的失范行为，如逃学、不诚实行为等。（3）情感型失范行为，主要指为了满足生理、心理或情感上的需要而做出的失范行为。例如，未成年学生杀死自己的父母。再如，出于报复心理、满足虚荣心的打架斗殴等。（4）传统型失范行为，指行为失范者没有主观上的失范构想，仅仅是因遵循传统习俗而违背教育规范所造成的失范行为。例如，学生之间因讲"哥们义气"而导致的失范行为等。

（三）学生的重要他人及其影响

"重要他人"一词是美国社会学家米尔斯提出的，专指对个体的社会化过程具有重要影响的具体人物。由于重要他人对学生社会化的影响远大于非重要他人，因此，学生社会化的发展主要取决于其重要他人的类型与特征。学生的重要他人可分为两个层次：互动性重要他人与偶像性重要他人。所谓互动性重要他人，是指学生在日常交往过程中认同的重要他人，如作为"楷模""导师"及"知心朋友"等形象出现的家长、教师和同伴。所谓偶像性重要他人，是指因受到学生特别喜爱、崇拜或尊敬而被学生视为学习榜样的具体人物，一般是社会知名人士。

（四）学习压力

学习压力是指学生在就学过程中所承受的来自环境的各种紧张刺激，以及学生在生理、心理和社会行为上可测定、可评估的异常反应。学习压力状态实际上包括三个层面的因素：一是来自环境的紧张刺激（即压力源），如考试压力、作业压力、课业负担等；二是个体的内部紧张状态（即压力体验），包括焦虑、紧张、挫折、强烈的情绪体验等；三是个体的反应（即压力反应），如躯体反应、各种行为反应等。学生的学习压力主要来自对考试（或说是对考试成绩）的紧张焦虑，沉重的学习压力会导致"恐学症"和心理疾患等各种严重的问题。导致学习压力及其影响的成因主要可以分成两类：环境因素和个体身心素质因素。就其环境因素而言主要是两个：分流教育制度和家庭。

（五）回归生活世界的学校教育

1. 教育回归生活世界的必然性

"生活世界"是由德国哲学家胡塞尔在批判科学世界的基础上提出的。学生生活不仅包括学生的生活环境，还包括学生的生活方式、交往方式、人生态度和对生活的理解。按照不同的标准，学生生活有着不同的分类。（1）按照生活的环境可划分为家庭生活、学校生活、同辈群体生活和社会文化生活。其中，学校生活是学生生活的主要部分，是一种规范的生活。学校生活与家庭生活的最大差别就是强制性。同辈群体是指因年龄、地域、观念、兴趣、活动类型、发展水平等相近或相同，而较自发地形成的群体。导致学生形成、加入同辈群体的主因是学生对平等的追求和期望，因为同辈群体对其成员具有"保护功能"与"发展功能"。（2）按照生活的场景可划分为现实生活和网络生活。与现实生活相比较，网络生活有独特的魅力。它超越了时空的界限而具有随时随地的便捷性；网络资源的丰富性为青少年获取信息、了解世界提供了便捷的条件；网络的互动性满足了青少年交流的需要，在网络了可以进行倾诉、倾听和交流。（3）按照生活的规范性可划分为日常生活和制度化生活。

教育回归生活世界的必然性体现在：（1）美好生活是教育的永恒主题。（2）基础教育改革的时代要求。"整体的人""生活意义""学生主体""学校文化"的概念正是生活世界的基本理念。首先，教材要联系生活、贴近生活，学生不仅仅是记住单调的知识，更重要的是获得一种意义。其次，课程学习方式应以理解、体验、反思、探究和创造为根本，体验或感悟是学习活动的基本方式。因此，教室不应是学生学习的唯一场所。教学不应是你讲我听的单向灌输，而应是"我—你"之间的对话关系，学生在学习中是始终作为真正的主体参与其中的。再次，学校文化体现着学校生活的丰富性，学校应该充满人文气息，体现出生活的情趣，真正成为涵养人美德品格的生活场所。（3）提高师生生活质量的需要。师生的生活质量可以从身心愉悦程度、内心充实程度和成就感三个维度来判断。

2. 教育回归生活世界的基本内容

"学校教育回归生活世界"应包括以下基本内容：（1）重建各种教育观念。教育要回归生活世界，首先的是重建各种教育观念，包括树立："教育即解放"的教育观、"重视体验和发现"的教材观、"与学生共同成长者"的教师观、"有尊严的生命个体"的学生观、"教学合作者"的师生观、"建构的过程"的教学观、"多彩的生活环境"的环境观等。（2）让课堂焕发生命活力。有生命力的课堂是丰富的，首先要解放儿童，其次要让课堂充满人文关怀，再次要让课堂融入生活。（3）把时间还给学生。

3. 学校重心的转移

我们必须把学校生活的重心从传授知识转变为培育丰富的人性。（1）学校教育目标的转变。要培养学生的创新精神和创新能力；要培养学生的人文精神，培养科学精神和社会责任感。（2）学校教育实践重心的转变。要让学生从受到管制的生活转向自主的、创造性的生活；给予学生充分发展的时间和空间；重建校园文化。

五、传统学生观与现代学生观

学生观是指教育者对学生的基本看法，它支配着教育行为，决定着教育者的工作态度和工作方式。传统学生观把学生视为被动的客体、教育管辖的对象、装知识的容器；而现代学生观则认为学生是积极的主体，是学习的主人，是正在成长着的人。

（一）传统学生观

在传统的学生观中，学生是被压制和被塑造的、缺乏独立性的"小大人"。在封建时代，在父权、君权思想和尊卑有序的封建思想影响下，形成了"师为上，生为下；师为主，生为仆；师为尊，生为卑"的封建宗法制的学生观。在这种学生观之下，学生被视作教师的隶属品，缺乏主体地位和人格尊严。学生在教育中沦为被灌输的、缺乏主动性的"器皿"和"仓库"，成为没有主体意识的"物"。学生在教育中的任务就是在教师的决定作用下亦步亦趋地达到某种知识与道德体系的标准，"非礼勿视，非礼勿听，非礼勿言，非礼勿动"成了不能逾越的准则，严重抹杀了学生的个性、创造性和进取精神。

在今天的学校教育中，尽管对学生的认识有所改变，但学生作为积极的、独特的、活生生的生命个体仍没有得到完全的认同。学生的权益、学生时代的独特价值、学生内在世界的尊严和秘密仍缺乏成人世界的普遍真诚的接纳、理解和尊重。在以"灌输"和"塑造"为主旨的教育世界里，学生仍被视作等待加工和塑造的"小大人"，仅仅被当成弱小的、被动的、需要保护和加工的对象。学生在教育教学活动中仍没有真正成为学习的主人，学生独特的生命价值受到漠视。

（二）新课程倡导的现代学生观

1. 学生是发展的人

第一，学生的身心发展是有规律的。认识规律、遵循规律是做好工作的前提。它要求教师掌握学生身心发展的理论，熟悉不同年龄阶段学生身心发展的特点，并依据学生身心发展的规律和特点开展教育教学活动，从而有效促进学生身心健康发展。

第二，学生具有巨大的发展潜能。应该相信学生的确是潜藏着巨大发展能量的，坚信每个学生都是可以积极成长的，是有培养前途的，是追求进步和完善的，是可以获得成功的；因而对教育好每一位学生应充满信心。

第三，学生是处于发展过程中的人。作为发展的人，也就意味着学生还是一个不成熟的人，是一个正在成长的人。从教育角度讲，它意味着学生是在教育过程中发展起来的，是在教师指导下成长起来的。在一定的意义上，可以说，学生的生活和命运是掌握在学校和教师手里的。学生是不是能生活得很有趣味，是不是能学得很好，是不是能健康成长，是不是幸福欢乐，都和他们所在的学校和所遇到的教师有极大的关系。

2. 学生是独特的人

第一，学生是完整的人。学生并不是单纯的抽象的学习者，而是有着丰富个性的完整的人。在教育活动中，作为完整的人而存在的学生，不仅具备全部的智慧力量和人格力量，而且体验着全部的教育生活。要把学生作为完整的人来对待，就必须反对那种割裂人的完整性的做法，还学生完整的生活世界，丰富学生的精神生活，给予学生全面展现个性力量的时间和空间。

第二，每个学生都有自身的独特性。每个人由于遗传素质、社会环境、家庭条件和生活经历的不同，而形成了个人独特的"心理世界"，他们在兴趣、爱好、动机、需要、气质、性格、智能和特长等方面是各不相同、各有侧重的。"人心不同，各如其面"，独特性是个性的本质特征。珍视学生的独特性和培养具有独特个性的人，应成为我们对待学生的基本态度。独特性也意味着差异性，不仅要认识到学生的差异，而且要尊重学生的差异。差异不仅是教育的基础，也是学生发展的前提，应视为一种财富而珍惜开发，使每个学生在原有基础上都得到完全、自由的发展。

第三，学生与成人之间存在着巨大的差异。学生和成人之间是存在很大差别的，学生的观察、思考、选择和体验都和成人有明显不同；所以"应当把成人看作成人，把孩子看作孩子"。

3. 学生是具有独立意义的人

第一，每个学生都是独立于教师的头脑之外、不以教师的意志为转移的客观存在。因此，绝不是教师想让学生怎么样，学生就会怎么样。首先要把学生当作具有独立性的人来看待，使教育和教学适应他们的条件、要求和思想认识的发展规律。教师不但不能把自己的意志强加给学生，而且，连自己的知识也是不能强加给学生的。强加不但加不进去，而且会挫伤学生的主动性、积极性，扼杀他们的学习兴趣，窒息他们的思想，引起他们自觉或不自觉的抵制或抗拒。

第二，学生是学习的主体。每个学生都有自己的躯体、自己的感官、自己的头脑、自己的性格、自己的意愿、自己的知识和思想基础、自己的思想和行动规律。正如每个人都只能用自己的器官吸收物质营养一样，每个学生也只能用自己的器官吸收精神营养。这是别人不能代替也不能改变的。教师不可能代替学生读书，代替学生感知，代替学生观察、分析、思考，代替学生明白任何一个道理和掌握任何一条规律。教师只能让学生自己读书，自己感受事物，自己观察、分析、思考，从而使他们自己明白事理，自己掌握事物发展变化的规律。

第三，学生是责权主体。从法律、伦理角度看，在现代社会，学生在教育系统中既享有一定的法律权利并承担着一定的法律责任，是一个法律上的责权主体，也承担一定的伦理责任和享受特定的伦理权利，也是伦理上的责权主体。学生是权利主体，学校和教师要保护学生的合法权利；学生是责任主体，学校和教师要引导学生学会对学习、对生活，对自己、对他人负责，学会承担责任。视学生为责权主体的观念，是建立民主、道德、合法的教育关系的基本前提。强化这一观念，是时代的要求。

第三节　师生关系

一、师生关系概述

（一）师生关系的概念

师生关系是指学生和教师在教育教学活动中结成的关系，包括彼此所处的地位、作用和相互对待的态度。师生关系是教育过程中最基本、最重要的人际关系。师生关系是一种特殊的社会关系和人际关系，是教师和学生为实现教育目标，从各自独特的身份和地位通过教与学的直接交流活动而形成的多性质、多层次的关系体系。良好的师生关系不仅是顺利完成教学任务的必要手段，而且是师生在教育教学活动中的价值、生命意义的具体体现。

（二）两种对立观点

关于师生关系，有两种对立的观点，即教师中心论和儿童中心论。

1. 教师中心论

教师中心论的典型代表包括赫尔巴特和凯洛夫，他们强调教师的权威作用，认为教师在教育教学过程中起主宰作用。

2. 儿童中心论

儿童中心论认为教育的目的在于促进儿童的成长，教育要从学生的兴趣和需要出发，整个教育过程要围绕儿童进行。其代表人物有法国的卢梭和美国的杜威。杜威宣称："现在，我们教育中将引起的改变是重心的转移……在这里，儿童变成了太阳，教育的一切措施要围绕他们而组织起来。"

此外，我国关于师生关系的理论经历了从单一主体论向双重主体论转移的过程。20世纪90年代以来，主体性教育思潮兴起。主体间性的师生关系认为，教学不是一个完全的认知过程，而是师生平等交往、主动对话、相互理解的过程，师生不是"我与他"的"人一物"式的人际关系，而是"我与你"的"人一人"式的勾连关系，强调教师主体和学生主体的交互作用。

（三）师生关系的类型

师生关系的类型可以分为放任型、专制型和民主型三类。每一种师生关系都有其特征与不同的影响。

1. 放任型

放任型师生关系模式的特征是无序、随意和放纵。在放任型模式下，学生的学习成绩在教师不在场时反而更好，这是学生中具有领袖才能的人出面进行组织的结果。具体来讲，在此类师生关系中，教师缺乏责任心和爱心，对学生的学习和发展任其自然；学生对教师的教学能力怀疑甚至失望，对教师疏远甚至排斥。师生关系冷漠，班级秩序失控，教学效果较差。

2. 专制型

专制型师生关系模式的特征是命令、权威和疏远。在专制型模式之下，教师在场时学生的学习成绩高于教师不在场时，学生只有在教师的权威下才肯努力学习。具体来讲，在此类师生关系中，教师教学责任心强，但不讲求方式方法，不注意听取学生的意愿；学生对教师只能唯命是从，不能发挥独立性和创造性，学习是被动的。师生交往一般缺乏情感因素，难以形成互尊互爱的良好人际关系，甚至教师的专断粗暴、简单随意会引起学生的反感、憎恶甚至对抗，造成师生关系的紧张。

3. 民主型

民主型师生关系模式的特征是开放、平等和互助。在民主型模式之下，学生的学习努力程度比较适中，学习成绩比较稳定。具体来讲，在此类师生关系中，教师能力强，威信高，善于同学生交流，不断调整教学进程和方法；学生学习积极性高，兴趣广泛，独立思考，和教师配合默契。民主型师生关系，来源于教师的民主意识、平等观念以及较高的业务素质和强大的人格力量，这是理想的师生关系类型，也是新课程理念倡导的师生关系类型。

（四）师生关系的教育作用

师生关系具有教育功能、激励功能和社会功能，师生关系在教育中的作用具体体现在：（1）良好的师生关系是教育教学活动顺利进行的重要条件。研究表明：中小学生的学校适应性与师生关系之间存在显著正相关；师生关系是影响学生学校适应性的重要因素。实践表明：师生关系与学生学习成绩显著相关；教师与学生建立一种友谊关系，对于促进学生学习兴趣和完整人格的形成具有重要意义。（2）师生关系是衡量教师和学生学校生活质量的重要指标。（3）师生关系是一种重要的课程资源和校园文化。师生关系是教育教学实践中及时形成的一种课程资源，具有重要的德育功能、心理功能和认知价值。同时，师生关系作为学校中最基本的、最重要的人际关系，是一所学校的精神风貌、校风、教风、学风的整体反映和最直观反映。师生关系作为校园文化的组成部分，对学校精神文化的建设、对学生在校的发展和今后的成长都起着重要的作用。也有观点认为，良好的师生关系的作用和意义主要包括：建立良好的师生关系是教育教学活动顺利进行的保障；良好的师生关系是构建和谐校园的基础；良好的师生关系是实现教学相长的催化剂；良好的师生关系能够满足学生的多种需要。此外，大量的研究表明，师生关系对学生有着重要的影响。这些影响主要表现在：师生关系对学生学习态度的影响；师生关系对学生学习成绩的影响；师生关系对学生活动效率的影响；师生关系对学生个性发展及心理健康的影响。

二、师生关系的基本内容与表现形式

（一）师生关系的具体表现形式

师生关系，可以根据不同的标准分成不同的类型，表现出不同的具体形式，包括为完成教育任务而形成的工作关系、以组织结构形式表现的组织关系、为交往而形成的人际关系、以认知情感等为表现形式的心理关系等。从对师生关系的意义及稳定性等的综合分析，师生关系主要表现为以下几方面。

1. 以年轻一代成长为目标的社会关系

师生之间的社会关系是教师作为成人社会的代表与学生作为未成年的社会成员在教育教学过程中结成的代际关系、政治关系、文化关系、道德关系、法律关系等。师生的社会关系是规范性的，是人与人的各种社会关系在教育教学中的反映。

2. 以直接促进学生发展为目标的教育关系

师生的教育关系（即工作关系、业务关系）是指教师和学生在教育教学活动中为促进学生的整体发展和自主发展而结成的教育与被教育、组织与被组织、引导与被引导等主体间关系。它是师生现实关系的体现，它是形成性的。教育关系是师生关系中<u>最基本的表现形式</u>，也是师生关系的<u>核心和主体</u>。师生的教育关系也是多样的：首先，从教育过程的主体作用来说，教师和学生是教育和被教育的关系。其次，从教育作为一种组织来说，教师和学生共同生活在学校、班级、教室等社群中，构成组织和被组织的关系。再次，从教育活动的展开来说，教师和学生是一种平等的交往关系和对话关系。

3. 以维持和发展教育关系为目标的心理关系

师生间的<u>心理关系</u>是指教师和学生为了维持和发展教育关系而构成的内在联系，包括人际认知关系、情感关系、个性关系等。师生心理关系的实质是师生个体之间的情感是否融洽、个性是否冲突、人际关系是否和谐。理想的师生关系是一种使彼此感到愉悦、相互吸引的融洽、和睦关系。

4. 师生之间的伦理关系

师生之间的<u>伦理关系</u>是指在教育教学活动中，教师与学生构成一个特殊的道德共同体，各自承担一定的伦理责任，履行一定的伦理义务。这种关系处于师生关系体系中的<u>最高层次</u>，对其他关系形式具有约束和规范作用。教师不仅有广博的知识，还应该有高尚的人格和正确的道德思想，而这正是建立良好的师生伦理关系的关键。作为现代教育伦理本性的具体化和集中表现，现代师生伦理关系应具有促进学生全面发展、体现教育崇善的基本特性，这也是师生伦理关系改革的方向所在。

（二）师生关系的内容

师生关系是辩证统一的，我们要做多重理解。

1. 教学上的<u>授受关系</u>

这是师生之间的一种业务关系、工作关系或教育关系。在教育内容的教学上，教师与学生的关系是一种授受关系，教师处于教育和教学的主导地位。

（1）从教育内容的角度看，教师是传授者，学生是接受者。教师的知识丰富，拥有较多的社会生活经验，教师的任务就是将这些知识传授给学生。在这种师生关系中，教师处于教育和教学的主导地位。

（2）<u>学生主体性</u>的形成，既是教育的目的，也是教育成功的条件。学生是具有主观能动性的个体，教师的教育影响必须经过学生选择内化才能对学生的发展产生实际的作用。因此，教师的教育教学活动并不是单向的传输过程，而是师生之间的互动过程。在学习过程中，学生处于主体地位。

（3）对学生指导、引导的目的是促进学生的<u>自主发展</u>。教师的责任是帮助学生由知之不多到知之较多，由不成熟到成熟，最终促成学生学会学习、判断与选择，成为自主行动的人。

2. 人格上的<u>平等关系</u>

这是师生之间的一种心理关系，师生在人格上是民主、平等的关系。

（1）学生作为一个独立的社会个体，在人格上与教师是平等的。教育工作的最大特点在于它的工作对象都是有思想、有感情的活动着的个体，学生和教师一样都是具有独立人格的人，应该互相尊重，建立起民主、平等的师生关系。德国存在主义哲学家雅斯贝尔斯在他的著作《什么是教育》中将教育分为三种类型：<u>经院式教育</u>、<u>师徒式教育</u>和<u>苏格拉底式教育</u>。在经院式教育中，教材拥有至高无上的权威；师徒式教育完全以教师为中心；在苏格拉底式教育中，教师和学生处于平等地位。教师、学生和教育内容是教育活动的三个核心要素，教育是教师和学生借助于教育内容进行的对话、理解和共享的交往活动。

（2）真正民主的师生关系，是一种朋友式的友好帮助（互尊互惠）的关系。真正民主、平等的师生关系，是将尊重、信任与严格要求有机地统一起来，是一种朋友式的帮助与信任的关系。传统的"师道尊严"和19世纪末以后出现的"儿童为中心"的师生关系模式，都不利于学生活动的积极性和良好的师生关系的形成。

3.社会道德上的相互促进关系

这是师生之间的一种伦理关系。

（1）师生关系从本质上说是一种人—人关系。师生关系是人与人之间思想交流、情感沟通、教学相长的社会互动关系。

（2）教师对学生的影响不仅仅是知识上、智力上的，更是思想上、人格上的。教育工作者对成长中的儿童和青少年有着巨大的潜移默化的影响，但这种精神上的影响不是靠说教产生的，而是通过精神的感染实现的。教师的真正威信在于他的人格力量，它会对学生产生终生的影响。同样，学生不仅会对教师的知识水平、教学水平做出反应，更会对教师的道德水平、精神风貌做出反应，他们会用各种形式表达他们的评价和态度。这对教师来说确实是一种其他任何职业都无法比拟的精神挑战。

三、良好师生关系的构建

（一）良好师生关系的基本特点

我国的师生关系是以培养全面发展的新人为根本目标的。其明显特征是：尊师爱生、民主平等、教学相长、心理相容。

1.尊师爱生，相互配合

这是我国新型师生关系的本质特征。现代教育中的"尊师爱生"不是封建等级关系、政治连带关系、伦理依附关系，而是师生交往与沟通的情感基础、道德基础，其目的主要是师生相互配合与合作，顺利开展教育活动。

尊师就是尊重教师，尊重教师的劳动和教师的人格与尊严，对教师要有礼貌，了解和认识教师工作的意义，理解教师的意愿和心情，主动支持和协助教师工作，虚心接受教师的指导；爱生就是爱护学生，它是教师热爱教育事业的重要体现，是教师对学生进行教育的感情基础，是教师的基本道德要求，也是培养学生热爱他人、热爱集体的道德情感基础。爱生包括"视徒如己，反己以教"，尊重和信任学生，严格要求学生并公正地对待学生。

尊师与爱生是相互促进的两个方面：教师通过对学生的尊重和关爱换取学生发自内心的尊敬和信赖，而学生对教师的尊敬和信赖又可激发教师更加努力地工作，为学生营造良好的心理气氛和学习条件。

2.民主平等，和谐亲密

民主平等不仅是现代社会民主化趋势的需要，也是教学生活的人文性的直接要求和现代人格的具体体现。它要求教师理解学生，发挥非权力性影响，并一视同仁地与所有学生交往，善于倾听不同意见，同时也要求学生正确表达自己的思想，学会合作和共同学习。简言之，师生之间是平等的，"教师是平等中的首席"。

3.共享共创，教学相长

这种相互作用关系是主体客体化和客体主体化的过程，是我国新型师生关系的基本特点。"教学相长"的原意是仅从教师的角度提出的，即教师通过教学可以促进自身的成长。后人将其内涵扩大化，即在教学过程中，教师的教促进学生的学，学生的学促进教师的教，教与学是相互促进的。"学然后知不足，教然后知困"，说的就是这个道理。教学相长包括三层含义：一是教师的教可以促进学生的学；二是教师可以向学生学习；三是学生可以超越教师。

共享就是教师和学生共同体验和分享教育中的欢乐、成功、失望与不安，它是师生情感交流深化的表现。共创就是教师和学生在相互适应的基础上，相互启发，使师生的认识不断深化，共同生活的质量不断跃进。共享共创体现了师生关系的动态性和创造性，是师生关系的最高层次。共享共创的结果是教师和学生相互促进、共同发展，是学生的道德、思想、智慧、兴趣、人格等的全面生成，是教师专业自我的成熟过程。

4.心理相容，豁达大度

"亲其师，信其道。"心理相容指的是教师与学生之间在心理上协调一致，在教学实施过程中表现为师生关系密切、情感融洽、平等合作。在教学过程中，师生的心理情感总是伴随着认识、态度、情绪、言行等的相互体验而形成亲密或排斥的心理状态，而不同的情绪反应对学生课堂上参与的积极性和学习效率具有很大的影响。在日常的教学过程中，学生对所学的各门课程是有不同情感的，它影响着注意力和时间的分配，带来了各门课程学习的不平衡。这些都可以从师生心理关系等因素上找到原因。

（二）影响师生关系的因素

影响师生关系的因素很多，归纳起来大致有三个方面：教师方面的因素、学生方面的因素和教育环境方面的因素。

1.教师方面

（1）教师对学生的态度。学生受教师评价的影响很大。教师对学生的评价往往通过语言暗示、表情等反映出来。教师如偏爱优生，忽视中等生，厌恶后进生，就会使学生与教师产生不同的距离。美国心理学家罗森塔尔等人的实验不仅证明了教师态度与学生成绩的关系，而且证明了教师态度对师生关系的直接影响。

（2）教师的领导方式。教师领导方式有专制型、民主型、放任型三种。大量事实表明，在民主型领导方式下，师生关系民主、平等、融洽，而在专制型领导方式下，师生关系对立。也有学者主张，教师的领导方式可分为四种：强硬专断型、仁慈专断型、放任自流型、民主型。不同的领导类型会产生不同的教学效果，从而导致不同的师生关系。强硬专断型教师班级一切活动由教师一人计划、安排、决定、指挥，要求严格苛刻，很少给予表扬，导致班级学生屈服、易怒、不愿合作、推卸责任；仁慈专断型教师虽受部分学生爱戴，但会使学生所有的活动都依赖教师，不会主动学习与创造；放任自由型教师一切活动全由学生自己处理，与学生几乎没什么交流，致使学生在活动中困扰不断，常常发生不愉快行为；民主型教师对集体活动多给予客观的表扬与批评，多数活动由学生参与策划设计，班级学生积极主动，有很强的合作性，常常交换意见开展讨论。

（3）教师的智慧。教师的智慧不仅表现在学识上，而且表现在教师的创造性上。学识渊博是学生亲近教师的重要因素之一。

（4）教师的人格因素。教师的性格、气质、兴趣等是影响师生关系的重要因素。性格开朗、气质优雅、兴趣广泛的教师最受学生欢迎。

2.学生方面

学生受师生关系影响的主要因素是学生对教师的认识。许多调查表明：学生与教师关系好就喜欢上这位教师的课，主动亲近教师；自认为教师瞧不起自己的，就会主动疏远教师。

3.环境方面

影响师生关系的环境主要是学校的人际关系环境和课堂的组织环境。学校领导与教师的关系、教师之间的关系、教师与家长的关系，必然影响师生关系。课堂的组织环境主要包括教室的布置、座位的排列、学生的人数等。我国中小学课桌的摆放多呈"秧田式"，教师讲台置于块状空间的正前方，这种格局阻隔了师生之间的交往及生生之间的交往。目前，许多国家都在探讨圆桌式、马蹄形、半圆形、蜂巢式等便于师生交往和交流的座位排列方式。

（三）建立良好师生关系的途径与方法

良好的师生关系主要在课堂教学活动中建立起来，也在课外活动中建立和丰富起来，同时，校外活动是师生关系形成的另一个不容忽视的途径。师生关系建立的多种途径要求教师不仅在课内外，而且要在校外意识到自己的职业角色和社会地位，增强教育的立体效果。

1. 教师

教师是教育过程的组织者，在全部教育活动中起主导作用。从根本上说，良好的师生关系首先取决于教师。为此，教师要从以下几个方面努力：

第一，了解和研究学生。教师要与学生取得共同语言，使教育影响深入学生的内心世界，就必须了解和研究学生。了解和研究学生主要包括三个方面：了解和研究学生个人，比如学生个体的思想意识、道德品质、兴趣、需要、知识水平、个性特点、身体状况；了解学生的群体关系，比如班集体的特点及其形成原因；了解和研究学生的学习和生活环境，比如学习态度和方法。

第二，树立正确的学生观。我国传统的学生观将学生看作被动的受体、教师塑造与控制的对象，学生在教育中处于边缘位置，对学生的教育是规范、预设的。正确的学生观包括以下几个方面：学生都具有巨大的发展潜力；学生的不成熟性具有成长价值；学生具有主体性，特别是创造性；学生是责权主体，有正当的权利和利益；学生是一个整体的人，是知、情、意、行的统一体。正确的学生观来自教师对学生的观察和了解，来自教师向学生的学习和对自我的反思。

第三，热爱、尊重学生，公平对待学生。热爱学生包括热爱所有学生，对学生充满爱心，经常走到学生之中，忌讳挖苦、讽刺及粗暴对待学生。尊重学生特别要尊重学生的人格，保护学生的自尊心，维护学生的合法权益，避免师生对立。教师处理问题必须公正无私，使学生心悦诚服。

第四，主动与学生沟通，善于与学生交往。师生关系一般要经历生疏、接触、亲近、依赖、协调、默契阶段。在师生交往的初期，往往出现不和谐因素，如因为不了解而不敢交往或因误解而造成冲突等。这就要求教师掌握沟通与交往的主动性，经常与学生保持接触，经常与学生谈心；同时，教师还要掌握与学生交往的策略与技巧，如寻找共同的兴趣或话题、一起参加活动、邀请学生到家做客等。

第五，努力提高教师自身修养，健全人格。教师的素质是影响师生关系的核心因素。教师的师德修养、知识能力、教育态度、个性心理品质无不对学生发生深刻的影响。教师要使师生关系和谐，就必须通过自己崇高的理想、科学的世界观、人生观、渊博的知识、严谨的治学态度、活泼开朗的性格、多方面的爱好与兴趣等来吸引学生。为此，教师必须：① 加强学习和研究，使自己更加智慧；② 经常进行自我反思，正确评价自己，克服个人的偏见和定势；③ 培养自己多方面的兴趣和积极向上的人生观；④ 学会自我控制，培养耐心、豁达、宽容、理解等个性品质。

除此之外，教师还可以通过发扬教育民主、正确处理师生矛盾、保护学生合法权利等措施来促进良好师生关系的建立。

2. 学生

学生应做的努力主要包括以下两点：第一，正确认识自己。学生如果能够正确认识自己的优缺点以及应该努力的目标，站在客观的角度思考和看待自己，那么他们对于教师的指导就能更加认真地倾听和思考，这对于形成良好的师生关系有很大的促进作用。第二，正确认识老师。每位老师都有其自身的特征、缺点和优点。当学生发现教师不能满足他们某些方面的期待或不喜欢某位老师时，学生应该摒弃对教师的固有成见，要学会客观地认识和理解老师的付出，积极主动地和老师沟通，这样师生双方才能互相理解，才能形成良好的师生关系。

3. 环境

教育环境优化的具体举措如下：加强校园文化建设，确保校园文化的相对独立性、完整性和纯洁性；加强学风教育，养成良好学风，使学生在一个良好的学习氛围中愉快地学习、健康地成长。

第四节 教师职业道德

一、教师职业道德概述

（一）教师职业道德的概念

1. 道德与职业道德

"道德"一词，在汉语中可追溯到先秦思想家老子所著的《道德经》："道生之，德畜之，物形之，势成之。是以万物莫不尊道而贵德。道之尊，德之贵，夫莫之命而常自然。""道""德"二字连用始于荀子《劝学》篇："故学至乎礼而止矣，夫是之谓道德之极。"在西方古代文化中，"道德"（morality）一词起源于拉丁语的"mores"，意为风俗和习惯。所谓道德，就是由一定社会关系，特别是经济关系所决定，依靠社会舆论、传统习惯和内心信念来维持，以区分善恶、正邪、荣耀等为内容的思想意识、行为规范和实践活动的总称。

职业道德是指人们在从事某种职业活动的过程中，思想和行为所应遵循的道德准则和道德规范。职业道德是重要的社会行为准则，对人类社会生活有特殊意义。职业道德具有内在的稳定性、形成和行为尺度的多样性、适用对象的限定性等特征。

2. 教师职业道德

教师职业道德，又称"教师道德"或"师德"，是指教师在从事教育劳动时所应遵循的行为规范和必备的品德的总和，是调节和处理教师与他人、集体、社会、工作等关系时所必须遵守的基本道德规范和行为准则，以及在此基础上所表现出来的道德观念、情操和品质。

教师职业道德是社会职业道德的有机组成部分，是教师行业特殊的道德要求。它从道义上规定了教师在教育劳动过程中以什么样的思想、感情、态度和作风去待人接物，处理问题，做好工作，为社会尽职尽责。它是教师行业的特殊道德要求，是调整教师与教师、教师与学生、教师与学校领导、教师与学生家长以及教师与社会其他方面关系的行为准则，是一般社会道德在教师职业中的特殊体现。

3. 教师职业道德的本质

（1）教师职业道德是教师从事教育活动必须遵守的职业伦理；（2）教师职业道德体现为特定的道德规范体系，它由四种基本关系（教师与教育事业的关系、教师与受教育者的关系、教师与其他教师及教师集体的关系、教师与家长及其他相关人员的关系）和三个基本层次（理想层次、原则层次、规则层次）组成；（3）教师职业道德是从教育活动的特殊利益关系中引申出来的。

4. 教师职业道德的基本构成

教师职业道德包括横向和纵向两个方面。从横向看，教师职业道德主要由教师职业理想、教师职业责任、教师职业态度、教师职业纪律、教师职业技能、教师职业良心、教师职业作风和教师职业荣誉八个要素构成，这些因素从不同方面反映出教师职业道德的特定本质和规律，同时又互相配合，构成一个严谨的教师职业道德结构模式。从纵向看，教师道德包括三个基本体系——理想层次、原则层次和规则层次。

（1）教师职业理想

所谓职业理想，就是指人们对于未来工作类别的选择以及在工作上达到何种成就的向往和追求。职业理想是职业道德的重要组成部分，有了崇高的职业理想才能产生模范遵守职业道德的行为。

忠于人民的教育事业，努力做一名优秀教师，是社会主义市场经济条件下教师的崇高职业理想，它体现了教师职业道德的本质。要实现这个理想，必须做到以下几点：第一，热爱教育事业；第二，热爱学生；第三，献身教育事业；第四，勇于同一切危害教育事业的行为进行坚决的斗争；第五，不断提高自身素质。

（2）教师职业责任

所谓教师职业责任，就是教师必须承担的职责和任务。在社会主义条件下，人民教师的根本职责，就是培养社会主义新人。换句话说，人民教师的职责，是培养社会主义现代化事业的建设者和接班人。

自觉履行教师职业责任，要求教师把职业责任变成自觉的道德义务，为培养和造就社会主义新人而无私奉献。教师怎样才能做到这一条呢？第一，教师必须自觉地做到对学生负责；第二，做到对学生家长负责；第三，做到对教师集体负责；第四，做到对社会负责。

（3）教师职业态度

教师职业态度，是指教师对自身职业劳动的看法和采取的行为，简言之，就是指教育劳动态度或教师劳动态度。

在社会主义社会，教师职业态度的基本要求，就是树立积极主动的劳动态度，努力培养社会主义新人。教师怎样才能做到树立积极主动的劳动态度、努力培养社会主义新人呢？首先，教师必须有主人翁的责任感；第二，具有从事教育劳动的光荣感与自豪感；第三，要有肯吃苦的精神。

（4）教师职业纪律

教师职业纪律就是教师在从事教育劳动过程中应遵守的规章、条例、守则等。主要应做到以下几点：第一，要有教师意识并不断强化这种意识；第二，认真学习教师职业纪律的有关规定；第三，在教育劳动中恪守教师职业纪律；第四，从一点一滴做起；第五，虚心接受批评，勇于自我批评，善于改正错误。

（5）教师职业技能

教师职业技能集中地表现为教师教书育人的本领，教师教书育人活动的效果是教师职业技能的反映。教师应怎样做才能提高自己的职业技能呢？主要应做到以下几点：第一，刻苦钻研业务，不断更新知识；第二，要懂教育规律；第三，要具备一定的管理知识；第四，勇于实践，不断创新。

（6）教师职业良心

所谓教师职业良心，就是教师在对学生、学生家长、同事以及对社会、学校、职业履行义务的过程中所形成的特殊道德责任感和道德自我评价能力。

（7）教师职业作风

所谓教师职业作风，就是教师在自身职业活动中表现出来的一贯态度和行为。

（8）教师职业荣誉

所谓教师职业荣誉，就是教师在履行职业义务后社会所给予的赞扬和肯定，以及教师个人所产生的尊严与自豪感。

（二）教师职业道德的特点

教师职业道德除了具有一般职业道德的共性外，还有着自己的特点。这些特点主要表现在以下几个方面：

1. 境界的高层次性

境界的高层次性即教师职业道德标准具有高度的严格性，是指社会和他人对教师职业道德的要求总是在整个社会道德体系中处于较高水平和较高层次。教师职业道德的高层次性是由教育是培养人的本质特点以及教师要教书育人的根本任务所决定的。

2. 道德意识的自觉性

道德意识的自觉性即教师职业道德意识具有强烈的自觉性和责任感，是指教师由职业劳动的特点所决定的在职业道德意识上的更高的自觉性，它是教师职业情感和职业行为的基础。教师劳动的个体性要求教师要有遵守教师道德的自觉性。教书育人的神圣职责要求教师具有高度的责任感和自觉性。

3. 行为举止的典范性

行为举止的典范性即教师职业道德行为具有独特的示范性，是指教师的品德和行为对学生思想品德的形成与行为具有榜样作用。它是由教师劳动的示范性决定的。在教育教学过程中，教师职业道德不仅是对教师自身行为的规范，而且对学生具有"以身作则"的作用。因此，教师要以身作则，为人师表，这也是教师职业道德区别于其他职业道德的显著标志。

4. 道德影响的深广性

道德影响的深广性即教师职业道德影响具有潜在的深远性和广泛性，是指教师的道德品质和行为将给学生留下深刻久远的印象。它不会因学生的离校而随之结束，还将延续到学生毕业以后，有时甚至会伴随学生的一生。不仅如此，教师还会通过影响学生影响学生家长，进而影响整个社会；所以，教师职业道德的影响比其他职业道德的影响更具深广性。

5. 道德内容的先进性

道德内容的先进性即教师职业道德内容具有鲜明的时代性，是指教师职业道德随着时代、社会和学生实际情况的发展变化而不断更新。

除此之外，关于教师职业道德的特点还有以下观点：

观点一：（1）鲜明的继承性。在人类教育发展的历史长河中，保留着丰富的教师职业道德遗产，它是新时期教师职业道德建构不可缺少的重要源头，是新时期我国教师职业道德丰富和发展不可忽视的重要条件。（2）强烈的责任性。教师职业道德是教师献身教育工作的根本动力，它通过影响教师人际关系而调节、规范教师的行为和思想，从而对教师的教育教学工作起着导向、动力和保证作用。（3）独特的示范性。教师职业是一种道德服务，教师本身的人格、道德修养就是一种教育力量。教师职业道德具有教育人、感化人的作用。无论是教师个人的道德品质，还是教师的集体风貌，都具有独特的示范性。（4）严格的标准性。教师职业道德比其他职业道德有更高、更全面的内容要求。教师职业道德的社会影响比其他职业道德影响更广泛、更深远。

观点二：（1）从教师的社会责任来看，师德具有全局性。从中央到地方各级领导部门全面重视教育，全党、全社会对教师素质的要求使师德远远地超出了本部门职业道德的范围，而上升到全社会各行各业职业道德之前，从而具有全局性。（2）从教师职业及个人修养来看，师德具有导向性。师德是素质教育的灵魂。教师的职业道德具有导向作用，言传身教、表里一致是学校方向正确的政治保证。坚持德、智、体等方面全面发展和教育与社会实践相结合，这是社会主义教育方针和培养社会主义新人的质量标准。要造就"四有"新人，教师要率先树立远大理想，给学生以蓬勃向上的精神力量，体现全心全意为人民服务的高尚境界，以正确的人生观、世界观、价值观为基础，正确处理集体利益与个人利益的关系。不断提高个人思想政治素质和业务素质。（3）从教师的人格评价来看，师德具有超越一般职业道德的示范性。教师的"红烛精神"本身就是师德超出一般道德规范的示范表率作用的具体体现。"为人师表"则是教师以自身优良品德为学生和社会做榜样，使学生的思想、行为、品德在潜移默化中受到陶冶。（4）从社会地位来看，师德具有超前性。党和国家把教育放在优先发展的战略地位，这就决定了教师的师德修养必须超越一般而做到超前。师德建设超前的原则是"教育者必先受教育""要别人做到的自己首先要做到"。

观点三：（1）教师职业道德的教育专门性或适用的针对性。教师职业道德的教育专门性，即教师职业道德对教育善恶的专门体现性和对教育的专门适用性。（2）教师职业道德内容的全面性。在古今教育发展的长河中，教师职业道德越来越丰富，涉及教师职业劳动的所有问题，充分体现了教师职业道德内容的全面性。（3）教师职业道德功能的多样性。教师职业道德的产生和发展是社会和教师职业的需要，其功能具有多样性。它不仅对教师职业做出了重要的价值性论证和伦理性论证，而且有助于教师增强对自己职业的认识。（4）教师职业道德要求的双重性或教师职业道德体现教书和育人要求的一致性。教书育人是教师职业道德的根本所在。教师职业道德的一切内容都是围绕这一根本问题产生的，都是与这一根本问题相联系的。

（三）教师职业道德的功能及其强化的意义

1. 教师职业道德所含有的价值因素

（1）伦理价值

教师职业道德确立和保护了学生作为个性的人的价值和精神的独立，从而促使他们的发展既符合社会需要，又满足个体需要。与其他职业道德相比，师德具有的特殊价值是伦理道德价值。

（2）教育价值

教师是从事教育工作的人，教师在教育工作中必须遵循的教师职业道德，其教育价值是客观存在的。

（3）文化价值

道德是人类文化体系中的重要组成部分，而教师职业道德是一般社会道德在教师职业中的特殊表现。因此，教师职业道德既是一种行为规范，也是一种文化现象。它的发展，在社会生活中从一个侧面满足着人民大众对社会文化的需要，具有文化价值。

2. 教师职业道德的作用

教师职业道德的基本功能是认识功能和实践功能。其中实践功能又包括教育功能、调节功能、促进功能和行业保护功能。

（1）调节作用

对教育过程的调节作用是教师职业道德最基本、最重要的作用。它不仅指向教育过程，而且也指向教师本身。教师职业道德对教育过程具有调节作用、对教师本身具有自我调节功能，具体表现在以下几个方面：第一，通过调节教师与教育事业的关系，促进教师爱岗敬业；第二，通过调节教师与学生的关系，形成尊师爱生的教育氛围；第三，通过调节教师与教师的关系，形成团结协作的教育凝聚力；第四，通过调节教师与学校其他成员及社会其他成员的关系，形成教育合力。

（2）教育作用

教师职业道德不仅能调节教师行为，保证教育过程的顺利开展，而且对学生具有很大的教育作用。这种教育作用具体表现在以下几个方面：第一，教师的道德品质对学生的品德的形成具有示范作用；第二，教师的道德品质对学生智力的发展、科学文化水平的提高具有推动作用；第三，教师的道德品质对培养学生的审美情趣具有促进作用；第四，教师的道德品质对学生良好心理素质的培养具有促进作用。

（3）导向作用

在教育活动中，教师居于主导地位，学生是教育的对象。教师的道德品质对于学生的成长、发展尤其是思想品德的形成起着重要的导向作用。这种导向作用具体表现在以下几个方面：第一，激励作用。在学生成长过程中，教师的引导、激励作用是十分重要而又巨大的。第二，控制作用。教师良好的道德榜样和耐心细致的说服教育，可以使学生逐步学会对事物进行理性分析，以理智控制自己的情绪和行为。第三，调整作用。教师良好的道德榜样可以促使学生对符合道德要求的情感、欲望或冲动予以克制，从而调整自己的行为，保持自己正直的人格。第四，矫正作用。教师是学生的一面镜子，不少学生都以教师为榜样，对照自己，检查自己，克服缺点，纠正错误。

（4）促进作用

教师作为社会的一员，其道德状况会影响社会道德的发展。良好的教师职业道德，对整个社会职业道德的发展、家庭美德的形成、社会公德的提高具有十分重要的促进作用。这种促进作用具体表现在以下几个方面：第一，有利于社会职业道德的发展和从业者道德素质的提高；第二，有利于家庭美德的形成和整个社会文明程度的提高；第三，有利于社会公德的发展和良好社会风气的形成。

此外，有观点认为，教师职业道德的作用体现在：（1）教师职业道德对教师起着调节和教育的作用；（2）教师职业道德对学生起榜样和带动作用；（3）教师职业道德对社会起影响和促进作用。也有观点认为，教师职业道德的功能有：（1）对教师工作的促进功能，这是教师职业道德最基本的社会作用；（2）对教育对象的教育功能；（3）对社会文明的示范功能；（4）对教师修养的引导功能。

3. 教师职业道德强化的意义

（1）强化教师职业道德，有利于提高教师素质；（2）强化教师职业道德，有利于增强教师的事业心、责任感；（3）强化教师职业道德，有利于净化教育行业风气、推动社会主义精神文明建设；（4）强化教师职业道德，有利于推动素质教育的有效实施。

二、教师职业道德的基本原则

（一）教师职业道德基本原则的概念

1. 教师职业道德基本原则的含义

教师职业道德基本原则是一定的社会或阶级在某一历史时期根据社会或阶级和教师职业的实际需要对教师职业道德行为提出的根本要求，是教师在教育活动中处理各种利益关系、调节和评价一切道德行为的根本规则。它在教师职业道德体系中居于主导地位，是整个教师职业道德体系的核心和精髓。

2. 教师职业道德基本原则与教师职业道德规范、教师职业道德范畴的关系

教师职业道德体系是由教师职业道德原则、教师职业道德规范和教师职业道德范畴等方面共同构成的。道德基本原则是一定社会或阶级对人们行为提出的最基本的要求，是道德体系的核心，是人们立身处世的基本准则，也是判断是非善恶的基本标准。道德规范则是比较具体的道德原则，它是在一定条件下、一定范围内人们立身处世和评价是非善恶的标准。道德范畴存在于每一个人的意识和感情中，是反映人们道德关系和行为调节方向的一些基本概念。

（1）教师职业道德规范和范畴都是由教师职业道德基本原则派生出来的

教师职业道德规范必须依据、体现、反映教师职业道德基本原则，两者之间有一种从属关系，即教师职业道德规范从属于教师职业道德基本原则。教师职业道德范畴同样以教师职业道德基本原则为基础，是教师职业道德基本原则的践行，是教师职业道德原则向教师道德意识形式的转化，是形成教师职业道德信念的必要条件。

（2）教师职业道德规范和范畴是教师职业道德基本原则的展开、补充和具体化

在教师职业道德基本原则的基础上，必须根据教师职业的要求，提出一些具体的道德规范和道德范畴。如果把整个教师道德体系看作一个网的话，那么，教师职业道德基本原则就是这个网的纲，各个教师职业道德规范是这个网的经纬线，教师职业道德范畴则是这个网的纽结。三者共同构成教师职业道德体系，各有作用，缺一不可。

（二）教师职业道德基本原则确立的依据

1.必须反映一定社会经济关系和阶级利益的根本要求；2.必须符合一般社会道德原则的基本要求；3.必须反映教师职业活动的特点。

（三）教师职业道德基本原则的作用

1.指导作用

教师职业道德基本原则规定了教师道德行为总的方向和性质，贯穿于教师道德发展的全过程和教师道德活动的各个领域。它的指导性和约束力是最普遍的。

2.统帅作用

教师职业道德基本原则是教师调整个人与他人以及社会关系的根本指导原则，起统帅、灵魂作用。

3.裁决作用

教师职业道德基本原则对整个教师体系中的一切具体规范和范畴都具有约束力，是评价教师道德行为的最高道德准则。教师职业道德基本原则对于教师的道德行为具有最高的裁决作用。

（四）教师职业道德基本原则的内容

忠诚于人民教育事业是我国教师职业道德最基本的原则。具体来讲，教师职业道德的基本原则有：教书育人原则、乐教勤业原则、人格示范原则、集体主义原则、教育人道主义原则、教育民主原则、教育公正原则、依法执教原则。可概括为"三人""三对""民主公正"，其中"三人"是指教书育人原则、人格示范原则、教育人道主义原则，"三对"是指乐教勤业原则（对工作）、集体主义原则（对集体）、依法执教原则（对国家），"民主公正"是指教育民主原则、教育公正原则。

1.教书育人原则

教书育人是指传授知识，培养人才。作为教师职业道德的一个基本原则，教书育人要求教师在其职业活动中，既要努力教授学生知识和技能，又要培育学生成人成才，要把两者有机地结合在一起，更好地实现教育目的。

教书育人反映了教师这一行业的本质特征，指出了教师这一行业不同于其他行业的根本所在。它昭示人们，教师这一行业是教书育人的行业。同时，教书育人也是教师基本职责的概括，指出了教书育人是为师从教，就有这个职责，不认真履行这一职责或不履行这一职责，就不是一个称职的教师或根本就不配做一个教师。可见，教书育人作为教师职业道德的一个基本原则，是由教师职业的本质特征和职责所决定的。教书育人也是古今中外许多典籍和先哲一直强调的。古代《礼记》中就有"师也者，教之以事而喻诸德也"之说，强调教师既要教给学生有关具体事物的知识，又要让学生知晓立身处世的品德。唐代韩愈在其所著的《师说》中，以"传道、授业、解惑"概括了教师应有的教书育人的职责。当代教育家徐特立把"经师"和"人师"统一看作搞好教书育人的根本。自古以来，教书育人一直就是衡量和判断教师工作优劣的根本标准，也自然成为指导教师一切教育工作的根本原则。

教书育人原则的具体要求有：（1）正确认识和处理教书与育人的关系；（2）正确理解育人的含义，树立全面的育人意识。

2. 乐教勤业原则

乐教勤业原则是指教师乐于从事教育事业，勤奋努力地从事教育工作。这是对教师在对待自己职业方面所提出的基本道德要求。

教师实践乐教勤业的基本原则是：（1）热爱教育工作，把教育工作当成崇高的事业来追求；（2）勤业敬业，勇于探索。乐教勤业是从事教育工作的基础和动力，是教师职业道德原则的核心。

3. 人格示范原则

人格示范是指教师通过自身高尚的人格力量给学生以良好的榜样示范。它是教师职业道德的主要特征，是教师应当遵守的基本的师德原则。人格就是人作为活动主体的资格，是人的主体性的集中表现和升华。教师人格是教师作为教育活动主体的资格，它集心理人格和道德人格于一身。从伦理学的角度来看，它是由教师的道德品质和道德行为构成的。教师的道德品质是教师职业人格的内部心理，是内在的；教师的道德行为是教师职业人格的外部行为特征，是师德品质的外在表现。

人格示范原则的具体要求是：（1）教育者先受教育；（2）在实践中努力锻炼，形成良好的道德人格；（3）要有良好的仪态。

4. 集体主义原则

坚持集体主义原则的具体要求是：（1）正确处理个人与社会的关系；（2）把集体利益放在首位；（3）正确处理个人与他人的关系；（4）正确处理贡献与索取的关系。

5. 教育人道主义原则

教育人道主义原则是指在教育过程中教育者与受教育者都应当从社会主义人道主义原则出发，尊重对方作为人的价值与尊严；在此基础上，注意发挥教育者作为过程主体的角色作用，以完美人格要求自己，以人道原则协调自己与他人之间的关系，从而调动受教育者以及教育过程中其他参与者的积极性，保证教育任务的完成和教育目标的实现。

坚持教育人道主义原则的具体要求是：（1）在教育教学工作中把学生当成真正的人看待。（2）在教育活动中要尊重学生。（3）在教育活动中要关心。（4）真诚地与其他教育者合作。

6. 教育民主原则

教育民主原则是指在教育教学过程中教师要以平等友善的态度对待学生，尊重学生，引导学生，激励学生发展。

教育民主原则的具体要求有：（1）教师要尊重每个学生的兴趣、爱好、个性和人格；（2）教师要以平等、宽容、博爱、友善和引导的心态对待学生；（3）教师要营造一种使学生能平等交流、主动参与、自由探索、大胆创新的民主氛围。

7. 教育公正原则

教育公正是社会公正的重要内容，是社会公正在教育领域的延伸，也是达到社会公正的重要手段和途径。教育公正的核心是公正。公正指的是一种社会关系形态，其基本准则是"公平""平等"。公正的基本宗旨是"人人共享、普遍受益"。所谓教育公正，就是通过合理的教育制度，恰当地分配教育资源，使每个人获得与其相适宜的教育，满足个体的学习需要，实现个性化的发展。

教育公正原则的具体要求是：（1）尊重学生人格和受教育的平等权利；（2）因材施教；（3）赏罚分明。

8. 依法执教原则

依法执教原则是指在教育教学过程中教师要依照国家的法律制度从事教育活动，保证教育活动的合法性、正确性，促使学生健康发展。

依法执教的具体要求是：（1）依法执教，做奉公守法的模范；（2）模范执行国家的政策法令；（3）自觉遵守社会主义纪律；（4）廉洁自律，抵制不良社会风气的侵蚀。

（五）教师职业道德基本原则的要求

1. 树立无产阶级的世界观、人生观和价值观

世界观是一个人对社会、自然和人与人之间关系的根本观点和看法。价值观是人们对事物有无价值和价值大小的一种认识和评价标准。世界观是价值观的基础。人生观是对人生的看法，也就是对于人类生存的目的、价值和意义的看法。人生观是由世界观决定的。

2. 树立崇高的理想、信念和价值目标

教师的信念是教育场景中应该坚守的基本教育观念、教育思想和教育理想。

3. 具备良好的专业能力素质

教师的知识结构包括四个方面：本体性知识、条件性知识、实践性知识和一般知识。教师的本体性知识是指教师所具有的特定的学科知识。教师条件性知识是教师所具有的教育学、心理学等教育科学知识。

4. 具有顽强的意志和崇高的精神境界

境界是指事物达到的层次或表现的程度。教师职业道德境界是指教师在从教过程中道德品质状况和自我修养的程度。

三、教师职业道德范畴

（一）教师职业道德范畴的含义

范畴是人的思维对客观事物的普遍本质的概括和反映。各门科学都有自己的一些基本范畴。道德范畴是概括和反映道德的主要本质、体现一定社会整体的道德要求、成为人们的普遍信念而对人们的行为发生影响的基本道德概念。道德范畴有广义和狭义之分。广义的道德范畴包括道德原则、道德规范中所有的基本概念，也包括反映个体道德品质的基本概念，还包括道德评价、道德修养和道德教育等方面的基本概念。狭义的道德范畴则专指可以纳入道德规范体系并需要专门研究的基本概念。

教师道德范畴，是指那些概括和反映教师道德的主要特征、体现一定社会对教师道德的根本要求、成为教师的普遍内心信念而对教师的行为发生影响的基本道德概念，如教师义务、教师良心、教师公正、教师荣誉等。这是教师道德规范体系的重要组成部分。

一般说来，教师职业道德范畴要具备以下三个条件：其一，它必须是概括和反映教师职业道德现象的最本质、最主要、最普通的道德关系的基本概念；其二，它必须体现教师职业道德原则和规范对教师的根本道德要求，显示教师认识与掌握职业道德现象的一定阶段；其三，它必须作为一种信念存在于教师的内心并能时时指挥和影响其行为。

（二）教师职业道德范畴的特点

1. 受教师职业道德基本原则和规范的制约

教师职业道德范畴作为教师职业道德关系的反映，受教师职业道德基本原则和规范的制约。从一定意义上说，教师职业道德基本原则和规范是教师职业道德范畴的基础。

2. 是教师职业道德基本原则和规范发挥作用的必要条件

教师职业道德范畴和教师职业道德基本原则、道德规范都是调节教师行为的道德准则。教师职业道德原则和规范要在教师劳动中发挥作用，必须内化为教师个人的道德意识并转化为自觉的道德行为。

3. 体现了人们对教师职业道德认识发展的阶段

在不同的时代、不同的社会，人们对教师职业道德范畴内容的理解也有所不同。所以，考察教师职

业道德范畴，可以帮助我们认识和掌握每一社会教师职业道德现象之网的"纽结"，进而了解一定社会教师职业道德状况。

（三）教师职业道德的主要范畴

教师职业道德的基本范畴包含以下三个方面：师德文化现象、师德品质现象、师德活动现象。师德文化现象是指教育实践及其体验中形成和发展起来的关于教师职业道德问题的表达和体现系统，内含相应的师德观念意识、原则规范等。师德品质现象是教师和一切教育工作者从事教育活动必须遵守的道德规范和行为准则，以及与之相适应的道德观念、情操和品质。师德活动现象是教师和其他教育工作者由共同目的联合起来并完成一定社会职能的动作的总和。

1. 教师良心

（1）教师良心的含义

教师良心，是教师个人在教育实践中，对社会向教师提出的一系列道德要求的自觉意识，是教师个人对学生、教师集体和社会自觉履行其职责的道德责任感以及对自己教育行为进行道德控制和道德评价的能力，是多种教师职业道德心理因素在教师个人意识中的有机统一。教师良心是教师的道德灵魂。

教师良心在教育劳动中首先表现为教师个人对学生、教师群体和整个事业有一种高度自觉的道德责任感，对自己应当履行的道德职责有着深刻的认识和理解，从而把自己对学生、教师集体、教育事业所负的责任看作自己的义务，并准备尽自己所能去履行这一义务。这种对自己所从事的职业活动的高度责任感是教师的职业良心。其次，教师良心在教育劳动中还表现为教师对自己的教育教学行为的自我控制和自我评价。最后，教师良心是一个教育工作者道德觉悟的综合表现，是教师职业道德认识、教师职业道德情感、教师职业道德意志、教师职业道德信念等因素互相作用的结果，是一个教师自觉履行教师职业道德要求、激励自己搞好教学工作、提高教育教学质量的最重要的内在道德因素。从教师个体职业良心形成的角度看，教师的职业良心首先会受到社会生活和群体的影响。

（2）教师良心的特点

良心的三大主要特质是内隐性、神圣性、基本性。与其他职业良心相比，教师良心层次性高，教育性强。

①公正性。教师良心的公正性体现在教师对教育事业的正确认识上，对教育教学工作的坚持真理、秉公办事上，对学生的一视同仁、赏罚分明上，对同事、领导的开诚布公、团结协作上。

②综合性。教师良心，从它的形成来讲，是由教师的知识、以往的生活经历和全部生活方式来决定的，具有综合性；从它的构成机制和要素来看，也具有综合性。从心理结构上说，良心有三种主要的构成成份，即认知、情感、意向。一方面，教师良心包含着理性因素，而且主要是理性因素；另一方面，教师良心又包含着非理性的东西，例如教师在教育劳动过程中的直觉、本能等。

③稳定性。在理性指导下所形成的教师良心具有坚持性、坚定性和稳定性，它不是转瞬即逝的，也不是变化无常的。

④内隐性。教师良心是隐藏在教师内心深处的一种对教师社会道德责任感、义务感的认识和感情以及自我评价能力，是教师在教育劳动过程中发自肺腑的一种内在的精神力量，也是一定社会的道德原则和规范体现在教师内心深处的认识、情感、意志、信念、理想和行为的有机统一。

⑤广泛性。教师良心一旦形成，其作用的范围是非常广泛的。教师良心作用于教师工作和生活的一切领域之中。

（3）教师良心的作用

教师良心不仅能够使教师表现出强烈的道德责任感，而且能够使教师依据一定的道德规范自觉地选择和决定行为，成为教师发自内心的巨大精神动力。

具体来说，教师良心有以下几方面的作用：① 教师良心对教师的行为选择起指导作用；② 教师良心对教师的行为过程起监控作用；③ 教师良心对教师行为结果起评价作用。

（4）教师良心的内容

恪尽职守实际上就是一种工作责任和纪律的要求；自觉工作的要求是由教师劳动的特点决定的；爱护学生是教师的天职；团结执教也是教师良心要求的重要组成部分。

2. 教师义务

（1）教师义务的含义

教师义务具有两方面的含义：一是指社会向教师提出的在从事职业活动时所必须遵守的道德要求的总和；二是指教师在教育职业劳动中自觉意识到社会对教师提出的各种道德要求的合理性，把遵循教师职业道德的规范和要求看作是个人的内在道德需要，是对社会及教育事业应尽的使命和责任。教师在履行教育义务的活动中，最主要、最基本的道德责任是教书育人。

（2）教师义务的作用

教师义务的独特作用体现在：① 履行教师义务，有益于减少和协调教育工作中的"冲突情势"，保证教育劳动顺利进行；② 履行教师义务，可以使教师在教育劳动中自觉进行道德上的综合判断，选择正确的教育行为；③ 履行教师义务，有益于在教育劳动中自觉培养高尚的师德品质。

（3）教师义务的内容

① 不断提高思想政治觉悟和教育教学业务水平

教师的基本任务就是传授科学文化知识，并以自己的人格去陶冶学生的人格，以自己的灵魂去塑造学生的灵魂。因此，不断提高思想政治觉悟和教育教学业务水平，就是教师的义务。

② 尽职尽责，教书育人

热爱教育、热爱学校、尽职尽责、教书育人是人民教师具有高度职业责任感的集中体现，也是教师义务的基本要求。教师要尽职尽责，就要热爱本职工作。教师职业的特殊性在于教书育人。教书育人是爱岗敬业的具体体现，是社会赋予教师的庄严使命。教书和育人是紧密联系、不可分割的教育过程。

③ 创设一个良好的内部教育环境

创设良好的教育环境是每个教师应尽的义务。教师应该在重视本身的感化作用的同时，和教育管理者一起努力为学生创造一个文明礼貌、乐观向上的良好班风和校风，使学生在这种具有教育意义的美好环境中得到心灵的净化和情操的陶冶。

3. 教师公正

（1）教师公正的含义

教师公正是指教师在教育职业活动中公平合理地对待和评价全体合作者。所谓公平合理地对待和评价全体合作者，就是按照社会主义的道德原则指导下的伦理定位来对待、评价和处理所有面对的群体或个人之间的关系。从外部来看，主要是教师同社会各界的关系；从内部来看，主要是教师个人同领导、同事和学生的关系。

教师公正即教师的教育公正，是指教师在教育和教学过程中，公平合理地对待和评价每一个学生。可以说，教师公正是教师职业道德素养水平的标志。

（2）教师公正的内容

教师公正是教育公正的核心内容，公平合理地评价和对待每一个学生是教师公正的最基本内容。

① 坚持真理

真理是对客观事物及其规律的反映。教师作为真理的传授者、学生思想品德的塑造者、学生心灵的陶冶者，应该也必须是真理的化身。首先，教师是真理的传播者；其次，教师是真理的坚持者；最后，教师是真理的探索者和发现者。

② 秉公办事

秉公办事是教师公正的另一重要内容，主要表现在对社会不公平现象的评判和抨击以及对学生利益的公正处理两个方面。

③ 奖罚分明

奖罚是否能达到预期的目的，关键在于奖罚是否公平合理。教师只有正确运用这个教育手段，使被奖惩者与周围其他人都感到公平合理，才能驱邪扶正，扬善抑恶。教师要从教育目标出发，奖得合理，罚得公正，使学生心悦诚服。

（3）教师公正的作用

教师公正的作用表现在以下四个方面：第一，有利于形成良好的教育教学环境，保证教育任务的顺利完成；第二，有利于调动每个学生的学习积极性（教师公正对学生的学习积极性发挥十分重要，这一重要性体现在两个方面，即对学生个体和对学生集体）；第三，有利于树立教师威信；第四，有利于学生形成公正无私的道德品质，给学生的心灵以良好的影响。

（4）教师公正的实现

要作到教育公正，教师在实践教育公正目标上应当注意以下几个方面：① 自觉进行人生修养；② 提高教育素养；③ 正确对待惩罚的公正；④ 作到公正与仁慈的结合。教师职业道德义务的核心就是要落实和实践教育公正和教育仁慈。教师对学生仁慈的内涵首先表现在对学生心态的正反两个方面，即教师对学生无条件的爱心和教师对学生的高度宽容。教师仁慈的特点包括：教师仁慈的教育性、教师仁慈的理性色彩、教师仁慈的方法特性。教师仁慈的意义大体上可概括为职业自由感、动机作用、榜样效应、心理健康功能四个方面。

4. 教师荣誉

（1）教师荣誉的含义

教师荣誉，即社会对教师的道德行为的价值所做出的公认的客观评价和教师对自己行为的价值的自我意识。一方面，它指人民教师在强烈的道德责任感驱使下，自觉履行教师义务，努力从事教育工作，培养出合格的人才后，社会给予的公认与褒奖；另一方面，是指人民教师出于自己的职业良心，出色地履行了教师义务，取得了丰硕成果，受到了人民的赞誉和尊敬，从而感到欣慰、满足和自豪。

（2）教师荣誉的作用

教师荣誉是推动教师履行教师职业道德义务的巨大的精神力量。在教师的职业活动中，正确的荣誉观具有非常重要的作用。教育荣誉的作用具体体现在：第一，教师荣誉是教师道德行为的调节器，对教师道德行为、品质的取向具有导向和制约作用；第二，教师荣誉是激励和推动教师积极进取，更好地履行教师义务，争取个人道德高尚和人格完善的助推器；第三，教师荣誉是促进教师自身道德发展和完善，形成良好师德风尚的重要精神条件。

（3）教师荣誉的内容

教师荣誉主要体现在以下几个方面：第一，光荣的角色称号；第二，崇高的人格形象；第三，丰厚的劳动回报。

（4）正确对待教师荣誉

教师荣誉是教师履行自己义务后的结果，也是促使教师进一步履行义务的动力。为了充分发挥它的这种动力作用，人民教师要正确地对待荣誉。要处理好集体荣誉和个人荣誉的关系、自尊和谦逊的关系。

5.教育威信

（1）教育威信的含义

教育威信，广义而言，是指教育行业特别是整体的学校教育在社会生活中的道德信誉；就狭义而言，是指教师在职业活动中建立起来的道德声望。

（2）教育威信的意义

在教育劳动中，教育威信是一种重要的教育力量，是教师开展教育教学工作的基础，会直接影响教育教学效果，对于教师工作积极性的进一步发挥和自我的不断完善也具有很大的促进作用。

具体讲，教育威信的意义是：教育威信是教师开展教育教学工作的道德基础；教育威信的高低直接影响教育劳动的效果；教育威信是教师不断自我完善、自我进取的积极精神因素。

（3）教育威信形成的条件

教育威信形成的条件概括起来可分为主观条件和客观条件两个方面。

教育威信形成的客观条件是指不以教师的意志为转移的外部因素，它对教育威信的形成具有重大影响。首先，教师在全社会的政治和经济地位、全民族的道德文化素养和尊师重教的良好社会风气是教育威信形成的重要条件。其次，教育行政机关和学校领导对教师工作的信任、关心和支持是提高教育威信的另一个重要条件。此外，家长对教师的态度也是影响教育威信的因素。

教育威信的建立除了需要一定的客观条件外，主要取决于教师本身的主观条件，即教师的自身素质。教师威信是出自学生对教师的评价，表现为学生对教师的信赖和尊敬；所以，从学生实际出发，一般说来，教师的威信主要受专业素质、人格魅力、评价手段、师生关系等四方面因素的制约。

（4）教育威信形成的途径

教育威信形成的途径主要有三条：学校教育教学实践活动；日常的师生交往；第一印象的建立。

6.教师的人格

教师的人格是指教师这一特定社会角色所表现出的道德面貌与特征，是教师在自己的职业活动中表现出的稳定的道德行为的范式和道德品质与境界，也是教师之所以成为教师的主体本质。其主要特质可归结为两点：（1）人格与师格的统一；（2）较高的格位水平。

教师的人格修养有两个问题：一是修养的策略问题；二是修养的尺度问题。（1）在策略上，采取"取法乎上"的策略；（2）在尺度上，要确立教师人格修养的审美尺度。从德育的角度看，师表之美（表美、道美、风格美）的价值至少有三点：（1）充分发挥教育主体的德育潜能；（2）促成学生向榜样学习；（3）改善教育与道德教育的效能。

四、《中小学教师职业道德规范》

（一）《中小学教师职业道德规范》的内容

改革开放以来，我国于1985年、1991年、1997年先后三次颁布和修订了《中小学教师职业道德规范》。为全面提高中小学教师队伍的师德素质和专业水平，在广泛征求意见的基础上，教育部和中国教科文卫体工会全国委员会于2008年9月对《中小学教师职业道德规范》进行了修订。新修订的《规范》有6条，分别为：

1. 爱国守法

热爱祖国，热爱人民，拥护中国共产党领导，拥护社会主义。全面贯彻国家教育方针，自觉遵守教育法律法规，依法履行教师职责权利。不得有违背党和国家方针政策的言行。

2. 爱岗敬业

忠诚于人民教育事业，志存高远，勤恳敬业，甘为人梯，乐于奉献。对工作高度负责，认真备课上课，认真批改作业，认真辅导学生。不得敷衍塞责。

3. 关爱学生

关心爱护全体学生，尊重学生人格，平等公正对待学生。对学生严慈相济，做学生良师益友。保护学生安全，关心学生健康，维护学生权益。不讽刺、挖苦、歧视学生，不体罚或变相体罚学生。

4. 教书育人

遵循教育规律，实施素质教育。循循善诱，诲人不倦，因材施教。培养学生良好品行，激发学生创新精神，促进学生全面发展。不以分数作为评价学生的唯一标准。

5. 为人师表

坚守高尚情操，知荣明耻，严于律己，以身作则。衣着得体，语言规范，举止文明。关心集体，团结协作，尊重同事，尊重家长。作风正派，廉洁奉公。自觉抵制有偿家教，不利用职务之便谋取私利。

6. 终身学习

崇尚科学精神，树立终身学习理念，拓宽知识视野，更新知识结构。潜心钻研业务，勇于探索创新，不断提高专业素养和教育教学水平。

（二）《中小学教师职业道德规范》解读

新的《中小学教师职业道德规范》共6条，体现了教师职业特点对师德的本质要求和时代特征。"爱"与"责任"是贯穿其中的核心和灵魂。

1. "爱国守法"——教师职业的基本要求

爱国守法是教师处理其与国家、社会关系时所应遵循的原则要求。热爱祖国是每个公民，更是每个教师的神圣职责和义务。建设社会主义法治国家，是我国现代化建设的重要目标。要实现这一目标，需要每个社会成员知法守法，用法律来规范自己的行为，不做法律禁止的事情。

2. "爱岗敬业"——教师职业的本质要求

爱岗敬业是教师处理其与教育事业的关系时所应遵循的原则要求。没有责任就办不好教育，没有感情就做不好教育工作。教师应始终牢记自己的神圣职责，志存高远，把个人的成长进步同社会主义伟大事业、祖国的繁荣富强紧密联系在一起，在深刻的社会变革和丰富的教育实践中履行自己的光荣职责。

3. "关爱学生"——师德的灵魂

关爱学生是教师处理其与学生的关系时所应遵循的原则要求。亲其师，信其道。没有爱，就没有教育。教师必须关心爱护全体学生，尊重学生人格，平等公正对待学生。

4. "教书育人"——教师的天职

教书育人是教师处理其与职业劳动的关系时所应遵循的原则要求。教师必须遵循教育规律，实施素质教育，循循善诱，诲人不倦，因材施教。培养学生良好品行，激发学生创新精神，促进学生全面发展。不以分数作为评价学生的唯一标准。

5. "为人师表"——教师职业的内在要求

教书育人是教师必须遵循的原则要求。教师要坚守高尚情操，知荣明耻，严于律己，以身作则，在各个方面率先垂范，以自己的人格魅力和学识魅力教育影响学生。

6. "终身学习"——教师专业发展不竭的动力

终身学习是时代发展的要求，也是教师职业特点所决定的。教师必须树立终身学习理念，不断拓宽知识视野。

本次《中小学教师职业道德规范》修订的基本原则是：① 坚持"以人为本"。② 坚持继承与创新相结合。③ 坚持广泛性与先进性相结合。④ 倡导性要求与禁行性规定相结合。⑤ 他律与自律相结合。一般认为，爱岗敬业、教书育人和为人师表是师德的核心内容，关爱学生是最基本的内容。这是社会对教师职业道德的最基本的要求。

（三）教师在教育职业中的道德规范

教育事业是具有永恒性的事业。国家的强盛靠人才，人才培养的基础在教育，而培养合格的人才，关键在教师。因此，作为一名合格的教师首先必须明确教师职业关系中的基本道德要求。

1. 热爱教育事业，乐于奉献

（1）热爱教育事业是对教师的基本要求

教师所从事的事业又是意义深远的。没有教师辛勤的付出，就没有人才的茁壮成长，就不能满足社会对合格建设者和接班人的需要。

（2）乐于奉献是人民教师的本色

教师的劳动没有严格的时空界限，教师的工作也是平凡的，需要教师具备高尚的职业道德，不计个人得失，富于牺牲精神，才能不辱使命。

2. 教书育人，尽职尽责

（1）教书育人是教师的根本道德责任

教书育人始终是教师和学校的根本任务，也是根本的道德责任。教书育人是教师职业的第一要务，是判断教师是非善恶的最高道德标准。教师不是简单的传授知识的"工具"，而是智慧的传播者，是学生生活的导师，是道德的领路人。

（2）兢兢业业，扎实练就基本功

教书是育人的手段和基础，也是教师的基本职责。教师要想教好书，就得有扎实的教学基本功，才可能达到本专业的较高水准。

3. 严谨治学，提高水平

（1）好学不倦，精通业务

教师要完成教育任务，需要具备教学、教育、管理、交际等多方面的能力，这都要求教师在实际中学习，在学习中实践。

（2）把握规律，科学施教

教师要及时总结和提炼经验，主动认识教育活动基本规律，如学生身心发展的规律、知识才能和思想品德发展的规律、教学的规律以及教育管理的规律等。

（3）不断探索，勇于创新

教师要有不断发展改革的意识，从改革的视角去看待传统的教育模式，积极探求更有效、更科学、更合理的教育方法和教育形式。

（四）教师在师生关系中的道德规范

教育活动是"教"与"学"的双边活动，是一项艰苦而复杂的人才培养工程。在这个人才培养工程中，教师要处理好多种人际关系，其中最基本的也是最重要的是要处理好师生关系。

1. 热爱学生

（1）热爱学生的意义

① 爱是学生的需要

爱是人的一种基本需要。当这种需要不能得到满足的时候，人就会感到悲观、失望，心情抑郁、苦闷。对于正在成长中的中小学生，这种爱的需要无疑会更迫切、更具有自身的特点，这是学生身心健康发展的重要特征。

② 爱是教育的桥梁

师爱是学生接受教育的桥梁。学生感受到教师的爱心，就会愈加信任教师，教师的教导也就越容易被学生理解和接受。相反如果教师缺乏爱心，师生关系冷漠，学生不仅不会接受教育，而且还可能对教师的要求产生"抗药性"。正如一位教师说的那样：如果师生关系紧张，表扬，学生认为是哄人；批评，学生认为是罚人。在这里批评和表扬都成了教育障碍。

③ 爱是培养学生高尚的社会情感的重要手段

教师爱学生，就会使学生在他的生活中，不断地体验到人与人之间那种友爱、善良、公正、尊重、信任等美好的感情，进而逐步形成对人与人之间关系的正确认识和信念。

反之，如果学生总得不到教师的爱和集体的温暖，经常受到不公正的待遇，那学生在生活中所得到的就是被冷漠、被轻视、被遗忘的情感体验，久而久之，便会产生憎恨、仇视等心理，以至影响他对整个社会现实的情感和态度。

（2）热爱学生的基本要求

① 全面关心学生的成长

教师既要关心学生的精神生活，指导他们树立远大的理想，懂得做人的道理，有正确的审美意识和审美能力，又要关心学生的学习生活，帮助他们提高学习的自觉性，掌握科学的学习方法，充实课余生活，发展兴趣爱好，主动积极地发展自己。

② 把爱的种子撒向每一个学生

只要教师真心地爱每一个学生，并且让他们感受到这种爱，他们就会以极大的努力向着教师所期望的方向发展，即使平时表现差一些的学生也会有所进步。关键是教师要把爱的阳光洒向每一个学生。

总之，教育爱是指教师在教育过程中所表现出来的一种高尚的道德境界、敬业精神和富有人道性的教育艺术，它不仅指教师对学生的尊重关心和爱护，而且还包括教师用爱的情感和言行来感化学生，陶冶学生，启迪学生，引导学生，教育学生，以及各种具有教育性的爱的方式。由于在教育实际中教育爱主要是通过教师执教行为表现出来的，所以常常有人把教育爱称为教师爱。具体来讲应注意以下几个方面：① 教育爱的广泛性。包括教育对象的广泛性和关心教育对象全面发展两层含义。② 教育爱的引导性。教育爱的引导性是指教师对学生的爱要具有教育意义，要体现对学生发展的良好期待和对学生给以教育上的引导。③ 教育爱的理智性和纯洁性。在教育中，教师对学生的爱应该是理智的，而不是盲目的和冲动的。同时，教育爱应该是纯洁的，而不是偏狭的和自私的。每个教师只有培养自己理智而纯洁的教育爱，才能把真善美的教诲深深地根植于学生的心灵，才能获得教育的成功。④ 培养教育爱要注意爱与严的结合。总的来说，教师不仅要关心爱护学生，还要对学生严格要求，做到严而有理，严而有度，严而有方，严而有恒。只有这样，才是教师应当具备的理想教育艺术。⑤ 教育爱的人道性。教师对待学生非人道现象的表现主要有四个方面：心罚、体罚、变相体罚和经济惩罚，教师应坚决摒弃。教育爱必须要建立在对学生人格及其尊严尊重的基础之上，体现出人的地位的平等性；在履行教育职责中，要充分认识学生合法权益的不可侵犯性，不能损害学生的合法权益，体现出对学生合法权益的尊重和自觉维护。

2. 尊重学生

（1）尊重学生的意义

① 只有尊重学生，学生才会自尊、自信、自强不息

在教育实践中，有些教师不懂得尊重学生，往往不自觉地伤害了学生的自尊心。例如，有的教师经常对学生说"你真笨""你的脑袋真是一块木头疙瘩"；有的教师喜欢用罚站、罚劳动、把学生赶出教室等方式惩处学生等。

② 只有尊重学生，才能调动起学生接受教育的主动性和积极性

学生希望教师不要总把他们看作是不懂事的孩子，要平等对待他们，尊重他们的人格和应有的权利。如果学生自身有一种自我肯定的意向，就会从内心深处萌发出一种不断提高自己的真诚愿望。

同时，教师尊重学生，平等地对待他们，会让学生感到教师是一位可亲可敬、可以接近、可以信赖的人。在这种心理接近、感情认同的条件下，教育者的要求就容易被学生接受。

（2）尊重学生的基本要求

① 尊重学生的自尊心

教师对学生人格的不尊重，在教育过程中是一种不可原谅的过失，它对学生精神世界带来的打击和给学生人生道路造成的后果，是难以估量、难以弥补的。

教师对于后进生更要注意尊重，让每个学生都能"抬起头来走路"。凡是对他们采取体罚、打骂以至设"特座"、评选"最差生"等做法，都是对她们人格的不尊重，会极大地伤害他们的自尊心，结果很可能毁掉他们一生的前途。

② 充分地信任学生，也是尊重学生自尊心的体现

学生渴望得到教师的信任，因为这种信任，表明教师对他的充分肯定，实质上是对他的一种尊重。教师的这种信任感又是激发学生不断进步的精神力量，有助于学生自觉地克服缺点，不辜负教师的期望，用更高的标准严格要求自己，做一个好学生。

不信任学生，也就谈不上对他们的尊重和爱护。

③ 尊重学生的个性发展

学生兴趣爱好的发展是不相同的，各有特点。作为教师，也有自己的兴趣爱好，职业道德要求教师不能以个人的好恶和学习成绩好坏为标准，允许一部分学生发展自己的兴趣爱好，反对或压制另一部分学生的爱好，这是不正确的，必须尊重每个学生正当的兴趣爱好，这将有利于学生的全面发展。

④ 尊重学生对班级工作的意见和建议

主人翁的责任感、集体的意识不是自发产生的，它是教育的结果。教师如何对待学生，把学生放在什么位置，对学生形成集体意识，培养起主人翁的责任感关系密切。如果把学生看作是与自己地位完全平等的人，看作是班级的主人，能认真听取学生对班级工作的意见和建议，学生切实感到自己是班级的主人，因此，想方设法要把这个集体搞好。

相反，如果教师独断专行，听不得学生的一点意见，缺少民主作风，那么学生在这种环境中生活，就很难体会到自己是班级的主人，久而久之，学生就不会把班集体当作自己的集体，也谈不上主人翁的责任感。

3. 了解学生

（1）了解学生的意义

① 了解学生是教师培养爱生之情的需要

要教育学生，就得全身心地爱他们，而要真正地爱学生，就必须全面地了解他们。这样，教师才可

能看到一个完整的人，一个经过教育可以转变的人，一个在不懈追求、不断进行自我完善的人。

② 了解学生是教育学生的客观需要

教师所面对的是几十个，甚至是上百个世界，没有两个完全相同的学生。要实现教育目的，需要教师针对每个学生的实际，因材施教。而它的前提就是对学生的切实了解，只有对学生的情况做到心中有数，教育才会具有针对性。

（2）了解学生的基本要求

① 努力使自己成为学生的朋友

首先就应该做学生的知心朋友。这就需要教师扩大和学生交往的范围，积极参加他们的各项活动，在交往中增进师生相互了解。

其次，教师要想成为学生的朋友，还必须在学生心目中树立起全新的形象。努力地完善自己，使自己成为一个热爱生活、道德高尚、兴趣广泛、才华横溢、乐于并善于和学生打交道的人。

② 要深入了解学生的内心世界

首先，教师不应当让学生感到敬而远之，而应当乐于接近学生，善于随时随地把握学生的思想脉搏、喜怒哀乐和性格特点。

其次，教师还必须注意不能漫不经心地以自己的心理去代替学生的心理，而要善于对学生的内心世界体察入微。再次，教师还要特别注意克服某些心理效应的影响，真正做到全面、公正地认识学生。如"第一次效应""成见效应""定势效应""光环效应""熟人效应"等的影响有可能制约教师对学生的深入了解。

4. 公正地对待学生

教师的爱，是应当普遍地给予全体学生的，是应当包含着科学的是非标准的，因此必须充分体现出公正性。这里的公正包括两层含义：一是教师必须公平地、一视同仁地对待所有学生，既不偏袒任何一名学生，也不委屈任何一名学生。二是教师必须公正地、是非分明地看待学生的各种行为，既要实事求是地看到他们的缺点，也要积极热情地赞扬他们的优点。

要使教育爱真正具有公正性，教师就必须具有一颗无私的心。

第一，要随时随地注意防止和克服自己认识上的主观性和片面性，认真培养对于学生行为的准确而又敏锐的鉴别力；

第二，要敢于面对自己在处理问题时发生的失误，一旦发现就要尽快地、开诚布公地加以纠正。

第三，更加关爱后进生。在任何一个学生集体中，总会存在一些相对后进的学生。由于他们存在某些缺点，导致过去得到的爱比较少。从这个意义上说，教师就很有必要适当地多给这部分学生一些爱。这与教师从个人好恶出发偏袒某些学生是截然不同的。赞可夫曾指出，"有一句俗话说：'漂亮的孩子人人都喜欢，而爱难看的孩子才是真正的爱！'"

5. 严格要求学生

（1）严格要求学生的意义

① 严格要求学生是爱的体现和学生成长的需要

教师爱学生的根本目的是为了使学生成为社会的合格人才。而教师关心爱护学生，绝不意味着教师对学生可以溺爱、放纵、护短，姑息、迁就。教师对学生的爱应当同合理的严格要求相结合，没有要求，就没有期望，也就没有教育，爱也失去了目的。

② 严格要求学生是充分发挥学生的内在潜力，促其成才的需要

教师对学生严格要求，实质上就是给学生提出较高的，但经过努力可以达到的标准，调动学生不断进取

的积极性，将内在的潜力都充分地发挥出来，在思想、品德、智力、心理、体质等方面逐渐成长起来。

（2）严格要求学生的基本要求

① 循循善诱，诲人不倦

中小学生的不成熟性通常表现在两个方面：一是对教师的严格要求缺乏理解，容易产生不满情绪和抵触行为；二是在改正缺点的过程中，经常出现反复。这就决定了教师对学生提出严格要求的同时，必须循循善诱，耐心启发，要善于把道理说到学生的心坎上。

② 严而有度，严而有方

严而有度是指教师对学生提出的要求，是学生的思想水平、认识程度所理解和接受的，必须要符合学生实际，根据学生不同的情况提出不同层次的要求，使每个人都能在原有的基础上有所提高。

严而有方是指教师应当采取灵活多样，切实有效的方法，使学生能够自觉贯彻对他们提出的严格要求，心悦诚服地接受教育。

③ 合理要求，持之以恒

严而有恒是指对学生的严格要求必须始终一贯，坚持到底。凡是合理的要求，一经提出就要有相对的稳定性，不能朝令夕改。

6. 教学相长

"教学相长"是我国古代著名的教育学文献《学记》提出的主张。它的意思是说，教和学是相互联系、相互作用的，二者能够相互促进、相得益彰。

在教育教学实践中真正做到"教学相长"，主要体现在以下几个方面：

（1）教师要不断地从学生的"学"中汲取营来促进自己的"教"

教师的"教"是为学生的"学"服务的。一个真正热爱学生、尊重学生的教师，不仅要敢于严格要求学生，还要善于通过学生的学习效果这面镜子，经常认真地反思自己的工作。

（2）教师要真心实意地欢迎学生指出自己的错误并勇于公开承认错误

每个教师都必须清醒地认识到，在教学中难免发生错误。学生指出教师的错误，既说明他学习认真，又说明他很有勇气，所以教师理应表示欢迎，应当真正具有"闻过则喜"的品格。

（3）要求教师要鼓励和支持学生提出不同于自己看法的独立见解

教师的"一言堂"是不利于培养富有创新精神人才的。教师要注重启发学生独立思考，至少在听到学生提出不同于自己的看法时，不应当武断地立即加以否定，而应当冷静地听完并认真地分析，确有新意，就要旗帜鲜明地予以支持；如果学生的看法并不正确或不完全正确，也应当在讲明正确道理的同时，对其进行热情的鼓励。

（4）要求教师要有欢迎、鼓励和支持学生超过自己的宽阔胸怀

从人类文明发展的历史长河来看，后人总是要超过前人，学生也总是要超过教师的，这是社会进步的必然规律，也是未来发展的希望所在。所以，教师应当懂得一个道理：今天我们"教"学生，总有一天学生会超过我们。

（五）教师在教师集体中的道德规范

教育是一项系统工程。现代教育是一种群体协作性很强的职业劳动。教师的劳动既是个体劳动，又是集体劳动。对学生产生教育影响的，不仅仅是教师个体，而且还有教师群体，它需要教师与教师、教师与学校领导、教师与其他职工之间的真诚合作。

1. 尊重同事

尊重同事是调节教师集体中人际关系的重要道德规范。在处理教师集体中的人际关系的过程中，能

否做到尊重同事，对于形成团结和谐的教师集体至关重要。

（1）尊重同事的意义

① 尊重同事是尊重人的道德要求

每个人都有其生存的权利，都有其在不违背国家法律和社会伦理道德的前提下发展自身的权利。个人的这种权利，要求社会给予应有的保障，也要求其他社会成员给予应有的尊重，这是每个人正常的心理需求。

② 尊重同事有利于良好的教师集体的形成

如果在教师集体中，教师能多看到对方的优点和长处，新老教师之间能相互尊重，教师之间发生矛盾时能多作换位思考，教师人际关系就将处在良性的互动过程之中。

（2）尊重同事的基本要求

① 尊重同一学科的同事

由同一学科的教师所组成的教研室，是一个重要的基层教学组织。同一学科的教师相处的机会比较多，甚至能达到知根知底的地步，既能看到对方的优点，也能了解对方的不足。教师间应真诚相待，互相帮助，取人之长、补己之短，共同进步。

② 尊重持不同学术观点和教育思想的同事

教师之间持有不同的学术观点和教育思想是极为正常的现象，是教师学术思想活跃的表现，也是学校充满生机的重要根源。

尊重持不同学术观点和教育思想的同事，有利于教师自身素质的提高。经常性的交流碰撞，有利于教师形成科学的、灵活的思维方式，有利于教师长期地保持敏锐的学术眼光。

尊重持不同学术观点和教育思想的同事，是办好学校和科学事业发展的需要。

③ 不同年龄教师之间要相互尊重

一般来说，老教师知识渊博，人生阅历丰富；年轻教师思想敏锐，保守性较少，但不足之处是缺少实践经验，因此在工作中常常是一厢情愿，带有理想主义的色彩。在这种情况下，年轻教师应当虚心向老教师学习，老教师则应当热情地传、帮、带，同时也要随时吸取年轻教师的长处。

④ 领导与教师之间要相互尊重

尊重领导，教师应注意以下问题：一是服从正确领导，支持领导工作。二是体谅领导，为领导分忧解愁。三是要维护领导的威信。

为了营造领导和广大教师和谐相处的氛围，领导对教师的尊重尤为重要：一是要尊重教师的个性发展和价值选择的权利。二是尊重教师的事业心，为他们事业的成功创造良好的条件。三是尊重教师的民主权利。充分调动广大教师的积极性，汇集他们的智慧，以宽广、豁达的胸怀欢迎教师对自己工作中的失误提出批评。

2. 团结协作

团结协作是指人们为了集中力量实现共同理想或任务而联合起来，相互支持，紧密合作。

（1）教师团结协作的意义

① 团结协作是实现教育目标的客观要求

一个教师即便是知识再渊博，他也只能完成学校教学的部分任务。只有全体教师团结一致，才能培养出德、智、体、美、劳全面发展的人。

② 团结协作是教师人格的必备要素

教师作为精神文明的培育者和人类灵魂的工程师，这就要求教师必须是一个善于合作、品德高尚、具有完美人格的人。这种完美的人格形象对学生起着言传身教和潜移默化的作用，成为学生的楷模和榜样。

③团结协作是提高教师自身能力的有效途径

一名教师，仅凭一腔教书育人的热情和决心是不够的，必须加强与同事间的交流和协作，虚心学习他人的优点，才能尽快地提高自己教育教学的能力。

④团结协作是形成良好校风的重要保障

良好的校风是办好学校的精神力量，对全校师生员工起着潜移默化的教育和熏陶作用。教师之间相互尊重、相互信任，团结协作、共同发展，人际关系必然和谐，教师集体的风气必然正，学校的校风也必然好。

（2）团结协作的基本方法和要求

首先，要谦虚为怀，有自知之明。每位教师都有其自身的优点和不足之处，要更多地向他人的优点学习，取人之长补己之短，才能有利于团结协作，提高自己的素质。

其次，要严于律己，以诚待人。教师不仅在面对学生时要严格要求自己，在教师群体及学校集体中，更要严于律己，对他人以诚相待，为团结协作打下坚实基础。

再次，要敢于竞争，乐于进取。热爱集体、关心集体，都要用实际行动为集体做出贡献，才能达到团结协作的要求。

3. 公平竞争

开展公平竞争应注意以下方面：

（1）以道德的手段在教师集体中开展有益竞争

从集体意义上而言，教师竞争的结果是各个成员的共同提高，为达到强于他人的这一结果，其所采用的手段必须是符合道德的。

但在现实中，有些教师为了使得自己在教学上强于别人，不仅无原则地迁就学生，而且在学生中有意诋毁其他任课教师；为了使自己在科研上强于别人，不惜违背最起码的科研道德，剽窃他人成果，等等。这种通过不道德的手段来达到使自己最终强于他人的竞争，是百害无一益的，应该彻底否定。

（2）应妥善处理好教师集体中竞争和协作的关系

教师集体的活力和发展的动力，固然离不开竞争机制激励下各个教师主观能动性的发挥，同样也离不开教师集体良好的协作氛围。而良好的协作氛围又是开展良好竞争的必要条件。没有良好的协作氛围，教师之间的竞争就可能背离社会基本的伦理价值体系，对个人和集体的发展是极其不利的。因此，应该将能否和他人进行有效协作作为竞争道德的内在要求。

（3）教师要有开拓进取、敢于创新的精神

作为教师，要有开拓进取、不畏艰难的精神。如果在一个教师集体中，人人都不敢突破传统观念和思维方式的束缚，怕担风险，那么这个集体只能是保持现状，停滞不前。相反，如果每个教师都能充分发挥自己的创造才能，学校的工作才可能突飞猛进，才能培养出符合时代要求的创新型人才。

4. 维护集体荣誉

集体荣誉感是集体凝聚力的来源，是集体发展的动力。集体荣誉感的组成因素在于：集体成员对集体中其他成员的信任；集体成员得到集体中其他成员的信任；集体成员对于所在集体的深刻认知；集体利益是集体成员的共同追求。

概括地说，集体荣誉感意味着敬业乐群。敬业，是指热爱自己的工作岗位、尽职尽责、精通业务、勇于创新。乐群，是乐于与他人合作，善于与他人沟通、协调，顾全大局，摆正个人与集体、与国家的关系，自觉服从组织、集体和国家的大局。

（六）教师在自身建设中的道德规范

教师是"塑造人类灵魂的工程师"。教师职业的这一特点表明，教师对待自身的道德要求比其他的职业道德要求更高。

1. 依法执教

（1）依法执教的意义

① 依法执教是强化教育的社会功能所必需的

当前，科学技术和劳动者素质的高低已成为一个国家在国际竞争中立于不败之地的关键，而高水平的科学技术和高素质的劳动队伍需要教育事业来支撑。

教师作为教育工作者，只有依法执教，才能自觉维护和保障受教育者的合法权益，培养出适应当代社会发展需要的现代化建设人才。

② 依法执教是普及义务教育所必需的

义务教育事关一个国家社会成员整体素质的高低，是衡量一个国家文明程度的重要标志。有的人对义务教育的重要性缺乏足够重视；有的人法制观念淡漠，只承认接受义务教育是自身的权利，却不承认是应尽的义务，辍学现象难以控制，而有些教师也对此认识模糊，认为学生来不来上学是他自己的事；此外，一些单位和个人招用童工的现象也屡禁不止。克服和解决这些问题需要加强教育法制，同时也需要教师依法执教。

③ 依法执教是教育规范化、有序化所必需的

现代社会的发展对人才数量和规格要求越来越高，推动教育立法是教育事业发展实现规范化、有序化所必需的。无论是教育管理还是教育活动，法律的规范作用和调节作用都在不断加强。特别是对于一个教师来说，是教育过程的具体组织者、实施者和控制者，如果教师没有依法执教意识，不依法执教，要使教育达到规范化、有序化是根本不可能的。

④ 依法执教是保证教育人道化所必需的

教育人道化实质即人性化的教育，其内容比较广泛，包括不仅要考虑社会的需要，也要考虑学生个性发展的需要，尽量为学生创造和提供良好的学习环境，自觉维护学生的合法权益，尊重学生的主体性和人格，对学生的身心给予真切的关心和爱护，避免各种形式的非人道的心罚、体罚等等。

在教育实践中，一些非人道的态度和行为还时常出现，如污辱学生人格，体罚学生，不尊重学生，讽刺挖苦学生，都会对学生的身心造成严重损害。因此，加强依法治教，强化教师的法制意识就显得非常必要。

（2）依法执教的要求

① 学习和宣传马列主义、毛泽东思想和中国特色社会主义理论

教师要努力学习和宣传马列主义、毛泽东思想和中国特色社会主义理论，以提高自己的政治素质和辨别是非、分析问题的能力。

当今社会有着拜金主义、享乐主义和极端个人主义的滋长，教师不但要自己树立科学的世界观、人生观、价值观，还肩负着引导儿童青少年树立正确的世界观、人生观、价值观的历史重任，这是教师道德素质最根本的思想基础。

② 拥护党的基本路线，全面贯彻国家教育方针

全面贯彻教育方针，推进素质教育，要求教师既要转变教育思想和观念，教师不但应当懂得教育科学理论，掌握教育教学规律，精通所教学科的专业知识，并形成自己工作所需的知识结构，而且要具有综合运用知识，解决教育教学实际问题的能力。

③自觉遵守法律法规，做奉公守法的模范

广大教师要认真学习、深刻理解、坚决贯彻国家的教育法律法规，严格依法执教。如《教育法》为我们依法治教提供了法律依据，使教育工作逐步走上法制化、规范化。《教师法》对维护教师合法权益，提高教师社会地位和待遇，加强教师队伍建设，使教育工作和教师队伍建设走上法制化轨道，具有重大意义。

2.爱岗敬业

（1）爱岗敬业的意义

①爱岗敬业是保持教师队伍稳定的基础

教师具备爱岗敬业的职业道德精神，说明他对教育工作的社会意义有比较深刻、全面的理解，教师就能进一步自觉加强自我教育、自我修养，使自身素质更加合乎职业活动的要求，不断完善自己，发展自己。

②爱岗敬业是乐教勤业的动力源泉

爱岗敬业精神是教师自觉承担社会和国家所规定的教师义务的体现，有了这种精神，教师就会认真对待教育教学过程中的每一个环节、每一件小事，才能以学生利益、集体利益为重，主动、自觉、创造性地担负起教书育人的职责。师德修养的关键一环，就是培育爱岗敬业精神。说它关键，是因为它既是师德的基础，又是促进教师不断完善的动力源泉。

假如没有爱岗敬业的精神追求，教师在教育工作中就没有进取向上、恪尽职守、积极奉献的内在动力，对工作只能是敷衍塞责、得过且过。

③爱岗敬业才能在岗位上有所作为

第一，只有爱岗敬业，教师才能获得对自己职业职责履行的内在自觉。

第二，只有爱岗敬业，教师才能促进自我的不断完善。

第三，爱岗敬业能帮助教师正确处理各种社会关系，化解各种矛盾，提高工作效率。

（2）爱岗敬业的基本要求

①热爱教育，乐于从教

教师应当热爱教育，发扬无私奉献的精神，认真履行党和国家赋予自己培养一代新人的光荣职责。

②教书育人，尽职尽责

在教书育人这一基本职责中，教书只是一种手段，是育人的手段，而不是目的，育人是教书的目的之所在。如果我们以"教书匠"自居，淡忘育人这一中心目标，就是本末倒置，就不可能切实履行教师义务。所以要体现爱岗敬业，必须从教书育人的要求出发，注意培养学生的思想品德，用优秀的文化成果教育学生，影响学生，保证他们全面、健康地发展。

③学而不厌，诲人不倦

"学而不厌，诲人不倦"的道德导向首先要求教师严格要求自己，努力培养教书育人的责任感、使命感，兢兢业业，勤奋好学；其次，要求教师执着追求教育目的的全面实现，以高度的奉献精神对待自己的利益得失和工作苦累，以不知疲惫的精神状态直面繁重的教育任务。再次，"诲人不倦"还要求教师正确理解和对待学生在发展中的错误、缺点和反复，培养学生时表现出充分的耐心和坚强的毅力，正确理解和处理教育过程中的矛盾、问题和困难。

④认真工作，不敷衍塞责

教育无小事，细微处见精神。在具体细致甚至琐碎繁杂的事务上的工作态度、工作方式，可以更全面、更深刻地反映教师是否敬业，是否热爱本职工作。

⑤勤奋钻研，科学施教

一个爱岗敬业的教师，会按照教育规律的要求科学施教，无论是备课、上课，还是批改作业、管理班级，他都会在教育规律限定的范围内科学地规划、组织、实施。

⑥淡泊名利，育人为乐

由于教育工作清贫却又艰苦，那些不慕名利、甘为人梯、乐教勤业的教师具有崇高而伟大的敬业精神。相反，那些斤斤计较、只关心个人名利得失、是没有资格谈论"敬业"精神的。

3. 廉洁从教

（1）廉洁从教的意义

①廉洁从教是社会择师的首要人格条件

教育不仅要培养具有一定科学知识的人，还要培养具有良好思想品德的人。因此，任何社会为培养人而选教师时，不仅注重学识才能，而且更加注重是否具有良好的仁德。德性劣败者，不能为人师。

②廉洁从教是为师立教的根本

教师劳动是一种示范性劳动，在一定意义上这种示范是教师人格的示范。教师言行上的任何不检点，人格上的任何不完善，都会严重地影响教师的声望和威信，进而影响教师教育教学的效果。

因此，为师立教当看重养德修身、为人师表，特别是廉洁方面，这是为师立教的根本，是为师立教具有道德感召力的重要前提条件。

③廉洁从教是培养学生良好情操的活的源泉

只有廉洁公正的教师才会培养学生高尚的道德情感，才会无私地热爱学生，不贪图什么，也不索求什么。学生在这种伟大而无私的爱的情感氛围中不断受到陶冶和感染，从而形成高尚的道德情感。

④廉洁从教是培养学生正确的道德是非观念的重要因素

中小学生正处在道德是非观念发展的关键时期。这一阶段他们虽然已有了一定的是非观念，但还是很不稳定的。教师的是非观、教师对某些事情肯定或否定的态度和行为，仍然是影响学生是非观念发展的重要因素。而对学生是非感影响最大的，莫过于教师的行为是否廉洁，因为身教胜于言教。

⑤廉洁从教是转化社会风气的重要举措

教师职业不仅直接影响学生，而且同时影响着千家万户，进而影响着社会的每一个角落，具有很强的社会期望性和社会瞩目性。

因此，社会对教师的选择比社会一般行业要严格得多，不仅要求有教书的学识，而且要求有示范学子和世人的良好品行。教师如果执教不廉，不仅有损自身的形象，而且习染学生或他人，甚至还会带来许多人价值观的迷惑或错位，使不良风气蔓延。

（2）廉洁从教的基本要求

①保持廉洁自律，坚守高尚情操

廉洁从教的根本在于保持廉洁自律，而高尚情操是保持廉洁自律的深厚根基。教师在教育中保持廉洁自律的高尚情操，是培养学生良好人格的根本条件，是做好教育工作所必需的。

教师只有保持廉洁自律，坚守高尚情操，才能按照职业的道德规范和党纪国法不断进行自我评价、自我约束、自我调控，不断增强自我控制的内在自觉性，及时矫正和调整自我行为中的失误，抵制不良风气和腐朽思想的侵蚀，保持行为的端正廉洁。

②抵制不良风气，保持教育公正

坚持教育公正不仅是实现公正化教育目的的要求，也是教师做好教育工作所必需的。教师要做到：

第一，树立正确的人生观、道德观和教育观，自觉学习国家的教育方针政策、法律法规，以明确是非标准,增强辨别是非的能力,自觉抵制污浊之风,保持教育公正。

第二,要敢于抵制不良风气,恪守公正立场。在教育中,凡是违反教育方针政策,凡是违背法纪法规,凡是违反教师职业道德,凡是不利于学生身心健康成长的言行,都应该坚决抵制。

第三,要自觉培养公正之品行,即内在公正意识与外在公正行为的一致性和稳定性,它包括光明磊落、实事求是、不徇私情、不谋私利、坦荡正派、正直仗义等。

③发扬奉献精神,淡泊功名利禄

教师担负着传递人类文明的接力棒,正因为这一特殊使命,才需要教师要发扬"甘为人梯""积极探索"的奉献精神。

人们赞美教师的奉献精神是蜡烛精神,它给人类带来了知识和光明。"春蚕到死丝方尽,蜡炬成灰泪始干"就是教师不为私利、无私奉献精神的光辉写照。

④接受外在监督,增强廉教意识

外在监督犹如警钟醒世,能使人行为检点。自觉接受外在监督,将更好地促进教师廉洁从教意识的形成,纠正行业不正之风。

外在监督包括许多面,如舆论监督、制度规范监督、法纪监督或群众监督、组织监督等。自觉接受外在监督,一是要主动把从教行为置于组织和群众监督之下。二是在从教过程中处理各种关系时要增强透明度,如讲究程序的合理性和处理各种关系的合乎原则性,或让组织、家长、学生等直接参与,共同决定并负责等。

4. 为人师表

为人师表,是指教师用自己的言行做出榜样,成为学生学习、效法的楷模和表率。为人师表的特点主要有:表率性、律己性、内在统一性和真实性。

(1)语言规范健康

第一,教师的语言要规范、文明、健康。

语言规范,就是要讲普通话,使用规范化的语言。

语言文明,就是用语要文雅、优美,语调要和谐、悦耳,语气要亲切、和蔼。

语言健康,就是在使用语言时,切忌一切低级庸俗、粗鲁无礼的污言秽语。特别是在批评学生的不良行为时,切忌使用侮辱性的语言去训斥和辱骂学生。

第二,教师的语言要准确、鲜明、简练。

所谓准确,就是要观点明确,语意清晰,发音标准,用词得当,造句符合文法,推理合乎逻辑,用语具有专业性和学术性。

所谓鲜明,是指语言要褒贬分明,饱含真情实感,爱什么、恨什么、赞扬什么、反对什么,泾渭分明。

所谓简练,是指语言简洁明快,精辟透彻,言简意赅;论述简明扼要,提纲挈领。

第三,教师的语言要热情、诚恳、富于激励性。

语言作为一种感人的力量,应具有热情、诚恳和富于激励的特点。富于激励性,这是对教师语言的一种特殊要求,是要求教师多使用激励性语言,该表扬的就实事求是地予以表扬,鼓励其向更高目标迈进;该批评的,则要注意分寸,动之以情,晓之以理。

第四,教师的语言要含蓄、幽默,富于启发性。

教师如果言语丰富,措辞优美,含蓄幽默,让学生置身于语言美的环境和氛围之中,学生就会感到心情愉快、气氛活跃、思维敏捷,就能收到良好的教育和教学效果。

（2）教态高雅自如

教态是无声的语言，是教师的情感在动作、姿态、表情中的自然流露。

首先，教师的站态，既要端庄稳重又要富有活力。不要有揭肩弓背，不停走动，摇头晃脑，甚至挠头发、叼烟卷等不良怪癖或习惯动作，这些都会影响学生的听课情绪。

其次，教师的手势，要简洁、适度。教师在讲课、谈话时手势要自然、适度，既不要过分单调，也不要过分繁杂，更不要指手画脚，搞桌子、敲黑板，显得毫无修养。

再次，教师的表情要丰富、自然、亲切。根据教育内容的需要，教师要善于运用喜、怒、哀、乐、爱、恶、怨、恨等眼神来表情达意，正确地体现教师的态度和评价。

（3）仪表朴实大方

仪表是教师在身体修饰、衣着打扮等方面的外部形态，是教师精神面貌的展现。教师的仪表应符合以下要求：

第一，教师的仪表应具有美感，这是对教师仪表的最基本要求。教师的衣着、发式应以整齐、洁净、朴素、得体为鲜明特色，如果衣冠不整，不修边幅，会降低在学生心目中的威信。

第二，教师的仪表要具有职业感。如教师应根据自己的性别、年龄、性格、体态及从事专业等合理选择服装款式，切不可随意化，也不要过分艳丽华贵。以免分散学生听课的注意力。

第三，教师的仪表还应具有时代感。教师是人类精神文明的传播者和建设者，在教师身上应该体现出时代气息，不能过于保守，因循守旧，当然也不能处处"赶时髦"，一味地追求奇装异服。

（4）身教重于言教

教师的神圣职责要求教师具有高尚的情操，以自己的心灵美和外表美去熏陶学生，在各方面成为学生的表率。

五、教师职业道德修养

教师职业道德培养是根据社会对教师职业的要求，对教师进行的职业道德教育、道德修养与道德内化活动，通过外部的影响以及个人的努力，在教书育人过程中，将外在的职业道德规范内化为教师个人的道德品质并付诸行动的活动。从阶段上来看，教师职业道德培养可以分为教师上岗前的职业道德培养和在岗教师的职业道德培养。从内容上来看，教师职业道德培养主要包括教师职业道德教育和教师职业道德修养与教师职业道德内化。本书将重点论述教师职业道德修养的相关内容。

（一）教师职业道德修养的概念

教师职业道德修养特指教师在职业活动中按照一定的职业道德原则和规范，进行自我锻炼和自我改造，以及所形成的道德品质和所达到的道德境界。或者说，教师职业道德修养是将教师职业道德要求转化为自己的信念并付诸行动的活动，简单说，是一种自我锻炼、自我改造、自我陶冶、自我教育的过程。

（二）教师职业道德修养的意义

教师职业道德修养不仅是培养教师职业道德的首要环节，也是加强社会主义职业道德建设的迫切要求。首先，教师职业道德修养是提高教师职业道德水平和促进个人进步与发展的必由之路；其次，只有加强教师职业道德修养，才能发挥教师职业道德的社会作用。

（三）教师职业道德修养的任务与内容

教师职业道德修养的内容包含两个方面：（1）职业道德意识修养；（2）职业道德行为修养。具体来说，教师职业道德修养的基本任务是：提高教师职业道德认识，陶冶教师职业道德情感，磨炼教师职业道德意志，确立教师职业道德信念，培养教师职业道德习惯。

1. 掌握正确的职业道德知识

职业道德知识指人们对于客观存在的职业道德关系以及处理这种关系的道德原则、规范的认识。它包括职业道德观念的形成和职业道德行为判断能力的提高。

学习和掌握教师职业道德知识是教师职业道德修养的首要环节和最初阶段。职业道德知识是职业道德情感产生的依据，是职业道德意志锻炼的内在动力，是决定职业道德行为倾向的思想基础。事实证明，在教师职业活动中，有些人之所以出现违反职业道德的不良行为，其重要原因之一就是缺乏对教师职业道德的基本认识，缺乏起码的教师职业道德评价与选择能力。加强教师职业道德修养，提高教师职业道德认识水平，首先要从教师职业道德理论、原则和规范的基本知识的学习入手，其次要把职业道德理论学习和职业道德实践紧密地结合起来，在具体的教育活动中促进教师职业道德认识水平的提高。

2. 陶冶真诚的职业道德情感

职业道德情感是指人们对现实生活中职业道德关系和职业道德行为的好恶情绪，如人们通常对高尚的职业活动产生敬仰和尊重之情，对违反职业道德的行为产生愤恨和憎恶之情等。教师只有培养起真诚的职业道德情感，才会发自内心地热爱自己所从事的职业，潜心钻研业务，尽职尽责地做好本职工作。教师职业道德情感包括以下几方面内容：

（1）职业正义感。职业正义感是一种最基本、最高尚的道德情感。它要求教师以公正平等的态度来处理人与人、人与社会之间的职业道德关系，维护国家、集体和人民群众的正当合法权益，并同一切危害国家、集体和人民群众的行为做坚决斗争。

（2）职业责任感。职业责任感是教师在职业道德活动中形成的对他人或社会应负责任的内心体验和道德情感，它既是职业道德行为的出发点，又是激励教师实现某种职业道德目标的动力。

（3）职业义务感。职业义务感是教师在履行自己职业责任的过程中产生的一种使命感。职业义务是社会道德义务的一部分，是社会道德义务在人们职业活动中的体现，是劳动者对本职工作、他人和社会所承担的道德上的使命和义务。教师只有具备了强烈的职业义务感才能真正热爱工作，否则就会敷衍塞责。

（4）职业良心感。职业良心感是教师对自己的职业道德行为、对自己同他人及社会职业道德关系的自觉意识和自我评价能力，是一种对职业关系和职业活动是非、善恶的内心体验。它是教师职业责任感和义务感的发展，并与教师对职业道德行为的选择和职业道德实践紧密相连。职业良心对教师的职业活动具有重要的调节作用。

（5）职业荣誉感。职业荣誉感是教师自觉承担职业道德责任、履行职业道德义务之后，对社会所给予的肯定评价和褒奖赞扬所产生的喜悦和自豪等情感体验。职业荣誉的衡量不以个人的财产、特权和地位为标准，而是以对人民、对社会进步事业所做出的实际贡献为标准。教师履行好自己的职责和义务便能受到社会的赞许和尊敬，就能得到崇高的职业荣誉。教师职业所提倡的职业荣誉是同正直、谦虚的美德结伴同行的，它排斥一切虚假和伪善。

（6）职业幸福感。职业幸福感是教师在履行职业责任及其义务、获得职业荣誉之后所产生的一种自我满足和愉悦的情感体验。它是教师从事职业活动最强大的精神动力和根本目的。在社会主义社会，教师应把参加职业活动、履行职业责任和义务视为自己生存发展的首要条件，并以此获得实实在在的职业幸福。每个教师都应该摒弃利己主义和享乐主义的人生观。

3. 磨炼坚强的职业道德意志

职业道德意志是人们在履行职业道德责任和义务的过程中所表现出来的克服困难和障碍的能力和毅力。它是职业道德行为持之以恒的重要精神力量，也是职业道德观念内化为人们职业道德品质的重要因素。它一方面表现在人们的道德意识活动中；另一方面表现在人们能够排除各种困难和阻力，坚定不移地执行由职业道德动机所决定的职业道德行为中。

是否具备坚强的职业道德意志是衡量教师职业道德素质高低的重要标志。只有道德意志坚强的人才能有力地控制自己的道德情感和道德行为。教师职业道德意志是产生职业道德信念和养成职业道德行为习惯的前提条件，是职业道德知识和情感转化为职业道德信念和行为的中介环节，也是教师培养良好职业道德品质的重要条件。

4. 确立坚定的职业道德信念

职业道德信念是人们对职业道德理想和职业道德规则现实性、正义性的深刻而有根据的笃信，以及由此而产生的对自己履行的职业责任和义务的真诚信奉。它是正确的职业道德知识、真诚的职业道德情感和坚毅的职业道德意志的"合金"，也是形成职业道德行为的强大动力和精神支柱。只有形成坚定的职业道德信念，人们的职业道德知识、情感和意志才具有稳定性和一贯性，人们的职业道德行为才有坚定性。教师一旦牢固地树立了某种职业道德信念，就能以持之以恒、坚韧不拔的精神和对工作精益求精的态度，始终不渝地遵守职业道德规则，履行自己的职责和义务，并以此为标准去鉴定、评价自己和他人职业活动的是非与善恶。坚定教师职业道德信念，是教师职业道德修养的核心问题。

5. 养成良好的职业道德行为习惯

职业道德行为是指人们在一定的职业道德知识、情感、意志、信念支配下所采取的自觉活动。职业道德行为的最大特点是自觉性和习惯性。被迫的行为即使有良好的效果，也不能算是道德行为，因为真正的道德行为往往带有习惯性。职业道德行为是衡量人们职业道德品质好坏、道德水平高低的客观依据。职业道德修养的最重要环节就是要把职业道德原则和规范贯彻落实到职业道德行为之中，做到言行一致、知行统一。人们的职业道德知识、情感、意志毕竟都是主观意志的东西，只有将其贯穿并体现在人们的职业道德行为中才具有现实意义。

教师职业道德修养的最终目的是要养成良好的职业道德行为习惯，使教师在没有任何人监督的条件下也能长期自觉地按照职业道德原则和规范办事，积极主动地选择善良的职业道德行为，避免和杜绝邪恶的道德行为。善良的职业道德行为习惯不是偶然的、短暂的举措，而是自然而然、习以为常的行动，它标志着教师的职业道德修养达到了较高的境界。

（四）教师职业道德修养的基本原则

1. 坚持知和行的统一
2. 坚持动机和效果的统一
3. 坚持自律和他律的结合
4. 坚持个人和社会的结合
5. 坚持继承和创新的结合

（五）教师职业道德修养的基本方法

教师职业道德修养的方法包括致知、内省、慎独、学习、践履。或者说，教师加强职业道德修养的途径和方法概括起来有：勤学、慎独、内省、兼听、自律。具体来说，教师职业道德修养的基本方法有：

1. 加强理论学习，注意内省、慎独

（1）要加强理论学习。教师要认真学习理论，树立正确的世界观和人生观；应在理论学习中去深刻理解教师职业道德规范和要求；应当学习教育科学理论和丰富的科学文化知识，掌握教书育人的本领。

（2）道德修养应注意内省和慎独。孔子曾说："见贤思齐焉，见不贤而内自省也。"（《论语·里仁》）教师以师德规范为准则，以品德高尚的人为榜样，时时反省自己，就能少犯错误或不犯错误。教师职业道德修养的最高层次就是"慎独"。所谓慎独，是指在个人独处、无人监督时，仍能自觉地遵守道德原则。"慎独"一词最早出自《礼记·中庸》："君子戒慎乎其所不睹，恐惧乎其所不闻。莫见乎隐，莫显乎微，故君子慎其独也。"教师在职业道德修养中要达到慎独，应着重从以下几个方面下功夫：① 要求教师注意把师德规范内化为内心信念，化作行为的品质；② 要在"隐"和"微"处着手，狠下功夫；③ 要重视在无人监督下，自觉履行师德规范，养成良好的师德行为习惯；④ 即使在独处和无人监督之时，也依然按照师德规范行事。

2. 勇于实践磨炼，增强情感体验

学习理论是重要的，更重要的是将理论付诸教育实践；因为教育实践不仅是教师进行师德修养的现实基础，同时也是检验教师师德修养的唯一标准，是教师师德修养的目的和归宿。

3. 虚心向他人学习，自觉与他人交流

学习优秀教师的先进思想和感人事迹，既能帮助我们提高师德认识，又能诱导和激发我们的师德情感。

4. 确立可行目标，坚持不懈努力

教学过程是一个逐步提高的过程，教师应把教学作为自己一生的事业来奋斗。教师自身必须具有坚持不懈和执着追求的精神，在学习实践中大胆探索，勇于追求，积极进取。

六、教师职业道德评价

（一）教师职业道德评价的概念

教师职业道德评价是指教师自己、他人或社会，根据社会主义的教师职业道德准则、规范和科学的标准，在系统广泛地搜集各方面信息、充分占有资料的基础上，运用现代技术手段，对教师的职业道德意识、道德情感、道德意志和道德行为进行考查和价值判断。应从以下三方面来理解这一概念：其一，社会主义的教师职业道德准则、规范是教师职业道德评价的根据和标准；其二，现代评价技术手段是教师职业道德评价科学性的有效保证；其三，教师职业道德评价主体具有多元性。

（二）教师职业道德评价的特征

教师职业道德评价有三方面的特征：其一，影响的深远性；其二，空间的广泛性；其三，时间的持久性。

（三）教师职业道德评价的价值与功能

教师职业道德评价还具有指挥定向、教育发展、分等鉴定、督促激励与问题诊断等功能。

1. 教师职业道德评价有利于维护和实现教师职业道德规范

2. 教师职业道德评价有利于教师职业道德素质的形成和发展

3. 教师职业道德评价有利于优化教师的教育教学行为

（四）教师职业道德评价的原则

教师职业道德评价应遵循客观性原则、科学性原则、教育性原则、方向性原则、民主性原则等。

（五）教师职业道德评价的标准与方法

在进行教师职业道德评价时，人们所使用的最一般概念就是"善"与"恶"，此外还有职责标准和素质标准。

教师职业道德评价主要是通过社会舆论、教育传统习惯和教师内心信念等形式进行的。教师职业道德评价的具体方法有：

1. 自我评价法

自我评价法是指教师个人根据教师职业道德规范和教师职业道德评价的标准、原则等一系列评价体系，对自己的道德所进行的一种自我认识和自我判断的评价方法。教师自我评价的内在动力是教师的内心信念。

2. 学生评价法

学生评价法是指在教师和学生教与学的相互作用中，学生依据教师职业道德的原则和规范对教师的行为予以判断的一种道德评价方式。

学生评价实际上也是一种社会评价，但它是一种特殊的社会评价，这是由教师与学生的特殊关系所决定的。师生这种平等、民主、互爱的师生关系使得学生能够对教师的职业道德进行评价。

3. 社会评价法

社会评价法是指行为当事人之外的个人或组织（如学校或其他社会方面的人员）根据教师职业道德规范对教师的道德状况做出评价的方法。社会评价法主要通过社会舆论对教师的道德进行评判。

4. 加减评分法

加减评分法是根据国家对教师职业道德的日常行为要求，找出一系列评语式的测评项目，对每一测评项目做一些具体规定，指明达到什么程度加多少分或减多少分，最后计算总分数以表明其等级的评价方法。

5. 模糊综合评判法

模糊综合评判法是指在教师职业道德评价中吸取与应用模糊数学综合评判的思想，全面合理地考虑到所有影响教师职业道德的因素，采取模糊计量法，通过计算得出评价结果的评价方法。

真题回顾与模块自测

一、单选题

1. 把教师称为"知识种子的传播者，文明之树的培育者，人类灵魂的设计者"的是（　　）。（2020.7.4枣庄滕州真题）

   A. 霍布斯　　　　　　　B. 培根　　　　　　　C. 洛克　　　　　　　D. 爱尔维修

2. "好的教师不仅要教授知识，而且要不断反思，认真分析学生的心理年龄特点，创造性地开展教育教学工作。"这一表述主要体现了教师的（　　）角色。（2020.8.1临沂真题）

   A. 授业者　　　　　　　B. 管理者　　　　　　C. 示范者　　　　　　D. 研究者

3. 教师的职业形象是教师群体或个体在其职业生活中的形象，是其精神风貌和生存状态与行为方式的整体反映。"学高为师，身正为范"反映的是教师的（　　）。（2020.10.18济南平阴真题）

   A. 文化形象　　　　　　B. 道德形象　　　　　C. 生活形象　　　　　D. 人格形象

4. 学生的学校生活与家庭生活最大的差别是（　　）。（2020.7.18青岛真题）

   A. 教育性　　　　　　　B. 强制性　　　　　　C. 指导性　　　　　　D. 支持性

5. 师生关系是指教师和学生在教育教学过程中结成的相互关系，包括彼此所处的地位、作用和相互对待的态度等，师生关系中最为基本的关系应是（　　）。

   A. 社会关系　　　　　　B. 心理关系　　　　　C. 主客体关系　　　　D. 教育关系

6. 教师在履行教育义务的活动中，最主要、最基本的道德责任是（　　）。（2020.8.5济南天桥真题）

A. 依法执教　　　　　　　B. 教书育人　　　　　　　C. 爱岗敬业　　　　　　D. 团结合作

7. 刚入职的小张老师在新教师岗前培训笔记中写道："教师要严于律己，以身作则；要衣着得体，言语规范；要尊重同事，尊重家长"。笔记中的内容是教师在（　　）方面的要求。（2020.8.9济宁真题）

A. 爱岗敬业　　　　　　　B. 关爱学生　　　　　　　C. 爱国守法　　　　　　D. 为人师表

二、多选题

1.《中学教师专业标准（试行）》中，"专业理念与师德"维度包括（　　）。（2020.7.18青岛真题）

A. 教育教学的态度与行为　　　　　　　　　　B. 对学生的态度与行为

C. 职业理解与认识　　　　　　　　　　　　　D. 个人修养与行为

2. 学生既是教育的对象又是教育的主体。了解和研究学生的本质特征、地位和发展规律是教育工作的出发点和归宿，其中学生的本质特征主要包括（　　）。（2020.12.26济南历城真题）

A. 以系统学习间接经验为主　　　　　　　　　B. 具有主体性

C. 具有主导性　　　　　　　　　　　　　　　D. 具有明显的发展特征

3. 良好的师生关系是教育教学活动顺利开展的重要保证，主要表现为（　　）。（2020.8.6济南十区县联考真题）

A. 教师主导，学生主体　　　　　　　　　　　B. 尊师爱生，相互配合

C. 民主平等，和谐融洽　　　　　　　　　　　D. 合作共享，共同成长

4. 关于教师职业道德的特点，以下表述正确的是（　　）。（2020.12.22济宁微山幼儿真题）

A. 教师职业道德的教育专门性　　　　　　　　B. 教师职业道德要求的双重性

C. 教师职业道德内容的全面性　　　　　　　　D. 教师职业道德功能的多样性

5.《中小学教师职业道德规范》对教师的职业道德起指导作用，是调节（　　）相互关系的基本行为准则。（2020.8.8济南章丘真题）

A. 教师与学生　　　　　B. 教师与学校　　　　　C. 教师与国家　　　　　D. 教师与社会

三、判断题

1."学高为师""良师必须是学者"强调条件性知识对教师专业发展的重要性。（　　）

2. 学生在日常交往过程中认同的重要他人，我们通常叫偶像性重要他人。（　　）

3. 学生知之较少，尚未成熟，因此在人格上与教师是不平等的。（　　）（2020.12.27临沂费县真题）

4. 教师职业道德具有对社会文明的示范功能，这是其最基本的社会作用。（　　）（2020.7.30烟台莱阳、海阳真题）

5. 教书育人是教师职业的本质要求。（　　）（2020.7.17威海高区真题）

6. 教师职业道德修养的最终目的是要养成良好的职业道德行为习惯，使教师在没有任何人监督的条件下，也能长期自觉的按照职业道德原则和规范办事。（　　）（2020.11.28德州乐陵真题）

【参考答案】

一、单选题

1. B　2. D　3. B　4. B　5. D　6. B　7. D

二、多选题

1. ABCD　2. ABD　3. BCD　4. ABCD　5. ABCD

三、判断题

1. ×　2. ×　3. ×　4. ×　5. ×　6. √

第五章 课 程

课程是教育内容的总和及其相互联系，是教育活动中的核心要素。课程理论主要研究课程的设计、课程的实施和课程的评价。随着社会的发展，课程改革成为教育改革的关键，我国当前的基础教育课程改革正是反映了时代的要求。

思维导图

课程
- 课程概述
  - 课程的概念
  - 课程类型
  - 课程理论流派
  - 制约课程的因素
- 课程编制
  - 泰勒原理
  - 课程目标
  - 课程内容设计与课程资源开发
  - 课程实施
  - 课程评价
- 新课程改革
  - 新课程改革概况
  - 新课程改革的理论基础与基本理念
  - 新课程改革的具体目标与落实

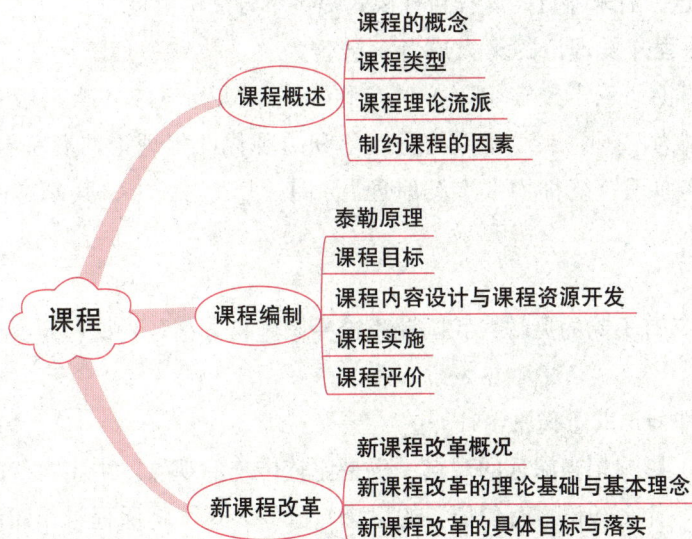

第一节 课程概述

一、课程的概念

（一）"课程"一词的由来

在我国，"课程"一词始见于唐宋。唐朝孔颖达在《五经正义》里为《诗经·小雅》中"奕奕寝庙，君子作之"一句作疏时提到："维护课程，必君子监之，乃依法制。"据考，这是汉语文献中最早出现的"课程"一词。但这里所说的"课程"是指"秩序"，即"以一定程式来授事"，并不是现代意义上的"课程"。

宋代朱熹在《朱子全书·论学》中多次提到"课程"，如"宽着期限，紧着课程""小立课程，大作功夫"等。这里的"课程"是指"功课及其进程"，与今天所谓"课程"的意义已极为接近。

西方"课程"（curriculum）一词源于拉丁语"currere"，意为"赛马的跑道"，后来演变为"学习进程"，即引导学生继续向前进，以达到一定培养目标。"currere"一词的名词形式意为"跑道"，由此演变成的"课程"就是为不同学生设计的不同轨道，从而引出了一种传统的课程体系；而"currere"的动词形式是指"奔跑"，这样理解课程的着眼点就会放在个体认识的独特性和经验的自我建构上，就会得出一种完全不同的课程理论和实践。

根据英国课程学者汉密尔顿的考证，教育范畴内的课程概念，最早见于彼特·拉莫斯发表于1576年的《知识地图》，用来表示循序而进的学习过程。在英语世界中，把"课程"用作教育科学的专门术语，始于英国教育家斯宾塞。作为教育科学的重要倡导者，他在《什么知识最有价值》（1859年）一文中最早使用"课程"一词，把"课程"解释为教学内容的系统组织。

（二）课程论的诞生与发展

美国学者博比特1918年《课程》一书的出版，标志着课程论作为一个独立研究领域的诞生。他提出了课程研究的"活动分析法"，即通过对人类社会活动的分析，发现社会所需要的知识、技能、能力和态度等，以此作为课程的基础，这为后来盛行的课程目标模式提供了方法论依据。

拉尔夫·泰勒是科学化课程开发理论的集大成者，被誉为"现代课程理论之父""现代教育评价之父"。他参与了"八年研究"（"三十校实验"），在此实践基础上于1949年出版了《课程与教学的基本原理》，这部著作被誉为"现代课程理论的圣经"和"现代课程理论的奠基石"。他的"评价原理"和"课程与教学的基本原理"统称为"泰勒原理"，即"目标模式"，其基本内容包含课程编制的四个步骤：确定目标（目标）、选择经验（内容）、组织经验（方法）、评价结果（评价）。

（三）课程的不同定义

国内外学者对于课程的定义有不同的见解，我国课程论专家施良方把各种课程定义归纳为以下六大类型：

1.课程即教学科目（课程即知识或课程即学科）

课程即知识是一种比较早、影响相当深远的观点，也是比较传统的观点。中国古代的"六艺"、西方古代的"七艺"、斯宾塞的"什么知识最有价值"的思想，已经表达了将课程看作知识的倾向。在我国中小学普遍实行的学科课程及相应的理论，就是这种观点的表现。这种课程观的一般特点有：课程体系按照科学的逻辑进行组织；课程是社会选择和社会意志的表现；课程是既定的、先验的、静态的；课程是外在于学习者并凌驾于学习者之上的，学习者必须服从课程，在课程面前是接受者的角色。

2.课程即有计划的教学活动（课程即计划）

这一定义把教学的范围、序列和进程，甚至教学方法和技术的设计，总之，把所有有计划的教学活动都组合在一起，以图对课程有一种较全面的看法。例如，有人认为，课程是指有关学校教育计划的范围和安排的书面文件。诸如教学计划、教学大纲（现有合称为课程标准的趋向）、教科书、教学参考书、练习册，甚至还包括教师备课的教案。

3.课程即预期的学习结果或目标（课程即目标）

博比特、泰勒、加涅等学者认为，课程应该直接关注预期的学习结果或目标，把重点从手段转向目的。这要求事先制定一套有结构、有序列的学习结果；所有教学活动都是为达到这些目标服务的。

4. 课程即学习经验

将课程看做知识，很容易导致"重物轻人"的倾向，即强调课程本身的严密、完整、系统、权威，却忽视了学习者的实际学习体验和学习过程。美国教育家杜威根据实用主义的经验论，主张课程即学生的学习经验。这种课程理解的突出特点是把学生的直接经验置于课程的中心位置，从而消除了课程中"见物不见人"的倾向，消除了内容与过程、目标与手段的二元对立。学生的学习取决于他自己做了些什么，而不是教师做了些什么。当课程被认为是经验时，一般特点在于：课程往往是从学习者角度出发和设计的，课程是与学习者个人经验相联系、相结合的，强调学习者作为学习主体的角色。目前，西方的一些人本主义和解释学派课程论者，都趋向于这种观点，他们尽管各自的立场不同，但都开始把课程的重点从教材转向个人。

"课程即活动"是一种更加新颖的观点。将课程理解为学科知识，教师容易把握，但也容易导致"见物不见人"的倾向；把课程理解为学习经验，有利于解决"教育中无儿童"的问题，但教师又感到迷惘不知如何操作。走出这种两难困境的惟一办法是从"活动"的视角看待和解释课程。这种课程观强调学习者是课程的主体，注意学习者的能动性，强调以学习者的兴趣、需要、能力、经验为中介实施课程，从活动的完整性出发，突出课程的综合性和整体性，反对过于详细的分科，重视学习活动的水平、结构、方式，特别是学习者与课程各因素的关系。

5. 课程即社会文化的再生产

主要代表人物为鲍尔斯、金蒂斯等。他们认为，任何社会文化中的课程都是该种社会文化的反映，学校的职责就是要再生产对下一代有用的知识和价值。

6. 课程即社会改造

主要代表人物弗雷尔等，主张课程目的不是为了使学生适应或顺从社会，而是要使他们敢于建造一种新的社会秩序。课程不仅仅是个人谋生的手段，对知识技能的选择突破了学科的视野。

（四）课程的概念

课程即课业及进程，具体是指学校学生所应学习的学科总和及其进程与安排。

我国的课程概念有广义、狭义之分。广义的课程是指学校为实现培养目标而选择的教育内容及其进程的总和，它包括学校所教的各门学科和有目的、有计划的教育活动。狭义的课程是指某一门学科。

对广义的课程含义应做如下理解：首先，课程是某一类学校中所要进行的德、智、体全部教育内容的总和；其次，课程不仅包括各门学科、课内教学，也包括课外活动、家庭作业和社会实践等；再次，课程兼有计划、途径、标准的含义，规定了各门学科的顺序和课时分配、学年编制和学周安排等。

二、课程的作用

课程是教育内容的总和及其相互关系，主要解决"教什么"和"学什么"的问题，它是教育活动中的核心要素。课程是学校教育的基础，是实现教育目的和目标的手段或工具，是中小学教育教学活动的"施工蓝图"。课程改革是教育改革的核心。课程的作用具体体现在：

1. 课程是实现教育目的、培养全面发展的人才的保证

2. 课程是教师教和学生学的依据，是师生联系和交往的纽带

3. 课程是教学方法的选择、教学组织形式的确定、教学手段的应用的依据

4. 课程是国家监察和监督学校教育教学工作的依据

三、课程的类型

课程类型是指课程的组织方式或课程设计的种类。从总体上来说，课程类型包括文化课程、活动课程、实践课程、隐性课程。文化课程包括国家课程、地方课程、校本课程；活动课程包括阳光体育、兴趣小组的活动、学生会及团委等学生团体组织的自主活动、综合实践活动；上述几类课程之外，一切有利于学生发展的资源、环境、学校的文化建设、家校社会一体化等为隐性课程。

（一）学科课程与活动课程

根据课程的设计形式及内容的固有属性，可以将课程分为学科课程与活动课程两类。或者说，根据课程的主体划分，可以把课程分为学科课程和经验课程两类。

1. 学科课程

学科课程亦称分科课程，是指以文化知识为基础，按照一定的价值标准，从不同的知识领域或学术领域选择一定的内容，根据知识的逻辑体系，将所选出的知识组织为学科并分科进行教学的课程类型。简单地说，就是以学科逻辑为中心设计的课程，是学校课程的基本形式。学科课程的主导价值在于通过课程让学生掌握、传递和发展人类系统的文化遗产。

学科课程是最古老、使用范围最广泛的课程类型。在我国古代最早提出分科教学的是孔子，在古代欧洲当推亚里士多德。我国古代的"六艺"，古希腊的"七艺"和"武士七艺"，夸美纽斯所倡导的"百科全书式的泛智课程"，赫尔巴特根据人的"六种兴趣"设置的课程，斯宾塞根据功利主义原则设置的课程，当前学校中开设的语文、数学、外语等，都是学科课程。

学科课程的特点在于：它是依据知识的门类分科设置的；它是将人类活动经验加以抽象、概括、分类整理的结果；它往往是相对独立、自成体系的；它通常按特定知识领域内在的逻辑体系来加以组织。逻辑性、系统性和简约性是学科课程最大的特点。

学科课程的主要优点是能在较短时间内把各门学科的基本原理教给学生，使学生系统地掌握和继承人类经过实践活动、科学探索所取得的经验和科学认识。也就是说，学科课程重视每门科学知识的逻辑性、系统性和完整性，有利于教材的编订，有助于学生学习和巩固基础知识，也易于教师教授。

学科课程的主要缺点是过多考虑知识的逻辑和体系，不能完全照顾学生的需要和兴趣；同时，学科分得过细不利于学生综合地把握与现实世界的联系。也就是说，学科课程的缺点有：不重视或忽视学生的兴趣和需要；不重视相互联系，造成和加深了学科的分离；不利于联系学生的生活实际和社会实践；更多地关心学习结果，不关心学习过程、学习方法；不利于学生辩证思维的发展。总之，学科课程把要教授给学生的知识分离、肢解了，脱离了学生的现实世界，对学生的能力、需要、兴趣及过去的经验未予以足够的重视。

2. 活动课程

活动课程又称经验课程、生活课程或儿童中心课程，是为打破学科逻辑组织的界限，从儿童的兴趣和需要出发，以儿童从事某种活动的兴趣和动机为中心组织的课程。活动课程的主导价值在于使学生获得关于现实世界的直接经验和真切体验。活动课程的思想可以追溯到法国自然主义教育思想家卢梭。19世纪末20世纪初，美国的杜威和克伯屈发扬了这一思想。杜威的课程称为"经验课程"或"儿童中心课程"。

活动课程既可作为课堂教学的一部分，又可作为课堂教学的一种补充。活动课程不同于课外活动，前者是与学科课程相对的课程形式或形态，后者是与课堂、班级授课相对的不同场所和范围的教学活动。但课外活动的内涵正在发生变化，它逐渐被看作是一种课程形式。活动课程的主要特点有：第一，以儿童为中心，从儿童的动机、需要和个性出发设计课程，强调儿童本位、经验本位，课程的组织不是多学科分科并进的，而是综合性的单一课程；第二，以儿童的心理发展顺序为中心编制课程，课程顺序不考虑逻辑结构只强调心理结构；第三，主张儿童在活动中探索，尝试错误，学到方法，课程进度无严格规定，以学生的态度和兴趣的发展变化随意删定；第四，活动课程以儿童的某些基本动机作为教学组织的中心，以代替学科作为课程的基础。活动课程的特点可以概括为：经验性、主体性、综合性、乡土性。

活动课程的主要优点是强调课程要适合学生的兴趣、需要，注意教材的心理组织，能够激发学生活动的积极性、主动性，对于发展学生的智力、培养学生的能力很有效果。具体来讲，相对于学科课程而言，活动课程具有以下优点：第一，重视学生的需要与兴趣，尊重学生的主体性，有利于学生学习的主动性、积极性的发挥；第二，强调教材的心理组织，有利于学生在与文化、与科学知识交互作用的过程中，获得人格的不断发展；第三，强调实践活动，重视学生通过亲身体验获得直接经验，有利于培养学生解决实际问题的能力；第四，重视课程的综合性，主张以社会生活问题来整合各种知识，有利于学生获得对世界的完整认识。

活动课程的缺点主要是学生获得的知识缺乏系统性、连贯性，忽视了教育中关键性的社会目标，不利于传递人类文化经验。具体来讲，活动课程的局限主要表现为：过分地夸大了儿童个人经验的重要性，忽视系统的学科知识的学习，容易导致"功利主义"；忽视儿童思维力和其他智力品质的发展，往往把儿童日常生活中个别经验的作用绝对化而不顾及这些经验本身的逻辑顺序，结果学生只能学到一些支离破碎的知识，降低了学生的系统知识水平；对于习惯了学科课程的讲授方式的教师而言，组织活动课程比较困难。

活动课程与学科课程，在总体上都服从于整体的课程目标，但二者在具体的目的、编排方式、教学方式和评价上有着明显的区别：（1）在教学目的上，学科课程主要向学生传递人类长期创造和积累起来的经验的精华；活动课程主要让学生获得包括直接经验和直接感知的新信息在内的个体教育性经验。（2）在编排方式上，学科课程重视学科知识逻辑的系统性，活动课程强调各种有意义的学生活动的系统性。（3）在教学方式上，学科课程主要以教师为主导去认识人类经验；而活动课程主要以学生自主的实践交往为主获得直接经验。（4）在评价方面，学科课程强调终结性评价，侧重考查学生学习的结果；而活动课程则重视过程性评价，侧重考查学生学习的过程。

	学科课程	活动课程
价值重心	知识（文化）本位	学习经验本位
教育观	教育即生活的准备（教育与现实生活相隔离）	教育即生活本身（教育与现实生活相联系）
知识的类型	间接经验/学术型知识/公共知识	直接经验/实践型知识/个人知识
知识的存在方式	知识是呆滞的、僵化的，知识远离行动	知识是运转着的、有活力的，知识从不远离行动
课程形态	大部分学科课程属于分科课程	综合课程（打破学科界限）
课程组织	按学科知识固有的内在逻辑组织课程（强调知识的系统性）	按学生心理发展的顺序组织课程（强调教材的心理化）
课程实施	注重课程活动的结果	注重课程活动的过程
教的方式	强调"训练""指导与控制"	强调"兴趣""自由与主动性"
学的方式	静听式的被动学习（口训多于行动）	从做中学、主动参与（行动多于口训）
适用范围	成人、高年级学生	儿童、低年级学生

（二）分科课程与综合课程

根据课程内容的综合程度及组织方式，可以将课程分为分科课程与综合课程两类。

1. 分科课程

分科课程是指从不同门类的学科中选取知识，按照知识的逻辑体系，以分科教学的形式向学生传授知识的课程。分科课程的主导价值在于使学生获得逻辑严密和条理清晰的文化知识。

分科课程与学科课程基本上是一致的，分科课程强调的是课程内容的组织形式，而学科课程强调的是课程内容固有的属性。分科课程又称"百科全书式的课程"，有较强的逻辑体系，注重知识的传授，知识相对独立。从课程开发来说，分科课程坚持以学科知识及其发展为基点，强调本学科知识的优先性；从课程组织来说，分科课程坚持以学科知识的逻辑体系为线索，强调本学科自成一体。

分科课程在近代曾经一统天下，而且越分越细，门类越来越多，不仅增加了学生学习的负担，而且容易将本来有着密切联系的学科割裂开来，使学生不能从整体上去把握知识。分科课程的知识传授方式，容易忽视学生的主动性和积极性，造成学生的厌学情绪，形成被动学习的状态，在一定程度上限制了学生的创造意识、创造精神和创造能力的培养，造成学生"只见树木不见森林"的思维模式。因此，近现代教育中综合课程受到了越来越多的关注。

2. 综合课程

综合课程是指打破传统分科课程的知识领域，组合两个或两个以上的学科领域构成的课程。综合课程又称"统合课程""统整课程""合成课程"，其根本目的是克服学科课程分科过细的缺点。它采取合并相关学科的办法，减少教学科目，把几门学科的教学内容组织在一门综合学科之中。综合课程强调学科之间的关联性、统一性和内在联系，其主导价值在于通过相关学科的集合，促使学生认识的整体发展并形成把握和解决问题的全面视野与方法。最早明确提出课程综合化问题并对之进行系统理论论证的是德国教育家赫尔巴特。1912年，英国教育家怀特海率先提出了综合课程的主张。实施综合课程是现代科学向协同化和综合化发展的必然结果。

综合课程是将具有内在逻辑或价值关联的分科课程内容以及其他形式的课程内容综合在一起形成的一种课程形态。因其综合的方式不同而有不同类型，主要有三种基本类型：（1）学科本位综合课程，即综合性学科课程。按综合程度的不同可分为相关课程、融合课程和广域课程三种形态。比如，将植物学、动物学、生理学、解剖学融合为生物学，将地质学、自然地理、人文地理、历史地理融合为地理学。（2）儿童本位综合课程。以儿童的需要、兴趣、经验为核心，综合学科内容而形成的课程。（3）社会本位综合课程。以源于社会生活的问题如环境问题等为核心，综合学科内容而形成的课程。20世纪70年代以来，国际上盛行的社会本位的综合课程，主要有"科学—技术—社会课程"（简称"STS课程"）、"环境教育课程"、"国际理解教育课程"。

此外，根据综合程度（从分化到综合）及其发展轨迹，综合课程可分以下几种形式：

（1）相关课程（Correlated Curriculum），也称"联络课程"，是由一组相互联系和配合的学科组成的课程。编制相关课程要使各学科教学顺序能相互照应、相互联系、穿插进行，既保持原有学科界限的独立性，又要确定科际的联系点（寻找两个或多个学科之间的共同点）。例如，物理、化学、数学在某些主题上的联系（理化学科教学所需数学知识，需事先在数学课中进行教学），历史、地理、公民在某些主题上的联系，语文、历史、音乐在某些主题上的关联等。

（2）融合课程（Fused Curriculum），也称"合科课程"，就是把部分的科目统合兼并于范围较广的新科目中，选择对学生有意义的论题或概括的问题进行学习。融合比关联更进一步，融合课程是由相关学科内容组合成的新学科。例如，历史、地理、公民融合为综合社会科，物理、化学、生物融合为综合理科，植物学、动物学、解剖学、生理学融合为生物学，西方历史、西方地理、西方音乐、西方文学融合为西方文明等。

（3）广域课程（Broad Curriculum），就是合数门相邻学科内容而形成综合性课程，是能够涵盖整个知识领域的课程整体。广域课程在范围上比融合课程大，如有的国家把地理、历史综合形成社会研究课程。

广域课程与融合课程的相似性在于都是围绕一个组织核心而将分支学科组织为一个新的课程整体，而且被整合的每一门学科都将失去其独立性。广域课程与融合课程的区别在于广域课程在范围上要比融合课程大。融合课程的范围主要限于与学科有关的领域，而广域课程则不仅包括与学科有关的领域，人类的所有知识与认知的领域都可以被整合起来。像"19世纪西移美洲的移民"这样的主题可以整合所有知识领域，而不只是相关学科，由此形成的课程就是广域课程。

（4）核心课程（Core Curriculum），既指所有学生都要学习的一部分学科或学科内容，也指对学生具有直接意义的学习内容。一般意义上的核心课程是围绕一些重大的社会问题组织教学内容，社会问题就像包裹在教学内容里的果核一样，又被称为"问题中心课程"，如以人类生存、环境保护等为主题设计的课程。对于学校课程编制思想真正具有革新意义的正是核心课程。核心课程的研制者既不主张以学科为中心，也不主张以儿童为中心，而是主张以人类社会的基本活动为中心。在形式上，核心课程通常采取由近及远、由内向外、逐步扩展的顺序呈现课程内容。

前三种课程都是在学科领域的基础上进行的知识综合的课程，它们打破了原有的学科界限，是旧的学科课程的改进和扩展；而核心课程则是以解决实际问题的逻辑顺序为主线来组织教学内容的。

综合课程坚持知识统一性的观点（"物理发现可以用数学公式来阐述，化学发现可以用物理原理来阐述，心理学特征可以用生物学术语来解释"），它不仅是科学发展、学习方法的需要，而且也是学生未来就业的需要（人口教育课、环境教育课、闲暇与生活方式课等课程不可避免地要涉及历史、地理、化学、生物、物理、卫生等各门学科）。综合课程的优点在于：它能增强学科间的横向联系，避免完整的知识被人为的割裂；有利于学生综合地、整体地发现问题、分析问题和解决问题，从而形成正确的世界观和价值观；符合学生认识世界的特点，有利于学生整体把握客观世界；有助于培养学生的学习动机，丰富和拓展其学习的内容；有助于培养学生的迁移能力。

综合课程的缺点体现在：编写综合性的教材难度大，教师难以胜任。在国外，通常采用两种对策来解决这些问题。第一，采用"协同教学"的方式，由若干教师合作完成一门综合课程的教学任务。第二，开设综合专业课程。

（三）必修课程与选修课程

根据学生选择课程的自主性（课程的自主程度）及对学生的学习要求（课程修习的要求），或者说根据课程计划对课程实施的要求，可以将课程分为必修课程与选修课程两类。

1. 必修课程

必修课程是指根据课程计划的统一规定，所有学生必须修习的课程。在我国基础教育领域，主要是指同一年级的所有学生都必须修习的公共课程，是为保证学生的基本学力而开发的课程。必修课程可以分为国家规定的必修课程、地方规定的必修课程和校定必修课程等。必修课的基本特征是强制性，它是社会或机构权威在课程中的体现，具有多方面的功能。

2. 选修课程

选修课程是指依据不同学生的兴趣、爱好和需要，允许个人在一定范围内选择修习的课程。选修课充分体现了课程结构的选择性原则，其主导价值在于满足学生的兴趣、爱好，培养和发展学生的个性。

选修课程一般分为限定性选修课程和任意性选修课程两类。大约在19世纪后半叶，美国最早开始尝试在中学中开设选修课。中国选修课的开设始于1922年北洋政府统治时期颁布的壬戌学制。

必修课程与选修课程具有等价性，两者的实质是共性发展与个性发展的关系。

（四）基础型课程、拓展型课程与研究型课程

根据课程的任务，可以将课程分为基础型课程、拓展型课程和研究型课程三类。

1. 基础型课程

基础型课程注重学生作为公民所必需的基础能力（读、写、算）的培养，是中小学课程的主要组成部分。它的内容以基础知识和基本技能为主，不仅重知识、技能的传授，也注重思维力、判断力等能力的发展和学习动机、学习态度的培养。基础课程是必修课程，它所包括的内容在不同的学段有所不同。

2. 拓展型课程

拓展型课程重点在于拓展学生的知识与能力，开阔学生的知识视野，发展学生的特殊能力，并迁移到其他方面的学习上。例如，注意加强学生文学、艺术鉴赏方面的教育与拓展学生文化素质的文化素养课程和艺术团队活动，注重加强学生科学素质教育、培养学生知识与社会实践相结合能力的环境保护等课程，都属于拓展型课程。拓展型课程往往是选修课程。

3. 研究型课程

研究型课程注重培养学生的探究精神、态度与能力。这是一类在教师引导与指导之下，由学生自主设计、自主探索来完成教学任务的课程。

（五）国家课程、地方课程与校本课程

根据课程设计、开发与管理主体的不同或者从课程制定者或管理层次角度划分，可以将课程分为国家课程、地方课程与校本课程三类。

1. 国家课程

国家课程亦称"国家统一课程"，是由中央教育行政部门负责编制、实施和评价的统一课程，属一级课程。它编订的宗旨是保证国家确定的普通教育的培养目标和普通教育的先进水平，规定学生应掌握的基础知识和基本能力，体现国家对教育的基本要求，以保证教育的质量。国家课程的设置原则是：依据国家的课程政策和国家政治、经济、文化等实际情况，结合国家对人才的要求制订课程计划和开设具体课程体系；遵循课程设置的综合性、均衡性和选择性原则，使学校课程中国家课程、地方课程和校本课程，分科课程与综合课程，选修课与必修课以及科目之间都保持适当的比重。其科目一般由核心科目和基础科目组成。这类课程的计划、标准和教材由国家统一审定，非经批准，地方不得随意变动。负责国家课程的课程编制中心一般具有权威性、多样性、强制性等特征。

2. 地方课程

地方课程是由各省、自治区、直辖市根据本地情况自行安排的课程。这类课程属二级课程。省市课程编定的宗旨是补充丰富国家课程的内容，满足各地经济、文化发展的不同要求和各地学生发展的不同需要。它既可以安排学科类课程，也可以安排各种活动；既可以安排必修课，也可以安排选修课。对于地方课程的地方本位，可以从三方面理解：一是服务于地方，二是立足于地方，三是归属于地方。地方课程具有地域性、民族性、文化性、适切性、探究性等特征。

3. 校本课程

校本课程是学校自主研究开发的课程。它是在具体实施国家课程和地方课程的前提下，通过对本校学生的需求进行科学评估，充分利用当地社区和学校的课程资源而开发的多样性、可供学生选择的课程。校本课程是基于学校、在学校中、为了学校实施的课程，它具有校本化、个性化、特色化、学校自

主性、研究性等特点。校本课程的主导价值在于展示学校的办学宗旨和特色。校本课程设置的目的在于尽可能适应社区、学校、学生的差异性。校本课程开发的主体是教师，通常以选修课和特色课的形式出现。"校本课程开发"一词由菲吕马克（Furumark）和麦克米伦（Macmillan）等人于1973年在爱尔兰阿尔斯特大学召开的国际课程研讨会上最先公开提出。校本课程有利于克服国家课程不能照顾地区差异、学校办学特色和学生个性发展的弊端，有助于促进教育民主化的发展进程，有利于促进教师的专业发展。校本课程的开发使教师成为课程开发的主体，确立了教师的专业自主地位，也给教师的个性化教学提供了机会。但其也存在不足之处，如由于受学校的教师水平、时间及精力的限制，校本课程的质量存在很大差异。

（六）显性课程与隐性课程

根据课程的表现形式、呈现方式（呈现状态）或影响学生的方式，可以将课程分为显性课程和隐性课程两类。

1. 显性课程

显性课程亦称公开课程、显在课程、正规课程、官方课程等，是指在学校情境中以直接的、明显的方式呈现的课程。换言之，显性课程是一个教育系统内或教育机构中用正式文件颁布而提供给学生学习、学生通过考核后可以获取特定教育学历或资格证书的课程，表现为课程方案中明确列出和有专门要求的课程。显性课程的主要特征是计划性，这是区分显性课程和隐性课程的主要标志。显性课程以课程标准、教材等显性的形式出现，是课程的主要形式，是教学的主要载体。显性课程是通过课堂学习等正式学习的方式来进行的，对学生的发展具有直接的明显的影响。

2. 隐性课程

隐性课程可以追溯到美国著名教育家杜威的"附带学习"，指学习中自然而然产生的情感、态度和价值观等（如一个儿童在学习数学时，养成对待数学学习的某种态度）。杜威的学生克伯屈认为，任何一种学习都包含三个部分："主学习""副学习""附学习"。"主学习"指对事物的直接学习；"副学习"则是一种伴随"主学习"而来的关联学习；"附学习"则指伴随"主学习"而来的有关情感、态度的学习。后来杰克逊在1968年出版的《班级生活》一书中首先正式提出"隐性课程"一词。

隐性课程亦称潜在课程、隐蔽课程、自发课程，是学校情境中以间接的内隐的方式呈现的课程，是学生在显性课程以外所获得的所有学校教育的经验。隐性课程不作为获得特定教育学历或资格证书的必备条件。

相对于显性课程而言，隐性课程以潜在性（内隐性）、非预期性（随机性）、不易察觉性、多样性、不确定性等为特征，不在课程规划中反映但又能对学生产生潜移默化的影响。隐性课程的特点主要有：（1）隐性课程的影响具有弥散性、普遍性和持久性；（2）隐性课程的影响既可能是积极的，也可能是消极的；（3）隐性课程的影响是学术性与非学术性的统一；（4）隐性课程对学生的影响是有意识性与无意识性的辨证统一；（5）隐性课程是非预期性与可预期性的统一；（6）隐性课程存在于学校、家庭和社会教育中。

校园中的隐性课程具体包括精神形态的潜在课程、物质形态的潜在课程、制度形态的潜在课程、心理形态的潜在课程等。（1）观念性隐性课程，包括隐藏于显性课程之中的意识形态，学校的校风、学风，有关领导与教师的教育理念、价值观、知识观、教学风格、教学指导思想等。（2）物质性隐性课程，包括学校建筑、教室的布置、校园环境、校园生活水准等。（3）制度性隐性课程，包括学校管理体制、学校组织机构、班级管理方式、班级运行方式、人际交往准则等。（4）心理性隐性课程，主要包括学校人际关系状况、师生特有的心态、行为方式、价值观念等。

当前西方有关隐性课程的本质与功能的研究观点，主要分为三个代表性的观点，分别来自"结构功能论""现象—诠释学""社会批判论"。（1）结构功能论认为，潜在课程是学生在学校环境中有意无意习得的正式课程中没有包含或不同或相反的知识、规范、价值或态度。它对学生的学习和社会化起着积极的作用，这种作用可能比正式课程更为重要。（2）现象—诠释学认为，潜在课程依托学校环境、通过师生接触引导学生觉醒自我意识，以顺利参与生活世界中的意义建构过程。从学习内容看，潜在课程主要指与学生个体生活有关的情意学习。就功能而言，现象—诠释学更重视其在促进学生主体意识觉醒方面的积极作用，认为它具有激发想象力，批判力和创造性的功能。（3）社会批判论比较重视对学习内容背后的意识形态的批判，认为完整的课程体系都体现一定阶层的价值观、社会权力结构和意识形态，因此课程背后的潜在课程可能发生消极功能，而正是由于潜在课程的存在才使教育培养完满人格这一基本功能不能得到正常发挥。

显性课程与隐性课程的本质区别在于：显性课程是指有明确目标要求的、公开性的，并为所有课程主体所意识到的课程，即一般意义上的课程；而隐性课程则是在学校环境中伴随着显性课程的实施与评价而产生的，可能对学习者产生实际影响而又不为某一（几个）课程主体（开发者、实施者、学习者）所意识的教育因素。从对受教育者的影响程度来讲，隐性课程对学生身心发展的影响可能意义更加重大。隐性课程是学生思想意识形成的重要诱因，是进行道德教育的重要手段，是学生主体成长发展的重要精神食粮。显性课程与隐性课程的关系主要表现为以下三个方面：（1）隐性课程对于某一个或某几个课程主体来说总是内隐的、无意识的；而显性课程则是以直接的、明显的方式呈现的课程，它对课程的实施者和学习者来说都是有意识的。（2）显性课程的实施总是伴随着隐性课程，而隐性课程也总是蕴藏在显性课程的实施与评价过程之中的。（3）隐性课程可以转化为显性课程。

此外，已经得到实施的显性课程与隐性课程，是"实有课程"，而"应有"但"实无"的课程，叫做"悬空课程"或"虚无课程"。这一现象和概念是美国当代著名教育家艾斯纳首先提出来的，他说："阐述并不存在的课程，是一件包含着自相矛盾的事情。然而当我们涉及学校计划的排列的时候，我就意识到要建议大家，不仅应该考虑学校里显性的和隐性的课程，而且也应该考虑学校没有教什么。我的意思是，学校没有教的与已经教的一样重要。"

（七）理想的课程、正式的课程、领悟的课程、运作的课程、经验的课程

美国学者古德莱德归纳了五类课程，将课程分为理想的、正式的、领悟的、运作的和经验的五个层次。

1. 理想的课程

理想的课程，即由一些教育研究机构、学术团体和课程专家提出的应该开设的课程。现在有人提议在中学开设性教育课程，并从理论上论证其必要性。这种课程的影响取决于是否被官方采纳并实施。

2. 正式的课程

正式的课程，即由教育行政部门规定的课程计划、课程标准和教材。我们平时在课程表中看到的课程即属此类。

3. 领悟的课程

领悟的课程，即任课教师所领悟的课程。这种领悟的课程可能与正式课程之间会产生一定的距离，正所谓"一千个读者就有一千个哈姆雷特"。我国学者将这种由教师重构后的课程称为"师定课程"。

4. 运作的课程

运作的课程，即在课堂上实际实施的课程。在实施中，教师常常会根据学生的反应随时对课程进行调整。

5. 经验的课程

经验的课程，是学生在课堂学习中实实在在体验到的东西，也就是课程经验。

根据华东师范大学崔允漷教授提出的新课程运作系统，"理想的课程"对应的课程运作系统是"基础教育课程改革纲要"，"正式的课程"对应的课程运作系统是"课程方案、课程标准和教材（模块）"，"教师理解的课程"对应的课程运作系统是"学期课程纲要、单元/课时计划"，"师生实际运作的课程"对应的课程运作系统是"课堂教学"，"学生体验到的课程"对应的课程运作系统是"纸笔测验/表现性评价"。

此外，根据课程内容的呈现形式，可以将课程分为知识课程和经验课程两类；根据课程的功能，可以将课程分为工具性课程、知识性课程、技能性课程、实践性课程四类；根据课程的组织核心，可将课程分为学科中心课程、学生中心课程、社会中心课程三类。

四、课程理论流派

（一）学科中心课程论

学科中心课程论又称为知识中心课程论，是最早出现、影响最广的课程理论。夸美纽斯、赫尔巴特、斯宾塞、巴格莱、布鲁纳、施瓦布等是其代表人物，要素主义、结构主义、永恒主义等是其代表性理论。此外，20世纪60年代以来关于学科课程的主要理论有：美国教育心理学家布鲁纳的结构主义课程论、德国教育学家瓦根舍因的范例方式课程论、苏联教育家赞可夫的发展主义课程论。

1. 主要观点

该流派的基本观点是：教学内容应以学科为中心，与不同学科对应设置课程，通过分科教学使学生掌握各科的知识、技能、思想方法，从而形成学生的知识结构。

学科中心课程论的主要观点有：（1）知识是课程的核心；（2）学校课程应以学科分类为基础；（3）学校教学以分科教学为核心；（4）以学科基本结构的掌握为目标；（5）学科专家在课程开发中起重要作用。

2. 主要流派

（1）斯宾塞的实科课程理论

英国教育家斯宾塞认为，为人类的种种活动做准备的最有价值的知识是科学知识（"什么知识最有价值，一致的答案就是科学"），在学校课程中自然科学知识应占最重要的位置。斯宾塞主张依据人类生活的五种主要活动组织课程，即：依据人类维护个人的生命和健康的活动，设置生理学和解剖学课程；依据生产活动，设置读、写、算以及逻辑学、几何学、物理学、化学、地质学、生物学等课程；依据教养子女的活动，设置心理学、教育学课程；依据调节自己行为的活动，设置历史、社会学等课程；依据闲暇、娱乐的活动，设置了解和欣赏自然、文化、艺术知识的课程。

（2）赫尔巴特主义课程理论

这是一种历史最悠久、影响最广泛的课程理论，常被人称为"传统教育"课程理论，创始人主要是赫尔巴特，实践者和发展者是他的学生齐勒和赖因。这一课程理论的主要内涵包括下列方面：① 教育的必要目的是培养道德人，教育的选择目的是培养儿童多方面的兴趣和促进一切能力的和谐发展。② 教育的最高目标是培养儿童的德性，较近的目标是培养儿童多方面的兴趣，包括经验的、思辨的、审美的、同情的、社会的和宗教的六种兴趣。③ 建构了规范的"学科"课程，追求古典人文学科与现代学科相结合。④ 提出并实践了科目主题中心整合法。依据统觉原理，赫尔巴特为课程设计提出了"相关"和"集中"两项原则，齐勒建构起了以"历史、文学、宗教"为中心和以历史为核心的课程整合法。

（3）巴格莱的要素主义课程理论

要素主义是20世纪30年代在美国出现的与进步主义教育相对立的教育思想流派，又称传统主义教育、保守主义教育，其代表人物是巴格莱。要素主义课程理论的产生源于对杜威实用主义"儿童中心"课程的反思，认为儿童中心的课程难以保证学生获得基本的知识技能，而教育和课程应当将人类文化要素传授给下一代。要素主义课程理论的主要观点包括：① 课程的内容应该是人类文化的"共同要素"，首先要考虑的是国家和民族的利益；② 学科课程是向学生提供经验的最佳方法；③ 重视系统知识的传授，以学科课程为中心。

（4）布鲁纳的结构主义课程理论

结构主义课程理论是当代西方出现的一个重要的课程理论，其代表人物是该课程理论的创始人布鲁纳。结构主义课程论的基本观点包括：① 教育的根本目的是培养社会精英。② 任何知识都可以用正确的方式教给任何儿童。布鲁纳提出，任何学科都能够用在智育上是正确的方式，有效地教给任何发展阶段的任何儿童。③ 以学科结构为课程中心。布鲁纳主张，不论我们教什么学科，务必使学生理解学科的基本结构（包括组织结构、实质结构、句法结构）。④ 重视挖掘、运用和培养儿童的直觉思维。⑤ 提倡发现学习法。⑥ 提出了螺旋型课程。

（5）赫钦斯的永恒主义课程理论

永恒主义课程理论的主要代表人物是赫钦斯。这一流派认为课程涉及的第一个根本问题是，为了实现教育目的，什么知识最有价值或如何选择学科。永恒主义对此的回答是：具有理智训练价值的传统的"永恒学科"的价值高于实用学科的价值；名著课程和教材具有优越性，"永恒学科"是课程的核心。

3. 评价

学科中心课程论的优点有：（1）按学科中心课程理论编制课程，有利于传授系统的科学知识，继承人类文化遗产；（2）重视学生对知识的系统学习，便于学生对知识的掌握与运用；（3）受到悠久传统的支持，大多数教师对此比较习惯；（4）课程的构成比较简单，易于评价。

学科中心课程论的局限性体现在：（1）以学科为中心编制课程，容易把各门知识割裂开来，不能在整体中、联系中进行学习；（2）编制的课程完全从成人的生活需要出发，不重视甚至忽视儿童的兴趣和需要，不利于因材施教，容易导致理论与实践脱节，影响学以致用；（3）各学科容易出现不必要的重复，增加学生的学习负担。

（二）学生中心课程论

学生中心课程理论（儿童中心课程论）又称活动中心课程论或经验课程论，代表人物是美国的杜威及其学生克伯屈。活动中心课程论重视儿童现有的经验和能力，以学生的兴趣和需要为中心来组织活动，以活动来代替分科教学，让学生通过活动获得生活必需的经验或对已有经验进行改造。从广泛意义上说，卢梭的自然主义、罗杰斯的人本主义、奈勒的存在主义等也都属于学生中心的人本化理论。

1. 主要观点

活动中心课程论的主要观点有：（1）学生是课程的核心；（2）学校课程应以学生的兴趣或生活为基础，应以儿童的活动为中心，必须与儿童的生活相沟通，应该以儿童为出发点、中心和目的；（3）学校教学应以学生的活动和问题反思为核心；（4）学生在课程开发中起重要作用，课程的组织应心理学化，应考虑到学生心理发展的次序，应利用儿童现有的经验和能力。

2. 主要流派

（1）卢梭自然主义课程论

卢梭自然主义课程论的主要观点有：课程教学思想核心在于创造性发展儿童内部的"自然力"，即既要适应受教育者身心成熟的阶段，又要适应受教育者的个性差异和两性差异；重视"直接经验"，认为"世界以外无书籍，事实以外无教材"；把儿童的发展放在首位。

（2）杜威经验主义课程论

以杜威为代表的经验主义课程论主张以学生兴趣、爱好、动机、需要等为价值取向，以儿童社会活动为中心来研制课程。其基本观点包括：① 教育的根本目的是儿童发展。② 课程的实质是经验（经验论）。他说："我们认识到，儿童和课程仅仅是构成一个单一的过程的两极。正如两点构成一条直线一样，儿童现在的观点以及构成各种科目的事实和真理，构成了教学。从儿童的现在经验进展到以有组织体系的真理即我们称之为各门科目为代表的东西，是继续改造的过程。"③ 创造出了新的"社会活动中心"课程模式（以儿童为中心的活动论与主动作业论）。杜威宣称："学校科目相互联系的真正中心，不是科学、不是文学、不是历史、不是地理，而是儿童本身的社会活动。"④ 引导课程实现了从"学科"到"活动"的历史形态转型。

（3）奈勒存在主义课程论

存在主义课程论的主要代表人物之一美国学者奈勒主张，不能把教材看作为学生谋求职业做好准备的手段，也不能把它们看作进行心智训练的材料，而应当把它们看作用来作为自我发展和自我实现的手段；不能使学生受教材的支配，而应该使学生成为教材的主宰。总之，存在主义者认为：课程最终要由学生的需要来决定；应当把教材看作自我发展和自我实现的手段；知识和有效的学习必须具有个人意义，必须与人的真正目的和生活相联系，因此人文学科应该成为课程的重点。存在主义注重学生的情感、责任和人生价值，有利于建立和谐的师生关系。

（4）马斯洛、罗杰斯人本主义课程论

人本主义课程理论是以人本主义心理学为基础发展起来的，最著名的代表人物是马斯洛和罗杰斯。其基本观点包括：① 教育的根本价值是实现人的潜能和满足人的需要。② 教育的根本目的是培养"完人"。③ 主张平行与并行课程（平行课程即学术性课程、社会体验课程和自我实现课程，并行课程即知识课程、情感课程和体验整合课程）。④ 组织意义学习。

3. 评价

学生中心课程论的优点有：（1）重视学生学习活动的心理准备，在课程设计与安排上满足了学生的兴趣，有很大的灵活性，调动了学生学习的主动性和积极性；（2）强调实践活动，重视学生通过亲自体验获得直接经验，有利于培养学生解决实际问题的能力；（3）强调围绕现实社会生活各个领域精心设计和组织课程，有利于学生获得对世界的完整认识。

学生中心课程论的局限性体现在：过分夸大儿童个人经验的重要性，忽视了知识本身的内在逻辑联系与顺序，从而使课程设置有很大的偶然性和随机性，因此不能保证课程教学的连续性和系统性，只能使学生获得一些零碎片段的知识，不能掌握系统的文化知识，降低了学生的知识水平，教育质量很难保证。表面上看它重在发挥学生的主体性，但实质上却限制了学生主体的发展；另外，以儿童为中心，容易轻视教育的社会任务。

（三）社会中心课程理论

社会中心课程理论，又称为社会改造主义课程理论，主张围绕重大社会问题来组织课程内容。代表人物有社会改造主义代表布拉梅尔德和弗莱雷，批判理论的代表金蒂斯、布厄迪尔等。

1. 主要观点

社会中心课程理论认为，教育的根本价值是社会发展，教育的根本目的在于改造社会，应超越科学技术对课程的主宰，构建社会问题中心的"核心课程"。

社会中心课程论的主要观点有：（1）社会改造是课程的核心，课程不应该帮助学生适应社会，而是要建立一种新的社会秩序和社会文化。（2）学校课程应以建造新的社会秩序为方向，应该把学生看作社会的一员，主张学生尽可能地参与到社会中去。（3）课程知识应该有助于学生的社会反思。课程的价值既不能根据学科知识本身的逻辑来判断，也不能根据学生的兴趣、需要来判断，而应该有助于学生的社会反思，唤醒学生的社会意识、社会责任和社会使命。（4）以广泛的社会问题为中心，社会问题是课程的核心问题。（5）吸收不同社会群体参与到课程开发中来。

2. 评价

社会中心课程论的积极方面在于树立了一种新的课程观念，开辟了课程研究的新方向。其不足之处在于取消了课程问题的独特性。

（四）后现代主义课程理论

最有影响的后现代主义课程理论的代表人物是车里霍尔姆斯、多尔等。多尔提出了自己的课程理想，即"没有人拥有真理而每个人都有权利要求被理解"。后现代主义课程理论认为，课程是一个不断展开的动态过程，重视学生的个体体验，强调学习者通过理解和对话寻求意义、文化和社会问题，有利于建立和谐的师生关系。具体观点如下：

1. 课程目标的灵活性

后现代主义课程理论认为，课程具有"适量"的不确定性、异常性、模糊性，教学要根据具体实际制定恰当的、适合于学生的课程目标。

2. 课程是师生进行解构和建构的文本

多尔在分析和批判泰勒模式的基础上把他设想的后现代课程标准概括为"4R"，丰富性（richness）、循环性/回归性（recursion）、关联性（relations）和严密性（rigor）他强调课程实施不应拘泥于灌输和阐释，所有课程参与者都是课程的开发者，课程是师生共同探索新知识的过程。

丰富性是指每门学术性学科都有自己的背景与词汇，都会以自己的方式解释丰富性，而这种丰富性能够创造各种领域进行合作、对话的机会，体现出一种开放性的特点；循环性是指课程通过不断地回头思考予以丰富；关联性包括课程内容内部的关联与课程内容与外在世界的关系；严密性是最重要的，指要领的重新界定，意味着一种有意识的企图，去查找我们或别人重视的假设，并且协调讨论这些假设中的有关细节。

3. 课程内容的综合化

后现代主义者要求消解学科边界，甚至最终取消学科本身，主张通过跨学科的、非线性的和流动鲜活的综合课程把学生置于现实生活中，学习现实生活世界所需的知识与技能。

五、制约课程的主要因素

课程与教学总是受到与之相关的各种因素的制约，可以由里向外归纳为课程与教学自身的因素、教育条件、学习原理、社会因素和自然环境五种类型。其中，社会、知识和儿童是制约学校课程的三大因素。课程反映一定社会的政治、经济的要求，受一定社会生产力和科学文化发展水平以及学生身心发展规律的制约。

（一）一定历史时期社会发展的要求及提供的可能

学校课程直接受制于教育目的和培养目标的规定。社会时代发展的状态与需要，是形成不同时代学校教育课程总体结构体系重大差别的重要原因。社会要求包括生产、经济、政治、道德、文化、科技等多方面。不同的社会要求会造成不同的学校课程，现代的学校课程必须反映现代社会发展对人的要求以及内容、手段的更新变化。

（二）一定时代人类文化及科学技术发展水平

课程内容应反映各门科学中那些具有高度科学价值和实践价值的基本理论、法则和基本要领。课程的编制应考虑学科体系的完整性、知识结构的内在逻辑性，应反映现代科学技术发展的水平，以保证学校课程的科学性、系统性。

（三）学生的年龄特征、知识、能力基础及其可接受性

课程内容的深度、广度和逻辑结构，不仅要适合学生年龄特征，符合学生身心发展的一般规律，而且要正确处理需要与可能、现实与发展的关系，从而最大限度地促进学生身心和谐发展。

此外，课程本身的发展历史，以及建立在不同的教育哲学理论基础上的课程理论，也对课程的发展产生重要影响。

第二节　课程编制

课程编制，也称课程研制或课程开发，是指为了完成一项课程计划而进行的整个过程，它包括课程目标的确定、课程内容的选择与组织、课程实施和课程评价等阶段。其中，课程目标是课程开发首先要解决的问题。课程内容的选择与组织是课程开发的两大核心内容，它们不仅指向预定课程目标的实现，而且决定教师和学生在教育过程中的合作探究与创造。课程实施本质上是将课程理想变成现实的过程，课程评价本质上是对课程理想是否变成现实的判断过程，二者均是课程开发的关键环节。

一、课程编制的基本原理——"泰勒原理"

课程编制或课程开发的模式主要包括目标模式（经典模式，泰勒提出）、过程模式（其思想渊源可以追溯到卢梭，由斯腾豪斯提出）、情境模式（来源于劳顿的"文化分析"理论，其倡导者是英国学者斯基尔贝克）、自然设计模式（瓦克提出，共有三个要素：立场、慎思和设计）、实践—折中模式（施瓦布提出，其运作方式是实践—准实践—择宜，主张采用"集体审议法"）、研究模式、批判模式等。其中，泰勒在1949年出版的《课程与教学的基本原理》中提出了课程编制的四个问题（即"泰勒原理"或"目标模式"），这是指导我国当前课程编制的基本原理。

泰勒认为课程研究要关注四个基本问题："学校应该达到哪些目标？提供哪些教育经验才能实现这些目标？怎样才能有效地组织这些教育经验？我们怎样确定这些目标正在得到实现？"这四个基本问题的简约模式是：确定教育目标（目标）→选择教育经验（内容）→组织教育经验（方法或呈现）→评价教育经验（评价）。

（一）学校应当努力达到哪些教育目标（课程目标）

1. 教育目标的三个来源

泰勒认为："任何单一的信息来源，都不足以为明智而又全面地选择学校目标提供基础"，应根据学习者本身的需要（对学生的研究，即学生心理发展的逻辑顺序）、当代校外生活的要求（对社会的研

究，即社会的要求）以及学科专家的建议（对学科的研究，即学科的逻辑顺序）来提出教育目标。基于这三个目标来源和维度，人们公认，课程的基本因素是社会、知识、学生三因素。这三个方面还发展成为课程设计与开发的基本维度，例如形成了典型的三种课程观，即社会本位课程、学科本位课程和儿童本位课程。课程设计的基础通常包括社会基础、学生基础和知识增长的影响，由此形成了目前课程设计的三种基本取向或模式，即学科中心取向（以学科或知识为中心）、学习者中心取向（以学生为中心）和问题中心取向（以社会问题为中心）等。

（1）学习者的需要（对学生的研究）

课程的价值在于促进学习者的身心发展，因此学习者的需要是确定课程目标的基本依据和首要依据。对学生的研究，就是要找出教育者期望在学生身上所要达到的预期结果。它通常包括三方面内容：① 了解学生身心发展的现状，并把它与理想的常模加以比较，确认其间存在的差距；② 了解学生个体的需要；③ 了解学生的兴趣和个性差异。

（2）当代社会生活的需求（对社会的研究）

学校课程要反映社会政治、经济、文化发展的需要。当代社会生活的需求是课程目标设计的现实依据。当代社会生活的需要不仅指社会生活的当下现实需要，更重要的是社会生活的变迁趋势和未来需求。这样，课程目标就不仅只是反映当下社会需求，更主要的是反映社会的未来发展趋势。

（3）学科知识及其发展（对学科的研究）

课程内容来源于一些主要学科的知识，因而课程目标的实现必须以学科为依托，即在确定课程目标的过程中首先要考虑人类社会已整理好的知识科目。

2. 教育目标的两个筛选原则

泰勒认为，把从上述三个目标来源中得到的所有需求及建议都当作设计和编制课程的依据既不必要也不可能，必须对已经获得的大量庞杂的目标进行筛选。这需要两个"筛子"：一是"学校信奉的教育和社会哲学"，或称"办学宗旨"，也就是最基本的社会价值观；二是"学习心理学所揭示的选择教育目标的准则"，或者说是学习心理学可能达到的标准。

3. 教育目标的二维表述

为了帮助课程与教学设计者和教师清楚阐述课程与教学的目标，泰勒倡导用二维图表对课程目标进行描述，每一个教育目标包括内容和行为两个方面，这样可以明确教育的职责。

（二）提供哪些教育经验才能实现这些教育目标（课程内容的选择）

教育目标确定之后，面临的问题是要选择哪些学习经验（教育经验）；因为只有通过经验，才会产生学习，才有可能实现教育目标。学习经验并不等同于一门学科所涉及的内容，也不等同于所从事的活动，而是指学生与环境中外部条件的相互作用。

泰勒提出了五条选择学习经验的原则：第一，为了达到某一目标，学生必须具有使他有机会实践这个目标所隐含的那种行为的经验；第二，学习经验必须使学生由于实践教育目标所隐含的那种行为而获得满足感；第三，学习经验所期望的反应，是在有关学生力所能及的范围之内的；第四，有许多特定的经验可用来达到同样的教育目标；第五，同样的学习经验往往会产生几种结果。

课程内容的选择，简称课程选择，是根据特定的价值观及相应的课程目标，从学科知识、社会生活以及学习者的经验中选择课程要素（概念、原理、技能、方法、态度、价值观等）的过程。课程内容的基本取向分为三种：课程内容即学科知识、课程内容即社会生活经验、课程内容既学习者的经验。或者说，人们所秉持的课程内容观有教材取向、学习活动取向和学习经验取向三种。

（三）怎样才能有效组织这些教育经验（课程内容的组织）

1.组织学习经验的三条准则（课程内容的组织原则）

课程组织，即在一定课程价值观的指导下，将所选出的各种课程要素进行组合，妥善形成相应的课程结构，使各种课程要素在动态运行的课程结构系统中产生合力，以有效实现课程目标，促进课程创生和教学创新。泰勒认为，在组织学习经验时，应遵守三个准则：连续性（continuity）、顺序性（sequence）和整合性（integration）。

（1）连续性原则（继续性原则）

连续性指直线式地陈述主要的课程要素，它强调课程要素的重复，即在课程设计上要使学生有重复练习和提高所学技能水平的机会。简言之，连续性即将所选出的各种课程要素在不同学习阶段不断重复。例如，在英语课程中，我们将第一单元中所学习的单词或习惯用语在后面的单元中予以重复；在化学课程中，我们将实验仪器的使用方法和操作规程在化学实验中不断重复，以使学生最终达到熟练掌握的程度。

（2）顺序性原则（序列性原则）

顺序性是强调每一后续经验以前面的经验为基础，同时又对有关内容加以深入、广泛的展开，在更高层次上理解后续内容，即后一经验在前一经验基础上加以泛化与深化。换言之，顺序性即将所选出的课程要素根据学科的逻辑体系和学习者的身心发展阶段由浅至深、由简至繁的组织起来。

（3）整合性原则（综合性原则）

整合性是指各种学习经验之间的横向关系，它便于学生获得统一的观点，并把自己的行为与所学的课程内容统一起来。它关注的是知识的应用而不只是形式，强调的是内容的广度而不是深度，即课程的横向联系。整合性强调在尊重差异的前提下找到所选出的各种课程要素彼此之间的内在联系，然后将之整合为一个有机整体。课程的整合性主要包括三个方面。第一，学习者经验的整合。第二，学科知识的整合。第三，社会生活的整合，也称"社会关联"。

2.课程内容结构（课程内容的组织形式或课程的组织维度及标准）

课程结构指课程各部分的组织和配合，即课程内容有机联系在一起的组织方式。课程内容要素就像纺织品贯穿其组织架构的"经纬线"一样，为使各种要素有机地整合，让学习者产生学习的累积效应，还需要以恰当的结构形式进行有效的组织编排。课程内容的呈现主要有以下几种相互对立的组织形式：

（1）纵向结构与横向结构

课程组织的两个基本维度，即垂直组织（纵向结构）和水平组织（横向结构）。课程组织的基本标准包括垂直组织的标准和水平组织的标准。

纵向结构或称序列结构，是指将课程内容的各种要素按照一定准则以先后发展顺序排列起来，保持其整体的连贯性。课程的纵向结构主要有两种形式：直线型课程和螺旋式课程。连续性和顺序性是其主要原则。在课程史上，夸美纽斯的"务使先学的为后学的扫清道路"的要求与《学记》中的"不陵节而施"都强调按先后顺序、由简至繁地组织课程内容。强调学习内容从已知到未知、从具体到抽象是一些课程论学者的一贯主张。

20世纪以来，一些教育心理学家又从心理学角度提出了一些有关纵向结构的新认识。加涅的层次结构理论按照复杂性程度把人类学习分为八类，认为学习任何一种新的知识技能都是以已经习得的或原有的知识技能为基础的，即复杂学习以简单学习为基础；布鲁姆等人的教育目标分类理论也是强调学习内容由简单到复杂按顺序排列的典型。

横向结构是指打破学科的界限和传统的知识体系，即将各种学科知识联系起来，以便学习者更好地探索社会和个人最关心的问题。这种结构形式强调的是知识的广度而不是深度，关心的是知识的应用而不是知识的形式。横向结构顺应了20世纪60年代以后自然科学与社会科学合流、社会科学内部各学科日趋综合的趋势。

（2）逻辑结构与心理结构

课程内容是按逻辑结构还是按心理结构来组织，在教育史上的争论从未停止过，成为传统教育与现代教育最大的分歧之所在。逻辑结构是指根据学科本身的系统和内在的联系来组织课程与教学的内容，强调学科本身的逻辑顺序。心理顺序是指按照学生心理发展的特点来组织课程内容，强调依据学习者认知规律以及他们的兴趣、需要和能力安排课程内容。逻辑顺序与心理顺序的统一，实质上是在课程观上把学生和课程统一起来，在学生观方面，体现为把学生的"未来生活世界"与"现实生活世界"统一起来。

（3）直线式结构与螺旋式结构

直线式与螺旋式是课程与教学内容组织的两种基本组织形式，也是目前最基本的教科书编排方式。

所谓直线式结构，是指把一门课程与教学的内容按照直线形式进行编排，环环相扣，组织成一条在逻辑上前后联系的直线，前后内容基本上不重复。赞可夫认为，有关的课程与教学内容如果学习者理解和掌握了，就可以直线推进而不必过多重复，否则会造成学习者的厌倦。为保持学生的学习兴趣，教师必须不断地呈现新的学习内容。

所谓螺旋式结构（或称圆周式结构）就是按照学习的巩固性原则，在不同阶段、单元或不同课程门类中，按照繁简、深浅和难易的程度，使课程内容重复出现，注重前后联系，层层递进，逐渐扩大内容范围并提高其深度，使之呈现"螺旋式上升"的状态。美国课程学者布鲁纳极力主张采取螺旋式结构组织课程与教学内容。他认为课程与教学内容的核心是学科的基本结构，应该从小就开始教各门学科最基本的原理，以后随着学年的递升而螺旋式地反复并不断地在更高层次上重复它们，直到学生能从结构的角度全面把握该门学科为止。

在当代课程内容的编排中，直线式与螺旋式结构仍以不同的形式表现出来。这两种方式各有其利弊，分别适用于不同性质的学科和不同阶段的学习者。直线式结构的优点是能够较为完整地反映一门学科的逻辑体系，可以避免不必要的重复而成为效率较高的一种组织形式。对一些理论性相对较弱的学科知识和操作性较强的内容以及高年级的学习者，宜采用直线式结构。其弊端在于不能很好地顾及学习者的心理发展特点以及认知规律，难以将学科发展的前沿成果及时整合到学习内容之中。螺旋式结构的优点是容易照顾到学习者的心理特点和认知发展规律，使其对课程内容的理解逐步加深和拓展。对一些理论性相对较强的学科知识、难以理解和掌握的内容，尤其对低年级的学习者，宜采用螺旋式结构。其弊端在于容易造成学科内容的臃肿和不必要的重复，因为过多地重复同一内容，往往使学生容易感到厌倦。两者都各有其特点，最佳的选择是在保持线性编排思想的同时，恰当地融入螺旋式课程要素和直觉思维特点，形成直线前进与螺旋上升的优化编排体系。一般而言，直线式强调一步一步地进行逻辑推演，它有利于训练人的逻辑思维；螺旋式强调学生的认知特点，先整体后细节，它有利于训练人的直觉思维，二者各有利弊，需要将其统合起来。

3.课程组织的基本取向（课程组织模式）

概括起来，纷繁复杂的课程组织模式总是隶属于以下一种或几种课程组织取向。（1）学科取向的课程组织。这种取向把课程视为有组织的知识系统累积。属于学科取向的典型课程教育流派有永恒主义、要素主义、结构主义。（2）学习者兴趣或发展取向的课程组织。这种课程组织取向把课程视为学习者的经验。在20世纪，典型的学习者兴趣或发展取向的课程组织模式包括设计教学法、发展课题取向的课程组织、持久生活情境取向的课程组织等。（3）社会问题取向的课程组织。这种课程组织取向认为，课程是为学习者适应或改进社会情境做准备的，课程内容应源于某一社会、某些社会或整个世界的状况和情境。（4）混合取向的课程组织。这种课程组织取向认为，学校课程本质上是学科知识、学习者经验、当代社会生活经验三方面的统一。

（四）怎样才能确定这些目标正在得到实现

将评价引入到课程编制过程中，泰勒是第一人，他被称为"教育评价之父"。泰勒认为评价是课程编制的一项重要工作，它既要揭示学生获得的经验是否产生了满意的结果，又要发现各种计划的长处与弱点。泰勒认为，具体评价步骤包括：确定评价目标、确定评价情境、设计评价手段、利用评价结果。

二、课程目标

（一）课程目标的概念

课程目标是课程本身要实现的具体目标和意图。它是根据教育宗旨和教育规律而提出的具体价值和任务指标，是确定课程内容、教学目标和教学方法的基础，是整个课程编制过程中最为关键的准则。它直接受教育目的、培养目标的影响，是培养目标的分解，是师生行动的依据。课程目标具有五个方面的规定性：时限性、具体性、预测性、可操作性、指导性。此外，课程目标还具有整体性、阶段性、持续性、层次性、递进性、时间性等特征。

此外，课程目标的功能主要表现在导向功能、激励功能、聚合功能、测度功能等四个方面。课程目标的制定应当遵循如下基本原则：社会需求与学生个体需要相统一原则；基础性和发展性相统一的原则；适应性和超越性相统一的原则；外显性和过程性相统一的原则；学科特殊功能与课程整体功能相统一的原则。制定课程目标的基本思路是：根据社会需求确定课程目标；根据学生发展需要确定课程目标；从课程内容或其载体的逻辑和系统性需要确定课程目标；对课程目标各类需要进行整合。确定课程目标大致包括以下四个基本环节：确定教育目的；确定课程目标的基本来源；确定课程目标的基本取向；运用需要评估模式，确定课程目标。

（二）课程目标的取向及分类

1. 课程目标的形式取向

根据美国课程论专家舒伯特（Schubert）的观点，课程目标的形式取向主要有四种类型，即普遍性目标取向、行为目标取向、生成性目标取向和表现性目标取向。

（1）普遍性目标取向

普遍性目标是根据一定的哲学或伦理观、意识形态、社会政治需要，对课程进行的总括性和原则性规范与指导的目标，具有普遍性、模糊性、规范性的特点，一般表现为对课程有较大影响的教育宗旨或教育目的。

我国古代《大学》提出"格物、致知、诚意、正心、修身、齐家、治国、平天下"以及"大学之道，在明明德，在亲民，在止于至善"的教育宗旨，即为典型的普遍性目标取向。在古代西方，采用普遍性目标取向的也大有人在。柏拉图提出培养"哲学王"（理想国的统治者），视"有德行的生活"为教育的终极目的，亚里士多德认为教育的终极目的是"幸福"，他们为教育实践所设置的科目就直接指向"有德行的生活"和"幸福"；洛克提出的"绅士教育"，要培养社会契约的履行者；斯宾塞提出的教育为完满生活做准备。我们现行教育方针规定的"德智体美全面发展的社会主义建设者和接班人"，就是普遍性目标。此外，某门课程也有普遍性目标，如高中生物学科中"获得生物科学和技术的基础知识，了解并关注这些知识在生活、生产和社会发展中的应用，提高对科学和探索未知的兴趣，养成科学态度和科学精神，树立创新意识，增强爱国主义情感和社会责任感等等"。

（2）行为目标取向

行为性目标也称教学目标或作业目标，是以设计课程行为结果的方式对课程进行规范与指导的目标，它指明了课程结束后学生自身所发生的行为变化。行为目标是期待的学生的学习结果，它是可观察和可测量的行为陈述的目标，具有导向功能、控制功能、激励功能与评价功能。它的基本特点是目标精确、具体和可操作，如"学生能够用一节课的时间完成一篇800字的议论文""学生能够在实验室条件下利用所给的药品和装置制备氧气"等。

行为目标在课程领域的确立始于美国的博比特，他在《课程》一书中首先将行为目标作为课程编制的目标。此后，泰勒在《课程与教学的基本原理》中将课程与教学目标概括为"行为"与"内容"。布鲁姆在其《教育目标分类学》中，将教育目标分为三个方面——认知领域、情感领域和动作技能领域，从而将行为目标发展到一个新阶段。

（3）生成性目标取向

生成性目标又称"形成性目标""生长性目标""展开性目标"，它是在教育情境中随着教育过程的展开而自然生成的课程目标，也是帮助学生分析与解决问题时必须考虑的目标。如果说行为性目标关注的是结果，那么，生成性目标注重的是过程，它强调教师根据课堂教学的实际进展情况提出相应的目标。

生成性目标萌芽于杜威的"教育即生长"的命题。杜威认为，目标不应该是预先设定的，而应该是教育经验的结果，课程的目的就是促进学生成长。英国的课程论专家斯滕豪斯认为，学校教育的真正目的是使人类更加自由、更富于创造性，因而教育的本质是引导。课程不应以事先规定的目标或结果为中心，而要以过程为中心，即要根据学生在课堂上的表现而展开。在课程与教学的开发过程中，教师并不是拿一些规定的东西作为教育目的或结果来评价学生，而是在处理这些事情的过程中，对学生的发展持一种审视、研究和批判的态度，从而使教师和学生都成为创造的主体。人本主义课程论是生成性目标发展的极端。人本主义课程强调学生个人的生长、个性的完善，认为课程的功能是为每一个学生提供有助于个人自由发展、有内在奖励的学习经验。罗杰斯指出，凡是可教给别人的东西相对来说都是无用的，即对人的行为基本上没有什么影响，能影响一个人的行为的知识只能是他自己发现并加以同化的知识。

（4）表现性目标取向

美国课程论专家艾斯纳认为，在课程计划中存在着两种不同教育目标——教学性目标和表现性目标。表现性目标是指每一个学生在具体的教育情境中的个性化表现，它追求的是学生反应的多元性，而不是反应的同质性。它关注的是学生在活动中表现出来的某种程度上首创性的反应形式，而不是事先规定的结果。一般来讲，它只为学生提供活动的领域，而结果则是开放的。因此，表现性目标具有个性化、开放性的特点。典型的表现性目标如："考察和评估《老人与海》的重要意义"；"通过使用铁丝与木头发展三维形式"；"在一个星期里读完《红与黑》，讨论时列出对你印象最深刻的五件事情"；"参观动物园，讨论在那里看到的最有趣的几件事"；"用不同的物体和方法制造声音，描述自己对这些声音的感受"；"说出自己喜欢或不喜欢的音乐作品"；"以'商鞅变法的失败与成功'为题，组织讨论会"；"通过角色模拟讨论有关生物问题"；"扮演政府官员、热带丛林土著居民、世界环保组织成员、开发商等角色，讨论亚马孙流域热带雨林的开发与保护问题"。

2. 国家课程标准中对课程与教学目标的分类

课程目标主要包括认知、技能、情感和应用等四个方面。美国教育家布鲁姆等关于教育目标的分类学研究强调，从认知领域、情感领域、动作技能领域和人际技能领域等方面来设计目标。一般说来，完整的课程目标体系包括三类：结果性目标、体验性目标与表现性目标。

（1）结果性目标，即明确告诉人们学生的学习结果是什么，主要应用于"知识"领域；

（2）**体验性目标**，即描述学生自己的心理感受、情绪体验应达成的标准，主要应用于各种"过程"领域；

（3）**表现性目标**，即明确安排学生各种各样的个性化的发展机会和发展程度，主要应用于各种"制作"领域。

3. 新课改倡导的三维课程目标

（1）知识与技能

所谓知识目标，主要指学生要学习的学科知识（教材中的间接知识）、意会知识（生活经验和社会经验等）、信息知识（通过多种信息渠道而获得的知识）。知识目标的表达举例：通过学习，知道动物也是有情感的；通过学习，理解分数的基本性质。所谓技能，是指通过练习而形成的完成某种任务所必需的活动方式。

（2）过程与方法

所谓过程，其本质是以学生认知为基础的知、情、意、行的培养和发展过程，是以智育为基础的德、智、体全面培养和发展的过程，是学生的兴趣、能力、性格、气质等个性品质全面培养和发展的过程。过程目标的表达举例：通过学习，认识分数的发生和发展过程。所谓方法，是指学生在学习过程中采用并学会的方法。方法目标的表达举例：通过学习，采用并学会自主学习的方法（或问题探究的方法，或问题的观察方法，或思维发散的方法，或合作交流的方法，或解决问题的方法等）。

（3）情感、态度与价值观

所谓情感，是指人的社会性需要是否得到满足时所产生的态度体验。所谓态度，这里不仅指学习态度和对学习的责任，还包括乐观的生活态度、求实的科学态度、宽容的人生态度等。目标表达举例：通过学习，端正学习态度，养成好的学习习惯；通过学习，在交往中能表现出宽容、忍耐的态度。所谓价值观，本指对问题的价值取向的认识，这里也可指学生对教学中出现的问题的价值取向或看法。

三、课程内容与课程开发

课程设计是以一定的课程观为指导制定课程标准、选择和组织课程内容、预设学习活动方式的活动，是对课程目标、教育经验和预设学习活动方式的具体化过程。课程设计是课程结构的编制，既包括课程体系结构整体的编制，也包括具体课程的编制。在我国，课程设计主要涉及**课程计划**、**课程标准**和**教材**三个层面。或者说，我国中小学课程内容的表现形式主要由课程计划、课程标准、教材三部分组成，这构成了我国课程文本的三个层次。教育工作者和教师常称这三个文本为**"三本书"**。

1992年，原国家教委在制定九年义务教育的教学计划时，把"教学计划"更名为"课程计划"。2001年，《基础教育课程改革纲要（试行）》把原来用的"教学大纲"改称为"课程标准"。1985年《中共中央关于教育体制改革的决定》颁布后，中小学教材建设开始实行国家统一基本要求下的多样化的方针，即从"一纲一本"转向**"一纲多本"**的政策。这里的"本"即教科书（课本），新课改以来，多使用"教材"一词代替"教科书"。

（一）课程计划

1. 课程计划的概念

课程计划又称**课程方案**，是根据一定的教育目的和培养目标，由教育行政部门制定的有关学校教育和教学工作的指导性文件，是课程设置的整体规划。它体现了国家对学校的统一要求，是组织学校活动的基本纲领和重要依据。

2. 课程计划制订的依据

课程计划制订的依据是教育目的和青少年的身心发展水平。

3. 课程计划的构成

课程计划具体规定了培养目标、课程设置、学科顺序（课程开设顺序）、课时分配（教学时数）、学年编制和学周安排，其中课程设置（开设哪些科目）是课程计划的首要内容。

4. 课程计划的作用

课程计划对学校的教学、生产劳动、课外活动等做出全面安排，是学校领导和教师进行教学工作的依据，是学校组织教育和教学工作的重要依据，也是学校安排整个课程检查、衡量学校工作和质量的基本依据。课程计划不经上级批准一般不能任意变动。

5. 义务教育阶段课程计划/教学计划的特征

义务教育是根据法律规定，适龄儿童和青少年都必须接受的，国家、社会、家庭必须予以保证的国民教育。

（1）强制性。义务教育的教学计划不是普通的教学计划，它是国家实施义务教育的具体保障，其制订的依据是《中华人民共和国义务教育法》，体现了《中华人民共和国义务教育法》的基本精神。

（2）普遍性。义务教育教学计划的适用范围要比普通的教学计划宽得多，它规定的培养目标和课程设置等是针对全国绝大多数学校、绝大部分地区和绝大多数学生的，既不过高也不过低。

（3）基础性。义务教育教学计划的作用在于充分保证为学生全面和谐的发展打下良好基础。课程门类要齐全，各门课程的课时比重要恰当，不能重此轻彼。

6. 选择与编制课程计划的基本要求

基础教育课程设置通常是由国家教育行政部门制定的。随着课程改革的发展，它在统一要求的前提下呈现出多元灵活的特征。课程设置选择与编制的原则有：

（1）合目的性

合目的性要求选择与编制课程首先确定教育目的并具体化为各级各类教育的明确目标，围绕目标设置课程。

（2）合科学性

合科学性要求各门学科、课程内容符合科学体系要求，要重视各学科、各课程之间的内在联系。

（3）合发展性

合发展性主要指课程选择与编制与青少年儿童身心发展的规律性相一致。

此外，制定课程计划时，需要遵循的基本原则有整体性（即制定课程计划时整体安排）、基础性（即制定课程计划时保证学生学到基本内容）和开放性（即制定课程计划时应灵活、开放）等。

7. 课程计划对教师的指导意义

（1）认真学习和熟悉课程计划，了解教学和其他活动的要求；

（2）了解自己任教学科开设的年级、顺序、教学时数，了解自己任教学科在整个课程计划中的地位和作用；

（3）了解自己任教学科与其他学科之间的联系与衔接；

（4）综观学校教育教学全局，明确自己的任务与要求。

（二）课程标准

1. 课程标准的概念

中国清朝末年兴办近代教育之初，在各级学堂章程中有《功课教法》，列有课程门目表和课程分年表，这是课程标准的雏形。1912年1月，中华民国教育部公布了《普通教育暂行课程标准》，是我国最早的课程标准。

课程标准，即学科课程标准，是国家课程的基本纲领性文件，是国家制定的基础教育课程的基本规范和质量要求，是课程计划中每门学科以纲要的形式编写的有关学科教学内容的指导性文件。课程标准体现国家对不同阶段的学生在知识与技能、过程与方法、情感态度与价值观等方面的基本要求，它规定学科的性质、目标、内容框架，提出指导性的教学原则和评价建议。

幼儿园教育要依据幼儿身心发展的特点和教育规律，坚持保教结合和以游戏为基本活动的原则，与家庭和社区密切配合，培养幼儿良好的行为习惯，保护和启发幼儿的好奇心和求知欲，促进幼儿身心全面和谐发展。义务教育课程标准应适应普及义务教育的要求，让绝大多数学生经过努力都能够达到，体现国家对公民素质的基本要求，着眼于培养学生终身学习的愿望和能力。普通高中课程标准应在坚持使学生普遍达到基本要求的前提下，有一定的层次性和选择性，并开设选修课程，以利于学生获得更多的选择和发展的机会，为培养学生的生存能力、实践能力和创造能力打下良好的基础。除此之外，高中新课程在对各门具体课程之间的比重进行调整的基础上，建立了由学习领域、科目、模块三个层次组成的课程结构。

2. 课程标准的结构

课程标准分为说明和本文两部分，具体包括：前言、课程目标、内容标准、实施建议和附录等。

（1）前言。结合本门课程的特点，阐述课程改革的背景、课程性质、基本理念与标准的设计思路等。

（2）课程目标。课程目标是课程标准的核心内容。按照国家的教育方针以及素质教育的要求，课程标准从"三维目标"方面阐述本门课程的总体目标与学段目标。学段大致划分为1—2、3—4、5—6、7—9年级，有些课程只限在一个学段，有些课程兼两个或两个以上学段。

（3）内容标准。根据上述的课程目标，结合具体的课程内容，用尽可能清晰的行为动词阐述目标。

（4）实施建议。主要包括教与学的建议、评价建议、课程资源的开发与利用建议等。

（5）附录（术语解释）。对标准中出现的一些重要术语进行解释与说明，使使用者能更好地理解与实施标准。

3. 课程标准的作用

课程标准发挥着教学工作的"组织者"的作用，对教师的工作具有直接的指导意义，可以确保不同的教师有效地、连贯地、目标一致地开展教学工作。同时，它还是教材编写、教学、评估和考试命题的依据，是衡量各课教学质量的重要标准，是国家管理和评价课程的基础。

4. 教学大纲与课程标准的区别

我国从2001年开始推行基础教育课程改革，以"课程标准"取代原来使用的"教学大纲"概念。与原来颁布的各科教学大纲相比，新的课程标准在课程功能、课程内容、课程实施、课程管理等方面发生了明显的变化。变化具体体现在：

（1）教学大纲着眼于"学科"，而课程标准着眼于"课程"；

（2）教学大纲是"以教为本"，课程标准是"以学为本"；

（3）教学大纲是"刚性约束"，课程标准是"弹性空间"；

（4）教学大纲强调结论，课程标准注重过程。

5. 课程标准设计的原则

（1）课程标准关注的对象是学生，是对学生学习行为的要求；

（2）课程标准涉及的范围是学生综合的发展领域，如对"知识与技能、过程与方法、情感态度和价值观"的规定；

（3）课程标准的要求是所有学生要达到的基本要求，而非最高要求；

（4）课程标准的目的是促进学生更好地发展，而不仅仅是应付某一事件；

（5）它隐含"教师不是教科书的执行者，而是教学方案（课程）的开发者"之意，即教师"是用教科书教，而不是教教科书"。

6.教师对课程标准的理解与执行

（1）认真研究和把握课程标准；

（2）全面系统地理解课程标准；

（3）严格执行课程标准；

（4）以课程标准作为自己检查教学质量的依据。

（三）教材与教科书

1.课程标准与教材的关系

课程标准与教材的关系是：课程标准是教材编写的依据，教材是课程标准最主要的载体。

（1）教材编写必须依据课程标准。教材编写者必须领会和掌握本学科课程标准的基本思想和各部分的内容，并在教材中予以充分体现。课程标准是教材的编写指南和评价依据，教材是课程标准最主要的载体。教材的编写思路、框架、内容要符合课程标准的基本精神和要求。

（2）新课程标准为教材编写的多样化提供了一个广阔的空间。新课程标准的制定适应基础教育的要求，让绝大多数学生经过努力都能达到要求。

（3）教材是对课程标准的一次再创造、再组织。不同版本的教科书具有不同的编写体例、切入视角、呈现方式、内容选择及图像系统。不同地区的教材也要适合不同地区的经济发展、自然条件和文化传统的特殊发展需求，考虑本地区的发展水平、学生身心发展水平及特殊需要。只有充分利用本地区具有特色的丰富课程资源，才能开发出既符合课程标准又能体现当地特色的多样化教材。

（4）教材的编写和实验可以检验课程标准的合理性。一方面，教材编写可以检验课程标准的可行性和合理性；另一方面，可以通过教材的使用不断检验完善教材和课程标准。

2.教材的概念及构成

教材是教师和学生据以进行教学活动的材料。教材可以是印刷品，也可以是声像制品，包括教科书、讲义、讲授提纲、参考书、活动指导书以及各种视听材料。教科书和讲义是教材的主体部分，因此狭义的教材有时也指教科书。

3.教科书的概念及结构

教科书是根据课程标准编制的、系统反映学科内容的教学用书，是课程标准的具体化。它以准确的语言和鲜明的图标等，明晰而系统地阐述课程标准所规定的教学内容。它是教程和学程的共同依据，必须体现教法和学法的一致性，它的广度和深度必须体现课程标准与学生的可接受性的一致。课程标准中规定的各门学科，一般都有相应的教科书。

教科书又称课本，课本结构是指各科教材之间的横向组合方式和各种教材内部各要素、各成分之间的组合方式。教科书一般由目录、文本、习题、图表、注释、附录等部分构成，其中文本是主体部分。

4.教科书的作用

（1）教科书是学生在学校进行学习、获得系统知识的主要材料。它可以帮助学生掌握教师讲授的内容，同时也便于学生预习、复习和做作业。教科书是进一步扩大知识领域的基础，所以要教会学生如何有效地使用教科书，发挥教科书的最大作用。

（2）教科书也是教师进行教学的主要依据。它为教师备课、上课、布置作业、学生学业成绩的评定提供了基本材料。熟练掌握教科书内容是教师顺利完成教学任务的重要条件。

（3）教科书是统筹教学与各种活动的依据。通过教科书，教师可以根据本学科在整个学校课程中的地位，研究本学科与其他学科的关系，以及理论与实践相联系的基本途径和最佳方式，确定本学科的主要教学活动、课外活动、实验活动或其他社会实践活动，对整个教学阶段的课堂教学和课外活动做出统筹安排。

（4）新课程将教科书视为"跳板"而非"圣经"。新的课程计划和课程标准为教学活动预留了充分的空间，视教科书为案例，鼓励教师充实并超越教科书。教师应将教科书视为教学活动的"跳板"，使之成为学生学习和创新的有力凭借。

（5）有利于教师根据课程计划及本学科的要求，分析本学科的教学目标、内容、范围和教学任务。

5. 教科书的编写与编排

（1）教科书编写应遵循的基本原则

第一，按照学科特点，体现科学性与思想性。教科书的内容首先必须是科学、可靠的知识，是经过实践检验的客观真理。教科书的科学性是基础，教科书的思想性应寓于科学性之中，使学生能从科学的内容中掌握正确的观点，把理论、事实、观点与材料紧密结合起来，在思想观点上有所提高。

第二，强调基础性。在加强基础知识和基本技能的同时，教科书还要有利于培养学生运用知识于实践的能力。教科书还应处理好基础知识和先进科学成就之间的关系。教科书内容必须及时更新，把科学上的最新成果补充到内容中去，并以学生可以接受的形式反映出来。

第三，注意适用性和实用性。一是要符合学生的身心发展特点和发展水平；二是要考虑到我国社会发展水平和教育现状，使教科书能够适用于大多数学生和大多数学校。

第四，做到知识的内在逻辑与教学法要求的统一。每门科学都有自身的系统性，教科书必须考虑到一门科学本身的内在逻辑，同时还要考虑受教育者学习的心理顺序。

第五，表达确切。教科书的内容阐述要层次分明，文字表述要精练、生动、流畅，篇幅要详略得当。

第六，强化联系性。教科书的编排要兼顾同一年级各门学科内容之间的关系和同一学科各年级教材之间的衔接。

（2）教科书的编写要求

第一，编排形式方面的要求。教科书的编排形式要有利于学生的学习，符合卫生学、教育学、心理学和美学的要求。

第二，内容要求。教科书的内容阐述要层次分明，封面、图表等要清晰、美观。

第三，文字要求。文字表述要简练、准确、生动、流畅；此外，篇幅要详略得当，标题和结论要用不同的字体或符号标出，使之鲜明、醒目。

（3）教科书编写的改革

教科书编写的改革是课程改革的一个重要方面。随着新课程改革的发展，当前教科书的编写也出现了多样化的特点。

第一，教科书编写的内容呈现时代特征。教科书编写更加关注新技术革命以来科技进步与发展以及现代科学技术的最新知识，更加关注与其直接关联的智力价值、发展价值，更为重视态度、动机、情感价值。

第二，教科书编写形式发生较大改变。突破了仅以语言文字符号编制"书"的局限，创造了全新形式的教科书，如录像、软件、网络教材等。

第三，教科书编写正在由"教程式"向"学程式"发展。当代教科书在吸取和借鉴国内外教学研究最新成果的基础上，更注重教科书与学习主体的内在关系，发挥学生的主体性作用，突出对学生学习过程的重视。

6.教科书的使用要求

第一，整体把握教科书。认真钻研和深刻理解教科书中各章、节、目之间及各篇课文之间的联系，从整体上掌握教科书的框架、脉络、知识、技能体系，并且通过教学使学生对其正确理解和大体把握。

第二，重点设计教科书。在透彻理解教科书每个章节内容的基础上，围绕教学重点、难点和关键之处设计教学过程，设法运用一切教学手段，把重点和难点化为学生可接受的信息。

第三，充分利用教科书。教师的讲授应以教科书为基本依据，不脱离教科书；但教师不是简单重复教科书上的内容，而是对其做说明、解释，帮助学生理解、领会。

第四，及时引进新知识。教师应根据教学目标和学生的知识基础等实际情况，灵活引进适合学生年龄特点、能为学生所理解的有关学科的新知识。

第五，适当补充乡土教材。教师要结合本地区的需要和资源优势，适当补充本民族、本地区的乡土材料。

第六，指导学生充分运用好教科书。要注意培养学生阅读教科书的能力、方法和习惯。

（四）课程资源的开发与利用

1.课程资源的概念

课程资源是指课程要素来源以及实施课程的必要而直接的条件。课程资源是课程建设的基础，它包括教材以及学生家庭、学校和社会生活中一切有助于学生发展的各种资源。教材是课程资源的核心和主要组成部分。

课程资源的概念有广义和狭义之分。广义的课程资源是指有利于实现课程目标的各种因素，包括形成课程的直接要素来源（素材性课程资源）和实施课程的必要而直接的条件（条件性课程资源）。狭义的课程资源仅指教学内容的直接来源。

2.课程资源的特点与存在形态

课程资源既不同于一般社会资源，也不是现实的课程成分或运作条件，而是具有多样性（课程资源弥散于学校内外的方方面面，不仅仅是教材）、潜在性（各种资源在未被课程实施主体开发之前，并没有显示出其教育功用）、动态性（课程资源作为社会资源，需经主体的意义筛选，包含着主体的主观意向性层面）和多质性（同一资源对于不同课程具有不同的用途和价值）的特点。也有观点认为，课程资源具有间接性、多样性、具体性、多质性等特点。

根据课程资源开发利用的程度，可把其存在形态主要分为四种：待创生的课程资源、潜在的课程资源、现实存在但未开发利用的课程资源、已开发待利用的课程资源。

3.课程资源的分类

（1）根据空间分布和支配权限、来源情况，课程资源可分为校内课程资源、校外课程资源和信息化课程资源三类

《基础教育课程改革纲要（试行）》明确指出："积极开发并合理利用校内外各种课程资源，学校应充分发挥图书馆、实验室、专门教室及各类教学设施和实践基地的作用；广泛利用校外的图书馆、博物馆、展览馆、科技馆、工厂、农村、部队和科研院所等各种社会资源以及丰富的自然资源；积极利用并开发信息化课程资源。"

（2）根据功能特点，课程资源可分为素材性课程资源与条件性课程资源两类

素材性课程资源包括知识、技能、经验、活动方式与方法、情感态度和价值观等方面的因素，其特点是作用于课程并且能够成为课程的素材或来源。

条件性课程资源包括直接决定课程实施范围和水平的人力、物力、财力、时间、场地、媒介、设备、设施和环境以及对于课程的认识状况等因素，其特点是作用于课程却并不是形成课程本身的直接来源，但它在很大程度上决定着课程的实施范围和水平。

（3）按照资源的性质，课程资源可以分为自然课程资源和社会课程资源两类

自然资源，简单理解就是来自大自然的真真切切的事物。动植物、微生物、食物链、生物圈，这些可以用于生物学课程教学；地形、地貌和地势等，这些可以用于地理课程的教学；气候、天气预报、二十四节气等，则适用于作为气象学的资源。学生在与大自然接触的过程中增进对大自然的了解，懂得维护生态平衡、保护大自然的重要性等道理。

社会课程资源包括公共设施和公共场所、人类的交际活动与社会交往过程中所建立的人际关系、群体的行为规范、同辈团体的影响、个人的人格特征、合作原则和礼貌原则、价值观、信仰、宗教伦理、风俗习惯等。这些社会资源都会直接或者间接地成为课程资源，引领和影响学生群体的发展。

（4）根据物理特性和呈现方式，课程资源可分为文字资源、实物资源、活动资源和信息化资源四类

文字的产生、纸张和印刷术的发明促进了人类文化的传播和教育教学活动的发展。以教材为主的印刷品记录着人们的思想，蕴含着人类的智慧，保存着人类的文化，延续着人类的文明，直到今天仍然是最重要的课程资源。

以计算机网络为代表的信息化资源具有信息容量大、智能化、虚拟化、网络化和多媒体的特点，对于延伸感官、扩大教育教学规模和提高教育教学效果有着重要的作用，是其他课程资源所无法替代的。随着教育现代化进程的不断推进，信息化课程资源的开发与利用已势在必行，它将是最富有开发与利用前景的资源类型。

（5）根据存在方式，课程资源可分为显性课程资源和隐性课程资源两类

显性课程资源是指看得见摸得着、可以直接运用于教育教学活动的课程资源，如教材、计算机网络、自然和社会资源中的实物以及活动等。作为实实在在的物质存在，显性课程资源可以直接成为教育教学的便捷手段或内容，比较易于开发与利用。

隐性课程资源一般是指以潜在的方式对教育教学活动施加影响的课程资源，如学校和社会风气、家庭气氛、师生关系等。与显性课程资源不同，隐性课程资源的作用方式具有间接性和隐蔽性的特点，它们不能构成教育教学的直接内容，但是它们对教育教学活动的质量起着持久的潜移默化的影响。隐性课程资源的开发与利用更需要付出艰辛的努力。

4.课程资源的开发与利用

（1）课程资源开发与利用的基本理念

①教材不是唯一的课程资源，但是最基本的课程资源

在新课程条件下，教材不是唯一的课程资源。教材一直是我国主要的课程资源，以至于人们常常误以为教材就是唯一的课程资源。课程资源非常广泛，既包括校内的课程资源，也包括校外的课程资源；既包括素材性课程资源，也包括条件性课程资源。

②教师、学生、教学过程也是课程资源

第一，教师不仅是课程资源的开发者，他本身还是重要的课程资源。教师不仅决定课程资源的鉴别、开发、积累和利用，是素材性课程资源的重要载体，而且自身就是课程实施的首要的基本条件资源。

第二，学生有着丰富的生活信息、个性化的生活体验、奇异多彩的想法，这些应该是课程资源的重要来源。学生作为课程资源的开发者，本身就可以成为课程资源的活动载体。

第三，教学过程中的师生互动是动态的，新的思想、新的问题、新的态度都可以成为教育学生的素材，同时也是影响师生互动的条件。因此，教学过程是动态的课程资源。

（2）课程资源开发与利用的原则

① 适应性原则，即选择和运用的课程资源必须符合不同课程目标、不同学科、不同学生的需要。

② 开放性原则，包括类型的开放性、空间的开放性和途径的开放性等。

③ 经济性原则，即要尽可能地用最少的开支和精力达到最理想的效果。

④ 优先性原则，即精选那些对提高学生学习水平有用的课程资源，使之优先得以运用。

课程资源的开发和利用还须遵循其他原则，如共享性原则、实效性原则、因地制宜原则等。

（3）开发和利用课程资源的途径和方法

① 进行社会调查；② 审视学生活动，总结和反思教学经验；③ 创造实施条件；④ 研究学生情况；⑤ 鉴别校外资源；⑥ 建立资源数据库。

（五）校本课程开发

校本课程开发是指学校为了达到教育目的或解决学校的教育问题，依据学校自身的性质、特点、条件以及可以利用和开发的资源，由学校教育人员与校外团体或个人合作开展的课程开发活动。

1. 校本课程开发的特点

校本课程开发基于学生的兴趣和需要，立足于学校现有课程资源的充分利用，开发的主体是教师、学生、家长等而不是专家，是对国家课程和地方课程的补充，追求一个共同的目标，即学校教育哲学。校本课程开发不能等同于学校课程（即学校内所实施的一切课程），它更强调行动与过程，不要求自编教材，可以是活动方案或活页资料。与国家课程、地方课程相比，校本课程开发属于儿童中心、兴趣中心、问题中心的课程，属于"教师本位"的课程开发。在学术性课程与非学术性课程、必修课程与选修课程、学科课程与活动课程诸关系网络中，校本课程开发应定位于非学术性、选修类、活动类课程。总之，校本课程开发的特点主要体现在：① 以学生自主学习为着力点；② 以学校特色文化为生长点；③ 以转变教师角色定位为重心点；④ 以校本课程资源整合为突破点。

2. 校本课程开发的意义

校本课程开发有利于形成学校办学特色，有利于教师专业水平尤其是科研能力的提高，有利于学生主体性的发展，能真正满足学生生存与发展的需要。此外，学校课程开发，也是教育民主化的必然趋势。教育民主化既要求教育管理部门适当地简政放权，也要求学校真正将教师、学生当作"主人"，充分发挥其主体地位和主观能动作用。

校本课程开发，有利于教育目标的实现、教育决策民主化、课程实施的改进、教育公平的达成、学校特色的形成、学生个性发展和教师专业发展等。校本课程开发的局限，主要表现为可能降低教育质量、削弱学术性、苛求教师、缺乏评价机制、资源短缺和流于形式等。

3. 校本课程开发的理念

① 以教育培养学生为本的课程理念

根据学生本位的课程理念，在课程设置及课程内容的选择和设计上，表现为课程内容丰富，教师和学生有选择范围，课程内容和教学方式具有趣味性、区域性和适应性的显著特征。

② "决策分享"的民主理念

在校本课程的开发中，人们注重个体的自我价值，满足了基层教师和学生参与课程建设的需求，反映了"决策分享"的民主理念。

③ "全员参与"的合作精神

在校本课程开发中，以教师为主体，形成一个由校长、研究专家、学生及学生家长和社区人士共同开发课程的合作共同体。

④ 教师主体的课程开发模式

在校本课程开发中，教师是课程开发队伍的中坚力量和主力军。三级课程管理政策赋予了学校教师开发校本课程的专业自主权，因而校本课程开发的主体必须是教师。

⑤ 个性化是校本课程开发的价值追求

校本课程开发至少在三个方面体现了教育追求个性化价值：一是校本课程开发满足了各地区社会、经济发展对教育多层次、多元化的需求；二是在编制实施和评价校本课程中，教师主体性得到体现，教师个性、人格、意志、情感也必将渗透并体现在校本课程中，从而能更好地发挥教师教学和教师作为研究者主体的作用；三是校本课程开发在注重发展广大学生共性的同时，更关注学生的主体性、创造性等不同的个性差异，力求使每个学生的主体性、创造性得到培养与发展，促使每一个受教育者在全面发展的同时，个性优势得到展示与发挥，以适应不断变化的未来社会的需求。

4. 校本课程开发的条件

① 具有明确的教育哲学思想和办学宗旨；② 具有民主开放的学校组织结构；③ 体现学校教育哲学和办学宗旨；④ 自觉自律的内部评价与改进机制；⑤ 具有基本的办学经费和必备的教育设施与设备。

5. 校本课程开发的类型

从校本课程开发的具体活动方式来看，校本课程开发可以分为课程选择、课程改编、课程整合、课程补充、课程拓展和课程新编等类型。其中，全体教师参与的、开发全新的校本课程代表最高层次的校本课程，被称为"高级的校本课程"。

① 课程选择

课程选择是校本课程开发中最普遍的活动，是指从众多可能的课程项目中决定学校付诸实施的课程计划的过程。课程选择有多种层次和方法，其中最综合的选择形式是课程计划中的科目选择。

② 课程改编

校本课程开发中的课程改编主要是指教师对正式课程的目标和内容加以修改以适应他们具体的课堂情境。此外，它也包括某些学校对国外引进课程的翻译和本土化改造。

③ 课程整合

课程整合是指超越不同知识体系而以关注共同要素的方式来安排学习的课程开发活动。课程整合的一个重要理由就是必须减少知识剧增对课程数量的影响，防止学生过重的课业负担。课程整合的常用方法有开发关联课程和跨学科课程两种。

④ 课程补充

课程补充是指以提高国家课程的教学成效为目的而进行的课程材料开发活动。课程补充材料可以是矫正性和补救性练习、声像材料、教学片、电影短剧、模型、图表和游戏等，这些材料有助于实现内在于正规课程中的课程目标。教师可以根据实际情况，或者选择提供的补充材料，或者与同事一道合作开发，也可以独自进行开发。

⑤ 课程拓展

课程拓展是指以拓宽课程的范围为目的而进行的课程开发活动。课程拓展材料的目标是拓宽正规课程，为学生提供获取知识、内化价值观和掌握技能的机会。这些东西与学生所学课程专题有关，但超出了正规课程所覆盖的广度和深度。

⑥课程新编

课程新编是指全新的课程单元开发。突出学校特点的特色课程、地方性专题课程（乡土教材）及时事专题课程，都可以归为这一类型。

6. 校本课程开发的程序

情境分析模式、学生需求模式、问题解决模式和目标主导模式等都是影响较大的校本课程开发模式与流程。校本课程开发过程是一个专业性比较强的活动，涉及许多复杂的因素。国内外学者认为，校本课程开发应包括建立组织、现状分析、制定目标、课程编制、课程实施、课程评价与修订等基本的操作环节。也有人将其简化成需要评估、确定目标、组织与实施、评价四个阶段。

①建立组织（组建校本课程开发队伍）

进行校本课程开发，学校必须根据自身的各种资源、办学历史、独特的教育宗旨或教育哲学来确定课程开发的发展方向，在此之后要成立校本课程开发队伍以便开展各项活动。校本课程开发队伍应包括学校内部人员与学校外部人员。学校内部人员主要包括校长、主管主任、学科教师、学生代表。外部人员包括地方当局行政主管领导、课程或学科专家、家长和社区代表等。

②现状分析

只有对各种校内外的情境和需要进行科学、充分的了解和分析，才能开发出适合本学校的课程。校本课程开发除了要考虑校内的情境和需求外，也要考虑校外的情境与需要。校外的情境主要包括社会需求、社区状况、家庭情况等。分析校内情境和需求，包括对校内资源现状的评估以及对教师和学生的评估。

③制定目标

校本课程开发实质就是依据学校所制定的学校教育目标，建构学校的总体课程，并据以实施、评估、改善的过程。只有先明确学校的教育目标，才能为校本课程的建设与发展指明方向和提供依据。

④课程编制

目标制定好后，就要进行课程编制。课程编制要考虑许多因素，如学校教育目标的要求、社区的实际情况、学校的实际情况等。

⑤课程实施

课程实施是将课程方案付诸实践的过程，也就是将书面的课程转化为教学实际的教育实践。课程实施之前应做好充分准备，各方面协调沟通，也需要足够的物质支持。

⑥课程评价与修订

评价是课程建设过程的重要环节，通过评价可以真实反映课程现状与目标的差距、现存问题以及需修订的方面，以便及时反馈，从而更有效地促进课程的发展。

7. 校本课程开发的途径

①合作开发

合作开发包括校际合作、校内合作、学校（教师）与专家的合作、学校与当地教育行政部门的合作、学校与社区的合作等。

②课题研究与实验

有条件的学校可以借助课题研究与实验的方法进行校本课程开发的探索性研究，进而带动校本课程研发活动的开展。

③规范原有的选修课、活动课和兴趣小组

规范原有选修课、活动课和兴趣小组的设计、实施和评价等环节，对其进行多方位、多层次的评估和整合，能使课程真正体现出学校的办学理念、学校特色，真正实现以满足学生的需求为宗旨的终极目标，从而将活动课和选修课逐步引入校本课程开发的运行轨道。

四、课程实施

（一）课程实施的概念

课程实施是指把课程计划付诸实践的过程，它是达到预期课程目标的基本途径。课程实施是作为一个动态的过程而存在的。一般来说，课程设计得越好，实施起来就越容易，效果也就越好。

（二）课程实施的三种取向

1.忠实取向

忠实取向认为课程实施过程即是课程实施者忠实地执行课程计划的过程。衡量课程实施成功与否的基本标准是课程实施过程实现预定的课程计划的程度。实现程度高，则课程实施成功；实现程度低，则课程实施失败。

2.相互调适取向

该取向认为，课程实施过程是课程计划与班级或学校实践情境在课程目标、内容、方法、组织模式诸方面相互调整、改变与适应的过程。如果说忠实取向视野中的教师不过是预定课程变革方案的被动"消费者"和课程变革计划的忠实执行者的话，那么相互适应取向视野中的教师则是主动的、积极的"消费者"。在实践中，被认为较好地反映了相互调适取向的课程实施模式是兰德变革模式。该模式把课程变革过程划分为启动、实施和合并三个阶段。

3.课程创生取向

创生取向认为，真正的课程是教师与学生联合创造的教育经验，课程实施本质上是在具体教育情境中创生新的教育经验的过程，既有的课程计划只是供这个经验创生过程选择的工具而已。课程创生取向的特点：（1）课程创生取向认为，课程是教师与学生联合创造的，并且是教师与学生实际体验到的经验，那么这种课程的性质就是地道的经验课程。（2）课程创生取向认为，课程知识不是一件产品或一个事件，而是"一个不断前进的过程"。这里，课程知识是一种"人格的建构"。当然，这种"人格的建构"必须既回答个人的标准，又回答外部的标准。（3）课程创生取向认为，课程变革是教师和学生个性的成长与发展过程——思维和行为上的变化，而不是一套设计和实施新课程的组织程序。课程变革包含"真正的重构"：人的思维、感情、价值观都必须变革，而不只是变革课程内容和资料。因此，成功的课程实施（即个性的变革与发展过程）需要接受课程变革参与者的主体性，并给予充分理解。（4）课程创生取向还认为，教师的角色是课程开发者。教师连同其学生成为建构积极的教育经验的主体。课程创生的过程即是教师和学生持续成长的过程。（5）从研究方法论的角度看，持课程创生取向的研究者更倚重"质的研究"。由于研究的目的在于把握教师与学生从事课程创生的真实情况，而不同教育情境中的课程创生迥异，因此，研究者对个案性质的"深度访谈法"倍加青睐。

（三）课程实施的影响因素

有观点认为，影响课程实施的因素包括课程实施本身、学区、学校和外部环境。也有观点认为，课程实施的影响因素众多，大致可以归纳为文化背景、主体（校长、教师和学生）、对象、管理、环境和理论基础六个方面。其中，教师是课程实施的决定因素，校长是课程实施的保障因素，学生是课程实施效果的体现者。为了深化对课程实施的认识，提升课程实施的成效，急需将学生纳入课程实施及其研究之中，并给予相当程度的关注。

1. 课程计划本身的特点

（1）合理性，指课程设计以及课程计划的编写是否具有正确的指导思想和理论基础，是否确实改进了已有的课程；

（2）和谐性，即课程计划的制订不仅要考虑未来人和社会的发展，还应考虑当下人和社会的要求；

（3）明确性，如果缺乏明确性就容易造成使用者的混淆，增加使用者的困惑和挫折感；

（4）简约性，过于复杂的课程设计可能不易被理解或无法被接受，导致实施困难；

（5）可传播性，即课程计划向各地学校推行的难易程度；

（6）可操作性，即课程计划实施、使用的方便程度。

2. 教师的特征

许多研究表明，教师是导致成功课程实施的决定性力量，特别是在课堂教学层面，教师成为课程实施的核心。教师对课程实施的影响主要体现在以下几个方面：（1）教师的参与；（2）教师的态度；（3）教师的能力；（4）交流与合作。

3. 学校的特点

学校作为课程改革和实施的基本单位和核心，对课程的影响主要体现在：（1）学校领导和行政部门的态度与工作；（2）学校支持系统的保障；（3）学校环境的氛围支撑，这包括心理环境和物理环境。

4. 校外环境

校外环境对课程实施的影响体现在：（1）政府机构是影响课程实施的重要力量，学校的课程计划与学校所在地的需要越一致，就越能得到当地政府的支持；（2）社会各界如传媒界、社会团体、学生家长的理解和支持，也可以成为推动课程实施的无形动力。

（四）课程实施的结构

课程实施作为一个动态的序列化的实践过程，具有一定的运行结构。在课程实施过程中，至少要考虑七个方面的问题。这七个方面在运作过程中构成一个循环往复的动态结构，这便是课程实施的过程结构。

1. 安排课程表，明确各门课程的开设顺序和课时分配

课程表是课程理论与实践相结合的产物，应当科学、合理地安排。课程表的安排要遵循整体性原则、迁移性原则和生理适宜原则。（1）整体性原则。在安排课程表的过程中，学校要从全局着眼，统筹安排好课程计划所规定的每一门课程，使每一门课程都处在能发挥最佳效果的恰当位置。（2）迁移性原则。在安排课程表时要充分考虑各门学科之间相互影响的性质和特点，利用心理学上的迁移规律，促使课程之间产生正迁移，防止负迁移现象的发生。（3）生理适宜原则。课程表的安排，要考虑到学生的生理特点，使学生的大脑功能和体能处于高度优化状态。

2. 分析教学任务

教学任务通常包括三个方面：学生所要掌握的基础知识和基本技能；学生所要形成和发展的智力、能力和体力；学生所要养成的情感、态度、品德和个性心理品质。

3. 研究学生的学习特点

学生的学习特点主要体现在以下四个方面：独特性、稳定性、发展性、灵活性。影响学生学习特点的因素主要有基础因素、内部因素与外部因素。

4. 选择并确定教学模式

教学模式是指在一定的教学思想或理论指导下，为完成特定的教学任务、实现预期的课程目标而形成的相对稳定和系统化的教学活动的基本范式。

5. 规划教学单元和课

教学单元通常是指某门课程教材内容中的一个比较完整的部分。课是教学单元的组成部分，所要解决的是课堂教学活动如何安排的问题。

6. 组织教学活动

组织教学活动是课程实施计划的展开过程。

7. 评价教学活动的过程与结果

这是课程实施的最后一项任务或环节，可为下一轮的课程实施提供反馈性信息。

（五）课程实施的模式

由于人们所持有的课程观、知识观和课程实施取向等不同，课程实施模式的种类也是多种多样。其中，有代表性的课程实施模式主要有：研究—开发—推广模式、兰德变迁模式、变迁阻力消除模式、组织发展模式和情境模式五种。

五、课程评价

（一）课程评价的内涵

课程评价是指对课程计划及其实施实际达到教育目的的程度的价值判断活动。它是以一定的方法、途径对课程的目标、实施和结果等有关问题的价值和特点做出判断的过程。现代课程评价提倡发展性评价理念，必须立足于促进学生的发展、教师的发展以及学校的发展。课程评价的内涵有以下几个方面：

第一，课程评价是一个价值判断的过程。价值判断要求在事实描述的基础上，体现评价者的价值观念和主观愿望。不同的评价主体因其自身的需要和观念的不同对同一事物或活动会产生不同的判断。

第二，课程评价的方式是多样的。它既可以是定量的也可以是定性的，教育测试或测量只是其中的一种方法，并不代表课程评价的全部。

第三，课程评价的对象应是多元的。课程评价的对象包括课程的计划、实施、结果等课程要素，既包括学生、教师和课程内容本身，并且应该与教学过程相结合。新课程强调"建立促进学生全面发展的评价体系""建立促进教师不断提高的评价体系""建立促进课程不断发展的评价体系"，就体现了课程评价的这种本质要求。

第四，课程评价是一个动态的过程。课程评价的内容应根据评价对象的不同而不同，课程评价的标准应随着时代的变化而变化。

第五，课程评价必须对实现教育目的做出贡献。课程评价具有导向、调控、激发、诊断等功能，当前的课程改革强调淡化课程评价的甄别与选拔功能，重视课程评价的促进与发展功能，其基本目的就是促进学生的全面和谐的发展。

第六，课程评价的直接意义是对被评价的课程提出质疑并为改进课程指明方向。课程评价既是课程设计与实施的终点，又是课程设计与实施继续向前发展的起点。

此外，课程评价、学业评价和测量的含义是有区别的。仅就它们的外延大小而言，课程评价的外延最大，学业评价其次，测量最后。课程评价不仅包括学生学业的评价，也包括课程本身的评价。可以说，学生学业的评价和课程本身的评价是课程评价的两个同等重要的组成部分，是课程评价的基础。

（二）课程评价的价值取向

1. 目标取向的课程评价

这种观点的主要代表人物是被称为"现代评价理论之父"的泰勒及其学生布鲁姆等人，他们认为课程评价是将课程计划和预定课程目标相对照的过程。在这里，预定目标是评价的唯一标准，它追求评价的科学性与客观性；因而，这种评价的基本方法就是量化研究方法，并常常将预定目标以行为目标的方式来陈述。

2. 过程取向的课程评价

这种评价试图将教师和学生在课程开发、实施以及教学过程中的全部情况纳入评价的范围之内，强调评价者与具体情境的交互作用，主张不论是否与预定目标相符，与教育价值相关的结果都应当受到评价。

3. 主体取向的课程评价

这种观点认为课程评价是评价者与被评价者、教师与学生共同建构意义的过程。

（三）课程评价的主要模式

1. 目标评价模式

目标评价模式是产生最早、应用最广、影响最大的一种课程评价模式，它首先由被称为"当代课程评价之父"的美国课程评价专家泰勒提出。泰勒认为，教育的目的在于改变学生的行为，评价就是要衡量学生行为实际发生变化的程度。该模式把评价的重点放在课程结果上，试图解答"是什么结果"的问题。这一模式针对20世纪初形成并流行的常模参照测验的不足，以目标为中心展开。其中，确定目标是最为关键的一步，因为其他所有步骤都是围绕目标展开的。

该评价原理可概括为七个步骤或阶段：① 确定教育计划的目标；② 根据行为和内容来界定每一个目标；③ 确定使用目标的情境；④ 设计呈现情境的方式；⑤ 设计获取记录的方式；⑥ 确定评定时使用的计分单位；⑦ 设计获取代表性样本的手段。也有人将其概括为四个阶段：① 确定目标；② 创设评价的情境；③ 选择与编制评价工具；④ 分析利用评价结果。

目标评价模式是一种较为客观有效的评价模式，其优点在于：提出课程评价的目的，不仅仅在于评价学生成绩的优劣，还在于改进课程的开发，这一观点揭示了评价的本质；这一模式结构紧凑，操作性强，在课程评价理论中占有重要的地位。不过，该模式亦有一定的局限性，由于受到预定目标的束缚，使得评价忽略了未预期的目标，更忽略了丰富的互动的课程教学历程。

2. 目的游离评价模式

目的游离评价模式是由美国学者斯克里文针对目标评价模式的弊病而提出来的。该模式把评价的重点放在课程运行的过程上，试图解答"为什么"的问题，主张把评价的重点从"课程计划预期的结果"转向"课程计划实际的结果"上来。评价者不应受预期的课程目标的影响，尽管这些目标在编制课程时可能是有用的，但不适宜作为评价的准则。他认为，课程评价既要描述，也需要批判。不论描述还是批判，其材料都建立在三个来源上：（1）前提条件，即课程设计、课程实施前业已存在的可能与结果有关的条件；（2）相互作用，即课程设计、课程实施的过程因素；（3）结果，即课程实施后的效果。评价除了关注预期结果之外，还应关注非预期的结果（或称为"副效应""第二效应"）。

3. CIPP评价模式

CIPP模式也称决策导向或改良导向的评价模式，它是美国教育评价家斯塔弗尔比姆等倡导的课程评价模式。他们认为课程评价不应局限在评定目标达到的程度上，而应该是一种过程，旨在描述、取得及提供有用的资料，为判断各种课程计划、课程方案服务。CIPP评价模式的基本观点是"评价最重要的目的不在证明，而在改进"。该模式包括四个步骤：背景评价、输入评价、过程评价、成果评价。

（1）背景评价，即要确定课程计划实施机构的背景，明确评价对象及其需要，明确满足需要的机会，诊断需要解决的基本问题，判断目标是否已反映了这些需要。

（2）输入评价，主要是为了帮助决策者选择达到目标的最佳手段，而对各种可供选择的课程计划进行评价。

（3）过程评价，主要是通过描述实际过程来确定或预测课程计划本身或实施过程中存在的问题，需要对计划实施情况不断加以检查。

（4）成果评价，即要测量、解释和评判课程计划的成绩。它要收集与结果有关的各种描述与判断，把它们与目标以及背景、输入和过程方面的信息联系起来，并对它们的价值和优点做出解释。

CIPP评价模式考虑到影响课程计划的种种因素，可以弥补其他评价模式的不足，相对来说比较全面；但由于它的操作过程比较复杂，难以被一般人所掌握。

4. CSE评价模式

CSE评价模式是以美国洛杉矶加利福尼亚大学评价研究中心（Center for Study of Evaluation）命名的一种评价模式，是最早由斯太克提出，古巴、林肯等进一步发展而成的课程评价模式。该模式最主要的特点是把问题而不是目标和假设作为评价的先行者。该模式包括下面四个步骤：

（1）需要评定。所谓需要评定就是调查人们有何种需要。对教育评价来说，需要评定就是评定人们需要教育完成什么任务，它的核心问题是确定教育的目标。

（2）方案计划。这一步的核心是对各种备选方案达到目标的可能性做出评价，它包括对课程内容与教育目标一致性方面的分析以及对设备、资金和人员配置方面情况的研究。

（3）形成性评价。这一步的重点在于发现教育过程的成功和不足之处，修正教学活动中某些偏离预期目标的地方，从而保证教育目标的实现。

（4）总结性评价。CSE的总结性评价是对教育质量的全面调查和判断。

CSE评价的特点主要有：这是一种旨在为职业技术教育改革服务的评价模式；评价的形成性职能和总结性职能得到了有机的统一；这是一种动态的评价，评价活动贯穿于职业技术教育改革的全部过程当中，也是最重要的一点。与其他评价模式相比，它的优势主要体现在阶段性、综合性与全程评估相结合上。实践证明，CSE评价是一种较为实用的评价模式，这也是20世纪60年代以来这种模式被广泛运用的原因。

总之，课程评价理论与模式大致可以划分为两大派别，即科学—实证主义课程评价观和人文—自然主义课程评价观。科学—实证主义课程评价观又称"传统评价观"，它以泰勒的行为—目标模式为代表。人文—自然主义课程评价观又称"新潮课程评价观"，例如，斯克里文倡导采用"过程研究法"，斯腾豪斯指出评价过程应该考虑课程的广阔背景，斯太克建议采用"全景色的观察"方法；等等。比较而言，科学—实证主义课程评价观把评价的重点放在课程结果上，试图解答"是什么结果"的问题；而人文—自然主义课程评价观则把评价的重点放在课程运行的过程上，试图回答"为什么"的问题。

（四）课程评价的过程

课程评价的基本步骤是：一是把焦点集中在所要研究的课程现象上；二是搜集信息；三是组织材料；四是分析资料；五是报告结果。

第三节 新一轮基础教育课程改革

一、新课程改革的背景

（一）当今时代发展的主要特征

1. 初见端倪的知识经济

2. 国际竞争空前激烈

3. 人类的生存和发展面临困境

从上述对当今时代主要特征的概述中，我们可以清楚地看到具有高度科学文化素养和人文素养的人才对21世纪人类发展具有越来越重要的意义。所谓具有高度科学文化和人文素养的人，必须具备两个条件：一是要掌握基本的学习工具，即阅读、书写、口头表达、计算和问题解决；二是要具备基本的知识、技能以及正确的价值观和态度。

（二）我国政治经济发展的客观需要

历史经验证明，教育在把握人类自身命运、促进社会发展方面能发挥巨大作用。知识经济时代的科学技术已经成为第一生产力。在国与国之间综合国力竞争的时代，由于教育在综合国力竞争中起着奠基作用，综合国力竞争必将聚焦到教育上来。基于对教育功能准确而深刻的认识，党中央、国务院适时提出了"科教兴国"战略，党的十五大明确提出要把教育摆在优先发展的战略地位。

（三）我国基础教育发展的内在需求

我国基础教育课程体系已经到了非改不可的地步，原因在于：

1. 固有的知识本位、学科本位问题没有得到根本转变，所产生的危害影响至深，这与时代对人的要求形成了极大反差

传统的知识观认为知识不仅是绝对的，而且是客观的。学生的任务是接受、存储前人已经"发现"的知识。在这种知识观的指导下，学校教育必然出现书本中心、教师中心的现象。新的知识观认为知识学习是一种"探究活动"，而不是绝对的、不变的"结论"。学生掌握知识的过程实质上是一种探究、选择、创造的过程，也是学生科学精神、创新精神乃至正确世界观逐步形成的过程。

2. 传统的应试教育势力强大，素质教育不能真正得到落实

我国现今基础教育存在的问题包括：教育观念滞后，人才培养目标同时代发展的需求不能完全适应；思想品德教育的针对性、实效性不强；课程内容存在着"繁、难、偏、旧"的状况；课程结构单一，学科体系相对封闭，难以反映现代科技、社会发展的新内容，脱离学生经验和社会实际；学生死记硬背、题海训练的状况普遍存在；课程评价过于强调学业成绩及甄别、选拔的功能；课程管理强调统一，致使课程难以适应当地经济、社会发展的需求和学生多样化发展的需要。这些问题的存在、对实施素质教育的制约及产生的不良影响，都足以说明推进课程改革的必要性。

（四）国外课程改革的启示

1. 政府参与并领导课程改革

由于新技术革命的发展和产业结构的变化，从20世纪80年代起，教育受到各国政府前所未有的关注：除了大量增加拨款给予教育改革以财政支持之外，由政府支持并组织有关专家、教师、教育管理工作者、家长等参与的各种研究报告、课程改革方案、教育法律、教育政策等纷纷出台。

2. 课程改革的焦点是协调国家和学生发展需要之间的关系

这次课程改革在强调国家发展需要的同时，注重把学生当作国家和人类社会未来的主人，非常注重学生的发展；因为这不仅是发展经济和增强国家综合实力的需要，也是人类自身生存和发展的需要。

3. 课程改革具有整体性

世界各国的课程改革除了重新厘定课程目标之外，还对基础教育的课程结构、课程内容及其组织方法、课程实施、课程评价等加以改革。

总之，当代世界各国的课程改革，存在着一些共同的发展趋势：重视课程内容的现代化、综合化；重视基础学科和知识的结构化；重视能力的培养；重视个别差异。

二、课程变革与基础教育课程改革概况

（一）影响课程变革的重要因素

1. 政治因素与课程变革

从历史上来看，政治变革对课程变革的影响和制约较之科技、文化变革更为直接。政治因素对课程变革的制约大致表现为以下几个方面：（1）课程变革目标的厘定。统治阶级根据自己的利益、愿望和要求，对课程目标进行政治选择和规定。最为明显得是政治运动对变革的影响。如美苏争霸时期，苏联人造卫星的上天，在美国引起了政治恐慌，于是颁布了《国防教育法》等一系列法令，并在全国开展了轰轰烈烈的课程现代化运动。（2）课程变革的内容选择。课程变革中内容的选择，不仅仅是一个技术问题，也是一个政治影响与控制的过程。教育目的和培养目标是对社会文化加工、改造为学校课程内容的标尺，它们集中体现了统治阶级的意志，因此课程内容渗透了统治阶级的意识形态。（3）课程的编制过程。一般而言，教育内容在具体化过程中常常以教学计划（亦称课程规划）、课程标准和教材的形式表现出来。从历史上看，统治阶级总是采用不同的方法来控制课程的设置和编制。

2. 经济因素与课程变革

总的来看，经济因素对学校课程变革的制约表现为以下几个方面：（1）经济领域劳动力素质提高的要求制约课程目标。在现代社会，经济发展对劳动力素质提出了新的要求。现代社会生产要求劳动力素质既要具备宽厚的基础知识、过硬的基本技能，富有灵活性、应变性、独创性，同时也要具有健全的心理品质，认知、情感、意志、道德、审美等要达到现代社会的水平。这些品质的塑造无疑需要教育的培养。因此，当代学校的课程变革需要围绕这些目标来展开。改革开放来，我国的课程目标也基本上经历了三次大的转变：第一次在20世纪70年代末，课程目标重视知识的学习与掌握，"知识就是力量"成为这一时代主导性的口号，学校课程偏重于知识的教学，学术性较强；第二次在80年代上半期，受国际性课程变革的影响，学校课程目较重视能力训练和智力的开发；第三次是进入90年代以来，学校课程目标开始重视知识、能力、学生个性发展等诸方面素质的综合发展。（2）经济的地区性差异制约课程变革。课程变革既要考虑与我国经济发展的总体相适应，也要考虑各地经济发展的差异，实事求是，因地制宜，课程变革要为各个地区经济发展服务，促进地方经济的发展。（3）市场经济与课程变革。当前，我国正努力建立社会主义市场经济体制，市场经济发展对课程有着直接的冲击和影响，主要表现在：①课

程价值取向的变化。长期以来，我国的课程价值倾向于"意识形态"，学校课程为意识形态服务。近年来，由于市场经济的发展，课程开发更加注重经济价值，要求按市场经济发展来变革学校课程。市场经济的发展打破了原来片面强调整齐划一、追求共性的人才观，重新肯定了人的个性发展，要求学校课程要充分重视学生的个性发展，培养其主体意识，促使他们生动活泼地全面发展。②课程目标综合性。市场经济导致了就业的多样性与流动性，而狭窄的知识面妨碍了就业。市场经济的运行，使人们改变了对基础教育的看法。"综合基础是现代人的必备素质，它包含了系统知识的基础（基本的知识技能）、一般的学习能力基础（组织学习活动和查资料的能力及良好的智力技能）、方法的基础（学科的方法和科学的学习方法）、使用工具的基础（手工工具与计算机操作等基础）、做人的基础（正确的价值观、人性观与现代文明习惯）、艺术鉴赏的基础（鉴赏力与艺术技能）和健身的基础。"③课程结构的优化。我国的学校课程，学科之间壁垒森严，市场经济导致就业的转换性更是对这种课程结构提出了挑战，它要求人们学会如何在最短的时间内适应各种职业的转换。因此，就必须考虑课程结构的最佳匹配问题。在课程内容结构上亦是如此，例如，对于我国普通中学的课程结构优化问题，有学者提出了"四个结合"：a.从课程的范畴来说，显在课程（正式课程）与潜在课程（非正式课程）相结合；b.从课程的内容来说，德智体美与劳动、技术、职业教育相结合，学术课程与非学术课程相结合；c.从课程的形态来说，在显在课程中学科课程与活动课程相结合，也就是间接经验与直接经验相结合、分科课程与综合课程相结合、学期课程与短期课程相结合；d.从类型来说，必修课程与选修课程相结合，在选修课程中，必选课程（又称限定选修课程，或称选择性必修课程）与任选课程相结合。

3. 文化因素与课程变革

课程与文化有着天然的联系。文化造就了课程，它作为母体决定了课程的文化品性，并为课程设定了基本的逻辑规则及范畴来源；同时，课程又在提炼和形成着文化，成为文化发展和创新的基本途径与机制。文化对学校课程变革的影响表现为以下几个方面：（1）文化模式与课程变革。文化模式通常是指民族各部分文化内容之间彼此交错联系而形成的一种系统的文化结构。民族文化的基本模式要求学校课程变革时，依据不同民族的文化特质，设置与不同民族文化相适应的课程，在内容、难度、编排、实施、评价等方面考虑和体现民族特色，否则，就难以达到良好的教育效果。近年来，课程变革逐步认识到这一点，并在新的课程计划中，推行"一纲多本"，实施"双语教学"，强调乡土教材的重要性，取得了一定成效。（2）文化变迁与课程变革。文化变迁是指文化内容或结构的变化，通常表现为新文化的增加和旧文化的改变，亦即文化与文化之间的传播或文化自身的创造。学校课程作为传递、传播和创造文化的载体，也应随时作相应的调整。在课程目标、课程编制、课程设置、课程实施等方面都要调整，或大量增减科目、删添内容，或重新组合课程结构。在当代社会，科技突飞猛进、文化变迁更为激烈，信息文化冲击着当代教育，学校课程经历着一次更大的变革，出现了核心课程、融合课程、广域课程等多样化课程。（3）文化多元与课程变革。文化多元或多元文化是指社会内部多种文化并存的状态。学校课程如何体现文化间的差异，在尊重各少数民族文化、各社会阶层的同时，将主流文化与少数族群文化整合起来，成为课程面临的一个实际问题。

4. 科技革新与课程变革

科技的进步与革新对学校课程的影响主要表现为以下几个方面：（1）科技革新制约课程变革的目标。传授知识与发展能力是学校课程的两大主题目标。在课程史上，这两大目标经历了复杂的演变历程：传授知识与发展能力的原始结合——注重传授知识——传授知识与发展能力并重——注重能力的发展。在这个演变过程中，科技起了决定性作用。正如《学会生存》里所说："科学技术的时代意味着：知识正在不断地变革，革新正在不断地日新月异。所以大家一致同意：教育应该较少地致力于传递和储存知识（尽管我们要留心，不要过于夸大这一点），而应该更努力寻求获得知识的方法（学会如何学习）。"学生在学校里学得的知识十分有限，不能适应科技快速发展的步伐。因此，传授知识与发展能力的重心又发生了变化，培养学生能力的问题又成了课程的首要目标。（2）科技革新推动课程结构的变革。科技革新不仅制约着自然科学与人文科学在整个科学领域中的地位和相互关系，而且伴随着学科门类的持续变化，课程结构对科技的变革也有很大的依从性。一方面，科技革新影响着人文科学与自然科学在课程系统中的地位和相互关系，比如，近代学校课程的科目构成由单一的人文学科向人文学科与自然学科并重转变，这就是近代科技迅速发展所带来的。另一方面，学校理科课程的科目构成也与科学技术门类演变直接相关。17—19世纪，科学发展的基本趋势是纵向分化，学校理科课程的门类随之不断增加，学校课程的门类与科学领域的门类几乎是一一对应的。20世纪以后，科学在高度分化的基础上出现新的综合，学校课程结构的变革便改变以往单纯教学科目的做法，而代之以综合课与选修课等新的课程形式。（3）科技革新影响着课程变革的速度。在教育发展史，课程一直处于不断的变革之中，但在不同的历史时期，课程变革的速度是不平衡的。

总之，课程变革除了受上述政治、经济、文化和科技革新等因素的制约之外，还受其他社会因素变革的影响。例如生活方式和劳动生产方式对课程变革的影响。生活方式和生产方式的变革，向教育提出了迫切的要求。因此，政治学、心理学、精神卫生等学科进入课程体系，将成为学生的必修课程。

5. 学生发展与课程变革

学生的发展状态与心理特征对课程的影响表现为以下几个方面：（1）学生身心发展的特性与课程变革。学生对课程变革的反应非常敏感，课程变革符合其身心发展的实际，满足其需要。课程变革要兼顾学生身心发展的特性（整体性、连续性、阶段性和个别差异性）。（2）学生需要与课程变革。课程内容的选择必须同学生的内部条件结合，使学生产生掌握教学内容的生动活泼的能动的思维与活动。学校课程的变革必须满足学生身心发展的全面需要，促进学生身心的全面发展。（3）课程变革着眼点：最近发展区。课程应当着眼于学生的最近发展区去选择课程内容，实现新的发展，从而创造出又一个新的"最近发展区"，然后再着眼于这个新的发展区去选择课程内容。

（二）我国基础教育课程改革概况

基础教育的课程改革是实施素质教育的核心环节。我国当前的基础教育课程改革是新中国成立以来的第八次规模较大的课程改革，是对20世纪80年代后期开始、90年代深化的基础教育课程改革的继承、发展和超越。1986年颁布的《义务教育全日制小学、初级中学教学计划（初稿）》，第一次把课外活动正式列入教学计划。1992年颁布了《九年义务教育全日制小学、初级中学课程计划（试行）》，1996年原国家教委颁布了《全日制普通高级中学课程计划（实验）》。这次课程改革不仅将原来的"教学计划"更名为"课程计划"，更重要的是，规定了学校应当合理设置任意课和活动课，引入了选修课和地方课程，初步改变了国家对课程的管理过于集中的状况。

1999年6月，《中共中央国务院关于深化教育改革全面推进素质教育的决定》提出，要"调整和改革课程体系、结构、内容，建立新的基础教育课程体系"；2001年6月出台的《国务院关于基础教育改革与发展的决定》，进一步明确了"加快构建符合素质教育要求的基础教育课程体系"的任务。2001年6月，教育部颁布了《基础教育课程改革纲要（试行）》，规定了课程改革目标、课程结构、课程评价和管理等内容，并陆续出台了各门课程的课程标准或指导纲要。新一轮基础教育课程改革贯彻"先立后破，先实验后推广"的工作方针，边实验，边完善，边推广。

当前，我国基础教育课程改革的发展趋势体现在：（1）以学生发展为本、促进学生全面发展与培养个性相结合。（2）稳定并加强基础教育，注重课程的社会化、生活化和能力化，加强实践性，由"双基"（基础知识、基本技能）到"四基"（基础知识、基本技能、基本思想、基本活动经验）。（3）加强道德教育和人文教育，加强课程科学性与人文性融合。（4）加强课程综合化。（5）课程与现代信息技术相结合，加强课程个性化和多样化。（6）课程法制化。

新世纪我国课程改革应朝以下几个方面发展：第一，提升课程改革的理念水平和理论品格。第二，在课程政策上，要实现国家课程、地方课程与校本课程的结合。第三，在课程内容上，要实现学科知识与个人知识的内在整合。第四，在课程结构上，要更新课程种类，恰当分析必修课程与选修课程的关系，努力实现课程的综合化。第五，在课程实施上，要超越忠实取向，走向相互适应取向和课程创生取向。第六，在课程评价上，要超越目标取向的评价，走向过程取向和主体取向的评价。（1）在课程改革的指导思想上，强调大众教育，即"教育为大众""科学为人人"。（2）在课程设置上，过去过分强调课程的工具性，强调课程要适应经济建设的需要、为社会服务，而现在则更强调人的发展。（3）在课程目标上，过去强调掌握知识、发展能力，而现在则更强调培养学生对事物的情感、态度、价值观。（4）在课程编制上，过去以学科系统为依据，现在则以社会实际为依据。（5）在知识内容上，过去强调学习各学科的系统知识，现在则强调知识的综合性、整合性，强调学科间的联系。（6）在教学过程中，过去强调以教师为中心，现在则强调学生的自主性。

三、　新课程改革的指导思想与理论基础

基础教育课程改革要以邓小平同志关于"教育要面向现代化，面向世界，面向未来"和江泽民同志"三个代表"重要思想为指导，全面贯彻党的教育方针，全面推进素质教育。

新课程改革的主要理论基础有建构主义的学习理论、加德纳的多元智能理论等。

四、新课程改革的理念

新课程改革的核心理念和基本价值取向是：为了中华民族的复兴，为了每一个学生的发展。我国新课程的价值追求表现在教育公平、国际理解、回归生活世界、关爱自然和个性发展等五个方面。同时，"为了每位学生的发展"包含着三层含义：（1）以人（学生）的发展为本；（2）倡导全人教育；（3）追求学生个性化发展。

新课程改革的基本理念有：走出知识传授的目标取向，确立培养整体的人的课程目标；破除书本知识的桎梏，构筑具有生活意义的课程内容；摆脱被知识奴役的处境，恢复个体在知识生成中的合法成分；改变学校个性缺失的现实，创造富有个性的学校文化。（1）关注学生作为"整体的人"的发展（全人发展的课程价值取向），强调人的完整性和生活的完整性。（2）统整学生的生活世界与科学世界（回归生活的课程生态观），生活世界是最值得重视的。（3）寻求学生主体对知识的构建（缔造取向的课程实践观和发展性的课程评价观），基础教育课程确立了新的知识观，强调个性化的知识生成方式，构建发展性的评价模式。（4）创建富有个性的学校文化，学校文化的重建是课程改革的直接诉求和终极目标。（5）科学与人文整合的课程文化观，学会关心是科学主义教育与人文主义教育走向融合的一个重要标志。（6）民主化的课程政策观，课程政策关注的核心问题是课程权力的分配和再分配，课程政策的民主化意味着课程由统一化走向多样化。

此外，新课程改革下的新理念、新观点的主要内容还包括：（1）新课程改革倡导的三大基本理念（新课程课堂教学评价倡导三大基本理念）是：①关注学生发展；②强调教师成长；③重视以学定教。（2）新课程课堂教学的基本特性与基本追求是：①生活性：课堂教学充满生活气息，学习成为一种生活需要；②发展性：课堂教学以人的发展为本，学习成为一种发展需要；③生命性：课堂教学充满

生命气息，学习成为一种生命需要。（3）新课程下新的课程观：课程是教师、学生、教材、环境四个因素动态交互作用的"生态系统"。新的课程观使新课程回归生活世界。教材、教室、学校并不是知识惟一的源泉，大自然、人类社会、丰富多彩的世界都是很好的教科书。变"教科书是学生的世界"为"世界是学生的教科书"，正在成为教学改革实践的新观念。学生与教师的经验即课程、生活即课程、自然即课程。新的课程观是生成的课程观，整合的课程观，实践的课程观。（4）新课程在教材观上的转向具体表现在：① 就教材与学生的关系而言，学生不再是教材被动的受体而是对教材进行能动实践的创造性主体；教材不再是只追求对教育经验的完美的预设，而要为学生留有发展的余地，使教材编制过程本身延伸到课堂和学生的学习之中。② 就教材与教师的关系而言，教材的权威消解了。教材设计要有意识地引导教师能动地乃至个性化地解读教材。总之，课改背景下教材观的重建体现在：从"教本教材"向"学本教材"转变；从"唯一课程资源"向"重要课程资源"转变；从"教教材"向"用教材教"转变。（5）新的作业观：① 在作业功能上，应强调形成性和发展性；② 在作业内容上，应突出开放性和探究性；③ 在作业形式上，应体现新颖性和多样性；④ 在作业容量上，应考虑量力性和差异性；⑤ 在作业评判上，应重视过程性和激励性。（6）新的课堂观：课堂是对话、沟通、交往、合作、探究、展示的平台。课堂是新认识的生长点，新激情的鼓动器，学生带着疑问进课堂，带着更多的疑问出课堂。

五、新课程改革的目标

（一）基础教育课程改革的总目标（根本任务）

《基础教育课程改革纲要（试行）》提出，基础教育课程改革的根本目标是全面贯彻党的教育方针政策，调整和改革基础教育的课程体系、结构、内容，构建符合素质教育要求的基础教育课程体系。

（二）基础教育课程改革的具体目标

1. 实现课程功能的转变

改变课程过于注重知识传授的倾向，强调形成积极主动的学习态度，使获得基础知识与基本技能的过程同时成为学生学会学习和形成正确价值观的过程。

2. 体现课程结构的均衡性、综合性和选择性

改变课程结构过于强调学科本位、科目过多和缺乏整合的现状，整体设置九年一贯的课程门类和课时比例，并设置综合课程，以适应不同地区和学生发展的需求，体现了课程结构的均衡性、综合性和选择性。

3. 密切课程内容与生活和时代的联系

改变课程内容"繁、难、偏、旧"和过于注重书本知识的现状，加强课程内容与学生生活以及现代社会和科技发展的联系，关注学生的学习兴趣和经验，精选终身学习必备的基础知识和技能。

4. 改善学生的学习方式

改变课程实施过于强调接受学习、死记硬背、机械训练的现状，倡导学生主动参与、乐于探究、勤于动手，培养学生搜集和处理信息的能力、获取新知识的能力、分析和解决问题以及交流与合作的能力。

5. 建立与素质教育理念相一致的评价与考试制度

改变课程评价过分强调甄别与选拔的功能，发挥评价促进学生发展、教师提高和改进教学实践的功能。

6. 实行三级课程管理制度

改变课程管理过于集中的状况，实行国家、地方、学校三级课程管理，增强课程对地方、学校及学生的适应性。

六、新课程改革的实施

（一）新课程结构

新课程结构的改革主要对课程类型和科目比重两个方面进行了调整，以体现均衡性、综合性和选择性的特点。建立合理的课程结构是我国当前教学改革的重心。

1. 新课程结构的特征

均衡性、综合性和选择性既是课程结构调整的三条基本原则（三把钥匙），又是新课程结构区别于现行课程结构的三个基本特征。

（1）均衡性。均衡性是指学校课程体系中的各种课程类型、具体科目和课程内容能够保持一种恰当、合理的比重，坚持全面、均衡的原则。

（2）综合性。课程结构综合性的目的是打破长期以来的学科本位。① 加强学科的综合性；② 设置综合课程；③ 增设综合实践活动，这是本次课程改革的一个亮点。

（3）选择性。课程结构的选择性是针对地方、学校和学生的差异而提出的，它要求学校课程要以充分的灵活性适应地方社会发展的现实需要，以显著的特色性适应学校的办学宗旨和方向，以选择性适应学生的个性发展。① 选择性的集中体现是新课程适当减少了国家课程在学校课程体系中所占的比重，在义务教育阶段，将10%—12%的课时量给予地方课程和校本课程的开发和实施；② 选择性体现在国家课程的变通上；③ 选择性体现在选修课程的比重增加上。

2. 新课程结构的主要内容

（1）对课程类型的调整

① 整体设置九年一贯的义务教育课程。小学阶段以综合课程为主。小学低年级开设品德与生活、语文、数学、体育、艺术（或音乐、美术）等课程；小学中高年级开设品德与社会、语文、数学、科学、外语、综合实践活动、体育、艺术（或音乐、美术）等课程。初中阶段设置分科与综合相结合的课程，主要包括思想品德、语文、数学、外语、科学（或物理、化学、生物）、历史与社会（或历史、地理）、体育与健康、艺术（或音乐、美术）以及综合实践活动。积极倡导各地选择综合课程。学校应努力创造条件开设选修课程。在义务教育阶段的语文、艺术、美术课中要加强写字教学。

② 高中以分科课程为主。为使学生在普遍达到基本要求的前提下实现有个性的发展，课程标准应有不同水平的要求，在开设必修课程的同时，设置丰富多彩的选修课程，开设技术类课程。积极试行学分制管理。

③ 从小学至高中设置综合实践活动并作为必修课程，其内容主要包括信息技术教育、研究性学习、社区服务与社会实践、劳动与技术教育。强调学生通过实践，增强探究和创新意识，学习科学研究的方法，发展综合运用知识的能力。增进学校与社会的密切联系，培养学生的社会责任感。在课程的实施过程中，加强信息技术教育，培养学生利用信息技术的意识和能力。了解必要的通用技术和职业分工，具有初步技术能力。

④ 农村中学课程要为当地社会经济发展服务，在达到国家课程基本要求的同时，可根据现代农业发展和农村产业结构的调整因地制宜地设置符合当地需要的课程，深化"农科教相结合"和"三教统筹"等项改革，试行通过"绿色证书"教育及其他技术培训获得"双证"的做法。城市普通中学也要逐步开设职业技术课程。

（2）对科目课时比重的调整

新课程对科目比重也进行了调整。语文所占比重由24%降为20%—22%，数学由16%降为13%—

15%，综合实践活动拥有了6%—8%的课时，地方和校本课程拥有了10%—12%的课时。

3. 综合实践活动课程

（1）综合实践活动课程的概念

综合实践活动是基于学生的直接经验，密切联系学生自身生活和社会生活，体现对知识的综合运用的课程形态。这是一门以学生的经验与生活为核心的实践性课程。综合实践活动是新的基础教育课程体系中设置的必修课程，自小学三年级开始设置，每周平均三课时。2017年9月教育部发布的《中小学综合实践活动课程指导纲要》规定：小学1—2年级，平均每周不少于1课时；小学3—6年级和初中，平均每周不少于2课时；高中执行课程方案相关要求，完成规定学分。

综合实践活动课程不是一门学科课程，而是有着不同于学科课程的规定性：① 综合实践活动是一种经验性课程，经验课程基本组织方式是"问题中心"，注重学生通过自主的问题探究与问题解决实现课程的发展价值；② 综合实践活动是一种实践性课程，它是以学生已有的知识和经验为基础，以主题活动为组织方式，以任务为取向，注重学生亲历实践的活动形态的课程；③ 综合实践活动是一种综合性课程，包括内容综合、学习方式综合和活动时空综合，它是对学生生活领域和生活经验的综合，它的设计与实施突出课程整合的理念；④ 综合实践活动是三级管理的课程（注意：仅就其指定性内容而言为国家课程），是最能体现学校特色、满足学生个性差异的发展性课程。

（2）综合实践活动课程的意义

综合实践活动课程强调学生通过实践增强探究和创新意识，学习科学研究的方法，发展综合运用知识的能力；增进学校与社会的密切联系，培养学生的社会责任感；在课程的实施过程中，加强信息技术教育，培养学生利用信息技术的意识和能力；了解必要的通用技术和职业分工，形成初步技术能力。

（3）综合实践活动课程的内容领域

综合实践活动的内容分为指定性内容和非指定性内容两部分。指定性内容主要包括信息技术教育、研究性学习、社区服务与社会实践、劳动与技术教育。

① 研究性学习

研究性学习是指学生基于自身兴趣，在教师指导下，从自然、社会和学生自身生活中选择和确定研究专题，主动地获取知识、应用知识、解决问题的学习领域。研究性学习以问题为载体，以探究为核心，以综合为特征。研究性学习强调学生通过实践，增强探究和创新意识，学习科学方法，发展综合运用知识的能力。学生通过研究性学习活动，形成一种积极的自主、合作、探究的学习方式。研究性学习既是一种学习方式，也是一种课程形态。

研究性学习实质上是以学习为价值取向，以研究为基本途径的特殊教学方式，它揭示了学习、教学和研究三种基本活动的特殊关系形态。研究性学习的核心活动是课题研究或项目探究活动。它的基本特点是：以项目、课题、主题或问题为探究对象与学习载体，超越严密的学科知识体系和书本中心；是一种以研究或探究为中心的实践性学习活动，强调学生综合实践能力、情感、态度和价值观的发展；是重视学习过程而不是偏重结果的学习活动，强调学生经历和体验研究或探究的过程。目前，人们开发与创新了丰富多彩的研究性学习形式，主要有：研讨班、研究小组、发现学习、探究学习、项目式学习、问题式学习，以及服务性学习、合作学习活动、网络学习、混元学习以及研究实践等。

② 社区服务与社会实践

社区服务与社会实践是指学生在教师指导下，走出教室，参与社区和社会实践活动，以获取直接经验、发展实践能力、增强社会责任感为主旨的学习领域。通过该学习领域，可以增进学校与社会的联系，不断提升学生的精神境界、道德意识和实践能力，使学生人格臻于完善。

③劳动与技术教育

劳动与技术教育是以学生获得积极劳动体验、形成良好技术素养为主的，以多方面发展为目标，以操作性学习为特征的学习领域。它强调学生通过人与物的作用、人与人的互动来从事操作性学习，强调学生动手与动脑相结合。该领域学习可使学生了解必要的通用技术和职业分工，形成初步的技术意识和技术实践能力。

④信息技术教育

信息技术不仅是综合实践活动有效实施的重要手段，而且是综合实践活动探究的重要内容。信息技术教育的目的在于帮助学生发展适应信息时代需要的信息素养。这既包括发展学生利用信息技术的意识和能力，还包括发展学生对浩如烟海的信息的反思和辨别能力，形成健康向上的信息伦理。

以上四个方面是国家为了帮助学校更好地落实综合实践活动而特别指定的几个领域，而非综合实践活动内容的全部。四大指定领域在逻辑上不是并列的关系，更不是相互割裂的关系。研究性学习作为综合实践活动的基础，倡导探究的学习方式，这一方式渗透于综合实践活动的全部内容之中。另一方面，社区服务与社会实践、信息技术教育、劳动与技术教育则是研究性学习探究的重要内容。所以，在实践过程中，四大指定领域是以配合的形态呈现的。除上述指定领域以外，综合实践活动还包括大量非指定领域，如班团队活动、校传统活动（科技节、体育节、艺术节）、学生同伴间的交往活动、学生个人或群体的心理健康活动等。这些活动在开展过程中可与综合实践活动的指定领域相结合，也可以单独开设，但课程目标的指向是一致的。

（4）综合实践活动课程的特点

①整体性（综合性）。综合实践活动主题的选择范围包括学生本人、社会生活和自然世界。综合实践活动必须立足于人的个性的整体性，立足于每一个学生的健全发展。

②实践性。综合实践活动以活动为主要开展形式，强调学生的亲身经历，要求学生积极参与到各项活动中去，在"做""考察""实验""探究"等一系列的活动中发现和解决问题，体验和感受生活，发展实践能力和创新能力。

③开放性。综合实践活动面向每一个学生的个性发展，尊重每一个学生发展的特殊需要，其课程目标具有开放性。综合实践活动面向学生的整个生活世界，它随着学生生活的变化而变化，其课程内容具有开放性。

④生成性。这是由综合实践活动的过程取向所决定的。随着活动的不断展开，新的目标不断生成，新的主题不断生成，学生在这个过程中兴趣盎然，认识和体验不断加深，创造性的火花不断迸发，这是综合实践活动生成性的集中表现。

⑤自主性。综合实践活动充分尊重学生的兴趣、爱好，为学生自主性的充分发挥开辟了广阔的空间。学生自己选择学习的目标、内容、方式及指导教师，自己决定活动结果呈现的形式，指导教师只对其进行必要的指导，不包揽学生的工作。

（5）实施综合实践活动课程应遵循的原则

①正确处理学生的自主选择、主动实践与教师的有效指导的关系；②恰当处理学校对综合实践活动的统筹规划与活动具体展开过程中的生成性目标、生成性主题的关系；③课时集中使用与分散使用相结合；④整合校内课程与校外课程；⑤以融合的方式设计和实施四大指定领域；⑥把信息技术与综合实践活动的内容和实施过程有机整合起来。

（二）新课程内容与课程标准

1. 新课程标准的内涵

《纲要》指出：国家课程标准是教材编写、教学、评估和考试命题的依据，是国家管理和评价课程的基础。应体现国家对不同阶段的学生在知识与技能、过程与方法、情感态度与价值观等方面的基本要求，规定各门课程的性质、目标、内容框架，提出教学建议和评价建议。可以说，课程标准中规定的基本素质要求是教材、教学和评价的灵魂，也是整个基础教育课程的灵魂。

2. 新课程标准的性质与特点

课程标准是教材编写、教学、评估和考试命题的依据，是国家管理和评价课程的基础。它是整个基础教育课程改革系统工程中的一个重要枢纽。义务教育阶段的课程标准体现出普及性、基础性和发展性三大特征。

（1）课程标准的性质

① 课程标准不同于教学大纲，它不是对内容的具体规定（大纲或教科书），而是对学生学习结果的描述；② 是某一学习阶段的最低的、共同的、统一的要求，而不是最高要求；③ 标准的描述是分层次的，可达到的，可评估的，可理解的；④ 隐含着教师不是教科书的执行者，而是教学方案（课程）的开发者；⑤ 标准的范围应涉及所有人的发展和人的全面发展领域，其中包含学生的认知、情感与动作技能；⑥ 国家课程标准具有法定的性质，是教材编写、教与学、课程管理与评价的依据。

（2）课程标准的特点

① 努力将素质教育的理念切实体现在课程标准的各个部分

新课程标准力图在"课程目标""内容标准"和"实施建议"等方面全面体现"知识与技能、过程与方法、情感态度与价值观"三位一体的课程功能，从而促进学校教育重心的转移，使素质教育的理念切实体现到日常的教育教学过程中。

② 突破学科中心

课程标准关注学生的兴趣与经验，精选学生终身学习必备的基础知识和技能，努力改变课程内容繁、难、偏、旧的现状，密切教科书与学生生活以及现代社会、科技发展的联系，打破单纯地强调学科自身的系统性、逻辑性的局限，尽可能体现义务教育阶段各学科课程应首先服务于学生发展的功能。

③ 改善学习方式

各学科课程标准结合本学科的特点，加强过程性、体验性目标，引导学生主动参与、亲身实践、独立思考、合作探究，从而实现学生学习方式的变革，改变单一的记忆、接受、模仿的被动学习方式，发展学生搜集和处理信息的能力、获取新知识的能力、分析和解决问题的能力，以及交流与合作的能力。

④ 体现评价促进学生发展的教育功能，评价建议有更强的操作性

各学科课程标准力图结合本学科的特点提出有效的策略和具体的评价手段，引导学校的日常评价活动更多地指向学生的学习过程，从而促进学生的和谐发展。

⑤ 为课程实施提供了广阔空间

课程标准重视对某一学段学生所应达到的基本标准的刻画，同时对实施过程提出了建设性的意见；而对实现目标的手段与过程，特别是知识的前后顺序，不做硬性规定。课程标准为教材的多样性和教师教学的创造性提供了广阔的空间，为体现并满足学生发展的差异性创造了比较好的环境。

3. 教材的编写

（1）教材管理由"国编制"转变"国审制"，教材呈现方式多样化；

（2）适当降低知识难度，大量引进现代信息；

（3）密切联系生活，关注学生个体经验；

（4）重视活动设计，鼓励学生探究创造；

（5）尊重师生个性，给师生广阔发展空间。

（三）新课程实施

1.新课程倡导的学生观

（1）学生是发展的人

第一，学生的身心发展是有规律的；第二，学生具有巨大的发展潜能；第三，学生是处于发展过程中的人。

（2）学生是独特的人

第一，学生是完整的人；第二，每个学生都有自身的独特性；第三，学生与成人之间存在着巨大的差异。

（3）学生是具有独立意义的人

第一，每个学生都是独立于教师的头脑之外、不依教师的意志为转移的客观存在；第二，学生是学习的主体；第三，学生是责权主体。

2.新课程倡导的学习方式与现代学习的特征

（1）新课程倡导的三大学习方式

就教与学关系而言，教师教育观念、教学方式的转变最终都要落实到学生学习方式的转变上。学习方式的转变被看成是本次课程改革的显著特征和核心任务。

①自主学习。自主学习关注学习者的主体性和能动性，是学生自主而不受他人支配的学习方式。主动性是自主学习的基本品质，它在学生学习活动中表现为"我要学"。"我要学"一方面表现为学习兴趣，另一方面表现为学习责任。只有学生自觉地担负起学习的责任时，学习才是一种真正的自主学习。

自主学习也是一种元认知监控的学习。自主学习要求学生对为什么学习、能否学习、学习什么、如何学习等问题有自觉的意识和反应，它突出表现在学生对学习的自我计划、自我调整、自我指导和自我强化上。培养学生对学习的自我意识和自我监控并使之养成习惯，是促进学生自主学习的重要因素。

自主学习的实施要点有：创建积极的课堂环境；使学生认同学习目标；给学生更多的学习自主权；灵活运用多种教学方法；学生参与评价学习结果并优化学习方法；让学生参与课堂管理。

②探究学习。学习过程除了被动接受知识外，还存在大量的发现与探究等认识活动。新课程要求的学习方式的转变就是要学生转变单一的被动接受式的学习，把学习过程之中的发现、探究等认识活动凸显出来，使学习过程更多地成为学生发现问题、分析并解决问题的过程。探究学习或发现学习是一种体现学习的真正价值、实现有意义学习的重要的学习方式。探究学习的特点表现为：自主性、开放性、过程性、实践性等。探究学习的过程是：问题阶段—计划阶段—研究阶段—解释阶段—反思阶段。

③合作学习。合作学习是指学生以小组为单位进行学习的方式，是学生在自学基础上进行的小组合作学习和小组内讨论。小组合作学习首先要制定一个小组学习目标，然后通过合作活动达到目标并对小组总体表现进行评价。此外，还可以在小组合作学习的基础上进行全班交流或全校交流。合作学习的特点有：互助性、互补性、自主性、互动性等。

合作学习对学生的学习和认知有积极意义。首先，合作学习能够激发创造性，有助于培养学生的合作意识和合作技能；其次，合作学习有利于学生之间的交流沟通，有利于培养团队精神，凝聚人心，增进认识与理解；再者，合作学习能够促使学生不断反省，不断提高。

此外，有观点认为，合作活动学习的基本特征主要有：学习共同体、学习经验、问题探究/解决方式、互动建构、学习环境、学生评估为本。研究表明，合作学习可以使学生获得一系列重要的学习结果，包括"养成态度与价值观""传播亲社会行为""去自我中心化""整合身份"以及"促进高级思维发展"。

（2）现代学习方式的基本特征

现代学习方式不是特指某一具体的方式或几种方式的总和，从本质上讲，它是以弘扬人的主体性为宗旨，以促进人的可持续性发展为目的，由许多具体方式构成的多维度、具有不同层次结构的开放系统。认识和把握现代学习方式的本质特征是我们创造性地引导和帮助学生进行主动的、富有个性的学习的重要保证。

①主动性。主动性是现代学习方式的首要特征，它对应于传统学习方式的被动性。二者在学生的具体学习活动中分别表现为"我要学"和"要我学"。"我要学"是基于学生对学习的一种内在需要，"要我学"则是基于外在的诱因和强制。只有当学习的责任真正地从教师转移到学生身上，学生自觉担负起学习的责任时，学生的学习才是一种真正的、有意义的学习。

②独立性。独立性是现代学习方式的核心特征，它对应于传统学习方式的依赖性。如果说主动性表现为"我要学"，那么独立性则表现为"我能学"。每个学生，除有特殊原因外，都有相当强的潜在和显在的独立学习能力。不仅如此，每个学生都有独立的要求，都有表现自己独立学习能力的欲望。本次课程改革要求教师充分尊重学生的独立性，鼓励学生独立学习，并创造各种机会让学生独立思考，从而让学生发挥自己的独立性，培养自主学习的能力。

③独特性。每个学生都有自己独特的内心世界和内在感受。多元智能理论指出：每个人的智慧类型不一样，他们的思考方式、学习需要、学习优势和风格也不一样。每个人的学习方式是不同的，要尊重每个学生的独特个性和具体生活，为每个学生富有个性的发展创造空间。

④体验性。体验是指由身体活动与直接经验产生的感情和意识。体验使学习进入生命领域，因为有了体验，知识的学习不再仅仅属于认知、理性范畴，它已扩展到情感、生理和人格等领域，从而使学习过程不仅是知识增长的过程，同时也是身心和人格发展与健全的过程。体验性是现代学习方式的突出特征，在实际的学习活动中，它表现为强调身体性参与、重视直接经验等。

⑤问题性。从本质上讲，感知不是学习产生的根本原因（尽管学生学习是需要感知的），产生学习的根本原因是问题。没有问题，难以诱发和激起求知欲；没有问题，感觉不到问题的存在，学生也就不会去深入思考，学习就只能是表层的和形式的。现代学习方式特别强调问题在学习活动中的重要性，问题意识是学生进行学习特别是发现学习、研究性学习的重要心理因素。

3. 新课程倡导的教师角色观

（1）从教师与学生的关系看，教师是学生学习的促进者

教师应该由教学中的主角转向"平等中的首席"，成为学生学习的促进者。具体来说，教师是学生学习的合作者、引导者、参与者。这是教师最明显、最直接、最富时代性的角色特征，是教师角色中的核心特征。其内涵主要包括以下两个方面：第一，教师是学生学习能力的培养者。教师不仅传授知识，而且重在检查学生对知识的掌握程度。教师应成为学生学习的激发者、各种能力和积极个性的培养者。第二，教师是学生人生的引路人。这要求教师不仅仅向学生传播知识，更要引导学生沿着正确的道路前进，并不断在他们成长的道路上设置不同的路标，成为学生健康心理和健康品德形成的促进者、催化剂，引导学生学会自我调适、自我选择，引导学生向更高的目标前进。新课程要求教师应该是学生学习的促进者，其策略有：积极的旁观；给学生以心理上的支持，创造良好的学习气氛；注重帮助培养学生的自律能力。

（2）从教学与研究的关系看，教师是**教育教学的研究者**

在中小学教师的职业生涯中，传统的教学活动和研究活动是彼此分离的。教师的任务只是教学，研究被认为是专家们的"专利"。这种教学与研究的脱节，对教师和教学的发展是极其不利的。

教师即研究者，意味着教师在教学过程中要以研究者的心态置身于教学情境之中，以研究者的眼光审视和分析教学理论与教学实践中的各种问题，对自身的行为进行反思，对出现的问题进行探究，对积累的经验进行总结，最终形成规律性的认识。

（3）从教学与课程的关系看，教师是**课程的执行者、设计者、开发者和建设者**

在传统的教学中，教学与课程是彼此分离的。教师被排斥于课程之外，教师的任务只是教学，课程游离于教学。教学内容和教学进度由国家的教学大纲和教学计划规定，教学参考资料和考试试卷由专家或教研部门编写、提供，教师成了教育行政部门各项规定的机械执行者，成为各种教学参考资料的简单照搬者。

新课程倡导民主、开放、科学的课程理念，同时确立了国家、地方、学校三级课程管理政策，这就要求课程与教学相互整合，教师必须在课程改革中发挥主体作用。教师不仅是课程实施的执行者，更应成为课程的开发者和建设者。

（4）从学校与社区的关系来看，教师是**社区型的开放的教师**

随着社会发展，学校越来越广泛地同社区发生各种各样的内在联系。学校教育与社区生活正在走向终身教育要求的"一体化"，学校教育社区化，社区生活教育化。新课程特别强调学校与社区的互动，重视挖掘社区的教育资源。在这种情况下，教师的角色也要变革。教师不仅仅是学校的一员，还是社区的一员，是整个社区教育、科学、文化事业的共建者。因此，教师应该是开放的社区型教师。

4. 新课程倡导的教师教学行为的转变

（1）在对待师生关系上，新课程强调**尊重、赞赏**

"为了每一位学生的发展"是新课程的核心理念。为了实现这一理念，教师必须尊重每一位学生做人的尊严和价值，尤其要尊重以下六种学生：智力发育迟缓的学生、学业成绩不良的学生、被孤立和拒绝的学生、有过错的学生、有严重缺点的学生以及和自己意见不一致的学生。

尊重学生同时意味着不伤害学生的自尊心。教师应努力做到：不体罚学生；不辱骂学生；不大声训斥学生；不冷落学生；不羞辱、嘲笑学生；不随意当众批评学生。

教师不仅要尊重每一位学生，还要学会发现学生的闪光点，学会赞赏每一位学生：赞赏学生的独特性、兴趣、爱好、专长；赞赏学生所取得的哪怕是极其微小的成绩；赞赏学生所付出的努力和所表现出来的善意；赞赏学生对教科书的质疑和对自身的超越。

（2）在对待教学关系上，新课程强调**帮助、引导**

新课程要求教师科学履行"教"的职责：帮助学生检视和反思自我，明白自己想要学习什么和获得什么，确立能够达成的目标；帮助学生寻找、搜集和利用学习资源；帮助学生设计恰当的学习活动并形成有效的学习方式；帮助学生发现所学东西的个人意义和社会价值；帮助学生营造和维持学习过程中积极的心理氛围；帮助学生对学习过程和结果进行评价，并促进评价的内化。

教的本质在于引导。引导的特点是含而不露、开而不达、引而不发；引导的内容不仅包括方法和思维，也包括价值和做人。在这里，引导表现为教师对学生的启迪与激励。

（3）在对待自我上，新课程强调**反思**

教学反思被认为是"教师专业发展和自我成长的核心因素"。新课程非常强调教师的教学反思。依据教学进程，教学反思分为教学前、教学中、教学后三个阶段。教学反思有助于教师形成和培养自我反思的意识和自我监控的能力。

（4）在与其他教育者的关系上，新课程强调合作

在教育教学过程中，教师除了面对学生外，还要与周围其他教师发生联系，要与学生家长进行沟通与配合。课程的综合化趋势特别需要教师之间的合作，不同年级、不同学科的教师要相互配合，齐心协力地培养学生。教师必须处理好与家长的关系，加强与家长的联系与合作，共同促进学生的健康成长。

5. 新课程倡导新的教学观

（1）教学是课程创生与开发的过程

传统课程倡导的教学观认为课程是教学的方向、目标或计划，是在教学过程之前和教学情境之外预先规定的，教学的过程就是忠实而有效地传递课程，教师是既定课程的阐述者和传递者，学生则是课程的接受者。新课程所倡导的教学观认为教师和学生是课程的有机构成部分，是课程的创造者和主体，他们共同参与课程开发的过程。教学不只是课程传递和执行的过程，更是课程创生与开发的过程。教学成为课程内容持续生成与转化、课程意义不断建构与提升的过程。这样，教学与课程相互转化，相互促进，彼此有机融为一体。

（2）教学是师生交往、积极互动、共同发展的过程

传统教学中，教师负责教，学生只管学，教学就是对学生单向的"培养"活动。新课程强调教学是教与学的交往、互动，师生双方相互交流、相互沟通。在这个过程中，教师与学生分享彼此的思考过程、经验和知识，交流彼此的情感、体验与观念，丰富教学内容，求得新的发现，从而达成共识、共享、共进，实现教学相长，彼此形成一个真正的"学习共同体"。

（3）教学重过程甚于重结论

从教学角度来讲，教学结论即教学所要达到的目的或所需获得的结果；教学过程，即为了达到教学目的或获得所需结论而必须经历的活动程序。毋庸置疑，教学的目的之一就是使学生理解和掌握正确的结论。但是，如果不经过学生一系列的质疑、比较与判断，以及相应的分析、综合等认识活动，结论就难以获得，也难以得到真正的理解和巩固。更重要的是，没有以多样性、丰富性为前提的教学过程，学生的创新精神和创新思维就不可能培养起来。所以，教学不仅要重结论，更要重过程。

（4）教学更为关注人而不只是学科

传统的学校教育以学科为本，重认知轻情感，重教书轻育人。新课程强调以人为本，关注人是新课程的核心理念。教学一定要以人的发展为本，服从、服务于人的全面健康的发展。"一切为了每一位学生的发展"意味着在教学中，教师应关注每一位学生，关注学生的情绪生活和情感体验，关注学生的道德生活和人格养成。

（5）关注体验性教学，推进信息技术在教学中的应用

体验式教学是指根据学生的认知特点和规律，通过创造实际的或重复经历的情境和机会，呈现或再现、还原教学内容，使学生在亲历的过程中理解并建构知识、发展能力、产生情感、生成意义的教学观和教学形式。体验式教学以人的生命发展为依归，尊重生命、关怀生命，拓展生命、提升生命，蕴含着高度的生命价值与意义。它所关心的不仅是人可以经由教学而获得多少知识、认识多少事物，还在于人的生命意义可以经由教学而获得彰显和扩展。体验式教学中的师生关系是通过教学中的交往、对话、理解而达成的"我——你"关系，而不是单纯的"授——受"关系。信息技术促使学校教育观念的转变，改变了传统的教学模式，有利于转变教师角色，使教和学的方式更加灵活多样。信息技术与课程整合的研究从一开始只定位于语文、教学，现在已经开展到各个学科，提出一种新的"四结合"，即学科教学、创新精神、实践能力培养、信息技术运用相结合。

此外，与新课程相对应的新教学具有以下几个基本走向：（1）由"狭义教学"走向"广义教学"；（2）由"独白式教学"走向"对话式教学"：民主性、互动性、开放性、生成性是对话式教学的基本理念；（3）由依赖性教学走向独立性教学；（4）由"知识性课堂"走向"生命性课堂"。

（四）新课程管理

1. 新课程的管理政策

长期以来，我国基础教育课程管理的权限高度集中和统一。2001年颁布的《基础教育课程改革纲要（试行）》明确规定实行国家、地方和学校三级课程管理体制。这样做是为了改变我国原有课程过于集中的状况，通过确立地方和学校参与课程改革的权力主体地位，完善课程管理体系，进一步增加课程对地方、学校及学生的适应性。

新课程改革下的课程管理，建立国家、地方、学校三级课程管理体制，建立以校为本的教学研究制度，建立民主科学的教学管理机制，建立旨在促进教师专业成长的考评制度。

2. 三级课程管理

（1）国家课程。国家课程是由中央教育行政机构编制和审定的课程，其管理权限属中央级教育机关。它的宗旨是保证国家实现普通教育的培养目标和提高普通教育的水平，规定学生应掌握的基础知识和基本能力，体现国家对教育的基本要求。国家对课程的管理主要体现在：① 教育部总体规划基础教育课程；② 制订课程管理的各项政策；③ 制定基础教育课程标准；④ 积极试行新的课程评价制度。

（2）地方课程。地方课程是省级教育行政部门以国家课程为基础，依据当地的政治、经济、文化、民族等发展的需要而开发设计的课程。其宗旨是补充、丰富国家课程，满足地区差异。地方对课程的管理体现在：① 贯彻国家课程政策，制订课程实施计划；② 组织课程的实施与评价；③ 加强课程资源的开发和管理。

（3）学校课程。学校课程即校本课程，是学校在确保国家课程和地方课程有效实施的前提下，针对学生的兴趣和需要，结合学校的传统和优势以及办学理念，充分利用学校和社区的课程资源，自主开发或选用的课程。学校对课程的管理体现在：① 制定课程实施方案；② 重建教学管理制度；③ 管理和开发课程资源；④ 改进课程评价。

（五）新课程评价

1. 新课程评价的基本特点

（1）重视发展，淡化甄别与选拔，实现评价功能的转化

基础教育课程的改革使课程功能发生了转变，评价的功能也随之发生着根本性转变，评价更为关注学生掌握知识、技能的过程与方法，以及与之相伴随的情感态度与价值观的形成，不再是为了选拔和甄别，不是"选拔适合教育的儿童"，而是充分发挥激励作用，关注学生成长与进步的状况，并通过分析指导、提出改进计划来促进学生的发展。从这个意义上来讲，评价是为学生的发展服务，而不是学生的发展为评价的需要服务。

（2）重视综合评价，关注个体差异，实现评价指标的多元化

即从过分关注学业成就逐步转向对综合素质的考查。多元智力理论对迈克尔·乔丹和比尔·盖茨同样是成功的论证，再一次使人们深刻地认识到尊重个体发展的差异性和独特性的价值，于是研究者在综合评价的基础上提出评价指标的多元化，以适应社会对人才多样化的需求。这一点也已逐渐在世界各国获得认同。

（3）强调质性评价，定性与定量相结合，实现评价方法的多样化

即从过分强调量化逐步转向关注质的分析与把握。对于教育而言，量化的评价把复杂的教育现象简

单化了或只是评价了简单的教育现象，事实上往往丢失了教育中最有意义、最根本的内容。质性评价的方法则以其全面、深入、真实再现评价对象的特点和发展趋势的优点受到欢迎，成为近30年来世界各国课程改革倡导的评价方法。需要强调的是，质性评价从本质上并不排斥量化的评价，它常常与量化的评价结果整合应用。因此，将定性与定量评价相结合，应用多种评价方法，将有利于更清晰、更准确地描述学生及教师的发展状况。

（4）强调参与与互动、自评与他评相结合，实现评价主体的多元化

即被评价者从被动接受评价逐步转向主动参与评价，一改以往以管理者为主的单一评价主体的现象。目前世界各国的教育评价逐步成为由教师、学生、家长、管理者，甚至包括专业研究人员共同参与的交互过程，这也是教育过程民主化、人性化发展进程的体现。在评价主体扩展的同时，重视评价者与被评价者之间的互动，在平等、民主的互动中关注被评价者发展的需要，共同承担促进其发展的职责。既提高了被评价者的主体地位，将评价变成了主动参与、自我反思、自我教育、自我发展的过程；同时在相互的沟通协商中，增进了双方的了解和理解，易于形成积极、友好、平等和民主的评价关系，这将有助于评价者在评价进程中有效地对被评价者的发展过程进行监控和指导，帮助被评价者接纳和认同评价结果，促进其不断改进，获得发展。

（5）注重过程，终结性评价与形成性评价相结合，实现评价重心的转移

即从过分关注结果逐步转向对过程的关注。关注结果的终结性评价，是面向"过去"的评价；关注过程的形成性评价，则是面向"未来"、重在发展的评价。只有关注过程，评价才可能深入学生发展的进程，及时了解学生在发展中遇到的问题、所做出的努力以及获得的进步，这样才有可能对学生的持续发展和提高进行有效的指导，才能真正发挥评价促进发展的功能。与此同时，也只有在关注过程中，才能有效地帮助学生形成积极的学习态度、科学的探究精神，才能注重学生在学习过程中的情感体验、价值观的形成，实现"知识与技能""过程与方法""情感态度与价值观"的全面发展。质性评价方法的发展为这种过程式的形成性评价提供了可能和条件，注重过程使终结性评价和形成性评价有机结合。

2. 发展性评价的基本内涵

（1）评价的根本目的在于促进发展。淡化原有的甄别与选拔的功能，关注学生、教师、学校和课程发展中的需要，突出评价的激励与调控的功能，激发学生、教师、学校和课程的内在发展动力，促进其不断进步，实现自身价值。

（2）与课程功能的转变相适应。体现本次基础教育课程改革的精神，保障基础教育课程改革的顺利实施。

（3）体现最新的教育观念和课程评价发展的趋势。关注全人的发展，强调评价的民主化和人性化的发展，重视被评价者的主体性与评价对个体发展的建构作用。

（4）评价内容综合化。重视知识以外的综合素质的发展，尤其是创新、探究、合作与实践等能力的发展，以适应人才发展多样化的要求；评价标准分层化，关注被评价者之间的差异性和发展的不同需求，促进其在原有水平上的提高和发展的独特性。

（5）评价方式多样化。将量化评价方法与质性评价方法相结合，适应综合评价的需要，丰富评价与考试的方法，如成长记录袋、学习日记、情景测验、行为观察和开放性考试等，追求科学性、实效性和可操作性。

（6）评价主体多元化。从单向转为多向，增强评价主体间的互动，强调被评价者成为评价主体中的一员，建立学生、教师、家长、管理者、社区和专家等共同参与、交互作用的评价制度，以多渠道的反馈信息促进被评价者的发展。

（7）关注发展过程，将形成性评价与终结性评价有机地结合起来，使学生、教师、学校和课程的发展过程成为评价的组成部分；而终结性的评价结果随着改进计划的确定亦成为下一次评价的起点，进入被评价者发展的进程之中。

3. 新课程评价改革的重点

（1）学生评价改革的重点

① 建立评价学生全面发展的指标体系。不仅关注学生的学业成绩，而且要发现和发展学生多方面的潜能。评价指标体系包括学生的学科学习目标和一般性发展目标，如学生在道德品质、学习的愿望和能力、交流与合作、个性与情感以及创新意识和实践能力等诸多方面的发展目标。一般性发展目标是融合在学科学习目标中实现的。

② 重视采用灵活多样、具有开放性的质性评价方法，而不仅仅依靠纸笔考试作为收集学生发展证据的手段。关注过程性评价，及时发现学生发展中的需要，帮助学生认识自我、建立自信，激发其内在发展的动力，从而促进学生在原有水平上获得发展，实现个体价值。

③ 考试只是学生评价的一种方式，要将考试和其他评价的方法（如开放性的质性评价方法）有机地结合起来，全面描述学生发展的状况。完善纸笔测验评价方式，根据考试的目的、性质、对象等选择灵活多样的考试方法，加强对学生能力和素质的考查；改变过分注重分数、简单地以考试结果对学生进行分类的做法，应对考试结果做出分析与说明，形成激励性的改进意见或建议，促进学生发展，减轻学生压力。

（2）教师评价的改革重点

① 打破唯"学生学业成绩"论教师工作业绩的传统做法，建立促进教师不断提高的评价指标体系，包括教师的职业道德、对学生的了解和尊重、教学设计与实施以及交流与反思等。一方面，以学生全面发展的状况来评价教师工作业绩，另一方面关注教师的专业成长与需要。建立促进教师不断提高的评价指标体系是发展性教师评价制度的基础。

② 强调以"自评"的方式促进教师教育教学反思能力的提高，倡导建立教师、学生、家长和管理者共同参与的，体现多渠道信息反馈的教师评价制度。一方面，通过评价主体的扩展，加强了对教师工作的管理和监控；另一方面，发展教师的自我监控与反思能力，重视教师在自我教育和自我发展中的主体地位。

③ 打破关注教师的行为表现、忽视学生参与学习过程的传统的课堂教学评价模式，建立"以学论教"的发展性课堂教学评价模式。即课堂教学评价的关注点转向学生在课堂上的行为表现、情绪体验、过程参与、知识获得以及交流合作等诸多方面，而不仅仅是教师在教学过程中的具体表现，使"教师的教"真正服务于"学生的学"。这一转变对教师教学能力的重新界定、学校教学工作的管理无疑将带来巨大的冲击。

（3）对课程实施评价的改革重点

① 建立促进课程不断发展的评价体系。结合本次课程改革三级课程管理的要求，从教育行政部门、学校和教师多个层面，周期性地对课程执行的情况、课程实施中的问题进行分析评估，包括实验方案、实验准备、实验启动、常规建设、观念转变、教学实施、学习评估以及课程开发与管理等方面，从而调整课程内容，改进教学管理，形成课程不断革新的机制。

② 以学校评价为基础，促进新课程的实施与发展。学校是课程实施的基本单位，为此，打破唯"升学率"论学校办学质量的传统做法，将课程的实施与发展和促进学校办学质量的发展相结合，从学校领导班子、制度与管理以及教学研究制度等方面建立促进学校发展的评价体系；建立以教育行政部门、学校、家长和社区共同参与的学校评价制度，共同加强对学校课程建设与实施等各方面的监控。

真题回顾与模块自测

一、单选题

1. 教育范畴内的课程概念最早出现，是（　　）在1576年发表的《知识地图》中。

 A. 彼特·拉莫斯　　　　　B. 杜威　　　　　　　C. 博比特　　　　　　D. 奥利沃

2. 活动课程以儿童从事某种活动的兴趣和动机为中心组织课程，主要价值在于促进学生在活动过程中获得对现实世界的直接经验和真实体验，下列观点符合活动课程特征的有（　　）。

 A. 强调终结性评价，侧重考察学生的学习结果

 B. 教的方式是强调"训练""指导与控制"

 C. 知识的类型主要是以间接经验、学术型知识和公共知识为主

 D. 课程组织是按照学生心理发展的顺序组织课程

3. "科学是一个统一体：物理发现可以用数学公式来阐述；化学发现可以用物理原理来阐述；生物机体的特征可以被视为一个复杂的物理化学系统。"持有以上观点的人很有可能倡导采用（　　）。

 A. 实验课程　　　　　　　B. 分科课程　　　　　C. 综合课程　　　　　D. 核心课程

4. 课程开发的意义，不仅在于改变自上而下的长周期课程开发模式，使课程迅速适应社会经济发展的需要，更重要的是建立一种以教师和学生为本位、为主体的课程开发决策机制，使课程具有多层次满足社会发展和学生需求的功能，这种课程被称之为（　　）。（2020.12.26济南历城真题）

 A. 校本课程　　　　　　　B. 地方课程　　　　　C. 显性课程　　　　　D. 隐性课程

5. 在我国，课程主要由三部分组成，即（　　）。（2020.8.5济南天桥真题）

 A. 知识、经验、活动　　　　　　　　　　B. 课程总目标、领域目标、学科目标

 C. 课程目的、课程评价、课程实施　　　　D. 课程计划、学科课程标准、教材

6. 教师在课程设计的过程中写下了教学目标："掌握使用刻度尺测量物体的长度的方法。"此目标属于（　　）。

 A. 结果性目标　　　　　B. 体验性目标　　　　C. 表现性目标　　　D. 开放性目标

7. 将英语课程中前一单元中所学的单词在后面单元中予以重复，这是课程组织的（　　）。（2020.7.18青岛真题）

 A. 顺序性　　　　　　　　B. 整合性　　　　　　C. 连续性　　　　　　D. 重复性

8. 2017年9月颁布的《中小学生综合实践活动课程指导纲要》要求综合实践活动课程实施从（　　）开始。（2020.8.8菏泽真题）

 A. 小学1年级　　　　　　B. 小学3年级　　　　　C. 小学6年级　　　　D. 初一

9. 在探究学习的教学模式中，实施过程大致包括的阶段是（　　）。

 A. 计划、问题、研究、解释、反思　　　　B. 问题、计划、研究、解释、反思

 C. 问题、计划、研究、反思、解释　　　　D. 计划、问题、解释、研究、反思

10. "在对待师生关系上，教师应尊重赞赏学生；在对待教学关系上，教师应帮助引导学生；在对待自我上，教师应注重反思；在与其他教育者的关系上，教师应加强合作。"这是新课程强调的（　　）。（2020.11.28德州乐陵真题）

A. 教师教学行为　　　　　B. 课程观　　　　　C. 教学观　　　　　D. 师生关系观

二、多选题

1. 学习者中心课程理论具有的基本特征是（　　　）。（2020.7.22济南高新真题）

　　A. 课程应以儿童的活动为中心　　　　　　B. 学生尽可能多地参与到社会中去

　　C. 以广泛社会问题为中心　　　　　　　　D. 课程的组织应心理学化

2. 隐性课程是指学校教育情境中，以间接、内隐的方式呈现出来的对学生发展起潜移默化影响的非正式课程。下列属于隐性课程的有（　　　）。（2020.8.6济南十区县联考真题）

　　A. 学校的自然环境、建筑等　　　　　　　B. 学校的规章制度等

　　C. 师生的世界观、人生观等　　　　　　　D. 学校的特色课程

3. 《基础教育课程改革纲要（试行）》将新课程作为推行素质教育的突破口，提出了基础教育课程改革的具体目标，下列选项属于其目标的是（　　　）。

　　A. 改变课程过于注重知识传授的倾向　　　B. 倡导自主、合作、探究的学习

　　C. 强调课程评价的甄别与选拔功能　　　　D. 实行国家、地方、学校三级课程管理

4. 信息技术与课程结合是指"信息技术"与"课程"的整合，而不是指"信息技术"与"课程整合"，这是我们理解其含义的关键。信息技术与课程整合要达到的具体目标，可以概述为（　　　）。

　　A. 优化教学过程，提高教学质量和效益　　B. 培养学生的信息素养

　　C. 培养学生掌握信息时代的学习方法　　　D. 培养学生终身学习的态度和能力

三、判断题

1. 某中学开设了线条画、垂钓技术等课程，供学生自愿选择，这是地方课程。（　　　）（2020.7.31德州夏津真题）

2. 科技革新不仅制约着自然科学和人文科学在整个科学领域中的地位和相互关系，而且伴随着学科门类的持续变化，课程结构对科技的变革也有很大的依从性。（　　　）（2020.11.28德州乐陵真题）

3. 新课程改革的核心任务是学习方式的改变，即彻底改变教师讲授、学生接受的学习方式，转变为学生自主学习、主动发展。（　　　）（2020.7.15济南市中真题）

4. 我国新课改所倡导的研究性学习，既是一种学习方式，也是一种课程形态。（　　　）（2020.12.27临沂费县真题）

四、简答题

　　随着新课程改革的不断深化，广大一线教师逐步有了这样一种体会："课改前，教科书就是学生的世界；课改后，世界才是学生的教科书。"请针对这句话，谈谈你的课程观。（2020.7.15济南市中真题）

【参考答案】

一、单选题

1. A　2. D　3. C　4. A　5. D　6. A　7. C　8. A　9. B　10. A

二、多选题

1. AD　2. ABC　3. ABD　4. ABCD

三、判断题

1. ×　2. √　3. √　4. √

四、简答题

　　（略）

第六章 教 学

　　教学是师生双方的共同活动，是实现教育目的、促进人的全面发展的基本途径。教学过程是一种特殊的认识活动，有其自身的规律，并按照一定的顺序展开。教学活动有特定的组织形式和相应的教学方法。只有选择合适的教学组织形式和科学的教学方法，并按照一定的教学原则开展教学活动，教学才能事半功倍。

思维导图

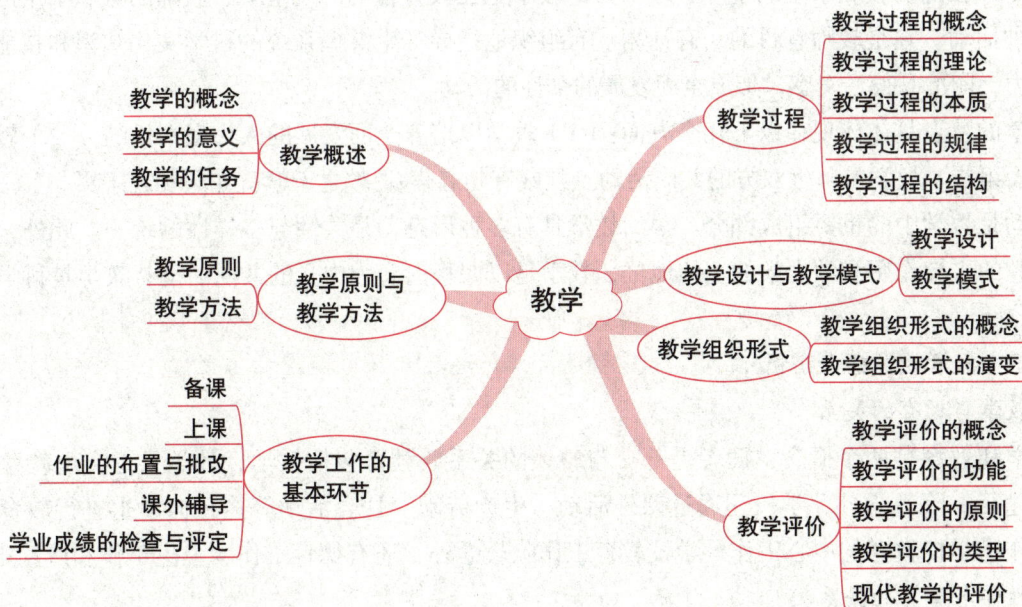

第一节 教学概述

一、教学的概念

（一）教学的词源

在汉语中，"教学"二字最早见之于《尚书·兑命》："斅学半。"但这里的教学不是现代意义上的教学，而是"学习"。据我国有关学者的考证，"教学"一词指向教师的教和学生的学的看法形成于我国宋代。宋代欧阳修为胡瑗所做墓表："先生之徒最盛，其在湖州之学，弟子去来常数百人，各以其经转相传授，其教学之法最备……"这里的教学相当于现代意义上所说的教学。

在英文中，"教学"对应的单词主要有teaching、learning、instruction等。人们的一般看法是，"教"用teaching表示，"学"用learning表示，而"教学"常用instruction表示。

（二）教学的含义及特点

国外不同学者从不同角度对教学有多种定义。美国教育学者史密斯在《教学的定义》一文中把英语国家对教学含义的讨论做了归类整理，提出了五种定义的方式：描述式定义、成功式定义、意向式定义、规范式定义和科学式定义。

历史上我国对教学含义的不同界定，大体可归纳为四类：教学即学习、教学即教授、教学即教学生学、教学即教师的教和学生的学。一般认为，教学是在教育目的的规范下、教师的教和学生的学共同组成的一种活动。它是教师有目的、有计划、有组织地指导学生掌握系统的科学文化知识和技能，发展智力、体力，陶冶品德、美感，形成全面发展的个性的活动。

教学的特点具体体现在以下几个方面：（1）教学以培养全面发展的人为根本目的。（2）教学由教与学两方面组成，教学是师生双方的共同活动。杜威有句名言："教之于学就如同卖之于买。"（3）学生的认识活动是教学中的重要组成部分。（4）教学具有多种形态，是共性与多样性的统一。此外，教学明确了教师教的主导作用和学生学的主体地位；教学是以课程内容为中介的共同活动；教学是科学与艺术的统一。

（三）教学相关概念辨析

1. 教学与教育的关系

教学和教育是两个概念，两者是部分与整体的关系。教育包括教学，教学只是实现教育目的的一个基本途径。除教学外，学校还通过课外活动、生产劳动、社会活动等途径向学生进行教育。另外，教学工作是学校教育的中心工作。学校教育工作除教学外，还有德育工作、卫生工作和后勤工作等。

2. 教学与智育的关系

教学与智育两者之间既有联系又有区别，两者是一种复杂的交叉关系。智育是教育的一个组成部分，教学是实施德育、智育、体育、美育、劳动技术教育的途径。智育主要通过教学来进行，但也需要通过课外活动等才能全面实现。把教学等同于智育将阻碍全面发挥教学的作用。

3. 教学与上课的关系

教学与上课是整体与部分的关系，教学包括上课，还包括备课、课外作业的布置、课外辅导、学生学习成绩评定等一系列环节。上课是教学工作的中心环节，教学的任务主要是通过上课完成的。

4. 教学与课程的关系

课程与教学关系研究的主要观点包括：分离说、关联说、包容说、整体说等。分离说即课程与教学相对独立，各执一端，互不交叉。关联说即课程与教学两者之间互相独立，但彼此关系密切，不可分离。包容说表现为"大课程小教学说"与"大教学小课程说"两种情况。此外，有学者主张课程与教学属于目的与手段的关系（内容与形式的关系）。课程是指学校的意图，教学则是指达到教育目的的手段，它们分别侧重于教育的不同方面。课程论主要解决"教什么"的问题，教学论主要研究"怎么教、如何教"的问题。

5. 教学与自学的关系

学生的自学有两种：一种是在教学过程内、在教师指导下的自学。它包括配合教学进行的预习、复习、自习和作业，它是教学的组成部分。另一种是在教学过程以外、学生自主进行的自学。自学内容广泛，教学不包括学生自主进行的自学。

二、教学的意义

教学不仅是实现智育的主要途径，也是德育、体育、美育等的基本途径。教学在学校教育系统中处于中心地位。教学的主要作用有以下几个方面：

（一）教学是严密组织起来的传授系统知识、促进学生发展的最有效的形式

教学是一种专门组织起来的、有计划有目的的活动。教师通过教学能较简捷地将人类积累起来的科学文化知识转化为学生个人的精神财富，从而促进学生的身心发展，使他们在短时间内达到人类发展的一般水平。通过教学，可以使人类文化代代继承发展。这说明教学是解决个体经验和人类社会历史经验之间矛盾的强有力工具。

（二）教学是进行全面发展教育、实现培养目标的基本途径，为个人全面发展提供科学的基础和实践

教学不仅是适应并促进社会发展的有力手段，而且是促进学生全面发展与良好个性形成的重要途径。教学是学生社会化和个性化、成人与成才最有效的活动，是进行全面发展教育（德育、智育、体育、美育等）的基本途径。

（三）教学是学校的中心工作，学校工作必须以教学为主

教学处于学校教育的中心地位，是教育学的一条基本原理。学校工作必须坚持以教学为主，既是由教学本身的性质（教学对个体的影响最为全面、集中、高效）决定的，也是教育工作经验的总结。教学在学校教育工作中所占时间最多，涉及面最广，对学生发展的影响最全面深刻，对学校教育质量的影响也最大。学校工作以教学为主，并不意味着我们可以轻视甚至忽略其他工作，学校教育工作必须坚持"教学为主，全面安排"的原则。

三、教学的任务

（一）向学生传授系统的科学文化基础知识和基本技能

教学的首要任务是引导学生掌握科学文化基础知识和基本技能（通常简称"双基"）。教学所传授的基础知识，是指形成各门科学的基本事实，相应的基本概念、原理和公式及其系统。所谓技能，是指

学生运用所掌握的知识去完成某种实际任务的能力。基本技能，则是指各门学科中最主要、最常用的技能。一般来说，知识的掌握是形成技能、技巧的基础，而技能、技巧的形成又有助于进一步理解和掌握知识。

（二）发展学生智力、体力和创造才能

发展学生的智力，培养学生的创造能力，不仅是顺利地高质量地进行教学的必要条件，也是培养全面发展的人的要求，因而是现代教学的一项十分重要的任务。所谓智力，一般指人们的认识能力，即认识客观事物的基本能力，是认识活动中表现出来的那些稳定的心理特征。智力主要包括注意力、观察力、记忆力、思维力和想象力，其中思维力是核心。体力，主要指身体的正常发育成长与身体各个器官的活动能力。学生的创造才能主要指他们能运用已有的知识和智能去探索、发现和掌握未知晓的知识的能力。它是学生个人的求知欲望、进取心和首创精神、意志力与自我实现信心的综合体现。

（三）培养社会主义品德和审美情趣，奠定学生的科学世界观基础

世界观是对世界的总的看法和态度，科学的世界观的形成必须建立在科学知识的基础之上。在学校教育中，不仅仅德育会对学生道德品质的形成有帮助，教学也会促成学生的良好品德的形成。原因在于，教学永远具有教育性。学生在教学中进行的学习和交往，是他们生活中认识世界和进行社会交往的组成部分。他们在掌握自然科学、社会科学知识和联系实际的过程中，将提高自己的道德修养和审美情趣；他们在班级的集体活动中，将依据一定的规范和要求来调节自己的思想和行为。这都为学生形成科学的世界观提供了坚实基础。

（四）关注学生个性发展

个性是一个人的意识倾向和稳定而独特的心理特征的总和。关注个性发展，注重学生的心理品质，包括气质、能力、性格等方面的发展，是现代教学论的重要趋势。这就要求在教学中，以启发式教学为指导，重视学生的主体地位，追求教学与教育的统一，使学生得到全面发展。

（五）教会学生学习，培养自学能力

教会学生学习是指在教学中不仅要教给学生知识、技能，而且要教给学生独立获取知识和独立发展自己智力的方法和能力。教学生"会学"比教学生"学会"更有意义，正如叶圣陶所说："教是为了不教""凡为教者必期于达到不须教"。

第二节　教学过程

一、教学过程的概念

教学过程是教师根据教学目的、任务和学生身心发展的特点，通过指导学生有目的、有计划地掌握系统的文化科学基础知识和基本技能，发展学生智力和体力，形成科学世界观及培养道德品质，发展个性的过程。教学过程实质上是教师引导学生学习与探究教育内容的教与学相统一活动的时间进程。教学过程具有传递功能、发展功能、教育功能和审美功能。在教学过程中，存在着各种要素。教师、学生和教学内容是目前学界公认的三个最基本的要素。

二、教学过程的理论（教学理论）

（一）古代的教学过程思想

早在两千多年前，我国伟大的教育家孔子就把学习过程概括为学、思、行（或学、思、习、行）的统一过程，这是最早的教学过程思想。《学记》是世界上最早系统地论述教育教学思想的专著。后来的儒家思孟学派在《礼记·中庸》中进一步提出"博学之，审问之，慎思之，明辨之，笃行之"的学习过程理论。苏格拉底强调完善人格的道德教育，并在讲学中采用启发式教学方法——"产婆术"。柏拉图从构建其所谓的"理念世界"出发，主张要寓教于乐、重视思想训练等，并根据培养军人和哲学家的目的，提出较为完整的教学思想体系。亚里士多德在教育史上第一个提出了儿童成长过程的年龄分期，主张体育、德育、智育的和谐教育思想。古罗马的教育家昆体良在他的《论演说家的教育》中提出了"模仿、理论、练习"的学习过程理论，重视直观，重视知识的掌握和技能的训练。昆体良主张对儿童进行早期训练，教学要根据儿童的年龄特点因材施教和量力而行，要劳逸结合和给学生以奖励、反对体罚等。

（二）近代教学过程理论的形成与发展

传统教学论的主要代表人物是夸美纽斯、赫尔巴特、凯洛夫。在西方教育文献中，最早使用"教学论"一词的是德国教育家拉特克和捷克教育家夸美纽斯。他们用的词是"Didactica"，并将其解释为"教学的艺术"。夸美纽斯认为，"一切知识都是从感官的知觉开始的"，应把教学建立在感觉活动的基础之上，因而提倡实物教学和直观教学，强调事物的真实性质和起源。这是以个体认识论为基础提出的教学过程理论。夸美纽斯《大教学论》的出版标志着理论化、系统化的教学论的确立。

赫尔巴特在1806年出版了《普通教育学》。《普通教育学》是科学化教学理论的标志，是将心理学的研究成果应用于教学过程最初尝试的典范。这里的教育学是"Padagogik"，英语是"Pedagogy"，源于希腊语中的"教仆（Pedagogue）"一词，它主要指教学方法和学生管理两方面。"教育性教学"是赫尔巴特教育学的核心。他第一个明确提出这一概念，把道德教育与学科知识教学统一在同一个教学过程中。他试图以心理学的"统觉理论"原理来说明教学过程，认为教学过程是新旧观念的联系和系统化的过程。他根据对兴趣和注意的分析，提出了"明了、联想、系统、方法"的教学过程四个阶段，这是世界上最早的教学过程形式阶段论。后来他的学生席勒将"明了"分为"预备"和"提示"两个阶段，构成了历史上著名的五段教学法，被后世认为是教学过程理论成熟的标志。赫尔巴特的理论对世界教学理论与实践产生了深远的影响，并分为两条主线进行传播：一条是哲学取向的教学理论（源于苏格拉底和柏拉图的"知识即道德"的传统），一条是心理学取向的教学理论（行为主义教学理论、认知教学理论、情感教学理论）。

19世纪末，美国实用主义教育家杜威认为，教学过程是学生直接经验的不断改造和增大意义的过程，是"做中学"的过程。他以新的知识观和知识形成观作为教学理论的基础，依据学生在"做中学"的认识发展提出了五个阶段的教学过程：困难—问题—假设—验证—结论（暗示—理智化—假设—推理—验证）。

此外，我国许多进步教育家的教学思想也都充满了可贵的探索精神。如清末著名改良主义教育家梁启超提出趣味教学思想，主张学生"乐知"；强调联系实际，使学生有所发明；推动自动、自主、自治、自立教学法。著名教育家蔡元培强调重视学生"自动自学、自助自研"能力的培养，反对单方面的讲授和灌输。著名教育家陶行知更是深刻地批判了"教授论"，认为"教的法子必须要根据学的法子……先生的责任不在教，而在教学，教学生学"。

（三）当代国外教学过程理论的几个主要流派

1. 赞可夫的教学与发展教学理论

赞可夫教学与发展理论的主要观点有：（1）理论直接依据是维果斯基提出的"最近发展区学说"。赞可夫高度评价维果斯基关于教学与发展关系的观点与分析，他认为"只有当教学走在发展前面的时候，这才是好的教学"。（2）教育教学的根本功能是促进学生的一般发展。赞可夫所说的一般发展基本含义有三：一是指个性发展而不仅仅是智力发展；二是指心理一般发展而不是指身心的一般发展；三是包括动机、情感和意志的发展。总之，他认为一般发展是指"儿童个性的发展，它的所有方面的发展。"一般发展既不等同于"全面发展"，也不取代"全面发展"，前者指"人的发展问题的心理和教育学方面"，后者指社会方面。同时一般发展既不同于特殊发展（即数学、语言、音乐等方面的发展），也有别于智力发展，一般发展是个性的全面发展，包括智力和实际操作能力的发展、道德情感的发展、意志的发展、个性的发展、集体主义和身体的发育等各个方面。（3）教学创造儿童的最近发展区。（4）课程研制的五大基本原理。赞可夫提出五大原理：高难度、高速度、以理论知识为主导作用、使学生理解教学过程的原理和使全体学生包括差生都得到发展的原理。赞可夫认为以高难度进行教学的原则在实验教学论体系中起决定作用。

2. 瓦根舍因的范例教学理论

范例教学理论兴盛于20世纪五六十年代，被理论界视为二战之后与苏联赞科夫的教学与发展教学理论和美国布鲁纳的结构主义教学理论并列的三大新教学论流派之一，在世界上颇有影响。范例教学的倡导者为德国教育家瓦根舍因和克拉夫基。

范例教学是指通过主体与客体、问题解决学习与系统学习、传授知识与培养能力相统一的教学，使学生获得基本性的、基础性的和范例性的知识的方法。范例教学在内容上，强调基本性、基础性和范例性三条原则。基本性强调教学内容应选择一门学科最基本的知识，即基本概念、基本原理、基本规律等，反映学科的基本结构；基础性指教学要从学生基础出发，适应学生的知识水平和智力的发展水平；范例性指教给学生的知识必须是经过精选的，能起范例作用的，有助于学生迁移和应用。在教学要求上，范例教学有四个统一：教学与教育相统一，解决问题的学习与系统知识的学习相统一，掌握知识与培养能力相一致，学习的主体（学生）要与学习的客体（教材）相统一。范例教学四个基本步骤为：范例地阐明"个"，即用典型事例阐明事物的本质特征；范例地阐明"类"，即通过归类与推断认识一类事物的普遍特征；范例地掌握规律和范畴，即把所学知识提到规律性的高度来认识，掌握事物发展的客观趋势；范例地获得有关世界的经验和生活的经验，即在认识客观世界的基础上，使学生在思想感情上发生体验的作用，提高行为的自觉性。实施范例教学，要求教师在备课时对教学内容进行五个方面的分析：基本原理分析、智力作用分析、未来意义分析、内容结构分析、内容特点分析。

瓦根舍因的范例教学理论（或称范例方式课程论）的特色在于：其一，以范例性的知识结构理论进行取材，其内容既精炼又具体，易于举一反三、触类旁通。其二，范例性是理论同实际自然结合的成果。所谓理论同实际结合，就在于理论的具体化，范例就是理论的具体化。其三，能解决实际问题的内容都是综合的，不是单一的。其四，范例教学能更典型、具体、实际地培养学生分析问题和解决问题的能力；能更具体、深刻地使学生了解知识的科学意义、社会意义和人类学意义，故特别富于教育性。

3. 行为主义教学理论：斯金纳的程序教学理论

行为主义教学理论以斯金纳的程序教学理论影响最大。其理论的基本主张为：（1）预期行为结果的教学目标。根据行为主义理论，教学的目的就是提供特定的刺激以引起学生的特定反应，所以教学目标越具体越精确越好。（2）相倚组织的教学过程。所谓相倚组织，就是对强化刺激的系统控制。这种教学过程对学习环境的设置、课程材料的设计和学生行为的管理做出了系统的安排。（3）程序教学的方法。斯金纳对程序学习的处理有两种形式：一种是"直线式"，包括以下特征：① 小步骤进行；② 呈现明显的反应；③ 及时反馈；④ 自定步调学习。另一种程序学习的形式是"分支式"，它较"直线式"复杂，通常包括一种多重选择的格式。学生在被呈现若干信息之后，即要面临多重选择的问题，如果回答正确，便进入下一个信息系统，如果回答不正确，则给予补充信息。

4. 认知主义教学理论：布鲁纳的认知结构教学理论

提出认知主义教学理论的是美国教育心理学家布鲁纳和奥苏伯尔等，其中影响较大的是布鲁纳的认知结构教学理论。其理论的基本主张为：

（1）理智发展的教学目标。布鲁纳认为，发展学生的智力应是教学的主要目的。他在《教育过程》中指出，必须强调教育的质量和理智的目标，也就是说，教育不仅要培养成绩优异的学生，而且还要帮助每个学生获得最好的理智发展。教育主要是"培养学生的操作技能、观察技能、想象技能以及符号运算技能"。

（2）动机—结构—序列—强化原则。布鲁纳提出了相应的四条教学原则：第一，动机原则，即学习取决于学生对学习的准备状态和心理倾向；第二，结构原则，即要选择适当的知识结构，并选择适合于学生认知结构的方式，才能促进学习；第三，程序原则，即要按最佳顺序呈现教学内容；第四，强化原则，即要让学生适时地知道自己学习的结果。

（3）学科知识结构。布鲁纳认为，任何学科知识都是一种结构性存在，知识结构本身具有理智发展的效力。

（4）发现教学方法。布鲁纳极力倡导使用发现法，强调学习过程、直觉思维、内在动机及信息提取。

5. 情感教学理论：罗杰斯的非指导教学理论

人本主义教学理论强调情感对学生学习的意义，强调思维、情感和行动整合的必要性。美国人本主义心理学家罗杰斯的非指导性教学是这一流派的代表。其基本主张是：

（1）教学目标。罗杰斯认为，最好的教育目标应该是"充分发挥作用的人、自我发展的人和形成自我实现的人"。

（2）非指导性教学过程。罗杰斯把心理咨询的方法移植到教学中来，为形成促进学生学习的环境而构建了一种非指导性的教学模式。这种教学过程以解决学生的情感问题为目标，包括五个阶段——确定帮助的情景，探索问题，形成见识，计划和抉择，整合。

（3）意义学习与非指导性学习。罗杰斯按照某种意义的连续，把学习分成无意义学习和意义学习。无意义学习（如记忆无意义的音节）只与心有关，它是发生在"颈部以上"的学习，没有情感或个人的意义参与，与全人无关。意义学习不是那种仅仅涉及事实累积的学习，而是一种使个体的行为、态度及个性发生重大变化的学习。它不仅仅是一种增长知识的学习，而且是一种与每个人各部分经验都融合在一起的学习。意义学习实际上就是一种非指导性学习。

（4）师生关系的品质。罗杰斯认为，发挥促进者的作用，关键不在于课程设置、教师知识水平及视听教具，而在于"促进者和学习者之间的人际关系的某些态度品质"。这种态度品质包括真诚、接受和理解三个方面。

6. 建构主义教学理论

建构主义教学理论的基本内容可从"学习的含义"（"什么是学习"）与"学习的方法"（"如何进行学习"）这两个方面进行说明。

（1）关于学习的含义。建构主义认为，知识不是通过教师传授得到的，而是学习者在一定的情境即社会文化背景下，借助其他人（包括教师和学习伙伴）的帮助，利用必要的学习资料，通过意义建构的方式而获得的。由于学习是在一定的情境即社会文化背景下，借助其他人的帮助即通过人际间的协作活动而实现的意义建构过程，因此建构主义学习理论认为"情境""协作""会话"和"意义建构"是学习环境中的四大要素或四大属性。

（2）关于学习的方法。建构主义提倡在教师指导下的以学习者为中心的学习，也就是说，既强调学习者的认知主体作用，又不忽视教师的指导作用。教师是意义建构的帮助者、促进者，而不是知识的传授者与灌输者。学生是信息加工的主体，是意义的主动建构者，而不是外部刺激的被动接受者和被灌输的对象。

7. 巴班斯基的教学过程最优化理论

苏联教育家巴班斯基提出了教学过程最优化理论。他运用辩证系统的方法，把教学过程置于系统的形式中加以考察，从整体与部分、部分与部分、整体与外部环境之间的相互关系中综合地研究对象，以期最优地处理教学过程问题，即在规定时间内以较少精力达到当时条件下尽可能大的效果。该理论较全面、具体地阐述了教学实际过程，这有助于教师最优地制定教学方案和组织教学过程以获得最佳效果，但其理论过于烦琐，不易推广。

8. 布鲁姆的掌握学习理论

掌握学习的基本思想是，教学过程中只要给学生提供恰当的材料、充分的学习时间和恰当的帮助，那么几乎所有的学生都能达到规定的学习目标。为了促进掌握学习，布鲁姆又提出评价的新概念："诊断性评价""形成性评价""终结性评价"。其目的在于全面地、最大限度地开拓和促进每个学生的发展潜力，使所有学生竭尽全力地进行学习。布鲁姆的"教育目标分类学"、教学评价理论和"掌握学习"教学策略是其教学理论的主要内容，三种思想密切联系，促使其核心教育思想的实现。

9. 有效教学理论

教学是教师引起、维持、促进学生学习的所有行为方式，它包括了主要的和辅助的行为方式。任何教学都是以有效性为目的的，摒弃有效性的教学是不存在的。有效教学最终的衡量标准是学生的成长，其具体标准包括：（1）能否引发学生的学习动机；（2）是否有明确的教学内容；（3）要有适当的教学形式；（4）关注学生的学习结果。

（四）当代教学新理念的发展趋势

当代教学新理念的发展趋势为：（1）从重视教师的教向重视学生的学转变；（2）从重视知识传授向重视能力培养转变；（3）从重视教法向重视学法转变；（4）从重视认知向重视发展转变；（5）从重视结果向重视过程转变；（6）从重视继承向重视创新转变。

三、教学过程的本质

关于教学过程的本质，我国教育学界有许多不同见解，其中影响较大的有"特殊认识说""儿童发展说""交往说""认识—发展说"和"多质说"等。在我国，长期通行的看法是把教学过程看作一种特殊的认识活动，是实现学生身心发展的过程。其主要观点如下：

（一）教学过程主要是一种认识过程

教学过程是教师教与学生学的统一，但这两种活动却有着不同的性质。教师教的活动属于变革和改造客体的实践活动的范畴，而学生的学习活动应属于认识活动的范畴。同时，教学过程的矛盾主要表现为教师与教学内容之间的矛盾、教师与学生之间的矛盾（即教与学的矛盾）、学生与其所学的知识之间的矛盾三方面。其中，教学过程的主要矛盾是学生与其所学的知识之间的矛盾（教师提出的教学任务同学生完成这些任务的需要、实际水平之间的矛盾），实际上也就是学生认识过程的矛盾。因此，学生的认识活动是教学中最主要的活动，教学过程主要是一种认识过程。师生为传承知识而相互作用的认识活动是教学活动区别于其他活动的最突出、最基本的特点。赫尔巴特指出："教学的概念有一个显著的标记，它使我们非常容易把握研究方向。在教学中总是有一个第三者的东西为师生同时专心注意的。相反，在教育的其他一切职能中，学生直接处在教师的心目中。"这个"第三者"就是人类长期积累起来的科学文化知识。

（二）教学过程是一种特殊的认识过程

教学过程的特殊性是指其具有不同于人类总体认识的显著特点，主要表现在间接性、简捷性、交往性、引导性、教育性等几个方面。

1. 认识的间接性和简捷性。教学认识的客体是教材，教材是从人类知识宝库中挑选和提炼出来的最基本的材料，因此学生学习的内容是已知的间接经验。简捷性是指学生的学习是一种科学文化知识的再生产，能在极短的时间内学会人类经过长期的探索和积累而形成的知识。正如马克思所说："再生产科学所必要的劳动时间，同最初生产科学所需要的劳动时间是无法相比的，例如学生在一个小时内就能学会二项式定理。"

2. 认识的交往性（双边性）与实践性。教学活动是发生在师生之间及学生之间的一种特殊的交往活动，这种交往活动同时具有实践的性质。

3. 认识的引导性与指导性（有领导的认识）。学生的个体认识始终是在教师的指导下进行的。由于学生在知识、能力、情感等方面并不成熟，所以教师的指导是必要的。教学过程区别于一般的认识过程，教学认识是在主客体之间"嵌入"一个起主导作用的中介因素——教师，形成学生（主体）—课程与教材（客体）—教师（指导）相互作用的特殊的"三体结构"。

4. 认识的教育性与发展性。教学中学生的认识既是目的，也是手段。学生在掌握知识与提高认识的过程中，伴随着学生的知、情、意、行的协调发展与完全人格的养成。

（三）教学过程也是一个促进学生身心发展、追寻与实现价值目标的过程

教学过程本身不是学生的身心发展过程，但促进学生的身心发展是教学过程的一个重要特性。现代教学应当是一种发展性教学，能够有效促进学生发展的教学。

四、教学过程的基本规律

教学过程的基本规律，又称为教学过程的特点，即教学过程中应处理好的几种关系。

（一）直接经验和间接经验相统一的规律（间接性规律）

间接经验指的是他人的认识成果，这里主要指书本知识。直接经验指的是学生亲身获得的感性认识。间接经验和直接经验的关系，是教学过程中学生的认识由不知发展到知的一对基本的矛盾关系。直接经验和间接经验相结合，反映了教学中传授系统的科学文化理论知识与丰富学生感性认识的关系、理论与实践的关系、知与行的关系。

1. 学生以学习间接经验为主

在教学过程中，学生学习的主要是间接经验（书本知识），并且是间接地去体验。学生主要通过"读书""接受"现成的知识，然后再去"应用"和"证明"。这是一条认识的捷径，可以避免人类曾经经历过的曲折和失败，使学生能用最短的时间掌握大量的系统的文化科学基础知识，同时，还可以使学生在新的起点上继续认识客观世界，继续开拓新的认识领域。

2.学生学习间接经验必须以个人的<u>直接经验</u>为基础

直接经验是间接经验的基础。在教学中，学生学习书本知识必须依赖于学生个人的直接经验，缺乏必要的直接经验，就会造成接受间接经验的困难。没有个人的感性经验作为基础，学生是难以真正理解所学习的知识的；这是因为学生学习的书本知识是以抽象的文字符号表示的，是前人生产和社会实践的认识和概括，而不是来自学生的实践与经验。教学中，要充分利用学生的已有经验，增加学生学习新知识所必须有的感性认识和亲身体验，加深学生对知识的理解。

在教学中，学生同样可以获得直接经验，但与人类实践活动中直接经验的获得方式不尽相同。教学中往往将直接经验典型化、简约化，主要方式是通过实验、演示、教学录像等创设特定情境让学生体验，引导学生参加一定的生产劳动、社会调查等。选择的经验材料是经过改造的、少量的，且能充分反映事物的本质特征。

3.教学中要防止忽视系统知识传授或者直接经验积累的倾向，坚持理论联系实际

加强基本理论知识的教学；增强教学的实践性，培养学生运用知识的能力；培养学生理论联系实际的学风。

（二）掌握知识和发展智力相统一的规律（发展性规律）

掌握知识与发展智力相互依存、相互促进，二者统一在同一教学活动中。现代教学论认为，教学过程既是向学生传授知识的过程，又是发展学生智力和能力的过程。重视教学的发展性，是新时代的要求。

1.掌握知识是发展智力的基础

知识是人们在实践活动中形成的对客观世界的认识；智力是人们认识、适应和改变外界环境的能力，集中体现为反映客观事物的深浅、正误等和应用知识解决实际问题的速度和质量。学生认识能力的发展有赖于知识的掌握。知识为智力提供了广阔的领域，是智力活动的内容和手段。只有具备某方面的知识，才有可能从事某方面的思维活动，同时知识中也包含有认识方法的启示。向学生介绍关于归纳、演绎、解决问题等思维方法的知识，就是把心智操作的方式教给学生。掌握知识的过程必然要求学生积极进行认识、思考和判断等心智活动，只有在心智操作的活动中才能发展认识能力。

2.智力发展是掌握知识的重要条件

学生具有一定的认识能力，是他们进一步掌握文化科学知识的必要条件。学生个体智力水平的高低会影响到学习知识的快慢、深浅。教学中教师应启发学生运用自己的潜在能力，使学生在掌握知识的过程中发展认识能力。认识能力具有普遍的迁移价值，它不但能有效地提高学生的学习效率和知识质量，而且有利于促使学生将知识应用于社会实践活动，从而获得完全的知识。

3.掌握知识与发展智力相互转化的内在机制

知识不等于智力，学生掌握知识的多少并不完全表明其智力的高低，而发展学生的智力也不是一个自发的过程。掌握知识与发展智能之间并非同步运行、一一对应，而是存在着一定程度的"剪刀差"。在教学活动中，掌握知识与发展智能的统一不是自然而然就实现的。知识和智力是可以相互转化的，研究这种转化的过程和条件，有助于学生的全面发展。知识与智力的相互转化，一般来说应注意以下条件：第一，传授给学生的知识应该是科学的规律性的知识。只有掌握了规律性的知识才能举一反三、触类旁通，才能实现知识的迁移；也只有规律性的知识，才需要理论思维的形式。第二，必须科学地组织教学过程。启发学生独立思考、探索和发现，鼓励学生选择不同的学习方法和认知策略去解决问题，进而学会学习，学会创造。第三，重视教学中学生的操作与活动，培养学生的参与意识与能力，提供学生积极参与实践的时间和空间。第四，培养学生良好的个性品质，重视学生的个别差异。

总之，智力发展依赖于知识的掌握，知识的掌握又依赖于智力的发展，二者互为条件。只有引导

学生自觉地掌握知识和运用知识，才能有效地发展他们的智力；要防止单纯抓知识教学或只重视智力发展的倾向。在教育史上，教学中应如何处理二者之间的关系，实质教育论与形式教育论者有过长期的论争。形式教育论（形式训练、心智训练）起源于古希腊，纵贯整个中世纪，形成于17世纪，盛行于18—19世纪，衰落于20世纪初，主要代表人物是洛克和裴斯泰洛齐，主张教育的根本任务是发展学生的智力（能力、心智）。主要观点是：（1）教育的目的在于发展学生的各种官能或能力；（2）形式学科（如希腊文、拉丁文、数学、逻辑学等）或古典人文课程最有发展价值；（3）教学原则、方法以学生心理官能的内在发展秩序为依据。实质教育论起源于古希腊和古罗马，在中世纪受压制，形成于18世纪，兴盛于19世纪，20世纪初衰落，主要代表人物是赫尔巴特和斯宾塞，主张教育的主要任务是掌握知识。主要观点是：（1）教育的目的是向学生传授与生活相关的广泛知识内容；（2）与人类的世俗生活密切相关的实质学科（如物理、化学、天文、地理、法律等）或实质课程最有价值；（3）教学原则与方法应适应儿童身心发展规律，是愉快的和有效的。形式教育论和实质教育论各有其偏颇之处，"既要授人以鱼，又要授人以渔"说明了两者的共生关系。

（三）掌握知识与培养思想品德相统一的规律（教育性规律）

赫尔巴特认为，理性、情感和意志都是在知识的基础上产生的，而教学是形成人的品德的基本途径，主张把知识涵养和人格成长统一于教学过程之中。这就是教学的教育性。在教学过程中，学生的知、情、意相互作用，同时介入，这就需要我们处理好知识学习与思想、情感、意志培养的关系问题。知、情、意是教学过程内在的因素，它们的协调发展不仅与教学内容，也与教学过程的组织、方法的运用相关。教师教学的责任感、价值观、思想作风、言行举止以及校园环境、人际关系等，对这些方面的发展也有重要影响。

1.学生思想品德的形成以掌握知识为基础

人们的思想观点和世界观的形成都离不开人们的认识，都需要以一定的经验和知识为基础。尤其是培养学生科学的世界观和正确的人生观，更需要有一定的科学文化知识为基础。在教学中，向学生传授科学文化知识，引导他们接触自然和社会，认识人生、社会和宇宙及其发展，不仅可以增长学生的知识、智慧和才能，而且还可以帮助学生树立科学的世界观、正确的人生观和价值观，形成良好的道德品质。但是学生掌握了知识，并不一定能够形成思想品德。因此，教师不仅要使学生深刻领悟知识，而且要善于引导和激发学生对所学知识的社会意义产生积极的态度，在思想深处产生共鸣，受到熏陶与感染，形成社会所需要的思想品德。

2.学生思想品德的提高又推动他们积极地学习知识

学生掌握科学文化知识的过程是能动的认识过程，他们的思想状况、学习动机、目的与态度，对他们的学习起着十分重要的作用。如果我们能够在教学中不断提高学生的思想觉悟，使他们端正学习的态度，树立远大的理想和抱负，把个人的学习与文化的昌盛、科技的发展、祖国的建设、人类的幸福联系起来，那么就能给学生的学习以正确的方向和巨大的动力，推动他们自觉地主动地进行学习，尽个人最大的努力来增长自己的知识、智慧和才干。掌握知识与形成思想品德相统一的规律，要求我们在教学中正确处理掌握知识与形成思想品德的关系，既要避免单纯传授知识、忽视思想教育的偏向，又要避免脱离知识的传授而另搞一套思想教育的偏向。

3.正确处理智力因素与非智力因素的关系，做到知、情、意的统一

近年来，人们十分关注人的"非智力因素"在教学中的作用，认识到情感、意志、兴趣等直接影响学生对知识的掌握及其智力的发展。实际上，智力活动以非智力活动为内在动力，非智力活动又以智力活动为服务对象。因此，教学中强调激发学生的学习兴趣和求知欲，调动学生学习的积极主动性，使之养成良

好的学习习惯和刻苦勤奋的学习态度，不仅要学会学习，而且要学会生活和做人。

（四）教师主导作用与学生主体作用相统一的规律（双边性规律）

现代教学论强调教与学二者的辩证关系，教学是教师教学生学，学生是教学活动中的学习主体，教师对学生的学习起主导作用。

1. 教学过程中教师起主导作用

发挥教师的主导作用是学生简捷有效地学习知识、发展身心的必要条件。教师在教学过程中处于组织者的地位，应充分发挥自身的主导作用。教师的主导作用表现在：教师的指导决定着学生学习的方向、内容、进程、结果和质量，起引导、规范、评价和纠正的作用。教师的教影响学生学习方式及学习主动性的发挥，影响学生的个性及人生观、世界观的形成。

2. 教学过程中学生是学习的主体

尊重学生、调动学生的学习主动性是教师有效教学的主要因素。学生的主动性调动的怎样，学习的效果怎样，又是衡量教师主导作用发挥得好坏主要标志。学生在教学过程中处于学习主体的地位，应充分发挥学生的主观能动性。在教学中，学生是学习的主体，并且主体地位是在教师主导下逐步确立的。学生具有主体能动性，具体表现在：受学生本人兴趣、需要以及所接受的外部要求的推动和支配，学生对外部信息的选择具有能动性、自觉性；受学生原有知识经验、思维方式、情感意志、价值观等制约，学生对外部信息进行内部加工时具有独立性、创造性。教师主导的结果应使学生从依赖性向独立性发展。

3. 建立合作、友爱、民主、平等的师生交往关系

教学过程是师生共享教学经验的过程。在此过程中，师生共同明确教学目标，交流思想、情感，实现培养目标。良好的师生关系是实现教学任务的保证。这对教师提出了很高的要求。在师生交往活动中，教师要善于创设和谐情境，鼓励学生合作学习；善于体验或引起学生的兴趣和需要，鼓励学生积极学习，主动参与；善于从学生的年龄特征和个别差异出发，对学生提出严格的要求；善于洞察学生的内心世界，尊重学生的个性和才能；善于引起学生在思想和情感上的共鸣，培养学生自我调控能力，鼓励学生大胆创新；创设展现自我的机会和条件，使学生不断获得成功体验。

4. 防止忽视学生主体性和忽视教师主导作用的倾向

以赫尔巴特为代表的"传统教育"和以杜威为代表的"现代教育"都是片面的，在教学中要防止忽视学生主体性和忽视教师主导作用的倾向，把二者有机地结合起来。

五、教学过程的结构

教学过程的结构，即教学进程的基本阶段。按照教师组织教学活动所要实现的不同认识任务，可以将教学过程划分为以下几个阶段：

（一）引起（激发）学习动机

学习动机是推动学生学习的一种内部驱动力。学习动机往往与兴趣、求知欲和责任感联系在一起。引起学习动机是为了使学生明确学习目的，激发学习的积极性，所以这个阶段不宜费时过多。当学生学习的动机被激发起来以后，应立即引导他们积极投入学习。

（二）引导学生领会知识

这是教学过程的中心环节，包括使学生感知教材和理解教材两个方面。首先，教师要引导学生通过感知形成清晰的表象和鲜明的观点，为理解抽象概念提供感性知识的基础并发展学生相应的能力。其次，理解教材，形成科学概念，即引导学生在感知基础上，通过分析、比较、抽象概括以及归纳演绎等思维加工，形成概念、原理。在这两个方面中，理解教材是教学过程更为中心的环节。

（三）巩固知识

通过各种各样的复习，对学习过的材料进行再记忆并在头脑中形成巩固的联系。只有巩固已学的内容，才能不断吸收新知识，运用知识形成技能。巩固知识往往渗透在教学的全过程，不一定是一个独立的环节。

（四）引导和组织学生运用知识

学生掌握知识的目的在于运用。教师要组织一系列的教学实践活动引导学生动脑、动口和动手，以形成技能技巧，并把知识转化为能力。

（五）检查知识

检查学习效果的目的在于使教师及时获得关于教学效果的反馈信息，以调整教学进程与要求；帮助学生了解自己掌握知识技能的情况，发现学习上的问题，及时调节自己的学习方式，改进学习方法，提高学习效率。学生掌握知识的基本阶段对组织教学过程具有普遍的指导意义，但是并不能机械地使用这些阶段，在运用时要注意以下几点：根据具体情况灵活运用；注意阶段之间的内在联系；每个阶段的功能都是整个教学过程中不可缺少的因素。

此外，问题/探究教学中学生获取知识的基本阶段主要包括：明确问题、深入探究和做出结论。

第三节　教学设计与教学模式

一、教学设计

（一）教学设计的概念及特点

教学设计，又称教学系统设计、教学系统开发，是指教学的系统规划及其教学策略、教学方法的选择与确定，是使教学效果达到最优化的系统开发过程。教学设计是为教学活动制定蓝图的过程，它规定了教学的方向和大致进程，是师生教学活动的依据。教学设计具有指导性、统合性（系统性）、操作性、预演性、凸显性、易控性、创造性等特征。

1. 指导性

教学设计是教师为组织和指导教学活动精心设计的施教蓝图，教师有关下一步教学活动的一切设想，如将要达到的目标、所要完成的任务、将采取的各种教学措施等均应反映在教学设计中。

2. 统合性

教学是由多种教学要素组成的一个复杂系统，教学设计则是对这诸多要素的系统安排与组合。以系统科学方法指导教学设计，这是科学的教学设计与实际经验的教学设计的重大区别。从系统科学方法出发，就是要求对由诸多要素构成的教学活动进行综合的、整体的规划与安排。

3. 操作性

教学设计既有一定的理论色彩，但又明确指向教学实践。在教学设计方案中，各类教学目标被分解成具体的、操作性的目标，教学设计者对教学内容的选择、教学方法的运用、教学时间的分配、教学环境的调适、教学评价手段的实施都做了具体明确的规定和安排，成为教师组织教学的可行依据。

4. 预演性

教师进行教学设计的过程，实质上就是实际教学活动的每个环节、每个步骤在教师头脑中的预演过程。这一过程带有较强的预演性和生动的情境性。它能使教师如临真实教学情境，对教学过程的每一个细节周密考虑、仔细策划，为教学活动的顺利进行提供可靠保证。

5. 突显性

教师在设计教学方案时，可以有目的、有重点地突出某一种或某几种教学要素，以达到特定的教学目标。如教师可以在教学方案中突出某一教学方法的运用，某一部分教学内容的讲述，某一种新教学环境的设计，从而使教学活动重点突出，特色鲜明，富有层次感。

6. 易控性

这一特点表现在两个方面：一是由于教学设计是对教学活动的预先规划和准备，教师有充足的时间对整个教学过程进行周密计划，反复检查。二是教学设计要确定明确的教学目标，教学目标对教学活动的诸要素具有较强的控制作用，既控制着教学活动的方向，也控制着教学活动的大致进程、内容、程序和活动中主客体间的动态关系。

7. 创造性

教学设计的过程，实际上也就是教师根据不同的教学目标和不同学生的特点，创造性地思考、设计教学实施方案的过程。而且，由于教学设计同教师个人的教学经验、风格、智慧紧密结合在一起，每个教师设计的教学方案都会不同程度地带有个人风格与色彩，因而它为教师个人创造才能的发挥提供了广阔天地。

（二）教学设计的主要依据

教学设计是一项复杂的工作，要使教学设计有意义、很成功，必须综合考虑多方面的因素。例如：现代教学理论、系统科学的原理和方法、学生的特点、教师的经验、教材的特点、教学的实际需要等。

1. 现代教学理论

依据现代教学理论进行教学设计是教学设计由经验层次上升到科学理性层次的一个基本前提。

2. 系统科学的原理与方法

在实际教学设计过程中，教学设计者应自觉遵循系统科学的基本原理，以系统方法指导自己的设计工作，在此基础上不断提高教学设计的水平。

3. 学生的特点

教学设计的基本特征之一是它既关心"教"，又关心"学"。教师作为教学活动的设计者，在决定教什么和如何教时，应当全面考虑学生的需求、认识规律和学习兴趣，着眼于辅助、激发、促进学生的学习。

4. 教师的经验

教师的教学经验、智慧和风格是形成教学个性及教学艺术性的重要基础，是促进课堂教学丰富多彩、生动活泼的基本条件。好的教学经验在课堂教学中往往可以弥补教学理论的某些不足，帮助教师取得好的教学效果。

5. 教材的特点

不同的教材、不同的学科、同一学科的不同分支在教材的编写上有许多不同之处。因此在教学设计上应当针对不同的教学内容、教材，进行不同的设计，从而更好地达到教学目标。

6.教学的实际需要

教学设计最基本的依据就是教学活动的实际需要，离开了教学的现实需要，也就谈不上进行教学设计。

（三）教学设计的过程与方法

教学设计作为对教学活动系统规划、决策的过程，其程序有：（1）规定教学的预期目标，分析教学任务，尽可能用可观察和可测量的行为变化来作为教学结果的指标；（2）确定学生的起点状态，包括他们原有的知识水平、技能、学习动机和状态等；（3）分析学生从起点状态过渡到终点状态应掌握的知识技能或应形成的态度与行为习惯；（4）考虑用什么方式和方法给学生呈现教材，提供学习指导；（5）考虑用什么方法引起学生的反应并提供反馈；（6）考虑如何对教学的结果进行科学的测量与评价。

完整的教学设计通常包括教学目标设计、教学起点设计、教学内容设计、教学措施设计（教学方法、媒体和结构设计）、教学评价设计等环节。（1）教学目标设计是对教学活动预期所要达到的结果的规划，它是教学设计的重要环节。教学目标的功能主要有四：导向功能、控制功能、激励功能和评价功能，此外教学目标还具有聚合功能、标准功能。教学目标设计的依据主要受学生发展（首要因素）、教学内容（关键因素）和社会需要三个方面的影响。设计教学目标可以分为四个步骤：起点分析、任务分解、目标确定、目标表述。常用的课时教学目标有三种表述形式：行为目标表述（ABCD表述方法）、表意目标表述（表现性目标表述方法）和综合目标表述（内部过程与外显行为相结合的表述方法）。其中，一个规范、明确的行为目标的表述，应当包含行为主体、行为动词、情境或条件、表现水平或标准四个基本要素。（2）教学内容设计是教师认真分析教材、合理选择和组织教学内容以及合理安排教学内容的表达或呈现的过程。它是教学设计最关键的环节，是教学设计的主体部分，其质量高低直接影响教学活动的成败。现代认知心理学把知识分为陈述性知识、程序性知识和策略性知识，应针对不同类型知识特点进行教学设计。（3）教学时间设计主要包括以下几个方面：把握整体时间分配，保证学生的实际学习时间，科学规划单元课时，注意学生的专注学习时间，防止教学时间遗失。（4）教学措施设计应注意教学方法的选择与设计、教学媒体的选择与设计、教学结构的确定与设计等内容。（5）教学评价设计主要表现在目标参照取向的终结性评价设计和过程取向的形成性评价设计两种取向上。

（四）教学设计的模式

教学设计有三种主要模式：系统分析模式、目标模式、过程模式。

1.系统分析模式

系统分析模式将教学过程看作一个"输入—产出"的系统过程，"输入"是学生，"产出"是受过教育的人。这一模式强调以系统分析的方法对教学系统的"输入—产出"过程及系统的组成因素进行全面的分析、组合，借此获得最佳的教学设计方案。

2.目标模式

目标模式又称系统方法设计，是由美国教学设计专家迪克和科瑞提出的。这一模式强调教学目标的基点作用，它最接近教师的实际教学，即在课程规定的教学内容、教学目标的条件下，如何根据学生的初始状态传递教学信息。

3.过程模式

过程模式是由美国的肯普提出的。这一模式灵活、实用，教学设计人员可以根据教学情境的需要有侧重地设计教学方案。

此外，依据教学设计理论基础和基本取向的差异，教学设计可分为行为主义的教学设计模式、认知主义的教学设计模式和建构主义的教学设计模式三类。行为主义的教学设计在教学目标的拟定、教学策略的采用、教学评价等方面，均强调外显可观察及可量化的行为。认知主义的教学设计视教学为问题解决的过程，教学策略的选择与应用，重点在于引导学习者面对问题情境时，采用最适当的策略与方法。建构主义的教学设计强调认知主体的内部心理过程，并把学习者看作是信息加工主体。学习总是涉及学习者原有的认知结构，学习者总是以自身的对经验来理解和建构新的知识和信息，其基本特征在于：基于建构、为了建构、在建构中。

二、教学模式

（一）教学模式的概念

教学模式是指在某一教学思想和教学原理的指导下，围绕某一主题，为实现教学目标而形成的相对稳定的规范化教学程序和操作体系。教学模式是认识和把握教学活动多样性的关键。

（二）教学模式的分类

最先将"模式"一词引入教学领域并加以系统研究的人，当推美国的乔伊斯和韦尔。乔伊斯和韦尔在《教学模式》一书中认为："教学模式是构成课程和作业、选择教材、提示教师活动的一种范式或计划。"他们提出了四类教学模式：信息加工类、个人类、社会类、行为修正类。

（三）教学模式的特点

教学模式是教学理论具体化和教学经验概括化的中介。教学模式的主要特点有：简略性、针对性、操作性、发展性、稳定性、完整性等。

（1）简略性。教学模式是根据一定的教学理论，在对实际问题提出假说的基础上，对实际问题的模拟和仿造，这不必要也可能将客体完完全全地制造出来，而只能抽取其主要因素，并将之组合。简略性是以一定程度的抽象性为条件的，它使模式高于实践，为指导具体的教学实践活动服务。

（2）针对性。任何教学模式都有明确的应用目的或中心领域，而且有具体的应用条件和范围。教学模式不同于传统教学中的一些"万能型"方法，它针对性强，只要选择和运用得当，就能有效地解决问题。

（3）操作性。相对教学理论而言，教学模式更便于理解、把握和运用，因为它有安排具体教学活动的指南以及限定这些活动的要求和准则。

（4）发展性。教学模式随着教学实践、教学观念和理论的变化而不断发展，它并不是一成不变的。人们在学习、模仿和运用教学模式的过程中，会根据自己的新经验和掌握的新理论，对现有模式予以修正充实，使之日趋完善。

（5）稳定性。教学模式是大量教学实践活动的理论概括，在一定程度上揭示了教学活动带普遍性的规律。一般情况下，教学模式并不设计具体的学科内容，所提供的程序对教学起着普遍的参照作用，具有一定的稳定性。

（四）教学模式的要素

教学模式具体包括教学理论或思想、教学目标、教学程序、师生角色、教学策略和评价等要素。

（1）理论依据。教学模式是一定的教学理论或教学思想的反映，是一定理论指导的教学行为范型。不同的教学观往往会提出不同的教学模式。

（2）教学目标。任何教学模式都指向和完成一定的教学目标。在教学模式的结构中教学目标处于核心地位，并对构成教学模式的其他因素起着制约作用，它决定着教学模式的操作程序和师生组合，也是教学评价的标准和尺度，正是由于教学模式与教学目标的这种极强的内在统一性，决定了不同教学模式的个性，教学模式是为完成一定的教学目标服务的。

（3）操作程序。每一种教学模式都有其特定的逻辑步骤或操作程序，它规定了在教学活动中师生先做什么，后做什么，各个步骤应当完成的任务。

（4）实现条件。是指能使教学模式发挥效力的各种条件因素，如教师、学生、教学内容等。

（5）教学评价。是指某种教学模式所特有的完成教学任务，达到教学目标的评价方法和标准等，由于不同的教学模式所要完成的教学任务和达到教学的目标不同，使用的程序和条件不同，所以其评价的方法和标准也是有所不同的。

（五）当代国内外主要教学模式

1. 当代国外主要教学模式

（1）程序教学模式

程序教学模式的主要代表人物是美国心理学家斯金纳。程序教学把学习内容分成一个个小的问题，系统排列起来，通过编好程序的教材或特制的教学机器，逐步地提出问题（刺激），学生选择答案，回答问题（反应），回答问题后立即就知道学习结果，确认自己回答的正确或错误。如果解答正确，就得到鼓舞（强化），然后进入下一程序学习。如果不正确，就采取补充程序，再学习同一内容，直到掌握为止。其基本操作程序是：解释、提问、解答、确认。

（2）发现学习教学模式

发现学习教学模式的主要代表是美国教育家布鲁纳。他非常重视人的主动性，强调把人当作主动参与知识获得过程的人。人的认识过程是对进入感官的事物主动地进行选择、转换、储存和应用，得以向环境学习，并适应环境，进而改造环境。发现式教学模式，要求学生利用教师提供的某些材料，去发现应得的结论或规律。其操作程序如下：创设问题情境—利用材料、做出假设—检验假设—做出结论。

（3）掌握学习教学模式

掌握学习教学模式的代表人物是美国当代教育家布鲁姆。掌握学习教学模式，采取班级教学和个别辅导相结合的方式，以班级教学为基础，辅之以经常、及时的反馈，提供学生所需要的个别帮助和额外的学习时间。掌握学习教学模式包括六个步骤：教学准备；确定课时教学目标；进行课堂教学；测验；矫正；再测验。其中，测验和矫正两个步骤是最重要的，这两个步骤的效率和质量是决定掌握学习成败的关键。

（4）抛锚式教学模式

抛锚式教学模式要求教学建立在有感染力的真实事件或真实问题的基础上，所以有时也被称为"实例式教学"或"基于问题的教学"或"情境性教学"。确定这类真实事件或问题被形象地比喻为"抛锚"，因为一旦这类事件或问题被确定了，整个教学内容和教学进程也就被确定了（就像轮船被锚固定一样）。

抛锚式教学的理论基础是建构主义。建构主义认为，学习者要想完成对所学知识的意义建构，最好的办法是让学习者到现实世界的真实环境中去感受、去体验，即通过获取直接经验来学习。抛锚式教学设计有两条重要的原则：一是教学活动仅仅围绕某一"锚"（anchor）来设计；二是教学的设计应允许学生对教学内容进行探索。组成抛锚式教学的基本环节有：创设情境；确定问题；自主学习；协作学习；效果评价。

（5）非指导教学模式

非指导教学模式的代表人物是美国著名人本主义心理学家罗杰斯。罗杰斯改变了传统教学以教师为中心的、灌输性的、有指导的教学，提出教学应该提供一种令人愉快的环境气氛。在这个气氛中，学生是教学的中心，教师为学生的学习提供各种条件，从而形成了"以学生为中心"的非指导教学。非指导教学模式的一般程序是：确定帮助的情境；探究问题；形成见识；计划和抉择；整合。

（6）范例教学模式

范例教学模式的主要代表人物是德国教育家瓦根舍因。范例教学模式的基本程序为：解释作为范例的个别事物；解释范例的类或属；范例的掌握规律范畴；范例性地获得关于世界及生活的经验。

（7）暗示教学模式

暗示教学模式是保加利亚洛扎诺夫研究总结提出来的，主要用于语言教学。暗示教学模式的理论依据是暗示原理，即让学生在接受暗示中学习。暗示教学使形象的和抽象的内容同时作用于学生，学生的大脑两半球同时得到利用。在学习新的内容时，人脑两部分并用比用一个部分效果要好。暗示教学使学生的无意识心理活动发挥作用。处于精神轻松状态下的无意识心理活动，有利于激发一个人的超强记忆力。以语言教学为例，其具体程序是：说明内容—朗读—边播放音乐边朗读—角色表演—伸展活动。

2. 当代我国主要的教学模式

（1）传递—接受教学模式

传递—接受式教学模式以传授系统知识、培养基本技能为目标，其着眼点在于充分挖掘人的记忆力、推理能力以及间接经验在掌握知识方面的作用，使学生能够快速有效地掌握更多的信息量。该模式强调教师的指导作用，认为知识是从教师到学生的一种单向传递，非常注重教师的权威性。这是我国中小学教学实践中长期以来普遍采用的教学模式。传递—接受式教学模式受斯金纳操作性条件反射的影响，强调控制学习者的行为达到预定的目标。此模式基本教学程序是：复习旧课；激发学习动机；讲授新课；巩固练习；检查评价；间隔性复习。

（2）自学—指导教学模式

① 理论依据："教为主导，学为主体"的辩证统一的教学观；"独立性与依赖性相统一"的心理发展观；"学会学习"的学习观。

② 教学目标：让学生主动参与学习，独立地掌握系统的知识；让学生获得自学的方法、技巧，逐步提高自学能力。

③ 操作程序：第一步，提出要求，即根据教学要求，教师对自学的范围、重点和要解决的问题提出要求，让学生有目的地学习；第二步，开展自学；第三步，讨论启发；第四步，练习运用；第五步，及时评价；第六步，系统小结。

④ 操作策略：教师是学生自学的"指导者""引导者"。教师一般要设计出要求明确的自学提纲，提供必要的参考书，学习辅助工具（如词典、字典）。该模式主要用于具备一定阅读能力的学生。

（3）问题—探究教学模式（引导—发现教学模式）

① 理论依据：学生的认识能力必须通过实践才能逐步提高，所以必须让学生在学习过程中主动去探索、发现问题，并用所学知识去研究、解决问题。内驱力是儿童认识事物的内在动力，激发学生学习的内驱力，有助于学生主动地充满激情地去学习，从而提高教学质量。

② 教学目标：引导学生手脑并用，运用创造性思维去获得亲身证实的知识；培养学生善于发现问题、分析问题和解决问题的能力；让学生养成探究的学习态度和习惯，逐步形成探究的技巧。

③ 操作程序：第一步，提出问题。第二步，建立假说。针对问题，提出解决问题的可能性设想。第三步，拟定计划。第四步，验证假说。资料式的验证主要是通过学生收集、整理有关假说的材料，经分析、概括得出结论。实验式的验证主要是通过动手做实验、分析实验、总结实验结果，看假说是否成立、有效。第五步，根据验证的结果，交流提高。

④ 操作策略：教师是"引导者"和"顾问"。一方面，教师必须精通整个"问题"体系；另一方面，

教师要容忍学生出错，不过早判断学生的行为并鼓励学生大胆质疑。

（4）目标—导控教学模式

① 理论依据：学习者本身含有不同的水平，对同一学习内容，尽管学习结果一样，但学习水平可能不同，因而建立目标体系能引导和控制学生达到的学习水平。学习是按由低到高的不同水平逐步递进的，每一较高水平的学习植根于较低水平的学习上。因而要设计出由低到高的一个紧接一个的程序化目标，通过评价学生对学习目标所达到的水平，以调节教师给学生提供的学习条件和时间，发挥学生的潜能。

② 教学目标：根据大纲划分学习单元，制定单元教学目标并按单元目标组织教学，借助评价、反馈、强化和矫正等活动，保证绝大多数学生都有能学好的潜能。

③ 操作程序：第一步，前提诊断。对将要学习的单元教学内容所涉及的基础知识，由教师组织学生进行简短的检查、提示、复习和回顾，为学生学习新知识做好铺垫。第二步，明确目标。第三步，达标教学。通过讲授、提问、联系、自学等多种形式紧扣目标进行教学，力求使尽量多的学生掌握教学内容。第四步，达标评价。评价通常不计分，答案由教师提供，方式可以是师评、学生自评、互评。第五步，根据评价结果进行强化补救。

④ 操作策略：教师是目标的"提供者"和学生达标的"组织者"。为此，教师要安排好单元教学内容，分析出各单元的每个知识点，并用目标去准确界定。

（5）情境—陶冶教学模式（情—知互促式）

情境—陶冶教学模式是指在教学活动中，创设一种情感和认知相互促进的教学环境，让学生在轻松愉快地教学氛围中既有效地获得知识又陶冶情感的一种教学模式。

① 理论基础：人的认识是有意识的心理活动与无意识的心理活动的统一，是理智与情感活动的统一，这就是情境—陶冶式教学模式的理论基础。该教学模式从学生是一个完整的个体、学习是两种意识交互作用的协调过程这一视角出发，充分激发学生个人的潜能，力求在教学过程中把各种无意识活动组合起来，把积极情感调动起来，服务于意识的和理智的活动，使学生在一个心情舒畅、轻松愉快的环境中，以一种最佳的学习心态掌握知识，享受学习。

② 教学目标：情境—陶冶教学策略是一种主要用于情感领域教学的策略。该教学模式的教学目标是使学生在思想高度集中、精神完全放松的状态下，高效率、高质量地掌握所学内容，并且在情感和思想上受到触动和感化。通过情感和认知多次交互作用，学生的情感得到不断陶冶、升华，个性得到健康发展，同时又学到科学的知识和技能。

③ 操作程序：创设情境；自主活动；总结转化。

（6）示范—模仿教学模式

示范—模仿教学模式是指教师有目的地把示范技能作为有效的刺激，以引起学生相应的行动，使他们通过模仿有效地掌握必要技能的一种教学模式。它是多以示范技能为目的的教学模式。

① 理论基础：费茨和波斯纳认为一个复杂的行为技能的获得需要经历三个阶段——认知阶段，即学会行为技能的要求；联系阶段，通过学习使部分技能由不够精确到逐步精确，单个的下属技能逐步结合成总结技能；自主阶段，行为技能的程序步骤已不再需要通过思考完成。

② 教学目标：使学生掌握一些基本行为技能，如读、写、算、唱、跳等；在学龄初期或社会化早期，通过示范模仿，使学生掌握社会的道德习惯和行为模式。

③ 操作程序：定向；参与性练习；自主练习；迁移。

三、教学策略

（一）教学策略的含义

教学策略是为了达成教学目的完成教学任务，而在对教学活动清晰认识的基础上对教学活动进行调节和控制的一系列执行过程。其含义为：第一，教学策略包括教学活动的元认知过程、教学活动的调控过程和教学方法的执行过程。第二，教学策略不同于教学设计，也不同于教学方法，它是教师在现实的教学过程中对教学活动的整体性把握和推进的措施。第三，教师在教学策略的制定、选择与运用中要从教学活动的全过程入手和着眼，要兼顾教学目的、任务、内容，学生的状况和现有的教学资源，灵活机动地采取措施，保证教学的有效有序进行。第四，教学策略是一系列有计划的动态过程，具有不同的层次和水平。

（二）教学策略的特征

1. 指向性。教学策略的产生就是为了解决现实的教学问题，掌握特定的教学内容，达到预定的教学目标，收到预期的教学效果。

2. 操作性。任何教学策略都是针对教学目标的每一具体要求而制定的，具有与之相对应的方法、技术和实施程序，它要转化为教师与学生的具体行动。这就要求教学策略必须是可操作的。

3. 综合性（整体性）。教学策略包括教学活动的元认知过程、教学活动的调控过程和教学方法的执行过程。这三个过程并不是彼此割裂，而是相互关联的一个整体，彼此之间相互作用，每一个过程依据其他两个过程而做相应的规定和变化。

4. 调控性。由于教学活动元认知过程的参与，教育策略具有调控的特性。元认知实质上是人对自身认知活动的自觉意识和自觉调节。它表现为主体能够根据活动的要求，选择适当的解决问题的方法，监控认知活动的进程，不断取得和分析反馈信息，及时调控自己的认知过程，维持和修正解决问题的方法和手段。

5. 灵活性。教学策略不是"万金油"式的"教学处方"，不存在一个能包揽一切的大而全的教学策略。同一策略可以解决不同的问题，不同的策略也可以解决相同的问题。这说明了教学策略具有灵活性。

6. 层次性。教学具有不同的层次，不同的教学层次就有不同的达到教学目的的手段和方法，也就有不同的教学策略。不同层次的教学策略具有不同的适用条件和范围，具有不同的功能，不能相互代替。

（三）教学策略的制定、选择与运用

1. 制定和选择教学策略的依据

第一，依据教学的具体目标与任务；第二，依据教学内容的特点；第三，依据学生的实际情况；第四，依据教师本身的素养；第五，依据教学时间和效率的要求。

2. 教学策略的运用

第一，要树立正确的教学指导思想；第二，要树立整体的观点；第三，要坚持以学生的主动自主学习为主；第四，要寻求教学策略的多样化配合和变通运用。

（四）几种主要的课堂教学策略及其运用

在课堂教学实施中，教师的行为分为主教行为、助教行为与管理行为等。主教行为包括呈示、对话与指导；助教行为包括学生学习动机的培养与激发、有效地课堂交流、课堂强化技术、积极的教师期望等四个方面；管理行为包括课堂规则、行为问题管理、课堂管理模式、课堂时间管理四个方面。

1. 讲授策略

讲授行为是指教师以口头语言向学生呈现、说明知识，并使学生理解知识的行为。教师在运用讲授策略时，应语意准确，语词恰当，语速适中；讲授学生不太熟悉的新内容时教师可向学生呈现"先行组织者"，以明确知识的内在结构性和新旧知识之间的联系。

2. 对话策略

对话是指课堂教学中师生、生生之间的互动交流，目的在于通过这种交流和沟通达到知识和技能的掌握、各种能力的培养和提高。作为师生共同的活动形式，对话有两种基本形式：问答和讨论，分别指师生之间的互动交流和生生之间的互动交流。问答策略也叫提问策略，提问行为由发问、候答、叫答和理答四个环节组成。

3. 指导策略

中小学常用的指导有练习指导、阅读指导和活动指导。练习指导是指教师依据学生所要掌握的知识和技能目标，有意识地指导学生顺利完成作业练习的行为；阅读指导是教师在学生独立阅读教学材料时，帮助学生理解阅读内容和学会阅读方法、策略的指导行为；活动指导是指教师对学生独立从事的操作或实践活动的组织、引导和促进行为。

4. 呈现技巧

呈现技巧，主要有设置导入、解释行为、结尾和讲座等，这里重点阐述导课艺术和结课艺术。

（1）高尔基在谈到创作体会时说："开头第一句是最难的，好像音乐定调一样，往往要费好长时间才能找到它。"导课艺术是教学艺术的有机组成部分，导入新课是课堂教学的重要环节，是一堂课得以成功的重要条件。导课艺术的特点包括针对性、启发性、新颖性和简洁性、趣味性和迁移性等。其功能为：有助于学生集中注意力；有助于激发学生的兴趣；有助于启迪学生的思维；有助于学生明确学习目的；有助于沟通教师和学生之间的情感；有助于使新旧知识之间建立联系等。教师常用的导课的方法有：直接导课；故事导课；创设情境导课；悬念导课；复习导课（新旧知识联系导课）；解释题目导课；演练导课；设疑导课等。（2）结课是指教师结束一个教学活动或内容时，通过反复强调、归纳总结等方式，回顾与概括所讲授的主要内容，强化学生的学习兴趣，使学生将所学的知识形成系统的行为方式。结课的作用为：巩固强化知识；总结概括知识；使知识条理化、系统化；实现教学过渡；及时反馈教学信息；激趣开智等。结课要遵循目的性（体现教学目的）、启发性、一致性（注意首尾呼应）、多样性（注意形式多样）、适时性（做到适可而止）等原则。结课的要求包括：自然贴切，水到渠成；语言精练，紧扣中心；内外沟通，立疑开拓；严控时间，按时下课等。教师常用的结课方式有：自然式结课；总结/归纳式结课；悬念式结课；回味式结课；比较式结课；练习式结课（最常用、最简便）；拓展延伸式结课；激励式结课；探索式结课；幽默式结课等。

5. 课堂强化技术

教师在课堂教学中所采用的，为增强学生某种课堂行为的重复出现可能性的方法和技术，即为课堂强化技术。根据强化物的不同，可以把课堂强化技术分为：① 言语强化。一方面，教师自身的言语就是丰富的强化源；另一方面，教师给予学生的积极评价，也起到一种强化作用。② 非言语强化。非言语强化，包括教师得体的服饰打扮与文明举止等的榜样作用，以及教师用非言语对学生的行为表现表示赞赏和肯定可以强化学生的行为。教师的目光接触、点头微笑、靠近学生、体态放松或做出某种积极的姿态，有时候比教师用言语进行的鼓励表扬更能激励学生。③ 替代性强化。替代性强化，是指观察者因看到榜样受到强化而受到强化。教师在课堂教学中通过鼓励、欣赏、赞同、表扬等方式强化部分学生的某种行为，为其他学生树立了行为的榜样，其他的学生也由于受到强化，类似的行为也会增加。这种强化在学生模仿欲望非常强的低年级特别有效。当然，运用恰当，高年级的学生同样适用。另外还有延迟强化、局部强化等课堂强化技术。

第四节 教学原则与教学方法

一、教学原则

（一）教学原则的概念

1. 教学原则的定义

教学原则是根据一定的教学目的和对教学过程规律的认识而制定的指导教学工作的基本准则。教学原则是人们从教学实践中总结出来的，具有合目的性和合规律性两大特征。

2. 教学原则与教学规律的区别

教学规律是教与学内部矛盾运动的客观规律，人们只能去发现它，掌握它，但不能制造它；而教学原则是人们在认识教学规律的基础上制定的一些教学的基本准则，它反映教学规律。人们对教学规律的不断发现和掌握，才会使教学原则不断发展和完善。

（二）我国中小学教学的基本原则

1. 直观性原则（直观性与抽象性相统一原则）

（1）内涵

直观性原则是指在教学中要通过观察所学事物或教师语言的形象描述，引导学生形成关于所学事物、过程的清晰表象，丰富他们的感性知识，从而使他们能够正确理解书本知识和发展认识能力。简言之，直观性原则指根据教学活动的需要，让学生直接感知学习对象。这一原则是针对教学中词、概念、原理等知识与其所代表的事物之间相互脱离的矛盾而提出的。直观性原则使书本知识与其反映的事物联系起来，有助于学生的理解。

对教学中的直观性原则，古今中外教育家都做过非常精辟的阐述。中国古代教育家荀况说过"不闻不若闻之，闻之不若见之""闻之而不见，虽博必谬"，意思是在学习中不仅要做到闻之更宜见之，才能博而不谬。捷克杰出的教育家夸美纽斯在他的著作《大教学论》中率先提出了教学中的直观性原则。他指出，"凡是需要知道的事物，都要通过事物本身来进行教学"，应"让学生尽量去看看、摸摸、听听、闻闻"。他以直观性原则为指导编写了世界上第一本图文并茂的儿童读物《世界图解》。后来俄国教育家乌申斯基对这个原则做了进一步论证，指出："一般来说，儿童是依靠形式、颜色、声音和感觉来进行思维的"，"逻辑不是别的东西，而是自然界里的事物和现象的联系在我们头脑中的反映"。近现代教学实践的发展证明，直观性原则在教学中处于越来越重要的地位。

（2）贯彻直观性原则的基本要求

① 正确选择直观教具和现代化教学手段。在教学中要根据教学任务、内容和学生年龄特征正确选用直观教具。直观教具可分两类：一是实物直观，包括各种实物、标本、实验、参观；二是模象直观，包

括各种图片、模型、幻灯片、电视和电影片等。从心理学角度看，直观的具体手段有三类，除实物直观和模象直观外，还包括语言直观。需要注意的是，直观是教学手段而不是目的，过多的直观教具不仅会浪费教学时间，分散学生的注意，而且也会影响学生抽象思维能力的发展。

② 直观要与讲解相结合。教学中的直观是让学生在教师的指导下有目的地观察，教师通过提出问题引导学生去把握事物的特征，发现事物之间的联系，并通过讲解以解答学生在观察中的疑难，使之获得较全面的感性知识，从而更深刻地掌握理性知识。

③ 重视运用语言直观。教师用语言做生动的讲解、形象的描述，能够给学生以感性知识，形成生动的表象或想象，也可以起直观的作用。

2. 启发性原则（探究性原则或启发与探究相结合原则）

（1）内涵

启发性原则是指在教学中教师要承认学生是学习的主体，注意调动他们的学习主动性，引导他们独立思考，积极探索，生动活泼地学习，自觉地掌握科学知识，提高分析问题和解决问题的能力。简言之，启发性原则是指在教学中要充分调动学生学习的自觉积极性，使学生能够主动地学习，以达到对所学知识的理解和掌握。这一原则是为了将教学活动中教师的主导作用和学生的主体地位统一起来而提出的。

中外教育家都很重视启发式教学。孔子提出了"不愤不启，不悱不发"的教学要求，这是"启发"一词的来源。《学记》中提出"道而弗牵，强而弗抑，开而弗达"的教学要求，阐明了教师的作用在于引导、激励启发，而不是牵着学生走，强迫和代替学生学习。苏格拉底在教学中重视启发，强调激发和引导学生自己寻找正确答案，形成著名的"产婆术"。"德国师范教育之父"第斯多惠也认为："一个坏的教师奉送真理，一个好的教师则教人发现真理"，"教学的艺术不在于传授本领，而在善于激励唤醒和鼓舞"。启发性原则反映了学生的认识规律，即学生的认识过程是在教师引导之下的能动认识过程。

（2）贯彻启发性原则的基本要求

启发式教学原则的总要求是："启而能发，发而能导，导而能活，活而不乱。"启发的标志在于，教师能够围绕教学目标激起学生积极的思维活动。

① 调动学生学习的主动性。这是启发的首要问题。学生学习的主动性往往是一时的，并不持续。教师要善于因势利导，使许多一时的欲望和兴趣，汇集和发展为推动学习的持久动力。

② 启发学生独立思考，发展学生的逻辑思维能力。朱熹说："读书无疑者，须教有疑；有疑者，却要无疑，到这里方是长进。""问则疑，疑则思"，教师要善于创设问题情境，引导学生积极思维，鼓励学生提出问题，使学生养成善疑、善问、多思、深思的习惯，培养他们分析问题和解决问题的能力。

③ 让学生动手，培养独立解决问题的能力。启发不仅要引导学生动脑，而且要善于启发诱导学生将知识创造性地用于实际。教师应向他们布置由易到难的各种作业，或提供素材、情境、条件，或提出要求，让他们去独立探索，克服困难，解决问题，发展创造才能。

④ 发扬教学民主。教师应建立民主平等的师生关系和生生关系，创造民主和谐的教学气氛，鼓励学生发表不同见解，允许学生提问、质疑等。

3. 巩固性原则（理解性和巩固相结合原则）

（1）内涵

巩固性原则是指教学要引导学生在理解的基础上牢固地掌握知识和技能，长久地保存在记忆中，并能根据需要迅速再现出来，以利于知识技能的运用。简言之，巩固性原则是指在教学中要不断地安排和进行专门的复习，使学生对所学的知识牢固地掌握和保存。这一原则是为了处理好教学中获取新知识与保持旧知识之间的矛盾而提出的。

巩固性原则很早就为人所提出，如孔子要求"学而时习之""温故而知新"。乌申斯基认为"复习是学习之母"，他形象地把学习而不注意巩固知识比作"醉汉赶车"，只顾向前跑，货物一路走，一路丢，到达目的地时，只剩一辆空车。夸美纽斯明确提出了"教与学的彻底性原则"，他形容只顾传授知识而不注意巩固，就等于"把流水泼到一个筛子上"。

（2）贯彻巩固性原则的基本要求

① 在理解的基础上巩固。理解知识是巩固知识的基础。在教学中，要使学生深刻理解知识，引导他们把理解知识和巩固知识联系起来，必要时需要引导学生对一些知识做机械记忆。

② 重视组织各种复习。教师要向学生提出复习与记忆的任务，要安排好复习的时间，要注意复习方法的多样化，要指导学生学会整理知识，掌握记忆方法。

③ 在扩充改组和运用知识中积极巩固。在教学中，教师要引导学生通过努力学习新知识，扩大、加深、改组原有知识，积极运用所学知识于实际来巩固知识。

4. 循序渐进原则（系统性和循序渐进相结合原则）

（1）内涵

循序渐进原则是指教学要按照学科的逻辑系统和学生认识发展的顺序进行，使学生系统地掌握基础知识和基本技能，形成严密的逻辑思维能力。"序"是指学科的逻辑结构和学生认识的规律。简言之，循序渐进原则是指教学活动应当持续、连贯、系统地进行。这一原则是为了处理好教学活动的顺序、学科课程的体系、科学理论的体系、学生发展规律之间错综复杂的关系而提出的。

"循序渐进"一词源自《论语·宪问》："子曰：'不怨天，不尤人，下学而上达，知我者其天乎！'"后来宋朱熹集注："但知下学而自然上达，此但自言其反己自修，循序渐进耳。"另外，《论语·子路》提出："无欲速，无见小利。欲速则不达，见小利则大事不成。"欲速则不达，凡事都要讲究循序渐进。《孟子》提出："源泉混混，不舍昼夜，盈科而后进，放乎四海。"比喻学习应步步落实，不能只图虚名。荀子在《劝学》中说："不积跬步，无以至千里；不积小流，无以成江海。"我国古代《学记》中要求"学不躐等""不陵节而施"，提出"杂施而不孙，则坏乱而不修"。意思是如果教学不按一定顺序，杂乱无章地进行，学生就会陷入紊乱而没有收获。朱熹进一步提出"循序而渐进，熟读而精思"，明确了循序渐进的教学要求。在国外，夸美纽斯主张："应当循序渐进地来学习一切，在一段时间内只应当把注意力集中在一件事情上。"乌申斯基指出："知识只有形成了系统，当然是从事物本质出发来形成的合理的系统，才能被我们充分掌握。脑子里装满了片段的、毫无联系的知识，那就像东西放得杂乱无章的仓库一样，连主人也无法从中找到他所需要的东西。"布鲁纳也很强调系统知识的学习。

（2）贯彻循序渐进原则的基本要求

① 按教材的系统性进行教学。按课程标准、教科书的体系进行教学是为了保证科学知识的系统性和教学的循序渐进。这就要求教师深入领会教材的系统性，结合学生认识特点和本班学生的情况，以指导教学的具体进程。

② 抓主要矛盾，解决好重点与难点的教学。循序渐进并不意味着教学要面面俱到，而是要求区别主次、有详有略地教学。抓好重点，就是要把基本概念、基本技能当作课堂教学的重点，围绕重点对学生进行启发诱导。

③ 由浅入深，由易到难，由简到繁。这是循序渐进应遵循的一般要求，是行之有效的宝贵经验，符合学生认识规律。

5.因材施教原则（统一要求与因材施教相结合原则）

（1）内涵

因材施教原则是指教师要从学生的实际情况、个别差异出发，有的放矢地进行有差别的教学，使每个学生都能扬长避短，获得最佳的发展。简言之，因材施教原则是指教师在教学活动中应当照顾学生的个别差异。这一原则是为了处理好集体教学与个别教学、统一要求与尊重学生个别差异之间的矛盾而提出的。

我国古代的孔子善于根据学生的不同特点，有针对性地进行教育，如"求也退，故进之；由也兼人，故退之"。宋代的朱熹把孔子的这一经验概括为"圣贤施教，各因其材。小以小成，大以大成"。这是"因材施教"的来源，即根据不同的人的情况实行不同的培养方式和方法，以达到每个人均成才的目的。我国古代寓言《西邻五子》所述："西邻有五子，一子朴，一子敏，一子盲，一子偻，一子跛，乃使朴者农，敏者贾，盲者卜，偻者绩，跛者纺。"这是"人尽其才"之典范，体现了因材施教原则。美国心理学家加德纳提出并阐明的"多元智能理论"也有力地说明了应当针对学生的个性特征进行因材施教。

（2）贯彻因材施教原则的基本要求

① 针对学生的特点进行有区别的教学。苏霍姆林斯基曾说："及时地发现、培养和发展我们学生的才能和素质，及时地了解每一个人的志趣，这一点正是当前教学和教育工作中要抓的一件主要的事。"了解学生个性特点是搞好因材施教的基础。每个学生发展的特点是不同的，教师要做到有目的的因材施教，必须充分了解学生的个性特点。

② 采取有效措施，使有才能的学生得到充分的发展。例如：对有特殊才能的学生请有关学科的教师或校外专家进行特殊的指导和培养，让他们参加一些有关的课外小组和校外活动、有关的竞赛；在有条件的学校试行按能力分班教学；开设一些选修课以照顾学生的兴趣与爱好；允许成绩优异的学生跳级，使他们的才能获得充分发展。

6.理论联系实际原则

（1）内涵

理论联系实际原则是指教学要以学习基础知识为主，从理论与实际的联系上去理解知识，注意运用知识去分析问题和解决问题，达到学懂会用、学以致用。简言之，理论联系实际原则是指教学活动要把理论知识与生活和社会实践结合起来。这一原则是为了解决和防止理论脱离实际、书本脱离现实问题而提出的。

理论联系实际是人类认识或学习活动的普遍规律之一，是教学必须遵守的。不少教育家对这个要求做过理论探讨。在中国古代，荀况就提出："知之不若行之，学至于行之而止矣。行之，明也。""知之而不行，虽敦必困。"颜元反对"以空言立教"，主张学以致用，他把自己教学的地方命名为"习斋"。明代董其昌说："画家六法，一曰'气韵生动'。'气韵'不可学，此生而知之，自然天授。然亦有学得处，读万卷书，行万里路，胸中脱去尘浊，自然丘壑内营。"王守仁提出"知者行之始，行者知之成"。陶行知先生则主张"行是知之始，知是行之成"。在西方，古希腊智者派发表过这样的见解："没有实践的理论和没有理论的实践都没有意义。"古罗马教育家昆体良以及捷克教育家夸美纽斯等人，都重视教学中的练习和实习作业。裴斯泰洛齐很重视"知识与知识的应用"。他指出："你要满足你的要求和愿望，你就必须认识和思考，但是为了这个目的，你也必须行动。知和行又是那么密切地联系着，假如一个停止了，另一个也随之而停止。"乌申斯基也指出："空洞的毫无根据的理论是一点用处也没有的。理论不能脱离实际，事实不能离开思想。"

（2）贯彻理论联系实际原则的基本要求

① 书本知识的教学要注重联系实际。只有注重理论联系实际，教学才能生动活泼，使抽象的书本知识易于被学生理解，并吸收转化为对他们有用的精神财富。

② 重视培养学生运用知识的能力，进行"第三次学习"（即除上课听讲、家庭作业之外的知识深化过程）"。教师应当根据教学的需要，组织学生进行教学实践和社会实践，如进行一些参观、访问、社会调查，参加一些课外学科或科技小组的实际操作活动，或从事一些科学观察、实验与发明以及生产劳动等。

③ 正确处理知识教学与技能训练的关系。在教学中，只有将两者结合起来，才能使学生深刻理解知识，掌握技能，达到学以致用。

④ 补充必要的乡土教材。我国幅员辽阔，各地的差距很大，为了使教学不脱离实际，必须补充必要的乡土教材。

7. 科学性与思想性相统一原则（科学性与教育性相结合原则）

（1）内涵

科学性与思想性相统一原则是指在教学过程中教师在向学生传授科学文化知识的同时，结合科学文化知识的教学对学生进行思想品德和正确的人生观、科学的世界观的教育，即教师在教学过程中既要教书又要育人。简言之，科学性与思想性相统一原则指教学要在科学的方法论的指导下进行。我国自古以来提倡文以载道，并有教书育人的传统。要求教师必须具有两种人格，一种是"经师"，一种是"人师"，除了教学问以外，还要注意学生的品质、作风、生活、习惯等。这一原则是为了将教学中科学知识的传授学习与思想品德教育统一起来而提出的，体现了我国教学的根本方向和质量标准。

（2）贯彻科学性与思想性相统一原则的基本要求

① 保证教学的科学性。教师在教学中要保证教学内容、教学方法、教学手段、教学态度等的科学性。

② 发掘教材的思想性，注意在教学中对学生进行品德教育。教师要挖掘教材内在的德育因素，有目的地对学生进行思想情感和价值观的教育；同时应客观全面地评价学生的优点与不足，注重用情感来激励学生。

③ 教师要通过教学活动的各个环节对学生进行思想品德教育。教学永远具有教育性，在教学过程的各个环节（备课、上课、课外作业的布置与反馈、课外辅导检查与评价）都要对学生进行思想品德教育，体现"教育"因素。

④ "学高为师，身正为范"，教师要不断提高自己的专业水平和思想素养。

此外，贯彻科学性与思想性相统一原则还应重视补充有价值的资料、事例或录像。

8. 量力性原则

（1）内涵

量力性原则又称"可接受性原则""发展性原则"，是指教学活动要适合学生的发展水平，即教学的内容、方法、分量和进度要适合学生的身心发展，是他们能够接受的，但又要有一定的难度，需要他们经过努力才能掌握，以促进学生身心的发展。这一原则是为了防止发生教学难度低于或高于学生实际程度而提出的。

在中国古代，早就有这种教育思想的萌芽。孔丘说："中人以上，可以语上也；中人以下，不可以语上也。"据传，墨子教弟子各视其程度的深浅、能力的强弱而有所不同。他提出："夫智者必量其力所能至而如从事焉"，"子深其深，浅其浅，益其益，尊其尊"。《学记》提出："语之而不知，虽舍之可也。"即学生不能理解所教的知识的时候，可以暂时停下来。明代王守仁说：在教学中对学生要"量其资禀"，"常使精神力量有余，则无厌苦之患，而有自得之美"。西方文艺复兴后，许多教育家都重视教学的可接受性问题。经验证明，教学中传授的知识只有符合学生的接受能力才能被他们理解，进而顺利地转化为他们的精神财富。罗素、布鲁纳、赞科夫都持这种观点。赞科夫以自己进行的小学教学改革实验和所做的理论阐述，充分证实了教学促进学生发展的可行性。

（2）贯彻量力性原则的基本要求

① 重视儿童的年龄特征，考虑学生认知发展的时代特点。教师应当不断加强自身的心理学素养，及时掌握心理学的新进展。同时，加强对新时期学生认知发展的新特点的研究，对于教师正确理解和贯彻量力性原则也具有重要的意义。

② 了解学生发展的具体特点和发展水平，从实际出发进行教学。年龄特征和发展阶段主要是揭示个体发展的普遍规律，这些普遍规律体现在小学生发展的各个方面，而且是极为多样化的。教师要具体地研究学生的发展特点。例如：在学习某种新知识的时候，他们原有的知识准备情况如何？他们的思维或记忆水平是否能够完成这一学习任务？可能发生什么困难？能够达到什么样的理解和掌握程度？在这样的研究基础上，才可能真正做到"量力"。

③ 恰当地把握教学难度。什么样的程度和水平最符合量力性的要求，很难有稳定、确切的具体标准，需要根据心理学揭示的普遍规律和对学生的具体研究，由教师自己来把握，这是教师劳动创造性的体现，是需要教师不断思考、不断解决的问题。

二、教学方法

（一）教学方法的概念

1. 教学方法的定义

教学是师生双方的共同活动，所以教学方法包括教师教的方法和学生学的方法，是教师引导学生掌握知识技能，获得身心发展而共同活动的方法，是教师为完成教学任务而采用的办法。

2. 教学方法相关概念辨析

（1）教学方法与教学方式、教学手段

教学方法是为完成教学任务而采用的方式和手段的总称，包括教师教的方法和学生学的方法。

教学方式是构成教学方法的活动细节，是教师和学生进行的个别智力活动或操作活动。它是教学过程中具体的活动状态，表明教学活动实际呈现的形式，如讲授法中的讲述、讲解、讲演，练习法中的示范、模仿等。

教学手段也是构成教学方法的细节，主要是指是在教学过程中所运用的教具等，包括现代教学手段和传统教学手段，像幻灯片、收录机、小黑板、多媒体、实物展示台等。

教学方法是一连串的有目的的活动，它能独立完成某项教学任务；教学方式和教学手段可以运用于方法，它们本身不能独立完成一项教学任务；同一教学方式可以用不同的教学方法，不同的教学方式可包含于同一教学方法之中。

（2）教学方法与教学策略、教学模式

教学模式是在一定教学思想或教学理论指导下建立起来的较为稳定的教学活动结构框架和活动程序。教学策略是指不同的教学条件下，为达到不同的教学结果所采用的方式、方法、媒体的总和。教学模式、教学策略和教学方法都是教学规律、教学原理的具体化，相互之间既有联系，也有一定的区别。

从理论向实践转化的阶段或顺序看，是从教学理论到教学模式，再到教学策略，再到教学方法，再到教学实践，教学策略是对教学模式的进一步具体化，教学模式包含教学策略。教学模式规定教学策略、教学方法，属于较高层次。教学策略比教学模式更详细、更具体，受教学模式的制约。教学模式一且形成就比较稳定，而教学策略则较灵活，具有一定的变性，可随着教学进程的变化及时调整、变动。二者是不同层次上的概念。

教学方法是更为详细具体的方式、手段和途径，它是教学策略的具体化，介于教学策略与教学实践之间。教学方法要受制于教学策略，教学展开过程中选择和采用什么方法，受到教学策略支配。教学策略从层次上高于教学方法。教学方法是具体的操作性的东西，教学策略则包含有监控、反馈内容，在外延上要广于教学方法。

（二）选择与运用教学方法的基本依据

启发式教学和注入式教学是两种根本对立的教学方法思想。选择教学方法的指导思想是提倡启发式教学，反对注入式教学。

1. 教学目的和任务的要求，即教学目标与教学任务。根据每一堂课具体的教学目的和任务，教师可采用不同的教学方法——传授新知识可采用讲授法，复习和巩固知识可采用练习法。

2. 课程性质和教材特点，即教学内容。课程性质和教材特点不同，选择的教学方法也不同。物理、化学、生物等经常采取演示法和实验法，语文、外语、思想政治等多采用讲授法。

3. 学生年龄特征，即学生特点。学生所处的年龄阶段不同，在知识准备程度和个性发展上具有不同的特点和水平；因此，必须根据学生不同年龄特征采用不同的教学方法。

4. 教学时间、设备、条件，即教学时限、教学手段与教学环境。有些方法需要较长的时间，有些方法对教学设备的要求较高。教师在选择教学方法时要充分考虑这些因素。

5. 教师业务水平、实际经验及个性特点，即教师特点。教师要选择适合自己特点的教学方法，充分发挥自己的特长，从而确保教学过程的优化。

教师选择教学方法的目的，是要在实际教学活动中有效地运用。在教学方法应用中，必须注意贯彻以下原则：（1）要发挥教学方法的整体功能；（2）要坚持启发式教学指导思想；（3）要综合应用各种教学方法；（4）坚持灵活性，渗透教育机智。此外，运用教学方法的一般要求是：（1）运用教学方法必须做到最佳选择和优化组合。教师应当根据具体教学的实际，对所选择的教学方法进行优化组合和综合运用。（2）运用教学方法必须坚持以启发式为指导思想。无论选择或采用哪种教学方法，要以启发式教学思想作为运用各种教学方法的指导思想。（3）运用教学方法必须做到原则性与灵活性相结合。（4）教师在运用各种教学方法的过程中，还必须充分关注学生的参与性。常言道"教学有法，教无定法，贵在得法"，"运用之妙，存乎一心"，教学既是一门科学，又是一门艺术。"教学有法"是说教学有规律可循，有原则可据，有方法可用，有形式可取。"教无定法"是说教学方法不是一成不变、僵化死板、程序固定的刻板模式。教师应根据实际情况灵活地、创造性地运用教学方法，包括一法为主、多法配合使用等。

（三）我国中小学常用的教学方法

由于研究者研究问题的角度和侧面的差异，不同教育家提出了诸多不同的"教学方法"分类模式。

巴班斯基依据对人的活动的认识，认为教学活动包括了这样的三种成分，即知识信息活动的组织、个人活动的调整、活动过程的随机检查。他把教学方法划分为三大类：（1）"组织和自我组织学习认识活动的方法"；（2）"激发学习和形成学习动机的方法"；（3）"检查和自我检查教学效果的方法"。

拉斯卡分类的依据是新行为主义的学习理论，即刺激—反应联结理论（教学方法—学习刺激—预期的学习结果）。依据在实现预期学习结果中的作用，学习刺激可分为A、B、C、D四种，据此相应地归类为四种基本的或普通的教学方法。（1）呈现方法（如讲授、图片、校外考察、示范等），这是A种学习刺激的运用，是用确定的形式把将要学习的内容呈现给学生，在呈现这些刺激时只要求学生注意到呈现的刺激，在这个意义上说，学生的作用比较被动。（2）实践方法（如朗诵、训练、笔记本作业、模仿等），这是B种刺激的运用，是用问题解决形式提供给学生，通过已知程序的运用，提供可模仿的模式，或可操作的特定学习活动来进行，该法要求学生起积极作用。（3）发现方法（如苏格拉底法、讨论、实验等），这是C种学习刺激的运用，C种刺激提供给学生一个情境，希望学生在其中发现预期学习结果。（4）强化方法（如行为矫正、程序教学等），这是依据D种学习刺激的分类，D种刺激是学生做出预期反应后，由对学生反应的强化而构成的。

威斯顿和格兰顿依据教师与学生交流的媒介和手段，把教学方法分为四大类：（1）教师中心的方法，主要包括讲授、提问、论证等方法；（2）相互作用的方法，包括全班讨论、小组讨论、同伴教学、小组设计等方法；（3）个体化的方法，如程序教学、单元教学、独立设计、计算机教学等；（4）实践的方法，包括现场和临床教学、实验室学习、角色扮演、模拟和游戏、练习等方法。

佐藤正夫着眼于教师、学生与内容的相互关系状态将教学方法分为三种类型："提示型教学方法、自主型教学方法、共同解决型教学方法。"（1）提示型教学方法包括"示范""呈示""展示"和"口述"等。（2）自主型教学方法，是在教师组织指导下，学生自发主动地开展学习活动的方法。（3）共同解决型教学方法的基本形态是教学对话和课堂讨论，核心是以集体讨论和集体思考为基础的学习活动。

黄甫全教授认为，从具体到抽象，教学方法是由三个层次构成的，这三个层次是：（1）原理性教学方法，解决教学规律、教学思想、新教学理论观念与学校教学实践直接的联系问题，是教学意识在教学实践中方法化的结果。如：启发式、发现式、设计教学法、注入式方法等。（2）技术性教学方法，向上可以接受原理性教学方法的指导，向下可以与不同学科的教学内容相结合构成操作性教学方法，在教学方法体系中发挥着中介性作用。例如：讲授法、谈话法、演示法、参观法、实验法、练习法、讨论法、读书指导法、实习作业法等。（3）操作性教学方法，指学校不同学科教学中具有特殊性的具体的方法。如语文课的分散识字法、外语课的听说法、美术课是写生法、音乐课的视唱法、劳动技术课的工序法等。

李秉德教授按照教学方法的外部形态，以及相对应的这种形态下学生认识活动的特点，把中国的中小学教学活动中常用的教学方法分为五类。（1）"以语言传递信息为主的方法"，包括讲授法、谈话法、讨论法、读书指导法等。（2）"以直接感知为主的方法"，包括演示法、参观法等。（3）"以实际训练为主的方法"，包括练习法、实验法、实习作业法等。（4）"以欣赏活动为主的教学方法"，例如欣赏教学法、情景教学法、陶冶法等。（5）"以引导探究为主的方法"，如发现法、探究法等。

1. 以语言传递为主的教学方法

（1）讲授法

讲授法是教师通过口头语言系统连贯地向学生传授知识的方法。讲授法是一种最古老、最常见、应用最广泛的教学方法，可用以传授新知识，也可用于巩固旧知识。其他教学方法的运用，几乎都需要同讲授法结合进行。

根据表现形式（所用时间和繁简程度）的不同，可以将讲授法分为正式讲授和非正式讲授；根据讲授内容的性质，可以将讲授法分为诠释性讲授、描述性讲授和说明原因性讲授；根据讲授方式的不同，可以将讲授法分为讲述、讲解、讲读和讲演四种方式。讲述重在介绍和叙述，是以叙述或描述的方式向学生传授知识的方法。讲解侧重解释说明和论证，是教师向学生说明、解释和论证科学概念、原理、公式、定理的方法。讲读是边讲边读，也称串讲，主要特点是讲与读交叉进行，有时还加入练习活动，既有教师的讲与读，也有学生的讲、读和练，是讲、读、练结合的方法。讲演包括系统全面的描述、深入的分析和论证，并归纳、概括出科学的结论，这种方法多用于中学高年级的教学活动中。

讲授法的优点在于可以充分发挥教师的主导作用，教师容易控制教学进程，能够使学生在较短时间内获得大量系统的科学知识；便于重点内容的分析、难点的突破，易于帮助学生抓住问题的关键，节约教学时间。讲授法的缺点在于如果在运用时不能唤起学生的注意和兴趣，又不能启发学生的思维和想象，就会出现教师满堂灌、学生被动听的局面，极易形成注入式教学；教学中学生参与少，容易造成被动接受知识的状态，不利于能力的培养；不利于因材施教，不易照顾学生中思维反应快与慢的两端，只能面向中等学生。

讲授法的基本要求是：① 讲授内容要注重科学性、系统性、思想性、情感性，同时又要尽可能地与学生的认知基础发生联系；既要突出重点、难点，又要系统、全面，还应注意品德、情感因素的注入和渲染。② 讲授要有启发性。在讲授中善于追问并引导学生分析和思考问题，调动他们学习的积极性和主动性。③ 讲授要讲究语言艺术。力图语言准确、简练、条理清楚、通俗易懂，音量、音速要适中，注意音调的抑扬顿挫，提高语言的感染力。④ 注意板书。教学中运用的板书一般可分为主体板书和辅助板书两种类型。前者要求简明扼要地反映教学的基本内容，常用的形式有论点式（即提纲式，最经常使用的形式，以文字表述为主，归纳概念、理论要点，概括本节课的主要内容，体现教学的重点和关键）、线索式和图解式等。板书要求清晰工整，有计划，有条理，提示性强。讲授法的基本要求还包括：注意培养学生的学科思维，要组织学生听讲，注意与其他教学方法配合使用等。

讲授的一般程序步骤大体分为三个阶段，即"介绍讲授纲要—详述内容—综述要点"。

（2）谈话法

谈话法也叫问答法，是教师按一定的教学要求向学生提出问题，要求学生回答，并通过问答的形式来引导学生获取或巩固知识的方法。

谈话法的形式，从实现教学任务来说，有引导性的谈话、传授新知识的谈话、复习巩固知识的谈话和总结性谈话（或启发性或开导性谈话、复习性或检查性谈话、总结性或指导性谈话、谈论性或研究性谈话）。在教学中，教师应根据实际需要，选用适当的谈话法来实现教育目的。

谈话法有助于激发学生的思维，调动学习的积极性，培养学生独立思考和语言表述的能力，唤起和保持学生的注意力和兴趣。

谈话法的基本要求是：① 要做好谈话准备。在上课之前，教师要根据教学内容和学生已有的知识、经验，准备好谈话的问题、顺序。② 提出的问题要明确，应富有挑战性和启发性，问题的难易要因人而异。③ 要善于启发诱导。问题提出后，要善于启发学生进行分析、思考，研究问题或矛盾的所在，因势利导，让学生一步一步地去获取新知。④ 要做好归纳、小结，使学生的知识系统化、科学化，并注意纠正一些不正确的认识，帮助他们准确地掌握知识。

（3）讨论法

讨论法是学生在教师指导下为解决某个问题而进行探讨，辨明是非真伪，以获取知识的方法。《学记》中的"独学而无友，则孤陋而寡闻""相观而善"正是讨论法的体现。

讨论法的优点在于，由于全体学生都参加活动，可以培养合作精神，集思广益，互相启发，互相学习，取长补短，加深对学习内容的理解；还可以激发学生的学习兴趣，提高学习情绪，培养学生钻研问题的能力，提高学生学习的独立性；能更好地发挥学生的主动性、积极性，有利于培养学生独立思维能力、口头表达能力，促进学生灵活地运用知识。讨论法的缺点在于课堂组织教学不易控制，而且比较耗费教学时间。

选好问题、面向全体学生交流、对过程及时总结是运用讨论法时应注意的事项。讨论法的基本要求是：① 讨论的问题要有吸引力。选好问题是讨论的前提，因此，所选问题要能吸引学生的注意力，激发他们的兴趣，有讨论、钻研的价值。② 要善于在讨论中启发引导学生。教师不要暗示问题的结论。③ 做好讨论小结。讨论结束时，教师要简要概括讨论情况，使学生获得正确的观点和系统的知识，纠正错误、片面或模糊的认识。

（4）读书指导法

读书指导法，又称自学辅导法，是指教师通过指导学生阅读教科书和参考书以及课外读物，使学生获得知识、巩固知识、发展能力的一种方法。

读书指导法包括指导学生预习、复习、阅读参考书及自学教材等形式。

读书指导法有利于加深理解和牢固掌握知识，扩大学生的知识领域，培养学生自学能力，使其养成良好的读书习惯。

读书指导法的基本要求是：① 提出明确的目的、要求；② 教给学生读书的方法，教学生学会阅读是读书指导法的关键和核心；③ 加强评价和辅导；④ 适当组织学生交流自学心得。

2. 以直观感知为主的教学方法

（1）演示法

演示法是教师通过展示实物、直观教具，进行示范性实验或采取现代化视听手段等，指导学生获得知识或巩固知识的方法。这种方法在中小学各科教学中被广泛采用。它是一种辅助性教学方法，要与讲授法、谈话法等教学方法结合使用。

17世纪捷克教育家夸美纽斯用皮制人体模型在教学中进行演示，并且编写了图画型教科书《世界图解》。后来又有瑞士教育家裴斯泰洛齐的"算术箱"和德国学前教育家福禄贝尔的"恩物"的使用。随着自然科学和现代技术的发展，演示手段和种类日益繁多。根据演示材料的不同，可分为实物、标本、模型的演示，图片、照片、图画、图表、地图的演示，实验演示，幻灯、录像、录音的演示等。根据演示内容和要求的不同，可分为事物现象的演示和以形象化手段呈现事物内部情况及变化过程的演示。

演示法能加强教学的直观性，优点在于有助于培养学生的观察能力，有助于学生的理解。

演示法的基本要求是：① 做好演示前的准备。演示前要根据教学需要，做好教具准备。用以演示的对象要有典型性，能够突出显示所学材料的主要特征。② 要使学生明确演示的目的、要求与过程，主动、积极、自觉地投入观察与思考。③ 讲究演示的方法。教师通过演示，能使所有的学生清楚、准确地感知演示对象，并引导他们在感知过程中进行综合分析。

（2）参观法

参观法是指教师根据教学目的和教学内容的要求，组织学生去实地观察学习，从而获取新知识或验证已经学习过的知识的教学方法。参观法的基本形式是学生在教师指导下获得直接经验。

根据有关知识教学的顺序，可以将参观法分为准备性参观、并行性参观、总结性参观三种形式。① 准备性参观，是在学习某课题前，为使学生积累必要的感性经验从而顺利获得新知而进行的参观；② 并行性参观，是在学习某课题的过程中，为使学生把所学理论知识与实际紧密结合起来而进行的参观；③ 总结性参观，是在完成某一课题之后，为帮助学生验证、加深理解、巩固强化所学知识而进行的参观。

参观法的优点在于，能够有效地把书本知识与实际紧密结合起来，帮助学生深入地理解和领会所学习的理论知识，扩大学生的眼界。

参观法的基本要求是：① 做好参观的准备工作。教师要明确参观的目的和对象，确定参观的形式和方法，做好参观的组织和指导工作。② 引导好学生的参观。教师要指导学生注意观察主要事物和现象，要求学生认真听取介绍和解释，收集有关资料，适当记录。教师尤其应做好参观的组织纪律教育和安全教育。③ 做好参观总结。参观结束后，及时指导学生把参观所得的感性认识上升为理性认识，并与所学的理论知识结合起来，写好参观报告。

3. 以实际训练为主的教学方法

（1）练习法

练习法是指学生在教师指导下运用知识去完成一定的操作，并形成技能技巧的方法。

练习的种类很多，按培养学生的不同能力分，主要有口头练习、书面练习和实际操作练习；按学生掌握技能技巧的进程分，主要有模仿性练习、独立练习和创造性练习。

练习法对于巩固知识、引导学生把知识应用于实际、发展学生的技能技巧以及形成学生的道德品质等具有重要的作用。

练习法的基本要求是：① 使学生明确练习的目的与要求，掌握练习的原理和方法，防止练习中可能产生的盲目性，从而提高练习的自觉性；② 精选练习材料，适当分配分量、次数和时间；③ 严格要求，即要求学生严肃认真地对待练习，力求通过刻苦训练达到最高水平。

（2）实验法

实验法是学生在教师的指导下，利用一定的仪器设备，通过条件控制引起实验对象的某些变化，从观察这些变化中获得知识的方法。这种方法一般在物理、化学、生物等自然科学的教学中运用较多。

实验法不仅可以使学生加深对概念、规律、原理、现象等知识的理解，而且有利于培养他们的研究和创造精神以及严谨的科学态度，更有利于学生主体作用的发挥。

实验法的基本要求是：① 明确实验目的，制订详细的实验计划，提出具体的操作步骤和实验要求；② 重视实验过程中的语言指导，教师要做好示范；③ 要求学生独立操作，并及时检查结果，做好实验总结。

（3）实习作业法

实习作业法即实习法，是指学生根据老师布置的任务，运用所学知识在课上或课外进行实际操作，将已经学过的知识运用于实践的教学方法。实习作业法的基本形式是在教师指导下，学生运用书本知识解决实际问题。实习法通常多在数学、物理、化学、自然常识、劳动等学科的教学中运用。

因实习场所不同，实习法可分为课堂实习、校内外工厂实习、农场和实验园地实习等。由于学科的性质、特点不同，实习的内容和方式也不同，如数学课有测量实习，理化课和劳动课有生产技术实习，生物课有作物栽培和动物饲养实习，地理课有地形测绘实习等。

实习作业法能体现理论联系实际的原则，便于教育与生产劳动相结合，有利于促进学生深入掌握知识和培养实际工作能力。

运用实习法，一般要求：实习开始，教师提出明确的目的和要求，并根据实习的场所和工作情况做好组织工作；实习进行中对学生进行具体的指导；实习结束时对实习活动进行评定和小结，事后评阅实习作业报告。

4. 以情感陶冶为主的教学方法

（1）欣赏教学法

欣赏教学法是指在教学过程中指导学生体验客观事物的真善美的一种教学方法。

欣赏教学法一般包括对自然的欣赏、对人生的欣赏和对艺术的欣赏等类型。在课堂教学中，要注意课堂情感氛围的创设。例如，在音乐教学中要注意引导学生聆听、欣赏音乐的美，在愉悦中进行情感体验。

（2）情境教学法

情境教学法是指在教学过程中，教师有目的地引入或创设具有一定情绪色彩的生动具体的场景，以引起学生一定的情感体验，从而帮助学生理解教材，并使学生的心理机能得到发展的教学方法。情境教学法的核心是激发学生内心的情感体验。

情境教学具有陶冶和暗示两种功能，它不但能够陶冶人的情感，净化人的心灵，也能为学生提供良好的暗示或启迪，有利于锻炼学生的创造性思维，培养学生的适应能力。

教师创设的情境一般包括生活展现的情境、图画再现的情境、实物演示的情境、音乐渲染的情境、表演体会的情境、言语描述的情境等。

5. 以引导探究为主的教学方法

以引导探究为主的教学方法，是指教师组织和引导学生通过独立的探究活动而获得知识的方法。以引导探究为主的教学方法主要指发现法。

发现法又称发现学习、问题法、探索法、研究法，是指学生在教师指导下，对所提出的课题和所提供的材料进行分析、综合、抽象和概括，自行发现并掌握相应的原理和结论的一种教学方法。它是由美国心理学家布鲁纳所倡导的。

发现法利于激发学生学习兴趣，培养学生解决问题的能力，发展学生创造性思维品质和积极进取的精神。

发现法的基本过程是：① 创设问题情境，向学生提出要解决或研究的课题；② 学生利用有关材料，对提出的问题做出各种可能的假设；③ 从理论上或实践上检验假设，学生中如有不同观点，可以展开争辩；④ 对结论做出补充、修改和总结。

除上述教学方法外，任务驱动法是指在学习的过程中，学生在教师的帮助下，紧紧围绕一个共同的任务活动中心，在强烈的问题动机的驱动下，通过对学习资源的积极主动应用，进行自主探索和互动协作的学习，并在完成既定任务的同时，引导学生产生一种学习实践活动。任务驱动法以建构主义学习理论为基础，最根本的特点是"以任务为主线、教师为主导、学生为主体"，基本环节包括：创设情境、确定任务、自主学习和写作学习、效果评价。

（四）当前国内外教育教学方法改革

1. 国内教学方法改革

国内教学方法改革的主要成果有过程教学法，主题教学法，情境教学法，愉快教学法，成功教学法，尝试教学法等。

（1）我国英语、语文写作教学中的过程教学法。麦肯齐和汤普金斯提出过程教学法，因独辟蹊径，观点新颖而实用，受到外语教学界的瞩目，成为写作教学法的主流。过程法的提出对中国的英语写作教学意义重大。过程教学法的教学重点放在学生的写作过程中，强调在学生写作过程中帮助他们发现、分析和解决问题。教师通过多样化的教学活动，侧重在语篇水平上指导写作，包括构思、写提纲、写初稿和修改等各个写作环节。教师的指导贯穿于整个写作过程直至最后成文。

（2）窦桂梅的主题教学法。主题教学法以培养综合学力为目的，以研究实际问题为课程方式，着重培养学生对原理与方法的掌握。主题教学法就是要通过原理与方法的教授，引导学生根据自己的需求，自主建立适合自身特点的知识框架，设计全新的探索过程，以获得自由且具有完整思考的自我体验。主题教学法的基本模式是：引出话题—梳理话题—确定主题—自主探究—反馈交流—赏读领悟。

（3）李吉林的情境教学法。情境教学法是指在语文课堂上教师有目的地引入或创设具有一定情趣，以形象为主体的主动、具体的情境来引起学生一定的态度体验，从而帮助学生理解教材，并使学生心理技能得到发展的一种教学方法。情境教学法的核心在于激发学生的情感。情境教学的四个基本特点是：形真、情切、意远、理蕴（理寓其中）。情境教学的五个基本原则是：诱发主动性、强化感受性、突出创造性、渗透教育性、和贯穿实践性。"真、美、情、思"形成独特优势是情境教学法的基本模式。

（4）倪谷音的愉快教学法。愉快教学法就是面向全体学生，着眼于人的全面发展，体现教师主导、学生主体"双边作用"，做到"教书育人、管理育人、服务育人、环境育人"，实现在发展中求愉快、在愉快中求发展的一种教学方法。

（5）罗明、刘京海的成功教学法。所谓成功教学就是教师在教育教学过程中，通过激发学生的成功动机，指导学生的成功行为，使学生感到成功的愉悦，进而升华成功目标，达到人人都主动争取成功，不断取得学习上的成功。

（6）邱学华的尝试教学法。尝试教学法，是给学生创造一定条件或情境，让学生积极主动探索、独立思考、发现问题和解决问题，以培养学生的探索精神和自学能力为主要目标的教学方法。尝试教学理论的基本观点是"学生能尝试，尝试能成功，成功能创新"，特征是"先试后导、先练后讲"。洋思模式、杜郎口模式等是其典型的实践。

（7）何克抗的跨越式教学法与混合式教学。① 跨越式教学法是指教师根据学生身心发展的水平、需要与可能，超越知识积累的某些固定的程序，跳过某些知识序列，打破某些知识的顺序，大跨步式地引导学生学习那些对于学生来说较重要和较新的知识的一种教学方式。② "所谓混合式学习就是要把传统学习方式的优势和网络化学习的优势结合起来，也就是说，既要发挥教师引导、启发、监控教学过程的主导作用，又要充分体现学生作为学习过程主体的主动性、积极性与创造性。"

2. 国外教学方法改革

国外教学方法改革的成果主要有：布鲁纳发现教学法，斯金纳程序教学法，沙塔洛夫纲要信号图示法，瓦根舍因范例教学法，洛扎诺夫暗示教学法，罗杰斯非指导教学法等。

（1）发现教学法。发现教学法是美国布鲁纳提出的以发展探究性思维为目标，以学科的基本结构为内容，以再发现为学习步骤的教学方法。该方法分四个环节：教师创设问题情境，提出要解决的课题；教师提供结构性材料，学生提出解决问题的设想；学生验证假设，交流初探成果；得出原理或概念，并验证假设。

（2）程序教学法。程序教学是一种使用程序教材并以个人自学形式进行的教学，由美国的斯金纳首创。程序教学的关键在程序教材，程序教材的质量直接关系到学生学习的质量。依据教材的载体，可以分为三类：机器教学，课本式程序教学，计算机辅助教学。依据教材的结构形式可以分为直线式程序（斯金纳首创）、分支式程序。

（3）范例教学法。范例教学的提出者是瓦根舍因。在选择范例时要体现基本性、基础性、范例性，要体现四个统一等。

（4）暗示教学法。暗示教学法也叫"启发式外语教学法"，指运用暗示手段激发个人的心理潜力、提高学习效果的方法，是由保加利亚的心理学家洛扎诺夫创立的一种学习语言的方法。

（5）纲要信号图式教学法：这是苏联教师沙塔洛夫在自己30年的教学实践基础上创立的。所谓纲要信号图式是一种由字母、单词、数字或其他信号组成的直观性很强的图表，是教学辅助工具。纲要信号图式法的突出作用是在教学中贯彻理论知识起主导作用的原则，为发挥学生各方面的潜能提供了可能性。

（6）非指导性教学法：非指导性教学的根本目的在于，使学生通过自我反省活动及情感体验，在融洽的心理气氛中自由地认识自我、表现自我，最后达到改变自我、实现自我。在非指导性教学中，教师的角色由指导者变成了促进者。

此外，国外新涌现的有影响的教学方法主要有案例教学法、项目教学法、"行动导向"教学法、模拟教学法、交际教学法等。案例教学法以案例为教学材料，围绕教学主题，通过讨论、问答等方式进行师生互动的教学过程，从而让学生了解与教学主题相关的概念或理论，培养学生的高层次能力。项目教学法讲一个相对独立的学习任务作为一项研究课题交予学生独立完成，教师只起咨询、指导与解答疑难的作用。学生通过一个个具体项目的实施，就能了解和把握完成项目的每一具体环节及其基本要求，以及整个过程的重点和难点。"行动导向"教学法以生活或职业情境为教学的参考系，遵循"为行动而学习"的原则。也就是说，学生以行动为学习的起点，并通过行动来完成学习。行动尽可能由学生自己独立计划、实施、检查、修订和评价。模拟教学法是让学生在一种模拟真实情境的教学情境中，学习课程所规定的知识从而锻炼自己能力的方法。实际教学法强调在真实的生活情境中进行语言教学，改变传统上对词汇和语法规则的解释、理解和练习的教学模式。它常以小组为单位，围绕语言文化现象进行交流和讨论。

第五节 教学组织形式

一、教学组织形式的概念及影响因素

教学组织形式是教学的空间结构和时间序列的统一，即为完成特定的教学任务，教师和学生按一定要求组合起来进行活动的结构。教学组织形式所要解决的问题，就是教师以什么样的形式将学生组织起来、通过什么样的形式与学生发生联系、教学活动按照什么样的程序展开、教学时间如何分配和安排等。

影响教学组织形式选择的主要因素有以下四个方面：（1）教学内容。教学内容的广度和深度影响教学组织形式的选择。一般来说，教学内容越广、越有深度，要求采用的教学组织形式就越多样化和综合化；反之，可以采用单一的教学组织形式。（2）课程的性质和结构。（3）师生比。师生比越大，越有利于小班化教学和个别化教学；反之，则更需要采用大班额教学的组织形式。（4）物质资源状况和教学技术的进步。

二、教学组织形式的历史发展

随着社会政治经济的发展，教学组织形式也不断在发展和改进。教学组织形式，总的来说可划分为个别化教学、集体教学和综合教学三类。其中，个别教学、道尔顿制、文纳特卡制、开放课堂等基本可划为个别化教学一类；班级授课、分组教学、导生制等可划为集体教学一类；特朗普制等则是属于综合教学类。

（一）个别教学制

教师向学生传授知识，布置、检查和批改作业都是个别进行的，即教师对学生一个一个轮流地教。古代的学校大都采用个别教学形式。个别教学制最显著的优点在于教师能根据学生的特点因材施教，使教学内容、进度适合于每一个学生的接受能力；缺点在于一个教师所能教的学生数量有限，教学速度慢，效率低。

（二）班级授课制

1. 班级授课制的概念

班级授课制，又称课堂教学，是指根据年龄或学习程度，把学生编成有固定人数的班级，由教师按照教学计划统一规定的内容和时数并按课程表进行教学的组织形式。

当前，在我国和其他许多国家的教学实践中，班级授课制仍是教学工作的基本组织形式。这是因为它具有其他教学组织形式无法取代的优点，在提高教学质量与效率方面发挥着重要作用。

2. 班级授课制的由来及发展

随着欧洲资本主义工商业的兴起和近代科学技术的发展，新兴的资产阶级为发展社会生产力、提高劳动者素质，开始充实教学内容，扩大教育对象和教育规模，原有的个别教学组织形式已不能满足社会的要求，于是在16世纪的欧洲学校里开始出现了编班上课的新尝试，如乌克兰兄弟会学校。17世纪，捷克著名教育家夸美纽斯在总结当时教育经验的基础上，在其《大教学论》等著作中首先对班级授课这种新的教学组织形式进行了研究，奠定了班级授课制的理论基础；德国教育家赫尔巴特提出了教学过程的形式阶段理论（即明了、联想、系统、方法），班级授课制得以进一步完善；以苏联教育家凯洛夫为代表，提出了课的类型和课的结构的理论，使班级授课制形成了完整的体系。我国采用班级授课制，始于清代同治元年（1862年）在北京开办的京师同文馆，并在1904年的癸卯学制中以法令的形式确定下来。

3. 班级授课制的基本特点

班级授课制的主要特征可以概括为"五固定"，即学生固定、内容固定、教师固定、时间固定、场所固定。

第一，以"班"为人员单位，把学生按照年龄和知识水平分别编成固定的班级，即同一个教学班学生的年龄和学习程度大致相同。

第二，以"课时"为单位，把每一"课"规定在统一而固定的单位时间里进行，教师同时面对全班学生上课。

第三，以"课"为活动单位，把教学内容及传授这些内容的教学方法、教学手段综合在课上，把教学活动划分为相对完整且相互衔接的各个教学单元，从而保证了教学过程的完整性和系统性。

4. 班级授课制的优点与不足

（1）班级授课制的优点

第一，有严格的制度保证教学的正常开展，能够保证一定的教学质量。它在自身发展过程中形成了一整套严格制度：按年龄、知识编班分级制度，学年、学期和学周制度，招生、考试和毕业制度，作息制度，课堂纪律与常规等。班级授课制使教学制度化、规范化和科学化，能保证教学活动的正常运转并取得一定质量。

第二，有利于大面积培养人才。由于以班级为单位来培养人才，一个教师能同时教几十个学生，提高了教学效率，有利于大批量地培养人才。

第三，能够充分发挥教师的主导作用。各国的教学实践都反复证明，迄今为止最能充分发挥教师在教学中主导作用的仍是班级授课制这种教学组织形式。实际上，它就是为充分发挥教师主导作用、最大限度提高教师工作效率、协调各科教师对学生进行教育教学而形成的，并随着教育教学活动的发展而不断得到改进和完善。

第四，有利于发挥集体教育的作用。在班集体中学习，学生可与教师、与同学进行多向交流，互相影响、互相启发和互相促进，从而增加信息来源或教育影响；班集体内的群体活动和交往也有利于学生形成互敬友爱、团结合作、公平竞争的态度和集体主义精神。

班级授课制的优点还体现在：有利于提高教学效率和学习效率，而且使全体学生共同前进；有利于学校合理安排各科教学的内容和进度并加强教学管理；有利于促进学生多方面的发展；有利于加速普及教育和发展教育事业等。

（2）班级授课制的不足

第一，容易忽视个别差异，难以因材施教。教学面向全班学生，步调统一，难以照顾到学生的个体差异，不利于学生的个性形成和特长发挥。

第二，不利于学生主体性的发挥，难以形成学生的探索精神、创造能力和实践能力。学生的学习主要是接受性学习，主动性和独立性受到限制，不利于学生的独立探索和自主学习。

第三，缺乏灵活性。班级授课制按照既定的制度、规范和计划进行教学，难以适应教学内容、教学情境和教学方法的变化。

班级授课制的缺点还体现在：容易导致理论与实际相脱离，以课为活动单元又有时间限制，容易使完整的内容被人为割裂成"课"，不利于学生整体感知等。

5. 班级授课制的特殊形式和辅助形式

班级授课制的特殊形式是复式教学，是把两个年级以上的学生编在一个教室里，由一位教师在同一堂课内分别对不同年级的学生进行教学的组织形式。它的主要特点是：直接教学和学生自学或做作业交替进行（"动静搭配"）。在我国农村，特别是在人口稀少的偏僻山区，人口少、师资缺乏、交通又不方便的地区，复式教学是大有可为的。

班级授课制的辅助形式主要有现场教学和个别教学。

6. 班级授课制中课的类型和结构

在班级教学的发展过程中，人们提出了课的类型和结构的理论。不同类型和结构的课在教学上具有不同的功能。

（1）课的类型

课的类型是指根据教学的主要任务而划分的课的种类，简称课型。在教学过程中，由于教学任务不同，课的类型也不同。

划分课的类型有不同的依据。一般认为划分课的类型的依据主要有：第一，教学的目的、任务。第二，教材内容。第三，学生的年龄特点和知识水平。第四，教学方法。一种是根据教学任务（教学目的）来划分，可以分为传授新知识课（新授课）、巩固知识课（巩固课）、培养技能技巧课（技能课）、检查知识课（检查课）。在实际的教学工作中，有时一节课只完成一个任务，有时一节课则需完成多项任务。所以，根据一节课所能完成的任务的数量，又可分为单一课和综合课（混合课）。据此，在实践中，中小学课的基本类型被划分为单一课和综合课两类，而综合课是我国目前最主要的课的类型。另一种是根据使用的主要教学方法来划分，可以分为讲授课、演示课（演示实验或放映幻灯、录像）、练习课、实验课、复习课。上述两种分类也有联系，具体表现在两类课型有相对应之处。例如，新授课多属于讲授课，巩固课多属于复习课，技能课多属于练习课或实验课等。

（2）课的结构

课的结构是指一节课包含哪些组成部分以及各组成部分的顺序、时限和相互关系。一般说来，课的基本结构包括以下几个组成部分：① 组织教学。组织教学是保证课内师生活动正常进行的基本条件。组织教学应贯穿于一堂课的始终。② 检查复习。检查复习的目的在于复习已经学过的教学内容，了解学生对已学知识掌握的情况，以便导入新课或加强知识之间的联系。③ 学习新教材（讲授新教材）。这一部分通常是大部分课的主要成分，旨在使学生理解、掌握新的知识和技能。④ 巩固新教材。巩固新教材的目的在于使学生对所学教材当堂理解、当堂消化、初步巩固，并使学生通过初步练习为完成课外作业做好准备。⑤ 布置课外作业。布置课外作业的目的是使学生进一步巩固所学的知识和技能，培养学生运用所学知识、技能独立分析问题和解决问题的能力，并使技能达到熟练。

7. 班级授课制的改革

目前，班级授课制仍然是课堂教学的基本组织形式，但它也暴露出越来越多的缺点。为了弥补班级授课制的不足，国内外进行了许多改革。在改革班级组织的尝试中，主要包括特朗普制、活动课时制、开放课堂、个别教学、小队教学等。改革的主要举措有：（1）缩小班级规模，实行小班教学，使学生获得更多的学习机会；（2）压缩集体教学时间，增加个别辅导时间；（3）增加辅导教师，实施小队教学；（4）组织小组合作学习，发动学生辅导同伴；（5）按能力或兴趣分组，进行分组教学。

（三）分组教学

1. 分组教学的概念

分组教学最早出现于19世纪末20世纪初。二战以后，随着欧美各国对"英才教育"的重视，这种教学组织形式再次引起人们的重视并进一步加以完善，其目的在于克服班级授课制条件下难以做到适应学生的个别差异、不利于因材施教等缺陷。所谓分组教学，是指按照学生的学习能力或学习成绩，把他们分为若干水平不同的小组进行教学。分组教学是对班级授课制的改革和完善，其分组的依据不再是年龄，而是学习能力或学习成绩。

2. 分组教学的类型

分组教学先有能力分组、作业分组、学科分组等类型，后又发展为内部分组和外部分组两种形式。能力分组是根据学生的能力发展水平来分组教学，各组课程相同，学习年限则各不相同。作业分组是根据学生的特点和意愿来分组教学，各组学习年限相同，课程则各不相同。

（1）外部分组是指打乱传统的按年龄编班的做法，而按学生的能力或学习成绩编班。外部分组主要有两种形式：学科能力分组和跨学科能力分组。

（2）内部分组又称为班内分组，是在传统的按年龄编班的班级内，按学生的能力或学习成绩编组。内部分组也分为两种形式：一是根据学习内容和目标进行的分组，二是根据不同教学方法和媒体进行的分组。

3. 分组教学的优缺点

（1）分组教学的优点

第一，由于增加了智力测验和成绩作为依据，同一层次内学生的基础和水平较一般班级授课制更为整齐；因此，学生的学习和教师的教学都更加便利。第二，由于不同科目各自分组，能够比较好地适应学生的兴趣和差异，有利于因材施教。

（2）分组教学的缺点

第一，很难科学鉴别学生的能力和水平；第二，在分组问题上家长和教师容易出现矛盾，家长、学生、教师与学校的意见很难达成一致；第三，分组副作用较大，对学生心理发展的负面影响较大，快班学生容易骄傲自满，慢班学生学习积极性普遍降低；第四，由于学生的发展变化，分组必须经常进行，教育管理比较复杂。

（四）其他教学组织形式

1. 导生制

导生制又称"贝尔—兰卡斯特制"，具体做法是：教师上课时先选择一些年龄较大或较优秀的学生进行教学，然后由这些学生做"导生"，每个导生负责把自己刚学的内容教给一组学生；导生不但负责教学，而且还负责检查和考试，完全是教师的助手；有了导生的帮助，教师的教学工作量大大减轻了，因而能够教育更多的学生。导生制曾经为英美等国普及初等教育做出过重大贡献。

2. 葛雷制

葛雷制亦称"双校制""2部制",是美国进步教育运动中出现的一种教学制度,由杜威的学生沃特1908年在印第安纳州葛雷市创立。葛雷学校的典型特征是采用"两校制",即将全校学生分为两部分,一部分在教室上课,另一部分则分布在图书馆、体育场、工厂、商店及其他公共场所进行各项活动。

3. 设计教学法

设计教学法也叫"单元教学法",是美国的著名教育家克伯屈于1918年提出的。它主张废除班级授课制和教科书,打破学科界限,在教师指导下由学生自己决定学习目的和内容,在自己设计负责的单元活动中去获得有关知识和能力。设计教学法的四个步骤为决定目的、制订计划、实施计划和评判结果。

4. 文纳特卡制

文纳特卡制,是由美国教育家华虚朋提出,于1919年在芝加哥文纳特卡镇公立学校实行的一种个别教学与集体教学相结合的组织形式。其课程被分为两部分:一部分按照学科进行,由学生个人自学读、写、算和历史、地理等方面的知识、技能;另一部分通过音乐、艺术、运动、集会以及开办商店、组织自治会等来培养和发展学生的"社会意识"。前者通过个别教学进行,后者通过团体活动进行。文纳特卡计划的目的是发展每个儿童的创造性与社会意识,帮助每个儿童得到全面和完善的发展。

5. 道尔顿制

最早对班级教学进行改造的是道尔顿制。道尔顿制又称"契约式教育",是1920年美国的帕克赫斯特在马萨诸塞州的道尔顿中学创建的一种新的教学组织形式。运用这种教学组织形式时,教师不再向学生系统地讲授教材,而只为学生分别指定自学参考书、布置作业,由学生自学和独立完成作业,有疑难时才请教教师,学习任务按月布置,完成之后再接受新的学习任务。当学生完成一定阶段的学习任务后,再向教师汇报学习情况和接受考查。由于每个学生的能力和志趣不同,他们各自的学习任务和内容当然也就不同,甚至彼此不相干。道尔顿制的实质是让每一个学生能够对自己的学习进度和学习方法更多地负责,其原则有三:自由、合作和计划(时间预算)。

6. 特朗普制

特朗普制又称为"灵活的课程表",出现于20世纪50年代的美国,由教育学教授劳伊德·特朗普创立。这种教学组织形式试图把大班上课(占40%)、小班研究(占20%)和个别作业(占40%)结合在一起,并采用灵活的时间单位代替固定划一的上课时间,以大约20分钟为计算课时的单位。

7. 小队教学

小队教学又称"协同教学",是对教学组织形式进行改革的一项尝试,旨在发掘教师个人的特殊才能,提高他们的教学效果。小队教学是对教师的组织结构进行改革,其基本特点是由两名或两名以上的教师合作施教,根据他们的能力和特长组成"互补性"的结构,通过分工协作,在教学工作中分别承担不同的角色和任务,共同负责一个班或几个平行班的教学工作。

小队教学的长处突出表现在:它是一种合理而有效地利用教师的人才资源的优化组合方式,不仅使每个教师的兴趣和特长都得到有效的发挥,而且还有利于教师之间的相互学习、交流与提高。目前,在美国和其他一些西方国家,小队教学已同一些别的教学组织形式(如分组教学、特朗普制等)结合在一起,从而形成了新的教学组织形式。

8. 小组合作学习

20世纪70、80年代以来,西方对合作学习展开了广泛的探讨,试图将社会学、团体动力学的合作原理应用于中小学教学实践,从而为大面积提高教学质量提供条件。合作学习理论认为,在班级教学中,学生群体的组织形式有三种,即合作的、竞争的和不相干的。他们通过实验研究提出,群体合作分组结构应该成为课堂教学组织形式的主要特征，只有这种结构才能起到学生群体间积极相互作用的效果，从而改善教学工作的整体效益。

小组合作学习是以异质小组为基本形式、以小组为主体、以小组成员合作性活动为机制、以小组目标达成为标准、以小组成绩为奖励依据的教学组织形式。合作学习被人们誉为"近十几年来最重要和最成功的教学改革"。

小组合作学习的要素有：（1）组间同质，组内异质；（2）设立小组目标；（3）实施小组评价与奖励的机制；（4）个人责任明确；（5）成功机会均等。

小组合作学习具有以下特点：（1）有利于培养学生的社会适应性；（2）有利于培养学生的自主性和独立性；（3）为学生提供了更多的锻炼机会，促进了学生的全面发展；（4）有利于提高学生学习的正确率。同时，运用"小组合作学习"方法应注意的问题有：（1）教师的讲解与学生读书相结合；（2）教师的指导与学生的自学相结合；（3）教师的提问与学生的质疑问难相结合；（4）传授知识与教给方法相结合。

9. 小班教学

小班教学在发达国家基础教育阶段已经普遍实施，人数通常为15—25人。近年来，我国也开始了小班教学的尝试。小班教学是社会和义务教育发展到一定程度的产物，可满足社会成员对于教育的公平性、公正性的进一步要求——不仅享有受教育的权利，而且得到高质量的教育。

实行小班教学应注意的问题有：（1）取消教师分科任教或延缓教师分科年限。在多数实行小班教学的国家和地区，通常采取教师包班的方式，而不是分科任教，在小学阶段尤其普遍，甚至在一些班额仍然较大的国家和地区如日本和我国台湾，在小学也是教师包班。小学阶段各门课程的文化科学知识都是基础性的，具有合格学历的小学教师完全能够胜任。教师包班，为教师了解每个学生提供了分科任教所无法比拟的便利，也为教师对学生因材施教创造了分科任教条件下难以获得的充分条件。（2）改革班级制度以保证给予学生均等的机会。在大多数国家，小学阶段没有严格的班级组织，不存在正副班长等相对固定的角色，各种活动所需要的工作由所有学生轮流承担。这样，可以使每个学生都有机会得到各种锻炼，也使每个学生有机会获得不同的体验。

10. 走班制

走班制是指学生根据教学活动中预先制订的学习计划和自己的兴趣愿望，以"走班"为形式，"流动"到自己需要的班级进行学习的一种组织形式。走班制这一教学组织形式为因材施教、个性化培养提供了一个实践的平台。目前，走班制有三种不同形式。第一种是学科教室和教师固定，学生流动上课，即固定教室和教师，学生根据自己不同的能力水平、发展趋向进行流动上课。第二种是实行大、小班上课的多种教学形式，即讲座式的短线课程实行大班额授课，研究类的课程实行小班制，通过不同年级、班级学生的组合进行合作学习。第三种是小组合作学习的方式。这种方式不仅体现在课堂教学中，也体现在学生的自我管理、社团活动等德育课程中。实践证明，走班制可以提高学生自主学习的积极性、提升学生的自信心，有助于培养学生正确评估自己、做出正确选择的能力。

第六节　教学工作的基本环节

教学工作是一个由多种因素和多个环节组成的一个复杂系统。从教师教的角度看，一般包括备课、上课、课外作业的布置与批改、课外辅导与答疑、学习成绩的检查与评定五个环节。从学生学的角度看，相应地则有预习、听课、练习、复习与自我检查五个环节。

一、备课

所谓备课就是教师根据课程标准的要求，结合学生的具体实际，对上课进行计划安排和设计准备的工作。备好课是上好课乃至做好整个教学工作的基础。有观点认为，备课包括开发资源、过程设计与研制课案三大方面的工作。教师的备课可概括为"三备三写"："三备"即备教材、备学生、备教法，要求做到心中有书、目中有人、手中有法；"三写"即拟定教学计划，写学期学年教学计划、写单元/课时教学计划、写课时计划即教案。

（一）做好三项工作

备课中教师要做好的三项工作是钻研教材、了解学生、设计教法。

1. 钻研教材。钻研教材包括研究本学科的教学计划、课程标准、教科书及有关的教学参考资料。钻研教学计划和课程标准应着重于了解本学科的教学目的、教材选编的原则及教学方法的要求等。教科书是教师备课的主要依据。钻研教科书首先要求教师通读整本教科书，对教科书的内容有个大概的了解，做出通盘的考虑；其次教师要深入钻研，弄懂弄通教科书每章、每节、每课题的内容，不能似是而非。再次，教师还要尽可能通览课本的插图、习题、练习、实验、注释、附录等，对教科书有一个全面而完整的了解。教学参考书给教师提供了一些应用材料，提供了解决难点内容的方法和必要的资料。通过阅读教学参考书，教师可以进一步理解教材，掌握教材。

教师对教材内容的钻研要做到"懂"、"透"、"化"。"懂"是指教师要理解教材的基本结构、基本内容、基本概念，甚至每一个字、每一句话；"透"是指教师对教材内容不仅要懂得，而且要很熟悉，对教材内容融会贯通、运用自如，使之成为自己的知识体系；"化"的含义是教师的思想感情和教材的思想性和科学性融合在一起，达到了化的境界。教师只有达到"化"这种境界，才算完全掌握了教材。

2. 了解学生。教师劳动的对象是学生，教师要了解每一个学生的个性特点、兴趣爱好、思想状况、学习方法、学习习惯、知识基础及身体状况等，并在全面了解的基础上对其进行分类，清楚全班优等生、中等生和后进生的分布情况，从而为教学确定起点、宽度、难度、深度，确定贯彻教学原则的具体方式，确定教学方法的选择与运用，确定具体教学活动的安排，为因材施教奠定良好的基础。

3. 设计教法。教师要根据教学内容和教学对象实际选择适当的、可行的教学方法。教师在为学生接受教学内容选择教学方法时，应从多方面考虑，例如：如何提出问题、创设情境、激起疑问、引起动机、启发思考、调动学生学习的积极性；如何利用直观教具，搞好演示实验，为学生感知新教材创造条件；如何利用学生已知的知识，启发学生自己经过思考，推导出新的结论，获得新知识；如何通盘设计好整个教学活动过程，遵循教材内容的逻辑系统和学生认识事物的顺序，安排好整个教学活动过程，使学生循序渐进地掌握知识技能，发展智力，形成正确的思想观点，等等。

（二）写好三种计划

备课要制订好三种教学计划。

1. 写好学期（或学年）的教学进度计划。这是对一学期（或学年）的教学工作做的总的准备和制订的总计划。它的主要内容有学生情况的简要分析、教学改革的大体设想、教学要求、章节或课题内容、教学时数和时间的具体安排等。

2. 写好课题（或单元）教学计划。其内容主要包括课题名称、教学目的、课时划分、课的类型、主要教学方法、教具以及教改活动安排等。

3. 写好课时教学计划。课时教学计划即教案，是对每一节课进行的深入细致的准备，是所有教学计划和备课环节的核心。一个完整的课时计划一般包括以下内容：班级、学科名称、授课时间、课题、教学目的要求、课的类型、教学重点和难点、教学方法、教具、教学过程、备注。其中，教学过程是课时计划的主要组成部分，应写得详细具体，它包括一节课教学内容的安排、教学方法的具体运用和各部分时间的分配等。常见的教案有讲义式、提纲式和综合式三种。

二、上课

上课是整个教学工作的中心环节，是教师的教和学生的学的最直接的体现，是提高教育质量的关键。上课是教师按照课程标准的要求，根据教科书的内容，向学生系统地传播科学文化知识，发展学生的智力和能力，增强学生的体质，对学生进行思想道德教育的活动过程。上课的总体要求是：以现代教学理论为指导，遵循教学规律，贯彻教学原则，运用适当的教学方法。上好一堂课还要注意以下具体要求：

（一）教学目的明确

课堂教学的目的是一堂课的指导思想，是本学科总教学目的的具体体现。目的明确有三层含义：一是教学目的要完整，应该包含知识与技能、过程与方法、情感态度与价值观等三个方面；二是教学目的必须具体、明确，避免大而不当、空泛含糊；三是课堂上师生的一切活动都必须紧紧围绕教学目的进行。

（二）教学内容正确

教师要保证教学内容的科学性、思想性和系统性。"内容正确"，这是圆满完成教学任务的重要保障。正确的教学内容，应该体现"科学性"与"思想性"的统一。具体说，应注意概念和原理的正确、表达的规范条理以及教学内容对学生的教育性。

（三）教学方法得当

在课堂教学中，要使教学方法得当，必须做到三点：一是所采用的方法能保证教学目的的实现和教学任务的完成；二是所采用的教学方法要富有启发性，能充分调动学生学习的积极性，达到师生配合默契；三是要把多种教学方法有机地结合起来。

（四）教学组织严密

一堂课的结构可以划分为课的开始、课的进行和课的结束三个阶段。教学组织严密就是要求这三个阶段前后衔接、安排合理，同时也要求教师有较强的随机处理各种偶发事件的教学机智。

（五）教学语言清晰

教师要掌握好语言的艺术：说话要清楚，准确，鲜明，有条理；讲授要通俗易懂，深入浅出，生动形象，富有启发性、感染力和表现力；语速语音语调快慢适中，高低恰当，抑扬顿挫，富有情感。

（六）双边活动积极

双边活动积极是指在课堂教学中既要充分发挥教师的主导作用，又要充分激发学生学习的主动性和积极性，达到师生关系融洽、双边活动默契、教学交融共鸣、思维碰撞共振、课堂气氛热烈、师生教学相长。学生主体性的充分发挥是一节好课最根本的标准。教学效果好是检验教学成功与否的最终标志。教学效果是否良好，可以从学生的课堂反应、作业质量与学习成绩等方面体现出来。

总之，上课需要遵循目标明确、内容正确、方法恰当、组织严密、效果良好、语言清晰、板书有序、态度良好等基本要求。此外，一堂好课的评价标准有不同表述。（1）观点一：一堂好课的评价标准是，第一是否达到教学目标，因为这是促进发展的根本宗旨；第二教学内容方面是否达到科学合理的标准；第三教学策略与方法是否能达到学生主动学习的目的；第四老师是否具有良好的教学基本功。（2）观点二：一堂好课的标准是学生学有所得。在情感、态度、价值观，在过程与方法，在知识与能力方面有所得。评价一堂好课的标准有以下几点：有意义、有效率、有生成性、是常态下的有待完善的真实的课，即叶澜教授所讲的"扎实、充实、丰实、平实和真实"。一堂好课的基本表现是必须形成学生的兴趣和持续学习的动力；兼顾有差异的学生，使不同层次的学生都有所得；体现思维的深度、促使学生知行结合，有所收获。（3）观点三：学生学习的主动性、师生有效的互动性、学生自主获取知识的实践性、学生真正的理解性、预备学习材料的良好组织性、学生学习的反思性。"好课"标准没有定论，强调多元、崇尚差异、主张开放、重视平等、推崇创造、关注边缘群体，实现和谐课堂，使每一个学生都得到发展是一堂好课的基本要求。（4）观点四：上好一堂课的基本要求有以下四个方面：第一，明确教学目标。第二，用教科书教而不是教教科书。第三，建立民主、平等的师生关系。第四，注重教学过程的生成性。生成是在教学过程中的生成，生成的主体是教师和学生，生成需要诸多因素的相互作用，生成的过程是动态性的。总之，衡量一堂课的最终效果，归根结底要看学生是否获得了发展、在哪些方面获得了发展、获得什么程度的发展、通过什么样的方式和内容获得了发展。

三、课外作业的布置和批改

（一）课外作业布置与批改的意义

课外作业分为三类：第一类是口头作业，如阅读（朗读、默读）、复述、背诵等；第二类是书面作业，如作文、演算练习、绘制图表；第三类是实践作业，如采集标本、实验、科技制作、社会调查等。课外作业的布置和批改是教学过程的一个有机组成部分，它是课堂教学的延伸。组织好学生作业，对于培养学生的独立学习能力、发展他们的智力和创造能力都有重要意义。

（二）课外作业布置应注意的问题

1. 作业的内容要符合课程标准和教科书要求以及学生的发展水平；作业类型要具有代表性和典型性，做到少而精，使学生通过作业达到触类旁通、举一反三的效果。

2. 作业的质和量应该适度。布置的作业既要有统一的要求，又要因人而异，对不同水平的学生布置的作业应有所区别，使他们通过作业都能获得发展。

3. 教师对布置的作业应有一个明确的要求，具体规定完成作业的时间。教师也可对作业中的一些难点和疑点做一些提示，但不能代替学生自己独立思考。

4. 教师应经常检查和批改学生的作业。

（三）作业的批改和讲评

教师要经常检查批改学生的课外作业。教师通过检查和批改学生课外作业，一方面可以了解学生的学习态度和学习情况，并以此作为自己改进教学工作的依据；另一方面也可以对学生的学习起督促作用，有助于培养学生良好的学习习惯。教师批改学生课外作业的方式主要有全收全改、全收部分批改、轮流批改、抽样批改、学生相互批改、教师当面批改等。

四、课外辅导

课外辅导是上课的补充和辅助，是适应学生个别差异、贯彻因材施教的重要措施。课外辅导一般有个别辅导、小组辅导和集体辅导三种形式，主要由对学生学习的辅导和对学生思想的教育两部分组成。

课外辅导、答疑的内容一般包括以下几个方面：给学生解答疑难问题，指导学生做好课外作业；对学习基础差的学生做必要的补充讲授；对因病、因事缺席的学生进行及时补课；给成绩优秀的学生做个别辅导，扩大其知识领域；在学习方法上给学生以指导；对学生进行学习目的及态度的教育。

教师在对待课外辅导和答疑问题上，首先要全面深入地了解全班学生的情况，在充分调动学生学习积极性的前提下，对学生进行辅导，同时也要处理好课外辅导和答疑的关系，既不能轻视，又不能将二者混淆。

五、学业成绩的考核与评定

1. 学业成绩的考核

学业成绩的考核方式有两种：一种是考查，另一种是考试。考查一般用于平时检查，是指平时课堂教学和课外作业等教学活动中对教学效果所进行的检查；考试一般是对学生的阶段学习情况的检查。考查的特点是经常、及时。常用的考查方式有课堂提问、书面测验、检查课外作业和日常观察等。考试是对学生学业成绩进行阶段检查的主要方式，包括学期考试、学年考试和毕业考试。考试是对一个阶段教学的效果进行全面、系统的检查，并对学生某一阶段的学习结果做出总结性评价。考试要求教师引导学生将平时所学的零散知识进行全面、系统的复习，并将其归纳成完整、系统的知识体系，因而对学生牢固地掌握和运用教材中的基础知识和规律性知识具有重要的作用。

学业成绩检查的基本要求有：根据教学目标制定评价标准；编制测验蓝图；检查要坚持科学性、有效性、可靠性的原则；检查要全面；检查方法应灵活多样。

2. 学业成绩的评定

对学生的学业进行考核以后，要对考核的结果进行评定。正确评定学生的学业成绩具有积极的作用：一方面能根据课程标准和教科书的基本要求，通过对学生是否达到了这些要求和达到了什么程度做出绝对评价，为教师改进教学提供客观依据；另一方面能根据学生原有的基础对学生在学习上的进步和不足做出相对评价，使学生看到自己的进步，提高学习的兴趣和树立学习的信心，同时也看到自己的不足，从而继续努力。

学业成绩的评定，一般采用评分的方式，也有采用评分加评语相结合的方式。评定时既要看学生对知识的理解和掌握程度，又要看学生运用知识的能力、口头语言和书面文字的表达能力。我国中小学目前常用的评分方法有百分制记分法和等级制记分法两种。

学业成绩评定的基本要求有：客观公正；注意教育性，向学生指出学习上的优缺点和努力方向；鼓励创新。

第七节 教学评价

一、教学评价的概念

教学评价是评价主体对教学的事实材料进行描述和把握的基础上，依据一定标准对教学活动的整体或局部进行价值判断的过程。可见，教学评价由评价主体、评价对象、评价内容、评价标准和评价方法等基本要素构成。价值判断是教学评价的本质属性（教育评价的基础和核心是价值判断和价值引领），也是其区别于教学测量的根本标志。

纵观教学评价理论与实践的历史发展，一般认为大致经历了古代的传统考试、近现代的科学测试和当代的科学评价三个不同时期。古代的评价产生于我国西周时期，《学记》记载了当时世界上最早的教学评价制度。现代教学评价经历了具有不同特征的四个基本阶段：测量阶段、目标模式阶段、目标参照测验阶段、人本化阶段。其中，1904年桑代克发表了《心理与社会测量》一书，宣称"一切存在物都是数量的存在，而数量的存在是可以测量的"，拉开了美国教育史上著名的测验运动的序幕。现代教育评价的概念是由泰勒在其主持的"八年研究"中首次正式提出的，其《学生进步的评估与记录》（《史密斯—泰勒报告》）被称为"划时代的教育评价宣言"。如今，教学评价的理论与实践已成为现代教育改革与发展不可或缺的重要组成部分，并与教育基本理论研究、教育发展研究共同构成为当代教育科学研究的三大领域。

二、教学评价的内容

教学评价主要包括对学生学业成绩的评价、对教师教学质量的评价和对课程的评价。

（一）学生学业评价

学生评价是指根据一定的标准，通过使用一定的技术和方法，以学生为评价对象所进行的价值判断。它既是教育评价的基础和重点，也是学校教育评价的核心。学生评价具有诊断功能、导向功能、发展功能和管理功能。

学生学业成就评价是教学评价的核心，是教学评价中最核心、最基本的活动。学生的学业评价从认知、技能和情感三个基本领域展开。（1）对认知学习的评价一般可以采用测验、行动观察、实验、评定等方法，其中测验是使用最多、最经常和最便利的。（2）学生技能的学习过程就是通过示范、模仿、练习、独立等阶段反复训练，以达到熟练化和自动化的过程。对学习技能的评价一般多采用观察法、作品表现法、表演评价法等，其中观察法是最常用的方法之一。（3）目前在学生的情感学习评价中一般由三个类别构成：兴趣、态度、品德。学生情感学习评价应注意以下问题：一般采用观察法和问卷法；应尊重学生的学习情感表现；应保护学生的个人隐私权。我国中小学品德评价的常用方法包括整体印象评价法、操行评定评价法、操行计量评定法、问卷法、代表性品德行为整体测评法、操行测试评分法、综合评判法等。其中，整体印象评价法是评价者依据一定的评价内容和标准，通过日常对评价对象的观察和了解，经过综合分析并以此对评价对象的品德状况给予终结性整体评定的方法，它是教师在进行学生品德测评中最常用的一种方法，也成为其他品德测评方法的基础。

实施学生综合素质评价，关注学生的个性和综合素质的发展，是新课程改革的亮点之一，也是全面推进素质教育的必然要求。目前我国中小学综合素质评价的内容主要是依据2002年教育部颁发的《关于积极推进中小学评价与考试制度改革的通知》的精神和提法，包括基础性发展目标（道德品质、公民素养、学习能力、交流与合作、运动与健康、审美与表现）和学科学习目标两个方面。学生综合素质评价实施应遵循导向性原则（依据一定标准进行价值判断）、发展性原则（关注形成性评价与日常表现）、公平性原则（公布评价内容标准与建立学生申诉制度）、多样性原则（多样化评价方式）、可行性原则（评价符合实际情况，简便、直观，具有可操作性）等基本原则。

学生评价理论与实践的当代走向具体表现在以下几个方面：（1）倡导构建以发展为本的学生评价体系；（2）以质性的评价模式取代量化的评价模式；（3）强调测评的真实性和情境性；（4）鼓励学生评价中的合作行为；（5）重视思维过程的评价。

（二）教师授课质量评价

教师教学工作的评价，亦称"评教"，是对教师教学的质量分析和评价。根据现代教学理论的研究，教学可分为三种水平：记忆水平、理解水平和探索水平。教学发展的几种水平，是诊断与评价教学的一个依据。

（三）课程和教材评价

此评价主要是指课堂教学评价，甚至教师在教学中遇到的问题都可以成为评价的议题。

三、教学评价的功能

教学评价具有多重功能，但从根本上来说，主要有教育和管理两大功能。具体来讲，教学评价具有检查、反馈、激励、研究、定向和管理等功能。也有观点认为，教学评价的功能主要表现在诊断教学问题、提供反馈信息、调控教学方向、检验教学效果等方面。

（一）诊断功能

诊断功能，即教学评价可诊断教学问题。通过教学评价，教师可以了解自己的教学目标是否合理，教学方法、教学手段的运用是否得当，教学的重点、难点是否讲清，也可以了解学生在知识、技能等方面已经达到的水平和存在的问题，分析造成学生学习困难的原因，从而调整教学策略，改进教学措施，有针对性地解决教学中存在的各种问题。

（二）反馈功能

反馈功能，即教学评价可提供反馈信息，利于师生对教学活动进行调节。对于教师而言，教学评价提供的反馈信息，可以帮助他们及时发现自己工作中的薄弱环节，并在此基础上修正、调整和改进教学工作；对于学生而言，肯定的评价可以进一步激发学生学习的积极性，提高其学习兴趣，否定的评价则可以帮助学生发现错误及其症结之所在，以便在教师的指导下对症下药，及时纠正。

（三）导向功能

导向功能，即教学评价可调控教学方向。在教学过程中，教学评价的内容和标准往往会成为学生学习的内容和标准，从而左右学生学习的方向、学习的重点以及学习时间的分配；教师的教学方向、教学目标、教学重点的确定，教学策略和教学方法的选择，也要受到评价内容和评价标准的制约。"多一把衡量学生的尺子，就会多出一批好学生"，就体现了教学评价的导向功能。

（四）强化功能

强化功能，即教学评价可激励学生热情。评价的激励功能能够改善学生学习的态度、情感和价值观。教师在评价中的充分肯定、鼓励和赞扬，还能使学生在评价中发现个人优势，从而产生向更高目标迈进的信心和热情。

（五）检验功能

检验功能，即教学评价能检验教学效果，进行诊断和鉴别。在教学活动中，教师的教学水平和教学效果如何，学生是否掌握了必备的基础知识和基本技能，预定的教学目标是否实现，都必须通过教学评价加以检查和验证。对于学生学习结果的评价，尤其是某一课程或某一段教程结束之后进行的终结性评价，可以作为证明学生知识掌握程度、能力发展水平的证据，也可以作为教育行政部门评价教师教学工作质量的重要依据。

四、教学评价的原则与方法

（一）教学评价的原则

1. 客观性原则

客观性是教学评价的基本要求。因为进行教学评价，目的在于给学生的学和教师的教以客观的价值判定。如果缺乏客观性，就会完全失去意义，还会提供虚假信息，导致错误的教学决策。

贯彻客观性原则，首先要做到评价标准客观，不带随意性。其次要做到评价方法客观，不带偶然性。再次要做到评价态度客观，不带主观性。这样才能如实地反映出教师的教学质量和学生的学业水平，并作为指导改进教学工作的依据。这就要求要以科学可靠的检测技术和方法为工具，取得真实可靠的数据资料，以客观存在的事实为基础，实事求是，公正严肃地进行评定。

2. 发展性原则

教学评价应着眼于学生的学习进步、动态发展，着眼于教师的教学改进和能力提高，以调动师生的积极性，提高教学质量。因此，教学评价应是鼓励师生、促进教学的手段，要尊重学生的人格。

3. 整体性原则

教学评价应树立全面观点，从教学工作的整体出发，进行多方面的检查和评定，防止以偏概全，以局部代替整体。

贯彻整体性原则，一是要评价标准全面，尽可能包括教学目标和任务的各项内容；二是把握主次，区分轻重，整体性不等于平均化，要抓住主要矛盾，从决定教学质量的主导因素及环节上进行评价；三是要把分数评价、等级评价和语言评价结合起来，以求全面地、准确地接近客观实际。

4. 指导性原则

教学评价应在指出教师和学生的长处、不足的基础上，提出建设性意见，使被评价者能够发扬优点，克服缺点，不断前进。教学评价应经常给师生以教学效果的反馈信息，为教学指明方向和增添前进的动力。

贯彻指导性原则，一是要明确教学评价的指导思想在于帮助师生改进学习和教学，提高教学质量；二是要信息反馈及时；三是要重视形成性评价，起到及时矫正的作用；四是分析指导要切合实际。

5. 计划性原则

只有加强教学评价的计划性，才能保证每门学科的教学都能有计划的按课题和课时的要求，自觉积极而规范的进行，不致于失范、失控，产生盲目性和造成质量下降；才能作出合理的安排，不致于考试太多或过于集中，使学生和教师负担过重。

（二）教学评价的方法

学生学业成绩评价的方法主要有测验法、观察法、调查法、自我评价法、成长记录袋评价法等。

1.测验法

测验法是学生学业成绩评价的基本方法。测验有口试、笔试、操作测验等多种具体方法，其中笔试是考核、测定学生成绩的基本方法。

根据测验题目的性质，可以将测验分为论文式测验、客观性测验、问题情境测验和标准化测验类型。论文式测验是通过少量的论述题要求学生系统回答以测定他们的知识与能力水平的测验。客观性测验是通过一系列客观性试题要求学生回答以测定他们的知识与能力水平的测验。问题情境测验是通过设计一种问题情境或提供一定条件要求学生完成具有一定任务的作业来测定学生知识与能力水平的测验。标准化测验是一种具有统一标准、对误差做了严格控制的测验。

无论采用哪种测验方法，测验的效果都取决于测验题目的质量。衡量测验题目的质量指标主要有信度、效度、难度与区分度。

信度是指一个测验经过多次测量所得结果的一致性程度，以及一次测量所得结果的准确性程度。信度反映了测验结果的可靠性和一致性。如果一个测验在反复使用或以不同方式使用都能得出大致相同的可靠结果，那么这个测验的信度就较高；否则，信度则较低。影响信度的因素很多，主要有测验的长度、测验的时间、受试者的身心状态、测验的指导语、评分标准等。

效度是指测验达到测验目的的程度，即是否测出了它所要测出的东西。效度反映了测验结果的有效性。一个测验的效度总是相对一定的测验目标而言的，故不能离开特定的目标笼统地判断测验效度。

难度是指测验包含的试题难易程度。试题过难或过易，都不能准确测出学生的真实成绩。所以，一张试卷总的来说难易要适中，既要有较难的题，又要有较易的题，做到难度适中。

区分度是指测验对考生的不同水平能够区分的程度，即具有区分不同水平考生的能力。区分度与难度有关，只有在试卷中包含有不同难度的试题，才能提高区分度，拉开考生得分的差距。

2.观察法

适用于在教学中评价那些不易量化的行为表现（如兴趣、爱好、态度、习惯、性格）和技能性的成绩（如兴趣、绘画、体育技巧和手工制成品）。

3.调查法

一般通过问卷、交谈进行。问卷是通过预先设计好的调查题要求学生笔答以获取有关评价资料的方法；交谈是了解学生学习的兴趣、需要、态度和课后学习情况的一个重要方法。

4.自我评价法

主要方法有：运用标准答案，运用核对表，运用录音机、录像机等对自己做出评价。

5.成长记录袋评价法

也称为"档案袋评价"，就是根据一定的要求，将能够反映评价对象成长与发展的各种作品收集起来，以全面、动态地反映评价对象的成长与发展状况。以不同的功能为标准，可以把学生成长记录袋分为理想型、展示型、文件型、评价型和课堂型五种。

五、教学评价的基本类型

从不同的角度和标准出发，教学评价可以划分出不同的类型。在教学活动中，不同类型的教学评价有着不同的特点、内容和用途。

（一）根据评价在教学活动中的作用，教学评价可以分为诊断性评价、形成性评价和总结性评价

1.诊断性评价

诊断性评价是在学期开始或一个单元教学开始时，为了了解学生的学习准备状况及影响学习的因素

而进行的评价。它包括通常所称的各种摸底考试，目的在于查明学生已有的知识水平、能力发展情况以及学习上的特点、优点与不足之处，以更好地组织教学内容，选择教学方法。在教学活动中，诊断性评价的主要功能是：（1）检查学生的学习准备程度；（2）决定对学生的适当安置；（3）辨别造成学生学习困难的原因。

2. 形成性评价

形成性评价是在教学过程中为改进和完善教学活动而进行的对学生学习过程及结果的评价。它包括在一节课或一个课题的教学中对学生的口头提问和书面测验。形成性评价的主要功能是及时了解学生的学习情况，以便及时调整教学过程，提高教学的针对性和时效性。在教学活动中，形成性评价的主要功能是：（1）改进学生的学习；（2）为学生的学习定步；（3）强化学生的学习；（4）给教师提供反馈。

3. 总结性评价

总结性评价是在一个大的学习阶段（如一个学期）或一门课程结束时对学生学习结果的评价，也称为终结性评价。总结性评价的主要功能是：（1）评定学生的学习成绩；（2）了解学生掌握知识、技能的程度和能力水平，以及达到教学目标的程度；（3）确定学生在后继教学活动中的学习起点；（4）为制定新的教学目标提供依据。

（二）根据评价的标准，教学评价可以分为相对性评价、绝对性评价和个体内差异评价

1. 相对性评价

相对性评价又称为常模参照性评价，是运用常模参照性测验对学生的学习成绩进行的评价。它主要依据学生个人的学习成绩在该班学生成绩序列或常模中所处的位置来评价和决定其成绩的优劣，而不考虑他是否达到了教学目标的要求。

相对性评价常以常模为参照点，把学生个体的学习成绩与常模相比较，根据学生在该班中的相对位置和名次，确定他的学习成绩在班中是属于"优""中"还是"差"。相对性评价具有甄选性强的特点，因而可以作为选拔人才、分类排队的依据；它的缺点是不能明确表示学生的真正水平，不能表明他在学业上是否达到了特定的标准，对于个人的努力状况和进步的程度也不够重视。

2. 绝对性评价

绝对性评价又称为目标参照性评价，是运用目标参照性测验对学生的学习成绩进行的评价。它主要依据教学目标和教材编制试题来测量学生的学业成绩，判断学生是否达到了教学目标的要求，而不以评定学生之间的差异为目的。

绝对性评价可以衡量学生的实际水平，了解学生对知识、技能的掌握情况，宜用于升级考试、毕业考试和合格考试；它的缺点是不适用于甄选人才。

3. 个体内差异评价

个体内差异评价是对被评价者的过去和现在或者个体内部的各个方面进行纵横比较，以判断其学习状况的评价。学生成长记录袋评价就是个体内差异评价。

（三）依据评价的方法，教学评价可以分为定性评价和定量评价

1. 定性评价

定性评价是凭借评价者的洞察、内省或移情对评价对象做出价值判断的评价方法，如评出等级、写出评语等。该评价往往采用观察法、调查法、系统分析法等收集、处理教学评价信息，做出判断，进行定性描述。

2. 定量评价

定量评价是采用数学的方法收集和处理数据资料，对评价对象做出定量结果的价值判断。例如：运用教育测量与统计的方法、模糊数学的方法等，对评价对象的特性进行描述和判断。

（四）按照评价**主体**，教学评价可以分为外部评价和内部评价

1. 外部评价

外部评价是被评价者之外的专业人员对评价对象进行明显的（看得见的、众所周知的）统计分析或文字描述。

2. 内部评价

内部评价也就是自我评价，指由课程设计者或使用者自己实施的评价。内部评价虽然往往不如外部评价结果可靠，但对于某些隐性的评价内容，外部评价往往难以发现，只有自评才能反映出来，因此，内部评价可弥补外部评价的某些局限性。

六、教学评价的现存问题及对策

（一）现存问题

（1）重知识轻能力；（2）片面追求分数；（3）影响学生的心理健康；（4）制约教学改革。

（二）新的教学评价理念：发展性评价

现代教育评价的理念是**发展性评价**和**激励性评价**。当前，教学评价呈现出一些新的发展趋势，主要有：其一，在评价主体上，更加强调学生的自评。其二，在评价功能上，更加注重发挥评价的教育功能。其三，在评价类型上，更加重视实施形成性评价。其四，在评价方法上，更多采用绝对评价或个体内差异评价。其五，逐步树立新的考试观，重视发挥考试的教育功能。

（三）教学评价改革的对策与趋势

（1）从侧重一元评价到多元评价；（2）从侧重总结性评价到形成性评价；（3）从侧重区分性功能到发挥激励性功能。

真题回顾与模块自测

一、单选题

1. 赞可夫曾说过："无论学校的教学大纲变得多么完善，学生毕业后必然会遇到他们所不熟悉的科学上的新发现和新技术，那时候，他们不得不独立的迅速的弄懂这些新东西并掌握它。"这表明教学过程中理应遵循（　　）。

A. 直接经验与间接经验相结合的规律　　　B. 掌握知识与发展智力相统一的规律

C. 掌握知识与思想教育相统一的规律　　　D. 教师主导和学生主体相统一的规律

2. 学生学习成绩的差异并不是必然的固有的，而是由学生对新的学习任务的认知准备状态、情感准备状态和教学质量及教学适合学生的程度三个变量决定的，通过调整这些变量实时掌握学习策略，就可使绝大多数学生达到教学目标，这种教学模式属于（　　）。（2020.9.26济南钢城、山东护理学院真题）

A. 发展性教学模式　　　B. 掌握学习模式　　　C. 范例教学模式　　　D. 非指导性教学模式

3. 我国宋代学者周敦颐提出的"文以载道"，主要体现的教学原则是（　　）。

A. 理论联系实际的原则   B. 启发性原则

C. 科学性与思想性相统一的原则   D. 循序渐进原则

4. 老师在给学生上课时，对原理、法则、公式、概念等进行了说明、解释、论证，该老师使用了讲授法中的（　　　）。（2020.7.22济南高新真题）

A. 讲解   B. 讲述   C. 讲演   D. 讲读

5. 改变传统的定义式教法，将"教师讲学生听"转变为在教师的指导下学生自学训练，教师再讲；从单纯传授知识转变为在传授知识的同时培养能力、发展智力。这种教学方法称为（　　　）。

A. 愉快教学法   B. 尝试教学法   C. 暗示教学法   D. 纲要信号图示教学法

6. 小组合作学习被人们誉为"近十几年最重要和最成功的教学改革"。在小组合作学习这一教学组织形式中，分组原则是（　　　）。

A. 组间异质，组内同质   B. 组间同质，组内异质

C. 内部分组   D. 跨学科能力分组

7. 以常模为参照点，把学生个体的学习成绩与之相比，根据学生在该班中的相对位置和名次确定他的学习成绩等级的教学评价是（　　　）。（2020.8.6济南十区县联考真题）

A. 相对性评价   B. 绝对性评价   C. 个体内差异评价   D. 过程性评价

二、多选题

1. 启发性原则是指在教学过程中，教师认为学生是学习的主体，注重调动学生学习的主动性，引导他们独立思考、积极探索、生动活泼的学习，自觉的掌握科学知识和提高分析问题、解决问题的能力，贯彻启发性原则的基本要求包括（　　　）。

A. 树立正确的学生观，让学生成为学习活动的主人

B. 充分发挥教师的积极性和能动性

C. 创设问题情境，引导学生质疑问题和学会思考

D. 发扬教学民主，鼓励学生敢于发表自己的独立见解

2. 教学组织形式是根据一定的教学思想、教学目的和教学内容以及教学主客观条件，组织安排教学活动的方式，班级授课制作为一种教学组织形式，其优点主要体现为（　　　）。

A. 有助于提高教学效率和全体学生共同进步

B. 有利于学生的自主学习

C. 有利于发挥班集体的教育作用

D. 有利于合理安排各科教学的内容和速度并加强教学管理

3. 在教学过程中，由于教学任务不同课的类型也不同，恰当的选择和运用不同类型的课进行教学，每一堂课都成为课堂教学整个体系中一个必要的环节，这对于保证全部教学工作的完整性和系统性提高教学质量有着重要意义，划分课的类型的依据主要有（　　　）。（2020.12.26济南历城真题）

A. 教学目的和教学任务   B. 教材内容

C. 教师的知识结构   D. 学生年龄特征和知识水平

4. 上课是教学工作的中心环节，是提高教学质量的关键。一堂好课的标准包括（　　　）。

A. 要有明确的教学目标   B. 教学内容要体现科学性与思想性的统一

C. 教学方法要灵活多样   D. 教学评价要以教师"教的好"为重要依据

5. 作业不仅可以加强学生对基础知识的理解，而且有助于形成熟练的技能和发展学生的思维能力，是教

学过程中必不可少的重要环节，也是学习过程中一个重要组成部分。教师在布置作业时应遵循的要求有（　　）。（2020.11.14德州陵城真题）

A.统一要求与选择性相结合 　　　　　　B.课本作业的练习性与开放性相结合

C.学生独立完成作业和合作完成作业相结合 　　D.分量要适当，难易要适度

6. 教学评价是依据教学目标，对教学过程及其结果进行价值判断并为教学决策服务的活动，当今教学评价呈现出的新趋势主要有（　　）。

A.在评价主体上，更加强调对教师教学效能的评价

B.在评价功能上，更加注重发挥评价的教育功能

C.在评价类型上，更加注重形成性评价

D.在评价方法上，更多采用绝对评价或个体内差异评价

三、判断题

1. 教学是整个教育活动的一个重要组成部分，是实现教育目标的重要途径。（　　）

2.《学记》是科学化教学理论的标志，是将心理学的研究成果应用于教学过程最初尝试的典范。（　　）（2020.11.28德州乐陵真题）

3. 以直观感知为主的教学方法有讲授法、谈话法、讨论法和读书指导法。（　　）（2020.12.27临沂费县真题）

4. 以学生的生活经验和熟悉的某些事物为出发点，通过提问、讲解，引起学生对已有经验的回忆，引导学生发现与该经验密切相关的新课内容的导入方式是直接导入。（　　）

四、简答题

从教与学角度出发，教学过程的基本规律是什么？（2020.11.14山东技师学院真题）

【参考答案】

一、单选题

1. B　2. B　3. C　4. A　5. B　6. B　7. A

二、多选题

1. ACD　2. ACD　3. ABD　4. ABC　5. ABCD　6. BCD

三、判断题

1. √　2. ×　3. ×　4. ×

四、简答题

（略）

第七章 德育

德育是培养学生道德品质的教育活动。德育自身的特点和规律是开展德育活动的依据。我们应基于科学的德育原则、德育方法和德育途径开展各项德育活动，增强德育的实效性。

思维导图

德育概述
- 德育的概念
- 德育的类型与层次
- 德育的功能
- 德育的任务

德育过程
- 德育过程的概念
- 德育过程的结构与矛盾
- 德育过程的规律

德育模式
- 认知模式
- 体谅模式
- 社会模仿模式
- 价值澄清模式
- 集体教育模式

德育

德育目标与德育内容
- 德育目标
- 德育内容

德育原则、方法、途径
- 德育原则
- 德育方法
- 德育途径

德育改革
- 我国当前的德育问题
- 德育改革趋势
- 德育工作新形式

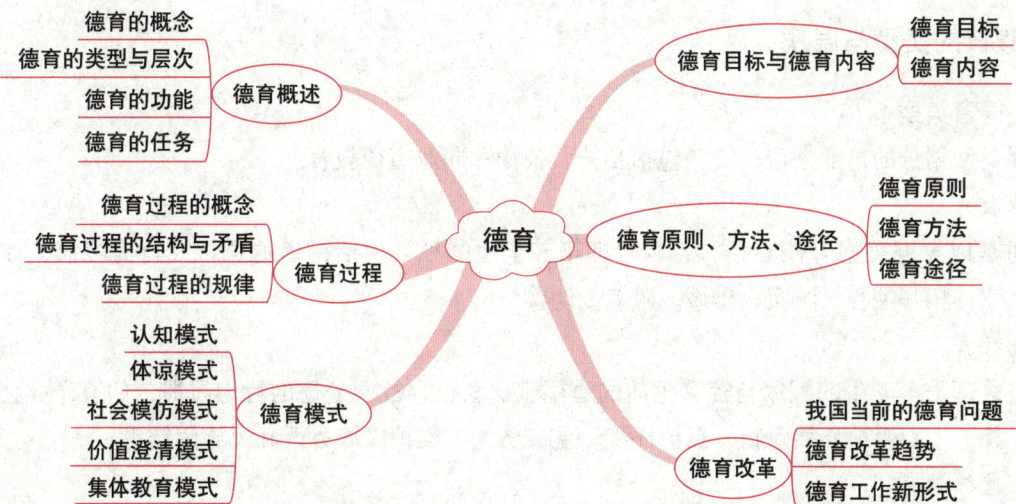

第一节 德育概述

一、德育的概念

（一）德育的含义

德育是近代以来才出现的概念。就西方而言，康德、裴斯泰洛齐等使用过"道德教育"一词。至19

世纪中叶，斯宾塞发表《教育论》，把教育明确划分为智育、德育、体育，从此"德育"一词逐渐成为教育世界里的一个基本概念和常用术语。一般认为，涂尔干的《道德教育论》被视为独立的德育学产生的标志。就我国来看，有学者认为，1902年《钦定大学堂章程》最早使用"德育"一词。1906年，王国维提出要"培养智育、德育、美育和体育四育"全面发展的"完全人物"。1912年，蔡元培提出"五育并举"，在其影响下，国民政府颁布"注重道德教育，以实利主义教育、军国民教育辅之，更以美感教育完成其道德"的教育宗旨，标志着"德育"一词已成为我国教育界通用的术语。

德育有广义和狭义之分。广义的德育是指有目的、有计划地对社会成员在政治、思想与道德等方面施加影响的活动，包括家庭德育、学校德育、社会德育、社区德育等形式。狭义的德育专指学校德育，是教育者根据一定社会或阶级的要求和受教育者品德形成发展的规律与需要，有目的、有计划、有组织地对受教育者施加社会思想道德影响，并通过受教育者品德内部矛盾运动，以使其形成教育者所期望的品德的活动。德育的实质是将一定社会的思想道德转化为学生个体的思想品德。

（二）德育概念外延的界定

我国学校德育不同于西方语境中的道德教育（"小德育"），而是一种涵盖整个社会意识形态教育的"大德育"。在我国，人们通常在更广泛的意义上使用学校德育的概念。因此，德育概念外延的界定必须做认真的清理，应当遵循"守一而望多"原则。所谓"守一"，意即严格意义上的德育或德育的基本内涵只能指道德教育；所谓"望多"，意即德育还应进行政治教育、思想教育、法制教育、心理健康教育等。其中，政治教育是方向，思想教育是基础，道德教育是核心，法纪教育是保障，心理健康教育（学习辅导、生活辅导和择业指导）是关键，它们共同塑造完整、健全的新人。

二、德育的类型与层次

（一）德育类型

从德育类型划分的角度来说，德育包括私德、公德和职业道德教育。

1. 私德教育

私德通常以家庭美德为核心，私德教育即培养学生的私人生活的道德意识及行为习惯，如相互尊重、相互体谅、相互关心、诚实、忠诚、敬老爱幼等。

2. 公德教育

公德教育即培养学生的国家与社会生活的道德意识和符合社会公德的行为习惯，如遵守社会公共秩序、注意公共卫生、爱护公共财物、保护环境、见义勇为、维护民族尊严和民族团结等。

3. 职业道德教育

职业道德教育即培养学生职业生活的道德意识及合乎道德规范的行为习惯，如忠于职守、勤恳工作、廉洁奉公、团结合作等。

（二）德育层次

公德、私德、职业道德均含三个层次的道德要求，即道德理想、道德原则、道德规则。德育包含理想、原则、规则层次的道德教育。

1. 道德理想教育

道德理想教育即运用道德倡议形式激励学生的高尚行为。道德理想虽是一种难以完全达到的境界，但可给学生树立一个不断追求的终结目的，激励着学生努力践行道德行为。

2. 道德原则教育

道德原则教育即运用道德指令或道德倡议指导学生的正确行为。道德原则是学校认为学生可以而且应当达到的要求，但在实施中具有一定的灵活性。它是指导学生行为的基本准则。

　　3. 道德规则教育

　　道德规则教育即运用道德禁令或道德指令形式约束学生的不良行为。道德规则是不可违反的最低限度要求，是必须执行的。其中肯定性规则起指导作用，否定性规则起约束作用。

三、德育的性质与功能

　　（一）德育的性质

　　德育的性质即德育的特点。德育要以认识为基础，引导学生掌握思想观点和道德规范，发展他们分辨善恶的能力以解决道德价值观问题。德育是培养学生思想品德的教育，德育的本质是"育德"。道德学习的核心是态度或价值观的学习，因此德育旨在培养学生的道德信念和人生观，形成学生的道德行为习惯，主要属于伦理领域。德育是各个社会共有的社会、教育现象，具有社会性，与人类社会共始终。德育随社会发展变化而发展变化，具有历史性，在阶级和民族存在的社会具有阶级性和民族性。在德育历史发展过程中，其原理、原则和内容、方法等存在一定的共同性，因此，德育具有继承性。

　　（二）德育的功能

　　1. 社会性功能

　　德育的社会性功能指学校德育能够在何种程度上对社会发挥何种性质的作用，主要指学校德育对社会政治、经济、文化发生影响的政治功能、经济功能和文化功能。例如，古代中国是一个特别重视道德教化的国度，德育一直是统治者"齐风俗，一民心""齐家治国平天下"的工具。

　　2. 个体性功能

　　个体性功能可以描述为德育对个体生存、发展、享用三个方面发生的影响，其中享用功能是本质体现和最高境界。德育的核心任务是要赋予每一个个体科学的价值观、道德原则和行为规范。

　　3. 教育性功能

　　德育的教育性功能有两大含义：一是德育的教育或价值属性；二是德育作为教育子系统对平行系统的作用，即德育对智、体、美诸育的促进功能。就其共性来看，主要有三点：（1）动机作用；（2）方向作用；（3）习惯和方法上的支持。

　　此外，有观点认为，德育作为一种相对独立的社会实践活动，对个体的发展、整个教育活动的实施、社会的进步都具有重要功能。（1）德育对个体发展的功能。① 制约个体社会化和个性化的方向；② 满足个体自我完善的需要；③ 激发和调节个体的智能发展；④ 促进个体的心理健康。（2）德育对教育的导向功能。任何社会都十分关心德育的地位和性质，而且常常通过干预德育和强化德育来制约学校教育，通过规定其性质、内容来决定和保证整个教育的性质和发展方向。（3）德育对社会稳定与发展的功能。孔子认为："道之以政，齐之以刑，民免而无耻；道之以德，齐之以礼，有耻且格。"① 为社会的稳定与发展培养合格公民；② 传播和倡导为社会稳定与发展所需要的思想、意识、观念和舆论。

四、德育的意义与任务

　　（一）德育的意义

　　1. 德育是社会主义现代化建设的重要条件和保证

　　德育是精神文明建设的重要组成部分，同时，又贯穿于物质文明和政治文明建设之中。社会主义学校是培养社会主义建设者和接班人的必要场所，是进行社会主义精神文明建设的重要阵地。

2.德育是少年儿童健康成长的条件和保证

青少年学生由于知识经验少，辨别是非能力差，容易接受各种思想影响。因此，必须运用正确的思想和方法对他们进行教育，增强抵制错误思想影响的能力，促使他们健康成长。

3.德育是实现我国教育目的的基础和保障

社会主义的教育目的是培养德、智、体、美等全面发展的社会主义建设者和接班人。通过德育促进少年儿童的品德发展，可为他们体能、智力等方面的发展提供保证和动力。

（二）德育的任务

我国中小学德育的任务有三个层次：第一个层次就是培养爱国、守法、明德的公民；第二个层次是培养具有科学世界观和人生观，具有较高思想觉悟的社会主义者；第三个层次是使少数优秀分子成为共产主义者。

1.培养学生树立坚定正确的政治方向

学校德育要教育学生热爱祖国，热爱人民，热爱中国共产党，拥护党在社会主义初级阶段的基本路线，初步树立为人民服务的思想和为建设有中国特色的社会主义而奋斗的理想和志向。当前，还要特别加强公民教育，增强学生的公民意识，提高他们的社会责任感。

2.引导学生逐步树立科学世界观和人生观

科学世界观和人生观的形成是一个长期的、艰苦的锻炼过程，德育为其奠定了一定的基础。学校德育要对学生进行马列主义基本观点的教育，初步的科学思想方法的教育，使学生逐步形成以集体主义为导向的人生观和价值观，养成实事求是的科学态度及作风。

3.逐步使学生具有社会主义的基本道德品质和法纪观念及养成文明行为习惯

培养学生具有爱祖国、爱人民、爱劳动、爱科学、爱社会主义的社会公德；具有勤奋学习、热爱劳动、关心集体、乐于助人等优良品德和文明习惯。同时，现代社会是法制社会，学校德育必须培养受教育者的法制观念，使他们懂法、守法、护法，并能够自觉地利用法律武器保护自身合法权益。

4.培养学生具有一定的品德能力和良好的品德心理素质

品德能力是指一个人顺利完成品德活动的本领，主要包括品德的认识能力、情感能力、践行能力和自我教育能力等。品德心理一般是由知、情、意、行等因素构成的。学校德育要注意培养学生的品德心理因素，促使其全面、和谐、健康地发展，同时，要培养学生具有一定的道德思维、判断、评价能力以及自我管理和教育的能力。

五、德育的产生与历史发展

1.德育的发展历程

人类的德育历程大体上经历了习俗性德育、古代德育和现代德育等几个阶段。（1）习俗性德育是指人类社会早期以习俗性道德为教育内容并通过习俗与生活去实施的道德教育形态。（2）古代德育主要指奴隶社会、封建社会的学校德育，这是一个等级性、神秘性和经验性的德育发展阶段。（3）德育现代化最主要特征是三条：第一，学校德育的民主化；第二，学校德育的世俗化；第三，学校德育的科学化。

2.中国传统德育精髓

在中国奴隶社会和封建社会的学校中，德育居于首要的地位。西周学校教育的内容"六艺"（礼、乐、射、御、书、数）中，"礼"教是居首位的。孟轲明确提出："设为庠、序、学、校以教之。……夏曰校、殷曰序、周曰庠，学则三代共之，皆所以明人伦也。"（《孟子·滕文公上》）他把伦理教育视为中国古代学校的教育目的，这是中国封建社会教育的一个特点。在漫长的中国封建社会中，把维护封建等级制度的道德教条"三纲"（君为臣纲，父为子纲，夫为妻纲）、"五常"（仁、义、礼、智、信）作为德育的主要内容。

（1）德才兼备、以德统智的总体取向。孔子曰："志于道，据于德，依于仁，游于艺。"

（2）修己达人、中和一贯的人生追求。《大学》："大学之道，在明明德，在亲民，在止于至善。格物致知诚意正心修身齐家治国平天下。"《论语》："君子和而不同，小人同而不和。"

（3）寓理于事、化民成俗的实施策略。《三国志》："勿以恶小而为之，勿以善小而不为。"《学记》："建国君民，教学为先"；"化民成俗，其必由学"。

（4）躬身践履、自律自省的修养路径。《论语》："见贤思齐焉，见不贤而内自省也。"朱熹："为学之实，固在践履。苟徒知而不行，诚与不学无异。"

第二节　德育目标与德育内容

一、德育目标

（一）德育目标的概念

德育目标是教育目的在人的思想品德方面的总体规格要求，是预期的德育结果。德育目标是德育工作的出发点，它不仅决定了德育的内容、形式和方法，而且制约着德育工作的基本过程。综合不同观点，德育目标具有社会性（历史性、阶级性、民族性、时代性）、价值性、客观性、实践性、层次性、参照性、预见性、超越性、可能性等特点。

制定德育目标的主要依据是：（1）时代与社会发展需要。作为教育的组成部分，德育目标要体现一定社会对所培养人的要求。（2）国家的教育方针和教育目的。教育目的包含了德育目标，因此必须依据教育方针和教育目的来提出德育目标。（3）民族文化及道德传统。不同国家或民族具有不同的文化、不同的道德传统，提出的德育目标也会不同。（4）受教育者思想品德形成、发展的规律及心理特征。德育目标是将一定的思想道德要求传授给年轻一代，并以此指导学生的发展，因此需要考虑受教育者的心理特征及身心发展规律。

（二）我国中小学德育目标的要求

1. 我国中小学德育目标的总要求

1996年，《中共中央国务院关于深化教育改革全面推进素质教育的决定》中指出："各级各类学校必须更加重视德育工作，以马克思列宁主义、毛泽东思想和邓小平理论为指导，按照德育总体目标和学生成长规律，确定不同学龄阶段的德育内容和要求，在培养学生的思想品德和行为规范方面，要形成一定的目标递进层次。要加强辩证唯物主义和历史唯物主义教育，使学生树立科学的世界观和人生观。要有针对性地开展爱国主义、集体主义和社会主义教育，中华民族优秀文化传统和革命传统教育，理想、伦理道德以及文明习惯养成教育，中国近现代史、基本国情、国内外形势教育和民主法制教育。把发扬民族优良传统同积极学习世界上一切优秀文明成果结合起来。"

2. 我国小学德育目标

（1）培养儿童正确的政治方向，初步形成科学的世界观和共产主义道德意识；（2）培养学生良好的道德认识和行为习惯；（3）培养儿童的道德思维和道德评价能力；（4）培养学生的自我教育能力。

3. 初中阶段德育目标的要求

（1）思想政治方面的基本要求。热爱祖国，热爱家乡，关心家乡建设；有民族自豪感、自尊心；懂得社会主义初级阶段基本路线的主要内容，了解社会主义现代化建设的常识；初步具有惜时守信、重视质量、讲求效益、优质服务等与发展社会主义商品经济相适应的思想观念；有基本的民主与法制的观念，知法守法；立志为实现四化、振兴中华而学习，正确对待升学和就业，初步树立为人民服务的思想；相信科学，反对封建迷信和陈陋习俗。

（2）道德行为方面的基本要求。尊重、关心他人，爱护、帮助他人；热爱班级和学校集体，爱护集体荣誉；积极参加劳动，初步养成劳动习惯和生活自理能力，养成自觉遵守社会公德的良好品质。

（3）个性心理素质和能力方面的基本要求。养成诚实正直、积极向上、自尊自强的品质，具有初步的分辨是非等能力。

4. 高中阶段德育目标的要求

（1）思想政治方面的基本要求。正确认识社会主义建设与改革开放的形势，具有与祖国休戚与共的感情；有振兴中华、建设家乡的事业心和责任感，能够把个人前途与社会主义建设的需要结合起来；进一步树立与发展社会主义商品经济相适应的价值观念、竞争观念和改革开放的意识；初步运用马克思主义观点和方法观察分析社会现象。

（2）道德行为方面的基本要求。具有国家利益、集体利益和个人利益相结合的社会主义集体主义精神；树立劳动观点，有良好的劳动习惯、较强的生活自理能力和艰苦奋斗的思想作风；遵守公民道德，懂得现代文明的生活方式和交往礼仪。

（3）个性心理素质和能力方面的基本要求。养成坚毅勇敢、不怕困难、敢于创新的品格，形成一定的自我教育和自我管理等能力。

二、德育内容

德育内容是指实施德育工作的具体材料和主体设计，是形成受教育者品德的社会思想政治准则和道德规范的总和。选择德育内容，实质上就是选用一定的道德规范、政治观、人生观、世界观来教育学生。德育目标必须落实到德育内容上，德育活动才能有效，才能达到预期目标。

（一）选择德育内容的依据

选择德育内容的依据主要有四点：（1）德育目标。只有在了解德育目标的前提下，才能选择德育内容，所以德育目标决定德育内容。（2）受教育者的身心发展特征。它决定德育内容的深度和广度。（3）德育所面对的时代特征和学生思想实际。它决定德育工作的针对性和有效性。（4）文化传统。选择德育内容应考虑文化传统的作用。

（二）我国学校德育的基本内容

在选择德育内容时，应注重把德育的现实性和理想性结合起来。从构成角度看，现代德育内容的基本层次可以归纳为文明习惯、基本道德（美德）、公民道德、信仰道德四个层次。根据我国的教育目的和德育目标，我国中小学德育内容从性质上看大致包括以下几个方面：

1. 爱国主义教育

爱国主义教育是培养学生热爱祖国的感情，使学生形成保卫祖国、维护祖国统一和利益的坚强意志的教育。爱国主义教育是德育的永恒主题，在社会发展的不同历史时期具有不同的内容，建设有中国特色的社会主义是新时期爱国主义的崭新含义。

2. 理想教育

理想是人们以现实为基础，对未来生活的向往和追求，是人们的生活目的和奋斗目标。学校要对青少年进行正确的人生理想和社会理想教育，包括社会主义共同理想以及为共产主义理想而奋斗的教育等。

3. 集体主义教育

集体主义教育就是使学生形成集体观念，关心集体和善于在集体中生活的教育。学校要教育学生正确处理个人与集体、国家的关系，发扬对集体、国家的奉献精神，反对极端个人主义和自私自利的思想。

4. 人道主义与社会公德教育

人道主义和社会公德教育的内容主要有以下几个方面：引导学生学会善意对人，热情待人，乐于助人；培养学生讲规矩、有礼貌，举止文雅、大方等文明行为；养成诚实、热情、谦虚、朴素等优良品质。

5. 民主与法制观念的教育

学生民主与法制教育的主要内容是：培养学生的民主思想与参与意识；教会学生学习和遵守基本法律法规中与学生生活有关的规定，做到懂法、守法；树立法制观念，能够自觉利用法律维护自身的合法权益，并勇于同违法乱纪行为作斗争。

6. 劳动教育

劳动教育是指劳动、生产、技术和劳动素养方面的教育。其主要内容包括：培养学生正确的劳动观点，使他们懂得劳动创造个人幸福和人类历史；培养学生对劳动和劳动者的深厚感情，教育他们热爱劳动，尊重劳动者；培养学生正确的劳动态度；培养学生具有良好的劳动习惯，艰苦奋斗、吃苦耐劳的作风，遵守劳动纪律，爱护劳动工具，珍惜劳动成果，自觉抵制不劳而获、奢侈浪费等不良风气；使学生获得工农业生产和日常生活诸方面的基本知识和技能等。

7. 自觉纪律教育

纪律是在一定社会条件下形成的集体成员必须遵守的规则、章程、制度等。学校应对学生加强自觉纪律教育，增强他们遵守纪律的自觉性，为他们今后适应社会需要奠定坚实的基础。

8. 科学世界观和人生观教育

科学世界观是指马克思主义世界观。科学人生观是指无产阶级人生观，它建立在科学世界观的基础之上，是革命的、向上的人生观。教师应引导学生逐步树立科学的世界观和人生观。

当前，我国中小学德育内容应处理好"先进性"与"广泛性"的问题、"古今中外"的问题、德育生活化的问题、德育内容主旋律（爱国主义、集体主义和社会主义思想）的问题等。在新时期德育内容中，起主导作用的是社会主义核心价值观教育，我们应当让社会主义核心价值观成为学校德育内容的主旋律。

（三）新时期德育新主题

1. "三生教育"

"三生教育"是学校德育范畴的概念，包括"生命教育""生活教育""生存教育"。

"生命教育"旨在让每一位教师和学生"认识生命、尊重生命、珍爱生命，关心自己和家人"；"生活教育"提倡"珍视生活，了解生活常识，掌握生活技能，养成良好生活习惯，关心他人和集体，树立正确的生活目标";"生存教育"强调"学习生存知识，保护珍惜生态环境，关心社会和自然，强化生存意志，提高生存的适应能力和创造能力"。

2. 安全教育

安全教育是指教育学生确立自主维护生命安全、财产安全的意识，严防危及生命安全的犯罪。学生安全教育包括交通安全、校内外活动安全、消防安全、卫生防病、饮食及家居安全等的教育。

3. 升学就业指导

升学和就业指导是指教师根据社会的需要指导学生树立正确的职业观，帮助他们了解社会职业，进而引导他们按照社会需要和自己的特点为将来升学选择专业与就业选择职业，在思想上、学习上和心理上做好准备。

（四）《中小学德育工作指南》规定的德育内容

2017年8月，教育部发布《中小学德育工作指南》，明确提出五项德育内容。

1. 理想信念教育

开展马列主义、毛泽东思想学习教育，加强中国特色社会主义理论体系学习教育，引导学生深入学习习近平总书记系列重要讲话精神，领会党中央治国理政新理念新思想新战略。加强中国历史特别是近现代史教育、革命文化教育、中国特色社会主义宣传教育、中国梦主题宣传教育、时事政策教育，引导学生深入了解中国革命史、中国共产党史、改革开放史和社会主义发展史，继承革命传统，传承红色基因，深刻领会实现中华民族伟大复兴是中华民族近代以来最伟大的梦想，培养学生对党的政治认同、情感认同、价值认同，不断树立为共产主义远大理想和中国特色社会主义共同理想而奋斗的信念和信心。

2. 社会主义核心价值观教育

把社会主义核心价值观融入国民教育全过程，落实到中小学教育教学和管理服务各环节，深入开展爱国主义教育、国情教育、国家安全教育、民族团结教育、法治教育、诚信教育、文明礼仪教育等，引导学生牢牢把握富强、民主、文明、和谐作为国家层面的价值目标，深刻理解自由、平等、公正、法治作为社会层面的价值取向，自觉遵守爱国、敬业、诚信、友善作为公民层面的价值准则，将社会主义核心价值观内化于心、外化于行。

3. 中华优秀传统文化教育

开展家国情怀教育、社会关爱教育和人格修养教育，传承发展中华优秀传统文化，大力弘扬核心思想理念、中华传统美德、中华人文精神，引导学生了解中华优秀传统文化的历史渊源、发展脉络、精神内涵，增强文化自觉和文化自信。

4. 生态文明教育

加强节约教育和环境保护教育，开展大气、土地、水、粮食等资源的基本国情教育，帮助学生了解祖国的大好河山和地理地貌，开展节粮节水节电教育活动，推动实行垃圾分类，倡导绿色消费，引导学生树立尊重自然、顺应自然、保护自然的发展理念，养成勤俭节约、低碳环保、自觉劳动的生活习惯，形成健康文明的生活方式。

5. 心理健康教育

开展认识自我、尊重生命、学会学习、人际交往、情绪调适、升学择业、人生规划以及适应社会生活等方面教育，引导学生增强调控心理、自主自助、应对挫折、适应环境的能力，培养学生健全的人格、积极的心态和良好的个性心理品质。

第三节 德育过程

一、德育过程的概念

（一）德育过程的概念

德育过程是教育者和受教育者双方借助于德育内容和方法，进行施教传道和受教修养的统一活动过程，是促使受教育者道德认识、道德情感、道德意志和道德行为发展的过程。德育过程从本质上说是个体社会化与社会规范个体化的统一过程。在这一过程中要实现"两个转化"，即社会规范转化为个体意识、个体意识转化为个体行为习惯。

（二）德育过程与品德形成过程的关系

德育过程（思想品德教育过程）不同于思想品德形成过程，两者之间属于教育与发展的关系。德育过程与品德形成过程的主要不同在于：其一，活动范畴不同。德育过程属于教育活动范畴；思想品德形成过程属于人的素质发展过程。其二，活动形式和影响因素不同。德育过程只是学生思想品德发展的外部影响，且学生主要受有目的、有计划、有组织的教育影响；思想品德形成过程是在外部影响下受教育者内部自身运动的过程，且学生受各种因素影响，包括自发的环境因素。其三，结果不同。德育过程的结果与社会要求相一致；思想品德形成过程的结果可能与社会要求一致，也可能不一致。

二、德育过程的结构和矛盾

（一）德育过程的结构

德育过程的结构是指德育过程中不同质的各种要素或各个组成部分之间相互联系、相互作用的方式。德育过程通常由教育者、受教育者、德育内容和德育方法四个相互制约的要素构成。

1. 教育者

教育者是德育过程的组织者、领导者，是一定社会德育要求和思想道德的体现者，在德育过程中起主导作用。教育者包括直接的和间接的个体教育者和群体教育者。

2. 受教育者

受教育者包括受教育者个体和群体，他们都是德育的对象。在德育过程中，受教育者既是德育的客体，又是德育的主体。当他们作为德育对象时，是德育的客体；当他们接受德育影响、进行自我品德教育和对其他德育对象产生影响时，成为德育主体。

3. 德育内容

德育内容是用以形成受教育者品德的社会思想、政治和道德规范，是受教育者修养和内化的客体，是教育者和受教育者双边活动的中介。学校德育基本内容是根据学校德育目标和学生品德形成发展规律确定的，它具有一定范围和层次。

4. 德育方法

德育方法是教育者施教传道和受教育者受教修养的相互作用的活动方向的总和。它凭借一定的手段进行。教育者总是通过一定的德育方法将德育内容作用于受教育者，受教育者也需要借助一定的德育方法将德育内容转化为自己的品德。

（二）德育过程的矛盾

德育过程的矛盾是指德育过程中各要素、各部分之间，以及各要素、各部分内部各方面之间的对立统一关系。德育过程的基本矛盾是社会通过教师向学生提出的道德要求与学生已有品德水平之间的矛盾，即教育者提出的德育要求与受教育者现有品德水平之间的矛盾。这是德育过程中最一般、最普遍的矛盾，也是决定德育过程本质的特殊矛盾。这个矛盾需要通过向学生传授一定的社会思想和道德规范，引导他们进行道德实践，把他们从原有的品德水平提高到教师所要求的新的品德水平上来。

三、德育过程的规律

（一）德育过程是培养学生知、情、意、行的过程，具有统一性和多端性

1. 知、情、意、行是构成思想品德的四个基本要素

知即道德认识，是人们对道德规范及其意义的理解和看法，包括人们通过认识形成的各种道德观。它也是人们确定对客观事物的主观态度和行为准则的内在依据。

情即道德情感，是人们对社会思想道德和人们行为的爱憎、好恶等情绪态度。一般是在认识基础上形成，是在运用一定的道德观进行道德判断时引发的一种内心体验。它伴随品德认识而产生、发展，并对品德认识和品德行为起着激励和调节作用。

意即道德意志，是为实现道德目的所做的自觉努力，是人们通过理智权衡来解决思想道德生活中的内心矛盾与支配行为的力量。它常常表现为用正确动机战胜错误动机、用理智战胜欲望、用果断战胜犹豫、用坚持战胜动摇，排除来自主客观的各种干扰和障碍，按照既定的目标把品德行为坚持到底。

行即道德行为，是人们在一定道德认识或道德情感支配下采取的行为，是衡量人们品德的重要标志。道德行为包括一般的行为和经多次练习所形成的道德行为习惯。道德行为受道德认识、情感和意志的支配、调节，同时又影响道德认识、情感和意志。

知、情、意、行四个要素相互依存，相互促进，共同推动学生品德的发展。其中知是前提和基础，它可以使学生在明辨是非、善恶、美丑的基础上，有选择地行动；情是学生产生品德行为的内部动力，是实现转化的催化剂；意是在知的基础上形成的精神力量，它对学生品德的发展起着巨大的调节作用；行是人的思想品德的外部表现，是衡量学生认识与修养水平高低的关键和重要标志。

2. 知、情、意、行之间的关系及其发展

德育过程要促进学生的知、情、意、行诸因素的和谐统一发展。首先，要注意全面性。全面性要求教师全面关心和培养学生的知、情、意、行。要对学生晓之以理、动之以情、导之以行、持之以恒，使四者相辅相成、全面而和谐地得到发展。这样才能最有效、最巩固地培养学生的品德。其次，要注意多端性。知、情、意、行在发展方向和水平上常处于不平衡状态，这就要求教师根据学生的实际情况，从相应的要素入手进行教育。培养学生的知、情、意、行可以有多种开端，但不论从何开端都要注意全面性，注意抓一端促全面，使各个因素相互协调、配合，发挥其最大的整体功能。

（二）德育过程是学生在活动和交往中接受多方面影响的过程，具有社会性和实践性

1. 学生的思想品德是在社会交往活动中形成的

活动和交往是学生品德形成的基础。学生的思想品德是在积极的活动和交往过程中逐步形成、发展起来和表现出来的，并接受社会检验。学生的思想品德是在接受家庭、社会和学校的影响中形成的。学生接受影响的过程是在能动地吸取环境和教育影响的过程中完成的。外在的影响转化为学生的思想品

德，是通过学生的能动活动实现的。没有社会交往就没有社会道德，教育者应把组织活动和交往看作德育过程的基础。活动和交往的性质、内容、方式不同，对人的品德影响的性质和作用也不同。

2.德育过程要善于通过组织和指导学生的活动促进学生思想品德的形成和发展

首先，要组织各种活动和交往。教师要协调家庭、社区和学校，组织符合教育目的和学生特点的多种多样的教育活动。这些活动包括两个方面：一是学生的学习、劳动、工作、社会服务、文娱和体育等实际活动；二是学生在思想情感上进行的内部心理活动。其次，要加强指导和引导。教师要指导学生参与各种活动，引导学生通过积极参与活动提高道德认识，升华道德情感，巩固道德意志，形成道德行为。

（三）德育过程是促进学生思想品德内部矛盾斗争转化的过程，具有主动性和自觉性

1.德育过程既是社会道德内化为个体的思想品德的过程，又是个体品德外化为社会道德行为的过程。无论是"内化"还是"外化"，都必然伴随着一系列的思想矛盾和斗争。

2.学生思想内部矛盾斗争是学生品德形成与发展的根本动力，推动矛盾向教育者期望的方向转化。外因是条件，内因是根据，外因通过内因起作用。教育者一方面要调节学生品德发展的外部环境；另一方面要了解受教育者的心理矛盾，促使其积极接受外界的教育影响，有效地形成新的道德品质。

3.德育过程也是教育和自我教育的统一过程（德育过程是一个儿童自我教育能力逐步提高的过程）。自我教育能力是学生品德发展程度的一个重要标志，包括自我期望能力（自我激励能力）、自我评价能力和自我调控能力等。学生自我意识和自我教育能力的发展是有规律的，大致是从"无律"（"自我中心"）发展到"他律"，又从"他律"发展到"自律"，再从"自律"走向"自由"。我们应利用这一规律，形成和发展学生的自我教育能力。

（四）德育过程是长期的、反复的、逐步提高的过程，具有反复性和渐进性

1.一个人良好思想品德的提高和不良品德的克服，都要经历一个反复的培养教育或矫正训练的过程，是一个无止境的认识世界、认识自我的过程。特别是道德行为习惯的培养，是一个需要长期反复培养、实践的过程，是逐步提高的渐进过程。

2.在德育过程中，教育者既要对受教育者思想品德的形成与变化坚持长期抓，又要注意受教育者思想品德形成过程中的反复性而坚持反复抓。

第四节　德育原则、途径与方法

一、德育原则

（一）德育原则的概念

德育原则是根据教育目的、德育目标和德育过程规律提出的学校和教师进行德育工作必须遵循的基本要求。德育原则对制定德育大纲、确定德育内容、选择德育方法、运用德育组织形式等具有指导作用。

我国的学校德育原则制定的依据有：社会主义教育目的和德育目标，社会主义德育实践经验，对历史上国内外德育原则的有益经验的批判继承、吸收和借鉴。

（二）我国德育的基本原则

1. 导向性原则

导向性原则是指进行德育时要有一定的理想性和方向性，以指导学生向正确的方向发展。

贯彻导向性原则的基本要求是：（1）坚持正确的政治方向。学校德育必须目的明确，引导学生把平时的学习、劳动和生活同实现社会主义现代化的目标联系起来。（2）德育目标必须符合新时期的方针、政策和总任务的要求。我国教育要以邓小平理论为指导，培养有理想、有道德、有文化、有纪律的新人。（3）要把德育的理想性和现实性结合起来，把坚持共产主义的方向性与学生日常实际生活结合起来，引导学生努力做到言行一致。

2. 疏导原则

疏导原则也称循循善诱原则，是指进行德育时要循循善诱，以理服人，从提高学生认识入手，调动学生的主动性，使他们积极向上。孔子的弟子颜回评价老师时说的"夫子循循然善诱人，博我以文，约我以礼，欲罢不能"，正是疏导原则的体现。

贯彻疏导原则的基本要求是：（1）讲明道理，疏导思想。对学生进行德育，要注重摆事实、讲道理、做深入细致的思想工作，这样有助于学生道德水平的提高和品德的形成，启发他们自觉认识问题，自觉履行道德规范。（2）因势利导，循循善诱。德育要善于把学生的积极性和志趣引导到正确方向上来。（3）以表扬激励为主，坚持正面教育，做到正面引导与纪律约束相结合。对学生表现出的积极性和微小进步，都要注意肯定，这样才能更好地调动他们的主动性，有助于培养他们的优良品质。"没有惩罚的教育是不完整的教育"，坚持"以正面教育为主，纪律约束为辅"，并不意味着没有批评和处分。

3. 尊重学生与严格要求相结合原则

尊重学生与严格要求相结合原则即严爱结合或严慈相济原则，是指进行德育时要把对学生个人的尊重和信赖与对他们的思想和行为的严格要求结合起来，使教育者对学生的影响与要求易于转化为学生的品德。苏联教育家马卡连柯的名言"我们既要严格要求一个人，也要尽可能尊重一个人"，正体现了这一教育原则。

贯彻这一原则的基本要求是：（1）教育者要爱护、尊重和信赖学生（皮格马利翁效应）；（2）教育者对学生提出要求，要做到合理正确、明确具体和宽严适度，以利于学生健康成长；（3）教育者对所提出的要求要认真执行，坚定不移地贯彻到底，督促学生切实做到。

4. 教育的一致性与连贯性原则

这一原则是指德育应当把来自各方面的对学生的教育影响加以组织、调节，使其相互配合，协调一致，以保障学生的品德能按教育目的的要求发展。学生品德的形成不是一天两天内就能完成的，也不是几次德育活动就能做到的。德育要贯穿在学生学习的整个过程中。

贯彻这一原则的基本要求是：（1）要统一学校内部各方面的教育力量，按照一致的培养目标和方向，统一教育的计划和步骤。（2）要统一社会各方面的教育影响。学校应与家庭和社会的有关机构建立和保持联系，形成一定的制度，共同努力，来控制环境对学生的不良影响。（3）对学生进行德育要有计划有系统地进行，做好衔接工作，确保前后连贯一致。

5. 因材施教原则

因材施教原则又称照顾年龄特点与照顾个别特点相结合原则，是指进行德育要从学生的思想认识和品德发展的实际出发，根据他们的年龄特征和个性差异进行不同的教育，使每个学生的品德都能得到更好的发展。只有了解了学生的实际情况，才有可能实行有效的教育。我国孔子提出"视其所以，观其所由，察其所安"的目的，是为了更好地了解学生，根据学生特点进行有区别的教育。

贯彻这一原则的基本要求是：（1）深入了解学生的个性特点和内心世界。德育要考虑学生的个性特点，了解每个学生。（2）根据学生个人特点有的放矢地进行教育。学校德育要采用不同的内容和方法因材施教，努力做到"一把钥匙开一把锁"。（3）根据学生的年龄特征有计划地进行教育。学生思想认识与品德的发展有明显的年龄特征，在不同的年级，对表现出不同年龄特征的学生，要进行有区别的针对性教育。

6. 发扬积极因素与克服消极因素相结合原则

发扬积极因素与克服消极因素原则又称长善救失原则，是指进行德育时要调动学生自我教育的积极性，依靠和发扬他们自身的积极因素去克服他们品德上的消极因素，实现品德发展内部矛盾的转化。该原则的依据是学生思想品德形成和发展要通过自身内部矛盾运动的客观规律。

在德育工作中，教育者要善于依靠和发扬学生品德中的积极因素，限制和克服消极因素，扬长避短，因势利导，使学生思想品德不断进步。这一原则是对统一规律在德育中的反映。每一个学生思想品德内部都存在积极和消极两个方面，这两个方面既矛盾斗争又可以转化：当积极因素居主导地位时，学生品德表现较好；反之，则较差。教育者的责任，则是促使这种矛盾向积极方面转化。

贯彻这一原则的要求是：（1）要用一分为二的观点，找出学生思想品德中的积极和消极因素；（2）善于创造条件使积极因素健康成长，并逐步使这一因素成为学生思想因素中的主导力量；（3）要培养学生的进取心，启发他们自我教育，发扬优点，克服缺点。

7. 在集体中教育原则

在集体中教育原则，也称集体教育和个别教育相结合原则，是指班主任在对学生进行思想品德教育时，要依靠集体、培养集体、教育集体，并通过集体进行教育，充分发挥集体在教育中的作用。这一原则是苏联教育家马卡连柯成功教育经验的总结。马卡连柯指出：教师要影响个别学生，首先要去影响这个学生所在的集体，然后通过集体和教师一道去影响这个学生，便会产生良好的教育效果。这就是著名的"平行教育原则"。

贯彻这一原则的基本要求是：（1）建立健全的学生集体；（2）开展丰富多彩的集体活动，充分发挥学生集体的教育作用；（3）加强个别教育，并通过个别教育影响集体。

8. 知行统一原则

知行统一原则又称理论和实践相结合的原则，是指德育要以学生的现实生活为基点，联系学生生活，引导学生把思想政治观念和社会道德规范的学习同参与生活实践结合起来，把提高思想道德境界与养成道德行为习惯结合起来，做到心口如一、言行一致。

贯彻这一原则的基本要求是：（1）加强理论教育，提高学生的思想道德认识；（2）组织引导学生参加社会实践，通过实践活动加深认识，增强情感体验，养成良好的行为习惯；（3）对学生的评价和要求要坚持知行统一的原则；（4）教育者要以身作则，严于律己，言行一致。

二、德育的途径

德育的途径又称为德育组织形式，是指学校向学生进行思想品德教育的渠道或形式。学校的全部生活，学生参与的各种活动和交往，都是德育的途径。我国学校德育的途径具体包括各学科教学、课外活动与校外活动、劳动与社会实践活动、校会和时事政策等的学习、班主任工作、心理咨询和校园生活等。此外，2017年8月，教育部发布《中小学德育工作指南》，明确提出德育的六大途径，即课程育人、文化育人、活动育人、实践育人、管理育人、协同育人。

（一）学科教学

1882年，法国率先以法令的形式把"道德课"列入学校的正式课程。杜威把通过专门的道德课系统地向学生传授道德知识和理论的途径称作"直接的道德教学"或"关于道德观念的教学"。

思想品德课（政治课）与其他学科教学是学校有目的、有计划、有系统地对学生进行德育的基本途径。这是因为教学活动是学校教育的主要组织形式，学校工作必须以教学为主，而教学工作总是具有教育性的。为了保持学科自身的特点，遵循学科教学自身的逻辑，学科教学中唯一可行的德育是间接的或渗透式的教育。

通过教学实施教育是通过传授和学习文化科学知识实现的。各科教材中都包含有丰富的教育内容，只要充分发掘教材本身所固有的德育因素，把教学的科学性和思想性统一起来，就能在传授和学习文化科学知识的同时，使学生受到科学精神、社会人文精神的熏陶，进而形成良好品德。

（二）课外活动与校外活动

课外、校外活动具有丰富多彩的内容和灵活多样的形式，可以让学生根据兴趣、爱好自愿选择参加。课外、校外活动有助于培养学生的辨别是非、自我教育等道德能力，以及互助友爱、团结合作、纪律性与责任感等良好品德。

（三）劳动与社会实践活动

学生的思想品德是在活动和交往中形成，并通过活动和交往表现出来的。社会实践活动有助于培养学生各种良好的品德和风尚，因此，社会实践活动也是学校德育不可缺少的重要途径。

（四）团队活动

共青团、少先队是青少年学生自己的集体组织。通过自己的组织进行德育，有利于调动学生的积极性和创造性，培养主人翁意识以及自我教育和管理的能力，自觉提高思想认识，培养优良品德。

（五）校会、班会、周会、晨会、时事政策的学习

校会和班会是全校师生或全班同学参加的活动，能持久地潜移默化地影响学生，及时地有针对性地解决学生的思想问题。周会主要对学生进行社会主义道德教育和时事政策教育。每天的晨会可以对随时出现的问题予以及时解决。时事政策学习是国情教育的重要途径，一般采用做政策报告，学生自己阅读报纸或收听广播、收看电视等形式。

（六）班主任工作

班主任工作是学校针对学生进行德育的一个重要而又特殊的途径。班主任的基本任务是带好班级，教好学生。班主任的具体任务和职责很多，其中的一项主要任务和职责是对学生进行品德教育。对学生进行德育工作，这是班主任的主要任务，也是班主任的工作重点。

总之，德育的实施途径主要包括直接的道德教学（道德课）和间接的道德教育（其他学科教学和学校生活）两方面。据此，可以将德育课程大致分为三类：学科性德育课程、活动性德育课程和德育隐性课程。前二者属于德育显性课程，与后者相提并论。

三、德育方法

（一）德育方法的概念

朱熹曾说："事必有法，然后可成。"德育方法是为达到德育目的，在德育过程中采用的教育者和受教育者相互作用的活动方式的总和。它包括教育者的施教传道方式和受教育者的受教修养方式。

（二）我国中小学常用的德育方法

德育方法是指在德育过程中为了完成德育任务师生双方共同的活动方法，包括教师影响学生、促

进其思想品德形成的方法和学生在教师指导下自我教育的方法。现代德育方法可以分为自我教育的方法（如自我认识、自我体验、自我控制等）、指导教育的方法（如说理教育法、榜样示范法、陶冶教育法、品德评价法、实际锻炼法、生活指导法、心理咨询法等）和参与式方法（如讨论法、角色扮演法等）。由于依据不同，对德育方法的分类也不相同。有的以德育方法的概括程度为依据，按层次把德育方法分为三种类型，即第一层次作为指导思想的方法，第二层次作为德育方式总和的方法，第三层次作为具体操作技能的方法。有的从德育方法对受教育者影响作用的特点和心理机制的角度，把德育方法分为明示法和暗示法。有的从德育方法作用的范围角度按划一教育、类别教育、个别教育和生活指导等三个维度来划分德育方法。有的按德育和价值教育流派将德育方法归为德育认识发展方法论、社会（或道德）学习方法论、价值澄清论、心理分析或情感方法论、社会（或道德）行为体验方法论等几大类。

1. 说服教育法

说服教育法又称为说理教育法，是通过摆事实、讲道理，使学生提高认识、形成正确观点的方法。说服教育是德育工作的基本方法。青少年儿童的品德发展是从知开始的，教师必须对其晓之以理，让其知道应该做什么、为什么要这样做和怎样做。这样，青少年儿童就有可能去做并且有可能做好。

说服教育的方式主要有语言说服和事实说服。

（1）语言说服法。语言说服法是运用口头和书面语言向学生讲述道理，使学生明辨是非的方法，主要包括讲解、报告、谈话、讨论、指导阅读等方式。

（2）事实说服法。事实说服法是组织学生接触社会实际，用各种生动具体的事实来说服学生，以使学生获得直接经验、形成正确认识的方法，主要包括参观（"百闻不如一见""事实胜于雄辩"）、访问、调查等形式。

运用说服法的基本要求是：① 明确目的性。说服要从学生实际出发，注意个别特点，针对要解决的问题有的放矢，启发和触动他们的心灵。② 富有知识性、趣味性。说服要注意给学生以知识、理论和观点，使他们受到启发，获得提高。所选的内容、表述的方式，要力求生动有趣、喜闻乐见。③ 注意时机。说服的成效往往不取决于花了多少时间、讲了多少道理，而取决于是否善于捕捉教育的时机，拨动学生的心弦，引起他们的情感共鸣，被他们所接受。④ 以诚待人。教师的态度要诚恳、深情、语重心长、与人为善。

2. 情感陶冶法

情感陶冶法又称陶冶教育法，是教师通过创设良好的情境，利用环境和自身的教育因素，对学生进行潜移默化的熏陶和感染，使其在耳濡目染中受到感化的德育方法。情感陶冶法具有非强制性、愉悦性、隐蔽性、潜移默化性和无意识性（意识与无意识交互作用）等特点。我国古代教育很重视陶冶的方法。孔子提倡用诗歌、音乐来陶冶学生的性情。孟子、荀子也重视环境对人的陶冶作用。董仲舒明确提出了陶冶的概念。他认为，人的性情"或仁或鄙，陶冶而成之，不能粹美，有治乱之所生，故不齐也。"这就是说，人的不同性情是由不同的环境陶冶而成的。此外，"无言之教""春风化雨""随风潜入夜，润物细无声""让学校的每一面墙壁都开口说话"（苏霍姆林斯基）"学校的一砖一瓦、一草一木都是教育力量"等都体现了陶冶法。

情感陶冶法包括人格感化、环境陶冶、艺术陶冶等。（1）人格感化。教师以自身的高尚品德、人格魅力，以及对学生的深切期望和真诚的爱来触动、感化学生，促进学生思想转变，积极进取。（2）环境陶冶。我国古代早就重视环境对人的陶冶作用，"孟母三迁"的故事至今传为佳话。今天，我们应当更自觉地为学生创设良好的环境，如美观清洁的校园、朴实庄重的校舍、明亮整洁的教室，有秩序、有节奏的教学活动和作息安排，良好的班风和校风，合乎社会规范的、文明的、人性化的人际关系等。（3）艺术陶冶。我国古代教育注重用音乐与诗歌陶冶学生，孟子曾说过："仁言不如仁声之入人深也"，说明好的音乐感人之力量。我们应重视组织学生阅读文学诗歌，聆听音乐，欣赏画展，观看影视，或引导他们自己去创作、表现、演出，从中获得启示，受到陶冶与教育。

运用陶冶法的基本要求是：（1）创设良好的情境；（2）教育者的人格感化；（3）与启发说服相结合；（4）引导学生参与情境的创设。

3. 实际锻炼法

实际锻炼法是教师指导学生参加各种实践活动，以形成一定的道德品质和行为习惯的方法。学生的发展是通过学生的一系列行为表现出来的，而学生的行为又是在实践中、在活动中得以表现和形成的，因而实际锻炼被古今中外的教育家所重视。孟子说："故天将降大任于斯人也，必先苦其心志，劳其筋骨，饿其体肤，空乏其身，行拂乱其所为，所以动心忍性，曾益其所不能。"赫尔巴特曾经指出行为训练是学生品德形成的根本方法；杜威认定"教育即生活"；陶行知则提出了生活教育理论。

实际锻炼法主要包括两种形式：一是常规训练；二是实践锻炼。具体方式有：练习、制度（即遵守学校规章制度）、委托任务和组织活动（学习活动、社会活动、生产劳动和课外文体科技活动）。其中学习活动是学生最主要最经常的锻炼方式。

运用锻炼法的基本要求是：（1）坚持严格要求。有效的锻炼有赖于严格要求。（2）调动学生主动性。只有激发学生的主动性、积极性，使他们内心感到锻炼是必要的、有益的，才能获得最大的锻炼效果。（3）注意检查和坚持。良好的习惯和品德的形成必须经历长期反复的锻炼过程。要强调学生自觉，但不能放松对他们的监督检查，还要引导他们长期坚持下去。

4. 榜样示范法

榜样示范法又称示范法，是指以榜样人物的高尚思想、模范行为、卓越成就等影响受教育者的思想、感情和行为的一种德育方法。"身教重于言教""喊破嗓子不如做出样子""桃李不言，下自成蹊"正体现了这一点。

榜样的力量是无穷的。因为榜样能把真实的思想道德关系表现得更直接、更亲切、更典型，同时青少年又极善于模仿，向往英雄，追求上进，因而历代教育家均重视运用此法。孔子常举尧、舜、周公等先哲让弟子效法；魏书生则让每个学生都明确心中的楷模。榜样包括典范（主要指英雄人物、革命领袖、历史伟人和文艺形象等）、示范（即教育者的示范，主要指家长和教师）、评优（即学生中的好榜样，主要指同学）等。

运用榜样示范法的基本要求是：（1）选好学习的榜样。选好榜样是学习榜样的前提。我国古代教育重视榜样，要求"法古今完人"，提倡"论学取友""择其善者而从之"。（2）激起学生对榜样的敬慕之情。荀子说："学莫便乎近其人。"多接近才能产生感情，受到良好影响。（3）引导学生用榜样来调节行为，提高修养。要把学生的情感和冲动引导到行动上来，把敬慕之情转化为道德行为和习惯。

5. 品德评价法

品德评价法是通过对学生品德进行肯定或否定的评价而予以激励或抑制，促使其品德健康形成和发展的德育方法。

品德评价法的方式包括奖励、惩罚、评比和操行评定等。奖励有赞许、表扬、奖赏。惩罚有警告、记过、留校察看、开除学籍等。评比有单项评比，如卫生和纪律评比；也有总结性全面评比，如评选三好学生、先进班集体等。操行评定是一定时期内对学生思想品德所做出的比较全面的评价，一般一个学期进行一次。此外，评等评分评语综合测评法能较全面地反映被评价者品德情况，且运用较广泛。

运用品德评价法的基本要求是：（1）要有明确的目的和正确的态度；（2）要公正合理、实事求是、坚持标准；（3）要充分发扬民主，让学生积极参与评价活动；（4）要把奖惩和教育结合起来，坚持育人为目的，不为了奖惩而奖惩。

6. 品德修养法

品德修养法也称品德修养指导法、个人修养法、自我教育法，是在教育者的指导下，受教育者主动地为自己提出目标，自觉采取措施，实现思想转化和进行行为控制，从而使自己逐步形成良好品德的方法。品德修养指导法对学生的自觉意识和自制力提出较高要求，如孔子的"内自省"、曾子的"吾日三省吾身"、孟子的"自反""自强"、荀子的"君子博学而日参省乎己，则知明而行无过矣"等。

学生的品德修养法主要包括学习、立志、座右铭（箴言）、自我批评（反思）、慎独等方式。

运用品德修养法的基本要求是：（1）培养学生自我修养的兴趣和自觉性；（2）指导学生掌握修养的标准；（3）引导学生积极参加社会实践。

7. 角色扮演法

角色扮演法是通过让儿童扮演处境特别的求助者或其他有异于己的社会角色，使扮演者暂时置身于他人的位置，按照他人的处境或角色来行事、处世，以求在体验别人的态度、方式中，增进扮演者对他人及其社会角色的理解和认同。角色扮演法对于发展个体关爱他人、体谅他人的社会情感以及发展人际交往能力方面有着重要意义。

8. 合作学习法

合作学习法是中小学重要的德育方法之一。合作学习有助于培养合作精神、建设学生集体、提高个体的群体意识、归属感、自尊心和成就感。合作学习法的具体策略包括双人式学习、小组学习、小队式学习、跨小组的协作式学习、小组之间的竞争式学习、全班协作学习等。运用合作学习法的基本要求是：（1）让学生明白合作是一种重要的目标；（2）根据学习内容选择恰当的合作学习策略，或者从合作策略出发，安排或设计恰当的学习内容；（3）规定一些重要的合作规则；（4）指导学生学习一些基本的合作技巧。

（三）德育方法的选择与应用

1. 选择德育方法的依据

德育方法的选择往往会受到道德教育过程内外各方面因素的影响，具体包括：（1）德育目标；（2）德育内容；（3）学生的年龄特点和个性差异。此外，选择德育方法还要考虑到所面对的时代特征、学生思想实际、学校和教师的实际情况以及文化传统的作用。

2. 德育方法的组合原则

诸多德育方法的组合模式很多，总体上应当依据以下三项基本原则：（1）目的性原则，即德育方法的组合以德育目标的完成为最高标准；（2）系统性原则，即应思考如何形成德育方法之间的优势互补，相互协调的关系是十分重要的；（3）最优化原则，即德育方法的选择应综合考虑，最终形成最优的德育方法组合。

第五节 德育模式

一、认知模式（主体性德育模式）

道德教育的认知模式假定人的道德判断力按照一定的阶段和顺序从低到高不断发展，道德教育的目的就在于促进儿童道德判断力的发展及其行为的发生。认知模式是当代德育理论中流行最为广泛、占据主导地位的德育学说，它是由瑞士学者皮亚杰提出，而后由美国学者柯尔伯格进一步深化的。前者贡献主要体现在理论建设上，后者的贡献体现在从实践上提出了一种可以操作的德育模式。这一学说的特征有：（1）人的本质是理性的，因此，必须利用智慧达到对理解的把握，并在此基础上建构合乎理性的道德原则和道德规范；（2）必须注重个体认知发展与社会客体的相互作用，因此，人的道德理性并非天赋或外界规则的直接灌输，而是主客体在实践的过程中互动的结果；（3）注重研究个体道德认知能力的发展过程，强调按道德认知能力发展的要求进行学校道德教育，选择相应的内容和方法。

（一）理论假设

1.道德发展论

柯尔伯格的道德发展理论确切地说是道德判断发展理论。他认为，道德判断有内容与形式之别，其中道德判断形式反映个体道德判断水平。道德判断形式指的是判断的理由以及说明过程中所包含的推理方式。冲突的交往和生活情境最适合于促进个体道德判断力的发展。

2.道德教育论

该模式强调道德教育的目的，首先在于促进学生的道德判断不断向更高水平和阶段发展，其次在于促进学生道德判断与行为的一致。

道德教育奉行发展性原则。该原则根据儿童已有的发展水平确定教育内容，运用冲突的交往或围绕道德两难问题的小组讨论等方式，创造机会让学生接触和思考高一阶段的道德理由和道德推理方式，引导学生在寻求新的认知平衡中不断地提高道德判断水平。"布莱特效应"是指儿童在讨论道德两难问题时，能够理解和同化高于自己一个阶段的同伴的道德推理方式，拒斥低于自己的发展阶段的同伴的道德推理方式。

（二）围绕道德两难问题的小组讨论

1.道德两难问题及其设计

科尔伯格道德教育方面的贡献是基于对儿童、青少年道德发展阶段的认识而提出的"道德两难问题讨论法"（"新苏格拉底法"）和"公正团体法"（"新柏拉图法"）等。所谓道德两难，指的是同时涉及两种道德规范、两者不可兼得的情境或问题。

2.道德讨论中的提问

围绕道德两难问题的小组讨论可分为起始阶段和深入阶段，与之相应，教师的提问也可以分为"引入性提问"和"深入性提问"。

二、体谅模式（情感德育模式）

体谅或学会关心的道德教育模式形成于20世纪70年代，为英国学校德育学家彼得·麦克费尔和他的同事所创，风靡于英国和北美。与认知道德发展模式强调道德认知发展不同，体谅模式把道德情感的培养置于中心地位。该模式假定与人友好相处是人类的基本需要，满足这种需要是教育的职责。该理论的特征有：（1）坚持性善论，主张儿童是德育的主体，德育必须以儿童为中心，尊重儿童发展需求；（2）坚持人具有一种天赋的自我实现趋向，德育不是强加于人什么，关键是人的潜能得到充分自由的发展；（3）把培养健全人格作为德育目标，把培养主动的、集体的、创造性的丰富人格作为现代德育的任务，并据此建构起各自的德育理论体系；（4）大力倡导民主的德育观，主张教师要采取中性立场，虚心接纳儿童的思想情感，以促进者或引导者身份出现，倡导平等民主的师生关系。

（一）理论假设

体谅模式的理论假设是在对学生广泛调查的基础上提出的，它的教材也取自对学生的调查。它以一系列的人际与社会情境问题启发学生的人际意识与社会意识，引导学生学会关心，学会体谅。

1. 与人友好相处是人类的基本需要，帮助学生满足这种需要是教育的职责。因此，创设一种道德教育课程最令人信服的理由，就是学生需要这种课程。

2. 道德教育重在提高学生的人际意识和社会意识，引导学生学会关心，学会体谅。麦克费尔在调查的基础上总结道：关心人和体谅人的品性是道德的基础和核心；以关心和体谅为核心的道德行为是一种自我强化；道德教育的重点在于提高学生的人际意识，培养自我与他人相互关联的一种个人的一般风格。

3. 鼓励青少年试验各种不同的角色和身份（角色扮演法和草拟表演）。

4. 教育即学会关心。麦克费尔坚信，行为和态度是富有感染力的，品德是感染来的而非直接教来的。因此，学校在引导学生关心人、体谅人的人际意识中，他特别强调以下两点：第一，营造相互关心、相互体谅的课堂气氛；第二，教师在关心人、体谅人上起道德表率作用。

（二）围绕人际与社会情境问题的道德教育

麦克费尔等人编制了一套独具特色的人际与社会情境问题教材《生命线》丛书。这套教材是实施体谅模式的支柱，它由三部分组成，循序渐进地向学生呈现越来越复杂的人际与社会情境。

1. "设身处地"。这部分的目的在于发展个体体谅他人的动机。这就要求教材具有情境性，学生可以补充情境，也可以自行选择情境。

2. "证明规则"。其一般目的在于给学生以机会。当他们试图取得成年人的地位并在与其他成年人平等的基础上生活和工作时会发生各种常见的问题，设法解决这些问题就是在证明规则。这样做的具体目的在于帮助青少年学生形成健全的同一性意识，并把自己视为对自己的共同体做出贡献的人。

3. "付诸行动"。其宗旨在于回答这样一个问题：如果是你，会怎样做？

三、社会模仿模式（活动德育模式）

社会模仿模式主要由是美国的班杜拉创立的。该模式吸取了认知发展论的某些观点，与行为主义的合理内核相结合，创立了新的认知—行为主义学说。

（一）理论假设

该理论主张用替代性学习概念建立观察学习的理论体系，说明个体对刺激的反应和对行为体系的建构。该理论认为只需要通过观察他人在相同环境中的行为进行体验学习，所以，建立在替代基础上的观察学习是人类学习的重要形式，是品德教育的主要渠道。

该理论强调观察学习是行为获得的基本学习方法，通过观察、模仿及认知过程可形成人的复杂行为；注重强化学习的意义，利用外部直接强化、替代性强化和自我内在强化的交互作用，使学生提高学习效果；强调建立起有利于学习的道德环境和心理调节机制。个体对可能结果的积极预期可以帮助实现更大的学习。

（二）围绕社会学习论的道德教育

社会学习论者认为，人类学习必须有个体品德的参与才能完成，而个体的品德是通过观察学习和模仿而获得或改变的，其中具有重要影响的因素是社会文化关系、客观条件、榜样和强化等，由此他们提出人、行为和环境的交互作用理论。

1. 人类学习必须有个体品德参与才能完成。社会模仿模式认为，人类学习是通过观察、模仿实现的，这离不开个体品德的参与。

2. 道德判断取决于社会学习而没有固定的发展阶段。社会学习论认为，儿童的道德发展是个体社会化的结果，儿童道德行为、道德判断是通过社会学习获得的，同样也可以通过社会学习加以改变。综合运用榜样替代性奖励可以改变或提高道德判断。

3. 道德教育应从人的人格形成出发。该理论强调道德教育的人格特征、教学中的德育意义及潜在课程的作用。

4. 榜样对品德的作用。榜样示范是道德教育的主要手段，儿童的发展不仅是一个内部成长和自发的发现过程，而且是由社会示范的呈现和社会实践、训练来实现的。

5. 提出环境、行为和人的交互作用论。该理论主张德育应当引导学生把获得的认识付诸行动，在改变环境的实践中发展道德水平。

四、价值澄清模式

价值澄清模式的代表人物有美国的拉斯、哈明、西蒙等。该模式着眼于价值观教育，试图帮助人们通过选择、赞扬、实践过程减少价值混乱，并通过评价过程促进统一的价值观的形成，这一过程的基础就是避免观点说教并促使人们在确立价值观方面使用有道理的推论；认为价值并不是一种固定的观点或是永恒真理，而是一种建立在个体社会经验上的指南。其课堂应用是创造一种没有威胁的非强制的柔和的对话环境。

五、集体教育模式

1. 关于集体教育的原则

集体教育是马卡连柯教育思想的核心。他认为，教育工作的基本对象是集体，教育的任务是培养集体主义者，教育工作的主要方式是集体教育。马卡连柯关于集体教育的思想可以简单地概括为"在集体中，通过集体，为了集体"的教育体系（全部教育过程应该在"通过集体""在集体中"和"为了集体"的原则下进行）。

马卡连柯还分析了儿童集体形成的阶段，提出了平行教育影响原则和前景教育原则。前者是指教师应以集体为教育对象，通过集体并在集体中教育和影响个人。后者指的是通过经常在集体和集体成员面前呈现美好的"明天的快乐"的前景，推动集体不断地前进，永远保持生机勃勃的旺盛的力量。他主张，要给集体不断提出奋斗目标，并激励集体成员为实现目标而作出努力。为了使前景教育能够有计划、有步骤地进行，他又把前景细分为近景、中景和远景，由近及远，逐步实施。

2. 关于尊重、信任与严格要求相结合的教育原则

马卡连柯从社会主义人道主义思想出发，在教育实践中提出了"尊重、信任与严格要求相结合"的德育原则。他说："我的基本教育原则永远是尽量多地要求一个人，也要尽可能多地尊重一个人。"

马卡连柯还十分重视劳动教育和纪律教育。

此外，苏霍姆林斯基的德育思想也是原苏联德育领域的主要理论之一。苏霍姆林斯基的德育思想体现在：（1）和许多社会主义教育思想家一样，苏霍姆林斯基明确承认和主张教育的社会政治目的性，公开主张政治信仰与道德教育的统一。（2）苏霍姆林斯基德育思想的第二个重要贡献是关于学校德育环境的营造、学校德育与社会环境的关系的辩证处理。（3）苏霍姆林斯基德育思想的第三个特征就是特别强调德育活动的重要意义。这些活动模式有观察、阅读、劳动、奉献等。他从学生自身的经验成长和时代特点认识劳动这一活动形式的教育性，主张"劳动不只是铲子和梨，而是一种思维。让我们的学生们以亲身的经验去理解思维是一种艰巨的劳动是多么重要，而恰恰是它的复杂性、艰巨性才给人带来巨大的欢乐"。

第六节　当前我国学校德育改革

一、当前我国学校德育存在的问题

第一，学校教育中重智育、轻德育的现象依然存在，德育为先的办学思想未得到落实。

第二，德育目标脱离实际且杂乱无序。

第三，德育内容与学生的思想实际、生活实际和发展需要脱节。

第四，知与行分离，重视道德知识的灌输，轻视实践教育和道德行为的养成。

第五，形式主义和简单化盛行，缺乏吸引力和感染力。

二、我国中小学德育改革

（一）增强德育工作的针对性和时效性

2010年7月正式发布的《国家中长期教育改革和发展规划纲要（2010—2020年）》提出："坚持德育为先、立德树人，把社会主义核心价值体系融入国民教育全过程。加强马克思主义中国化最新成果教育，引导学生形成正确的世界观、人生观、价值观；加强理想信念教育和道德教育，坚定学生对中国共产党领导、社会主义制度的信念和信心；加强以爱国主义为核心的民族精神和以改革创新为核心的时代精神教育；加强社会主义荣辱观教育，培养学生团结互助、诚实守信、遵纪守法、艰苦奋斗的良好品质。加强公民意识教育，树立社会主义民主法治、自由平等、公平正义理念，培养社会主义合格公民。加强中华民族优秀文化传统教育和革命传统教育。把德育渗透于教育教学的各个环节，贯穿于学校教育、家庭教育和社会教育的各个方面。切实加强和改进未成年人思想道德建设和大学生思想政治教育工作。构建大中小学有效衔接的德育体系，创新德育形式，丰富德育内容，不断提高德育工作的吸引力和感染力，增强德育工作的针对性和实效性。加强辅导员、班主任队伍建设。"

（二）我国中小学德育改革的主要趋势

第一，落实德育工作在素质教育中的首要位置。第二，确立符合学生思想品德发展实际的德育目标。第三，坚持贴近实际、贴近生活、贴近学生的德育方式，改进德育内容。第四，积极改进学校思想品德教学方法和形式。第五，坚持知与行相统一，积极探索实践教学的有效机制，建立科学的学生思想道德行为综合考评制度。第六，因地制宜开展德育活动。

（三）德育工作的新形式

1. 开展社区教育
2. 开展心理健康教育活动
3. 建立德育基地
4. 创办业余党校

真题回顾与模块自测

一、单选题

1. 德育过程是教育者把一定社会的思想准则和道德规范转化为受教育者个体思想品德的过程，德育过程的基础是（　　）。（2020.12.5山东警官职业学院真题）

   A. 活动课程　　　　　　　B. 社会劳动　　　　　　C. 活动和交往　　　　　D. 隐性课程

2. 子路对教育的作用不以为然，说："南山有竹，人不去管它，照样长得直，砍来当剑，照样能穿透犀牛皮。"孔子对他说："若是将砍来的竹子磨光，装上箭头，磨得很利，岂不射得更深吗？"子路接受了孔子的教诲，成了孔子的学生。孔子的做法体现了（　　）教育原则。（2020.11.8枣庄峄城真题）

   A. 教育影响的一致性、连贯性原则　　　　B. 理论联系实际原则

   C. 疏导原则　　　　　　　　　　　　　D. 长善救失原则

3. "借助语言和事实，根据学生的认知水平，通过摆事实讲道理，充分陈述理由，以影响学生的思想意识，使学生理解并接受某种道德观念，改变或形成某种态度，提高其思想道德认识，形成理性思维能力的方法。"这种方法是（　　）。

   A. 谈话法　　　　　　　　B. 说服教育法　　　　　C. 讲授法　　　　　　　D. 讨论法

4. 教师通过自觉的利用环境、气氛、作风以及自身教育因素，对学生进行潜移默化、使其耳濡目染，心灵受到感化，以达到教育目标，教师所运用的德育方法应是（　　）。（2020.9.26济南钢城、山东护理学院真题）

   A. 实践锻炼法　　　　　　B. 自我教育法　　　　　C. 情感陶冶法　　　　　D. 榜样示范法

5. 班主任提议所有学生轮流担任班长这一角色，负责维持班级秩序、协调师生需求、安排班级值日等日常管理，经过一学期的轮流值班，同学们对班级的理解与关心明显趋多，班主任运用的德育模式是（　　）。（2020.7.25德州德城、经开、陵城真题）

   A. 认知模式　　　　　　　B. 体谅模式　　　　　　C. 价值澄清模式　　　　D. 社会模仿模式

二、多选题

1. 国家教育部2017年发布了《中小学德育工作指南》，提出了新时代我国德育工作的内容。下列选项中，属于新时代我国德育工作内容的有（　　）。（2020.8.6济南十区县联考真题）

   A. 理想信念教育　　　　　　　　　　　B. 社会主义核心价值观教育

   C. 生态文明教育　　　　　　　　　　　D. 心理健康教育

2. 德育规律是指德育过程中主要素之间的本质联系和发展的必然趋势。对"德育过程是促进学生的知、

情、意、行互动发展的过程"这一规律的理解，正确的表述是（　　　）。（2020.11.14商河真题）

A. 学生的思想品德是知、情、意、行的统一体

B. 德育过程中应在知、情、意、行四个方面同时对学生进行教育，促进学生知情意行的全面协调发展

C. 德育过程是按照知、情、意、行四个方面依次有序推进

D. 德育过程中应做到晓之以理，动之以情，导之以行，持之以恒

3. 集体教育与个别教育相结合的原则是指班主任在教育过程中既要注重教育班集体、培养班集体，依靠班集体的活动、舆论、优良风气和传统教育个人，同时又要针对学生的个性特点和差异进行个别教育，使个人的成长和进步促进班集体的形成和发展。贯彻这一原则的基本要求是（　　　）。（2020.12.26济南历城真题）

A. 要注重培养和建设良好的班集体

B. 要善于发挥班集体的教育作用

C. 要以表扬激励为主，批评处分为辅，适时教育

D. 要加强个别教育，把集体教育与个别教育结合起来

三、判断题

1. 德育目标具有历史性、社会性和价值性等特征。（　　　）（2020.12.27临沂费县真题）

2. 班主任工作是学校实施德育最主要、最基本的途径。（　　　）

3. "慎独"所体现的德育方法是榜样示范法。（　　　）

【参考答案】

一、单选题

1. C　2. C　3. B　4. C　5. B

二、多选题

1. ABCD　2. ABD　3. ABD

三、判断题

1. √　2. ×　3. ×

第八章 学校管理与班主任工作

班级管理是为实现班级各种目标而对班级中的各种资源进行计划、组织、协调、控制的活动。班级管理有特定的内容、程序和方法，也形成了不同的模式。班主任在班级管理中发挥着主导作用，因而要做好班级管理的各项工作，提高自身的素质。

■思维导图

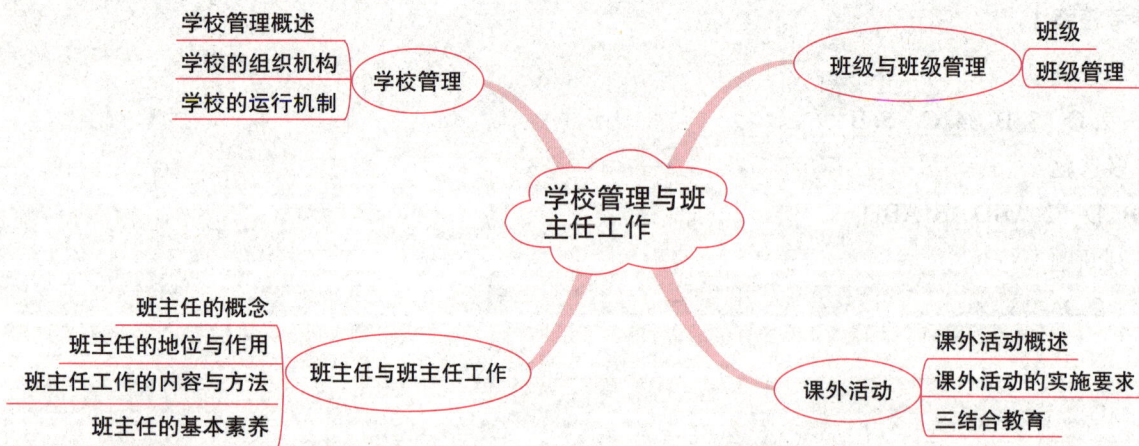

第一节 学校管理

一、学校管理概述

（一）学校管理的概念

学校管理是学校管理者在一定社会环境条件下，遵循教育规律，采用一定的手段和措施，带领和引导师生员工，充分利用校内外的资源和条件，为有效实现工作目标而进行的一种组织活动。学校管理具有下述显著特征：（1）学校管理以育人为中心，具有教育性；（2）学校管理的目的在于促进学生发展，具有服务性；（3）学校管理在特定的文化环境中进行，具有文化性；（4）学校管理是对校内外各种资源的有效整合，具有创造性。

（二）学校管理的基本要素

学校管理是由管理者、管理手段和管理对象三个基本要素组成的。

学校的管理者主要是指学校的正副校长以及各个职能部门的负责人员，也包括学校的教职员工。学校的管理手段主要包括学校的组织机构和规章制度。目前学校的领导体制是校长负责制。学校管理对象是学校的人、财、物、事（工作）、信息、时间和空间等，他们是学校管理活动的客体（被管理者）。

（三）学校管理的基本内容

学校管理的基本内容包括思想品德教育管理、教学工作管理、教务行政管理和总务工作管理。其中教学工作管理是学校管理的中心。

教学管理主要包括教学思想管理、教学组织管理和教学质量管理。教学质量是教学管理的生命线，在教学管理中处于核心地位。教学质量管理的基本要求有：（1）坚持全面教学质量管理；（2）坚持全过程教学质量管理；（3）坚持全员教学质量管理；（4）坚持全因素教学质量管理。

（四）学校管理过程

1. 学校管理过程的基本环节——计划、实施、检查和总结

（1）学校管理的起始环节是制订学校工作计划。计划是全校人员的行动纲领，是管理过程后续环节的依据。（2）实施是将计划变为行动，是管理过程的中心环节。（3）检查是了解计划执行情况，发现和解决问题，以期获得良好效果。（4）学校工作总结是对学校教育工作和管理工作的质量做出实事求是的评估。

2. 学校管理的基本途径——学校组织的管理沟通

（1）沟通的功能

①信息传递功能。信息传递是沟通的最直接的目的，其他目的都是通过达到这一目的才得以实现的。②控制功能。③激励功能。④情感交流功能。

（2）学校沟通的形式——正式沟通和非正式沟通

正式沟通是指按照学校机构设置的渠道进行的信息传递；非正式沟通是指在正式沟通之外的信息传递。

（五）学校管理的目标和尺度——学校绩效

学校绩效是指学校功能的发挥所产生的实际效果，是管理有效性的重要标志。换言之，发挥学校效能，促进学生发展，是现代学校管理的目标定位。

二、学校的组织机构

（一）学校组织机构的含义

学校组织机构是指按照学校一定的工作任务和目标，将组织成员按不同的工作性质、职务、岗位组合起来，形成层次恰当、结构合理的有机整体。

（二）学校组织机构的结构类型

常见的学校组织机构的结构类型主要包括直线型、职能型、直线—职能型、矩阵型等。

1. 直线型

直线型结构是最早，也是最简单的一种学校组织机构类型。直线型结构的特点是组织中的职务按垂直系统直线排列，组织中每个人只向一个直接上级报告。

2. 职能型

职能型组织机构模式是组织内除直线主管外还相应设立一些组织机构，分担某些职能管理的业务，有权在自己的业务范围内向下级单位下达命令和指示。

3. 直线—职能型

直线—职能型也被称作直线—参谋型或者U型组织结构。其特点是设置了两套系统，一套是按命令统一原则设置的指挥系统（又称"直线指挥部门"），另一套是按专业化原则组织的职能系统。直线部门和人员在自己的职责范围内有决定权，对其所属下级的工作进行指挥，并负全部责任。而职能部门和人员被称作直线主管的参谋，在特定的范围内对下级机构提供建议和业务指导，或者受直线主管的委托在特许范围内享有一定的指挥权。

4. 矩阵型

矩阵型结构是由两套管理系统组成的组织结构，一套是纵向的职能领导系统，另一套是为完成某一任务而组成的横向任务系统。

（三）学校组织机构的主要职能部门

1. 校长办公室

校长办公室是校长领导下的办事机构，协助校长处理学校日常事务。校长办公室的职责包括：负责学校的对外联络；接待和处理来访和信访；管理人事和安全保卫；管理学校文件收发和归档；进行学校各项工作的报表统计；收集和分析教职工对学校工作的反馈信息；安排校长的重要日程；完成校长交办的其他工作；等等。

2. 教务处

教务处是学校教育教学的组织管理机构，主要负责协助校长组织、领导全体教学工作。教务处的职责包括：教学组织和管理，教研室和学科组管理，教育科研，课程资源开发，教师培训，班主任管理，学生学籍管理等。

3. 政教处

政教处是学校德育工作的组织管理机构，主要负责管理学生的思想政治工作和学校德育工作。政教处的职责包括：组织和设计各种德育活动，指导、管理各年级组的德育工作，拓展学校德育资源等。

4. 总务处

总务处是学校后勤工作的组织管理机构，主要负责为学校教育教学和学校各项工作提供经费、物质保障和综合服务。总务处的主要职责包括：安排和管理学校各项教育经费的使用，管理、维护校舍和各项设施，组织和安排教职工的福利，配合校长办公室做好学校安全工作，兼管学校食堂、宿舍、医疗室和校办工厂等。

5. 教研室

教研室是由同一学科的任课教师组成的学校基层教学实践机构，主要负责本学科的教学和研究工作。教研室的职责包括：了解教师的教学情况，组织教学交流，开展教学研究，安排教学培训等。

6. 年级组

年级组是由同一年级各教学班的班主任和各科任课教师组成的基层教学实践机构，主要负责本年级教育教学各方面的工作。年级组的职责包括：协调班主任与各科任课教师间的关系，组织本年级教师之间的教育教学交流活动，全面了解学生德、智、体、美、劳各方面的情况，组织本年级学生开展各项综合实践活动和文体活动等。

三、学校的运行机制

学校的内部运行机制包括学校管理体制和学校规章制度，其中学校管理体制是领导和管理学校的根本制度，支配着学校的全部管理工作，是学校内部机制的核心和灵魂。

1985年中共中央《关于教育体制改革的决定》要求："学校逐步实行校长负责制。"这一《决定》明确地规定了我国中小学的领导体制是校长负责制。校长负责制成为我国现阶段中小学的管理体制，包括校长全面负责、党支部保证监督、教职工民主管理三个组成部分。校长负责制不同于校长责任制：校长责任制意味着校长只对委以责任的上级部门承担责任，没有真正的领导权；校长负责制是指校长受上级政府主管部门的委托，在党支部和教代会的监督下，对学校进行全面领导和负责的制度。

四、学校管理的发展趋势

（一）学校管理法治化

依法治校就是把学校管理纳入法治轨道，依法对学校进行管理。学校管理者应采取以下措施：（1）转变管理职能，切实依法行政；（2）加强制度建设，依法加强管理；（3）推进民主建设，完善民主监督；（4）加强法制教育，提高法律素质；（5）严格教师管理，维护教师权利；（6）完善保护机制，维护学生权益。

（二）学校管理人性化

人性化管理失职学校管理工作要以人为本，关注人的情感、满足人的需要、崇尚人的价值、尊重人的主体人格和地位。

（三）学校管理校本化

校本管理是指学校在教育方针与法规的引导下，可以根据自己的实际情况和需要自主确定发展目标和方向，自主进行学校的教育、教学和管理工作。校本管理的首要特征就是学校在财政、人事、课程与教学三个方面都享有一定的自主权；校本管理的另一个特征是共同决策，强调校长、教师、学生以及学生家长和社区居民群策群力、共同参与有关的校本管理活动。

（四）学校管理信息化

学校管理信息化包含两个方面：一方面是学校对信息技术的开发和使用，另一方面是学校管理方式和内容的信息化。

第二节 班级与班级管理

一、班级

（一）班级的概念

班级是学校为实现一定的教育目的，将年龄和知识程度相近的学生编班分级而形成的、有固定人数的基本教育单位。一般而言，班级具有学习性、不成熟性、教育性、社会性等特点。

班级通常由教师、一群学生及环境组成，是一个复杂的小社会体系。班级是学校行政体系中<u>最基层的正式组织</u>，是开展教学活动的<u>基本单位</u>，是学生从事集体活动、结交好友的场所。

（二）班级组织的产生和发展

班级组织是历史发展到<u>资本主义</u>社会的产物。16世纪，随着资本主义工商业的发展和科学技术的进步、教育对象范围的扩大和教学内容的增加，需要有一种新的教学组织形式，这样班级组织应运而生。在西欧一些国家创办的古典中学里出现了班级组织的尝试，运用班级的形式开展教学活动。<u>率先正式使用"班级"一词的是文艺复兴时期的著名教育家埃拉斯莫斯</u>。17世纪捷克教育家夸美纽斯在其代表作《大教学论》中对班级组织进行了论证，阐述了班级管理的优势，从而奠定了班级组织的理论基础。此后，班级组织在欧洲许多国家的学校中逐步推广。19世纪初，英国学校出现了<u>"导生制"</u>，这对班级组织的发展产生了巨大的推动作用。

中国采用班级组织形式，最早的雏形始于1862年清政府开办的<u>京师同文馆</u>。20世纪初废科举、兴学校之后，全国各地的学校开始采用班级组织的形式。

随着学校教育的不断发展，班级逐渐成为学校教育的基本单位，并对学生的发展产生越来越大的作用。目前，世界各国普遍采用的是班级授课制。

（三）班级组织的形成与发育

班级组织的形成一般经历三个发展阶段。

1. <u>个人属性之间的矛盾阶段（独立探索阶段）</u>

在班级建立之初，学生的注意力主要集中于了解班主任和任课教师，建立与同学的稳定关系。因此学生还不能公然地反对班主任和任课教师，班级中的主要问题是同学之间的矛盾。这时的班级特点为：首先，群体成员彼此缺乏充分交往；其次，群体还没有形成大家认同并愿意遵守的行为规范；再次，群体的心理气氛是由这种直接的相互接触决定的，因此群体意识差、凝聚力弱。

这个阶段可分为两个时期：第一时期是谨慎试探期，班集体刚刚形成时同学们对新的环境都或多少的存在疑虑；第二时期是小团体形成期，学生中渐渐出现"地盘""小团体"。

2. <u>团体要求与个人属性之间的矛盾阶段（群体分化阶段）</u>

在小团体稳定下来之后，学生们就想在班级中积极采取行动以满足各种需求。他们的各种需求往往与团体的要求发生冲突。这个阶段可分为三个时期：第一时期是师生矛盾时期；第二时期是班主任、教师、学生与学生之间的矛盾；第三时期是学生团体之间的矛盾。此阶段也可分为横向分化期、纵向分化期和群体冲突期三个时期。

3. <u>团体要求架构内的矛盾阶段（组织整合阶段）</u>

当班级中大多数学生都能接受团体要求时，班级内部的主要矛盾是团体要求架构内个人属性之间的矛盾。组织整合阶段是班级群体发展的最高、最完善的阶段，也是班主任工作的奋斗目标和理想追求。这一阶段可根据矛盾的性质划分为两个时期：第一时期是学生团体与学生团体的矛盾期；第二时期是个性矛盾期。

（四）班级组织的结构

班级是一种组织，其基本成员是班主任、教师和学生，它通过师生相互相应的过程来达到预定的教育目标。

1. 班级组织的群体结构

班级中有正式组织，也有非正式组织。正式群体形成人际关系的模式是群体→交往→人际关系，班级的正式组织一般分为三个层次：对全班负责的角色（班干部）、对小组负责的角色（小组长）和对自身的任务负责的角色（小组成员）。非正式群体形成人际关系的模式是交往→人际关系→群体，学生的非正式组织有四种类型：积极型、娱乐型、消极型、破坏型。正式群体与非正式群体往往是同时发生作用、交互影响的。两者相比，在形成特点上具有普遍性、自发性、随意性、选择性等特点。前者在学校人际关系系统中起主导作用，后者具有满足个体需要、保护心理健康、沟通信息、调节平衡等正式关系所不能替代的功能。此外，参照群体是指学生个人乐意把它的目标、标准和规范作为自己的行为动机、调节自己思想和行为的一种群体。通俗地说，参照群体是学生个人心目中向往和崇尚的群体。由于学生选择的和心目中向往的参照群体与他实际参加的学生正式群体往往不一致，因而给教育工作造成了极为复杂的情况。有时，有的学生可能同时有两个性质相反的参照群体。班主任只有系统、深入的了解学生，才能有的放矢地进行教育，及时地给予正确的指导。

2. 班级组织的角色结构

班级组织的结构常常成对出现，成为对偶角色。同时，角色的多重性是班级组织角色结构中的基本特点。学生的角色转换要求班主任和教师以全面、发展的眼光教育、引导、评价学生，发挥每一个学生在班级组织建设中的积极作用，调动一切积极因素，促进班级组织的健康发展。班主任或教师是班级的中心角色，同时也在变换。班主任和教师一方面要强化角色意识，认真履行自己的角色职责和义务；同时还要善于转换角色，不以教育者自居，发扬教育民主，做到教学相长。

3. 班级组织的信息沟通结构

信息沟通是班级组织的神经系统，没有信息沟通，班级组织就没有活力，就会僵化而没有生气。班级信息包括知识信息和个人的思想、态度、情感与行为等方面的信息。在班级组织中，沟通成员的单一性与信息渠道的复杂性是相互统一的。班级组织信息沟通的主体是单一性的，主要是在教师与学生之间进行。班级组织系统的开放性，又决定了其信息沟通的渠道是复杂的：除班级之间要沟通信息外，班级还要与学校、家庭、社会沟通信息。班主任和教师既要向学生提供正确健康的信息源，培养学生对信息的识别和判断能力，也要充分利用各种信息渠道，广泛收集学生在学习、思想、生活等方面的信息，以实施有针对性的教育和管理。

（五）班级组织的特点

1. 班级组织有明确的目标（班级组织的目标是使所有学生获得发展）

班级管理过程是以育人为目标，学生既是班级组织教育过程的主体又是班级组织教育的对象。学校的班级管理不同于工厂企业的管理，它是"人—人"的关系，管理的成果体现在是否使每一个学生的身心获得了和谐、全面的发展。因此，班级管理的各个环节都必须服从培养人、塑造人这一目标，班级管理的过程要与教育过程有机配合，创设一个优化的微观社会环境，使班级组织成员的智力、能力、个性都能得到充分的发展。

2. 班级组织中师生交往的直面性和多面性（班级组织中师生之间是一种直接的、面对面的互动）

班级组织作为学校开展教育教学活动的基层单位，其活动本身就要求班级中教师与学生、学生与学生之间的互动必须是直接的、面对面的。教师总是在认识学生的特性、当前的心理状态、对教学内容的理解程度之后，才能对学生施加有针对性的影响。而教师对学生所采取的认知策略会对儿童在班级的活动产生影响，尤其是教师与学生的人际关系，在班级管理与学生指导中极为重要。

3. 情感是班级组织中主体之间（师生之间、生生之间）的纽带

让学生在班级里获得情感体验，使集体生活赋予学生多样而深刻的情感体验，这些情感具有唤起动机的功能，发挥深化或巩固教学内容的作用。首先，中小学生由于心理和意识发展的程度不高，情感就成为他们认识事物的一种非常重要的形式；其次，班主任和教师在教育教学活动中，为了促进学生的全

面发展，充分利用情感的力量，会起到事半功倍的效果。班主任和教师的教育艺术就在于使班级组织对学生产生巨大的吸引力，让学生对班级产生向往感、荣誉感、友爱感，使学生的良好个性也能在班级组织中得以培养和生成。

4. 班级组织中的师与生交往是全面的和多层次的

在现实的班级活动中，由于班级组织中存在着各种交往中的情感因素，因此班主任和教师与学生之间、学生与学生之间的交往不是单一的、片面的，常常是全面的和多层次的，既有知识传递与接受的交往，也有情感方面的交流与分享，等等。班主任和教师要重视通过教学、课外活动、社会实践活动、个别交流等多种途径与学生进行广泛的交往，满足学生发展过程中的多方面需要。

5. 班主任和教师的人格力量使班级活动得以有效开展

从某种意义上讲，由于班级中互动的直接性、全面性以及具有较强的情感色彩，班级中的非正式方式和手段的采用就显得更加重要。美国学者弗伦奇和雷文从儿童对教师认知层面的角度考察了教师对儿童所拥有的势力，认为有以下五种形成基础：（1）正当势力：教师对儿童拥有施加影响的正当权利，儿童则有接受此种影响的义务这一价值观被儿童内化而激生的势力；（2）强制势力：儿童认识到教师对其拥有处罚的能力而形成的势力；（3）报酬势力：儿童认识到教师拥有给予报酬（奖励、表扬）的能力而形成的势力；（4）参照势力：儿童尊重教师并视之为典范而形成的势力；（5）专业势力：儿童认识到教师拥有专业知识和特长而形成的势力。班主任和教师作为班级中的主要管理者，一方面需要通过纪律来维持班级组织的教育、教学活动，另一方面更需要以自己的人格力量和道德的感召力以及情感的联系等来开展班级活动。

（六）班级组织的功能

班级组织具有"自功能性""半自治性"等特性。班级组织既具有社会化功能，又具有个体化功能。

1. 班级组织的社会化功能

班级组织的社会化功能体现在以下四个方面：（1）传递社会价值观，指导生活目标；（2）传授科学文化知识，形成社会生活的基本技能；（3）教导社会生活规范，训练社会行为方式；（4）提供角色学习条件，培养社会角色。

2. 班级组织的个性化功能

班级组织的个性化功能体现在以下四个方面：（1）促进发展功能。学生的发展涉及多个领域：① 知识及认识的发展；② 情感的发展；③ 兴趣态度的发展；④ 社会技能的发展。（2）满足需求功能。良好的班级组织应当能够满足学生的正当需求。（3）诊断功能。在班级开展的各项活动中，每一个成员都会通过自己和他人的表现以及在所获得的评价中，判断其表现的优势与不足。（4）矫正功能。班级组织可以通过各种活动和集体舆论，有针对性的让学生扮演一定的角色、承担一定的责任，以形成学生的能力、责任感、自信心及合作意识。例如，以自我为中心的学生会因受到伙伴的批评而改变行为；自我控制能力欠缺的学生能够在集体的监督约束下逐步形成自律意识。

二、班级管理

班级管理效能与效益最重要、最直接的表现是班级学生全面健康的发展和班级组织的高度成熟，这正是学校管理育人效益的基本追求。学校培养人才的数量与质量在很大程度上取决于全校各个班级管理的成功与否。

（一）班级管理的概念

班级管理是一个动态的过程，它是教师根据一定的目的要求，采用一定的手段措施，带领班级学生，对班级中的各种资源进行计划、组织、协调、控制，以实现教育目标的组织活动过程。

（二）班级管理的特点

1. 班级管理是一种有目的的活动，这一活动的根本目的是实现教育目标，使学生得到充分的全面的发展。

2. 班级管理的对象是班级中的各种管理资源，包括人、财、物、时间、空间、信息，而主要对象是人，即学生。班级管理主要是对学生的管理。

3. 班级管理的主要管理手段有计划、组织、协调和控制。

4. 班级管理是一种组织活动过程，它体现了教师与学生之间的双向活动，是一种互动的关系。

（三）班级管理的功能

1. 有助于实现教学目标，提高学习效率

班级组织产生的根本原因是为了更有效地实施教学活动；因此，如何运用各种教学技术手段来精心设计各种不同的教学活动，组织、安排、协调各种不同类型学生的学习活动，是班级管理的主要功能。

2. 有助于维持班级秩序，形成良好班风

班级是学生群体活动的基础，是学生交往活动的主要场所；因此，调动班级成员参与班级管理的积极性，共同建立良好的班级秩序和健康的班级风气，是班级管理的基本功能。

3. 有助于锻炼学生能力，学会自治自理

班级组织中存在着最基本的人际交往和社会联系，存在着一定的组织层次和工作分工。因此，班级管理的重要功能就是不但要帮助学生成为学习自主、生活自理、工作自治的人，而且要帮助学生进行社会角色的学习，获得认识社会、适应社会的能力，而这对于促进学生的人格成长是极其重要的。

（四）班级管理的内容

班级管理的内容主要包括班级组织建设、班级制度管理（班级制度建设）、班级教学管理、班级活动管理（班级活动组织）等。此外，依据不同标准，班级管理还包括班级文化建设、班级生活指导、班级德育管理、班级体育卫生管理、班级日常管理（思想管理、纪律管理、学习常规管理）、班级教育力量管理等内容。

1. 班级组织建设

班级组织建设是班级管理的核心和中心任务，建设和培养良好的班集体是班级管理的核心工作，也是班主任工作成果的体现。班级组织建设要做的主要工作包括：班级组织建设的设计、指导班级组织建设、发挥好班集体的教育作用。班级组织的结构主要包括职权结构、角色结构、师生关系结构和生生关系结构。班级组织机构是班级组织结构形成的基础与前提。班级组织机构的微观建制有三种形式：直线式、职能式、直线职能式。我国中小学班级组织的建构多数属于直线职能式。

班级组织建设要遵循三个原则：（1）有利于教育原则，这是班级组织建构的首要原则；（2）目标一致原则；（3）有利于身心发展的原则。

2. 班级制度管理

班级制度管理主要包括班级组织制度、行为规范、集体舆论和班风等方面的管理。班级制度按制度的形成可分为成文制度和非成文制度。成文的制度是学校教育教学工作的基本规范要求，即实施常规管理（基础性、强制性、实际操作性）；非成文的制度是指班级的传统、舆论、风气和习惯等，即是不成文的、约定俗成的非常规管理。班级管理应该积极倡导体贴人的纪律和柔性的管理方式。

3. 班级教学管理

教学是学校的中心工作，教学质量管理是班级教学管理的核心。教学的社会功能表现为两种水平：

一种是个体水平，即教学对参与者个人所具有的功能；另一种是群体水平，即在教学中，学生不仅向教师学，从书本中学，还要相互学习。班级教学管理包括：（1）明确班级教学管理的目标和任务（"学习目标共有"）；（2）建立有效的班级教学秩序（创设互相支持的班级气氛）；（3）建立班级管理指挥系统（包括班级任课教师群体、教学沟通系统和执行系统）；（4）指导学生学会学习（指导学习习惯、学习动机、学习意志、学习能力等）。

4. 班级活动管理

班级活动是班级群体为了满足彼此的需要，有目的地作用于客观事物而实现的相互配合的动作系统。其基本特点是：第一，班级活动是一种交往活动；第二，班级活动目的的一致性产生了共同遵循的行为准则与规范；第三，班级活动的时空具有一致性；第四，班级在活动中分工合作，互相配合，责任依从；第五，班级活动导致一系列诸如暗示、模仿、感染、舆论、心理相容等社会心理现象的出现，产生良好、健康的人际关系。

班级活动的种类多种多样。按活动方式分，可分为课内活动和课外活动；按活动内容分，可分为思想品德教育活动、文化学习活动、科技活动、文艺活动、劳动活动、游戏活动、综合活动等；按活动的目的分，可分为目标内化活动、建设舆论活动、建立良好人际关系活动、班级常规管理活动、培养自觉遵守纪律活动、培养学习兴趣活动等。

班级活动是学校教育活动的重要组成部分，是班级教育的重要形式，也是发展学生素质的基本途径。班级的教育管理是通过各种活动实现的，组织开展相关活动是班级管理的重要内容。班级活动开展首先要注意整体性和层次性；其次，班级活动的开展要凸显目的性和教育性；再次，班级活动的开展要体现独特性；最后，班级活动的开展要切实可行。

5. 班级文化建设

班级文化是"班级群体文化"的简称，是班级所有或部分成员共有的信念、价值观、态度的复合体。班级文化是一个班级的灵魂，是每个班级所特有的。班级文化是班级中教师和学生共同创造出来的联合的生活方式，包括三种状态：最为显性的班级环境布置，最为隐性的班级人际关系和班风及处于中间状态的班级制度与规范等。班级文化可以分为直接功能和间接功能，班级文化的直接功能主要包括教育功能（首要功能）、行为导向功能和凝聚功能三个方面。

班级文化建设的真谛和真正意义在于塑造文化集体和文化人格。创建班级文化要做到：（1）营造文化性物质环境。文化性物质环境主要是指微观物质环境，如班级中的标语、图画、图书资料、教学设施、学习园地、作品角、光荣榜等，从而实现"让每一面墙壁都说话"。（2）营造社会化环境。学校要创设社会化环境，增长学生的社会知识和交往经验。尤其是要注重发挥班级的社会化功能，为学生提供有利于他们进行社会性交往的丰富环境，让他们有机会了解社会、熟悉社会、学习社会和适应社会，获得与周围环境相互作用的各种感受，从而增强人际沟通能力。（3）营造良好的人际环境。交往是班级人际关系形成和发展的手段，其主体和结构决定着人际关系的性质和水平。在交往过程中，一方面要允许选择性交往，指导学生逐渐和公务性交往相结合，并逐渐开展深层的伙伴交往，交知心朋友；另一方面又要为学生与异性交往、与非同龄的儿童交往、与家庭成员交往、与成人的交往创造条件。三是班主任与学生交往应建立起充满信任的关系。这要求班主任易于接近，善于轻松而灵活地和具有多种多样心理特点的学生交往。（4）营造正确的舆论和班风。舆论是在班级中占优势的、为多数人所赞同的言论和意见。它以议论、褒贬的方式肯定或否定集体的动向或集体成员的言行。班风是班集体长期形成的言论上、情绪上和行动上的共同倾向，是学生思想、道德、人际关系、舆论力量等方面的精神风貌的综合反映。舆论和班风对班集体建设和学生成长都有很大作用，班主任必须努力培养正确的集体舆论和优良的班风。（5）营造健康的心理环境。心理环境主要是指具有积极健康的目标导向，能激发学生进取精神的环境。创设一种积极的班级心理环境，对学生的发展起到心理上的暗示作用，让学生在班级生活中不断地受到自我激励和同辈群体激励，最终实现对现有发展水平的超越。（6）把握好班级文化建设中的若干基本关系：① 班级文化与社会文化背景的关系；② 显性课程与隐性课程的关系；③ 学生主体与教师主体的关系；④ 普及与提高的关系；⑤ 满足需求与引导升华的关系。

（五）班级管理的模式

1. 班级常规管理

（1）班级常规管理的概念

班级常规管理是指通过制定和执行规章制度来管理班级的经常性活动。班级常规管理是建立良好班集体的基本要素。

（2）班级常规管理规章制度的内容

开展以班级规章制度为核心的常规管理，一般包括三个方面：一是教育行政部门统一规定的有关班集体与学生管理的制度（教育行政部门层面的规章制度），如学生守则、日常行为规范等；二是学校根据教育目标、上级有关指示制定的学校常规制度（学校层面的规章制度），如考勤制度、奖惩制度、作业要求等；三是班集体根据学校要求和班级实际情况讨论制定的班级规范（班级层面的规章制度），如班规、值日生制度、考勤制度等。

2. 班级平行管理

（1）班级平行管理的概念

班级平行管理是指班主任既通过对集体的管理去间接影响个人，又通过对个人的直接管理去影响集体，从而把对集体和个人的管理结合起来。

班级平行管理的理论源于马卡连柯的"平行影响"的教育思想。马卡连柯认为，教师要影响个别学生，首先要影响学生所在的这个班级，然后通过学生集体与教师一起去影响这个学生，这样就会产生巨大的教育力量。这种模式也被称为"树状模式"，以班主任为班级管理的主干。

（2）班级平行管理的要求

班主任实施班级平行管理时，要充分考虑学生的特点，并科学预测、分析学生可能出现的现象，适度把握班级平行管理的基本要领。第一，要充分发挥班集体的教育功能，使班集体真正成为教育的力量；第二，要通过转化个别学生，促进班集体的管理与发展；第三，要实施对班级集体与个别学生双管齐下、互相渗透的管理。

3. 班级民主管理

（1）班级民主管理的概念

班级民主管理是指班级成员在服从班集体的正确决定和承担责任的前提下参与班级全程管理的一种管理方式。班级民主管理的实质是在班级管理的全过程中，调动学生自我教育的力量，发挥每一个学生的主人翁精神，使人人都积极主动地参与班级事务，让每个学生都成为班级的主人。

（2）班级民主管理的要求

实行班级民主管理主要应该做好两方面的工作：一是组织全体学生参加班级全程管理，即在班级管理的计划、实行、检查、总结的各个阶段，都让学生参与进来，班主任与学生共同实施管理活动；二是建立班级民主管理制度，如干部轮换制度、定期评议制度、值日生制度、值周生制度，定期开展民主教育活动制度。

4. 班级目标管理

（1）班级目标管理的概念

班级目标管理是指班主任与学生共同确定班级总体目标，然后转化为小组目标和个人目标，使其与班级总体目标融为一体，形成目标体系，以此推动班级管理活动，实现班级目标。

目标管理是由美国管理学家德鲁克提出来的，其理论的核心是将传统的监控式的管理方式转变为强调自我、自控的管理方式，是一种以自我管理为中心的管理，目的是为了更好地调动被管理者的积极性。

（2）班级目标管理的要求

在班级中实施目标管理要做到两点：一是要围绕全班成员共同确立的班级奋斗目标，将学生的个体发展与班级进步紧密地联系在一起；二是在目标的引导下，实施学生的自我管理。

（六）班级管理的过程与原则

1. 班级管理的过程

班级管理过程包括制订计划、组织实施、评价总结三个基本环节。

（1）制订计划。班级管理计划是指对班级活动目标及相应活动方案的设计和谋划。

（2）组织实施。组织实施就是围绕班级管理计划的目标，建立组织系统，合理配置各种资源以实现组织的高效运行。

（3）评价总结。评价总结是组织实施的后继环节，又是新一代班级管理的起始环节。该环节通过对实际工作做出评定，找出工作中的成绩和不足，为新一代的班级管理工作提供依据。评价的中心内容是对学生发展的操行评定。

2. 班级管理的原则

（1）科学性原则。贯彻要求：了解和研究班级管理的基本规律；了解和研究相关的教育教学规律；了解和研究学生的身心发展规律。

（2）民主性原则。贯彻要求：确立学生的主体地位；培养学生的民主意识和参与精神；吸收学生及相关人员参与班级管理。

（3）自觉性原则。贯彻要求：培养学生的自我管理意识；健全学生的自我管理组织机构；选拔和培养自我管理的骨干；建立健全自我管理规章制度；在活动中培养学生的自我管理能力。

（4）整体性原则。贯彻要求：树立全局观念；协调各种因素，保障学生健康成长；分工协作，统一指挥。

此外，班级管理的原则有：方向性原则、全面管理原则、自主参与原则（这也就是我们通常所说的"班干部能做的班主任不做，学生能做的班干部不做"）、教管结合原则、全员激励原则、平行管理原则等。

（七）当前班级管理中存在的问题及解决策略

1. 当前班级管理中存在的问题

（1）班主任的班级管理方式偏重于专断型

长期以来，我国实施的是应试教育，高度重视课堂教学，重视考试成绩，以教师为中心。在这样的背景下，班级管理成为教师实施个人专断管理的活动过程，班主任过度关注学生的考试成绩及个人权威，学生被动地按照教师的要求去做，缺乏自主性。

（2）班级管理制度缺乏活力，学生参与班级管理的程度较低

在班级中设置干部，目的是为了让学生学会自治自理。然而很多中小学的班级干部相对固定，使一些学生养成了"干部作风"，不能平等地对待同学。在社会环境及部分家长影响下，往往把班干部身份看

成是荣誉的象征，"荣誉"重于"责任"。在我国目前的班级管理中，班干部特殊化、多数学生在班级管理中缺乏自主性是比较普遍的问题。

2. 解决策略——建立以学生为本的班级管理的机制

（1）以满足学生的发展为目的

学生的发展是班级管理的核心。班级管理的实质就是让学生的潜能得到尽可能的开发。在现代学校教育中，班级活动完全是一种培养人的实践活动，满足学生发展的需要既是班级活动的出发点，又是班级活动的最终归宿。

（2）确立学生在班级中的主体地位

发展学生的主体性是学校管理的宗旨。在传统的班级管理模式下，学生在某种程度上是教师的"附属物"，学生的主体地位根本无法保障。现代班级管理强调以学生为核心，建立一套能够持久地激发学生主动性、积极性的管理机制，确保学生的持久发展。

（3）有目的地训练学生自我管理班级的能力

以训练学生自我管理能力为主的班级管理制度改革的重点是：以教师为中心的班级教育活动转变为学生自我教育的过程，即把班集体作为学生自我教育的主体。要实行班级干部的轮流执政制，让每个学生都有锻炼机会，并学会与人合作。

（八）班级管理的改革发展趋势

1. 班级管理呈现出主体多元化的趋势，更加注重学生的自我管理功能

传统的班级管理理论认为，学生班集体的管理主体就是班主任。但班级管理实质上是班集体内部的一种职能活动过程，班级管理的主体具有多重性，应该包括班主任和班级所有成员。从班级成员对自身的管理以及对集体凝聚力的形成所起的积极作用来看，学生本身就是管理的主体。

2. 教师的影响力将由传统的权力性影响向非权力性影响过渡

教师对学生的影响可分为权力性影响和非权力性影响。权力性影响是由教师身份和班级制度赋予教师的权力所产生的权威影响。而非权力性影响一般是由教师的知识、能力、情感及个人魅力而对学生产生的自然性影响。随着教育的发展和思想的进步，班级管理过程中教师的非权力性影响力的地位变得越来越重要。

3. 重视学生中正式组织与非正式组织的共同管理

此外，有观点认为，班级管理的发展趋势体现在：班级管理的教师角色由"领导者"向"引导者"过渡；教师影响力由权力性影响向非权力性影响过渡；教师管理方式由"专制型"向"民主型"过渡；学生自我管理意识和能力逐渐增强和提高。

第三节　班主任与班主任工作

一、班主任的概念

并不是所有采用班级授课制的国家都设置班主任，只是在中国、苏联（俄罗斯）、日本等国家会设

置班主任。我国班主任的设置始于清末。1904年，清政府颁布的《奏定学堂章程》中规定，小学各学级设置本科"政教员"一人。到了1932年，规定中学实行级任制，负责班级教育工作的教师称级任导师。1952年起，在中小学设立"班主任"，取代"级任导师"，负责全班学生的思想教育、政治工作、道德行为、生活管理、课外活动等工作。至此，我国班主任制正式确立。

班主任是学校中全面负责一个班学生的思想、学习、生活等工作的教师，是促进学生成长的骨干力量，是班级的组织者、指导者和教育者，是学校办学思想的贯彻者，是联系班级任课教师和学生团队组织的纽带，是沟通学校、家长和社会的桥梁。

班主任是班的教育者和组织者，是学校领导进行教导工作的得力助手。他对一个班的学生工作全面负责，组织学生的活动，协调各方面对学生的要求，对一个班集体的发展起主导作用。班主任肩负着全面管理班级的职责，是学校教育的中坚力量。班主任的素质直接决定班级的管理水平，直接影响班集体全体成员的整体水平，从而决定学校教育教学质量。

二、班主任的角色作用与地位

（一）班主任的角色作用

2009年颁布的《中小学班主任工作规定》指出："班主任是中小学日常思想道德教育和学生管理工作的主要实施者，是中小学生健康成长的引领者，班主任要努力成为中小学生的人生导师。"在班级管理中，班主任扮演着多重角色，主要体现在以下几方面：

1. 班主任是学生全面成长的关护者

班级教学强调整齐划一，但班主任能弥补班级教学的缺陷。他们可以对学生各科教学的情况做深入细致的了解，并给学生更细致、更有针对性的指导或辅导，关照集体教学未曾关照到的方面。（1）班主任能够与任课教师进行有效地沟通；（2）班主任关心班级成员在品德、能力、身体和心理等方面的发展；（3）班主任能更敏锐、更有效地使班级工作按正常轨道运行，防患于未然；（4）班主任是学生在学习期间宝贵时光的见证人。

班主任的角色特点决定着他们对学生的全面发展负有以下责任：（1）教育的责任，即教育学生学会做人，学会做事；（2）培养的责任，即利用和创造条件，使学生整体素质得到提高，健康和谐地发展；（3）发现的责任，即发现学生的个性特点、兴趣爱好、特殊才能、发展的内驱力等，挖掘他们的潜力，使他们得到充分的发展；（4）激活的责任，即启动学生的积极意识和进取心，给予他们成功的体验，引发他们产生健康的积极的欲望和需求，使他们形成自我教育的要求和能力；（5）夯实的责任，即为学生的发展打下坚实的基础，使学生在德、智、体、美各个方面具有可持续发展的能力。

2. 班主任是学生发展的指导者

（1）教学生学习做人、做事；（2）靠自身的威望激发学生接受教育，形成自我教育的能力。

3. 班主任是班级的领导者

在班级活动中，班主任切忌做直接的指挥者，而应该是班级活动的参与者、指导者和鼓舞者。从有效履行职责、取得教育实效的角度看，当代学校教育中的班主任必须实行由管理者角色向指导者角色的重心转移。

（二）班主任在班级管理中的地位

1. 班主任是班级建设的设计者

（1）班主任是班级建设的主帅

对教育对象个体来说，教师的职能可归结为"灵魂工程师"；但对教育对象群体来说，他更多的是班集体的缔造者、设计者。

（2）班级建设设计的内涵

班级建设的设计是指班主任根据学校的整体办学思想，在主客观条件许可的范围内所提出的相对理想的班级模式，包括班级建设的目标、实施途径、具体方法和工作程序。其中，又以班级建设目标的制定最为重要。

（3）班级建设目标的建立

班级目标是指在一定时期内班级所期望达到的境界。班级目标的设计主要依据两方面的因素：一是国家的教育方针、政策和学校的培养目标；二是班级群体的现实发展水平。

2. 班主任是班级组织的领导者

学校对学生进行教育教学工作是以班级为单位的，一个良好的班集体具有强大的教育功能。良好班集体的形成，有赖于班主任的领导与组织。

（1）班主任的领导影响力

班主任在班级管理中的影响力主要表现在两个方面：一是班主任的权威、地位、职权，这些构成班主任的职权影响力；二是班主任的个性特征与人格魅力，这些构成班主任的个性影响力。

（2）班主任的领导方式

班主任的领导方式一般可以分为三种类型：专制型（权威型）、民主型、放任型。采用专制型领导方式的班主任侧重于在领导与服从的关系上实施影响，由教师自身对班级施行无条件的管理，严格监督学生。采用民主型领导方式的班主任比较善于倾听学生的意见，不以直接的方式管理班级，而是以间接的方式引导学生。采用放任型领导方式的班主任主张对班级管理不要过多干预，以容忍的态度对待班级管理中的冲突，不主动组织班级活动。在当前班级管理实践中，班主任在具体操作过程中有两种领导方式运用得比较多，即"教学中心"（运用最多）和"集体中心"的领导方式。

3. 班主任是协调班级人际关系的主导者（班级人际关系的艺术家）

班级是存在于学校之中的一个特殊的社会组织，研究班级中的交往行为，指导学生形成良好的人际关系，是班主任的重要使命之一。

（1）班级中学生交往的类型

班级中学生交往的类型以交往双方所承担的社会角色的不同来区分，有学生间的交往、师生间的交往、教师间的交往；以交往双方的数量的多少来区分，有个体与个体的交往、个体与群体的交往、群体与群体的交往。不同类型的交往对学生的发展有不同的价值。

（2）班主任对学生交往的指导

交往是班级人际关系形成和发展的手段。班主任应细心研究班级的人际关系，指导学生的交往活动。首先要把学生作为交往的主体，研究学生的交往需要及能力的差异性，指导学生避免和解决冲突，建立积极的交往环境；其次要设计内容充实、频率高的交往结构，形成一个相互渗透、交互作用的交往网络；此外，班主任还要在与学生的交往中建立相互间充满信任的关系。

三、班主任的任务与职责

2009年《中小学班主任工作条例》规定，班主任的任务和职责有：

（一）全面了解、深入分析、关心尊重班级内每一个学生

全面了解班级内每一个学生，深入分析学生思想、心理、学习、生活状况，关心爱护全体学生，平等对待每一个学生，尊重学生人格。采取多种方式与学生沟通，有针对性地进行思想道德教育，促进学

生德智体美全面发展。

（二）认真做好班级的日常管理工作

认真做好班级的日常管理工作，维护班级良好秩序，培养学生的规则意识、责任意识和集体荣誉感，营造民主和谐、团结互助、健康向上的集体氛围。指导班委会和团队工作。

（三）组织、指导班级活动

组织、指导开展班会、团队会（日）、文体娱乐、社会实践、春（秋）游等形式多样的班级活动，注重调动学生的积极性和主动性，并做好安全防护工作。

（四）组织做好学生的综合素质评价工作

组织做好学生的综合素质评价工作，指导学生认真记载成长记录，实事求是地评定学生操行，向学校提出奖惩建议。

（五）经常与任课教师和其他教职员工、家长、社区联系与沟通，形成教育合力

经常与任课教师和其他教职员工沟通，主动与学生家长、学生所在社区联系，努力形成教育合力。

四、班主任的基本素养与自我教育

班主任的基本素养包括：责任意识和移情能力，学习意识和探究能力，团队意识和领导能力等。

（一）良好的思想道德素质

班主任应该具有爱国情怀、崇高的人格、奉献精神，还应爱岗敬业，关心热爱学生，为人师表。

（二）丰富的科学文化素质

一个称职的班主任不仅要精通自己所授学科的专业基础知识，还应该认真学习和掌握心理学、教育学、管理学的有关知识，并在教育实践中不断总结和运用知识解决问题。

（三）较强的能力素质

班主任应具有创新能力、组织管理能力、协调能力、自我调控能力、了解和研究学生的能力、教育科研能力、自主学习能力、转化后进生能力、组织班集体活动能力等多种能力。为适应素质教育的要求，新世纪的班主任应具备下列能力：一是组织管理能力，二是创造能力，三是协调能力。

（四）健康的心理素质

班主任应该具有热情而深沉的情感、正确而持久的动机、广泛而有益的兴趣、爽朗而稳重的性格、持重而不孤傲的气质、顽强而坚忍的意志。

此外，班主任的自我教育应做到：（1）形成较强的职业认同感。一名教师是否能主动、积极地投入到教育工作中，取决于他所拥有的职业认同感的高低。（2）树立正确的教育理念。（3）练就高超的管理艺术。教育的力量要大于管理的力量，榜样的力量要大于权威的力量。优秀班主任的班级管理艺术可概括为：懂得心理、善于沟通和擅长激励。（4）持续的教育实践。

五、班主任工作的内容及方法（班主任工作实务）

班主任的基本任务是带好班级，教好学生。班主任的工作内容主要包括常规管理和个别教育工作。常规管理具体包括了解和研究学生，有效地组织和培养优秀班集体，协调校内外各种教育力量，学习指导，学习活动管理和生活指导，生活管理，组织课外、校外活动和指导课余生活，建立学生档案，操行评定，班主任工作计划与总结，班会活动的组织等。

（一）全面了解和研究学生

了解和研究学生是做好班主任工作的前提和基础。

1. 了解和研究学生的内容

了解学生包括对学生个体的了解和对学生群体的了解两部分。

（1）班主任对学生**个体**的了解包括以下几个方面：个体的思想品德、个体的学习、个体的身体状况、个体的心理、个体的家庭。

（2）对**群体**的了解包括对正式群体和非正式群体的了解。正式群体是指为了达到与组织任务有明确关系的特定目标以及执行组织的特定工作而产生的正式的组织结构。非正式群体是非正式规定的，是自然形成的一种无形组织。非正式群体活动是正式群体活动的一个有益而必要的补充，对每个学生的身心发展也有着很大的影响。对于非正式群体的管理要做到态度公正、管理及时、讲究方法。

2. 了解和研究学生的方法

班主任主要通过观察、谈话、分析书面材料、调查研究等方式全面了解和研究学生。

（1）观察法，即在自然条件下，有目的、有计划地对学生的各种行为表现进行观察的方法，这是了解和研究学生的基本方法。

（2）分析书面材料法，即通过阅读学生的有关材料来了解学生的方法。书面材料主要包括记载学生各种情况的登记表、统计表和学生活动成果记录表等。

（3）调查法，即通过对学生本人或知情者的调查访问，从各个侧面间接地了解学生的方法，包括问卷、座谈等。

（4）谈话法，即通过有目的地找个别学生谈话，深入地了解学生或班集体情况的方法。

（二）组织和培养班集体

组织和培养班集体是班主任工作的中心环节和首要任务。

1. 班集体的概念

班集体是按照班级授课制的培养目标和教育规范组织起来的，以共同学习活动和直接性人际关系交往为特征的社会心理共同体。

班集体的形成一般经历三个阶段：（1）组建阶段（初建期的松散群体）。这一阶段是班集体的雏形时期，班级的奋斗目标和行为规范尚未完全变成学生的自觉行动。成员之间彼此还不熟悉，对班主任的依赖性很强。这一时期是班主任工作最繁忙的时期，也是班主任工作能力经受考验的关键期。（2）核心初步形成阶段（巩固期/形成期的合作群体）。这一阶段班级凝聚力开始出现，大多数学生在班集体中获得了归属感，班级的核心初步形成。形成期是班主任培养班级骨干的重要时期。（3）集体自主活动阶段（成熟期的集体）。这一阶段学生有了明确的、共同认可的奋斗目标，形成了坚强的核心。学生已有了较强的自我教育能力，自主的开展集体活动，形成了良好的舆论氛围和民主团结的风气。

此外，有关班集体形成过程的看法，还存在着"四阶段论"（如组建阶段、形核阶段、发展阶段、成熟阶段）"五阶段论"（如孤立期、同化期、形核期、形成期、发展期）等各种观点。

2. 班集体的特征

学生群体和班集体之间有着本质差别，班集体必须具备以下特征：

（1）明确的共同目标（坚定正确的政治方向与明确的奋斗目标）。当班级成员具有共同的目标定向时，便会在认识上、行动上保持一致，相互之间形成一定的依存性，这是班集体形成的基础。明确的目标是班级管理的指南，班级管理的目标就是把班级打造成四个"共同体"，即学习共同体、文化共同体、精神共同体和伦理共同体。

（2）一定的组织结构（健全的组织机构与坚强的领导核心）。班级中的每个成员都是通过一定的班级机构组织起来的。班集体按照组织结构建立相应的机构，维持和控制班级成员之间的关系，从而完成共同的任务和实现共同的目标。

（3）一定的共同生活的准则（严格的规章制度与严明的组织纪律）。健全的班集体不仅要有一定的组织结构，而且还要受到相应的规章制度的约束，并把取得集体成员认同的、为大家自觉遵守的行为准则作为完成共同任务和实现共同目标的保证。

（4）集体成员之间相互平等、心理相容的氛围（正确的集体舆论与良好的班风）。正确的舆论与良好的班风是班集体形成的重要标志。在班集体中，成员在人格上是平等的，在思想感情和观点信念上是一致的，成员对集体有自豪感、依恋感、荣誉感等肯定的情感体验。

（5）宽松的个性发展空间。班集体的成熟并非以压制学生的个性为代价。

3. 班集体的教育作用

（1）形成学生的集体意识。在一个良好的班集体中，学生会感受到集体对他们的关心与尊重，体会到能从集体生活中获得知识、友谊和实现他们的某种心愿；与此同时，学生往往也会努力使自己成为对集体有所奉献的一员。在良好班集体的形成过程中，学生的群体意识、集体荣誉感会得到强化。

（2）培养学生的社会交往与适应能力。班集体是学生活动与交往的基本场所。班级的集体活动和学生之间的交往，可使学生积累集体生活的经验，学会交往与合作，学会对环境的适应。

（3）培养学生的自我教育能力。班集体是学生自己的集体，每个学生在所属的班集体中都拥有一定的权利和义务，都能找到适合于自己的角色与活动；因此，班集体是训练班级成员自己管理自己、自己教育自己、自主开展活动的最好载体。

4. 班集体的形成与培养

（1）确定班集体共同的奋斗目标

目标是集体发展的方向和动力，一个班集体只有具有共同的目标，才能使班级成员在认识上和行动上保持统一，才能推动班集体的发展。班集体的发展目标一般可分为近期目标、中期目标、远期目标三种，目标的提出应由易到难，由近到远，逐步提高。

在实现班集体目标的过程中，教师要充分发挥班级成员的积极性，使实现目标的过程成为教育与自我教育的过程。

（2）建立得力的班集体核心

一个得力的班集体核心非常重要，它是班主任的左膀右臂，是维护和推动班级工作的有力助手，是带动全班同学实现集体发展目标的核心。建立一支核心队伍是培养班集体的一项重要工作。

建立班集体的核心队伍，首先教师要善于发现和培养积极分子。这就需要教师在了解学生的基础上，及时发现并选拔出热心为集体服务、团结同学且具有一定管理能力的学生干部。其次，教师应把对积极分子的使用与培养结合起来。

（3）建立班集体的正常秩序

班集体的正常秩序是维持和控制学生在校生活的基本条件，是教师开展工作的重要保证。班集体的正常秩序包括必要的规章制度、共同的生活准则以及一定的生活规律。当接手一个教育基础和纪律较差的班级时，班主任首先应该建立班集体的正常秩序。

在建立正常秩序的过程中，教师要依靠班干部的力量，由他们来带动全班同学；一旦初步形成了班级秩序，不要轻易去改变它；不断让学生体验到正常的秩序对他们的学习、生活所带来的便利与成效。

（4）组织形式多样的教育活动

班级活动是班级集体教育的经常性形式，设计并开展班级教育活动是班主任的经常性工作之一。班集体是在全班同学参加各种教育活动的过程中逐步成长起来的，而各种教育活动又可使每个人都有机会为集体出力并显示自己的才能。班级教育活动主要由日常性的教育活动与阶段性的教育活动两大部分组成，所涉及的内容有主题教育活动、文艺体育活动、社会公益活动等。此外，根据班级活动的目标和功能，班级活动可分为思想道德引领类班级活动（政治性活动）、学习提高类班级活动（知识性活动）、个性发展类班级活动（娱乐性活动）和社会适应类班级活动（社会实践活动）等。

教师在组织各种教育活动时，要有明确的目的和要求，要精心设计活动内容，注意形式的适龄化，力争把活动的开展过程变成教育学生的过程。

（5）培养正确的舆论和良好的班风

班集体舆论是班集体生活与成员意愿的反映。正确的班集体舆论是一种巨大的教育力量，对班集体每个成员都有约束、激励的作用，是教育集体成员的重要手段。培养健康的舆论的措施主要有：① 要经常进行正面教育，使学生对是非、善恶、美丑、荣辱有正面的认识；② 要结合实际事例引导学生做出正确评价；③ 要注意控制各种信息，表扬和宣传积极的思想行为，对消极落后的言行要引导学生正确认识并加以抵制；④ 要特别重视教师言传身教的作用。

良好的班风是班集体大多数成员精神状态的共同倾向与表现。班风一经形成，便成为一种强大而又无形的约束力，影响着班级中的每一个成员，对班集体每个成员都有约束、感染、同化、激励作用，是形成巩固班集体、教育集体成员的重要手段。培养班风的措施主要有：① 确立班风目标。有经验的班主任在接手一个新的班级后，总是根据班级的实际情况来确立班风建设的基本思路，而后组织学生集体讨论，确立班风目标。② 培养正确舆论。班主任应通过各种形式，使学生明确是非标准，形成正确的价值观念。③ 强化行为训练。班主任要从大处着眼，从小处入手，依据一定的规章制度，严格要求学生，常抓不懈，反复训练。④ 加强榜样示范。班主任要抓好典型，树立好榜样。另外，班主任还应注意以身作则，以自身的言行来影响学生。

此外，有观点认为，班主任建设和管理班级组织的策略包括：（1）创造性地规划班级发展目标：① 以提高素质、发展个性为导向，制定适合班集体实际水平的发展目标；② 在班集体的目标管理中，既要注重提高班集体的整体发展水平，又要为集体中每个成员精心设计个性发展目标，并创造达到合理的个人目标的机会和条件，使班级中的每个成员在集体目标下树立自尊、自信、自强的自我形象。（2）建构"开放、多维、有序"的班级活动体系：① 主题性活动的确定要贴近学生成长的实际；② 主题性活动的开展应体现学生的全员参与和获益；③ 主题性活动要达到使学生在活动中有新的体悟和变化，避免形式主义；④ 主题性活动的形式要丰富而富有创意。（3）营造健康向上、丰富活跃的班级文化环境。（4）协调好班内外各种关系：① 协调班集体内的各种组织和成员的关系；② 协调与各任课教师及学校其他部门、其他班级的关系；③ 协调班级与社会、家庭的关系；④ 协调好班级内各种活动和事务。（5）合理地确定学生在班级中的角色位置：① 科学地诊断班集体人际关系的现状；② 重视班级骨干队伍建设，实行班干部轮换制；③ 丰富班级管理角色；④ 正确对待班级中的非正式群体。

在班级中，按照一定的教育目标或任务组织起来的学习小组、兴趣小组等，属于班级中的正式群体。与此不同，班级中还存在着非正式群体，即：由群体成员在日常学习和交往中，基于居住地域、交往频率、兴趣爱好等而自发形成的小群体。其基本特点是：（1）以共同利益、爱好或者观点一致为基础，以感情为纽带；（2）有较强的内聚力和行为一致性；（3）在群体内可能形成具有影响力的核心人物；（4）有比较灵敏的信息传递渠道；（5）有内部不成文的奖惩规范或方式；（6）具有自卫性和排他性。班级非正式群体的存在是一种正常现象。按照成因，非正式群体可以分为爱好型、情感型、亲缘型、利益型等；按照作用性质，非正式群体又可以分为积极型、中间型、消极型、破坏型。积极型的非正式群体有利于班级内聚力的增强和正确的班级舆论的形成；中间型的非正式群体能够积极参与各种班级活动，并不违反班级规范，只是在活动和交往中时常有"扎堆"现象；消极型的非正式群体对于群体活动并不热心，对于班级群体的形象不甚关注，往往比较热衷于"小圈子"的活动；破坏型的非正式群体则具有明显的负面、阻滞效应，其成员的一些言行，诸如恶作剧、起哄、讽刺挖苦、欺凌、关系暴力等，可能直接影响或伤害到班级其他成员，影响班级群体活动的开展和良好班级舆论、班风的形成。因此，无论从班级群体的发展与教育的角度，还是从班级个别教育的角度，都必须对班级非正式群体加以引导和教育。首先必须正确认识班级非正式群体，既懂得非正式群体存在的客观必然性和可变性，又把握非正式群体对于群体发展和个体成长的双重性，即每个非正式群体都在不同程度上存在着积极、正面意义和消极、负面影响。其次，要全面了解非正式群体的情况，把握非正式群体的性质、结构和人际互动关系，以便区别对待不同类型的非正式群体。例如，对于中间型的非正式群体，要尽可能激活其积极作用，引导其群体成员关心班级其他成员，更加积极、主动参与班级群体建设；对于破坏型的非正式群体，要密切关注其发展情况，尽可能遏制不良行为产生的诱因，并针对业已产生的不良行为进行有效矫治。再次，要抓好核心人物的转化工作。一般来说，多数比较稳固、具有一定内聚力的非正式群体，特别是消极型和破坏型两种非正式群体，大都存在一位或以上的核心人物，他（们）对其他群体成员的思想和行为具有较强的影响力和号召力，设法影响他们、转化他们，是做好班级非正式群体教育工作的关键。对于超越班级界限的非正式群体，则更加需要班内外、校内外各种教育力量的有机整合。总之，角色转换、情感沟通、兴趣转移、目标导向、群体相容等，是开展班级非正式群体教育的主要策略。

（三）学习与生活指导

1.学习指导

（1）指导学生掌握科学的学习方法；（2）指导学生养成良好的学习习惯；（3）指导学生制订学习计划。

2.生活指导

（1）对学生进行礼仪常规教育；（2）指导学生的日常交往；（3）指导学生搞好生理卫生；（4）指导学生遵纪守法；（5）对学生进行劳动教育。

（四）组织班会

1.班会的含义与种类

班会是以班级为单位，在班主任指导之下由学生自己主持进行的全班性会务活动。班会活动是班主任进行教育活动的重要手段，是培养优良班集体的重要方法，也是养成学生活动能力的基本途径。班会具有集体性、自主性和针对性等特点。

班会一般有三类：常规班会、生活班会和主题班会。常规班会又称班务会，是班主任按照固定的日程组织安排的班会活动，如晨会、周会等；生活班会是班主任根据教育目标结合班级实际，定期或不定期地组织学生讨论德、智、体等方面的长处与不足，引导学生发扬优点、纠正缺点的班会活动；主题班会是班主任依据教育目标，指导学生围绕一定主题，由学生自己主持、组织进行的班会活动，它是班级活动的主要形式。

2.主题班会的形式与组织

（1）主题班会的主要形式。主题班会的主要形式有：主题报告会、主题汇报会、主题讨论会、科技小制作成果展评会、主题竞赛、主题晚会。从活动类型看，主题班会又可分为体验型班会、讨论型班会、表演型班会、叙事型班会和综合型班会等。

（2）主题班会的组织。主题班会的组织一般包括确定主题、精心准备、具体实施、效果深化等几个阶段。

（3）组织主题班会应注意的几个问题。组织主题班会应注意：主题不能过杂，要有的放矢；班主任要做好"导演"而不是"演员"。

（五）协调校内外各种教育力量

个体的发展受到多种因素的影响，家庭、社会、学校等都对学生的发展产生各自的影响。班主任应协调校内外各种因素，形成教育合力。

1. 协调学校内部各种教育因素之间的关系

（1）协调与科任教师之间的关系。科任教师是影响学生最深刻、最广泛的教育力量。班主任应加强与科任教师的配合与协作，充分发挥他们在班级教育中的作用，共同把班级工作做好。班主任要协同科任教师形成统一的教育要求；协调科任教师之间的人际关系；沟通科任教师与学生的关系。

（2）协调与学校各级领导之间的关系。班主任是受学校的委托，全面负责班级的教育与管理工作的人。学校各级领导对班主任工作起着宏观上的指导、调节、控制作用。班主任是学校对学生进行教导工作的得力助手和骨干力量。班主任要认真贯彻学校教导工作计划，努力与全校行动协调一致；依靠学校各级领导，搞好班级工作；协助学校领导制定并贯彻执行有关的学校管理制度。

（3）指导和协助共青团、少先队工作。共青团是党领导下的青少年自己的群众组织，少先队是党委托共青团领导的少年儿童自己的群众组织。共青团和少先队是组织青少年进行共产主义、爱国主义、集体主义教育的大学校，是学校教育工作不可分割的重要组成部分。因此，班主任必须注意与共青团和少先队组织密切配合，统一要求，协同工作，既指导、支持共青团和少先队的工作，也努力争取共青团和少先队组织的支持和帮助。

2. 协调学校教育与家庭教育之间的关系

一般而言，学校与家庭联系协调的常用方式有互访（家访和举办家长开放日）、召开家长会、举办家长学校、成立家长委员会、举办家长沙龙、搞好通讯联系等。

（1）家访是班主任代表学校对学生家庭进行的具有教育性质的访问。

（2）家长会是把所有的家长邀请到学校，针对某个问题或某个时期的教育活动进行研究和讨论的一种集会形式。家长会主要有全校性家长会、年级家长会和班级家长会三种类型。此外，家长会按其内容可分为情况通报会、家长座谈会、经验交流会、汇报表演会等形式。

（3）中小学家长委员会是由本校学生家长代表组成、代表全体家长参与学校民主管理、支持和监督学校做好教育工作的群众性自治组织，是学校联系广大学生家长的桥梁和纽带。

（4）家长开放日是学校开展的一项面向学生家长的活动，形式是分期让学生家长来学校深入学生课堂聆听教师的讲课，目的在于让学生家长深入了解自己孩子在学校的表现情况，了解老师的讲课水平，增加学校办学的透明度。

3. 协调学校教育与社会教育之间的关系

（1）利用客观环境教育影响学生；（2）利用社会信息教育影响学生；（3）利用社会教育机构教育影响学生；（4）利用社区中的人才和教育基地教育影响学生。总之，班主任可以采用"请进来"和"走出去"的方式，使学生接受教育。

（六）建立学生档案

班主任在全面了解学生的基础上，对掌握的材料进行分析处理，并将整理结果分类存放起来，即建立学生的档案。

建立学生档案一般分四个环节：收集—整理—鉴定—保管。

学生档案有两种：集体档案和个体档案。学生档案中最常见的是学生个人档案。学生档案的内容最常见的形式有文字表述式和表格调查式。

（七）班主任工作计划与总结

1. 班主任工作计划

班主任工作计划一般分为学期计划、月或周计划以及具体的活动计划。学期计划一般包括：（1）班级基本情况；（2）班级工作的内容、要求和措施；（3）本学期主要活动与安排。

2. 班主任工作总结

班主任工作总结，是对整个班主任工作过程、状况和结局做出全面的、恰如其分的评估，进行质的评议和量的估计。班主任工作总结一般分为全面总结和专题总结，一般在学期学年末进行。做好班主任总结应注意两点：（1）平时注意对班主任工作资料的积累；（2）注意做阶段小结。

（八）操行评定

1. 操行评定的概念

操行评定是以教育目的为指导思想，以《学生守则》为基本依据，对学生一个学期内在学习、劳动、生活、品行等方面的小结与评价。它主要由班主任负责。

2. 操行评定的目的

操行评定的目的在于教育学生奋发向上，肯定其优点，找出其缺点，指出其努力的方向，帮助家长全面了解子女在学校的情况以便与老师密切配合，共同教育学生，帮助班主任总结工作经验，找出问题，改进工作。

3. 操行评定的一般步骤

（1）学生自评。根据《小学生日常行为规范》设计编写测试题，内容包括思想品德、文化学习、遵守纪律、劳动态度、体育锻炼等方面。学生对照自己的表现进行自评，填好测试题。（2）小组评议。班主任可以组织一个评议小组对每个学生的自评结果进行复议。（3）班主任评价。小组评议后，班主任根据小组评议和班级工作记录，综合分析，给每个学生写出切合实际的评语，并给定等级。（4）信息反馈。班主任把评定的结果用口头或书面的形式告诉学生，必要时做出解释。

4. 班主任做好操行评定注意事项

（1）要实事求是，抓主要问题，评定要准确反映学生思想品德的全面表现和发展趋向；（2）要充分肯定学生的进步，并适当指出他们的不足；（3）评语要简明、具体、贴切，严防用词不当，伤害学生的情感。

（九）做好个别教育工作

班主任应做好个别教育工作，包括做好先进生的教育工作、中等生的教育工作和后进生的教育工作。

1. 先进生工作

先进生的心理特征：（1）自尊心强，充满自信；（2）强烈的荣誉感；（3）较强的超群愿望与竞争意识。

对于先进生的教育，教师要注意如下几点：（1）严格要求，防止自满；（2）不断激励，弥补挫折；（3）消除嫉妒，公平竞争；（4）发挥优势，全班进步。

2. 中等生工作

中等生的特点：信心不足，表现欲不强。

对中等生的教育要注意以下几点：（1）要重视对中等生的教育，既要抓两头，也要抓中间，努力使中间因素向积极的方面转化，实现班级工作的良性循环；（2）根据中等生的不同特点有的放矢地进行个别教育；（3）给中等生创造充分展示自己才能的机会，增强他们的自信心。

3.后进生工作

后进生通常指那些学习积极性不高、学习成绩暂时落后、不太守纪律的学生。后进生是一个相对概念，运用时应谨慎。

后进生一般具有如下心理特征：（1）不适度的自尊心；（2）学习动机不强；（3）意志力薄弱。

对于后进生的教育，班主任应注意如下几点：（1）关心爱护后进生，尊重他们的人格；（2）培养和激发学习动机；（3）善于发掘后进生身上的"闪光点"，增强其自信心和集体荣誉感；（4）提供范例，增强是非观念；（5）针对后进生的个别差异，因材施教，对症下药；（6）对后进生的教育要持之以恒。

第四节　课外活动

一、课外活动的概念

组织开展课外活动是班主任工作的重要内容之一。课外活动也称课外、校外教育，是指在课程计划和学科课程标准以外，利用课余时间，对学生施行的各种有目的、有计划、有组织的教育活动。

课外活动可以分为校内活动和校外活动，二者的区别在于组织指导的不同。校内活动是由学校领导，教师组织指导的活动；校外活动是由校外教育机关组织指导的活动。这里应注意的是，校内活动并不仅仅限于学校范围之内，也可以是在校外组织活动，它与校外活动的区别只是在组织和领导方面的不同。

在我国古代，已经出现了课外活动这一教育形式。《学记》中记载："大学之教也，时教必有正业，退息必有居学。"所谓"正业"就是指的课堂教学，"居学"就是指课堂教学以外的课外活动。课外活动与课堂教学活动为了共同实现教育目标（两者共同之处在于有目的、有计划、有组织），互相联系、相互作用、相互促进。但是，课外活动绝不是课堂教学活动在课外的延续，课堂教学活动也不能替代具有自身教育特点和价值的课外活动。课外活动不是教学活动，课外活动不包括选修课，自习课、体育课等也不属课外活动之列。在现代教育中，课外活动与课堂教学是一个完整的教育系统，课外活动是课堂教学的必要补充，二者相互作用，相辅相成，对完成教育任务、实现教育目的具有同样重要的作用。它对解决受教育者的全面发展与因材施教、一般发展与特殊发展、间接经验与直接经验等矛盾具有重要的意义。

二、课外活动的特点

与课堂教学相比，课外活动具有自身的一些特点。

（一）性质的自愿性和选择性

在课外活动中，学生可以根据自己的兴趣爱好和现有知识水平选择参加不同的活动。教师的职责是尽可能地创造条件，组织多种多样的活动供学生选择，并对不同的学生给予启发引导，指导他们参加适宜的活动。

（二）内容的伸缩性和灵活性

课外、校外教育活动的具体内容是根据课外、校外活动的目的，从现有设备条件、辅导教师的特点和能力以及学生的不同需要出发确定的。

（三）形式的多样性

课外活动的组织形式是多种多样的，它包括小组活动、群众性的调查参观、竞赛讲演、个人活动等。无论是活动的内容还是活动的形式，都体现了灵活性。

（四）活动方法的实践性和创新性

课外、校外教育活动注重学生的实践环节。在活动中，学生的知识和技能主要通过自己设计、动手获得。那些经由辅导教师获得的知识和技能，学生可运用到实践当中来验证它的科学性，这样也就培养了学生的实践能力。

（五）组织活动上的自主性和独立性

课外活动过程重视学生独立性、自主性的发挥。课外活动中教师主要是启发指导学生开展活动，由学生自主组织、自行设计、自己动手，发挥学生的主动性和创造性，通过实践活动增长学生的才干。

（六）活动评价的综合性

在评价上，课外活动一般不采用考试计分办法，而大多采用汇报表演、娱乐竞赛、成果展览等形式进行。

三、课外活动的任务与作用

课外活动是实现教育目的的重要途径。它的任务在于根据自己的特点组织和指导学生的课余生活，减轻学生过重的课业负担，积极促进学生的全面发展，培养学生良好的个性。

课外活动的主要作用是：（1）充实学生的生活，开阔学生的眼界，密切学生与社会的联系；（2）激发学生的兴趣爱好，发展学生的个性和特长；（3）培养学生的自主能力、探索意识和创造才能。

四、课外活动的意义

（一）课外活动有利于学生开阔眼界，获得新知识

正在成长和发展的青少年学生，他们求知欲强，兴趣广泛。在课外活动中，由于不受学科课程标准和教材的限制，他们可以根据自己的兴趣爱好广泛阅读各种课外读物，收听广播，参加各种科技、文艺、体育活动，广泛接触社会和自然界的各种事物，吸收来自各方面的信息。这样，他们不仅能拓宽已学知识的广度和深度，而且还能扩大视野，增长新知识。

（二）课外活动是对少年儿童因材施教、发展其个性特长的广阔天地

课堂教学是完全按照国家规定的课程计划、学科课程标准进行系统的知识传授和技能训练，所以很难照顾到学生的个别差异。课外活动正好能弥补这一缺陷。它的活动内容丰富多样，能满足学生的不同要求，学生可以自愿选择参加各种活动。在活动中学生自主学习，可以获得更多的亲身体验。这种活动能激发学生的兴趣爱好和提高学生参与的积极性，也有利于教师因材施教。

（三）课外活动有利于发展学生智力，培养学生能力

课外活动是以学生的亲身实践活动为主，整个活动过程是学生动手动脑、运用知识并发挥聪明才智和创造性的过程。课外活动不仅使学生在活动中经受各种锻炼，而且还能有效地培养学生的思维能力、自学能力以及各种实际工作能力，对发展学生的智力有着极为重要的意义。

（四）课外活动是进行德育的重要途径

课堂教学对学生进行思想品德教育，更多的是通过摆事实、讲道理来提高学生的道德认识的。但是，学生思想品德的形成只有通过行为实践才能转化为自觉的行动。另外，学生在课外活动中能接触实际的人和事，能得到较深刻的感性认识和情感上的感染，往往可以收到比单纯的说理教育更有效的教育效果。

五、课外活动的主要内容

课外活动主要包括课外的科技活动、文体活动、社会实践活动、劳动技术活动等。

（一）学科活动

学科活动是以学习和研讨某一学科的知识或培养某一方面的能力为主要目的的活动，如数学小组、外语小组、绘画小组、声乐小组等。学科活动是课堂教学活动的有力补充，是课外活动的主体部分。

（二）科技活动

这是以让学生学习和了解科技知识为目的的课外活动，如举办科技讲座，参观游览，成立无线电小组、航模小组、园艺小组等，开展小发明、小创造、小制作、小实验、小论文等"五小活动"等。参与科技活动可让学生学会动手操作的本领，并在活动中形成爱科学、学科学、用科学的良好风气。

（三）文体活动

1. 文学艺术活动

这类活动主要是培养学生对文艺的爱好和发展学生文艺方面的才能，主要围绕书法、歌咏、舞蹈、音乐、摄影、雕刻等展开。

2. 体育活动

这类活动的主要目的是发展学生的体能，增强他们的体质，训练他们的运动技能，培养他们吃苦耐劳的精神和对体育运动的兴趣，并尽可能满足体育爱好者的需要，及早发现和培养体育专业人才。

（四）社会活动

1. 社会实践活动

组织一些参观、考察、社会调查访问、宣传、游览等社会实践活动，让学生走出校门，增长知识，提高能力。

2. 社会公益活动

社会公益活动是培养学生相互关心、合作和社会责任感等素质的重要途径，如上街进行环保宣传、交通安全宣传、拥军小组活动、支农义务劳动、对社会热点问题的讨论等。

（五）课外阅读活动

课外阅读活动是指在课堂教学范围之外，学生根据自己的兴趣爱好或某一方面的需要进行的一种自觉的读书活动。课外阅读的目的在于使学生及时接触和吸收新知识，扩大学生的知识视野，培养他们的自学能力和思维能力。

（六）主题活动

主题活动是就某一特定专题而开展的短期或长期的专门活动。这种活动往往有特定的具体目标，活动内容和形式也具有一定的稳定性，如开主题班会等。这种活动既能增加学生与活动目的有关的知识，也能培养相关的情感和态度，长期活动则更有助于培养小学生做事情有始有终、持之以恒的意志和品质。

（七）游戏活动

游戏活动不仅能让学生有机会感受生活的多姿多彩，有机会展现自己的生命活力和丰富想象力、创造力，也会让学生学会如何制定游戏规则，养成遵守游戏规则的习惯，还可培养学生的主体精神和协作精神。尤其在小学教育阶段，游戏活动应该成为学校课外活动的重要内容，应通过有指导的游戏活动让学生轻松愉快地学习，形成各种社会性知识、能力，提高心理综合素质。

六、课外活动的组织形式

课外活动的组织形式是多种多样的，以参加活动的人数（即活动的规模）为标准进行分类，主要包括群众性活动、小组活动和个别活动三大类。

（一）群众性活动

群众性活动是课外活动最普遍的一种活动形式，可以吸收大批学生参加，具有普及性和推广性。群众性课外活动可以是全校性的，也可以是几个班级和团支部联合组织的。群众性活动要有明确的目的、详细周到的准备，主要包括传统节日和历史纪念日活动、专题报告讲座、参观游览活动、文体活动、竞赛活动、墙报和黑板报等活动方式。

（二）小组活动

小组活动是课外活动最基本的组织形式，既能推动集体活动的开展，又能为个人活动创造条件。小组活动形式多样，小型分散，灵活机动。一般是在辅导老师的指导下，学生根据兴趣爱好自愿参加并组成各类活动集体，如学科小组、科技小组、艺术体育小组和手工小组等。

（三）个人活动

个人活动是一种在教师和辅导员的指导和帮助下，根据个人的兴趣、爱好和特长，学生个人进行活动的一种课外活动形式。个人活动的主要内容有：课外阅读、绘画创作、进行某种独立观察和小试验、个人书法练习、乐器演奏等。

七、课外活动的实施要求

（一）要有明确的目的

课外活动是实现教育目的的重要途径。每项活动都要有明确而具体的目的，防止出现"为活动而活动"的形式主义倾向。同时，课外、校外教育活动作为学校教育的组成部分，应纳入学校工作的整体计划之中。在具体开展活动时应有周密的计划，以保证活动有序进行，并取得良好的效果。

（二）活动内容要丰富多彩，形式要多样化，要富有吸引力

课外活动，要充分考虑到参加活动的学生的兴趣爱好和特长，要符合他们的年龄特征。

课外、校外活动的内容和形式应强调科学性、知识性和趣味性，让知识教育、思想教育寓于生动活泼的形式之中，使活动本身对学生具有强烈的吸引力，使他们乐于参加。

（三）发挥学生的积极性、主动性，并与教师的指导相结合

学生集体和个人是课外、校外活动的主体，活动的开展主要依靠他们的积极性和主动性。教师在活动中要让学生独立思考，注意培养他们的创造精神和创造能力。同时，在活动中应重视发挥教师的指导作用，当学生遇到困难时，教师要给予鼓励和帮助，为学生创造和提供活动的条件。

八、学校、家庭、社会三结合教育

学校教育、家庭教育、社会教育是现代教育体系中的三大组成部分。家庭教育是启蒙；学校教育是主导；而社会教育则影响最广泛。

（一）家庭教育

家庭是社会的细胞。它是以夫妻关系为基础、包括父母子女关系的最小社会基层组织，是人们生活和消费的最基本单位，承担着生养和教育子女的基本社会职能。家庭对儿童和青少年身体的发育、知识的获得、能力的培养、品德的陶冶、个性的形成，都是至关重要的。

家庭教育是学校教育的基础和补充，有不可替代的教育作用。教育培养子女是家庭的基本社会职能。家庭作为社会生存和发展的基本单位，其基本的社会职能就是对子女负有义不容辞的教育责任，这也是我国宪法明确规定的。家庭教育是子女的奠基教育。儿童成长的摇篮是家庭，儿童的启蒙教育从家庭开始，家庭在青少年的成长中起奠基作用。

1. 家庭教育的特点

（1）教育内容的生活化。融合性是家庭教育的主要特点，即家庭教育与家庭生活是融为一体的。家庭教育与家庭生活在各个方面交叉渗透，而且随着家庭生活的变化和受教育者的发展不断地变换着形式和内容。家庭生活的各个侧面都影响着青少年身心的发展。

（2）教育方式的情感化。家庭的血缘关系使教育者和受教育者之间有着深厚的感情，这种深厚的感情使任何教育动机和措施都带上浓厚的情感色彩。家庭教育的这种情感性可以加强家长的责任心和影响力，使子女对家长的教育具有依赖性；但它也容易让情感蒙蔽家长和子女的理智，导致家长的溺爱、子女的任性。

（3）教育方法的多样化。家庭教育的方法不是固定不变的，它随家庭教育内容的不同以及子女年龄的不同而发生变化。在家庭教育中经常采用如下一些方法：解答疑难、指导读书、树立榜样、游戏。

此外，家庭教育还具有早期性、连续性、感染性、及时性等特点。

2. 家庭教育的基本要求

（1）建立和睦友爱的家庭环境。家庭环境对子女的健康成长至关重要。一个和睦友爱的家庭环境包括家庭成员之间气氛的融洽、家庭成员文化素质的提高、家庭生活制度的合理以及家庭生活习惯的规范等。

（2）创造良好的家庭教育环境。良好的家庭教育环境是教育好子女的基础。家长要不断提高道德文化素养，努力营造一个和谐、融洽、积极向上的教育氛围，为子女的健康成长当好铺路石。家长可综合运用环境熏陶法、兴趣诱导法、暗示提醒法、实践活动法、榜样示范法等方法营造良好的家庭教育环境，促进子女的健康成长。

（3）家庭和学校教育要协调一致。家庭教育要和学校教育协调一致，家长必须主动与学校配合，共同负担起教育好孩子的责任；家庭成员对孩子的要求必须统一合理，家长对孩子的要求要符合其发展水平，并随着年龄的增长不断地调整要求，增加原则性，增强自觉性。学校对家庭教育的指导主要通过以下方式：个别联系（家庭访问、书面联系、约请家长来校等），家长会，开放日活动，教育讲座，家长委员会等。

（二）社会教育

社会教育是指家庭以外的社会文化教育机构、团体组织对社会成员，特别是青少年所进行的教育。

1. 社会教育的特点

（1）社会教育的对象复杂，范围广泛，形式多样。

（2）社会教育的内容丰富多样，既有积极的方面，也有消极的影响。

（3）社会教育的环境具有复杂性。

（4）社会教育带有明显的无目的性和随意性。

2. 社会教育的基本要求

社会教育是一种全民教育和终身教育，对家庭教育和学校教育起着重要的辅导和制约作用。在实施社会教育中要做到：

（1）要加强正确引导，保证社会教育内容的正确性和科学性，提高各级领导和广大教育工作者的思想认识。

（2）建立起一支高水平且具有一定规模的辅导队伍，因地制宜，选择那些富有教育性、知识性、趣味性的对青少年发展有促进作用的社会生活内容来影响学生。

（三）学校、家庭、社会三结合，形成教育合力

教育合力是指学校、家庭、社会三方面教育在方向上统一要求，时空上密切衔接，作用上形式互补，协调一致，形成合力，发挥教育的整体效应。

1. 学校教育在三结合教育中起主导作用

（1）学校教育是有目的、有组织、有计划地对青少年一代集中进行的教育。

（2）学校教育是由受过专业训练的教师来实施的。

（3）学校教育具有协调其他各方教育力量的功能。

2. 学校对家庭教育的指导

学校主要是通过通讯联系、举行家长会、组织家长委员会、举办家长学校等方式与家庭进行沟通，并对家庭教育进行指导的。

3. 学校对社会教育的指导

建立学校、家庭、社会三结合的校外教育组织，由专人负责与学生居住区形成稳定的联系，了解学生在家庭、学校和社会上的表现，宣传好人好事，帮助落后学生。学校与校外教育机构还应建立经常性的联系，采取"走出去、请进来"的方法与社会各界保持密切联系。

总之，学校教育、家庭教育和社会教育组成了现代教育的体系，各自有自己的优势和不足。只有三方面有机地结合起来，才能形成教育合力，发挥教育的整体效应。

真题回顾与模块自测

一、选择题

1. 我国中等及中等以下各级学校实行的学校管理体制是（　　）。（2020.8.6济南十区县联考真题）

    A. 党委领导制　　　　　　　　　　　　　B. 党委领导下的校长负责制

    C. 校长负责制　　　　　　　　　　　　　D. 校务委员会制

2. 班级管理的模式有四种，其中（　　）是美国管理学家德鲁克提出的。

    A. 班级常规管理　　　　B. 班级民主管理　　　　C. 班级平行管理　　　　D. 班级目标管理

3. 班主任对学生的态度会影响学生人格的形成，如果班级内学生在人格方面表现出没有组织纪律性、缺乏团体目标和集体主义观念，说明该班班主任对班级的管理属于（　　）。

    A. 慈爱型　　　　　　　B. 民主型　　　　　　　C. 放任型　　　　　　　D. 专制型

4. 所谓班级管理，就是班主任和教师以关注每个学生在班级生活中的参与和成长为宗旨，以开放的方式推进班级发展，共同建设一个和谐且富有成长气息的班级组织。班级管理的核心工作是（　　）。（2020.10.18济南平阴真题）

    A. 营造良好的班级氛围　　　　　　　　　B. 培养班干部

    C. 转化后进生　　　　　　　　　　　　　D. 建设和培养良好的班集体

5. 某班开展以"小发明、小创造"为主题的兴趣活动，这属于课外活动中的（　　）。（2020.7.18青岛真题）

    A. 文艺活动　　　　　　　B. 体育活动　　　　　　　C. 科技活动　　　　　　　D. 游戏

二、多选题

1. 教育无小事，事事皆有人。班主任在开展工作的过程中应慎言慎行，及时敏锐的洞察学生的思想动态，为学生的健康成长创造良好的环境。在实际工作中，班主任可以采用（　　）方法对学生进行深入、广泛的了解和研究。（2020.11.8枣庄峄城真题）

    A. 观察　　　　　　　　　B. 谈话　　　　　　　　C. 研究书面材料　　　　　D. 调查访问

2. 学生中的非正式群体是客观存在的，也是复杂的。应注意到无论是正式群体还是非正式群体，都是学生在成长和发展过程中不可或缺的。班主任对非正式群体的管理应该做到（　　）。（2020.11.14济南商河真题）

    A. 设法拆散他们，杜绝班级非正式群体的存在

    B. 利用非正式群体核心人物的作用形成管而有效的班干部集体

    C. 假装不知道

    D. 利用非正式群体成员间的感情基础，增强班级凝聚力

3. 学校教育与家庭教育相互配合的方法有（　　）。（2020.7.22济南高新真题）

    A. 互访　　　　　　　B. 校外指导　　　　　　　C. 家长会　　　　　　　D. 家长委员会

4. 家庭是儿童生命的摇篮，是人出生后接受教育的第一个场所。父母是孩子的第一任老师，父母给孩子

什么，往往就决定孩子会成为什么样的人。家庭教育和学校教育、社会教育并称为教育的三大支柱，家庭教育与学校教育和社会教育相比较，具有的显著特点，包括（　　）。（2020.12.26济南历城真题）

A. 家庭教育的早期性　　　　　　　　　　B. 家庭教育的生活性

C. 家庭教育的连续性　　　　　　　　　　D. 家庭教育的感染性

三、判断题

1. 班级组织的管理具有一般管理过程的特点，它与工厂企业的管理模式相同，教师既是班级组织教育过程的主体，又是班级组织教育的对象。（　　）（2020.11.28德州乐陵真题）

2. 班主任在班级管理中扮演的角色有组织者、监督者、教育者和法人。（　　）（2020.7.15济南市中真题）

3. 交往是班级人际关系形成和发展的手段，其主体和结构决定着人际关系的性质和水平。（　　）

四、简答题

前苏联伟大教育家苏霍姆林斯基曾经说过，"……让学校的每一面墙壁都开口说话。"由此看出班级文化建设的重要性。请结合你的理解，谈谈如何建立良好的班级文化？（2020.7.15济南市中真题）

【参考答案】

一、单选题

1. C　2. D　3. C　4. D　5. C

二、多选题

1. ABCD　2. BD　3. ACD　4. ABCD

三、判断题

1. ×　2. ×　3. √

四、简答题

（略）

第九章　教育科学研究

　　教育科学研究是揭示教育现象的本质及其客观规律的活动。它是促进教师专业成长和发展的有效途径，是深化教育改革的重要前提，是全面提高教育质量的可靠保证。教育科学研究过程包括研究的构思与设计、研究的组织与实施、成果的分析与总结三个大的环节。

思维导图

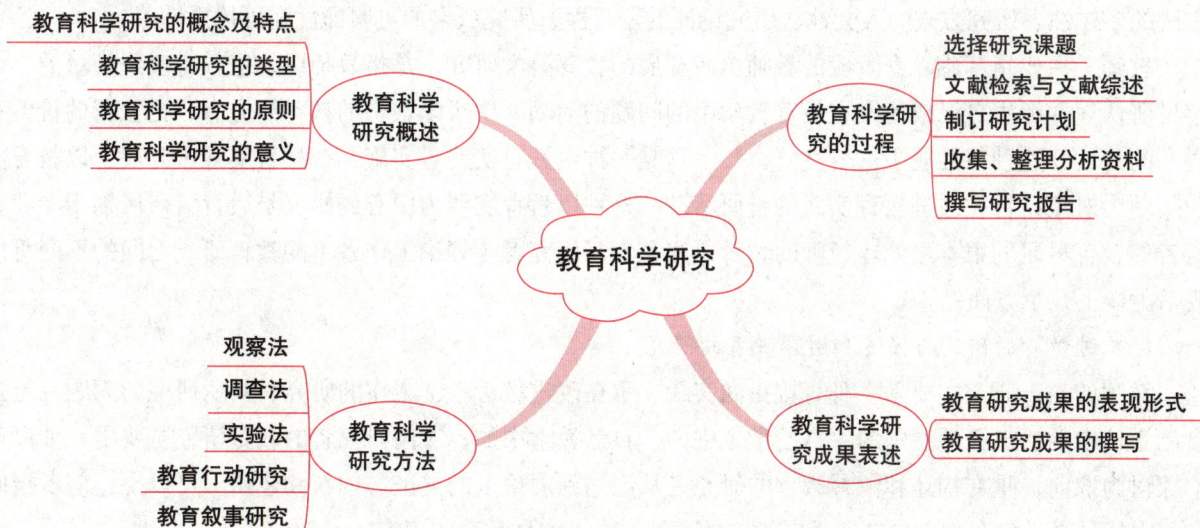

第一节 教育科学研究概述

一、教育科学研究的概念

教育科学研究也称教育研究，是以教育问题为对象，运用科学的方法，遵循一定的研究程序，搜集、整理和分析有关资料，以发现和总结教育规律的一种认识活动或过程。教育科学研究是教育科学自身发展的基本途径。

教育科学研究由三个要素构成，即客观事实、科学理论和方法技术。教育科学研究的基本性质是文化性、价值性和主体性。

教育研究的对象是教育问题，包括理论问题与实践问题。教育问题具有复杂性、两难性、开放性、整合性、扩散性等特点。

二、教育科学研究的特点

教育科学研究除了具有科学研究的客观性、科学性、系统性、综合性，可验证性、继承性、创新性、控制性等主要特征之外，还具有自己独特的特点，如研究范围的广泛性、研究主体的多元性、研究方法的多样性、研究方式的人文性、研究论证的复杂性、研究成果的可验证性和可传播性等。

教师（主要指基础教育阶段的教师）所开展的教育科学研究，是指教师以改进教育实践为目的，通过科研认识并解决自己或他人在教育教学中的问题的活动。中小学教师的教育研究有自己独特的价值和内在的特性，这种特性属于"行动研究"。这是一种由教育实践者实施、在教育实践中开展、以教育实践问题为对象，旨在改进教育实践的科研活动。这种以教育实践为中心的研究是教育科研区别于专业研究者的教育科研的根本之处。教师的教育研究和专门研究者（理论工作者）的教育研究之间的不同可以概括为以下几个方面：

1. 改进教育的研究与描述和解释教育的研究

教师的教育研究主要是一种直接指向实践、重在改进教育教学工作的研究，其所研究的问题一定是自己学校中的、自己课堂中的、自己学生中的、自己教学中的；专门研究者的教育研究主要是一种以理论探讨为取向，重在描述和解释教育的研究，从而达到理论上的突破、创新和建树。可以说，前者指向变化中的教育现实和教育未来；后者指向教育的过去，解释教育的现实。

2. 置身教育之中的教育研究和置身教育之外的教育研究

专门研究者也研究教育实际问题，但受条件的制约，只能以"旁观者"的身份，在教育之外研究教育；而教师就是教育过程的当事人，置身于真实、鲜活的教育教学情境之中，并自始至终亲历现场，能够自然地以参与者身份在教育之中研究教育。"旁观式"研究即使有效，也仅仅是用于描述教育事态现象；而"参与式"研究却适合于揭示教育事件的深层状态。

3. 为了教育的研究和关于教育的研究

专门研究者直接的研究目的是促进教育知识的增长，他们的研究是关于教育的研究；教师直接研究的目的是为了改进教育教学工作，虽然教师的教育研究有助于对教育理论的贡献，但一开始并不取悦理论界，也不勉为其难仿效他们的研究方法。

三、教育科学研究的类型

1. 以教育实践活动的范围和层次来分类，可分为宏观研究、中观研究和微观研究三类

宏观研究是对与国家、社会发展密切相关的重大问题所做的综合性、系统性的研究。微观研究是对教育问题进行具体细微的研究。中观研究是介于宏观研究和微观研究之间的一种研究类型，它是在某一范围内进行的综合性教育科学研究。中小学教师的研究应该以微观研究为主。

2. 以研究的不同对象（研究领域）来分类，可分为事实研究和价值研究两类

教育事实研究是一种"实然"研究，主要揭示"是什么"的问题。教育价值研究是一种"应然"研究，揭示的是"为什么"和"如何做"的问题。在教育研究中不存在超价值的事实研究。

3. 以教育研究的目的来分类，可分为基础研究和应用研究

基础性研究是指通过阐明新理论或者重新评价旧理论，从而发展完善教育理论体系的研究。应用性研究是指解决某些特定领域的实际问题的研究，具有直接的实际应用价值。有时候这个维度的分类还包括综合性研究或开发性研究。

4. 以研究的功能分类，可分为发展性研究、评价性研究和预测性研究三类

发展性研究主要用于探索教育发展和教育改革的策略，回答"如何改进"的问题。评价性研究主要用于对两个或者两个以上选择活动的价值做出判断，回答"怎么样"的问题。预测性研究主要用于分析事物未来的发展趋势和前景，回答"将会怎么样"的问题。

5. 依据研究资料的性质（研究范式）分类，可分为定性研究和定量研究两类

定量研究（或量的研究）是指事先建立研究假设，进行严格的研究设计，按照预定程序收集资料并进行数量化分析，用数字或量度表述研究结果，并对假设进行检验的一种研究范式。定量研究旨在探讨影响受试者行为与有关变量间必然性的因果关系或固定性的相关关系，基本上是采用逻辑实证主义的看法和假设演绎方式。具体说，定量研究通常包含一个较为严格的事先设计；通过调查、测验、实验、结构化观察等方式来收集资料；主要运用统计的方法对结果进行分析和解释；研究结果的呈现通常简单明了，并企图对同类问题作广泛推论。

定性研究（或质的研究）也称实地研究，通常是指在自然环境下，运用现场实验、开放式访谈、参与观察和个案调查等方法，对所研究的现象进行长期深入、细致的分析，在此基础上建立假设和理论，并通过证伪、相关检验等方法对研究结果加以检验的一种研究范式。在研究目的上，定性研究重视描述与解释，以揭示教育现象或行为的"意义"为主；在研究角度上，注重从整体上把握现象；在分析方式上，以归纳法为主，强调分析研究的过程而不仅仅是结果；在角色上，研究者在当时当地收集第一手资料，从当事人的视角来理解他们言行的意义和对事物的看法，研究者就是参与者。总之，定性研究具有自然性、解释性理解、自下而上的归纳方法、整体性或全局性等特点。

此外，以时间为标准分类，可分为历史研究、现状研究和预测研究；根据研究的时间跨度或持续时间的不同，可以分为横向研究（也称横断研究，指研究者对研究对象在某一时间点的横截面研究）和纵向研究（也称追踪研究，指研究者对研究对象在不同时间点重复进行研究，如在采用新的教学方法之前和之后分别对学生的学习动机或学习成绩进行测量）；根据研究使用的主要研究方法，可分为历史研究、描述研究、比较研究、实验研究和理论研究；根据研究旨在认识客观事物还是找出改变客观事物的方法，可分为描述性研究、解释性研究和干预性研究。

四、教育科学研究的基本原则

1. 客观性原则

客观性原则是指研究者对待客观事实要采取实事求是的态度，既不能歪曲事实，也不能主观臆测，更不能先有结论，再找资料加以印证。

2. 系统性原则

系统性原则是指研究者不仅要将研究对象放在有组织的系统中进行考察，而且要运用系统的方法，从系统的不同层次、不同侧面来分析研究对象与各系统、各要素的关系。

3. 理论与实践相结合原则

理论与实践相结合原则要求研究者密切结合我国教育实践中的实际问题，为了实践开展研究，通过实践检验理论，通过实践发展理论。

4. 教育性原则

教育性原则要求研究者从研究的目标、内容到方法，都必须符合我国教育方针和教育目的的要求，符合学生身心发展的规律，具有教育意义，有利于学生的身心发展。

此外，教育科学研究还应遵循伦理性原则、创新性原则等。

五、教师开展教育科学研究的意义及导向

教育研究的意义是针对不同主体而言的。对于教育实践活动来说，教育研究是促进教育改革与发展的重要动力；对于教育学科发展来说，教育研究是发展和完善教育科学理论的基础；对于教育工作者来说，教育研究能够增强研究者的研究能力，是培养未来教育改革家的重要战略措施和主要途径。教育研究的意义具体表现在以下几个方面：

1. 教师的教育研究有利于解决教育教学实际问题，提高教育教学质量

教育教学的质量是教育事业的生命线，它最根本表现在学生身心的全面发展上。教育教学工作是培养人的工作，其间充满着各种各样的问题。我们常说，教育事业的意义在于奉献；教育科学的价值在于求真；教育艺术的生命在于创新。教育本身的复杂性和创造性，使得教师必须基于他对教学实践的判断和深思做出决定，对自己的行为进行审慎的、理智的安排。通过研究不仅能增进教师对有效教学的认识，扩展教师对新思想新方法的运用，引发他们对教育教学信念的追求，而且更能增进教师对学生学习需求的关注和了解，更有效地促进和指导学生的学习与成长。尤其是面对日益频繁而且日渐深刻的教育教学改革，新的观念、思想、方法不断涌现，而改革没有现成模式，只有靠教师直面新情况、分析新问题、解决新矛盾，以主动研究者的身份进行主体参与，以不断研究这一"不变"，才能应对社会和教育发展这一"万变"，使自己的工作与时俱进。

2. 教师的教育研究可以使课程、教学与教师真正融为一体

现代课程与教学观认为，课程不是一项事先规范教师执行的规定或计划，也不是一套教材或教材包含的纲要和内容，而是一种特定形式的教学实际说明；教学也不是转化课程内容以达成学生学习的过程，而是师生共同建构知识的过程。课程中的教育观念只有通过教师的注释才能转化为实际，教师只有通过基于研究的教学，才能真正实施课程。因而，"没有教师自主的专业研究，就没有过程模式的课程，也就没有自下而上的课程改革。"从我国实施的新一轮基础教育课程改革看，教师必须将新课程所蕴涵的教育理念与知识本质付诸实际行动，才能使课程变为实际。因为新的课程改革需要调整课程功能、优化课程结构、更新课程内容、改变教学方式，它不仅改变学生的学习生活，也将改变教师的教学

生活。在新课程实施过程中，教师要对新课程充分理解、接受、认同，不断检验和完善新课程。尤其是学校课程开发，更要求教师通过研究积极创造新课程，只有这样，才能将新课程落到实处。因此，新课程改革为教师提供了充分的创造空间和余地。新课程与教师生活世界结合、与实践链接，注重实践，关注人生，着眼于知识、情感、态度和价值观的形成。这样，课程实施与教师的研究相互影响，才能真正达到预期目标。

3. 教师的教育研究也是教育科学繁荣发展的需要

教师的教育研究是教育科学发展不可或缺的重要力量。教师不仅是教育实践的主体，也应当是教育研究的主体。同时，教师的教育研究必然要求教师关注新动向，了解新趋势，掌握新思想，探索新方法，保持一种开放的心态，学习和内化新的教育教学理论，而这些理论又通过教师的实践探索，落实到特定的教育教学情境中，裨益于解决实际问题，这对于教育科学的发展又具有非常重要的意义。

4. 教师的教育研究可以促进教师专业成长与发展，不断提升教师的自我更新能力和可持续性发展能力，增强教师职业的乐趣和价值感、尊严感

长期以来，我们的教育教学被限定在学生的发展和变化上，而忽视了教师的发展。实际上，在教育教学过程中，教师应当与学生共同成长、共同发展。没有教师的发展，也就没有学生更好的发展。教师的教育研究，可以使教师真正成为有思想、有能力、有智性、有悟性的教育实践主体。通过教育教学研究，教师才能不断找到专业发展的的新基点。有研究表明教师发展有两种形式，即"拉磨式"循环和"螺旋式"上升。"螺旋式"上升是一条教师内在充分发展之路。沿着这条路，教师对外虚心学习，广泛吸收先进的教改信息和经验，对内则兼收并蓄，进行创新和研究，不断追求新的教学境界，教学能力一步一个台阶，真正成为教育教学专家。由此可以看出，教师专业化是一个不断发展和变化的过程，也是教师不断追求专业化成熟和发展的过程。"自我更新关注"是教师专业成熟的标志，表现为教师有意识地自我规划，以谋求最大程度的自我发展，关注课堂内部活动及其实效，关注学生是否真在学习。在这一过程中，教师不断超越实然，追求应然，超越现实，追求理想。不断达到教育教学的"自为"和"自由"境界。正因为这样，教师才能真正体验职业的乐趣，感受职业的内在尊严、价值与自信；才能焕发出自身生命的活力。这也正如苏联著名教育家苏霍姆林斯基所说："如果你想让教师劳动能给教师一些乐趣，使天天上课不致变成一种单调乏味的义务，那么你就引导每一位教师走上从事一些研究这条幸福的道路上来。"

教师开展教育科研虽然有诸多益处，但如果定位不清、导向不明，就难以达到原本希望实现的目标。教师开展教育科研应该至少有以下四个导向：其一，以教师专业成长与发展为导向；其二，以解决学校的实际问题为导向；其三，以促进学校的持续发展为导向；其四，以理论与实践的结合为导向。

六、教师进行教育研究的优势和素养

（一）教师进行教育研究的优势

教师进行研究有很多优势，这些优势主要有：

1. 教师工作于真实的教育教学情境之中，最了解教学的困难、问题与需求，能及时清晰地知觉到问题的存在。

2. 教师与学生的共同交往构成了教师的教育教学生活，因此教师能准确地从学生的学习中了解到自己教学的成效，了解到师生互动需要改进的方面，尤其是能从教育教学现场中、从学生的文件（如考卷、作业、作文、周记等）中获得第一手资料，这为研究提供了良好的条件。

3. 实践性是教育教学研究的重要品性，教师是教育教学实践的主体，针对具体的、真实的问题所采

取的变革尝试，能够在实践中得到检验，进而产生自己的知识，建构适合情境的教学理论。

（二）教师进行教育研究应具备的素养

教师真正成为研究者，还应当具备以下素养：

1. 有对于教育教学改进的热情，有教育研究的意识。这种意识是发自内心的对教育教学改进的一种需要的心向，是潜在的捕捉问题、解决问题的欲望。

2. 养成终身学习的习惯。

3. 自我反思和批判的能力。不断突破定型思维方式，使熟悉的变得陌生，使习惯的变得新奇，使原来被忽略的变得清晰，一切习以为常的事被重新审视。

4. 掌握教育教学研究的基本方法。

5. 独立的教育研究精神。教育研究是一种创造性劳动，靠外力推动还不够，还要有执著、求真、创新的精神。

第二节　教育科学研究过程

一、选择研究课题

教育科学研究是以课题研究为基本方式进行的。选题是研究的起点，选题决定了研究的方向和水平。

（一）研究课题的来源（教师发现问题的方式或教育研究课题产生的途径）

研究课题可以来源于教育实践，也可以来源于教育理论。研究课题来源于社会变革与发展对教育研究提出的问题，来源于学科理论的深化、拓展或转型中产生的问题，来源于研究者个人在教育实践中观察和思考产生的问题。教师发现问题可以有这样几种方式：（1）通过不断反思自己的教育教学活动的效果，以及整理自己的亲身感受和困惑，来发现问题。（2）从新的教学观念、思想与自己教学实践对照中发现问题。（3）通过自己的做法与别人经验的比较来发现问题。（4）主动向学生、家长征询意见，也可以发现问题。

（二）选择研究课题的原则

1. 问题必须具有研究价值。一是课题的应用价值（课题应具有实践性，即所选课题一定是针对自己教学实践改进的需要），二是学术价值。

2. 问题必须具有科学性。问题的提出必须有一定的科学理论依据和事实依据。如惩罚或体罚，尽管在实际中被相当一部分教师认为有效，但不能去研究如何惩罚或体罚会更有效。再如一位教师认为，学习后进生常因不会做而不交作业，于是便想采用"让差生抄优生作业"的办法解决不交作业的问题，认为抄交作业总比不交作业好。但不能提出"如何让差生抄作业"这样的课题，因为这些问题的研究，既不符合教育规律，也不符合学生身心发展的要求。

3. 问题必须明确具体。

4.问题要新颖，有创造性。

5.问题要有可行性，要具备主观条件、客观条件和研究时机。

（三）研究课题的表述

研究课题的表述要求能清楚地说明研究课题的范围与变量的限定。课题名称应尽可能说明三点：研究对象、研究问题、研究方法。

二、查阅相关文献

选题确定之后，就要围绕选题广泛地查阅、收集与本课题有关的文献资料，以了解课题相关的研究成果及研究动态。它贯穿教育科学研究的全过程。

（一）文献

1.文献的概念

"文献"一词，最早见于《论语》，朱熹注："文，典籍也；献，贤也。"文献是记载知识的一切载体，包括各种手稿、书籍、报刊、文物、影片、录音、录像带、光盘、幻灯片及缩微胶片等。有较大理性认识价值或实践指导价值的文献是教育科学研究的重要情报源和信息源。

2.文献的种类

（1）按教育科学文献来源的公开性来划分，可分为正式文献和非正式文献。

（2）按文献的固有形式来划分，可分为统计资料、文字资料、音像资料和实物资料。

（3）按文献的功能来划分，可分为事实性文献、工具性文献、理论性文献、政策性文献和经验性文献。

事实性文献指专门为教育科学研究提供事实证据的文献，包括古今中外已被发现和证实的各种形式、各种内容的事实资料，如文物、教育史专著、各种测验量表、各类教育实验报告、教育名家教育实录等；工具性文献指专门为教育科学研究提供检索咨询的文献，包括工具书、网上检索查询、学术动态综述等；理论性文献指专门为教育科学研究提供理论认识的文献，包括教育专著、论文、文集、教育家评传、方法论著作等；政策性文献指专门为教育科学研究提供政策依据的文献，包括规章制度、政府文件与统计资料等；经验性文献指专门为教育科学研究提供感性认识的文献，包括调查报告、工作总结、经验、教育参考书、各级各类学校教科书、教学大纲等。

（4）按文献记录的形态来划分，可分为印刷型文献、微缩型文献、视听型文献、机读型文献、网络型文献等。

（5）按文献的加工程度来划分，可分为一次文献、二次文献和三次文献。

一次文献又称原始文献，是以作者本人的实践为依据而创作的专著、论文、调查报告、实验报告、档案资料等原始资料。二次文献，又称检索性文献，是将分散的一次文献进行加工整理，使之系统化、条理化的检索性文献，一般包括题录、书目、索引、提要和文摘等。三次文献，又称参考性文献，指在利用二次文献的基础上，将某一范围内的一次文献进行广泛深入的分析研究之后综合浓缩而成的参考性文献，包括动态综述、专题述评、进展报告、数据手册、年度百科全书以及专题研究报告等。

3.教育文献的主要分布

（1）书籍。书籍包括名著要籍、教育专著、教科书、资料性工具书（教育辞书、百科全书）及科普通俗读物，它是教育科学文献中品种最多、数量最大、历史最长的一种情报资源。

（2）报刊。报纸和期刊均属于连续性出版物。报纸是以刊登新闻和评论为主的定期连续出版物。期刊是定期或不定期的连续出版物，有周刊、月刊、双月刊、季刊等。报纸和期刊出版周期短，更新速度快，内容新颖，论述深入，能及时反映研究活动的动向，数量大、种类多，是科学研究者重要的参考文献。

（3）教育档案。档案资料是人类在各种社会实践活动中直接形成的、具有保存价值的原始文献资料。教育档案包括教育年鉴、教育法令集、教育统计、教育调查报告、学术会议文件、名录、资料汇编、表谱、地方志、墓志、碑刻等。其中，年鉴是系统汇集一年内重要事件、学科进展与各项统计资料的工具书。

（4）电子信息检索系统。电子信息检索系统是由计算机程序人员编制的、储存于计算机中的帮助读者查阅文献资料的软件。和其他种类的文献相比，电子信息检索系统有容易保存、便于检索的特点。

（二）文献检索

1. 文献检索的概念

围绕研究课题对教育科学文献进行收集、整理和综合的过程就是文献检索的过程。

2. 文献检索的过程

文献检索一般由三个步骤组成：第一步，分析和准备阶段。分析研究课题，明确自己准备检索的课题要求与范围，确定课题检索标志，以确定所需文献的作者、文献类号、表达主题内容的词语和所属类目，进而选定检索工具，确定检索途径。第二步，搜索阶段。搜索与所研究问题有关的文献，然后从中选择重要的和确实可用的资料分别按照适当顺序阅读，并以文章摘录、资料卡片、读书笔记等方式记录搜集资料。第三步，加工阶段。要从搜集到的大量文献中摄取有用的情报资料，就必须对文献做一番去粗取精、去伪存真、由表及里的加工。

3. 文献检索的基本方法

（1）顺查法。按时间顺序，对研究课题按事件发生、发展的时序，由远及近、由旧到新进行查找。顺查法一般可以查全并可以随时比较、筛选，查出的结果基本上能反映事物发展的全貌；缺点是比较费时间，工作量大。

（2）逆查法。与顺查法相反，按由近及远、由新到旧的时序进行查找。适用于新文献的搜集、新课题的研究。

（3）抽查法。

（4）追踪法，即引文查找法。以已掌握的文献中所列的引用文献、参考书目或引文注释为线索，步步追踪所需文献。

（5）综合查找法。

4. 文献检索的基本要求

（1）全面性。放宽视野，检索内容客观全面。

（2）准确性。检索过程认真细致。

（3）真实性。可以采用内审法和外审法（内部评价和外部评价）来确定文献的真实性。

（4）勤于积累。检索方法要多样化，建立个人资料库。

（5）善于思考。用创造性思维综合分析文献内容。

（三）文献综述

文献综述是文献分析报告的重要形式，它反映了作者对已有研究及未来研究的认识和判断，是作者利用大量文献对有关研究历史发展、现状与趋势之见解的论证。文献综述的格式一般是：绪论、历史发展状况与评价、当前研究状况与评价、趋势展望、研究改进建议、参考文献。

三、提出研究假设，制订研究计划

（一）提出研究假设

1. 研究假设的类型

（1）按研究假设的形成情况，可分为归纳假设和演绎假设；（2）按研究假设的性质和复杂程度，可分为描述性假设、解释性假设和预测性假设；（3）按研究假设有无方向性（或倾向性），可分为方向性假设和非方向性假设。

2. 一个好的研究假设的特点

一般来说，一个好的研究假设应具有科学性、推测性、表述的明确性、可检验性等特点。

3. 研究假设涉及的主要变量

研究假设涉及的主要变量有自变量、因变量和无关变量。（1）自变量又叫实验变量、刺激变量或输入变量，它是实验前假定存在的因果联系中的原因变量，也就是研究者施加于被试的可以操纵的教育影响，通过它的变化来引起其他变量发生变化。在实际的教育实验中，自变量往往是那些改革措施，如教学方法、教学组织形式、教材内容、课程结构等。（2）因变量又叫效果变量、实验结果或输出变量，它是实验前假定存在的因果联系中的结果变量，是通过自变量的作用而产生变化的结果因素，如教学效果、教学质量。（3）无关变量也称干扰变量、控制变量或无关因素，它是教育实验中除了自变量和因变量以外的其他一切变量。

4. 研究假设表述的规范性要求

（1）假设必须说明两个以上变量间的期望关系。（2）假设必须是可检验的。（3）假设必须是陈述句，不能是疑问句。

（二）制订研究计划

研究计划是对整个教育科学研究过程进行全面的规划和安排。具体而言，制订研究计划主要包括以下内容：（1）课题的名称；（2）课题研究的目的和意义；（3）课题研究的主要内容；（4）课题研究的国内外现状；（5）课题研究的对象和范围；（6）课题研究的思路和方法；（7）课题研究的工作方案和进度计划；（8）课题研究的条件分析；（9）课题研究的预期成果及适用范围；（10）课题研究的经费预算及所需仪器设备。

四、收集、整理和分析资料

（一）收集资料

这里所说的收集资料，是指获取教育科学研究课题最终所需要的实施材料和数据资料等。收集资料的方法很多，如观察法、调查法、实验法、访谈法及测验法等。根据具体的教育科学研究课题本身的性质和任务的不同，可以采用一种或综合运用多种方法收集资料。

（二）整理和分析资料

在收集整理资料阶段，研究者首先必须做好相应的准备工作，如观察记录表、调查问卷、相关设备、图片等物质材料方面的准备等。资料整理的步骤包括：审核、分类和汇总。在整理资料时，要注意方法得当，根据不同性质的资料，合理选用不同的科学方法，如文献型资料主要适用逻辑分析方法，而数据型资料主要运用统计分析方法等。

1. 教育研究资料的定量分析

定量分析是教育研究的一个基本分析方法，主要是采用一定的数学方法（主要是数理统计分析），对获得的资料和研究结果进行统计、分析和处理，以揭示所研究事物和现象的数量关系，掌握数量特征和数量变化，进而确定事物和现象的本质及其发展规律。

（1）数据描述（集中量数、差异量数、地位量数、相关系数）

数据描述，主要用于特征分析，是通过一些概括性量数来反映数据的全貌和特征。

①集中量数：是描述数据集中趋势的量数，如平均数、中位数、众数等。

②差异量数：是反映数据间彼此差异程度的量数，如平均差、方差、标准差。

③地位量数：是反映原始数据在所处分布中地位的量数，如百分等级分数、标准分数、T分数等。

④相关系数：是表明变量之间的相关程度的量数，如积差相关、等级相关、质量相关等。r的值介于-1与1之间，r为正时是正相关，r为负时是负相关。

（2）数据推断（参数估计、统计检验）

①参数估计：是根据从总体中抽取的样本估计总体分布中包含的未知参数的方法，分为点估计和区间估计两部分。

②统计检验：是将抽样结果和抽样分布相对照而做出判断的工作。

2.教育研究资料的定性分析

定性分析也是最基础的分析方法之一，是对资料的质的规定性做整体分析。定性分析在内容上关注事物发展过程及其相互关系，主要是立足于从哲学、心理学、历史学、政治学等层面上的探讨。定性分析主要采用比较、归纳、演绎、分析、综合等逻辑方法，同时还要求对分析结果的信度、效度和客观度等可靠性指标进行检验和评价，以便对研究对象有整体性、发展性和综合性的把握。

定性分析的主要方法有：因果分析（求同法、求异法、求同求异法、共变法、剩余法）、归纳分析、比较分析、系统分析等。

五、撰写研究报告，评价科研成果

撰写研究报告，是研究者选择适当的形式将研究过程及研究成果明确地表达出来并公之于众的主要形式，直接影响人们对整个研究工作的评价。

教育科学研究成果的评价处于整个教育科学研究过程的逻辑终点上，是教育研究过程的一个重要环节。教育科研评价的目的在于"诊断"和"改进"。教育研究成果评价的基本过程是：确定总目标—判定评价的指标体系—选择或制定评价工具—实施评价。教育科研成果评价的方式是多种多样的，主要有研究者自我评价、同行专家评价、教育行政部门评审等。

第三节　教育科学研究方法

教育科学研究方法具有三个层次：适用于一切学科的哲学方法论；适用于各门学科的一般研究方法；适用于教育科学领域的具体的研究方法。下面介绍几种常见的教育科研方法。

一、观察法

（一）观察法的含义

观察法是研究者在自然条件下，通过感官或借助于一定的科学仪器，有目的、有计划地对研究对象进行系统考察，从而获取经验事实的一种研究方法。观察法是教育科学研究中广泛使用的研究方法。

（二）观察法的类型

1. 自然情境中的观察与实验室中的观察

根据对观察的环境条件是否进行控制和改变，可以将研究分为自然情境中的观察和实验室中的观察。

（1）自然情境中的观察包括自然行为的偶然现象观察和系统的现象观察，能搜集到客观真实的材料，但材料往往是观察对象的外部行为表现。

（2）实验室观察是研究者根据研究的目的，在对观察对象发生的环境和条件加以控制或改变的条件下进行的观察。这种观察有严密的计划，有利于探究事物内在的因果联系。

2. 直接观察与间接观察

根据观察时是否借助仪器设备，可以把观察分为直接观察和间接观察。

（1）直接观察是凭借人的感官，在现场直接对观察对象进行的感知和描述，因此直观具体。

（2）间接观察是利用一定的仪器或其他技术手段作为中介对观察对象进行考察，这类观察突破了直接观察受到人的主观能力的局限，扩展了观察的深度和广度。

3. 参与性观察与非参与性观察

根据观察者是否直接参与被观察者所从事的活动，可以将观察分为参与性观察和非参与性观察。

（1）参与性观察是研究者直接参加到所观察的群体和活动中去，不暴露研究者真正身份，在参与活动中进行隐蔽性的研究观察。研究者正常地成为小组的一员，他（她）全心全意地加入小组的活动、参与小组的事务、融入小组的文化。它的好处是，不破坏和影响研究对象的原有结构和内部关系，因而能够获得有关深层结构和关系的材料。但由于研究者主观因素的影响，处理不当易影响观察的客观性。

（2）非参与性观察不要求研究人员站到与被观察对象同一的地位，而是以"旁观者"身份，可采取公开的，也可以采取秘密的方式进行。每当其一种行为发生时，观察者及时进行观察记录。研究者并不作为小组一员参与小组的活动或担当角色，而是脱离或远离行动，不假装成小组成员。研究者更关心参与者的行为而不是通过个人参与获得对行动的了解。如在实施非参与观察时，为了避免被观察者受到干扰，常在实验室设置单向玻璃观察墙（"单盲控制"），观察者可在玻璃墙的一边观察另一边被观察者的活动，而被观察者看不见观察者在观察自己。非参与性观察结论可能比较客观，但易限于表面化，难于获得深层次的材料。

4. 结构式观察与非结构式观察

根据是否对观察活动进行严格的控制，可将观察分为结构式观察与非结构式观察。

（1）结构式观察是有明确的目标、问题和范围，有详细的观察计划、步骤和合理设计的可控制性观察，能获得真实的材料，并能对观察资料进行定量分析和对比研究，常用于对研究对象有较充分了解的情况下的观察。

（2）非结构式观察则是对研究问题的范围目标采取弹性态度、观察内容项目与观察步骤没有预先确定、无具体记录要求的非控制性观察。其方法比较灵活，但获取材料不系统完整，多用于探索性研究，多用于对观察对象不甚了解的情况下的观察。

总之，结构性观察即事先经过设计，规定好观察项目，选定观察对象，采用观察工具，在观察中填写观察量表等方式进行。非结构性观察无既定不变的观察提纲和量表，只有一个观察思路，记录也不要求规定的工具，研究者在观察过程中尽可能详细地对观察对象的表现做原原本本的记录，还可对观察对象的表现及当时的情境作具体描述。

（三）观察法的设计与实施

观察法的设计和实施，可分为以下几个步骤：（1）制订观察计划，明确观察目的和内容，确定观察方式、观察设备和记录手段；（2）根据观察目的和人力、经费情况，确定观察对象的范围和数量；（3）通过检索资料、专家访谈等方式，搜集有关观察对象的文献资料，了解观察对象；（4）当需要多个观察人员时，可对有关人员进行培训，使其了解观察的目的和重点，明确观察方式，熟悉观察设备和记录方法；（5）实施观察计划，进行有计划、有步骤、全面而系统的观察，并做好记录；（6）整理和分析观察记录，得出结论。

（四）观察研究的记录方法

观察研究记录的方法包括描述记录观察法（日记描述法、系列记录法、轶事记录法、连续记录法）、取样记录观察法（时间取样观察法、事件取样观察法）、等级评定法（数字量表法、图示量表法、累记评定法）、间接观察法（谈话法、活动产品分析法、对偶故事法、两难故事法、创设情景法）。

1. 描述记录

描述记录法主要包括日记描述法、轶事记录法、连续记录法等。（1）日记描述法是一种以日记形式纵向记录儿童成长和发展历程的记录方法，又称儿童传记法。最早使用这种方法的是瑞士教育家裴斯泰洛齐。我国最早使用日记描述法进行观察记录的是著名儿童教育家陈鹤琴。（2）轶事记录法是指观察者将感兴趣的，并且认为有价值的、有意义的行为和反应以及可表现被试个性的行为事件，随时记录下来，供日后分析用的一种观察方法。（3）连续记录法是把观察对象在某种场景下某段时间内所有行为动作、言语，包括其与环境及他人的相互作用和交往等情况全部记录下来的记录方法。

2. 取样记录

取样记录法主要包括时间取样法、活动取样法、事件取样法等。（1）时间取样法以时间作为选择标准，专门观察和记录在特定时间内所发生的行为，主要记录行为呈现与否，呈现频率及其持续时间。（2）活动取样法是以活动作为选择标准，对所观察的活动作明确的分类，然后观察记录各种活动的时间和次数的一种观察记录方法。（3）事件取样法是以特定的行为或事件的发生为取样标准，从而进行观察的一种方法。

3. 行为检核表（行为核对表或清单法）

行为核对表是用来核对重要行为的呈现与否，观察者将规定观察的项目预先列出表格，当出现此行为时，就在该项目上划"√"。此法只判断行为出现与否，不提供行为性质的材料。

（五）观察法的评价

观察法具有有明确的目的性、自然性（不加干预控制）、有翔实的观察记录等特点。

观察法的优点在于在自然情境下观察，获得的数据直接、客观，可以对同一对象进行较长时间的追踪研究等。

观察法的缺点是取样较小，不具有普遍代表性，观察缺乏控制，不能判断观察到的现象的因果关系问题，观察结果容易受观察者主观因素的影响等。

二、调查法

（一）调查法的含义

调查法是研究者通过问卷、访谈等方式，有目的、有计划地收集研究对象的有关资料，对取得的第一手资料进行整理和分析而揭示事物的本质和规律，寻求解决实际问题的方案的研究方法。调查法是教育科学研究中的一种重要方法，在实际研究中应用得比较广泛。

（二）调查法的类型

1. 普遍调查、抽样调查和个案调查

按调查对象的选择范围，可以分为普遍调查、重点调查、抽样调查、个案调查和专家调查等。

（1）普遍调查也叫全面调查，是对某一范围内所有被研究对象进行的调查，如对当前学生存在厌学情绪的情况调查。

（2）抽样调查，即从被调查对象的全体范围中，抽取一部分样本进行调查，并以样本特征值推断总体特征值。

（3）个案调查，即在对被调查的教育现象或教育对象进行具体分析的基础上，有意识地从其中选择某个教育现象或教育对象进行调查与描述。

此外，重点调查是在调查对象中选择一部分重点单位进行调查的方法。和抽样调查不同的是，重点调查取得的数据只能反映总体的基本发展趋势，不能用以推断总体，因而只是一种补充性的调查方法。专家调查又称"特尔斐法"（或译为"德尔菲法"），是指围绕某一主题或问题，征询有关专家或权威人士的意见和看法的调查方法。

2. 现状调查、相关调查、发展调查和预测调查

依据调查内容，可以分为现状调查、相关调查、发展调查和预测调查。

（1）现状调查，即对某一教育现象或教育对象的现状进行调查，如当前学生厌学情绪的情况调查。这种类型的调查，其时间特征是"现在"或"当前"，是进行"现实状况""当前情况"的调查。

（2）相关调查，主要调查两种或两种以上教育现象的性质和程度，分析与考察它们是否存在相关关系，是否互为变量，目的是寻找某一教育现象的相关因素，以探索解决相关问题。

（3）发展调查，即对教育现象在一个较长时间内的特征变化情况进行调查，以找出其前后的变化与差异。

（4）预测调查，主要揭示某一教育现象随时间变化而表现出的特征和规律，从而推断未来某一时期的教育发展趋势与动向。这类调查难度较大，其结果相对来说准确性不是很高。

3. 问卷调查、访谈调查、测量调查和调查表法

依据调查的方法和手段，可以将调查分为问卷调查、访谈调查、测量调查和调查表法。

（1）问卷调查，又称问题表格法，指以书面提出问题的方式搜集资料的一种研究方法。研究者将所要研究的问题编制成问题表格，以邮寄、当面作答或追踪访问方式填答，从而了解被试对某一现象或问题的看法和意见。

（2）访谈调查，指研究者通过与研究对象进行面对面的交谈，以口头问答的形式搜集资料并进行研究。

（3）测量调查，指用一组测试题（标准化试题或自编试题）去测定某种教育现象的实际情况，从而搜集数据资料进行量化研究。

（4）调查表法，指通过向相关的调查对象发放设计好的各种调查表格来搜集有关事实或数据资料。调查表主要用于搜集各种形式的事实资料，尤其偏重于搜集数据资料。

（三）调查法的实施

调查研究方法包括调查表法、问卷法、测验法和访谈法等，程序上虽各有侧重但都要遵循以下几个步骤：（1）根据研究课题的性质、目的、任务，确定调查的对象、调查的地点，选择适当的调查类型和调查方式；（2）拟订调查计划；（3）做好调查人员培训和调查资料、器材等的准备工作；（4）进行试探性调查，并根据需要修改调查提纲和方案；（5）编制调查表格、问卷、访谈提纲和测验题目；（6）实施调查，即运用各种方式了解情况，占有资料；（7）整理调查资料，分析调查结果，得出调查结论。

（四）调查的基本方法

1. 抽样调查法

根据选择数量的不同，研究对象可以分为总体和样本两类。总体是指研究对象的全体；样本是指从总体中抽取一部分个体进行研究，是被抽取的个体的集合。这就涉及样本的选择，即抽样的基本方法。

（1）简单随机抽样。设总体个数为N，如果通过逐个抽取的方法抽取一个样本，且每次抽取时，每个个体被抽到的概率相等，这样的抽样方法为简单随机抽样，适用于总体个数较少的情况。

（2）系统随机抽样。系统随机抽样也叫等距抽样、机械抽样，是指将抽样总体单位按照一定顺序排队，根据总体单位数和样本单位数计算出抽选间隔（抽选距离），然后按照一定的间隔抽选样本单位。

（3）分层随机抽样。抽样时，将总体分成互不交叉的层级，然后按照一定的比例，从各层中独立抽取一定数量的个体，得到所需样本，这样的抽样方法为分层抽样，适用于总体由差异明显的几部分组成的情况。

（4）整群随机抽样。整群抽样又称聚类抽样，是将总体中各单位归并成若干个互不交叉、互不重复的集合———一般称之为群，然后以群为抽样单位抽取样本的一种抽样方式。应用整群抽样时，要求各群有较好的代表性，即群内各单位的差异要大，群间差异要小。

2. 问卷调查法

问卷调查具有标准性、匿名性、间接性等特点。问卷调查的优点在于：方便、省时、经济性强、调查范围广、搜集信息量大、资料便于编码统计处理、结果易量化等优点。问卷调查的缺点主要涉及结果的代表性问题、结果的表面性问题（如搜集的资料往往浮于表面，不能深入了解被试的内心世界）、问卷的效度问题等。

问卷调查包括问卷的设计、发放和回收三个核心环节。（1）问卷的设计。从结构上说，问卷通常由五个部分组成：题目（问卷标题）、前言（封面语）和指导语、问题和答案（问题与备选项）、结束语（编码及其他内容）。问题是问卷的主要构成部分，问卷问题的表述要注意以下原则：问题要尽量清楚明确，通俗易懂，避免使用抽象的概念和专业术语、俚语和简写；问题应尽可能简短（一份问卷的作答时间一般以30—40分钟为宜）；避免问题模棱两可和模糊不清；问题不应带有双重或多重含义；问题不应带有倾向性，不能对被调查者产生某种诱导；避免情绪化的语言和声望偏见；尽量不要用否定形式提问，避免双重否定；不要问被调查者不知道、不确定和没有能力回答的问题。问卷问题的答案设计要符合以下三个要求：穷尽性、互斥性和平衡性。（2）问卷的发放。问卷发放的方式包括个别发送法、集中填答法、邮寄填答法和网络调查法四种形式。（3）问卷的回收。问卷的回收情况用回收率、有效回收率来表示。有效问卷的回收率一般不应少于60%—70%。

3. 访谈法

访谈法是以谈话为主要方式来了解某人某事、某种行为或态度的一种调查方法。

访谈法具有灵活、范围广、真实有效的优点，但其不足之处是费用大、时间长，调查结果的可靠性受调查者的能力、水平、态度、访问技巧等主观因素的影响，不能给调查对象提供足够的时间，使其深入思考。

访问可分为结构式访问与非结构式访问、一次性访问与重复性访问、集体访问和个别访问等几类。

4. 测量调查

测量调查的类型主要有：

（1）定名测量。定名测量是最简单的测量水平。在这一测量水平上，数字仅是代表或表示事物，而无任何数量大小的含义，如学生的学号、机动车的车牌号等属于定名测量。定名测量既无绝对零点，又无相等单位，不能进行量化分析，不能比较大小，也不能进行加减乘除的运算。它适用的统计方法有次数、百分数等。

（2）定序测量。定序测量比命名量表高一级水平，量表中的数据已有数量大小的含义，例如体育比赛中的名次、能力等级等。在顺序量表中，数字仅代表等级或顺序位置，它既无绝对零点，又无相等单位，故不能进行加减乘除的运算。它适用的统计方法有中位数、百分数、斯皮尔曼等级相关等。

（3）定距测量。在定距测量中，数字不但可以按大小排序，而且一定数量的差异在整个量表的所有部分都是相等的，也就是有相等单位，但没有绝对零点，只有人为定的相对零点。由于等距量表中的数字有相等单位，因此可以进行加减运算，但由于没有绝对零点，故不能进行乘除运算。它适用的统计方法有平均数、标准差和T检验等。

（4）比率测量。比率测量是最高水平的测量类型表，既有绝对零点，又有相等单位。等比量表中的数字可进行任何形式的运算。

此外，根据测量的行为目标、测量内容来划分，教育测量调查可分为学业成就测验（又称教育测验或学业成绩测验）、智力测验（又称一般能力测验）、能力倾向测验（包括一般能力倾向测验和特殊能力倾向测验）、人格测验等。

（五）调查法的评价

调查法有以下特点：调查对象的广泛性；调查手段的多样性；调查方法的可操作性和实用性；调查结果的延时性。

调查法的优点是可以深入了解教育的实际情况，发现问题，为相关部门的决策提供依据。

调查法的局限性是调查往往是表面的，难以确定其因果关系；调查容易受到该调查者的主观倾向和态度的影响，会降低调查的可靠性和客观性。

三、教育实验研究法

（一）实验法的含义

教育实验研究法是指研究者按照研究的目的合理地控制和创设一定条件、人为地干预研究对象的发生及发展过程，从而验证探讨教育现象因果关系的一种研究方法。

为了保证研究结果的确实可靠，教育实验研究需要对自变量、因变量和无关变量进行处理和控制。例如，在教育实验中采用"双盲控制"，就是为了排除实验者和实验对象的主观意识可能对实验效果的干扰。"双盲处理"或"双盲控制"是指主试和被试都不知道实验设计者的真实意图，其目的在于控制教育实验相关人员的心理效应（如"霍桑效应"等）对研究的影响。

（二）实验法的类型

1. 根据实验进行的场所和情境，可分为实验室实验和自然实验两类

实验室实验是在严密控制实验条件下借助一定仪器所进行的实验。自然实验也称现场实验，是指在学校等实际生活情境中对实验条件作适当控制所进行的实验。例如，要研究发现教学法对初中二年级学生物理成绩的影响，实验者在一个班进行发现法教学，在另一个对等的班进行常规教学，对两个班物理成绩进行比较分析，就可以找到教学法与学习效果之间的因果关系。

2. 根据实验目的可分为确认性实验、探索性实验和验证性实验等类型

3. 根据被试分配方法可分为单组实验、等组实验和轮组实验等类型

（1）单组法：同一个组先后分期接受两种不同实验因素的影响，在实验过程中其他一切条件保持不变，仅对实验因素所产生结果进行观察和比较。

（2）等组法：研究者采用两个或两个以上条件相同的组作为实验对象进行对比研究，这种形式在教育心理实验中被广泛采用——采用实验组和对照组或采用两个实验组，对不同组施加不同的实验因素，而其他条件保持相同，然后将各实验因素影响所产生的结果加以观测比较并进行差异显著性分析，进而得出结论。

（3）循环法：循环实验是将单组和等组结合的一种形式，各实验因素可在各组获得阶段性成果后，再将实验因素对调，其他条件（如时间控制等）相同，最后再测验各实验因素所产生的结果，然后进行比较，得出结论。此种形式兼具单组形式和等组形式的优点，又可避免二者的缺点，不过实施难度较大，也比较复杂，但所得出的结果比较精确、可靠。

4. 根据自变量因素的多少可分为单因素实验和多因素实验两类

5. 根据实验控制的程度可分为前实验、准实验和真实验三类

（1）前实验是指缺乏清晰的假设、缺乏控制无关因子的措施、一般不设对照组、干扰因素较多、内外效度较差的实验。

（2）准实验是指在现成的教学班级内进行假设、没有随机分派被试、不能完全控制误差的来源、只能尽量减少误差的实验。

（3）真实验是指随机分派被试、完全控制无关因子、内外效度都很高的实验。

（三）实验法的实施

教育实验研究的全过程一般可分为"准备—实施—总结"三个基本阶段。

实验的准备阶段：（1）选定实验研究的课题，形成研究假说；（2）明确实验目的，确定指导实验的理论框架；（3）确定实验的自变量；（4）选择适合的测量工具并决定采用什么样的统计方法；（5）选择实验设计类型。

实验的实施阶段：按照实验设计进行教育实验，采取一定的变革措施实验处理，观测由此产生的效应，并记录实验所获得的资料数据等。

实验结果的总结评价阶段：要对实验中取得的数据资料进行处理分析，确定误差的范围，从而对研究假设进行检查，最后得出科学结论。

（四）实验法的评价

实验法的优点是对因果关系的预见性、推理模式的完整性及对教育活动的主动干预等。

实验法的缺点是变量控制可能造成环境失真，实验研究的范围受限制等。

四、个案研究法（案例研究法）

（一）个案研究法的含义

个案研究法就是通常所说的"典型分析法"或"解剖麻雀法"，是对单一的人或事进行深入的研究，因此也称"追踪研究"。具体是指研究者在自然状态下，对特殊或典型的案例进行全面、深入的调查和分析，来认识该案例的现状或发展变化的研究方法。

个案研究法是当今教育研究中运用广泛的定性研究方法，也是描述性研究和实地调查的一种具体方法。个案研究是一种综合性的研究方法，需要通过个案观察、问卷、访谈、测验等多种途径和方法，不断收集研究资料，了解研究对象发展变化的第一手资料。

（二）个案研究法的类型

根据研究对象的数量，可以把个案研究法分为独立个案研究法和成组个案研究法两种。个案研究中常用的方法有跟踪法、追因法、临床法、产品分析法、教育会诊法等。

（三）个案研究法的步骤

1. 确定要研究的问题。只有明确研究对象，确立研究的目的，才能有效地开展个案研究。

2. 选择操作方法。在围绕确立的研究计划进行研究时，要注意操作方法的合理运用。

3. 及时记录收集的材料。

4. 整理分析材料，形成研究结论。研究者对收集的各种个案资料进行认真整理与分析，做出科学的判断，以揭示个案发展的特征和规律，最终提出改进个案的合理化建议，以促进个案的完善发展。

（四）个案研究法的评价

个案研究法的特点是研究对象的单一性、研究方法的综合性、研究内容的深入性等。

五、教育行动研究

（一）行动研究与教育行动研究始末

行动研究起源于二战时期的美国，社会学家柯立尔进行了最早的行动研究的尝试。

德裔美国著名的社会心理学家科特·勒温明确提出了"行动研究"概念，并把它直接应用到社会心理学上，认为"没有无行动的研究，也没有无研究的行动"。20世纪50年代，考瑞教授将行动研究介绍到教育界，随后广泛应用于教育行政管理、课程、教学研究之中。后来课程研究者埃利奥特、斯滕豪斯（提出"教师即研究者"）、凯米斯等倡导教育行动研究，他们研究的共同点是通过教师研究范式的转变，促进教师的有效教学，提高教师的专业水平。

（二）教育行动研究概念的不同表述

教师提高教学研究技能的途径主要有三种——阅读、合作和行动研究，而行动研究最为有效。行动研究被国内外公认为是最适合中小学教师采用的研究方法。

1. 教育行动研究，是一种融教育理论与教育实践于一体的教育研究方法，是通过研究者自身的实践进行的一种研究。

2. 教育行动研究也称教师行动研究，指教师在现实教育教学情境中自主进行反思性探索，并以解决工作情境中特定的实际问题为主要目的，强调研究与活动的一体化，使教师从工作中学习、思考、尝试和解决问题。行动研究不是一种独立的研究方法，而是一种研究活动，它是一种与基础研究、应用研究并列的研究活动类型。

3. 教育行动研究指身处教育实践第一线的研究者与受过专门训练的科学研究者密切协作，以教育实践中存在的某一问题作为研究对象，通过合作研究，进而把研究结果应用到自身从事的教育实践中去。

4. 行动研究是指实践者为了改进自己的实践而在自己的行动中亲自开展的研究。教育行动研究是指教育工作者（包括教师、行政管理人员）在教育实践中按照一定的操作程序，综合运用多种研究方法与技术，以解决教育实际问题和改进教育实践为首要目标的一种研究模式。

（三）教育行动研究的特点

教育行动研究的特点可概括为"为教育行动而研究""在教育行动中研究""由教育行动者研究""对行动的研究"，或"问题即课题，工作即研究，教师即专家，效果即成果"。（1）教育行动研究的目的是"为教育行动而研究"，研究的目的不是验证或构建某种教育理论，而是改进教育教学实践，并促进教师专业发展；（2）教育行动研究的方式是"在教育行动中研究"，研究过程与行动过程相伴相随，同时推进，但不是合二为一；（3）教育行动研究的主体是"由教育行动者研究"，研究的主体是教育教学实践的实施者，即一线教师或教育管理者，而不是校外研究机构中的专业研究人员；（4）教育行动研究的对象是"对行动的研究"，研究对象是行动者自己实践中存在的问题，而不是抽象的理论问题或他人实践中存在的问题。

具体来说，研究目的以解决实践中遇到的问题为主；研究情境是当事人实践工作的情境；研究主体是实践工作者；研究应用者是行动研究者；研究过程重视协同合作；研究结果指向即时应用；结果推论的情境特定性；研究效益能解决问题与促进个人专业成长；理论基础是人的发展、自我反思与教育；研究方法偏向质的研究等。总之，情境性、合作性、参与性、自我评价、改进性、反思性、行动性、动态性、非普遍性等都是教育行动研究的特点。

（四）教育行动研究的类型

根据行动研究的理论基础，可以将教育行动研究分为批判性行动研究（又称解放性行动研究）和实践性行动研究；根据行动研究的时间性，可以将教育行动研究分为前摄性行动研究和应答性行动研究；根据行动研究的组织形式，可以将教育行动研究分为个体独立型行动研究、小组协作型行动研究和组织合作型行动研究（从行动研究参与者的角度，可以将行动研究划分为个体教师行动研究、合作式行动研究和学校行动研究）；根据行动研究的方式，可以将教育行动研究分为诊断性研究、参与性研究和实验性研究。

（五）教育行动研究的步骤

英国学者凯米斯认为，行动研究是一个螺旋式加深的发展过程，每一个螺旋发展圈又都包括计划、行动、观察、反思四个相互联系、相互依赖的基本环节。

1. 计划

"计划"是指以大量事实和调查研究为前提，制定"总体计划"和每一步具体行动计划。"计划"环节包含三个方面的内容和要求：发现问题、寻找方案、制定计划。

2. 行动

"行动"是指计划的实施，即行动者有目的、负责任按计划的行动过程，在行动中，要按计划有控制地进行变革。

3. 观察

"观察"是指对行动的过程、结果、背景、影响因素以及行动者的特点的考察。"观察"是反思、修订计划和进行下一步的前提条件。

4. 反思

"反思"是一个螺旋圈的终结，又是过渡到另一个螺旋圈的中介，目的在于寻找教师行动或实践的合理性。反思以研究问题为基点，以研究计划为参照，以教师行动为对象，以改进实践为归宿。这一环节包括：整理和描述、评价解释、写出研究报告（研究日志、教育叙事和教育案例）。

此外，有观点认为，教师教育行动研究的过程包括选择和确定研究课题、分析所要研究的问题、拟定解决问题的可能方案与策略、实践尝试行动策略、反馈与评价行动结果、归纳总结等几个基本环节。其中，实践尝试行动策略（即行动）是最关键、最核心的环节。

（六）教育行动研究的优缺点

教育行动研究的优点在于：第一，适应性和灵活性。第二，评价的持续性和反馈的及时性。第三，较强的实践性与参与性。第四，多种研究方法的综合使用。

教育行动研究的缺点在于：第一，常以具体实际情境为限，研究的样本受到限制，不具有代表性，更适用于小规模的微观教育实践活动。第二，自变量的控制成分很少，内外部效度都显得有些脆弱，某些方面不符合科学性的严格要求。第三，行动研究强调实际工作者与研究人员的相互合作，而两者在实践中协调工作难度很大。第四，由于其非正规性而缺少科学的严密性，在实际研究中，不可能严密控制条件，其结果的准确性可靠性不够。

（七）教师进行教育（行动）研究的新进展——校本研究

校本研究是以校为本的教学研究的简称，指以学校自身条件为基础，以学校校长、教师为主力军，针对学校现实存在的问题而开展的有计划的研究活动。它与传统教育的最大区别是研究的重心下移到学校，是一种"从学校中来，到学校中去"的研究活动。

校本研究的特点是：校本研究是一种实践研究；校本研究是以校为基础和前提的（"为了学校、在学校中、基于学校"）。校本研究的三个基本要素是自我反思（开展校本研究的基础和前提）、同伴互助（基本形式有对话、协作、帮助）和专业引领。

六、教育叙事研究

（一）教育叙事研究的概念

教育叙事，即是讲有关教育的故事。它是教育主体叙述教育教学中的真实情境的过程，其实质是通过讲述教育故事，体悟教育真谛的一种研究方法。教育叙事并非为讲故事而讲故事，而是通过教育叙事展开对现象的思索，对问题的研究，是一个将客观的过程、真实的体验、主观的阐释有机融为一体的一种教育经验的发现和揭示过程。

教育叙事研究是记录教师教学生涯和成长历程的重要方式，是教育教学反思的重要方式。教师做教育叙事研究就是"讲教育故事"，而不是引经据典地"写教育论文"。教育叙事既是一种质的研究，也是一种行动研究。它其实是一种叙事化的教育反思，也是一种叙事化的教育案例。教学日记可以为教育叙事提供丰富的写作素材。

（二）教育叙事研究的类型

根据教育叙事研究的主体，可分为教师自陈式叙事和他人记叙式叙事；根据教育叙事研究的内容，可分为教学叙事、生活叙事和自传叙事；根据教育叙事研究的方式，可分为调查的叙事研究、经验的叙事研究和历史的叙事研究；根据教育叙事研究结果的呈现形式，可分为教育传记、教育自传、教育故事、教育小说、教育电影和教育寓言。

（三）教育叙事研究的特点

教育叙事的特点包括：（1）叙述事例必须是已经发生的、真实的；（2）叙事要以人物及其所想所感为主线；（3）故事情节应当跌宕起伏、扣人心弦；（4）教育叙事应令读者有身临其境之感；（5）获得教育理论或教育信念的方式是归纳；（6）叙事的目的不是自我陶醉，而是与众人共享。总之，教育叙事应具有真实性、故事性、情感性、短小精悍、教育性等特点。

（四）教育叙事研究的要素

教育叙事的要素包括：（1）叙事应该有一个主题。（2）教育叙事形成的报告是一种"教育记叙文"而不是"教育论文"。（3）叙事研究报告以"叙述"为主，但是在自己"反思"的基础上写的，"夹叙夹议"。（4）教育叙事对改进自己的教育教学思路，提升自己的教育教学水平起到了强有力的推动作用。它既是一种指导参与式培训，又是一种探究式培训。

（五）教育叙事研究的步骤

教育叙事研究的实施步骤为：（1）观察并提出问题；（2）事件的记录与描述；（3）反思与分析；（4）总结与提升；（5）交流与评价。

（六）教育叙事研究的优缺点

教育叙事研究的优点在于：易于操作，接近日常生活与思维方式，能创造性地再现事件场景和过程，具有人文气息，易于理解，引人深思。教育叙事研究的缺点在于：容易遗漏事件中的一些重要信息，收集的材料可能不容易与故事的线索吻合，难以使读者身临其境。

七、其他研究方法

（一）比较研究法

比较研究法是根据一定的标准，对不同国家的教育制度、教育理论或教育实践进行比较研究，找出各自教育的特殊规律和普遍规律的研究方法。美国学者贝雷迪把比较研究法的实施分成四个阶段：描述、解释、并列、比较。运用比较研究法必须满足三个条件：同一性、双（多）边性、可比性。运用比较研究法的规则：资料的可靠性与解释的客观性；全方位、多角度进行比较；比较事物的本质。

（二）历史研究法

历史研究法是通过考察事物发生和发展的过程，从而揭示其本质和发展规律的研究方法。历史研究法的三个步骤是收集资料、史料的鉴别、史料的分类。

（三）教育经验总结法

教育经验总结法是在不受控制的自然状态下，依据教育实践所提供的事实，按照科学研究的程序，分析概括教育现象，揭示其内在联系和规律，使之上升到教育理论高度，促进人们由感性认识转化为理性认识的一种教育科研方法。

（四）统计法与因素分析法

统计法要对调查得来的资料进行统计分析，找出其中的本质和内在规律性。因素分析法是利用统计指数体系分析现象总变动中各个因素影响程度的一种统计分析方法，包括连环替代法、差额分析法、指标分解法、定基替代法。因素分析法是现代统计学中一种重要而实用的方法，它是多元统计分析的一个分支。使用这种方法能够使研究者把一组反映事物性质、状态、特点等的变量简化为少数几个能够反映出事物内在联系的、固有的、决定事物本质特征的因素。

（五）文献研究法

文献研究法是指对文献进行查阅、分析、整理并力图找寻事物本质属性的一种研究方法，它是一种非接触性研究方法。例如，在研究孔子的教育思想和学说时，靠记载其生平和思想活动的文献《论语》。文献研究具有突破时间、空间限制，简便易行、费用较低及真实性较强、可靠性较大等优点。

第四节　教育科学研究成果的表述

一、教育科学研究成果的概念

教育科学研究成果是针对某种教育现象、某一教育课题或某种教育理论进行调查研究、实验或论证后得出的新的教育观点、新的教育思想、新的教育方法或新的教育理论。它是教育科研过程的高度概括和科学总结，是教育科研工作的理论升华。

二、教育科学研究成果的表现形式

（一）教育科学研究报告

教育科学研究报告是教育科研成果最常用的表述形式，包括实证性研究报告和文献性研究报告两类。

1. 实证性研究报告

即用实证研究的方法进行研究进而描述研究成果或进程。这类报告都用事实来说明问题，以直接研究所得的材料为基础，对研究的方法和过程加以分析，找出规律性的东西，提出经验、方法、建议及存在的问题，得出相应的结论。实证性研究报告包括观察报告、调查报告、实验报告和经验总结报告等。

（1）观察报告：对某类教育对象或某种教育现象在较长一段时间内进行观察，并将其情况进行记录、分类整理，进而分析、探求原因或规律的一种研究报告。

（2）调查报告：对某种教育现象进行调查，并将其情况加以整理分析。其作用是就某一科研课题收集材料，罗列现象，并在整理过程中发现问题、提出问题，经过分析、归纳、综合，揭示事物的本质，探索事物内部联系及其规律，找出解决问题的方法和途径。

（3）实验报告：在每项教育实验之后，对整个实验过程进行全面总结，从而提出一个客观的、概括的、能反映全过程及其结果的书面材料。

（4）经验总结报告：在教育实践过程中，通过积极探索，将积累起来的经验，经过筛选加工、分析研究，去伪存真，去粗取精，寻找规律，得出有指导意义的结论，并上升到一定的理论高度，其书面材料具有更广泛的应用性。

2. 文献性研究报告

即用文献法进行研究并形成报告，如文献考证报告等。这类研究报告以对文献的分析、比较、综合为主，并展示文献的考证过程，说明文献的来源与可靠程度等。

（二）教育科学研究论文

教育科学研究论文是教育科研工作者对某类教育对象或某一教育现象、问题进行比较系统、专门的研究和探讨，提出新观点、新结论或以新视角做出新解释和论证的一种理论性文章。教育科研论文分为经验性论文、评述性论文、研讨型论文和学术型论文等类型。

总之，教师研究结果的表达是在真正意义上对教师研究及其结果的反映，而不是一般意义上所谓的纯思辨性"科研论文"，也不是一个简单的写作技能与技巧问题，而是对教师行动研究过程和效果的记录、呈现。从教师教育研究的特性（即行动研究）来看，教师研究结果的表达方式主要有三类：研究报告、经验总结和教育教学案例。

三、教育科学研究成果的撰写

（一）教育研究报告撰写的基本要求

在对教育研究资料进行整理分析的基础上，写出研究报告并对研究成果进行评价，这是教育研究工作的最后阶段。对撰写教育研究报告的基本要求主要有以下几点：（1）在科学求实的基础上创新；（2）观点和材料的一致；（3）在独立思考的基础上借鉴吸收；（4）书写格式符合规范，语言文字精练、简洁，表达准确完整。

（二）教育研究成果撰写的格式

1. 观察报告

一般包括以下几个部分：①题目；②引言；③正文；④观察结果；⑤附录。

2. 调查报告

调查报告一般由以下几部分组成：①题目；②引言；③正文；④讨论或建议；⑤结论；⑥附录。

3. 教育实验报告

一般包括以下部分：①题目；②引言；③实验方法；④实验结果；⑤分析与讨论；⑥结论；⑦附录。

4. 经验总结报告

一份完整的经验总结报告应由以下几部分组成：①题目；②前言；③正文；④结尾。

5. 教育科研论文

教育科研论文是表述教育科研成果时普遍使用的一种形式。其基本结构大致如下：①题目；②内容提要；③序言；④正文；⑤结论；⑥参考文献。

▶ 真题回顾与模块自测

一、单选题

1. 某教师做"单元教学设计针对学生学习改进的实验研究"，此研究中的因变量是（　　）。（2020.7.18青岛真题）

　　A. 单元教学设计　　　　　　　　　　B. 新来的实习老师提升了学生学习兴趣

　　C. 通过单元教学设计，学生学习方面得以改进　　D. 全新多媒体的使用促进学生学习的改进

2. 某高校开展合作学习的实践取得了较好的效果，某研究者针对该校的合作学习实践进行了研究，这一研究属于（　　）。（2020.11.14商河真题）

　　A. 全面调查　　　　　　B. 重点调查　　　　　　C. 抽样调查　　　　　　D. 个案研究

3. 如果总体中每个个体被抓到的机会是均等的，并且在抽取一个个体之后，总体内成分不变，那么这种抽样方法被称为（　　　）。（2020.8.6济南十区县联考真题）

　　A. 简单随机抽样　　　　　B. 等距抽样　　　　　C. 分层随机抽样　　　　D. 整群随机抽样

4. 在教育实验研究中，"双盲处理"旨在控制（　　　）对研究的影响。（2020.7.25德州德城、经开、陵城真题）

　　A. 成熟效应　　　　　　　B. 心理效应　　　　　　C. 练习效应　　　　　　D. 测评误差

二、多选题

1. 教师所从事的研究，与专门研究者的教育研究是不同的。与专门研究者的教育研究相比较，教师所从事的教育研究可以概括为（　　　）。（2020.9.26济南钢城、山东护理学院真题）

　　A. 解释教育研究　　　　　　　　　　　　B. 改进教育的研究

　　C. 置身于教育之中的教育研究　　　　　　D. 为了教育的研究

2. 根据测量的内容，教育测量可分为（　　　）。（2020.8.8济南章丘真题）

　　A. 情商测验　　　　　B. 学业成绩测验　　　　C. 智力和人格测验　　　　D. 特殊能力测验

3. 校本研究是以校为本的教学研究的简称，指以学校自身条件为基础，以学校校长、教师为主力军，针对学校现实存在的问题而开展的有计划的研究活动。校本教研的核心要素是（　　　）。

　　A. 自我反思　　　　　B. 同伴互助　　　　　C. 专业引领　　　　　D. 实践创新

三、判断题

1. 通过验证假设，研究教育现象因果关系的研究方法是教育观察法。（　　　）

2. 行动研究不是一种独立的研究方法，而是一种研究活动，它是一种与基础研究、应用研究并列的研究活动类型。（　　　）

3. 教育研究结果表述的相同点是，大都必须包括题目、前言、研究方法、研究结果及分析、对策与建议、参考文献。（　　　）

【参考答案】

一、单选题

1. C　2. D　3. A　4. B

二、多选题

1. BCD　2. BCD　3. ABC

三、判断题

1. ×　2. √　3. √

第二部分

普 通 心 理 学

普通心理学是教师招聘考试的重要内容，主要考查考生对普通心理学相关基础知识的掌握程度以及综合运用这些知识分析、解决实际问题的能力。

本书将普通心理学的内容分为四章：心理学概述，认知过程，情绪、情感与意志过程，个性心理。普通心理学结构清晰，考生在学习过程中可结合实例和题目加深理解，取得事半功倍的效果。

第一章　心理学概述

心理学是研究心理现象及其发生、发展规律的科学。自从心理学独立以后，出现了不同的心理学流派。心理是脑的机能，是对客观现实的能动反映。

思维导图

```
                                              心理过程
                        心理学的研究对象
                                              个性心理

                                              心理是脑的机能
心理学概述              心理的实质
                                              心理是客观现实的反映

                                              心理学的产生
                        心理学的产生与发展
                                              心理学发展流派
```

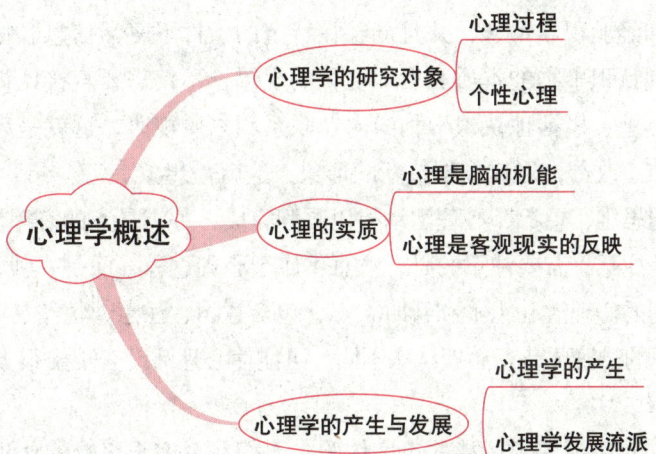

第一节　心理学的研究对象

一、心理学的研究对象

心理学是研究心理现象发生、发展和活动规律的科学。它是一门介于自然科学和社会科学之间的中间学科或边缘学科。

心理学的研究对象是心理现象。心理现象又称心理活动，简称心理。传统心理学认为心理现象包括心理过程和个性心理，甚至包括心理状态。现代认知心理学则把心理现象分为信息加工过程（认知）、行为调节和控制（动机、情绪情感）和人的心理特性（能力、人格）三大方面。

心理现象 {
　心理过程（动态） {
　　认知过程（知）：感觉、知觉、记忆、思维、想象
　　情绪情感过程（情）：情绪、情感
　　意志过程（意）
　} 注意 ↓
　个性心理（稳态） {
　　个性倾向性（动力）：需要和动机等
　　个性心理特征：能力、气质、性格
　}
}

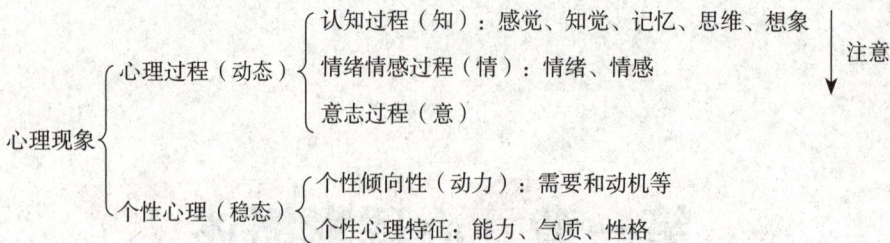

图2-1-1　心理现象结构图

二、心理过程

心理过程是心理活动的一种动态过程，是人脑对客观现实的反应过程。心理过程包括认知过程、情感过程和意志过程三个方面。

1. 认知过程

认知过程是人脑对客观事物的反映活动过程，是一个心理水平发展提高的过程。它包括感觉、知觉、记忆、思维和想象等。

人们通过感官接触外界事物，产生对事物的感觉和知觉。把感知的事物和个人的活动、体验保留在头脑中，作为知识和经验积累下来，并且能够在特定的条件下复活信息、提取信息，这就是记忆。从认识事物的表面现象到认识事物的本质和发展变化的规律，不仅需要直接认识具体事物的外在特征，还要依靠判断、推理间接地、概括地认识事物的内在联系和本质规律，这就是思维。通过感知思维的活动，将集成的信息进行加工改造，形成或创造新的形象，这就是想象。

从感知、记忆到思维、想象，心理活动得以顺利完成，关键是人的心理活动能有选择地指向和集中在一定对象上，这就是注意。需要注意的是，注意不属于心理过程，而是一种心理状态系统。所谓心理状态系统是人在某一时刻的心理活动水平和暂时状态，包括意识、注意、情绪、灵感、疲劳状态等，它是联系心理过程和个性心理的过渡环节。心理状态不同，可能使心理活动表现出很大的差异性。

2. 情绪情感过程

情绪情感是人们对客观现象所持的态度体验。人们在对客观事物的认识过程中，总会根据自己的需要和体验而产生一定的对事物的倾向和态度，这就是情绪情感。

3. 意志过程

人的许多行为是有计划、有目的的，在完成某些活动任务的时候，常常需要忍受艰苦，战胜挫折，克服困难。这一系列复杂的心理和行为过程，就是意志过程。

心理过程是一个有机的统一体，其认知过程、情感过程、意志过程是相互联系相互作用的。认知过程是一切心理活动的基础；情感过程是人认知事物过程中所产生的态度体验和动力因素，对某一事物的肯定或否定的情感过程，必然会影响人的认知过程和意志过程；而意志过程又对认知过程和情感过程产生直接影响，使之得以保持和完成。

三、个性心理

个性心理又称个性或人格，是指表现在一个人身上比较稳定的心理特性的综合，是一个人总的精神面貌，反映了人与人之间稳定的差异特征。个性心理主要包括个性心理倾向性和个性心理特征两个方面。

1. 个性心理倾向性

个性心理倾向性是推动人进行活动的动力系统，是人格结构中最活跃的因素，决定着人对周围世界认知和态度的选择和趋向，决定着人对事物的态度体验。人格心理倾向主要包括需要、动机、兴趣、理想、信念、世界观。其中，需要是人格的倾向性乃至整个人格积极性的源泉，只有在需要的推动下，人格才能形成和发展；动机、兴趣、理想、信念等都是需要的表现形式；世界观居于最高层次，它制约着一个人的思想倾向和整个心理面貌。

2. 个性心理特征

个性心理特征是一个人经常地、稳定地表现出来的心理特点，它是人的多种心理特点的独特组合，影响着人的言谈举止，集中体现一个人的心理活动的独特性。人格心理特征主要包括能力、气质和性格。能力是人格的水平特征，气质是人格的动力特征，性格是人格特征中最核心的成分。

自我意识是人格中的内控系统或自控系统，包括自我认知、自我体验、自我控制。自我意识的作用是对人格的各种成分进行调控，保证人格的完整、统一与和谐。

四、心理过程与个性心理的关系

心理过程是心理现象的动态表现形式，人格是心理现象的静态表现形式，二者不是彼此孤立的，而是相互联系、相互依存、相互统一的。一方面，人格是在心理过程中形成的，如果没有对主客观世界的认识，没有情绪情感的体验，没有变革现实的意志活动，人格的各种特性就无从产生和发展；另一方面，人格又制约着心理过程，已经形成的人格倾向性和人格心理特征能够影响心理过程的进行，并在心理过程中表现出来，赋予心理过程以个体的特色。总之，人的心理是一个不可分割的有机整体，要用整体的观点、系统的观点来看待人的心理现象。

总之，心理学既研究动物的心理，也研究人的心理，而以人的心理现象为主要的研究对象。个体心理异常复杂，概括起来，可以分为认知，动机和情绪，能力和人格三个方面。同时，心理学是"研究行为和心理过程的科学"。心理学研究个体的意识和无意识，也研究个体心理和社会心理。探索心理现象发生、发展和变化的规律是心理学的基本任务，这个任务是通过研究心理过程、心理结构、心理的脑机制、心理现象的产生与发展、心理与环境等方面来实现的。心理学的主要研究领域有：普通心理学、生理心理学和心理生理学、发展心理学、教育心理学、医学心理学、军事心理学、社会心理学、工业心理学等。

第二节　心理活动的生理基础

心理的实质在于：心理是脑的机能，是对客观现实的能动反映。

一、心理是脑的机能

心理是脑的机能，脑是心理的器官和物质载体。

心理现象是在动物适应环境的活动过程中随着脑的神经系统的产生而出现的，也就是说无机物和植物没有心理，没有神经系统的动物也没有心理，只有有了神经系统的动物才有了心理。

动物心理的发展经历三个阶段：无脊椎动物（如蚯蚓），只有简单的神经链，处于感觉心理阶段，只能认识事物的个别属性；低等脊椎动物（如鱼、猫），有脊髓和大脑，处于知觉心理阶段，能认识到整个事物；灵长类动物（如猩猩），大脑相当高度发展，有了思维的萌芽，但没有意识，不能进行抽象思维。

人类心理是在动物心理发展的基础上产生的，但是人类心理与动物心理又有着本质的区别。人类心理的基本特点主要包括：概括性（人类心理区别于动物心理的主要标志）、目的性（预见性）、主观能动性和社会制约性。人类心理具有思维和意识。意识是心理发展的最高层次，只有人才有意识。我们有必要了解意识的器官——人脑的某些生理结构和神经系统结构、功能及特点。

（一）神经系统的结构与功能

神经系统是心理活动的主要物质基础。

1.神经元及其功能

神经元也称神经细胞，是神经系统的基本结构单位、功能单位和营养单位，由细胞体、树突和轴突三部分组成。

神经元具有接受刺激（信息）、传递信息和整合信息的功能。相应地，神经元主要有三种类型：感觉神经元（传入）、运动神经元（传出）和中间神经元（联络）。

2.神经系统

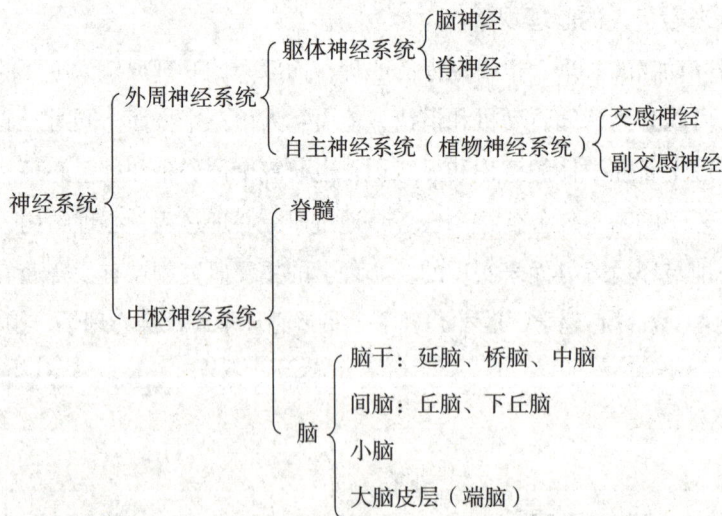

图2-1-2　神经系统结构图

（1）外周神经系统及其功能

外周神经系统是联系感觉输入和运动输出的神经机构，它包括躯体神经系统（12对脑神经和31对脊神经）及自主神经系统（交感神经和副交感神经）。脑神经主要存在于面部肌肉、黏膜、腺体等部位，共12对：嗅、视、动眼、滑车、三叉、外展、面、位听、舌咽、迷走（内脏血管和腺体）、舌下。脊神经主要控制颈部以下身体的感觉和运动，共31对：颈神经8对、胸神经12对、腰神经5对、骶神经5对、尾神经1对。自主神经也叫植物神经（莱尔最早提出），分为交感神经和副交感神经，两者具有拮抗作用。当机体处于紧张活动状态时，交感神经活动起着主要作用；副交感神经系统可保持身体在安静状态下的生理平衡。

（2）中枢神经系统及其功能

中枢神经系统（CNS）是人体神经系统的主体部分，包括脑和脊髓，其主要功能是传递、储存和加工信息，产生各种心理活动，支配与控制人的全部行为。

脊髓是中枢神经系最低级的中枢，能完成简单的反射，如膝跳反射。人类的脑是由约140亿个脑细胞构成的重约1400克的海绵状神经组织。脑是中枢神经系统的主要部分，主要包括脑干、间脑、小脑、大脑和边缘系统。

a）脑干。脑干包括延脑、桥脑和中脑。此外，脑干各段的广大区域，存在着网状结构或网状系统。

延脑和有机体的基本生命活动有密切关系，它支配呼吸、排泄、吞咽、肠胃等活动，因而又叫"生命中枢"。桥脑是中枢神经与周围神经之间传递信息的必经之地，对人的睡眠具有调节和控制作用。中脑是视觉和听觉的反射中枢，负责身体姿势与随意运动。网状结构按功能可分成上行系统和下行系统两部分。上行网状结构也叫上行激活系统，它控制着机体的觉醒或意识状态，与保持大脑皮层的兴奋性，维持注意状态有密切的关系。下行网状结构也叫下行激活系统，它对肌肉紧张有易化和抑制两种作用，即加强或减弱肌肉的活动状态。

b）间脑。间脑主要由丘脑和下丘脑组成。

丘脑是中继站，除嗅觉外，所有的外界信息都必须通过这里再传导到大脑皮层。丘脑是网状结构的一部分，对控制睡眠和觉醒有重要意义。下丘脑是调节交感神经和副交感神经的主要皮下中枢，主要负责内分泌的控制、维持新陈代谢、调节体温等。下丘脑在情绪产生中也有重要作用。

c）小脑。小脑能保持身体平衡，调节肌肉紧张度，实现随意运动和不随意运动。小脑就像一个大的调节器，人喝醉酒时走路会晃晃悠悠，就是因为酒精麻痹了小脑。有一个实验：将一只狗摘除小脑，狗走路就会失去协调。

d）大脑皮层的结构与功能

大脑皮层即端脑，为脑的主体部分。以沟和裂为界线，大脑皮层可分为额叶、顶叶、枕叶、颞叶四个部分。皮层的不同区域有不同的机能：枕叶（脑后）以视觉功能为主，即视觉中枢，位于枕叶的枕极；颞叶（耳朵）以听觉功能为主，即听觉中枢，位于颞叶的颞上回和颞中回；顶叶（头顶）以躯体感觉功能为主，即躯体感觉中枢，位于顶叶的中央后回；额叶（额头）以躯体运动为主，即躯体运动中枢，位于额叶的中央前回。对儿童脑电变化的研究表明，大脑各区域成熟的顺序为枕叶→颞叶→顶叶→额叶。

心理学研究证明，大脑两半球功能具有不对称性。脑两半球的解剖结构基本上是对称的，但其功能又是不对称的，这种不对称性叫作"单侧化"。1860年，布洛卡发现，左半球额叶损伤会导致运动性失语症，证明了左半球的言语优势。布洛卡区受损会引发运动性失语症，这种病人说话不流利，话语中常常遗漏功能词，因而形成"电报式"语言。20世纪60年代，斯佩里的"裂脑人"实验结论证明：对于右利手的人来说，左半球言语功能占优势，也称"意识脑""学术脑""语言脑"；右半球空间知觉占优势，又可以称作"本能脑""潜意识脑""创造脑""音乐脑""艺术脑"。一般来说，抽象逻辑思维和语言功能主要定位在左半球，主要负责言语、阅读、书写、数学运算和逻辑推理；右半球则主要负责形象思维和知觉物体的空间关系、情绪、欣赏音乐和艺术、舞蹈、雕塑等。

e）边缘系统

在大脑内侧面最深处的边缘，有一些结构，它们组成一个统一的功能系统，叫边缘系统。边缘系统与动物的本能活动有关。边缘系统特别是海马在记忆功能中有重要作用。边缘系统中的杏仁核与情绪也有密切的连续。研究发现，边缘系统中的扣带回与注意有密切的关系。

3. 脑机能学说

脑机能的学说主要包括定位说、整体说、机能系统说、机能模块说、神经网络说等。其中，鲁利亚认为，脑是一个动态的结构，是一个复杂的动态机能系统。他把人脑分成三个互相密切联系的机能系统：第一机能系统是调节激活与维持觉醒状态的机能系统，也叫动力系统；第二机能系统是信息接受、加工和存储的系统，其处于中心地位；第三机能系统是行为调节系统，是编制行为程序、调节和控制行为的系统。

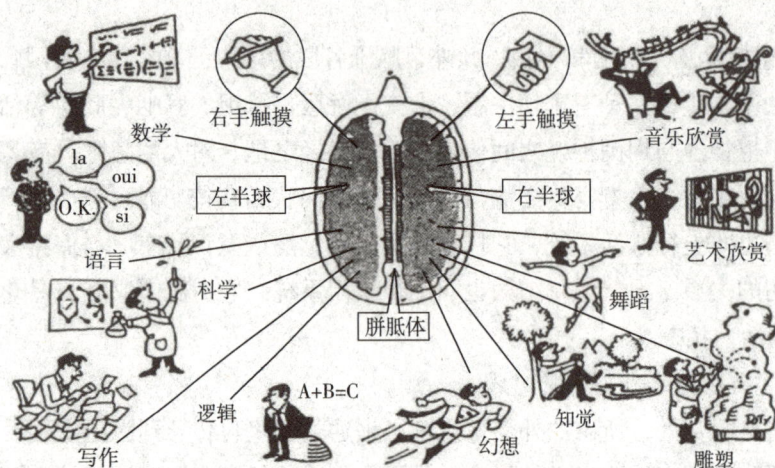

图2-1-3 大脑功能单侧化研究

（二）神经系统的基本活动方式——反射

1. 反射、反射弧和反馈

神经系统最基本的活动方式是反射。17世纪法国哲学家笛卡尔提出了反射的概念。反射是有机体在神经系统的参与下，对内外环境刺激做出的规律性回答。

反射弧是实现反射活动的神经通路，是完成反射活动的全部神经生理结构，它的基本过程是：感受器→传入神经→反射中枢→传出神经→效应器。

反馈是指反射活动的结果又返回传到神经中枢，使神经中枢及时获得效应器活动的信息，从而更有效地调节效应器活动的过程。

2. 无条件反射和条件反射

按照巴甫洛夫的学说，根据来源和形成的过程，反射分为无条件反射和条件反射两类。

无条件反射又称非条件反射、生来的反射等，也称为本能，它是动物和人生而具有、不学而会的反射，如眨眼、呕吐、迎风流泪等。

条件反射也叫作获得的反射或信号反射，这种依据事物信号进行应变的行为是个体在后天生活中通过模仿、学习学得的。

巴甫洛夫晚年提出了两种信号系统学说。以直接作用于感觉器官的现实的、具体的刺激物为信号刺激而形成的条件反射属于第一信号系统，如灯光、铃声所引起的条件反射都属于第一信号系统。以词和语言为信号刺激而形成的条件反射属于第二信号信统，它是人所独有的。梅子放在嘴里会流口水，"吃梅生津"这是无条件反射；吃过梅子的人，只要看到梅子的形状也会流口水，"望梅生津"这是第一信号系统的活动；掌握了语言的人，就是在谈到"梅子"一词时，也会流口水，"谈梅生津"这是第二信号系统的活动。需要注意的是，如果作为典故来理解"望梅止渴""谈虎色变"，它们都属于第二信号系统。

（三）神经活动的基本过程与规律

1. 神经活动的基本过程

神经活动主要是指大脑皮质活动，它的基本过程是兴奋和抑制。

兴奋是指神经细胞的活动状态，抑制是指神经细胞处于暂时性的减弱或停止的状态。学习时大脑神经细胞处于兴奋状态，睡眠时大脑神经细胞处于抑制状态。

2. 神经活动的基本规律

（1）条件反射的抑制

抑制过程可分为非条件性抑制和条件性抑制两大类。

非条件性抑制是有机体生来就有的先天性抑制。非条件性抑制包括外抑制和超限抑制。① 外抑制是指额外刺激物出现，对正在进行中的条件反射的抑制。如突然出现强声，立刻使原来的活动受到抑制。② 超限抑制又称保护性抑制，是指当刺激过强、过多或作用时间过久时，神经细胞不但不能引起兴奋，反而抑制发展。人在过度疲劳时的睡眠、病儿的沉睡、动物的"假死"，都是超限抑制的表现。

条件性抑制又称内抑制，它是在后天一定条件下逐渐形成起来的，主要有消退抑制和分化抑制。① 消退抑制是条件性抑制最简单、最基本的形式，是指条件反射由于没有受到强化而发生的抑制。如灯光和食物结合建立起条件反射，可在灯光出现时就引起唾液分泌，但如果不再用食物来强化灯光这个条件刺激，那么就会使灯光食物性条件反射逐渐消失，它是兴奋向抑制的转化。② 分化抑制是指只对条件刺激物加以强化，而对与其类似的刺激物不强化，使类似刺激物引起的反应受到抑制。在学习中，对外语发音的细微区别、书写上错误的纠正、历史相似事件的区分等均通过分化抑制来实现。

（2）扩散和集中

扩散是兴奋或抑制从原发点向四周扩散开来，集中是兴奋或抑制从四周向原发点集中、集合过来。一个令人高兴的消息，由于在大脑皮层上兴奋点的扩散，会导致人手舞足蹈，而后逐渐冷静下来。条件反射的泛化也是由神经过程的扩散过程引起的。

（3）相互诱导

当一种神经过程进行的时候，可以引起另一种神经过程的出现，这叫相互诱导。

由于兴奋过程引起或加强周围的抑制过程称为负诱导。相反，由抑制过程引起或加强周围的兴奋过程称为正诱导。小孩临睡前往往容易很兴奋，出现所谓的"闹觉"现象，这就是正诱导现象。我们聚精会神地看书，对周围有人走动或出现其他情况，往往"视而不见，听而不闻"，这就是负诱导现象。

诱导可以是同时性的诱导，也可以是相继性的诱导。当皮层某一部位的抑制使其后在这一部位出现的兴奋加强的话，就是继时性的诱导。例如，由于晚上"开夜车"学习，大脑皮层上的兴奋导致第二天无精打采、昏昏欲睡的大脑抑制，是相继负诱导。

（4）动力定型

大脑皮层对刺激的定型系统所形成的反应定型系统叫作动力定型，它主要指一连串的刺激与反应形成的固定组合，如骑自行车。动力定型是人形成习惯的生理基础。

二、心理是对客观现实的反映

（一）客观现实决定人的心理

健全的大脑是心理产生的必要但不充分条件。客观现实是心理的源泉和内容，客观现实包括自然界、人类社会和人类自己。狼孩的故事中"狼孩"心理障碍的主要原因是缺乏社会性刺激。

（二）心理是人脑对客观现实的能动的反映

列宁说过："人的意识不仅反映客观世界，并且创造客观世界"。人受制于客观现实，但也能在认识、利用规律的基础上能动地改造世界，如人类可以充分发挥主观能动性"引水上山"。

第三节 心理学发展流派

德国心理学家艾宾浩斯（H. Ebbinghaus）曾说："心理学虽有一长期的过去，但仅有一短期的历史。"心理学是一门既古老而又年轻的科学。亚里士多德的《论灵魂》是历史上第一部论述各种心理现象的著作。1879年，德国心理学家冯特在莱比锡大学创立了世界上第一个心理学实验室，标志着科学心理学的建立，因此冯特被称为"科学心理学之父"。

一、构造主义心理学

冯特是构造主义心理学的奠基人，其弟子铁钦纳将其理论发展成为严密的心理学体系。20世纪前30年，该学派在美国心理学中占优势，30年代以后趋于瓦解。构造主义主张心理学应该研究人们的直接经验即意识，并把人的经验分为感觉、意象（表象）和激情状态（情感）三种元素。在研究方法上，主张心理学应该采用实验内省法分析意识的内容或构造。构造主义强调心理学的基本任务是理解正常成人的一般心理规律，它不重视心理学的应用，不关心个别差异、教育心理、儿童心理等心理学领域以及其他不能通过内省法研究的行为问题。

二、机能主义心理学

机能主义心理学诞生于19世纪末20世纪初，创始人是美国著名心理学家詹姆斯，其代表人物还有杜威和安吉尔等人。该学派也主张研究意识，但是他们不把意识看成是个别心理元素的集合，而是看成一种持续不断、川流不息的过程。在他们看来，意识是个人的、永远变化的、连续的和有选择性的。意识的作用就是使有机体适应环境。该学派强调对意识作用与功能的研究，不赞成构造主义对心理结构进行分析。

三、行为主义心理学

1913年，美国心理学家华生发表了《在行为主义者看来的心理学》，宣告了行为主义心理学的诞生。行为主义心理学产生以后很快风行美国乃至全球，还引发了一场心理学史上的"行为主义革命"。20世纪20—50年代，行为主义心理学几乎一统天下，因此被称为西方心理学的"第一势力"。行为主义心理学有两个重要的特点：（1）反对研究意识，主张心理学研究行为；（2）反对内省，主张采用实验方法进行客观的研究。行为主义者还主张"环境决定论"，认为个体的行为完全是由环境所控制和决定的。

1930年起出现了新行为主义理论，其代表人物是斯金纳。斯金纳认为强化训练是解释机体学习过程的主要机制。

四、格式塔心理学

格式塔心理学兴起于20世纪初的德国，创始人为韦特海默（或译为魏太默）、柯勒和考夫卡。"Gestalt"在德文中意味着"完形"或"整体"，它代表了这个学派的基本主张和宗旨，所以格式塔心理学又称完形心理学。格式塔心理学反对把意识分析为元素，而强调心理作为一个整体、一个组织的意义，认为整体不能还原为各个部分、各种元素的总和；部分相加也不等于全体；整体先于部分而存在，并且制约着部分的性质和意义。

五、精神分析心理学

精神分析又称为弗洛伊德主义，由奥地利精神病学家弗洛伊德创建，其理论来源于治疗精神病的临床经验。所谓精神分析是一种临床技术，它通过释梦和自由联想等手段，发现病人潜在的动机，使"精神宣泄"，从而达到治疗疾病的目的。精神分析学派认为人的心理分为：潜意识（即无意识，它是指人对其内在身心活动状态以及周围环境变化没有觉知，是个人不可能觉察的心理现象，但对个人的思想和行为影响极大）、前意识（它是我们加以注意便能觉察到的心理内容，是保持在人脑中的过去经验或信息，平时虽不能被觉知到，但在需要时或被注意时可以复现或提取而达到觉知）和意识（它是一种觉知，是一种高级的心理官能，是一种心理状态，由个人当前觉知到的心理内容所组成），重视对异常行为的分析和无意识的研究，认为人的一切个体的和社会的行为都根源于心灵深处的某种欲望或动机，特别是性欲的冲动。精神分析学派重视对动机和无意识现象的研究，这是该学派对心理发展的重要贡献。

20世纪40年代在美国从精神分析运动中分离出来一个心理学流派，称为精神分析文化派或社会学派，总称为新精神分析学派。他们反对弗洛伊德学说中的本能论，抛弃了里比多（即性力）的概念和人格结构说，把文化、社会条件和人际关系等因素提到了精神分析的人格理论和治疗原则的首位，逐渐形成了新精神分析派。就广义而言，新精神分析论主要包括阿德勒的个体心理学（以"自卑感"与"创造性自我"为中心，并强调"社会意识"，主要概念是创造性自我、生活风格、追求优越、自卑感、补偿和社会兴趣），荣格的分析心理学（人格结构由三个层次组成：自我意识、个体潜意识和集体潜意识），霍妮、沙利文和弗洛姆的精神分析社会文化学派，以及埃里克森的自我发展理论等。

六、人本主义心理学

人本主义心理学兴起于20世纪五六十年代，代表人物有马斯洛、罗杰斯等。该学派猛烈冲击着在美国很有势力的精神分析心理学派和行为主义心理学派，形成了心理学中的"第三势力"。人本主义批评以华生为代表的行为主义是"幼稚心理学"，因为行为主义理论只以动物与儿童的心理现象为基础；人本主义认为精神分析是"伤残心理学"，因为精神分析理论只是以精神病患者的心理现象为基础。人本主义心理学着重于人格方面的研究，认为人的本质是好的、善良的，他们不是受无意识欲望驱使的野兽。人有自由意志，有自我实现的需要。因此，只要有适当的环境，他们就会力争达到某些积极的社会目标。这些看法和精神分析学派截然不同。人本主义反对行为主义只相信可以观察到的刺激与反应，认为正是人们的思想、欲望和情感这些内部过程和内部经验，才使他们成为各不相同的个体。

七、现代认知心理学

现代认知心理学以1967年奈赛尔出版的《认知心理学》为诞生标志，因此他被称为"认知心理学之父"。现代认知心理学是以信息加工观点为核心的心理学，又称为信息加工心理学，代表人物是瑞士心理学家皮亚杰。该学派把人的心理活动视为信息加工系统，由感官搜集的信息，经过分析、存储、转换，然后加以利用。现代认知心理学发展了自己特有的一些研究方法，如反应时记录法、口语报告法、计算机模拟等。

真题回顾与模块自测

一、单选题

1. 事业的成功、朋友的支持、家庭的团聚使人感到兴奋、愉快和喜悦，这是（　　）的体现。
   A. 认知　　　　　　　　B. 人格　　　　　　　　C. 动机　　　　　　　　D. 情绪

2. 人格是构成一个人的思想情感和行为的特有统合模式，它是一个人区别于他人的独特而稳定的个性心理特征。现实生活中有人热情，有人冷酷；有人自信，有人自负；有人勤劳，有人懒惰。这反映了下列哪方面的人格差异（　　）。（2020.12.26济南历城真题）
   A. 性格　　　　　　　　B. 能力　　　　　　　　C. 气质　　　　　　　　D. 自我调控系统

3. 位于大脑左半球的布洛卡区受到损伤会发生（　　）。
   A. 运动性失语症　　　　B. 接受性失语症　　　　C. 不能书写　　　　　　D. 失读症

4. 如果一个心理学家的研究对象是具有经验的人，研究关心的是个人的创造性、对个人和社会有益的问题以及如何提高人的尊严和价值，则该心理学家最有可能属于的学派是（　　）。（2020.8.6济南十区县联考真题）
   A. 行为主义学派　　　　B. 认知主义学派　　　　C. 精神分析学派　　　　D. 人本主义学派

二、多选题

1. 个性心理特征系统包括（　　）。（2020.7.15济南市中真题）
   A. 能力　　　　　　　　B. 气质　　　　　　　　C. 性格　　　　　　　　D. 自我调控

2. 鲁利亚提出，脑的机能系统包括（　　）。
   A. 动力系统　　　　　　　　　　　　　　　　　B. 平衡系统
   C. 调节系统　　　　　　　　　　　　　　　　　D. 信息接受、加工和存储系统

三、判断题

1. 心理过程包括认知过程、情绪情感过程和意志过程。（　　）（2020.12.27临沂费县真题）

2. 第二信号系统是人和动物共有的条件反射。（　　）（2020.8.8烟台招远真题）

3. 以冯特和铁钦纳为代表的构造主义主张心理学应该研究人们的直接经验即意识，并把人的经验分为知觉、表象和情感三种元素。（　　）

【参考答案】

一、单选题

1. D　2. A　3. A　4. D

二、多选题

1. ABC　2. ACD

三、判断题

1. √　2. ×　3. ×

第二章 认知过程

认知过程通常包括感觉、知觉、记忆、思维、想象等内部心理活动过程。伴随认知过程还存在着注意等心理状态系统。心理学应研究认知过程的各种心理活动并运用在教学活动中。

思维导图

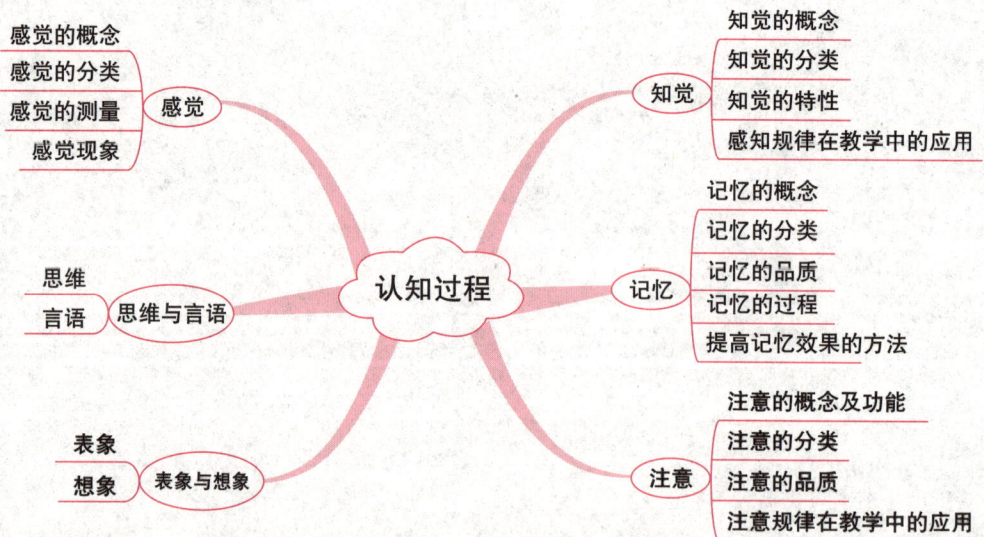

第一节 感觉

一、概念与分类

感觉指感觉器官收集信息的过程，是人脑对直接作用于感觉器官的客观事物个别属性的反映。感觉在人的生活和工作中具有重要的作用：感觉提供了内外环境的信息；感觉保证了机体与环境的信息平衡；感觉是一切较高级、较复杂的认识活动的基础，也是人的全部心理现象的基础。"感觉剥夺实验"说明，来自外界的刺激对维持人的正常生存是十分重要的，感觉是维持正常心理活动的必要条件。

根据刺激的来源不同和感受器在个体身上所处的位置不同，可以把感觉分为外部感觉和内部感觉两种。外部感觉是由机体以外的客观刺激引起、反映外界事物个别属性的感觉，包括视觉、听觉、嗅觉、味觉和肤觉，即俗称的"五感"。内部感觉是由机体内部的客观刺激引起、反映机体自身状态的感觉，包括运动觉、平衡觉和机体觉。

（一）外部感觉

1. 视觉

以眼睛为感觉器官，辨别外界物体明暗、颜色等特性的感觉叫作视觉。

产生视觉的适宜刺激是可见光。光是具有一定频率和波长的电波。宇宙中存在各种电磁波，而其中只有一小部分才是可见光。产生视觉的适宜刺激是波长为380—780纳米的电磁波，即可见光。

接受光波刺激的感受器是眼睛视网膜上的感光细胞。视网膜上的感光细胞有两种：视锥细胞和视杆细胞。视锥细胞大多集中于视网膜的中央窝及其附近，大约有六百万个，能分辨颜色和物体的细节。视杆细胞主要分布在视网膜的边缘，大约有1.2亿个，主要感受物体的明暗，但不能分辨颜色和物体的细节。当适宜的光刺激透过眼睛到达视网膜引起视网膜中的感光细胞产生神经冲动、神经冲动沿视神经传导到大脑皮质的视觉中枢时，视觉就产生了。

光波的基本特性表现在三个方面，即强度、波长、纯度。与物理属性相对应，人对光波的感知也有三种特性：明度、色调与饱和度。

与光的强度对应的视觉现象是明度。明度指由光线强弱决定的视觉经验，是对光源和物体表面的明暗程度的感觉。如果我们看到的光线来源于光源，那么明度决定于光源的强度。如果我们看到的是来源于物体表面反射的光线，那么明度决定于照明的光源的强度和物体表面的反射系数。普肯耶现象说明在不同的光照条件下（白天或夜晚），人们的视觉机制是不同的。例如，在阳光照射下，红花与蓝花可能显得同样亮；而当夜幕降临时，蓝花似乎比红花更亮些。

与光的波长对应的视觉现象是色调。色调指物体的不同色彩。不同波长的光作用于人眼引起不同的色调感觉，如700纳米的光波引起的色调感觉是红色，620纳米的光波引起的色调感觉是橙色，70纳米的光波引起的色调感觉是蓝色。

饱和度反映的是光的成分的纯度。例如，浅绿色、墨绿色等是饱和度较小的颜色，而鲜绿色是饱和度较大的颜色。

视觉中的空间因素包括视觉对比、边界突出与马赫带、视敏度等。（1）视觉对比是由光刺激在空间上的不同分布引起的视觉经验，可分成明暗对比和与颜色对比两种。明暗对比是由光强在空间上的不同分布造成的。例如，从同一张灰纸上剪下两个小的正方形，分别放在一张白纸和一张黑纸的背景上，这时人们看到，放在白色背景上的小正方形比放在黑色背景上的小正方形要暗得多。颜色对比是指一个物体的颜色会受到它周围物体颜色的影响而发生色调的变化。例如，将一个灰色正方形放在蓝色背景上，正方形将略显黄色；放在黄色背景上，正方形将略带蓝色。在纺织工业、印染工业和编织工艺中，考虑视觉对比具有重要意义。（2）所谓马赫带是指人们在明暗变化的边界上，常常在亮区看到一条更亮的光带，而在暗区看到一条更暗的线条。我们可以用侧抑制来解释马赫带的产生。（3）视敏度是指视觉系统分辨最小物体或物体细节的能力。医学上称之为视力。视觉度一般可以分成最小可见敏度、最小间隔敏度和游标敏度三种。

视觉中的时间因素包括视觉适应、后像、闪光融合和视觉掩蔽等。（1）视觉适应可分为暗适应和明适应。暗适应是指照明停止或由亮处转入暗处时视觉感受性提高的时间过程。例如，我们从阳光照射的室外进入电影院，或在夜晚由明亮的室内走到室外，都发生暗适应过程。开始时觉得一片漆黑，什么也看不见，经过一段时间，眼睛开始能看清黑暗中的物体，说明视觉感受性提高了。明适应是指照明开始或由暗处转入亮处时人眼感受性下降的时间过程。暗适应时间较长（30—40分钟），而明适应的时间很短暂（5分钟左右）。当我们看完电影，从电影院出来时，开始觉得光线耀眼，但很快就恢复了正常状态。（2）视觉刺激对感受器的作用停止后，感觉现象并不消失，还能保留短暂的时间，这种现象叫后像。注视亮着的电灯几秒钟后，闭上眼睛，眼前会出现一个亮着的灯的形象位于暗的背景上，这是正后像，后像的品质与刺激物相同；随后可能看到一个黑色的形象位于亮的背景上，这是负后像。彩色视觉常常有负后像。例如，注视一个红色正方形一分钟后，再看白墙，在白墙上将看到一个绿色的正方形。（3）当我们看一个间歇频率较低的闪光时，得到的是明暗交替的闪烁感觉，当断续的闪光间歇频率增加，人们看到的将不再是闪烁的光，而是稳定的连续光，这种现象叫闪光融合。例如，日光灯的光线每秒闪动100次，我们看不出它在闪动；高速转动的电风扇，我们看不清每扇扇叶的形状，都是由于闪光融合的结果。（4）在某种时间条件下，当一个闪光出现在另一个闪光之后，这个闪光能影响到对前一个闪光的觉察，这种效应称为视觉掩蔽。视觉掩蔽技术在日常生活和科学研究中都有很大的应用价值，例如利用视觉掩蔽技术可以制作数字水印。

2. 听觉

声波振动鼓膜产生的感觉就是听觉。引起听觉的适宜刺激是频率（发声物体每秒钟振动的次数）为16—20000赫兹的声波。低于16赫兹的振动是次声波，高于20000赫兹的振动是超声波，都是人耳不能接受的。接受声波刺激的感受器是内耳的柯蒂氏器官内的毛细胞。当声音刺激经过耳朵传达到内耳的柯蒂氏器官内的毛细胞时，引起毛细胞兴奋，毛细胞的兴奋沿听神经传达到脑的听觉中枢，这就产生了听觉。

听觉器官对声波的反映表现为音高、响度和音色。

音高指听起来声音的高低。音高主要决定于声音的频率。一般地，声波振动频率越大，听起来音调越高；反之，音调越低。通常成年男性说话的音调要低于成年女性的音调。言语声的音高一般在85—1100赫兹。音高还受声音的持续时间等因素的影响。声音刺激都至少要持续一定的时间（低频声音的持续的时间要比高频声音的持续时间长），才能让人体验到音高。疾病、年龄等因素也会使人对音高的感觉产生影响。

响度指声音的强弱程度，主要由声波的振幅决定。振幅越大，声音的响度也就越大；振幅越小，响度越小。测量响度的单位是分贝。生活中，耳语声的响度是20分贝，普通谈话的响度是60分贝，繁忙的街道的响度是80分贝，响雷的响度是120分贝。长时间处于85分贝以上环境中的人会产生听力损失。

音色指声音的特色，由声波的波形决定。例如，即使胡琴和小提琴发出的音高、响度相同的声音，听起来还是两种不同的声音，这种差别就是音色的差别。由于声音具有各种不同的特色，我们才可能辨别不同的发声体。

3. 嗅觉

某些物质的气体分子作用于鼻腔黏膜时产生的感觉叫作嗅觉。

引起嗅觉的适宜刺激是有气味的挥发性物质，接受嗅觉刺激的感受器是鼻腔黏膜的嗅细胞。有气味的气体物质作用于嗅细胞，细胞产生兴奋，经嗅束传至嗅觉的皮层部位（位于颞叶区），因而产生嗅觉。

许多动物要借助嗅觉来寻找食物、躲避危险、寻求异性。人的嗅觉已退居较次要的地位。另外，研究表明，嗅觉刺激可以唤起人们的记忆和情绪。做词汇练习时闻着巧克力香味的学生，第二天回忆词汇时，再次提供巧克力香味比不提供回忆的词汇要多。芳香的气味可以使人心情好，增强自信，提高工作效率。

4. 味觉

可溶性物质作用于味蕾产生的感觉叫作味觉。如果用干净的手帕将舌头擦干，然后将冰糖或盐块在舌头上摩擦，这时你感觉不到任何味道，甚至可以把奎宁撒在干舌头上，只要唾液不溶解它，就不会感觉到苦味。引起味觉的适宜刺激是可溶于水或液体的物质，接受味觉刺激的感受器是位于舌表面、咽后部和腭上的味蕾。

味蕾的再生能力很强，所以即使因吃热的事物烫伤了舌头，也不会对味觉有太大影响。但是，随着年龄的增长，味蕾的数量会逐渐减少，因此人的味觉敏感性会逐渐降低。吸烟、喝酒会加速味蕾的减少，因而会降低味觉的敏感性。基本的味觉有酸、甜、苦、咸四种，其他味觉都是由这四种味觉混合而来的。舌尖对甜味最敏感，舌中（舌面）对咸味最敏感，舌的两侧对酸味最敏感，舌后部（舌根）对苦味最敏感。近年来，研究者提出，除传统的四种味觉外，还有对"鲜味"的感觉，也叫"味精觉"，这是由谷氨酸或天冬氨酸所引起的感觉。食物的温度对味觉敏感性有影响。一般来说，食物的温度在20℃—30℃时，味觉敏感性最高。机体状态也会影响味觉敏感性。饥饿的人对甜、咸味较敏感，对酸、苦味不太敏感。

5. 肤觉

刺激作用于皮肤引起的各种各样的感觉叫作肤觉。

引起肤觉的适宜刺激是物体机械的、温度的作用或伤害性刺激，接受肤觉刺激的感受器位于皮肤、口腔黏膜、鼻黏膜和眼角膜上（如皮肤内的游离神经末梢、触觉小体、触盘、环层小体、棱形末梢等），呈点状分布。

肤觉的基本形态包括触压觉、温度觉、痛觉。其他各种肤觉是由这几种基本形态构成的复合体。

由非均匀的压力在皮肤上引起的感觉叫作触压觉。触压觉包括触觉和压觉。当机械刺激作用于皮肤表面而未引起皮肤变形时产生的感觉是触觉；当机械刺激使皮肤表面变形但未达到疼痛时产生的感觉是压觉。相同的机械刺激在皮肤的不同部位引起的触压觉的敏感性是不同的，额头、眼皮、舌尖、指尖较敏感，手臂、腿次之，胸腹部、躯干的敏感性较低。

温度觉指皮肤对冷、温刺激的感觉。温度觉包括冷觉和温觉两种。冷觉和温觉的划分以生理零度为界限。生理零度指皮肤的温度，随温度的变化而变化。温度刺激高于生理零度，引起温觉；温度刺激低于生理零度，引起冷觉；温度刺激与生理零度相同，则不能引起冷觉和温觉。人体不同部位的生理零度不同，面部为33℃，舌下为37℃，前额为35℃。当温度刺激超过45℃时，会使人产生热甚至烫的感觉。这种感觉是温觉和痛觉的复合。

痛觉是对伤害有机体的刺激所产生的感觉。引起痛觉的刺激很多，包括机械的、物理的、化学的、温度的以及电的刺激。痛觉对有机体具有保护作用。

（二）内部感觉

1. 运动觉

运动觉就是关节肌肉的感觉。它传递人们对四肢位置、运动状态及肌肉收缩程度的信号。

2. 平衡觉

平衡觉也叫静觉或姿势感觉。这种感觉能够发出关于运动与头部位置的信号，反映运动速度的变化（如加速或减速）。例如，宇航员在执行航天飞行任务时，在失重的情况下，会出现平衡觉的异常变化。平衡觉的感受性位于内耳的前庭器官。人们熟悉的晕船、晕车现象，就是由于前庭器官受到刺激时引起的。

3. 机体觉

机体觉又叫内脏感觉或"黑暗感觉"，它是反映我们身体内部状况及各器官活动变化状态的感觉，包括饿、胀、渴、窒息、恶心、呕吐、便意、性和疼痛等感觉。

二、近刺激与远刺激

德国心理学家考夫卡把刺激分成近刺激和远刺激两种。远刺激是指来自物体本身的刺激，如一定波长的光线、一定频率的空气振动等。近刺激是指直接作用于感觉器官的刺激，如物体在视网膜上的投影等。远刺激是属于物体自身的，因而不会有很大变化；而近刺激是感觉器官直接接受到的刺激，它每时每刻都在变化。

三、感受性与感觉阈限（感觉测量——刺激强度与感受大小的关系）

感觉器官对适宜刺激的感觉能力叫感受性。感受性的高低是用感觉阈限的大小来度量的。感受性与感觉阈限在数值上呈反比关系：感受性高，则感觉阈限低；反之，感受性低，则感觉阈限高。每种感觉都有两种感受性和感觉阈限：绝对感受性与绝对感觉阈限，差别感受性与差别感觉阈限。

（一）绝对感受性与绝对感觉阈限

并不是所有的刺激都能够引起人的感觉，刚刚能引起感觉的最小刺激量叫绝对感觉阈限。例如，我们平时看不见空气中的灰尘，当灰尘落在我们的皮肤表面时，我们也不能觉察它的存在。但是，当细小的灰尘聚集成较大的尘埃时，我们不但能看见它，而且能感觉到它对皮肤的压力。人的感官觉察这种微弱刺激的能力，叫绝对感受性。绝对感受性和绝对感觉阈限在数量上成反比例关系，可用公示表示：$E=1/R$。其中，E为绝对感受性，R为绝对感觉阈限。

（二）差别感受性与差别感觉阈限

并不是刺激的所有变化都会引起感觉的变化，只有当刺激变化到一定量时，才能使我们感觉到差别。例如，大合唱增减1个人，人们不会觉察音量的区别；但增减10个人，差别就明显了。同样提一斤肉，添上半两感觉不出，加上半斤就有明显的感觉。刚刚能引起差别感觉的刺激的最小变化量叫差别感觉阈限，又称最小可觉差。对这一最小变化量的感受能力叫差别感受性。差别感受性与差别感觉阈限在数值上也成反比例。差别感觉阈限越小，即刚刚能够引起差别感觉的刺激物间的最小差异量越小，差别感受性就越大。德国生理学家韦伯对触觉的差别阈限进行了研究，结果发现对刺激物的差别感受，不依赖于一个刺激物增加的绝对量，而取决于刺激物的增量与原刺激量的比值，即$K=\triangle I/I$（韦伯定律）。

四、感觉现象

感觉现象即感觉的特性，指的是感觉的相互作用引起感受性发生变化的现象。它有两种形式：一是同一感觉的相互作用，包括感觉适应、感觉对比、感觉后像三种特性；二是不同感觉的相互作用，包括感觉的相互补偿和联觉两种特性。

（一）感觉适应

由于刺激对感受器的持续作用而使感受性发生变化的现象叫感觉适应。适应可以使感受性提高，也可以使感受性降低。

感觉适应在各种感觉中的表现不同。（1）视觉的适应分为暗适应和明适应。从亮的环境到暗的环境，开始看不到东西，后来逐渐看到了东西，这叫暗适应；从暗的环境到亮的环境，开始觉得光线刺得眼睛睁不开，很快就习惯了，叫明适应。研究视觉适应有重要的是实践意义。例如，由于地震而在废墟中停留多时的人，在抢救出来后要注意保护他们的眼睛；值夜勤的飞行员和消防队员，在执勤以前，最好戴上红色眼镜在室内灯光下活动，这是为了加快眼睛的暗适应过程。（2）"入芝兰之室，久而不闻其香；入鲍鱼之肆，久而不闻其臭"，这是嗅觉的适应。（3）手放在温水里，开始觉得热，慢慢就不觉得热了，这是温度觉的适应。（4）去参加一个舞会，刚到舞会现场时会觉得音乐声很强，待一会儿后，会觉得音乐声没有刚开始听起来那么大了，这是听觉的适应。（5）戴手表的人平时不觉得手腕上有重物，这是触压觉的适应。（6）厨师由于连续地品尝咸味，到后来做出来的菜愈来愈咸，这是味觉的适应。

需要注意的是，各种感觉都能发生适应的现象，痛觉则难以适应，因为痛觉具有保护性的作用。在各种感觉适应的现象中，暗适应是感受性提高的过程，其他适应过程一般都表现为感受性的降低。

（二）感觉后像（感觉残留现象）

外界刺激停止作用后暂时保留的感觉印象叫感觉后像。例如：电灯灭了，你眼睛里还会看到亮着的灯泡的形状，这就是视觉的后像；声音停止以后，你耳朵里还有这个声音的余音在萦绕，这就是听觉的后像。与刺激物性质相同的后像叫正后像，如看到白光以后眼睛里仍保留着白光的感觉；与刺激物性质相反的后像叫负后像，如看到灯灭了，眼睛里却留下了一个黑色灯泡的形象。彩色的负后像是刺激色的补色，如红色的负后像是蓝绿色；黄色的负后像是蓝色。正负后像可以相互转换，后像持续的时间与刺激的强度成正比。

（三）感觉对比

不同刺激作用于同一感觉器官，使感受性发生变化的现象叫感觉对比。

感觉对比分为两种：同时对比和继时对比。（1）几个刺激物同时作用于同一感受器会产生同时对比。例如，一个灰色方块放在黑色背景上比放在白色背景上看起来亮些，"月明星稀"也是感觉对比的现象。又如：明暗相邻的边界上，看起来亮处更亮，暗处更暗了，这种"马赫带现象"是明度的对比；绿叶陪衬下的红花看起来更红了，这是彩色对比现象，彩色对比的效果是产生它的补色。（2）刺激物先后作用于同一感受器会产生继时对比。例如：吃完苦药以后再吃糖觉得糖更甜了；吃了糖后再吃苹果，会觉得苹果是酸的；从冷水里出来再到稍热一点的水里觉得热水更热了；初冬刚穿上小棉袄觉得厚重，肢体活动拘束，而开春只穿小棉袄却觉得薄轻，肢体行动自如。

（四）感觉的补偿作用

感觉的补偿作用是指某种感觉缺失以后可以由其他感觉的发展来加以弥补，如失明者的听觉和触觉比较好。

感觉补偿的现象从另一个侧面说明了人的感受性存在着巨大的潜力，在长期训练的条件下会表现出惊人的能力。例如，染料工人能分辨四十多种不同的黑色，音乐教师能精确分辨微弱的音高偏差等。

（五）联觉

一个刺激不仅引起一种感觉，同时还引起另一种感觉的现象叫联觉（感觉的协作），类似于文学上的"通感"。例如：红、橙、黄色使人产生暖的感觉，绿、青、蓝使人产生冷的感觉；看见黄色产生甜的感觉，看见绿色产生酸的感觉；听节奏鲜明音乐的时候觉得灯光也和音乐节奏一样在闪动；切割玻璃的声音会使人产生寒冷的感觉。

不同感觉的相互作用还表现为：对一个感受器的微弱刺激能提高其他感受器的感受性，对一个感受器的强烈刺激会降低其他感受器的感受性。例如，过烫的食物会破坏人的美味，噪声会降低人的视觉感受性，轻微的音乐可减轻人的疼痛。又如，微弱的声音刺激可以提高视觉对颜色的感受性，强噪音会降低视觉的差别感受性。生活中，我们能体验到味觉和嗅觉的相互作用。如果闭上眼睛，捏住鼻子，我们将分不清嘴里吃的是苹果，还是土豆；感冒的人常常味觉不敏感。

五、感觉剥夺与感觉轰炸

（一）感觉剥夺

感觉剥夺是指向儿童提供过少、过弱、过简、过短的感觉刺激，造成儿童感觉匮乏和不良情绪的情形。常见的感觉剥夺包括：包办孩子的生活、缺乏玩具、家庭气氛冷漠等。

（二）感觉轰炸

感觉轰炸是指的是向儿童提供过多、过强、过杂、过长时间的感觉刺激，造成儿童感觉疲劳和抑制的不良情形。常见的感觉轰炸包括：大量的早教训练、兴趣班、幼儿教育小学化等。

六、学生感觉发展特点

小学生的视觉、听觉和运动觉发展很快，视觉在整个感知觉中已占主导地位。视敏度俗称视力，是在一定距离上感知和辨别细小物体的视觉能力。小学生视敏度发展的趋势是：10岁前不断提高，10岁时视觉调节能力范围最大，10岁后逐渐下降。这种变化固然与眼睛的生理机能变化有关，更与学生的用眼习惯有关，教师应特别注意指导其正确用眼。听觉的敏感度随着年龄的增长逐渐提高，但整个小学阶段都不如成人，更未达到高峰。大、小肌肉的运动觉都在发展，速度和水平与训练有关，教师要充分利用课内外各种活动，从耐力、速度、灵活性、协调等方面对学生加强训练，但训练要循序渐进，切勿操之过急或过量训练，更不能把书写、朗读等动作训练作为惩罚的手段。

在初中阶段，各科教学和各种活动都要求青少年具有更高的感知能力。图画、音乐、几何、生物、劳动活动、旅游等，要求青少年能够精确地辨析外界事物，他们的感受性和观察力也就在这种锻炼中逐渐提高和发展起来。青少年的视觉感受性在不断提高，区别各种颜色和色度的精确性在不断增加。研究表明，初中生区别各种色度的精确性比小学一年级学生要高60％以上，15岁前后，视觉和听觉感受性甚至会超过成人。

第二节 知觉

一、知觉的概念

（一）概念

知觉是直接作用于感觉器官的客观事物的整体在人脑中的反映。整体性和意义性是知觉的两个特性，知觉不是感觉的简单相加，它是各种感觉器官协同活动的结果，并受人的知识经验和态度的制约。例如，我们听到身后的熟悉的脚步声，就知道是谁来了。"听到脚步声"是感觉，"熟悉的"是指已有经验，感觉信息与已有经验的相互作用，使我们产生了"谁来了"这种知觉。又如，某物体绿中透红，表皮光滑，有清香的水果气味，吃起来酸甜，于是人脑便把这些属性综合起来，知道它是"苹果"。

日常生活中，我们很少意识到孤立的感觉，因为我们总是把对事物的各种感觉信息综合起来，并根据自己的经验来解释事物。也就是说，我们通常是以知觉的形式来反映事物的。例如：我们看到的红色，不是脱离具体事物的红色，而是红旗的红色，或红花、红衣、红车等等的红色；对于听到的声音，我们总是知觉为言语声、流水声或汽车声等有意义的声音。

（二）感觉、知觉的区别与联系

1.感觉和知觉是不同的心理过程

（1）从反映特点看，感觉反映的是事物的个别属性，知觉反映的是事物的整体，即事物的各种不同属性、各个部分及其相互关系；（2）从操作习惯上看，感觉多适用于对事物的初次认识，知觉多适用于对事物的再次认识；（3）从生理机制上看，感觉是单一分析器独立工作的结果，知觉是多种分析器协同活动的结果。可见，知觉比感觉复杂。

2.感觉和知觉有相同的一面

（1）它们都是对直接作用于感觉器官的事物的反映，如果事物不再直接作用于我们的感觉器官，那么我们对该事物的感觉和知觉也将停止；（2）感觉和知觉都是人类认识世界的初级形式，反映的是事物的外部特征和外部联系。如果想揭示事物的本质特征，光靠感觉和知觉是不行的，还必须在感觉、知觉的基础上进行更复杂的心理活动，如记忆、想象、思维等。

3.知觉是在感觉的基础上产生的，没有感觉，也就没有知觉

我们感觉到的事物的个别属性越多、越丰富，对事物的知觉也就越准确、越完整，但知觉并不是感觉的简单相加，因为在知觉过程中还有人的主观经验在起作用，人们要借助已有的经验去解释所获得的当前事物的感觉信息，从而对当前事物做出识别。人们之所以能依靠知觉反映事物，是因为在这之前或同时已经积累了有关感觉。第一次认识一种水果，要通过看、触、嗅、尝等多种分析器活动——获得水果的各种属性，熟悉以后，下次一看就知道这是什么。所以，感觉是知觉的基础。

（三）知觉的过程

知觉作为一种活动、过程，包含了互相联系的几种作用：觉察、分辨和确认。觉察是指发现事物的存在，而不知道它是什么。分辨是把一个事物或其属性与另一个事物或其属性区别开来。确认是指人们利用已有的知识经验和当前获得的信息，确定知觉的对象是什么，给它命名，并把它纳入到一定的范畴。

（四）知觉的自下而上和自上而下的加工

知觉依赖于直接作用于感官的刺激物的特性，例如颜色和明度知觉依赖于光的波长与强度；运动知觉依赖于物体的位移。对这些特性的加工叫自下而上的加工或数据驱动加工。

知觉还依赖于感知的主体，即具体的、活生生的人。人的知觉系统不仅要加工由外部输入的信息，而且要加工在头脑中已经存储的信息。后面这种加工叫自上而下的加工或概念驱动加工。例如，我们去火车站接一位不认识的客人，我们对来人的期待，将影响到我们对他的识别和确认。

（五）习惯化和去习惯化

习惯化与去习惯化方法是研究婴儿感知觉的一种方法。给婴儿反复呈现同一个刺激（如一个图形或一种声音），当刺激物连续呈现若干次后，婴儿对刺激物就不再注意，即习惯化。若变换新的刺激物呈现给婴儿，则重新引起婴儿的注意，即去习惯化。或者说，当一种刺激反复出现时，刺激产生的反应会逐渐减弱，这就叫习惯化。当儿童感知到出现一个新刺激，它不同于已习惯化了的刺激时，就会做出新的强烈反应，原有的习惯化就终止了。

（六）知觉学习与知觉适应

知觉学习是指由训练引起的知觉成绩的改变或知觉阈限的变化。经验如何影响知觉？有许多有趣的

发现，例如知觉定势、知觉习惯及面孔识别的种族效应等。知觉定势是指前面的知觉经验对后来知觉的影响。我们很容易分别本民族的人脸，而不容易分别异民族的人脸，似乎所有外国人的"长相"都差不多，这种现象叫做种族效应。

当视觉输入发生变化时，我们的视觉系统能够适应这种变化，使之恢复到变化前的状态，叫知觉适应。日常生活中，我们有过这样的经验，一个戴过眼镜的人，在新换了一副眼镜之后，开始时会觉得不舒服，半天或一天后，这种不舒服感就消失了。

二、知觉的分类

根据不同的标准，可以对知觉进行不同的分类。根据知觉的正确与否，可将知觉分为正确的知觉和错误的知觉（错觉）。根据知觉活动中占主导地位的感受器的不同，可将知觉分为视知觉、听知觉、嗅知觉、味知觉等。根据知觉对象的不同，可将知觉分为物体知觉（空间知觉、时间知觉和运动知觉）和社会知觉。

（一）物体知觉

物体知觉就是对物的知觉，任何事物都具有空间、时间和运动的特性，因而物体知觉又分为空间知觉、时间知觉、运动知觉。

1. 空间知觉

空间知觉指物体的空间三维特性在人脑中的反映，包括形状知觉、大小知觉、距离知觉、方位知觉等。例如：学习汉语拼音、汉字时，需要正确辨别上下、左右，否则难以顺利地掌握汉字的结构和识别汉语拼音；下楼时，如果我们不知道有几个台阶、每个台阶有多高，就容易摔倒。

（1）形状知觉指对物体的轮廓和边界的整体知觉。形状知觉是人类和动物共同具有的知觉能力，但人类的形状知觉能力比动物的更高级，因为人类能识别文字。形状知觉是靠视觉、触觉、运动觉来实现的。我们可以通过物体在视网膜上的投影、视线沿物体轮廓移动时的眼球运动、手指触摸物体边沿等，产生形状知觉。心理学家提出了一些图形组织的原则：邻近性、相似性、对称性、良好连续、共同命运、封闭、线条朝向、简单性等。

（2）大小知觉指对物体长短、面积和体积大小的知觉。依靠视觉获得的大小知觉，决定于物体在视网膜上投影的大小和观察者与物体之间的距离。在距离相等的条件下，投影越大，则物体越大；投影越小，则物体越小。在投影不变的情况下，距离越远，则物体越大；距离越近，则物体越小。大小知觉还受个体对物体的熟悉程度、周围物体的参照的影响。对熟悉物体的大小知觉不随观察距离、视网膜投影的改变而改变。对某个物体的大小知觉也会因该周围参照物的不同而改变。

（3）对物体深度和距离的判断可以依据的线索很多。例如：小的物体似乎远些，大的物体似乎近些；被遮挡的物体远些；远处的物体看起来模糊，能看到的细节少；远的物体显得灰暗，近的物体色彩鲜明；看近物时，双眼视线向正中聚合；看远物时，双眼视线近似平行等。我们还可以通过立体镜来了解深度知觉。

距离知觉是指人对物体远近距离或深度的知觉。深度知觉是距离知觉的一种，典型实验是"视觉悬崖实验"（沃克和吉布森）。影响深度知觉的因素有：

a）生理线索。（肌肉线索）① 调节：人眼在观察对象时，为了在视网膜上获得清晰的视像，水晶体必须做出调节变化。看远处的东西时，水晶体要扁平；看近处的东西时，水晶体要凸起。水晶体曲度的变化是由睫状肌的收缩和放松来控制的，睫状肌的动作冲动为辨别物体的距离提供了一个线索；但是眼睛的这种调节只在几米（1—2米）内有效，而且也不精确。这是深度知觉中眼睛的调节作用。② 辐合：眼睛在看东西时，两眼的视轴要指向所看的东西，这样双眼的视轴必须进行一定的辐合运动，看近物时视轴角大，看远物时视轴角小。这样控制双眼视轴辐合的眼肌运动就向大脑报告了关于对象距离的信号，用以判断物体的距离。使用视轴辐合线索的个体差异很大。一项对25名被试的实验发现，约有13人很少使用辐合来判断距离。这是深度知觉中双眼视轴辐合的作用。

b）单眼线索。① 对象重叠（遮挡）：一个物体部分地掩盖了另一个物体，那么，遮挡的物体被知觉为近些，被遮挡的物体被知觉为远些。② 线条透视：线条透视是由于空间对象在平面（视网膜）上的几何投影造成的。近处物体所占视角大，在视网膜上的投影也大；远处物体所占视角小，在视网膜上的投影也小。看起来向远方伸展的道路两侧趋于接近。线条透视的这种效果能帮助我们知觉对象的距离。③ 空气透视：物体反射的光线在传送过程中是有变化的，其中包括空气的过滤和引起的光线的散射。一般来说，远处的物体显得灰蒙蒙、模糊，近处的物体显得明亮、清晰。据此，也可以推知物体的距离。④ 相对高度：在其他条件相等时，视野中的两个物体相对位置较高的那个就显得远些。⑤ 纹理梯度（结构级差）：这是指视野中的物体在视网膜上的投影大小和投影密度发生有层次的变化。例如，眼前的墙砖投影大、密度小，而高处的墙砖投影小、密度大。⑥ 运动视差（运动透视）：当观察者与周围环境中的物体做相对运动时，会觉得远处的物体移动得慢、近处的物体移动得快，这就是运动视差。这种角速度的差异也构成了深度知觉的一个线索。

c）双眼线索。由于人的两眼相距6—7厘米，因此两眼同时看同一个物体时，两眼的成像并不一致，左眼看到的左边多一点儿，右眼看到的右边多一点儿，这种差异叫双眼视差。由于这两个不同的视觉信息，最后在大脑皮层的整合下合二为一，就造成了对象的立体知觉和距离知觉。双眼视差是深度知觉的主要线索。我们在电影院看到的立体电影就是根据这个原理制作的。

（4）人依靠视觉、听觉、运动觉等来判断方位，这种能力是后天形成的。依靠视觉进行方位判断必须借助参照物。参照物可以是自己的身体、太阳的位置、地球的磁场、天地等。不同方位辨别由易到难的次序分别是上、下、后、前、左与右。由于人的两只耳朵分别在头部的左右两侧，因此同一声源到达两耳的距离不同，两耳所感知的声音在时间上、强度上存在差别。正因为如此，我们也能依靠听觉进行方向定位。

2. 时间知觉

时间知觉是对物质现象的延续性和顺序性的反映。人们对时间的知觉可以以计时器提供的信息为依据，也可以根据自然界昼夜、四季周期性的变化来判别，还可以根据人体生理、心理活动周期性的变化来估算。

时间知觉有四种形式。（1）对时间的分辨。例如，先吃饭，再午休，接着去上课，能够按时间顺序把这些活动区别开来，就是对时间的分辨。（2）对时间的确认。例如，知道今年是2016年，去年是2015年等。（3）对持续时间的估量。例如，知道这节课已上了一刻钟了，这门课程已开了两个月了等。（4）对时间的预测。例如，知道再有十天就要参加英语等级考试了，两个月后就要放寒假了等。

影响时间知觉的因素有：（1）感觉通道的性质。在判断时间的精确性方面，听觉最好，触觉其次，视觉较差。（2）事件的数量性质。在一定的时间内，事件发生的数量越多，性质越复杂，时间估计得越短。反之，人们倾向于把时间估计得越长。例如，同是一节45分钟的课，如果内容丰富，饶有趣味，学生会觉得时间过得很快；相反，如果内容贫乏，枯燥乏味，学生会觉得时间过得真慢。在回忆往事时恰恰相反：同样一段时间，经历越丰富，越觉得时间长；经历越单调，越觉得时间短。（3）主体的兴趣情绪。人对自己感兴趣的事情，会不觉得时间的延续，从而产生对时间的低估；相反，人对自己没兴趣的事情，会觉得时间流逝缓慢，从而产生对时间的高估。在期待某种事件时，会觉得时间过得真慢；在力图逃避某种即将发生的事件时，会觉得时间过得很快。

3. 运动知觉

对物体在空间中的位移产生的知觉叫**运动知觉**，它直接依赖于对象运动的速度。物体位移的速度太快或太慢人们都不能知觉到运动，例如手表上时针的运动、自然中花朵的绽放、高速转动的车轮、宇宙中光线的穿越等。

运动知觉分为**真动知觉**和**似动知觉**两类。

（1）物体按特定速度或加速度从一处向另一处做连续的位移，由此引发的知觉就是真动知觉。

（2）似动知觉是指在一定的时间和空间条件下，人们在静止的物体间看到了运动，或者在没有连续位移的地方看到了连续的运动。电影就是依据似动现象的原理制作出来的，霓虹灯给人造成的动感，路牌广告制作中画面的变化也都是应用似动知觉的原理。似动知觉的主要形式有：

① 动景运动。当两个刺激（如光点、直线、图形等）按一定空间间隔和时距相继呈现时，我们就会看到从一个刺激物向另一个刺激物的连续运动，这就是**动景运动**。例如，给被试呈现两条直线，当时距为60ms左右时，人们就会看到从一条直线向另一条直线的运动。**电影**和**霓虹灯**都是按照动景运动的原理制成的，其实质在于**视觉后像**，即在视觉刺激消失后，感觉仍保留一段时间而不立即消失。

② 诱发运动。由于一个物体的运动使其相邻的静止物体产生运动的现象，叫**诱发运动**。例如，夜空中的月亮是相对静止的，而浮云是运动的。可是，由于浮云的运动，人们看到月亮在动，而云是静止的。许多电影的特技镜头就是利用诱发运动的原理来拍摄的。

③ 自主运动。在暗室里，如果你点燃一支熏香或烟头，并注视着这个光点，你会看到这个光点似乎在运动，这就是**自主运动**现象。

④ 运动后效。在注视向一个方向运动的物体之后，如果将注视点转向静止的物体，那么会看到静止的物体似乎向相反的方向运动，这就是**运动后效**。例如，如果你注视瀑布的某一处，然后看周围静止的田野，会觉得田野上的一切在向上飞升。在注视飞速开过的火车之后，会觉得附近的树木向相反的方向运动。

（二）社会知觉

社会知觉就是对人的知觉，具体包括对他人的知觉、对自己的知觉、对人与人之间关系的知觉等，如社会刻板印象、晕轮效应、首因效应（第一印象）、新近效应（最近印象）、投射效应等。对此，后有章节专门论述。

（三）错觉——特殊的、不正确的知觉

错觉是在特定条件下产生的对客观事物的歪曲知觉，这种歪曲往往带有固定的倾向。只要产生错觉的条件存在，通过主观努力是无法克服错觉的。错觉不同于幻觉，幻觉是在没有外界刺激物的情况下出现的虚幻知觉。

错觉的种类很多，常见的有大小错觉、形状和方向错觉（视错觉和听错觉）、形重错觉、倾斜错觉、运动错觉、时间错觉等。其中，大小错觉和形状、方向错觉有时统称为几何图形错觉。

两千多年前，人类就已发现了错觉现象。在中国古书《列子》中就记载有两小儿争论太阳大小的论述，"日初出大如车盖，及日中则如盘盂，此不为远者小而近者大乎？"，这里的近如车盖、远似盘盂的现象就是错觉现象。**"杯弓蛇影""风声鹤唳""草木皆兵"**等也是典型的错觉现象。了解错觉对人类生活具有重要意义。在建筑设计、服装设计、图案设计、室内装饰中巧妙地利用错觉原理能引起良好的心理效应，给人们的生活带来舒畅愉悦。另外，飞行员在海上飞行，由于水天一色，失去了环境中的视觉线索，很容易产生**"倒飞"**现象；学生在学习立体几何时，容易轻信图形的表面知觉。这些都是要加以

克服与避免的。

三、知觉的基本特征

（一）整体性

客观事物的个别属性作用于人的感官时，人能够根据知识经验把它知觉为一个整体，这就是知觉的整体性。知觉的整体性既有助于人的知觉能力与速度增强，也可能妨碍和干扰对部分和细节特征的反映。例如，呈现一个由许多小写字母s组成的一个大写字母H，通常人们首先反映到大脑的是字母H，然后才细辨它是由许多小写字母s组成的。这些都反映了知觉把对象组合为整体的特性。同时，正因为如此，当人感知一个熟悉的对象时，哪怕只感知了它的个别属性或部分特征，就可以由经验判知其他特征，从而产生整体性的知觉。例如，面对一个残缺不全的零件时，有经验的人还是能马上判知它是何种机器上的何种部件。

知觉的整体性往往取决于四种因素。

1. 知觉对象的特点

接近（时间或空间上接近的刺激物容易被知觉为一个整体）、相似（彼此相似的刺激物容易被知觉为一个整体）、闭合、连续等因素会产生对对象的整体知觉。

图2-2-1　知觉的整体性

2. 对象各组成部分的强度关系

知觉对象虽然作为一个统一的、整体的复合刺激物所起的作用，但是，强度大的组成部分（关键性部位，如歌曲中的旋律与歌词）具有重要的意义，它往往决定对知觉对象的整体认识，非关键性的部分（例如音调与音色）一般被遮蔽。例如，人的面部特征是我们感知人体外貌的强的刺激部分，只要认得人的面部特征，不管他的发型、服饰等如何变化，就不会认错人。

3. 知觉对象各部分之间的结构关系也影响知觉的整体性

同样一些部分，处于不同的结构关系中就会成为不同的知觉整体。例如：把相同的音符置于不同的排列顺序、不同的节拍和旋律之中就构成不同的曲调；如果曲调的各成分关系不变，只是个别刺激成分发生变化，或用不同的乐器演奏，或由不同的人来演唱，就不会改变我们对其歌曲整体性的知觉。

4. 知觉的整体性主要依赖于知觉者本身的主观状态，其中最主要的是知识与经验

当知觉对象提供的信息不足时，知觉者总是以过去的知识经验来补充当前的知觉。例如，给动物学家一块动物身上的骨头，他就可以塑造出完整的动物形象来。这对于缺乏动物解剖学知识的人来说，是不能办到的。

知觉的整体性提高了人们知觉事物的能力。如果用速示器快速呈现一个熟悉的汉字或组成这个汉字的个别笔画，那么辨认整个字的时间几乎和辨认个别笔画的时间相同。另一方面，由于知觉的整体性，人们有时会忽略部分或细节的特征。做文字校对工作的人，由于对整个文句的感知，有时难以发现句中个别漏字或误写的字词，这就是由于对整体的知觉抑制了对个别部分的知觉。

（二）选择性

人总要根据自己的需要，把一部分事物当作知觉的对象，而把其他对象当作背景，这种有选择地知觉外界事物的特性叫作知觉的选择性。知觉的对象和背景是可以发生变化的，知觉的对象从背景中分离，与注意的选择性有关。两可图形正体现了知觉的这一特征。上课时，当我们注意看黑板上的字时，黑板上的字成为我们知觉的对象，而黑板、墙壁、老师的讲解、周围同学的翻书声等便成为知觉的背景；当我们注意听教师讲解时，教师的声音便成为我们知觉的对象，而周围同学的翻书声、进入视野的一切便成为我们知觉的背景。

1. 影响知觉的选择性的客观因素

（1）刺激物的绝对强度。阈限范围内越强烈的刺激，越易被选择知觉。（2）对象和背景的差别性。当对象与背景的差别越大、对比越大时，对象越容易被感知，如万绿丛中一点红、教师批改作业用红笔最明显、用白粉笔在黑板上写的字及夜深人静时隔壁的电话铃声；反之，则不容易被感知，如冰天雪地中的白熊、穿着迷彩服藏在草地中的士兵、喧闹集市中的呼机声。（3）对象的活动性。夜空中的流星、霓虹灯广告、音响、幻灯、大合唱时不张嘴的人等都易吸引人们的知觉。（4）刺激物的新颖性、奇特性，也容易引起人们优先知觉。在嘈杂的环境中听见有人喊自己的名字、在书店时对所需要的书籍能够迅速发现等都说明了这一点。

2. 影响知觉的选择性的主观因素

（1）知觉有无目的和任务；（2）个体已有知识经验的丰富程度；（3）个人的需要、动机、兴趣、爱好，定势（即受以往经验影响而产生的心理活动的准备状态）与情绪状态。

图2-2-2　两可图形

（三）恒常性

在一定范围内，知觉的条件发生了变化，而知觉的映象却保持相对稳定不变的知觉特性叫知觉的恒常性。知觉恒常性使人能在不同情况下，按照事物的本来面目反映它们。

知觉恒常性包括大小恒常性、颜色恒常性、明度恒常性（或视亮度恒常性）、形状恒常性。（1）一个人由近及远而去，在视网膜上的成像是越来越小的，但是人们并不会认为这个人在慢慢变小，这是大小恒常性。（2）家具在不同灯光的照明下颜色发生了变化，但人对它颜色的知觉保持不变，这就是颜色恒常性。（3）白衬衣不管是在屋里看还是在屋外看，我们总是把它知觉为相同的白色；在强光下煤块反射的光量远远大于暗处粉笔所反射的光量，但我们仍把煤块知觉为黑的，把粉笔知觉为白的，这是明度恒常性。（4）一个圆盘无论如何倾斜旋转，我们看到的可能是椭圆甚至是线段，我们都会当它是圆盘；一辆公共汽车，不论从正面看，还是侧面看，我们知觉到的公共汽车的形状不会改变；从不同的角度看同一扇门，视网膜上的投影形状并不相同，但人们仍然把它知觉为同一扇门，这是形状恒常性。

图2-2-3 知觉的恒常性

（四）理解性

在知觉外界事物时，人们总要用过去的经验对其加以解释，并用词把它揭示出来，知觉的这种特性叫作知觉的理解性。

知觉的理解性与人已有的知识经验有密切关系。知识经验越丰富，理解就越深刻，知觉也就越完整、精确，"内行看门道，外行看热闹"正是说明了这一点。例如，面对一张X光片，不懂医学的人很难知觉到有用的信息，而放射科的医师却能获知病变与否的信息。知觉的理解性还与言语提示有关。言语对人的知觉具有指导作用。言语提示能在环境相当复杂、外部标志不很明显的情况下，唤起人的回忆，运用过去的经验来进行知觉。言语提示越准确、越具体，对知觉对象的理解也越深刻、越广泛。

图2-2-4 知觉的理解性

理解帮助对象从背景中分出，理解有助于知觉的整体性，理解还能产生知觉期待和预测。例如，熟悉英语词汇知识的人，在读到字母"WOR…"后，会预期出现D、K、M、N等字母，因为他们知道，只有这些字母才能与"WOR"组成一个英语单词。

四、感知规律在教学中的应用

（一）教会学生观察方法，培养学生的观察能力

1. 观察的概念

观察是知觉的高级形式，它是有预定目的、有计划的主动的知觉过程。观察比一般知觉有更深的理

解性，思维在其中起着重要作用。

观察力指人迅速敏锐地发现事物细节和特征等方面的知觉能力，又被称为"思维的知觉"。观察力是智力结构的重要组成部分，是学生学习活动不可缺少的能力。巴甫洛夫在他的实验室中刻有"观察、观察、再观察"的语句。达尔文曾经说过："我既没有突出的理解力，也没有过人的机智，只是在观察那些稍纵即逝的事物，并对其进行精细观察的能力上，我可能在众人之上。"

2. 观察的品质

（1）观察的目的性

观察的目的性是指善于组织知觉活动达到预期观察目的的品质，它使观察活动具有明确的方向和选择性。

（2）观察的客观性

观察的客观性是指善于实事求是地去知觉事物的品质，是观察的基本品质。

（3）观察的细致性

观察的细致性是指在观察中善于区分出事物细微而重要的特征的品质。一个观察力强的人既善于观察事物的全貌，又能察觉到事物的细微特征。与此相对立的是观察时马虎大意、粗枝大叶。

（4）观察的敏锐性

观察的敏锐性是指迅速发现事物重要特征的品质，善于在平凡和司空见惯的现象中发现新东西。

此外，有观点认为，观察的品质包括观察的目的性、观察的精确性、观察的全面性、观察的深刻性等。

3. 观察力的培养

（1）引导学生明确观察的目的与任务，并利用学生好奇心与求知欲望，激发学生的观察动因，这是良好观察的重要条件。

（2）要有充分的知识准备与观察准备，提出观察的具体方法，制订观察的计划。

（3）在实际观察中应加强对学生的个别指导，有针对性地培养学生良好的观察品质。

（4）引导学生学会记录并整理观察结果，在分析研究的基础上，写出观察报告、日记或作文。同时，还应引导学生开展讨论，交流并汇报观察成果，不断提高学生的观察能力。

（5）此外，教师还应努力培养学生的观察兴趣与优良的性格特征，如学习的坚韧性、独立性等。培养学生的观察力还应教会他们养成自觉观察的习惯。

（二）遵循感知规律，灵活运用直观原则

直观方式可以分为实物直观、模象直观、言语直观三类。实物直观指在感知实际事物的基础上提供感性材料的直观形式，如观察标本、实物，实验，参观等。模象直观指观察与教材相关的模型与图像（如图片、图表、幻灯、电影、录像、电视等），形成感知表象。言语直观指在生动形象的言语作用下唤起学生头脑中的表象，以提供感性材料的直观方式。

在教学中，教师首先应该根据学习任务的性质，灵活运用各种直观方式。言语与实物、模象直观结合有三种方式：言语在前，形象在后，主要起动员与提示的作用；言语与形象交叉或同时进行，言语主要起引导观察、补充说明重点与难点的作用；言语在形象的后面，主要起总结概括或强化的作用。

在教学中，教师只有按照知觉的组织原则正确地组织直观，才能提高学生的感知效果。教师运用知觉的组织原则时应注意以下几点：

1. 差异律

这是针对感知对象与它的背景的差异而言的。观察对象与背景的差别越大，对象就被感知得越清晰；相反，观察对象与背景的差别越小，对象就被感知得越不清晰。例如：万绿丛中一点红，这点红就很容易被感知；鹤立鸡群，也属于这类情形；在白幕上印白字，则几乎无法辨认。

讲课时，对于重要的知识可以反复几次，也可以提高音量；板书时，重要的部分可以用大一些的字，可以在那些字下面加点、画线，可以用彩色粉笔；不要在黑板前演示深色教具；使用挂图时，可以将其中不需要学生看的部分遮住；制作教具时，要注意把知觉对象从背景上突出出来等。

2. 组合律

心理学的研究告诉我们，凡是空间上接近、时间上连续、形式上相同、颜色上一致的观察对象，容易形成整体而为我们清晰地感知。因此，在实际观察中，要把零散的材料或事物，按空间接近、时间连续、形式相同或颜色一致的形式组合起来进行观察，从而找出各自的特点。例如，在一堆乱物件中选大小相差不远、颜色相近的若干件排列起来比较，就可看出彼此的差异。

教师在绘制挂图时，不要在需要学生感知的对象周围画上与之类似的线条或图形，在不同的对象之间留空或用色彩区分；板书时，章与章、节与节等不同内容之间要留空；讲课时，语言流畅，针对不同内容，采用不同的语速，对不同的内容加以分析、综合，使学生了解其中的逻辑关系。

3. 活动律

活动的物体比静止的物体容易感知。魔术师用一只手做明显的动作吸引观众的注意力，而另一只手却在耍手法以达到他的目的；所以，在观察中要善于利用活动规律达到观察目的。

教学中使用活动性教具，演示实验，放幻灯片、教学电影或录像等，可以起到很好的教学效果。

4. 强度律

对被感知的事物，必须达到一定的强度，才能感知得清晰。一般人对雷鸣电闪是容易感知的，因为它的感知强度很高，而对于昆虫的活动，如对蚂蚁行走的声音就难以觉察。因此，在实践中要适当地提高感知对象的强度，并要注意那些强度很弱的对象。

教师在讲课时，声音要洪亮，语速要适中，板书要清晰，要让全班同学听得懂、看得见。教师在制作、使用直观教具时，也要考虑到直观教具的大小、颜色、声音等是否能被全班学生清楚地感知。

5. 对比律

凡是两个显著不同甚至互相对立的事物，就容易被清楚地感知；因此，在观察中要善于用对比的方法，把具有对比意义的材料放在一起，甚至还可以制造对比环境，例如观察的高矮对比、色彩对比。

6. 协同律

指在观察过程中，有效地发动各种感知器官，分工合作，协同活动，以提高观察的效果；也指同时运用强度、差异、对比等规律去观察对象。17世纪捷克著名教育家夸美纽斯就曾要求人们尽可能地运用视、听、味、嗅、触等感官进行感知。我们学习要做到"五到"，即眼到、耳到、口到、手到和心到，目的是通过多种感知的渠道，提高观察的效力。

7. 关注律

养成持久的观察习惯。贝弗里奇说："培养那种以积极的探究态度关注事物的习惯，有助于观察力的发展。在研究工作中养成良好的观察习惯比拥有大量的学术知识更重要，这种说法并不过分。"一个人有了持久的观察习惯，他就能克服观察过程中所遇到的各种障碍和困难，把观察进行到底。而观察力正是在这种"锲而不舍"的过程中得到锻炼和提高的。

（三）让学生充分参与直观过程

在直观过程中，应激发学生积极、切实参与的热情。在可能的情况下，让学生自己动手操作，如制作标本、制作图表等。

五、学生知觉发展的特点

初入小学的儿童一般已能很好地辨认前后、上下、远近，但对左右方位的辨认还不完善，常常要和具体事物联系起来才能辨认。到三年级以后，随着思维能力的发展，儿童能够比较概括、灵活地掌握一般的空间概念；但对超出经验范围较大的空间概念，如银河系、宇宙等，掌握起来就有一定困难。小学时期是儿童时间知觉发展的一个重要时期。初入学儿童早晨或下午入校都比其他同学时间早，而课间休息后进教室容易迟到，这往往与儿童的时间知觉不完善有一定的关系。在教学影响下，儿童时间观念发展较快，三年级儿童已能正确理解"周""月""年"的实际意义，对"1分""15分""1小时"等与生活学习密切相关的时间单位的理解和掌握，随着年级的升高、知识经验的丰富，变得越来越确切。但对"1秒""1分"等的估计，即使到了高年级也是极不精确的。对超出他们学习和生活经验范围的长时距单位，尤其是历史年代、地质年代等，掌握起来是比较困难的。

在初中阶段，少年期学生的知觉出现许多新的特点：首先，知觉的有意性和目的性提高。少年期学生能够自觉地根据教学的要求去知觉有关的事物，并且能够比较稳定地、长时间地知觉这些事物。其次，知觉的精确性和概括性发展起来。少年期学生在观察自然现象或社会现象时，在进行实验时，都要求他们不仅能够感知事物的外部属性，而且能够抓住主要特征和本质属性，更加全面而深刻地去感知事物。再次，少年期学生开始出现逻辑性知觉。这种知觉是和逻辑思维密切联系的，即在知觉过程中，能够把一般原理、规则和个别事物或问题联系起来。

在初中阶段，少年期学生的空间和时间知觉有了新的发展。在学习几何、地理、绘画等科目中，要求学生逐步形成看图、识图的技能，学会在抽象的水平上理解各种图形的形状、大小及其空间位置的相互关系。这使图形和知觉与思维相联系，从而使知觉发生质的变化。在这样的教学条件下，学生对抽象几何空间及宏观的空间知觉都开始逐步发展起来，但对较为复杂空间关系的理解，仍需直观表象的支持；因此，在教学上利用立体图和立体模型等是必要的。另外，这时要求他们理解更抽象的空间关系（如立体几何、光年等）还是有困难的。

在时间知觉方面，随着生活经验的积累、历史知识的学习和文艺作品的阅读，学生对于一些较短的或较长的时间知觉已有所发展。研究材料表明，对于1小时这段时间的估计正确率已相当高。对于较长的时间单位如"纪元""世纪""年代"等开始初步理解，但往往很不精确，容易把遥远的过去在观念上缩短。

第三节　记忆

一、记忆的概念与分类

1. 记忆的概念

记忆是过去的经验在头脑中的反映。凡是过去感知过的事物、思考过的问题、体验过的情绪、操作过的动作，都可以以映象的形式储存在大脑中，在一定条件下，这种映象又可以从大脑中提取出来，这个过程就是记忆。例如，我们读过的小说，看过的电视节目或电影，其中某些情景、人物和当时激动的情绪等都会在头脑中留下各种印象，当别人再提起时或在一定的情境下，这些情景、人物和体验过的情绪就会被重新唤起，出现在头脑中。

记忆同感知一样也是人脑对客观现实的反映，但记忆是比感知更复杂的心理现象。感知过程是反映当前直接作用于感官的对象，它是对事物的感性认识。记忆反映的是过去的经验，它兼有感性认识和理性认识的特点。

2. 记忆的分类

（1）根据记忆内容的不同，记忆可分为形象记忆、运动记忆（动作记忆）、情绪记忆、逻辑记忆（语义记忆或语词记忆）和情景记忆等

①形象记忆是以感知过的事物形象为内容、以表象的形式存储在头脑中的记忆。例如，我们参观所得的印象就是形象记忆。形象记忆可以是视觉的、听觉的、嗅觉的、味觉的、触觉的。如，我们见到过的人或物、看到过的画面、听过的音乐、嗅过的气味、尝过的滋味、触摸过的物体等的记忆都属于形象记忆。正常人的视觉记忆和听觉记忆通常发展得较好，在生活中起主要作用。触觉记忆、嗅觉记忆与味觉记忆，虽然一般正常人在这些方面也都有一定的发展，但从一定意义上说可称之为职业形式的记忆，因为只有从事某种职业的人由于特殊职业的需要，这些记忆才会得到很好的发展。对于缺乏视觉记忆、听觉记忆的人，如盲人或聋哑人等来说，其触觉记忆、嗅觉记忆、味觉记忆等会得到惊人的高度发展。

②运动记忆是以过去做过的运动或动作为内容的记忆。例如，对游泳的一个接一个的动作的记忆，对体操、舞蹈动作的记忆等都属于运动记忆。运动记忆是运动、生活和劳动技能的形成及熟练的基础，对形成各种熟练技能技巧是非常重要的。一个人从小学会游泳，长大后多年不游，也能较快地恢复，这是过去习得的运动技能得以保持的结果。运动记忆一旦形成，保持的时间往往很长久。在运动记忆中，大肌肉的动作不易遗忘，而小肌肉的动作易遗忘。

③情绪记忆是以体验过的某种情绪和情感为内容的记忆。例如，对过去的一些美好事情的记忆、对过去曾经受过的一次惊吓的记忆、对过去曾做过的错事的记忆等都属于情绪记忆。情绪记忆的印象有时比其他记忆的印象表现得更为持久、深刻，甚至终身不忘。在某种条件下，它还可以引起习惯性恐惧等异常症状。个体在过去特定情境下体验过的情绪，在一定条件下又会重新体验到，说明了情绪记忆的存在。典型的情绪记忆甚至把引起情绪的事物全部忘却，而只把某一情境和某种情绪联系起来。当这一情境或类似情境出现时，就会引起"说不出原因"的情绪体验，如怕黑的紧张、恐惧情绪体验。强烈的、对个体有重大意义的情绪体验保持的时间会较长且容易被再体验。

④逻辑记忆是以语词、概念、原理为内容的记忆。这种记忆所保持的不是具体的形象，而是反映客观事物本质和规律的定义、定理、公式、法则等。例如，我们对心理学概念的记忆，对数学、物理学中的公式、定理的记忆等都属于逻辑记忆。记住化学公式、乘法法则、一年有四季，对"猫"的词义的记忆，对哥伦布发现美洲这个事实的记忆也都是语义记忆。它是人类所特有的，具有高度理解性、逻辑性的记忆，对我们学习理性知识起着重要作用。

⑤情景记忆即以时间和空间为坐标对个人亲身经历的、发生在一定时间和地点的事件（情景）的记忆。情景记忆是指记住过去某个时间、地点的特定事件。对昨天在公园里会见一位朋友的记忆就是情景记忆。

在人的发展过程中，关于各种记忆出现的时间由早到晚依次是运动记忆、情绪记忆、形象记忆、语词记忆。

（2）根据记忆时意识参与的程度，记忆可分为外显记忆和内隐记忆

① 外显记忆是指有意识地收集某些经验用以完成当前任务时表现出来的记忆，又称意识控制的记忆。自由回忆、线索回忆以及再认等，都要求人们参照具体的情境将所记忆的内容有意识地、明确无误地提取出来，因而它们所涉及的只是被试明确地意识到的并能够直接提取的信息，用这类方法所测得的记忆即为外显记忆。我们能记忆儿时背过的"九九表"，记得今天早餐吃什么，记得去年植树节的活动等，即为这种记忆。

② 内隐记忆是指不需要意识参与或不需要有意回忆的情况下，个体的已有经验自动参与当前任务并产生影响而表现出来的记忆。它是未意识其存在又无意识提取的记忆，因此又被称为自动的无意识记忆。它强调的是信息提取过程的无意识性，而不管信息识记过程是否有意识。也就是说，个体在内隐记忆时，没有意识到信息提取这个环节，也没有意识到所提取的信息内容是什么，而只是通过完成某项任务才能证实他保持有某种信息。正因为如此，对这类记忆进行测验研究时，不要求被试有意识地去回忆所识记的内容，而是要求被试去完成某项操作任务，被试在完成任务的过程中不知不觉地反映出他曾识记过的内容的保持状况。如果人们在完成某种任务时受到了先前学习中所获得的信息的影响，或者说由于先前的学习而使完成这些任务更加容易了，就可以认为内隐记忆在起作用。例如，人们能熟练地打字，但是要求他们立刻正确地说出键盘上字母的位置，许多人往往做不到，这说明他们有字母位置的内隐记忆。又如，在对遗忘症病人的研究中发现，让患者学习一些常用的词，然后进行回忆或再认的测验，他们的成绩很差。但如果给出那些单词（已学过的）的头几个字母，要求患者把这些字母补全成一个词，结果发现，患者倾向于把这些字母填写成刚学过的词，而不是其他的词。

内隐记忆与外显记忆之间有许多不同之处，具体体现在：加工深度对内隐记忆和外显记忆的影响不同；内隐记忆和外显记忆的保持时间不同；记忆负荷量的变化对内隐记忆和外显记忆产生的影响不同；呈现方式的改变对外显记忆和内隐记忆的影响不同；干扰因素对外显记忆和内隐记忆的影响不同。

（3）根据信息加工与存储的内容不同（按其内容的性质），记忆可分为陈述性记忆和程序性记忆

① 陈述性记忆是对陈述性知识的记忆，是对有关事实和事件的记忆。它可以通过语言的传授而一次性获得，它的提取往往需要意识的参与。我们学习的各种知识、日常掌握的各种常识多属这类记忆。

② 程序性记忆是对程序性知识的记忆，是对如何做事情的记忆，主要包括认知技能与策略、运动技能等内容。这种记忆往往需要通过多次尝试才能逐渐获得，而且在提取、使用时常不需要意识的参与。例如，我们在学习游泳的过程中，可以通过翻看书籍、教练示范等掌握动作要求而获得陈述性记忆，而后经过不断练习，形成一定的运动技能——学会游泳，这时的记忆就是程序性记忆。

（4）根据记忆在时间轴上的指向，记忆可分为前瞻记忆和回溯记忆

前瞻记忆是指当事人记得将要采取的行动。回溯记忆是指对过去事件的记忆。

3. 记忆的品质

（1）记忆的敏捷性

记忆的敏捷性是指一个人在识记事物时的速度方面的特征。能够在较短的时间内记住较多的东西，就是记忆敏捷性良好的表现。记忆的这一品质，与人的暂时神经联系形成的速度有关：暂时联系形成得快，记忆就敏捷；暂时联系形成得慢，记忆就迟钝。在敏捷性方面，有的人可以过目不忘，有的人则久难成诵，但各人的特点不同。有的人记得快，忘得也快；而有的人记得慢，忘得也慢。记忆的敏捷性是记忆的品质之一，但它不是衡量一个人记忆好坏的唯一标准。在评价记忆敏捷性时，应与其他品质结合起来才有意义。

（2）记忆的持久性

记忆的<u>持久性</u>是指记忆内容在记忆系统中<u>保持时间</u>长短方面的特征。能够把知识经验长时间地保留在头脑中，甚至终身不忘，这就是记忆持久性良好的表现。记忆的这一品质，与人的暂时神经联系的牢固性有关：暂时神经联系形成得越牢固，则记忆得越长久；暂时神经联系形成得越不牢固，则记忆得越短暂。在持久性方面，有的人能把识记的东西长久地保持在头脑中，而有的人则会很快地把识记的东西遗忘。一般来讲，记忆的敏捷性与记忆的持久性之间有正相关，记得快的人，保持的时间较长；但也不尽然，有的人记得快，但保持的时间短。

（3）记忆的准确性

记忆的<u>准确性</u>是指对记忆内容的识记、保持和提取时是否<u>精确</u>的特征。它是指记忆提取的内容与事物的本来面目相一致的程度。记忆的这一品质，与人的暂时神经联系的正确性有关：暂时神经系越正确，记忆的准确性就越好；暂时神经联系越不正确，记忆准确性就越差。准确性是记忆的重要品质，如果离开了准确性，敏捷性、持久性就失去了意义。

（4）记忆的准备性

记忆的<u>准备性</u>是指对保持的内容在<u>提取应用</u>时所反映出来的特征。记忆的目的在于在实际需要时能迅速、灵活地提取信息，回忆所需的内容并加以应用。记忆的这一品质，与大脑皮层神经过程灵活有关：由兴奋转入抑制或由抑制转入兴奋都比较容易、比较活，记忆的准备性的水平就高；反之，记忆的准备性的水平就低。在准备性方面，有的人能得心应手，随时提取知识加以应用；有人则不然。<u>记忆的这一品质，是上述三种品质的综合体现，而上述三种品质只有与记忆的准备性结合起来，才有价值。</u>

二、记忆的过程

记忆的过程包括识记、保持、再认或回忆（重现）三个环节。应用信息加工的术语来描述，就是信息的编码、存储和提取。识记是记忆的开始，是保持和回忆的前提；保持是识记和回忆之间的中间环节；回忆是识记和保持的结果，也是对识记和保持的检验，而且有助于巩固所学的知识。

1. 识记

（1）识记的概念与分类

<u>识记</u>是记忆的第一个环节，是个体学习和获得知识经验的过程。

① <u>根据识记有无目的性</u>，可分为无意识记和有意识记两类。无意识记是事先没有预定目的，也不需要运用任何有助于识记的方法和意志努力，自然而然地识记。有意识记是有明确的识记目的，并运用一定方法的识记，在识记过程中还需要一定的意志努力。

② <u>根据识记的方法</u>，可分为机械记忆和意义记忆两类。机械识记是根据材料的外在联系，采取多次重复的方式所进行的识记，即平常说的死记硬背。意义识记是在理解的基础上，依据材料的内在联系，并运用已有的知识经验而进行的识记，也称为理解记忆或逻辑记忆。

③ <u>根据识记材料不同的组织方式</u>，可分为整体识记和部分识记两类。

④ <u>根据识记时的时间安排</u>，可分为集中识记和分散识记两类。

（2）影响识记效果的因素

① 有无明确的识记目的和任务，直接影响识记的效果。② 识记时的态度和情绪状态。一般来说，在积极的态度和情绪状态下，人的识记效果好。③ 活动任务的性质。当识记的材料成为人活动的直接对象时，识记的效果就好。④ 材料的数量和性质。材料越多，识记所用的平均时间和次数就越多。识记也受材料性质的制约。有意义的、有规律的材料更容易记住。⑤ 识记的方法。采用意义记忆法比采用机械记

忆法对信息的识记更准确。

2. 保持

（1）保持的概念及表现

保持是指知识经验在大脑中储存和巩固的过程。

保持体现在数量上和质量上的变化。量的方面体现在储存信息的数量随时间的迁移而逐渐下降。质的方面体现在：内容简略和概括；内容更加完整、合理和有意义；内容变得更加具体或夸张。

在保持过程中存在着记忆恢复现象（记忆回涨），即识记某种材料，经过一段时间后测得的保持量大于识记后即时测得的保持量。

（2）遗忘的概念及类型

遗忘是保持的对立面，对识记过的材料既不能回忆也不能再认的现象叫遗忘。

遗忘可分为暂时性遗忘（提取信息的线索不当，如提笔忘字）和永久性遗忘（丢失信息过多）；主动性遗忘和被动性遗忘；部分遗忘和整体遗忘等。

（3）遗忘规律

最早对遗忘进行实验研究的是德国心理学家艾宾浩斯。1885年，他采用"节省法"（"重学法"）的实验方法，以自己作为主试和被试，用无意义音节作记忆材料，证明遗忘的进程是先快后慢的。艾宾浩斯开创了用无意义音节进行系列学习与记忆研究的先河。在艾宾浩斯之后，人类联想学习的研究可概括为三种基本范型：系列学习（序列学习）、配对联想学习和自由回忆学习。

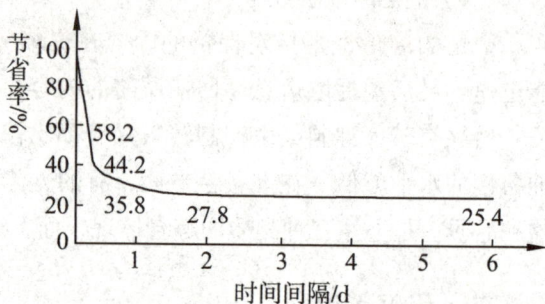

图2-2-5　艾宾浩斯遗忘曲线

（4）影响遗忘进程的因素

① 时间因素。遗忘在学习之后立即开始，而且遗忘的过程最初进展得很快，以后逐渐缓慢。

② 识记材料的性质与数量。一般认为，熟练的动作和形象材料遗忘得慢，而无意义材料比有意义材料遗忘得要快得多。在学习程度相等的情况下，识记材料越多忘得越快，识记材料少则遗忘较慢。因此，学习时要根据材料的性质来确定学习的数量，一般不要贪多求快。

③ 识记材料的系列位置。人们发现在回忆系列材料时，回忆的顺序有一定的规律性。例如，人们对于26个英文字母的记忆，一般对开头的字母如ABC记忆较好，最后的几个字母XYZ记忆效果也很好，但对字母表中间的部分则容易遗忘。在一项实验中，实验者要求被试学习32个单词的词表，并在学习后要求他们进行回忆，回忆时可以不按原来的先后顺序。结果发现，最后呈现的项目最先回忆起来，其次是最先呈现的那些项目，而最后回忆起来的是词表的中间部分。在回忆的正确率上，最后呈现的词遗忘得最少，其次是最先呈现的词，遗忘最多的是中间部分。这种在回忆系列材料时发生的现象叫"系列位置效应"。最后呈现的材料最易回忆，遗忘最少，叫近因效应。最先呈现的材料较易回忆，遗忘较少，叫首因效应。这种系列位置效应已被许多实验所证实。

④ 学习的程度。一般认为，对材料的识记没有一次能达到无误成诵的标准，称为低度学习的材料；如果已能成诵之后还继续学习一段时间，这种材料称之为过度学习材料。实验证明，低度学习材料容易遗忘，而过度学习（超额学习）的材料比已能背诵的材料记忆效果要好一些。当然过度学习要有一定的限度，花费在过度学习上的时间太多会造成精力和时间上的浪费。实验证明，过度学习（即能够背诵之后再进行的学习）达到50%，即学习的熟练程度达到150%时，记忆效果最好。

⑤识记者的态度（情绪、动机）。识记者对实际材料的需要、兴趣等因素对遗忘的快慢也有一定的影响。研究表明，在人们的生活中不占主要地位的、不引起人们兴趣的、不符合一个人需要的事情，首先被遗忘；人们需要的、感兴趣的、具有情绪作用的事物，则遗忘得较慢。另外，经过人们的努力、积极加以组织的材料遗忘得较少，而单纯地重述材料，识记的效果较差，遗忘得也较多。

另外，学习任务的长久性和重要性、识记的方法等也是影响遗忘的重要因素。

（5）遗忘原因的理论阐释

心理学家对遗忘的原因有不同的看法，归纳起来有以下观点：

①痕迹消退说（衰退理论）。痕迹消退说是一种对遗忘原因最古老的解释。它最早由亚里士多德提出，由桑代克进一步发展。这种理论认为遗忘是由记忆痕迹消退引起的，消退随时间的推移自动发生。从这个角度来说，为避免遗忘就应该多加练习。

②干扰说。干扰说认为，遗忘是由于在学习和回忆之间受到其他刺激干扰的结果。干扰主要有两种情况，即前摄抑制和倒摄抑制。所谓前摄抑制，是指前面学习的材料对识记和回忆后面学习材料的干扰；倒摄抑制指后面学习的材料对保持或回忆前面学习材料的干扰。一般而言，时间上接近、内容上相似、要求上相同的学习之间容易产生干扰，所以学校的课程、内容的安排应避免相互间发生干扰。这种理论的代表人物是詹金斯和达伦巴希。

③压抑（动机）说。压抑说认为，遗忘是由于情绪或动机的压抑作用引起的，如果压抑被解除，记忆就能恢复。该理论最早由弗洛伊德提出，他认为遗忘不是保持的消失，而是记忆被压抑，个体之所以无法回忆，是因为该记忆令人感到痛苦而被压抑在潜意识之中。在日常生活中，情绪紧张而引起遗忘的情况也是常有的。例如，考试时由于情绪过分紧张，导致可利用性阈限升高，致使一些学过的内容怎么也想不起来了。但事实上，并非所有与不良情绪相联系的情况都如此受到压抑，人们可能记住他所经历的一些重大事件，这些事件作为表象保存在记忆中，能够清晰而生动地回忆起来，就像闪光灯亮时留下的照片，心理学上称之为"闪光灯记忆"。

④同化说。奥苏伯尔根据他的有意义接受学习理论提出，遗忘就其实质来说，是知识的组织与认知结构简化的过程。遗忘有积极的遗忘和消极的遗忘两种，前者指高级观念代替低级观念，从而简化了认识并减轻了记忆负担。后者指或者由于原有知识结构不巩固，或者由于新旧知识辨析不清楚，也有可能以原有的观念来代替表面相同而实质不同的新观念，从而出现记忆错误。

⑤提取失败说（线索缺失理论）。我们常常有这样的经验，明明知道对方的名字，但就是想不起来，这种现象叫"舌尖现象"。遗忘之所以发生，不是因为储存在长时记忆中的信息消失了，而是因为编码不准确，失去了检索线索或线索错误。一旦有了正确线索，经过搜索，所需要的信息就能提取出来，这就是遗忘的提取失败说。这种理论的代表人物是图尔文。

3. 再认或回忆

再现是对已有经验的恢复，再现又可以分为再认或重现（即回忆）。从大脑中提取知识经验的过程叫回忆；识记过的材料不能回忆起来，但当它再次出现时，能够识别并确认出来的过程叫再认。

（1）再认。过去经历过的事物再次出现在面前，能把他们加以确认的过程叫作再认。例如：我们能一眼认出久别重逢的挚友，故地重游时处处有熟悉之感；让我们说出一个英文单词的汉语语义时，我们并不能回忆出来，但当给出这个单词的汉语语义时，我们能够确认我们识记过；给出一个人的名字，我们并不能回忆出那个人的具体形象，但那人出现时，我们能确认见过。

（2）回忆。过去经历过的事物不在面前，能把他们在人脑中重新呈现出来的过程称为回忆，又称为重现。如"十年离别后，长大一相逢。问姓惊初见，称名忆旧容"；再如，识记过的英文单词，在给出英文单词后，我们能够想出它的汉语语义。这是学习过程中最主要的形式。

根据是否有预定的目的和任务，回忆可分为无意回忆和有意回忆两类。如睹物思人、触景生情、自由联想、偶然想起了一件往事等属于无意回忆，而冥思苦想、在复习和考试时的回忆、课堂上学生回答老师的提问等都属于有意回忆。另外，有意回忆经过艰苦的思索，叫作追忆。

回忆是有条件的。回忆特别是追忆，常以联想为基础。联想是暂时神经系统的复活，它是事物之间联系和关系的反映。其规律有：接近律（在时间或空间上接近的事物发生的联想，如笔—墨—纸—砚）、相似律（在形貌和内涵上相似的事物发生的联想，如拆—折—析）、对比律（在性质或特点上相反的事物发生的联想，如黑—白，多—少）、因果律（在逻辑上有因果关系的事物发生的联想，如寒冷—结冰）等。此外，追忆还与是否有平静的情绪状态有关。

三、记忆的信息加工系统

认知心理学把记忆看作是人脑对输入的信息进行编码、储存和提取的过程，并按信息的编码、储存和提取的不同方式以及信息储存时间的长短，将记忆分为瞬时记忆、短时记忆和长时记忆三个系统。

1. 瞬时记忆

瞬时记忆又叫感觉记忆或感觉登记，是指外界刺激以极短的时间一次呈现后，信息在感觉通道内迅速被登记并保留一瞬间的记忆。感觉记忆的最明显的例子是视觉后像。例如，当人们在观看电影时，虽然呈现在屏幕上的是一幅幅静止的图像，但是我们却可以将这些图像看成是连续运动的，这就是由于感觉记忆存在的结果。一般又把视觉的瞬时记忆叫图像记忆，把听觉的瞬时记忆叫声像记忆。瞬时记忆的特点如下：

（1）时间极短。图像记忆保持的时间为0.25—1秒，声像记忆保持的时间可以超过1秒，但不会长于4秒。如果对瞬时记忆中的信息加以注意，可将信息转入短时记忆，否则信息便会消失。

（2）容量很大。凡是进入感觉通道的信息都能被登记，记忆容量是很大的。一般认为，瞬时记忆的容量为9—20比特。

（3）形象鲜明。瞬时记忆是外界刺激以感觉后像的形式在感觉通道内的登记，因此具有鲜明的形象性。

（4）信息原始。记忆痕迹容易衰退。感觉记忆的信息是分类前的原始信息。被登记的信息只有受到特别注意才会转入短时记忆，否则会很快衰退以至消失。

2. 短时记忆

短时记忆是指外界刺激以极短的时间一次呈现后，保持时间在1分钟以内的记忆。例如，我们打电话通过114查询，查到需要的电话号码后，马上就能根据记忆拨出这个号码，但打完电话后，刚才拨打过的电话号码就忘了，这就是短时记忆。我们听课时边听边记下教师讲课的内容，也是靠的短时记忆。其编码方式有听觉编码和视觉编码两种，主要是听觉编码。短时记忆的特点如下：

（1）时间很短。短时记忆信息保持的时间虽比感觉记忆长，但也不超过1分钟，一般而言，30秒左右得不到复述，便会遗忘。

（2）容量有限。短时记忆的容量有限，一般为7 ± 2，即5—9个项目。如果超过短时记忆的容量，或插入其他活动，短时记忆容易受到干扰，发生遗忘。为扩大短时记忆的容量，可采用组块（米勒提出）的方法，即将小的记忆单位组合为大的单位。如将单个的汉字（人）变成双字的词（人民）来记，记忆的容量可扩大一倍。

（3）意识清晰。短时记忆中的信息是当前正在加工的信息，因而是可以被意识到的。复述是短时记忆信息储存的有效方法。它可以防止短时记忆中的信息受到无关刺激的干扰而发生遗忘。短时记忆的信息经过复述，可转入长时记忆系统。复述分为两种：一种是机械复述或保持性复述，将短时记忆中的信息不断简单重复；另一种是精细复述，将短时记忆中的信息进行分析，使之与已有的经验建立起联系。已有研究表明，只有机械复述并不能加强记忆，而精细复述是短时记忆存储的重要条件。

（4）操作性强。短时记忆就其心理功能而言是操作性的。一方面，它加工感觉记忆保持的信息为当前工作服务，同时把其中的必要信息经复述储存在长时记忆系统中；另一方面，它又根据当前工作的需要，从长时记忆库中提取需要的信息完成某种操作，因而也称为工作记忆。巴德利等人认为，工作记忆是由多个成分组成的加工系统，它包括语音环路（用于处理以语音为基础的信息）、视觉空间模板（用于处理视觉的和空间的信息）、情景缓冲器（用来整合视觉、空间和言语信息的一个成分）和中央执行系统（是一个注意资源有限的控制系统，是工作记忆中最重要的成分）四个成分。

（5）易受干扰。实验证明，短时记忆的遗忘主要是由于干扰信息引起的。短时记忆中的信息极短又易受干扰，当有新信息插入时，原有信息就会很快消失，而且不能再恢复。

此外，短时记忆编码的效果主要受觉醒状态、加工深度和组块等因素的影响。短时记忆中被试对项目的提取有三种可能的方式：平行扫描（同时对短时记忆中保存的所有项目进行提取）、自动停止系列扫描（对项目逐个进行提取，一旦找到目标项目就停止查找）和完全系列扫描（对全部项目进行完全的检索，然后作出判断），斯滕伯格用实验说明了短时记忆中项目的提取是完全系列扫描。

3. 长时记忆

长时记忆是指外界刺激以极短的时间一次呈现后，保持时间在1分钟以上的记忆。长时记忆的编码有语义编码和形象编码两类。语义编码是用语词对信息进行加工、按材料的意义加以组织的编码。形象编码是以感觉映象形式对事物的意义进行的编码。长时记忆的特点有：

（1）容量无限。无论是信息的种类或数量，长时记忆的容量都是无限的。

（2）信息保持时间长。一般认为长时记忆中出现的遗忘现象，主要是由于信息受到干扰而使提取信息的过程发生困难所致。

（3）长时记忆中储存的信息如果不是有意回忆的话，人们是意识不到的。只有当人们需要借助已有的知识和经验时，长时记忆储存的信息再被提取到短时记忆中，才能被人们意识到。

图尔文将长时记忆分为两类：情景记忆和语义记忆。情景记忆是指人们根据时空关系对某个事件的记忆；语义记忆是指人们对一般知识和规律的记忆，与特殊的时间和地点无关。

综上所述，记忆的三种类型若按信息加工的理论来划分，它们的关系是：外界刺激引起感觉，其痕迹就是感觉记忆；感觉记忆中呈现的信息如果受到注意就转入短时记忆；短时记忆的信息若得到及时加工或复述，就转入长时记忆。

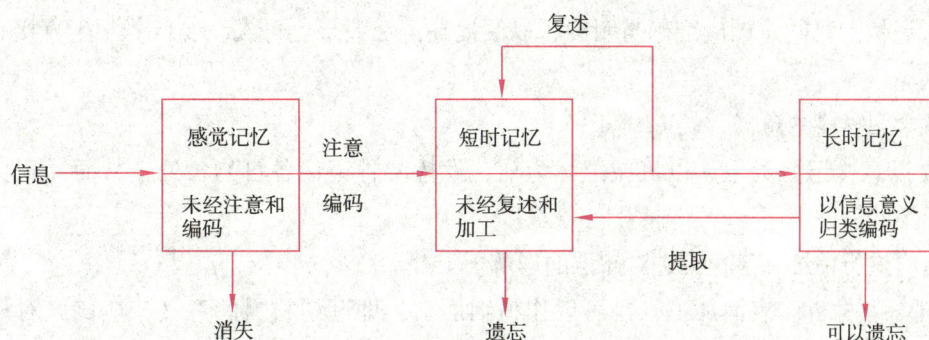

图2-2-6　记忆系统模式图

四、学生记忆发展的特点

小学生记忆发展主要集中在有意记忆和无意记忆、形象记忆和抽象记忆的发展两个方面。第一，随着年龄的增长，学生的无意记忆和有意记忆都在发展。一般来讲，低年级小学生的无意记忆占优势，常采用机械记忆的方法来学习。到高年级时有意记忆水平开始超过无意记忆水平，但这种有意记忆仍是被动的。第二，形象记忆和抽象记忆也随着学生年龄的增长而发展，只是在同一年龄阶段，二者占优势的情况不同。小学低年级学生形象记忆占优势，对具体形象材料的记忆效果好于对言语材料的记忆效果。在学习中，需要借助具体形象来记忆信息。小学高年级学生抽象言语记忆的增长率逐渐超过了具体形象记忆的增长率，但对抽象材料的记忆仍然以具体事物为基础。

中学生记忆发展的特点有：

第一，记忆的有意性加强。上初中后，在教学影响下，学生的有意识记逐渐占有重要地位。记忆有意性的发展有一个过程，最初还经常需要教师提示，如在一节课中特别需要记住的是什么，应该逐字逐句记，还是记住主要意思，以及怎样去记等。教师不但要及时给学生提出识记目的和任务，更重要的是培养学生善于独立提出识记目的和任务的能力。初中生经过教师的启发与指导，通过学习实践活动，逐渐学会根据不同的教材内容，给自己提出相应的识记目的和任务，记忆的有意性有了较大提高。

第二，意义识记的能力有所发展。研究表明，年级越高，意义识记的成分越多，机械识记的成分相对减少。高中阶段已能更多地运用意义识记了。在中学阶段，教学上对学生的意义识记提出了更高的要求，要求学生对记忆材料进行逻辑加工，要求他们把课文按段意分段落，把每一段标上小标题，有时还要用图来表示各部分之间的联系，并要求在上述基础上再进行重现。这些活动都要求学生通过理解并借助言语来掌握教材的主要内容，这就促进了中学生意义识记能力的迅速发展。在少年期，记忆是沿着智力化的方向发展的。

第三，词的抽象识记能力有了进一步发展。中学生在学习过程中，必须掌握大量科学概念、因果关系，必须进行逻辑判断、推理和证明，词的抽象识记能力日益发展起来。初中生词的抽象记忆是在具体形象记忆的基础上发展起来的。进入初中以后，学习内容的抽象程度大大提高，他们必须识记与重现大量几乎完全用词来表示的复杂材料。正是这样的学习要求促使初中生抽象的词的记忆发展。但是，初中生词的抽象识记能力还不高，只是和小学生相比，增长的速度稍快些。研究材料表明，初中生对具体材料的识记指标仍然高于对词的识记指标，因此，教学的直观在初中阶段仍需加以重视。

五、提高记忆效果的方法

（一）明确记忆目的，增强学习的主动性

有无记忆目的或记忆目的是否明确会影响记忆的效果。首先，要有长远的记忆目标和意图，学习应有计划。其次，记忆的时间意图应准确与明确，以便提高记忆效果。再次，要培养学生直接和间接的学习兴趣和求知欲。

（二）理解学习材料的意义

在学习中要以意义记忆为主，以机械记忆为辅，发挥两种记忆各自的长处，从而提高整个记忆的效果。

（三）对材料进行精细加工，促进对知识的理解

人们既可对学习材料作表面加工，也可以作精细加工，即理解材料的意义。应该先对材料进行分析，然后把它们概括而确切地叙述出来，这样就比较容易记忆和保持。

（四）运用组块化学习策略，合理组织学习材料

所谓组块，指在信息编码过程中，利用贮存在长时记忆系统中的知识经验，对进入到短时记忆系统中的信息加以组织，使之成为人所熟悉的有意义的较大单位的过程。对材料的组块化实际上就是把若干的组块组合成数量更少的、体积更大的组块的心智操作，它能使输入信息有效地储存在长时记忆中。

（五）运用多重信息编码方式，提高信息加工处理的质量

编码是对信息进行转换，使之适合于记忆储存。在长时记忆过程中，可采取多重编码方式，提高信息加工质量，加深个体对识记材料的理解，使识记信息纳入原有知识结构中。

（六）合理进行复习，防止知识遗忘

为了防止遗忘，有效组织复习的方法有：

1. 及时复习。识记后，遗忘很快就发生，因此必须及时进行复习。另外，针对遗忘发展"先快后慢"的特点，在识记后不久，复习的次数要多一些，时间间隔要短一些。

2. 合理分配复习时间。要制订复习计划，不要过于紧张和疲劳，以免产生干扰。

3. 分散复习与集中复习相结合。根据复习在时间上分配的不同，复习方式有两种：一种是集中复习，把材料集中在一段时间内进行复习；另一种是分散复习，把材料分配到几段相隔的时间内进行复习。复习难度小的材料可适当集中，难度大的材料可采取分散复习的方式，做到分散与集中相结合。

4. 复习方法多样化。单调的复习方法易使人产生疲劳和厌倦情绪，会降低复习的效果；因此，教师在组织学生复习时，方法要灵活多样。

5. 运用多种感官参与复习。多种感官参与复习可以更好地提高记忆效果，在复习时应尽量运用多种感官，眼看、耳听、口读、手写相互配合。

6. 反复阅读结合尝试回忆。反复阅读与尝试回忆相结合的方法，能使学习者及时了解到识记的成绩，从而提高学习的兴趣，激起进一步学习的动机。另外，这种方法可以及时检查记忆效果，有利于提高复习的针对性。

7. 掌握复习的量，适当过度学习。过度学习指在学习过程中，实际学习的次数要适当超过刚刚能够回忆起来的次数。研究表明，学习熟练程度达到150%左右时，记忆效果最好。

第四节　思维与想象

一、思维

（一）思维的概念

思维是人脑对客观事物的本质属性与内在联系间接的、概括的反映。它是借助语言实现的、能揭示事物本质属性及内部规律的理性认识过程。例如：通过对人的观察分析得出"人是能言语，能制造和使用工具的高等动物"；根据对水的研究得出水和温度之间的关系，在101千帕下，水的温度降低到0℃，就会结冰，升高到100℃，就会沸腾。平时我们所说的"思考""考虑""反省""设想"等都是思维活动的形式。

（二）思维与感知觉的关系

思维同感知觉一样都是人脑对客观现实的反映，但又有根本的区别。表现为以下几点：（1）感知觉只是对当前事物的直接反映，只是对信息的接受和识别，而思维却是对客观事物的间接的、概括的反映，对信息进行加工；（2）感知觉反映的是客观事物的外部特征和外在联系，思维反映的是客观事物的本质特征和内在规律性联系；（3）感知觉属于感性认识，它是借助于形象系统对直接作用于感官的事物进行反映，反映范围很小，是认识过程的初级阶段，而思维属于理性认识，它是借助于概念系统对客观事物进行反映，它可以反映任何事物，反映范围很大，是认识过程的高级阶段。

思维与感觉也是相互联系的。（1）感性认识是思维活动的源泉和依据；（2）感性认识的材料如不经思维加工，就只能停留在对事物的表面的、现象的认识上，而不能认识客观事物的本质和规律。

（三）思维的特征

思维具有间接性、概括性、逻辑性、层次性、问题性、元认知性六大特征，其中间接性和概括性是思维最基本、最重要的特征。

1. 间接性

所谓思维的间接性，是指思维能对感官所不能直接把握的或不在眼前的事物，借助于某些媒介物与头脑加工来进行反映。由于人类感觉器官结构和机能的限制，由于时间和空间的限制，由于事物本身带有蕴含或内隐的特点，人们对世界上的许许多多的事物，如果单凭感官或仅仅停留在感知觉上，则是认识不到或无法认识的，那么就要借助于某些媒介物与头脑加工来进行反映。例如：内科医生不能直接看到病人内脏的病变情况，却能以听诊、化验、切脉、试体温、量血压、B超、CT检验等手段为中介，经过思维加工间接判断出病人的病情；地震工作者可以根据动物的反常现象或其他仪表的数据来分析与预报震情。这些都是人们凭借已有的知识经验间接认识的结果。人们要认识原始社会人类的生活、宇宙太空状况、原子结构、生命运动，要认识超声波、红外线，要预测天气等等，都需要借助某些媒介物与思维加工进行间接的认识。例如，人类虽然还没有真正搞清宇宙形成的奥秘，但人们可以根据宇宙中存在的种种现象以及相关的知识经验来推测它的形成。

2. 概括性

所谓思维的概括性，是指思维通过抽取同一类事物的共同的本质特征和事物间的必然联系来反映事物。由于这一特性，人能通过事物的表面现象和外部特征而认识事物的本质和规律。例如，通过感知觉我们只能看到具体的一只鸟的外形和活动情况，而通过思维我们才能认识鸟的本质属性——有羽毛，卵生，也只有通过思维，把不会飞的鸡、鸭列入鸟类，而不把会飞的蝙蝠、蜻蜓等列入鸟类；又如，我们认为"凡正常运行的计算机都有中央处理器"，这种思维就概括了"正常运行的计算机"这一事物的共同特征。思维的概括性还有另一层意思，即将多次感知到的事物之间的联系和关系加以概括，得出有关事物之间的内在联系的结论（能从部分事物相互联系的事实中找到普遍的或必然的联系，并将其推广到同类的现象中去）。例如，人们通过观察天空出现朝霞就会下雨，出现晚霞就会放晴，从而得出"朝霞不出门，晚霞行千里"的结论。

3. 思维是对经验的改组

思维是一种探索和发现新事物的心理过程。它常常指向事物的新特征和新关系，这就需要人们对头脑中已有的知识经验不断进行更新和改组。例如，人们过去认为世界上最小的物质是原子，后来发现原则还可以分为质子、中子等。在从事科学研究、探索世界的奥秘时，人们需要对已有的知识经验进行重建、改组和更新。

（四）思维的分类

1. 直观动作思维、具体形象思维与抽象逻辑思维

根据思维的形态、思维任务的性质和凭借物等划分，可以把思维分为直观动作思维、具体形象思维和抽象逻辑思维三类。

（1）直观动作思维

直观动作思维又称实践思维，是凭借直接感知，伴随实际动作进行的思维活动。它往往是人们在边做边想时发生的，具有直观实践性的特点。离开了感知活动或动作，思维就不能进行。如儿童边数手指边数数，感知和动作中断，思维也就停止。成人有时也要运用动作进行思维，但这种直观动作思维要比幼儿的直观动作思维水平高。例如，自行车坏了，人们需要通过检查自行车相应部件，才能确定问题。

（2）具体形象思维

具体形象思维是以直观形象和表象为支柱的思维过程。表象是思维的材料，思维过程往往表现为对表象的概括、加工和操作。具体形象思维具有形象性、整体性、可操作性等特点。儿童计算3+4=7，不是对抽象数字的分析、综合，而是在头脑中用三跟火柴棒加上四根火柴棒，或三个苹果加上四个苹果等实物表象相加而计算出来的。又如，去城市的某个地方参观，人们事先会在头脑中相处可能到达的道路，经过分析与比较，最后选择一条短而方便的路。艺术家、作家、导演、设计师等较多运用形象思维。

（3）抽象逻辑思维

抽象逻辑思维是人类思维的核心形态，是使用词或语言符号进行判断、推理得出结论的思维过程。语言符号所体现的概念、公式、法则、定理、定律、命题等都是这种思维的主要材料。抽象逻辑思维不直接依赖所感知事物的具体形象，它能超越生活经验的局限，把握事物的本质和规律。例如，学生学习各种科学知识，科学工作者从事科学研究都要运用这种思维。它是人类思维的典型形式。

2. 辐合思维与发散思维

按照探索问题答案的不同方向（指向性），可将思维分为辐合思维和发散思维。

（1）辐合思维

辐合思维又称聚合思维、求同思维、集中思维，是指按照已知的信息和熟悉的规则进行的思维。如学生从各种解题方法中筛选出一种最佳解法，工程建设中把多种实施方案经过筛选和比较找出最佳的方案等。辐合思维从给予的信息中，产生合乎逻辑的结论，它是一种有方向、有范围、有条理的思维方式。例如，甲＞丙，甲＜乙，乙＞丙，乙＜丁，其结果必然是丙＜丁。

（2）发散思维

发散思维又称求异思维、辐射思维、分散思维，是从一个目标出发，沿着各种不同方向探索问题答案的思维。数学题中的"一题多解"、语文写作中的"一事多写"、教育改革中多种方案的提出等，都属于发散思维。聚合思维与发散思维都是智力活动不可缺少的思维方式，都带有创造的成分，而发散思维最能代表创造性的特征。

3. 再造性思维与创造性思维

按照思维是否具有创造性，可把思维分为再造性思维和创造性思维两类。

（1）再造性思维

再造性思维又称常规思维，是指用已知的方法去解决问题的思维，如学生运用音标规律来读单词，学生运用已有公式解决同一类型的问题等。这种思维创造性水平低，对原有知识不需要进行明显的改组，也没有创造出新的思维水平。这种思维往往缺乏新颖性和创造性。

（2）创造性思维

创造性思维是指以新颖、独特的方式来解决问题的思维方式，如文艺创作、技术发明等。创造性思维的特征有流畅性、变通性、独特性、精密性、敏感性等特点。创造性思维的过程一般经历四个阶段：准备期、酝酿期、豁朗期（灵感）、验证期。

4.直觉思维与分析思维

按照思维的逻辑性，可把思维分为直觉思维和分析思维两类。

（1）直觉思维

直觉思维是人脑对事物整体及其本质直接领悟的思维活动，是未经逐步分析就迅速对问题答案做出合理的猜测、设想或突然领悟的思维。如：学生在解题中未经逐步分析，就对问题的答案做出合理的猜测、猜想；医生听到病人的简单自述，对疾病迅速做出诊断；公安人员根据作案现场，迅速对案件做出判断。

（2）分析思维

分析思维即逻辑思维，是遵循严密的逻辑程序和规律逐步推导、对问题做出明确结论的思维，如学生解几何题的多步推理和论证、医生对疑难杂症的多种检查及会诊分析等。

5.经验思维与理论思维

根据思维过程的依据，可将思维分为经验思维和理论思维两类。

（1）经验思维

经验思维是以日常生活经验为依据，判断生产和生活中的问题的思维。人们对"月晕而风，础润而雨"的判断，儿童凭自己的经验认为"鸟是会飞的动物"，人们通常认为"太阳从东边升起，往西边落下"等，都属于经验思维。

（2）理论思维

理论思维是以科学的原理、定理、定律等理论为依据，对问题进行分析、判断的思维。例如：根据"凡绿色植物都是可以进行光合作用的"一般原理，去判断某一种绿色植物的光合作用；科学家、理论家运用理论思维发现事物的客观规律；教师利用理论思维传授科学理论；学生运用理论思维学习理性知识。

（五）思维的过程

思维的过程即思维的心智操作，包括分析与综合、抽象与概括、比较与分类、系统化与具体化。其中，分析与综合是思维的基本过程。

1.分析与综合：分析是在头脑中将事物分解为各个部分或各种属性的过程，如我们把植物分解为根、茎、叶、花、果实、种子；综合是在头脑中将事物的各个部分、各种属性结合起来，形成一个整体的过程。分析和综合是思维的基本过程，又是思维过程的两个不可分割、相互联系的方面。

2.抽象与概括：抽象是在头脑中把事物的共同属性和本质特征抽取出来，并舍弃其非本质的属性和特征的过程，如人的本质是能说话、能思维、能制造工具等，而舍弃能吃饭、能睡觉等其他动物也有的非本质属性；概括就是人脑把抽取出来的共同属性和特征结合在一起，概括得出概念的过程。

3.比较与分类：比较是对事物进行对比，确定它们之间的共同点、不同点以及它们之间的关系的过程，如教师对"思维"和"思想"两个概念做比较；分类是把具有共同点的事物归为一类的过程，如学生掌握数的概念时，把数分为实数和虚数，把实数分为有理数和无理数，把有理数分为整数、小数和分数等。

4.系统化与具体化：系统化指人脑把具有相同本质特征的事物归纳到一定类别系统中去的思维过程，如学生掌握了整数、分数、小数之后，将其概括为有理数；具体化是指人脑把经过抽象概括后的一般特征和规律推广到同类的具体事物中去的过程，如用一般原理解决实际问题。

（六）思维的形式

1. 概念

概念是人脑反映客观事物共同的、本质特征的思维形式。概念具有不同的等级或层次，有上位概念、基本概念和下位概念等不同层次。

概念是用一定的词语来记载和标志的。词语是概念的物质外壳，概念给词语一定的内容和意义，二者密切联系；概念是精神、心理现象，词语是概念的物质标志，二者不能混淆。不同的词语可以代表一个概念（如近义词），而一个词语也可以代表不同的概念（如一词多义）。

概念包括名称、内涵和外延，后两者成反比关系。概念是思维的基本形式，是构成人类知识最基本的成分。它可以从不同的角度进行分类：

（1）根据概念所包含属性的抽象与概括程度，可分为具体概念和抽象概念两类。按事物的指认属性形成的概念称为具体概念；按事物内在的本质属性形成的概念称为抽象概念。

（2）根据概念反映事物属性的数量及其相互关系，可分为合取概念（连言概念）、析取概念（选言概念）和关系概念三类。合取概念是根据一类事物中单个或多个相同属性形成的，它们在概念中必须同时存在，缺一不可，如"毛笔"这一概念必须同时具有两个属性，即"用毛制作的"和"写字的工具"。析取概念是根据不同的标准，结合单个或多个属性所形成的概念，如"好老师"这个概念。关系概念是指根据事物之间的相互关系形成的概念，例如高低、上下、左右、大小等。

（3）根据概念形成的途径，可分为前科学概念和科学概念两类。前科学概念又称日常概念，是人们在日常交际过程中形成的。科学概念是在有计划的教学过程中形成的，如学习的定义、定律、原理等。概念形成的标志是把握概念的本质特征并能在实际中运用。

（4）奥苏伯尔将概念划分为初级概念（一级概念）和二级概念。初级概念，亦称"一级概念"，指儿童从亲身经历的概念的正、反例证中概括出来的概念。根据儿童的认知从具体到抽象的阶段论，认为前运算阶段儿童只能从亲身接触的具体经验中进行抽象，从而掌握同类事物的共同属性。这样的抽象被称为一级抽象。通过一级抽象所习得的概念称一级概念。在具体运算和形式运算阶段，儿童能掌握抽象概念之间的关系，这样的抽象称二级抽象，通过二级抽象习得的概念称二级概念，它是通过掌握概念的定义获得的。

一个完整概念的结构包括：概念名称、概念定义、概念属性、概念例证等。概念学习的过程包括：概念的获得（概念形成和概念同化）和概念的运用两个环节。概念形成一般包括三个阶段：抽象化、类化、辨别，发现学习是概念形成的主要方式；学生获得概念的主要形式是概念同化，接受学习是概念同化的典型方式。此外，关于概念结构的理论主要有层次网络模型、扩散激活模型、特征表理论、原型模型等。概念形成的途径主要有假设检验说、样例学习说、内隐学习说、社会实践说、共同要素说等不同观点。布鲁纳提出了概念形成的四种策略，即保守性聚焦、冒险性聚焦、同时性扫描和继时性扫描。

2. 判断

判断是指认识概念与概念之间的联系，是事物之间的联系和关系在人脑的反映。判断大都是借助语言、词汇并用句子形式来实现的。判断有肯定判断和否定判断之分，也可分为直接判断和间接判断两类。

3. 推理

推理是由一个或几个相互联系的已知判断推出合乎逻辑的新判断的思维形式，是根据已有知识推出新结论的思维活动。推理可分为归纳推理和演绎推理两种。归纳推理是由具体事物归纳出一般规律的推理过程，即从特殊到一般的推理过程。例如，由铁能导电、铜能导电、铝能导电等，推理出"金属能够导电"的结论。演绎推理是从一般到特殊或具体的推理过程。例如，所有的哺乳类动物都是胎生的，虎是哺乳类动物，因此得出虎也是胎生的结论。演绎推理又分为三段论推理（由两个假定真实的前提，和一个可能符合，也可能不符合这两个前提的结论所组成）、线性推理（又称关系推理，所给予的两个前提说明了三个逻辑项之间的可传递性的关系）和条件推理（指人们利用条件性命题进行的推理）等不同形式。

（七）思维的品质

1. 思维的深刻性和广阔性

思维的深刻性指思维的深度。它集中地表现在是否善于深入地思考问题，抓住事物的规律和本质，预见事物的发展和进程。这一品质要求人们具有精深的知识。一个知识浅薄的人，其思维的深刻性较差。在思维的深刻性方面，有的人思考问题善于打破砂锅问到底，非弄个明白，但又不钻牛角尖；而有的人思考问题往往很肤浅，一知半解。一般说来，那些好学深思、不耻下问的学生，其思维是深刻的；而那些不求甚解的学生，其思维则具有肤浅的。思维的广阔性是指思维的全面性，与之相反的是思维的狭隘性。

2. 思维的敏捷性和灵活性

思维的敏捷性是指思维过程的速度或迅速程度。思维敏捷是指人们在短时间内当机立断地根据具体情况做出决定、迅速解决问题的思维品质。古人所谓"眉头一皱，计上心来"，便是思维敏捷的一种表现。在日常生活和工作中，有的人遇事胸有成竹，善于迅速做出判断，但又不流于匆忙草率；有的人遇事优柔寡断或草率行事。

思维的灵活性是指思考问题、解决问题的随机应变程度。思维灵活的具体表现是，当问题的情况与条件发生变化时，思维能够打破旧框框，提出新办法。这一品质与思维的敏捷性联系密切，可以说，没有敏捷性，就没有灵活性。在工作、学习、生活中，有的人遇事足智多谋，善于随机应变；而有的人脑筋僵化，惯于墨守成规。例如，有的学生在解题时，不喜欢套用现成的公式，而愿意开动脑筋，尽管题目变化很大，却能应付自如，独立解决。这说明该学生的思维具有较大的灵活性。

3. 思维的独创性和批判性

思维的独创性表现在是否善于独立地分析问题和解决问题。思维具有独创性的人不依赖别人的思想和原则，不寻求现成的解决问题的方案，而是创造性地寻求并获得研究现实的新途径、新事实和规律，提出新的解释和新的结论。在独创性方面，有的人思维具有较明显的独创性，遇事独立思考，有独特见解，解决问题时有独到方法，但不固执己见，唯我是从；有的人思维具有明显的依赖性，遇事盲从附和，解决问题时人云亦云；有的人表现出很大的受暗示性。

思维的批判性是指善于批判地评价他人的思想与成果，也善于批判地对待自己的思想与成果。批判性的思维能够吸取别人的长处和优点，吸取别人的思想的精华，而摒弃别人的短处和缺点，摒弃别人思想的糟粕。它还能够严格地检查自己思想的进程及其结果，缜密地验证自己所提出的种种设想或假说，在没有确证其真实性之前，决不轻易相信这就是真理。在批判性上，有的人思维具有较强的批判性，能辩证地分析一切；有的人思维缺乏批判性，不能辩证地分析事物。在学习中，有的学生敢于同教师争论，敢于向权威挑战，把"吾爱吾师，吾更爱真理"的格言作为座右铭，这便是有思维批判性的表现；相反，有的学生迷信教师和书本，把权威的话当作金口玉言，这便是缺乏思维批判性的表现。

4. 思维的逻辑性和严谨性

这是思维品质的中心环节，是所有思维品质的集中体现。

（八）学生思维发展的特点

1. 小学生思维发展的特点

第一，从具体形象思维为主逐步向抽象逻辑思维为主过渡。小学生由具体形象思维向抽象逻辑思维过渡要经历很长的过程。低年级学生的思维虽然已开始具有抽象成分，但他们所掌握的概念大都是具体的，思维活动在很大程度上仍要与具体的事物或表象相联系。一般认为，四年级（10—11岁）是小学生具体形象思维向抽象逻辑思维过渡的转折期。这个"转折点"何时实现，则主要取决于教育。研究表明，小学生思维的发展有着很大潜力，正确的教育可极大地促进小学生思维的发展。

第二，思维的基本过程日趋完善。小学生的分析与综合能力是在活动中形成的，并在不同的发展时期表现出不同的水平。低年级小学生只能在直接感知的条件下进行分析与综合，还不能脱离具体事物，如计算时用数手指或实物的方法来进行。中、高年级的小学生已能在表象和概念的基础上进行抽象的分析与综合。

第三，抽象逻辑思维的自觉性开始发展。低年级学生虽已学会一些概念并能进行判断、推理，但还不能自觉地调节、检查或论证自己的思维过程。他们常常能够完成某种任务或解决某些问题，却不能说出自己是如何思考、如何解决的。这是对思维本身进行分析与综合的能力比较低的表现。在正确的教育下，学生逐步学会反省自己的思维并做出检查和调节。如"验算"，就是"对思维进行思维"的过程。

2. 中学生思维发展的特点

初中生的思维与小学生不同。小学生的思维正处于从具体形象思维向抽象逻辑思维过渡的阶段，具体思维仍占优势。而初中生的思维，抽象逻辑成分已经在一定程度上占相对优势，但在很大程度上还属于"经验型"，即思维活动在许多情况下，还需要具体的、直观的感性经验的直接支持。只有到了高中阶段，思维才能逐步摆脱经验的限制，而可以根据理论来进行逻辑推理，达到"理论型"。少年期学生思维的对立性和批判性都有了显著的发展，但是容易产生片面性和表面性等缺点。

初中生由于初步掌握了系统的科学知识，开始理解自然现象和社会现象中的一些复杂的因果关系，同时由于自我意识的自觉性有了进一步的发展，常常不满足于教师或教科书中关于事物现象的解释，喜欢独立地寻求和争论各种事物现象的原因和规律。这样，初中生独立思考能力就达到了一个新的前所未有的水平。教师和家长应该重视这种思维发展上的新品质，因为独立思考能力是一种极为可贵的心理品质，绝不能因为他们经常提出各种怀疑的意见，就认为他们是故意"反抗"自己，而斥责甚至压制他们。

二、表象

（一）表象的含义

表象是事物不在面前时，人们在头脑中出现的关于事物的形象。表象是在知觉的基础上产生的，因此和知觉中的形象具有相似性，但又有所不同。知觉的形象鲜明生动，表象的形象却比较暗淡模糊；知觉的形象持久稳定，表象的形象不稳定、易变动；知觉的形象完整，表象的形象不完整，时而出现这一部分，时而出现另一部分，甚至有些部分会脱落掉。

（二）表象的分类

从表象产生的主要感觉通道来划分，表象可以分为视觉表象（如想起母亲的笑脸）、听觉表象（如想起吉他的声音）、运动表象（如想起舞蹈动作）等类别。根据表象创造程度的不同，表象可分为记忆表象和想象表象两类。记忆表象是在记忆中保持的客观事物的形象，如想起朋友的音容笑貌；想象表象是在头脑中对记忆形象进行加工改组后形成的新形象，这些形象可能从未经历过，或者世界上还不存在。

（三）表象的特征

1. 直观性。表象是以生动具体的形象在头脑中出现的。人头脑中产生某种事物的表象，就好像直接看到或者听到这种事物的某些特征一样。例如，"遗觉象"（刺激停止后脑中保持异常清晰、鲜明的表象）是在儿童身上经常发生的一种心理现象。给儿童呈现一张复杂的图形，几十秒之后他们头脑中仍保存着当时的表象，就好像图形仍在眼前一样。

2. 概括性。表象是人们多次知觉的结果，它不表征事物的个别特征，而是表征事物的大体轮廓和主要特征，因此表象具有概括性。

3. 可操作性。由于表象是知觉的类似物，因此人们可以在头脑中对表象进行操作，这种操作就像人们通过外部动作控制和操作客观事物一样。这说明，人们在完成某种作业时可以借助于表象进行形象思维。库伯和谢帕德通过"心理旋转实验"证明了表象的可操作性。

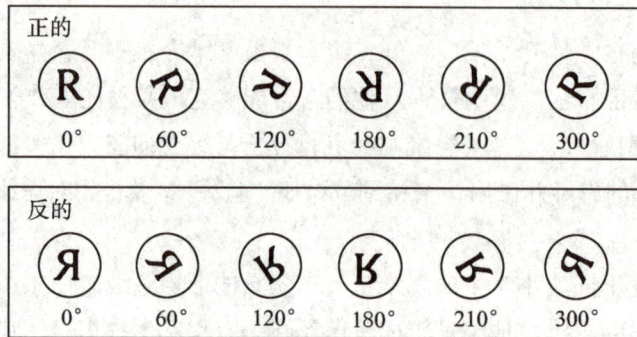

图2-2-7 心理旋转实验

三、想象

（一）概念

想象是对已有的表象进行加工改造，创造出新形象的思维过程。如人们读白居易的诗句"日出江花红胜火，春来江水绿如蓝"，头脑中浮现出祖国江南秀丽景色的形象；又如苏轼评价王维"诗中有画，画中有诗"，这一思维过程也是想象。想象具有形象性和新颖性的特点。

想象不同于表象，表象是过去感知过的事物的形象在头脑中的再现，它并没有创造出新的形象，因此它属于记忆的范畴；想象是新形象的创造，所以属于思维的范畴。

（二）功能

1. 预见功能。想象的预见功能是指它能预见活动的结果，指导活动进行的方向。

2. 补充功能。借助想象可以弥补人们认识活动的时空局限，超越个体狭隘的经验范围，获得更多的知识。例如，《红楼梦》中王熙凤的形象是无法直接感知的，但当人们读到"一双丹凤三角眼，两弯柳叶吊梢眉，粉面含春微不露，丹唇未启笑先闻"的人物描写时，人们通过已有的"丹凤""三角眼""柳叶""粉面""丹唇"等表象的作用，就能在头脑中想象出王熙凤的形象。

3. 替代功能。在现实生活中，当人们的某种需要不能得到满足时，可以借助想象从心理上得到一定的补偿和满足。

4. 调节功能。想象对机体的生理活动过程也有调节作用，它能改变人体外周部分的机能活动过程。

（三）分类

从有无目的性的角度，想象可分为有意想象和无意想象两类；从内容是否新颖的角度，想象可分为再造想象和创造想象两类；从和现实的关系角度，想象可分为幻想、空想和理想三类。

1. 无意想象

无意想象也称不随意想象，是没有预定的目的、在某种刺激作用下不由自主产生的想象。例如：我们看到天上的云，不自觉地把它想象成蘑菇、大象、羊群等；我们看到窗上的冰霜，不自觉地把它想象成美丽的树林、陡峭的山峰等。又如中学生常常出现的"白日梦"现象。梦是无意想象的极端例子。研究表明，做梦是一种正常的生理和心理现象，做梦对人的健康没有危害。幻觉是在异常精神状态下产生的无意想象。

2. 有意想象

有意想象也称随意想象，是在一定目的、意图和任务的影响下有意识地进行的想象，如在居室装潢前，我们对房间布置进行的想象。根据有意想象产生的独立性、新颖性及创造性的差异，又可将有意想象分为再造想象和创造想象两种基本形式，而幻想则是创造想象的特殊形式。

（1）再造想象

再造想象是指根据语言的描述或图表模型的示意，在头脑中形成相应形象的想象。如：建筑工人根据建筑蓝图想象出建筑物的形象；没有领略过北国冬日的人们，通过诵读某些描写北国冬日风光的文章，可在脑海中形成北国风光的情景；我们阅读鲁迅的作品《祝福》中关于祥林嫂的文字描述，可想象出祥林嫂的形象；当我们读着马致远的《天净沙·秋思》"枯藤老树昏鸦，小桥流水人家，古道西风瘦马。夕阳西下，断肠人在天涯"时，头脑中就会展现出一幅充满苍凉气氛的"秋暮羁旅图"。

再造想象产生的条件：① 必须具有丰富的表象储备。表象是想象的基本材料，一个人的知识经验越丰富，表象储备越多，再造想象的内容也就越丰富。再造想象不仅依赖于已有表象的数量，而且也依赖于已有表象的质量，正确反映客观现实的材料越丰富，再造出来的想象内容就越正确。② 为再造想象提供的词语及实物标志要准确、鲜明、生动。准确、鲜明、生动、形象的词语及实物标志便于人们理解并正确地再造想象；反之，人们就很难正确、逼真地进行想象。例如，古代用"樱桃口""杏核眼""柳叶眉"等语言描述女人的美貌，显得十分形象、逼真，读者想象起来也比较容易。③ 正确理解词语与实物标志的意义。再造想象是依赖语言的描述和图样的示意进行的。一个人读小说，如果读不懂文字，他头脑中就不可能有小说中主人公的形象出现。可见，正确理解词语和实物标志的含义是形成再造想象的重要条件。

（2）创造想象

不依据现成的描述和图示，独立地创造出新形象的过程叫创造想象。在新作品创作、新产品创造时，人脑中构成的新形象都属于创造想象。

创造想象产生的条件有：① 创造动机。② 丰富的表象储备。进行创造想象，首先要对有关事物进行细致观察，储备丰富的表象材料，因为想象决定于已有表象材料的数量和质量。③ 积累必要的知识经验。要进行创造想象，还必须对有关领域进行深入研究，掌握必要的知识。④ 原型启发。所谓原型，就是起启发作用的事物。任何一个人对某一项目的发明创造或革新，都不是凭空想象出来的，在开始时总要受到某种类似的事物或模型的启发。例如：鲁班从丝茅草割破手得到启发，发明了锯子；阿基米德原理是阿基米德在洗澡时看见水溢出盆外得到启发而发现的；瓦特发明蒸汽机是受到蒸汽冲开壶盖的启发；现代仿生学则是在生物的某些结构和机能的启发下，进行科学想象，研制出许多精巧的仪器。原型之所以有启发作用，是因为事物本身的特点与所创造的事物之间有相似之处，存在某些共同点，可以成为创造新事物的起点。某一事物能否起到原型启发的作用，还取决于创造者的心理状态，特别是创造者当时的思维状态。当人的思维积极而又不过于紧张时，往往能激发人的灵感，从而导致人的创造活动。⑤ 积极的思维活动。⑥ 灵感的作用。在创造想象的过程中，新形象的产生往往带有突然性，这种突然出现新形象的状态，称为灵感。灵感出现时的特征：注意力高度集中于创造的对象上，意识活动十分清晰、敏锐，思维活跃。灵感并不是什么神秘物，它是想象者个人在长期生活实践中勤于积累经验的结果。由于注意力高度集中于要解决的问题，过去积累的大量表象被唤起，并且迅速结合，构成了新的形象。此外，创造思维能力、高水平的表象改造能力、丰富的情绪生活、正确的理想和世界观也是创造想象的条件。

（3）幻想

幻想是和一个人的愿望相联系并指向未来的想象，它是创造想象的一种特殊形式，如科幻小说中有关宇宙人、飞船等的形象。幻想分为科学幻想、理想和空想等类型。

如果幻想是以现实为依据并指向行动、经过努力可以实现的，那么它就能变成理想，对人能起到鼓舞的作用。例如，青少年想当教育家、科学家、艺术家，想为人类多做贡献，这是符合社会发展规律的，经个人努力能够实现。理想是人前进的灯塔，能使人展望未来美好的前景，激发人的信心和斗志，鼓舞人顽强地去克服困难。如果幻想没有现实根据，毫无实现的可能，就成为空想。例如，有人幻想长生不老，到处寻找灵丹妙药，有的小学生看了神话小说，想学孙悟空七十二变，想修炼成仙等，这些都是不切实际的。空想是一种无益幻想，它使人脱离现实，想入非非，往往把人引向歧途。

（四）想象的加工方式（构成方式）

想象过程是一个对已有形象（表象）分析、综合的过程。想象的分析过程，是从旧形象中区分出必要的元素或创造的素材；想象的综合过程是将分析出来的元素或素材，按照新的构思重新组合，创造出新的形象。想象的分析、综合活动有以下几种形式：

1. 黏合

黏合是把两种或两种以上客观事物的属性、元素、特征或部分结合在一起而形成新形象的过程，如孙悟空、猪八戒、美人鱼、飞马等形象。黏合方式是想象过程中最简单的一种方式，多用于艺术创作和科技发明。

2. 夸张与强调

夸张与强调是改变客观事物的正常特征，使事物的某一部分或一种特性增大、缩小、数量加多、色彩加浓等在头脑中形成新形象的过程，例如人们创造的千手千眼佛、九头龙，《格列佛游记》中的大人国、小人国等形象。我们常看到的　些人物的漫画就是绘画者对人物特点进行夸张或强调的结果。

3. 拟人化

拟人化是把人类的形象和特征加在外界客观对象上、使之人格化的过程。例如，《封神演义》《西游记》《聊斋》等古典名著中的许多形象，都采用了拟人化想象的创作手法。拟人化是文学和其他艺术创作的一种重要手段。

4. 典型化

典型化就是根据一类事物的共同的、典型的特征创造新形象的过程，是一种在文学艺术创作中普遍采用的方式。例如，鲁迅笔下的阿Q的形象、祥林嫂的形象的创造，就是鲁迅综合某些人物的特点之后创造出来的。鲁迅在谈创作经验时曾指出："人物模特儿没有专门用过一个人，往往是嘴在浙江，脸在北京，衣服在山西，是一个拼凑起来的角色。"

（五）想象的品质和特征

1. 想象的主动性

想象的主动性是就想象的目的性、意识性的程度而言的，它使人的想象有方向、有中心。

2. 想象的丰富性

想象的丰富性是就想象内容的丰富程度而言的。它一方面取决于头脑中已有表象的多样性，已有表象越多样、越具体，想象的形象也就越丰富；另一方面取决于对当前事物的理解程度。

3. 想象的生动性

想象的生动性是就想象表现得活泼鲜明的程度而言的，是以表象的生动性为转移的。一般说来，表象越富有直观性，则由之形成的想象也就越富有生动性。

4. 想象的现实性

想象的现实性是就想象与现实相符合的程度而言的，任何想象总是超越现实的，但又不能绝对摆脱现实。想象的现实性使人的想象可望可及。

5. 想象的新颖性

想象的新颖性是就想象所构成的形象的新异程度而言的，是通过表象的改造而实现的。想象所构成的形象越是出乎意外，越是异乎寻常，就越富有新颖性。

6. 想象的深刻性

想象的深刻性是就想象所构成的形象揭示事物的主要特征的程度而言的。想象的形象是否深刻主要取决于两方面：一、能否从典型的高度出发，对已有的表象进行深刻的改造；二、是否具备有关的高水平的技能，如科研技能、写作技巧等。

（六）学生想象发展的特点

小学生想象的特点是：想象的有意性迅速发展；想象中的创造成分日益增多；想象的内容逐渐接近现实。

青少年想象的特点是：青少年最富于幻想——初中生的幻想多于理想，有的也含有某些空想成分；高中生的理想逐渐占主导位置，但不够稳定，容易发生变化。青少年的空间想象能力不断提高，初二到初三是学生空间想象力发展的加速时期和关键阶段。青少年的想象更富于创造色彩——中学后，学生的再造想象变得更加独立、概括、精确；高中阶段，学生的创造想象力发展得更快，开始把创造想象同创造活动联系起来，对理化实验及某些科技活动逐渐产生浓厚的兴趣。

（七）培养学生想象力的方法

1. 要引导学生学会观察，丰富学生的表象储备。引导学生获得感性经验，不断丰富学生的表象，使想象活动的发展有坚实的基础。表象缺乏，想象也会枯竭。

2. 引导学生积极思考，有利于打开想象力的大门。在教学和实践活动中，要引导学生多问"为什么"，鼓励学生大胆探索。

3. 引导学生努力学习科学文化知识，扩大学生的知识经验以发展学生的空间想象能力。

4. 结合学科教学，有目的地训练学生的想象力。引导学生积极参加科技、文艺、体育等活动，不断丰富学生的生活想象，为发展想象力创设良好条件。

5. 引导学生进行积极的幻想。培养学生大胆幻想和善于幻想的能力也具有重要意义。

四、言语

（一）语言与言语

语言是以语音或文字为物质外壳、以词为基本单位、以语法为构造规则的符号系统。语言又是人们用以思维和交际的工具。言语是人们运用语言交流思想、进行交际的过程。语言是社会现象，言语则是人的心理活动的过程。言语要借助于语言才能实现，语言只有得到人们的使用才是活的语言。所以，言语离不开语言，语言也离不开言语。

（二）言语的特点

言语具有目的性、开放性、规则性、离散性、社会性和个体性等特点。此外，也有学者认为，语言

（言语）的特征包括创造性、结构性、意义性、指代性、社会性与个性。

语言的创造性表现在，人们使用有限数量的词语和组合这些词语的规则，便能产生或理解无限数量的语句，这些语句可能是他们以前从未说过或听过的，这在儿童身上表现得最为明显。语言的结构性表现在，语言受到一定规则的约束，只有符合一定规则的语言，才是人们在交往时可以接受的语言。例如，汉语中的“我吃饭”符合汉语语法，而“我饭吃”“吃饭我”不符合汉语语法。语言的意义性是指，语言中的每一个词或每一句话，都有一定的含义。例如汉语用“书”来表示“成本的著作”这一意义，而英语用“book”来表示，这完全是使用同一种语言的人们之间约定俗成的结果。语言的指代性是指，语言的各种成分都指代一定的事物或抽象的概念。语言的社会性表现在，语言交流发生在人与人之间，一个人说话的内容，常常要受到别人的影响。语言又具有个体的特点，例如，有人说话鼻音很重，有人说话咝音很多；有人说话慢慢吞吞，一板一眼；有人说话很急，像放连珠炮；有人感受语音的能力强，有人则较弱；等等。

（三）言语的结构

1. 句子

句子是言语表达的基本形式，是独立表达比较完整语义的言语结构单位。关于句子，乔姆斯基提出了转换生成语法理论。（1）任何一个语句都包含两个层次的结构：表层结构和深层结构。（2）同一个深层结构可以用不同的表层结构来体现，一个表层结构也可以包含两个或多个深层结构。（3）从深层结构转换到表层结构，要通过短语结构规则和转换规则来实现。

2. 词

词是言语中可以独立运用的最小单位。

3. 语素

语素是最小的音义结合单位。

4. 音位

音位是能区别意义的最小语音单位。

（四）言语的功能

1. 交流功能；2. 符号功能；3. 概括功能。

（五）言语的种类

言语通常分为外部言语和内部言语两类。用来进行交际的言语叫外部言语，外部言语又包括口头言语和书面言语两种。其中口头言语又分为对话言语和独白言语两种。用来支持思维活动进行的、不出声的言语叫作内部言语。

1. 对话言语

对话言语指两个人或几个人直接交际时的言语活动，如聊天、座谈等。对话言语是一种直接交际言语，具有合作性、情境性、反应性和简略性等特点。

2. 独白言语

独白言语是个人独自进行的，与叙述思想、情感相联系，较长而连贯的言语。它表现为报告、讲演等。它是说话者独自进行的一种展开性的、有准备的、有计划的言语活动。

3. 书面言语

书面言语指一个人借助文字来表达自己的思想或借助阅读来接受别人言语的影响，具有言语的随意性、展开性和计划性等特点。

4. 内部言语

内部言语是一种自问自答或不出声的言语活动。它是在外部言语的基础上产生的，具有隐蔽性和简略性等特点。

（六）言语的感知和理解

1. 言语的感知

言语的感知包括口头言语的感知和书面言语的感知两类。

2. 言语的理解

言语理解的三级水平是：词汇理解或词汇识别、句子理解、课文或话语的理解。

此外，语言产生也叫语言表达，是指人们通过发音器官或手的活动，用语言把所要表达的思想说出或写出来的心理过程，包括言语产生、书写产生和手势语等三种形式。其中，言语产生的阶段主要是通过描述词汇产生过程来实现的，词汇产生可以分成三个阶段：词汇选择阶段、语音形式编码阶段和发音运动阶段。海耶斯和弗拉沃认为，书写产生包括三个阶段：计划阶段、转换阶段和回顾阶段。

（七）言语的获得理论

1. 强化说

行为主义认为，强化和模仿是语言的机制。

2. 先天决定论

乔姆斯基提出了"先天语言能力说"，认为语言是与生俱来的天赋。

3. 相互作用论

认知和社会之间的相互作用共同促使儿童的语言获得与发展。

（八）小学生言语发展的特点

1. 小学生口头言语发展的特点

据研究，6岁的儿童已经掌握了2500—3500个词汇，这些词汇能够保证儿童正常进行交际。入学后，小学生的口头言语水平得到迅速发展。1年级新生以对话言语占主导地位，2—3年级学生的独白言语发展起来，4—5年级口头言语表达能力初步完善，并合乎一定的语法规则。

2. 小学生书面言语发展的特点

最初是书面言语落后于口头言语，约从4年级开始，小学生书面言语的发展逐渐超过口头言语。识字方面，各年龄段小学生都能胜任教学对他们的识字要求，且发展趋势良好。但小学生的识字发展不平衡，年级越低，优劣的两极分化越大。阅读方面，小学生进行理解阅读还有一定的困难，缺少语调、面部表情和手势，从而使阅读发生困难；而且，阅读发展不平衡，个体差异很大，女生优于男生。小学3年级学生已学会默读，至5年级达到高峰。写作方面，独立写作能力在小学中年级以后才能达到。写作能力的个体差异很大。

3. 小学生内部言语的发展

小学生内部言语的发展大致经历三个时期：一是出声思维时期；二是过渡时期；三是无声思维阶段。初入学的小学生，还不会在头脑中默默思考，在读课文或计算数学题时，往往是"唱读"或边自言自语边演算。通过老师的培养和训练，儿童逐步学会应用内部言语进行无声思维。

（九）学生阅读能力的培养

1. 循序渐进，注意训练目的的合理性和科学的阶梯性

2. 养成良好的习惯，形成阅读技能

常用的阅读方法有朗读、背诵，"书读百遍，其义自见"就属于这种方法。此外还有抓住文眼精读法、不求甚解略读法等。教师要有意训练学生使用各种方法并做到灵活运用。

3. 注重思维能力的训练

没有一定的思维能力，阅读很难理解，更难以深入地理解。在阅读过程中，认知的系统训练主要包括两个方面：第一是知识的系统化，整理的方法有分析比较、分类归纳等；第二是认识的系统化，指对课文或课文中某个方面的系统理解，对一个单元或者整套课文的系统理解，其方法有图表法和卡片法。另外阅读需要使用再造想象，故而想象训练也非常重要。

4. 拓宽学生的阅读视野，构建宽厚的知识文化背景

5. 阅读教学中，注意培养学生的阅读兴趣

教师应有目的有计划地组织学生阅读，及时检查阅读效果，以保持学生阅读兴趣的稳定性和持久性。

第五节　注意的发展

一、注意的概念与特点

注意是心理活动或意识活动对一定对象的指向和集中。注意有两个特点：指向性和集中性。注意的指向性和集中性，表明注意具有方向和强度的特征。

（一）指向性

指向性是指人的心理活动具有选择性，不能同时指向所有的对象，而只能选择某些对象，舍弃另一些对象。例如：我们在看电影时，只对影片的主要情节加以反映，而对一些不影响我们理解故事情节的细节忽略不计；在思考问题时，我们也只对有助于解决问题的信息加以反映，而不反映那些无关信息。被指向的事物是注意的中心，人们对它的反映比较清晰、鲜明，其余事物则成为注意的边缘或注意的背景被人们所忽略。

（二）集中性

集中性是指心理活动能全神贯注地聚焦在所选择的对象上，表现在心理活动的紧张度和强度上。例如，在实验课上，学生只对教师所讲的实验要求、步骤以及实验的最终结果有反映，而对教师的衣着等视而不见，对实验室里排气扇发出的噪声听而不闻。人在高度集中自己的注意时，注意指向的范围就缩小。这时候，他对自己周围的一切就可能"视而不见，听而不闻"了。从这个意义上说，注意的指向性和集中性是密不可分的。

（三）注意是一种心理状态

注意不是一种心理过程，而只是伴随着心理活动的一种状态。它并不反映任何事物和事物的任何属性，离开了心理过程注意也就不存在了。例如，"注意看黑板"是感知活动中的注意，"注意这个问题"则又是思维活动中的注意了。人们在看一部悲剧作品时伤心落泪，说明注意既伴随着认识活动，又伴随着情感过程。

二、 注意的外部表现

一般来说，注意的外部表现有以下三个方面：（1）适应性动作出现。人在注意状态下，感觉器官一般是朝向注意对象的，如"注目凝视""侧耳倾听"。（2）无关动作停止。当人们集中注意时，一些和活动本身无关或起干扰作用的动作会相应减少甚至停止。（3）呼吸运动变化。人在注意时，呼吸常常是轻缓而均匀，有一定的节律。但是，注意作为一种内部心理状态，它和外部行为表现之间并不总是一一对应的。

三、 注意的功能

（一）选择功能

注意使得人们在某一时刻选择有意义的、符合当前活动需要和任务要求的刺激信息，同时避开或抑制无关刺激的作用。对信息进行选择是注意的首要功能和基本功能，它确定了心理活动的方向，保证我们的生活和学习能够次序分明、有条不紊地进行。

（二）保持功能

注意可以将选取的刺激信息在意识中加以保持，以便心理活动对其进行加工，完成相应的任务。如围棋选手在对弈时，为了战胜对手可全神贯注棋盘风云几小时；外科大夫为了抢救病人可连续数小时站在手术台前，集中注意做手术。这些都说明注意具有保持功能。如果选择的注意对象转瞬即逝，心理活动无法展开，也就无法进行正常的学习和工作。

（三）调节监督功能

注意可以提高活动的效率，这体现在它的调节和监督功能上。注意最重要的功能是对活动进行调节与监督。在注意集中的情况下，错误减少，准确性和速度提高。另外，注意的分配和转移保证活动的顺利进行，并适应变化多端的环境。古代教育家荀子在《大略篇》中说："君子壹教，弟子壹学，亟成。"这里的"壹"就是专一，意为只要教师一心一意地教，学生一心一意地学，就能保证学生最终学业有成。

（四）整合功能

在前注意状态下，人只能对信息的个别特征进行有限的加工，而在注意状态下，人才能将信息整合成一个整体。

四、 注意的分类

（一）无意注意

没有预定目的，不需要意志努力就能维持的注意，又叫不随意注意。强度大的、对比鲜明的、突然出现的、变化运动的、新颖的刺激，自己感兴趣的、觉得有价值的刺激容易引起不随意注意。例如：正在上课的时候，有人推门而入，大家不自觉地向门口注视；在安静的教室里，一个同学的铅笔盒突然掉在地上，大家都会不由自主地向他望去；大街上听到警笛鸣叫，行人会不由自主地扭头观望。

引起无意注意的条件来自两个方面：一是客观刺激物的特点；二是人的主观状态。

1. 客观刺激物的特点

（1）刺激物的强度。这是引起无意注意的重要原因。一声巨响、一道强光，或者一股浓烈的气味，都容易引起人的无意注意。所谓"酒香不怕巷子深"，就说明刺激物的绝对强度导致无意注意的产生。另外，刺激物的相对强度在引起无意注意中也有重要意义。在喧嚣的闹市中，大声叫卖未必能引起别人的注意，但在安静的阅览室中小声交谈就可能引起别人的注意。

（2）刺激物的新颖性。外形新奇、功能独特的事物常会成为人们关注的焦点，这是因为它们很容易引起人们的无意注意。当在我们以往生活中从未经历过的刺激物出现时，自然会引起注意，这是由刺激物的绝对新颖性引起的。如对于一个新设计的外星人模型，人们很容易注意到它。另外，各种已熟悉的刺激物的独特组合也是引起无意注意的因素。在一次新科技展览会上，一只背上长着人耳的老鼠吸引了众人的目光，这是刺激物的相对新颖性在起作用。

（3）刺激物的对比。刺激物在形状、大小、颜色和持续时间等方面与周围环境和其他刺激物对比强烈、差异显著时，很容易引起无意注意，例如，"绿叶中的红花""鹤立鸡群"等。

（4）刺激物的活动和变化。处于活动和变化状态的刺激物常会成为人们注意的对象。都市夜晚闪烁的霓虹灯、音乐演出中乐团指挥的手势以及大道上疾驰而过的车辆等，都容易引起人们的无意注意。

2. 人的主观状态

客观刺激物并不是引起无意注意的唯一因素，有时在上述刺激物特点不明显的情况下，个体也容易产生无意注意，这与主体状态有关。

（1）个体的需要和兴趣。人们总是不自觉地对自己急需的或感兴趣的事物产生注意。例如：一个人喜欢收集古玩，那么在读报、看电视或与人交往时，就很容易注意到这方面的信息；对于一个寻医求药的人来说，各种医药信息也容易引起他的无意注意。一般说来，无意注意同人对事物的直接兴趣有关。

（2）个体的情绪和精神状态。一个人情绪稳定，心情舒畅，精神饱满，就会对平时不经意的事物产生注意；相反，情绪低落，精神萎靡，或身体处于疾病、疲劳状态时，就很容易对许多事物视而不见。

（3）个体的知识经验。个体不同的职业和爱好使得各自的知识经验不同，与人的知识经验有联系的事物更容易进入人们的注意范围。同样看一部影片，音乐工作者会注意其中的配乐，美术工作者会注意影片的用光以及色调。

（二）有意注意

有预定目的，需要付出一定意志努力才能维持的注意，又叫随意注意。它是在无意注意的基础上发展起来的，是人所特有的一种心理现象。如工人上班、学生上课、交警指挥交通、学生按教师的要求比较两种相似植物的特点时所表现出的注意，都是有意注意在发挥作用。对于学习和工作来说，它有较高的效率。要充分发挥有意注意的效率，就要加深对活动目的的认识，并要培养广泛的兴趣和优良的意志品质，提高抗干扰的能力。

维持有意注意的条件有：（1）加深对目的任务的理解。有意注意是一种有目的的注意，目的越明确、越具体，有意注意就越容易保持。（2）合理组织活动。活动组织得是否合理关系到有意注意的保持情况。如果一个人有良好的工作、生活习惯，他就可以在规定时间内全神贯注地完成任务。（3）对兴趣的依从性。间接兴趣是一种对活动结果的兴趣。有了这种间接兴趣，尽管活动本身枯燥，但有意注意仍能保持很长时间，使人长久地从事这种活动，直到完成任务。（4）排除内外因素的干扰。外界的刺激物、机体的某些状态（如疾病、疲劳等）、无关的思想和情绪等都可能干扰正在进行的活动，因此要采取措施，排除干扰。

（三）有意后注意

一种既有目的又不需意志努力的注意，又叫随意后注意，它一般是在有意注意的基础上发展起来的。开始是有意注意，通过努力学习，既熟悉了学习的对象，又有了兴趣，这时即使不花费多大的意志努力，学习也能继续维持下去，这就成了有意后注意。有意后注意通常表现为喜欢上某件事情并沉浸其中，因此对活动本身的直接兴趣是培养有意后注意的关键。一个学习外语的人在初学阶段去阅读外文报纸，还是有意注意，很容易感到疲倦；随着学习的深入，外语水平不断提高，当他消除了许多单词和语法障碍、能够毫不费力地阅读外文报刊时，可以说就达到了有意后注意的状态。初学文言文，你可能对此不感兴趣，只是为完成任务，这时候的注意是有意注意。此后，随着对基础知识的掌握，你对文言文产生了兴趣，凭兴趣可自然地将注意力集中到学习上。

有意后注意形成的条件有两个：

1. 个体对活动浓厚的兴趣

个体对活动的兴趣是维持注意的动力，个体对活动的兴趣越浓厚，维持注意所需要付出的意志努力就越小。例如：当你对心理学没有兴趣时，学习心理学需要付出艰苦的意志努力，这时的注意是有意注意；当你对心理学产生了兴趣时，心理学的书籍、杂志很容易引起你的注意，你无须付出意志努力就能保持自己的注意，这时的注意就是有意后注意。

2. 活动的自动化

活动的自动化可以大大减轻个体监控活动所需要的精力，活动的自动化程度越高，维持注意所需要付出的意志努力就越小。例如，骑自行车活动中的注意就是一种有意后注意。平时我们骑自行车时，很少付出意志努力，这是因为骑车已成了自动化的活动。

此外，也有学者把注意分为选择性注意（个体在同时呈现的两种或两种以上的刺激中选择一种进行注意，而忽略另外的刺激）、持续性注意（注意的稳定性）和分配性注意（注意的分配）。选择性注意可以用双耳分听实验进行研究，持续性注意通常用警戒作业来测量，研究分配性注意最常用的方法是双作业操作。

五、注意的品质

（一）注意的广度

在同一时间内，意识所能清楚地把握对象的数量，又叫注意的范围。注意的范围受制于刺激的特点和任务的难度、个人已有的知识经验等多种因素。专业素养深厚的人在阅读专业资料时，可以做到"一目十行"；围棋高手扫视一下棋盘，就能把握双方的形势和局面变化，而一个初学者由于经验欠缺，就只能一部分一部分地关注棋势。

（二）注意的稳定性

注意的稳定性即对选择对象的注意能稳定地保持多长时间的特性，注意维持的时间越长，注意越稳定。如长时间看电视、读一本书；再如，学生在听课的时候，跟随教师的教学活动，一会儿看黑板，一会儿记笔记，一会儿读课文，虽然注意的对象不断变换，但都服从于听课这一总任务。

在稳定注意的条件下，感受性也会发生周期性地增强和减弱的现象，这种现象叫作注意的起伏，或叫注意的动摇。例如，把一只表放在耳边，保持一定距离，使他能隐约听到表的滴答声，结果被试时而听到表的滴答声，时而又听不到。

注意的不稳定性表现为注意的分散，也叫分心。注意的分散是指注意离开了心理活动所要指向的对象，而被无关的对象吸引去的现象。

（三）注意的转移

注意转移是由于任务的变化，注意由一种对象转移到另一种对象上去的现象。例如，在学校课程安排上，如果先上语文课，再上数学课，学生就应根据教学需要，把注意主动及时地从一门课转移到另一门课。注意转移的速度和质量，取决于前后两种活动的性质和个体对这两种活动的态度。

注意的转移不同于注意的分散。前者是根据任务需要，有目的地、主动地转换注意对象，为的是提高活动效率，保证活动的顺利完成，如看完一堂录像教学课，要求学生转而互相讨论。后者是由于外部刺激或主体内部因素的干扰作用引起的，是消极被动的。注意的分散违背了活动任务的要求，偏离了正确的注意对象，降低了活动效率。如果两个学生在看教学录像的过程中交头接耳、互相说笑，而没有关注录像的内容，显然是注意分散的表现。

（四）注意的分配

注意的分配指在同一时间内，把注意指向不同的对象，同时从事着几种不同的活动。如边听讲边做笔记，自拉自唱等；又如教师需要一边讲课一边注意学生的课堂反应、司机需要一边驾车一边观察路况等。事实证明，注意的分配是可行的，人们在生活中可以做到"一心二用"，甚至"一心多用"。有史料记载，一位法国学者当众表演，能够边朗诵诗歌边做数学运算。

能够分配注意的条件是，所从事的活动中必须有一些活动是非常熟练的，甚至于已经达到了自动化的程度。一般来说，所从事的几种活动之间应该有内在的联系，但不能在同一感觉通道、用同一种心理操作来完成。

六、注意的认知理论

（一）注意的选择功能

从20世纪60年代以来，心理学家对注意的选择功能进行了大量的研究，提出了过滤器理论、衰减理论、后期选择理论及多阶段选择理论。这些理论解释了注意的选择作用的实质，以及人脑对信息的选择究竟发生在信息加工的哪个阶段上。

（二）注意与认知资源分配

1. 认知资源理论

该理论把注意看成一组对刺激进行归类和识别的的认知资源或认知能力。对刺激的识别需要占用认知资源，当刺激越复杂或加工任务越复杂时，占用的认知资源就越多。认知资源是有限的，当认知资源完全被占用时，新的刺激将得不到加工（未被注意）。

2. 双加工理论：自动化加工和意识控制加工

该理论认为，人类的认知加工有两类：自动化加工和受意识控制的加工。自动化加工不受认知资源的限制，不需要注意，是自动化进行的。而意识控制的加工受认知资源的限制，需要注意的参与，可以随环境的变化而不断进行调整。例如，我们通常能够同时做几件事，如可以一边骑自行车一边欣赏路边的风景，或是一边看电视一边织毛衣等。

七、注意规律在教学中的应用

（一）唤起学生的无意注意，提高学习的自觉性

在教学过程中教师要善于利用有关刺激物的特点唤起学生的注意。一方面要消除那些容易分散学生注意教学内容的无意注意因素，如保持教室的安静、教室内布置的简朴等；另一方面则应充分利用容易引起学生对教学内容产生无意注意的因素，使学生在课上轻轻松松地集中注意听讲，如教学方法要新颖、教学形式要多样化等。无意注意也可以由人本身的状态引起，因此，教师在教学中要考虑学生的需要、兴趣、知识经验和情绪状态，使教学方法、教学形式、教学内容符合学生的需要，引起学生的无意注意。

（二）正确运用有意注意的规律组织教学

学习过程中会遇到很多困难和干扰，必须培养学生的有意注意。一方面要经常地进行学习目的的教

育，目的越明确，注意就越容易集中；另一方面要合理地组织教学活动，采取具体措施促使学生保持有意注意，如向学生提出问题，使智力活动与实际操作相结合等。同时还要着重培养学生的间接兴趣和坚强的意志品质。

（三）引导学生交替使用几种注意，设法保持学生的注意

在教学中教师应充分利用两种注意转换的规律来组织教学。如在一堂课中，上课之初，教师通过组织教学活动把学生的注意转移到本节课上来，对新的一节课形成有意注意。在讲授新的教学内容时，教师要求学生对教学内容产生无意注意；当讲授教学内容的重点、难点时，设法让学生保持有意注意；期间，教师要改变教学方式，使学生适当放松一下，使学生由有意注意转为无意注意；在课要结束时，教师要提出明确的要求，使学生保持有意注意，然后布置作业。此外，教师应有意识地培养学生的有意后注意，提高学生的学习效率。

八、学生良好注意品质及注意力的培养

1. 培养广泛而稳定的兴趣；

2. 加强意志力的锻炼，培养"闹中求静"的本领；

3. 养成严肃认真的学习态度，培养良好的注意习惯；

4. 培养良好的情绪，控制调节激情，增强注意力；

5. 考虑学生的个别差异对培养注意力和注意品质的意义。

九、学生注意发展的特点

（一）小学生注意发展的特点

1. 有意注意在认识中的地位、作用逐渐提高

在个体发展中，无意注意的发生先于有意注意。低年级小学生无意注意已相当成熟，其认识活动常依赖无意注意。初入学学生的注意状态取决于教学内容的直观性和形象性，刺激物只要是生动的、新异的，就能引起他们的注意，无意注意的效果也要比运用有意注意的效果好。到了小学中、高年级，学生的有意注意迅速发展，在日常学习活动中更多地依靠有意注意，而且有意注意的效果明显高于无意注意。在高年级小学生的认知活动中，有意注意的作用超过了无意注意，占据主导地位。

2. 注意的有意性由被动到主动

低年级小学生的有意注意缺乏自觉性，需要他人给定目的。低年级小学生在注意进程中不会组织自己的注意，需要他人不断提醒；一旦没有外在的帮助，常常会不清楚或忘掉由他人给定的目的，使注意中止或分散。随着学生心理活动目的性、有意性、自控性的逐渐增强，高年级小学生逐渐能自行确立目的，并根据一定的目的独立组织自己的注意。

（二）中学生注意发展的特点

1. 无意注意与有意注意的发展和深化

注意的发展始于无意注意。最初无意注意的产生主要依靠外部刺激物的作用，随着学生自身兴趣、爱好的逐渐稳定，无意注意的产生主要会受到兴趣、爱好的影响。研究表明，由于强烈的直接兴趣的影响，约有90%的中学生明显地表现出对某些学科的偏科现象。这是无意注意发展和深化的具体表现。

中学生在无意注意逐渐深化的同时，有意注意也得到发展，并且逐渐取代无意注意的优势地位。最明显的特点是注意的随意性增强，具体表现为中学生学习活动的目的性、自觉性和计划性得以加强，注意逐渐具有自我组织、自我调节和自我控制的性质。

中学生的有意注意虽然有了明显的增强，但无意注意的作用在学习活动中仍占有一定的地位。正是由于这一特征，决定了中学生注意的发展明显地存在着几种不同的类型：以无意注意占优势的情绪型；以有意注意占优势的意志型；以有意后注意占优势的自觉意志型，即智力型。教师应针对他们注意发展的特征和个别差异，发展其注意力。

2. 注意品质的全面发展

注意稳定性不良在小学生中是普遍存在的现象，这是由于他们容易受到外界刺激和自身兴趣的左右。而随着意志力的发展，中学生控制自己注意的能力显著增强，注意的稳定性得到了迅速的提高。研究表明，7—10岁儿童每次注意稳定大约20分钟，10—12岁是25分钟，而12岁以后则是30分钟左右。虽然注意稳定性随着年龄的增长而不断增长，但发展的速度不尽相同，其中小学阶段发展速度较快，幼儿阶段和中学阶段发展速度相对较慢。

注意的广度除了与注意对象的特点和性质有关外，还取决于个人的知识经验。中学生随着学习的不断深入、生活经验的丰富和见识的增长，注意的广度也有了很大的提高。研究表明，随着年龄的增长，注意广度日益扩大，13岁儿童的注意广度已接近成人。

个体的注意分配能力发生较早，但发展较为缓慢。有关研究表明，小学三年级和五年级学生的注意分配能力基本上不存在差异。基于对学生注意分配能力的考虑，老师不要求初中生记笔记，对高中生只要求记讲课要点。

注意转移的能力是随个体大脑神经系统内抑制能力、第二信号系统的发展而得以迅速发展的。研究表明，注意转移发展的趋势是：小学二年级至初中二年级是迅速增长期，初中二年级至高中二年级是发展的停滞期，高中二年级到大学二年级是缓慢增长期。

真题回顾与模块自测

一、单选题

1. 俄国医生鲍特金描述过这样一个病例：这个病人除了一只眼和手上的一小部分有感觉外，全身其他部分都失去了感觉。如果这个病人再闭上眼睛，别人也不去触动他的那只手，他很快就睡着了。此案例说明（　　）。（2020.8.9济宁真题）

   A. 感觉有接受刺激的相应器官　　　　　　　　B. 感觉是对事物个别属性的反映

   C. 学生学习知识离不开感觉　　　　　　　　　D. 感觉是维持正常心理活动的必要条件

2. 冬天时节，学校组织冬泳，同学们跳进水里最初感觉很冷，过一会儿就不觉得冷了，这种现象是（　　）。（2020.7.18青岛真题）

   A. 感觉的对比　　　　　B. 感觉的适应　　　　　C. 嗅觉　　　　　D. 感觉的后效

3. 人们在明暗变化的边界上，常常在亮区看到一条更亮的光带，而在暗区看到一条更暗的光带，这种现象在心理学上称之为（　　）。（2020.11.14济南商河真题）

   A. 负启动现象　　　　　B. 闪光融合现象　　　　　C. 联觉现象　　　　　D. 马赫带现象

4. 在课堂上，教师讲解重点内容时，声音提高，语速放缓，使之更为突出，这正是利用了知觉的

（　　　）。（2020.8.1临沂真题）

A. 整体性　　　　　　　B. 选择性　　　　　　　C. 恒常性　　　　　　　D. 理解性

5. 小明一到重大考试时，由于情绪过分紧张，致使一些学过的内容怎么也想不起来。可解释此现象的是（　　　）。（2020.9.26济南钢城、山东护理学院真题）

A. 压抑说　　　　　　　B. 提取失败说　　　　　C. 同化说　　　　　　　D. 痕迹衰退说

6. 遗忘的干扰说认为，遗忘是由于在学习和回忆之间受到其他刺激的干扰所致。让学生学习两组难易相当、性质相似的材料，最后的测验表明，对第1组材料的学习效果不如第2组好。这时存在的干扰是（　　　）。（2020.12.26济南历城真题）

A. 前摄抑制　　　　　　B. 倒摄抑制　　　　　　C. 分化抑制　　　　　　D. 超限抑制

7. 思维深刻性是指思维活动的抽象程度和逻辑水平，涉及思维活动的（　　　）。（2020.8.8济南章丘真题）

A. 内容　　　　　　　　B. 速度　　　　　　　　C. 秩序　　　　　　　　D. 广度、深度和难度

8. 学生有时候会模仿教师的语气，甚至运用教师的经典语句进行表达。这一现象说明语言具有（　　　）。（2020.7.18青岛真题）

A. 创造性　　　　　　　B. 指代性　　　　　　　C. 意义性　　　　　　　D. 社会性

9. 电影《美人鱼》中，美人鱼以半人半鱼的形象出现，生动可人。这种想象形式属于（　　　）。（2020.7.25德州德城、经开、陵城真题）

A. 夸张　　　　　　　　B. 典型化　　　　　　　C. 联想　　　　　　　　D. 黏合

10. 在夜深人静时，对远处的钟声一会儿能听见，一会儿又听不见，这种注意的周期性的加强或减弱的现象称为（　　　）。（2020.12.26济南历城真题）

A. 注意的分配　　　　　B. 注意的转移　　　　　C. 注意的起伏　　　　　D. 注意的选择

二、多选题

1. 视觉系统既分析视觉刺激的空间特性，又分析视觉刺激的时间特性。以下属于视觉中的时间特性的有（　　　）。（2020.11.28德州乐陵真题）

A. 视觉对比　　　　　　B. 视觉适应　　　　　　C. 后像　　　　　　　　D. 闪光融合

2. 空间知觉包括（　　　）。（2020.7.22潍坊青州真题）

A. 形状知觉　　　　　　B. 大小知觉　　　　　　C. 深度知觉　　　　　　D. 方位知觉

3. 下列现象中，属于在一定心理状态影响下形成错觉的是（　　　）。（2020.11.29济宁职业学院真题）

A. 草木皆兵　　　　　　　　　　　　　　　　　　B. 筷子在水中看会弯曲

C. 杯弓蛇影　　　　　　　　　　　　　　　　　　D. 横竖相等的"丁"字看起来横短竖长

4. 遗忘是对识记过的材料不能再认与回忆或者错误的再认与回忆，是一种记忆的丧失。关于遗忘的规律，下列说法正确的是（　　　）。（2020.8.6济南十区县联考真题）

A. 先快后慢

B. 先慢后快

C. 熟练的技能遗忘的最慢

D. 对于系列材料，首尾容易记住，中间部分容易遗忘

5. 根据思维过程中的指向性不同，可以把思维划分为（　　　）。（2020.11.14山东技师学院真题）

A. 常规思维　　　　　　B. 创造性思维　　　　　C. 集中思维　　　　　　D. 发散思维

6. 下列选项中属于再造想象的是（　　）。（2020.7.31烟台年平真题）

A. 建筑师浏览建筑图纸时，脑海里浮现出建筑雏形

B. 小说家从实际生活中获得灵感，以自己的妻子为原型创造出全新的小说角色

C. 小孙同学在听教师朗读《岳阳楼记》时想象出岳阳楼的美景

D. 小李同学长大后想成为一名物理学家

7. 引起无意注意的主观原因，包括（　　）。（2020.8.8济南章丘真题）

A. 人的需要、兴趣和态度　　　　　　　　B. 刺激物的强度和活动变化

C. 人的知识经验、情绪和精神状态　　　　D. 人对事物的期待

三、判断题

1. 学生在听到音乐时脑海中常常会出现相应的画面，学生的这种心理活动是联觉。（　　）（2020.10.17威海高区真题）

2. "一朝被蛇咬，十年怕井绳"属于动作记忆。（　　）（2020.12.27临沂费县真题）

3. 思维是人脑对客观事物的本质属性与内在联系的抽象的直接的反映。（　　）（2020.7.30烟台莱阳、海阳真题）

4. 老师正在上课时，小刚闯进了教室，学生们齐刷刷地都看向了他。学生的这种心理活动是无意注意。（　　）（2020.10.17威海高区真题）

【参考答案】

一、单选题

1. D　2. B　3. D　4. B　5. A　6. B　7. D　8. D　9. D　10. C

二、多选题

1. BCD　2. ABCD　3. ABCD　4. ACD　5. CD　6. AC　7. ACD

三、判断题

1. √　2. ×　3. ×　4. √

第三章　情绪、情感与意志过程

情绪情感过程是人对客观事物是否符合自己的需要而产生的某种态度体验。意志是人们自觉地确立目的，调节并支配行动，克服困难以实现预定目标的心理过程。研究情绪、情感过程和意志过程对教学活动具有重要的意义。

思维导图

```
                                      ┌─ 情绪、情感的概念
                                      ├─ 情绪、情感的分类
                           情绪、情感 ─┼─ 情绪、情感的功能
                                      ├─ 情绪理论
                                      └─ 中小学生的情绪特点与调节
      情绪情感与意
      志过程
                                      ┌─ 意志的概念
                                      ├─ 意志行动的特征
                           意志 ──────┼─ 意志行动的过程
                                      └─ 意志品质及培养
```

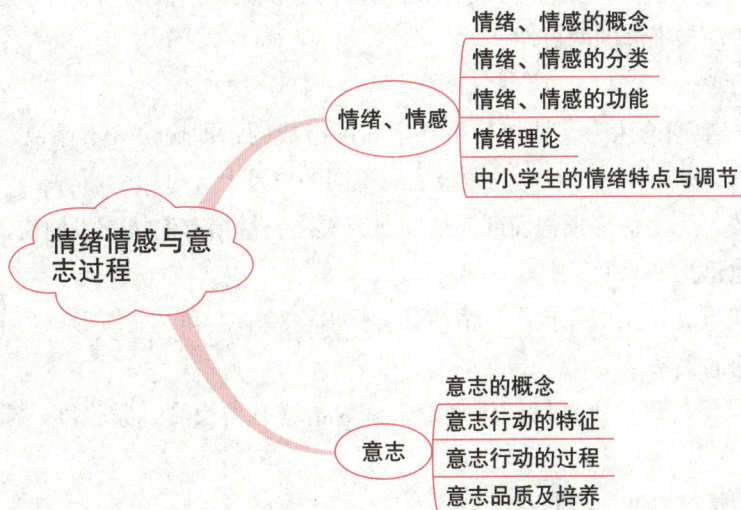

第一节　情绪、情感

一、情绪、情感概述

（一）情绪、情感的概念及构成

1.情绪、情感的概念

在生活中，我们经常说到人与人之间"雪中送炭"或者"雪上加霜"，指的是某些事物符合或不符合人的需要而引起不同的情绪和情感体验。可见，情绪和情感是人对客观事物是否符合自身需要而产生的态度体验。

认知是情绪、情感产生的基础，情绪和情感过程是伴随人的认知过程产生的，正所谓"知之深，爱之切"。需要是引发情绪、情感的中介，那些满足人们需要的事物和对象，能引起各种肯定的态度，使人产生满意、愉快的情绪体验。

2.情绪、情感的构成

情绪和情感是由独特的主观体验、外部表现和生理唤醒等三种成分组成的。

主观体验是个体对不同情绪和情感状态的自我感受，如对朋友遭遇不幸的同情、对敌人凶暴的仇恨、事业成功的欢乐、考试失败的悲伤等。这些主观体验只有个人内心才能真正感受到或意识到，如我知道"我很高兴"，我意识到"我很痛苦"，我感受到"我很内疚"等。

情绪和情感的外部表现通常称为表情，分为面部表情（鉴别情绪的主要标志）、姿态表情（身体表情和手势表情）和语调表情，如人悲伤时会痛哭流涕，激动时会手舞足蹈，高兴时会开怀大笑等。

生理唤醒是指情绪和情感产生的生理反应，如内脏器官、内分泌腺或神经系统的生理变化，激动时血压升高，愤怒时浑身发抖，紧张时心跳加快，害羞时满脸通红……

（二）情绪维度与情绪维度理论

1.情绪维度的概念与情绪的两极性

情绪的维度是指情绪所固有的某些特征，主要指情绪的动力性、激动性、强度和紧张度等方面。这些特征的变化又具有两极性，如肯定与否定的两极性、积极与消极的两极性、强与弱的两极性、紧张与轻松的两极性、激动与平静的两极性。

2.情绪维度的理论

冯特提出的三维理论认为，情绪是由三个纬度组成的，即愉快—不愉快、激动—平静、紧张—松弛，每一种具体情绪分布在三个纬度的两极之间不同的位置上。

20世纪50年代，施洛伯格根据面部表情的研究提出，情绪有愉快—不愉快、注意—拒绝和激活水平三个纬度，由此他建立了一个三维模式图。

20世纪60年代末，普拉切克提出，情绪具有强度、相似性和两极性等三个维度，并用一个倒锥体来说明三个维度之间的关系。

美国心理学家伊扎德提出情绪四维理论，认为情绪有愉快度、紧张度、激动度、确信度等四个维度。

（三）情绪、情感的区别与联系

情绪和情感统称为感情，即情绪和情感是同一心理现象的两个不同方面，情绪代表的是感情反映的过程，情感代表的是感情的内容。情绪指感情过程，具有较大的情景性、激动性和暂时性；情感指具有稳定的、深刻的社会意义的感情，具有较大的稳定性、深刻性和持久性。

1.情绪和情感的区别

（1）从需要的角度来看，情绪出现较早，多与人的生理性需要相联系；情感出现较晚，多与人的社会性需要相联系。情绪是人和动物共有的，但只有人才会有情感。

（2）从发生的角度来看，情绪具有情境性和暂时性；情感则具有深刻性和稳定性。

（3）从表现形式来看，情绪具有冲动性和明显的外部表现；情感则比较内隐。

2.情绪和情感的联系

人们时常把情绪和情感予以通用。情绪是情感的基础和外部表现，情感是情绪的深化和本质内容。

（四）情绪、情感的分类

1.情绪的性质分类

关于情绪的类别，长期以来说法不一。从生物进化的角度看，人的情绪可以分为基本情绪和复合情绪，其中基本情绪又可分为积极情绪（如快乐、兴趣、满足、爱等）和消极情绪（如痛苦、悲伤、愤怒、恐惧等）。我国古代有喜、怒、忧、思、悲、恐、惊的七情说；美国心理学家普拉切克提出了八种基本情绪：悲痛、恐惧、惊奇、接受、狂喜、狂怒、警惕、憎恨。虽然类别很多，但根据主体与客体之间关系的不同，一般认为人的基本情绪分为快乐、悲哀、愤怒、恐惧四种。

2.情绪的状态分类

情绪状态是指在一定的生活事件影响下，一段时间内各种情绪体验的一般特征表现。根据情绪发生的速度、强度和持续时间长短的不同，可以把情绪划分为心境、激情和应激等类别。

（1）心境

心境是一种微弱、持久而又具有弥漫性的情绪体验状态，通常叫作心情。生活中我们常说"人逢喜事精神爽""山笑水笑人欢笑"，指发生在我们身上的一件喜事让我们很长时间保持着愉快的心情；但有时候一件不如意的事也会让我们很长一段时间忧心忡忡，情绪低落。这些都是心境的表现。

心境具有弥散性和长期性。心境的弥散性是指当人具有了某种心境时，这种心境表现出的态度体验会朝向周围的一切事物。一个在单位受到表彰的人，觉得心情愉快，回到家里同家人会谈笑风生，遇到邻居会笑脸相迎，走在路上也会觉得天高气爽；而当他心情郁闷时，在单位、在家里都会情绪低落，无精打采，甚至会"对花落泪，对月伤情"。古语中说人们对同一种事物，"忧者见之而忧，喜者见之而喜"，也是心境弥散性的表现。心境的长期性是指心境产生后要在相当长的时间内主导人的情绪表现。虽然基本情绪具有情境性，但心境中的喜悦、悲伤、生气、害怕却要维持一段较长的时间，有时甚至成为人一生的主导心境。一种心境的持续时间依赖于引起心境的客观刺激的性质，如失去亲人往往使人产生较长时间的郁闷心境。一个人取得了重大的成就（如高考被录取、实验获得成功、作品初次问世等），在一段时间内会使人处于积极、愉快的心境中。人格特征也能影响心境的持续时间。有的人一生历尽坎坷，却总是豁达、开朗，以乐观的心境去面对生活；有的人总觉得命运对自己不公平，或觉得别人都对自己不友好，结果总是保持着抑郁愁闷的心境。

心境对人们的生活、工作和健康都有很大的影响。保持一种积极健康、乐观向上的心境对每个人都有重要意义。

（2）激情

激情是一种强烈的、爆发式的、持续时间较短的情绪状态，这种情绪状态具有明显的生理反应和外部行为表现，如暴跳如雷、浑身战栗、手舞足蹈等。激情往往由重大的、突如其来的事件或激烈的意向冲突引起。人们在生活中的狂喜、狂怒、深重的悲痛和异常的恐惧等都是激情的表现。例如，重大成功后的狂喜、惨遭失败后的绝望、亲人突然死亡引起的极度悲哀、突如其来的危险所带来的异常恐惧等等，都是激情状态。和心境相比，激情在强度上更大，但维持的时间一般较短暂。

激情具有爆发性和冲动性，同时伴随有明显的生理变化和行为表现。当激情到来的时候，大量心理能量在短时间内喷涌而出，如疾风骤雨，使得当事人失去了对自己行为的控制力。《儒林外史》中的范进听到自己金榜题名时，狂喜之下，竟然意识混乱，手舞足蹈，疯疯癫癫；有些人在暴怒之下，双目圆睁，咬牙切齿，甚至拳脚相加。但这些激情在宣泄之后，人又会很快平静下来，甚至出现精力衰竭的状态。

激情常由生活事件引起，那些对个体有特殊意义的事件会导致激情，如考上大学、找到满意的工作等；出乎意料的突发事件会引起激情，如多年失去音信的亲人突然回归，常会欣喜若狂。另外，违背个体意愿的事件也会引起激情，中国古书中记载，春秋战国时期的伍子胥过昭关，因担心被抓回楚国、父仇不能报，一夜之间竟然愁白了头。可见，不同的生活事件会引起不同的激情。

激情对人的影响有积极和消极两个方面。一方面，激情可以激发内在的心理能量，成为行为的巨大动力，能够提高工作效率并有所创造。例如：战士在战场上冲锋陷阵，一往无前；画家在创作中，尽情挥洒，浑然忘我；运动员在报效祖国的激情感染下，敢于拼搏，勇夺金牌。但另一方面，激情也有很大的破坏性和危害性。激情中的人有时任性而为，不计后果，对人对己都会造成损失。一些青少年犯罪，就是在激情的控制下一时冲动，酿成大错的。激情有时还会引起强烈的生理变化，使人言语混乱，动作失调，甚至休克。所以，在生活中应该适当地控制激情，多发挥其积极作用。

（3）应激

应激是在出现意外事件和遇到危险情景的情况下所出现的高度紧张的情绪状态。如在日常生活中突然遇到火灾或地震、飞行员在执行任务中突然遇到恶劣天气、旅途中突然遭到歹徒的抢劫等，无论天灾还是人祸，这些突发事件常常使人们心理上高度警醒和紧张并产生相应的反应，这都是应激的表现。

加拿大心理学家塞里把整个应激反应过程（适应综合症）分为动员、阻抗和衰竭三个阶段：首先是有机体通过自身生理机能的变化和调整做好防御性的准备；其次是借助呼吸心率变化和血糖增加等调动内在潜能，应对环境变化；最后当刺激不能及时消除时，持续的阻抗使得内在机能受损，防御能力下降，从而导致疾病。

应激状态既有积极的作用，也有消极的作用。应激的生理反应大致相同，但外部表现可能有很大差异。积极的应激反应表现为沉着冷静、急中生智，全力以赴地去排除危险，克服困难；消极的应激反应表现为惊慌无措、一筹莫展，或者发生错误的行为，加剧了事态的严重性。这两种截然不同的行为表现，既同个人的能力和素质有关，也同平时的训练和经验积累有关。如果接受过防火演习和救生训练，遇到类似的突发事故，往往能正确及时地逃生和救人。

应激状态可通过机体生理机能的变化和调节来进行适应性的防御，以应付外界突如其来的刺激和高度紧张的环境。如果应激状态长期持续，机体的适应能力将会受到损害，结果会导致疾病的产生。压力是个体面对具有威胁性的刺激情境时，伴有躯体机能以及心理活动改变的一种身心紧张状态，也称应激状态。弗洛伊德论述了自我防御机制。所谓自我防御机制就是自我在精神受干扰时用以避开干扰、保持心理平衡的心理机制。防御机制包括压抑、投射、置换、反向、合理化等方面。

a）否认，指有意或无意地拒绝承认那些不愉快的现实，似乎事情根本就没有发生过，以此减轻心灵上的痛苦。如有的人听到亲人突然死亡的消息，短期内否认有此事以减轻突如其来的精神打击，拒绝承认似乎就不会痛苦了。鸵鸟把它的头埋在沙子里就意味着不可接受的东西不存在，否认正是如此。一个心爱的人已死亡，可仍相信或认定他还活着或即将回来，甚至还为他做些什么；一个癌症病人可否认自己患了严重的迫近死亡的疾病，尽管他也可能就是一位通晓该疾病的知名度很高的医生。这一过程可使一个人逐渐地接受现实而不至于一下子承受不了坏消息或痛苦，的确不失为一种保护性质的正常的防御。只有在干扰了正常行为时才算是病态的。

b）压抑，也叫潜抑，指把那些不能被意识所接受的冲动、观念或回忆、情感等压抑到潜意识中去。对痛苦体验或创伤性事件的选择性遗忘就是压抑的表现：一位妇女的独生女死于车祸，经过一段时间以后，她把这段不堪忍受的情绪压抑到潜意识里，"遗忘"了。

c）退行，又称退化，指当人受到挫折无法应付时，放弃已经学会的成熟态度和行为模式，使用以往较幼稚的方式来满足自己的欲望，甚至退行到困难较少、阻力较弱、较安全的境地——儿童时期，无意中恢复儿童期对别人的依赖，害怕再担负成人的责任。如某老人有幼稚的表现，童心未泯，像个"老小孩"或"老顽童"，很可能是内心孤独，渴望得到子女的关爱。

有些健康状况良好的人，也时常采用退行来减轻焦虑，用他们自己的话来说就是要"解解闷"。醉酒、赌博、说傻话、破坏财物、手淫、阅读神秘故事、进行不正常的性活动、咀嚼烟草、不顾后果地超速驾驶、相信鬼神、相互殴斗与残杀、冲动行事……诸如此类的行为都是成人退行的表现。只是有些退行由于普遍地存在，反倒被看作成熟的表现。

d）幻想，指一个人遇到现实困难时，因为无力处理这些实际问题，就利用幻想的方法，任意想象应如何处理心理上的困难，以达到内心的满足。例如"灰姑娘"型幻想：一位在现实社会里备受欺凌的少女，坚信有一天可以遇到英俊的王子式人物，帮助她脱离困境。

e）置换，又称转移或移置，指对某一对象的情感因某种原因无法向其直接表达时，就转移到其他较安全或易被大家所接受的对象身上。"迁怒"就是这种情况。一个孩子被妈妈打后，满腔愤怒，难以排解，转而踢倒身边的板凳，把对妈妈的怒气转移到身边的物体上。这时虽然客体变了，但其冲动的性质及其目的仍然未改变。在心理治疗中，情感的无意识移置既是移情的基础，也是反移情的基础。

f）文饰，即合理化，指个人遭受挫折或无法达到所追求的目标时，给自己找一些有利的理由来解释，如把对儿童的躯体虐待说成是"玉不琢，不成器""打是疼，骂是爱"。合理化有两种表现：一是酸葡萄心理，即把得不到的东西说成是不好的，吃不到葡萄就说葡萄是酸的；二是甜柠檬心理，即当得不到葡萄而只有柠檬时，就说柠檬是甜的。两者都是为了掩盖其错误或失败，以保持内心的安宁。

g）投射，一般是指将自己不喜欢或不能接受的性格、态度、意念等，投射到别人身上或外部世界去，断言别人是这样，以免除自责的痛苦。这在婴儿可认为是相对正常的，在成年人则可由于极度地歪曲现实而成为偏执妄想。"以小人之心度君子之腹"就属于这种情况。

h）代偿，是指个体利用某种方法来弥补其生理或心理上的缺陷，从而掩盖自己的自卑感和不安全感。所谓"失之东隅，收之桑榆"就是这种情况。

过度代偿，又称过度补偿，是指一个真正的或幻想的躯体或心理缺陷可通过代偿而得到超乎寻常的纠正，这是一个意识的或无意识的过程。如有些残疾人可经过惊人的努力成为世界著名的运动员，有些口吃者可成功地变成一位说话流利的演说家。

i）抵消，指一个不能接受的行为象征性地而且反复地用相反的行为加以显示，以图解除焦虑。如：说了不吉利的话，就吐口水或用说句吉利话来抵消晦气或不吉祥的感觉；除夕打碎了碗，往往说句"岁岁平安"。

j）升华，是一种最积极的富有建设性的防御机制，因为它可以把社会所不能接受的性欲或攻击性冲动所伴有的里比多能量转向更高级的、社会所能接受的目标或渠道，进行各种创造性的活动。从文艺家的一些著名创作如歌德的《少年维特之烦恼》等，可以看出升华机制的作用。

k）反向形成，指对内心的一种难以接受的观念或情感以相反的态度与行为表现出来，如一个有强烈的性冲动压抑的人可参与到检查淫秽读物或影片的活动中去。

l）幽默，指以幽默的方式处理困境，与诙谐、说笑话还不完全一样。幽默仍然允许一个人承担及集中注意于困窘的境遇上，而诙谐、打趣的话却引起分心或从情感的问题上移开。

m）认同，指无意识中取他人（一般是自己敬爱和尊崇的人）之长归为己有，作为自己行为的一部分去表达，借以排解焦虑与适应新情况的一种防御手段。如：高官显贵的子女遇到挫折常自抬身价，做出坦然自若的神态，以免除在人们面前的尴尬局面；儿童做作业遇到困难时，常说"我要学习解放军叔叔"，从而有力量和信心把作业坚持下去，直到成功。

n）"去圣化"，指人们尤其是青少年由于在生活中见到太多欺骗行为，或者由于在生活中受挫，因而怀疑价值观和美德的存在。他们不愿听从任何人的劝告，不相信生活中还存在值得珍视的、神圣的、具有永恒意义的事物。

3. 情感的分类

情感是同人的社会性需要相联系的主观体验，是人类所特有的心理现象之一。人类高级的社会性情感主要有：

（1）道德感

道德感是根据一定的道德标准，在评价人的思想、意图和行为时所产生的主观体验。道德感属于社会历史范畴，不同时代、不同民族、不同阶级有着不同的道德标准。

在我们社会主义国家，崇尚爱国主义、集体主义、见义勇为和互帮互助等，是人们在理解的基础上产生的情感体验。在青年期，随着世界观的初步形成和人生理想的确立，人的情感也更为独立和稳定，对人的行为有一种持久而强大的推动力。当他的行为符合自己的理想和价值追求时，就会感到自尊、自重，有一种自豪感；而当他的所作所为同自己坚持的理想和价值标准相违背时，就会感到痛苦、懊悔，甚至丧失自尊心。显然，这种情感体验具有明显的自觉性，能对自己的行为产生调控和监督作用。

（2）理智感

理智感是在智力活动过程中，在认识和评价事物时所产生的情感体验。例如，人们在探索未知事物时表现出的兴趣、好奇心和求知欲，科学研究中面临新问题时的惊讶、怀疑、困惑和对真理的确信，问题得以解决并有新的发现时的喜悦感和幸福感，这些都是人们在探索活动和求知过程中产生的理智感。人们越积极地参与智力活动，就越能体验到更强烈的理智感。理智感的作用大小同个人已有的知识水平、学习愿望有关。

理智感是人们从事学习活动和探索活动的动力。当一个人认识到知识的价值和意义、感到获得知识的乐趣以及追求真理过程中的幸福感时，他就会不计名利得失，以一种忘我的奉献精神投入到学习和工作中去。居里大如在提炼镭的艰辛历程中以及发现镭的那一刻，所体验到的理智感可能不是一般人所能有的。

（3）美感

美感是根据一定的审美标准评价事物时所产生的情感体验。人的审美标准既反映事物的客观属性，又受个人的思想观点和价值观念的影响。

在客观世界中，凡是符合我们的审美标准的事物都能引起美的体验。一方面，美感可以由客观景物引起，如桂林山水的秀丽、内蒙古草原的苍茫、故宫的绚丽辉煌、长城的蜿蜒壮美，可以使人体验到大自然的美和人类的创造之美；另一方面，人的容貌举止和道德修养也常能引发美感，甚至一个人身上善良、纯朴的性格，率直、坚强的品性，比身材和外貌更能体现人性之美。人在感受美的时候通常会产生一种愉快的体验，而且表现出对美的客体的强烈的倾向性。所以，美感体验有时也能成为人的行为的推动力，沉醉其中，乐此不疲。在生活中，由于人的价值追求和审美情趣的多样化，对美的见解也多有不同，如有的人喜欢花好月圆的美，有的人却以丑木、怪石为美；有的人喜欢绚丽和精致的美，有的人却喜欢悲壮和苍凉之美。

（五）情绪、情感的功能

情绪和情感都具有适应功能、动机功能、组织功能、信号功能。

1. 适应功能

情绪是适应生存的心理工具。情绪的适应功能从根本上来说，就是服务于改善人的生存和生活的条件。各种情绪的发生，时刻都在提醒着个人和社会，去了解自身或他人的处境和状态，以求得良好适应。

2. 动机功能

情绪构成一个基本的动机系统，它能够驱策有机体发生反应、从事活动，在最广泛的领域里为人类的各种活动提供动机。情绪的这一动机功能既体现在生理活动中，也体现在人的认识活动中。一般来说，内驱力是激活有机体行动的动力，但是，情绪和情感可以对内驱力提供的信号产生放大和增强的作用，从而能更有力地激发有机体的行动。

从情绪的动力性特征看，情绪可分为积极增力的情绪和消极减力的情绪两类。快乐、热爱、自信等积极增力的情绪会提高人们的活动能力，而恐惧、痛苦、自卑等消极减力的情绪则会降低人们活动的积极性。有些情绪同时兼具增力和减力两种动力性质，如悲痛可以使人消沉，也可以使人化悲痛为力量。

情绪的动机作用还表现在对认识活动的驱动上。认识的对象并不具有驱动活动的性质，但是，兴趣却可以作为认识活动的动机，起着驱动人的认识和探究活动的作用。

3. 组织功能

情绪对其他心理活动具有组织的作用，它表现在：积极的情绪和情感对活动起着协调和促进的作用；消极的情绪和情感对活动起着瓦解和破坏的作用。这种作用的大小还和情绪的强度有关，一般来说，中等强度的愉快情绪有利于提高人的认识活动和操作的效果；痛苦、恐惧这样的负性情绪则降低操作的效果，而且强度越大，效果越差。

情绪和情感对记忆的影响表现为在愉快的情绪状态下，容易记住带有愉快色彩的材料；在某种情绪状态下记住的材料，在同样的情绪状态下也容易回忆起来。

情绪对行为的影响表现为：当人处于积极的情绪状态时，他容易注意事物美好的一面，态度变得和善，也乐于助人，勇于承担重任；在消极情绪状态下，人看问题容易悲观，懒于追求，更容易产生攻击性行为。

4. 信号功能（社会功能）

情绪具有传递信息、沟通思想的功能。情绪都有外部的表现，这就是表情。情绪的信号功能是通过表情来实现的，如微笑表示友好、点头表示同意等。

表情还和身体的健康状况有关，医生常把表情作为诊断的指标之一，中医的望闻问切，包括对表情的观察。此外，表情既是思想的信号，又是言语交流的重要补充手段。此外，情绪、情感还具有健康功能（"一个小丑进城胜过一打医生"）、感染功能（"爱屋及乌"）等。

（六）情绪理论

情绪理论主要试图解释情绪体验的生理和心理方面的关系。情绪的早期理论主要包括詹姆斯—兰格理论（情绪的外周理论）、坎农—巴德理论（情绪的丘脑理论）。情绪的认知理论主要包括阿诺德的"评定—兴奋"说、沙赫特—辛格的情绪理论（认知—生理结合说）、拉扎勒斯的认知—评价理论。此外，伊扎德还提出了情绪的动机—分化理论。

1. 詹姆士—兰格理论

该理论强调情绪的产生是植物性神经系统的产物，认为情绪是内脏器官和骨骼肌肉活动在脑内引起的感觉，即情绪是源于身体的反馈，刺激引起身体的生理反应，而生理反应进一步导致情绪体验的产生。"悲伤乃由哭泣而起，愤怒乃由打斗而致，恐惧乃由战栗而来，高兴乃由发笑而生。""人是因为哭了才发愁，因为动手打了才生气，因为发抖才害怕。"

2. 坎农—巴德学说

坎农认为，情绪并非外界变化的必然结果，情绪产生的中心不在外周神经系统，而在中枢神经系统的丘脑。情绪体验与生理变化是同时产生的，它们都受丘脑的控制。坎农的情绪学说得到巴德的支持和发展，故后人称之为坎农—巴德情绪学说。

3. 阿诺德的"评定—兴奋说"

美国心理学家阿诺德20世纪50年代提出了情绪的"评定—兴奋说"，强调情绪的产生来源于大脑皮层对情境的评估。阿诺德的"评定—兴奋说"有三个主要观点：

第一，刺激情境并不直接决定情绪的性质，从刺激出现到情绪的产生，要经过对刺激情境的评估，情绪产生的过程是：刺激情境—评估—情绪。例如，一个人在森林中看到一只老虎感到危险，就特别害怕，但是在动物园看到就不害怕。这种现象就说明了刺激情境不直接决定情绪，而是需要进行评定。评估不同，情绪反应是不同的。

第二，情绪的产生是大脑皮层和皮下组织协同组织的结果，大脑皮层的兴奋是情绪行为的最重要的条件。

第三，情绪产生的理论模式是，作为引起情绪的外界刺激作用于感受器，产生神经冲动，通过内导神经，经丘脑传到大脑皮层，刺激情境在此得到评估，形成一种特殊的态度。这种态度通过外导神经将皮层的神经冲动传至丘脑的交感神经，将兴奋发放到血管或内脏，使纯粹的认识经验转化为被感受到的情绪。

4. 沙赫特——辛格的情绪理论

20世纪60年代，美国心理学家沙赫特提出，对于特定的情绪来说，有三个因素是必不可少的：一是个体必须体验到高度的生理唤醒，如心率加快、手出汗、胃收缩、呼吸急促等；二是个体必须对生理状态的变化进行认知性的唤醒；三是相应的环境因素。事实上，情绪状态是认知过程、生理状态和环境因素经过大脑皮层的整合发生作用的结果。环境中的刺激因素通过感受器向大脑皮层输入生理状态变化的信息，认知过程是对过去经验的回忆和当前情景的评估，来自这几个方面的信息经过大脑皮层的整合作用，才产生了某种情绪经验。将上述理论转化为一个工作系统，称为情绪唤醒理论。这个情绪唤醒模型的核心部分是认知。

5. 拉扎勒斯的"认知—评价"理论

拉扎勒斯认为情绪是人与环境相互作用的产物，在情绪活动中，人不仅接受环境中的刺激事件对自己的影响，同时要调节自己对于刺激的反应。在情绪活动中，人们需要不断地评价刺激事件和自身的关系。评价有三个层次：初评价、次评价、再评价。初评价是指人确认刺激事件与自己是否有利害关系，以及这种关系的程度；次评价是指人对自己反应行为的调节和控制，它主要涉及人们能否控制刺激事件以及控制的程度，也就是一种控制的判断；再评价是指人对自己的情绪和行为反应的有效性和适宜性的评价，实际上是一种反馈行为。拉扎勒斯还强调这种评价通常是在无意识状态下发生的。

6. 情绪的动机—分化理论

该理论的主要观点有：（1）情绪是分化的。伊扎德认为，情绪是分化的，存在着具有不同体验的独立情绪，这些独立的情绪都具有动机特征。他假定存在10种基本情绪，即兴趣、愉快、惊奇、悲伤、愤怒、厌恶、轻蔑、恐惧、害羞与胆怯，它们组成了人类的动机系统。（2）情绪在人格系统中的地位和作用。伊扎德认为，人格是由体内平衡系统、内驱力系统、情绪系统、知觉系统、认知系统和动作系统六个子系统组成。其中情绪是人格系统的组成部分，也是人格系统的核心动力。情绪的主观成分——体验是起动机作用的心理机制，是驱动有机体采取行动的力量。人格系统的发展是这些子系统的自身发展与系统之间联结不断形成和发展的过程。（3）情绪系统的功能。伊扎德从进化的观点出发，提出大脑新皮层体积的增长和功能的分化、面部骨骼肌肉系统的分化以及情绪的分化是平行的、同步的。情绪的分化是进化过程的产物，具有灵活多样的适应功能，在有机体的适应和生存上起着核心的作用。每种具体的情绪都有其发生的渊源和特定的适应功能。

（七）学生情绪、情感发展的特点

1.小学生情绪、情感发展的特点

（1）情绪的调节控制能力增强，冲动性减弱

情绪调节控制能力的发展，保证了小学生情绪的稳定性，使他们能够较好地适应学校的课堂生活，顺利地完成学习任务，并保证与同伴的友好相处。但小学生的自制力毕竟是有限的，在日常生活中还需要家长和教师耐心地给予引导，帮助他们调节和控制自己的情绪。

（2）情绪和情感的内容不断丰富，社会性成分不断增加

小学生情绪和情感的发展由对个别事物产生的情绪和情感逐渐转化为对社会、集体和同伴的情感；由事物的外部特征引起情绪和情感体验转化为由事物的本质特征引起情感体验。

（3）高级情感进一步发展

随着年龄的增长和社会生活的拓展，小学生的社会性需要越来越丰富，这就促进了高级情感的发展。具体发展特点为：

儿童的道德感大约在两岁以后开始逐渐发展。在幼儿期，儿童的道德感最初与行为直接后果联系在一起，升入小学后才逐渐同一些概括化的道德标准相联系。小学低年级学生主要以社会反应作为自己道德感体验的依据，小学高年级学生则以一定的道德行为规范为依据。

小学生的理智感着重体现在学习过程中，表现为求知欲的不断扩展与增强；在成人的影响下，儿童从小就具有一定的美感。

经常接触具有明显外部特征的客观事物容易使小学生产生美的体验，而那些接触较少、具有深刻内涵、美体现于内在特征的事物不容易引起他们的美感体验。

小学低年级学生情绪、情感的调节能力和控制能力还不强，易受情境的感染而产生多变、不稳定的情绪、情感。小学高年级学生情绪的调节能力增强，冲动性减弱，他们逐步学会了控制自己的冲动，能够推迟满足需要的时间或改变满足需要的方式。

2.中学生情绪情感的发展

（1）情绪和情感的易感性、冲动性、两极性明显

中学生的情感容易受到外界环境的影响，常随情境的变化而变化，有很大的易感性。又因为他们自控力不强，会有冲动性、两极性的表现。这些特点表现为：一方面他们会因一时成功而欣喜若狂、激动不已，又会因一点挫折而垂头丧气、懊丧不止，从而出现情绪两极间的明显变化；另一方面，他们常会出现莫名其妙的情绪波动、交替，给人以变化无常的感觉。

（2）反抗情绪与逆反心理

逆反心理主要用来描述中学生由于自身成熟而产生的独立或自重的要求与对长辈的不满、反抗情绪相矛盾的心理。中学生的逆反心理往往发生在父母或教师等成人遇事"爱唠叨"，说话过头，限制了他们的求知欲、好奇心、交友结伴的时候。因此，成人在教育他们时要尊重他们，讲究方法，并引导他们加强修养，孝敬和体谅长者，学会控制自己的情感。这样，青少年的"逆反心理"是可以克服的。

（3）对异性的情感

随着性意识的萌芽，中学生开始感受到来自异性的吸引力，并产生接近异性的倾向和愿望；但由于

认识水平不高，容易形成表面疏远而内心"爱慕"的矛盾心理与行为。这应该引起老师和家长的注意，并采取相应的教育引导措施。

（八）情绪的调节与控制

1. 良好情绪的标准

（1）能正确反映一定环境和情境的影响，善于表达自己的感受；

（2）能对影响情绪的刺激做出适当强度的反应；

（3）具备情绪反应的转移能力；

（4）要符合学生的年龄特点。

2. 对学生情绪调节的指导

情绪调节是指人们管理和改变自己或他人情绪的过程。情绪调节包括具体情绪的调节、唤醒水平的调节、情绪成分的调节。情绪调节具有情绪调节的恒定性、情绪调节过程的等级组织、情绪调节的个体差异和文化差异等特征。从情绪调节过程的来源分类，可以分为内部调节和外部调节；根据情绪的不同特点可分为修正调节、维持调节和增强调节；情绪调节还可分为原因调节和反应调节、良好调节和不良调节等类型。情绪调节包括五个维度，即生理调节、情绪体验调节、行为调节、认知调节和人际调节。情绪调节可采取的策略包括回避和接近策略（情境选择策略）、控制和修正策略、注意转换策略（分心和专注）、认知重评策略（认知改变）、表情抑制策略、合理表情策略（情绪转换策略）等。

（1）敏锐察觉情绪。了解自己的个性特征，了解自身成长经历及早期经验。

（2）平和接纳情绪。坦然接受自己的情绪，不苛求自己，不过于追求完美，以平常心来面对自己情绪上的波动。

（3）正确调整情绪。合理宣泄，转移注意，调整认知功能，进行积极的自我暗示，培养幽默感。

（4）有效表达情绪。在恰当的时候以恰当的方式正确表达自己的情绪体验。

（5）保持和创造快乐情绪。通过一些有效的活动来保持和创造快乐情绪。

3. 良好情绪的培养

个体在日常生活和学习中会遇到很多不良情绪，防御机制很难成为有效地适应、解决问题和解除痛苦的方法。培养良好的情绪调节和控制能力应做到以下几点：

（1）形成正当的、合理的需要。对自己要有"自知之明"，否则就会因为自己的愿望非能力所及而终日闷闷不乐。只有对客观事物有正确的认识，遇到挫折时才不会感到苦恼。

（2）培养高尚的人生观和正确分析问题的能力。具有共产主义人生观和远大理想的人，能够胜不骄，败不馁，情绪稳定而深沉。个体应当学会从多个角度看问题，以发现问题积极的意义，从而产生健康的情绪。

（3）锻炼身体和培养幽默感。情绪与身体状况密切相连。身体健康的人常常表现出精神振奋、心情开朗等积极的情绪状态，而幽默是一种优秀的健康的品质，可以活跃气氛，驱除忧愁。

（4）培养消除不良情绪的能力。不良情绪出现时，不能简单地抑制它，否则一有适当的机会，它还会发泄出来。要消除不良情绪，一要认识到不良情绪的存在；二要找出不良情绪产生的原因；三要掌握一些控制、调节和消除不良情绪的方法。

第二节　意志

一、意志的概念

人们常说"有志之人立长志，无志之人常立志"，这里所说的"志"就是意志。意志指人自觉地确定目的，有意识地根据目的、动机调节支配行为，努力克服困难，实现目标的心理过程。意志总是表现在人们的实际行动中，也被称为意志行动。意志是人的心理主观能动性、积极性的集中体现。

二、意志行动的特征

1. 意志行动有明确的预定目的（目的性）

意志过程之所以是人和动物有所区别的一个方面，是因为意志是有自觉目的性的，这是意志行动的首要特征。

2. 意志行动以随意运动为基础（随意性）

所谓随意运动，是指一种受意识支配的，具有一定目的性和方向性的活动，通常是一些已经熟练掌握的动作。

人的动作有不随意动作和随意动作两种情况。不随意动作是没有预定目的、不需努力、自然而然的活动；随意动作是有预定目的、受意识指引的活动，如打球、弹琴等。随意动作是意志行动的必要组成部分，如果不掌握这些必要的随意动作，意志行动就无法实现；有了随意动作，人们就可以根据目的去组织、支配和调节一系列的动作，组成复杂的行动，从而实现预定的目的。不过必须明确，随意动作不等于意志行动，而意志行动必须以随意动作为基础。例如，写字是随意动作，但不能说写字就表现了人的意志，只有写字受到阻碍，如胳膊受伤疼痛、写字有困难时，通过克服困难，才表现为意志。

3. 意志行动与克服困难相联系（坚忍性）

人们评价意志行动的时候，往往是和它是否克服了困难相联系的，这是意志行动最重要的特征。

4. 意志行动受意识能动地调节和支配（意识性）

意志对行动的支配和调节作用体现在两个方面：一是为达到一定的目的开展必需的行动；二是表现为阻止和克制与预定目的相违背的愿望与行动。古人说过"有所为，有所不为"，正是通过发挥和抑制这两种作用，意志实现着对人的活动的支配和调节，保证了活动目的的顺利实现。

三、意志行动的过程

（一）准备阶段

这一阶段具体包括动机冲突、确定行动目的、选择行动方法、制订行动计划四个环节。

1. 动机冲突

确立目的是意志行动的前提，但在确立目的的过程中，往往会遇到动机的冲突。勒温最先研究了动机冲突，他认为动机的冲突一般有四种形式：

（1）双趋式冲突（接近—接近型冲突）：两个目标具有同样的吸引力，两个动机同样强烈，但不能同时获得时所遇到的冲突叫双趋式冲突。"鱼和熊掌不可兼得"的矛盾冲突就是双趋式冲突。在某些时候人们面临多种选择，又分身乏术，不能同时得到。譬如一个面临大学毕业的学生既想参加工作，又想考研究生，为此犹豫不定。而若要解决双趋冲突，只能权衡利弊，趋向认为重要的更有价值的目标。如果那个学生认为考研后继续深造意味着新的学业压力和经济负担，但长远来看，参加研究生学习更符合社会发展的要求，自己也会有更大的收益，那他可能会放弃眼前的工作机会去选择考研。

（2）双避式冲突（回避—回避型冲突）：两种目标都想避开，但只能避开一个目标的时候，人们只好选择对自己损失小的而避开损失大的目标，这种冲突叫双避式冲突。所谓"前有断崖，后有追兵"就属于这种情况。再比如一个学生犯了严重的错误，想认错又怕挨批评、丢面子，不认错又担心被人揭发后受更大的处分。对于这种情况，需要当事人做出明智的选择。当这个学生认识到立即承认错误、悬崖勒马是补救的最好方法时，动机冲突也就随之解决了。

（3）趋避式冲突（接近—回避型冲突）：想获得一个目标，它对自己既有利又有弊时所遇到的冲突，想吃糖又怕胖的心理冲突就是趋避式冲突。古代文学作品《三国演义》中说曹操兵败斜谷，进退两难，当夜规定军中口令为"鸡肋"——食之无味，弃之可惜，就是这种内心矛盾的体现。在生活中我们对一个人爱恨交织，对一件东西取舍不定，也是趋避冲突的体验。面对这种情况，只能权衡利弊，做出接受或放弃的决定。比如一个人既为炒股的丰厚收益所吸引，更为股市的高风险而担忧，再考虑到自己工资微薄，没有雄厚的炒股资本，可能会就此放弃。

（4）多重趋避式冲突（多重接近—回避型冲突）：人们常常会遇到多个目标，每个目标对自己都有利也都有弊，反复权衡拿不定主意，这时所遇到的冲突叫多重趋避式冲突。两种工作，一种地位高待遇低，另一种待遇高地位低，选择哪种工作，难以拿定主意，这就是双重趋避式冲突。

2. 确定行动目的

在动机冲突获得解决或明确了行动的主导动机之后，行动的方向和目的就容易确定。作为意志行动都要有预先确定的行动目的，这是意志行动产生的重要环节。

3. 选择行动方法

确立行动目的之后，就需要选择适宜的行动方式和方法。首先要比较不同方式和方法间的优缺点，即判断能否顺利有效地达到行动目的。其次还要考虑行动方式和方法是否符合公众利益和社会道德，不能为了达到个人目的不择手段、损人利己，而要选择既有利于社会也有利于个人的方式。

4. 制订行动计划

在选定了行动目的和行动方法之后，在采取决定之前，要制订一个行动计划。一个切实、合理的计划将为执行决定打下一个良好的基础。

（二）执行决定阶段

在执行阶段，既要坚定地执行既定的计划，又要克制那些妨碍达到既定目标的动机和行为。这一阶段还要不断审视自己的计划，以便及时修正计划，保证目标的实现。执行决定阶段是意志行动的关键阶段。

四、意志的品质

（一）意志的自觉性（独立性）

意志的自觉性是指对行动的目的有深刻认识、能自觉地支配自己的行动、使行动服从于活动目的的品质。具有自觉性品质的人，不随波逐流，不屈服于外界的压力，能独立地判断，独立地采取决定和执行决定。例如，"今日事，今日毕"就是意志自制性的体现。与自觉性相反的是受暗示性和武断从事（独断性）。历史上的马谡失街亭、曹操走华容、楚霸王四面楚歌，都是由于独断专行造成的后果。

（二）意志的果断性

意志的果断性是指迅速地、不失时机地采取决定的品质。例如，"司马光砸缸"的故事中司马光当机立断，能够迅速而合理的做出决定，就是意志果断性的体现。与这种品质相反的是优柔寡断和鲁莽草率。优柔寡断的人遇事犹豫不决，患得患失，顾虑重重；在认识上分不清轻重缓急，思想斗争时间过长，即使执行决定也是三心二意。草率的人则相反，在没有辨明是非之前，不负责任地做出决断，凭一时冲动，不考虑主、客观条件和行动的后果。

（三）意志的坚韧性（坚持性、坚定性）

意志的坚韧性是指坚持不懈地克服困难、永不退缩的品质，这种品质又叫毅力或顽强性。坚韧性（坚持性）是其他品质的综合体现，是意志最重要的品质。例如，"愚公移山""水滴石穿""铁杵磨成针""锲而不舍，金石可镂""冰冻三尺非一日之寒""不抛弃，不放弃"等就是意志坚韧性的集中体现。与这种品质相反的是动摇（见异思迁）和执拗（顽固执拗）。顽固执拗的人对自己的行动不作理性评价，执迷不悟，或者是明知不可为而为之。见异思迁者则行为缺乏坚定性，容易发生动摇，随意更改目标和行动方向，这山望着那山高，庸庸碌碌，终生无为。

鲁迅先生在"风雨如磐"的旧社会，既有坚定的信仰和不屈的战斗精神，又提倡"韧性的战斗"，不同意青年学生赤手空拳去白白地流血牺牲，可以说是意志品质坚忍性的最好体现。平时我们说某人总是"一条道走到黑"，或是"不见黄河不死心"，就是指行为过于执拗，总是一意孤行。

（四）意志的自制性

意志的自制性是指善于管理和控制自己情绪和行动的能力，又叫自制力。例如，魏征曾对唐太宗李世民说："嗜欲喜怒之情，贤愚皆同，贤者能节之，不使过度，愚者纵之，每至所失。"这说明人要善于控制自己的情绪，反映了意志的自制性。自制性主要表现在两个方面：一是善于驱使自己去执行所采取的决定；二是善于抑制与自己的目的相违背的愿望。与这种品质相反的是任性和怯懦。任性的人自我约束力差，不能有效地调节自己的言论和行动，不能控制自己的情绪，行为常常为情绪所支配。怯懦的人胆小怕事，遇到困难或情况突变时惊慌失措。

五、学生意志发展的特点

（一）小学生意志发展的特点

1. 意志自觉性的发展

小学生意志行动盲目性大，不稳定性强，很容易改变自己的行动或盲目地追随他人的行动，具有很大的依赖性；小学低年级学生也不善于自觉地、独立地提出行动的动机和目的。中高年级小学生的自觉性逐渐发展起来，能按照教师的要求完成多种活动任务，并逐渐学会自觉地计划和检查自己的活动；但总的来看，小学生按照一定原则自觉完成任务的能力还较低。

2. 意志果断性的发展

小学低年级学生还不能当机立断地处理事情，从中年级开始才逐渐表现出意志果断性的品质。在整个小学阶段，要求小学生深思熟虑之后果断地处理一些充满矛盾的问题还是比较困难的。

3. 意志自制性的发展

小学低年级学生的自制力发展较差，到三年级时会有显著发展。整个小学阶段，学生的自制力都是初步的、低水平的。

4. 意志坚韧性的发展

小学生坚韧性的发展有一个过程，最初是在读、写、算等学习活动中逐渐形成的，也是在教师和家长等外力的影响下发展成为依靠自身内部力量驱使的过程中形成的。随着动机稳定性和自觉性的发展，到小学三年级时，这种坚持性才成为他们的意志品质。

（二）中学生意志发展的特点

1. 意志自觉性的发展

中学生对客观事物的认识能力已有较大发展，自我调节的能力和行动规划能力都与小学生大为不同。他们的学习活动一般都有比较明确的目的，能在一定程度上独立确立目的、制订计划、支配自己的行动。

2. 意志果断性的发展

中学生一般都能按照一定的观点、原则去行事，果断性比以前有所提高，但整体水平不高，在行动中常常带有草率决定或优柔寡断的特点。我国的一些心理研究表明，意志果断性的发展从小学二年级到初中二年级并不显著，到高一前后才有明显提高。这可能与他们的认识能力，特别是思维的批判性和敏捷性的发展相联系。

3. 意志自制性的发展

中学生的自制力比小学生有了质的提高，不管在课堂教学还是课外活动中，都显示出更多的自律能力。但初中生的情绪也容易变化，意志还不够坚定，与高中生相比有明显不足。

4. 意志坚持性的发展

初中生行动的目的明确性、情绪情感和个性对意志的支撑作用、自我调控能力都比小学生强，因此坚持性比小学生大有进步。但初中生在遇到困难时也常有灰心丧气的表现，与高中生相比有明显不足。

六、良好意志品质的培养

（一）加强世界观和人生观教育，确立正确的行动目的
加强目的动机教育，培养正确的观念。

（二）发挥教师和班集体的影响，给予必要的纪律约束
严格教育管理，养成自觉遵守纪律的习惯。

（三）组织实践活动，加强意志锻炼
通过实际行动进行锻炼，增强克服困难的毅力。

（四）针对个别差异采取不同的锻炼方式，着力培养优良品质

（五）启发学生的觉悟，引导学生进行意志的自我锻炼

真题回顾与模块自测

一、单选题

1. "狂喜时手舞足蹈，悲痛时嚎啕大哭"所体现的情绪状态是（　　）。

   A. 心境　　　　　　　　B. 激情　　　　　　　　C. 应激　　　　　　　　D. 热情

2. 某同学的学习成绩不太好，却经常在同学面前炫耀家里有钱，以求得心理满足。这位同学的行为是心理防御方式中的（　　）行为。（2020.7.25德州德城、经开、陵城真题）

   A. 升华　　　　　　　　B. 补偿　　　　　　　　C. 退行　　　　　　　　D. 转移

3. 暑假期间，小丁想跟爸爸妈妈外出旅游，但又想参加学校组织的夏令营，不知该怎么办。这种心理活动属于心理冲突中的（　　）。（2020.7.18青岛真题）

   A. 多重趋避冲突　　　　B. 双避冲突　　　　　　C. 双趋冲突　　　　　　D. 趋避冲突

4. （　　）是意志的首要品质，贯穿于意志行动的始终。（2020.8.8济南章丘真题）

   A. 自觉性　　　　　　　B. 果断性　　　　　　　C. 坚韧性　　　　　　　D. 自制性

二、多选题

1. 下列选项中，属于理智感的是（　　）。

   A. 探求新事物的好奇心　　　　　　　　　　B. 百思不得其解时的困惑

   C. 对教师观点的质疑　　　　　　　　　　　D. 欣赏自然景色时的心旷神怡

2. 表情主要包括（　　）。

   A. 面部表情　　　　　　B. 躯体表情　　　　　　C. 手势表情　　　　　　D. 言语表情

3. 下列关于意志的特征，说法正确的是（　　）。

   A. 明确的目的性是意志的首要特征　　　　　B. 克服困难是意志行动最重要的特征

   C. 意志以不随意动作作为基础　　　　　　　D. 意志对活动有调节作用

三、判断题

1. "化悲痛为力量"属于情绪情感的组织功能。（　　）
2. 心理学家用来研究儿童自我控制能力和行为的实验是延迟满足实验（或称棉花糖实验）。（　　）

【参考答案】

一、单选题

1. B　2. B　3. C　4. A

二、多选题

1. ABC　2. ABCD　3. ABD

三、判断题

1. ×　2. √

第四章 个性心理

个性心理可分为个性倾向性和个性心理特征两个方面，其中个性心理特征是教育心理学研究的重点内容。本章将重点研究需要、动机、兴趣、能力、气质和性格等心理活动及其教学应用。

思维导图

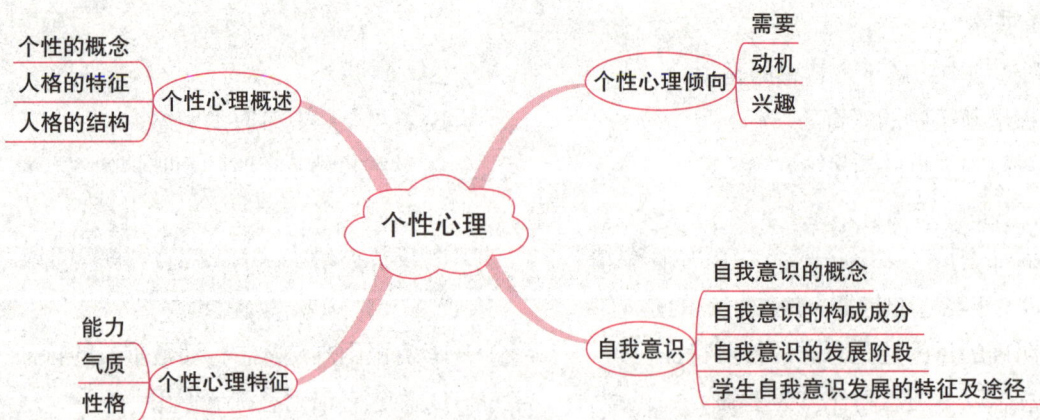

个性心理
- 个性心理概述
  - 个性的概念
  - 人格的特征
  - 人格的结构
- 个性心理特征
  - 能力
  - 气质
  - 性格
- 个性心理倾向
  - 需要
  - 动机
  - 兴趣
- 自我意识
  - 自我意识的概念
  - 自我意识的构成成分
  - 自我意识的发展阶段
  - 学生自我意识发展的特征及途径

第一节 个性心理（人格）概述

一、人格的概念

在西方，个性一词源于拉丁语Persona。个性心理又称人格，是构成一个人思想、情感及行为的特有模式，这个独特模式包含了一个人区别于他人的稳定而统一的心理品质。它是一个相对稳定的组织结构，是一个人在人生舞台所扮演角色的各种心理活动的整合。

二、人格的基本特征

1. 独特性和共同性

"人心不同，各如其面"，这如同世界上很难找到两片完全相同的叶子一样，也很难找到两个完全相同的人。一个人的人格是在遗传、成熟、环境、教育等先天、后天因素的交互作用下形成的。遗传环境、生存及教育环境的不同，形成了各自独特的心理特点。

强调个性的独特性，并不排除个性的共同性。个性的共同性是指某一群体、某个阶级或某个民族在一定的群体环境、生活环境、自然环境中形成的共同的典型的心理特点。正是个性具有的独特性和共同性才组成了一个人复杂的心理面貌。

2. 稳定性与可塑性

"江山易改，禀性难移"。某种人格特点一旦形成，就会相对稳定下来。这种稳定性还表现在，人格特征在不同时空下表现出一致性的特点。在行为中偶然发生的、一时性的心理特性，不能称为人格。例如，一位性格内向的大学生，在各种不同的场合都会表现出沉默寡言的特点，这种特点从入学到毕业不会有很大的变化，这就是人格的稳定性。

但是个性或称人格绝不是一成不变的。因为现实生活非常复杂，随着社会现实和生活条件、教育条件的变化，年龄的增长，主观的努力等，个性也可能会发生某种程度的改变，具有一定的可塑性。

3. 整合性（整体性、统合性、复杂性）

人是由多种成分构成的一个有机体，具有内在的一致性，受自我意识控制。各种人格的组合千变万化，表现千姿百态，而使个体行为呈现多元化、多层面的特征。人格的统合性是心理健康的重要指标。如果人格结构的各方面彼此不和谐一致，或将产生心理冲突甚至人格分裂。

4. 功能性

"性格决定命运"。人格决定一个人的生活方式，人格是一个人生活成败、喜怒哀乐的根源。

5. 自然性和社会性

人的个性是在先天的自然素质的基础上，通过后天的学习、教育与环境的作用逐渐形成起来的；因此，个性首先具有自然性。人们与生俱来的感知器官、运动器官、神经系统和大脑在结构上与机能上的一系列特点，是个性形成的物质基础与前提条件。

个性又是在个体生活过程中逐渐形成的，在很大程度上受社会文化、教育教养内容和方式的塑造。可以说，每个人的人格都打上了他所处的社会的烙印，是个体社会化的结果。人在一生中所经历的社会化的类型主要有早期社会化（儿童社会化，主要内容是向儿童传授语言和其它认知本领）、预期社会化（青年社会化，在此过程中个体学习未来扮演的角色）、发展社会化（继续社会化，个体为适应环境变化对角色提出的新要求而进行的学习）、反向社会化（年轻一代用新知识、新观念影响前辈）和再社会化（个体改变以前的知识结构、价值标准和行为模式，建立起新的符合社会要求和新形势需要的知识结构）。

三、人格结构

传统心理学认为，个性心理作为整体结构，可划分为既相互联系又有区别的两个系统，即个性倾向性（动力结构）和个性心理特征（特征结构）。现代认知心理学认为，人格是一个复杂的结构系统，它包括许多成分，其中最主要的有气质、性格、自我调控、认知风格等方面。

气质是表现在心理活动的强度、速度、灵活性与指向性等方面的一种稳定的心理特征，即我们平时所说的脾气、禀性。人的气质差异是先天形成的，受神经系统活动过程的特性所制约。气质是人的天性，无好坏之分。它只给人的言行涂上某种色彩，但不能决定人的社会价值，也不直接具有社会道德评价含义。气质不能决定一个人的成就。

性格表现了人们对现实和周围世界的态度，并表现在他的行为举止中。性格主要体现在对自己、对别人、对事物的态度和所采取的言行上。性格表现了一个人的品德，受人的价值观、人生观、世界观的影响。性格是在后天社会环境中逐渐形成的，是人最核心的人格差异。性格有好坏之分，能最直接地反映出一个人的道德风貌。性格是在社会生活中逐渐形成的，同时也受个体的生物学因素的影响。

自我调控系统是人格中的内控系统或自控系统，具有自我认识、自我体验、自我控制三个子系统，其作用是对人格的各种成分进行调控，保证人格的完整、统一与和谐。自我认识是对自己的洞察和理解，包括自我观察和自我评价。自我体验是伴随自我认识而产生的内心体验，是自我意识在情感上的表现。自尊是自我体验的核心和主要方面。自我控制是自我意识在行为上的表现，是实现自我意识调节的最后环节。如一个学生意识到学习对自己发展的重要意义，会激发起努力学习的动机，在行为上表现出刻苦学习、不怕困难的精神。自我控制包括自我监控、自我激励、自我教育等成分。

人格差异不仅表现在行为反应上，还表现在认知方式上。认知风格便是人格差异在认识方式上的反映。认知风格是指个人所偏爱使用的信息加工方式。认知风格不同于认知能力。认知加工方式有许多种，主要有：场独立性和场依存性、冲动性和沉思性、同时性和继时性等。

第二节　个性心理倾向

一、需要

（一）需要的概念与特征

需要是个体在生活中感到某种欠缺而力求获得满足的一种内心状态。需要是个体活动的基本动力，是个体行为动力的重要源泉。需要是个体活动的原动力，具有对象性、动力性、社会性、紧张性和层次性等特征。

（二）需要的种类

1. 生理需要和社会需要

从需要的起源划分，需要包括生理需要（自然需要）和社会需要。生理需要是为保存和维持有机体生命和种族延续所必需的。社会需要是人们为了提高自己的物质和文化生活水平而产生的社会性需要。

2. 物质需要和精神需要

按需要的对象划分，需要包括物质需要和精神需要两类。物质需要是指人对物质对象的需求，包括对衣、食、住有关物品的需要，对工具和日常生活用品的需要。物质需要既包括生理需要又包括社会需要。精神需要是指人对社会精神生活及其产品的需求，包括对知识的需要、对文化艺术的需要、对审美与道德的需要等。这些需要既是精神需要又是社会需要。

二、动机

（一）动机的概念

动机是指引起和维持个体活动，并使活动朝向某一目标的内部动力。动机这一概念包含以下内容：（1）动机是一种内部刺激，是个人行为的直接原因；（2）动机为个人的行为提出目标；（3）动机为个人行为提供力量以达到体内平衡；（4）动机使个人明确其行为的意义。

（二）动机的种类

1. 内在动机和外在动机

根据动机的引发原因，可将动机分为内在动机和外在动机两类。内在动机是由活动本身产生的快乐和满足所引起的，它不需要外在条件的参与。个体追逐的奖励来自活动的内部，即活动成功本身就是对个体最好的奖励，如学生为了获得知识、充实自己而努力读书就属于内在动机。外在动机是由活动外部因素引起的，个体追逐的奖励来自动机活动的外部，如有的学生认真学习是为了获得教师和家长的好评等。内在动机的强度大，时间持续长；外在动机持续时间短，往往带有一定的强制性。事实上，这两种动机缺一不可，必须结合起来才能对个人行为产生更大的推动作用。

2. 主导性动机和辅助性动机

根据动机在活动中所起的不同作用，可将动机分为主导性动机与辅助性动机两类。主导性动机是指在活动中所起作用较为强烈、稳定、处于支配地位的动机。辅助性动机是指在活动中所起作用较弱、较不稳定、处于辅助性地位的动机。在儿童的成长过程中，活动的主导性动机是不断变化与发展的。事实表明，只有在主导性动机与辅助性动机的关系较为一致时，活动动力才会加强；如果彼此冲突，活动动力就会减弱。

3. 生理性动机和社会性动机

根据动机的起源和性质，可将动机分为生理性动机和社会性动机两类。生理性动机是以个体生理需要为基础的动机。例如，饥饿、渴、缺氧、疼痛、睡眠、排泄、性欲、母性等都是生理性动机。社会性动机是与人的社会性需要相联系的，是后天习得的，如兴趣、交往动机、权力动机、成就动机、学习动机等。

成就动机是人们希望从事对他有重要意义的、有一定困难的、具有挑战性的活动，在活动中能取得完满的优异结果和成绩，并能超过他人。例如，一个幼儿园的孩子希望自己搭的积木又高又稳，超过别的孩子；一个小学生希望自己在考试中获得好成绩，能名列前茅；一位青年工人希望自己在技术革新中做出贡献，能得到工厂的奖励；一位作家希望创作出反映时代重大主题的作品，受到社会的好评。权力动机是指人们具有的某种支配和影响他人以及周围环境的内在驱力。从个体行为目标上，权力动机可分为个人化权力动机和社会化权力动机两类。持个人化权力动机者寻求权力的目的是为了满足个人的私欲或利益；持社会化权力动机的人寻求权力的目的是为了他人。交往动机是在交往需要的基础上发展起来的一种重要的社会性动机，它反映了劳动和人类社会的生活要求，依赖于个体的交往经验。学习动机是人类的一种重要的社会性动机，是直接推动学生进行学习的内部动力。陈琦、刘儒德等人认为，知识价值观、学习兴趣、学习能力感、成就归因四个方面，是学习动机的主要内容。

4. 近景动机和远景动机

根据动机行为与目标远近的关系，可将动机划分为近景动机和远景动机两类。近景动机是指与近期目标相联系的动机；远景动机是指与长远目标相联系的动机。有的学生努力学习，其目标是为期末考试获得好成绩；而有的学生努力学习，其目标是为今后从事教育事业打基础。前者为近景动机，后者为远景动机。远景动机和近景动机具有相对性，在一定条件下，两者可以相互转化。远景目标可分解为许多近景目标，近景目标要服从远景目标，体现远景目标。"千里之行，始于足下"，是对近景动机与远景动机辩证关系的描述。

（三）动机的功能

1. 激活功能

动机具有发动行为的作用，能推动个体产生某种活动，使个体由静止状态转向活动状态。例如，一个学生想要掌握电脑的操作技术，他就会在这个动机驱动下，产生相应的行为；又如，爱集邮的人，看到一张精美的邮票就会产生占有它的动机。个体一旦产生这种动机，就会想方设法买到或用其他物品换到这张邮票。这里的"买"或"换"的活动就是在"占有"动机的推动下进行的，如果没有这种动机就不会产生"买"或"换"的行为。

2. 指向功能（引导功能）

动机不仅能激发活动，而且能将行为指向一定的对象或目标。例如：一个人有了想吃东西的动机，他的活动就指向食品，就会去寻找或购买食品；在学习动机的支配下，人们会到书店买书或去图书馆借书；一个学生确立了未来从事某种职业的动机，其头脑中所具有的这种表象可以使之力求注意他所学的东西，为完成他所确立的志向而不懈努力。

3. 维持和调整功能（强化功能）

当动机激发个体的某种活动后，这种活动能否坚持下去，同样要受动机的调节和支配。动机的维持作用是由个体的活动与他预期的目标的一致性程度来决定的。当活动指向个体所追求的目标时，这种活动就会在相应动机的维持下继续下去。

（四）动机产生的条件

1. 需要——引起动机的内部条件

需要是动机形成的基础，人的动机是在需要的基础上形成的。

2. 诱因——引起动机的外部条件

诱因是指能满足个体需要的外部刺激物。想买衣服的人，看到商场陈列的服装，就可能产生购买的动机，商场里的服装就是购买活动的诱因。诱因使个体的需要指向具体的目标，从而引发个体的活动；因此，诱因是引起相应动机的外部条件。

诱因分为正诱因和负诱因两种。正诱因是指能使个体因趋近它而满足需要的刺激物。例如，儿童被同伴群体接纳，可以满足其归属与爱的需要。在这里，同伴群体的作用就是一种正诱因。负诱因是指能使个体因回避它而满足需要的刺激物。例如，考试对一个成绩不好的学生来说往往意味着自尊心的伤害，因此，他往往采取种种方式以逃避考试，维护自己的自尊心。在这里，考试就成了负诱因。

此外，影响动机形成的因素有价值观、情绪、认知和行为结果等。

（五）动机的理论

1. 本能理论

本能理论的代表人物有詹姆斯、麦独孤、洛伦茨等，其主要观点是：人的大部分行为是由本能控制的，本能是在进化过程中形成的一种不学而能的行为模式，是人类行为的原动力。本能理论的缺点在于无法确切地对行为的原因进行揭示，存在循环论证的问题。

2. 驱力理论

驱力理论的代表人物是赫尔，其主要观点是：个体由于生理需要而产生一种紧张状态即驱力，激发或驱动个体的行为以满足需要，消除紧张，从而减少驱力，恢复机体平衡状态。赫尔认为，驱力（D）、习惯强度（H）共同决定了个体的有效行为潜能（P），它们之间的相互关系可以表示为：$P=D×H$。驱力理论的缺点在于不能解释驱力增加的行为，如绝食抗议、悬梁刺股等。

3. 唤醒理论

唤醒理论的代表人物有赫布、柏林等，其主要观点是：人们总是被唤醒，并维持着生理激活的最佳水平，不是太高，也不是太低。唤醒理论提出了三个原理：第一个原理是人们偏好最佳的唤醒水平；第二个原理是简化原理，即重复进行刺激能使唤醒水平降低；第三个原理是个人经验对于偏好的影响。

4. 诱因理论

赫尔针对驱力理论忽略了外部环境在引发行为上的作用的缺陷，提出了诱因理论。诱因是指能满足个体需要的外部刺激，它可以促使个体去追求目标。赫尔修改了自己的公式，在其中增加了诱因因素（K），即P（行为潜能）$=D$（驱力）$×H$（习惯强度）$×K$（诱因）。

5. 动机的认知理论

动机的认知理论认为，认知具有动机功能，动机的认知理论主要有：期待价值理论、动机的归因理论、自我功效理论、自我决定理论、成就目标理论等。

三、兴趣

（一）兴趣的概念

兴趣是指一个人积极探究某种事物及爱好某种活动的心理倾向。它是人认识需要的情绪表现，反映了人对客观事物的选择性态度。人们历来重视兴趣在教学中的作用，孔子就曾说过"知之者不如好之者，好之者不如乐之者"，爱因斯坦也说过"兴趣是最好的老师"。

（二）兴趣的种类

1. 直接兴趣和间接兴趣

根据目的、来源和倾向性的不同，兴趣可分为直接兴趣和间接兴趣两类。

直接兴趣是由于有意义事物本身在情绪上引人入胜而引起的，例如，学生对一堂生动的课、电影、歌曲等的兴趣就是直接兴趣。直接兴趣具有暂时性的特点。

间接兴趣是指对某种事物或活动本身没有兴趣，但对其结果感到需要而产生的兴趣。如有的学生对某些课程并不感兴趣，甚至感到乏味，但意识到学好这些课程对将来服务于社会有重要作用，因此刻苦学习，并对此产生兴趣。间接兴趣具有较稳定的特点。

2. 中心兴趣和广阔兴趣

从兴趣的广度来看，兴趣可分为中心兴趣和广阔兴趣两类。中心兴趣是对某一方面的事物或活动有极浓厚而稳定的兴趣；广阔兴趣是对多方面的事物或活动表现出兴趣。

3. 个体兴趣和情境兴趣

个体兴趣是指个体长期指向一定客体、活动和知识领域的一种相对稳定的兴趣，如美术是某人一生的爱好。情境兴趣是指由某一事物突然激发的兴趣，持续时间较短，是一种唤醒状态的兴趣，如某人最近突然对游泳感兴趣就属于这种情况。

4. 稳定兴趣和短暂兴趣

根据兴趣维持时间的久暂，可把兴趣分为稳定的兴趣和短暂的兴趣两类。稳定的兴趣是指对某种活动具有持久性的喜爱，不因某种活动的结束而消失。短暂的兴趣一般指偶尔或一时为某种事物或活动所吸引，随着某种事物或活动的结束而消失。

5. 物质兴趣和精神兴趣

根据兴趣所指向的对象，可把兴趣分为物质兴趣和精神兴趣两类。物质兴趣是由物质需要引起的兴趣，表现为对衣、食、住、行等物质生活用品等的兴趣。精神兴趣是由精神需要引起的兴趣，表现为认识、交往、娱乐等兴趣。

（三）兴趣的功能

兴趣在人们的活动中的基本功能主要表现为定向与动力两方面。

1. 兴趣的定向功能

兴趣的定向功能是指一个人现在和将来要做的事情往往是由自己的兴趣来定向的。它可以奠定一个人事业的基础和进取的方向。因此，教学中，教师注意发展和培养学生兴趣就显得十分重要。

2. 兴趣的动力功能

兴趣的动力功能是说人的兴趣可以转化为动机，成为激励人们进行某种活动的推动力。教师在教学中应善于唤起并组织学生的兴趣，以便激励他们更好地去学习。

（四）兴趣的品质

1. 兴趣的广阔性

兴趣的广阔性是指一个人兴趣范围的大小或丰富性的程度，也可称为兴趣的广度。兴趣的广度具有明显的个别差异。有的人兴趣十分狭窄，对什么都没热情，也不感兴趣；而有的人兴趣十分广阔。马克思就是一个很好的例子，他女儿要他写出他喜欢的格言，他写了古拉丁语谚语——凡是与人有关的，都是我所关心的。爱因斯坦也是如此，他是最伟大的物理学家，但又非常喜欢音乐，小提琴拉得好，钢琴也弹得很出色，甚至能撰写文学评论。

兴趣的广阔与兴趣的分散不同。兴趣的广阔指一个人兴趣丰富，其中往往有中心兴趣。就是说，一个人对很多事物或活动具有广阔兴趣的基础上，对其中的某一事物或活动特别感兴趣，并以其为中心去发展其他各种兴趣。兴趣的分散指一个人兴趣易变、肤浅，而且没有中心兴趣，好像样样懂，但样样都不精，忙忙碌碌，无所创造。因此，在中心兴趣基础上的兴趣的广阔，才是兴趣珍贵的品质。

2. 兴趣的倾向性（兴趣的中心）

兴趣的倾向性是指一个人的兴趣所指向的是什么事物。由于兴趣的倾向性不同，人与人之间会出现很大的不同，如有的人对文学感兴趣，有的人对数学感兴趣，有的人对音乐感兴趣等。

3. 兴趣的稳定性（兴趣的持久性）

兴趣的稳定性是指中心兴趣持续的时间或巩固的程度。从这一品质考察，有的人兴趣是持久而稳定的，这种人一旦对某种事物或活动产生兴趣，就始终保持，还会一步一步地深入下去，达到迷恋的程度；而有的人兴趣极不稳定，经常会对某种事物产生兴趣，但又不能持久，往往朝秦暮楚，见异思迁。这种暂时的兴趣纵然一时很强烈，对实践活动的推动作用也不大。可见，在兴趣的稳定性方面也存在很大的个别差异。

4. 兴趣的效能性

兴趣的效能性是指兴趣对活动产生的作用的大小。兴趣对人的行动的动力作用可分为积极和消极两种，凡是对社会的进步和个人身心发展起推动作用的，就是具有积极效能的兴趣；凡是对社会的进步和个人身心发展起阻碍作用的，就是具有消极效能的兴趣。同样，人们兴趣的效能性是有很大的个别差异的。有的人的兴趣是主动的、积极的；有的人的兴趣是消极的、被动的。如有的学生对上网很有兴趣，但主要用于玩游戏或聊天，影响了正常的学习和生活，这样的兴趣就是消极效能的兴趣。总之，高尚的兴趣都具有积极的效能，低级的兴趣只有消极的效能。有效能的兴趣才能促使人参与某项活动，从而获得知识经验，增长才干。

（五）学习兴趣的影响因素

1. 事物本身的特性

2. 人们已有的知识经验

3. 人们对事物产生的愉快情感体验

（六）学习兴趣的激发与培养

1. 建立积极的心理准备状态

2. 充分利用本学科的特点优势，激发学生学习兴趣

3. 创设问题情境

4. 改进教学方法

5. 依据学习结果的反馈，激发学生进一步学好的愿望

四、信念

信念是一个人坚信他所获得的知识的真实性并力求加以实现的个性倾向性。信念不仅是人对他所获得的知识的领悟和理解，而且富有深刻的情感和热情，并在生活中接受它的指导。实践表明，信念是知和情的升华，也是知转化为行的中介、动力。可以说，信念是知、情、意的高度统一。

五、理想

理想是对未来有可能实现的奋斗目标的向往和追求。它是以一定信念为基础的，是信念对象的未来形象和具体内容。根据理想的内容，可把理想分为职业理想、政治理想和道德理想等类别。职业理想指自己将来想要从事哪方面的工作；政治理想指为实现什么样的政治目标而奋斗；道德理想指要做一个具有什么样道德品质的人。这三种理想是彼此密切联系在一起的。

六、世界观

世界观是指对自然、社会和人类思维形成的观点体系，是人对整个世界的看法。世界观有两种存在形式：一种是以社会意识形态而存在的阶级的世界观，属于哲学研究的范畴；二是作为心理学研究对象的个人世界观。世界观是在需要、动机、兴趣、理想与信念的基础上通过人的活动而形成的。它一旦形成，就对其他个性倾向性及一切心理活动具有调节作用，因此，它是个性倾向性的最高层次。

世界观的作用主要表现为：决定着个性发展的趋向与稳定性；影响认识的正确性与深度；制约情感的性质与情绪的变化；调节人的行为习惯。在世界观中，心理学对价值观、人生观研究较多。少年期是人生观的萌芽期，青年初期学生的人生观初步形成。

第三节　个性心理特征

一、能力

（一）能力的概念

能力是直接影响活动效率，使活动顺利完成的个性心理特征。能力不仅包含了一个人现在已经达到的成就水平，而且包含了一个人具有的潜力。

首先，能力是和活动紧密相连的，离开了具体活动，能力就无法形成和表现。其次，能力是顺利完成某项活动的直接有效的心理特征，而不是顺利完成某项活动的全部心理条件。

（二）才能与天才

要顺利完成某项活动，单凭一种能力是不够的，必须靠多种能力的结合。我们把多种能力的有机结合称为才能。说一个人有才能，即意味着他能综合运用从事某项活动所必需的各种能力，因而能取得很好的效果。才能常以活动的名称来命名，如音乐才能、管理才能、教学才能等。

如果完成各种活动所必备的各种能力得到最充分的发展和最完美的结合，并能创造性地、出色地完成相应的活动，就表明这个人具有从事这种活动的天才。天才就是高度发展的诸多能力之最完美的结合。如数学天才就是由对有关材料的概括能力、把运算过程迅速"简化"的能力、由正运算灵活过渡到逆运算的能力等几种高度发展的能力完美结合而形成的。

（三）能力与知识、技能的关系

1. 联系

（1）知识、技能是能力形成的基础，并推动能力的发展。

（2）能力是掌握知识和技能的前提，能力制约知识、技能的掌握水平，影响知识、技能的学习进度。从一个人掌握知识、技能的速度与质量上，可以看出其能力的大小。

2. 区别

（1）能力与知识、技能具有不同的概括水平。知识是认识经验的概括；技能是活动方式的概括；能力是心理水平的概括。

（2）知识、技能的掌握和能力的发展不是同步的。知识、技能的掌握只有达到熟练程度，通过广泛迁移，才能促进能力的发展。

（3）在一个人身上，知识和技能的发展是无止境的，而能力的发展则有一定的限度。

总之，知识、技能与能力有着密切的关系。首先，能力的形成与发展依赖于知识、技能的掌握。其次，能力的高低又会影响到掌握知识、技能的水平。所以，从一个人掌握知识、技能的速度与质量上，可以看出其能力的大小。同时，能力又不等于知识、技能，我们不应该仅仅依据一个人知识的多寡去简单断定这个人能力的高低。知识和技能是能力的基础，但只有那些能够广泛应用和迁移的知识和技能，才能转化成能力。能力是掌握知识、技能的前提，又是掌握知识、技能的结果。两者是相互转化、相互促进的。

（四）能力的分类

1. 一般能力和特殊能力

按照能力的构造、能力所表现的不同活动领域、能力适应活动范围的大小等，能力可分为一般能力和特殊能力。

一般能力是在不同活动中表现出来的共同能力，是从事一切活动所必备的能力的综合，它保证人们有效地认识世界，也称智力，如观察力、记忆力、想象力、注意力、创造力、抽象概括能力、言语表达能力等。其中抽象概括能力是一般能力的核心，创造力是高级表现。

特殊能力也称专门能力，是指从事某种专业活动所必备的能力的综合，如音乐能力、绘画能力、数学能力、运动能力等。

2. 模仿能力和创造能力

根据从事活动时创造性程度的高低，能力可分为模仿能力和创造能力。

模仿能力也称再造能力，是指在活动中顺利地掌握前人所积累的知识、技能，并按现成的模式进行活动的能力。这种能力有利于学习活动的开展。人们在学习活动中的认知、记忆、操作与熟练能力多属于再造能力。

创造能力是指在活动中创造出独特的、新颖的、有社会价值的产品的能力。它具有独特性、变通性、流畅性的特点。

3. 认知能力和元认知能力

根据活动认知对象的维度，能力可分为认知能力和元认知能力。认知能力是指个体接受信息、加工信息和运用信息的能力，它表现在人对客观世界的认识活动之中。元认知能力是指个体对自己的认识过程进行的认知和控制能力，它表现为人对内心正在发生的认知活动的认识、体验和监控。认知能力活动对象是认知信息，而元认知能力活动对象是认知活动本身，它包括个人怎样评价自己的认知活动、怎样从已知的可能性中选择解决问题的确切方法、怎样集中注意力、怎样判断目标是否与自己的能力一致等。

4. 认知能力、操作能力和社交能力

根据能力功能的不同，能力可分为认知能力、操作能力和社交能力等。认知能力是指人脑存储、加工和提取信息的能力，即所谓的智力；操作能力是指人们操纵自己的肢体去完成各项活动的能力，如劳动能力、实验操作能力等；社交能力是指人们在社会交往活动中所表现出来的能力，如沟通能力、解决纠纷的能力等。

5. 流体能力和晶体能力

根据能力在人一生中不同的发展趋势，能力可分为流体能力和晶体能力两类。流体能力是指在信息加工和问题解决过程中所表现的能力，如对关系的认识，类比、演绎推理能力，形成抽象概念的能力等。一般人在20岁以后，流体能力发展达到顶峰，30岁以后将随年龄的增长而降低。晶体能力是指获得语言、数学等知识的能力，它决定于后天的学习和经验，与社会文化有密切的关系。晶体能力在人的一生中一直在发展，只是到25岁以后，发展速度渐趋平缓。

6. 情绪智力

情绪智力指情绪理解、控制和利用的能力。情绪智力包括一系列心理过程：① 准确和适当地知觉、评价和表达情绪的能力。② 运用情感促进思维的能力。③ 理解和分析情绪、有效地运用情绪知识的能力。④ 调节情绪，以促进情绪和智力发展的能力。

（五）智力结构理论

1. 智力因素与非智力因素

现代心理学认为，影响学习的因素主要有智力因素和非智力因素等。非智力因素有广义与狭义之分，广义的非智力因素是指智力因素之外的对智力发挥或发展有影响的一切心理因素；狭义的非智力因素主要指动机、兴趣、情感、意志、性格等影响学生学习的重要心理因素。非智力因素在人的认识活动中具有动力作用、定向作用、引导作用、维持作用、调节作用、强化作用。

智力也称智能，是使人顺利完成某种活动所必需的各种认知能力的有机结合，这种能力是人开展任何活动都必须具备的最基本的心理条件，例如观察力、理解力、记忆力、思维力、想象力等，思维力是智力的支柱和核心，代表着智力发展的水平。正常发展的智力是人认识客观事物并运用知识解决实际问题的基础。

智力与非智力因素之间是相互作用的关系。首先，智力促进非智力因素的发展。这又表现在两个方面：一方面，智力活动的开展会对非智力因素提出一定的要求，从而促进它的发展；另一方面，智力的各个因素在实践活动中逐渐具有了稳定性，就可以直接转化为性格的理智特征，如记忆力的敏捷性、正确性、持久性，思维力的批判性、独立性、深刻性及广阔性等，而性格是非智力因素的重要成分。可见，智力的发展过程也是非智力因素的发展过程。其次，非智力因素又能支配智力活动，只有在非智力因素的主导下，智力活动才能积极主动，才能克服困难、坚持到底。再次，非智力因素还能补偿智力方面的弱点，"勤能补拙"就是说明非智力因素对智力的补偿作用。由此可见，培养非智力因素是发展智力的重要条件与方法。

2. 智力结构理论

智力结构是指智力包含的因素以及各因素之间是怎样结合起来的。对智力结构理论，心理学家们有不同的解释。归纳西方心理学家的研究，智力理论大体分为三种模型：智力因素说、智力结构理论和智力的信息加工理论。智力因素说主要包括桑代克的独立因素说、斯皮尔曼的二因素说、瑟斯顿的群因素说和加德纳的多元智力理论。智力结构理论主要包括古尔福特的三维结构模型和阜南（也译为弗农）的层次结构理论。智力的信息加工理论主要包括斯腾伯格的三元智力理论和戴斯等人的智力的PASS模型。

（1）斯皮尔曼的二因素论

英国心理学家斯皮尔曼首先提出了智力的二因素论。他认为，智力包括两种因素：一般因素（即G因素）和特殊因素（即S因素）。G因素代表一个人普遍而概括化的能力，参与所有的智力活动。一个人智力高低取决于G因素的数量，智力的关键是G因素。S因素代表一个人的特殊能力，只在某些特殊方面（如绘画、唱歌等）表现出来。S因素参与不同的智力活动，但每种智力活动中主要有一种特定的S因素存在。人在从事任何一项智力活动时都需要有G因素和S因素的共同参与。活动中包含G因素越多，各种任务成绩的正相关就越高；相反，包含S因素越多，成绩的正相关就越低。一般智力测验所测量的只是普通能力（G因素）。

（2）瑟斯顿的群因素论

美国心理学家瑟斯顿提出了智力的群因素理论。他认为，智力是由几个彼此无关的"原始的心理能力"组成的。各种智力活动可分为不同的组群，每一组群中有一种基本的因素是共同的。根据测验结果，他概括出七种基本因素：语言理解能力、语言流畅程度、数字能力、空间知觉能力、知觉速度、记忆能力和推理能力。这七种因素彼此存在不同程度的正相关，而且在年龄越小的儿童中表现得越突出。

（3）吉尔福特的智力三维结构论

美国心理学家吉尔福特提出了智力的三维结构论。他认为，智力是一个由不同方式对不同信息进行加工的各种能力的综合系统，是一个包括内容、操作和成果的三维结构。内容是指思维的对象，包括视觉、听觉、符号、语义和行为五种。操作是指智力活动的反应方式，包括认知、记忆、发散思维、辐合思维和评价五种。成果是指智力活动的产物，包括单元、类别、关系、系统、转换、寓意六种。每个维度中的任何一项，都可以与其他两个维度中的一项结合构成一种智力因素。因此，形成的智力因素总共有150种（5×5×6），其中每一种智力因素都是一个特殊的能力。1988年，他又将操作维度中的记忆分为短时记忆和长时记忆两类，使其由5项变为6项，智力结构的组成因素便增加到5×6×6＝180种。吉尔福德认为每种因素都有独特的能力。例如学生对英语单词的掌握，就是语义、记忆、单元的能力；又如，说出鱼、马、菊花、太阳、猴等事物哪些属于一类，回答这类问题进行的操作是认知，内容是语义，产物是类别。

该理论中，操作真正代表智力的高低。个人针对引起思考的情境，在行为上表现出思考结果之前，所经过的内在操作历程，即代表个人的智力。操作中的发散思维和辐合思维两概念已引起了心理学家们广泛的注意。

（4）卡特尔的流体智力和晶体智力理论

美国心理学家卡特尔，将人的智力分为流体智力和晶体智力两种不同的形态。流体智力是一个人生来就能进行智力活动的能力，即学习和解决问题的能力，它依赖于先天的禀赋，需要较少的专业知识，包括理解复杂关系和解决问题的能力，如在处理数字系列、空间视觉感和图形矩阵项目时所需的能力。而晶体智力则是一个人通过其流体智力所学到的并得到完善的能力，是通过学习语言和其他经验而发展起来的。

流体智力的发展与年龄有密切的关系。一般人在20岁后，流体智力的发展达到顶峰，30岁以后随着年龄的增长而降低。而晶体智力与教育、文化有关，因知识经验的积累，晶体智力随年龄增长而升高。心理学家还发现，流体智力属于人类的基本能力，受教育文化的影响较少；因此在编制适用于不同文化的文化公平测验时，多以流体智力作为不同文化背景者智力比较的基础。

（5）加德纳的多元智力理论

多元智力理论是美国心理学家加德纳提出的。这一理论认为，智力是在某种文化环境的价值标准之下，个体用以解决问题与生产创造所需的能力。加德纳认为，人的智力结构中存在着九种相对独立的智力，这九种智力在人身上的组合方式是多种多样的。加德纳提出的九种智力是：

①语言智力，包括说话、阅读、书写的能力；能说会道、妙笔生花是语言智力高的表现。作家、演说家是言语智力高的人。

②逻辑—数理智力，指数字运算与逻辑思考的能力以及科学分析的能力。数学家是逻辑—数学智力高的人。

③视觉—空间智力，包括认识环境、辨别方向的能力。画家、雕塑家、建筑师的视觉—空间智力发达。

④音乐智力，包括对声音的辨识与韵律表达的能力，这种能力多系天赋。

⑤运动智力，包括支配肢体以完成精密作业的能力。出色的舞蹈家、运动员、外科医生的运动能力特别强。

⑥人际—社交智力，包括与人交往且和睦相处的能力。社交智力高者善于处理人际关系，推销员、教师、心理咨询师、政治家的人际智力很高。

⑦ 自省智力（自知—内省智力），包括认识自己并选择自己生活方向的能力。神学家、哲学家的自省智力比较高。

⑧ 自然探索智力（认识自然智力），能认识植物、动物和其他自然环境（如云和石头）的能力。自然探索智能应当进一步归结为探索智能，包括对于社会的探索和对于自然的探索两个方面。

⑨ 存在智力，人们表现出的对生命、死亡和终极现实提出问题并思考这些问题的倾向性，如人为何到地球上来、别的星球有无生命、动物之间能否相互理解等。

加德纳的多元智能理论是以多维度的、全面的、发展的眼光来评价学生的。加德纳认为，每一个孩子都是一个潜在的天才儿童。随着智能课程的实施，教师们发现，每一个孩子都有自己的"学习风格"，所以教师应注意尊重学生的学习风格，认识学生的长处，充分发挥学生的智能。在具体的评价操作方法上，加德纳推荐了"学习档案"的评价方法。

多元智力理论对我国当前教学改革的启示有：① 积极乐观的学生观；② 科学的智力观；③ 因材施教的教学观；④ 多样化人才观和成长观。

表2-4-1 加德纳的多元智能理论

智力维度	界定	典型人群
语言智能 （linguistic intelligence）	对声音、节奏、单词的意思和语言的不同功能的敏感性	诗人、剧作家、新闻播报员、记者及演说家
逻辑—数学智能 （logical-mathematical intelligence）	能有效地运用数字、推理和假设的能力	科学家、会计师、工程师及电脑程序员
空间智能 （spatial intelligence）	能以三维空间的方式思考，准确地感觉视觉空间，并把所知觉到的表现出来。对色彩、线条、形状及空间关系敏锐	室内装潢师、建筑师、航海家、侦察员、向导、艺术家及飞行员
肢体—动觉智能 （bodily-kinesthetic intelligence）	能巧妙地运用身体来表达想法和感觉，能灵活地运用双手灵巧地生产或改造事物的能力	演员、运动员、舞蹈家、外科医生及手艺人
音乐智能 （musical intelligence）	能觉察、辨别、改变、欣赏、表达或创作音乐的能力	作曲家、乐师、乐评人、歌手及善于感知的观众
人际智能 （interpersonal intelligence）	善于觉察并区分他人的情绪、动机、意向及感觉，具有有效与人交往的能力	政治家、社会工作者及成功的教师
内省智能 （intrapersonal intelligence）	能正确建构自我的能力，知道如何利用这些意识察觉做出适当的行为，并规划、引导自己的人生	神学家、哲学家及心理学家
自然观察智能 （naturalist intelligence）	对生物的分辨观察力及对自然景物敏锐的注意力	考古学家、收藏家、农夫及宝石鉴赏家

（6）斯滕伯格的三元智力论

美国耶鲁大学的心理学家斯滕伯格提出了智力的三元理论。一个完备的智力理论必须说明智力的内在成分、这些智力成分与经验的关系以及智力成分的外部作用，即智力成分亚理论、智力经验亚理论、智力情境亚理论。智力成分亚理论解释影响智力水平的基本信息加工过程或成分；智力经验亚理论将智力与经验联系起来，用来解释与信息加工成分有关的不同水平的先前经验；智力情境亚理论将智力与个体日常生活情境联系起来，解释个体与周围环境相互作用的基本方式。

① 智力成分亚理论

智力包括三种成分及相应的三种过程，即元成分、操作成分和知识获得成分。元成分是用于计划、控制和决策的高级执行过程，如确定问题的性质、选择解题步骤、调整解题思路、分配心理资源等；操作成分表现在任务的执行过程之中，它接受刺激，将信息保持在短时记忆中并进行比较，负责执行元成分的决策；知识获得成分是指获取和保存新信息过程，负责接收新刺激，做出判断与反应，对新信息进行编码与存储。在智力成分中，元成分起着核心作用，它决定人们解决问题时所使用的策略。

② 智力经验亚理论

智力包括两种能力：一种是处理新任务和新环境时所要求的能力；另一种是信息加工过程自动化的能力。新任务是个体以前从未遇到过的问题，新情境是一种新异的、富于挑战性的环境。当遇到新问题时，有的人能应对自如，有的人则不知所措。任务、情境和个体三者存在相互作用。信息加工过程自动化的能力也是智力的重要成分，人们在进行复杂任务的操作时，需要许多操作化的过程。只有许多操作自动化后，复杂任务才容易完成，如果个体不能有效地将一些自动化的操作运用于复杂问题的解决中，就会导致信息加工过程的中断，甚至使问题解决失败。斯滕伯格认为，应对新异性的能力和自动化的能力是完成复杂任务时两个紧密相连的方面。当个体初次遇到某个任务或某一情境时，应对新异性的能力就开始了，在多次实践后，人们积累了关于任务或情境的经验，自动化的能力才开始起作用。

③ 智力情境亚理论

智力是获得与情景拟合的心理活动。在日常生活中，智力表现为有目的地适应环境、塑造环境和选择新环境的能力，这些能力统称为情境智力。一般来说，个体总是努力适应他所处的环境，力图在个体与环境之间达到一种和谐。当和谐的程度低于个体的满意度时，就是不适应。当个体在一种情境中感到不适应或不愿意适应时，他会选择能够达到目的的另一种和谐环境。在这种情况下，人们会重新塑造环境以提高个体与环境之间的和谐程度，而不是适应现存的环境。

此外，成功智力是一种用以达到人生中主要目标的智力，包括分析性智力、创造性智力和实践性智力（应用性智力）三个方面。分析性智力涉及解决问题和判定思维成果的质量，强调比较、判断、评估等分析思维能力；创造性智力涉及发现、创造、想象和假设等创造性思维的能力；实践性智力涉及解决实际生活中问题的能力，包括使用、运用及应用知识的能力。

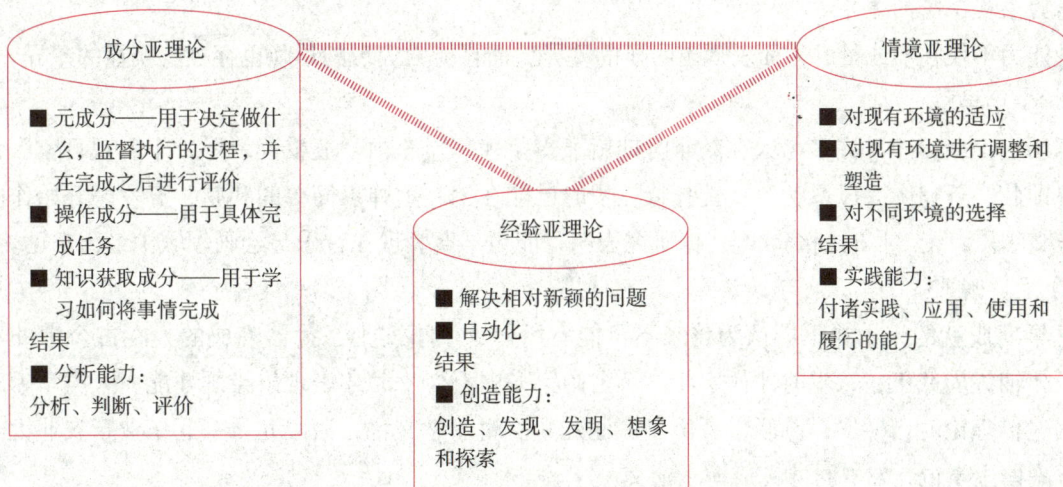

图2-4-1　斯腾伯格的三元智力论

（7）智力的PASS模型

PASS是指"计划—注意—同时性加工—继时性加工"。其中注意系统是整个系统的基础；同时性加工和继时性加工统称为信息加工系统，处于中间层次；计划系统处于最高层次。三个系统协调合作，保证了一切智力活动的运行。

（六）能力差异的规律（能力发展的一般趋势与个体差异）

在人的一生中，能力的发展趋势如下：（1）童年和少年是某些能力发展的最重要的时期，从3—13岁，智力的发展和年龄的增长几乎等速。以后随着年龄的增长，智力发展呈现负加速变化。（2）人的智力在18～25岁达到顶峰。能力的不同成分达到顶峰的时间是不同的。（3）人的流体能力在中年后有下降趋势，而晶体能力在人的一生中都是稳步上升的。（4）成年是人生最漫长的时期，也是能力发展最稳定的时期。（5）能力发展的趋势存在个体差异，能力高的发展快，达到顶峰的时间晚；能力低的发展慢，达到顶峰的时间早。

1. 能力发展水平的差异

能力发展水平的差异主要是指智力上的差异，它表明人的能力发展有高有低。研究发现，就一般能力来看，在全世界的人口中，智力水平基本呈常态分布（两头小中间大），即智力极低或智力极高的人很少，绝大多数的人属于中等智力。

心理学家根据智力发展水平把儿童分成三个等级，即超常儿童、常态儿童、低常儿童。超常儿童是指智力发展或某种才能显著超过同龄儿童平均水平的儿童。智力超常儿童智力一般在130分以上。凡智商达到或超过140分的儿童被称为天才儿童。低常儿童是指智力发展明显低于同龄儿童平均水平并有适应性行为障碍的儿童，又称智力落后儿童。推孟认为，智商70以下的都可以称为智力低常。按程度的不同，可将低常儿童分为三级：迟钝（智商在50—69），愚笨（智商在25—49），白痴（智商在25以下）。

造成智力低常的原因很复杂，主要有先天与后天两方面因素。先天因素包括遗传和非遗传性的；后天因素如脑疾病、脑损伤、剥夺学习机会等。

2. 能力结构的差异（能力类型的差异或特殊能力的差异）

能力有各种各样的成分，他们可以按不同的方式结合起来，形成了人和人之间在能力上的差异。例如，有人强于想象，有人强于记忆，有人强于思维等。又由于不同能力的结合，形成了能力在结构上的差异。例如，在音乐能力方面，有人有高度发展的曲调感和听觉表象能力，但节奏感较差；有人有较好的听觉表象能力和强烈的节奏感，但曲调感差。

3. 能力表现早晚的差异

各种能力不仅在质或量的方面表现出明显的差异，而且能力表现的早晚也存在着明显的差异。

（1）少年早慧

根据历史记载，中外许多名人在幼年时期就显露了才华。李白"五岁读六甲，十岁观百家"；杜甫"七龄思即壮，开口咏《凤凰》"；莫扎特三岁时已能在钢琴上弹奏简单的和弦，五岁时开始作曲，八岁时试作交响乐，十二岁时创编歌剧。据研究表明，能力早期表现在音乐与绘画领域中最为常见。

（2）大器晚成

缺乏早期成就的人，并不能认为将来不可能有所作为。事实上，大器晚成的人在古今中外不乏其例：姜子牙辅佐周武王，72岁时才任宰相；著名画家齐白石40岁时才表现出绘画才能；人类学家摩尔根发表基因遗传理论时已60岁；苏联学者伊·古谢娃40岁时才学文化，后跟儿子一起毕业于农业大学，很快获哲学副博士学位，73岁时才完成博士论文。

4.能力的性别差异

学生的性别差异虽然属于群体差异，但教师往往针对学生个体的性别差异而有不同的行为偏向，故而放在个体差异部分加以介绍。关于智力的性别差异，目前研究较多，而且结论各异，但基本一致的结论有两个方面：第一，男女智力的总体水平大致相等，但男性智力分布的离散程度比女性大，即很聪明的男性和很笨的男性都比女性多，智力中等的女性比男性多；第二，男女的智力结构存在差异，各自具有自己的优势领域。

（七）能力的鉴定

测量能力的工具是按标准化的程序所编制的各种能力测验。根据能力的分类可分为一般能力测验（智力测验）、特殊能力测验和创造力测验。

1.智力测验

智力测验是评定一个人智力水平高低的方式，智力测验主要测量学生的一般能力。智力测验可以使教师客观而准确地了解学生的智力特点，为教师因材施教提供依据。国际上最常用的个人智力测验主要有两种方式：斯坦福—比奈智力量表和韦克斯勒智力量表。此外，还有的智力测验是团体测验，如瑞文标准推理测验。

（1）年龄量表：斯坦福—比纳量表

测量智力的工具被称作智力量表。最早的智力测验是由法国心理学家比纳和西蒙于1905年编制的，称为比纳—西蒙智力量表。这一量表以年龄作为测量智力的标尺，又称年龄量表，用以测量3—15岁儿童的智力。

后来经过美国斯坦福大学推孟教授的翻译和修订，改名为斯坦福—比纳量表，简称S—B量表。这是目前世界上广泛流传和最著名的智力测验之一。斯坦福—比奈量表适用于2—14岁儿童。该量表中每一年龄组都有6个题目，1个题目代表2个月的智龄，6个题目就代表1周岁的智龄。智龄又称心理年龄（Mental Age），是比纳首先提出来的，它表示一个人的智力水平。如果一个孩子只能通过斯坦福—比纳量表5岁组的全部项目，而不能通过6岁组的项目，那么这个孩子的智龄为5岁；如果他不仅通过了5岁组的全部项目，而且通过了6岁组的四个项目、7岁组的三个项目、8岁组的两个项目，9岁组的项目一个也没有通过，这个孩子的智龄就是6岁6个月。智龄是对智力的绝对水平的度量，它说明了一个儿童的智力实际达到了哪种年龄水平。但是，智龄的大小并不能确切地说明一个孩子的智力发展是否超过了另一个孩子。基于此，德国心理学家施特恩首先提出了智商（IQ）的概念，后来推孟将智商的概念引入智力测验量表。斯坦福—比纳量表用智商代表智力水平，它所反映的是智龄和实足年龄的关系。用智龄和实足年龄的比率代表的智商，称作比率智商。

智商（IQ）＝智龄÷实龄×100（IQ＝MA/CA×100）

按照这个公式，如果一个5岁的儿童的智龄与他的实际年龄相同，那么这个孩子的智商就是100，说明他的智商达到了正常5岁儿童的一般水平；如果一个5岁儿童的智龄为6岁半，那么他的智商就是130。IQ越大，表明儿童智力水平越高；相反，智力水平越低。

（2）项目量表：韦克斯勒智力量表

比率智商有一个明显的缺点。人的实际年龄逐年在增加，而他的智力发展到一定阶段却可能稳定在一个水平上。这样采用比率智商表示人的智力水平，智商将逐渐下降。这和智力发展的实际情况不相符。

后来发展起来的韦克斯勒智力量表，简称韦氏智力量表，包括适用于16岁以上的韦克斯勒成人智力量表（WAIS）、适用于6—16岁儿童的韦克斯勒儿童智力量表（WISC）、适用于4—6（6.5）岁儿童的韦克斯勒幼儿智力量表（WPPSI），它改用离差智商来衡量人们的智力水平。韦氏智力量表的离差智商是以100为平均数、15为标准差的一种标准分数，代表一个人的智力水平偏离本年龄组平均水平的方向和程度，计算公式如下：

IQ = 100 + 15Z

其中，Z =（X – M）/ S

Z代表个体的标准分，X表示个体测验得分（原始分数），M代表相应年龄群体的平均分，S是群体得分的标准差。比如，某人测验得分为100，群体平均分为90，标准差为5，那么，Z =（100 – 90）/ 5，Z为2，此人的IQ为100 + 15×2 = 130；再如，某个年龄组的平均分数为70分，标准差为10分，甲生得80分，乙生为60分，其离差智商分别是：IQ甲＝100 + 15（80 – 70）/ 10＝115；IQ乙＝100 + 15（60 – 70）/10＝85。

韦克斯勒智力量表共有12项分测验，分为语言量表、操作量表两大部分。语言量表由常识、类同、算术、词汇、理解、背数6个分测组成，操作量表由填图、排列、积木、拼图、译码、迷津6个分测组成，其中背数和迷津是补充测验。离差智商反映一个人的智力在同龄人中所处的位置，其依据是每个年龄组人群总体的智力水平均呈正态分布。1960年斯坦福—比纳量表修订时，也改用离差智商来衡量智力水平。

2. 创造力测验和特殊能力测验

（1）创造力测验

在智商较高的人群中，智力和创造力之间几乎没有关系。这表明智力不等于创造力，因而编制创造力测验也就成为必要的工作。创造力测验与智力测验的区别主要是：智力测验有固定的答案，测量的结果主要反映个人的记忆、理解和一般推理能力；创造力测验不强调对现成知识的记忆和理解，而强调思维的流畅性、变通性与超乎寻常的独特性，问题的答案也非唯一和固定的。

创造力测验常用的方法有用途测验、自由联想测验、简单线条图画测验等。创造力测验主要包括美国南加利福尼亚大学发散思维测验、托兰斯创造性思维测验（"不完全图形测试"，包括言语、图画、声音和词创造性思维测验三套）和芝加哥大学创造力测验等。除此之外，还有吉尔福德等人设计的测量发散思维的测验、托兰斯编制的适用于幼儿到研究生用的创造力测验。我国心理学工作者编制了中学生创造力测验，测验分言语和图形两部分。言语包括词的联想和故事命题。图形包括小设计、添画、画影子（把悬在灯下并可任意转动的四个简单物体的各种可能的影子画出来）。除上述测验外，还有多种创造力测验。不同创造力测验所用到的一些例子包括不寻常用途、后果推测、故事结尾、非直接联想、词的联想等。

（2）特殊能力测验

常见的特殊能力测验有音乐能力测验、美术绘画能力测验、机械能力测验等。特殊能力测验具有较强的针对性，因而对职业定向指导、安置和选拔从业人员、发现和培养具有特殊能力的儿童具有重要意义。

3. 智力测验的标准

智力测验是标准化的测验，智力测验量表是标准化的测验工具，评定测验质量优劣的主要技术指标如下：

（1）信度。信度是指一个测验量表的可靠程度（或可信程度）。它以反复测验时能否提供相同的结果来说明。如果一个人初测时分数很高，而在复测时分数很低，说明测验的信度差。信度用信度系数表示，智力测验的信度系数一般为0.90。

（2）效度。效度是指测量工具或手段能够准确测出所需测量的事物的程度。表示效度的一种方法，是将测量的结果与随后的行为进行对照。如果一种测验能够预测后来的行为，这种测验的效度就高。效度通常用效度系数表示，智力测验的效度系数在0.3—0.6之间。

（3）标准化。标准化是心理测验最基本的要求，标准化的要求表现在多个方面，但主要有四方面的含义：第一，按照测验的性质选择具有代表性的测验题目，选择题目时需要考虑项目的难度和区分度。难度指题目的难易程度，区分度指对答题者在该项题目上的区分情况。难度适中、区分度较高的题目较好。第二，选择具有代表性的被试，确定标准化样本。第三，施测程序标准化。第四，统计结果，建立常模。

其中，信度与效度之间的关系体现在：信度是效度的必要条件，但不是充分条件。信度低，效度不可能高；信度高，效度未必高。效度低，信度很可能高；效度高，信度也必然高。

（八）影响能力形成与发展的因素

能力形成的原因和条件主要有：遗传的作用、环境和教育的影响（产前环境的影响、早期经验的作用和学校教育的作用）、实践活动的影响和人的主观能动性的影响。

1. 先天遗传因素的影响

它是能力形成和发展的自然前提和物质基础。

2. 早期的经验

"三岁看大，七岁看老"。在儿童成长的整个过程中，智力的发展速度是不均衡的，往往是先快后慢。

3. 教育和实践活动的影响

一个人能朝什么方向发展，发展水平的高低、速度的快慢，主要取决于后天的教育条件。在教育条件中，学校教育在学生能力发展中起主导作用。"严师出高徒"正体现了教育和训练对能力发展的意义。

实践活动是能力形成与发展的必要条件。我国汉代唯物主义哲学家王充就曾提出过"施用累能"和"科用累能"的思想。前者是说能力是在使用中积累的，后者指从事不同职业活动可以积累不同的能力。

4. 个人勤奋和主观努力的影响

一个人要想发展能力，除必须积极地投入到实践中去之外，还要充分发挥自身的主观能动性——积极的个性心理特征，即理想、兴趣及勤奋和不怕困难的意志力。歌德说过：天才就是勤奋。著名的物理学家爱因斯坦在向别人介绍自己的成功经验时写下了一个公式：$A = X + Y + Z$，A代表成功，X代表艰苦的劳动，Y代表正确的方法，Z代表少说空话。

（九）教学中学生能力的培养

1. 教学中要加强知识与技能的学习与训练

2. 教学中要针对学生的能力差异因材施教

3. 教学中要积极培养学生的元认知能力和创造能力

4. 要注意培养学生的非智力因素

二、气质

（一）气质的概念

在现实生活中我们常会看到，有的人生来好动，有的人生来好静；有的人脾气温和，有的人性情暴躁；有的人动作麻利，有的人行动缓慢等等，以上的区别就是心理学所称的气质区别。

气质是表现在心理活动的强度、速度、灵活性与指向性等方面的一种稳定的心理特征，即我们平时所说的脾气、秉性。现代心理学把气质定义为：气质是表现在人们心理活动和行为方面的典型的、稳定的动力特征。

1. 气质是个体心理活动和行为的外部动力特点，主要表现在心理活动的速度、强度、稳定性、指向性方面的特征。如一般把知觉的速度、情绪和动作反应的快慢归结为速度方面的特点，把情绪的强弱、意志的坚强程度归结为强度方面的特点，把注意持续时间的长短、情绪起伏变化等归结为稳定性方面的特点，而把心理活动倾向于外部事物还是倾向于自身内部归结为指向性方面的特点。

2. 气质作为人的心理活动的动力特征，它与人的心理活动的内容、动机无关，即气质特点一般不受个人活动的目的、动机和内容的影响，具有较强的稳定性。它能使人的心理活动染上特定的色彩，形成独特的风貌。例如，一个情绪稳定、内向的学生，在任何场合下，即使是很熟悉的环境、很热闹的场面、自己很感兴趣的活动，都会表现出不爱激动、较为稳重、不过分表现自己的特点。

3. 气质受先天生物学因素影响较大，即先天因素占主要地位。气质较多地受神经系统类型的影响。研究表明，在儿童生命最初几星期内，对刺激物的敏感度、对新事物的反应等就有明显的差异。

4. 气质具有一定的可塑性。气质虽然具有先天性，但并不意味着它完全不起变化，在生活环境和教育条件的影响下，在性格的掩盖下，气质可以得到相当程度的改造。例如，在集体生活的影响下，情绪容易激动的学生可能变得较能控制自己，行为动作较为缓慢的学生可能变得行动迅速。

（二）气质的类型

1. 体液说

气质类型是指在一类人身上共有或相似的心理活动特征的有规律的结合。古希腊著名医生希波克拉底提出，人体内有四种性质不同的体液：血液、黄胆汁、黑胆汁和黏液，这四种体液的配合比率不同，形成了不同类型的人。约500年后，罗马医生盖伦进一步确定并提出了人的四种气质类型：胆汁质、多血质、黏液质、抑郁质。在现实生活中，单一气质的人并不多，绝大多数的人是四种气质互相混合、渗透、兼而有之的。

（1）胆汁质

胆汁质的人情绪体验强烈、爆发迅猛、平息快速，思维灵活但粗枝大叶，精力旺盛、争强好斗、勇敢果断，为人热情直率、朴实真诚、表里如一，行动敏捷、生气勃勃、刚毅顽强；但这种人遇事欠思量，鲁莽冒失，易感情用事，刚愎自用。

（2）多血质

多血质的人情感丰富、外露但不稳定，思维敏捷但不求甚解，活泼好动、热情大方、善于交往但交情浅薄，行动敏捷、适应力强；他们的弱点是缺乏耐心和毅力，稳定性差，见异思迁。

（3）黏液质

黏液质的人情绪平稳、表情平淡，思维灵活性略差但考虑问题细致而周到，安静稳重、踏踏实实、沉默寡言、喜欢沉思，自制力强、耐受力高、内刚外柔，交往适度、交情深厚；但这种人的行为主动性较差，缺乏生气，行动迟缓。

（4）抑郁质

抑郁质的人情绪体验深刻、细腻持久，情绪抑郁、多愁善感，思维敏锐、想象力丰富，不擅交际、孤僻离群，踏实稳重、自制力强，但他们的行为举止缓慢，软弱胆小，优柔寡断。

表2-4-2 气质类型

高经神经活动类型	高经神经活动过程	气质类型	特征
活泼性	强、平衡、灵活	多血质	反应迅速、情绪发生快而多变、动作敏捷、有朝气、活泼好动、喜欢与人交往、注意容易转移、兴趣易变化等。
兴奋型	强、不平衡	胆汁质	精力旺盛、坦率、刚直、情绪易于冲动等。他们的心理过程和活动都笼罩着迅速而突发的色彩。

（续表）

高经神经活动类型	高经神经活动过程	气质类型	特征
安静型	强、平衡、不灵活	黏液质	稳重、安静、踏实、反应迟缓、情绪不易外露、注意稳定但不易转移、有忍耐力等。
弱型	弱	抑郁质	情感体验深刻、善于察觉细节、外表温柔、怯懦、孤独、行动缓慢，但对事物的反应有较高的敏感性等。

2. 神经活动类型说

高级神经活动类型学说是巴甫洛夫创立的。他通过动物实验发现，不同动物形成条件反射是有差异的，不同动物的高级神经活动的兴奋与抑制过程有独特的、稳定的结合，从而构成不同的高级神经活动类型。划分高级神经活动类型，主要依据神经过程的基本特性。

（1）高级神经活动过程的基本特性

动物的高级神经基本活动有三种特性，即神经过程的强度、神经过程的平衡性、神经过程的灵活性。神经活动的强度，是大脑皮层神经细胞工作能力和耐力的标志，强的神经系统能够承受强烈而持久的刺激。平衡性是兴奋过程和抑制过程的相对力量，二者大体相同是平衡，否则是不平衡。灵活性是兴奋过程和抑制过程相互转换的速度，能迅速转化是灵活的。根据神经过程的这些特性，巴甫洛夫确定出四种高级神经活动类型。

（2）高级神经活动类型

① 强、不平衡型：其特点是兴奋、抑制过程都强，但兴奋过程略强于抑制过程，是易兴奋、奔放不羁的类型，又称兴奋型或不可遏制型。

② 强、平衡、灵活型：其特点是兴奋与抑制过程都比较强，并容易转化，反应敏捷，表现活泼，能适应变化的外界环境，又称活泼型。

③ 强、平衡、不灵活型：其特点是兴奋与抑制过程都较强，但两者转化较困难。它是一种安静、沉着、反应较为迟缓的类型，也称安静型。

④ 弱型：其特点是兴奋与抑制过程都弱。过强的刺激容易引起疲劳，甚至引起神经衰弱、神经官能症，并以胆小畏缩、反应速度缓慢为特征，又称抑制型。

（三）气质类型的教育含义

1. 气质本身没有好坏之分，对待学生应克服气质偏见

气质只表明一个人心理活动的动力特征，不涉及心理活动的方向和内容，因此每种气质类型都有积极的和消极的方面。气质本身没有好坏之分，教师对学生的气质不应存在任何偏见，不能偏爱某种气质类型的学生，或讨厌某种气质类型的学生。

教师教育的目的不是设法改变学生原有的气质，而是要克服这种或那种气质的缺点，发展它的优点，使学生在原有气质的基础上建立优良的个性特征。如，尖锐严厉的批评能使多血质的学生感到震动，使其改正自己的缺点；对抑郁质学生要尽量采取温和、委婉、同情的态度，对他们的要求不能过于严格或急于求成，否则将会适得其反；胆汁质的学生容易激动，如态度过于强硬，与之粗声大气地说话，就会惹怒他们，产生不必要的对立，导致教育失败。当然，对黏液质的学生也不能因为他们是安静的、不妨碍任何人而忽视对其良好个性的教育、培养。

2. 针对学生气质的差异进行有的放矢的教学

针对不用气质类型的学生尽可能地因材施教，做到"一把钥匙开一把锁"。教师在教学过程中要充分调动学生气质中的积极因素，在学习的方式和方法上给予个别指导，帮助他们克服气质中不利于知识、技能学习的消极因素，做到因材施教、有的放矢。对胆汁质的学生，教师可以采取直截了当的方式，但不宜轻易激怒这些学生，对他们的严厉批评要有说服力，培养他们的自制力、坚持到底的精神和豪放、勇于进取的个性品质。对多血质的学生，教师应培养他们扎实专一的精神，鼓励他们勇于克服困难，防止其见异思迁；创造条件，多给他们活动的机会，培养他们朝气蓬勃，足智多谋的优点。对黏液质的学生，教师要采取耐心教育的方式，让他们有考虑和做出反应的足够时间，培养其生气勃勃的精神，热情开朗的个性和以诚待人、学习踏实顽强的优点。对抑郁质的学生，教师可以采取委婉暗示的方式，对他们多加关心、爱护，不宜在公开场合指责他们，也不宜过于严厉地批评。教师要培养他们友好、亲切、善于交往、富有自信的精神；培养他们敏感、认真、机智、细腻、高自尊等优点。

3. 指导学生正确认识和调控自己的气质

作为教师，掌握气质的原理与规律不仅有利于教育教学，更重要的是可以指导学生正确认识自己的气质。教师应该使学生懂得，人的气质是不可选择的，要乐于接受自己的气质，因为每种气质都各有优劣之处；教师要指导学生善于认识和分析自身气质的长处与不足。总之，教师应调动学生的自我教育能力，引导学生自觉地克服气质的消极方面并巩固其积极的特性，真正做自己气质的主人。

三、性格

（一）性格的概念

在日常生活中，有的人勤奋，学习、工作很认真努力；有的人懒惰，学习、工作拖延马虎、不负责；有的人谦虚谨慎，有的人狂妄自大；有的人对人热情，乐于助人，有的人对人冷淡，自私自利等等，这些不同的心理特征是人的性格差异的反映。

在英语中性格一词（Character）源于希腊语，现代心理学认为性格是指个体在对现实的态度和习惯化了的行为方式中表现出来的稳定的个性心理特征。它是一个人的心理面貌本质属性的独特组合，是人与人相互区别的主要方面。

1. 性格是人对现实的态度和行为方式概括化与定型化的结果

人对现实的态度就是对社会、对集体、对他人和对自己的看法和评价，是一个人的世界观、人生观的集中体现。人们生活在社会中，不可能不对各种有关事物产生一定的看法，做出一定的选择，采取一定的行为方式，这个过程就是性格的表现。例如，"孔融让梨"反映了孔融谦让、利他的性格特点，"守株待兔"反映了故事中人懒惰、愚顽的性格特点。

必须指出的是，行为方式与性格特征的相应关系不是线性的，而是非线性的。它们之间有如下的复杂情况：① 在不同的人身上，同一性格特征可以有不同的行为方式；② 在不同人身上，不同的性格特征可以有相同的行为方式；③ 在同一个人身上，同一性格特征在不同的时间、地点和条件下，可以以不完全相同的行为方式表现出来。

2. 性格指一个人独特的、稳定的个性心理

性格有很大的个别差异，每个人对事物的看法都自成体系，行为表现也有其独到之处，这是由于每个人的具体生活条件和教育条件不同导致的；性格又是比较稳定的，因为它是人对事物的态度、行为方式的概括化和定型化的结果。如果我们了解一个人的性格，就能预料他在某种情况下会表现出什么样的态度和行为。在"空城计"中，诸葛亮由于掌握了司马懿多疑寡断的性格，才敢于空城设疑等援兵，最后取得胜利。

3.性格是个性特征中最具核心意义的心理特征

性格在个性特征中的核心地位表现在两个方面：一方面，在所有的个性心理特征中，唯有人的性格与个体需要、动机、信念和世界观联系最为密切。人的性格受社会行为准则和价值标准的评判，所以有好坏之分，这一点是与气质有明显区别的。另一方面，性格对其他个性心理特征具有重要的影响。性格的发展规定了能力和气质的发展，影响着能力和气质的表现。成语"勤能补拙"就说明性格对能力有巨大作用。

（二）性格和气质、能力的关系

1.性格和气质的关系

（1）性格与气质的联系

气质与性格相互渗透、彼此制约，都属于稳定的人格特征。性格与气质的联系是相当密切而又相当复杂的。相同气质类型的人可能性格特征不同；性格特征相似的人可能气质类型不同。

①气质可按自己的动力方式渲染性格，使性格具有独特的色彩。例如：同是勤劳的性格特征，多血质的人表现出精神饱满、精力充沛，黏液质的人会表现出踏实肯干、认真仔细；同是友善的性格特征，胆汁质的人表现为热情豪爽，抑郁质的人表现为温柔细腻。

②气质会影响性格形成与发展的速度。当某种气质与性格有较大的一致性时，就有助于性格的形成与发展，相反则会有碍于性格的形成与发展。如胆汁质的人容易形成勇敢、果断、主动性的性格特征，而黏液质的人就较困难。

③性格对气质有重要的调节作用，在一定程度上可掩盖和改造气质，使气质服从于生活实践的要求。如飞行员必须具有冷静沉着、机智勇敢等性格特征，在严格的军事训练中，这些性格的形成就会掩盖或改造胆汁质者易冲动、急躁的气质特征。

（2）性格与气质的区别

①气质受生理影响大，性格受社会影响大。

②气质的稳定性强，性格的可塑性强。

③气质特征表现较早，性格特征表现较晚。气质是先天形成的，表现在先；性格是后天形成的，出现得比较晚。

④气质是人的天性，无好坏之分。性格反映人的社会属性，因此有好坏之分。

2.性格与能力的关系

性格与能力是个性心理特征中的两个不同侧面。性格与能力不同，能力是决定心理活动的基本因素，活动能否进行，这与能力有关；性格则表现为人的活动指向什么，采取什么态度，怎样进行。

（1）性格制约着能力的形成与发展。一方面，性格影响能力的发展水平。研究表明，两个智力水平相当的学生，其中勤奋、自信心强、富于创新精神的学生的能力发展较快，而懒惰、墨守成规的学生的能力就难以达到较高的水平。人对工作的责任感、坚持性以及自信、自制等性格特征，都制约着能力的发展。另一方面，优良的性格特征往往能够补偿能力的某种缺陷，"笨鸟先飞早入林""勤能补拙"，就是说性格对能力的补偿作用。但不良的性格特征，也会阻碍能力的发展，甚至使能力衰退。

（2）能力的形成与发展也会促使相应性格特征随之发展。某学生在教师的培养和具体指导下，大量地阅读文学作品，注意观察周围环境和身边发生的事情，然后练习写作。经过这样长期的活动，不但发展了观察力、想象力和思维能力，久而久之也就形成了主动观察型、广阔想象型、独立思考型等性格的理智特征。

（三）性格的结构

1. 性格的**态度特征**

人对现实态度体系的个性特点是性格的重要组成部分，它在性格结构中具有核心意义。

（1）表现为对社会、对集体、对他人的态度特征

积极的特征表现为：爱祖国，关心社会，热爱集体，具有社会责任感与义务感，乐于助人，待人诚恳，正直等。消极的特征表现为：不关心社会与集体，甚至没有社会公德，为人冷漠、自私、虚伪等。

（2）表现为对学习、劳动和工作的态度特征

积极的特征表现为：认真细心，勤劳节俭，富于首创精神等。消极的特征表现为：马虎粗心，拈轻怕重，奢侈浪费，因循守旧等。

（3）表现为对自己的态度特征

积极特征表现为：严于律己，谦虚谨慎，自强自尊，勇于自我批评等。消极特征表现为：放任自流，骄傲自大，自负或自卑等。

2. 性格的**意志特征**

性格的意志特征是指一个人在自觉调节自己行为的方式和水平上表现出来的心理特征。

性格的意志特征主要表现为：对行为目的明确程度的特征，如独立性或冲动性、目的性或盲目性、纪律性或散漫性；对行为自觉控制的意志特征，如自制或任性、善于约束自己或盲动；对自己做出决定并贯彻执行方面的特征，如有恒心与毅力、坚忍不拔或见异思迁、半途而废；在紧急或困难情况下表现出的意志特征，如勇敢或胆小、果断或优柔寡断、镇定或紧张等。

3. 性格的**情绪特征**

性格的情绪特征是指一个人在情绪活动中经常表现出来的强度、稳定性、持久性以及主导心境方面的特征。

情绪强度方面的特征，主要表现为人的情绪对工作和生活的影响程度和人的情绪受意志控制程度。有人情绪反应强烈、明显、易受感染；有人反应微弱、隐晦、不易受感染。

情绪稳定性方面的特征，主要表现为情绪的起伏和波动程度。

情绪持久性方面的特征，主要指情绪对人身心各方面影响的时间长短。有的人情绪产生后很难平息，有的人情绪虽来势凶猛但转瞬即逝。

主导心境方面的性格特征，主要表现为不同的主导心境反映了主体经常性的情绪状态。如有的人终日精神饱满、乐观开朗，有的人却整日愁眉苦脸、烦闷悲观等等。

4. 性格的**理智特征**

人们在感知、记忆、思维等认识过程中表现出来的个别差异就是性格的理智特征。

在感知方面，有的人观察精细，有的人观察粗略；有的人观察敏锐，有的人观察迟钝。在思维方面，有的人善于独立思考，有的人喜欢人云亦云；有的人善于分析、抽象，有的人善于综合、概括。在记忆方面，有的人记忆敏捷，过目成诵，有的人记忆较慢，需反复记忆方能记住；有的人记忆牢固且难以遗忘，有的人记忆不牢且遗忘迅速等。在想象方面，有的人想象丰富、奇特，富有创造性，有的人想象贫乏、狭窄；有的人想象主动，富有情感色彩，有的人想象被动、平淡寻常等等。

（四）性格的类型

性格的类型是指一类人身上所共有的性格特征的独特结合。

1. 以心理机能优势分类：理智型、情绪型、意志型

这是英国的培因和法国的李波特提出的分类法。他们根据理智、情绪、意志三种心理机能在人的性

格中所占优势的不同，将人的性格分为<u>理智型</u>、<u>情绪型</u>、<u>意志型</u>。理智型的人通常以理智来评价周围发生的一切，并以理智支配和控制自己的行动，处世冷静；情绪型的人通常用情绪来评估一切，言谈举止易受情绪左右，这类人最大的特点是不能三思而后行；意志型的人行动目标明确，主动、积极、果敢、坚定，有较强的自制力。除了这三种典型的类型外，还有一些混合类型，如理智—意志型。在生活中，大多数人是混合型。

2. 以心理活动的倾向或指向分类：内倾型和外倾型

这是瑞士心理学家<u>荣格</u>的观点。荣格根据一个人里比多的活动方向来划分性格类型，里比多指个人内在的、本能的力量。里比多活动的方向可以指向于内部世界，也可以指向外部世界。前者属于<u>内倾型</u>，其特点是处世谨慎、深思熟虑、交际面窄、适应环境能力差；后者为<u>外倾型</u>，其特点是心理活动倾向于外部、活泼开朗、活动能力强、容易适应环境的变化。

3. 以个体独立性程度分类：独立型和顺从型

美国心理学家威特金等人根据场的理论，将人的性格分成<u>场依存型</u>和<u>场独立型</u>。前者也称顺从型，后者又称独立型。场依存型者，倾向于以外在参照物作为信息加工的依据，他们易受环境或附加物的干扰，常不加批评地接受别人的意见，应激能力差；场独立型的人不易受外来事物的干扰，习惯于更多地利用内在参照即自己的认识，他们具有独立判断事物、发现问题、解决问题的能力，而且应激能力强。可见这两种人是按两种对立的认知方式进行工作的。

（五）学生良好性格塑造的途径与方法

1. 树立效仿的榜样

2. 提供实际锻炼的机会

3. 及时进行个别指导

4. 创设优良的集体气氛

5. 鼓励学生自我教育

四、人格理论

（一）特质理论

人格特质说起源于20世纪40年代的美国，特质是指个人的遗传与环境相互作用而形成的对刺激发生反应的一种内在倾向，是决定个体行为的基本特性，是人格的有效组成元素，也是测评人格常用的基本单位。特质既可以解释人格，又可以解释性格，因为性格是狭义的人格。

1. 奥尔波特的人格特质理论

美国心理学家<u>奥尔波特</u>最早提出人格特质学说。奥尔波特把人格特质分为两类，即<u>共同特质</u>和<u>个别特质</u>。

共同特质指在某一社会文化状态下，大多数人或一个群体所共有的、相同的特质。共同特质是人们生活在共同环境（如共同的文化状态、共同的社会生活方式等）中形成的，反映社会的习俗和价值，是人格的共同部分。

个别特质指个体身上所独具的特质。它是由个体生活的特定环境造成的，是使个体相互区别的主要因素，并决定个体的行为方式。个别特质根据其在社会中的作用可分为三种：首要特质、中心特质和次要特质。（1）<u>首要特质</u>是一个人最典型、最具有概括性的特质，它影响一个人的各方面的行为。小说或戏剧的中心人物，往往被作者以夸张的笔法，特别突显其首要特质。如林黛玉的多愁善感、诸葛亮的足智多谋、曹操的狡猾奸诈、葛朗台的吝啬等。（2）<u>中心特质是构成个体特质的几个重要特质，</u>在每个人身上大约有5—10个中心特质。如林黛玉的清高、聪明、孤僻、抑郁、敏感等，都属于中心特质。（3）次要特质也是人格的组成因素，是个体的一些不太重要的特质，往往只有在特殊的情况下才会表现出来。比如有些人虽然喜欢高谈阔论，但在陌生人面前则沉默寡言。又如一个人在外面很粗鲁，而在自己的母亲面前很顺从。这里的"顺从"就是他的次要特质。

2. 卡特尔的人格特质理论

该理论又被称为"特质因素分析论"。卡特尔利用因素分析的方法对人格特质进行了分析，提出了其理论模型。该模型分为四层，即个别特质和共同特质，表面特质和根源特质，体质特质和环境特质，动力特质、能力特质和气质特质。

（1）表面特质和根源特质

表面特质和根源特质既可能是个别特质，也可能是共同特质，它们是人格层次中最重要的一层。表面特质指从外部行为能直接观察到的特质。从表面上看，它们好像有一些相似的特征或行为，实际上却可能出于不同的原因，如"干家务活"。根源特质是指那些相互联系而以相同原因为基础的行为特质，如害怕考试和体育比赛时双腿发抖的同一原因——"焦虑"就是一种根源特质。

1949年卡特尔用因素分析的方法提出了16种相互独立的根源特质，编制了"卡特尔16种人格因素调查表"（16PF）。它们分别是乐群性、聪慧性、稳定性、恃强性、兴奋性、有恒性、敢为性、敏感性、怀疑性、幻想性、世故性、忧虑性、激进性、独立性、自律性、紧张性。卡特尔认为每个人身上都具备这16种特质，只是在不同人身上的表现有程度上的差异。

（2）体质特质和环境特质

根源特质可区分为体质特质和环境特质两类。体质特质是由先天的生物因素决定的，如兴奋性、情绪稳定性等。环境特质则是由后天的环境因素所决定的，如焦虑、有恒性等。

（3）动力特质、能力特质和气质特质

模型的最下层是动力特质、能力特质和气质特质，它们同时受到遗传与环境两方面的影响。动力特质是指具有动力特征的特质，它使人趋向某一目标，包括生理驱力、态度和情操。能力特质指表现在知觉和运动等方面的差异特质。气质特质是决定一个人情绪反应的速度与强度的特质。

3. 艾森克的三因素人格模型

艾森克在卡特尔的研究基础上用因素分析法找到了三种更高水平的特质类型，并由此提出了三因素人格模型，这三个因素分别是：外向性、神经质和精神质。艾森克根据这一模型编制了艾森克人格问卷（EPQ），这是广泛应用的人格测验量表之一。

4. 塔佩斯的"大五"人格理论

塔佩斯等发现了五个相对稳定的人格因素。这五个因素在大量不同方法的研究中都很突出，所以被研究者称为"大五"。求新性、尽责性、外向性、随和性和神经质性，这五个特质的头一个字母构成了"OCEAN"一词，代表"人格的海洋"。五种人格特质如下：

（1）神经质（情绪稳定性）。在神经质纬度上得分高的人经常感到忧郁、情绪容易波动；低分者大多表现为平静，自我调适良好，不易出现极端和不良的情绪反应。

（2）外向性（外倾性）。外向性纬度一端是极端外向，一端是极端内向。外向者爱好交际、精力充沛、乐观、友好而自信；内向者的这些表现则不突出，他们含蓄、自主和稳健。

（3）求新性（开放性）。求新性纬度，又称智力维度，是指对经验持开放、探求态度。在求新性上得高分者是不依习俗的独立思想者；得分低者则多数比较传统，喜欢熟悉的事物胜过喜欢新事物。

（4）随和性（宜人性）。在随和性纬度上得分高的人乐于助人、可信赖、富有同情心，注重合作而不强调竞争；低分者多抱有敌意、为人多疑，喜欢为了自己的利益和信念而争斗。

（5）尽责性（责任心）。是指如何控制自己、如何自律。居于该纬度高分端的人做事有条理、有计划，并能持之以恒；居于低分端的人马虎大意、易见异思迁、不可靠。

（二）类型理论

人格类型理论主要用以描述两类不同人群的心理差异，主要分为单一类型、对立类型和多元类型。单一类型理论的代表是美国心理学家弗兰克·法利提出的T型人格。对立类型理论认为，人格类型包含了某一种人格维度的两个相反的方向，主要包括福利曼和罗斯曼提出的A—B型人格、荣格提出的内—外倾人格。多元类型理论认为，人格是由几种不同质的人格特性构成的，主要包括气质类型学说、性格类型说、阴阳五行说等。

1.荣格的内外向人格

瑞士著名心理学家荣格最先提出了内外向人格类型学说。他认为：外向型的人心理活动指向于外部世界，表现为活泼开朗、热情大方、不拘小节、情绪外露、善于交际、反应迅速、易适应环境的变化；内向型的人心理活动指向于内部世界，感情比较深沉，谨慎多思，不善交往，适应环境的能力较差，很注重别人对自己的评价。在荣格看来，任何人都具有外向和内向这两种特征，但其中一种可能占优势，因而可以确定一个人是内向的还是外向的。荣格认为，人的心理活动有思维、感情、感觉和直觉这四种基本功能。结合两种心理倾向可以后构成八种人格类型：外倾思维型、外倾感情型、外倾感觉型、外倾直觉型、内倾思维型、内倾感情型、内倾感觉型和内倾直觉型。

2.A—B型人格

福利曼和罗斯曼描述了A—B人格类型。A型人格主要特点是：性情急躁，缺乏耐性。他们的成就欲高、上进心强、有苦干精神、工作投入、做事认真负责、时间紧迫感强、富有竞争意识、外向、动作敏捷、说话快、生活常处于紧张状态，但办事匆忙、社会适应性差，属不安定型人格。B型人格的特点是：性情不温不火，举止稳当，对工作和生活的满足感强，喜欢慢步调的生活节奏，在需要审慎思考和耐心的工作中，B型人往往比A型人表现更好。

3.霍兰德的人格理论

美国心理学家霍兰德把人格分为六类。不同的人格在职业选择上具有明显的差异。

第一，现实型。这种人不重视社交而重视物质的、实际的利益，他们遵守规则，喜欢安定，感情不丰富，缺乏洞察力。在职业选择上，他们希望从事有明确要求、能按一定程序进行操作的工作，如机械加工等。

第二，研究型。这种人有强烈的好奇心，重分析，好内省，比较谨慎。他们喜欢从事有观察、有科学分析的创造性活动，如天文学研究等。

第三，艺术型。这种人想象力丰富，有理想，易冲动，好独创，他们喜欢从事非系统的、自由的活动，如表演、绘画等。

第四，社会型。这种人乐于助人，善社交，易合作，重视友谊，责任感强，他们愿意选择教育、医疗等工作。

第五，企业型。这种人喜欢支配别人，有冒险精神，自信而精力旺盛，好发表自己的见解。他们愿意从事组织、领导的工作。

第六，常规型。这种人易顺从，能自我抑制，想象力较差，喜欢稳定、有秩序的环境。在职业选择上，愿意从事重复性、习惯性的工作，如会计、管理仓库员等。根据霍兰德的分类可以预测一个人的职业爱好和职业适应情况，因而对正确指导职业选择有较大的实践意义。

4.斯普兰格的人格理论

斯普兰格注意到一定文化生活中的人的价值取向，把主观价值体验和客观价值构成联系起来，建立起了价值观的类型论。依据人类社会活动的六种形态，斯普兰格将人划分为六种性格类型。不同的性格类型有不同的价值观成分。

第一，经济型。这类人对所有的事物都从实用观点出发，以经济的观点看待一切事物，从实际效果来判断事物的价值。他们是利己的，其生活目的是获得财产、追求利润。实业家就属于这种类型。

第二，理论型。这类人有浓厚的认识客观事物的热情，能客观而冷静地观察事物，力求把握事物的本质，尊重事物的合理性，重视科学探索，以追求真理为人生的目的，但在解决生活中的实际问题时显得无力。哲学家、思想家、科学家属于这种类型。

第三，审美型。这类人对实际生活不够关心，他们把感觉事实的美当作人生的本来价值，富有想象力，追求美感，如艺术家等。

第四，宗教型。这类人把信仰的核心作为存在的最高价值，总能感到圣主的拯救和恩惠。

第五，权力型。这类人倾向于权力意识和权力享受，有强烈的支配和命令别人的欲望。其全部的生活价值和最高的人生目标就在于满足自己的权力欲望和权力享受，得到某种权力和地位。

第六，社会型。这种人以关心他人为己任，甘于献身社会。认为帮助别人是生活中的最高价值，以奉献社会为人生追求的最高目标。

斯普兰格相信，纯粹属于某种类型的人是没有的，多数人是各种类型的混合，称混合型。

（三）弗洛伊德的人格结构与人格发展理论

弗洛伊德将人格结构分成三个层次：本我、自我和超我。

1.**本我**。本我位于人格结构的最底层，是由先天的本能、欲望所组成的能量系统，包括各种生理需要。本我具有很强的原始冲动力量，弗洛伊德称为"里比多"。本我是无意识、非理性、非社会化和混乱无序的，它遵循快乐原则。

2.**自我**。自我是从本我中逐渐分化出来的，位于人格结构的中间层。其作用主要是调节本我与超我之间的矛盾，它一方面调节着本我，一方面又受制于超我。它遵循现实原则，以合理的方式来满足本我的要求。

3.**超我**。超我位于人格结构的最高层次，是道德化了的自我，由社会规范、伦理道德、价值观念内化而来，其形成是社会化的结果。超我遵循道德原则，它具有三个作用：一是抑制本我的冲动；二是对自我进行监控；三是追求完善的境界。

在人格结构中，本我、自我和超我三者相互交织在一起，构成人格的整体。它们各自代表了人格的某一方面：本我是生物本能我；自我是心理社会我；超我是道德理想我。它们各自追求不同的目标；本我追求快乐；自我追求现实；超我追求完美。当三者处于协调状态时，人格表现出一种健康状况；当三者互不相让、产生敌对关系时，就会产生心理疾病。

弗洛伊德把人格的心理性欲发展划分为五个阶段，在他的《性学三论》和《精神分析引论》两部著作中，系统地阐述了他的人格发展理论，根据不同时期里比多表现的性感区不同。

1.口唇阶段（0—1.5岁）。这一阶段的性感区是唇和舌，诸如吸吮、触咬、吞咽等是性欲满足的主要来源。弗洛伊德根据幼儿与他们的第一个爱物——乳房的不同联系形式将这一阶段分成两个亚阶段，一个是早期口唇合并亚阶段，此时幼儿没有产生对乳房的矛盾心理。但到了第二个亚阶段即口唇受虐狂阶段（一年后），幼儿产生了对乳房的一处矛盾情绪，而且有受虐狂的表现。弗洛伊德认为，在口唇阶段固着就会产生口唇性格，这种性格的人在成年后，习惯于与口腔有关的生活，如他们一般吃的多，吸烟多，通常花费更多的时间与别人讲话，他们可能成为政治家、教授、长舌妇、律师、演员等。

2. 肛门阶段（1.5—3岁）。这一阶段，里比多与肛门联系起来，性感区由唇和舌发展到肛门和大肠，通过体验粪便的保持和排泄而得到一种快乐，因为在排泄时会有一种紧张消除的快乐之感。肛门性格分为两类；一类是肛门保护型，此类型的人一般表现为整洁、小气、做事有条理；另一类是肛门驱逐型，此类型的人一般表现为不整洁、大方、做事缺乏条理。

3. 性器阶段（3—5岁）。在这个阶段，里比多指向了生殖器区域，欲望主要通过生殖器来满足。由于此时男女的生理特征不同，便产生了两种不同的人格特征：第一，男性性器阶段。这时男孩认为，母亲是自己快乐的目标，因此就想得到母亲，以得到性欲的满足，而且认为女性是快乐的源泉。但当他看到父亲与母亲的关系时，他又产生了对父亲的嫉妒和敌对情绪，这就是弗洛伊德所谓的"奥狄浦斯情结"或"恋母情结"。第二，女性性器阶段。与男孩子相对应，在此阶段女孩也会产生一种现象，即"厄勒克特拉情结"或"恋父情结"。

4. 潜伏阶段（5岁至青春期前）。在此阶段几乎没有明显的性发展表现，此阶段时间很长，几乎是前三个阶段总和的两倍。弗洛伊德认为此阶段在儿童的个性形成中是极为重要的。此阶段最突出的特征是儿童失去了对与性相联系的活动的兴趣，把他们的能量集中在其他事情上，如学校里的功课学习上，良好的习惯形成上，他们把自己局限于全部是女性或全部是男性的群体里，正是如此，弗洛伊德才把它称为"潜伏期"。因为性在此时暂隐没了。

5. 生殖阶段（青春期至成年）。弗洛伊德把口唇、肛门、性器三个阶段称为前性阶段，在此阶段，性活动是由自发性欲所引起的，孩子们一直追求的是肉体的愉快。在潜伏期之后即青春期，产生了第二次性欲的冲动，这种生理的压力使孩子感到了这种冲动的作用，弗洛伊德认为此时的性本能通过性高潮而得以满足，而且里比多开始投射于所爱的事业上，人们开始产生了性爱。这时，性本能因对更有价值的目标的追求而减弱了自己的紧张。但此方式仍受下意识的本能所控制。如其他的创造性活动和社会活动也都有无意识的根源。

此外，精神分析人格理论还包括荣格的分析心理学、阿德勒的个体心理学和埃里克森的人格发展理论。荣格将潜意识分为个体潜意识和集体潜意识两个水平。个体潜意识的内容被称为"情结"。集体潜意识中的经验以"原型"的形式存在，原型包括人格面具（用以掩饰真实面目的、在公众前展现的表现）、阴影（人性中的阴暗面）、阿尼玛（男性身上的女性化特征）、阿尼姆斯（女性身上的男性化特征）和真我（使人格具有和谐统一性的部分）。阿德勒认为个人奋斗的原始动力是自卑，终极目标是超越。阿德勒把个体在克服自卑感、追求超越的过程中形成的独特反应模式称为生活风格。阿德勒提出四种生活类型：控制型、索取型、回避型和社会型。

五、人格形成与发展的制约因素

人格是怎样形成的？科学发展到现在的水平，人们一般都承认人格是在遗传与环境交互作用下逐渐发展形成的。遗传决定了人格发展的可能性，环境决定了人格发展的现实性。影响人格形成与发展的主要因素有：生物遗传因素、社会文化因素、家庭环境因素、早期童年经验、学校教育因素、自然物理因素和自我调控因素。

（一）生物遗传因素

遗传因素影响人格的发展方向及程度，遗传对人格的作用主要体现在以下几个方面：

1. 遗传是人格不可缺少的影响因素。

2. 遗传因素对人格的作用程度因人格特征的不同而不同。通常在智力、气质这些与生物因素相关较大的特征上，遗传因素较为重要；而在价值观、信念、性格等与社会因素关系紧密的特征上，后天环境因素更重要。

3.人格发展过程是遗传与环境交互作用的结果，遗传因素影响人格的发展方向。

（二）家庭因素

家庭是儿童出生后接触到的最初的教育场所，家庭所处的经济地位和政治地位、家长的教育观念和教育水平、家长的教育态度与教育方式、家庭的气氛、儿童在家庭中扮演的角色与所处的地位等等，都对儿童性格的形成有非常重要的影响。从这个意义上讲，"家庭是制造性格的工厂"。

家庭教养方式可以分为以下三类：

1.权威型教养方式。这类父母在对子女的教育中，表现为过于支配，孩子的一切由父母来控制。成长在这种教育环境下的孩子容易形成消极、被动、依赖、服从、懦弱，做事缺乏主动性，甚至会形成不诚实的人格特征。

2.放纵型教养方式。这类父母对孩子过于溺爱，孩子随心所欲，父母对孩子的教育甚至达到失控状态。这种家庭里的孩子多表现为任性、幼稚、自私、野蛮、无礼、独立性差、唯我独尊、蛮横胡闹等。

3.民主型教养方式。父母与孩子在家庭中处于一个平等和谐的氛围中，父母尊重孩子，给孩子一定的自主权，并给予孩子积极正确的指导。父母的这种教育方式使孩子形成了一些积极的人格品质，如活泼、自立、彬彬有礼、善于交往、富于合作、思想活跃等。

综合家庭因素对人格影响的研究资料，我们可以得出以下结论：（1）家庭是社会文化的媒介，它对人格具有强大的塑造力；（2）父母教养方式的恰当性直接决定孩子人格特征的形成；（3）父母在养育孩子的过程中，表现出自己的人格，并有意无意地影响和塑造着孩子的人格，形成家庭中的"社会遗传性"。

（三）学校教育因素

学校教育在学龄儿童人格的形成与发展中具有重要作用。学生通过课堂教育接受系统的科学知识，同时形成科学的世界观。通过学习还可以形成与发展学生的坚持性、主动性等优良的人格特征。校风和班风也是影响学生人格形成与发展的重要因素。良好的校风和班风能促使学生养成积极性、独立性和遵守纪律等品质。在学校里，老师要通过各种教育教学活动，塑造学生的人格特征。同时教师又是学生学习的榜样，教师的言行对学生的人格同样会产生潜移默化的影响。

影响学生人格的主导因素是学校教育，教师是影响学生人格的重要因素。教师对学生人格的发展具有指导、定向的作用。有人曾把教师的态度分为三种，即放任型、专制型、民主型。放任型：表现为不控制学生的行为，不指导学生学习。学生则表现为无集体意识、无团体目标、纪律性差、不合作。专制型：表现为包办学生的一切学习活动，全凭个人的好恶对学生赞誉、贬损。学生则表现为情绪紧张、冷漠、具有攻击性、自制力差。民主型：表现为尊重学生的自尊心和人格。学生则表现为情绪稳定、态度积极友好、开朗坦诚、有领导能力。

（四）同辈群体

一方面同辈群体是儿童学习社会行为的强化物。帕特森等人研究同伴的反应对儿童攻击性行为的强化作用。结果发现，当一个儿童猛冲过去抢另一个儿童的玩具时，若受害者作出哭、退缩或沉默的反应，攻击者还会以同样方式去对付别的儿童。若受害者立即作出反击，或教师批评制止攻击者，攻击行为就有可能收敛。说明同伴的消极反应会强化儿童的攻击性行为，而同伴的积极反应则有可能抑制儿童的攻击性行为。

另一方面，同辈群体又为儿童的社会化和人格发展提供社会模式或榜样。与更为成熟的儿童在一起玩的儿童就会变得更加合作，经常跟慷慨的儿童在一起的儿童也会变得大方起来，因为儿童习惯于将同伴的行为作为评定自己行为的参照系。

（五）社会文化因素

每个人都处在特定的社会文化之中，文化对人格的影响是极为重要的。社会因素对学生性格的影响主要通过社会风尚、大众传媒等得以实现，如电脑、电视、电影、报刊、文学作品等等。

其作用可归纳如下：（1）社会文化对人格具有重要的作用，特别是后天形成的一些人格特征；（2）社会文化对个人的影响力因文化的强弱而不同，社会的要求越严格，其影响力越大；（3）社会文化因素决定了人格的共同性特征，它使同一社会的人在人格上具有一定程度的相似性。

（六）个人主观因素

社会上各种影响因素，首先要为个人接受和理解，才能转化为个体的需要、动机和兴趣，才能推动他去思考与行动。另外，个体已有的心理发展水平对人格特征形成的作用会随着年龄的增加而日益增加。俄国伟大的教育家乌申斯基认为，人的自我教育是性格形成的基本条件之一，因为一切外来的影响都要通过自我调节而起作用。从这个意义上讲，每个人都在自己塑造自己的性格。

六、人格（性格）评定的方法

（一）行为评定法

行为评定法主要包括观察法、谈话法、作品分析法、个案法四种方法。

1. 观察法。观察法是在自然条件下通过观察一个人的行为、言语、表情、态度从而分析其性格的方法。采用此方法必须使被观察者处于自然情境中，保持心理活动的自然性和客观性，这样获得的资料才会真实；不论是长期观察还是短期观察，观察者都要做到有计划。

2. 谈话法。谈话法是通过与某人谈话从而了解其性格特征的方法。使用谈话法一定要事先确定谈话目的，要对谈话中的内容加以分析，要采取多种多样的谈话方式，保持谈话气氛的融洽、和谐、温馨。谈话法在心理咨询中应用很广泛，它对了解人的性格、搜集资料、确定解决问题的途径具有重要意义。

3. 作品分析法。作品分析法是通过对一个人的作品，如日记、命题作文、信札、传记、试卷以及劳动产品等的分析，来间接了解其性格特征的方法。这种方法一般用来收集资料，对研究人的性格具有辅助性的意义。

4. 个案法。个案法是通过收集一个人的家庭历史、社会关系、个人的成长史等多方面资料，来分析和了解其性格特征的方法。

（二）自然实验法

自然实验法是目前研究性格采用较多的方法，它是实验者根据研究的目的创设实验情境，主动引起被试的某种性格特征的表露，然后经分析、概括来确定其性格特征的方法。自然实验法最大的特点是简便易行，获得的材料真实可靠。

（三）测验法

人格测验指用测验方法，对人格进行测量，测量一个人在一定情境下，经常表现出来的典型行为和人格品质，诸如动机、兴趣、性格、气质、价值观等，主要包括自陈量表、投射测验、情境测验、自我概念测验等。

1. 自陈法（自陈式人格测验）

这是测量人格特点的一种纸笔测验方法，由被试自己作答，又称问答法或自陈量表。这种量表采用客观测验的形式，设计出一系列陈述句或问题，要求受试者做出是否符合自己情况的报告。常见的性格问卷有五种。

（1）多相人格测验（MMPI）

此量表是美国明尼苏达大学教授哈茨韦和麦金莱于1943年发表的。MMPI包括566个题目。凡年满16周岁、具有小学文化水平、没有视觉和书写障碍等生理缺陷的人，均可以参加测量。MMPI是目前应用很广的人格测验法。它既可用于临床诊断（癔症、强迫症、精神分裂症、抑郁症），也可用于正常人的人格评定。

（2）个人兴趣量表（EPPS）

EPPS是美国心理学家爱德华编制的。全量表共有225个题目，其中的15个重复项目是用来检验反应一致性的。EPPS的主要功能是通过被试者对题目的反应，评定他在15种心理需求上相对一般人的强弱程度，然后绘出人格剖面图，从而了解个人的爱好和倾向。

（3）16种人格因素测验（16PF）

该量表是美国伊利诺州立大学教授卡特尔于20世纪50年代编制的。它适用于具有阅读能力的青年人、成年人及老年人。卡特尔根据自己的研究确定的16种根源特质在某些情况下可能产生的表现，分别编成16组题目，共有187个题目，适用于具有阅读能力的16岁以上的成人。根据得分绘出人格剖面图，从而了解受测者的性格。卡特尔等人后来又设计了分别适用于中学生、小学生、学前儿童的三个个性问卷。

（4）人格问卷（EPQ）

该量表是由英国心理学家艾森克等人编制的。该问卷有适用于7—15岁儿童和16岁以上成人两个版本。每个问卷包括四个分量表，即精神质量表、内外倾量表、情绪稳定性量表和效度量表。

（5）Y—G性格检查表

该量表是由美国心理学家吉尔福德等人编制的。该量表由120个题目组成，包括12个分量表，适合用于7岁以上的正常人。

2. 投射法（投射式人格测验）

投射测验是一种结构不明确的测验，是利用某些材料（一般是意义模糊的刺激），要求被试对刺激材料进行解释，让他们在不知不觉中将自己的思想、态度、愿望和情感泄露出来，从而确定其性格特征。根据被试的反应方式，投射技术可分5类：联想型，让被试说出某种刺激所引起的联想，如罗夏墨迹测验；构造型，要被试根据他所看到的图画编造一套含有过去、现在、将来等发展过程的故事，如主题统觉测验；完成型，提供一些不完整的句子、故事或辩论材料等，让被试自己补充，如句子完成测验；选排型，要被试根据某一准则，选择照片，或对照片进行排列；表露型，使受测者利用某种媒介自由地表露他的心理状态，如画人测验。

（1）墨迹测验（RIBT）

罗夏克墨迹测验是由瑞士精神病学家罗夏克1921年编制的，它由10张墨迹图组成，其中的图片5张黑白，5张彩色。每张图片都向被试提出这样的问题："这可能是什么？""你看见了什么？"从被试的回答中分析其态度和性格。

（2）主题统觉测验（TAT）

主题统觉测验是由美国心理学家莫瑞和摩尔根于1938年编制的，主要用来确定人们的需要和成就动机。它由30张黑白图片和一张空白卡片组成。图像多是人物，也有一部分风景。每幅图像都相当模棱两可，可以做种种不同的解释。施测时，被测者以其从图中看到的主题进行自由联想，并依据联想编成故事。但被试所编的故事必须包括四个方面的内容：图片中故事发生的情景；图片中故事发生的原因；图片中故事发生的结果；自己的感受。测验者通过对被测者所编制的故事分析，推测被测者的个性特征。

（3）句子完成测验（SCT）

SCT是以未完成的句子作为刺激，让受测者自由地给予语言反应来完成未完成的部分。主试依据受测者的反应内容来推断受测者的感情、态度。

（4）房树人测验（HTP）

房树人测验，又称屋树人测验，受测者只需在三张白纸上分别画房、树及人就完成测试。"房树人测验"不仅是一种人格测验，而且是一种智力测验。它可以动态地掌握病人病情的演变情况，并且能促发病人的创造力，甚至通过绘画起到治疗作用，以后逐渐演变成了心理治疗中的绘画疗法。

投射测验弹性大，可在一定的限制情况下任被试随意反映，而且它不受语言文字的限制，在任何不同文化环境中都可以使用。其缺点是：评分缺乏客观标准，对测验的结果难以进行解释；这种测验对特定行为不能提供较好的预测；需要花费大量的时间。此外，在人格测验中，人们会倾向于把一般化的描述看成是对自己人格的准确总结，称为巴纳姆效应。

七、自我意识

人格是一个复杂的结构系统，主要包括气质、性格、自我意识三个方面。自我意识是人格中的内控系统或自控系统，其作用是对人格的各种成分进行调控，保证人格的完整、统一与和谐。

（一）自我意识的构成成分

自我意识是个体对自己以及自己与周围事物关系的意识。自我意识包括两方面：一个是主体的我，即对自己身心活动的觉察，比如自我的性格、能力和行为等；另一个是客体的我，即被觉察到的我。例如，我们常常听学生说："我觉得自己糟糕透了"，或者"我长大了当大老板"，这是作为主体的学生对自身的觉察。而个体在生活中又时刻作为客体被自我和他人所认识，如"我觉得别人都看不起我"。

自我意识是个性和社会性发展的核心概念。自我意识的结构是从自我意识的知、情、意三方面分析的，包括自我认识（自我认知）、自我体验和自我调节（自我调控）。

1. 自我认识

自我认识是自我意识的认知成分，即个体对自己的心理特点、人格特征、能力及自身社会价值的自我了解与自我评价。它是自我意识的首要成分，也是自我调节控制的心理基础，它又包括自我感觉、自我观察、自我分析和自我评价。自我评价最能代表一个人自我认识的水平，是自我意识发展的主要成份和主要标志。

2. 自我体验

自我体验是伴随自我认识而产生的内心体验，是自我意识在情感方面的表现。自尊心、自信心是自我体验的具体内容。

3. 自我调节

自我调节是自我意识的意志成分，主要表现为个人对自己的行为、活动和态度的调控，包括自我检查、自我监督、自我控制、自我激励、自我教育等。自我调节是自我意识中直接作用于个体行为的环节，它的实现是自我意识的能动性的表现（自我控制是自我意识在行为上的表现，是实现自我意识调节的最后环节）。

（二）自我意识的发展阶段

个体自我意识的发展经历了从生理自我到社会自我再到心理自我的过程。

1. 生理自我

生理自我是个体对自己的生理状态以及自身与外部世界关系的反映。生理自我以个体的躯体为中心，是自我意识最原始的形态，生理自我在3岁左右基本成熟。

2.社会自我

儿童在3岁以后，自我意识的发展进入社会自我阶段，自我评价的独立性、原则性、批判性正在迅速发展，对道德行为的判断能力也逐渐达到了前所未有的水平，但评价不涉及个人内心世界和人格特征，自我的调节控制能力也较差。社会自我至少年期基本成熟。

3.心理自我

心理自我是个体对自己的心理特征的意识，是在青春期开始发展和形成的。这时，青年开始形成自觉地按照一定的行动目标和社会准则来评价自己的心理品质和能力。青春期是自我意识发展的第二个飞跃期。

（三）学生自我意识的发展特点

1.小学生

小学生的自我意识表现出明显的协调性和过渡性，自我意识客观化，开始产生社会自我。研究表明，五六岁儿童在人际交往中表现出能从交往对方的角度反思和调节自己的反应，并逐步认识到有一个区别于外部表现的、内部的、真正的"我"的存在。小学低年级学生能以第三者观察自己，对自己的观察逐步从外部的、表面的特征深入到内心品质，从比较笼统、片面到比较细致、全面。到了五年级，学生表现出比较成熟的自我意识，出现了"观察者"自我意识。他们对自我关注、对自我价值敏感，在自我价值受挫时表现出退缩反应。

2.初中生

初中生常常将很多心智用于内省，自我意识高涨，有了质的飞跃，其人格出现了暂时的不平衡性。

3.高中生

高中生自我意识发展的特点如下：（1）独立意向日趋强烈；（2）在心理上将自我分成了"理想自我"与"现实自我"两部分；（3）强烈关心自己的个性成长；（4）自我评价成熟；（5）有较强的自尊心；（6）道德意识得到高度发展。

（四）自我意识发展的途径

1.通过认识别人，将别人与自己加以对照来认识自己

人最初是以别人来反映自己的。个体往往把对他人的认识迁移到自己身上，像认识他人那样来"客观"地认识自己。当看到别人对长者很有礼貌并受到大家称赞时，就来对照反思自己的言行，从而认识到自己平时对长者的态度。经过多次对比，就会促进个体对自我的认识，形成相应的自我概念。

2.通过分析别人对自己的评价来认识自己

一个人对自己的认识，在很大程度上受他人评价的影响。这如同人对着镜子来认识自己的模样一样，儿童认识自己是把别人对自己的评价当作一面镜子来不断认识自我的，包括自己的优点和缺点。由于人的活动范围比较大，经常从属于不同的团体，接触不同的人，每个团体、每个人对你的评价就是一面镜子，这样就可以通过不同的镜子来照出多个自我，这样，个体就能较全面地认识自己，从而促使自我意识的不断发展。

3.通过考察自己的言行和活动的成效来认识自己

自我意识是个体实践活动的反映。自己在实践活动中的表现和取得的成果也会成为一面镜子，通过这面镜子能反映出自己的体力、智能、情感、意志和品德等特性，从而使之成为自我认识、评价的对象。一个学生在学习上或一项竞赛中取得了好成绩，他会从中体验到一种自信，对自己和自己的能力就会有新的认识。

4.通过自我监督与自我教育来完善自己

个体通过以上几方面的途径，在不断地反省自己中，发现现实自我与理想自我的差距，一方面通过自我监督，来克制、约束自我，服从既定目标；另一方面通过自我教育，按社会要求对客体自我自觉实施教育，以实现现实自我与理想自我的积极统一。总之，自我监督，着眼于"克制"，而自我教育，着眼于"发展"，二者共同承担自我意识不断完善的任务。

八、自我概念与自尊

（一）自我概念

自我概念是指"由个体对自身的观念、情感和态度组成的混合物"。它是指个体对自己的综合看法。马什（Marsh）等人提出，学生的自我概念包括非学业自我概念（社会自我概念、身体自我概念、情绪自我概念）和学业自我概念（语文自我概念、数学自我概念）。

（二）自尊

自尊是指个体对自己的价值或者个体是否接受自己、尊重自己的感受。教育心理学家古柏史密斯提出培养学生自尊心的三个先决条件：重要感、成就感和力量感。

此外，与自我有关的概念还有自我图式、自我觉知、自我提升和自我确认、自我效能、自我表演、自我障碍、自我监控、自证预言、体像等。其中，自我图式是指组织和指引与自己有关的信息的一套自我信念；自我觉知是个体把自己作为注意对象时的心理状态；自我障碍是人们提前准备用来解释自己预期失败的一系列行为。

真题回顾与模块自测

一、单选题

1. 一位性格内向的大学生，在各种不同的场合都会表现出沉默寡言的特点，这种特点从入学到毕业都没有很大的变化，这体现了人格的（   ）。

   A. 稳定性　　　　　　B. 功能性　　　　　　C. 独特性　　　　　　D. 统合性

2. 积极探究某种事物或从事活动的意识倾向被称为（   ），这种倾向是和一定的情感体验相联系的。（2020.7.4枣庄滕州真题）

   A. 爱好　　　　　　　B. 兴趣　　　　　　　C. 兴奋　　　　　　　D. 关注

3. 根据智力的不同功能，美国心理学家卡特尔将智力划分为流体智力和晶体智力。下列选项中能够测量晶体智力的是（   ）。（2020.12.5山东警官职业学院真题）

   A. 逻辑推理测验　　　B. 记忆广度测验　　　C. 信息加工速度测验　　D. 心理理论测验

4. （   ）认为，智力包括两种能力，一种是在新任务和新环境时所要求的能力，另一种是信息加工过程中自动化的能力。（2020.7.30烟台莱阳、海阳真题）

   A. 能力成分亚理论　　B. 能力情境亚理论　　C. 智力经验亚理论　　D. 智力形态亚理论

5. 科学家、会计师、工程师及电脑程序员这一群体在（   ）上更突出。（2020.8.1临沂真题）

A. 逻辑——数学智能　　　　B. 空间智能　　　　C. 语言智能　　　　D. 内省智能

6. 一个10岁的小孩在韦克斯勒的智力测验中得分是68分，该年龄团体的平均分数是68分，标准差是5分，则他的智商是（　　　）。（2020.6.26潍坊昌邑真题）

A. 100　　　　　　　　B. 130　　　　　　　　C. 140　　　　　　　　D. 150

7. 如果一个人能用5—10种特质词汇描述自己的个性，则按照奥尔波特的人格特质理论，其描述的是个性的（　　　）。（2020.8.6济南十区县联考真题）

A. 重要特质　　　　　　B. 主要特质　　　　　　C. 次要特质　　　　　　D. 核心特质

8. 如果一个学生表现为富于想象，做事不墨守成规，自主性强，按照大五人格理论，该学生表现出的这些人格因素最有可能属于的人格维度是（　　　）。（2020.8.6济南十区县联考真题）

A. 外倾性　　　　　　　B. 开放性　　　　　　　C. 宜人性　　　　　　　D. 责任心

9. 一般认为自我包括自我认识、自我体验和自我调控，其中自我体验是自我的情绪成分，是主观的我对客观的我所持有的一种情绪体验，反映了主体我的需要与客体我的现实之间的关系。个体自我体验中最主要的成分是（　　　）。（2020.8.6济南十区县联考真题）

A. 自信　　　　　　　　B. 自尊　　　　　　　　C. 自豪　　　　　　　　D. 自满

二、多选题

1. 弗洛伊德的精神分析心理学主张，心理学不仅要研究意识现象，也要研究无意识现象。他把心理分为（　　　）三个部分。（2020.11.29济宁职业学院真题）

A. 本我　　　　　　　　B. 超我　　　　　　　　C. 自我　　　　　　　　D. 忘我

2. 下列性格与气质关系的表述，正确的是（　　　）。

A. 气质可塑性小，性格可塑性大

B. 气质有好坏之分，性格无优劣差别

C. 气质不具有道德评价含义，性格可具有道德评价含义

D. 气质更多地具有先天性特点，性格更多地受社会生活条件影响

3. 自我意识是人的意识领域的一个重要组成部分，是人们所特有的一种意识存在形式，其结构主要包括（　　　）。（2020.10.18济南平阴真题）

A. 自我认识　　　　　　B. 自我体验　　　　　　C. 自我控制　　　　　　D. 自我发展

三、判断题

1. 无论是服装设计还是流行歌曲的轮回都逃脱不了动机的唤醒理论，人的喜新厌旧也是因为如此。（　　　）

2. "严师出高徒"体现了教育和训练对能力发展的意义。（　　　）

3. 在教学中，你会发现，有的学生思维灵活，但粗枝大叶，精力旺盛，争强好斗，勇敢果断，但遇事常欠思量，易感情用事，这类学生属于多血质的气质类型。（　　　）（2020.11.28德州乐陵真题）

4. 自我障碍策略是一种"故意的"自作自受，它是指人们提前准备用来解释自己预期失败的一系列行为。（　　　）

【参考答案】

一、单选题

1. A　2. B　3. D　4. C　5. A　6. A　7. D　8. B　9. B

二、多选题

1. ABC　2. ACD　3. ABC

三、判断题

1. √　2. √　3. ×　4. √

第三部分

教育心理学

　　教育心理学作为教师招聘考试的重要内容，主要考查考生对教育心理学相关基础知识的掌握程度以及综合运用这些知识分析、解决实际问题的能力。

　　本书将教育心理学的内容分为十三章：教育心理学概述、心理发展与教育、学习及其理论、学习动机、学习迁移、学习策略、知识的学习与技能的形成、态度与品德、问题解决与创造性、教学设计、课堂管理、心理健康及其教育、教师心理。考生在学习时应深入理解和把握各个知识点之间的内在联系，形成知识网络体系，并结合考试实际进行针对性的练习。

第一章　教育心理学概述

作为一名称职的教师，不仅应该具备精深的学科知识，更应该掌握学生心理发展规律、学习规律和教学规律。作为教师学习必备的一门重要学科，我们首先应该了解教育心理学的研究对象与研究内容、研究方法与研究原则、发展历程等相关知识。

思维导图

```
                                                                初创时期
         研究对象                                               发展时期
                  研究对象与研              发展进程
         研究内容    究内容                                      成熟时期

                                                                完善时期

                        教育心理学概述

         研究方法                                               描述
                  研究方法与研                                   解释
         研究原则    究原则                   作用              预测

                                                                控制
```

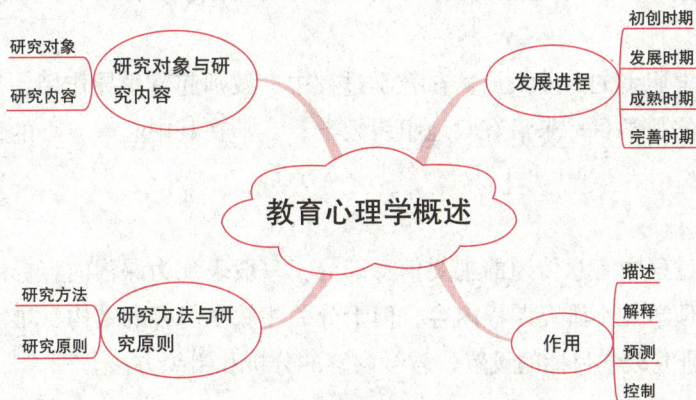

第一节　教育心理学的研究对象与研究内容

一、教育心理学的研究对象

教育心理学是一门通过科学方法研究学校情境中学与教相互作用的基本规律的科学，它是教育学与心理学的交叉学科，拥有自身独特的研究课题，即如何学、如何教以及学与教之间的相互作用。教育心理学的知识正是围绕学与教相互作用的过程而组织的，包括学习心理、教学心理、学生心理和教师心理四大部分。

二、教育心理学的研究内容

教育心理学的具体研究范畴是围绕学与教相互作用过程而展开的。学与教相互作用过程是一个系统过程，该系统包括五要素和三过程：

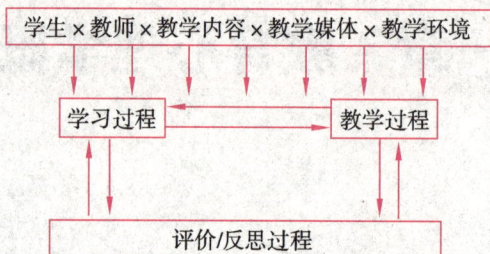

图3-1-1　学与教相互作用过程模式

（一）学习与教学的五要素

1. 学生

学生是学习的主体因素，主要从两个方面来影响学与教的过程。第一是群体差异，包括年龄、性别和社会文化差异等。第二是个体差异，包括先前知识基础、学习方式、智力水平、兴趣和需要等差异。

2. 教师

教师是履行教育教学职责的专业人员，在教学过程中，教师起着主导作用，是教育活动的执行者。学校教育需要按照特定的教学目标来最有效地组织教学，教师在其中起着关键的作用。教师这一要素主要涉及敬业精神、专业知识、专业技能以及教学风格等方面。

3. 教学内容

教学内容是学与教过程中有意传递的主要信息部分，一般表现为课程内容标准、课程、教学目标以及教学材料等。教育心理学并不研究课程内容，但十分关注教学内容的结构、难度与学生心理发展水平之间的关系，非常重视研究教学目标的设置、教学内容的分析和组织方法。

4. 教学媒体

教学媒体是教学内容的载体，是教学内容的表现形式，是师生之间传递信息的工具。简单的实物、口头语言、书本、录音、录像、网络、多媒体计算机等都属于教学媒体范畴。

5. 教学环境

教学环境包括物质环境和社会环境两个方面。物质环境包括课堂自然条件（如温度和照明）、教学设施（如桌椅、黑板和投影机）以及空间布置（如座位的排列）等。社会环境包括课堂纪律、课堂气氛、师生关系、同学关系、校风以及社会文化背景等。在教育心理学看来，教学环境不仅是课堂管理研究的主要范畴，也是学习过程研究和教学设计研究所不能忽视的重要内容。

（二）学习与教学的三过程

1. 学习过程

学习过程指学生在教学情境中通过与教师、同学以及教学信息的相互作用获得知识、技能和态度的过程。学习过程是教育心理学研究的核心内容，是教育心理学家进行最早也是最多的一项研究内容，各家各派学习理论之争都集中体现在对学生学习过程的不同解释上。

2.教学过程

在教学过程中，教师设计教学情境，组织教学活动，与学生进行信息交流，从而引导学生的理解、思考、探索和发现过程，使其获得知识、技能和态度。此外，教师还要进行教学管理，调节教学进程，以确保教学的有效性。

3.评价—反思过程

评价和反思过程虽是一个独立的成分，但它始终贯穿在整个学习和教学过程中（评价/反思过程既可在学习过程和教学过程之后，作为一个独立的部分，又可贯穿在学习过程和教学过程之中）。评价和反思过程包括在教学之前对教学设计效果的预测和评判、在教学过程中对教学的监视和分析以及在教学之后的检验和反思。

三、教育心理学与邻近学科的关系

教育心理学的理论体系大致可归纳为基础理论、学科理论和相关理论。其中，关于人的本性的认识是教育心理学的理论基点，关于教育本质的认识是教育心理学的理论前提，关于学生发展特点的认识是教育心理学理论构建的依据。

（一）教育心理学与教育学的关系

教育心理学与教育学都涉及教育领域，但研究的对象与任务不同。教育学研究的是以教育事实为基础的教育中的一般问题，目的在于探索和揭示教育活动的规律，服务于教育实践。而教育心理学则主要研究教育过程中的心理学问题，并利用现有的心理学规律来指导教育。例如，教育学研究教学方法，重在指出教学方法和效果之间的关系，而教育心理学则重在揭示具体的教学方法下学生心理变化的过程。

（二）教育心理学与普通心理学的关系

普通心理学研究一般人在日常生活中的心理现象与发展规律，与教育心理学是共性与个性的关系，是教育心理学的基础。教育心理学是普通心理学原理在教育这一特定领域的体现，但这并不意味着它是一般心理学原理在教育中的应用。相反教育心理学有自身的独立性与特殊性，它针对教育工作中学生的心理现象及其发展规律，用以指导教育教学，从而提高教学工作效率。

（三）教育心理学与儿童心理学（年龄心理学或发展心理学）的关系

儿童心理学是研究儿童心理发生、发展的特点及其规律的发展心理学分支。教育心理学的研究对象与儿童心理学的研究对象虽有联系与交叉的一面，但各有不同的侧重点。教育心理学从横向角度研究教育条件和措施与儿童知识掌握、技能形成和能力发展之间的内在关联，而儿童心理学从纵向角度研究儿童心理的发生与发展。那种夸大教育同发展之间的联系而主张教育心理学应列入儿童心理学之中、成为其组成部分的主张，在理论基础上是片面的。

第二节　教育心理学的发展进程

一、教育心理学在西方的发展

教育心理学作为一门学科，发展至今，大致经历了初创、发展、成熟和深化拓展四个时期。在整个发展过程中有**两条线索**：一条是在实验室中研究人类及动物学习的规律；另一条则是在学校和社会现实情境中探索人类学习的规律，并提出改进教学和学习的主张。

（一）初创时期（20世纪20年代以前）

瑞士教育家**裴斯泰洛齐**第一次提出"教育教学的心理学化"思想。德国教育家与心理学家**赫尔巴特**第一个提出把教学理论的研究建立在心理学的基础上。

1903年，美国心理学家**桑代克**出版了**《教育心理学》**，这是西方第一本以教育心理学命名的专著。1913—1914年，又发展成三大卷《教育心理大纲》。桑代克从人是一个**生物**的存在这个角度建立自己的教育心理学体系。他的教育心理学分为三部分：第一部分讲**人类的本性**，第二部分讲**学习心理**，第三部分讲**个体差异及其原因**。这一著作奠定了教育心理学发展的基础，西方教育心理学的名称和体系由此确立，桑代克因此被称为**"教育心理学之父"**。

桑代克对于美国心理学发展的贡献，不仅在于开创了学习实验与教育测验（他因此被称为**"现代教育测验之父"**），而且为美国教育心理学的发生、发展奠定了基石，也奠定了美国教育心理学的基本内容，使教育心理学作为一门独立的学科而存在。

这一时期的特点：著作内容多是以普通心理学的原理解释实际的教育问题，主要是一些有关学习的资料。

（二）发展时期（20世纪20年代到50年代末）

这一时期的教育心理学发展经历了以下几个阶段：

20年代以后，西方教育心理学吸取了儿童心理学和心理测验方面的成果，大大地扩充了自己的内容。30年代以后，学科心理学成了教育心理学的组成部分。40年代，弗洛伊德的理论广为流传，有关儿童的个性和社会适应以及生理卫生问题进入了教育心理学领域。50年代，**程序教学**和教学机器兴起，同时信息论的思想等成果也影响和改变了教育心理学的内容。

学习理论一直是这一时期的主要研究领域。20世纪20年代以后，**行为主义**占优势，强调心理学的客观性，重视实验研究，在动物与人的学习的研究上取得了重要的成果，并形成了许多派别。与其同时，**杜威**则以实用主义为基础的"从做中学"为信条，进行改革教学的实践活动，对教育产生了相当深远的影响，成为进步教育的带路人。这一时期出版书目的版本种类繁多，体系五花八门，内容大多取自普通心理学和儿童心理学等各科心理学。可以说，这时的教育心理学尚未成为一门具有独立理论体系的学科。

（三）成熟时期（20世纪60年代到70年代末）

60年代开始，西方教育心理学的内容和体系出现了某些变化。教育心理学的内容日趋集中，教育心理学作为一门具有独立理论体系的学科正在形成。

这一时期，西方教育心理学比较注重结合教育实际，注重为学校教育服务。60年代初，**布鲁纳**发起课程改革运动，**人本主义思潮**也掀起了一场教育改革运动，**罗杰斯**提出了"以学生为中心"的主张，认为教师只是一个"使学习变得更方便的人"。美国教育心理学比较重视研究教学中的社会心理因素（如班级的大小、学生的角色等），对**计算机辅助教学（CAI）**的研究也方兴未艾，对计算机辅助教学的教学效果和条件做了大量的研究。

（四）完善时期或深化拓展时期（20世纪80年代以后）

80年代以后，教育心理学的体系越来越完善，内容越来越丰富。随着皮亚杰和维果斯基的理论被大量介绍到美国，加之认知心理学研究的深刻影响，人们对学习概念的理解发生了很大变化，对学习和教学过程及其条件也研究得越来越深入细致，教育心理学研究越来越注重为教学实践服务，发展了许多有效的教学模式。

布鲁纳总结教育心理学十几年来的成果表现在四个方面：

1. 主动性研究。研究如何使学生主动参与教与学的过程，并对自身的心理活动做更多的控制。

2. 反思性研究。研究如何促使学生从内部理解所学内容的意义，并对学习进行自我调节。

3. 合作性研究。研究如何使学生共享教与学过程中所涉及的人类资源，如何在一定背景下将学生组织起来一起学习。

4. 社会文化研究。研究社会文化背景是如何影响学习过程与结果的。

此外，80年代后期信息技术教育应用的研究达到了一个新的水平。

二、教育心理学在中国的发展

在中国古代思想家中，出现了不少教育心理学思想，如关于学习动机的论述"知之者不如好之者，好之者不如乐之者"、关于学习过程的"博学之、审问之、慎思之、明辨之、笃行之""不愤不启，不悱不发""循循善诱"等论述、关于因材施教的"求也退，故进之；由也兼人，故退之"等论述。

我国的教育心理学最初是从西方引进的。1908年，房东岳翻译了日本学者小原又一所著的《教育实用心理学》，这是近代在我国最早出版的教育心理学著作。1924年廖世承编写了我国第一本《教育心理学》教科书。

目前我国教育心理学的工作者们正在不断地吸收国外先进科研成果，结合我国教育教学的实际，开展理论和应用研究，对教育教学实践起着越来越大的影响。1980年，潘菽主编的《教育心理学》修订后正式出版；1981年，冯忠良出版了《学习心理学》和《教育心理学》；1982年，高觉敷等人翻译了J. M. 索里和C. W. 特尔福德的《教育心理学》。以上资料对教育心理学课程的恢复和研究起了重要作用。

三、教育心理学在苏联的发展

1868年，乌申斯基出版了《人是教育的对象》，被称为"俄罗斯教育心理学的奠基人"。俄国最早以教育心理学命名的著作是卡普捷列夫于1877年出版的《教育心理学》，同时也是世界上第一部以"教育心理学"命名的著作。

维果茨基、列昂节夫和鲁利亚等人形成了极有影响的文化历史学派，被称为"维列鲁学派"。其中，维果斯基在《教育心理学》一书中，主张必须把教育心理学作为一门独立的分支学科来进行研究，反对把普通心理学的成果移入教育心理学；他强调教育与教学在儿童发展中的主导作用，并提出了"文化发展论"和"内化说"。此外，布隆斯基和鲁宾斯坦等人也都提出了各自的观点，这些思想为前苏联教育心理学的发展奠定了基础。

四、教育心理学发展的趋势

教育心理学的研究趋势体现在：研究学习者的主体性；研究学习者的能动性；研究学习的内在过程和机制；研究社会环境的影响；研究实际情境的影响；研究文化背景的影响；研究学习环境设计和有效教学模式；研究信息技术的利用。

第三节 教育心理学的研究方法与研究原则

一、教育心理学的研究方法

教育心理学研究一般有两种：描述性研究（观察法、调查法、个案研究法等）和实验性研究（自然实验法、实验室实验法等）。具体来说，教育心理学采用的研究方法主要有观察法、调查法、实验法、教育经验总结法、测验法等。近年来，研究者们在定量研究与定性研究的结合，以及如何走进教育现场进行行动研究和设计型研究等方面做了大量的理论与实践的探索。

（一）观察法

观察法是指在自然条件下，对表现心理现象的外部活动进行有系统、有计划地观察，从中发现心理现象产生和发展的规律性。在教育过程中，常常通过观察学生在课堂上的表现，来了解学生注意的稳定性、情绪状态和人格的某些特征。

观察法是教育心理学研究最基本、最普遍的方法，它可以直接使用，也可以结合其他方法进行，使用起来方便易行。在教学情境下观察学生的行为，可以获得多方面的资料，为进一步研究开路，观察法因此被比喻为"科学研究的前门"。

观察法比较容易操作，能收集到第一手资料，适用于教师在教育、教学过程中了解和研究学生的心理活动。但是，观察的结果常常不能得到精确分析，容易受到主观兴趣的影响。因此，应用观察法时，研究者必须熟悉所研究的教育过程以及其中的心理现象。研究者要有一定的工作训练，善于在繁杂的现象中抓住所需要观察的事实和资料，并发现各种现象间的联系。

（二）实验法

实验法是心理学研究中应用最广、成就最大的一种方法，它是指在控制条件下对某种心理现象进行观察的方法。在实验中，研究者可以积极干预被试者的活动，创造某种条件使某种心理现象得以产生并重复出现。这是实验法和观察法的不同之处。

实验法可分为实验室实验法和自然实验法（现场实验法）两种方式。

实验室实验法，是在特设的实验室内利用一定的仪器进行心理实验的方法。通过实验可以获得人心理现象的某些科学依据。所谓自然实验法，就是在自然的情况下即教育情境下创设控制某些条件，以引起某种心理活动而进行研究的方法。例如，教师可以运用该方法研究复习时间与复习效果的关系，向三个大致相同的平行班提出同一任务——熟记一篇短文，都用一小时。甲班一次用完一小时；乙班两次用完，每次复习半小时；丙班三次用完，每次复习20分钟。然后测验，根据成绩就可以确定复习的时间分配对复习效果的影响。自然实验法同时具有观察法和实验法的优点，既主动创设条件，又在日常生活中进行，因此，它是在教育实践领域内研究学生心理最常用和最适用的方法。教育心理学的实验研究一般采用自然实验法。

实验研究可以通过对变量的操纵、控制来深入揭示变量间的因果关系，这是实验法的突出优势。但是，实验研究往往需要对实验情境进行人为的处理，这会妨碍研究结果的推广。另外，在教育领域中，影响因素复杂多变，研究者往往很难对无关变量进行有效的控制。

（三）调查法

调查法是按照一定的目的和计划，间接地搜集研究对象有关的现状及历史材料，从而弄清事实，通过分析、概括等方法发现问题，探索教育规律。常用的调查方式有问卷法（霍尔所创）、访谈法、个案调查和文献分析法等。

调查法通常有明确的目的，制定了明确的调查方案，因此收集的材料一般具有典型性、客观性和真实性。但是，运用调查法要求样本的选择要适当，最好是依据科学的抽样方法；同时，对结果的分析也要求有系统化的处理。

（四）个案研究

个案研究是对少数人或个别人进行研究的一种方法。收集的个案资料通常包括个人的背景资料、生活史、家庭关系、生活环境、人际关系以及心理特征等。其研究对象可以是单个的被试，也可以是由个人组成的团体。了解家庭教育中家长教育观念及亲子关系对儿童发展的影响，就可以采取个案法。

（五）教育经验总结

教育经验总结是依据教育实践所提供的事实，按照科学研究的程序分析和概括教育现象，揭示其内在的联系和规律，使之上升为教育理论的一种教育科研方法。教育经验总结促进了教育实践者的自我反思，为教育事业的发展提供了经验教训，有利于提高教师的思想素质、业务素质和教育科研水平。

（六）测验法

测验法是指用一套预先设计的标准化的问题（量表）来测量某种心理品质的方法。心理测验按内容可分为智力测验、成就测验、态度测验和人格测验四部分；按形式可分为文字测验和非文字测验两类；按规模可分为个别测验和团体测验两类。学校应用测验法可以研究学生的智力与学习成绩、知识、能力的关系。根据测验结果还可以对有关的行为做出预测。

（七）产品分析法

产品分析法也称作品分析法，是指通过分析学生的活动产品或作品（日记、信件、文稿、著作、绘画、模型或其他创作制品）了解学生的能力、倾向、情感状态等心理特征的研究方法。例如，通过对李白诗歌的研究分析，可以了解李白"安能摧眉折腰事权贵，使我不得开心颜"的思想境界和性格特征。

（八）定量研究与质性研究

定量研究又称为"量化研究""量的研究"，它重在对事物可以量化的特性进行测量和分析，以检验研究者的理论假设。它有一套完备的操作技术，包括抽样方法、资料收集方法（如问卷法、实验法）、数据统计方法等。其基本过程是：假设—抽样—资料收集（问卷/实验）—统计检验。研究者首先明确分析所研究的问题，确定其中的重要变量（比如先前知识水平、认知加工策略与学习效果），对变量之间的因果关系或者相关关系做出理论假设，然后通过概率抽样的方式选择研究样本，使用可靠而有效的工具和程序来采集数据，进而通过数据统计分析来检验所假设的变量关系。

质性研究又称为"质的研究""定性研究"，是指研究者参与到自然情境之中，采用观察、访谈、实物分析等多种方法收集资料，对社会现象进行整体性探究，采用归纳而非演绎的思路来分析资料和形成理论，通过与研究对象实际互动来理解和解释他们的行为。定性研究包括个案研究、参与观察、深入访谈和文件分析等四种常用的方法。这种研究一般不使用量表或其他测量工具，而是以研究者本人作为研究工具。质性研究不像定量研究那样通过收集事实资料来检验已有的理论假设，而是采用自下而上的思路，从原始资料中归纳出经验概括，寻找其中的核心维度，"扎根"于经验资料来建立理论。质性方法强调从被研究者的角度来真实地反映他们的做法、看法和体验，强调实践的整体性和情境性，强调随着资料的积累动态地调整研究问题和资料收集方法。值得注意的是，质性研究并不是理论思辨、个人见解或经验总结，质性研究和量化研究都坚守实证主义的立场，都强调以"事实资料"为基础。

（九）教育行动研究

行动研究方法最初由美国心理学家勒温提出，现已广泛运用于教育领域。行动研究是在教育情境中进行的，与特定问题相联系的一种方法，它旨在对现实世界进行功能性干预，并检验这种干预的效果。它体现出从行动出发、通过行动进行、并着眼于改进行动的研究思路。行动研究具有情境性、合作性、参与性、自我评价等特点。研究者要通过各种方式与教师充分共同、反复磨合，包括共同讨论、评课、写教案、相互听课、写教学日记等，从而在教学改革的目标上、对教学和学习的理解上以及具体实施方案上逐步达成一致。

（十）设计型研究

设计型研究旨在通过形成性研究过程来检验和改进根据有关原理和先期研究而做出的教育设计。设计型研究的目的不简单是改进实践，它承担着改进实践和完善理论的双重使命。设计型研究需要在现实的学习情境（如学校）中进行，其中会设计很多无法控制的因素。研究者并不努力控制各种干扰变量，而是在自然情境中考查设计方案中的各个因素的实施状况，尽量使设计最优化。

二、教育心理学的研究原则

教育心理学的研究要遵循客观性、系统性、教育性、理论联系实际、发展性等原则。

（一）客观性原则

遵循客观性原则是进行科学研究的前提条件。

（二）系统性原则

坚持以全面的、整体的观点观察分析和解决问题。

（三）教育性原则

在研究中所采用的研究手段和方法应能促进被试心理的良性发展，这是心理学研究应遵循的基本伦理道德原则。例如，当年华生为了研究儿童的恐惧心理，在儿童抚摸小白兔时用力敲锣，结果使这个儿童不但对小白兔，甚至对其他白色的东西都产生了畏惧心理。实验在某种程度上伤害了儿童心理的正常发展，这是在教育心理学研究中应该力避的。

（四）理论联系实际原则

教育心理学是一门应用科学，解决教育教学中的实际心理问题。

（五）发展性原则

心理研究中应该采用动态的、变化的指标进行衡量。

第四节　教育心理学的作用（任务）

教育心理学具有三个基本任务：一是描述和测量，旨在解决"是什么"的问题；二是理解和说明，旨在解决"为什么"的问题；三是预测和控制，旨在解决"怎么做"的问题。具体说来，教育心理学对教育实践具有描述、解释、预测和控制的作用。

一、帮助教师准确地了解问题

（一）帮助教师了解学生学习困难的原因。通过教育心理学的学习，教师可以准确、合理、有效、全面地了解学生并做出正确的决策。

（二）教育心理学有助于教师对教育现象形成新的科学认识。随着社会经济的迅速发展和科学技术的突飞猛进，教育心理学也在适应社会发展中不断完善。正确剖析和认识社会出现的教育现象，既需要深邃的历史眼光、宽广的现实视野，也需要教育心理学的知识、原理和研究成果。

二、为实际教学提供科学的理论指导

（一）教育心理学为实际教学提供了一般性的原则或技术。教师可结合实际的教学内容、教学对象、教学材料、教学环境等，将这些原则转变为具体的教学程序或活动。

（二）教育心理学的基本知识有助于使教师的工作符合自身的教学心理，也更符合学习者的学习心理，有助于教学工作产生更为优化的效果。

三、帮助教师预测并干预学生的行为

（一）利用教育心理学原理，教师不仅可以正确分析、了解学生的行为，而且可以预测学生将要发生的行为或发展的方向，并采取相应的干预或预防措施，达到预期的效果。

（二）学习教育心理学有助于教师在师生互动过程中传授知识、培养能力、开发智力、培养创新意识和能力，从而更好地驾驭教学过程，更好地教导学生。

四、帮助教师结合实际教学进行研究

教育心理学不仅为实际教育活动提供一般性的理论指导，也为教师参与教学研究提供了可参照的丰富例证。也就是说，教育心理学给教师提供进行科学研究的思路和方法，使教师不仅能够理解、应用某些基本的原理和方法，而且还可以结合自己的教学实际进行创造性的研究，去验证这些原理并解决特定的问题。

真题回顾与模块自测

一、单选题

1. 西方第一本以教育心理学命名的著作于1903年出版，它标志着教育心理学的诞生。该书在1913—1914年又发展成三大卷的《教育心理大纲》，其作者是（　　）。（2020.12.26济南历城真题）

    A. 杜威　　　　　　　　B. 乌申斯基　　　　　　　C. 桑代克　　　　　　　D. 布鲁纳

2. 在学校教育教学过程中，研究者可以通过详细观察来记录学生在学习、睡觉、劳动等活动中或在考试、比赛、日常生活等各种情况下的表现，了解学生的各种心理特点，这种心理学研究的方法是（   ）。（2020.11.28德州乐陵真题）

A. 观察法   B. 实验法   C. 调查法   D. 测验法

3. 蔡老师在心理学课上，对大学生们说："在进行心理现象的研究时，要根据客观事物的实质进行研究，按照事物的本来面目说明、解释事物。"请问这一研究原则是（   ）。（2020.11.14济南商河真题）

A. 客观性原则   B. 发展性原则   C. 系统性原则   D. 教育性原则

二、多选题

1. 教与学是一个系统过程，这个系统过程是由一些活动交织在一起的，这些活动包括（   ）。
（2020.6.26潍坊昌邑真题）

A. 学习过程   B. 管理过程   C. 教学过程   D. 评价/反思过程

2. 关于以下心理学家的描述正确的是（   ）。（2020.11.8枣庄峰城真题）

A. 20世纪60年代，布鲁纳发起了课程改革运动

B. 罗杰斯提出了人本主义观点

C. 奥苏贝尔以认知心理学的观点系统阐述了有意义学习的条件

D. 巴甫洛夫提出了经典条件反射

三、判断题

1. 学生是学习的主体因素，任何教学手段必须通过学生而起作用。（   ）

2. 负有理论发展与实践指导双重使命的研究范式是教育行动研究。（   ）

【参考答案】

一、单选题

1. C   2. A   3. A

二、多选题

1. ACD   2. ABCD

三、判断题

1. √   2. ×

第二章　心理发展与教育

任何教育教学工作要想取得预期的效果，必须了解和遵循学生的心理发展特点、发展规律以及个别差异。

■思维导图

```
心理发展的概念
心理发展的特征        心理发展概述                        认知发展理        皮亚杰的认知发展理论
学习准备与关键期                                         论与教育         维果斯基的发展观

                          心理发展与教育

社会性发展的内容       人格发展理                          学生的个别       认知差异及教育含义
埃里克森人格发展阶段论  论与教育                            差异与教育       性格差异及教育含义
```

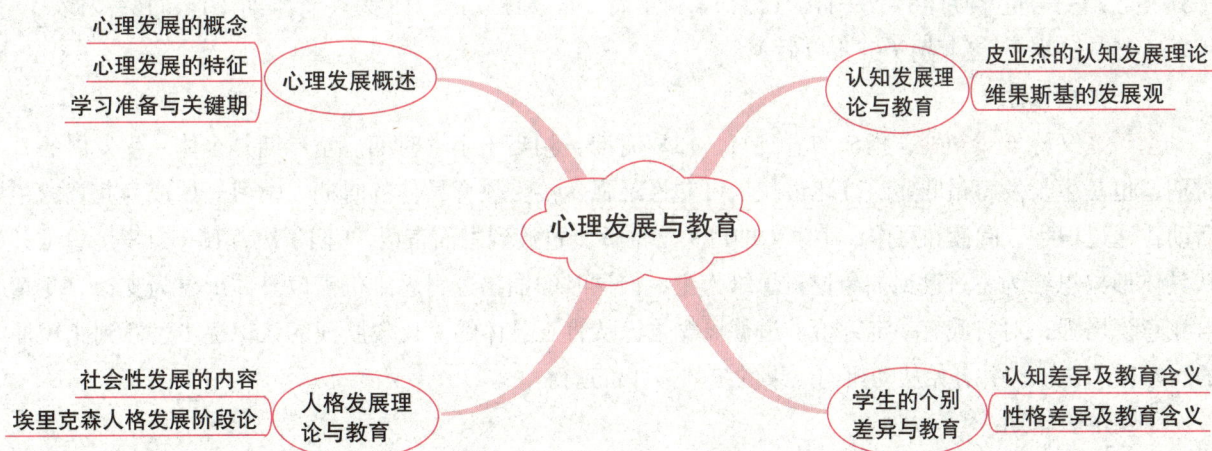

第一节　心理发展概述

一、心理发展的概念与基本特征

心理发展是指个体从胚胎期经由出生、成熟、衰老直至死亡的整个生命进程中所发生的一系列持续而稳定的心理变化。

学生心理发展的基本特征有：

1. 连续性与阶段性

连续性与阶段性并存，即量变与质变并存。连续性特征是指在心理发展过程中，后一阶段的发展总是以前一阶段的发展为基础，而且又在此基础上萌发出下一阶段的新特征，表现出心理发展的连续性。阶段性特征是指在心理发展过程中，当某些代表新特征的量积累到一定程度时就会取代旧特征，从而处于优势的主导地位，表现为阶段性的间断现象。

2. 定向性与顺序性

这是指在正常条件下，心理的发展总是具有一定的方向和先后顺序。尽管发展的速度可以有个别差异，会加速或延缓，但发展是不可逆的，阶段与阶段之间是不可逾越的。

3. 不平衡性

不平衡性主要体现在两个方面：一方面，个体不同系统在发展的速度上、发展的起讫时间与到达成熟时期上的不同进程；另一方面，同一机能特性在发展的不同时期有不同的发展速率。

4. 差异性

差异性体现在发展的速度、最终达到的水平以及发展的优势领域千差万别。

二、学生心理发展的阶段特征

我国心理学家将个体的心理发展划分为8个阶段：乳儿期（0—1岁）、婴儿期（1—3岁）、幼儿期（3—6、7岁）、童年期（6、7—11、12岁）、少年期（11、12—14、15岁）、青年期（14、15—25岁）、成年期（25—65岁）、老年期（65岁以后）。

（一）童年期

童年期又称学龄初期，指6、7岁到11、12岁时期，相当于小学时期。童年期是个体一生发展的基础时期，也是生长发育最旺盛、变化最快、可塑性最强、接受教育最佳的时期。学习开始成为儿童的主导活动，通过识字、阅读和写作，小学生的口头言语逐步过渡到书面言语。（四年级，10—11岁）思维开始从具体形象思维为主过渡到抽象逻辑思维为主，但这时的抽象逻辑思维仍需以具体形象为支柱。儿童的自我意识增强，对自我有一定评价。道德概念也已从直观具体的、比较肤浅的认识逐步过渡到比较抽象的、本质的认识，并开始从动机与效果的统一来评价道德。

（二）少年期

少年期是指11、12岁到14、15岁的阶段，是个体从童年期向青年期过渡的时期，大致相当于初中阶段。少年期心理发展特点如下：具有半成熟、半幼稚的特点。整个少年期充满着独立性和依赖性、自觉性和幼稚性错综的矛盾，还具有过渡性、闭锁性、社会性等心理特点。这一时期也被称为"心理断乳期""危险期""疾风骤雨期"。在这一时期，抽象逻辑思维已占主导地位，并出现反省思维，但抽象思维在一定程度上仍要以具体形象为支柱。思维的独立性和批判性也有所发展，但仍带有不少片面性和主观性。少年心理活动的随意性显著增长，可长时间集中精力学习，能随意调节自己的行动。他们也开始关心自己和别人的内心世界，同龄人之间的交往和认同大大增强，社会高级情感迅速发展。少年的道德行为更加自觉，能通过具体的事实概括出一般伦理性原则，并以此来指导自己的行动，但因自我控制力不强，常出现前后矛盾的行为；因此，教育的任务是要"帮助少年起飞"。

（三）青年初期

青年初期是指14、15岁至17、18岁时期，相当于高中时期。心理发展特点如下：这是个体在生理上、心理上和社会性上向成人接近的时期。智力接近成熟、抽象逻辑思维向"理论型"转化，开始出现辩证思维，与人生观相联系的情感占主要地位，道德感、理智感和美感有了深刻的发展，形成理智的自我意识，但理想自我与现实自我仍面临分裂危机。意志上有时也会出现与生活相脱节的幻想。

三、 心理发展的教育意义

（一）教育要注意学生的学习准备状态

教育是个体在心理发展过程中来自环境方面的最主要的影响。教育与学生的心理发展之间存在着较为复杂的依存关系。一方面，教育对学生的心理发展起着主导作用，制约着心理发展的过程和方向。另一方面，教育必须以学生心理发展的水平和特点为依据。教学要遵循教学的准备性原则。学习准备是指学生原有的知识水平或心理发展水平对新的学习的适应性，即学生在学习新知识时，那些促进或妨碍学习的个人生理、心理发展的水平和特点。这里的适应性有两层含义：第一，学生的准备应保证他们在新的学习中可能成功；第二，学生的准备应保证他们学习时所消耗的时间和精力"经济而合理"。按照准备性原则进行教学，主要涉及两个问题：选定什么教材；采用什么教学方法。此外，学习准备是一个动态的发展过程，包括纵向和横向两个维度，而成熟和学习是影响学习准备的两个主要因素。

（二）教育要抓住关键期

奥地利生态学家劳伦兹（或译为洛伦兹）在研究鸟的"印刻现象"时提出了"关键期"的概念。关键期是一个时期，在这期间，个体对某种刺激特别敏感，过了这一时期，同样的刺激对之影响很小或没有影响。一般认为有四个领域的研究可以证实关键期的存在：鸟类的印刻、恒河猴的社会性发展、人类语言的习得以及哺乳动物的双眼视觉。关键期并不是突然开始和终止的，它逐渐发展并达到高峰，然后慢慢消退。当然，关键期也并非绝对的，错过关键期之后，经过补偿性学习仍有可能得到发展，只是难度更大些。

根据蒙台梭利等人的研究，4—6个月是吞咽咀嚼的关键期，8—9个月是分辨大小、多少的关键期，7—10个月是爬的关键期，10—12个月是站着走的关键期，2岁是口头语言发展的关键期，2—3岁是计数发展的关键期，2.5—3.5岁是立规矩和教育孩子遵守行为规范的关键期，3岁是培养性格和独立生活能力的关键期，4岁是形状知觉发展的关键期，4—5岁是开始学习书面语言的关键期，5岁是掌握数学概念的关键期和口头语言发展的第二个关键期，5—6岁是掌握语言词汇能力的关键期。

另外，大脑发展的关键期概念是英国学者戴维·休伯尔等人在20世纪60年代提出来的。其科学结论简要说来就是，脑的不同功能的发展有不同的关键期，某些能力在大脑发展的某一第三时期最容易获得。人的视觉功能发展的关键期大约在幼年期；对语言学习来说，音韵学习的关键期在幼年（大约8岁以前），而语法学习的关键期则大约在16岁以前。总体来说，识字、阅读的关键期在8岁以前，最佳期在12岁以前，良好期在16岁以前。这个时期左右脑可以同时参与语言认知。16岁以后语言认知主要是左脑。

第二节 认知发展理论与教育

一、皮亚杰的认知发展理论

瑞士著名心理学家皮亚杰（"日内瓦学派"的代表人物）在20世纪60年代初创立了"发生认识论"，

形成了其独具特色的认知发展观，并对教育产生了巨大的积极影响。

（一）建构主义发展观与认知发展的机制

皮亚杰心理学的理论核心是"发生认知论"。他认为，人类的知识不管多么高深、复杂，都可以追溯到人的童年时期，甚至可以追溯到胚胎时期。生物学和逻辑学可以分别解释儿童智力和思维的起源和发展。他强调心理因素中内外因的相互作用，这种作用导致了心理特征不断发生的量变与质变。

皮亚杰认为认知发展是一种建构的过程，是个体在与环境的相互作用中实现的。他用图式、同化、顺应和平衡来解释这一过程。皮亚杰认为所有有机体都具有适应和建构的倾向，这是认知发展的两种机能。个体对环境做出的适应性变化并不是消极被动的过程，而是一种内部结构的积极建构过程。思维的本质是适应，它通过两种形式实现：同化和顺应。同化是指"把外界元素整合到一个正在形成或已经形成的结构中"的过程，即在有机体面对一个新的刺激情境时，把刺激整合到已有的图式（图式是指"一个有组织的、可重复的行为或思维模式"，即主体内部的一种动态的、可变的认知结构或编码系统，包括动作图式、符号图式和运算图式；图式最初来源于先天遗传，比如新生的婴儿具有吸吮、哭叫、抓握等行为，以后在适应环境的过程中，图式不断地得到改变，不断地丰富起来）或认知结构中。通过这一过程，主体才能对新刺激做出反应，动作也得以加强和丰富。例如，学会抓握的婴儿当看见床上的玩具时，会反复用抓握的动作去获得玩具。当他独自一个人，玩具又较远（看得见），手够不着时，他仍用抓握的动作试图得到玩具。顺应是指"同化性的图式或结构受到它所同化的元素的影响而发生改变"的过程，即当有机体不能利用原有图式接受或解释新刺激时，其认知结构发生改变来适应刺激的影响。例如，上面提到的那个婴儿为了得到远处的玩具，反复抓握，偶然地抓到床单一拉，玩具从远处来到了近处，以后这个婴儿就会用这一动作来得到玩具，这一动作过程就是顺应。同化是图式的量的变化，表现为认知发展的一种暂时的平衡；顺应则是质的变化，是图式的重建与调整，表现为认知发展的一种新的平衡。个体通过同化和顺应达到机体与环境的平衡，如果失去平衡，就需要改变行为以重建平衡。皮亚杰认为心理发展就是个体通过同化和顺应日益复杂的环境而达到平衡的过程，个体也正是在平衡与不平衡的交替中不断建构和完善认知结构，实现认知发展的。

（二）皮亚杰的认知发展阶段论

皮亚杰将儿童和青少年的认知发展划分为四个阶段：感知运动阶段、前运算阶段、具体运算阶段和形式运算阶段。他认为所有的儿童都会依次经历这四个阶段，新的心智能力的出现是每个新阶段到来的标志，而这些新的心智能力使得人们能够以更为复杂的方式来理解世界；虽然不同的儿童以不同的发展速度经历这几个阶段，但是都不可能跳过某一个发展阶段。同一个个体或许能同时进行不同阶段的活动，这明显地表现于从一个阶段进入到一个新的阶段的转折时期。

皮亚杰借用逻辑和数学的概念来分析说明认知发展的过程。他把运算（operation）水平作为划分认知发展的依据。他认为，心理运算具有四个特征：运算是一种内化的动作；运算是一种可逆的内化动作；运算具有守恒性；运算并不是孤立存在的。

1. 感知运动阶段（0—2岁）

这一阶段儿童认知发展的主要特征是感觉和动作的分化。其认知活动主要是通过探索感知与运动之间的关系来获得动作经验，在这些活动中形成了一些低级的行为图式，以此来适应外部环境和进一步探索外界。手的抓取和嘴的吸吮是他们探索周围世界的主要手段。

（1）在这一阶段后期思维开始萌芽（最初的表象思维），并在9—12个月获得"客体永久性"概念，即当某一客体从儿童视野中消失时，儿童知道该客体并非不存在，这是儿童构建心理表征这一重要能力的开始，皮亚杰称它为"哥白尼式的革命"。例如：在婴儿早期，如用布幕将其面前的玩具遮挡住，他不会寻找；稍长及至一岁左右的婴儿，对滚入床下而看不见的皮球，他会继续寻找。客体永久性是后来认知活动的基础。

（2）这一阶段的儿童在反复观察某些行为导致某些后果后，开始对因果关系有所了解，从而开始了有逻辑的、目标定向动作。

（3）接近两岁的婴儿，他不仅能当场模仿人或动物的动作，而且还能在事后凭记忆去模仿这些动作。像此种仅凭事后记忆就能模仿出来的能力，称为延后的模仿。

2. 前运算阶段（2—7岁）

儿童在感知运动阶段获得的感知运动图式在这一阶段开始内化为表象或形象模式，具有符号功能。这一阶段，开始能运用语言或较为抽象的符号来代表他们经历过的事物（例如，他们能够用单词"马"、马的图片或者假装骑在凳子上来表征一匹并非真正出现的马），但这一阶段的儿童还不能很好地掌握概念的概括性和一般性，思维仍受具体直觉表象的束缚，难以从知觉中解放出来，其心理表象是直觉的物的图形，还不是内化的动作格式。这一阶段儿童的思维具有单维性、不可逆性、自我中心、刻板性、不合逻辑等特点。

（1）不能很好地把自己与外部世界区分开来，认为外界的一切事物都是有生命的，即"万物有灵论"（泛灵论）。例如，儿童说"你踩在小草身上，它会疼得哭"。

（2）所有的人跟自己都有相同的感受，一切以自我为中心，不为他人着想；别人眼中的世界和他所看到的一样，以为世界是为他而存在的，一切都围绕着他转。例如："我一走路，月亮就跟我走""花儿开了，因为它想看看我"。皮亚杰以"三山实验"来证明了儿童"自我中心"的特点。

（3）受自我中心思维影响，儿童的自我中心言语有三种表现形式：重复、独白、集体独白。常见的一种情况是，一个班级内的小朋友在讨论一个问题时，每个儿童都热情地说着，彼此之间没有任何的相互作用或者交谈，皮亚杰称之为"集体独白"。

（4）认知活动具有相对具体性，还不能进行抽象的运算思维。此阶段儿童进行不合逻辑的推理，不能够推断事实。例如，皮亚杰两岁女儿的一位小朋友是驼背，她说这个小朋友很可怜，他病了。几天后她听说这个小朋友得了流感，睡在床上。后来又听说这个小朋友的流感好了。于是，她说："现在他的驼背没有了。"这种推理不是从个别到一般或从一般到个别，而是从个别到个别的推理，从一种病到另一种病的推理，视二者同一，以为一种病好了，另一种病也好了。这种思维被皮亚杰称为传导思维（传导推理）。

（5）思维具有不可逆性，即其思维只能前推，不能后退。菲力普（Philips, 1969）曾就儿童思维中不可逆性的问题，采用皮亚杰与儿童对话的方式，观察一个四岁男童的反应，对话内容如下：

问：你有兄弟吗？

答：有。

问：他叫什么名字？

答：叫吉姆。

问：吉姆有兄弟吗？

答：没有。

（6）思维具有刻板性，此阶段儿童在注意事物的某一方面时往往忽略其他的方面。思维存在集中化（知觉集中倾向）的特征，即思维具有片面性或单向思维，其思维在同一时间内只能沿一个维度进行。例如，他们还不能理解在液体守恒实验中"直径的减少抵消了高度的增加"，因为这需要同时考虑两个维度。

（7）与思维的不可逆性和刻板性等特点相联系，儿童尚未获得物体守恒的概念。根据皮亚杰的解释，前运算阶段儿童之所以缺乏守恒概念，除了因知觉集中于一方面特征，忽略另一方面特征之外，儿童只集中注意形态的改变，而忽略改变的过程，也是阻碍他形成守恒概念的原因。

（8）反映静止的知觉状态。例如，有人将两个同样大小的烧杯装满水，然后将其中一杯水倒进另一个大而低的杯子里，当倒水时用屏障挡住水在杯子里的水位线，儿童能见到水，但看不见水在杯子里的高低。许多4岁儿童说新杯子中的水同原来的杯子中的一样多。但当屏障拿掉以后，他们改变了看法，说新杯子中的水没有原杯子中的水多。这说明他们的认知被静止的知觉状态支配，而不能同时考虑导致这个状态的转化过程。

3.具体运算阶段（7—11岁）

具体运算阶段儿童的认知结构已发生了重组和改善，思维具有一定弹性。这个阶段的标志是儿童已经获得了长度、体积、重量和面积的守恒。守恒概念的获得就表示儿童具备了合格运算的三个特征——同一性、可逆性、补偿性。守恒是指物体不论其形态如何变化，其物质总量是恒定不变的。例如：将一大桶水倒入几个小桶之后，水的原来重量和体积仍守恒不变。这个阶段儿童的思维具有多维、可逆、去自我中心、动态性、具体化等特征。

（1）自我中心的思维向去自我中心或客观性思维的方向发展。例如，在幼儿园时，小军将自己最喜欢的玩具汽车送给妈妈作生日礼物；三年级时，他送给妈妈的生日礼物是妈妈最喜欢的漂亮发夹。这一转变说明他已具有去自我中心的特点。去自我中心化是儿童社会化发展的重要标志。

（2）这一阶段的儿童可以同时注意到事物的几个方面，即思维具有多维性；认知结构中已经具有了抽象概念，思维具有可逆性，能够进行逻辑推理；能通过具体事物或从具体事物中获得的表象进行逻辑思维和群集运算，但仍需要具体事物的支持，不能进行抽象思维。例如，一个学生能够回答诸如"王老师比张老师高，张老师比李老师高，王老师和李老师哪个高？"的问题，但却无法回答诸如"若A＞B，B＞C，A与C哪个大？"的问题。

（3）此一时期儿童思维的主要特征是，他能够面对问题时，循逻辑法则推理思维，但此推理思维能力只限于眼见的具体情境或熟悉的经验。例如：小学四年级的儿童，多半能解答以下类似的问题：先画长短不等的两条直线1与2

1 _____   2 _____

然后将2擦掉换成1与3

1 _____   3 _____

最后向儿童问："原来的2比现在的3长还是短？"

多半四年级儿童都能正确回答原来的2比现在的3长。原因是他已经会根据具体事实做推理思维：2比1长，1比3长，因此2一定比3长。像此种按物体某种属性为标准排成序列，从而进行比较的心理运作，皮亚杰称之为序列化（排序）。

（4）去集中化的思维特征，是具体运思期儿童思维成熟的最大特征。所谓去集中化，是指具体运思期的儿童，在面对问题情境思维时，不再只凭知觉所见的片面事实去做判断。著名认知心理学家弗拉维尔，曾以前运思期儿童与具体运思期儿童为对象，采用以下的实验情境，观察两时期儿童之去集中化思维方式的差异。该实验的设计是，将一个红色的玩具汽车，置于深绿色的透明胶片之下，使之看来变为黑色。让三岁与八岁代表前运算与具体运算两阶段的儿童，先看过红色汽车之后，随即将之置于胶片之下，并要他们回答胶片底下的汽车是什么颜色。结果发现，三岁儿童回答黑色，而八岁儿童则回答红色。按实验者的解释，三岁儿童受知觉集中倾向的限制，面对此一问题情境时，只能根据情境的外显表象去思维。而进入具体运思期的儿童，面对同一问题情境时，在认知能力上能够去集中化，根据情境的内隐实质去思维问题。换言之，前运算阶段儿童对事物的认知，倾向于"由所见而知"，而具体运算阶段儿童的认知则是倾向"由所知而知"。

（5）儿童的认知发展达到具体运思期时，也已具备<u>分类</u>的能力。分类的心理运作是将具有相同或相似特征的事物放置在一起。分类是一项重要认知能力，此项能力也是随年龄增长而逐渐发展的。前运思期的儿童已开始发展出分类能力，唯此一时期的儿童，其分类所根据的标准只是具体的，而非抽象的。根据皮亚杰研究发现，具体运思期与前运思期儿童，在分类思维上的差异，主要在于前运思期儿童只能按明确的、具体的标准分类（如颜色、形状、体积、功用等），而不能按复杂的、抽象的标准分类。皮亚杰曾以学前（前运思期）儿童为对象，在面对很多不同颜色花朵之情境下，先后问他们两个问题，先问："你说红花多还是白花多？"等他回答之后再问："你说红花多还是花多？"结果发现，学前儿童一般都能正确回答第一个问题，但却不能回答第二个问题。按皮亚杰的解释，这是由于学前儿童在认知发展上尚未具备类包含的能力。所谓<u>类包含</u>，是指分类思维时能区别<u>主类（大类）与次类（主类中所包含的各次类）</u>间之关系的能力，即个体不再局限于部分与部分之间关系的推理，而能处理整体与部分之间的关系。按上述问题，红花与白花都是花类（主类）之下的次类，彼此间的特征具体明显，容易比较。而主类与次类比较时，因缺少同一的与明确的标准可资依据，故而认知困难。当然，前运思期儿童之所以缺少类包含能力的原因，与前文所指的知觉集中倾向也有密切关系。一旦儿童认知发展达到具体运算期的地步，在分类思维时，即已具备了类包含的能力；故一般小学中年级的儿童，都能轻易地回答"白色汽车多还是汽车多？"的问题。

（6）本阶段儿童已经能理解原则和规则，但在实际生活中只能刻板地遵守规则，不敢加以改变。

（7）这个阶段儿童的思维具有动态性的特点，即思维不再局限于静止的表象，能意识到动作的转换。

4. 形式运算阶段（11—15岁）

这一阶段儿童的思维已经超越了对具体的、可感知的事物的依赖，使形式从内容中解脱出来，进入形式运算阶段（又称命题运算阶段）。具体表现为：

（1）命题之间关系（<u>命题推理</u>）。处在本阶段的儿童思维是以命题形式进行的。他们不仅能考虑命题与经验之间的真实性关系，而且能看到命题与现实之间的关系，并能推论两个或多个命题之间的逻辑关系。认知发展臻于形式运思期的青少年，在推理思维时，不必一定按现实的或具体的资料做依据，只凭一个说明或一个命题，即可进行推理。例如：用这样一个问题分别问小学生和中学生："要是你当学校校长，你怎样管理逃学的学生？"小学生也许会回答："我不是校长，我不知道。"中学生就可能按他的想法说出一番道理。命题推理思维的特点是超越现实的一种思维方式，此种思维方式对青少年的心理成长而言是很重要的。因为青少年喜欢从幻想中计划未来，合理的思维才是形成其合理计划的基础。

（2）<u>假设—演绎推理</u>。这一阶段的儿童能够运用假设—演绎推理的方式来解决问题（能够运用系统化的实验来解决问题）。此种推理思维的特点是，先对所面对的问题情境提出一系列的假设，然后根据假设进行验证，从而得到答案。皮亚杰等人进行<u>"钟摆实验"</u>，要求受试者解答在吊绳长短、吊锤重量、推动力量三种变化中，何者是影响锤摆速度的因素。实验结果发现，只有认知发展达到形式运思期水平者，才会按照类似以下假设演绎推理方式寻求答案：先假设影响摆速的因素为锤重，然后保持另二因素不变而只变化锤的重量以验证之。也可先假设绳长为影响因素，然后保持另二因素不变，只变化绳长以验证之（正确答案）。如此系统进行，终可得到正确答案。

（3）<u>组合推理</u>。在面对由多项因素形成的复杂问题情境时，认知发展臻于形式运思期的青少年，可以根据问题的如何评定儿童的认知发展水平条件，提出假设，然后一方面孤立某些因素，一方面组合另些因素，从而在系统验证中获得正确答案。例如，实验出示6堆10个一组的木片，每一堆的颜色不同，要求被试找出颜色没有重复的任何一对，并穷尽全部可能的组合。这个阶段的青少年能够先选取一种颜色（假设是红色），然后分别从其他9堆木片中取出不同颜色的木片与红色木片配对，穷尽配对后然后选取另一种颜色（如绿色），排除红色，分别与其他颜色配对，并依此类推，直到穷尽所有组合。

（4）抽象逻辑思维。处在本阶段的儿童能理解符号的意义、隐喻和直喻，能做一定的概括，其思维发展已接近成人的水平。皮亚杰曾举了这样的例子：爱迪斯的头发比苏珊的淡些，爱迪斯的比莉莎的黑些，问儿童"三个中谁的头发最黑"。这个问题如果以语言的形式出现，则具体运算阶段的儿童难以正确回答，只能借助3个头发黑白程度不同的布娃娃才能答出谁会黑，但形式运算阶段的儿童可以不必借助娃娃的具体形象而轻松答出苏珊的头发黑。

（5）可逆与补偿。处在本阶段的儿童不仅具备了逆向性的可逆思维，而且具备了补偿性的可逆思维。

（6）思维的灵活性。本阶段的儿童不再刻板地恪守规则，反而常常由于规则与事实的不符而违反规则。

（7）青春期自我中心。这个阶段的另一个重要特征是青春期自我中心。它不同于低龄儿童的自我中心——幼儿的自我中心现象是以自我的感受、自我的认知来理解他人的感受和认知的现象，而少年儿童的自我中心性是以人际关注和社会性关注为焦点，把自己作为人际和社会关注的中心，认为自己的关注就是他人的关注。青少年儿童开始非常关注自己，而且觉得他人也同样关注自己（青少年儿童非常关注自己的观点，分析自己的信念和态度，感觉每个人都在看着自己）。青少年儿童的自我中心性，可以用"独特自我"与"假想观众"两个概念来表征。

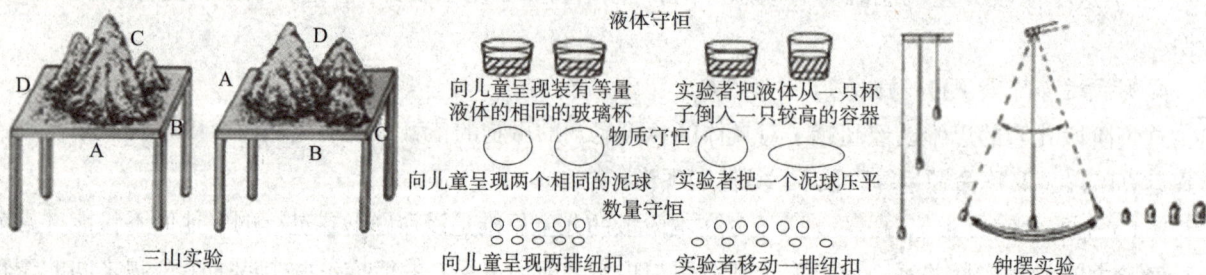

图3-2-1 皮亚杰经典实验

（三）影响认知发展的因素

皮亚杰认为，影响儿童认知发展的主要因素是：成熟、练习和经验（物理环境）、社会环境以及具有自我调节作用的平衡过程。这四个因素都是认知发展的必要条件，但它们本身都不是充足条件。

1. 成熟

成熟是指机体的成长，特别是指神经系统和内分泌系统的成熟。成熟是认知发展的一个重要条件，它为形成新的行为模式和思维方式提供了一种可能性。例如，婴儿期出现的眼手协调，是建构婴儿动作图式的必要条件。然而，若要使这种可能性成为现实，必须通过机能的练习和最低限度的习得经验，才能增强成熟的作用。

2. 练习和经验（物理环境或自然经验）

个体与环境的交互作用是认识的来源，因此，个体必须对物体做出动作。个体在这种动作练习中得到的经验，不同于在社会环境中得到的社会经验。皮亚杰把这种经验分成两类：一类是物理的经验，是指个体作用于物体、获得物体特性的认识；另一类是逻辑—数理的经验，是指个体理解动作与动作之间相互协调的结果。在皮亚杰看来，知识来源于动作（动作起着组织或协调作用），而非来源于物体。

3. 社会性经验（社会环境）

社会环境包括语言和教育的作用，即人与人之间的相互作用和社会文化的传递。学习者的社会经验可能会加速或阻碍其认识图式的发展。皮亚杰十分强调，教育必须十分切合于儿童的认知结构。

4. 起自我调节作用的平衡过程（平衡化）

几乎所有学习理论和发展理论都认识到成熟和经验所起的作用，皮亚杰的独特之处在于，增加了第四个因素，也是最重要的决定性因素，即起自我调节作用的平衡过程。平衡过程调节个体（成熟）与环境（包括物理环境和社会环境）之间的交互作用，从而引起认知图式的一种新建构。正是由于平衡过程，个体才有可能以一种有组织的方式，把接收到的信息联系起来，从而使认知得到发展。正因为如此，皮亚杰把平衡作为认识发展的基本过程，具有自我调节作用的平衡过程是智力发展的内在动力。

（四）皮亚杰发展理论对教育的影响

1. 教育应当适合儿童当前的发展阶段。不主张教给儿童那些明显超出他们发展水平的材料，也不主张毫无根据地或人为地加速儿童的发展；但同时，过于简单的问题对儿童的认知发展作用也不大。在皮亚杰看来，儿童的认知发展以学生已有的认知结构为基础，并以已有图式与环境相互作用而产生的认知需要为动力。鉴于此，教师应为学生提供略为高于他们现有思维水平的教学，各门具体学科的教学都应研究如何对不同发展阶段的学生提出既不超出当时的认知结构的同化能力，又能促使他们向更高阶段发展的富有启迪作用的适当内容。大量研究表明，通过适当的教育训练来加快各个认知发展阶段转化的速度是可能的。只要教学内容和方法得当，系统的学校教学可以起到加速认知发展的作用。

2. 教育要促进儿童内部积极主动的建构过程。保持学生的学习主动性和自主性，使他们积极地参与到学习活动中来。在皮亚杰看来，学习并不是个体获得越来越多外部信息的过程，而是学到越来越多有关自身认识事物的程序（解决问题的程序），即建构了新的认知图式。当皮亚杰学派研究者在研究学习时，他们常常问："你是怎么知道的？"而不是问："你知道吗？"

3. 儿童在认知发展过程中存在个体差异。在教学中，每一个班学生的认知发展水平和已有知识经验都有很大差异，教师要确定学生的不同认知发展水平，以保证实施的教学与学生的认知水平相匹配。

总之，皮亚杰论具有巨大的贡献，但人们对他的理论及研究也有一些质疑和批评。新皮亚杰理论是一种将有关注意、记忆和策略发现与使用的信息加工理论和皮亚杰有关儿童思维发展与知识建构的理论进行整合的理论。他们证实了儿童在特定阶段的操作能力在很大程度上依赖于所操作的具体任务，训练以及包括社会相互作用在内的后天经历能够加速儿童的发展，社会文化对发展具有重要影响。

二、维果斯基的发展观

20世纪30年代，苏联心理学家维果斯基从批判人的心理及其发展的生物学观点出发，主张把历史研究作为建立人类心理学的基本原则，在《思维与语言》一书中提出"心理发展的文化历史理论"。该理论认为，人的高级心理机能是社会历史的产物，受社会规律的制约，人类社会文化对人的心理发展以及社会交互作用对认知发展都起着重要的作用。

（一）文化历史发展理论

维果斯基从种系和个体发展的角度分析了心理发展的实质，提出了文化历史发展理论来说明人的高级心理机能的社会历史发生问题。维果斯基的文化历史理论包括相互关联的三个论点：活动论、符号中介论和内化论。他区分了两种心理机能：一种是作为动物进化结果的低级心理机能，是个体早期以直接的方式与外界相互作用时表现出来的特征，如简单知觉、无意注意、自然记忆等；另一种则是作为历史发展结果的高级心理机能，即以符号系统为中介的心理机能，如类别知觉、逻辑记忆、抽象思维、有意注意等。正是高级心理机能使得人类心理在本质上区别于动物。在个体心理发展的过程中，这两种机能是融合在一起的。高级心理机能的实质是以心理工具为中介，受到社会历史发展规律的制约。人的高级心理机能是在与社会的交互作用中发展起来的，即人的高级心理活动起源于社会的交往。

他提出，儿童一切复杂心理活动的形式都是在交往过程中形成的，是各种活动、社会性相互作用不断内化的结果。心理发展最重要的因素是掌握凭借语词传递的全人类的经验。儿童的知识、思想、态度、价值观都是在周围人们（特别是成人）的帮助下发展起来的。

（二）心理发展观

维果斯基强调有社会性意义的活动对人类意识具有重要的影响，对儿童认知发展提出了自己的见解。在维果斯基看来，心理发展是个体的心理自出生到成年，在环境与教育的影响下，在低级心理机能的基础上，逐渐向高级机能转化的过程。由低级机能向高级机能的发展有四个主要的表现：

1. 随意机能的不断发展。随意性是指心理活动的主动性、有意性，随意机能是由主体按照预定的目的而自觉引发的心理活动。儿童心理活动的随意性越强，心理水平越高。

2. 抽象—概括机能的提高。儿童随着词汇、语言的发展，随着知识经验的增长，各种心理机能的概括性和间接性得到发展，最后形成了最高级的意识系统。

3. 各种心理机能之间的关系不断变化、重组，形成间接的、以符号为中介的心理结构。儿童的心理结构越复杂、越间接、越简缩，心理水平越高。

4. 心理活动的个性化。维果斯基强调个性特点对认知发展的影响，认为儿童意识的发展不仅是个别机能由某一年龄阶段向另一年龄阶段过渡时的增长和提高，更主要的是其个性的发展、整个意识的增长与发展。个性的形成是高级心理机能发展的重要标志，个性特点对其他机能的发展具有重要的作用。

对于儿童心理发展的原因，维果斯基强调了三点：首先，心理机能的发展起源于社会文化历史的发展，受社会规律的制约；其次，从个体发展来看，儿童在与成人交往过程中通过掌握高级心理机能的工具——语言、符号系统，从而在低级心理机能的基础上形成了各种新质的心理机能；第三，高级心理机能是外部活动不断内化的结果。

（三）内化说

内化是指个体将从社会环境中吸收的知识转化到心理结构中的过程。维果斯基认为，心理发展源于在社会交互作用中对文化工具的使用，源于将这种交互作用内化和进行心理转换的过程。

维果斯基内化学说的基础是他的工具理论。所有人所特有的心理过程（即所谓高级心理过程）都是由语言、标志和符号这样的心理工具充当中介的。在与这些工具相关的活动中，成年人将它们教给儿童，儿童对它们进行内化，之后，这些工具就在儿童更高级的心理过程中发挥中介功能了。也就是说，儿童早年还不能使用语言这个工具来组织自己的心理活动，心理活动是直接的和不随意的、低级的、自然的；只有掌握语言这个工具，心理活动才能转化为间接的和随意的、高级的、社会历史的心理技能。新的、高级的、社会历史的心理活动形式，首先是作为外部形式的活动而形成的，以后才"内化"，转为内部活动，才能最终默默地在头脑中进行。

在内化的过程中，语言发展中的自我中心言语起着至关重要的作用。自我中心言语的出现表明儿童的符号系统已经开始内化，儿童在没有他人帮助的情况下也能够思考和解决问题，对自己的行为具有了一定的自我调节能力。皮亚杰认为自我中心言语是一种非社会性言语，是2—7岁儿童特有的自我中心意识的表现。而以维果斯基为代表的苏联心理学家则认为自我中心言语是由外部言语向内部言语转化中的一种过渡形式，是由言语的交际机能向言语的自我调节机能转化的一种过渡形式。语言在内化过程中起重要作用，认知发展遵循"社会语言—自我语言—内部语言"的路线。维果斯基认为这种自言自语在儿童的认知发展中起着重要作用，这是一种儿童与自己的交流，并借以指导自己的行为，而且，随着儿童成熟，这种喃喃自语逐渐发展为耳语、口唇动作、内部言语和思维，从而完成内化过程。

（四）教学与认知发展的关系——最近发展区

在论述教学与发展的关系时，维果斯基提出了三个重要的问题：一是最近发展区思想；二是教学应当走在发展的前面；三是关于学习最佳期限问题。

1. 最近发展区（ZPD），指儿童实际的发展水平与潜在的发展水平之间的差距。前者由独立解决问题的能力而定；后者则是指在成人的指导下或是与更有能力的同伴合作时，能够解决问题的能力。换言之，儿童的现有水平与经过他人帮助可以达到的较高水平之间的差距，就是最近发展区。最近发展区的教学为学生提供了发展的可能性，教和学的相互作用刺激了发展，社会和教育对发展起主导作用。从这个意义上说，维果斯基认为教学"创造着"学生的发展。他主张教学应当走在儿童现有发展水平的前面，教学可以带动发展。

2. 教学的作用表现在两个方面：一方面，教学决定着儿童发展的内容、水平和速度等；另一方面教学也创造着最近发展区，因为儿童的两种水平之间的差距是动态的，它取决于教学如何帮助儿童掌握知识并促进其内化。教学不等同于发展，也不可能立竿见影地决定发展，但如果从教学内容到教学方法都不仅考虑到儿童现有的发展水平，而且能根据儿童的最近发展区给儿童提出更高的发展要求，则更有利于儿童的发展。最近发展区是衡量学生潜能大小的重要标志，教育教学中应该使学生"跳一跳，摘桃子"。

3. 学习的最佳期限应在心理机能开始形成而尚未达到成熟的地步时。开始某一种教学，必须以成熟与发育为前提，但更重要的是教学必须首先建立在正在开始形成的心理机能的基础上，走在心理机能形成的前面。维果斯基认为，儿童发展的每一年龄段都具有各自特殊的、不同的可能性，学习某些东西总有一个最佳年龄或称敏感年龄。维果斯基说："对一切教育和教养过程而言，最重要的恰恰是那些处在成熟阶段但还未成熟到教学时机的过程。"只有在这一时期施以适当的教学，便有可能组织这些过程，以一定的方式调整这些过程，以达到促进发展的目的。

（五）维果斯基的理论对教学的影响

维果斯基的思想体系是当今建构主义发展的重要推动力量。首先，他认为，心理发展是一个量变与质变相结合的过程，是由结构的改变到最终形成新质的意识系统的过程。其次，他强调活动，认为心理结构是外部活动内化的结果。活动是以语言及其他符号系统为中介的社会性活动。第三，他强调内部心理结构，认为新知识必须在旧知识的基础上建构。认知发展的过程是一个内在结构连续的组织和再组织过程，在新水平上整合新旧信息以形成新结构。

维果斯基强调社会环境的作用，强调教学的交往本质。在维果斯基思想的启发下，教育研究者对学习和教学进行了大量理论建设和实践探索。研究者提出了不少教学模式，出现了支架式教学、交互式教学、合作学习、情境学习等众多模式。

1. 支架式教学。这种教学方式的要点在于：首先，强调学生在教师指导下的发现活动；其次，教师指导的成分逐渐减少，最终要使学生达到独立发现的地位，将监控学习和探索的责任由教师向学生转移。在运用支架式教学时，要保证提供的支架一直使学生处于其最近发展区之内，在学生能力有所发展的时候，随着学生认知发展的变化而进行调整。同时，为了更好地形成学习者的认知冲突，实现有效教学，教学支架既不能太难，也不能太容易。教师常常在学习有一定挑战性的内容时使用到教学支架。比如：语文老师在教授一篇比较难的文言文的起初，他会给学生提供大量的注释，然后让学生根据这些注释去理解文中的关键句子。一段时间后，教师给学生的生词解释慢慢减少，而学生也逐渐能自己完成文言文的阅读了。

支架式教学与指导发现法相似，都强调在有教师指导的情况下的发现。但支架式教学则同时强调教师指导成分的逐渐减少，最终要使学生达到独立发现的地位，将监控学习和探索的责任由教师为主向学生为主转移。根据教学中支架是否具有互动功能，可以将支架分为两种大的类型：互动式的与非互动式的。其中，互动式支架包括教师示范、出声思维、提出问题等；非互动式支架包括改变教材、书面或口头的提示与暗示等。

2. 交互式教学。按照维果斯基最近发展区的观点，教师必须在教学中给学生提供处于其最近发展区内的并且难度适当的学习材料。而最近发展区是个动态的区域，因此，教师需要不断地获得有关学生发展的反馈。教学是交互作用的动力系统，在教学中实行交互式教学是非常必要的。交互式教学包括教师和学生小组之间的相互对话。在教学活动的起初，教师先给学生进行示范，然后，教师和学生将轮流充当教师角色。比如，在语文阅读的教学中，教师给学生示范如何根据学习内容提出问题，如何恰当地回答，然后由学生充当教师向其他同学提出问题。在这个过程中，学生也检测到自己对材料的理解水平。

3. 合作学习。合作学习强调同伴交往在完成任务过程中作用，在合作学习模式下，学生会有意识地模仿专家或同伴的行为来思考和完成具体的任务。因此，教师要尽量组织、安排能力水平不同的学生进行合作学习。根据最近发展区理论，教师应该为学生布置那些只有在别人的帮助下才能被他们成功完成的任务。接收能力较强的同伴的指导是促进儿童在最近发展区内发展的最有效的一种方式。

4. 情境学习。维果斯基的理论在情境认知理论及其教学模式中也有一定的应用。学生不是被动地接受知识，而是自主积极的"学徒式学习者"。任何学习都是处在一定的社会的或有实际意义的背景下，包括学习者原有经验、所处的社会文化系统、课堂中与教师和同伴的相互作用等多方面。这些背景尤其是社会性作用，将通过不同途径影响到学习的过程和结果。因此，教师在教学的过程中，要引导学生从旁观者逐渐过渡到教学活动的参与者，在社会性互动中获得知识和技能。

三、心理理论及发展

心理理论指个体对自己或他人的内在心理状态与外在行为的认知能力（即对自己或他人的信念、愿望和意图的理解能力）。

能够完成错误信念任务，标志着心理理论的形成。错误信念是衡量是否具有心理理论的重要指标，要通过有关错误信念的测试：一级错误信念是指知道他人拥有的某个信念错了；二级错误信念是指知道他人认为某人拥有的某个信念错了（即认识到他人具有关于另一个人信念的信念）。

一般认为，儿童的心理理论在4岁左右开始形成，其标志是成功地完成"错误信念任务"；到6岁以后儿童才能正确理解"二级错误信念任务"，6岁左右是儿童二级错误信念发展的关键期。

第三节　人格发展理论与教育（学生个性、社会性的发展与教育）

一、社会性发展概况

学习者的心理发展，不仅指认知发展，还包括社会性发展。对个体社会性发展的研究主要集中于亲子依恋关系的类型与形成、角色采择和友谊的发展、幼儿游戏、道德判断的发展与人格发展等方面。

（一）依恋行为

人与人之间建立起来的、双方互有的亲密感受以及互相给与温暖和支持的关系叫做依恋。对于婴儿来讲，依恋是婴儿寻求并企图保持与另一个人亲密的身体和情感联系的倾向。安渥斯（或译为安斯沃斯）通过"陌生情景"实验提出三种母子依恋关系的类型：安全型、逃避型（回避型）和矛盾型（反抗型）。（1）安全型依恋：儿童在母亲离开时会哭、焦虑，当母亲回来时很高兴；母亲在场时，他们通常以母亲作为探索外在世界的基点，在玩耍时不时回到母亲身边寻求安慰；他们通常比较合作，很少生气，对陌生人比较友善。忧伤时易于被陌生人安慰，但母亲安慰更有效。（2）逃避型依恋：逃避型的儿童在母亲离开时少哭泣，在母亲返回时，他们不太高兴并设法逃避母亲，这些孩子在有需要时不会寻求帮助，经常有愤怒情绪，对陌生人不在意。在忧伤时，陌生人的安慰效果与母亲差不多，不表现出明显的陌生焦虑。（3）矛盾型依恋：矛盾型的儿童在母亲离开之前就开始焦虑，他们紧张地关注母亲的行为，生怕母亲离开，因此不能尽兴地玩游戏；母亲离开后他们更加不安，而当母亲回来他们的行为很矛盾：一方面想接近母亲；另一方面又以尖叫、踢打来拒绝。这样的儿童很少对周围环境进行探索，很难安抚，对陌生人也不友好。依恋的形成是有关键期的。生命的第一年，尤其是6个月到1岁间，对形成依恋关系似乎最重要。

（二）社会生态系统理论

社会生态系统理论是美国心理学家布朗芬布伦纳于1979年提出的。布朗芬布伦纳认为，影响个体心理发展的生态环境有以下五个子系统：（1）微观系统。微观系统是个体活动和交往的直接环境。家庭、学校、社区少儿活动中心等都属于这样的微观系统环境。（2）中介系统。中介系统指两个或多个微观系统环境之间的相互联系和彼此作用。如家庭、学校和同伴群体之间的相互联系或相互关系。（3）外层系统。指那些个体并未直接参与但却对他们的发展产生影响的系统。如父母的工作单位、学校的领导机构、邻里社区、当地的教育主管部门等。（4）宏观系统。指的是存在于三个系统中的文化、亚文化和社会环境。宏观系统实际上是一个广阔的意识形态。它规定如何对待儿童，教给儿童什么以及儿童应该努力的目标。在不同文化中这些观念是不同的，但是这些观念存在于微系统、中介系统和外层系统中，直接或间接地影响儿童知识经验的获得。（5）时间系统。时间系统也叫时间维度或历史系统。它是把时间作为个体成长中心理变化的参照体系，指个体的生活环境及其相应的种种心理特征随时间推移所具有的变化性及其相应的恒定性。这些变化既可以由外部环境如弟弟妹妹的出生、父母离异等引起，也可以由个体内部如青春期、患重病等引起。这些变化改变了儿童与环境之间的关系，并由此引发儿童心理上的发展性变化。

（三）角色采择（观点采择）和友谊的发展

1. 角色采择（观点采择）

角色采择（观点采择），是指儿童采取他人的观点来理解他人的思想与情感的一种必需的认知技能。塞尔曼认为儿童角色采择技能的发展具有阶段性。（1）阶段0：自我中心的或无差别的观点采择阶段（约3—6岁）。儿童不能认识到他人的观点与自己不同，因而往往根据自己的经验来作出反应。（2）阶段1：社会—信息角色采择阶段（约6—8岁）。儿童开始意识到他人有不同的观点，但不能理解这种差异的原因。（3）阶段2：自我反省角色采择阶段（约8—10岁）。儿童逐渐认识到即使得到相同的信息，自己和他人的观点也可能会有冲突。他们已能考虑他人的观点，并预期他人的行为反应，但儿童还不能同时考虑自己和他人的观点。（4）阶段3：相互角色采择阶段（10—12岁）。儿童能考虑自己和他人的观点，并认识到他人也可能这样做，能够以一个客观的旁观者的身份来解释和反应（能从中立的第三者角度来看待自己和别人的想法和行为，需要儿童能同时考虑自己和他人的观点）。（5）阶段4：社会和习俗系统的角色替换阶段或社会观点采择阶段（约12—15岁及以上）。儿童开始运用社会系统和信息来分析、比较、评价自己和他人的观点。

2. 塞尔曼的友谊发展阶段

塞尔曼提出儿童友谊发展分为五个阶段：（1）第一阶段（3—7岁）：儿童还没有形成友谊的概念，儿童间的关系只是短暂的游戏同伴关系。对这个阶段的儿童来说，朋友往往与实利和物质属性及其邻近性相联系，这个时期的友谊关系还很不稳定。（2）第二阶段（4—9岁）：单向帮助阶段，这个时期的儿童要求朋友能够服从自己的愿望和要求。如果顺从自己就是朋友，否则就不是朋友。（3）第三阶段（6—12岁）：双向帮助阶段，具有明显的功利性，互惠但不能共患难。（4）第四阶段（9—15岁）：亲密共享阶段，儿童发展了朋友的概念，认为朋友之间是可以相互分享，友谊是随时间推移而逐渐形成和发展起来的，朋友相互之间保持信任和忠诚，甘苦与共。他们开始从品质方面来描述朋友，认为自己与朋友的共同兴趣也是友谊的基础。儿童的友谊关系开始具有一定的稳定性，并出于共享和双方的利益而与他人建立友谊，但这一时期的友谊有强烈的排他性和独占性。（5）第五阶段（12岁以后）：自主共存阶段，这是友谊发展的最高阶段。择友严密，建立的友谊能保持很长时间。

（四）游戏理论

1. 早期的传统理论

（1）霍尔的"复演说"，认为游戏是远古时代人类祖先的生活特征在儿童身上的重演，不同年龄的儿童以不同形式重演祖先的本能特征。

（2）席勒—斯宾塞的"精力过剩说"，把游戏看作儿童借以发泄体内过剩精力的一种方式。

（3）彪勒的"机能快乐说"，强调游戏是儿童从行动中获得机体愉快的手段。

（4）格罗斯的"生活准备说"，把游戏看作是儿童对未来生活无意识的准备，是一种本能的练习活动。

（5）拉扎鲁斯—帕特瑞克的"娱乐—放松说"，认为游戏不是源于精力的过剩，而是来自于放松的需要。

（6）博伊千介克的"成熟说"，认为游戏不是本能，而是一种欲望的表现。

2. 当代的游戏理论

（1）精神分析理论。弗洛伊德认为游戏也有潜意识的成分，游戏是补偿现实生活中不能满足的愿望和克服创伤性事件的手段。

（2）认知动力说。皮亚杰认为游戏是儿童认识新的复杂客体和事件的方法，是巩固和扩大概念、技能的方法，是使思维和行动结合起来的方法。在感知运动阶段，儿童通过身体动作和摆弄、操作具体物体来进行游戏，称为练习游戏。在前运算阶段，儿童发展了象征性功能（语词和表象）就可以进行象征性游戏，他能把眼前不存在的东西假想为存在的。以后，可以进行简单的有规则的游戏。真正的有规则游戏出现在具体运算阶段。

（3）学习理论。桑代克认为游戏也是一种学习行为，遵循效果律和练习律，受到社会文化和教育要求的影响。

二、人格发展阶段理论（心理社会发展理论）

与弗洛伊德不同，美国精神分析学家埃里克森的心理发展理论，既考虑到了生物因素的影响，也考虑到了社会文化因素的影响。他认为，儿童人格发展经历一系列顺序不变的阶段，每一阶段都有一个由生物学的成熟与社会文化环境、社会期望之间的冲突和矛盾所决定的发展危机。解决危机就会形成积极的人格特征，危机得不到解决会导致人格向不健全的方向发展。埃里克森认为，人格的发展必须经历八个顺序不变的阶段，其中前五个阶段属于儿童成长和接受教育的时期。

（一）基本的信任感对基本的不信任感（0—1.5岁），体验着希望（品质）的实现

婴儿期发展任务是发展对周围世界，尤其是对社会环境的基本态度，培养信任感。埃里克森认为信任感是一个人形成健康人格的基础。发展顺利者的心理特征是对人信任，有安全感；发展障碍者的心理特征是面对新环境时会焦虑不安。

（二）自主感对羞耻感与怀疑（2—3岁），体验着意志的实现

儿童早期的发展任务是培养自主性。埃里克森认为这个阶段的儿童具有双重渴望：既想获得父母的支持，同时也渴望父母能放手让自己做主。这个阶段中的儿童已经学会了走路，并且能够充分地利用掌握的语言和他人进行交流。儿童开始表现出自我控制的需要与倾向，渴望自主并试图自己做一些事情（比如吃饭、穿衣、大小便）。儿童这种对权利和独立性的渴望常常与父母的要求相冲突。这时，父母要允许儿童自由地探索，给予适当的关怀和保护，帮助儿童形成自信心，如果父母对儿童一味地严厉要求和限制，会使得儿童对自己的能力产生怀疑。这一阶段发展顺利者能按社会要求表现目的性行为；发展障碍者的心理特征是缺乏信心，行动畏首畏尾。

（三）主动感对内疚感（4—5岁），体验着目的的实现

学前期的发展任务是培养主动性。这一阶段儿童的活动范围逐渐超出家庭的圈子，儿童开始追求出于自我利益和动机的活动。他们想象自己正在扮演成年人的角色，并因以为自己能从事成年人的角色和胜任这些活动而体验一种愉快的情绪。例如，当父母做饭时，儿童递过一把勺子，他便认为自己是在从事一项重要的活动，发挥了重要的作用。这一时期，父母、其他家庭成员或者监护者如果允许儿童跑动、蹦跳等，那么儿童的主动性将增强。对儿童的主动探索进行严厉惩罚的父母会让儿童对自己天性中的强烈需求感到内疚。发展顺利者的心理特征是主动好奇，行动有方向，开始有责任感；发展障碍者的心理特征是畏惧退缩，缺少自我价值感。

（四）勤奋感对自卑感（6—11岁），体验着能力的实现

学龄前期的发展任务是培养勤奋感。如果前三阶段对儿童影响最大的是家庭因素，那么这一阶段对儿童影响最大的就是学校因素了。本阶段儿童开始进入学校学习，开始体会到持之以恒的能力与成功之间的关系，开始形成一种成功感。本阶段的儿童面临来自家庭、学校以及同伴的各种要求和挑战，他们力求保持一种平衡，以至于形成一种压力。而且随着社交范围的扩大，同伴的相互作用变得越来越重要。儿童在不同社交范围活动的经验，以及完成任务和从事集体活动的成功经验增强了儿童的胜任感，其中的困难和挫折则导致了自卑感。这些成功的体验有助于儿童在以后的社会生活中建立勤奋的特质，

表现为乐于工作和有较好的适应性。在这一阶段，教师对学生行为的评价对学生的自我概念具有重要影响。教师鼓励学生在各种活动中表现出勤奋是必要的。发展顺利者会具有求学、做事、待人的基本能力；发展障碍者会缺乏生活基本能力，充满失败感。

（五）自我同一性对角色混乱（12—18岁），体验着忠诚的实现

青少年期的发展任务是培养自我同一性。自我同一性也称角色同一性，是有关自我形象的一种组织，它包括有关自我的能力、信念、性格等的一贯经验和概念，涉及深思熟虑的选择和决定，尤其是关于工作、价值观、意识形态、对他人的承诺及看法等。在青少年期，"我是谁"成为一个重要问题。他们能够把自己的各种形象综合成一个有意义的整体，对自己的过去、现在、将来产生一种"内在相同和连续"之感。同时，他们也开始认识自己和别人的异同，认识现在和未来在社会中的关联，会产生诸如"我将来做什么"等问题。这一阶段发展顺利者的心理特征是有了明确的自我观念和自我追求的方向；发展障碍者的心理特征是生活无目的、无方向并时而感到彷徨。

玛西亚将探索和承诺看作两个并列的具有直交关系的维度，以探索和承诺程度的高低划分出四种同一性状态的象限。（1）具有高探索和高承诺的青少年，称为同一性获得者，这类个体已经体验了探索，仔细考虑过各种选择，并对特定的目标、信仰和价值观做出了坚定、积极的自我承诺。（2）具有高探索和低承诺的青少年称为同一性延缓（即埃里克森所说的同一性危机）者，这类个体正处于探索过程中，收集信息、尝试各种活动，希望发现引导他们生活的目标和价值观，他们积极地探索各种选择，但还没有对特定的目标、价值观和意识形态等做出有意识的投入。（3）具有低探索和高承诺的青少年称为同一性早闭者（过早自认或同一性拒斥），这类个体没有体验过明确的探索，但却做出了承诺，这种投入基于父母或权威人物等重要他人的期望或建议，他们接受了权威人物预先为他们准备好的同一性。（4）低探索和低承诺的青少年称为同一性扩散者（同一性迷乱），这类个体没有仔细思考或探索过各种同一性问题，从来不去探索各种选择，也不去尝试做出努力，缺乏清晰的方向，没有确定自己的目标和价值观，也未对特定意识形态、价值观或社会角色做出清晰承诺。

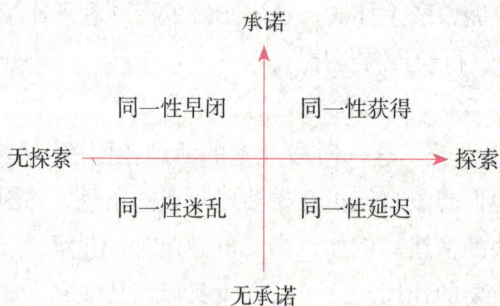

图3-2-2 同一性状态

（六）亲密感对孤独感（18—24岁，成年早期），体验着爱情的实现

成年早期是人们求爱和过早期家庭生活的时期，在这一时期，个体往往十分关注镜像自我，注重印象管理，关注自身的前途和发展。发展顺利者与人相处有亲密感；发展障碍者与社会疏离，感到寂寞孤独。

（七）繁殖感对停滞感（24—65岁，成年中期），体验着关心的实现

繁殖就是"对养育和指导下一代有兴趣"，通常人们通过抚养自己的孩子获得普遍关注。在成年中期发展顺利者的心理特征是热爱家庭，关心社会，有责任感和义务感；发展障碍者的心理特征是不关心别人和社会，缺少生活意义。

（八）自我整合对绝望感（65岁以上，成年晚期），体验着智慧的实现

在成年晚期这一阶段，人们回顾自己的一生，解决最终的同一性危机。发展顺利者会随心所欲、安享晚年；发展障碍者的心理特征是悔恨旧事，失望、沮丧。

三、心理社会发展理论的教育价值

埃里克森的发展理论指明了每个发展阶段的任务，并给出了解决危机、完成任务的具体教育方法，有助于教师理解不同发展阶段的儿童所面临的冲突类型，从而采取相应的措施，因势利导，对症下药。小学儿童所面临的主要危机是"勤奋与自卑"之间的冲突，发展的主要任务就是培养勤奋感而克服自卑感。这一阶段教师对小学生良好个性品质的形成起榜样作用，教师应多鼓励学生，对学习困难的学生，更要注意培养其自信心。中学阶段正是发展自我同一性的时期，学生需要大量机会来体验各社会角色，教师要提供机会让学生了解社会，了解自我，并与他人建立良好的关系，促进自我同一性的形成和发展。

第四节 心理发展的个别差异与教育

学校环境中学生的个体差异，主要表现为学生家庭文化背景的差异、先前知识的差异、志向水平的差异（即学习动机的差异）、智力的差异、学业能力倾向的差异、学习风格的差异和男女生的差异等。其中，学生的认知差异主要表现在认知水平差异（智力差异）和认知方式差异（认知风格）两个方面。

一、认知能力差异与教育

认知能力的差异主要表现为智力差异。从大的层面来看，智力差异可分为个体差异和群体差异。（智力理论、智力测验在"普通心理学"部分已有论述）

（一）智力的个体差异

智力的个体差异反映在个体间和个体内，既有量的差异也有质的差异。个体间的差异指个人与其同龄团体的常模比较表现出来的差异。大量的研究表明人们的智力水平呈常态分布。智力的个体内差异，即个人智商分数的构成成分的差异。研究表明，两个IQ分数相同的儿童，他们智商分数的构成可能有很大差异。

智力的个体差异具体表现在：（1）智力的类型差异（有的人长于记忆，有的人长于思维）；（2）智力发展水平差异（人们的智力水平高低呈正态分布、常态分布、钟形曲线：IQ>140，天才；IQ>130，智力超常；IQ110—119，中上；IQ90—109，中等；IQ80—89，中下；IQ<70，智力落后）；（3）智力表现早晚的差异（有的人少年早慧，有的人大器晚成）。

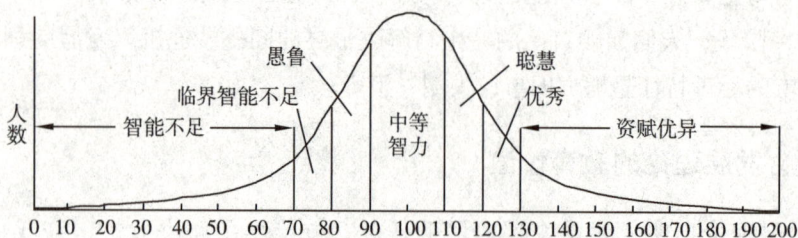

图3-2-3 智商分数分布图

（二）智力的群体差异

智力的群体差异是指不同群体之间的智力差异，包括智力的性别差异、年龄差异、种族差异等。目前研究较多的是智力的性别差异问题，基本结论如下：

第一，男女智力的总体水平大致相等，但男性智力分布的离散程度比女性大。也就是说很聪明的男性和很笨的男性都要比女性多。

第二，男女的智力结构存在差异，各自具有自己的优势领域。女性嗅觉灵敏，在声音定位、色彩辨别方面优于男性；男性在视觉和辨别方位能力方面较强。女性叙述事情常带有浓厚的感情色彩，长于形象思维；男生思维具有广泛性、灵活性和创造性特点，长于抽象思维。

（三）智力差异与学业成就

IQ与学业成绩存在中等程度的相关，其相关系数在小学阶段为0.6—0.7，在中学阶段为0.5—0.6，在大学阶段为0.4—0.5。这表明，智力是影响学习的一个重要因素，一般而言，儿童的智商越高，学习成绩越好。但智力并不是影响学习的唯一因素。

二、认知方式差异与教育

（一）学习风格及其构成要素

学习风格是指人们在学习时所具有或偏爱的方式，换句话说，就是学习者在研究和解决其学习任务时，所表现出来的具有个人特色的方式。1954年，美国学者哈伯特·赛伦最早提出了学习风格的概念。大部分专家可能都会认同学习风格的概念应该是多维的，例如，奈钦斯提出三维理论，把学习风格描述为感觉定向、反应方式和思维模式这三者的结合；雷诺提出六维理论，主张学习风格包含了六个类别：知觉偏好、物理环境需要、社会环境偏好、认知方式、最佳学习时间以及动机和价值观等；科尔勃从两个维度来考虑认知风格，即具体体验（CE）—抽象概括（AC）维度和反省性观察（RO）—主动实验（AE）维度，并确定出四种学习风格：顺应者方式的学习者强调主动探索和具体体验，比较适合的教学策略是实验室工作和现场调查研究；发散者方式的学习者关注发散的思想，富有想象力，针对这种学习风格，可以采用自由发言和小组讨论这两种教学策略；聚合者方式的学习者擅长把理论应用于实践，即对理论在实际中的应用更感兴趣，宁愿处理技术任务和问题，不愿处理社会和人际事务；同化者方式的学习者喜欢处理抽象的观点和概念，具有理性或逻辑性，在众多的教学方法中，讲座较为适宜这种学习风格。20世纪80年代初，学习风格的研究开始从理论、模式的探讨转向教学实践。适应学习风格差异的教学包含两方面的内容：匹配策略与失配策略。前者是指采用与学习风格的长处或学习者偏爱的方式相一致的教学对策，后者指针对学习风格中的短处进行有意识弥补的教学策略。一般认为，学习风格是由生理因素、心理因素和社会因素三大因素构成。

具体体验（CE）

感受

顺应者方式

喜爱执行计划和参与新的挑战性任务或实际经验。依靠他人得到信息而不是靠个人的技术分析。

发散者方式

从许多不同角度看待具体情境。喜爱能产生各种观念的情境。富于想象力，敏于感受。

实施　　　　　　　　　　　　观察

主动实验
（AE）

反省性观察
（RO）

聚合者方式

寻求观念和理论的实际应用。宁愿处理技术任务和问题，而不愿处理社会和人际事务。

同化者方式

理解大量信息并将之置于简明而合乎逻辑的形式中。较少注意人而是更多对抽象观念和概念感兴趣。

思考

抽象概括（AC）

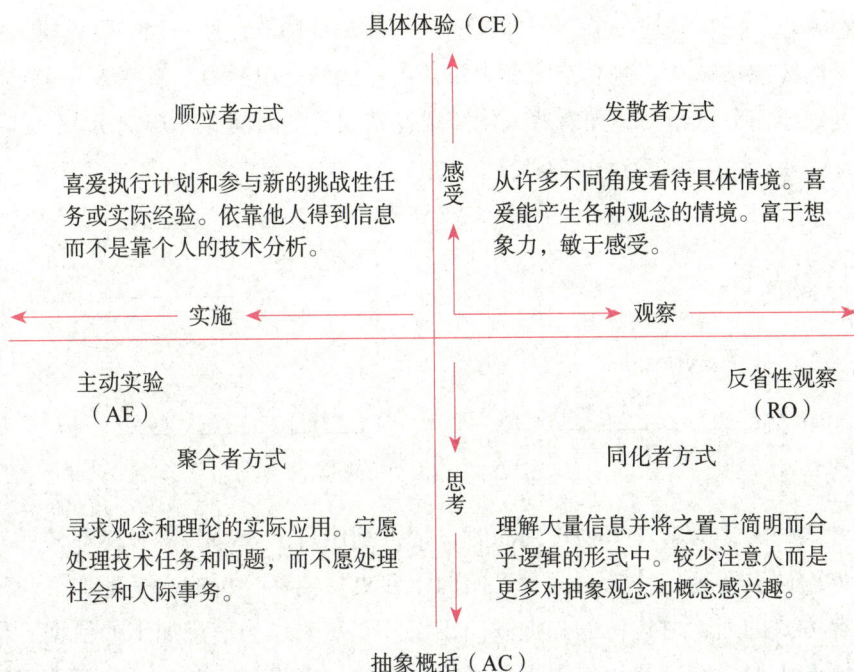

图3-2-4　科尔勃的学习风格模式图

1. 学习风格的生理因素

学习风格的生理因素主要体现在学习者学习时对时间节律以及感觉通道的偏爱（视觉、听觉、动觉）。（1）视觉型学习者对于视觉刺激较为敏感，习惯于通过视觉接收学习材料，如景色、相貌、书籍、图片等。他们适合于自己看书和做笔记进行学习，而不适合于教师的讲解和灌输。（2）听觉型学习者较为偏重听觉刺激，他们对于语言、声响和音乐的接受力和理解力较强，甚至喜欢一边学习，一边戴着耳机听音乐。当学习外语时，他们喜欢多听多说，而不太关心具体单词的拼写或者句型结构。（3）动觉型学习者喜欢接触和操作物体，对于自己能够动手参与的认知活动更感兴趣。因此，教师用手轻拍他们的头表示赞赏要比口头表扬产生的效果更好。

2. 学习风格的心理因素

学习风格的心理因素包括认知过程中归类的宽窄、信息的继时加工与同时加工、场依存性与场独立性、分析与综合、沉思与冲动、理性水平的高低、学习兴趣或好奇心的强弱、成就动机的差异、内控与外控、焦虑性质与水平的差异以及学习坚持性的差异、言语表达能力的差异、冒险与谨慎等。

3. 学习风格的社会性要素

学习风格的社会性要素包括个体在独立学习与结伴学习、竞争与合作等方面所表现出的特征。

（二）认知风格

认知风格与学习风格是两个本质不同的概念，认知风格是学习风格的一个主要成分、类别或内容。认知方式也称认知风格或认知类型，是个体在知觉、思维、记忆和解决问题等认知活动中加工和组织信息时所显示出来的独特而稳定的风格。它具有持久性和一致性的特点。学生间认知方式的差异表现在：场独立与场依存、沉思型与冲动型、辐合型与发散型、整体型与序列型等方面。

1. 场独立与场依存

场独立和场依存这两个概念最初来源于威特金对知觉的研究。场独立与场依存是两种普遍存在的认知方式。场独立性是指很容易地将一个知觉目标从它的背景中分离出来的能力；场依存性是指在将一个知觉目标从它的背景中分离时感到困难的知觉特点。

心理学家现在采取"身体适应测验""棒框测验"等测量场依存性—独立性，更多的是使用"镶嵌图形测验"。如下图要求被试从右侧复杂图形中辨认出左侧的简单图形。有些人几乎立即能指出这个图形，不会为周围的线条而分散精力；而有些人则需要花费较长的时间才能辨别出来。这说明，人们在知觉过程中确实具有场独立性与场依存性的差异。

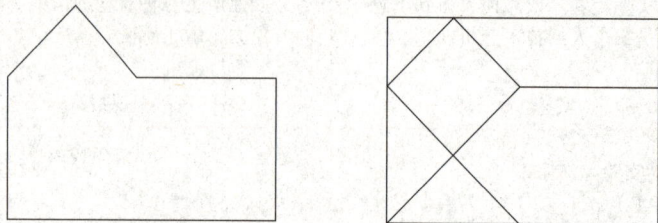

图3-2-5　镶嵌图形测验

具有场独立方式的人，对客观事物作判断时，常常利用自己内部的参照，不易受外来因素的影响和干扰；在认知方面独立于他们的周围背景，倾向于在更抽象和分析的水平上加工，独立对事物做出判断。具有场依存方式的人，对物体的知觉倾向于以外部参照作为信息加工的依据。他们的态度和自我知觉更易受周围的人们，特别是权威人士的影响和干扰，善于察言观色，注意并记忆言语信息中的社会内容。

场独立性、场依存性与学生的学习有着密切的关系。研究表明：场独立性学生一般偏爱自然科学、数学，且成绩较好，两者呈显著正相关，他们的学习动机往往以内在动机为主；场依存性学生一般较偏爱社会科学，他们的学习更多地依赖外在反馈，他们对人比对物更感兴趣。场独立性者善于运用分析的知觉方式；场依存性者则偏爱非分析的、笼统的或整体的知觉方式，他们难以从复杂的情境中区分事物的若干要素或组成部分。

场独立性与场依存性学生对教学方法也有不同偏好。场独立性学生易于给无结构的材料提供结构，比较易于适应结构不严密的教学方法；场依存性学生喜欢有严密结构的教学，因为他们需要教师提供外来结构，需要教师的明确指导与讲解。

两种场定向对社会性线索和学习强化会产生不同的反应。场依存性的人注重学习环境的社会性，并且对于具有社会内容的材料更感兴趣。其他人的出现对他们产生积极的影响，特别是那些他们喜欢的人。场依存性者较易于接受别人的暗示，他们学习的努力程度往往受外来因素的影响，因而场依存性的学生在诱因来自于外部时学得更好；而场独立性者在内在动机作用下学习时，常常会产生更好的学习效果。研究表明，场依存性的人比场独立性的人更需要反馈信息且更易受到负强化的影响。

场独立性强的教师喜欢数学和自然科学学科，他们喜欢讲演，在讲课时，注意教材的结构和逻辑，偏向于使用较正规的教学方式；而场依存性强的教师不太讲究结构，喜欢与学生相互作用，喜欢采用讨论的方法。研究发现，当学生与教师的场定向相匹配时，他们的学习效果较好。总的来说，最佳结合是场独立性教师与场独立性学生，其余依次是场独立性教师与场依存性学生、场依存性教师与场独立性学生、场依存性教师与场依存性学生。

两种场定向的差异不体现在学习能力上，而体现在学习过程中。教学时，我们应当同时从取长和补短这两个方面利用学生的场定向。一方面，我们应该在小学就去识别学生的场定向，并使教学方法适合他们，教师和学生也可根据他们优先的认知风格加以匹配。另一方面，一种比较有希望的策略就是，将每个学生和教师的全部技能扩展到超出他们占优势的场定向范围。

表3-2-1　场独立与场依存性学习者的优、劣势及注意事项

学习者类型	优势	劣势	注意事项
场独立型	善于从整体中分析出各个元素，喜欢学习无结构的材料，喜欢个人独自学习，不太容易受外界的影响，对于他人的评价有自己的看法，不受外界环境的干扰。	倾向于冲动，冒险，容易过分主观。	应注意把老师等的要求与自己的想法相协调，使自己的做法与外界相辅相成。
场依存型	善于把握整体，善于学习系统化、条理化的材料，喜欢与同伴一起讨论或进行协作学习，注意环境的要求，很容易适应环境，受大家的欢迎，受内在动机支配。	表现较为谨慎，不愿冒险，但当受到批评时，很易受影响，学习的积极性下降，容易受外界环境的干扰，学习欠主动，受外在动机支配。	应注意不轻易受他人评价的影响。尤其当他人提出批评时，应分析原因，并考虑自己该怎样努力，而不能就此气馁。

2. 沉思型与冲动型

杰罗姆·卡根通过一系列实验发现，有些学生的知觉与思维方式以冲动为特征，而另外一些学生则以反思为特征。冲动与沉思的标准是反应时间与精确性。沉思型和冲动型就是指在提供多种选择答案的问题情境中，学生对问题解答的速度和准确性方面的差异。

在有几种可能解答的问题情境中，有些儿童倾向于深思熟虑且错误较少，比较重视做题质量和细节。这种认知方式被称为沉思型认知方式。反思型思维的学生在做出回答之前倾向于进行深思熟虑的、计算的、分析性的和逻辑的思考，往往先评估各种可替代的答案，然后给与较有把握的答案。

在有几种可能解答的问题情境中，有些儿童倾向于很快地检验假设，且常常出错，往往重视整体。这种认知方式被称为冲动型认知方式。冲动型思维的学生倾向于根据几个线索做出很大的直觉的跃进，往往以很快的速度形成自己的看法，在回答问题时很快就做出反应。

研究发现，沉思型学生与冲动型学生相比，表现出具有更成熟的解决问题策略，更多地提出不同的假设。而且沉思型学生能够较好地约束自己的动作行为，比冲动型学生更能抗拒诱惑。此外，沉思型学生往往更容易自发地或在外界要求下对自己的解答做出解释，冲动型学生则很难做到，即使在外界要求下必须做出解释时，他们的回答也往往是不周全、不合逻辑的。

在学习方面，沉思与冲动两种方式存在明显差异。一般来说，沉思型学生阅读成绩好，再认测验及推理测验成绩也好于冲动型学生，而且在创造性设计中成绩优秀。相比之下，冲动型学生往往阅读困难，较多表现出学习能力缺失，学习成绩常不理想。不过，在某些涉及多角度和整体性的任务中，冲动型学生则表现较好。

3. 辐合型与发散型

据美国的吉尔福德研究，辐合型认知方式是指个体在解决问题过程中常表现出辐合思维的特征，表现为搜集或综合信息与知识，运用逻辑规律，缩小解答范围，直至找到最适当的唯一正确解答。发散型认知方式则是指个体在解决问题过程中常表现出发散思维的特征，表现为个人的思维沿着许多不同的方向扩展，使观念发散到各个有关方面，最终产生多种可能的答案而不是唯一正确的答案，因而容易产生有创见的新颖观念。

4. 整体型与序列型

帕斯克和司科特等认为，整体型思维者对学习任务倾向于采用整体策略，行为反应特征是"假设导向"的，他们倾向于去检验较大的特征或假设，喜欢收集大量的材料，努力探索某种范式和关系；序列型思维者倾向于采用聚焦策略，行为特征是按步骤进行，他们努力探索具体明确的材料，倾向于考究较

少的材料,利用逐步的方法来证实和否定他们的假设。

采用**整体策略**的学生在从事学习任务时,视野比较开阔,对整个问题涉及的子问题的层次结构和自己所采取的方式进行预测,能把一系列子问题组合起来,而不是一遇到问题就立即着手一步一步解决。采用**序列策略**的学生,把重点放在解决一系列子问题上,他们十分重视子问题的逻辑顺序,解决问题一步一步地进行;所以,只有到学习快结束时,才能对所学的内容形成一种比较完整的看法。

与整体性策略和系列性策略相对应,存在着**结构的**和**随意的**两种学习风格。例如,有些学生喜欢常规性的、有依赖性的和有条理的知识;而有些学生则恰好相反,他们非常喜欢那些不可预测的、不寻常的、出人意料的事物,而极端厌恶常规情境的单调和厌烦无趣。表现在课程上,有些学生喜欢完全受支配的结构,而有些学生则喜欢自主和自由;有些学生喜欢教师把一、二、三、四个点都分配好,有些学生则喜欢自己组织问题。

5. 同时性与继时性

与整体型和序列型相类似,达斯提出了**同时性加工**(右脑优势)和**继时性加工**(左脑优势)两种类型。同时性加工是指学习者习惯于在同一时间内对多个信息做出加工,并将它们联合成整体,从而获取事物的意义;继时性加工是指学习者倾向于对外界信息逐一进行加工从而获取其意义。对信息的同时加工和继时加工,是人们处理信息的两种基本方式,学习者对此有着不同的偏爱。长于同时加工的学习者表现出善于系统把握事物的视觉空间关系,能觉察到各部分以外的更多信息;长于继时加工信息的学习者倾向于按部就班、以线性方式处理信息。

6. 心理自我调控理论

心理自我调控理论是由**斯滕伯格**提出来的。基本思想是认为人具有与社会一样的自我管理或组织系统,其研究的重点是人们在日常生活中如何运用这种系统调控其认知活动。

(1)根据心理自我调控的功能,分为独立型(喜欢创造性的有安排有计划的解决问题)、被动执行型(喜欢循规蹈矩)和分析评判型(喜欢分析评判好坏)三类;(2)根据心理自我调控形式,分为专一型(只关注一项目标)、等级秩序型(能分清事情的轻重缓急)、多头并进型(面对冲突时往往手忙脚乱)和随意无拘型(能随心所欲的工作,在无结构无程序的环境中表现好)四类;(3)根据心理调控的水平,分为整体抽象型(喜欢从宏观着眼)、局部具体型(注重细节)两类;(4)根据心理调控的范围,分为任务导向型(喜欢独立工作,关注内心)和人际导向型(喜欢与别人一起工作)两类;(5)根据心理调控的倾向,分为自由开放型(喜欢面对新环境、标新立异)和保守拘谨型(喜欢熟悉的环境,墨守成规)两类。

7. 深层加工和表层加工

学生对信息进行加工的深度存在两种方式,一种是深层加工,一种是表层加工。**深层加工**指深刻理解所学内容,将所学内容与更大的概念框架联结起来,以获取内容的深层意义。**表层加工**指记忆学习内容的表面信息,不将它们与更大的概念框架联结起来。深层加工有利于侧重理解的考试,表层加工有利于侧重事实学习和记忆的考试。

三、认知差异的教育含义

1. 认知方式没有高低、好坏、优劣之分,只是表现为学生对某种信息加工方式的偏爱,它主要影响学生的学习方式。认知方式对学习的影响主要表现在:首先,认知方式影响学生对认知通道的选择,如有的学生主要利用视觉,有的学生主要利用听觉;其次,认知方式影响学生对学习环境的选择,如有的学生习惯于安静环境,有的学生则喜欢有背景声音的环境;再次,认知方式影响学生对学习内容组织程度的偏好,如沉思型学生比较适宜于需要详细分析的学习材料,而冲动型学生比较适宜于不太需要注意细节或应急的学习任务；最后，认知方式也影响学生对学科选择的偏好，如场独立型学生倾向于选择数学、自然科学等，而场依存型学生倾向于选择人文科学、社会科学等。

2. 智力是影响学习的一个重要因素，但是智力并不影响学习能否发生，它主要影响学习的速度、数量、巩固程度和学习迁移。

3. 教师应该根据学生认知的特点，不断改革教学，努力因材施教。

首先，应该创设适应学生认知差异的教学组织形式。教学组织方面的改革包括分校、分班、班内分组及跳留级等。其次，采用适应认知差异的教学方式，努力使教学方式个别化。其中，布鲁姆的掌握学习、个别化指导教学法以及凯勒的个人化教学系统较有代表性。最后，运用适应认知差异的教学手段。

四、性格差异与教育

性格是指个体在生活过程中形成的对现实稳固的态度以及与之相适应的习惯化的行为方式。性格具有直接的社会意义，是人格的核心。性格的个别差异表现在性格特征差异和性格类型差异两个方面。本书已在普通心理学"个性心理"予以详细说明，不再赘述。

（一）性格差异的教育意义

1. 性格虽然不会决定学习是否发生，但它却影响学生的学习方式。性格可以作为动力因素影响学习的速度和质量。性格的个别差异会影响学生对学习内容的选择，还会影响学生的社会性学习和个体社会化。

2. 为了促进学生的全面发展，学校教育更应重视情感因素的作用，使教育内容的选择和组织更好地适应学生的性格差异。

（二）学生良好性格的培养

良好性格的培养应当从以下方面入手：1. 加强人生观、世界观和价值观教育；2. 及时强化学生的积极行为；3. 充分利用榜样人物的示范作用；4. 利用集体的教育力量；5. 依据性格倾向因材施教；6. 提高学生的自我教育能力。

五、性别、性别角色及性别差异

（一）性别概念的发展

儿童性别概念主要包括三个成分：性别认同（性别同一性）、性别稳定性和性别恒常性。

性别认同是儿童对自己和他人的性别的正确标定，儿童的性别认同出现的时间在1岁半到2岁之间。

性别稳定性是指儿童对人一生性别保持不变的认识。人的性别不因其年龄、情景的变化而改变。

性别恒常性是指儿童对人的性别不因其外表（如发型、衣着）和活动的改变而改变的认识。儿童一般到6、7岁时才获得性别恒常性的认识。

（二）性别角色及性别角色认同

性别差异的形成需要一定的生物遗传基础，但更重要的是它还受社会规范和期待的作用。性别角色是由社会群体为男女制定的一套行为规范，它对个体的行为进行性别的标定，如传统观点认为女孩子小时候就应该玩布娃娃，而男孩子就应该玩卡车。

性别角色认同是个体对自己作为男性或女性所具特征和行为的信念，是个体的性别特征自我形象，属于自我概念的一部分。

某些儿童和成人更倾向于双性化，他们试图在行为和人格方面兼具男性和女性的优点，使自己不再受传统角色定型的限制，因而更有自由发展的可能。

（三）教育中的性别偏向

学校教育中存在性别偏向问题。大量研究表明，教师在对待男性和女性学生时存在差异。例如，当女生回答问题错了时，教师说："很好，至少你努力了。"但当男生回答错了，教师会说："仔细想想，你一定能做出来。"另外，教育内容中广泛存在性别差异问题。

（四）避免教学中的性别偏向

在教学中，教师要在教学材料的选择和呈现、课堂管理、课堂活动设计、师生互动方式以及其他行为方式等方面避免性别偏向。（1）在教学中，教师需要检查所用教材和材料，避免使用含有性别偏向的观点或图片和一些包含性别偏向的语言。（2）教师要鼓励学生积极参与不同学科的学习，应避免性别刻板印象，不能认为数学是男生的专长、诗歌是女生的专长。（3）教师在布置任务或安排活动时，给予男女生同等的参与、承担领导角色的机会。（4）教师要给予男女生同样多的注意，对男女生的提问次数、问题的性质要差不多，对男女生所给予的反馈质量、数量也要相当。

六、特殊儿童的心理与教育

（一）特殊儿童的概念

特殊儿童的概念可以从广义和狭义两个方面去理解。

美国《百科全书》第九卷"教育"条目将特殊儿童定义为"在智力、感官、情绪、身体、行为或沟通能力上与正常情况有明显差异的儿童"。这一定义可以从三方面来理解：第一，特殊儿童是个别差异特别显著的儿童，他们在某一方面或某些方面与同龄儿童的差别特别显著。第二，特殊儿童是有发展或适应上的特殊困难或特殊需要的儿童，这些困难与需要可能是先天性的，也可能是后天的失调。第三，特殊儿童是偏离常态的儿童，既包括得天独厚的超常儿童，也包括"得天独薄"的障碍儿童。美国特殊教育家柯克就是从这一意义上来理解特殊儿童的，认为特殊儿童主要是在智力、感觉能力、神经活动或身体特征、社会行为、交际能力和多种缺陷等六个方面偏离常态。因此，广义的特殊儿童是指一切偏离常态且需要接受特殊教育措施才能满足其发展需要的儿童。

狭义的特殊儿童将得天独厚的超常儿童排除在外，仅指盲、聋、弱智、言语障碍和肢体残疾等身心有障碍的儿童。

（二）特殊儿童的类型

美国的桑切克认为，特殊儿童包括天才儿童和丧失某种能力的儿童。天才儿童包括智力超常儿童和在艺术、音乐、数学等领域有超常才能的儿童。能力缺失儿童包括感觉障碍儿童（听觉障碍和视觉障碍）、躯体障碍儿童（脑瘫等肢体障碍和发作性障碍）、智力障碍儿童（可教育的智力落后儿童、可训练的智力落后儿童和严重的智力落后儿童）、言语障碍儿童（构音障碍、发生障碍和语畅障碍—口吃）和学习困难儿童。学习困难儿童表现为听、说、阅读、思维、书写、拼写和数学计算等方面的不完善，但不包括视听和运动缺陷、智力落后和能力障碍，也不包括在经济、文化等环境方面处境不良的儿童。

（三）特殊儿童的教育

为满足特殊儿童的特殊学习需要而设计的教育属于特殊教育。特殊教育与普通教育的最大区别在于更加注重儿童个体间和个体内的差异。对特殊儿童的教育应做到：（1）在理解特殊儿童的基础上热爱特殊儿童；（2）特殊教育要从医学模式向社会生态学模式转变；（3）坚持因材施教，提供合适的教育；（4）坚持正常化，推行融合教育。目前，西方国家的特殊教育强调正常化、一体化、回归主流和最小限制环境。总之，随班就读、设置特殊班、普通班加巡回辅导、普通班加资源教室等都是对待特殊儿童可以采用的教学方式。

真题回顾与模块自测

一、单选题

1. 在少年儿童的心理发展中，后一阶段的发展总是在前一阶段的基础上发生的，而且又萌发着下一阶段的新质要素。这表现出心理发展的（   ）。（2020.7.25德州德城、经开、陵城真题）

 A. 方向性　　　　　　　　B. 连续性　　　　　　　　C. 不平衡性　　　　　　　　D. 个体差异性

2. 学生学习数学新知识时，将原有算术图式发展为代数图式，运用新图式可正确解决代数题，实现图式上的新平衡。这在皮亚杰心理学理论中被称为（   ）。（2020.7.18青岛真题）

 A. 同化　　　　　　　　　B. 顺应　　　　　　　　　C. 组织化　　　　　　　　　D.平衡

3. 皮亚杰注重内部认知图式的建构，所以他常会问的问题是（   ）。（2020.8.9济宁真题）

 A. "这是什么？"　　　　　　　　　　　　　　　　B. "你知道吗？"

 C. "你是怎么知道的？"　　　　　　　　　　　　　D. "为什么会这样？"

4. 人的高级心理机能是在一定的社会历史文化背景下，借助语言通过人与人的社会交往而形成的。持这种观点的心理学家是（   ）。（2020.12.12莱芜职业技术学院真题）

 A. 维果斯基　　　　　　　B. 乔姆斯基　　　　　　　C. 巴甫洛夫　　　　　　　　D. 弗洛伊德

5. 根据塞尔曼对观点采择的研究，儿童能从中立的第三者角度看待自己和别人的想法与行为属于（   ）。（2020.8.8烟台招远真题）

 A. 自我中心观点采择　　　　　　　　　　　　　　B. 社会信息观点采择

 C. 自我反省观点采择　　　　　　　　　　　　　　D. 相互观点采择

6. 依据埃里克森的人格发展理论，小学生要解决的主要矛盾是（   ）。（2020.10.18济南平阴真题）

 A. 自主感对羞耻感　　　　　　　　　　　　　　　B. 主动感对内疚感

 C. 勤奋感对自卑感　　　　　　　　　　　　　　　D. 自我同一性对角色混乱

7. 某学生学习时善于把握整体，善于学习系统化、条理化的学科，喜欢与同伴一起讨论或进行协作学习，受外在动机支配，该学生的认知方式最有可能属于（   ）。（2020.11.14济南商河真题）

 A. 场依存型　　　　　　　B. 场独立型　　　　　　　C. 系列冲动型　　　　　　　D.同时反思型

二、多选题

1. 按照皮亚杰的观点，儿童能够通过言语表象和其他符号形式来表征自己的内心世界和外部世界，但他们的认知仍然是直觉的、不符合逻辑的。这种前运算阶段的儿童思维的典型特点是（   ）。（2020.12.26济南历城幼儿真题）

 A. 自我中心性　　　　　　B. 不可逆性　　　　　　　C. 守恒性　　　　　　　　　D. 补偿性

2. 青少年的自我中心通常反映在青少年认为其他人也和自己一样对自己感兴趣。青少年自我中心性主要表现为（   ）。（2020.8.6济南十区县联考真题）

 A. 假想观众　　　　　　　B. 思维独特　　　　　　　C. 独特的自我　　　　　　　D. 情绪不稳定

3. 学生的实际发展水平（由独立解决问题的能力而定）与潜在的发展水平（在成人的指导下或者是与更有能力的同伴合作时能够解决问题的能力）之间有一个差距，在这个差距区内，教师给予学生的协助或帮助，维果斯基称之为支架。根据教学中支架是否具有互动功能，可以将支架分为互动式和非互动式两大类。下列选项中属于互动式支架的是（　　　）。

　A. 教师示范　　　　　　B. 口头提示　　　　　C. 提出问题　　　　　D. 出声思维

4. 以下测验中，被研究者们用来测量场依存型——场独立型的是（　　　）。

　A. 身体适应测验　　　　B. 框棒测验　　　　　C. 瑞文推理测验　　　D. 镶嵌图形测验

5. 世界上没有两片完全相同的叶子，不同的学生在认知方式方面存在着很大的个体差异。下列与认知方式差异相关的描述表述正确的是（　　　）。（2020.7.30烟台莱阳、海阳真题）

　A. 场依存型的学生，行为常以社会为定向，偏爱结构严密的教学，擅长理科学习

　B. 区分冲动—沉思的标准是反应时间和精确性，一般认为冲动型学生学习成绩差

　C. 辐合型学生在解决问题的过程中，多运用逻辑规律寻找唯一正确解答

　D. 教师开展教学时，必须采用适应认知差异的教学方式，努力使教学方式普适化

三、判断题

1. 洛伦兹等人发现的"印刻现象"说明个体发展存在关键期。（　　）（2019济南槐荫真题）

2. 儿童意识到客体在外形上发生了变化，但其本质属性不变，这说明儿童的认知发展阶段进入到形式运算阶段。（　　）（2020.7.15济南市中真题）

3. 研究表明，家庭的藏书量与儿童的阅读成绩有正相关关系。在布朗芬布伦纳看来，家庭的藏书量属于环境中的外层系统。（　　）

4. 加拿大学者玛西亚进一步探讨了艾里克森提出的同一性概念，以探索（危机）和承诺（投入、责任）两个维度对同一性的发展状态进行分析。（　　）

5. 场独立与场依存两种场定向的差异不仅体现在学习能力上，而且体现在学习过程上。（　　）

三、判断题

简述最近发展区的概念及其在教学上的意义。（2020.8.1泰安真题）

【参考答案】

一、单选题

1. B　2. B　3. C　4. A　5. D　6. C　7. A

二、多选题

1. AB　2. AC　3. ACD　4. ABD　5. BC

三、判断题

1. √　2. ×　3. ×　4. √　5. ×

四、简答题

（略）

第三章　学习及其理论

学习理论是教育心理学中最基本、最核心的问题之一。但是由于学习问题本身的复杂性，研究者的文化背景、知识经验以及指导思想和研究方法的不同，形成了各种不同派别的学习理论。学习和掌握这些理论，对于我们恰当地提供能够支持学生智力、社会性和个性发展的学习机会至关重要。

思维导图

- 学习及其理论
  - 学习概述
    - 学习的实质
    - 学习的分类
  - 学习理论
    - 行为主义学习理论
    - 认知派学习理论
    - 建构主义学习理论
    - 人本主义学习理论

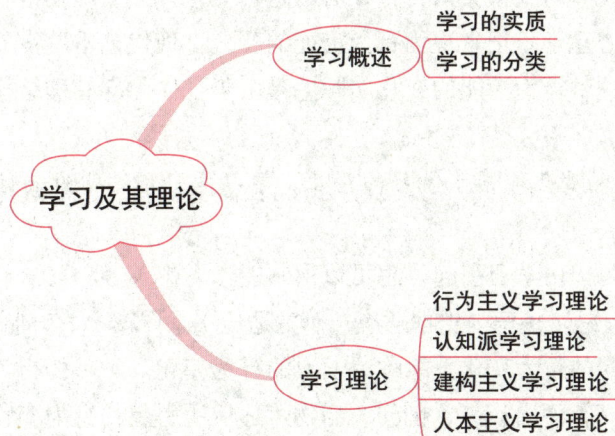

第一节　学习概述

一、学习的内涵及作用

（一）学习的实质

学习有广义和狭义之分。广义的学习指人和动物的学习，狭义的学习指人类的学习，更狭义的学习指学生的学习。

学习是个体在特定情境下由于练习或反复经验而产生的行为或行为潜能的比较持久的变化（鲍尔和希尔加德，1981）。学习的实质可以从以下几方面理解：

1. 学习是一个广义的概念，是人和动物共有的普遍现象

（1）学习主体的广义性：学习不仅是人类才具有的，动物也存在学习。人类的观察模仿，"近朱者赤、近墨者黑"属于学习；动物的鹦鹉学舌、老马识途、猴子骑车、黄牛拉车、动物杂技表演等也属于学习。（2）学习内容的广义性：学习不仅是知识、技能、策略等的学习，也包括态度、行为准则等的学习。儿童练习扔铅球的技巧属于学习，小孩不怕见陌生人了也属于学习。（3）学习情景的广义性：学习不仅指学校情景中的学习，也包括一直持续终生的日常生活中的学习。

2. 学习是由反复经验（反复练习、训练和实践）引起的，是有机体后天习得经验的过程

经验不是我们通常所说的总结出来的经验，而是指个体通过某种活动来获得经验的过程，是个体与外界信息相互作用的过程。一方面，有机体要以自身已有的知识、技能和态度等来理解和把握外界信息；另一方面，新信息的进入又会使有机体已有的经验结构得以丰富和改造。由经验而产生的学习主要有两种类型：一种是由有计划地练习或训练而产生的正规学习（显性学习），如中学生在学校中的学习；另一种则是由偶然的生活经历而产生的随机学习（隐性学习），如路遇交通事故而体会到遵守交通法规的重要性等。

3. 学习不仅表现为行为的变化，还表现为行为潜能或思维的变化

只有当个体在经验的作用下发生了行为上的变化，才能认为学习发生了。因此，学习不同于日常习惯，如成人用筷子吃饭、学生每天做广播操等不属于学习，而儿童学会用筷子吃饭、成人每天阅读报纸属于学习。

由于学习必然发生的变化有时直接见诸行为，有时这种变化未必立即见诸行为，它要经过很长时间才能见诸行为，因此，有的心理学家把它视为行为潜能的变化。现代艺术鉴赏、道德规范的学习即是如此。认知心理学家认为个体这种行为潜能的变化实际上是由于个体内部心理结构的变化引起的，因此应该直接视为思维的变化。

4. 不能简单地认为行为的变化等同于学习的存在，学习所引起的行为或行为潜能的变化是相对持久的

有机体的行为变化不仅可以由学习引起，也可以由本能（天生）、疲劳（行为水平降低）、成熟（进程慢）、衰老、创伤（机体损伤）、疾病、生理适应（感觉适应）、酒醉、兴奋剂、镇静剂等暂时状态和药物反应引起，由这些原因引起的行为变化不能称为学习的行为变化。学习的行为变化是比较持久的，这种变化会引起行为水平的提高，而由疲劳、创伤、药物、适应所引起的行为变化都比较短暂，并使得行为水平降低。青春期变声不属于学习，服了兴奋剂之后短跑运动员跑得更快了不属于学习，孔雀开屏、大雁南飞、蜘蛛织网、猴子爬树、蜜蜂采蜜、鸳鸯戏水、青蛙抱对、蜻蜓点水、婴儿吃奶等也不属于学习。

学习总是要通过操作表现出来，但学习与操作表现不能等同。学习的表现有时可多于学习，有时可少于学习，这要视每个学习个体的具体情境而决定。如学习后的的记忆不同，学习对动机的激发不同，学习的操作表现也就不同。

（二）人类学习与学生学习

1. 人类学习

人类学习是在同其他人的交往中发生的，是通过语言中介作用自觉掌握人类历史经验的过程。人类学习除了获得个体的行为经验外，还要掌握人类世代积累的社会历史经验和科学文化知识。

人类学习与动物学习的区别：（1）人的学习除了要获得个体的行为经验外，还要掌握人类世世代代积累起来的社会历史经验和科学文化知识；（2）人的学习是在改造客观世界的生活实践中，在与其他人的交往过程中，通过语言的中介作用而进行的；（3）人的学习是一种有目的、自觉的、积极主动

的过程。

2. 学生学习

人类学习与学生学习之间是一般与特殊的关系，学生的学习既与人类的学习有共同之处，但又有其特殊的特点。

（1）学生学习的特点

① 以系统学习人类的间接知识经验为主；② 在教师的指导下，有目的、有组织地进行；③ 促进学生全面发展，学生不但要学习知识技能，还要发展智能，培养行为习惯、道德品质和健康的心理；④ 学生的学习具有一定程度的被动性。

（2）学生学习的内容

① 知识、技能和学习策略的掌握；② 问题解决能力和创造性的发展；③ 道德品质和健康心理的培养。

（三）学习的作用

1. 学习是有机体和环境取得平衡的重要条件

2. 学习可以影响成熟

3. 学习能激发人脑智力的潜力，从而促进个体心理的发展

二、学习的分类

（一）雷兹兰的学习水平分类

由于有机体进化水平的不同及学习本身的繁简程度不同，可以将学习分成不同的类别。其中以雷兹兰和加涅的分类较有代表性。

雷兹兰在对多种有关资料进行综合分析的基础上，依据进化水平的不同将学习分为四大类，每一类又包含一些子类别。

1. 反应性学习：一种最简单的学习，包括习惯化和敏感化。腔肠动物可以产生此类学习。

2. 联结性学习：主要指条件反射的学习，包括抑制性条件作用（不重复被惩罚的动作的学习，腔肠动物即可形成该学习）、经典性条件作用（可发生于简单动物身上，如蚯蚓）、操作性条件作用（在低等脊椎动物身上可产生）。

3. 综合性学习：把各种感觉结合为单一的知觉性刺激，包括感觉前条件作用（即S—S学习）、定型作用（对复合刺激反应，而不对其中的个别刺激反应）和推断学习（客体永久性观念的运用）。

4. 象征性学习：一种思维水平的学习，主要为人类所特有，包括符号性学习、语义学习和逻辑学习三种。这三种学习是言语学习的三个阶段。

（二）加涅的学习分类

著名教育心理学家和教育学设计专家加涅在《学习的条件》一书中先后提出学习层次分类和学习结果分类。

1. 学习层次分类

加涅早期根据学习情境由简单到复杂、学习水平由低级到高级的顺序，把学习分成八类，构成了一个完整的学习层级结构。

（1）信号学习。指学习对某种信号刺激做出一般性和弥散性的反应。这类学习属于巴甫洛夫的经典条件反射。其过程是：刺激—强化—反应。例如，学生当听到上课铃响时，就停止其他课外活动而准备上课；又如，人在马路行走时，当带有闪光灯并且鸣着喇叭的消防车突然驶过时，人们就会产生一种惧怕的情绪反应。

（2）**刺激—反应学习**。指学习使一定的情境或刺激与一定的反应相联结，并得到强化，学会以某种反应去获得某种结果。这类学习属于操作性条件反射。其过程是：情境—反应—强化，即先有情境，做出反应动作，然后得到强化。例如，看见一个拼音单词就能拼读，小孩学会开冰箱取得食品等。

（3）**连锁学习**。指学习联合两个或两个以上的刺激—反应动作，以形成一系列刺激—反应动作联结。例如开门这个简单的刺激—反应行为，就包含着4个单一的刺激—反应的肌肉和关节动作环节，即会握住门的把手、会扭转把手、会将把手转动到适当的位置和把门拉（推）开。所以，儿童学会这样开门的反应动作序列，就形成了一项连锁学习。

（4）**言语联结学习**。指形成一系列的言语单位的联结，即言语连锁化。例如，阅读时一眼就能认出整个的词或词组，把中文词或词组译成英文等。

（5）**辨别学习**。指学习一系列类似的刺激，并对每种刺激做出适当的反应，或者说区分事物差异的能力（区分两种不同的面孔，区分两个不同字母如b和d的音和形）。例如，让儿童学习数字2，可让他看一张写着50个2的字形挂图，并让他照着写出来。这时儿童并没有理解2的概念而只是简单地识别2的具体外形，这时是单一识别。如果此时儿童还学会认识并能辨别0、3、4至9等数字，这就是多重识别。

（6）**概念学习**。指学会认识一类事物的共同属性，并对同类事物的抽象特征做出反应。以学习概念圆为例：首先要建立起圆的形状与其名称之间的刺激—反应和词语联想，并学会识别各种名称的圆的不同形状；其次，能辨别出圆与其他的几何图形的不同；最后，要能够在各种不熟悉的情境中识别出圆形，把圆的概念推广到各种新的条件之中，即掌握了所有圆的共同本质特征。

（7）**规则或原理学习**。指学习两个或两个以上概念之间的关系或两个或两个以上概念的联合。通过规则学习或理解原理，可使学习者有能力去识别某种规则或原理在特殊情况下的应用，或者有能力应用原理去解决具体问题（即应用原理或规则办事的能力）。例如，在写文章时，会应用语法和作文规则；圆的面积（S）等于圆的半径（r）的平方乘以π，即$S=\pi r^2$，当学生运用这个定律（公式）做事时，则该定律变成了指导人行为的规则。

（8）**解决问题学习**（高级规则的学习）。这是指学会在不同条件下运用原理或规则解决问题，以达到最终学习的目的。规则的获得，是解决问题必须具备的，但问题解决则意味着多种规则的选择与连结，建立起新的或更高级的规则集合（将若干简单规则组合而成新规则的能力）。例如，"发明"和"创造性"这类词语，经常是与问题解决相联系着，表明学习者是以独特的方式，运用已学习过的规则或原理，解决问题，以获得更高级的规则或原理。再如，$(a+b)(a-b)=a^2-b^2$是由如下4个简单规则组合而成：

●符号相同的两个变量相乘，积为正，如$a×b=ab$；
●符号不同的两个变量相乘，积为负，如$a×(-b)=-ab$；
●单项式乘多项式即用多项式中的每一项乘以单项式；
●同类项应合并。

上述八类学习是分层排列的，由简单到复杂，由低级到高级，同时又具有累积性，即每类学习都以前一层次的低级学习为前提，较高级、较复杂的学习是建立在较低级、较简单的学习基础之上的，因此又称为**"累积学习模式"**。加涅后来对这八类学习进行了修正，将前四类学习合并为一类，将概念学习分为具体概念和定义概念的学习两类。**具体概念**指识别同类事物的能力，如从大量餐具中识别"碗"和"杯子"，从大量动物中识别"马"。**定义性概念**指运用概念定义对事物分类的能力，如圆周率π。这类概念不能直接通过观察习得，必须通过下定义$\pi=c/d$，即圆周率是圆的周长与其直径之比，而且不论圆的大小，这个比值是固定不变的。这样原来的八类学习变成了六类学习：连锁学习、辨别学习、具体概念学习、定义概念学习、规则的学习、解决问题的学习。

2. 学习结果分类

加涅将学生的素质分为先天素质（遗传）、后天习得的素质、在发展中形成的素质（能力和人格特质）。加涅提出五种学习结果，并把它们视为是五种学习类型，即为后天习得的素质。

（1）言语信息，即我们通常所称的"知识"。表现为学会陈述观念的能力，主要解决"是什么"的问题。言语信息又分为三个小类：① 符号记忆，包括人名、地名、外语单词、数学符号等的记忆，如知道上海又名"沪"，苹果在英文中叫"apple"等；② 事实的知识，如知道"中国的首都是北京""北京在2008年举办第29届奥运会"等；③ 有组织的整体知识，如学习时钟的识别，天体运行，四季的形成，影响稻谷生长的原因知识等。

（2）智慧技能，即能力。是学习解决"怎么做"的问题（过程知识）。表现为使用符号与环境相互作用的能力，如应用一些原理、法则去解答习题，"怎样把分数转换成小数"，"怎样使动词和句子的主语一致"等。它指向学习者的环境，使学习者能处理外部的信息。加涅把辨别技能作为最基本的智慧技能，按不同的学习水平及其所包含的心理运算的复杂程度，依次分为五个小类：辨别、概念（具体概念和定义性概念）、规则、高级规则等。加涅进一步提出五种智慧技能的习得存在着如下的层次关系：高级规则学习以简单规则学习为先决条件；规则学习以定义性概念学习为先决条件；定义性概念学习以具体概念学习为先决条件；具体概念学习以知觉辨别为先决条件。这是加涅的智慧技能层次论的核心思想。

（3）认知策略，即学会如何学习（方法）。表现为用来调节和控制自己的注意、学习、记忆、思维和问题解决过程的内部组织起来的能力。它是在学习者应付环境事件的过程中对自身认知活动的监控，如掌握用"知识树""睡前回忆"等来巩固记忆效果等。

（4）动作技能，表现为平稳而流畅、精确而适时的动作操作能力，如体操技能、写字技能、作图技能、操作仪器的技能等。

（5）态度，表现为影响着个体对人、对物或对某些事件的选择倾向。可以通过某种特殊事件、模仿或其他亲身经历来形成态度，比如以特定方式使儿童对音乐、体育锻炼等产生喜爱的情感。加涅把态度分为三类：① 儿童对家庭和其他社会关系的认识；② 对某种活动所伴随的积极的喜爱的情感，如音乐，阅读，体育锻炼等；③ 有关个人品德的某些方面，如爱国家，关切社会需要和社会目标，尽公民义务的愿望等等。

这五项内容分属于三个领域：前三项属于认知领域；第四项属于动作技能领域；第五项属于情感领域。

（三）奥苏贝尔的分类

美国心理学家奥苏贝尔根据以下两个维度对认知领域的学习进行了分类：根据学习进行的方式，可分为接受学习和发现学习两类；根据学习材料与学习者原有知识的关系，可分为机械学习和有意义学习两类。

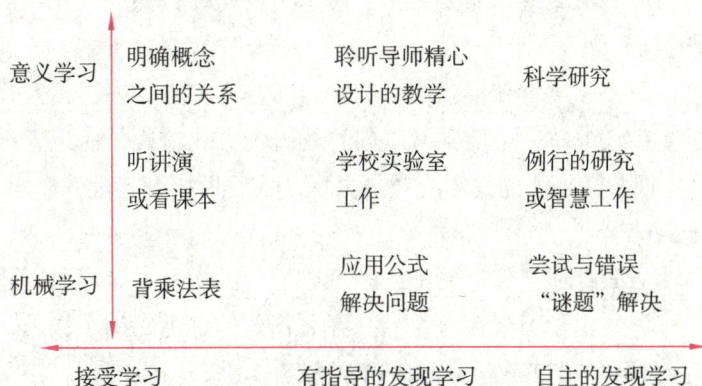

意义学习	明确概念之间的关系	聆听导师精心设计的教学	科学研究
	听讲演或看课本	学校实验室工作	例行的研究或智慧工作
机械学习	背乘法表	应用公式解决问题	尝试与错误"谜题"解决
	接受学习	有指导的发现学习	自主的发现学习

图3-3-1　奥苏贝尔学习分类举例

接受学习是学习者被动接受教师传授来获得知识的学习；发现学习是通过学习者对现实的能动反映及发现创造来学习知识；有意义学习是指学习者利用原有经验来进行新的学习，建立新旧知识的联系；机械学习则是指学习中所得经验间无实质性联系的学习。奥苏贝尔的接受—发现和机械—有意义是划分学习的两个维度，它们之间互不依赖、彼此独立。不能把接受学习与机械学习或发现学习与有意义学习等同。这两个维度的每一个方面都不是绝对的，在它们之间还有过渡形式。

（四）我国心理学家的分类

我国学者（冯忠良）依据教育系统中所传递的经验内容不同，将学生的学习分为知识的学习、技能的学习和行为规范的学习。

（五）学习主体分类

从学习主体来说，学习分为动物学习、人类学习和机器学习三类。

动物学习仅限于消极适应环境变化，以满足其生理需要；动物学习主要是靠直接方式获取个体经验；动物学习局限于第一信号系统。

人类学习与动物学习具有本质区别，这主要表现在三个方面：（1）人类学习的社会性。（2）以语言为中介。（3）积极主动性。人类学习与学生学习之间是一般与特殊的关系，学生的学习既与人类的学习有共同之处，但又有其特殊的特点：（1）学生的学习过程是掌握间接经验的过程，因此它与人类认识客观世界的过程有所不同。（2）学生的学习是在有计划、有目的和有组织的情况下进行的。（3）学生的学习具有一定程度的强制性。

机器学习主要是指计算机学习，是人工智能的一个研究领域。机器学习就是要借助于计算机科学和技术原理模拟或实现人类的学习行为，以获取新的知识和技能，不断改善自身性能，从而赋予计算机系统学习能力。阿尔法围棋（AlphaGo）就是机器学习的一个典型例子，它在2016年以4:1的总比分战胜围棋世界冠军。它通过深度学习的原理在与自己的数万次对弈中进行自我训练，不断提高围棋水平。深度学习是由韩可等人在2006年提出的，是机器学习研究的一个新的领域。深度学习被广泛应用在图像识别、语音识别和自然语言理解等领域的人工智能技术中。

（六）按学习时的意识水平分类

美国心理学家阿瑟·雷伯（Arthur Reber）按照学习时的意识水平，把学习分为内隐学习和外显学习两类。

内隐学习是指有机体在与环境接触的过程中不知不觉地获得了一些经验，并因之改变其事后某些行为的学习。例如，人们能够辨别哪些语句符合语法，却不一定能够说出这些语法规则是什么（人们对语感的获得"只可意会，不可言传""书读百遍，其义自见"）。相反，外显学习则类似于有意识的问题解决，是有意识的、做出努力的和清晰的、需要付出心理努力并需要按照规则作出反应的学习。例如，学习物理中的牛顿运动定律。

内隐学习的现象出现在很多领域，如第二语言的学习、社会行为的习得以及运动技能的完善等。内隐学习的研究证明，学习复杂任务时，人们常常以内隐的直觉方式进行，所以，教育应当适当的引入内隐学习。譬如让儿童先到体现数学概念的具体游戏中去玩，然后再接触完全外显的符号化的概念。

（七）正式学习与非正式学习

正式学习指在学校的学历教育和工作后的继续教育中发生的学习，是通过课程、教学、实习以及研讨等形式进行的。非正式学习指由学习者在自主的、在非正式的学习时间和场合，通过非教学性质的社会交往而进行的学习。正式学习与非正式学习的区别不在于学习发生的物理位置。

三、学习的相关概念

随着时代的发展，文明的进步，有关学习的新名词也犹如雨后春笋，层出不穷，诸如终身学习、远程学习、泛在学习、真实性学习以及学习科学等。其中，泛在学习是指无时无刻的沟通、无处不在的学习，是一种任何人可以在任何地方、任何时刻获取所需的任何信息的方式。真实性学习缘起于纽曼等人提出的真实性智力活动的概念，是指完成真实性智力任务的学习，它要求高层次的认知（严格的、深层次的理解，而不是记忆肤浅的、片段的知识），创造出在个人、美学或社会上具有价值的产品或服务。

四、学习的一般过程与条件

学习理论主要回答三方面的问题：学习的实质是什么？学习是一个什么样的过程？学习有那些规律和条件？其中，有效学习的一般条件包括内部条件（原有知识基础、学习者的主动加工活动）和外部条件（合理教学内容的恰当呈现、积极教学情境的构建）。

第二节　学习理论

一、联结学习理论（行为主义学习理论）

联结学习理论认为，一切学习都是通过条件作用，在刺激S和反应R之间建立直接联结的过程。强化在刺激—反应联结的建立中起着重要作用。在刺激—反应联结之中，个体学到的是习惯，而习惯是反复练习与强化的结果。习惯一旦形成，只要原来的或类似的刺激情境出现，习得的习惯性反应就会自动出现。

（一）巴甫洛夫的经典性条件作用论

1. 巴甫洛夫的经典实验（"狗分泌唾液"）

巴甫洛夫是俄国著名的生理学家和心理学家。19世纪末20世纪初，他和同事研究了狗的消化过程，提出著名的经典性条件作用论。在经典条件作用中，一个起初不能引起反应的中性刺激（如铃声）与一个无条件刺激（如肉粉）配对出现，进而能够诱发反应（如分泌唾液）。

巴甫洛夫在研究狗的进食行为时发现，狗吃到食物时，会分泌唾液，这是自然的生理反应，不需要学习，这种反应叫无条件反射，引起这种反应的刺激是食物，称为无条件刺激。如果在狗每次进食时发出铃声，一段时间后，狗只要听到铃声也会分泌唾液，这时作为中性刺激的铃声由于与无条件刺激联结而成了条件刺激，由此引起的唾液分泌就是条件反射，后人称之为"经典性条件作用"。

经典性条件作用中涉及四个基本事项：（1）无条件刺激，指本来就能引起某种固定反应的刺激，如食物；（2）无条件反应，指由无条件刺激原本就可以引起的固定反应，如由食物引起的唾液分泌；（3）条件刺激，即原来的中性刺激，它并不能引起无条件反应，但与无条件刺激多次在时间上结合后，就可能成为无条件刺激的信号而引起无条件反应，如铃声、脚步声等；（4）条件反应，即条件反射形成后由条件刺激引起的反应，如铃声引起的唾液分泌。

表3-3-1　经典性条件作用

建立前	无条件刺激（食物）————————→	无条件反应（唾液分泌）
	中性刺激（铃声）————————→	引起注意但无唾液分泌
建立中（多次重复）	中性刺激（铃声）————————→ 无条件刺激（食物）————————→	无条件反应（唾液分泌）
建立后	条件刺激（铃声）————————→	条件反应（唾液分泌）

2. 经典性条件反射的基本规律

（1）获得（习得）与消退

条件作用是通过条件刺激反复与无条件刺激相匹配，从而使个体学会对条件刺激做出条件反应的过程而建立起来的。在条件作用的获得过程中，条件刺激与无条件刺激之间的时间间隔十分重要。一方面，条件刺激和无条件刺激必须同时或近于同时呈现，间隔太久则难以建立联系；另一方面，条件刺激作为无条件刺激出现的信号，必须先于无条件刺激而呈现，否则也将难以建立联系。

如果条件刺激重复出现多次而没有无条件刺激相伴随，则条件反应会变得越来越弱并最终消失（消退）。一旦继续同时出现，条件反应又会重新出现，即自然恢复。巴甫洛夫认为，消退并不是条件刺激和相应的反应之间的暂时联系已经消失或中断，而是暂时联系受到抑制。

（2）刺激泛化与分化

刺激泛化指人和动物一旦学会对某一特定的条件刺激做出反应以后，其他与该条件刺激相类似的刺激也能诱发其条件反应。例如：曾经被大狗咬过的人，见到小狗也会产生恐惧；学生能用7个苹果减去3个苹果算出7-3=4，也能用7个橘子减去3个橘子算出7-3=4。最典型的例子还有"一朝被蛇咬，十年怕井绳""杯弓蛇影""草木皆兵"等。

刺激分化指通过选择性强化（即只强化条件刺激，而对与其相似的刺激不做强化）和消退使有机体学会对条件刺激和与条件刺激相类似的刺激做出不同的反应，如让狗学会只对圆形光圈反应，而不对椭圆形光圈反应；引导学生分辨勇敢和鲁莽、谦让和退缩，要求学生区别重力和压力、质量和重量；学生在教师组织讨论时可以发言，而在教师讲授时则应该认真倾听等。

刺激泛化和刺激分化是互补的过程，泛化是对事物的相似性的反应，分化则是对事物的差异性的反应。泛化能使我们的学习从一种情境迁移到另一种情境，而分化则能使我们对不同的情境做出不同的恰当反应，从而避免盲目行动。

（3）两个信号系统

凡是能够引起条件反应的物理性的条件刺激叫作第一信号系统的刺激，如望梅生津、一朝被蛇咬十年怕井绳等。凡是能够引起条件反应的以语言符号为中介的条件刺激叫作第二信号系统的刺激，如谈虎色变、闻风丧胆、听鬼故事害怕、学生想到测验产生焦虑等。

（4）高级条件作用

中性刺激一旦成为条件刺激，可以起到与无条件刺激相同的作用，另一个中性刺激与其反复结合，又可以形成新的条件作用，这一过程被称为高级条件作用。也就是说，在一级条件作用的基础上建立二级条件作用，在二级条件作用的基础上建立三级条件作用。

例如，测验失败引起学生条件性的紧张或焦虑等情绪反应，就经历了一个高级条件作用的形成过程。测验失败一开始也许只是一个中性事件，但逐渐与家长或老师的批评联系起来，而批评本身是引起学生焦虑的条件刺激，久而久之，测验失败引起焦虑。再进一步，与测验情境有关的线索也可能成为条件刺激，如当学生走进考场时，或者当老师宣布即将举行考试时，学生感到非常焦虑。此外，人的第二信号系统、心理学的迁移、文学的移情和同感等都是高级条件反应。

3. 关于经典性条件作用论的评价

经典条件作用论能较有效地解释有机体是如何学会在两个刺激之间进行联系，从而使一个刺激取代另一个刺激并与条件反应建立起联结的；但经典条件作用论无法解释有机体为了得到某种结果而主动做出某种随意反应的学习现象。

（二）华生的行为主义学习理论（替代—联结说）

华生在1913年首先打出行为主义心理学的旗帜，他是美国第一个将巴甫洛夫的研究作为学习理论基础的心理学家。他认为学习就是以一种刺激替代另一种刺激建立条件作用的过程。在华生看来，人类出生时只有几个反射（如打喷嚏、膝跳反射等）和情绪反应（如惧、爱、怒等），所有其他行为都是通过条件作用建立新的刺激—反应（S—R）联结而形成的。

华生曾经用条件作用的原理做了一个恐惧形成的实验（"小艾伯特实验"）。根据这一实验，华生提出，有机体的学习实质上就是通过建立条件作用，形成刺激与反应之间的联结的过程，从而形成习惯。习惯的形成遵循频因律和近因律。

在实际教育中，许多学生的态度就是通过经典性条件作用而学到的。一些小孩小时候具有"白大褂综合症"，一看见穿白大褂的大夫就感到害怕，因为他们将穿白大褂的人与打针联系在一起。在学校中，一些学生可能不喜欢外语，因为他们将外语与被要求在课堂上大声翻译句子或回答提问这样不愉快的经验联系了起来。这种条件作用还可能泛化到他们对其他课程或学校机构的恐惧中，出现"学校恐惧症"。

经典性条件作用理论在课堂教学中可以得到广泛应用，帮助学生更好地适应情感反应。例如，教师可以将快乐事件作为学习任务的无条件刺激。教师让学生在群体竞争与合作中学习，或者创造一个舒适的读书角，或者提供温暖、舒适的课堂环境，使学生产生温馨的感觉，并将这种感觉泛化到学习活动中。

（三）桑代克的联结—试误说

行为主义心理学家们把学习看作形成刺激和反应的联结。但是，巴甫洛夫和华生认为，学习是通过刺激和反应的相继出现进行的，而桑代克认为学习是通过行为受奖励而进行的，桑代克为操作性条件作用理论奠定了基础。

1. 桑代克的动物实验

桑代克依据学习实验所得材料，创立了学习的联结理论，其依据是动物在迷箱中的学习行为。实验开始时将饿猫关入笼中，笼外放一条鱼，饿猫急于冲出笼门去吃笼外的鱼，但是要想打开笼门，饿猫必须一气完成三个分离的动作：首先要提起两个门闩，然后按压一块带有铰链的台板，最后是把横于门口的板条拨至垂直的位置。经观察，猫第一次被放入迷箱时，拼命挣扎，或咬或抓，试图逃出迷箱。终于，它偶然碰到踏板，逃出箱外，吃到了食物。在这些努力和尝试中，它可能无意中一下子抓到门闩或踩到台板或触及横条，结果使门打开，多次实验后，饿猫的无效动作越来越少，最后一入迷笼就会立即以一种正确的方式去触及机关打开门。桑代克记下猫逃出迷箱所需时间后，即把猫再放回迷箱内，进行下一轮尝试。猫仍然会经过乱抓乱咬的过程，不过所需时间可能会少一些，经过如此多次连续尝试，猫逃出迷箱所需的时间越来越少，无效动作逐渐被排除，以致到了最后，猫一进迷箱内，即去按动踏板，跑出迷箱，获得食物。根据实验，可以画出猫的学习曲线。桑代克把猫在迷笼中不断地尝试、不断地排除错误最终学会开门出来取食的过程称为尝试错误学习，并提出了学习的"尝试—错误"理论。

2.学习的联结—试误说

（1）学习的实质在于形成一定的联结

桑代克认为，学习即试误，是形成刺激与反应的联结。所谓联结就是某种情境仅能唤起某些反应而不能唤起其他反应的倾向。学习的作用在于将与生俱来的原本联结或永久保存或消除或改变。

（2）一定的联结需要通过试误来建立

桑代克认为，一定的联结是通过尝试错误按一定规律养成的。

（3）动物的学习是盲目的，而人的学习是有意识的

桑代克认为动物的学习和人的学习不同，动物的学习全属盲目，无须以观念为媒介。

3.学习的基本规律

（1）准备律（动机与学习准备）

在试误学习的过程中，当刺激与反应之间的联结事前处于一种准备状态时，实现则感到满意，否则会感到烦恼；反之，当此联结不准备实现时，实现则感到烦恼。如桑代克在实验过程中，为了保证学习的发生，猫必须处于饥饿状态。

（2）练习律

在试误学习的过程中，任何刺激与反应的联结，一经练习运用，其联结的力量会逐渐增大；如果不运用，联结的力量会逐渐减少。练习律又分为应用律和失用律两个次律。如：随着猫放入同一个笼子的次数的增加，猫逃出去的速度会随之加快；在不同年级重复学习高频词汇。

（3）效果律（强化）

效果律是最重要的学习规律。在试误学习的过程中，如果其他条件相等，在学习者对刺激情境做出特定的反应之后能够获得满意的结果时，其联结就会增强；而得到烦恼的结果时，其联结就会削弱。如饿猫一次成功逃出获得食物的动作就会保留下来，而多次出现的无效动作最终都被淘汰了。

桑代克通过学习实验还提出五条学习副律，分别是多重反应律、定势律、选择反应律、类化反应律、联结转移律。多重反应律是指某一反应不能导致令人满意的结果时，将进行另外的反应，直到有一种反应最终导致满意的结果为止；定势律是指有机体会以某种特定的态度对照某种外部情境；选择反应律是指对情境中的某些因素进行选择性反应；类化反应律是指在新情境中出现与最类似情境中的反应；联结转移律是指逐渐地变化情境中的刺激，直至使反应与新情境形成联结。如桑代克在以猫作为实验对象的研究中，当猫开始的动作无效时，会通过改变动作设法逃出去，桑代克认为猫的这种反应符合多重反应律。

4.试误说对教育的意义

依据试误说，中小学生的学习应特别强调"做中学"，即在实际的操作过程中学习有关的概念、原理、技能和策略。

（1）在这一过程中，教师应该允许学生犯错误，并鼓励学生从错误中进行学习，这样获得的知识学生才会终生不忘。

（2）在实际的教育过程中，教师应努力使学生的学习能得到自我满意的积极结果，防止一无所获或得到消极后果。

（3）学习过程中应注意加强合理的练习，并注意在学习结束后不时地进行练习。

（4）任何学习都应该在学生有准备的状态下进行，而不能经常搞"突然袭击"。

5. 对于试误说的评价

桑代克的试误说是教育心理学史上第一个较为完整的学习理论，它对于教育心理学从普通心理学、儿童心理学与教育学中分出来而成为一门独立学科具有促进意义，有利于确定学习在教育心理学理论体系中的核心地位。试误说本身仍存在很大的局限性：以本能作为学习的基础，没有科学地揭示学习的实质；以试误概括所有的学习过程，而忽视了认知、观念或理解在学习过程中的作用。

（四）斯金纳的操作性条件作用论（工具性条件作用论）

1. 操作性条件作用经典实验——白鼠压杆取食

斯金纳是美国著名的行为主义心理学家，他的研究集中在有机体的反应方面。他用名为"斯金纳箱"的装置做了一系列的实验。

斯金纳关于操作性条件反射作用的实验，是在他设计的一种动物实验仪器即著名的斯金纳箱中进行的。箱内放进一只白鼠或鸽子，并设一杠杆或键，箱子的构造尽可能排除一切外部刺激。动物在箱内可自由活动，当它压杠杆或啄键时，就会有一团食物掉进箱子下方的盘中，动物就能吃到食物。实验发现，动物的学习行为是随着一个起强化作用的刺激而发生的。斯金纳通过实验，进而提出了操作性条件反射理论。

2. 人和动物的两类行为

斯金纳认为，人和动物的行为可分为两类：应答性行为（S型，Stimulation，即刺激型）和操作性行为（R型，Reaction，即反应型）。应答性行为又称引发反应，是由特定刺激引起的，是不随意的反射性反应，是经典条件作用的研究对象，如学生听到上课铃声后迅速安静坐好；操作性行为又称自发反应，它不与任何特定刺激相联系，是有机体自发做出的随意反应，是操作性条件作用的研究对象。日常行为大部分都属于操作性行为，如白鼠的按压动作。后人发现，通过斯金纳的两类条件反应的划分，桑代克使用了与条件反应学说不同的语言。但实际上，桑代克研究的动物学习也属于操作条件反应，完全可以用操作条件反应的原理和术语解释，桑代克的"试误学习"与斯金纳的操作条件反应的形成在实质上没有区别。

经典条件反射与操作性条件反射这两者之间有哪些异同点呢？两者的相同点在于：（1）经典条件反射和操作性条件反射的基本原理相同，都是以强化为基本条件，都有消退的现象；（2）两者实质都是刺激与反应联结的形式；（3）两者形成的关键都需要通过强化，不同的强化方式效果不同，因此它们在本质上是相同的，都依赖于强化；（4）有关条件反射的一些基本规律（消退、恢复等）对两者都起作用。两者的不同点在于：（1）就条件反射产生的实质（刺激与反应之间的关系）来看，经典条件反射的顺序是"无条件刺激"在"反应"之前；而操作条件反射相反，"反应"在前，"无条件刺激"在后；（2）从个体反应性质来看，经典条件反射中条件反射和无条件反射极其相似，但操作条件反射中却截然相反；（3）从条件反射来看，经典条件反射中条件是诱发性行为，是被动的，是反应性行为；而操作条件反射中条件则属于自发性行为，是主动的，是操作性行为；（4）经典条件反射中动物往往是被动接受刺激，而在形成操作条件反射过程中，动物是自由活动的，通过自身的主动操作来达到目的。总之，经典条件反射是刺激替代，即用条件刺激替代无条件刺激而与反应形成联系。操作条件反应是反应替代，即某一反应逐渐与某一刺激形成联系，从而排斥其他反应与该刺激形成联系。经典条件反射中强化在反应之前出现，操作条件反应中强化在反应之后出现。经典性条件作用是刺激（S）—反应（R）的联结，反应是由刺激引起的；而操作性条件作用则是操作（R）—强化（S）的过程，重要的是跟随操作后的强化（即刺激）。

表3-3-2　经典性条件作用与操作性条件作用的比较

人物	巴甫洛夫	斯金纳
实验	狗进食摇铃实验	迷箱实验
理论	经典性条件作用理论	操作性条件作用理论
研究对象	应答性行为	操作性行为
过程	先有刺激后有行为	先有行为后有刺激
地位	有限（被动）	最高（主动）

3. 操作性条件作用的基本规律

操作性条件作用的基本原理是：个体在某种环境中做出某种反应，如果之后伴随着一种强化物，那这个反应在类似环境中发生的概率就会增加；任何能提高操作反应率的刺激都是强化物。因个体某种自发操作或活动得到强化而形成的条件作用即操作性条件作用。在这里，由于个体的某种操作可以被看作是获取强化的手段或工具，因此，操作性条件作用又可称为工具性条件作用。

（1）强化及强化理论

在条件作用中，凡能使个体操作性反应的频率增加或维持的一切操作都是强化。在斯金纳看来，强化不是奖励。强化是一个中性术语，是能增强反应频率的后果。产生强化作用的刺激叫强化物。强化的作用在于增加同类反应在将来发生的概率。强化有正强化（实施奖励，如给糖吃）与负强化（撤销惩罚，如免除饭后洗碗的任务）。

强化物一般分为两类：一类是指与反应相依随的刺激能增强该反应，此为积极强化物，如水、食物、奖赏等；消极强化物是指与反应相依随的刺激物从情境中被排除时可增强该反应，如将白鼠放进一特别的箱子中，给予白鼠电击直至白鼠按压杠杆。经过几次强化以后，白鼠很快习得了有压反应，以逃避电击。电击即是增强压杆反应的消极强化物，其他诸如强光、噪声、批评等厌恶性刺激皆属此类。强化还可划分为一级强化和二级强化两类：一级强化满足人和动物的基本生理需要，如食物、水、安全、温暖、性等；二级强化是指任何一个中性刺激如果与一级强化反复联合，它就能获得自身的强化性质，如金钱对婴儿不是强化物，但当小孩知道钱能换糖时，它就能对儿童的行为产生效果。分数也是在受到教师的注意后才具有强化性质的。二级强化可分为三类：社会强化（社会接纳、微笑）、信物（钱、级别、奖品等）和活动（自由地玩、听音乐、旅游等）。

在强化时，可以使用这样一个原则——普雷马克原理（祖母的法则），即用高频的活动作为低频活动的强化物，或者说用学生喜爱的活动去强化学生参与不喜爱的活动。这一原则有时也叫作祖母的法则：首先做我要你做的事情，然后才可以做你想做的事情。如："你吃完这些青菜，就可以去玩"；如果一个儿童喜爱做航空模型而不喜欢阅读，可以让学生完成一定的阅读之后去做模型；等等。

要恰当地使用强化，还应遵循一定的强化程式。强化程式是指反应受到强化的时机和频次。强化程式可以分为连续强化程式与间隔强化程式。连续强化（即时强化），即对每个反应给予强化，如一开灯就亮、每交一篇作文就给一颗星星等。连续强化可以迅速学会反应，但反应迅速消失，毫无持续性。间隔强化（延缓强化）依据两个维度（时间、比率；固定、可变），可组合成四种强化程式：①定时强化，即在固定时段后给予强化，如按时发工资、每周竞赛、每周周末交上一篇文章就给一颗星星等。定时强化可以使反应随着强化时间的临近迅速增加，强化后反应数量骤减。反应具有很短的持续性，当强化时间过去不再出现强化物时，反应速度迅速降低。②定比强化，即在固定反应次数后给予强化，如计件工作、每交五篇文章给一颗星星等。定比强化反应建立迅速，强化后反应会暂停。反应具有很强的持续性，当达到预期的反应数而不再有强化物时，反应速度降低。③ 变时强化，即不定时给予强化，如随堂测验、对交上来的文章不定期地给小星星等。变时强化反应建立缓慢，稳定，强化后反应不会暂停。反应具有更长的持续性，反应降低的速度缓慢。④ 变比强化，即在不定反应次数后给予强化，如买彩票、老虎机、教师每天按照不同文章数给一颗星星等。变比强化反应建立的速度很快，强化后几乎不会暂停。反应具有最长的持续性，一直保持很高的水平，不会消失。

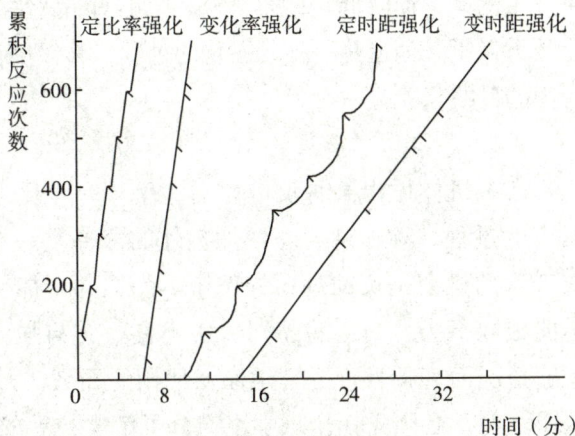

图3-3-2　"扇贝效应"

　　每一种不同的程式都产生相应的反应模式。连续程式的强化在教新反应时最为有效。间隔式强化又称部分强化，它比起连续程式具有较高的反应率和较低的消退率。定时距式强化由于有一个时间差，反应率较低，但在时间间隔的末了反应率上升，出现一种"扇贝效应"，学生在期终考试前临时抱佛脚就证明了这一点。另外，定比率式强化对稳定的反应率比较有益，而变比率式强化则对维持稳定和高反应率最为有效。

表3-3-3　强化程式的分类

程式	定义	示例	反应建立方式	强化终止后的反应
连续强化	给予每个反应强化	一开灯就亮	迅速学会反应	反应迅速消失，毫无持续性
定时强化	固定时段后给予强化	按时发工资	随强化时间的临近，反应数量迅速增加，强化后反应数量骤减	反应具有很短的持续性，当强化时间过去不再出现强化物时，反应速度迅速降低
定比强化	固定反应次数后给予强化	计件工作	反应建立迅速，强化后反应会暂停	反应具有很强的持续性，当达到预期的反应数而不再有强化物时，反应速度降低
变时强化	不定时给予强化	随堂测验	反应建立缓慢，稳定，强化后反应不会暂停	反应具有更长的持续性，反应降低的速度缓慢
变比强化	在不定反应次数后给予强化	买彩票老虎机	反应建立的速度很快，强化后几乎不会暂停	反应具有最长的持续性，一直保持很高的水平，不会消失

　　（2）逃避条件作用与回避条件作用

　　逃避条件作用和回避条件作用都属于负强化。当厌恶刺激出现时，有机体做出某种反应，从而逃避了厌恶刺激，则该反应在以后的类似情境中发生的概率便会增加，这类条件作用称为逃避条件作用。如看见路上的垃圾后绕道走开，感觉屋内人声嘈杂时暂时离屋等。当预示厌恶刺激即将出现的刺激信号呈现时，有机体也可以自发地做出某种反应，从而避免厌恶刺激的出现，则该反应在以后的类似情境中发生的概率便会增加，这类条件作用则称为回避条件作用。如过马路听到汽车喇叭声后迅速躲避，违章骑车遇到警察时赶快下车等。

　　（3）消退

　　有机体做出以前曾被强化过的反应，如果在这一反应之后不再有强化物相伴，那么，此类反应在将来发生的概率便降低，称为消退。如小明在课堂上扮鬼脸以引起他人注意，老师不予理睬，小明就慢慢收敛不做了。消退是一种无强化的过程，其作用在于降低某种反应在将来发生的概率，以达到消除某种行为的目的。

（4）惩罚

当有机体做出某种反应以后，呈现一个厌恶刺激（或撤销一个喜欢的刺激）以消除或抑制此类反应的过程，称作惩罚。增加额外的家务是一个积极的惩罚的例子，而让一个冒犯的学生失去休息或者玩的机会是负面惩罚的例子。惩罚并不能使行为发生永久性的改变，它只能暂时抑制行为，而不能根除行为。只有将惩罚一种不良行为与强化一种良好行为结合起来，方能取得预期的效果。对一般情况而言，教育心理学家对使用惩罚者（教师或家长），提出以下四点建议：① 在实施奖励与惩罚之前，必须先让全班学生充分了解奖与惩的行为标准。② 惩罚只限于知错能改的行为。③ 使用惩罚时应考虑学生心理需求上的个别差异。④ 多使用剥夺式惩罚，少使用施予式惩罚。

惩罚可分为两类：Ⅰ型惩罚也称呈现性惩罚或正惩罚，是通过呈现厌恶刺激来降低反应概率，如适度的体罚；Ⅱ型惩罚也称取消性惩罚或负惩罚，是通过消除愉快刺激来降低反应概率，如不允许吃肯德基。

惩罚不同于负强化。负强化是通过厌恶刺激的排除来增加反应在将来发生的概率，而惩罚则是通过厌恶刺激的呈现（或喜欢刺激的撤销）来降低反应在将来发生的概率。

4. 操作性条件学说对教育的意义

根据操作性条件学说，在教育过程中，教师应多用正强化的手段来塑造学生的良性行为，用不予强化的方法来消除消极行为，而应慎重地对待惩罚。

5. 行为塑造、程序教学与教学机器

（1）行为塑造

斯金纳认为"教育就是塑造行为"，复杂的行为也可以通过塑造而获得。他采用"连续接近"的方法，对趋向于所要塑造的反应的方向不断地给予强化，直到引出所需要的新行为。行为塑造的技术包括连锁塑造（顺向）和逆向连锁塑造两种。

一个幼儿教师要教给幼儿26个字母，该通过怎样的强化让幼儿迅速学会这26个字母呢？当我们期望学习者习得的行为不是单一的反应，而是多个反应组合而成的复杂行为时，我们不能等到学习者完全表现出了这一行为之后再给予强化，而需要在学习者每表现出一种趋近目标行为的小反应之后就给予强化，逐步提高要求，直到把多个反应连贯成一种复杂的行为，这种通过小步反馈来帮助学习者形成新行为的方法就是"塑造"。

顺向连锁塑造，即将任务分成许多小步子，当学生完成每一步时都予强化。其步骤如下：① 终点行为：选择目标行为，越具体越好。② 起点行为：了解学生目前能做到什么。③ 步调划分：列出一系列阶梯式的步子，让学生从起点行为达到终点行为，步子的大小因学生能力的不同而异。④ 即时反馈：对学生的每一进步都予以反馈，学习任务越难，需要的反馈就越多。

逆向连锁塑造，从行为的最后一步开始，每次只训练一步行为，从后往前将所有单元行为连接起来，最终使学习者获得整个复杂行为。以作文为例，比如要让学生学会写带有主题句、佐证材料和总括句的段落。首先，我们可以给学生提供一段没有总括句的段落，要求学生补充，使之成为一篇完整的段落。然后，我们可以提供一段不完整的文字，要求学生加上一个佐证材料和总括性句子。再后，只提供一个主题句，要求学生写出几个佐证材料和总括句，直至能独自完成一个这样的段落。逆向连锁的优势在于，每一次练习的结果都是一个完整的行为，学生能更好地看见全貌，便于学生从整体上把握行为。

（2）程序教学

程序教学的原理是操作性条件作用和强化理论。斯金纳强调程序教学，即把各门学科知识按其内在逻辑顺序分解开来，使学习由浅入深，在学习过程中，及时给予反馈和强化，以达到最终的教育目的。程序教学遵循的原则有：小步子原则、积极反应、自定步调、及时反馈、低错误率。（1）小步子逻辑序列。他把教学内容按内在联系分成若干小的单元，编成程序，每次只给一小步。步子从易到难，循序渐进，使学生比较容易地获得有关知识。（2）学生的积极反应。斯金纳指出，传统的课堂教学，只有老师的讲授和学生消极的承受，学生不能普遍低经常地做出积极的反应。而程序教材或教学机器呈现给学生的知识，一般是以问题的形式出现的，学生在学习过程中通过填空、解题、书写答案等作出积极反应，不再是被动的了。（3）信息及时反馈。学生做出的每个反应，教学机器要做出肯定或否定的答复。这称为"结果的及时知悉"或"信息的及时反馈"。教学机器每走一步都附有正确的答案，学生可以核对，这就是反馈。（4）学生自定步调。每班学生的学习都存在上中下三类差别，传统教学总是统一进度，而程序教学则由学生自己确定学习进度，叫做"自定步调"，利于因材施教。（5）最低的错误率。由于教材编制是由浅入深，由已知到未知，因此，学生可能每次都做出正确反应，使错误降低到最低限度，学习效率更高。斯金纳认为，学习过程的有效进行有赖于三个条件：一是小步骤呈现学习材料；二是对学习者的任何反应立即予以反馈；三是学习者自定步调学习。程序教学针对学生进行程序学习提出了两种处理形式："直线式"和"分支式"。

（3）教学机器与计算机辅助教学

斯金纳认为程序教学可以利用教学机器进行，这为现在的计算机辅助教学（CAI）提供了基本的理论支持。

（五）班杜拉的社会学习理论（社会认知学习理论）

1. 三元交互作用论

班杜拉提出了三元交互作用论，认为影响学习的三大因素是环境（Environment）、个体（Personality）和行为（Behavior），三者交互作用，行为本身是个体认知与环境相互作用的一种副产品，即B=f（P*E）。他把这种观点称为"交互决定论"。

例如，攻击性强的儿童期望其他儿童对他产生有敌意的反应（个人认知因素），这种期望使该儿童产生攻击性反应（行为），其后果是其他儿童对该儿童的行为更有攻击性（环境），从而又强化了该儿童的最初期望（个人认知因素）。

2. 班杜拉的经典实验（攻击行为实验）

（1）波比娃娃实验。班杜拉的观察学习理论是建立在他及其合作者所进行的大量实验研究的基础之上的。在早期的一项研究中，他们首先让儿童观察成人对一个充气娃娃拳打脚踢，然后把儿童带到一个放有充气娃娃的实验室里，让其自由活动并观察他们的行为表现。结果发现，儿童在实验室里对充气娃娃也会拳打脚踢。这说明，成人榜样对儿童行为有明显影响，儿童可以通过观察成人榜样的行为而习得新行为。

（2）赏罚控制实验。在稍后的另一项实验中，他们对上述研究做了进一步的延伸，目的是了解两个问题：榜样攻击行为的奖惩后果是否影响儿童攻击行为的表现；儿童是否能不管榜样攻击行为的奖惩后果而习得攻击行为。在实验中，把儿童分为三组，首先让儿童看到电影中成年男子的攻击行为。在影片结束后，第一组儿童看到成人榜样被表扬，第二组儿童看到成人榜样受批评，第三组儿童看到成人榜样的行为既不受奖也不受罚。然后，把三组儿童都带到一间游戏室里，里面有成人榜样攻击过的对象。结果发现，榜样受奖组儿童的攻击行为最多，榜样受罚组儿童的攻击行为最少，控制组居中。这说明，榜样攻击行为所导致的后果是儿童是否自发模仿这种行为的决定因素。

但这是否意味着榜样受奖组的儿童比榜样受罚组的儿童习得了更多的攻击行为呢？为了回答这个问题，他们在上述三组儿童看完电影回到游戏室时，以提供糖果作为奖励，要求儿童尽可能地回忆榜样行为并付诸行动。结果发现，三组儿童的攻击行为水平几乎一致。这说明，榜样行为所导致的后果只是影响儿童攻击行为的表现，而对攻击行为的学习几乎没有影响。

在大量实验事实的基础上，班杜拉提出了三种影响观察学习的基本加工机制。（1）替代过程。观察学习可以不依赖直接强化，既不一定自己直接做出反映或亲身体验行为后果。它可以使学习者少走弯路，避免重复试误带来的危险或精力的浪费。（2）认知过程。观察学习中认知因素起着重要调节作用。他所说的认知主要是指个体使用符号和对行为结果产生预期。（3）自我调节过程。观察学习中学习者之所以不一定产生外显行为，是因为可能已经预测到行为的后果，并以此来调节自己的行为。很多时候个体的行为不是为了应和他人的偏好，而是依据个人的内部准则和对行为的自我评价来调节自己的反应的。在自我调节过程中，最重要的就是自我评价准则的确定。

3. 观察学习的类型

社会认知理论把学习分为参与性学习和替代性学习。参与性学习又称直接学习或"亲历学习"，是个体对刺激做出反应并受到强化而完成的学习过程。替代性学习又称观察学习，是指个体通过观察榜样在处理刺激时的反应及其受到的强化而完成学习的过程，如"身教重于言教""近朱者赤近墨者黑""杀鸡儆猴"等。

班杜拉以儿童的社会行为习得为研究对象，形成了其关于学习的基本思路，认为观察学习是人的学习最重要的形式。班杜拉认为，学习是个体通过对他人的行为及其强化性结果的观察，从而获得某些新的行为反应或已有的行为反应得到修正的过程。观察学习或替代性学习大大提高了学习的速度，同时替代性学习还可以避免人去经历有负面影响的行为后果，如我们可以通过听他人讲述、看书以及看电影等来了解火灾、地震等自然灾害事故的危险性，而不必亲身去体验其难受后果。

观察学习可以归纳为三类：（1）直接的观察学习，即对示范行为的简单模仿；（2）抽象的观察学习，即从他人的行为中获得一定的行为规则或原理，以后并不表现出所看到的具体反应方式，而是在一定条件下做出体现所获得的原理或原则的行为，如学生看暴力电影习得了一般的攻击性态度，而不只是具体的攻击行为；（3）创造性观察，即从不同的示范行为中抽取出不同的行为特点，组合成新的行为方式。此外，也有观点认为观察学习包括参与性模仿、创造性模仿和延迟性模仿三类。

4. 观察学习的过程及条件

班杜拉认为，观察学习经历四个过程：

（1）注意过程。在注意过程中，学习者注意和知觉榜样情景的各个方面。榜样和观察者的几个特征决定了观察学习的程度：观察者比较容易观察那些与自身相似的或者被认为是优秀的、热门的和有力的榜样，如明星、教师、成绩好的学生等；有依赖性的、自身概念低的或焦虑的观察者更容易模仿行为；强化的可能性或外在的期望影响个体决定观察谁、观察什么。

在教学中，教师演示如何使用多种解法解题，或者让一个很受大家欢迎的学生第一名到黑板上解题，或者请几名学生说出解题思路，或者在全班面前公平地表扬每一名学生的解题策略，都有助于学生进行观察和模仿。

（2）保持过程。在保持过程中，学习者记住他们从榜样情景了解的行为，所观察的行为在记忆中以符号的形式表征，个体使用两种表征系统——表象和言语。个体储存他们所看到的感觉表象，并且使用言语编码记住这些信息。

在教学中，教师需要进行步骤分解，可以编制一些歌诀，甚至可以将难以记住的、复杂的行为冠以一个名称，作为标签，帮助学生记住完成任务的步骤。例如，在教授仰泳时，教师可以采用贴标签的方法，帮助学生记住仰泳中的胳膊位置顺序："小鸡""飞机"和"士兵"。

（3）复制过程（动作再现过程）。在复制过程中，学习者复制从榜样情景中所观察到的行为。个体将符号表征转换成适当的行为，个体必须：①选择和组织反映要素；②在信息反馈的基础上精炼自己的反应，即自我观察和矫正反馈。

（4）动机过程。在动机过程中，学习者因表现所观察到的行为而受到激励。社会学习论区别获得和表现，因为个体并不模仿他们所学的每一件事。强化非常重要，但并不是因为它增强行为，而是提供了信息和诱因，对强化的期望影响观察者注意榜样行为，激励观察者编码和记住可以模仿的、有价值的行为。动机过程存在三种强化：直接强化、替代性强化和自我强化。

① 直接强化，指在模仿行为之后直接给出的强化，为学习者提供信息和诱因。

② 替代性强化，指观察者因看到榜样受强化而受到的强化，它是一种间接强化。例如，当教师强化一个学生的助人行为时，班上的其他人也将花一定时间互帮互助。替代性强化还有一个功能，就是情绪反应的唤起。例如，当电视广告上某明星因穿某个牌子的衣服或使用某种洗发水而风度迷人时，如果你知觉到或体验到明星因受到注意而感觉到的愉快，对于你这就一种替代性强化。

③ 自我强化，指观察者依照自己的标准对行为做出判断后而进行的强化。自我强化依赖于社会传递的结果。社会向个体传递某一行为标准，个体当自己的行为表现符合甚至超过这一标准时，就对自己的行为进行自我奖励。例如，补习了一年语言的学生为自己设立了一个成绩标准，他将根据对自己成绩的评价而对自己的行为进行自我奖赏或自我批评。

此外，班杜拉还提出了自我调节的概念。我们都有过这样的经验，有时知道自己干得不错并因此而自我欣赏，无视别人说了些什么，同样有时我们也知道自己做得并不是最好。要做出这些判断我们不得不对我们自己的行为有一个期望。例如，在一次测验中得了90分，一个学生可能沾沾自喜，而另一个学生则可能感到大失所望。

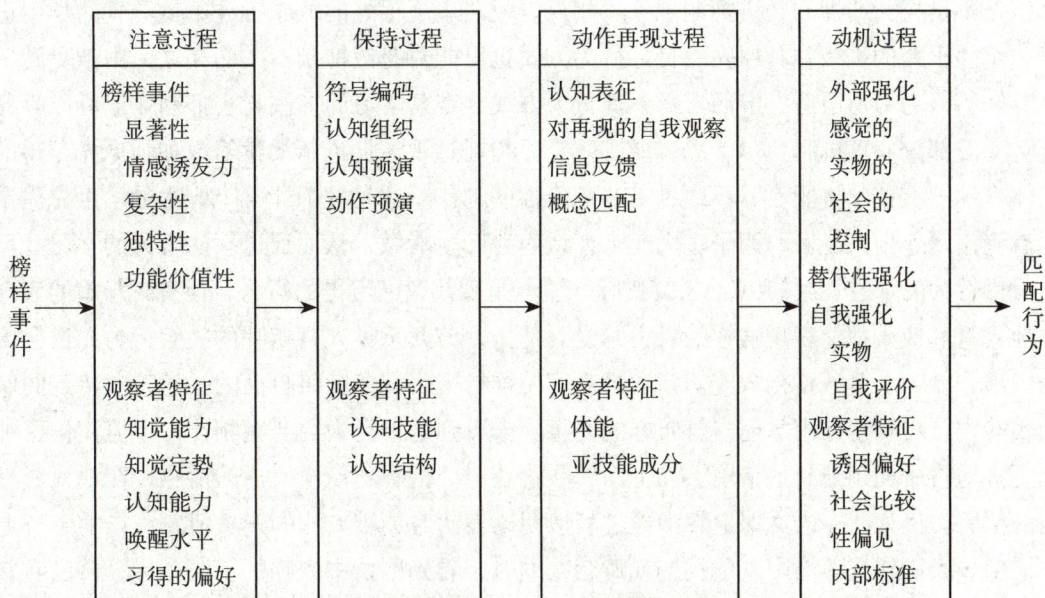

图3-3-3 支配观察学习的四个子过程

5. 榜样示范的类型与效应

班杜拉的社会学习理论十分强调榜样的示范作用，整个观察学习过程就是通过学习者观察榜样的不同示范而进行的。班杜拉把示范分成如下几类：（1）行为示范。即通过榜样的行为来传递行为的方式，此方式在对榜样的观察学习中占重要地位。行为示范无论是对动作技能的习得，还是对行为方式习惯的形成，都有不可忽视的作用。（2）言语示范。即通过榜样的言语活动传递行为、技能的方式。言语示范在人的学习中应用范围广，具有特殊重要的意义。如根据教师的讲解学习定理和法则的应用，依靠说明书学习机器的操作技术，通过报纸学习先进人物的思想行为方式，都是言语示范所起的作用。（3）象征示范。即通过幻灯、电视、电影、戏剧、画册等象征性中介物呈示榜样的行为方式，优点在于可对同一榜样反复呈示给许多人，并加入放大、停顿等技术，从而提高感染力，扩大教育范围。（4）抽象示范。即通过榜样的各种行为事例，传递隐藏在行为事例背后的道理或规范的方式。榜样遵照一定的道理和规范做出反应，观察者按榜样的行为倾向进行类似但不完全一样的活动。就是说，观察者从各种示范反应中抽取出共性的东西，以后再应用到新的具体情境之中，例如，教师按照某个或某些定理、公式在黑板上演示几道例题后，学生就总结出这些例题所包含的定律，并按照教师的方式解决同一类型的问题，这就是抽象性示范的过程。（5）参照示范。即为了传授抽象的概念和操作，而附加呈现具体参考事物和动作的方式。比如在英语课上讲解前置词"on"的使用，一边说"on the desk"一边也附加往桌子上放东西的动作。这种示范方式是对抽象示范的补充和强化，它对低年龄儿童的指导是特别重要的。

班杜拉分析了观察学习的五种效应：（1）习得效应。指通过观察习得新的技能和行为模式。例如，儿童的语言就是一种通过模仿习得的技能。父母使用文明语言，其子女习得文明语言；父母使用不文明语言，其子女经常出现不文明语言。观察学习的习得效应可以解释大部分与态度和品德有关的新行为方式的学习。（2）抑制效应与去抑制效应。抑制效应指观察者看到他人的不良（或良好）行为受到社会谴责，观察者会暂时抑制受到谴责的不良（或良好）行为。去抑制指观察者看到他人的不良行为未受到应有的惩处，其原本受到抑制的不良行为重新发作。例如，一名有不良行为习惯的学生进入一个班风很好，纪律严明的班级集体，在周围同学良好表现的耳濡目染之下，该生的不良行为方式很可能暂时受到抑制。由于他的恶习一时难以完全消除，他一离开班集体，进入他自己原先的小圈子，不良习气又重新发作。这就是不良行为的抑制与去抑制现象。相反，一名表现很好的敢于批评不良习气的学生进入一个班风不好，纪律很差的班级，其原先的良好行为方式也可能暂时被抑制。久而久之，由于受到不良行为耳濡目染，好的行为习惯消退，继而习得不良行为方式。观察学习的抑制与去抑制效应可以解释不良态度与品德转变的部分心理机制。（3）反应促进效应。指通过观察促进新的学习或加强原先习得的行为。例如，在体育课上有些学生胆小，不敢做一些危险性的动作。这时教师让某个胆大的学生先作示范。胆小的学生看到该动作他人能做，胆子也大起来，认为自己也能做，从而促进新的行为的学习。反应促进也指原先习得行为的加强。例如，"见人打招呼"原本是某儿童已习得的行为，但有时却不能表现出来。若看到其他儿童和成人都能表现这样的行为并受到赞扬，该儿童见人打招呼的礼貌行为方式会得到加强并重新表现出来。（4）刺激指向效应。指通过观察榜样行为，观察者将自己的注意指向特定的刺激。在班杜拉的实验中，看到榜样用木槌击打布娃的儿童同未看到这种行为的儿童相比，不但模仿这种攻击行为，而且更多地将木槌用到其他情境。（5）情绪唤醒功能。指看到榜样表达的情感，在观察者身上容易唤起类似的情感。例如，在语文课上教师通过表情朗读表达对英雄人物的崇敬情感，在学生身上可以唤起类似的情感。人们在观察电影、电视剧或舞台戏剧时，看到剧情中人物的不同命运，自己常常情不自禁地表现出与剧中人物相同的喜怒哀乐的情感。所以，观察学习是情感教育的最重要手段。

6.关于社会学习理论的评价

班杜拉的社会认知理论提出了个体行为习得的观察学习途径，注重观察学习中的认知中介因素，将认知过程引进自己的理论，因而超越了行为主义的范畴，融合了行为主义和认知派学习理论的思想，形成了一种认知—联结主义模式，对学习理论的发展起了重要的促进作用。该理论关于强化和自我效能感的见解等，对我们从整体上认识人的行为的学习过程具有重要的启示；但其研究成果缺乏对教育情境中的实际观察学习的研究，且没有对教学中运用示范问题进行专门的深入研究，他的示范教学观还不成熟。

二、认知学派学习理论

认知派学习理论认为，学习不是在外部环境的支配下被动形成S—R联结，而是主动地在头脑内部构造认知结构；学习不是通过练习与强化形成反应习惯，而是通过顿悟与理解获得期待；有机体当前的学习依赖于他原有的认知结构和当前的刺激情境，学习受主体的预期引导，而不是受习惯所支配。

（一）格式塔学派的"完形—顿悟说"

苛勒等人通过著名的一系列黑猩猩实验（叠箱子实验和接棒子实验）提出了完形—顿悟说。他们认为顿悟学习的实质是在主体内部构建一种心理完形。其基本观点是：

1.学习是通过顿悟过程实现的

苛勒认为，学习是个体利用本身的智慧与理解力对情境及情境与自身关系的顿悟，而不是动作的累积或盲目的尝试。学习包括知觉经验中旧有结构的逐步改组和新结构的豁然形成，顿悟是对目标和达到目标的手段与途径之间的关系的理解。格式塔心理学家认为，学习的过程就是顿悟的过程。

2.学习的实质是在主体内部构造完形

完形是一种心理结构，它是在机能上相互联系和相互作用的整体结构，是对事物的关系的认知。苛勒认为，学习过程中问题的解决，都是由于对情境中事物关系的理解而构成一种"完形"来实现的。格式塔心理学家认为，学习的过程就是一个不断地构造完形的过程。

3.刺激与反应之间的联系不是直接的，而需以意识为中介

对于刺激与反应或环境与行为之间的关系，格式塔心理学同联结主义或行为主义的理解都是不同的。前者的理解是间接的，是以意识因素为中介的，用公式表示为S—O—R；后者的理解是直接的，不存在意识的中介作用，用公式表示为S—R。这就是完形—顿悟说同联结—试误说或刺激—反应说的根本分歧所在。

4.完形顿悟学习理论的教学启示

总的来说，完形—顿悟说作为最早的一个认知学习理论，虽不如联结—试误说那样完整而系统，其实验范围也较有限，在当时的影响也远不及联结说，但它肯定了主体的能动作用，强调心理具有一种组织的功能，把学习视为个体主动构造完形的过程，强调观察、顿悟和理解等认知功能在学习中的重要作用，这对反对当时行为主义学习论的机械性和片面性具有重要意义。苛勒的顿悟学习与桑代克的尝试—错误学习也并不是互相排斥和绝对对立的。尝试—错误往往是顿悟的前奏，顿悟则是练习到某种程度时出现的结果。

（二）托尔曼的符号学习理论（认知—目的说）

托尔曼是一位受格式塔学派影响的行为主义者，他进行了著名的动物实验（位置学习实验、潜伏学习实验、奖励预期实验等），

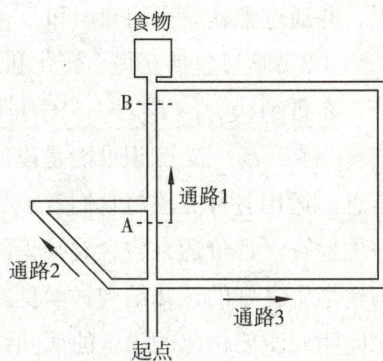

图3-3-4 白鼠的位置学习实验
（高架迷津中的迂回学习实验）

据此提出的认知学习理论和内部强化理论对现代认知学习理论的发展有一定的贡献。

他关于学习的主要观点包括：

1. 学习是有目的的，是期望（学习目标）的获得

学习的目的性是人类学习区别于动物学习的主要标志。期望是个体依据已有经验建立的一种内部准备状态，是通过学习而形成的关于目标的认识和期待。

期待是托尔曼学习理论中的核心概念，指个体根据已有经验而建立起来的一种内部准备状态，是一种通过学习而形成的关于目标的认知观念。托尔曼认为，学习就是对行为的目标、取得目标的手段、达到目标的途径和获得目标的结果的期待，完全是认知性的。有机体只有对于即将到达的目标建立某种期待，才会对不同目标做出实际的不同行为。这一观点在前述的奖励预期实验中得到了充分的证实。

2. 学习是对"符号—完形"的认知，是形成认知地图的过程

托尔曼根据白鼠学习迷宫的实验提出，动物学习不是在一连串刺激和反应之间建立联系，而是在脑内形成了迷宫的格局，托尔曼称之为认知地图。认知地图也就是目标—对象—手段三者联系在一起的认知结构，托尔曼主张将S-R公式改为S-O-R，O代表有机体的内部变化。

3. 潜伏学习理论

托尔曼根据实验认为，外在的强化并不是学习产生的必要因素，不强化也会出现学习。在这个实验中，动物在未获得强化前学习已经出现，只不过未表现出来，托尔曼称之为潜伏学习。潜伏学习又称隐匿学习，是指一种无明显的强化，其结果在一定时间后通过作业才显示出来的学习过程。潜伏学习在无奖赏时能够发生，但在有需求时才表现出来。例如，在没有直接奖赏时，收集和储存信息，以备将来之需。

4. 托尔曼符号学习理论的启示

托尔曼的符号学习理论把认知主义的观点引进行为主义的学习理论，改变了联结派学习理论把学习看成是盲目的、机械的过程的观点。他重视学习的中介过程，强调学习的认知性和目的性，这些思想对现代认知学习理论的产生和发展起到了深远的影响。

（三）布鲁纳的认知结构学习理论（认知—发现说）

布鲁纳是美国著名的认知教育心理学家，他主张学习的目的在于以发现学习的方式，使学科的基本结构转变为学生头脑中的认知结构。因此，他的理论常被称之为认知—结构论或认知—发现说。

1. 学习观

（1）学习的实质是主动地形成认知结构

所谓认知结构，即编码系统，其主要成分是"一套感知的类目"。布鲁纳认为，学习的本质不是被动地形成刺激—反应的联结，而是主动的形成认知结构。学习者不是被动地接受知识，而是主动地获取知识，并通过把新获得的知识和已有的认知结构联系起来，积极地建构其知识体系。

（2）学习包括获得、转化和评价三个过程

布鲁纳认为，"学习一门学科看来包含着三个几乎同时发生的过程"，这就是：新知识的获得、知识的转化和评价。新知识可能是以前知识的精炼，也可能与原有知识相违背。知识的转化就是超越给定的信息，运用各种方法将它们变成另外的形式，以适合新任务，并获得更多的知识。评价是对知识转化的一种检查。评价通常包含对知识的合理性进行判断。总之，布鲁纳认为学习任何一门学科的最终目的是构建学生良好的认知结构，而良好的认知结构常常需要经过获得、转化和评价三个过程。因此，教师首先应明确所要构建的学生的认知结构包含哪些组成要素，并最好能画出各组成要素关系的图解。在此基础上，教师应采取有效措施来帮助学生获得、转化和评价知识。

2. 教学观

（1）教学的目的在于理解学科的基本结构

布鲁纳把学科的基本结构放在设计课程和编写教材的中心地位，使之成为教学的中心。他说："不论我们选教什么学科，务必使学生理解该学科的基本结构。"所谓学科的基本结构，是指学科的基本概念、基本原理及其基本态度和方法，比如物理力学中的惯性定律、实验方法，代数学中的交换律、分配律、结合律等。所谓掌握学科的结构，就是允许许多别的东西以与它有意义地联系起来的方式去理解它。布鲁纳认为，学生理解了学科的基本结构，就容易掌握整个学科的具体内容，就容易记忆学科知识，就能促进学习迁移，促进儿童智力和创造力的发展，并可以提高学习兴趣。总之，布鲁纳从四个方面论述了学习学科基本结构的必要性：① 懂得基本原理使得学科更容易理解（促进理解）。② 利于记忆的保持（利于记忆）。他说："除非把一件件的事情放进构造得好的模型里，否则很快就会忘记。高明的理论不仅是现在用以理解现象的工具，而且也是明天用以回忆那个现象的工具。"③ 领会基本原理和观念，是通向适当的"训练迁移"的大道（增强迁移）。④ 对教材结构和基本原理的理解，能够缩小"高级"知识和"初级"知识之间的间隙（引导知识体系形成）。

（2）掌握学科基本结构的教学原则

① 动机原则：动机原则要求教学中要善于促进和调节学生的探究欲望，激发内在动机，达成预定的学习目标。学生具有三种最基本的内在动机，即好奇内驱力（求知欲）、胜任内驱力（成功的欲望）和互惠内驱力（人与人之间和睦共处的需要）。这三种基本的内在动机都有自我奖励的作用。

② 结构原则：结构原则要求教学要根据学生的知识背景和课题性质，将动作、图像和符号表象形式有机结合起来呈现材料。布鲁纳认为，在人类智慧生长期间，经历了三种表征系统的阶段：a. 动作性表征（表演式再现表象）阶段大致相当于皮亚杰的感觉运动阶段，在这个阶段儿童通过作用于事物来学习和再现它们，以后即能通过合适的动作反应再现过去的事物。b. 映像性表征（肖像式再现表象）阶段相当于皮亚杰的前运算阶段的早期，儿童开始形成图像或表象，去表现他们世界中所发生的事件。c. 符号性表征（象征性再现表象）阶段大体相当于皮亚杰的前运算阶段的后期以及一直到以后的年代。这时儿童能够通过符号再现他们的世界，这些符号中最重要的是语言。这些符号既不必是直接的事物，也不必是现实世界的复制，而可以是抽象的、间接的和任意性的。

③ 程序原则：程序原则要求教学中要注意知识的呈现顺序、节奏控制，要循序渐进、难易适当。通常每门学科都存在着各种不同的程序，不存在对所有学习者都适用的唯一程序；而且在特定条件下，任何具体的程序总是取决于许多不同的因素，包括过去所学习的知识、智力发展的阶段、材料的性质及个别的差异等。

④ 强化原则：强化原则要求教学中要以恰当的时机和方式给出学习的结果反馈，维持持续的学习积极性。教学规定适合的强化时间和步调是学习成功的重要一环。

总之，布鲁纳学与教的基本原则强调了学科结构的重要性、学习的准备性、直觉思维的价值、学习动机的价值等。

3. 发现学习

布鲁纳认为，发现是教育儿童的主要手段，学生掌握学科的基本结构的最好方法是发现学习。发现学习是指给学生提供有关的学习资料，让学生通过探索、操作和思考，自行发现知识、理解概念和原理的教学方法。所谓发现，当然不只限于发现人类尚未知晓的事物的行动，而且还包括用自己头脑亲自获得知识的一切形式，例如，他根据儿童踩跷跷板的经验，设计了一个天平，让儿童调节砝码的数量和砝码离支点的距离，以此让儿童发现学习乘法的交换律，如$3 \times 6 = 6 \times 3$。他先让儿童动手，然后使用想象，最后用数字来表示。

布鲁纳在1966年出版的《教学论》中指出发现学习有以下四点作用：① 提高智力的潜力，学习者自己提出解决问题的探索模型，学习如何对信息进行转换和组织，使他能超越于这信息。② 使外部奖赏向内部动机转移。布鲁纳认为通过发现例子之间的关系而学习一个概念或原则，比起给予学习者这一概念或原则的分析性的描述来，更能激发学生从学习过程中得到较大的满足。③ 学会将来做出发现的最优方法和策略。如果某人具有有效发现过程的实践，他就能最好地学到如何去发现新的信息。④ 帮助信息的保持和检索。他说，按照一个人自己的兴趣和认知结构组织起来的材料就是最有希望在记忆中"自由出入"的材料。

4. 结构主义教学观对教学的启示

为了促进学生良好认知结构的发展，教师首先必须全面深入地分析教材。在引导学生理解教材结构的过程中应做到：教学本身应有新异性，跨度应适度，最大限度地激发学生的好奇心和胜任感；选择灵活的教学程序和结构方式来组织实际的教学活动过程；注意提供有助于学生矫正和提高的反馈信息，并教育学生进行自我反馈，以提高学习的自觉性和能动性。

5. 布鲁纳学习理论简评

布鲁纳学习理论的贡献与进步之处在于：（1）布鲁纳认为，编码系统不仅能够接受和组织信息，而且"能够超越给定的信息，有所创造"。强调直觉思维对儿童创造的重要性，这些都说明布鲁纳重视学生创造性能力的培养。而人的创新也确实与其已有认知结构有关。（2）强调学习者认知结构、内在动机、独立性与积极主动性在学习中的作用，这些都是可取的。

布鲁纳学习理论的局限与不足之处在于：（1）完全放弃知识的系统讲授，以发现法教学来代替，夸大了学生的学习能力，也忽视了知识的学习即知识的再生产与知识的生产过程的差异。（2）认为"任何学科的基础都能够用在智育上是正确的方式，有效地教给任何发展阶段的任何儿童"，这似乎可以让学生尽快进入科研领域，但实际上却很难实现。（3）发现学习运用范围有限：真正能用发现法学习的学生只是极少数，所以发现学习法更适合学习自然科学的某些知识，而不适合于文学艺术等以情感为基础的学科；发现法教学没有现成的方案，对教师各方面素质要求较高（如教育机智、知识面等）。（4）发现学习法耗时过多，不经济，不宜在短时间内向学生传授一定数量的知识技能。

（四）奥苏贝尔的有意义—接受学习理论（认知—同化理论）

1. 学习分类

美国著名认知教育心理学家奥苏贝尔对学习进行的分类如下：

首先，根据学习进行的方式，学习分为接受学习与发现学习两类。

其次，根据学习材料与学习者原有知识结构的关系把学习分为机械学习与有意义学习两类。在两维框架内部，奥苏贝尔再将有意义学习由简到繁分为如下五种类型：符号表征学习、概念学习、命题学习、概念和命题的运用、解决问题与创造。其中前三类学习是有意义学习的基本类型。本书将在"知识的学习与技能的形成"予以详细说明。

2. 有意义学习的实质

奥苏贝尔认为，学校中的学习应该是有意义的接受学习和有意义的发现学习，但他更强调有意义的接受学习，因为有意义的接受学习可以在短时期内使学生获得大量的系统知识。

有意义学习的本质就是以符号为代表的新观念与学习者认知结构中原有的适当观念建立起非人为（非任意）的和实质性的联系的过程，是原有观念对新观念加以同化的过程。

所谓非人为的联系，是指有内在联系而不是任意的联想或联系，指新知识与原有认知结构中有关的观念建立在某种合理的逻辑基础上的联系。例如，等边三角形的概念与学习者原有认知结构中已有的三角形的概念是特殊与一般的关系。再如，学习者原有认知结构中已有"三角形内角之和等于180°"，现在学习新命题"四边形内角之和等于360°"，他们可以推导出任何四边形都可以分成两个三角形，三角形内角之和等于180°，那么四边形内角之和当然为360°。这种联系是整体与部分的联系。

所谓实质性的联系，是指表达的语词虽然不同，但却是等值的，也就是说这种联系是非字面的联系。例如，学习"等边三角形"这个新命题，应该把握"三条边相等的三角形"这个知识点。学习者认知结构中已有关于三角形的表象及等边的概念，学生也观察过等边三角形构成的实物或图形，当他们学习这一新命题时，很自然地与他们原有认知结构中相应的表象、观念建立起联系。联系一旦建立，能用自己的话把这个新命题表述出来，即"任何三角形只要它们的三条边相等，它们就是等边三角形"，或"等边三角形有三条等边"等。表达的语词虽然不同，但概念的关键特征没变，它们引起的心理内容没变。这样就可以说，新知识与原有认知结构中的相应观念之间建立了实质性的联系。

3. 有意义学习的条件

有意义学习的条件包括：（1）客观条件，是指受学习材料本身性质的影响。有意义学习的材料本身必须合乎这种非人为的和实质性的标准，即具有逻辑意义。教材一般符合此要求，无意义音节和配对联想词表只能机械地学习。（2）主观条件，是指受学习者自身因素的影响。首先，学习者必须具有有意义学习的心向；其次，学习者认知结构中必须具有适当的知识，以便与新知识进行联系；最后，学习者必须积极主动地使这种具有潜在意义的新知识与认知结构中有关的旧知识发生相互作用，从而使旧知识得到改造，使新知识获得实际意义，即心理意义。上述条件缺一不可，否则就不能构成有意义的学习。

4. 意义的同化

奥苏贝尔认为知识获得的心理机制就是同化，即知识的获得是学习者认知结构中原有的知识吸收并固定所要学习的新知识的过程。新知识同化到原有知识结构中，使原有认知结构发生变化，促进学生认知结构的不断发展。

按照新旧观念不同概括水平及其联系方式，奥苏贝尔提出了三种同化模式：下位学习、上位学习和组合学习。派生类属学习和相关类属学习的主要区别在于学习之后原有观念是否发生本质属性的改变。

（1）下位学习

下位学习又称类属学习，是指将概括程度或包容范围较低的新概念或命题，归属到认知结构中原有的概括程度或包容范围较高的适当概念或命题之下，从而获得新概念或新命题的含义。

按照新知识对原有知识产生影响的大小，下位学习可以分为两种形式：派生类属学习和相关类属学习。

派生类属学习，即新学习的内容仅仅是学生已有的、包容面较广的命题的一个例证，或是能从已有命题中直接派生出来的。例如：知道了"长方形的四个顶角都是直角"，而正方形是长方形的一种特例，那就很容易理解"正方形的四个顶角都是直角"了；当学生已经学习了三角形、正方形、长方形，知道三者都是轴对称图形，现在学习"圆也是轴对称图形"这一命题时，就会发现圆具有轴对称图形所拥有的一切特征；儿童已知道"猫会爬树"，那么"邻居家的猫正在爬门前那颗树"这一新命题，就可以类属于已有的命题；学习者掌握了个性心理的基本特征后，就不难理解个性心理中具有代表性的性格的特征了。这种学习不仅使新知识获得了意义，而且使原有知识获得了证实或扩充。

相关类属学习，即新内容纳入可以扩展、修饰或者限定学生已有的概念、命题，并使其精确化。例如：学生学习了杠杆的概念，知道了杠杆的力臂原理，而后他们学习定滑轮，知道定滑轮实质上是一种等臂杠杆，这就把定滑轮同化到了杠杆之下，同时学生对杠杆的理解会有一定变化——杠杆并不一定是一根细长的长杆，它也可以是一个圆轮子；学生已知"平行四边形"这一概念的意义，那么，我们可以通过"菱形是四条边一样长的平行四边形"这一命题来界定菱形，在这种情况下，通过对"平行四边形"予以限定，产生了"菱形"这一概念。

（2）上位学习

指新概念、新命题具有较广的包容面或较高的概括水平。如：学习者在熟悉了"感知""记忆""思维"这些下属概念之后，再学习"心理过程"这个概括程度更高的新的概念，这个概括水平更高的新概念主要通过归纳原有下位概念的属性而获得意义；儿童熟悉了"胡萝卜""豌豆"和"菠菜"这类下位概念后，再学习"蔬菜"这一上位概念。

（3）组合学习

当学习新概念或命题与认知结构中已有的观念既不产生下位关系又不产生上位关系时，它们之间可能存在组合关系，这种只能凭借组合关系来理解意义的学习就是组合学习。例如，质量与能量，热与体积，遗传与变异，需求与价格之间的关系。

5.组织学习的原则与策略

（1）逐渐分化原则（纵向）

逐渐分化原则即首先应该传授最一般的、包摄性最广的观念，然后根据具体细节对它们加以分化，这样可以为每个知识单元的教学都提供理想的固定点，即先前知识对新知识起固定的作用。实际上是在强调下位学习的重要性，认为下位学习更符合个体的认知内容的自然顺序和人类认知习惯。

（2）整合协调原则（横向）

本原则是指如何对学生认知结构中现有要素重新加以组合。当有些知识无法按照从概括到具体的序列进行下位学习时，教学就要考虑上位学习和组合学习，而在这种学习中，学生必须考虑有关概念之间的横向联系，要明确有关概念之间的差异，防止混淆那些看似相同、其实含义不同的概念，同时也要找出不同知识块之间隐含的意义联系，防止因表面说法的不同而割裂知识，造成人为的障碍。

（3）序列原则

序列原则强调前面出现的知识应该为后面出现的知识提供基础。

（4）巩固原则

巩固原则强调在学习新内容之前必须掌握以前学过的内容，确保学生为新的学习做好准备。

（5）先行组织者策略

奥苏贝尔就如何贯彻"逐渐分化"和"整合协调"等原则，提出了具体应用的技术——先行组织者。所谓"先行组织者"，是先于学习任务本身呈现的一种引导性材料，它的抽象、概括和综合水平高于学习任务，并且与认知结构中原有的观念和新的学习任务相关联。其目的是用来帮助学生确立意义学习的心向，在"已经知道的"与"需要知道的"知识之间架起"认知桥梁"，为新的学习内容提供观念上的固着点，起到引导和组织的作用。例如，在讲有关钢的性质的内容时，首先学习金属和合金的异同、各自的利弊等知识，给学生提供理解钢的性质的观念框架。设计适当的"先行组织者"作为影响认知结构的变量，这不仅是研究学习与迁移的一种策略，也是一种重要的教学策略。一般来说，先行组织者采取三种形式：一个概念的定义；新材料与已知例子的类；一个概括。教科书一般总是包括这个先行组织者的，如一开始的综述，或章节的大纲和标题。

近些年来，研究者们在奥苏贝尔原来的定义的基础上发展了"组织者"的概念。组织者不仅可以是先行的，也可以放在学习材料之后呈现；它既可以在抽象、概括水平上高于原学习材料，也可以是具体概念，在抽象、概括水平上低于原学习材料；不仅可以是陈述性的，也可以是比较性的，即比较新材料和认知结构中相类似的材料，从而增强似是而非的新旧知识之间的可辨别性。

组织者分为陈述性组织者和比较性组织者两类。① 陈述性组织者（说明性组织者）：使用陈述性组织者的目的，在于为新的学习提供最适当的类属者，它与新的学习产生一种上位关系。例如：学习"蚂蚁"之前先让学生学习"昆虫的基本特征"，那么"昆虫"概念就是学生学习"蚂蚁"概念的陈述性先行组织者；学生学习"鲸"这一概念，可以先把原来学过的哺乳动物的概念再复习一遍，了解哺乳动物的特征有哪些，然后再讲解鲸也是哺乳动物。在这种条件下，学生更容易理解和掌握鲸的概念，即鲸也具有胎生和哺乳的特征。② 比较性组织者：比较性组织者用于比较熟悉的学习材料中，目的在于比较新材料与认知结构中相类似的材料，从而增强似是而非的新旧知识之间的可辨性。例如：在让学生学习关于白蚁的知识之前，先让学生学习蚂蚁与白蚁的相同与不同之处，这就属于比较性组织者；学习动作技能后学习智力技能，一般情况下学生可能对这两个概念容易混淆，此时可以告诉学生智力技能和动作技能一样，练习越多就越熟练，所不同的是前者为内化动作，后者为外化动作。

乔伊斯等人在奥苏伯尔的有意义学习理论及其"先行组织者"技术的基础上提出了"先行组织者"的教学模式，这一模式中的基本结构和教学模式包括：第一阶段，先行组织者的呈现（阐明课程目的；呈现"组织者"；鉴别限定性的特征；举例；提供前后关系；重复；唤起学习者的知识和经验的意识）。第二阶段，学习任务和材料的呈现（明确组织；安排学习的逻辑顺序；明确材料；保持注意；呈现材料）。第三阶段，认知结构的加强（运用综合贯通的原则；促进主动积极的接受学习；引起对学科内容的评析态度；阐明）。

6. 接受学习的实质及其与发现学习的关系

接受学习是概念同化过程，是课堂学习的主要形式。所谓接受学习（讲授教学）是在教师指导下，学习者接受事物意义的学习。奥苏伯尔认为，接受学习适合于年龄较大、有较丰富的知识和经验的人。所要学习的内容大多是现成的、已有定论的、科学的基础知识。

学习者接受知识的心理过程表现为：首先在认知结构中找到能同化新知识的有关观念，然后找到新旧知识的相同点，最后找到新旧知识的不同点，使新概念与原有概念之间有清晰的区别，并在积极的思维活动中融会贯通，使知识不断系统化。

接受学习与发现学习的关系：（1）在学习程序上，发现学习比接受学习多一个发现的过程；（2）在学生的思维模式上，一个是演绎，一个是归纳；（3）在教学组织模式上，一个主张学生自行发现为主，一个主张教师讲授为主；（4）都强调新知识对原有知识的依赖及认知结构的可变性；（5）都重视学生学习的主动性；（6）无论接受学习还是发现学习，既可能是机械学习，也可能是意义学习。

在奥苏伯尔看来，无论是接受学习还是发现学习，都有可能是机械的，也都有可能是有意义的。客观地说，奥苏伯尔的有意义接受说和布鲁纳的认知—发现说并不矛盾。布鲁纳的发现学习强调学生用自己的头脑去亲自获得知识；奥苏伯尔的接受学习强调充分利用学生原有的认知结构的同化作用。事实上，学生发现新知识，不是建立在空中楼阁之上的，而是利用认知结构中原有的适当知识作为基础；学生同化新知识，也不是消极被动地接受教师所传授的知识，而是通过自己头脑的积极主动的反映实现的。应该说，发现学习和接受学习虽强调的侧重点不同，但都特别重视学生认知结构的作用，重视学生认知结构的构建。

7. 奥苏贝尔的认知—同化理论简评

（1）澄清了长期以来对传统讲授教学和接受学习的偏见；

（2）提出的"先行组织者策略"对改进课堂教学设计、提高教学效果有重要的实用价值；

（3）过于强调讲授教学和接受学习的作用，没有给予发现学习应有的重视；

（4）偏重学生对知识的掌握，而对学生能力（尤其是创造力）的培养重视不够。

（五）加涅的信息加工学习理论（认知—指导说）

加涅被公认为将行为主义学习观与认知主义学习观相结合的代表。他从两大理论中汲取合理的成分，运用现代信息加工理论的观点和方法建立了信息加工学习理论，这是当前比较有代表性的学习理论。加涅认为，学习过程就是一个信息加工的过程，即学习者将来自环境刺激的信息进行内在的认知加工的过程。学习过程实际上就是学习者头脑中的内部活动。

1. 学习的信息加工模式

加涅认为，学习的模式是用来说明学习的结构与过程的，它对于理解教学和教学过程以及如何安排教学事件具有极大的应用意义。他提出了影响深远的信息加工的学习模式。

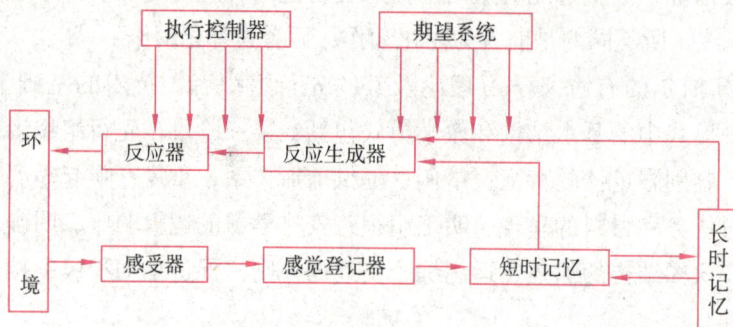

图3-3-5　信息加工模式

（1）信息流

从图中，我们可以看到信息从一个假设的结构流到另一个假设的结构中去的过程。首先，学生从环境中接受刺激，刺激推动感受器并转变为神经信息。这个信息进入感觉登记器，这是非常短暂的记忆储存，一般在百分之几秒内就可把来自各感受器的信息登记完毕。有些部分登记了，其余部分很快就消逝了，这涉及注意或选择性知觉的问题。

被视觉登记的信息很快进入短时记忆，信息在这里可以持续二三十秒。短时记忆的容量很有限，一般只能储存七个左右的信息项目。一旦超过了这个数目，新的信息进来，就会把部分原有信息赶走。如果想要保持信息，就得采取复述的策略。但复述只能有利于保持信息以便进行编码，并不能增加短时记忆的容量。

当信息从短时记忆进入长时记忆时，信息发生了关键性转变，即要经过编码过程。所谓编码，不是把有关信息收集在一起，而是用各种方式把信息组织起来。信息是经编码形式储存在长时记忆中的。一般认为，长时记忆是个永久性的信息储存库。

当需要使用信息时，需经过检索提取信息。被提取出来的信息可以直接通向反应发生器，从而产生反应，也可以再回到短时记忆，对该信息的合适性作进一步的考虑，结果可能是进一步寻找信息，也可能是通过反应发生器做出反应。

（2）控制结构

除信息流程之外，在图所示的学习的信息加工模式中，还包含期望事项与执行控制。期望事项是指学生期望达到的目标，即学习的动机。正是因为学生对学习有某种期望，教师给予的反馈才会具有强化作用。换言之，反馈之所以有效，是因为反馈能肯定学生的期望。执行控制即加涅学习分类中的认知策略，执行控制过程决定哪些信息从感觉登记进入短时记忆，如何进行编码、采用何种提取策略等；也有观点认为执行控制即已有的经验对现在学习过程的影响。由此可见，期望事项与执行控制在信息加工过程中起着极为重要的作用。加涅之所以没有把这两者与学习模式中其他结构联系起来，主要是由于这两者可能影响信息加工过程中的所有阶段，并且它们之间的关系目前还不太清楚。

2. 学习阶段及教学设计

从学习的信息加工模式中可以看到，学习是学生与环境之间相互作用的结果。学习过程是由一系列事件构成的。加涅认为，每个学习动作可以分解成八个阶段。图左边是学习阶段，其中方框上面是该阶段的名称，里面是该阶段内部的主要学习过程；右边则是教学事件。这样，学生内部的学习过程一环接一环，与此相应的学习阶段把这些内部过程与构成教学的外部事件联系起来了。

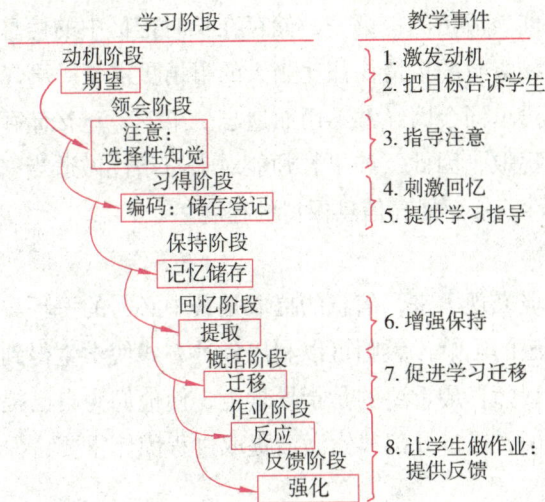

学习阶段	教学事件
动机阶段　期望	1. 激发动机　2. 把目标告诉学生
领会阶段　注意：选择性知觉	3. 指导注意
习得阶段　编码：储存登记	4. 刺激回忆　5. 提供学习指导
保持阶段　记忆储存	
回忆阶段　提取	6. 增强保持
概括阶段　迁移	7. 促进学习迁移
作业阶段　反应	8. 让学生做作业：提供反馈
反馈阶段　强化	

图3-3-6　学习阶段及教学设计

（1）动机阶段

有效的学习必须要有学习动机，这是整个学习的开始阶段。动机的形式多种多样，在教育教学情境中，首先要考虑的是激发学生进行学习活动的动机，即学生力图达到某种目的的动机。它是借助于学生内部产生的心理期望过程而建立起来的。期望就是指学生对完成学习任务后将会得到满意结果的一种预期，它可以为随后的学习指明方向。

但是，在有些场合下，学生最初并没有被达到某种目的的诱因所推动，这时就要帮助学生确立学习动机，形成学习期望。理想的期望只有通过学生自己的体会才能形成，而不能仅仅通过教师告诉学生学习的结果来形成。因此，为了使学生形成理想的期望，在学生实际获得某种知识和技能之前，应先做出安排使学生达到某种目标，以便向学生表明他们能够达到预期的目标。

（2）领会阶段（了解阶段）

有了学习动机的学生，首先必须接受刺激，即必须注意与学习有关的刺激，而无视其他刺激。当学生把所注意的刺激特征从其他刺激中分化出来时，这些刺激特征就被进行知觉编码，储存在短时记忆中。这个过程就是选择性知觉。

为了使学生能够有效地进行选择性知觉，教师应采用各种手段来引起学生的注意，如改变讲话的声调、手势动作等；同时，外部刺激的各种特征本身必须是可以被分化和辨别的。学生只有对外部刺激的特征做出选择性知觉后，才能进入其他学习阶段。

（3）习得阶段（获得阶段）

当学生注意或知觉外部情境之后，学生就可获得知识。而习得阶段涉及的是对新获得的刺激进行知觉编码后储存在短时记忆中，然后再把它们进一步编码加工后转入长时记忆中。

在短时记忆中暂时保存的信息，与被直接知觉的信息是不同的。在这里，知觉信息已被转化成一种最容易储存的形式，这种转化过程被称为编码过程。当信息进入长时记忆时，信息又要经历一次转换，这一编码的目的是为了保持信息。如用某种方式把刺激组织起来，或根据已经习得的概念对刺激进行分类，或把刺激简化成一些基本原理，这些都有助于信息的保持。在此过程中，教师可以给学生提供各种编码程序，鼓励学生选择最佳的编码方式。

（4）保持阶段

学生习得的信息经过复述、强化后，以语义编码的形式进入长时记忆储存阶段。对于长时记忆，人类至今了解不深，但有几点目前是清楚的：第一，储存在长时记忆中的信息，其强度并不随时间进程而减弱，如七八十岁的老人回忆孩提时的事情往往比当天的事情更清楚。第二，有些信息因长期不用会逐渐消退，如一个人已习得的外语单词会因经常不用而遗忘。第三，记忆储存可能会受干扰的影响，新旧信息的混淆往往会使信息难以提取；因此，如果教师能对学习条件做适当安排，避免同时呈现十分相似的刺激，可以减少干扰的可能性，从而提高信息保持的程度。

（5）回忆阶段

学生习得的信息要通过作业表现出来，信息的提取是其中必需的一环。相对其他阶段而言，回忆或信息提取阶段最容易受外部刺激的影响。教师可以利用各种方式使学生得到提取线索，这些线索可以增强学生的信息回忆量；但作为教师，最重要的是指导学生，使他们为自己提供线索，从而成为独立的学习者。所以，对于教学设计来说，通过外部线索激活提取过程固然重要，但更重要的是使学生掌握为自己提供线索的策略。

（6）概括阶段

学生提取信息的过程并不始终是在与最初学习信息时相同的情境中进行的。同时，教师也总是希望学生能把学到的知识运用于各种类似的情境中去，以达到举一反三的目的。因此，学习过程必然有一个概括的阶段，也就是学习迁移的问题。为了促进学习的迁移，教师必须让学生在不同情境中学习，并给学生提供在不同情境中提取信息的机会；同时，更为重要的是，要引导学生概括和掌握其中的原理和原则。

（7）作业阶段（操作阶段）

一个完整的学习过程需要有作业阶段似乎是不言而喻的，因为只有通过作业才能反映学生是否已习得了所学的内容。作业的一个重要功能是获得反馈；同时，学生通过作业看到自己学习的结果，可以获得一种满足。

当然，作业主要是给教师看的。一般来说，仅凭一次作业是很难对学生的学习情况做出判断的，有些学生可能碰巧做得很好，有些学生则可能碰巧做得不理想，因此教师需要几次作业才能对学生的学习状况做出判断。

（8）反馈阶段

当学生完成作业后，他马上意识到自己已经达到了预期的目标。这时，教师应给予反馈，让学生及时知道自己的作业是否正确，从而强化其学习动机。当然，强化在学习过程中之所以起作用，是因为学生在动机阶段形成的期望在反馈阶段得到了肯定。

教师在提供反馈时，不仅可以通过"对""错"等词汇来表达，而且可以使用点头、微笑等许多微妙的方式反馈信息；同时，反馈并不总是需要外部提供的，它也可以从学生内部获得，即进行自我强化。例如，学生可以根据已经学过的概念、规则，知道自己的答案是否正确。

总之，加涅认为教师是教学活动的设计者和管理者，也是学生学习效果的评定者。加涅指出，学习的条件有内外之分。内部条件是学生具有必要的智慧技能和学习动机与预期。学习的外部条件是教学事件，与学习的内部过程相对应。在教学中，要依次完成以下**九大教学事件**：（1）引起学生注意（引起学生注意是教学过程中的首要事件）；（2）提示教学目标（告知学习者目标）；（3）唤起先前经验（刺激回忆先前的学习）；（4）呈现教学内容（呈现刺激）；（5）提供"学习指导"；（6）展现学习行为（引出行为）；（7）适时给予反馈（提供反馈）；（8）评定学习结果（评价行为）；（9）加强记忆与学习迁移（促进保持和迁移）。

3. 信息加工学习理论对实际教学的启示

（1）吸引学生的注意是教学中一个很重要的问题。在呈现重要的教学内容之前，教师应该让学生停止手头上的活动，把注意力转移过来；另外，最好能让学生带着问题去学习。比如，在进行物理实验之前，教师可以让学生预测实验的结果，而不同学生的预测可能不同。为了解决争议，学生设计和进行实验，并收集和分析数据，把实验同自己的问题结合起来，这样可以把学生的注意力集中到与学习有关的活动上，而不只是动手和图热闹。

（2）教师应该突出教学的重点，在重要的地方加以强调，以便于学生对信息的选择编码。

（3）教师应该引导学生复述这些内容，并用原有的知识来理解和解释这些内容，比如用自己的话说出来，通过举例或用自己的经验来解释某种知识，这样可以增强学生对知识的记忆。

4. 认知负荷理论

根据学习的信息加工模型，学生的工作记忆容量有限，如果同时从事几种活动，则存在资源分配的问题，分配遵循"此多彼少，总量不变"的原则。如果某种材料含有多种信息的相互作用，其所需的资源总量超过了学生所具有的资源总量，就会存在资源分配不足的问题，影响学习或问题解决的效率，这就是所谓的**认知负荷超载**。

认知负荷是指一项具体任务的执行给个体认知系统所施加的负荷。有学者区分了三种类型的认知负荷：内在认知负荷、外加认知负荷和生成认知负荷。**内在认知负荷**是处理知识点之间相互作用为工作记忆带来的认知负荷，取决于学生需要在工作记忆保持的、用于理解的信息数量单元；**外加认知负荷**是由学习任务的设计和信息的呈现方式带来的负荷；**生成认知负荷**是用于图式获得和技能自动化的认知负荷，具体用于保持表征以及生成意义等加工过程。

内在认知负荷、外加认知负荷和生成认知负荷三者相加，总和不能超过工作记忆可获得的资源总量。然而，三者的关系不是平等的、对称的。内在认知负荷提供一种基础负荷，是不可能削减的。通过图式获得和技能自动化，内在认知负荷使用减少，余下的工作记忆容量可以让学生运用新的学习材料获得更先进的图式。同时，教师可通过教学设计减少外加认知负荷以增加生成认知负荷的容量，从而促进学生的学习。

三、建构主义学习理论

（一）建构主义的思想渊源

建构主义是学习理论中行为主义发展到认知主义以后的进一步发展。行为主义的基本主张是：

1. 客观主义；2. 环境主义；3. 强化。行为主义者无视知识传递过程中学生的理解及心理过程，而信息加工的认知主义者基本上还是采取客观主义的传统，但强调学习者内部的认知过程。

建构主义是认知主义的进一步发展。杜威、皮亚杰和早期的布鲁纳思想中已有建构主义思想，20世纪70年代末，布鲁纳将维果斯基的思想介绍到美国以后，对建构主义思想的发展起了极大的推动作用。他认为：一方面，高级的心理机能来源于外部动作的内化；另一方面，内在智力动作也外化为实际动作，使主观见之于客观。所有这些对当今建构主义者有很大的影响。

（二）建构主义学习理论的不同取向

建构主义是认知学习理论的新发展，对当前的教学改革产生了深远的影响。建构主义思想的核心是：知识是在主客体相互作用的活动中建构起来的。关于学习的建构理论有很多种，但多数建构主义者都有两个共同的观点：学习者能够主动建构他们自己的知识；社会互动对于知识建构很重要。目前，建构主义主要包括两大流派：认知建构主义（心理建构/个人建构主义）和社会建构主义。其中，认知建构主义也称个人建构主义，强调个体自身在知识建构中的作用，主要以皮亚杰的发生认识论为基础，包括冯·格拉塞斯费尔德的激进建构主义、维特罗克生成学习理论和斯皮罗等人的认知灵活性理论等；社会建构主义也称文化建构主义，强调社会互动、历史文化在个人知识建构中的重要作用，主要以维果茨基的社会历史观为基础，包括社会建构主义、社会文化取向和情境认知等。

1. 激进建构主义

激进建构主义的代表人物为美国哲学家、心理学家和控制论专家冯·格拉塞斯费尔德。它在皮亚杰发生认识论的基础上继承和发展。激进建构主义有两条基本原则：（1）知识不是通过感觉或交流而被个体被动地接受的，而是由认知主体主动地建构起来的，建构是通过新旧经验的相互作用而实现的。（2）认知的机能是适应自己的经验世界，帮助组织自己的经验世界，而不是去发现本体论意义上的现实。

激进建构主义认为真正的学习是发生在主体遇到"适应困难"的时候，只有这时，学习动机才能得到最大限度的激发。所以它反对僵死的、统一的课程目标，强调课程目标的开发性和弹性。它亦反对一味地灌输知识，强调学生积极主动地建构、理解知识，强调学生已有知识结构在新的学习中的重要意义，同时它还强调情境教学，主张教师要尽量给学生创造建构知识的真实情境，反对纯粹抽象地授受知识；教师要把注意力更多地放在学生获得知识的过程，而不是结果。

2. 生成学习理论

维特罗克认为，学习的实质就是一个主动建构和生成意义的过程，这就是他的生成学习理论的基本思想。维特罗克提出的学生学习的生成过程模式较好地说明了学习的建构过程，即学习是学习者主动地建构内部心理表征的过程，它不仅包括结构性的知识，而且包括大量的非结构性的经验背景。

按照维特罗克的模式，学习过程不是先从感觉经验本身开始的，它是从对该感觉经验的选择性注意开始的。他将人类学习过程分为三个阶段：（1）注意和选择性知觉阶段。首先是学习主体长时记忆中的影响知觉和注意的内容以及用特殊方式加工信息的倾向进入短时记忆。由这些内容和倾向形成个体的学习动机并使学习主体对感觉信息产生选择性注意，从而选择所关心的感觉信息。（2）主动建构意义阶段。为了达到对该选择性信息的理解，需要进一步建构该信息的意义，即在该信息与长时记忆中储存的有关信息（原有认知结构）之间建立某种联系。对刚建立的试验性联系进行检验，以确定建构意义是否成功。检验包括两方面：与当前的感觉信息对照和与长时记忆中的已有信息对照。如果建构意义不成功，则返回去检查选择性信息，看该信息与长时记忆中的试验性联系策略是否适当。如果建构意义成功，则达到了意义理解的目的。（3）建构完成和意义生成阶段。达到对新信息的意义理解后，将这种意义按一定类属从短时记忆加入长时记忆中，以实现同化或顺应。

3. 认知灵活性理论

学习是一个不断深化的过程。为了灵活地运用知识，解决各种问题，学习者必须对知识形成深层的理解，只具有一些字面的理解，只记住了一些零碎的概念名词，这是远远不够的。斯皮罗等提出了认知灵活性理论，重点解释了如何通过理解的深化促进知识的灵活迁移应用。

（1）根据知识及其应用的复杂多变程度，斯皮罗等把知识分为结构良好领域的知识和结构不良领域的知识。在我们周围，有些知识领域的问题是比较有规律性和确定的，解决这样的问题有明确的规则，基本可以直接套用相应的法则或公式，这样的知识叫做结构良好领域的知识，如求解正方形的面积。但是，现实生活中的许多实际问题却常常不是这样有规律性和确定的，在解决问题时，不能简单套用原来的解决方法，而需要面对新问题，在原有经验的基础上重新做具体分析，建构新的理解方式和解决方案。这就涉及了结构不良领域的知识。

（2）斯皮罗等人认为，学习可以分为两种：初级知识获得与高级知识获得。初级知识获得是学习中的低级阶段，教师只要求学生知道些重要的概念和事实，在测验中只要求他们将所学的东西按原样再现出来（如背诵、填空、简单的练习题等），这里所涉及的内容主要是结构良好的领域。而高级学习则与此不同，它要求学生把握概念的复杂性，并广泛而灵活地运用到具体情境中。这时，概念的复杂性以及实例间的差异性都显而易见，因而大量涉及结构不良领域的问题。

（3）乔纳森（Jonassen）提出了初级知识获得（练习和反馈）、高级知识获得（师徒式学习）和专门知识学习（经验）的三阶段理论。在初级知识获得阶段，学生往往还缺少可以直接迁移的关于某领域的知识，这时的理解多靠简单的字面编码。在教学中，此阶段所涉及的主要是结构良好的问题，其中包括大量的通过练习和反馈而熟练掌握知识的活动过程。在高级知识获得阶段，开始涉及大量结构不良领域的问题，这时的教学主要是以对知识的理解为基础，通过学徒式的引导而进行。学习者要解决具体领域的情境性问题必须掌握高级的知识。在专门知识学习阶段，所涉及的问题则更加复杂和丰富。这时，学习者已有大量的图式化的模式，而且其间已建立了丰富的联系，因而可以灵活地对问题进行表征。

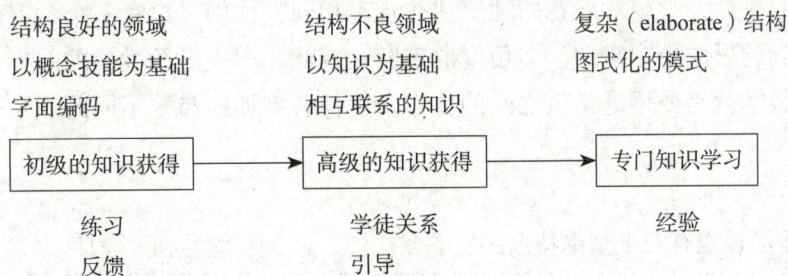

图3-3-7　乔纳森知识获得三阶段

（三）当今建构主义学习理论的基本观点

1. 建构主义知识观

建构主义者在一定程度上质疑知识的客观性和确定性，强调知识的动态性。具体体现在以下三个方面：（1）知识不是对现实的准确表征，只是一种解释、一种假设。知识不是问题的最终答案，相反，它会随着人类的进步而不断地被"革命"，并随之出现新的假设。（2）知识并不能精确地概括世界的法则，不能拿来便用，一用就灵，而是需要针对具体情境进行再创造。（3）知识不可能以实体的形式存在于具体个体之外，尽管我们通过语言符号赋予了知识一定的外在形式，甚至这些命题还得到了较普遍的认可，但这并不意味着学习者会对这些命题有同样的理解；因为这些理解只能由个体基于自己的经验背景而建构起来，取决于特定情境下的学习历程。

按照这种观点，课本知识只是一种关于各种现象的较为可靠的假设，而不是解释现实的"模板"。不能把知识作为预先决定了的东西教给学生，不能用科学家、教师、课本的权威来压制学生。学生对知识的"接受"只能靠自己的建构来完成，以他们自己的经验、信念为背景来分析知识的合理性。

2. 建构主义学生观

建构主义强调学生经验世界的丰富性和差异性。近年来关于儿童早期认知发展的研究表明，即便年龄很小的孩子也已经形成了远比我们所想象的要丰富得多的知识经验。

（1）建构主义强调学生经验世界的**丰富性**，强调学生的巨大潜能。建构主义者完全否定心灵白板说，强调学生经验世界的丰富性和差异性。建构主义者强调，学生并不是空着脑袋走进教室的。在日常生活中，在以往的学习中，他们已经形成了丰富的经验，小到身边的衣食住行，大到宇宙、星体的运行，从自然现象到社会生活，他们几乎都有一些自己的看法。而且，有些问题即使他们还没有接触过，没有现成的经验，但当问题一旦呈现在面前时，他们往往可以基于相关的经验，依靠他们的推理和判断能力，形成对问题的某种解释。这种解释并不都是胡乱猜测，而是从他们的经验背景出发做出的合乎逻辑的假设。

为此，教学不能无视学生的先前经验，另起炉灶，从外部装进新知识，而是要把儿童现有的知识经验作为新知识的生长点，引导儿童从原有的知识经验中"生长"出新的知识经验。教学不是知识的传递，而是知识的**处理**和**转换**。教师不单是知识的呈现者，还应该重视学生对各种现象的理解，倾听他们的意见，洞察他们这些想法的由来，并以此为根据，引导学生丰富或调整自己的理解。这不是简单的"告诉"就能奏效的，而是需要与学生共同针对某些问题进行探索，并在此过程中相互交流和质疑，了解彼此的想法并做出某些调整。

（2）建构主义强调学生经验世界的**差异性**，每个人在自己的活动和交往中形成了自己个性化的、独特的经验，每个人有自己的兴趣和认知风格；所以，在具体问题面前，每个人都会基于自己的经验背景形成自己的理解，每个人的理解往往着眼于问题的不同侧面。

由于经验背景的差异，学生对问题的理解往往各不相同，他们可以在一个学习的共同体中相互沟通、相互合作，对问题形成更丰富的、多角度的理解；因此，学生经验世界的差异本身便构成了一种宝贵的学习资源。教学就是要增进学生之间的合作，使他看到那些与他不同的观点，从而促进学习的进行。

3.建构主义学习观

建构主义强调学习过程有三个基本特点：**主动建构性**、**社会互动性**和**情境性**。

（1）主动建构性

建构主义认为，学习不是知识由教师向学生的传递，而是学生建构自己的知识的过程；学生不是被动的信息接受者，而是信息意义的主动建构者，这种建构不可能由其他人代替。

学习是个体建构自己的知识的过程。这意味着学习是主动的，学生不是被动的刺激接受者，他要对外部信息进行主动的选择和加工，因而不是行为主义所描述的S—R过程；而且，知识或意义也不是简单地由外部信息决定的。外部信息本身没有意义，意义是学习者通过新旧知识经验间反复的、双向的相互作用过程而建构成的。其中，每个学习者都在以自己原有的经验系统为基础对新的信息进行编码，建构自己的理解，而且原有知识又因为新经验的进入而发生调整和改变，所以学习并不简单是信息的积累，它同时包含由于新旧经验的冲突而引发的观念转变和结构重组。学习过程并不是简单的信息输入、存储和提取，而是新旧经验之间的双向的相互作用的过程；因此，建构主义与认知主义的信息加工论有所不同。

（2）社会互动性

传统的观点把学习看作每个学生单独在头脑中进行的活动，往往忽视学习活动的社会情境，或者将它仅仅看作一种背景，而非实际学习过程的一部分。建构主义者强调，学习是通过某种社会文化的参与而内化相关的知识和技能、掌握有关的工具的过程，这一过程常常要通过一个**学习共同体**（最早由日本学者**佐藤学**提出）的合作互助来完成。

学习共同体的主要特征有：① 强调共同体各个成员所具有的多元化的知识、技能优势，这可以使每个人都对团体目标做出有价值的贡献，从而得到认可和尊重；② 共同体有共同的目标，即围绕共同关注的问题推动集体性知识的持续发展，而不是个人的知识、技能的习得；③ 在学习活动上强调个人发展与共享性的知识建构活动的统一，强调成员之间知识、技能的共享和综合，强调学习资源的共享，强调成员之间实现学习过程的透明化；④ 强调学习共同体对学习过程的自我管理，而非教师的主导性控制。教师作为学习共同体的组织者、促进者，其核心责任是设计和组织以学习共同体为中心的学习活动。

（3）情境性

传统的教学观念对学习基本持"去情境"的观点，认为概括化的知识是学习的核心内容，这些知识可以从具体情境中抽象出来，让学生脱离具体物理情境和社会实践情境进行学习，而所习得的概括化知识可以自然地迁移到各种具体情境中。但是，情境总是具体的、千变万化的，抽象概念和规则的学习无法灵活适应具体情境的变化，因而学生常常难以灵活应用在学校中获得的知识来解决现实世界的真实问题，难以有效地参与社会实践活动。据此，建构主义提出了情境性认知的观点。

建构主义认为，知识是不可能脱离活动情境而抽象地存在的，学习应该与情境化的社会实践活动结合起来。具体体现在三个方面：① 知识存在于具体的、情境性的、可感知的活动之中。概念知识不是一套独立于情境的知识符号（如名词术语等），它只有通过实际应用活动才能真正被人所理解。② 人的学习应该与情境化的社会实践活动联系在一起，就如同手工作坊中师傅带徒弟一样。学习者（如同徒弟）通过对某种社会实践的参与而逐渐掌握有关的社会规则、工具、活动程序等，形成相应的知识。在实践情境中所生成的实践性知识是现实世界最强有力的智慧，该知识体现在实践共同体成员的活动和文化之中，学习者通过参与该共同体的社会实践而逐渐形成这种知识。③ 学习和理解的关键是形成对具体情境中的"所限"和"所给"的调适，即学习者能理解该情境中的限制规则，理解在社会互动和实践活动中存在的"条件—结果"关系，从而能对自己的活动过程及其结果做出预期。学习者要洞悉情境中所提供的支持条件，以及它们分别可以支持哪些可能的活动和交往方式。

4. 建构主义教学观

建构主义强调教学不是通过教师向学生单向传递知识就可以完成的，知识也不是通过教师传授而得到的，而是学习者在一定的情境即社会文化背景下，借助于其他人（包括教师和教学伙伴）的帮助，利用必要的教学资料，通过意义建构的方式而获得的。其核心思想可以概括为：以学生为中心，强调学生对知识的主动探索、主动发现和对所学知识意义的主动建构。

为了更好地揭示建构教学的本质，建构主义思想家们提出了教学过程必须要具备的四个基本要素：教学情境、协作共享、对话交流、意义建构。综上所述，教学的质量是学习者建构意义能力的函数，而不是学习者重现教师思维过程能力的函数。所以，建构主义认为，获得知识的多少不在于学习者记忆和背诵教师讲授内容的能力，而主要取决于学习者根据自身经验去建构有关知识的意义的能力。在此基础上，建构主义以自己的教学理论为指导，力图建立一套能与建构主义教学理论以及建构主义教学环境相适应的全新的教学设计理论与方法体系，目前已开发出的、比较成熟的教学方法主要有以下几种。

（1）支架式教学。根据欧共体"远距离教育与训练项目"的有关文件，支架式教学被定义为：支架式教学应当为学习者建构对知识的理解提供一种概念框架。这种框架中的概念是为发展学习者对问题的进一步理解所需要的，为此，事先要把复杂的教学任务加以分解，以便于把学习者的理解逐步引向深入。在这里，支架被形象地用来表述一种教学形式：教师通过"教"来搭建一个必要的脚手架，支持儿童不断地建构自己，不断地掌握、内化所学的知识；儿童通过教师的积极"辅助"，将教学任务逐渐转移给自己，不断掌握从事更复杂认知活动的技能。建构主义以维果茨基的最近发展区为依据，借用建筑行业中使用的脚手架作为概念框架的形象化比喻，其实质是利用概念框架作为教学过程中的脚手架。建构主义者强调，支架教学中的"支架"只有根据学生的最近发展区来建立，并通过支架作用，才能不停地将学生的智力从一个水平引导到另一个更高的水平。布朗等提出，支架式教学过程包括预热、探索、独立探索等环节，也有学者提出五个教学环节：搭脚手架——进入情境——独立探索——协作教学——效果评价。

（2）抛锚式教学（情境教学）。建构主义认为，教学总是与一定的社会文化背景即情境相联系的，他们批评传统教学使教学"去情境化"的做法，认为在传统的课堂讲授中，由于不能提供实际情境所具有的生动性、丰富性，因而将使学习者对知识的意义建构发生困难。他们在实际教学中提倡情境教学，认为在实际建立的有感染力的真实事件或真实问题的基础上的教学，可以使学习者利用自己原有认知结构中的有关经验去同化当前的新知识，使新知识像轮船被锚固定一样牢固地吸收到自己的知识结构中，从而赋予新知识以某种意义。建构主义认为，学习者要想完成对所学知识的意义建构，即达到对该知识所反映事物的性质、规律以及该事物与其他事物之间联系的深刻理解，最好的办法是让学习者到现实世界的真实环境中去感受、去体验（即通过获取直接经验来教学），而不是仅仅聆听别人（例如教师）关于这种经验的介绍和讲解。抛锚式教学也被称为实例式教学、基于问题的教学、情境性教学。抛锚式教学由以下几个环节组成：创设情境—确定问题—自主教学—协作教学—效果评价。

（3）随机进入教学（随机通达教学）。斯皮罗（Spiro）等人的认知灵活性理论认为，为了有效地掌握复杂概念或全面了解高级知识之间的相互联系，换一个角度看问题往往有助于学生对同一问题获得不同的表征形式。因此，对同一内容的教学，有必要在不同的时间段，重新安排不同的情境，分别着眼于问题的不同侧面，用不同的方式加以呈现，以帮助学习者对所学知识获得新的理解。而且他们为了避免教师简单抽象地陈述概念的一般运用，主张要运用不同的变式并与一定的情境结合起来，多角度、多方式地体现同一原理的不同运用形式，这就是所谓的随机进入教学。显然，多种方式表征教学内容的结果，绝不仅仅是对同一知识内容的简单重复和巩固，而是更加有利于学习者形成背景性经验，形成对概念的多角度理解，让学习者牢固地掌握所学的内容。随机进入教学主要包括以下几个环节：① 呈现情境—随机进入—思维训练—协作教学—效果评价。

（4）认知学徒制

认知学徒制是指将传统学徒制方法中的核心技术与学校教育相结合，以培养学生的认知技能，即专家实践所需的思维、问题求解和处理复杂任务的能力。或者说，认知学徒制就是指知识经验较少的学习者在专家的指导下参与某种真实性的活动，从而获得与该活动有关的知识技能。

（5）分布式学习

分布式学习是一种教学模式，它允许指导者、学习者和学习内容分布于不同的非中心的位置，使教与学可以独立于时空而发生。这一概念强调，学习是在学习共同体的个体之间分布完成的。这对合作学习、远程教育具有重要的理论意义。

此外，探究学习和合作学习也对教学实践产生了巨大影响。

综上所述，当今的建构主义者对学习和教学进行了新的解释，强调知识的动态性，强调学生经验世界的丰富性和差异性，强调学习的主动建构性、社会互动性和情境性。学生是自己的知识的建构者，教学需要创设理想的学习环境，促进学生的自主建构活动。

四、人本主义学习理论

人本主义一方面反对行为主义把人看作是动物或机器，另一方面也批评认知心理学虽然重视人类的认知结构，但却忽视人类情感、态度、价值等对学习的影响，认为心理学应该探讨完整的人，强调人的价值，强调人有发展的潜能，而且有发挥潜能的内在倾向，即自我实现倾向。马斯洛是人本主义理论的奠基人，而在人本主义心理学对教育产生的最直接而重要的影响中，罗杰斯当推首位，他创立了"以学生为中心"的教育和教学理论，成为20世纪最重要的教育理论之一。

（一）马斯洛的学习理论

马斯洛对教育问题的关注，主要体现在两个方面：教育目标是什么？怎样实现教育目标？

1. 教育目标论

马斯洛从性善论出发，认为人具有一种与生俱来的积极向善的潜能。马斯洛指出，我们不仅要看到人是什么，而且更应该看到人可能成为什么；不仅看到人的表面和现象，而且要看到人的潜能和内在价值。"一个人能够成为什么，他就必须成为什么。"因此，马斯洛将自我实现作为教育的终极目标，教育的根本目标在于开发潜能，完美人性，完善人格，成为世界公民。

2. 内在学习论

（1）外在学习，指单纯依靠强化和条件作用的学习。外在学习的学习活动是由教师强制的，不是由学生决定的；外在学习的着眼点在于灌输而不在于理解，属于一种被动的机械的、传统教育的模式；在外在学习中，学生只对告别刺激做出零碎反应，所学知识缺少个人意义（"学生学到的，顶多不过像是在他的口袋里装了几把钥匙或几个铜钱而已。学生所学的一切，对他个人的心智成长，毫无意义"）。

（2）内在学习，指依靠学生的内在驱动、充分开发潜能、达到自我实现的学习。内在学习打破了各种束缚人的清规戒律，自由地学他想学的任何课程，充分发挥自己的创造力和想象力（理想的大学是一种教育的退隐）；教育的作用在于提供一个安全、自由、充满人情味的心理环境，使人类潜能自动地得以实现；主张自发的、自觉的、主动的、创造性的学习模式。

（二）罗杰斯的学习理论

1. 知情统一的教学目标观

罗杰斯认为，情感和认知是人类精神世界中两个不可分割的有机组成部分，彼此是融为一体的。因此，罗杰斯的教育理想就是要培养"躯体、心智、情感、精神、心力融汇一体"的"完人"或"功能完善者"。要想最终实现这一教育理想，应该有一个现实的教学目标，这就是"促进变化和学习，培养能够适应变化和知道如何学习的人"。他说："只有学会如何学习和学会如何适应变化的人，只有意识到没有任何可靠的知识，只有寻求知识的过程才是可靠的人，才是真正有教养的人。"可见，人本主义重视的是教学的过程而不是教学的内容，重视的是教学的方法而不是教学的结果。

2. 有意义的自由学习观

罗杰斯认为，学生学习主要有两种类型——认知学习和经验学习，其学习方式也主要有两种——无意义学习和有意义学习，并且认为认知学习和无意义学习、经验学习和有意义学习是完全对应的。因为认知学习的很大一部分内容对学生自己是没有个人意义的，它只涉及心智，而不涉及感情和个人意义，是一种"发生在颈部以上"的学习，是一种无意义学习；而经验学习以学生的经验成长为中心，以学生的自发性和主动性为学习动力，把学习与学生的愿望、兴趣和需要有机结合起来，因而经验学习必然是有意义的学习，必能有效促进个体的发展。

所谓有意义学习，不仅仅是一种增长知识的学习，而且是一种与每个人各部分经验都融合在一起的学习，是一种使个体的行为、态度、个性以及在未来选择行动方针时发生重大变化的学习。在这里，罗杰斯的有意义学习和奥苏伯尔的有意义学习是有区别的。前者关注的是学习内容与个人之间的关系；而后者则强调新旧知识之间的联系，它只涉及理智，而不涉及个人意义。按照罗杰斯的观点，奥苏伯尔的有意义学习只是一种"在颈部以上发生的学习"，并不是罗杰斯所指的有意义学习。

对于有意义学习，罗杰斯认为主要具有四个要素：（1）学习具有个人参与的性质（全神贯注），即整个人（包括情感和认知两方面）都投入学习活动；（2）学习是自发的（自动自发），即便在推动力或刺激来自外界时，要求发现、获得、掌握和领会的感觉仍然是来自内部的；（3）全面发展，也就是说，它会使学生的行为、态度、人格等获得全面发展；（4）学习是由学生自我评价的（自我评估）。

人本主义心理学家（罗杰斯）提出了促进意义学习的基本条件：（1）强调以学生为中心，突出学习者在教学过程中的中心地位；（2）让学生觉察到学习内容与自我的关系；（3）让学生身处一个和谐、融洽、被人关爱和理解的氛围，并且将这种气氛由教师逐步扩大到学生之间；（4）强调要注重从做中学。

此外，罗杰斯所倡导的学习原则之核心就是让学生自由学习。他认为，只要教师信任学生，信任学生的学习潜能，并愿意让学生自由学习，就会在于学生的交往中形成适应自己风格的、促进学习的最佳方法。

3. 学生中心的教学观（非指导教学模式）

教育与教学过程就是要促进学生的个性发展，发挥学生的潜能，培养学生学习的积极性与主动性。而学习是人固有能量的自我实现过程，强调人的尊严和价值，强调无条件积极关注在个体成长过程中的重要作用。教育的目标、学习的结果应该是使学生成为具有高度适应性和内在自由性的人。

学生中心模式又称为非指导教学模式。罗杰斯认为，在意义学习中，应采取非指导性教学。所谓非指导性教学，就是"这种学习的发起，不是依赖教学艺术、广博的知识和授课计划，而是依赖存在于教师和学生彼此关系中的某些态度。"在这个模式中，罗杰斯主张废除"教师"（teacher）这一角色，代之以"学习的促进者"（facilitator），教师只是学习的促进者、协作者或者说是伙伴、朋友，学生才是学习的关键，学习的过程才是学习的目的所在。罗杰斯非指导教学模式的教学原则体系包括以学生为本、让学生自发的学习、排除对学习者自身的威胁、给学生安全感（精髓）等。它的过程包括五个阶段：确定帮助的情景，探索问题，形成见识，计划和抉择，整合。

罗杰斯从人本主义的学习观出发，认为凡是可以教给别人的知识，相对来说都是无用的；能够影响个体行为的知识，只能是他自己发现并加以同化的知识。教师的任务不是教学生学习知识（这是行为主义所强调的），也不是教学生如何学习（这是认知理论所重视的），而是为学生提供各种学习的资源，提供一种促进学习的气氛，让学生自己决定如何学习。因此，促进学生学习的关键在于特定的心理气氛因素。罗杰斯认为，这种心理气氛因素和心理治疗领域中咨询师对来访者（患者）的心理气氛因素是一致的，这就是：（1）真诚一致（真诚或真实）：学习的促进者表现真我，没有任何矫饰、虚伪和防御。（2）无条件的积极关注（尊重、关注和接纳）：学习的促进者尊重学习者的情感和意见，关心学习者的方方面面，接纳作为一个个体的学习者的价值观念和情感表现。（3）移情性理解（共情、移情、同理心）：学习的促进者能了解学习者的内在反应，了解学生的学习过程。在这样一种心理气氛下进行的学习，是以学生为中心的。

（三）基于人本主义的课堂教学模式

1. 以题目为中心的课堂讨论模型

这是由精神分析学家、群体心理治疗专家科恩于1969年创建的。她将人本主义提出的心理治疗方法应用于学校教育，从而形成了一种人本主义心理学的教育模型。它要求教师提出有利于促进课堂讨论的课题，找到讨论的课题与群体中正在发生的问题的接触点，教师要善于运用各种方式，以促进课堂的讨论，并且在教学中教师要体现一种真正的人本主义的能力。而且，该模型允许学生任何时候进行讨论，允许学生讨论时离题。

2. 开放课堂教学模型（开放教室的教学模型）

心理学家韦伯提出开放课堂教学模型，这是人本主义心理学提倡的各种教育改革方案中最具特色的教学设计。这是一种适用于小学阶段的人本主义模型。开放教室的典型特点是无拘无束、不拘形式。在实施开放教室的学校里，学生可以自选学习地点、学习材料以及学习方法等等。教师只扮演被询问者的角色，教师的首要任务就是在恰当的时间，促进儿童与学习的真正材料发生接触。

3. 自由学习的教学模型

这是英国人尼尔首创的一种富有人本主义色彩的教育模型。自由学习环境模型认为，在自由学习的环境中，学生具有与管理人员同等的地位。他们共同确定学校的法则与方针，而且不强迫学生出席任何班级或做任何他们所不希望做的工作。

（四）对人本主义学习理论的评价

人本主义的学习和教学观深刻影响了世界范围内的教育改革，与程序教学运动、学科结构运动合称20世纪三大教学运动。客观地说，罗杰斯等人本主义心理学家从他们的自然人性论、自我实现论及当事人中心出发，在教育实际中倡导以学生经验为中心的"有意义的自由学习"，对传统的教育理论造成了冲击，推动了教育改革运动的发展。这种冲击和促进主要表现在：突出情感在教学活动中的地位和作用，形成了一种以知情协调活动为主线、以情感作为教学活动的基本动力的新的教学模式；以学生的"自我"完善为核心，强调人际关系在教学过程中的重要性，认为课程内容、教学方法、教学手段等都维系于课堂人际关系的形成和发展；把教学活动的重心从教师引向学生，把学生的思想、情感、体验和行为看作教学的主体，从而促进了个别化教学运动的发展。

当然，由于人本主义学习理论是根植于其自然人性论及自我实现论的基础之上的，因此在实际教学中，它片面强调学生中心，而忽视了教师的指导作用，从根本上排斥了后天教育对学生应该实施的有系统、有目的的影响，把教育的功能贬低到了最低限度。同时，人本主义学习理论直接来源于心理治疗的理论和实践，是以"当事人中心"为基础提出"学生中心"的，把教学与治疗、学生与当事人、教师与治疗者等同，从而忽视了学校教育过程固有的特殊性。并且，它在反对传统教育轻视情感的基础上，又走向另一极端，过分轻视系统科学知识的学习，片面强调情感的重要性，并最终走向情感至上的歧途。这些都是有失偏颇的。

总之，人本主义学习理论既有其本身固有的缺陷，也有许多可取之处。它重视对学生的尊重和爱护，充分发挥学生主动性和创造力，主张教学工作要注意创设良好的人际关系和课堂气氛，使学生身心健康地成长以适应时代的变化和社会的要求，这些对于我国的教育改革是有所启发的，是值得借鉴的。

▶ 真题回顾与模块自测

一、单选题

1. 下面不属于学习的主体的是（   ）。（2020.7.15济南市中真题）

　　A. 动物　　　　　　　　B. 学生　　　　　　　　C. 网络　　　　　　　　D. 机器

2. 学生将茄子、白菜、青菜等归纳为"蔬菜"，根据加涅的学习层次分类观点，这样的学习属于（　　）。（2020.11.8枣庄峄城真题）

A. 信号学习　　　　　B. 连锁学习　　　　　C. 辨别学习　　　　　D. 概念学习

3. 现实生活中，我们经常发现，越是成绩好的学生越愿意学习，越是成绩差的学生越不愿意学习。如果用桑代克提出的学习规律加以解释，则最适宜解释这种现象的是（　　）。（2020.8.6济南十区县联考真题）

A. 反馈律　　　　　B. 练习律　　　　　C. 效果律　　　　　D. 准备律

4. 小白鼠拉动线绳可以避免电击，它就会学会不断的拉线；人们在疲劳时停止工作，休息几分钟就会恢复精神，所以人们就学会了恢复疲劳的办法。上述案例所采取的措施为（　　）。（2020.9.26济南钢城、山东护理学院真题）

A. 正强化　　　　　B. 负强化　　　　　C. 惩罚　　　　　D. 消退

5. 斯金纳认为，个体的行为之所以发生变化是因为强化的作用，因此对强化的控制就是对行为的控制。强化可以划分为一级强化和二级强化，下列属于一级强化的是（　　）。（2020.8.6济南十区县联考真题）

A. 金钱　　　　　B. 微笑　　　　　C. 听音乐　　　　　D. 温暖

6. 李强看到同学关心集体的行为受到表扬和奖励，就会增强自己以同样的方式行事，如主动向班级提出合理化建议、在公益活动中发挥作用的倾向，这属于（　　）。（2020.9.26济南钢城、山东护理学院真题）

A. 外部强化　　　　　B. 自我强化　　　　　C. 直接强化　　　　　D. 替代强化

7. 对同一内容的学习要在不同时间多次进行，每次的情境都是经过改组的，分别着眼于问题的不同侧面，以便使学习者对概念获得新的理解，这种教学模式称为（　　）。（2020.12.26济南历城真题）

A. 双向教学　　　　　B. 支架式教学　　　　　C. 情境性教学　　　　　D. 随机通达教学

8. 学习的认知灵活性理论代表人物斯皮罗对学习进行了解释，认为学习可以分为初级知识获得和高级知识获得两种形式。乔纳森在此基础上又提出了专门知识的获得，从而将学生知识的获得分为三阶段。其中学生在初级知识获得阶段涉及的学习内容主要是（　　）。（2020.8.6济南十区县联考真题）

A. 结构不良领域的知识　　　　　　　　　　B. 结构良好领域的知识

C. 结构复杂领域的知识　　　　　　　　　　D. 结构简单领域的知识

二、多选题

1. 按照学习的本质特点，下列选项属于学习的是（　　）。（2020.10.18济南平阴真题）

A. 小和尚念经　　　　　　　　　　　　　B. 学生受校园文化潜移默化的影响

C. 儿童第一次学会系鞋带　　　　　　　　D. 大猩猩模仿游人吃饼干

2. 下列属于经典性条件反射的有（　　）。（2020.7.18青岛真题）

A. 画饼充饥

B. 望梅止渴

C. 小白鼠通过反复尝试，会通过按压杠杆的方式获取食物

D. 每次给狗提供食物之前摇铃，反复几次后，狗听到铃声就会流口水

3. 尽管认知派的学习理论有很多种，但它们具有一些共同的特点，下列属于认知学习理论的特点的有（　　）。（2020.12.26济南历城真题）

A. 一切学习都是刺激—反应的形成　　　　B. 学习是以意识为中介的

C. 学习的结果是在头脑中形成认知结构　　D. 影响学习的最重要的因素是内部因素

4. 奥苏贝尔认为，有意义学习就是符号所代表的新知识与学习者认知结构中已有的观念建立非人为的（非任意的）和实质性的（非字面的）联系的过程。奥苏贝尔提出进行有意义学习必须具备一定的前提条件，下列选项属于有意义学习条件的是（　　　）。（2020.8.6济南十区县联考真题）

A. 学习材料本身必须具备逻辑意义

B. 学习者必须具备有意义学习的心向

C. 学习者认知结构中必须有同化新知识的原有的适当观念

D. 学习过程必须有教师的指导

5. 罗杰斯认为促进学生学习的关键不在于教师的教学技巧、专业知识、课程计划、视听辅导材料、演示和讲解丰富的书籍等，而在于特定的心理气氛因素，这些因素存在于促进者与学习者的人际关系之中。下列选项中属于罗杰斯所说的能够促进学习的心理气氛因素的是（　　　）。

A. 真诚一致　　　　　　　　　　　　B. 无条件的积极关注

C. 自我肯定　　　　　　　　　　　　D. 同理心

三、判断题

1. 负强化就是惩罚。（　　　）（2020.6.26潍坊昌邑真题）

2. 每到期末考试，学生就会"临时抱佛脚"努力学习，这体现了教育心理学中的"扇贝效应"。（　　　）（2020.7.30烟台莱阳、海阳真题）

3. 罗杰斯所说的有意义学习，是在对事物理解的基础上，依据事物的内在联系所进行的学习。（　　　）（2020.11.28德州乐陵真题）

四、简答题

简述布鲁纳发现学习的内涵及特点。（2020.8.8菏泽真题）

【参考答案】

一、单选题

1. C　2. D　3. C　4. B　5. D　6. D　7. D　8. B

二、多选题

1. BCD　2. ABD　3. BCD　4. ABC　5. ABD

三、判断题

1. ×　2. √　3. ×

四、简答题

（略）

第四章 学习动机

学习动机是影响学生学习效果的重要因素之一，同时它本身也是学校教育的重要目标。激发和培养学生的学习动机，具有重要的理论意义和实践意义。

思维导图

学习动机
- 学习动机概述
  - 学习动机的内涵及成分
  - 学习动机的分类
  - 学习动机的作用
  - 学习动机与学习效果的关系
- 学习动机理论
  - 强化理论
  - 需要层次理论
  - 成就动机理论
  - 成败归因理论
  - 自我效能感理论
  - 自我价值理论
  - 成就目标定向理论
- 学习动机的培养与激发
  - 影响学习动机形成的因素
  - 学习需要的形成与培养
  - 学习动机的激发

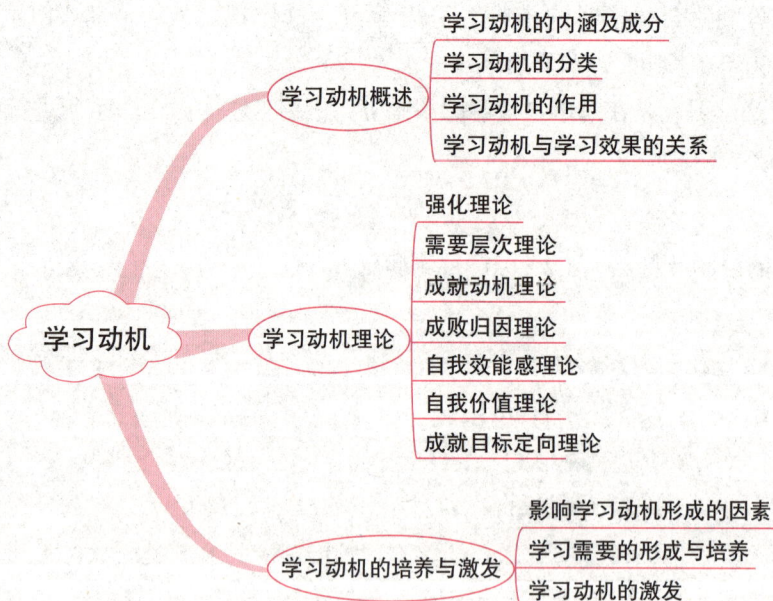

第一节 学习动机概述

一、学习动机的含义

（一）学习动机的内涵

学习动机是指激发个体进行学习活动，维持已引起的学习活动，并使行为朝向一定学习目标的一种内在过程或内部心理状态。心理学家一致认为，动机属于影响学习的情感因素。

（二）学习动机的基本成分

在实际学习过程中，学习的动力因素虽然多种多样，但比较常见的有三种，即推力、拉力和压力。推力因素与学生对学业成就本身的追求有关，发自学生内心的学习愿望和要求（如对学习的强烈兴趣和探究心向等），对学习起推动作用；拉力因素与学习的外在后果（如学位、待遇及社会地位等）有关，对学习起引诱作用；压力因素与客观现实环境对学生的要求（如考试、竞赛和升学等）有关，对学习起强制作用。

作为主体学习愿望的推力，实质上是主体的一种学习需要；作为对主体的学习活动具有吸引作用的拉力，实质上是一种学习期待。因此，学习动机的两个基本成分是学习需要与学习期待，两者相互作用形成学习的动机系统。

学习需要是指个体在学习活动中感到有某种欠缺而力求获得满足的心理状态，它的主观体验形式是学习者的学习愿望或学习意向。它包括学习的兴趣、爱好和学习的信念等，学习兴趣是学习动机中最活跃的成分。从需要的作用上来看，学习需要即为学习的内驱力。所以，学习需要就称为学习驱力。学习动机是在学习需要的基础上产生的，学习需要是个体从事学习活动的最根本的动力。

学习期待是个体对学习活动所要达到目标的主观估计。学习期待不等于学习目标，学习期待是学习目标在个体头脑中的反映。学习期待就其作用来说就是学习的诱因。诱因是指能够激起有机体的定向行为，并能满足某种需要的外部条件或刺激物。学习期待是静态的，诱因是动态的。

（三）学习动机相关概念

1. 动机与兴趣

兴趣是指趋向某一活动对象的内在倾向，分为三个层次：有趣、乐趣和志趣。兴趣其实就是动机的一种，只是兴趣促动的活动方向比较具体明确罢了。

2. 动机与需要和诱因

需要是由个体的某种缺失或不足所引起的内部紧张状态，是动机产生的内部条件；诱因是能够满足某种需要的外部条件或刺激物，它是产生动机的外部条件。动机的产生是需要和诱因相互作用的结果。

3. 动机与态度

态度的构成包括认知、情感和行为倾向三个因素。如某人对吸烟持反对态度，那我们就可以发现：她能说出吸烟如何危害身体健康（认知）；她不喜欢有人在她面前吸烟（情感）；当有人在她面前吸烟时，她会设法离开（行为倾向）。态度与动机，两者都是促动行为的内在因素。另外，认知失调是个体态度改变的动机。认知失调即当态度中认知、情感、行为出现不一致的情况时，个体要进行调整，以达成新的平衡。

4. 动机与期待和抱负水平

期待是个体对某件事情是否发生的主观预期。当这种预期与个人的知觉经验不相符时，就会造成心理失衡，这种失衡可能对个体的行为动机产生影响。

抱负水平是指个体从事某项活动之前，估计自己能达到的成就目标，是个体对自己行为结果的一种期待，它与实际工作成绩未必相符，两者的差距及方向将影响个人动机。

5. 动机与价值观

个体的选择往往取决于他的价值观。任务价值是指成功完成某一任务带来的期待奖励。一般来说，学习任务对学生有三种价值：（1）内在价值或兴趣价值，指个体从活动本身获得的乐趣，如学习音乐出自对艺术的热爱。（2）成就价值，指在任务中表现良好的重要性，这与个体的需要及取得成功的意义相关。如果你觉得学业很重要，你就会重视分数、学分、证书；如果你重视体育，则在国际象棋比赛中获奖就能说明自己的高水平。（3）效用价值，指有助于达到一个短期或者长期目标的价值。比如，学习外语可以为自己以后进入外企工作提供更大的可能性。成本是对个体选择和完成某项任务的消极影响因素，它是构成任务价值的关键因素。

有研究者将期望与价值结合在一起，提出了期望价值理论。期望价值理论认为，个体从事某项活动的动机取决于对成功的期望与成功价值的乘积。如果两者中有一项是零，则动机也接近零。例如，一名学生认为自己能力低下，学业成功的可能性很低，或者觉得学业成功没有什么价值，那么他是不会努力学习的。

二、学习动机的分类

（一）内部学习动机与外部学习动机

根据动力来源，学习动机可以分为内部学习动机和外部学习动机两类，这种划分得到心理学家的公认。内部动机是指由个体内在的需要引起的动机。例如，学生的求知欲、学习兴趣、改善和提高自己能力的愿望等内部动机因素，会促使学生积极主动地学习。外部动机是指个体由外部诱因所引起的动机。某些学生为了得到教师或父母的奖励或避免受到教师或父母的惩罚而努力学习，他们从事学习活动的动机不在学习任务本身，而是在学习活动之外。

内部学习动机和外部学习动机的划分不是绝对的。一方面教师应逐渐使外部动机转化成为内部动机；另一方面又应利用外部动机使学生已经形成的内部动机处于持续的激起状态。

（二）认知内驱力、自我提高内驱力与附属内驱力

根据学校情境中的学业成就动机，奥苏伯尔等人把动机分为三方面的内驱力：认知内驱力、自我提高内驱力和附属内驱力。

认知内驱力是一种要求理解事物、掌握知识，系统地阐述并解决问题的需要。它以求知作为目标，从知识的获得中得到满足，是学习的内部动机。它指向的是学习任务和活动本身。

自我提高内驱力是指个体由自己的学业成就而获得相应地位和威望的需要。它指向的是学业成就，把成就视为赢得地位与自尊心的根源，属于外部动机。

附属内驱力，是指个体为了获得长者（如教师、家长等）的赞许或认可而表现出来的把工作、学习做好的一种需要。它具有这样三个条件：第一，学生与长者在感情上具有依附性。第二，学生从长者方面所博得的赞许或认可中将获得一种派生的地位。第三，享受到这种派生地位乐趣的人，会有意识地使自己的行为符合长者的标准和期望，借以获得并保持长者的赞许。附属内驱力显然也是一种外部动机。

随着年龄的增长，学生学习动机的三种组成成分会发生如下变化：在儿童早期，附属内驱力最为突出；儿童后期和少年期，其强度会减弱，寻求的肯定会从父母、教师转向同龄伙伴；青年期认知内驱力和自我提高内驱力是学生学习的主要动机。

（三）高尚的、正确的学习动机与低级的、错误的学习动机

根据学习动机内容的社会意义，可以分为高尚的与低级的动机两类。高尚的学习动机的核心是利他主义，学生把当前的学习同国家和社会的利益联系在一起，例如"为中华之崛起而读书"。低级的学习动机的核心是利己的、自我中心的，学习动机只来源于自己眼前的利益。例如，有的大学生努力学习只是为了个人的名誉与出路或报答父母的养育之恩等。

（四）近景的直接性学习动机与远景的间接性学习动机

根据学习动机的作用与学习活动的关系（学习动机起作用时间的长短），可以分为近景的直接性动

机和远景的间接性动机两类。近景的直接性动机是与学习活动直接相连的，来源于对学习内容或学习结果的兴趣。例如，学生的求知欲、成功的愿望、对某门学科的浓厚兴趣，以及教师生动形象的讲解、教学内容的新颖等都直接影响到学生的学习动机。远景的间接性动机是与学习的社会意义和个人的前途相连的。例如，大学生意识到自己的历史使命，为不辜负父母的期望，为争取自己在班集体中的地位和荣誉等都属于间接性的动机。

有时也把近景性动机分为间接近景性动机和直接近景性动机。如：为了得到老师、家长的奖励而努力学习，属于间接近景性动机；为设计好航空模型而努力学习有关的物理知识，属于直接近景性动机。

（五）一般动机与具体动机

根据学习动机起作用的不同范围，可分为一般动机与具体动机两类。一般动机是在许多学习活动中都表现出来的，较稳定、持久地努力掌握知识经验的动机。具有这种学习动机的学生，即使遇到教学能力低、教学责任感差的教师，也仍能认真努力地学习，是典型的"为读书而读书"者。具体动机是在某一具体学习活动中表现出来的动机。例如，在学生的学习经历中，如多科失败而只有一科成功，就可能只形成对该门学科的学习动机。

（六）主导性学习动机和辅助性学习动机

根据动机在活动中作用的大小，可以把学习动机分为主导性学习动机和辅助性学习动机两类。在复杂的活动中往往存在多种动机，所起的作用各不相同。有的动机在学习活动中起着主要的支配作用，成为主导性学习动机；有的动机起次要的辅助作用，叫作辅助性学习动机。

（七）交往性动机与威信性动机

美国心理学家J. M. 索里和C. W. 特尔福德，把社会动机分成两大类，即交往性动机和威信性动机，这两类动机对学生的学习有着极大的意义。他们认为，交往性动机是一种最基本的社会动机，起源于儿童与他人的接触，表现为愿意和别人在一起而不愿独处，希望与合得来的人相处，而不愿与陌生人相处等等。这种动机在学习上表现为：有的儿童愿意为他所喜欢的教师努力学习，而拒绝为他所不喜欢的教师努力学习；因获得父母、教师、亲友的赞扬而认真学习，或因受到责备、奚落，挫伤了自尊心和自信心而影响学习；因师生的友好合作而增进学习的责任感；等等。威信性动机是一种比交往性动机更高级的社会动机，主要表现为对于自己在其他人心目中的地位的追求，如期望得到别人的尊重、肯定和赞扬，向往获得成就等等。威信性动机常用来推动学习，通过奖惩与竞赛作为激发这种动机的手段。

三、学习动机的作用

（一）学习动机对学习活动发生作用的中介机制

动机对学习的作用不同于原有知识的作用；动机对学习的作用是通过努力、集中注意为中介等而实现的；动机与学习之间的关系通常是互为因果的关系，而不是单向关系。著名心理学家奥苏伯尔和加涅都持这种观点。奥苏伯尔认为："动机与学习之间的关系是典型的相辅相成的关系，绝非一种单向性的关系。"加涅指出："动机并非学习的一个必不可少的条件，所以没有必要把学习活动推迟到学生养成适当兴趣和动机之后进行。"一般说来，学习动机并不是通过直接卷入认知建构过程而对学习产生作用的，而是以学习情绪状态的唤醒（学业情绪）、学习准备状态的增强、学习注意力的集中、学习意志努力的提高（毅力）以及学业投入的增加（认知投入、情感投入、行为投入）为中介来影响认知建构过程的，犹如"催化剂"间接地增强与促进化学反应一样，间接地增强与促进认知建构过程。

图3-4-1　学习动机与学习活动的关系

（二）学习动机对学习活动的作用

1. 引发作用（启动功能、激活功能）

当学生对于某些知识或技能产生迫切的学习需要时，就会引发学习内驱力，唤起内部的激动状态，产生焦急、渴求等心理体验，并最终激起一定的学习行为。例如，有位教师在教小学生"分数的基本性质"时，让学生在一个大西瓜的模型上，分别拿走1/4、2/8、4/16部分，结果学生感到非常奇怪："1/4、2/8、4/16怎么会一样多呢？"这时老师随即设问："这三个分数的分子、分母都不相同，怎么会大小一样呢？"由于学生此时非常渴望揭开其中的奥秘，于是便引发了学生学习"分数的基本性质"的学习行为。

2. 定向作用（导向功能、指向功能）

学习动机以学习需要和学习期待为出发点，使学生的学习行为在初始状态时就指向一定的学习目标，并推动学生为达到这一目标而努力学习。有的学生可能面临多种学习目标和诱因，这就需要在其中做出选择。例如，一个喜欢看美剧的学生就有可能给自己设立一个学习目标：不看字幕就能听懂美剧。为此他会记单词、学语法、反复对照录像看英语字母等，直到成功为止。

3. 维持作用（强化作用）

学习动机的维持作用表现为学生在某项学习上的坚持时间、出现频次以及投入状态。在学习过程中，学生的学习是认真还是马虎，是勤奋还是懒惰，是持之以恒还是半途而废，在很大程度上取决于学习动机的水平。阿特金森研究发现，完成某项具体学习任务所需要的时间与对该项任务的动机水平成正相关。由此可见，学习动机水平高的学生能在长时间的学习活动中保持认真的态度和坚持把学习任务胜利完成的毅力，而学习动机水平低的学生则缺乏学习行为的稳定性和持久性。

4. 调节作用（监督作用）

学习动机调节学习行为的强度、时间和方向。如果行为活动未达到既定目标，动机还将驱使学生转换行为活动方向以达到既定目标。例如，如果学生觉得直接听懂美剧是一项太艰难的目标，就会考虑调整学习目标，如先听懂慢速英语新闻。

四、学习动机与学习效果的关系

（一）学习动机、学习行为与学习效果的关系

学习动机与学习效果的关系并不是直接的，它们之间往往以学习行为为中介，而学习行为又不单纯只受学习动机的影响，它还要受一系列主客观因素，如学习基础、教师指导、学习方法、学习习惯、智力水平、个性特点、健康状况等的制约。因此，只有把学习动机、学习行为、学习效果三者放在一起加以考察，才能看出学习动机与学习效果之间既一致又不一致的关系。现在我们以"M"代表学习动机，以"L"代表学习行为，以"E"代表学习效果，可以得到常见的四种M—E关系类型。"+"表示好或积极，"-"表示坏或消极。（见下表）

表3-4-1　学习动机、学习行为与学习效果的关系

	正向一致	负向一致	正向不一致	负向不一致
M	+	-	-	+
L	+	-	+	-
E	+	-	+	-

从表中可以看出，在四种M—E关系类型中，有两种类型的学习动机与学习效果的关系是一致的，另两种类型的学习动机与学习效果的关系则不一致。一致的情况是：学习动机强，学习积极性高，学习行为也好，则学习效果好（正向一致）；相反，学习动机弱，学习积极性不高，学习行为也不好，则学习效果差（负向一致）。不一致的情况是：学习动机强，学习积极性高，如果学习行为不好，其学习效果也不会好，这是负向的不一致；相反，学习动机不强，如果学习行为好，其学习效果也可能好，这是正向的不一致。据此，我们便可以得出这样的结论：学习动机是影响学习行为、提高学习效果的一个重要因素，但不是决定学习活动的唯一条件。在学习中，激发学习动机固然是重要的，但应当把改善各种主客观条件以提高学习行为水平作为重点来抓。只有抓住了这个关键，才会保持正向一致和正向不一致，消除负向一致与负向不一致。

（二）动机具有加强学习的作用

美国心理学家洛厄尔曾用实验比较了两组成就动机强弱不同而其他条件相同的大学生的学习效率。他发现，成就动机较强的一组在完成学习任务中能够不断取得进步，学习效率相对较高；而成就动机弱的一组则没有取得明显的进步，学习效率相对较低。

（三）耶克斯—多德森定律

学习动机和学习效果之间有着相互制约的关系。学习动机可以促进学习，学习动机与学习效果的关系通常是一致的；因此，在一般情况下，动机水平增加，学习效果也会提高。

但学习动机强度与学习效率之间并不完全成正比。心理学家耶克斯和多德森的研究表明，各种活动都存在一个最佳的动机水平。动机不足或过分强烈，都会使学习效率下降。他们认为，中等程度的动机水平最有利于学习效果的提高。一旦动机强度超过了这个水平，对行为反而会产生一定的阻碍作用，如学习的动机太强、急于求成，会产生焦虑和紧张，干扰记忆和思维活动的顺利进行，使学习效率降低。考试中的"怯场"现象主要是由动机过强造成的。

图3-4-2 耶克斯—多德森定律

同时，他们还发现，最佳的动机水平与任务性质（作业难度）密切相关：任务较容易，最佳动机水平较高；任务难度中等，最佳动机水平也适中；任务越困难，最佳动机水平越低。这便是著名的耶克斯—多德森定律（简称"倒U形曲线"）。

由此可知，教师在教学时，要根据学习任务的不同难度，恰当控制学生学习的动机水平。在学习较容易、较简单的课题时，应尽量使学生集中注意力，使学生尽量紧张一点儿；在学习较复杂、较困难的课题时，则应尽量创造轻松自由的课堂气氛；在学生遇到困难或出现问题时，要尽量心平气和地耐心引导，以免学生过度紧张和焦虑。"大考大玩、小考小玩、不考不玩"是它的典型表现。

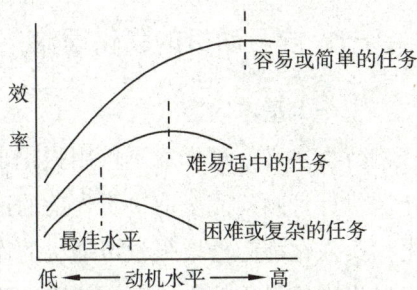

第二节 学习动机理论

学习动机如何影响学习行为？人们对这一问题的看法大致可以归为三类：第一类看法强调诱因的直

接作用，如斯金纳的强化论，属于行为主义观点；第二类看法强调需要的直接作用，如马斯洛的需要层次论，属于人本主义观点；第三类看法强调需要和诱因并不产生直接作用，而是通过学生对需要、诱因以及与学习活动本身相关的因素的认知作中介而起作用，如自我效能感理论、成就动机理论和动机归因理论等等，属于认知观点。

总的来看，行为主义强调外部动机作用，例如，强调外部事件或来自外部的奖赏、强化的作用，而不大考虑学习本身的状况。因此在实际应用于教育工作时，强调分数、等级以及对学习的其他外部奖赏等。认知派对动机作用的看法却正好相反，他们主张行为是由我们的思维来决定的。例如，大家都有这样的体验，当你在从事一项十分有趣的工作或专注于某一设计时，可以达到废寝忘食的地步，虽然错过了午饭时间，你也不觉得饿，直到有人来找你，问你吃饭了没有，这时你才会想起"我还没吃饭呢！"由此可见，认知学派的观点强调的是内部的动机作用，例如，学习的满足或成就。社会学习论融合了行为派和认知派的观点，如著名的期望理论强调，动机可被看作是两个主要因素的产物：个体达到目标的期望和目标对于个人的价值。例如，在一场乒乓球比赛中，如果选手确信自己能战胜对手，且这场比赛对其有重要意义，那他参赛的动机就强。人本主义观点在解释动机作用时强调个人的自由、选择、自我决定以及力求个人的生长或自我实现。

一、学习动机的强化理论

（一）基本内容

行为主义心理学家不仅用强化来解释学习的发生，而且用它来解释动机的产生。他们认为，人的某种学习行为倾向完全取决于先前的这种学习行为与刺激因强化而建立起来的牢固联系。一般说来，正强化和负强化都起着增强学习动机的作用，如适当的表扬与奖励、获得优秀成绩、取消频繁的考试等便是正强化或负强化的手段。惩罚则一般起着削弱学习动机的作用，但有时也可使一个人在失败中重新振作起来，如频繁的惩罚、考试不及格等便是惩罚的手段。在学习中如能合理地增强正强化，利用负强化，减少惩罚，将有助于提高学生的学习动机水平，改善他们的学习行为及其结果。

（二）评价

以刺激物的使用和安排来激发学习动机，强化理论有一定的积极意义；但过于强调强化的作用，忽视甚至无视人的学习主观能动性和学习兴趣的作用是机械的、不正确的。仅凭学生的行为来推断学生的动机往往是困难的，因为可能有许多不同的动机影响学生的行为。

二、学习动机的人本理论

（一）罗杰斯的自由学习理论

自由学习理论以罗杰斯为代表。罗杰斯在其撰写的《学习与自由》一书中，提出了以自由为基础的自由学习原则，主要包括以下几个方面：

（1）人生来就有学习的潜力。

（2）教材有意义且符合学生学习目的时才会产生学习。

（3）学生只有在较少威胁（心理压力）的教育情境下才会进行有效的学习。

（4）主动、自发、全身心投入的学习才会产生良好的效果，教师只需提供学习活动的范围和各种学习资源。

（5）学生自评学习结果，有利于培养独立思考能力和创造力。

（6）重视生活能力的学习，以应对变动的社会。

（7）涉及学习者整个人（理智和情感）的自我发起的学习，是最持久、最深刻的学习。

（8）在现代社会中最有用的学习是了解学习过程、对经验始终持开放态度，并把它们结合到自己的变化过程中去的学习。

（二）马斯洛的需要层次理论

1. 基本内容

美国心理学家马斯洛提出了他的需要层次理论。他认为可把人的需要分为七个层次，即生理的需要、安全的需要、归属和爱的需要、尊重的需要、认知的需要、审美的需要、自我实现的需要。

（1）生理需要即人对食物、空气、水、性和休息的需要，是人最基本的需要，也是其他一切需要产生的基础。

（2）安全需要是人对生命财产的安全、秩序、稳定，免除恐惧和焦虑的需要。

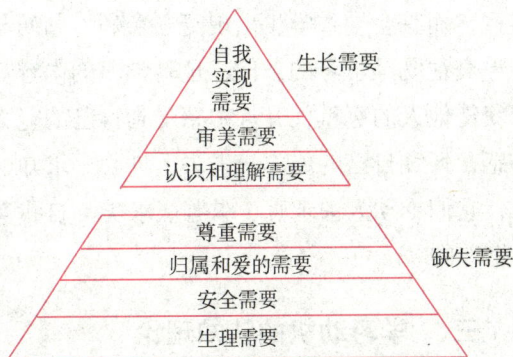

图3-4-3 需要层次理论

（3）归属和爱的需要是人要求与他人建立情感联系，参加一个团体并在其中获得某种地位的需要。它是更高一级的需要，包括被人爱与热爱他人，保持友谊，被团体接纳等。

（4）尊重的需要包括自尊和受他人尊重的需要。

（5）认知的需要又称认知与理解的需要，是指个人对自身和周围世界的探索、理解及解决疑难问题的需要。

（6）审美的需要是指对对称、秩序、完整结构及行为完美的需要。

（7）自我实现的需要是指人们追求实现自己的能力或潜能并使之完善化的需要。这种需要希望自己越来越成为所期望的人物，希望完成与自己能力相称的一切事情。

马斯洛将位于需要层次底部的四种需要定义为缺失需要，这是个体生存所必需的。例如，因饥渴而求饮食，因恐惧而求安全，因孤独而求归属，因免于自卑而求自尊。后三种需要是成长需要，它虽不是我们生存所必需的，但对于我们适应社会却有很重要的积极意义。也就是说，缺失需要使我们得以生存，成长需要使我们能够更好地生活。"仓廪实而知礼节，衣食足而知荣辱"，需要层次越低，它的能量越强，高级需要出现之前，低级需要应得到或至少部分满足。高级需要出现后又可能延迟和控制低级需要的满足。在个体发展过程中，低级需要直接关系到个体的生存，高级需要出现得较晚。马斯洛指出，基本需要虽然有层次之分，但这种层次并不是固定的顺序，而只是一种一般的模式，在实际生活中，有些富有理想和崇高价值观念的人"会为了某种理想和价值而牺牲一切"，正所谓"生命诚可贵，爱情价更高，若为自由故，两者皆可抛"。

2. 对教学的启示

需要层次理论说明，在某种程度上学生缺乏学习动机可能是由于某种缺失性需要没有得到充分满足而引起的。如：家境清贫使得温饱得不到满足；父母离异使得归属与爱的需要得不到满足；教师过于严厉和苛刻，动辄训斥和批评学生，使得安全需要和尊重需要得不到满足。这些因素会成为学生学习和自我实现的主要障碍；所以，教师不仅要关心学生的学习，也应该关心学生的生活和情感，以激发其学习动机。

只有满足学生合理的可以实现的最基本需要，学生才能积极努力地学习。在教学中，教师只有努力满足学生的认知需要和学习需要，才能调动学生学习的积极性和自主性。一般来说，学校里最重要的缺失需要是爱和自尊；所以教师不仅要关心学生的学习，也应该关心学生的生活，重视满足学生自尊的需要、爱的需要和审美的需要，丰富学生的精神生活。

从更广泛意义上理解，人的各层次需要都与学习有一定的关系。生理需要和安全需要虽然并不直接推动学习，却是保证学生进行有效学习的前提条件。如果这两种需求得不到满足，不仅学习活动无法进行，而且会导致学生出现身心疾病。归属与爱的需要是学生交往的动力，在学校环境中，师生交往、同伴交往既是学习的条件，也是学习的内容。尊重的需要是推动学生学习的重要动力，学生努力学习以求获得他人的尊重，并从中感受到自己的能力和价值，获得自信心。这一需要得不到满足，就会产生自卑感，怀疑自己的能力，失去上进心。求知的需要就是学习动机，审美的需要在很大程度上也是学习动机，它们推动人去求真、求善、求美。自我实现的需要推动人发挥自己的潜能，是学校教育应该重点加以培养的。

三、学习动机的认知理论

（一）成就动机理论

1. 麦克利兰的成就动机理论

成就动机这一概念源于20世纪30年代默里的有关研究，成就动机理论的主要代表人物是麦克利兰和阿特金森。成就动机是个体努力克服障碍、施展才能、力求又快又好地解决某一问题的愿望或趋势。

成就动机是在人的成就需要的基础上产生的，是激励个体乐于从事自己认为重要的或有价值的工作，并力求获得成功的一种内在驱动力。例如，大学生想获得优良的学业成绩，想为社会经济发展做出更多的贡献等，都是其成就动机作用的表现。在学习活动中，成就动机是一种主要的学习动机。

麦克利兰把人的高层次需求归纳为对成就、权力和亲和的需求。麦克利兰的研究发现，成就需要高的人，喜欢对问题承担自己的责任，能从完成任务中获得满足感。成就动机的高低还影响到个体对职业的选择。成就动机低的人，倾向于选择风险较小、独立决策少的职业；成就动机高的人喜欢从事具有开创性的工作，并且在工作中勇于做出决策。

个人的成就动机可以分成两个部分：其一是追求成功的倾向；其二是避免失败的倾向。一个人趋近目标的行为最终要受到这两种动机的综合作用的制约。如果一个人追求成功的动机高于避免失败的动机，那么这个人将努力去追求有挑战性的目标；如果一个人避免失败的动机高于追求成功的动机，那么这个人就尽可能选择能减少失败机会的目标。麦克利兰通过"丢木桩实验"（绳圈套木桩实验）验证了这一点。

2. 阿特金森的期望—价值理论

阿特金森将麦克利兰的理论做了进一步深化，提出了影响深远的期望—价值理论。他认为个体的成就动机强度由成就需要、期望水平和诱因价值三者共同决定，用公式表示：动机强度（T）=f（成就需要M×期望P×诱因I）。

其中力求成功的倾向Ts由以下三个因素所决定：对成就的需要（成功的动机）Ms；在该项任务上将会成功的可能性Ps；成功的诱因值Is。其公式为：Ts = Ms × Ps × Is。Ms是一个相对稳定的特性，是个体努力以达到成功的性格特质（可用TAT主题统觉测验得到的）；成功的可能性Ps指的是个体对达成目标的可能性的估计；Is为成功的诱因值，它是一种叫做对成绩自豪的感情。Is与Ps具有对立（互补）的关系，也就是Is=1-Ps，即任务越难，个体越倾向于付出更多努力，而完成后，又会体验更多的自豪感。例如，经过了几天冥思苦想后解出的数学题比轻而易举地解一道简单的数学题要更让人兴奋。

避免失败的倾向性Taf也由三个因素决定：避免失败的动机Maf；失败的可能性Pf；失败的消极诱因

值If（一种消极的情感，如羞愧）。其公式为：Taf=Maf×Pf×If。其中If=1-Pf。即失败的可能性减小时，失败的诱因值就增加。

由以上得出：成就动机就是力求成功的倾向的强度减去避免失败的倾向的强度。Ta=（Ms×Ps×Is）-（Maf×Pf×If）。如果一个人在一种特定的情境中获得成功的需要大于避免失败的需要，那么他就敢于冒风险去尝试并追求成功。

根据这一理论，如果一个学生获取成就的动机大于避免失败的动机，他们为了探索一个问题，在遇到一定量的失败之后，反而会提高他们去解决这一问题的愿望；而另一方面，如果获得成功太容易的话，反而会减低这些学生的动机。因此，力求成功者的目的是获取成就，所以他们会选择有所成就的任务，而成功概率为50%的任务是他们最有可能选择的，因为这种任务能给他们提供最大的现实挑战，有助于他们通过努力来提高自尊心和获得心理上的满足。当他们面对完全不可能成功或稳操胜券的任务时，其动机水平反而会下降。相反，避免失败者则倾向于选择非常容易或非常困难的任务，如果成功概率大约是50%时，他们会回避这项任务，以防止自尊心受损和产生心理烦恼。选择容易的任务可以保证成功，使自己免遭失败；选择极其困难的任务，即使失败，也可以找到适当的借口，得到自己和他人的原谅，从而减少失败感。

3. 成就动机理论对教学的启示

针对这种情况，在教育实践中给学生的任务既不能太难，也不应太易。对力求成功者，应通过给予新颖且有一定难度的任务，以安排竞争的情境、严格评定分数等方式来激起其学习动机；而对于避免失败者，则要安排少竞争或竞争性不强的情境，如果取得成功则及时表扬予以强化，评定分数时要求稍稍放宽些，并尽量避免在公众场合下指责其错误。

（二）成败归因理论

1. 基本内容

人们做完一项工作之后，往往喜欢寻找自己或他人之所以取得成功或遭受失败的原因。归因是人们对自己或他人活动及其结果、原因所做的解释和评价。最早提出归因理论的是海德，后来罗特提出了控制点的概念。罗特把个体对于强化的偶然性程度所形成的普遍信念称作控制点。内控强调结果由个体的自身行为造成或者由个体的稳定的个性特征（如能力）决定。反之，如果认为事情是由个体之外的因素（如运气、机会、命运、偏见）等导致则被称为外控。美国心理学家韦纳对行为结果的归因进行了系统探讨，并把归因分为三个维度——内部归因和外部归因、稳定性归因和非稳定性归因、可控制归因和不可控制归因，又把人们活动成败的原因归结为六个因素——能力高低、努力程度、任务难易、运气、身心状态、外界环境。

（1）控制点或控制源（因素来源）：指当事人自认为影响其成败的因素的来源，或者是个人条件（内控），抑或是外在环境（外控）。在此一向度上，能力、努力及身心状况三项属于内控，其他各项则属于外控。

（2）稳定性：指当事人自认为影响其成败的因素在性质上是否稳定，是否在类似情境下具有一致性。在此一向度上，六因素中能力与工作难度两项是不随情境改变的，是比较稳定的，其他各项均为不稳定者。

（3）可控制性：指当事人自认为影响其成败的因素，在性质上能否由个人意愿所决定。在此一向度上，六因素中只有努力一项是可以凭个人意愿控制的，其他各项均非个人所能左右。

韦纳认为每一维度对动机都有重要影响。控制点维度与个体成败的情绪体验有关；稳定性维度与个体对未来成败的期望有关；可控性维度既与情绪体验有关，又与对未来成败的预期有关。（1）控制源维度：如果将成功归因于内部（能力和努力）因素，会产生自豪感，归因于外部（难度和运气）因素，则会产生侥幸心理；如果将失败归因于内部（能力和努力）因素，则会产生羞愧的感觉，归因于外部（难度和运气）因素，则会生气。（2）稳定性维度：如果将成功归因于稳定（能力和难度）因素，则会产生自豪感，动机提高；将成功归因于不稳定（努力和运气）因素，则会产生侥幸心理。将失败归因于稳定（能力和难度）因素，将会产生绝望的感觉，将失败归因于不稳定（努力和运气）因素，则会生气。（3）可控性维度：如果将成功归因于可控（努力）因素，则期待通过自己的控制而获得下一次成功，如果归因于不可控（能力、难度和运气）因素，则感到庆幸，但无法预期下一次成功，因而不能产生学习的动力；如果将失败归因于可控（努力）因素，则产生内疚，下一次是否成功取决于自己下一阶段的行动；如果归因于不可控（能力、难度和运气）因素，则感到绝望，自甘下一次失败。

表3-4-2 成败归因理论

纬度→	稳定性		因素来源		可控性	
因素↓	稳定	不稳定	内在	外在	可控	不可控
能力高低	+		+			+
努力程度		+			+	
任务难度	+			+		+
运气好坏		+		+		+
身心状态		+	+			+
外界环境		+		+		+
E	+		−		+	

一般而言，学生通常将成功或失败的原因归因于能力、努力、任务难度与运气等四个因素，而较少归因为身心状态或外界环境。不过，在这四个因素中，研究者对教学过程中的能力与努力归因及其相互作用给予了更多的关注，认为努力与能力之间存在着一种补偿平衡关系，低能意味着必须更加努力，而努力又表示低能。当然，学生最终将自己的成败归因为什么因素，是受到下列多种变量影响的：

（1）他人操作的有关信息，即个体根据别人的行为结果的有关信息来解释自己的行为结果的原因。比如：班级中大部分人得了高分，则易产生外部归因（测验容易，教师给高分等）；班级中只有少数人得高分，则易产生内部归因（学生有能力，学习刻苦等）。

（2）先前的观念或因果图式，即个体以往的经验或行为结果。如果目前行为结果与过去结果具有一致性，则易归因于稳定因素，否则归因于不稳定因素。过去因努力而成功者，更易将成功归因于努力或能力等内部因素；经努力但最终失败者，则易归因于某些不可控的因素，如缺乏能力、运气不佳等。

（3）自我知觉，即个体对自己能力的看法。自认为有能力者，易将成功归因于能力，将失败归因于教师的偏见、测验不公正等。

此外，教师或权威人物对学生行为的期待、奖惩和归因，学生的性格类型，教育训练等都可以影响学生的归因。一些研究表明，个体做出某种归因受到情境线索中的有关信息的影响，因而通过改变、操纵情境信息，如操纵课堂情境中的某些变量，则可以改变学生的不适当的归因。

2.归因理论的教育启示与意义

（1）根据成败归因理论，学生将成败归因于努力比归因于能力会产生更强烈的情绪体验

教师在给予奖励时，不仅要考虑学生的学习结果，而且要联系其学习进步与努力程度状况来看，强调内部、稳定和可控制的因素。在学生付出同样的努力时，对能力低的学生给予更多的奖励，对能力低而努力的人给予最高的评价，对能力高而不努力的人则给予最低的评价，以此引导学生进行正确的归因。

（2）教师根据学生的自我归因可预测其此后的学习动机

韦纳的归因理论在教育上具有重要意义。教师根据学生的自我归因可预测其此后的学习动机。学生自我归因虽未必正确，但却是重要的。因为归因促使学生在从了解自己到认识别人的过程中，建立起明确的自我概念，促进自身的成长。而如果学生有不正确的归因，则更表明他们需要教师的辅导与帮助。长期消极的归因不利于学生的个性成长，这就需要教师利用反馈的作用，并在反馈中给予学生鼓励和支持，帮助学生正确归因，重塑自信。韦纳发现，在师生交互作用的教学过程中，学生对自己成败的归因，并非完全以其考试分数的高低为基础，而且受到教师对他的成绩、表现所作反馈的影响。

总之，归因理论有助于教师了解心理活动发生的因果关系，有助于根据学生行为及其结果推断出个体的稳定心理特征和个性差异，有助于从特定的学习行为及其结果方面预测个体在某种情况下可能产生的学习动机，对于改善学习行为、提高其学习效果也会产生一定的作用。此外，归因训练还有助于提高自我认识。教师也要注意培养学生的正确归因，对消极的归因进行辅导。一个总是把失败归因于内部的、稳定的、不可控的因素（即能力低）的学生会形成一种习得性无助的自我感觉。"习得性无助"由美国心理学家塞利格曼提出，是指认为无论自己怎么努力，也不可能取得成功，因此便采取逃避努力、放弃学习的无助行为，使学习一蹶不振。习得性无助产生后有三方面的表现：动机降低、认知出现障碍和情绪失调。因此，教师应引导学生进行客观归因，尽量地将学习上的成功归因于自己的能力和努力，而将学习上的失败归因于内部的不稳定因素，即努力不够。

（三）自我效能感理论

1.基本内容

（1）概念

自我效能感指人们对自己是否能够成功地从事某一成就行为的主观判断。这一概念由班杜拉最早提出。

（2）强化与期待

班杜拉在他的动机理论中指出，人的行为受行为的结果因素与先行因素的影响。行为的结果因素就是通常所说的强化；行为的结果是由于人认识了行为与强化之间的依赖关系后，形成了对下一步强化的期待。

（3）期待的类型

所谓"期待"，包括结果期待和效能期待。结果期待指的是个体对自己的某种行为会导致某一结果的推测。例如，学生认识到只有上课认真听讲，才能获得他所希望的好成绩，那他就很可能认真听课。效能期待则指个体对自己能否实施某种成就行为的能力的判断，即人对自己行为能力的推测。例如，学生不仅认识到注意听课可以带来理想的成绩，而且还感到自己有能力听懂教师所讲的内容时，才会真正认真听课。在这里，自我效能感是指个体在进行某一活动之前，对自己能否有效地做出某一行为的判断，

即人对自己行为能力的主观推测。

（4）自我效能感的功能

自我效能感具有以下功能：① 影响活动的选择和坚持性。自我效能感高的人倾向于选择富有挑战性的任务，倾向于坚持自己的行为，直至成功；自我效能感低的人则容易半途而废。② 影响对困难任务的态度。自我效能感高的人敢于面对困难，坚信只要不懈努力，困难是能克服的；而自我效能感低的人在困难面前畏首畏尾，不敢尝试。③ 影响新行为的产生和习得行为的表现。自我效能感高的人能够高效地获得新行为，并自如地表现所习得的行为；而自我效能感低的人则相反。④ 影响活动时的情绪。自我效能感高的人活动时信心十足，情绪饱满；而自我效能感低的人则充满着恐惧和焦虑。

（5）自我效能感作用于主体的方式

班杜拉认为自我效能感是通过四种方式作用于主体的：① 选择过程。当个体可以采用不同的活动方式来解决所面临的任务时，由于不同的活动包含着不同的技能和知识要求，所以，他选择哪种活动，就取决于他对可供选择的各种活动的自我效能感。② 认知过程。人类目的性行为大多受到预期目标的调节，而预期目标的如何设定，则要受到自我效能感的影响。自我效能感还通过归因和对行为控制点的知觉，来影响活动过程中的思维，并进而影响活动的效率。一般来说，自我效能感强的人往往把行为的成功归因为自己的能力和努力，把行为的失败归因为自己努力程度的不足。同样，在控制点知觉方面，自我效能感高，个体会觉得能够通过努力改变或控制自己；而自我效能感低，就会认为行为结果完全是由环境控制的，自己无能为力。③ 动机过程。自我效能感会影响到个体在活动过程中的努力程度，以及个体在面临困难、障碍、挫折、失败时对活动的持久力和耐力。④ 情绪反应。当面临着可能的危险、不幸灾难的情境时，自我效能感将决定个体的应激状态焦虑和抑郁等情绪反应。

2.影响因素

（1）直接经验（个体自身行为的成败经验）

直接经验是影响自我效能感的最主要因素。一般来说，成功经验会提高效能期待，反复的失败则会降低效能期待。不过，成败经验对自我效能感的影响还取决于个体对成败的归因方式（人们对于行为成败的归因方式，会直接影响自我效能感的评价）。如果个体把成功归因为外部的不可控的因素，就不会增强效能感；反之，如把失败归因为外部的不可控的因素，就不会降低效能感。

（2）替代性经验

学习者通过观察示范者的行为而获得的间接经验对自我效能感的形成也具有重要影响。当一个人看到与自己水平差不多的示范者取得成功时，就会增强自我效能感，反之就会降低自我效能感。替代者对自我效能感的影响主要受自我与替代者之间相似程度的影响，相似性越大，替代者成败的经验越具有说服力。

（3）言语劝说与暗示

言语劝说与暗示是试图凭借说服性的建议、劝告、解释和自我引导，来改变人们自我效能感的一种方法。这种方法形成的自我效能感不易持久。

（4）情绪唤起

班杜拉认为情绪和生理状态也影响自我效能的形成。焦虑水平高的人往往低估自己的能力，烦恼、疲劳则会使人感到难以胜任所承担的任务。

（四）自我价值理论

1.基本内容

自我价值理论是美国心理学家科温顿（卡文顿）提出的。该理论以成就动机理论和成败归因理论为基础，从学习动机的负面着眼，试图探讨"有些学生为什么不肯努力学习"的问题。

自我价值理论的基本假设是当自己的自我价值受到威胁时，人类将竭力维护自我价值，认为人类将自我接受作为最优先的追求。

自我价值理论认为，学生的自尊感来源于对自己能力的肯定。在自我价值理论中，感到自己具有过人的能力是最重要的优势，有时候甚至超过了成绩好。在学校里，学生的价值通常来自于他们在竞争中取得成功的能力，在学校中的成功应被理解为保持积极的、有关能力的自我形象。

自我价值理论澄清了阿特金森对成就动机的描述，将动机类型划分为四种，随之也将学生划分为四种：（1）高驱低避型（成功定向者）：这类学生拥有无穷的好奇心，通过不断的刻苦学习发展自我。（2）低驱高避型（逃避失败者）：这类学生更看重逃避失败而不是期望成功。在他们不喜欢学习的背后，隐藏着他们强烈的对失败的恐惧，尤其是面对没有把握成功的任务时。（3）高驱高避型（过度努力者）：这类学生既受到成功的诱惑，又感到失败的恐惧，对任务又爱又恨，兼具了成功定向者和避免失败者的特点。为了成功同时又要掩饰自己的努力，出现了"隐讳努力"的现象——表面上贪玩、不在乎考试，私下里偷偷努力，拼命学习。（4）低驱低避型（失败接受者）：这类学生不奢望成功，对失败也不感到丝毫恐惧或者羞愧。他们对成功漠不关心，不接受任何有关能力的挑战。这种不关心意味着放弃，也就防止了对自己无能的评价。

总之，自我价值理论可以较好地解释"有的学生为什么不肯努力学习"而"有的学生为什么要掩饰其努力或拒绝承认其努力"等问题。这些实质上都源于将成败归因于能力的一种自我价值保护的效应。表面看起来是学习动机的降低，实质上却是自我价值保护这一学习的内在动机的加强。或许可以说对学业的漠视、逃脱和倦怠，不是由于缺乏动机，而是因为动机过强。这种过强的动机不是正常的积极的动机，而是与胜任感的联系过于密切，从而采用一些自欺欺人的策略保护自我价值。

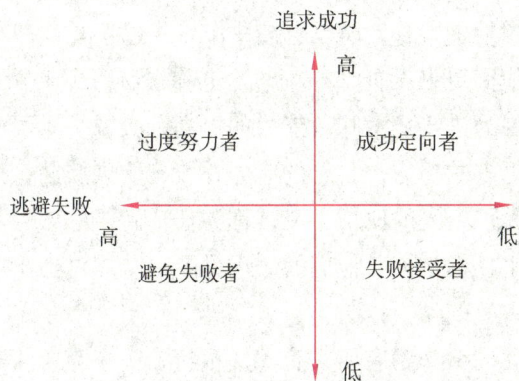

图3-4-4　自我价值理论

2.教育应用

（1）正确判断学生学习动机

教师要意识到：成绩好的学生未必有强烈的、建设性的学习动机；看似无所谓的孩子也不一定没有学习动机。

（2）正确看待"努力"这把双刃剑

一方面，学生希望尽自己最大的努力；另一方面则想尽可能地证明自己的能力。所以避免失败的学生会出现减少羞愧的策略：努力，至少看起来是在努力，但是不那么积极主动，更不刻苦，不勤奋。过度努力的学生则出现"隐讳努力"的现象。因此，教师要合理设置任务，采取相应措施，如鼓励小组合作学习。

（3）学校评价系统对学生学习动机的引导

教师应引导学生树立信心，积极、乐观地看待能力。首先，让学生意识到能力是一种用来解决问题的资源，可以随着知识和经验的增加而增加；其次，让学生知道能力是拥有多个纬度、多种形式的。

（五）成就目标定向理论

成就目标定向理论是以成就动机理论和成败归因理论为基础，在德维克能力理论的基础上发展起来的一种学习动机理论。该理论认为个体对成就活动目的的认识决定了其判断成功的标准。一般而言，评价成功的标准有三个：（1）<u>任务标准</u>，主要看个体是否达到活动任务的要求。（2）<u>自我标准</u>，主要看个体是否比自己以前做的更好。（3）<u>他人标准</u>，主要看个体是否比群体中的其他人做的好。它主要包括两方面内容：一是描述个体在成就情境下可能采取的目标定向类型；二是分析个体之所以产生不同目标定向的原因。

1. 两种不同的能力内隐观

德维克认为，人们对能力持有不同的内隐观念。（1）一种为<u>能力实体观</u>，持这种观点的人认为能力是稳定的，不可改变的特质。根据这个观点，有些人会比另一些人更聪明，但是每个人的能力的量都是固定的。（2）另一方面，<u>能力增长观</u>则认为能力是不稳定的，是可以控制的，是可以随着知识的学习、技能的培养而加强的。通过努力工作、学习和练习，知识能够得到增长，能力也将提高。

2. 两类成就目标

持有不同能力观的学生倾向于设置不同的成就目标。（1）持有能力实体观的学生倾向建立<u>表现目标</u>（也称成绩目标），从而避免被别人看不起。他们选择适宜的工作，比如不需花费太多精力而且成功可能性很大的工作，以最好的成绩表现他们聪明的一面。那些有学习困难的孩子更容易形成能力实体观。持有能力实体观的老师更倾向对学生<u>贴标签</u>，而且即使他们遇到和他们观念不符的事实时也更难改变他们原本对学生的成见。具有表现目标的学生更关心的是能否向其他人证明自己的能力，通俗地说，就是做给别人看，所以也被称作<u>自我卷入的学习者</u>，因为他们关注的是自己。（2）持有能力增长观的学生，他们更多设置<u>掌握目标</u>（也称学习目标）并寻求那些能真正锻炼自己的能力、提高自己的技能的任务。因为进步才意味着能力的提高；失败并不可怕，不过是走向成功的必走的一步，它只是说明自己还需要更多的努力，自己的能力并没有受到威胁，所以他们选择<u>中等难度</u>的任务。持掌握目标的学生其学习是为了个人的成长，又被称为<u>任务卷入的学习者</u>，因为他们关心的是他们能否掌握任务，而不是和他人相比，不是关心他们的表现是否出众。这类学习者会更多地寻求帮助，使用较高水平的认知策略，运用更有效的学习方法。

后来，有研究者（艾略特、平崔克）将趋近和回避两种动机与成就目标相结合，组合出四种目标类型：（1）<u>掌握趋近目标</u>，着眼于掌握知识、完成任务，获得比自己过去高的能力或者胜任任务的能力。（2）<u>掌握回避目标</u>，着眼于避免跟自己相比、跟任务相比感到自己无能，避免任务没有完成或者内容没被掌握，如努力避免数学课的内容不完全理解。（3）<u>表现趋近目标</u>，着眼于展示自己的能力，做到比别人优秀，根据常模标准来判断自己的表现。（4）<u>表现回避目标</u>，着眼于避免在别人面前表现差劲，避免跟别人相比显示自己无能。

3. 成就目标定向与学习策略的关系

目标定向与学习策略之间存在密切关系，目标定向是导致学习策略变化的因素之一。掌握目标定向的个体，其学习目的在于能力提升，力图在学习中提高自己的能力、技能，理解和掌握知识。学习本身就是一种终极的目标，故把困难看作挑战，完成任务的坚持性强，有助于<u>深加工策略</u>的使用，对个体会有更多的<u>积极自我描述</u>；而表现定向或成绩定向的个体因其把学习看成一种工具和手段，将困难看作失败的征兆，必然导致完成任务的坚持性差，采用<u>表面加工策略</u>，对个体有较多的<u>消极描述</u>。

4. 两类成就目标研究的意义

对掌握目标和表现目标研究的重要意义在于，教师应该使学生相信学习不是为了分数。教师应该强调学习内容的价值和意义，淡化分数和其他奖励。例如，老师可以说："今天我们学习分数的性质，因为我们在日常生活中常常遇到将一个东西平分的问题。"而不说："我们今天要学习分数的性质，大家注意听，因为明天我们要就此进行测验。"掌握目标和表现目标也并非不可兼容，一个人想完成某件事情可以同时因为他喜欢，也因为他希望向别人证明自己的能力。

（六）自我决定理论

自我决定理论是由美国心理学家德西和瑞恩提出的动机过程理论。该理论又称认知评价论，也有人认为其是一种人本主义动机理论。该理论的基本假设是：人是积极自主的有机体，具有与生俱来的心理成长倾向，会努力地应对环境中的持续挑战，并将外部经验整合到自我概念中。自我决定理论通过有机整合理论和基本心理需要理论分别阐述了自我整合过程及其营养支持。

1. 有机整合理论

自我决定理论认为，自我决定是个体在充分认识自身需要和环境信息的基础上对行动所做出的自由选择，人具有自我决定的潜能，这种潜能引导人从事感兴趣的、有益于能力发展的行为，灵活地适应社会环境。有机整合理论根据自我决定的程度，对人的动机类型进行了划分，并探讨了人的动机的内化过程。这一理论将人的动机看作一个从无动机、外部动机到内部动机的自我决定程度不断增加的连续体。（1）无动机者处于缺少行为意愿的状态，可能是由于个体觉得行为结果不重要，即使做了也得不到想要的结果，或者自己没有能力做出这个行为。（2）自我决定理论根据个体对行为的自主程度，把外部动机分为四种类型：外部调节（个体完全为了满足外在要求而服从外部规则做出某种行为）、内摄调节（个体吸收了外部规则，但没有完全接纳为自我的一部分；个体为了避免焦虑或羞愧，或维护自尊和自我价值感，而做出某一行为）、认同调节（个体认同规则的价值，觉得遵循规则是重要的，自愿按照规则做出行为）和整合调节（个体将外部规则完全内化，成为自我的一部分，在各种活动中自主地做出规则所要求的行为）。（3）内部动机是人所固有的一种追求新奇和挑战、发展和锻炼自身能力、勇于探索和学习的先天倾向。

自我决定理论的研究在强调内部动机的同时，亦关注外在动机是如何影响内部动机的。它认为外在动机使用不当会导致内在动机的抵消。德西等人的实验充分说明如果进行一项对于被试而言感兴趣、自主性的活动，如果同时提供外部的物质奖励，反而会减少这项活动参与者的吸引力（德西效应）。

总之，自我决定理论将动机划分为内在动机、内化动机和外在动机。内化动机是指由外在因素激发个体对学习活动的意义的内在认同和追求，并成为学习的主导动力。该理论强调学习动机激发的重点在于外部动机的内化。值得注意的是，外部动机的内化不等同于内部动机，外部动机即使内化为整合调节状态，由个体进行完全的内部控制，也还是属于外部动机，仍是由于目标对其有益或者重要而产生行为特征，具有一定的工具性；而内部动机的特征是个体对行为本身感兴趣。在教学中，教师应努力促进学生的外部动机的内化过程，将学习与个体的自我加以整合，达成将学习作为人生信仰的终极目标，这一过程可以通过自主支持、能力支持、关系支持加以实现。

2. 基本心理需要理论

自我决定理论认为，自我决定行为源自于自我高度整合的动机，包括内在动机以及高度内化的外部动机。自我高度整合是一个自然的过程，需要社会环境的滋养才能完成。社会环境的滋养就是三种基本心理需要的满足：自主需要（自主性）、能力需要（胜任力需要，胜任感）和关系需要（关联需要或归属需要，归属感）。（1）自主需要就是自我决定的需要，指个体对于从事的活动拥有一种自主选择感而非受他人控制的需要，它是内部动机产生的关键。（2）能力需要是指个体对自己的行为能够达到某种水平，对自己能够胜任某项活动的信念。（3）关系需要指个体与他人相联系或属于某个群体的需要，包括合群需要和认同需要。这三种基本心理需要的满足可以促进个体内部动机的产生与外部动机的内化，使个体保持积极的心理状态，更好地成长，更好地适应环境。

3. 基本心理需要的满足

（1）引导树立内部目标。（2）设置适度挑战任务。恰到好处的挑战能产生心流体验，"心流"是指个体将自己的精神力量完全投注在某项活动上的感觉，伴有高度的兴奋感与充实感。（3）提供自主性支持。自我决定理论的核心是自主性，提供自主支持性的教师倾向于给学生提供独立工作和决策的机会。（4）呈现信息的指导、规则、反馈、评价和奖励。（5）营造和谐的人际关系氛围。

（七）自我差异理论与调节聚焦理论

自我差异理论认为人有三种基本的自我，一是现实自我，是指自己或者他人认为个体实际上所表现出来的特征的表征；二是理想自我，是指个体认为自己或者他人所希望自己具备的特征的表征；三是应该自我，是指自己或者他人认为个体有义务或责任应该具备的特征的表征。自我差异实际上就是指理想自我与现实自我，以及应该自我与现实自我之间的差距。而这种差距会导致不同的情绪感受，且会不断驱使个体缩小这种差距。

调节聚焦理论是希金斯在自我差异理论的基础上提出来的。调节聚焦理论有两层内涵：第一层内涵是根据自我导向，这种导向是指个体的目标是来自于个体本身的愿望还是应该担负的责任。根据两种不同的自我导向可以区分促进定向和预防定向。促进定向的人重视个体内部标准，而预防定向的人重视的是外部或者社会标准。因此，促进定向的人聚焦于达成个人重要的希望、理想和愿景，关注的是成长、发展、成就等需求，即理想自我导向。而预防定向的人重视的是安全、责任和达到自己应尽的义务和职责或扮演所接受教育中的社会角色，即应该自我导向。另一层内涵是根据参照点的不同，促进定向的人聚焦于积极的参照点——获得提高，他重视的是积极结果的出现，目标是获取积极结果和避免未获取积极结果，个体更多地体验喜悦或沮丧的相关情绪。而预防定向的人聚焦于消极的参照点——损失/安全，他关注的是消极结果的出现，目标是避免消极结果和损失，体验到的往往是与放松和愤怒相关的情绪。获得了积极结果，则促进定向的人的目标顺利达成，而若避免了损失的消极结果，则预防定向的人的目标顺利达成。

第三节　学习动机的培养与激发

一、影响学习动机形成的因素

（一）主观因素（内部条件）

（1）需要和目标结构；（2）成熟和年龄特点；（3）性格特征和个别差异；（4）志向水平与价值观；（5）焦虑程度。

（二）客观因素（外部条件）

（1）家庭环境和社会环境；（2）学校教育与教师的榜样作用。

二、学习需要的形成和培养

（一）利用学习动机与学习效果的互动关系培养学习需要

学习动机作为引起学习活动的动力机制，是学习活动得以发动、维持、完成的重要条件，并由此影响学习效果。而学习动机之所以能影响学习效果，是因为它直接制约学习积极性。

不仅学习动机可以影响学习效果，学习效果也可以反作用于学习动机。如果学习效果好，主体在学习中所付出的努力与所取得的收获成正比，主体的学习动机就会得到强化，从而巩固了新的学习需要，使主体以更高的学习积极性去从事今后的学习活动，使学习更有成效。

（二）利用直接发生途径和间接转化途径培养学习需要

教育心理学研究表明，新的学习需要可以通过两条途径来形成：一是直接发生途径，即因原有学习需要不断得到满足而直接产生新的更稳定和分化的学习需要；一是间接转化途径，即新的学习需要由原来满足某种需要的手段或工具转化而来。

利用直接发生途径，主要应考虑的就是如何使学生原有的学习需要得到满足。从间接途径考虑，主要应通过各种活动，提供各种机会，满足学生其他方面的要求和爱好。

三、学习动机的激发

学习动机的激发是指在一定教学情境下，利用一定的诱因，使已形成的学习需要由潜在状态变为活动状态，形成学习的积极性。

（一）创设问题情境，实施启发式教学

兴趣和好奇心是内部动机最为核心的成分，是培养和激发学生内部学习动机的基础。创设问题情境，实施启发式教学是激发学生求知欲和好奇心的一种十分有效的方法。

要想实施启发式教学，关键在于创设问题情境。所谓问题情境，指的是具有一定难度，需要学生努力克服，而又是力所能及的学习情境。在学习过程中，如果仅仅让学生简单地重复已经学过的东西，或者去学习力不能及的过难的东西，学生都不会感兴趣。只有在学习那些"半生不熟""似懂非懂""似会非会"的东西时，学生才有兴趣而且迫切希望掌握它。因此，能否成为问题情境，主要看学习任务与学生已有知识经验的适合度如何。完全适合（太易）或完全不适合（太难），均不能构成问题情境；只有在既适应又不适应（中等难度）的情况下，才能构成问题情境。

要想创设问题情境，首先要求教师熟悉教材，掌握教材的结构，了解新旧知识之间的内在联系；此外要求教师充分了解学生已有的认知结构状态，使新的学习内容与学生已有水平构成一个适当的跨度。创设问题情境应遵循的原则有：问题要小而精；与学生实际生活经验相关；要有适当的难度；要富有启发性。

（二）根据作业难度，恰当控制动机水平

根据耶克斯—多德森定律，教师在教学时，要根据学习任务的不同难度，恰当控制学生学习动机的激起程度。在学习较容易、较简单的课题时，应尽量使学生集中注意力，使学生尽量紧张一点儿；在学习较复杂、较困难的课题时，则应尽量创造轻松自由的课堂气氛，在学生遇到困难或出现问题时，要尽量心平气和地耐心引导，以免学生过度紧张和焦虑。

（三）充分利用反馈信息，给予恰当评定

心理学研究表明，来自学习结果的种种反馈信息，对学习效果有明显影响。这是因为：一方面学习者可以根据反馈信息调整学习活动，改进学习策略；另一方面学习者为了取得更好的成绩或避免再

犯错误而增强了学习动机，从而保持了学习的主动性和积极性。例如，在布克（W. F. Book）和诺维尔（L. Norvell）的一项研究中，让学生又快又准确地练习减法，每次练习30秒，共练习75次。在前50次练习中，让甲组学生知道每次练习的结果，不断鼓励和督促他们继续努力，并对答错的题进行分析，而对乙组学生不进行反馈，结果甲组学生的成绩比乙组的好。在后25次练习中，给予乙组充分的反馈信息，而甲组学生不知道学习结果，结果乙组学生的成绩比甲组的好。这一实验说明，有关学习结果的反馈信息，对学习动机具有激发作用，有利于提高学习成绩。因此，教师对学生学习结果的反馈一定要经常、及时、具体详细，具有针对性和启发性。

所谓评定，是指教师在分数的基础上进行的等级评价及写出的评语。评定是必要的，关键在于采用什么方式进行评定。通过评定等级可以表明学生进步的多少，即评定的分数或等级并非表明个体的能力而是其进步快慢的指标。让学生明白等级评定的作用，合理利用等级评定，教师在评定等级后再加上适当的评语，两者相结合，就会取得较好的效果。

（四）妥善进行奖惩，维护内部学习动机

教师要引导学生树立正确的奖惩观，教师的奖惩要公平、适当，还要注意学生的年龄特点、个性特点和性别差异。

1. 奖励和惩罚对学习的影响

在对学生进行评价时，奖励和惩罚对于学生动机的激发具有不同的作用。一般而言，表扬与奖励比批评与指责能更有效地激发学生的学习动机，因为前者能使学生获得成就感，增强自信心，而后者则起到相反的作用。

2. 有效地进行表扬和奖励

虽然表扬和奖励对学习具有推进作用，但使用过多或者使用不当，也会产生消极作用。有许多研究表明，如果滥用外部奖励，不仅不能促进学习，而且可能破坏学生的内部动机。班杜拉认为，如果任务能提高个体的自我效能感或自我价值感，则外在奖励不会影响内部动机。外部强化物究竟是提高还是降低内部动机，这取决于个体对该强化物的感受与看法。摩根认为个体如何看待奖励非常重要：当个体把奖励视为目标，而任务仅是达到目标的手段时，内部动机就会受损；当奖励被看作提供有关成功或自我效能的信息时，内部动机则会提高。

"德西效应"给教师以极大的启迪。当学生尚没有自发形成内在的学习动机时，教师从外界给以激励刺激，以推动学生的学习活动，这种奖励是必要和有效的；如果学习活动本身已经使学生感到很有兴趣，此时再给学生奖励不仅显得多此一举，还有可能适得其反。一味奖励会使学生把奖励看成学习的目的，导致学习目标的转移，而只专注于当前的名次和奖赏物；因此，教师要特别注意正确运用奖励手段而不滥用奖励，要避免"德西效应"。

布洛菲（Brophy）对有关表扬的文献进行了总结，提出了怎样使表扬具有最佳效果的建议。他认为，有效的表扬应具备下列关键特征：（1）表扬应针对学生的良性行为；（2）教师应明确学生的何种行为值得表扬，应强调导致表扬的那种行为；（3）表扬应真诚，体现教师对学生成就的关心；（4）表扬应具有这样的意义，即如果学生投入适当的努力，则将来还有可能成功；（5）表扬应传递这样的信息，即学生努力并受到表扬，是因为他们喜欢这项任务，并想形成有关的能力。

但事实上，有效地进行表扬也确实不是一件容易的事。在课堂上有大量的表扬没有针对学生的正确行为，而经常给予了那些不值得表扬的行为，或者当学生有进步、值得表扬时，却未能得到表扬。有时，在竞争情境中，某些学生似乎永远得不到表扬，久而久之就会失去对学习的兴趣。另外，表扬是否具有内在价值，即是否为学生所期望、所看重，会影响表扬的效用；因此，如何适时地、恰当地给予表扬应引起高度重视。教师应根据学生的具体情况进行奖励，把奖励看成某种隐含着成功的信息，其本身并无价值，只是用它来吸引学生的注意力，促使学生由外部动机向内部动机转换，对信息任务本身产生兴趣。同时，对那些在竞争中处于劣势的个体，教师应给予更多的关注与鼓励，设置情境使其获得成功的体验，以免他们产生自暴自弃的心理。

（五）适当进行归因训练，正确指导结果归因，促使学生继续努力

既然不同的归因方式会影响主体今后的行为，也就可以通过改变主体的归因方式来改变主体今后的行为。这对于学校教育工作是有实际意义的。在学生完成某一学习任务后，教师应指导学生进行成败归因。一方面，要引导学生找出成功或失败的真正原因，即进行正确归因；另一方面更为重要，即教师也应根据每个学生过去成绩的优劣差异，从有利于今后学习的角度进行积极归因。一般而言，无论对优生还是差生，归因于主观努力的方面均是有利的。因为归因于努力，可使优等生不至于过分自傲，能继续努力，以便今后能继续成功；使差等生不至于过于自卑，也能进一步努力学习，以争取今后的成功。

（六）合理设置课堂环境，妥善处理竞争和合作的关系

学生的学习主要是在课堂上进行的，课堂的合作与竞争环境无疑是影响学习动机的一个重要的外部因素。我们在成就目标理论中谈到，个体在学习过程中，主要受到掌握目标、表现目标和社会目标的支配。至于个体具体选择哪种成就目标，一方面取决于他所持有的内隐能力观念，另一方面取决于外在的课堂环境。

研究表明，个体相互作用的方式主要有相互对抗、相互促进和相互独立三种形式，与此相对应，也存在着三种现实的课堂目标结构：竞争型、合作型和个体型（多伊奇提出）。（1）竞争型课堂目标结构是指个体在其他成员达不到目标时才能达到目标（例如百米赛跑只有一个冠军），它激发以表现目标为中心的动机系统。（2）合作型课堂目标结构是指群体成员只有达到共同的目标而后才有可能达到自己的目标（例如一个团队排演一出话剧）。合作首先涉及共同的目标，只要有一个成员未达到目标，其他人的目标就无法达到，它激发以社会目标为中心的动机系统。（3）个体化课堂目标结构是指个体是否成功与群体成员目标是否达到无关；个体所注重的是自己完成学业的情况和自己的进步幅度（例如个体自己学习第二外语）。这种目标结构很少注重外部标准，强调的是个人的自我发展和自我进步，不太关注他人是否完成了任务，个体型课堂结构激发以掌握目标为中心的动机系统。

合作型目标结构能最大限度地调动学生学习的积极性，更有利于激励学生的学习动机和改善同伴关系。不过，要使合作学习有效，必须将小组奖励与个人责任相结合。也就是说，当合作小组达到规定的目标时，必须给予小组奖励。这样才能使小组成员感到有共同的奋斗目标，从而激发学习动机，提高学习成绩。同时，小组的所有成员都必须对小组的成功做出贡献。当每个小组成员对小组的成绩都负有责任时，所有成员才会积极地参与到小组的活动中去，使所有成员都有取得进步的机会；否则，极有可能产生责任扩散和"搭便车"现象。

组织开展竞赛活动应注意以下事项：（1）少用慎用。频繁竞赛会造成长期紧张，会加重学习负担。（2）使学生了解竞赛的意义。使其了解竞赛的意义在于相互促进，以避免出现嫉妒或不友好的消极情绪，防止部分学生产生自负感或自卑感，从而激发学生良好的学习动机。（3）注意竞赛的组织方式。可采用按能力分组竞赛、按项目分组竞赛、鼓励学生自己和自己竞赛（掌握目标）、适当开展团体竞赛等方式。

（七）培养自我效能感，增强学生成功的自信心

自我效能感影响学生的自我评价和自信心，进而影响学习成绩。教师在教学中要通过一定的方法改变和提高他们的自我效能感，这是激发学习动机的一条有效途径。

1. 选择难易适中的任务，让学生不断地获得成功体验，进而提高自我效能感。

2. 让他们观察那些学习能力与自己差不多的学生取得成功的学习行为，通过获得替代性经验和强化来提高他们的自我效能感，使他们确信自己也有能力完成相应的学习任务，由此产生积极学习的动力。

3. 引导学生坦然面对失败，从失败中找出可以改进的因素，进而提高自己的学习技能，增强获得成功的自信。

（八）维护学生自我价值，警惕出现自我妨碍现象

教师应引导学生树立信心，积极、乐观地看待能力。首先，让学生意识到能力是一种用来解决问题的资源，可以随着知识和经验的增加而增加；其次，让学生知道能力是拥有多个维度、多种形式的，所有的学生都或多或少地拥有不同的专长；再次，教师要引导学生发现自己潜在的天赋，从而获得一种持续的激励。

教师要理解和尊重学生有保护自我价值的需要，引导他们把自我价值的实现方式与正向、积极的学习行为相联系，消除其自我妨碍心理，避免出现自我妨碍现象。

（九）维护内在需要，促进外部动机内化

教师应该创设能够充分满足学生自主需要、胜任需要和归属需要的学习环境，帮助学生培养自我决定的学习动机。例如，教师可以通过增加课堂中的弹性空间、强调任务的意义和价值、承认并接纳学生学习中的消极情绪等方式，帮助学生更好地接纳那些暂时无法引起他们兴趣的学习任务。研究者建议教师减少在笔记和课本等教学材料上停留的时间，给学生提供更多自主学习的机会，鼓励学生自发提问，鼓励学生主动表达学习中的情绪，尤其是那些可能妨碍学习兴趣的负面情绪，尽量避免命令、批评，避免发生强行打断学生自发探索的现象。

研究发现，在面对枯燥的学习任务时，如果教师能提供更多的关于"为什么学习它"的信息以帮助学生理解学习的价值，同时对学生体验到的厌烦、受挫等消极情绪表示理解和接纳，学生则能表现出更持久有效的学习动机。

真题回顾与模块自测

一、单选题

1. 奥苏伯尔将学校情境中的学习动机区分为三种，其中学生渴望获得知识，了解周围世界，阐明问题和解决问题的欲望与动机是（　　）。（2020.12.26济南历城真题）

A. 间接的内驱力　　　　　B. 附属的内驱力　　　　C. 认知内驱力　　　　D. 自我提高内驱力

2. 学生在学习过程中，是持之以恒，还是半途而废，在很大程度上取决于学生的动机水平，这表明学生动机具有（　　）。（2020.8.6济南十区县联考真题）

A. 引发作用　　　　　　　B. 定向作用　　　　　　C. 维持作用　　　　　D. 调节作用

3. 2020年春季新冠肺炎疫情期间，不少餐饮娱乐企业被迫停业，其员工暂时"待业"。在家等待的日子里，这些员工最强烈的愿望就是能够去单位上班，最担心的事情就是失业。按照马斯洛的需要层次理

论，员工的这种愿望属于（　　）。（2020.10.18济南平阴真题）

A. 安全需要　　　　　　　B. 归属需要　　　　　　C. 生理需要　　　　　　D. 尊重需要

4. 物理考试成绩不理想，小红很羞愧，说："是我学习不努力造成的。"这种归因属于（　　）。

（2020.11.14济南商河真题）

A. 内部、稳定、不可控　　　　　　　　　　B. 外部、不稳定、不可控

C. 外部、稳定、可控　　　　　　　　　　　D. 内部、不稳定、可控

5. 在教学实践中不难发现，有一类学生属于"过度努力者"，他们学习刻苦努力，对于大部分没有挑战性的作业和功课，都会给自己提出更高的要求和目标，以便赢得老师的额外奖励。这类学生表面看来一切都很好，但是事实上他们内心严重的经受着紧张、冲突等精神困扰。按照自我价值理论，这类学生的学习动机属于（　　）。（2020.8.6济南十区县联考真题）

A. 高驱低避型　　　　B. 低驱高避型　　　　C. 高驱高避型　　　　D. 低驱低避型

6. 自我卷入的学习者更多关注在考试中取得好成绩、在比赛中取胜、在竞争中超越他人，这类学习者的目标定向是（　　）。（2020.11.28德州乐陵真题）

A. 学习目标　　　　　B. 表现目标　　　　　C. 回避工作目标　　　　D. 掌握目标

二、多选题

1. 关于"成就动机水平"和"归因倾向"之间关系的表述，下列选项中正确的是（　　）。（2020.7.18青岛真题）

A. 成就动机水平高的人在失败时往往把原因归因于努力不够

B. 成就动机水平低的人在失败时往往把原因归因于能力不够

C. 成就动机水平高的人在失败时往往把原因归因于运气不好

D. 成就动机水平低的人在失败时往往把原因归因于努力不够

2. 自我决定理论的基本假设是，人是积极主动的有机体，具有与生俱来的心理成长倾向，会努力的应对环境中的持续挑战，并将外部经验整合到自我概念中，但是这种内在的心理成长倾向需要社会环境中的营养支持才能有效的发挥出来，而社会环境中的营养支持是人先天固有的几种基本心理需求的满足，这几种基本心理需求是（　　）。（2020.12.26济南历城真题）

A. 自主需要　　　　　　B. 尊重需要　　　　　C. 关系需要　　　　　D. 能力需要

3. 培养学生的学习动机，让学生真正的好学、乐学应成为教育的重点目标之一。培养和激发学生学习动机的方法和措施有教学吸引、兴趣激发以及（　　）。

A. 反馈与评定　　　　　B. 奖励与惩罚　　　　C. 合作与竞争　　　　D. 归因指导

三、判断题

1. 根据耶克斯——多德森定律，动机强度与学习效率呈现U型曲线关系。（　　）

2. 作为影响学生学习的人格变量，控制点主要通过影响学生的成就动机来影响学生的学业成就。（　　）

（2020.8.6济南十区县联考真题）

3. 根据成败归因理论，学生将自己考试成绩不理想归因为"不够用功"比归因于"天赋不够"会产生更强烈的情绪体验。（　　）（2020.7.30烟台莱阳、海阳真题）

4. 个体的成败经验是影响自我效能感的重要因素，但是成败经验对自我效能感的影响很大程度上取决于对成败的归因方式。（　　）

【参考答案】

一、单选题

1. C 2. C 3. A 4. D 5. C 6. B

二、多选题

1. AB 2. ACD 3. ABCD

三、判断题

1. × 2. √ 3. √ 4. √

第五章 学习迁移

学习迁移是普遍的。学习迁移的种类有哪些？学习迁移的理论有哪些？影响迁移的因素有哪些？采取什么措施才能有效地促进学习迁移？本章将探讨这些问题。

思维导图

```
                                    学习迁移的概念
                                    学习迁移的分类
                    学习迁移概述      学习迁移的作用

                                    早期的迁移理论
    学习迁移        学习迁移理论      当代的迁移理论

                                    影响学习迁移的因素
                    学习迁移与教学    为迁移而教的措施
```

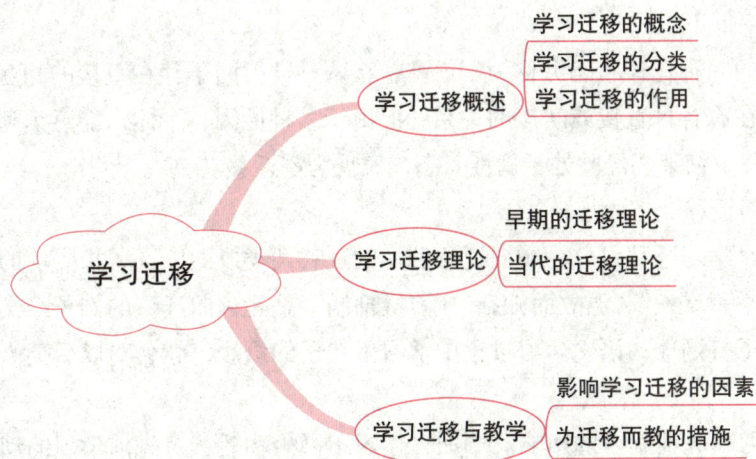

第一节 学习迁移概述

一、学习迁移的概念

学习迁移也称训练迁移，指一种学习对另一种学习的影响，或习得的经验对完成其他活动的影响。学习迁移具有普遍性，从学习迁移发生的学习类型或领域上看，迁移不仅发生在知识和动作技能的学习中，同样也发生在情感、态度和行为习惯的学习和形成中。我们常说举一反三、触类旁通、闻一知十是典型的学习迁移形式。各种经验内部及其不同经验之间相互影响，通过迁移，各种经验得以沟通，经验结构得以整合。

二、学习迁移的分类

（一）正迁移、负迁移与零迁移

根据迁移的不同性质，即迁移不同的影响效果来划分，学习迁移分为正迁移、负迁移与零迁移三类。

正迁移（积极迁移、助长性迁移）指一种学习对另一种学习起到积极的促进作用，教学中"为迁移而教"指正迁移。例如：学习数学有利于学习物理；钢笔字写得好有利于写毛笔字；学习骑自行车有利于驾驶摩托车；学习珠算有利于学习心算；懂英语的人学法语容易；平面几何的学习促进立体几何的学习；阅读技能的掌握有助于写作技能的形成。正迁移包括一种学习使另一种学习具有了良好的心理准备状态，一种学习使另一种学习活动所需的时间或练习的次数减少，或使另一种学习的深度增加或单位时间内的学习量增加，或者已经具有的知识经验使学习者顺利地解决了面临的问题等情况。

负迁移（消极迁移、抑制性迁移）指两种学习之间相互干扰、阻碍的情况。如：汉语拼音的学习干扰英语音标的学习；中国人学习日语"入门容易，提升难"；方言影响普通话的学习；学会骑自行车会对学习骑三轮车产生阻碍；学习对数运算法则时，受先前所学的法则m（a＋b）=ma＋mb的影响，错误地得到lg（a＋b）=lga＋lgb。负迁移经常表现在产生僵化的思维定势，缺乏灵活性、变通性，使某种学习难以顺利进行，学习效率低下。

介于正、负迁移之间的一种迁移状态可称为零迁移，指两种学习间不存在直接的相互影响，也称为中性迁移。许多经验间存在着各种直接或间接的关系，但由于多种原因，个体未能意识到经验间的内在联系，不能主动地进行迁移，使某些经验处于惰性状态，表现为零迁移。

（二）顺向迁移与逆向迁移

根据迁移方向的不同，学习迁移可分为顺向迁移和逆向迁移两类。顺向迁移指先前的学习对后来学习的影响，通常所说的"举一反三""温故而知新""前摄抑制"就是顺向迁移的例了。又如：学生小辉会打羽毛球，很快就学会了打网球；语文学习过程中学习了句子的语法，就会对以后英语句子中语法的学习产生影响。

逆向迁移指后来的学习对先前学习的影响。例如：学习了微生物后，对先前学习的动物、植物的概念的理解会发生变化；李红学习了英语语法后，加深了对以前学过的中文语法的理解。

（三）一般迁移与具体迁移

从迁移发生的方式或范围看，或者根据迁移内容的不同来划分，学习迁移分为一般迁移（非特殊迁移）和具体迁移（特殊迁移）两类。一般迁移也称普遍迁移、非特殊迁移，是将一种学习中习得的一般原理、方法、策略和态度等迁移到另一种学习中去。布鲁纳非常强调一般迁移，认为基本的原理、基本的态度具有广泛的适应性，能适用于许多表面特征不同但结构特征相同的多种情境，并且能使以后的学习变得较容易。例如：获得基本的运算技能、阅读技能后运用到各种具体的学科学习中，数学上的认真审题的态度和方法会影响到化学、物理等学科中的审题，儿童在家庭中养成的爱劳动的行为习惯也会在学校里表现出来。

具体迁移也称为特殊迁移，指一种学习中习得的具体的、特殊的经验直接迁移到另一种学习中去，或经过某种要素的重新组合迁移到新情境中去。如：在英语学习中，学习"eye"和"ball"之后学习"eyeball"时更容易，学习"foot"和"ball"有利于学习"football"，学习"apple"和"pie"之后有利于学习"applepie"，学习"rain"和"coat"之后有利于学习"raincoat"，掌握"mouth"（嘴，口腔）这个英语单词可能会促进"goldenmouthed"（雄辩的）这一新的单词的学习；在汉语学习中，学习了"日""月"有利于学习"明"，学习了"木"有利于学习"林""森"，学习了"石"有利于学习"磊"；在数学学习中，掌握了加减法利于做四则运算题。

（四）水平迁移与垂直迁移

加涅把正迁移又分为横向迁移和竖向迁移两种。或者说，根据迁移内容的抽象与概括水平的不同，学习迁移可分为水平迁移和垂直迁移两类。水平迁移也称横向迁移、侧向迁移，是指处于同一概括水平的经验之间的相互影响，即个体把已学到的经验推广应用到其他内容和难度上类似的情境中。学习内容之间的逻辑关系是并列的，如直角、钝角、锐角、平角等概念之间的关系是并列的，都处于同一抽象和概括层次，各种概念的学习之间的相互影响即水平迁移。另外，化学中锂、钠、钾等金属元素是并列的，处于同一抽象和概括水平；婴儿学会称呼邻居家的男性为"叔叔"后，他可能会对所遇到的任何陌生男性均称呼为"叔叔"，这些都属于水平迁移。

垂直迁移又称纵向迁移、竖向迁移，指处于不同概括水平的经验之间的相互影响，或者说不同难度的两种学习之间的相互影响。具体讲，是具有较高概括水平的上位经验与具有较低概括水平的下位经验之间的相互影响。垂直迁移表现在两个方面：一是自下而上的迁移，如对具体事例的理解有助于相关概念和原理的掌握，数学中由数字运算到字母运算的转化，先前学习的加法、减法对以后更高级的乘除法的学习有促进作用。加涅的累积学习观点即体现了自下而上的迁移。二是自上而下的迁移，如"角"这一概念的掌握对直角、锐角等概念的学习有一定的影响，一般平行四边形有关内容的掌握影响菱形的学习。布鲁纳强调原理的学习，其目的在于增强自上而下的迁移。

（五）同化性迁移、顺应性迁移与重组性迁移

根据迁移过程中所需的内在心理机制的不同来划分，学习迁移可分为同化性迁移、顺应性迁移和重组性迁移三类。

同化性迁移是指不改变原有的认知结构，直接将原有的认知经验应用到本质特征相同的一类事物中去。同化性迁移的特点是自上而下，原有的经验结构是上位结构，新的经验结构是下位结构。原有认知结构在迁移过程中不发生实质性的改变，只是得到某种充实。平时我们所讲的举一反三、闻一知十、做例题等都属于同化性迁移。如原有认知结构中的概念"鱼"，由带鱼、草鱼、黄鱼等概念组成，现在要学习鳗鱼，把它纳入"鱼"的原有结构中，既扩充了鱼的概念，又获得了鳗鱼这一新概念的意义。

顺应性迁移指将原有认知经验应用于新情境中时，需调整原有的经验或对新旧经验加以概括，形成一种能包容新旧经验的更高一级的认知结构，以适应外界的变化。顺应性迁移的根本特点是自下而上。比如：我们在日常生活中形成了报纸、书刊、广播、电视等概念，当这些前概念不能解释"计算机网络"这个概念时，就要在我们原有的经验系统中建立一个概括性更高的科学概念"媒体"来标志这一事物；原认为空气没有质量，经过科学演示之后发现自己错了；小学时认为1—100没有答案，学了负数之后发现可以。新的科学概念的建立过程也是一种顺应迁移。

重组性迁移指重新组合原有认知系统中某些构成要素或成分，调整各成分间的关系或建立新的联系，从而应用于新情境。在重组过程中，基本经验成分不变，但各成分间的结合关系发生了变化，即进行了调整或重新组合。如：将已经掌握的字母进行重新组合，形成新的单词；网络+战争+游戏=网络战争游戏；学习一种舞蹈时，我们往往从分解动作开始学起。

（六）自迁移、近迁移与远迁移

根据迁移的不同程度（范围），学习迁移可分为自迁移、近迁移和远迁移三类。

如果个体所学的经验影响着相同情境中的任务的操作，则属于自迁移。自迁移经常表现为原有经验

在相同情境中的重复。

近迁移指将所学到的经验迁移到与原初的学习情境比较相似的情境中，如校内某些学科之间的迁移，或同一学科内的学习之间的迁移；英语的方法运用到学习法语中；学生在考试中解答某道题时，如果以前进行过相关的题型训练，那么即使这道题变换了数字和结构，解答起来依然很顺手。

远迁移指个体能将所学习的经验迁移到与原初的学习情境极不相似的其他情境中，如将校内学习的知识经验迁移到校外的实际生活中去，将学习文科的有些方法运用于解答数学题。

在近迁移情况下，两种学习的结构特征相同，并且情境特征相似；在远迁移的情况下，前后两种学习的结构特征相同，而情境特征不同。例如，学生学习解决有关汽车的路程问题的应用题后，能够利用时间、速度和路程之间的关系解决飞机、自行车、轮船或者步行等情境下的路程问题，是属于近迁移。如果能够利用这种三量关系解决工程问题（这种问题隐含着天数、每天完成工作数量与总工作数量之间的关系）的应用题，就属于远迁移。

（七）低通路迁移与高通路迁移

根据迁移发生的自动化程度，可以将学习迁移分为低通路迁移和高通路迁移两类。

低通路迁移指反复练习的技能自动化地迁移，如驾驶不同类型的汽车，开过自家车的人可以轻松地开从朋友那儿借来的车。

高通路迁移指有意识地将在某一情境下习得的抽象知识运用到新的情境中。如：利用做笔记策略来阅读文章；学习教育学时掌握的一些原理，将会在之后的教育教学实践中应用；学习物理时，考虑在代数中学过的数学原理在物理学中的应用；学生在一种学习情境中抽取出了一种规则、原理、范例、图式，应用于新的情境中。

三、迁移的作用

1. 迁移对于提高解决问题的能力具有直接的促进作用。

2. 从学习者的角度来看，迁移是习得的经验得以概括化、系统化的有效途径，是能力与品德形成的关键环节。

3. 从教育者或培训者的角度来看，应用有效的迁移原则和规律进行教学和培训，可以使学习者在有限的时间内学得更快、更好，并在适当的情境中主动、准确地应用原有的经验，防止原有经验的惰性化。

第二节　学习迁移理论

一、早期的学习迁移理论

早期的迁移理论主要包括形式训练说、共同要素说、经验类化说与关系转换说等。

（一）形式训练说

形式训练说是最早对迁移现象做出系统解释的理论，在欧美盛行了约200年，至今仍有一定的影响。

形式训练说的代表人物是德国的沃尔夫，其心理学基础是官能心理学。形式训练说重视能力的培养，主张迁移的发生是无条件的、自发的，但又因缺乏充分的科学依据而受到质疑和挑战。

形式训练说的三个基本观点：

（1）心的组成成分是各种官能，它们遵循着用进废退的原则。

（2）心是由各种成分组成的整体，一种官能的改进会加强其他所有官能。它主张迁移要经过一个"形式训练的过程"才能产生。认为通过一定的训练，可以使心的各种官能得到发展，从而转移到其他学习上去。迁移就是心理官能得到训练而发展的结果。

（3）教学最重要的目标就是训练和改进心的各种官能。形式训练说认为，进行官能训练时，关键不在于训练的内容，而在于训练的形式。

这种理论认为，数学有利于训练推理能力、几何学有助于训练逻辑思维能力、拉丁语和希腊语对训练记忆力大有好处。所以，在学校教育中，传递知识远不如训练官能来得重要。学生在校学习的时间是有限的，而知识浩如烟海，我们不可能把所有的知识都传授给学生。如果学生的官能出于训练而得到发展，任何知识随时都可以去吸收。所以，掌握知识是次要的，官能的发展才是最重要的。知识的价值在于作为训练官能的材料。形式训练说的倡导者之一洛克说过："我只认为研究数学一定会使人心获得推理的方法，当他们有机会时，就会把推理的方法移用到知识的其他部分去……所以，学习数学有无限的用处。"

20世纪初以后，形式训练说不断遭到来自心理学实验结果的驳斥。詹姆斯用记忆实验证明，记忆能力不受训练的影响，记忆的改善不在于记忆能力的改善而在于记忆方法的改善。桑代克通过实验发现，训练可以迁移到类似的学习活动中，不相似的学习活动之间却无迁移现象；因此，形式训练说的假设缺乏足够的实验依据和现实依据，其对迁移的解释是从唯心主义的观点出发的。

（二）共同要素说

该理论的代表人物是教育心理学的创始人桑代克。他1901年进行的"形状知觉"实验（受过平行四边形面积的训练，有助于学生更好地判断长方形的面积，而对估计三角形、圆形和不规则图形的面积没什么帮助）是共同要素说的经典研究。在实验研究基础上，他提出只有当两种情境中有相同要素时才能产生迁移。而且迁移的程度取决于这两种情境中相同要素的多寡，即相同要素越多，迁移程度越高；相同要素越少，迁移的程度越低。其后伍德沃斯把共同要素说修改为共同成分说，即两情境中有共同成分时可以产生迁移。

共同要素说在某些方面对形式训练说进行了否定，也使迁移的研究有所深入。但仅将迁移视为相同联结的转移，这在某种程度上否认了迁移过程中复杂的认知活动，因此有一定的机械性和片面性。

（三）概括化理论

概括化理论也称经验类化说，由美国心理学家贾德提出，该理论的依据是贾德1908年的"水下击靶"的经典实验。

经验类化理论强调概括化的经验或原理在迁移中的作用，因此也称为概括化理论。该理论认为先前的学习之所以能迁移到后来的学习中，是因为在先前的学习中获得了一般原理，这种一般原理可以部分或全部应用于前后两种学习中。

产生迁移的关键是学习者所概括出来的、并且是两种活动所具有的共同原理或概括化的经验。经验类化理论强调概括化的经验在迁移中的作用，强调对原理的理解，这一点比相同要素说有所进步。但概括化的经验仅是影响迁移成功与否的条件之一，并不是迁移的全部。

（四）关系转换理论

格式塔学派提出的迁移的关系理论和斯彭斯的转换理论类似，常被合称为转换—关系理论（或关系转换理论），这是对概括化理论的进一步发展。支持该理论的经典实验是苛勒1919年的"小鸡觅食实验"（小鸡啄米实验），他强调顿悟是学习迁移的一个决定因素。他们证明迁移产生的实质是个体对事物间的关系的理解。习得的经验能否迁移，取决于能否理解各个要素之间形成的整体关系，能否理解原理与实际事物之间的关系。他们认为学生"顿悟"情境之间的关系，特别是手段与目的之间的关系，是实现迁移的根本条件。个体越能发现事物间的关系，则越能加以概括、推广，迁移越普遍。

（五）奥斯古德三维迁移模式

奥斯古德在总结了大量迁移实验资料的基础上于1949年提出迁移的三维模式，又称迁移的逆向曲面，表明刺激或学习材料的相似程度和反应的相似程度与迁移之间的关系。两个情境的刺激与刺激之间具有相同、相似和无关三种情况，反应与反应之间具有相同、相似、无关、相关和对抗五种关系，正负迁移的程度是刺激条件和所需反应二者相似性之间变化的函数。例如，如果两个情境的刺激相同，反应相同则产生最大正迁移，反应相似则产生一定程度的正迁移，反应无关则产生零迁移，反应相关产生一定程度的负迁移，反应对抗则产生最大负迁移。该模型的具体内容包括：（1）若先后两个材料刺激相同，反应也相同，则会出现最大的正迁移；（2）若先后两个材料刺激相同，反应由相似到不同至对抗，则迁移由正到负，以至最大的负迁移；（3）若先后两个材料刺激由相同到不同，反应为对抗，则负迁移由最大到零（若先后两个材料的反应不同或对抗，刺激由不同到相同，负迁移由最小到最大）；（4）若先后两个材料刺激不同，反应由相同到不同，以至对抗，迁移效果都是零。

奥斯古德这一模型解释了迁移中的一些问题，而且也得到了一些实验证明，但由于他总结的实验数据是从机械学习—对偶联想学习得来的，因此在说明较为简单的学习的迁移现象时较有说服力，但要用以说明高级学习特别是意义学习中的迁移现象则会遇到很大的困难。

（六）学习定势说

学习定势说是哈洛通过"恒河猴实验"（1959）提出来用以解释顿悟现象的一个概念。他认为之所以能产生顿悟，是由于以前有一定的经验积累。在实验中，猴子通过训练与学习，迁移表现是通过经验积累，解决新的不同类型问题的时间大大缩短。定势有好处也有不利之处。学习定势反映在解决一类问题或学习一类课题时的一般方法的改进，也反映在从事某种活动的暂时准备状态，即如何学习和准备动作效应或预热效应上。

根据上面提到的几种经典迁移理论，在教学中要促进学生的学习迁移应注意如下几点：（1）使不同的学习课题之间保持一定的同一性；（2）加强基本原理的教学，促进原理或规则的迁移；（3）注意教材的整体结构，使学生把握事物的整体关系；（4）让学生学会学习，并正确发挥学习定势的作用。

二、现代的迁移理论

现代心理学家提出了许多新的迁移理论。例如，布鲁纳认为，迁移可以被看作学习者把习得的认知结构用于新的事例。奥苏伯尔认为，一切有意义的学习必然包括迁移，因为一切有意义的学习都是在原有学习的基础上产生，不受原有认知结构影响的有意义学习是不存在的。学习的信息加工论提出，迁移的可能性取决于学习者在记忆搜寻过程中遇到相关信息或技能的可能性。建构主义认为，学习迁移实质上就是在新情境对知识的应用。例如，某家庭主妇对超级市场的畅销品可以算的非常好，但是在解决学校里用纸笔计算的数学问题时就差的多；反之，某学生在学校的数学计算测验中表现良好，购物时却不能进行正确的计算。

（一）认知结构迁移理论

奥苏伯尔（1963）提出认知结构迁移理论。认知结构迁移理论指出，学生学习新知识时，认知结构可利用性高、可辨别性大、稳定性强，就能促进对新知识学习的迁移。"为迁移而教"实际上是塑造学生良好认知结构的问题。在教学中，可以通过改革教材内容和教材呈现方式改进学生的原有认知结构以达到迁移的目的。主要观点有：

1. 一切有意义的学习必然包括迁移。

2. 认知结构变量是影响学习迁移的重要因素。认知结构变量包括认知结构的可利用性、认知结构的可辨别性、认知结构的稳定性和清晰性。

认知结构的可利用性，是指学习新知识时学习者原认知结构中是否具有用来同化新知识的适当观念。认知结构的可辨别性，是指学习新知识时学习者能否清晰分辨新旧知识间的异同。认知结构的稳定性，是指学习新知识时用来同化新知识的原有知识是否已被牢固掌握。奥苏伯尔的认知结构迁移理论代表了从认知观点来解释迁移的一种主流倾向。

（二）产生式理论

产生式迁移理论是针对认知技能的迁移提出的，它是桑代克相同要素说的现代翻版和发展。以辛格莱和安德森等人为代表，认为前后两项学习任务产生迁移的原因是两项任务之间产生式的重叠，重叠越多，迁移量越大。两项任务之间的迁移，是随其共有的产生式的多少而变化的。产生式是认知的基本成分，由一个或多个条件——动作的配对构成。

（三）情境性理论

格林诺等人提出了迁移的情境性理论。他们认为迁移问题主要是说明在一种情境中学习去参与某种活动，将如何影响在不同情境中参与另一种活动的能力。学习是个体与环境中事件的相互作用，是对情境中所具有的特征的一种适应。迁移就在于如何以不变的活动结构或动作图式来适应不同的情境。这种活动结构的建立既取决于最初的学习情境，又取决于后来的迁移情境。

（四）基于问题空间假说的迁移理论

问题空间（纽维尔和西蒙提出）包括问题的初始状态和目标状态，以及由初始状态转化为目标状态的中间过程。

一些研究者认为迁移是通过问题空间的类比实现的，即将已掌握的问题空间与新问题的问题空间相匹配，也就是将源问题空间中的算子（从起始状态到目标状态所需要的每一个步骤）、关系或路径等匹配或迁移到靶问题中相应的算子、关系或路径上去。

第三节 学习迁移与教学

一、影响学习迁移的因素

影响学习迁移的因素既有客观因素又有主观因素。客观因素有：相似性（学习材料、学习过程和学习情境的相似性），教师的指导，外界的提示与帮助等。主观因素有：学生原有的认知结构（认知结构的数量和质量，已有知识经验的准确性、稳定性、丰富性和组织性，提取的速度和准确性），学生学习的心理准备状态即定势，学生个体的年龄、智力、态度等。

（一）相似性

相似性的大小主要是由两任务中含有的共同成分决定的，较多的共同成分将产生较大的相似性，并导致迁移的产生。共同成分既可以是学习材料（如刺激）、学习中的环境线索、学习结果（如反应）、学习过程、学习目标等方面的，也可以是态度、情感等方面的。迁移的产生既受到客观相似性的影响，也受到主观相似性的影响。

1. 学习材料的相似性

学习材料作为学生学习的对象和知识的主要来源，对学习迁移有着重要的影响。不同的学习材料的迁移过程甚至结果都是不一样的。在学习中，意识到学习材料之间的相同点和不同点并对其进行辨别，是促进迁移的重要条件。桑代克的共同要素说实际上就是学习材料的相似性在迁移中的作用的一个经典研究。吉克与霍利约克认为学习材料的相似性包含两种：结构特性的相似与表面特性的相似。与最终的结果和目标的实现有关的成分即属于结构特性，如原理、规则或事件间的关系等；而那些无关的成分则是表面特性，如某些具体的事例内容、学习情境中的环境因素等。

2. 学习目标与学习过程的一致性

除了学习材料这种客观的相似性影响迁移外，个体加工学习材料的过程是否相似也影响迁移的产生，加工过程的相似性可视为主观相似性。由于加工过程往往受到活动目标的制约，因此，目标要求是否一致、相似，将在一定程度上决定加工过程是否相似，进而决定能否产生迁移。

3. 学习情境的相似性

任何知识经验的获得和应用都和一定的情境有着密切的关系。从学习迁移的角度来讲，知识经验获得的情境与知识应用的情境在许多方面都密切相关。在两次学习活动之间，如果出现相似的环境、相同的场所、相同的学习者等，学习迁移就很容易产生。

简单地说，学习的情境如学习时的场所、环境的布置、教学或测验的人员等越相似，学生就越能利用有关的线索，提高学习或问题解决中迁移的出现。建构主义特别强调真实性学习。真实性学习即目前的学习应与将要面对的现实世界中所从事的活动相似。通过让学生进行真实性学习，可以发挥学生的主动性，探讨最佳的学习方式，明确学习的目的性，提高迁移产生的可能性。

（二）教材的组织结构和学生原有认知结构

1. 教材的组织结构

教材是学生学习的基本材料，其科学的基本结构有助于学习的迁移。布鲁纳认为，基本结构的概念包括学科的基本知识结构和学习态度、学习方法两方面。掌握学科的基本结构不仅便于学生对教学内容的理解和记忆，而且有利于学习迁移。他主张要给学生提供好的教材结构，以简化知识，给学生提供便于获得知识的途径，以利于迁移。

2. 学生原有认知结构

原有认知结构的特征直接决定了迁移的可能性及迁移的程度。认知结构是人们过去对外界事物进行感知、概括的一般方式或经验所构成的观念结构。其质量如知识经验的准确性、丰富性及知识经验间联系的组织特点等都会影响学生对新知识的学习，并影响解决问题时提取已有知识经验的速度和准确性，影响学习的迁移。原有认知结构对迁移的影响主要表现在以下几个方面：

首先，学习者是否拥有相应的背景知识是迁移产生的基本前提条件（丰富性）。专家之所以具有较强的迁移能力，其原因之一就是他们具有解决某一问题的丰富的背景经验或认知结构。但有时即使个体拥有迁移所需的某种经验，但由于这些经验不能被学习者主动地加以应用，它们在头脑中处于一种惰性状态，因而也无助于迁移的产生。

其次，原有认知结构的概括水平和概括程度对迁移起至关重要的作用（概括性和组织性）。一般而言，经验的概括水平越高，迁移的可能性越大，效果越好。掌握事物的本质和规律，人就能以不变应万变，产生广泛的迁移。所以赞科夫和布鲁纳都强调，在学校中应加强基本概念和原理的教学，道理就在于此。但如果脱离具体事例而孤立地学习抽象的概念、原理，这在一定程度上无助于有效的迁移。

最后，学习者是否具有相应的认知技能或策略，以及对认知活动进行调节、控制的元认知策略，也影响着迁移的产生（可利用性）。

（三）学习的心向与定势

心向与定势常常是指同一种现象，即先于一定的活动而又指向该活动的一种动力准备状态，它决定着同类后继心理活动的趋势。

定势这个概念最早是由德国心理学家缪勒（穆勒）和舒曼于1889年在概括重量错觉实验的基础上提出来的。21世纪50年代前后，以乌兹纳捷为代表的格鲁吉亚心理学家们对定势进行了大量的实验研究，在此基础上形成了定势理论。为了研究定势对学习迁移的影响，心理学家渥德曾做了一个实验。结果表明，被试在记忆数列无意义音节时，前面的练习加快了对后面音节的记忆，说明练习对同一类课题的学习有正迁移作用。哈洛著名的"猴子实验"证明了进行学习方法的学习有利于形成学习定势。陆钦斯的"量杯"实验（水罐问题实验）是定势影响迁移的又一个典型例证。实验揭示，定势对迁移的影响表现为两种——促进或阻碍。定势既可以成为积极的正迁移的心理背景，也可以成为负迁移的心理背景，或者成为阻碍迁移产生的潜在的心理背景。

定势会对问题解决产生积极影响，前面问题解决的过程迁移到后面可以使后面解题的速度加快，问题变得比较容易。定势的消极作用的一个明显表现是功能固着，即把某种功能、作用赋予某种物体的心理倾向。由于过去的反复经验，个体对某种物体所具有的特定的、主要的功能形成了比较稳定的认识，当遇到问题时，首先想到的是该物体的这一功能，不易摆脱固有的定势，去发现该物体所具有的其他的潜在的功能。克服功能固着就需要发现如何在新情境中迁移原有的经验，或灵活地改变原有的认知结构，发现事物的新功能，以适应新情境的需要。

定势对迁移究竟是积极的影响还是消极的影响，这取决于许多因素，但关键之处在于要使学习者首先能意识到定势的这种双重性，具体分析学习情境，既要考虑如何充分利用积极的定势解决问题，同时又要打破已形成的僵化定势，灵活地、创造性地解决问题。

表3-5-1　陆钦斯量杯实验

问题	A	B	C	求D	习惯解决	注
1	21	127	3	100	D=B-A-2C	
2	14	163	25	99		
3	18	43	10	5		
4	9	42	6	21		
5	20	59	4	31		
6	23	49	3	20		D=A+C

（续表）

问题	A	B	C	求D	习惯解决	注
7	15	39	3	18		D=A+C
8	28	76	3	25		D=A-C

"量水"实验的部分结果				
组别	人数	灵活地直接解决（%）	定势习惯（%）	其他
实验组（1—8题）	79	17	81	2
控制组（1，7，8题）	57	100	0	

除前面所涉及的影响迁移的一些基本因素外，个体的年龄、智力、学习者的态度、外界的提示与帮助等等都在不同程度上影响着迁移的产生。

二、有效促进学习迁移的措施

教学的目标是使学生接受及掌握经验，以形成和发展学生的能力与品德。迁移是实现这一目标的有效途径，也是检验教学是否达到目标的可靠标志。因此，在实际教学中，应该掌握和应用学习迁移的规律，以提高教学成效。

（一）关注学生的知识经验，完善认知结构

教师从教学的一开始，就要关注学生原有认知经验的丰富性、原有知识经验的概括与组织性以及可利用性。只有具备丰富的背景知识、知识组织达到系统化和拥有迁移的意向的学生，才能循着正确、合理的程序分析问题，提高已有知识经验的可利用性。

（二）选择教学内容，安排教学过程

1. 精选教材

在教学过程中，教师并不是把一门学科的所有内容都一步步教给学生，学生也不是毫无选择地学习所有内容。这不仅是不可能的，也是没有必要的。要想使学生在有限的时间内掌握大量的有用的经验，教学内容就必须精选。精选的标准就是迁移规律，即选择那些具有广泛迁移价值的科学成果作为教材的基本内容。所谓具有广泛迁移价值的材料是指学科的基本概念和原理，掌握这些基本内容后，在以后的学习或应用中，许多与之相关的其他内容无须重新教学或学习，只需稍加引导和点拨，学生即可掌握。这些基本内容具有广泛的适用性。

2. 合理编排教学内容

精选的教材只有通过合理的编排，才能充分发挥其迁移的效能，学习与教学才能省时省力；否则，迁移效果小，甚至阻碍迁移的产生。怎样才能合理编排教学内容呢？从迁移的角度来看，其标准就是使教材达到结构化、一体化、网络化。

结构化是指教材内容的各构成要素具有科学的、合理的逻辑联系，能体现事物的各种内在关系，如上下、并列、交叉等关系。只有结构化的教材，才能在教学中促进学生重构教材结构，进而构建合理的心理结构。

一体化指教材的各构成要素能整合为具有内在联系的有机整体。只有一体化的教材，才能通过同

化、顺应和重组的相互作用，不断构建心理结构。为此，既要防止教材中各要素之间相互割裂，又要防止相互干扰或机械重复。

网络化是一体化的引申，指教材各要素之间上下左右、纵横交叉联系要沟通，要突出各种基本经验的联结点、联结线。这既有助于了解原有学习中存在的断裂带及断裂点，也有助于预测以后学习的发展带、发展点，为迁移的产生提供直接的支撑。

结构化、一体化和网络化是一致的，其关键是建立教材内容之间的上下、左右、纵横交叉的联系。通过对教材内容进行系统、有序的分类、整理与概括，可以将烦琐、无序、孤立的信息转化为简明、有序、相互联系的内容结构。有组织的合理的教材结构可以促进学生对教材内容的深层次的加工与理解，有助于学生构建合理的知识结构，使学生的学习融会贯通。

3. 合理处理教学程序

合理编排的教学内容是通过合理的教学程序体现、实施的，教学程序是使有效的教材发挥功效的最直接的环节。教学程序可以从两个方面考虑：一是宏观方面，即对学习的先后顺序的整体安排；二是微观方面，即具体的每节课的安排。无论是宏观的整体的教学规划还是微观的每节课的教学活动，都应体现迁移规律，都应该把各门学科中具有最大迁移价值的基本内容的学习置于首要地位。处理好这种教学与学习的程序是非常必要的，否则教学效率会受到影响，学生学起来也会感到吃力，不易把握所学内容的内在联系，这样就会直接影响认知结构的构建，同样也影响到迁移。

在宏观上，教学中应将基本的知识、技能和态度作为教学的主干结构，并依此进行教学。因为基本的知识、技能、态度等都具有适应面广、包容性大、概括性高、派生性强等特点，作为主干教材，可以最大限度地发挥其效用。在安排这些基本内容的教学顺序时，应该既考虑到学科知识本身的内在逻辑联系，即知识序，又要考虑到学生的心理发展顺序及其可接受性，即学生的认知序。综合兼顾知识序与认知序，从整体上来科学、有效地安排教学程序。

在微观上，应合理组织每节课的教学内容，合理安排教学顺序。依据从已知到未知、从简单到复杂、从具体到抽象等顺序来沟通新旧经验、建构经验结构。在激发学习动机，引入新内容，揭示重点、难点，反馈等诸环节上都应精心设计，以利于学生真正理解、掌握所学习的内容，并能将所掌握的内容进行适当的迁移。同时也要注意各节课所教内容之间的衔接，沟通知识经验之间的有机联系，促使学生的学习既能达到纲举目张，又可以"牵一发而动全身"，激活有关经验，避免惰性，建立合理的经验结构。教师应帮助学生对所学的内容进行整理、提炼，将前后知识加以沟通和融会贯通，真正提高学生学习的质量。

（三）教授学习方法和策略，提高迁移的意识性

许多研究和实际教学都证明，学生的迁移能力在很大程度上与学生所掌握的学习方法和策略有关。学生虽然拥有解决问题所需的知识，但由于缺乏必要的学习方法，致使迁移受阻，表现在不能有效地利用所学的知识去解决问题上。

学习方法可以说是促进有效学习的手段、措施，是培养学生的迁移能力、使学生学会学习的前提条件。"工欲善其事，必先利其器。"掌握学习方法不仅可以促进对所学内容的理解，而且可以改善学生的迁移能力，因为学习方法中包含了非常重要的信息，如在什么条件下迁移、如何迁移所学的内容、迁移的有效性等，这些信息可以提高迁移的意识性，防止经验的惰性化。如果说某一学科具体内容的迁移属于特殊迁移的话，那么学习方法的迁移则属于普遍迁移，具有广泛的迁移性，加之学习方法本身又包含了有效迁移的信息，所以，掌握学习方法无疑是提高迁移能力的有效途径。

由于大部分学生都不能自发地产生一些有效的学习方法，因此更需要教师的指导与教授。这意味着

教学中仅教给学生组织良好的信息还是不够的，还必须教授必要的学习方法。传统教学的主要弊端就是忽视学习方法的教授，这就使学生学习能力的培养难以落到实处。"授之以鱼，不如授之以渔"，教授必要的学习方法和策略，可以从根本上改善迁移能力，提高学习与教学的效率。

真题回顾与模块自测

一、单选题

1. 迁移是一种学习对另一种学习的影响，平面镜、凸透镜、凹透镜等知识的学习会相互影响，这是学习的（　　）。（2020.7.18青岛真题）

    A. 横向迁移　　　　　B. 负迁移　　　　　C. 逆向迁移　　　　　D. 特殊迁移

2. 在训练学生估计平行四边形面积后，要求学生估计长方形和不规则图形的面积，学生对长方形面积的估计成绩显著提高，而对不规则图形的面积的估计却没有提高，这一实验结果支持的迁移理论是（　　）。（2020.12.26济南历城真题）

    A. 关系转换理论　　　B. 经验类化理论　　C. 共同要素说　　　　D. 形式训练说

3. 主张个体对原理了解掌握的越好，对新情境中学习的迁移就越好的学习迁移理论最有可能是（　　）。（2020.8.6济南十区县联考真题）

    A. 形式训练理论　　　B. 相同要素理论　　C. 概括化理论　　　　D. 三维迁移理论

二、多选题

1. 在物理中学习了平衡概念，有助于以后学习化学平衡、生态平衡，这体现了（　　）。（2020.7.22潍坊青州真题）

    A. 正迁移　　　　　　B. 负迁移　　　　　C. 顺向迁移　　　　　D. 逆向迁移

2. 奥苏伯尔认为，认知结构的特性对于有意义学习和迁移的发生具有至关重要的意义，由于这些特性并不是恒定不变的常量，而是因人而异的变量，所以奥苏伯尔又称之为认知结构变量，这些特性有（　　）。（2020.12.26济南历城真题）

    A. 可操作性　　　　　B. 可利用性　　　　C. 可辨别性　　　　　D. 稳定性和清晰性

3. 教育界提出为迁移而教，包括（　　）。（2020.8.9济宁真题）

    A. 整合学科内容　　　B. 加强知识联系　　C. 强调概括总结　　　D. 重视学习策略

三、判断题

1. 先前学习对后继学习的影响称为逆向迁移，后继学习对先前学习的影响称为顺向迁移。（　　）（2020.8.6济南十区县联考真题）

2. 陆钦斯"量杯取水实验"说明了定势在问题解决过程中只起消极作用。（　　）

3. 所谓具有广泛迁移价值的学习材料是指最形象、生动的事例或案例。（　　）

【参考答案】

一、单选题

1. A   2. C   3. C

二、多选题

1. AC   2. BCD   3. ABCD

三、判断题

1. ×   2. ×   3. ×

第六章 学习策略

致力于转变学生的学习方式是新课程改革的显著特征，关键是要学生掌握一定的学习策略，自己学会学习。

■ 思 维 导 图

学习策略

- 学习策略概述
  - 学习策略的概念
  - 学习策略的特征
  - 学习策略与自我调节学习
- 学习策略的分类
  - 认知策略
  - 元认知策略
  - 资源管理策略
- 学习策略的训练
  - 学习策略训练的原则
  - 学习策略训练的模式与方法

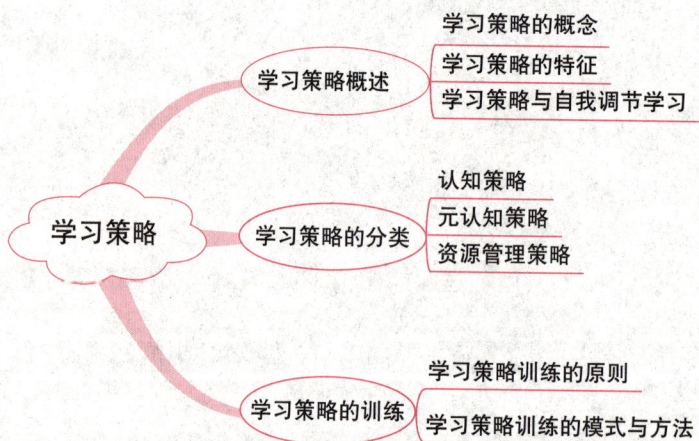

第一节 学习策略概述

一、学习策略的概念

（一）学习策略的概念

学习策略指学习者为了提高学习的效果和效率，有目的、有意识地制定的有关学习过程的复杂方案。

（二）学习策略的特征

1. 主动性

一般学习者采用学习策略都是有意识的心理过程。学习时，学习者先要分析学习任务和自己的特点，然后根据这些条件制订适当的学习计划。对于较新的学习任务，学习者总是有意识、有目的地思考着学习过程的计划。只有对于反复使用的策略才能达到自动化的水平。

2. 有效性

所谓策略，实际上是相对效果和效率而言的。一个人在做某件事时，使用最原始的方法，最终也能达到目的，但效果不会好，效率也不会高。比如：记忆一列英语单词表，如果一遍又一遍地朗读，只要有足够的时间，最终也会记住，但是保持时间不会长，记得也不是很牢固；如果采用分散复习或尝试背诵的方法，记忆的效果和效率一下子会有很大的提高。

3. 过程性

学习策略是有关过程的策略。它规定学习该做什么不该做什么、先做什么后做什么、用什么方式做、做到什么程度等诸方面的问题。

4. 程序性

学习策略是学习者制订的计划，由规则和技能构成。每一次学习都有相应的计划，每一次学习的学习策略也不同。但是，相对同一种类型的学习，存在着基本相同的计划，这些基本相同的计划就是我们常见的一些学习策略，如PQ4R阅读法（托马斯和罗宾逊提出）。

也有观点认为，学习策略就是指学习者在学习活动中，为了达到有效的学习目的而采用的规则、方法、技巧及其调控方式的综合。它既可以是内隐的规则系统，也可以是外显的操作程序与步骤。学习策略具有如下特点：（1）操作性和监控性的有机统一。操作性和监控性是学习策略最基本的特性。（2）外显性和内隐性的有机统一。（3）主动性和迁移性的有机统一。

二、学习策略的分类

（一）迈克卡等人的分类

迈克卡等人认为，学习策略可以分为认知策略、元认知策略和资源管理策略三种。认知策略是信息加工的策略；元认知策略是对信息加工过程进行调控的策略；资源管理策略则是辅助学生管理可用的环境和资源的策略，对学生的动机具有重要的作用。

此外，分析学习策略的成分不仅要考虑学习活动的类型，而且要考虑所获信息的种类。有人认为学习策略因知识的类型而有所不同。复述策略、精细加工策略和组织策略是针对陈述性知识的，而针对程序性知识，如模式再认（模式再认策略）或动作系列过程（动作系列学习策略）等，其策略是有所不同的。

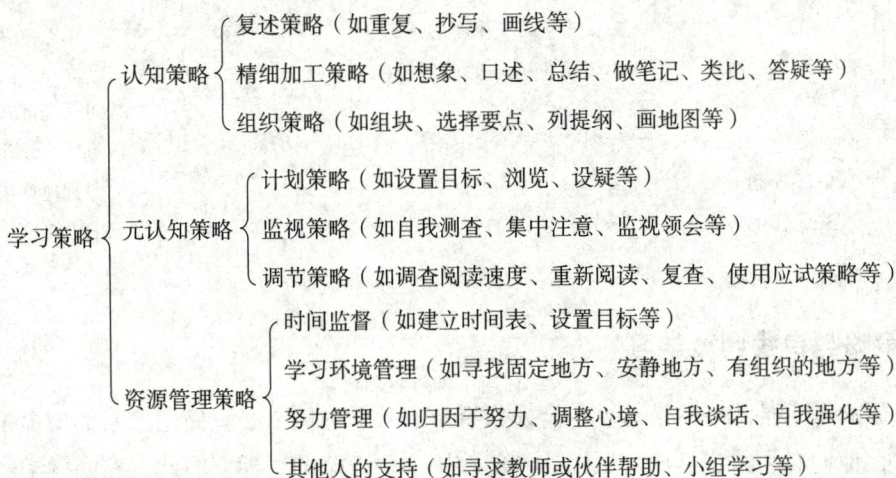

学习策略
- 认知策略
  - 复述策略（如重复、抄写、画线等）
  - 精细加工策略（如想象、口述、总结、做笔记、类比、答疑等）
  - 组织策略（如组块、选择要点、列提纲、画地图等）
- 元认知策略
  - 计划策略（如设置目标、浏览、设疑等）
  - 监视策略（如自我测查、集中注意、监视领会等）
  - 调节策略（如调查阅读速度、重新阅读、复查、使用应试策略等）
- 资源管理策略
  - 时间监督（如建立时间表、设置目标等）
  - 学习环境管理（如寻找固定地方、安静地方、有组织的地方等）
  - 努力管理（如归因于努力、调整心境、自我谈话、自我强化等）
  - 其他人的支持（如寻求教师或伙伴帮助、小组学习等）

图3-6-1　学习策略的分类

（二）丹瑟洛的分类

丹瑟洛认为学习策略是由相互作用的两种成分组成的：基本策略与辅助性策略。基本策略被用来直接操作课本材料，包括获得和存储信息的策略（领会和保持策略）及提取和使用这些存储信息的策略（提取和利用策略）。辅助性策略被用来维持合适的心理状态与认知气氛，是促进学习活动顺利进行的保证性策略。它通过使学生有效完成基本策略来发挥作用。

（三）奥克斯福德的分类

奥克斯福德认为学习策略包含以下五个层面：

元认知策略：用来帮助学生计划、管理以及评估学习过程。

情感策略：用来提高学习兴趣和态度，如多给正面鼓励和反馈。

社会策略：用来促进学生之间的合作，一来可以提高学习兴趣，二来可以通过合作学习增进理解能力。

记忆与认知策略：用来增强记忆和思考能力。

补偿性策略：用来与学习者沟通，帮助学生克服知识上的不足。

三、学习策略与信息加工过程及元认知的关系

学习策略的目的是帮助学习者控制学习的信息加工系统，以便更好地存储和提取信息。学习策略包括信息流程中所有环节所使用的方法和技术，如注意、复述、精细加工、组织编码等过程以及对它们的控制过程。其中，复述、精细加工和组织是直接对信息进行的加工，属于认知策略；而对信息加工的控制过程则控制着信息的流程，监控和指导认知过程的进行，属于元认知策略，包括计划策略、监控策略（注意策略）和调节策略。

根据学习的信息加工过程、学习策略与元认知的关系，可以知道，学习策略是存储在长时记忆中的元认知知识。它包括认知策略、元认知策略以及资源管理策略。元认知过程则是指在工作记忆中进行的、运用存储在长时记忆中的元认知知识（包括学习策略知识）来管理和控制认知活动的过程，它包含情感调节的过程。元认知过程是使用学习策略的过程，元认知能力则是指执行这一控制过程的能力。也就是说，学习策略是有关学习的动态过程的静态知识，而元认知过程则是使用静态知识的动态过程。

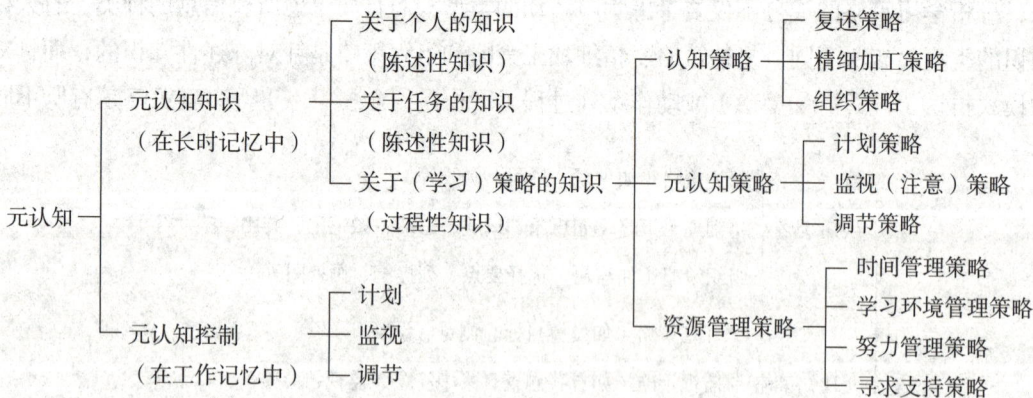

图3-6-2 元认知与学习策略之间的关系

四、学习策略与自我调节学习

掌握了学习策略是不是意味着学习就一定非常有效率呢？那倒未必。使用策略的前提是，学生必须重视学习和理解，他们必须给自己设定可以达到的使用有效策略的目标。因此，在强调学生学习策略的同时，还要鼓励学生进行自我调节学习。

自我调节学习是指学习者主动激励自己并且积极使用适当的学习策略的学习。它不仅可以被看作一种动态的学习过程（或活动），也可以被视为一种相对稳定的学习能力。自我调节学习是一种主动的与建构性的学习过程，在这个过程中，学生首先为自己确定学习目标，然后监控、调节、控制自己的认知、动机和行为。齐默尔曼提出了自我调节学习的三阶段循环模式，即计划阶段、行为表现阶段和自我反思阶段，突出强调非认知因素在自我调节学习中的重要性。

如果说学习策略是一种包含认知策略、元认知策略、资源管理策略的过程性知识，那么自我调节学习就是积极使用学习策略的过程和能力。自我调节的学习理论强调，学生完全能够使用各种不同的学习策略和动机策略来促进自己的学习。这种理论认为学习不是"对学生发生的事"，而是"由学生发生的事"。

第二节　学习策略理论

一、认知策略

认知策略是加工信息的一些方法和技术，有助于有效地从记忆中提取信息，有助于对信息进行分门别类的系统储存。认知策略最早是由布鲁纳提出的，可以分为复述策略、精细加工策略、组织策略三种。这三种策略针对不同的学习任务，具有重要意义。

（一）复述策略

复述策略是指在工作记忆中为了保持信息，运用内部语言在大脑中重现学习材料或刺激以便将注意力维持在学习材料上的方法。它是短时记忆的信息进入长时记忆的关键。

常用的复述策略可分为三类：第一类是复述的时间安排技巧，如及时复习、分散复习、限时记忆等；第二类是复述的次数安排，如过度学习；第三类是复述方法的选用，如注意克服记忆效应，运用多种感官协调记忆，部分识记与整体识记，单纯背诵与试图回忆相结合，注意学习时的心向、态度与兴趣等。

1. 识记过程中的复述策略

（1）利用无意识记和有意识记

无意识记是指没有预定目的、不需经过努力的识记；有意识记是指有目的、有意识的识记。

（2）排除相互干扰

干扰会阻碍人们在脑子里复述刚才所学的信息，因此在进一步学习之前，要在头脑中进行复述，避免干扰。在安排复习时，要尽量考虑预防前摄抑制和倒摄抑制的影响，要尽量错开学习两种容易混淆的内容。心理学家还发现，当学完一系列词汇后，马上进行测验，开始和结尾的几个词一般要比中间的词记得牢。这就是所谓的首因效应和近因效应。可能是由于我们对首先呈现的项目倾注了更多的注意和心理努力，造成了首因效应；由于在最后的项目和测验之间几乎不存在其他信息的干扰，造成了近因效应。因此，要把最重要的新概念放在复习的开头，在最后对它们进行总结。

（3）整体识记和分段识记

对于篇幅短小或者内在联系密切的材料，适于采用整体识记，即整篇阅读，直到记牢为止。对于篇幅较长，或者较难，或者内在联系不强的材料，适于采用分段识记，即将整篇材料分成若干段，先一段一段地记牢，然后合成整篇识记。

（4）多种感官参与

在进行识记时，要学会同时运用多种感官，多种感官的参与能有效地增强记忆。

（5）自问自答或尝试背诵

在学习一篇材料时，一面阅读，一面自我提问或自己背诵，有助于根据自己回答或背诵的情况，检查自己的错误或薄弱环节，从而重新分配努力。

（6）过度学习

过度学习指在学习过程中，实际学习的次数要适当超过刚刚能够回忆起来的次数。研究表明，学习熟练程度达到150%左右时，记忆效果最好。

2. 保持过程中的复述策略

（1）及时复习

复习最好要及时进行。复习的黄金2分钟是指学习后10分钟就进行复习，只用2分钟就能取得良好效果。

（2）集中复习与分散复习

集中复习就是一段时间一下子重复学习许多次；分散复习就是每隔一段时间重复学习一次或几次。实验证明，分散复习能极大增强所有信息和技能的长期保持。一般认为开始复习的时候，时间间隔要短，以后可以长些。大体时间安排为：10分钟、一天、一周、一个月、两个月、半年之后对同一个材料各复习一次。

（3）复习形式多样化

要采用多种形式进行复习，如与人讨论、写成报告、做出总结、向别人讲解等有利于理解和记忆。在实践中应用所学知识是对知识的最好复习。

（4）画线

画线是阅读时常用的一种复述策略。在教学生画线时，首先，解释在一个段落中什么是重要的；其次，教学生谨慎地画线，也许只画一到两个句子；最后，教学生复习并用自己的话解释这些画线部分。

总之，利用记忆规律、合理复习、自动化、亲自参与、情境相似性与情绪生理状态相似性以及心向、态度与兴趣等都是常用的复述策略。

（二）精细加工策略

精细加工策略是指把新信息与头脑中的旧信息联系起来从而增加新信息意义，进而帮助学生将信息储存到长时记忆中去的深层加工策略。例如，学习"医生讨厌律师"这一句话时，我们附加一句"律师对医生起诉了"。它常被描述成一种理解记忆的策略，其要旨在于建立信息间的联系。联系越多，能回忆出信息原貌的途径就越多，即提取的线索就越多。精细加工越深入越细致，回忆就越容易。

精细加工策略可以分为两大类：对意义性不强的信息进行精细加工的策略称为人为联想策略，而对意义性较强的信息进行精细加工的策略则叫内在联系策略。基本的精细加工策略包括记忆术（位置记忆法、首字连词法、谐音联想法、琴栓—单词法、关键词法、视觉想象）和灵活处理信息（有意识记、主动应用、利用背景知识）等；对于比较复杂的课文学习，精细加工策略有说出大意、总结（分段并总结段意）、建立类比、用自己的话做笔记、解释、提问及回答问题等。

1. 记忆术

记忆术是通过把那些枯燥无味但又必须记住的信息"牵强附会"地赋予意义，使记忆过程变得生动有趣，从而提高学习记忆的效果的方法。常用的记忆术主要有：

（1）形象联想法。这种方法是通过人为联想，使无意义的难记的材料和头脑中的鲜明奇特的形象相结合，从而提高记忆的效果。如教"尖"字时，教师将削尖的铅笔给儿童看，并加以解释，使儿童理解"尖"字是"上小下大"。

（2）谐音联想法。这种方法是通过谐音线索，运用视觉表象、假借意义进行人为联想。例如：把圆周率"3.1415926535"编成顺口溜"山巅一寺一壶酒，尔乐苦煞吾"；有人记忆马克思的生日"1818年5月5日"时，联想为"马克思一巴掌一巴掌打得资产阶级呜呜地哭"；金属元素的活动顺序——钾钙钠镁铝、锌铁锡铅（氢）、铜汞银铂金，可以记成"嫁给那美女，锌铁惜千斤，童工赢铂金"；历史老师教学生记忆明朝迁都北京的历史年代，指导学生把1421记成"一事二益"；秦国灭六国的顺序是韩赵魏楚燕齐，可以记为"喊赵薇去演戏"。

（3）缩简（首字联词法）和编歌诀。缩简就是将识记材料的每条内容简化成一个关键性的字，然后变成自己所熟悉的事物，从而将材料与过去经验联系起来。首字联词法是利用每个词语的第一个字形成缩写，或者用一系列词描述某个过程的每个步骤，然后将这一系列词提取首字作为记忆的支撑点。莎士比亚的四大名剧——《哈姆雷特》《罗密欧与朱丽叶》《李尔王》《麦克白》，可以从每部名剧中取出一个字，组合起来，变成"哈啰（罗），李白"；《辛丑条约》包括"要清政府赔钱；要清政府保证禁止人民反抗；允许外国在中国驻兵；划分租借，建领事馆"四条内容，可概括为"前（钱）进（禁）宾（兵）馆"；金庸先生的著作可用"飞雪连天射白鹿，笑书神侠倚碧鸳"两句诗概括。也可以将材料缩简成歌诀，在缩简材料编成歌诀时，最好靠自己动脑筋，自己创造的东西印象深刻。歌诀力求精练准确，富有韵律。如《二十四节气歌》："春雨惊春清谷天，夏满芒夏暑相连。秋处露秋寒霜降，冬雪雪冬小大寒。"

（4）位置记忆法。这是一种传统的记忆术，最早被古希腊演讲家使用。它是通过与熟悉的地点顺序联系起来记忆一些名称或者客体顺序的方法。位置记忆法对记忆有顺序的系列项目特别有用。

（5）关键词法。关键词法就是将新词或概念与相似的声音线索词，通过视觉表象联系起来。如"tiger"可以记忆成"泰山上一只虎"。这种方法在教外语词汇时非常有用。例如，economy—依靠农民—经济，ambulance—俺不能死—救护车。这种记忆术也同样适用于其他信息的学习，如数学、物理公式、省首府名、阅读理解、地理信息等。例如，一次绝对值不等式的解集：$|x|>a, x>a$或$x<-a$；$|x|<a, -a<x<a$。可用谐音法记作："大鱼取两边，小鱼取中间。"同时联想到吃大鱼只吃两边的肉，吃小鱼掐头去尾只吃中间。

（6）视觉联想。视觉联想就是通过形成心理想象来帮助人们对联系的记忆。联想时越奇特、合理，记忆越牢。例如，可以将"飞机—箱子"想象为"飞机穿过箱子"，"橘子—狗"可以想象为"一个比狗还大的橘子砸中了一条狗"，将"计算机—书"想象成"计算机印在书的封皮上"等。有一种用想象来增强记忆的古老方法，就是创造一个故事，将所有要记得信息编在一起。例如，人们一直在用希腊有关星座的神话来帮助回忆星座的名字。

（7）语义联想。通过联想，将新材料与头脑中的旧知识联系在一起，赋予新材料以更多的意义。运用这种方法关键是设法找出新旧材料之间的内在逻辑联系。例如，在记一个公式或原理时，要想一想，新公式或原理是如何从以前的公式或原理推导出来的。

此外，限定词法类似于谐音联想法，是指学习一种新材料时运用联想，假借意义，对记忆亦很有帮助。琴拴—单词法类似于位置记忆法，典型的琴拴—单词法是将数字和单词联系起来的一些韵律。

2. 做笔记
做笔记是阅读和听讲时常用的一种精细加工策略。

教师应做到：语速要适中不宜过快；重复复杂的主体材料和知识点；呈现做笔记的线索；在黑板上

写出重要的信息；给学生提供一套完整的笔记，让他们观看；给学生提供结构式的辅助手段，如提纲或表格。

学生应做到：笔记本上不要写得密密麻麻，要留出一定的空白；同时记录正文及关键词和自己的疑问、感想；做完笔记后，要进行简要总结，复习、思考笔记中的观点。

3. 提问

提问是一种有助于学生学习课文、讲演以及其他信息的策略。教学中要注意训练学生在活动中自己和自己谈话，自己问自己或彼此之间相互问老师要问的问题。教师提问时应注意：事先计划好问题；提问的风格应该简洁、明确、主体性很强；给学生时间思考；要让学生保持悬念；对学生的回答做出积极、及时的反馈。

4. 生成性学习

生成性学习就是要训练学生对他们所阅读的东西产生类比或表象，以加强其深层理解。这种方法最重要的一点，是需要加工产生课文中没有的句子、与课文中某几句重要信息相关的句子、用自己的话组成的句子。

5. 运用背景知识，联系客观实际

背景知识对学习是很重要的，教师一定要把新学习的知识和学生已有的背景知识联系起来，并要联系实际生活，不仅帮助他们理解这些信息的意义，而且帮助他们感觉到这些信息有用。

（三）编码与组织策略

编码与组织策略是指整合所学新知识之间、新旧知识之间的内在联系，形成新的知识结构。组织策略对认知结构的改变主要体现在对知识的简化、系统化和概括化上。组织策略主要有两种：一种是归类策略，用于概念、语词、规则等知识的归类整理；一种是纲要策略，主要用于对学习材料结构的把握。

1. 归类策略

归类是把材料分成小单元，再把这些单元归到适当的类别里。归类策略的应用能使人理清头绪，各知识点与概念之间不致混淆，方便知识的理解、记忆以及提取。如有人按字音归类识字，有人按偏旁结构归类识字。又如，假如你周末上街买食品，东西很多很杂，你难免不丢三落四，但如果你把这些东西组织起来，按照主食、蔬菜、肉类、水果、饮料、调味品归类，这些东西就会变得有意义，容易记住。

2. 纲要策略

纲要策略也称提纲挈领，是掌握学习材料纲目的方法。纲要可以是用语词或句子表达的主题纲要，也可以是用符号、图式等形象表达的符号纲要。温斯坦和梅尔提出两种有用的组织策略：列提纲和画地图。

（1）主题纲要法

通过阅读提炼出学习材料各部分的主题，然后将这些主题按照它们之间的相互关系以纲要的方式呈现出来，即是主题纲要法。

（2）符号纲要法

符号纲要法是采用图解的方式体现知识的结构，即作关系图。它比主题纲要法更直观形象，但要求学习者对符号相当熟悉。在作关系图时，应先识别主要知识点，然后识别这些知识点之间的关系，再用适当的图解来标明这些知识点之间的内在联系。

① 系统结构图。学完一科知识，对学习材料进行归类整理，将主要信息归成不同水平或不同部分，然后形成一个系统结构图。在金字塔结构里，较具体的概念要放在较抽象概念之下。

② 流程图。流程图可用来表现步骤、事件和阶段的顺序。流程图一般从左向右展开，用箭头连接

各步。

③ 网络关系图，又称为概念关系图。利用关系图可以图解各种观点是如何相互联系的。作关系图时，首先找出课中的主要观点；然后找出次要的观点或支持主要观点的部分；接着标出这些部分，并将次要的观点和主要的观点联系起来。在关系图中，主要观点位于正中，支持性的观点位于主要观点的周围。

（3）利用表格

① 一览表。首先对材料进行全面的综合分析，然后抽取主要信息，并从某一角度出发，将这些信息全部陈列出来，力求反映材料的整体面貌。例如：学习中国历史时，可以时间为坐标轴，将朝代、主要历史人物、历史事件全部展现出来，制成中国历史发展一览表；《红楼梦》一书，人物众多，关系复杂，散见于各章，鲁迅先生综合各章信息后，制作了一张主要人物关系表。

② 双向表。双向表是从纵横两个维度罗列材料中的主要信息。层次结构图和流程图都可以衍变成双向表。

二、元认知策略

（一）元认知

弗拉维尔首次提出"元认知"的概念。所谓元认知是对认知的认知，具体地说，是关于个人认知过程的知识和调节这些过程的能力。元认知具有两个独立但又相互联系的成分：对认知过程的知识和观念（即元认知知识，存储在长时记忆中）与对认知行为的调节和控制（即元认知控制，存储在工作记忆中）。除了弗拉维尔的两分法之外，也有人（董奇）认为元认知包括三个方面的内容：元认知知识、元认知体验和元认知监控。

1. 元认知知识

元认知知识是对有效完成任务所需的技能、策略及其来源的意识——知道做什么，是在完成任务之前的一种认识。它主要包括：（1）对个人作为学习者的认识；（2）对任务的认识；（3）对有关学习策略及其使用方面的认识。

2. 元认知控制

元认知控制是运用自我监视机制确保任务能成功地完成，是对认知行为的管理和控制，是主体在进行认知活动的全过程中，将自己正在进行的认知活动作为意识对象，不断地对其进行积极、自觉的监视、控制和调节。元认知控制过程包括制订认知计划、监视计划的执行以及对认知过程的调整和修改。

（二）元认知策略

学习的元认知策略是指学生对自己整个学习过程的有效监视及控制的策略。元认知策略大致可分为以下三种：

1. 计划策略

计划策略是指根据认知活动的特定目标，在认知活动开始之前对计划完成任务所涉及的各种活动预计结果，选择策略，设想解决问题的方法，并预估其有效性等。元认知计划策略包括设置学习目标、浏览阅读材料、产生待回答的问题以及分析如何完成学习任务等。在制订计划时应注意：（1）必须对目标做严密的审视；（2）将确定的总体目标分解为一个个小的目标，并保持计划的伸缩性；（3）配以一定的奖惩措施。

2. 监控策略

监控策略是指在认知过程中，根据认知目标及时检测认知过程，寻找两者之间的差异并对学习过程及时进行调整，以期顺利实现有效学习的策略。它具体包括领会监控、策略监控和注意监控。领会监控是指学习者在阅读过程中将自己的阅读领会过程作为监控意识对象，不断对其进行积极的监视和调整；策略监控是为了防止学习者在学习了某种策略后不加利用，而仍沿用以往的习惯；注意监控是为了调节自己的注意，使其集中在学习任务上从而获得较好的学习效果，具体包括阅读时对注意加以跟踪、对材料进行自我提问、考试时监视自己的速度和时间。

3. 调节策略

调节策略是指在学习过程中根据对认知活动监视的结果，找出认知偏差，及时调整策略或修正目标；在学习活动结束时，评价认知结果，采取相应的补救措施，修正错误，总结经验教训等。如当学习者意识到他不理解课的某一部分时，他们就会退回去读困难的段落；在阅读困难或不熟的材料时放慢速度；复习他们不懂的课程材料；测验时跳过某个难题先做简单的题目等。调节策略能帮助学生矫正自己的学习行为，补救理解上的不足。

上述元认知策略的这三个方面总是相互联系在一起的。学习者一般先认识自己的当前任务，然后使用一些标准来评价自己的理解，预计学习时间，选择有效的学习计划或解决问题，最后监视自己的进展情况，并根据监视的结果采取补救措施。

三、资源管理策略

资源管理策略是辅助学生管理可用环境和资源的策略，有助于学生适应环境并调节环境以适应自己的需要，对学生的动机具有重要的作用。资源管理策略包括时间管理策略、学习环境管理策略、努力管理策略、学业求助策略。

（一）学习时间管理策略

时间管理策略就是通过一定的方法合理安排时间，有效利用学习资源。依据一般事情对我们的重要程度和紧急程度这两个维度可以把事情分为四种类型：既重要又紧急（第一象限）、紧急但不重要（第二象限）、既不重要又不紧急（第三象限）、重要但不紧急（第四象限）。高效的管理时间，需要把精力放在第一、四象限，而造成时间管理差异的秘密在第四象限。

1. 统筹安排学习时间

每个人都应当根据自己的总体目标，对时间做出总体安排并通过阶段性的时间表来加以落实。

2. 高效利用最佳时间

首先，要根据自己的生物钟安排学习活动。其次，要根据一周内学习效率的变化情况安排学习活动。再次，要根据一天内学习效率的变化来安排学习活动。此外，要根据自己的工作曲线安排学习活动。工作曲线一般有：先高后低；中间高两头低；先低后高。

3. 灵活利用零碎时间

首先，可以利用零碎时间处理学习上的杂事。其次，读短篇或看报纸杂志，拓宽自己的知识面，或者背诵诗词和外文单词。此外，可以进行讨论，以利于启发创造性思维。

（二）学习环境管理策略

环境分为物理环境和心理环境两类，我们这里所说的主要是物理环境。学习环境管理策略主要是善于选择安静、干扰较小的地点学习，充分利用学习情境的相似性等。首先，要注意调节自然条件，如流通的空气、适宜的温度、明亮的光线以及和谐的色彩等。其次，要设计好学习的空间，如空间范围、室内布置、用具摆放等。

（三）学习努力和心境管理策略

努力管理策略主要指掌握一些方法来排除学习干扰，使自己的精力有效地集中在学习任务上。学习努力和心境管理主要应做到：激发内在动机；树立为了掌握而学习的信念；选择有挑战性的任务；调节成败的标准；正确认识成败的原因；自我奖励等。

（四）学业求助策略（寻求支持策略、资源利用策略）

学业求助策略指当学生在学习上遇到困难时，向他人请求帮助的行为。它是一种重要的社会支持管理策略。学业求助策略包括学习工具的利用和社会性人力资源的利用。奈尔森—黎高按照求助者的目的将学业求助划分为两类：执行性求助（他人"替"自己解决困难）和工具性求助（他人提供思路和工具）。

奈尔森—黎高把学业求助过程划分为五个阶段：（1）意识到求助的需要；（2）决定求助；（3）识别和选择潜在的帮助者；（4）取得帮助；（5）评价反应。

他人的帮助如同课本一样是重要的学习资源。学业求助不是自身能力缺乏的标志，而是获取知识、增长能力的一种途径，是一种重要的学习策略。

第三节　学习策略训练

一、学习策略训练的原则

托马斯和罗瓦提出了一套适用于具体学习方法的有效学习原则，即特定性、生成性、有效的监控和个人效能感等。

（一）主体性原则

主体性原则指任何学习策略的使用都依赖于学生主动性和能动性的充分发挥。

（二）内化性原则

内化性原则指训练学生不断实践各种学习策略，逐步将其内化成自己的学习能力，并能在新的情境中加以灵活应用。

（三）特定性原则

特定性原则指学习策略一定要适于学习目标和学习的类型。同样一个策略，年长和年幼的，成绩好的和成绩差的，用起来的效果就不一样。

（四）生成性原则

生成性原则指学生要利用学习策略对学习材料进行重新加工，产生某种新的东西，这就要求学习者进行高度的心理加工。

（五）有效的监控

有效的监控原则意味着应当教学生知道何时、如何应用他们的学习策略以及当这些策略正在运作时能将它们说出来。

（六）个人自我效能感

个人自我效能感指教师给学生一些机会使他们感觉到策略的效力以及自己使用策略学习就会有所收获。

二、训练学习策略的教学及要求

（一）注重对元认知监控和调节的训练

注重元认知监控和调节的教学是提高学习策略教学的有效技术。元认知能意识和体验学习情境中各种变量间的关系及其变化，并导致感情活动的形成，而成熟的学习调节与控制则能根据上述体验来监视并控制学习方法的使用，使之自始至终伴随学习过程并适合于新的情境下的学习。

（二）有效运用教学反馈

反馈能改进学习，提高学习效果。研究证明，如果降低训练的速度，增加反馈，使学生知道他们运用策略的不足之处，评价训练的有效性，理解学习策略的效应，或者体会到学习策略的确改善了他们的学习，学生更有可能把学习策略运用于更为现实的学习情境中去。

（三）提供足够的教学时间

学习的调节与控制是否自动化、学习方法的使用是否熟练，是学习策略持续使用和迁移的条件之一。为此，给学生提供足够的策略训练的时间使之达到自动化的程度就显得十分必要。

三、学习策略训练的模式与方法

（一）指导教学模式（直接教学）

指导教学模式基本思想是，学生在教师的引领下学习有关的学习策略。它由激发、讲演、练习、反馈和迁移等环节构成。在教学中，教师先向学生解释所选定学习策略的具体步骤和条件，在具体应用中不断给以提示，让其口头叙述和明确解释所操作的每一个步骤并报告自己应用学习策略时的思维情况。教师在教学中要依据每种策略来选择恰当的事例说明其应用的多种可能性，提供的事例应从学生的认知水平出发，应由简到繁。

（二）程序化训练模式

该训练模式的基本思想基于加涅的学习层次理论。所谓程序化训练就是将活动的基本技能分解成若干有条理的小步骤，在其适宜的范围内作为固定程序。要求活动主体按此进行活动，并经过反复练习使之达到自动化程度。程序化训练的基本步骤是：1.将某一活动技能按有关原理，分解成可执行、易操作的小步骤，而且使用简练的词语来标志每个步骤的含义。2.通过活动实例示范各个步骤，并要求学生按步骤活动。3.要求学生记忆各步骤并坚持练习，直至达到自动化程度。例如托马斯和罗宾逊提出的PQ4R阅读策略，包括预览（Preview）、提问（Question）、阅读（Read）、反思（Reflect）、背诵（Recite）、复习（Review）等六个步骤。

（三）完形训练模式

完形训练就是在直接讲解策略之后，提供不同程度的完整性材料促使学生练习策略的某一个成分或步骤，然后逐步降低完整性程度，直至完全由学生自己完成所有成分或步骤。

完形训练的好处就在于能够使学生有意注意每一个成分或步骤，而且每一步训练所需的心理努力都是学生能够胜任的，更为重要的是，每一步训练都能给学生以策略应用的整体印象。

（四）交互式教学模式

交互式教学包括教师和学生小组之间的相互对话。在教学活动开展之初，教师先给学生进行示范，然后教师和学生轮流充当教师角色。比如，在语文阅读的教学中，教师给学生示范如何根据学习内容提出问题，如何恰当地回答，然后由学生充当教师向其他同学提出问题。在这个过程中，学生也可以检测自己对材料的理解水平。交互式教学方法主要用来帮助成绩差的学生阅读领会，它是由教师和一小组学生（大约6人）一起进行的。此方法旨在教学生这样四种策略：1. 总结——总结段落内容；2. 提问——提与要点有关的问题；3. 析疑（澄清）——明确材料中的难点；4. 预测——预测下文会出现什么。交互式教学模式具体步骤如下：一开始，教师做一个示范，朗读一段课文并就其核心内容进行提问，之后概括出本段课文的中心大意，最后，教师指定一个学生扮演"教师"，彼此提问。

（五）合作学习模式（脚本式合作）

在这种学习活动中，两个学生一组，一节一节地彼此轮流向对方讲解材料，当一个学生主讲时，另一个学生听着，纠正错误和遗漏，直到学完所学材料为止。合作学习强调同伴交往在完成任务过程中的作用，在合作学习模式下，学生会有意识地模仿专家或同伴的行为来思考和完成具体的任务。在合作的背景下完成任务时，情绪、动机、个性等心理要素会以直接或间接的方式影响到学生的学习。因此，教师要尽量组织、安排能力水平不同的学生进行合作学习。

要保证合作学习顺利进行，教师必须注意以下几点：（1）要有一个有吸引力的主题；（2）要有可分解的任务；（3）要有一个有凝聚力的稳定的团队；（4）要有一个具有激励性、发展性的评价机制；（5）课与课之间、课内与课外之间要有连续性。

在实际教学中，教师不管采用什么方法进行学习策略的教学，都要结合学科知识。研究认为，学习策略知识不是孤立的，不能脱离专门知识。专门领域的基础知识是有效利用策略的前提条件，脱离知识内容的单纯训练容易导致形式化倾向，难以保证学生提高学习策略水平。教师要善于不断探索优化自己的教学步骤，为学生提供可以仿效的活动程序；同时要根据学生原有的学习方式启发学生的思路，让其有意识地内化有效的学习策略。

真题回顾与模块自测

一、单选题

1. 二十四节气是我国古代定律的一种，用来表示季节变迁及指导农事的立法，它科学的表示了天文气象变化的规律。它不仅在农业生产方面起着指导作用，同时还影响着古人的衣食住行，甚至是文化观念。为方便记忆，人们采用首字连词法（即利用每一个词的第一个字形成一个缩写）编制了二十四节气歌，这种做法从学习策略的角度看属于（　　　）。（2020.8.6济南十区县联考真题）

    A. 复述策略　　　　　　B. 元认知策略　　　　　　C. 组织策略　　　　　　D. 精细加工策略

2. 《红楼梦》一书中人物众多，关系复杂，散见于各章。鲁迅先生综合各章信息后制作了一张主要人物关系表，通过该表来理解人物之间的复杂关系和联系。这种学习策略属于（　　　）。（2020.12.26济南历城真题）

    A. 元认知策略　　　　　B. 精细加工策略　　　　　C. 资源管理策略　　　　　D. 组织策略

3. 同一个策略，不同年龄的学生、学习水平不同的学生用起来的效果不一样，这就要求教育者在对学生

进行学习策略训练时，应遵循（　　）。（2020.8.5济南天桥真题）

A. 生成性原则　　　　　B. 个人效能感原则　　　C. 特定性原则　　　　D. 主体性原则

二、多选题

1. 学习的精细加工策略是个体通过把自己所学的新知识与已有知识联系起来，以增强新知识的意义。下列选项中属于精细加工策略的有（　　）。

A. 抄写　　　　　　　　B. 记忆术　　　　　　　C. 做笔记　　　　　　D. 列提纲

2. 迈克卡等人将学习策略分为认知策略、元认知策略和资源管理策略三大类。下列案例中属于元认知策略的是（　　）。（2020.7.30烟台莱阳、海阳真题）

A. 在阅读时始终对注意力加以追踪、确保专注

B. 在回答问题前，首先对材料进行自我提问

C. 树立正确的学习信念，激发自己的内在学习动机

D. 在接收到学习任务后首先展开计划，分析如何完成学习任务

3. 资源管理策略是辅助学生管理可用环境和资源的策略，对学生的动机具有重要的作用。资源管理策略主要包括（　　）。

A. 时间管理策略　　　　B. 学习环境管理策略　　C. 努力管理策略　　　D. 学业求助策略

三、判断题

1. 在学习过程中，李红喜欢采用在主题句下划线的方法帮助学习，这种学习策略属于元认知策略。
（　　）

2. 为了记住大量的文史知识，小明常常会将他们进行串联，赋予他们自己熟知事物的意义，小明所使用的这种学习策略叫复述策略。（　　）（2020.10.17威海高区真题）

3. 学习策略是可教的，但很难迁移。（　　）

四、简答题

简述学习策略训练要遵循哪些原则？（2020.6.26潍坊昌邑真题）

【参考答案】

一、单选题

1. D　2. D　3. C

二、多选题

1. BC　2. ABD　3. ABCD

三、判断题

1. ×　2. ×　3. ×

四、简答题

（略）

第七章　知识的学习与技能的形成

知识和技能是人的素质结构中的基础性要素。如何获得知识，如何形成技能，不仅是教育心理学必须回答的理论问题，而且也是当前基础教育课程改革所面临的实践问题。

思维导图

知识的学习与技能的形成

- 知识的学习
  - 知识的概念
  - 知识的类型
  - 知识的表征
  - 知识学习的类型
  - 知识学习的过程
- 技能的形成
  - 技能的概念及分类
  - 操作技能的形成
  - 心智技能的形成

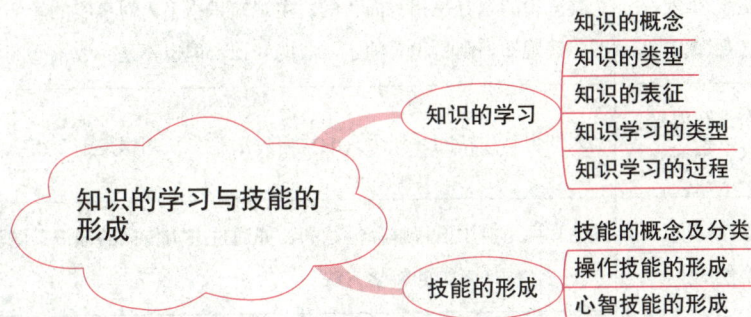

第一节　知识的学习

一、知识概述

（一）知识及其含义

1. 知识的概念

知识是指主体通过与环境相互作用而获得的信息及其组织。其实质是人脑对客观事物的特征与联系的反映，是客观事物的主观表征。

2. 知识的特性

知识是人们对实践经验和实践活动的认知成果，具有一定的稳定性和明确性，教育领域中的知识基本是该学科中较为确定、接近共识的内容。知识并不是千真万确、不可置疑的定论，人总在试图对世界做出更准确、更完整、更深刻的理解和解释，知识总在不断进化和更新。

3.知识的功能

（1）知识具有辨别功能。人可以基于有关知识对感受到的事物进行辨认和归类，从而对它们不再感到陌生。

（2）知识具有预期功能。在具备了相应的知识时，人就可以通过推论对事物形成一定的预期，推知事物会是怎样的，它会怎样发展变化等。

（3）知识具有调节功能。个体总在以自己的知识为基础来确定活动的程序，并对活动的实施过程进行监控和调节。

（二）知识的分类

表3-7-1 知识的分类

依据	划分类型	解释
知识获得方式	直接知识 间接知识	直接知识来自于个体亲身体验；间接知识得于书本
反映深度	感性知识 理性知识	感性知识是对事物的外表特征和外部联系的反映；理性知识反映事物的本质特征与内在联系
知识的客观性	主观知识 客观知识	两类知识的划分是相对而言的，主观知识指个人对事实的解释，相对缺少相关的证明；客观知识则是相对约定俗成的知识，但也不是一成不变的
知识的所有权	个人知识 公众知识	个人知识是独特的，如个人的学习方法；公众知识是整个组织享有的，如班级规则
知识与言语的关系	显性知识 隐性知识	显性知识是能用语言解释清楚的，如通过书本传播的知识；隐性知识并不能用语言充分表达，例如老师的教学方法
复杂多变程度	结构良好领域知识 结构不良领域知识	结构良好领域知识是有固定答案的知识，如可背诵的语言知识；结构不良领域知识是指生活中比较复杂的知识
知识的状态和表现方式	陈述性知识 程序性知识	陈述性知识是关于"是什么"的知识，如北京的著名景点；而程序性知识是关于"怎么做"的知识，解决这一类问题需要一定的程序，如用乘法交换律解应用题

1.根据反应活动的深度，知识可分为感性知识和理性知识

所谓感性知识是对活动的外表特征和外部联系的反映，可分为感知和表象两种。感知是人脑对当前所从事活动对象的反映；表象是人脑对从前感知过但当时不在眼前的活动的反映。所谓理性知识，反映的是活动的本质特征与内在联系，包括概念和命题两种形式。概念反映的是活动的本质属性及其各属性之间的本质联系。命题也就是我们通常所说的规则、原理、原则，它表示的是概念之间的关系，反映的是不同对象之间的本质联系和内在规律。

2.根据反映活动的形式，知识可以分为陈述性知识、程序性知识

（1）含义：①陈述性知识：也叫描述性知识，是个人能用言语进行直接陈述的知识，主要用于区别和辨别事物，如"李白是唐朝诗人""生命在于运动""中国的首都是北京"等。②程序性知识：也叫操作性知识，是个体难以清楚陈述、只能借助于某种作业形式间接推测其存在的知识（是一种经过学习后自动化了的关于行为步骤的知识，表现为在信息转换活动中进行具体操作），如"如果哪位学生

再在课堂上捣乱，我就批评他""如何骑车""英语中将主动语态变为被动语态"等。总之，陈述性知识是关于"是什么"的知识，是对事实、定义、规则和原理等的描述。程序性知识是关于"怎么做"的知识，如怎样进行推理、决策或者解决某类问题等。梅耶在安德森的基础上，将程序性知识进一步分为用于具体情境的"程序性知识"和有关学习、记忆、问题解决的一般方法的"条件性知识"（或称"策略性知识"），后者用来确定何时、为何要运用陈述性和程序性知识，解决的是"什么时候，为什么"的问题。例如，阅读时，条件性知识决定我们何时需要详细阅读某一段落或者跳过。条件性知识的实质是"有关......的知识"，同时属于程序性知识中。

（2）陈述性知识与程序性知识的区别：① 从功能上看，陈述性知识反映事物的状态、内容及事物变化发展的原因，用于说明事物的状况、特点及关系，回答"是什么""为什么"和"怎么样"的问题；程序性知识反应活动的具体过程和操作步骤，用于发出行为的指令，从而对某些信息进行识别和转换，做出某些动作，解决"做什么"和"怎样做"的问题。② 从测量的方式上看，陈述性知识可以通过"陈述"或"告诉"的方式测量；程序性知识只能通过观察人的行为间接测量。③ 从心理表征来看，陈述性知识主要以命题和命题网络的形式表征，程序性知识以产生式和产生式系统表征。④ 从激活和提取的速度来看，陈述性知识激活速度慢，其提取往往是一个有意识的搜寻过程；程序性知识激活速度快，能相互激活。⑤ 从遗忘速度来看，陈述性知识习得速度快，遗忘也快；程序性知识习得速度慢，遗忘也慢。

（3）陈述性知识与程序性知识的联系：① 陈述性知识经变式练习转换为程序性知识，陈述性知识是程序性知识运用的条件。陈述性知识是获得学习程序性知识的基础，运用程序性知识得到陈述性知识。程序性知识的获得也为新的陈述性知识提供了可靠的保证，陈述性知识的获得离不开对某些信息的判断和转换，主要依靠的是个体的程序性知识，任何陈述性知识的获得都离不开过去知识的基础，而其中就包括大量的程序性知识。② 在实际活动中，陈述性知识常常可以为执行某个实际操作程序提供必要的信息。例如，当壶里的水烧开了的时候，就把火关掉，而水是否已经烧开了呢？这就需要陈述性知识来提供信息。反过来，程序性知识的掌握也会促进陈述性知识的深化。例如乘法交换律就是一个陈述性知识，学生学会之后利用它解题的步骤就涉及程序性知识。另外，陈述性知识还常常是创造的基础，专家对问题的灵活解决常常与他丰富的经验有关。在学习中，陈述性知识常常是学习程序性知识的基础。比如，儿童先背诵乘法口诀，然后学习乘法计算，而且在计算时还要边读口诀边计算。另外，掌握记笔记、阅读等程序性的知识对学习陈述性知识也具有很重要的意义。

（4）程序性知识的亚类：加涅认为，程序性知识包括心智技能和认知策略两个亚类。心智技能是运用概念和规则对外办事的程序性知识，主要用来加工外在的信息；认知策略是运用概念和规则对内调控的程序性知识，主要用来调节和控制自己的加工活动。

总之，陈述性知识和程序性知识不是对客观知识的划分，而是对个体头脑中知识状态的分类，是针对学习的结果而言的。在此分类中，这里所说的知识是一种广义的知识，它已不简单是对各种事物的了解，而且包含了对知识的应用，涉及运用知识的技能。有人甚至将程序性知识等同于技能。我们一般不能说课本里的某个知识点属于陈述性知识还是程序性知识。同样是学习一个知识点，学习者既可以形成关于它的陈述性知识，也可以形成关于它的程序性知识。比如，中学生学习摩擦力的知识，他们可以了解哪些因素在影响摩擦力的大小（陈述性知识）。还可以用这种知识来解决实际问题，如，某人根据影响摩擦力的因素设计出了省力的自行车轴，则说明他掌握了相应的程序性知识。在解决问题的过程中，个体需要把陈述性知识转化成程序性知识，安德森等把这一过程称为知识编辑。

3. 显性知识和隐性知识

1958年，英国科学家、哲学家波兰尼提出了"显性知识"和"隐性知识"两种知识形态。

显性知识是指用"书面文字、图表和数学表达的知识",通常是用言语等人为方式、通过表述来实现的,又称为言明的知识。

隐性知识是指尚未被言语或其他形式表述的知识,是"尚未言明的"或者"难以言传的"知识。例如,我们能从成千上万甚至上百万张面孔中认出某一个人的脸,但是在通常情况下,我们却说不出是怎样认出这张脸的。教学中这种现象也广为存在,每次的学习方法交流会中,学生提出的方法大同小异,但是效果却大不相同。这便是波兰尼的著名命题:"我们知晓的比我们能说出的多"。

显性知识和隐性知识是相对而言的,只是由于显性知识具有显性的特点,人们更容易识别它。隐性知识能够通过社会化和外化转变成显性知识。通过社会化可以共享个人的隐性知识,分享别人的经验和经历,理解别人的思想和情感;通过外化把隐性知识用其他人能够理解的方式表达出来,相互交谈是知识外化的有效途径。显性知识通过内化和综合化也能成为隐性知识。内化指把新创造的显性知识转换成个人的隐性知识,在这个过程中,需要个人对新的显性知识与原有知识进行匹配结合。综合化涉及将显性知识加以综合,转换成更复杂的隐性知识。做中学、培训和练习是表达显性知识的重要途径。

（三）知识的表征

知识表征是指信息在人脑中的存储和呈现方式,它是个体学习知识的关键。人们在学习过程中,都是根据自己对知识的不同表征而选择相应的学习方法和应用方式的。或者说知识的表征指知识在头脑中的表现形式和组织结构。知识表征的过程就是在头脑中用某种形式来代表知识的意义的过程。如,用"狗"这个词来代表擅长跑、嗅觉灵敏的动物,人们说起"狗",我们头脑中就会浮现出狗的形象。前者为概念表征,后者为表象表征。

不同知识类型在头脑中具有不同的表征方式。陈述性知识主要以命题和命题网络的形式进行表征,表象和图式也是其表征的重要形式;程序性知识则主要以产生式和产生式系统进行表征。一个大的知识单元中既有陈述性知识,也有程序性知识,二者相互交织在一起,许多心理学家用图式描述这种大块知识的表征。

1. 概念

概念代表着事物的基本属性和基本特征（直觉特征、功能特征、关系特征）,是一种简单的表征形式。不同概念在头脑中相互联系,具有一定的层次关系,就构成了概念层次网络组织。如"近视眼镜"就包含了这样一些特征:有两个镜片,有两条眼镜腿,用来矫正视力等。

2. 命题和命题网络

命题是知识或信息的最小单元,例如"维C预防感冒"就是一个命题。每个命题都由论题和关系两个成分构成。论题是一个命题中的主体或客体（对象）,多为名词或代词,关系是一个命题中各个论题之间的联系或对论题的限定,多为动词、形容词和副词。例如在"维C预防感冒"这一命题中,"维C"和"感冒"均为论题,而"预防"是两个论题之间的关系。

命题网络是由命题之间相互联系而形成的。命题之间由于有相同的论题而相互联系起来,就形成了命题网络。一小段文章是由多个命题构成的命题网络,一篇文章会构成一个更大的命题网络。因此,一门学科乃至不同学科的知识通常都以命题网络的形式贮存于人的长时记忆之中。命题和命题网络是陈述性知识的主要表征形式。

命题通常是按一定层次结构进行储存的。一般来说,较为抽象、概括的知识处于高层,而较为具体的内容处于低层。

3. 表象

表象是人们头脑中形成的与现实世界的情境相类似的心理图像。当我们形成表象时,总是试图回忆起或者重新建构信息的自然属性和空间结构。如表达"书在桌子上"时，人们可能在头脑中想象出一幅熟悉的画面，即是用表象的形式来表达的。如果说命题是一种断续的、抽象的表征，那么表象是一种连续的、模拟的表征，它特别适合在工作记忆中对空间信息和视觉信息进行某种经济的表征。

4. 图式

图式是指有组织的知识结构。它是关于某个主题的一个知识单元，它包括与某主题相关的一套相互联系的基本概念，构成了感知、理解外界信息的框架结构。心理学家提出"图式"这一术语，用来组合概念、命题和表征，图式表征了人类对某个主题的知识具有的综合性质。如，教师在头脑中都有关于教室的图式，与它相关的信息有教师、学生、黑板、课桌、讲台等，记住这样的图式，我们可以预想到整个教室的布置，可以预想到上课时的情境。

E.加涅认为，图式一般具有三个基本特征：图式含有变量；图式具有层次；图式能促进推论。图式具有多种不同的分类。现代认知心理学区分了两类图式：一类是关于客体的图式；另一类是关于事件的图式或做事的图式；也可把图式分为三类：物体图式（如杯子的图式）、事件图式（脚本）和动作图式（如骑自行车的图式）。其中，脚本即各事件发生的过程及其各过程间的关系的图式。故事语法是一种典型的图式结构，一般称为文本或故事结构的图式，可以帮助学生理解和记忆故事。

5. 认知结构

不管是命题网络、产生式系统还是图式，它们都强调知识间的联系，强调知识的组织结构。人的知识不是零乱地"堆积"在人的头脑中，而是按照一定的逻辑联系"集成"在头脑中，形成一定的认知结构。所谓认知结构，就是学生头脑里的知识结构，广义而言，它是某一学习者的全部观念及其组织；狭义地说，它可以是学习者在某一特定知识领域内的观念及其组织。一般认为，认知结构具有一定的层次性，有些概念、规则、原理的抽象概括水平较高，处在认知结构的上层，而有些知识则相对更为具体，概括水平较低，它们处在认知结构的下层。当然，由于人具有各种具体的经验以及各种各样的联想、推理，各种知识经验之间会形成复杂的网状联系。

6. 产生式与产生式系统

我们在日常活动中通常包含着一些决策，比如如果口渴就找水喝，如果学习累了就听听音乐调节一下等。做出类似决策时，我们通常需要先确定当时的情境和条件，然后采取相应的行动。产生式包含了"如果某种条件满足，那么就执行某种动作"的知识，它表明了所要进行的活动以及发生这种活动的条件（C-A规则）。产生式具有自动激活的特点，一旦存在，满足了特定的条件，相应的行动就会发生，这常常不太需要明确的意识。程序性知识在获得之初是以命题网络的形式表征，在变式练习的条件下，就转化为产生式的表征方式。一旦条件满足，行为自动激活。这就解释了熟练技能自动执行的心理机制。一个产生式的结果可以作为另一个产生式的条件，从而引发其他的行动，这样众多的产生式联系在一起，就构成了复杂的产生式系统。产生式与产生式系统是程序性知识的主要表征方式。

二、知识学习的类型

（一）根据知识本身的存在形式和复杂程度，知识学习分为符号学习、概念学习和命题学习三类

1. 符号学习

符号学习，又叫表征学习，指学习单个符号或一组符号的意义，或者说是学习符号本身代表什么。符号学习的心理机制是符号和它们所代表的事物或观念在学习者认知结构中建立相应的等值关系，如"电灯"这个符号，对初生儿童来说是完全无意义的，在儿童多次接触电灯的过程中，年长者多次指着电灯（实物）说"电灯"，儿童逐渐学会用"电灯"（语音）代表他们实际见到的电灯。

符号学习的主要内容是词汇学习，例如汉字、英语单词的学习，就属于词汇学习。但是符号不限于语言符号，也包括非语言符号（如实物、图像、图表、图形等）。符号学习还包括事实性知识的学习，如历史课中历史事件和历史人物的学习，地理课中地形、地貌和地理位置的学习，均属于事实性知识的学习。

2. 概念学习

概念学习指掌握概念的一般意义，实质上是掌握同类事物的共同的关键特征和本质属性。如学习"三角形"这个概念，就是要掌握三角形有三个角和三条相连接的边这样两个共同的关键特征，而与它的大小、形状、颜色等特征无关。如果掌握了这两个关键特征，就是掌握了这个概念的一般意义，这就是概念学习。

3. 命题学习

命题学习，又叫判断学习，指学习由若干概念组成的句子的复合意义，即学习若干概念之间的关系。学习命题，必须先获得组成命题的有关概念的意义。例如，学习"圆的直径是它的半径的两倍"这一命题时，如果没有获得"圆"、"直径"和"半径"等概念，便不能获得这一命题的意义。可见，命题学习必须以符号学习和概念学习为基础，这是一种更复杂的学习。

知识学习的基本单位是命题。命题是抽象的、有结构的，它陈述的是已知概念之间的关系，或者说表达若干概念的复合意义。所以，知识学习的过程是既以命题学习为基本类型，又同符号学习、概念学习密切相关。

（二）根据新知识与原有认知结构的关系，知识学习分为下位学习、上位学习和并列结合学习三类

1. 下位学习

下位学习，又称类属学习，是一种把新的观念归属于认知结构中原有观念的某一部位，并使之相互联系的过程。下位学习包括两种形式：派生类属学习和相关类属学习。前者指新观念是认知结构中原有观念的特例或例证，新知识只是旧知识的派生物。通过派生类属，不仅可使新概念或命题获得意义，而且可使原有概念或命题得到充实或证实。例如，学生已有了"哺乳动物"的观念，现在来学习"鲸"这种动物，就可通过派生类属学习来进行。

当新学习的知识从属于原有认知结构中的某一观念，但并非完全包含于原有观念之中，并且也不能完全由原有观念所代表，二者仅是一种相互关联的从属关系时，便产生了相关类属学习。此时，新知识需要对原有的认知结构作部分调整或重新组合，是原有观念的扩充、深化、限定或精确化的产物。例如，学生原来认为"教学心理"就是研究知识掌握和技能形成的，现在要让学生认识到"认知策略的学习"也是教学心理研究的内容之一，就是相关类属学习。

2. 上位学习

上位学习，也叫总括学习，即通过综合归纳获得意义的学习。当认知结构中已经形成某些概括程度较低的观念，并在这些原有观念的基础上学习一个概括和包容程度更高的概念或命题时，便产生上位学习。例如，在学过正方体、长方体等形体的体积公式后，学习一般柱体的体积公式，就属于上位学习。

3. 并列结合学习

并列结合学习是在新知识与认知结构中的原有观念既非类属关系又非总括关系时产生的。例如，学习质量与能量、热与体积、遗传结构与变异、需求与价格等概念之间的关系就属于并列结合学习。假定质量与能量、热与体积、遗传结构与变异为已知的关系，现在要学习需求与价格的关系，这个新学习的关系既不能归属于原有的关系之中，也不能概括原有的关系，但它们之间仍然具有某些共同的关键特征，如后一变量随着前一变量的变化而变化等。根据这些共同特征，新关系与已知关系并列结合，新关

系就具有了意义。一般而言，并列结合学习比较困难，必须认真比较新旧知识的联系与区别才能掌握。

三、知识学习的作用

知识学习历来是学校教育的重要内容。知识学习是增长经验、形成技能、发展创造力的重要前提。

（一）知识的学习和掌握是学校教学的主要任务之一

（二）知识的学习和掌握是学生形成各种技能和发展能力的重要基础

（三）知识学习是创造性产生的必要前提

四、知识学习的过程

知识学习主要是学生对知识的内在加工过程。这一过程包括知识获得、知识保持和知识提取三个阶段。在获得阶段，新知识进入短时记忆系统，与长时记忆系统中被激活的相关知识建立联系，从而出现新意义的建构；在巩固阶段，新建构的意义储存于长时记忆系统中，如果不进行深层的认知加工，这些信息就会出现遗忘；在提取阶段，个体运用所获得的知识回答"是什么"和"为什么"的问题，并应用这些知识来解决实际问题，使所学知识产生广泛迁移。在上述知识学习的三个阶段中，应解决的主要心理问题分别是知识的同化、保持和应用。通过同化，学生运用自己已有的知识理解新知识，并使其在自己认知结构的适当地方找到位置；在保持阶段，通过记忆使新知识得到巩固；最后，通过应用使知识产生广泛的迁移。以上过程是针对陈述性知识而言，程序性知识学习的一般过程是从陈述性知识转化为自动化的技能的过程，它主要由三个阶段构成：陈述性阶段、程序化阶段（转化阶段）和自动化阶段。

（一）知识的获得

知识的获得是知识学习的第一个阶段。在这个阶段，新信息进入短时记忆，与来自长时记忆系统的原有知识建立一定的联系并纳入原有的认知结构，从而获得对信息意义的理解。而要理解信息的意义，首先必须获得充分的感性经验，其次必须对所获得的感性经验进行充分的理解加工，这又是通过直观和概括两个环节来实现的。

1.知识的感知（直观）

（1）知识直观的类型

直观是主体通过对直接感知到的教学材料的表层意义、表面特征进行加工，从而形成对有关事物具体的、特殊的、感性的认识的加工过程。直观是理解科学知识的起点，是学生由不知到知的开端，更是知识获得的首要环节。在实际的教学过程中，主要有三种直观方式，即实物直观、模象直观和言语直观。

①实物直观

实物直观即通过直接感知要学习的实际事物而进行的一种直观方式。例如，观察各种实物、演示各种实验、到工厂或农村进行实地参观访问等都属于实物直观。

由于实物直观是在接触实际事物时进行的，它所得到的感性知识与实际事物间的联系比较密切，因此它在实际生活中能很快地发挥作用。同时，实物直观给人以真实感、亲切感，因此它有利于激发学生的学习兴趣，调动学习的积极性。但是，在实际事物中，往往难以突出本质要素，这就必须"透过现象看本质"，但这又具有一定的难度。例如，在观察圆的实物时，"圆心到圆周的距离处处相等"这个本质要素就难以觉察，而圆是一个封闭曲线很容易感知。同时，由于时间、空间和感官特性的限制，许多事物都难以通过实物直观获得清晰的感性知识。例如，过于缓慢的动植物生长和过于迅捷的化学反应都难以直接觉察；宏观的宇宙天体和微观的基本粒子由于过大或过小也不便直接感知。也由于实物直观有这些缺点，所以它不是唯一的直观方式，还必须有其他种类的直观。

②模象直观

模象即事物的模拟性形象。所谓模象直观即通过对事物的模象的直接感知而进行的一种直观方式。例如，各种图片、图表、模型、幻灯片和教学电影电视等的观察和演示，均属于模象直观。由于模象直观的对象可以人为制作，因而模象直观在很大程度上可以克服实物直观的局限，扩大直观的范围，提高直观的效果。首先，它可以人为地排除一些无关因素，突出本质要素。例如，在平面图形的认识中，可以人为地排除形体的厚度，仅仅呈现形体的平面特性。其次，它可以根据观察需要，通过大小变化、动静结合、虚实互换、色彩对比等方式扩大直观范围。例如，利用地图或模型，可以把某一地区的地形和地貌置于学生的视野之内（即缩小）；利用原子结构示意图，可以清楚地看到原子核与电子结构（即放大）；利用幻灯片或电影胶片，可以观察到动植物的缓慢生长过程（即加快）和化学反应的快速运动过程（即变慢）。正因为模象直观具有这些独特的优点，因此它已成为现代化教学的重要手段，是现代教育技术学研究的重要内容。但是，由于模象只是事物的模拟形象，而非实际事物本身，所以模象与实际事物之间有一定距离。为了使通过模象直观而获得的知识在学生的生活实践中发挥更好的定向作用，一方面应注意将模象与学生熟悉的事物相比较，另一方面，在可能的情况下，应使模象直观与实物直观结合进行。

③言语直观

言语直观是在形象化的语言作用下，通过学生对语言的物质形式（如语音、字形）的感知及对语义的理解而进行的一种直观形式。例如，在语文教学中，文艺作品的阅读、有关情景与人物形象的领会；在史地教学中，有关历史生活、历史事件、历史人物和有关地形、地貌、地理位置的领会，均少不了言语直观。

言语直观的优点是不受时间、地点和设备条件的限制，可以广泛使用；能运用语调和生动形象的事例去激发学生的感情，唤起学生的想象。但是，言语直观所引起的表象，往往不如实物直观和模象直观那样鲜明、完整、稳定。因此，在可能的情况下，应尽量配合实物直观和模象直观。

（2）如何提高知识直观的效果

①灵活选用实物直观和模象直观。实物直观虽然真切，但是难以突出本质要素和关键特征；模象直观虽然与实际事物之间有一定距离，却有利于突出本质要素和关键特征。因此，一般而言，模象直观的教学效果优于实物直观。通常，在学习的初期，以简化的模象直观进行教学，在学生对有关概念有一定把握后再进入实物直观等较复杂的真实情境。

②词与形象的配合。为了增强直观的效果，不仅要注意实物直观和模象直观的合理选用，而且必须加强词与形象的结合。在形象的直观过程中，教师首先应提供明确的观察目标，给出确切的观察指导，提示合理的观察程序。其次，形象的直观结果应以确切的词加以表述，以检验直观效果并使对象的各组成要素进行分化。再次，应依据教学任务，选择合理的词与形象结合方式。如果教学任务在于使学生获得精确的感性知识，则词与形象的结合，应以形象的直观为主，词起辅助作用；如果教学任务在于学生使获得一般的、不要求十分精确的感性知识，则词与形象的结合的方式可以词的描述为主，形象直观起证实、辅助作用。

③运用感知规律，突出直观对象的特点。a. 强度律，即指作为知识的物质载体的直观对象（如实物、模象或言语）必须达到一定强度，才能被学习者清晰地感知。因此，在直观过程中，教师应突出那些低强度但重要的要素，使它们充分地展示在学生面前。b. 差异律，即指对象和背景的差异越大，对象从背景中区分开来就越容易。在物质载体层次，应通过合理的板书设计、教材编排等恰当地加大对象和

背景的差异；在知识本身层次，应合理地安排新旧知识，使旧知识成为学习新知识的支撑点。c. 活动律，即指活动的对象较之静止的对象容易感知。为此，应注意在活动中进行直观，在变化中呈现对象，并善于利用现代科学技术作为知识的物质载体，使知识以活动的形象展现在学生面前。d. 组合律，即指空间上接近、时间上连续、形状上相同、颜色上一致的事物，易于构成一个整体为人们所清晰地感知。因此，教材编排应分段分节，教师讲课应有间隔和停顿。

④ 培养学生的观察能力。在直观过程中，教师通过对一定直观教材的操纵，其效果如何，主要取决于学生的观察能力。因此，为了更好地完成教学任务，必须认真组织和培养学生的观察能力。观察前，必须让学生明确观察目的、任务。只有这样，才能正确地组织学生的注意，使之指向和集中在所要观察的对象上。观察过程中，要认真培养学生观察的技能和方法，让学生把握合理的观察程序。一般说来，应先由整体到部分，再由部分到整体。观察后，要求学生做观察记录或报告。这一要求会大大促进学生观察的积极主动性，并使观察过程变得更认真。

⑤ 让学生充分参与直观过程。由于知识归根到底要通过学生头脑的加工改造才能掌握，因此在直观过程中，应激发学生积极参与的热情，并在可能的情况下，让学生自己动手进行操作（如让学生参与制作标本，让学生自己制作图表），从而改变"教师演，学生看"的消极被动的直观方式。

2. 知识的理解（概括化）

教材的概括是主体对具体材料的抽象认知，是理性知识的获得过程。教材的概括分为感性概括和理性概括两类。

（1）感性概括。感性概括是在反复直观的基础上依据直觉的经验自发完成的，它反映一类事物的表层的共同特性。感性概括是在直观的基础上自发进行的一种低级的概括形式。例如，有的学生由于经常看到主语在句子的开端部位，因而就认为主语就是句子开端部位的那个词；有的学生看到锐角、直角、钝角等图形中都有两条交叉的线，就认为角是由两条交叉的线组成。

（2）理性概括。理性概括是在直观的基础上自觉完成的，它是通过对感性知识加工改造，揭示事物一般的、本质的、深层的特征与联系的过程。

3. 影响知识理解的因素

（1）客观因素。① 学习材料的内容。学习材料的意义性、具体程度、相对复杂性和难度会影响学习者的理解。② 学习材料的形式。学习材料在表达形式上的直观性会影响学习者的理解。③教师言语的提示和指导。

（2）主观因素。① 原有的知识经验背景（知识经验背景的广泛含义和认知结构的特征）。有意义学习理论强调，在新知识的学习中，认知结构中的原有的适当观念起决定作用。第一，认知结构中有没有适当的、可以与新知识挂起钩来的观念（固着观念）。例如，在学习者具有了"力"的基本概念之后，他就可以更好地理解"浮力"的特征和规律。第二，新学习材料与原有观念之间的可辨别性，亦即这些观念与新观念之间区别的程度如何。教师可以通过对比的方法，明确它们之间的不同之处，比如"匀变速直线运动"与以前学过的"匀速直线运动"的不同，"加速度"与"速度"的差别，等等。第三，认知结构中起固定点作用的观念是否稳定、清晰。例如，对关于基督教的知识掌握得比较好的学生在学习佛教的知识时会理解得更好。② 学生的能力水平。学生的认知发展水平和语言能力影响和制约其对某些知识的理解。③ 主动理解的意识与方法。带有积极主动的倾向，学习者会积极地进行有意义的生成活动，在此过程中，学习者需要使用一些促进理解的有效方法。

4. 概念教学，有效进行知识的概括

所谓概念，就是用某种符号所代表的一类具有某些共同关键特征的事物。或者说，概念就是代表一类享有共同特性的人、物体、事件或观念的符号。概念所反映的不是一类事物的某一具体特征，而是一类事物所共有的本质特征。所以它是抽象的，在真实的世界并不存在一一对应的关系，只存在概念的个别例子。概念的要素包括名称、内涵、外延，概念的内涵和外延各有差异；有些概念的含义随着年龄的增长也在不断变化；概念是有层次的。

概念学习就是要理解某类事物区别于其他事物的共同关键特征。概念学习有两种主要方式：概念形成和概念同化。概念形成是指学习者可以对同类事物的各种实例进行分析，对比它们与其他事物的区别，从而发现这类事物的共同关键特征，其心理过程包括辨别、抽象、分化、提出假设与检验假设、概括，这对学前儿童获得概念尤其重要。概念同化是指学习者可以利用原有概念来理解一个新概念的定义，从而明确一类事物的共同关键特征，这是在校学生及具有一定科学文化知识的人掌握概念的主要方式。

或者说，概念的获得（概念的掌握），实质上就是要理解一类事物共同的关键属性，也就是说，使符号代表一类事物而不是特殊的事物。儿童获得概念的两种基本形式是概念的形成和概念的同化。概念形成是个体从大量的具体例子出发，从其凭经验所掌握的概念的肯定例证中，以归纳的方式抽取出一类事物的共同属性，从而获得概念的过程。这种获得概念的方式主要是发现学习（概念发现学习）。对于学生来说，概念形成是概念获得的典型方式，尤其是学前儿童通过概念形成的方式来获得概念，如"叔叔"。学生获得概念的主要形式是概念同化，所谓概念同化，就是利用学习者认知结构中原有的概念，以定义的方式直接给学习者提示概念的关键特征，从而使学习者获得概念的方式，这种获得概念的方式主要是接受学习（概念接受学习）。奥苏伯尔把概念的同化分成了上位学习、下位学习和组合学习三种基本形式。概念一旦获得以后，就能在认知活动中发挥作用，从而对认知活动产生重大影响。已经获得的概念，可以在知觉水平和思维水平上运用。

概念学习既然有概念形成和概念同化两种形式，那么概念教学也可以分为两种方法：从例子到规则（例—规法）和从规则到例子（规—例法）。

（1）概念分析

在进行概念教学之前，教师首先要熟悉自己所教的概念，按照一定的模式对概念进行分析。

一般而言，一个概念是由四个成分构成的。

① 概念名称。概念一般是由词汇组成，但并非所有的词汇都是概念，当某一个词所代指代的是一类事物的属性时才被称为概念。对大多数人而言，"三角形""首都"这些文字符号引起的是概念的意义，而不是具体的图形或城市。这些词是概念的符号或名称。

② 概念例子。每一概念都指的是一个类。这个类有许多成员，如"首都"这个类中有北京、莫斯科、东京、华盛顿等。首都概念就是从这个类的例子中概括出来的共同本质特征——国家政权所在的城市。凡符合概念本质特征的例子是概念的正例，凡不符合概念本质特征的例子是概念的反例，如纽约、上海是首都的反例。

③ 概念定义。概念定义是其正例的共同本质特征的概括，但也有一些具体概念没有定义。

④ 概念属性。又称关键特征或标准属性，是指概念的一切正例的共同本质属性。例如，一切哺乳动物都有胎生和哺乳这两个属性，则胎生和哺乳是哺乳动物这一概念的属性。

（2）突出有关特征，控制无关特征

概念的关键特征越明显，学习起来就越容易，而所涉及的无关特征越突出，学习起来就越困难。所以，在教学的开始时，教师就应该强调这个概念的关键特征，使之鲜明突出。

（3）正例与反例的辨别

正例又称肯定例证，指包含着概念或规则的本质特征和内在联系的例证；反例又称否定例证，指不包含或只包含了一小部分概念或规则的主要属性和关键特征的例证。一般而言，概念或规则的正例传递了最有利于概括的信息，反例则传递了最有利于辨别的信息。对正例的分析可以具体说明概念的关键特征，而对反例的辨别则可以排除无关特征的干扰。

在实际的教学过程中，为了便于学生概括出共同的规律或特征，教学时最好同时呈现出若干正例，以一个个的例子来说明。此外，教师最好也能利用机会把正反两种例证同时加以说明。这样，概念和规则的学习将更加容易。因为反例的适当运用，可以排除无关特征的干扰，有利于加深对概念和规则的本质认识。例如，在教"鸟"的概念时，可用麻雀、鸡、鸭作为正例，说明"前肢为翼、无齿有喙"是鸟概念的本质特征；用蝙蝠作为反例，说明"会飞"是鸟概念的无关特征。

（4）变式

变式指概念的正例（肯定例证）在无关特征方面的具体变化，它通过保持概念的关键特征而改变那些非关键特征，从而构成不同的表现形式的例证。变式是概念的正例的变化，如2、3、5、7、11、13、17、19等都是"质数"的变式，鸡、鸭、企鹅、鸵鸟、麻雀、鸽子都是"鸟"的变式。在学生对概念的关键特征有了基本的理解之后，教师可以通过呈现变式来帮助学习者辨明概念的无关特征，更精确地理解概念的含义。如在讲果实的概念时，不要只选用可食的果实（如苹果、西红柿、花生等），还要选择一些不可食的果实（如橡树子、棉籽等），否则学生将会把"可食性"作为果实的本质特征；在讲惯性时，不能只举固体的惯性现象，也要举液体、气体的惯性现象，否则学生将会认为只有固体才有惯性现象。在概念教学中为了防止学生出现概括不足，需要给学生呈现变式，进行变式练习。

所谓变式练习，就是在其他有效学习条件不变的情况下，概念和规则例证的变化。具体说来，就是在知识习得阶段概念和规则正例的变化，它有助于学习者排除无关特征的干扰。在知识转化和应用阶段题型或问题情景的变化，将有助于学习者获得熟练解决问题的技能。值得指出的是，在概念和规则习得的最初阶段，宜设置与原先学习情景相似的问题情景进行练习，练习课题之间要保持一定的同一性。随着知识的渐趋稳定和巩固，问题类型要有变化，可逐渐演变成与原先的学习情景完全不同的新情景，以促进学生概念和规则的纵向迁移。

（5）比较

对相关的概念进行比较，以说明他们之间的区别，这也是概念教学的一种重要的方法。变式是从材料方面促进概念的理解，比较则从方法方面促进概念的理解。

比较主要有两种方式：同类比较和异类比较。同类比较即关于同类事物之间的比较。这类比较便于区分对象的一般与特殊、本质与非本质，从而找出一类事物所共有的本质特征。例如，为使学生获得"平原"这一地理概念，先让学生观察各种平原地带的图片和地图，然后要求他们去比较这些图片与地图上所见到的各个地带的特征，确定哪些是个别地带所特有的、变异着的无关特征，哪些是各个地带所共有的关键特征。经过这样的比较，学生就能概括出"地势平坦"是这些地带所共有的关键特征，而地面上的植物、沙漠、湖泊等是个别地方才有的，对平原地带来说属无关特征。异类比较即不同类但相似、相近、相关事物之间的比较。如对"重量"与"质量"、"压力"与"压强"、"岛"与"半岛"、"主语"和"谓语"等概念的比较。这类比较不仅能使相比客体的本质更清楚，而且有利于确切了解彼此间的联系与区别，防止知识间的混淆与割裂，有助于知识的系统化。

6. 错误概念的转变

（1）错误观念的存在

儿童并不是空着脑袋进入教室的，在日常生活和以往的学习中，他们形成了大量的知识经验，其中有些观念是与科学知识相一致的，可以作为新知识的起点（生长点），但也有很多理解是与当前的科学理论相违背的，这就是错误观念，或称为另类观念。

（2）概念转变及其过程

概念转变就是认知冲突的引发和解决的过程，是个体原有的某种知识经验由于受到与此不一致的新经验的影响而发生的重大改变。概念转变的过程包括两个步骤：认知冲突的引发；认知冲突的解决。

胡森分析了原有概念在遇到新概念时，个体对新概念的处理方式：① 径直地或者在经过认真分析之后拒绝新概念；② 通过三种可能的方式纳入新概念：一是机械记忆；二是概念更换；三是概念获取。有人认为，有四个复杂因素影响了学生立场的转变：① 学生先前知识的性质；② 新的替代模式和理论的特征；③ 改变学生观念时呈现信息的方法；④ 学生对反常数据进行加工的深度。

（3）概念转变的条件

概念转变的影响因素有：学习者的形式推理能力；学习者先前的知识经验的特征（强度、一致性和坚信度）；学生的元认知能力；学生的动机，对知识、学校的态度。

波斯纳等提出，一个人原来的观念要发生转变（顺应）需要满足四个条件：一是学习者对原有观念的不满；二是学习者意识到的新观念的可理解性；三是学习者意识到的新观念的合理性；四是学习者意识到新观念的有效性。

（4）概念转变的教学

创设开放的、相互接纳的课堂气氛；倾听、洞察学生的经验世界；引发认知冲突；鼓励学生交流讨论。

（二）知识的保持

艾宾浩斯遗忘规律证明遗忘的发展是不均衡的，其规律是先快后慢，先多后少。教学中要结合遗忘规律，合理运用记忆规律，促进学生对知识的保持。

1. 深度加工材料

认知心理学研究表明，如果人们在获得信息时对它进行深度加工，那么这些信息的保持效果就可得到提高，并有利于信息的提取和回忆。所谓深度加工，是指通过对要学习的新材料增加相关的信息来达到对新材料的理解和记忆的方法，如对材料补充细节、举出例子、做出推论，或使之与其他观念形成联想。例如，有人曾用英语材料做过这样一个实验：要求A组回答呈现的词是大写或小写的问题；要求B组回答呈现的词是否与给定的词押韵的问题；要求C组回答呈现的词是否在给定的句子中适合的问题。每个词呈现1/5秒，然后进行回忆与再认测验。结果C组回忆和再认成绩比其他两组均高出很多，原因就在于A、B两组只是对词的音和形进行了表面加工，而C组对词的意义进行了深层加工。

2. 有效运用记忆术

记忆术是运用联想的方法对无意义的材料赋予某些人为意义，以促进知识保持的策略。有人在利用记忆术帮助记忆外语单词的研究中创设了"关键词方法"，即在记忆外语单词时先在本族语言中找一个读音与外语类似，且能产生有趣联想的词。如英文的"gas"（煤气）一词，可以用汉语"该死"作关键词。两者读音相似，又可以产生"人因煤气中毒而死"的联想，这样"gas"一词就很容易记住了。

3. 进行组块化编码

所谓组块，指在信息编码过程中，利用贮存在长时记忆系统中的知识经验对进入到短时记忆系统中的信息加以组织，使之成为人所熟悉的、有意义的较大单位的过程。组块可以是一个字母、一个数字、一个单词、一个词组，甚至是一个句子。组块的方式主要依赖于人过去的知识经验。例如，"认知心理学"5个字对于根本不懂心理学的人来说，是5个组块；对稍懂心理学的人来说，是2个组块（即认知、心理学）；而对心理学家来说，则只是1个组块。再如，有这样一列数字：185119211839193719491935，如果把它看成孤立的数字来记忆，是24个组块，远远超过了短时记忆的容量。但熟悉中国历史的人可以把它组块化为1851、1921、1839、1937、1949和1935，把它看作中国近代史上的重要年代，则只有6个组块，就很容易记住了。

4. 适当过度学习

所谓过度学习，指在学习达到刚好成诵以后的附加学习。如读一首短诗，某人学习10分钟就刚好能背诵，在能够背诵之后增加的学习（如再读5分钟或再读5遍）便是过度学习。

在日常教学中，一般教师都知道，对于本门学科的一些基本概念、基本原理的学习，仅仅达到刚能回忆的程度是不够的，必须在全面理解的基础上达到牢固熟记的程度。例如，加减九九表中的162个数量关系是加减运算的基础，对于这些数量关系的记忆必须达到"滚瓜烂熟"，可以"脱口而出"的程度；对于乘法大九九表中的81个数量关系也应作如此要求。这些都是实际教学中过度学习的例证。当然，过度学习并不意味着复习次数越多越好。研究表明，学习的熟练程度达到150%时，记忆效果最好，超过150%效果并不递增，还可能引起厌倦、疲劳等而成为无效劳动。

5. 合理进行复习

对学习材料的复习，从时间分配上来说，有两种不同的形式，一种是分散复习（即每次时间短、次数多），一种是集中复习（即每次时间长、次数少）。研究表明，分散复习的效果优于集中复习，因为分散复习可降低疲劳感，减少前摄抑制和倒摄抑制的影响。因此，教师在教学中应鼓励学生进行分散复习，而不要等到考前集中算"总账"。

背诵材料也有两种方法，一种是一遍又一遍地单纯重复阅读，一种是反复阅读结合尝试背诵。研究表明，反复阅读结合尝试背诵的效果优于单纯的重复阅读。单纯重复阅读的记忆效果之所以不如反复阅读结合尝试背诵，主要在于前者不利于及时发现学习中的薄弱点，因而在重复学习时有一定盲目性；而后者则可以及时发现学习中的薄弱点，从而在重复学习时，便于集中注意，有针对性地加强薄弱点的学习。因此，教师在教学（如英语、语文）中应注意教育学生在阅读过程中，边阅读边背诵，将阅读与背诵交替进行。

（三）知识的提取

1. 学生应用知识的一般过程

学生应用知识的一般过程包括：审题—联想与有关知识的重现—通过课题类化，找到解答方法—解题与验证。

（1）审题，就是对课题的分析，明确课题的目的要求，弄清课题给予的条件，从而了解课题的基本结构并在头脑中建立起课题的映像。审题是知识应用过程中的首要环节。

（2）有关知识的重现，是在审题的基础上通过联想实现的。

（3）课题的类化，是学生通过思维，把握具体课题内容的实质，找到它与相应知识的关联，从而把当前的课题纳入已有的知识系统中去，找到解决该课题的途径或办法。

2. 影响知识应用的主要因素

（1）知识的理解与巩固的程度。对知识的理解和巩固是应用知识的前提条件。

（2）课题的性质。研究表明，课题的性质即课题内容的抽象概括水平，对知识的巩固与应用有重要影响。

（3）智力活动方式。它是影响知识应用的重要因素。

（4）解题时的心理状态。

第二节 技能的形成

一、技能的概念与特点

（一）技能的概念

技能是个体运用已有知识经验，通过练习而形成的合乎法则的活动方式。或者说，技能是指经过练习而获得的合乎法则的认知活动或身体活动的动作方式。技能具有如下特点：（1）练习作为技能的形成途径，技能是由练习导致的。技能是学习得来的，不同于本能行为。（2）动作方式作为技能的形式，技能表现为身体或认知动作。技能是由一系列动作及其执行方式构成的，属于动作经验，不同于属于认知经验的知识。（3）合乎法则作为技能的标志和前提。技能是合乎法则的活动方式，不同于一般的随意运动。合乎法则的熟练技能具有流畅性、迅速性、经济性、同时性和适应性等特征。

（二）技能与知识及习惯的关系

1. 技能与知识的关系

在常识上，人们常常用"知"与"会"来区分知识和技能。根据认知心理学，广义的知识可以分为陈述性知识和程序性知识。陈述性知识相当于我们常识中的知识，是狭义的知识；程序性知识相当于我们常识中的技能。可见，程序性知识与技能分属于不同的话语体系，分别指向同一对象。如果一定要说它们存在什么区别的话，技能是一种合乎法则的动作方式，而程序性知识内隐在活动的动作方式之中。陈述性知识的学习不同于技能的学习，但却是技能学习的起点。程序性知识的学习和技能的学习都是将有关事情、动作序列的规则转化为相应的活动方式。

2. 技能与习惯的关系

熟练的技能和习惯两者之间是既有联系，又有区别的。一方面，习惯和熟练的技能都是自动化了的动作系统。另一方面，习惯和熟练的技能存在着一些区别：（1）习惯是实现某种行动的需要，已经成一种实现某种自动化动作系统的心理倾向。而熟练的技能则仅仅是一种自动化的动作方式，不一定与人的需要联系在一起。（2）熟练技能是在有目的、有计划的练习中形成的，而习惯却可以在无意中，通过简单的重复养成。（3）熟练技能有高级和低级之分，但没有好坏之分；而习惯可以根据其对个人和社会的意义称为好、坏习惯。

（三）技能的作用

技能的学习及其掌握对于学生来说具有特别重要的意义。第一，技能的掌握是进行学习活动、提高学习效率的必要条件。第二，技能的形成有助于对有关知识的掌握。第三，技能的形成也有利于智力、能力的发展。

二、技能的分类

技能通常按其本身的性质和特点分为动作技能（运动技能、操作技能）和心智技能（智慧技能、智力技能）两类。动作技能与心智技能既有区别又有联系。心智技能是动作技能的调节者和必要的组成部分，动作技能又是心智技能形成的最初依据和外部体现的标志。在学生的学习活动中常常"手脑并用"，因此在确定某种技能到底属于心智技能还是动作技能时，关键取决于其活动的主导成分。

（一）操作技能

1. 操作技能概念与特点

操作技能也称动作技能，是通过学习而形成的合乎法则的操作活动方式。日常生活中的写字、打字、绘画；音乐方面的吹、拉、弹、唱；体育方面的田径、球类、体操；生产劳动方面的车、刨、磨等活动方式，都属于操作技能的范畴。

操作技能的特征包括动作对象的物质性、动作进行的外显性、动作结构的展开性三类。（1）就动作的对象而言，操作技能的活动对象是物质性客体或肌肉，具有客观性。（2）就动作的进行而言，动作的操作是通过肌体运动实现的，具有外显性。（3）就动作的结构而言，操作活动的每个动作必须切实执行，不能合并、省略，在结构上具有展开性。

2. 操作技能分类

（1）根据动作的精细程度与肌肉运动的强度，可分为细微型操作技能与粗放型操作技能。前者指主要靠小肌肉群的运动来完成，如打字、弹钢琴、刺绣、雕刻等；后者主要靠大肌肉群的运动来完成，如举重、投标枪、游泳、打球等。

（2）根据动作的连贯与否，可分为连续型操作技能（连贯技能）与断续型操作技能（不连贯技能）。前者技能主要由一系列连续的动作构成，动作之间没有明显得可以直接感觉出来的开端和终点，一般持续的时间较长，如开汽车、骑自行车、跑步、滑冰等；后者技能主要由一系列不连续的动作构成，构成技能的各个动作在操作过程中彼此间可以相互独立，具有可以直接感知到开端和终点，完成这种技能，时间相对短暂，如射击、投篮、挪动棋子、倒水等，一般由突然爆发的动作组成。

（3）根据动作对环境的依赖程度，可以分为闭合性操作技能与开放性操作技能。闭合性操作技能在大多数情况下主要依赖机体自身的内部反馈信息进行运动，如自由体操、游泳、跳水等；开放性操作技能大多数情况下主要依赖外界反馈信息进行活动，如驾驶汽车及球类运动中的控制球的技能等。

（4）根据操作对象的不同，可以分为徒手型操作技能与器械型操作技能两类。前者通过身体的协调运动来完成，无须操纵各种器械或仪器，如自由体操、跑步等；后者主要通过一定的器械来进行，如驾驶汽车及球类运动中的控制球的技能。

3. 操作技能的形成阶段

（1）操作定向。操作技能表现为一系列的操作活动，在形成之初，学习者必须了解做什么、怎么做的有关信息与要求，形成对动作的初步认识。操作定向就是了解操作活动的结构与要求，在头脑中建立起操作活动的定向映像的过程。

（2）操作模仿。个体在定向阶段了解了一些基本的动作机制之后，就会尝试做出某种动作。模仿的实质是将头脑中形成的定向映像以外显的实际动作表现出来。模仿是在定向的基础上进行的，缺乏定向映像的模仿是机械的模仿。只有通过模仿，才能使这一映象得到检验、巩固与充实。操作模仿是掌握操作技能的开端，需要以认知为基础。

操作模仿阶段的动作特点：① 动作品质。动作的稳定性、准确性、灵活性较差。② 动作结构。各个动作要素之间的协调性较差，互相干扰，相互衔接不连贯，常产生多余动作。③ 动作控制。主要靠视觉控制，动觉控制水平较低，不能主动发现错误与纠正错误。④ 动作效能。完成一个动作往往比标准速度要慢，个体经常感到疲劳、紧张。

（3）操作整合。操作整合是把构成整体的各动作要素，依据其内在联系联结成为整体，形成操作活动的序列，获得有关操作活动的完整的动觉映像的过程。只有通过整合，各动作成分之间才能协调联系，动作结构才趋于合理，动作的初步概括化才得以实现。

操作整合阶段的动作特点：① 动作品质。外界条件保持不变时，动作可以表现出一定的稳定性、精确性和灵活性；外界条件发生变化时，动作的这些特点都有所降低。② 动作结构。动作的各个成分趋于分化、精确，整体动作趋于协调、连贯，各动作成分间的相互干扰减少，多余动作也有所减少。③ 动作控制。视觉控制不起主导作用，逐渐让位于动觉控制。肌肉运动感觉变得较清晰、准确，并成为动作执行的主要调节器。④ 动作效能。疲劳感、紧张感降低。心理能量的不必要的消耗减少，但没有完全消除。

（4）操作熟练。动作的熟练是掌握操作技能的高级阶段。通过动作练习形成的活动方式对各种变化的条件具有高度的适应性，动作的执行达到高度的程序化、自动化和完善化。自动化并非无意识，而是指它的执行过程不需要意识的高度控制，可以将注意力分配给其他活动。

操作熟练阶段的动作特点：① 动作品质。动作具有高度的灵活性、稳定性和准确性。在各种变化的条件下都能顺利完成动作。② 动作结构。各个动作之间的干扰消失，衔接连贯、流畅，高度协调，多余动作消失。③ 动作控制。动觉控制增强，不需要视觉的专门控制和有意识的活动，视觉注意范围扩大，能准确地觉察到外界环境的变化并调整动作方式。④ 动作效能。心理消耗和体力消耗降至最低，表现在紧张感、疲劳感减少，动作具有轻快感。

此外，菲茨与波斯纳将动作技能的形成过程分为认知阶段、联系阶段和自动化阶段。（1）认知阶段。练习者要将组成某种动作技能的活动方式反映到头脑中而形成动作映象，并对自己的任务水平进行估计，明确自己能够做得如何。该阶段的主要任务是：对示范动作，或者参考书、参考图示进行观察，需要了解所要学习的动作技能的动作结构和特点，以及各组成动作之间的联系，从而在头脑中形成动作映象。（2）联系阶段。在这个阶段，学习者的注意力已从认知转向动作，逐渐从个别动作转向动作的协调与组织。开始把个别动作结合起来，以形成比较连贯的动作。但是他们常常忘记动作之间的联系，在动作转换和交替之际，往往出现短暂的停顿现象。（3）自动化阶段。这是技能形成的最后阶段，在这个阶段中，学生所学习的动作技能的各个动作在时间和空间上已联合成为一个有机的整体并巩固下来，各个动作的相互协调以达到自动化。

操作技能（动作技能）形成中的特征变化表现为：（1）意识控制的变化。在技能形成初期，学习者完成每一个技能动作，都要受到意识的控制。随着技能的逐渐形成，意识对动作的控制也随之减弱而由自动控制所取代。（2）动作控制方式的变化。①利用线索的变化。初期，需要更多的外部提醒才能利用线索；随着技能的形成，逐渐能运用细微的线索使动作日趋完善；达到熟练时，学习者头脑中已储存了与一系列线索有关的特有信息，甚至微弱的信息，当某种线索一出现，他们就能预测动作的结果，灵活地进行一系列的反应。②动觉反馈作用的加强。在动作技能形成初期，学生依靠视觉反馈（外反馈）来控制动作。随着动作技能的形成，动作的视觉反馈控制逐渐开始让位于内部反馈（动作程序图式和动觉反馈）来控制。（3）动作品质的变化。动作的稳定性是逐渐加强的，当技能形成之后，整个动作系统已成为一种相对稳定的方式。（4）动作协调性的变化。动作的协调性逐渐加强，多余动作逐渐减少。当技能达到熟练时，整个动作系统已成为一个协调化的动作模式。

动作技能的遗忘进程与艾宾浩斯的遗忘曲线有很大的区别。动作技能已达学会以后，便不易遗忘。究其原因，可能是因为动作技能的获得需要经历大量的练习，有利于保持。另外，动作技能本身包括许多局部的动作，动作之间相互关联，也有助于回忆信息的提取。最后，动作技能的掌握符合分布式认知负荷理论，大量的任务通过外部的任务分布出去，而头脑的认知负荷相对较轻。

4. 操作技能的形成途径

练习是操作技能形成的具体途径。练习的主要作用是促使技能的进步与完善，它包括加快技能完成的时间、改善技能的精确度和使动作更加协调。在学生的动作技能形成过程中普遍存在下列几种情况：练习成绩逐步提高（其表现形式有三种：练习进步先快后慢、练习进步先慢后快、练习进步先后比较一致）；练习中的高原现象；练习中的起伏现象（练习成绩时而提高，时而下降，时而停顿的现象）；学生动作技能形成中的个别差异。

（1）练习与技能进步的关系

练习对技能进步有促进作用。一般来讲，随着练习次数的增加，操作速度会加快，准确性会提高。操作技能在练习初期进步较快，之后逐渐减慢；但也存在成绩进步先慢后快或在练习中一直均匀发展的情况。

练习中有时也会出现某一时期练习成绩不随练习次数提高的停滞现象。通常把学生在一段时间内学习成绩和学习效率停滞不前，甚至学过的知识感觉模糊的现象，称为"高原现象"。高原现象一般在练习中期出现，通常被认为是由于学习方法固定化、学习任务复杂、学习动机减弱、兴趣降低、心理上和生理上的疲劳、意志品质不够顽强等造成的。最早用实验的方法（收发电报实验）证明高原现象的是布瑞安。王国维在《人间词话》中曾说过，一个人走向成功必须经历三大境界：一者，昨夜西风凋碧树，独上高楼，望尽天涯路；二者，衣带渐宽终不悔，为伊消得人憔悴；三者，众里寻他千百度，蓦然回首，那人却在灯火阑珊处。其中第二境界就相当于高原阶段。如果学生能够调整好自己的心态，正确认识自我及现状，并采取一些改进学习方法的策略，消除消极因素的干扰，就能顺利渡过"高原期"，学习成绩也会有所提高。

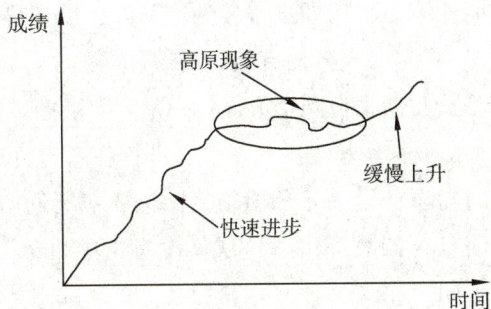

图3-7-1　练习曲线与高原现象

（2）教学中组织练习应遵循的原则

第一，明确练习的目的和要求（练习不同于机械性重复），增强学习动机；第二，帮助学生掌握正确的练习方法和知识；第三，循序渐进，由易到难，先简后繁；第四，正确掌握练习速度，保证练习质量；第五，适当安排练习次数和时间；第六，练习方式多样化（根据练习时间分配的不同可分为集中练习与分散练习两类，根据练习内容的完整性可分为整体练习与部分练习两类，根据练习途径的不同可分为模拟练习、实际练习与心理练习三类）；第七，及时反馈练习结果。

在诸多练习方式中，如果将身体练习与心理练习结合起来，效果更佳。心理练习的效果取决于三个因素：① 学习者对练习任务是否熟悉。如果学习者从未进行身体练习，不可能进行心理练习，即使练习也只能是错误练习。② 心理练习的时间长短。心理练习时间不能太长，否则容易产生厌烦情绪。③ 任务的性质。如果任务中认知因素起的作用小，则心理练习作用甚微。在练习时间安排上，力求集中练习和分散练习相结合。从整体上说，虽然分散练习优于集中练习，但在合理安排练习时间上还应从技能的性质、学生的学习能力以及如何消除疲劳、克服遗忘等方面来考虑。研究表明，当学生初学一种技能时，先进行集中练习，而后改用分散练习，要比单纯的分散练习，效果更佳。

5. 操作技能的培训要求

（1）准确地示范与讲解（指导与示范）

准确的示范与讲解有利于学习者不断地调整头脑中的动作表象，形成准确的定向映像，进而在实际操作活动中调节动作。通过指导与示范，教师要帮助学生做到：掌握相关知识；明确练习目的和要求；形成正确的动作映像；获得一定的学习策略。其中，为了促进学生在头脑中形成正确的动作映像，教师的示范要做到：动作示范与言语解释相结合；整体示范与分解示范相结合；示范动作要重复，动作程度要放慢；指导学生观察，并纠正学生的错误理解。

（2）必要而适当的练习

练习是形成各种操作技能不可缺少的关键环节。一般来说，随着练习次数的增多，动作的精确性、速度、协调性等会逐步提高。

练习曲线存在以下特点：第一，开始进步快；第二，中间有一个明显的、暂时的停顿期，即高原期；第三，后期进步较慢；第四，总趋势是进步的，但有时会出现暂时的倒退现象。

（3）充分而有效地反馈

反馈来自两个方面：一是内部反馈（固有的反馈），即操作者自身的感觉系统提供的感觉反馈；二是外部反馈（增补的反馈），即操作者自身以外的人和事给予的反馈。常见的增补反馈主要有两种：① 结果的知识，是关于环境中目标达成状况的增补的、言语式的（或可言语化的）、终结性的（即运动后的）信息，如教练讲"这次你没有击中目标"。② 表现的知识，是关于学习者做出的运动模式的反馈信息（如"你的肘弯了"）。

（4）建立稳定而清晰的动觉

动觉是复杂的内部运动知觉，它反映的主要是身体运动时的各种肌肉活动的特性，比如紧张、放松等，而不是外界事物的特性。

（二）心智技能

1. 心智技能的概念与特点

心智技能也称认知技能或智力技能，是通过学习而形成的合乎法则的智力活动方式，如阅读技能、写作构思技能、观察技能等。

心智技能具有动作对象的观念性、动作进行的内隐性、动作结构的简缩性等特点。第一，对象具有观念性。心智活动的对象是客体在人脑中的主观映象，是客观事物的主观表征，是知识、信息。第二，执行具有内潜性。心智活动的执行是借助于内部言语在头脑内部默默地进行的，只能通过其作用对象的变化而判断其存在。第三，结构具有简缩性。心智活动是不完全的、片段的，是高度省略和简化的。

2. 加里培林的心智动作按阶段形成理论

对心智技能最早进行研究的是苏联心理学家加里培林。1959年，他系统总结了有关的研究成果，提出了心智动作按阶段形成的理论。他将心智动作的形成分成以下五个阶段：

（1）活动的定向阶段

这是活动的准备阶段。其主要任务是使学生预先熟悉活动任务，了解活动对象，知道将要做什么和怎么做，构建关于认知活动本身和活动结果的表象，以便完成对它们的定向。例如，在学生的加法运算定向阶段中，教师在演示加法运算时，应该使学生明了加法运算的目的在于求几个数的和，了解运算的客体是事物的数量，知道运算的操作程序和方法，懂得运算的关键是进位等，由此在学生头脑中形成完备的定向映像。

（2）物质活动或物质化活动阶段

物质活动指借助实物进行活动；物质化活动指借助实物的模型、图片、样本等代替物进行活动。例如，在学生的加法运算中，既可以让他们利用小木棒进行演算活动，也可以利用画片中的小木棒进行演算活动。

（3）出声的外部言语活动阶段（有声的言语活动阶段）

这一阶段的特点是心智活动不直接依赖物质或物质化的客体，而是借助出声言语的形式来完成的。例如，学生"念念叨叨"地表述出自己正在进行的心智活动的情况，就是出声的外部言语活动。又如，在加法运算中，他们能根据题目的数字出声地说出"3加2等于5"或"8加4等于12"等。

（4）无声的外部言语活动阶段

这一阶段开始从出声的外部言语向内部言语转化。内部言语不是同别人交际的，它是一种对自己发出的言语，是自己思考问题时的言语活动。它是借助词的声音表象、动觉表象而进行心智活动的阶段。

（5）内部言语活动阶段

这是心智技能形成的最后阶段。这一阶段的特点是心智活动完全借助内部言语完成，高度简要、自动化，是很少发生错误的熟练阶段。在这一阶段，心智活动以抽象思维为其主要成分。例如，学生演算进位加法时，已经不再需要默念公式和法则，而是在头脑中出现几个关键词，随之而来的就是自动化的操作。整个运算过程的智力活动在他们头脑中被"压缩"和"简化"了，以至他们已不大可能察觉运算过程，所能察觉到的只是运算的结果。

3. 安德森的心智技能形成三阶段论

著名认知心理学家安德森认为，心智技能的形成需要经过三个阶段，即认知阶段、联结阶段和自动化阶段。在认知阶段，要了解问题的结构即起始状态、从起始状态到目标状态所需要的步骤、算子。在联结阶段，学习者应用具体的方法来解决问题，主要表现在把某一领域的描述性知识转化为程序性知识。在自动化阶段，个体获得了大量的法则并完善这些法则，操作某一技能所需的认知投入较少，且不易受到干扰。

4. 我国关于心智技能形成的理论

（1）原型定向。原型指那些被模拟的自然现象或过程。智力活动的原型是对一些最典型的智力活动样例的设想。原型定向就是了解原型的活动结构，从而使主体明确活动的方向，知道该做哪些动作和怎样去完成这些动作。这一阶段是主体掌握操作性知识的阶段，也是心智技能形成的准备阶段。

在原型定向阶段，教师必须做到以下几点：① 使学生了解活动的结构，即了解构成活动的各个动作要素及动作之间的执行顺序，并了解动作的执行方式；② 要使学生了解各个动作要素、动作执行顺序和动作执行方式的各种规定的必要性，提高学生的自觉性；③ 采取有效措施发挥学生的主动性与独立性；④ 教师的示范要正确，讲解要确切，动作指令要明确。

（2）原型操作。原型操作是依据智力技能的实践模式，把学生在头脑中已建立起来的活动程序计划以外显的操作方式付诸实施，获得完备的动觉映象的过程。这一阶段，借助于实物模型、图片、示意图或动作等，依据智力活动的实践模式，把学生在头脑中已建立起来的活动程序计划，以外显的操作方式付诸实施，帮助理解心智技能学习的内容，以获得完备的动觉映象，有利于形成新的智力活动。

在原型操作阶段，教师必须做到以下几点：① 要使心智活动的所有动作以展开的方式呈现；② 要注意变更活动的对象，使心智活动在直觉水平上得以概括，从而形成关于活动的表象；③ 要注意活动的掌握程度，并适时向下一阶段转化；④ 为了使活动方式顺利内化，动作的执行应注意与言语相结合，一边进行实际操作，一边用言语来标志和组织动作。

（3）原型内化。原型内化，即智力活动的实践模式（原型）向头脑内部转化，是由物质的、外显的、展开的形式变成观念的、内潜的、简缩的形式的过程。该阶段开始借助言语来对观念性对象进行加工，是原型在学习者头脑中转化为心理结构内容的过程，是心智技能的完成阶段。它又分为三个小阶段，即出声的外部言语动作阶段、不出声的外部言语动作阶段和内部言语动作阶段。

在原型内化阶段，教学应该注意以下几点：① 动作的执行应遵循由出声的外部言语到不出声的外部言语再到内部言语的顺序，不能颠倒；② 在开始阶段，操作活动应在言语水平上完全展开，即用出或不出声的外部言语完整地描述原型的操作过程，然后再逐渐缩减；③ 在这一阶段也要注意变换动作对象，使活动方式得以进一步概括，以便广泛适用于同类课题；④ 在进行由出声到不出声、由展开到压缩的转化过程中，也要注意活动的掌握程度，不能过早转化，也不宜过迟转化，而应适时转化。

5. 心智技能的培养要求

心智技能培养中注意的问题有：遵循智力活动按阶段形成的理论；根据心智技能的种类选择方法；积极创造应用心智技能的机会；注重思维训练。

（1）确立合理的智力活动原型。由于形成的心智技能一般存在于有着丰富经验的专家头脑中，因此模拟确立模型的过程实际上是把专家头脑中的观念的、内潜的、固定的经验"外化"为物质的、展开的、活动的模式的过程。

（2）有效进行分阶段练习。由于心智技能是按一定的阶段逐步形成的，因此在培训方面只有分阶段进行练习，才能获得良好的教学效果。为提高分阶段练习的成效，在培养工作方面，必须充分依据心智技能的形成规律采取有效措施，包括：激发学习的积极性和主动性；注意原型的完备性、独立性和概括性；适应培养阶段的特征，正确使用言语（言语在原型定向和原型操作阶段，其作用在于标志动作，并对活动的进行起组织作用，但在原型内化阶段，其作用在于巩固形成中的动作表象，并使动作表象得以进一步概括，从而向概念性动作映像转化）；注意学生的个别差异；科学地进行练习；等等。

总之，智慧技能的教学应是中小学素质教育的重点。智慧技能的教学应注意做到"四化"：结构化，即纵向不断分化，横向综合贯通；自动化，即基本的智慧技能应达到自动化的程度；策略化，即自觉运用认知策略提高学习效率；条件化，即知道何时何地使用何种知识。

真题回顾与模块自测

一、单选题

1. 如果学生已经学习了质量与能量、遗传结构与变异等之间的关系，现在要学习需求与价格之间的关系。它们之间虽然没有类属关系，但也内含着另外的关系——后一变量随前一变量的变化而发生变化。这种学习属于（　　）。（2020.8.6济南十区县联考真题）
   A. 派生下位学习　　　　B. 相关下位学习　　　　C. 上位学习　　　　D. 并列结合学习

2. 在知识的学习过程中，学习者通过对同类事物的各种事例进行分析，对比他们与其他事物的区别，从而发现这类事物的共同关键特征，这属于（　　）。（2020.9.26济南钢城、山东护理学院真题）
   A. 概念形成　　　　B. 概念内化　　　　C. 概念同化　　　　D. 概念学习

3. 学习舞蹈时，小晶把完整的舞蹈分成四个小节，跟着舞蹈老师一步步练。这是操作技能形成的（　　）阶段。（2020.7.25德州德城、经开、陵城真题）
   A. 操作整合　　　　B. 操作定向　　　　C. 操作模仿　　　　D. 操作熟练

4. 有学者研究发现，心智技能的形成经历了"活动定向、物质或物质化活动、出声的外部言语活动、不出声的外部言语、内部言语"五个阶段，提出该理论的学者是（　　）。（2020.10.18济南平阴真题）
   A. 冯忠良　　　　B. 维果茨基　　　　C. 加里培林　　　　D. 列昂杰夫

5. 某学生在学习写作文时，刚开始一直复述作文的规则和要求，随着练习次数的增加，后来该学生不用语言讲述作文的规则，便能熟练完成作文。这说明该学生当前最可能处于心智技能形成的（　　　）。
（2020.11.14德州陵城真题）

    A. 操作阶段　　　　　　　　B. 内化阶段　　　　　　C. 定向阶段　　　　　　D. 熟练阶段

二、多选题

1. 现在认知心理学家根据知识的不同表征方式和作用，将知识划分为陈述性知识和操作性知识。下列属于程序性知识的是（　　　）。（2020.12.5山东警官职业学院真题）

    A. 如何雪地开车　　　　　　　　　　　　B. 怎么计算两位数的乘法

    C. 活到老，学到老　　　　　　　　　　　D. 今年爆发新冠肺炎疫情

2. 学生在掌握"教育心理学"这一陈述性知识时，可能使用的表征方式包括（　　　）。（2020.11.14济南商河真题）

    A. 命题与命题网络　　　　B. 表象与表象系统　　　C. 产生式　　　　　　D. 图式

3. 动作技能只有经过练习才能形成，在练习过程中，技能进步情况可以用练习曲线来表示。不同的学习者的练习曲线存在差异，但也具有共同的特点，表现为（　　　）。（2020.12.26济南历城真题）

    A. 开始进步快　　　　　　　　　　　　B. 中间有一个明显的暂时的停顿期，即高原期

    C. 后期进步较慢　　　　　　　　　　　D. 总趋势是进步的

三、判断题

1. 新的材料属于原有的具有较高概括性的观念中，原有的观念得到扩展、精确化、限制或修饰，新的观念或命题获得意义，这种学习是并列结合学习（　　　）。（2020.8.8烟台招远真题）

2. 概念教学中为了防止学生出现概括不足，需要给学生呈现正例。（　　　）

3. 如果学习者从未进行身体练习，不可能进行心理练习，即使练习也只能是错误练习。（　　　）

【参考答案】

一、单选题

1. D　2. A　3. C　4. C　5. B

二、多选题

1. AB　2. ABD　3. ABCD

三、判断题

1. ×　2. ×　3. √

第八章 态度与品德

教育心理学并不研究有关品德养成的所有问题，而只是从心理学的角度去揭示个体品德形成的过程及其规律，分析品德行为的不同类型和特点，阐明品德教育的心理学依据。

思维导图

态度的实质与结构

品德的实质与结构

态度与品德概述

态度与品德

品德发展的阶段理论

皮亚杰道德发展阶段论

柯尔伯格道德发展阶段论

小学生品德发展特征

中学生品德发展特征

学生品德发展的基本特征

态度与品德的形成与培养

态度与品德的形成过程

影响态度与品德形成的条件

良好态度与品德的培养

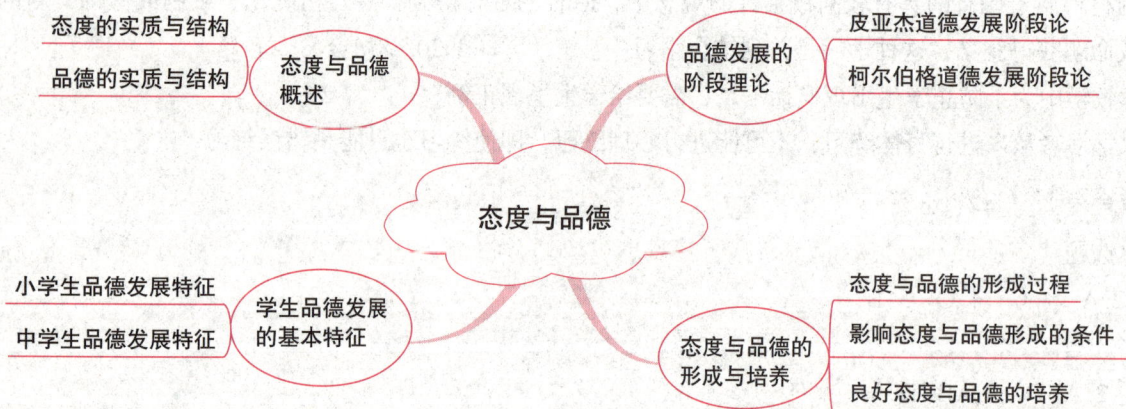

第一节 态度与品德概述

一、态度的实质与结构

（一）态度的实质

态度是通过学习而形成的影响个人行为选择的内部准备状态或反应的倾向性。对于该定义，可以从以下三方面来理解：第一，态度是一种内部准备状态，而不是实际反应本身；第二，态度不同于能力，虽然二者都是内部倾向，能力决定个体能否顺利完成任务，态度则决定个体是否愿意完成任务；第三，态度是通过学习形成的，不是天生的。

（二）态度的结构

态度的结构包括认知成分、情感成分和行为成分。态度的认知成分是指个体对态度对象所具有的带有评价意义的观念和信念。对于某一对象而言，不同个体的态度中所含的认知成分是不同的。态度的情感成分是指伴随态度的认知成分而产生的情绪或情感体验，是态度的核心成分。态度的行为成分是指准备对某对象做出某种反应的意向或意图。例如，一个学生对数学的积极态度，其中的认知成分可能是在同学当中，数学成绩总是第一，这可以带来荣誉；情感成分可能是得第一名时获得的尊重需要的满足感，或者是解题顺畅时的兴奋感；行为倾向成分意指这个学生偏爱数学的行动预备倾向。一般情况下，这三种成分是一致的，但也有不一致的情况，如知行脱节等。

（三）态度的功能

1. 过滤功能

态度会影响个体对信息的选择。一般情况下，人们总是接受与自己态度一致的信息，拒绝与自己态度不一致的信息。

2. 调节功能

兰伯特曾以实验证明，态度会调节个体的语言行为和非语言行为。

3. 价值表现功能

价值观是人们对某一事物的善恶、是非及重要性的评价。人们常常通过表态的方式来表现自己的价值观。

4. 适应功能

人的态度是在对外部环境的适应过程中逐渐形成的，反过来又起着适应外部环境的作用。

二、品德的实质与结构

（一）品德的实质

品德又称道德品质，是个体依据一定的社会道德准则规范自己行动时所表现出来的稳定的心理倾向和特征。品德发展的实质就是个体与环境相互作用，将社会规范、道德准则逐渐内化，主动构建相对稳定的行为判断准则的过程。品德是内在的心理倾向，由内而发支配个人的外显行为。它是社会道德准则在个人思想与行动中的体现，是个性中具有道德评价意义的核心部分。品德的特征有：以某种道德意识或道德观念为基础；与道德行为密切联系，离开了道德行为就无法表现和判断个人的道德；具有稳定的倾向性和特征。具体体现在：1. 形成的后天性；2. 内容的社会性；3. 表现的行为性；4. 结构的稳定性；5. 抉择的自觉性。

（二）品德的心理结构

品德的心理结构或基本成分存在三要素说、四要素说、五要素说、六要素说、结构系统说等不同观点。一般认为，品德的心理结构包括四种相辅相成的基本心理成分：道德认识、道德情感、道德意志和道德行为，简称知、情、意、行。

1. 道德认识

道德认识是对道德规范及其执行意义的认识。它主要是指一个人面对矛盾冲突的情境时能自觉地意识到是非善恶，进而能就行动做出缜密的道德抉择。道德认识是个体品德的基础，是道德情感、道德意志产生的依据，对道德行为具有定向的意义，是行为的调节机制。道德认识是个体品德的核心部分。

道德观念、道德信念的形成有赖于道德认识。当一个人对某一道德准则有了系统的认识，并且感到确实是这样时，就形成了有关的道德观念。当认识继续深入、达到坚信不疑的程度并能指导自己的行动时，就形成了道德信念。道德信念对行为具有稳定的调节和支配作用，是学生形成道德品质的关键因素。道德评价是指运用已有的或正在掌握的道德准则或道德概念对别人或自己的行为、品质作出是非、善恶判断的过程。学生道德评价能力发展的基本规律是：从"他律"到"自律"；从效果到动机；从评人到评己；从片面到全面；从依据道德情感进行评价到依据道德原则进行评价。

在道德事件上，个人的道德认识往往是极为重要的。就某一个体而言，怎样才称得上"道德"，这涉及道德的实质——"意向"和"理由"，离开这个实质，便无从谈论道德。也就是说，如果一个人无意中做了好事（没有"意向"或"理由"），其行为称不上道德。

2. 道德情感

道德情感是伴随着道德认识而产生的一种内心体验，也就是人在心理上所产生的对某种道德义务的爱憎、喜恶等情感体验。道德情感是个体道德行为的内部动力之一，是激发道德动机和进行自我监督的内在力量，是从道德认识到道德行为的中间环节，它左右着行为的决策与发动。当道德观念和道德情感成为经常推动个人产生道德行为的内部动力时，它们就成为道德动机。道德动机是道德行为的直接动因。

道德情感的内容主要包括爱国主义情感、集体主义情感、义务感、责任感、事业感、自尊感和羞耻感，其中，义务感、责任感和羞耻感对于儿童和青少年尤为重要。

道德情感从表现形式上看，主要包括三种：

（1）直觉的道德情感，即由于对某种具体的道德情境的直接感知而迅速发生的情感体验。其特点是产生迅速，对行为具有迅速定向的作用。

（2）想象的道德情感，即通过对某种道德形象的想象而发生的情感体验。它以社会道德标准的化身而存在，具有极大的鲜明性，是道德行为的强大动力。

（3）伦理的道德情感，即以清楚地意识到道德概念、原理和原则为中介的情感体验。它具有清晰的意识性和明确的自觉性，具有较大的概括性和道德较强的理论性，具有稳定性和深刻性。它是最高级形式的道德情感。

精神分析学派和人本主义学派对道德情感进行了研究。（1）弗洛伊德认为，儿童道德发展的过程是一个逐步内化的过程。在弗洛伊德看来，自居作用、自我惩罚、内疚是儿童道德发展的强大推动力。自居作用使儿童以这些大人为榜样，建立了自己所仰望的一种理想的自我。内疚是严厉的超我和附属的自我之间的紧张，它作为一种惩罚的需要而表现出来。（2）人本主义学派主张"情感主义"，他们强调道德情感在道德教育中的重要作用，认为"情感构成行为模式的动力系统"。价值教育作为道德教学的代表，其主要目的在于增强学生的六种能力：沟通、移情、问题解决、批判、决策和个人一致。价值教育主要是为了培养独立自主、慎谋能断、重视人类价值和尊严的有道德的人。人本主义发展出来的治疗原则或教育原则（真诚、接受和信任、移情性理解、主动倾听）对道德情感的促进有着重要的意义。

3. 道德意志

道德意志是个体自觉地调节道德行为，克服困难，以实现预定道德目标的心理过程。道德意志实际上是道德观念的能动作用，是个体通过自己理智的权衡作用去解决道德生活中的内心矛盾与支配行为的力量，这种力量表现为能够排除内部障碍和外部困难，坚决执行道德的动机所引起的行为决定。道德意志的基本过程包括决心、信心、恒心等三个基本阶段。

4. 道德行为

道德行为是个体在一定的道德认识指引和道德情感激励下所表现出来的对他人或社会具有道德意

义的行为。例如，学生中经常出现"好心办坏事"的行为，这多半是由于缺乏合理的道德行为方式造成的。美国学者雷斯特认为，道德行为的产生经历了解释情境、做出判断、道德抉择和实施行为等一系列复杂的过程。它是道德观念和道德情感的外在表现，是衡量品德的重要标志。道德行为包括道德行为技能和道德行为习惯。虽然外显行为被当做道德评价的依据，但它并不代表个人道德的全部。偶尔或一时的道德行为不足以说明一个人已具备了某种品德，只有持续不断的、稳定的道德行为才是一个人的道德品质。

班杜拉对品德问题的基本观点是：道德行为的决定因素是环境，社会文化关系以及各种客观条件、榜样和强化等。班杜拉等人在实验研究的基础上，提出了3个有关道德行为获得的基本概念：抗拒诱惑、赏罚控制和模仿学习。（1）抗拒诱惑就是在具有诱惑力的情境之下，个人能依据社会规范的禁忌，对自己的愿望、冲动等行为倾向有所抑制，使自己在行动上不致做出违犯社会规范的行为。（2）赏罚控制是指运用赏罚的办法培养品德，当行为合乎道德标准时，给予奖赏，以期同样情景重现时能出现同样的行为；当行为不合乎道德标准时，给予惩罚，使学生从害怕惩罚到学会逃避惩罚，从而建立道德。（3）模仿学习也称观察学习，其关键在于对他影响最大的人所表现出的以身作则的"身教"的作用。

（三）品德与道德的关系

1. 联系：首先，品德的内容来自道德，个人品德是社会道德在个体身上的具体表现，两者都受社会发展规律的制约。其次，品德的形成是在社会道德舆论的熏陶和学校道德教育的影响下，在家庭成员潜移默化的道德感染下，通过自己的实践活动形成和发展起来的。最后，社会道德本身是由许许多多的品德集合构成的。

2. 区别：首先，道德是一种社会现象，品德则是一种个体心理现象。其次，道德的发生和发展受社会发展规律的制约，不同的社会有不同的道德标准，具有明显的阶级性和社会历史性。品德的形成和发展不仅受社会性的影响，还受个体生理、心理等内部因素的影响。再次，社会道德内容是一定社会或阶级伦理行为规范的完整体系，个体品德内容只是社会道德准则或规范的部分表现。第四，道德是伦理学和社会学研究的对象，品德则是心理学和教育学研究的对象。

（四）品德与态度的关系

1. 联系：首先，二者实质相同。品德是一种习得的影响个人行为选择的内部状态，而态度也是依据一定的道德行为规范行动时所表现出来的比较稳定的心理特征。其次，二者的结构一致，都由认知、情感和行为三个方面构成。

2. 区别：首先，二者所涉及的范围不同。态度涉及范围大，品德涉及范围小；态度涉及的范围包括对社会、对集体的态度，对劳动、对生活、对学习的态度，对他人、对自己的态度等。其中有些涉及社会道德规范，有些则不涉及，只有涉及道德规范的那部分稳定的态度才能称为品德。其次，价值的内化程度不同。克拉斯沃尔和布鲁姆等在其《教育目标分类学》中提出，因价值内化水平不同，态度也发生多种程度的变化。从态度的最低水平开始，依次是"接受"，即注意；"反应"，即愿意并实际参加某项向先进人物学习的活动；"评价"，即按价值准则行动后获得满意感或愉快感，赋予自己的行为以某种价值；"组织"，即价值标准的组织，判断各种不同价值标准间的联系，克服其间的矛盾和冲突；"性格化"，即将各种价值观念组织成一个内在和谐的系统，使之成为个人性格的一部分。价值观念只有经过组织且已成为个人性格的一部分时，才能称为品德。

第二节 学生品德发展的基本特征

一、品德发展的阶段理论

（一）皮亚杰的道德发展阶段论

皮亚杰通过观察儿童的活动，用编造的对偶故事同儿童交谈，考察儿童的道德发展问题，得出了三大研究成果，写成《儿童的道德判断》（1932年）一书。

1. 皮亚杰三大研究成果的具体内容

（1）儿童的道德发展既非天赋，也不是社会规则的直接内化，而是受主体与客体相互作用的性质强度的影响。换言之，儿童的道德发展是人的自然天赋与相应的社会因素相互作用的结果。

（2）儿童的道德发展不仅取决于他对道德知识的了解，更重要的是取决于儿童的道德思维发展的程度。儿童的道德思维的发展是一个自主的理性思维发展过程。儿童是自己道德观点的构造者。

（3）儿童的道德发展是一个有明显阶段特点和顺序性的过程，与儿童逻辑思维的发展具有极大的相关性。皮亚杰认为，作为儿童道德发展基础的思维结构有以下四个特点：第一，儿童道德发展的每一阶段都是一个统一的整体，而不是一些与孤立的行为片段相对应的道德观念的总和；第二，在道德认知发展过程中，前一阶段总是融合到后一阶段，并为后一阶段所取代；第三，每个儿童都为建立他自己的综合体积极努力，而不只是去接受社会文化所规定的现成的模式；第四，道德认知发展的先在阶段是后继阶段的必要的组成成分。各阶段的连续顺序是固定不变的，而且是普遍的。

2. 皮亚杰的儿童道德发展阶段论

皮亚杰认为，儿童的道德发展是一个由他律逐步向自律、由客观责任感逐步向主观责任感的转化过程。根据公正观念的发展水平，可分为四个阶段：

第一阶段：前道德阶段（1—2岁）：儿童处于感觉运动时期，行为多与生理本能的满足有关，无任何规则意识，因而谈不上任何道德观念发展。

第二阶段：他律道德阶段（2—8岁）：儿童主要表现为以服从成人为主要特征的他律道德，故又称为服从的阶段。又可分两个阶段：（1）自我中心阶段（2—5岁）：这一阶段儿童处于前运算思维阶段。其特点是单向、不可逆的自我中心主义，片面强调个人存在及个人的意见和要求。（2）权威阶段（5—8岁）：思维正由前运算思维向具体运算思维过渡，以表象思维为主，但仍不具备可逆性和守恒性。因此，这一时期儿童的道德判断是以他律的、绝对的规则及对权威的绝对服从和崇拜为特征。他们了解规则对行为的作用，但不了解其意义。他们常以表面的、实际的结果来判断行为的好坏。认为服从成人就是最好的道德观念，服从成人的意志就是公正。如果违背成人的法则，不管动机如何都应该受抵罪的惩罚，而且惩罚越厉害越公平。

第三阶段：自律或合作道德阶段（8—11、12岁）：儿童思维已达到具有可逆性的具体运算，有了自律的萌芽，公正感不再是以"服从"为特征，而是以"平等"的观念为主要特征，并且逐渐代替了前一阶段服从成人权威的支配地位。意识到准则是一种保证共同利益、契约性的、自愿接受的行为准则，并表现出合作互惠的精神。开始以动机作为道德判断的依据，认为公平的行为都是好的。关于惩罚，认为只有回报的惩罚才是合理的。皮亚杰认为，儿童只有达到这个水平，才算有了真正的道德。

第四阶段：公正道德阶段（11、12岁以后）：这时儿童的思维广度、深度及灵活性都有了质的飞跃，此时才真正到了自律阶段。这一阶段的儿童开始出现利他主义。他们基于公正感做出的判断已经不再是平等基础上的法定关系，而是人与人之间的道德关系。将规则同整个社会和人类利益联系起来，形成具有人类关心和同情心的深层品质。

此外，有观点认为，皮亚杰把儿童的道德发展划分为以下四个阶段：（1）第一阶段：自我中心阶段（2—5岁），又称前道德阶段。自我中心阶段是从儿童能够接受外界的准则开始的。这时期儿童还不能把自己同外在环境区别开来，而把外在环境看作是他自身的延伸。皮亚杰认为儿童在5岁以前还是"无律期"，顾不得人我关系，而是以"自我中心"来考虑问题。往往按自己的想象去执行规则，规则对他的行为不具有约束力，没有义务意识，在游戏中没有真正的合作。（2）第二阶段：他律道德阶段（5、6岁—8岁），又称权威阶段。儿童服从外部规则，接受权威指定的规范，把人们规定的准则看作是固定的、不可变更的，而且只根据行为后果来判断对错，而不会考虑行为的动机。有人称该时期为道德现实主义或他律的道德。（3）第三阶段：可逆性阶段（8、9岁—10岁），又称自律道德阶段。可逆性阶段的儿童已不把准则看成是不可改变的，而把它看作是同伴间共同约定的。儿童一般都形成了这样的概念：如果所有的人都同意的话，规则是可以改变的。儿童开始意识到自己与他人间可以发展互相尊重的平等关系（"你让我遵守，你也必须遵守"），规则也不再是权威人物的单方面要求，而是具有保证人们相互行动的、互惠的可逆特征。同伴间的可逆关系的出现，标志着品德由他律开始进入自律阶段。这一时期也称作自律期，也就是自主期。道德发展到这个时期，不再无条件地服从权威。能把自己置于别人的位置，判断不再绝对化。有人称该时期为道德相对主义或合作的道德。（4）第四阶段：公正阶段（11—12岁及以后），又称公正道德阶段。公正阶段的公正观念是从可逆的道德认识脱胎而来的。他们开始倾向于以公道、公正作为判断是非的标准。能够根据他人的具体情况，基于同情、关心来对道德情境中的事件作判断。皮亚杰认为，10岁是儿童从他律道德向自律道德转化的分水岭，儿童只有达到自律阶段的水平，才算有了真正的道德。

3. 皮亚杰在儿童道德发展规律研究方面的杰出贡献

（1）在认知发展与道德发展的关系方面，肯定了认知发展是道德发展的必要条件，认为道德情感的激发有赖于道德认识，价值判断有赖于事实判断。（2）关于儿童的道德发展规律问题及道德发展过程中质和量的问题，皮亚杰提出儿童的道德发展是一个连续的整体过程，在这个连续的过程中，由于心理结构的变化而表现出明显的阶段性特征。（3）关于教育在儿童道德发展中的作用，皮亚杰认为认知发展是道德发展的一个必要条件，可以通过教育的手段加以促进。

4. 皮亚杰的道德发展阶段理论的局限性

（1）随着儿童年龄的增长以及同伴间相互关系的不断发展，儿童道德判断的基础便从考虑后果转为考虑意图，在这个转变过程中，起重要作用的是同伴的协作，而不是成人的教育或榜样，从而否定了榜样的作用，这是不对的。（2）皮亚杰虽然揭示了道德认识在儿童道德发展中的作用，也注意了情感和意志的发展在儿童道德发展中的作用，却忽视了"行"的因素，也是错误的。（3）关于成人的强制或约束以及协作在儿童道德发展过程中的作用，皮亚杰绝对否定成人约束对儿童道德发展可能具有的积极作用，这是错误的。

（二）柯尔伯格的道德发展阶段论

采用"道德两难故事法"，柯尔伯格提出道德发展阶段论。最典型的就是"海因茨偷药"的故事，让儿童对道德两难问题做出判断。研究发现，不同国家和地区，虽然种族、文化各有不同，社会道德标准互异，但道德判断能力的发展却相当一致。因此，他以道德判断的发展代表道德认识的发展，进而代表品德发展的水平。

通过大量的研究，柯尔伯格将道德判断分为三个水平，每一水平包含两个阶段，六个阶段依照由低到高的层次发展。

1. 前习俗水平

大约出现在幼儿园及小学中低年级阶段。该时期的特征是，个体着眼于人物行为的具体结果及其与自身的利害关系，认为道德的价值不决定于人及准则，而是决定于外在的要求。

第一，服从与惩罚的道德定向阶段。这一阶段儿童的道德价值来自对外力的屈从或对惩罚的逃避，他们衡量是非的标准是由成年人来决定的，对成人或准则采取服从的态度，缺乏是非善恶的观念。他们认为，海因茨不能去偷药，因为如果被人抓住的话会坐牢的。

第二，相对功利的道德定向阶段（朴素的利己主义定向）。这一阶段儿童的道德价值来自对自己要求的满足，偶尔也来自对他人需要的满足。在进行道德评价时，开始从不同角度将行为与需要联系起来，但具有较强的自我中心性，认为符合自己需要的行为就是正确的。他们认为，海因茨应该去偷药，谁让那个药剂师那么坏。

2. 习俗水平

这是在小学中年级出现的，一直到青年、成年时期。这一阶段的特征是，个体着眼于社会的希望和要求，能够从社会成员的角度去思考道德问题，开始意识到人的行为必须符合群体或社会的准则。能够了解、认识社会行为规范，并遵守、执行这些规范。

第一，好孩子的道德定向阶段（人际关系和谐取向、使他人愉快或帮助他人的定向）。这一阶段儿童的价值是以人际关系的和谐为导向的，顺从传统的要求，符合大众的意见，谋求大家的称赞。在进行道德评价时，总是考虑到社会对一个"好孩子"的期望和要求，并总是按照这种要求去展开思维。他们认为，如果海因茨不这么做，结果妻子死了，别人都会骂他见死不救，没有良心。

第二，维护权威或秩序的道德定向阶段。这一阶段的道德价值是以服从权威为导向的，包括服从社会规范、遵守公共秩序、尊重法律的权威、以法制观念判断是非、知法守法。他们认为，海因茨不应该去偷药，因为如果人人都违法去偷东西的话，社会就会变得很混乱。

3. 后习俗水平

该时期的特点是，个体不只是自觉遵守某些行为规则，还认识到法律的人为性，并在考虑全人类的正义和个人尊严的基础上形成某些超越法律的普遍原则。

第一，社会契约的道德定向阶段。这一阶段仍以法制观念为导向，有强烈的责任心和义务感，但不再把社会规则和法律看成是死板的、一成不变的条文，而认识到了它们的人为性和灵活性，他们尊重法制但不拘于法律条文，认为法律是人制定的，不合时的条文可以修改。也就是说，他们认识到法律或习俗的道德规范仅仅是一种社会的契约，它由大家商定，可以改变，而不是固定僵死的。他们认为，海因茨应该去偷药救命，如果有什么不对的话，需要改变的是现行的法律，稀有药品应该按照公平原则加以调控。

第二，普遍原则的道德定向阶段（良心或原则定向）。这一阶段以价值观念为导向，有自己的人生哲学，对是非善恶的判断有独立的价值标准，思想超越了现实道德规范的约束，行为完全自律。由于认识到了社会秩序的重要性与维持这种共同秩序所带来的弊病，看到了社会公则与法律的界限性，所以在进行道德评价时，能超越以前的社会契约所规定的责任，而且以正义、公平、平等、尊严等这些最高的原则为标准进行思考，以普遍的标准来判断人们的行为。他们认为，海因茨应该去偷药，因为和种种可考虑的事情相比，没有什么比人类的生命更有价值。

柯尔伯格认为，大多数9岁以下的儿童和许多犯罪的青少年在道德认识上都处于前习俗水平；大多数青少年和成人的道德认识处于习俗水平；后习俗水平一般要到20岁以后才能出现，而且只有少数人能达到。此外，科尔伯格的研究虽然注意跨文化的特点，但是被试主要以男性为主，具有一定的局限性。吉利根注意到在道德判断和认知方面存在着性别差异，提出女性关怀道德发展理论。

（三）艾森伯格的亲社会道德理论

美国心理学家艾森伯格针对柯尔伯格的理论提出异议，她认为柯尔伯格运用其两难故事只是研究了儿童道德判断推理的一个方面，即禁令取向的推理，她设计出另一种道德两难情境，即亲社会道德两难情境来研究儿童的道德判断。亲社会两难情境的特点是，一个人要面对满足自己利益和满足他人利益的双趋冲突，助人者的利益和接受帮助者的利益之间存在不可调和的矛盾。

艾森伯格及其合作者利用亲社会两难故事进行了一系列的研究，归纳出儿童亲社会道德判断的五个阶段。

阶段一，享乐主义的推理。助人不助人的理由包括个人的直接受益，或者由于自己需要和喜欢某人才去帮助他。

阶段二，需要取向的推理。当他人需要与自己的需要发生冲突时，儿童对他人身体的、物质的和心理的需要表示关注。

阶段三，赞许和人际取向的推理。儿童助人不助人的理由是好人或坏人以及他人的赞许和许可等。

阶段四，包括两个时期：一是自我投射性的移情推理，儿童的判断中出现自我投射性的同情反应和角色采择；二是过渡阶段，儿童助人与否涉及内化的价值观、规范、责任和义务，对社会状况的关心以及保护他人权利和尊严等，但是儿童并不能清晰地表达出来。

阶段五，深度内化推理，是否助人的依据是他们内化的价值观、规范和责任以及改善社会状况的愿望等。

（四）尤尼斯道德实践活动理论

美国心理学家尤尼斯在继承和批判科尔柏格道德认知理论、艾里克森自我同一性理论的基础上提出了道德发展的实践活动理论。该理论强调青少年期的社会参与经验对其道德发展的持久影响，认为社会参与活动是构成青少年公民同一性、政治和道德同一性发展的基础，而对个性和社会的尊重是道德行为的根本机制，道德教育的使命就是让个体通过社会参与活动培养起尊重品质。

1. 社会参与经验

（1）青少年参与社会活动，可以促使青少年联系他人反思自身，从而改善道德观念和行为。

（2）参与社会服务的经验可使其若干年后自愿参与社会的行为。

（3）另一些社会参与经验，包括参加学校管理和社会政治运动，还可能提高成年期（10—30年后）参与政治活动和各种社会团体的可能性。

2. 道德同一性

道德同一性包含两层含义：（1）自我认同；（2）寻求超越性意义。

3. 对人性的尊重

道德同一性具有两个基本的要素：一是对他人的尊重；二是对社会的尊重。

二、学生品德发展的基本特征

（一）小学生品德发展的基本特征

一般认为，我国小学生品德发展所显示出来的基本特点就是协调性。这主要表现在：

1. 小学生逐步形成自觉地运用道德认识来评价和调节道德行为的能力。小学时期学生开始逐步形成系统的道德认识及相应的道德行为习惯，但这种系统的道德认识带有很大的依附性，缺乏原则性。

2. 小学时期的道德言行从比较协调向逐步分化发展。在整个小学阶段，小学生在品德发展上，认识与行为、言与行基本上是协调的。年龄越小，言行越一致，随着年龄的增长，逐步出现言行不一致的现象。

3. 自觉纪律的形成和发展在小学生品德发展中占有相当显著的地位。在小学生品德发展中，自觉纪律的形成和发展占有很显著的地位，它是小学生道德知识系统化及相应的行为习惯形成的表现形式，也是小学生表现出外部和内部动机相协调的标志。

4. 小学阶段品德的另一特点是品德发展过程中出现"飞跃"或"质变"。小学阶段是儿童品德发展的"关键年龄"。这个关键期或转折期大致出现在三年级下学期前后（9岁左右），由于不同方式的学校教育的影响，出现的时间可能会提前或延后。

（二）中学生品德发展的基本特征

1. 伦理道德发展具有自律性，言行一致

在整个中学阶段，学生的品德迅速发展，处于伦理形成时期。伦理是人与人之间的关系以及必须遵守的行为准则，它是道德关系的概括，伦理道德是道德发展的最高阶段。

（1）形成道德信念与道德理想。中学阶段是道德信念和道德理想形成并以此指导行动的时期，中学生逐渐掌握伦理道德并服从它，表现为独立、自觉地依据道德信念、价值标准等去行动，道德行为更有原则性、自觉性。

（2）自我意识增强。在品德发展的过程中，中学生更加关注自我道德修养并努力加以提高。可以说中学生对自我道德修养的反省性和监控性有明显的提高，这为产生自觉的道德行为提供了有效的前提。

（3）道德行为习惯逐步巩固。由于不断地实践、练习，加之较为稳定的道德信念的指导，中学生逐渐形成了与道德伦理相一致的、较为定型的道德行为习惯。

（4）品德结构更为完善。中学生的道德认识、道德情感与道德行为三者相互协调，形成一个较为完善的动态结构，使他们不仅按照自己的道德准则去行动，而且逐渐成为稳定的个性心理结构的一部分。

2. 品德发展由起伏向成熟过渡

（1）初中阶段品德发展具有波动性。从总体上看，初中即少年期的品德虽然具有伦理道德的特性，但仍不成熟，起伏不定，表现在道德观念的原则性、概括性不断增强，但还带有一定程度的具体经验特点；道德情感表现丰富、强烈，但又好冲动；道德行为有一定的目的性，渴望独立自主行动，但愿望与行动经常有距离。这一时期既是人生观开始形成的时期，又是容易发生品德两极分化的时期。品德不良、违法犯罪多发生在这个时期。根据研究，初中二年级（或八年级）是品德发展的关键期。

（2）高中阶段品德发展趋向成熟。高中阶段或青年初期的品德发展进入了以自律为主要形式、应用道德信念来调节道德行为的成熟时期，表现在能自觉地运用一定的道德观点、信念来调节行为，并初步形成人生观和世界观。

总体来看，初中生的伦理道德已开始形成，但具有两极分化的特点。高中生的伦理道德的发展具有成熟性，可以比较自觉地运用一定的道德观念、原则、信念来调节自己的行为。教育者应以中学生态度与品德发展的基本特征为德育工作的出发点，在德育的内容、形式、评价标准等方面都应该遵循发展规律，重视发展过程中的关键期，采取合理的教育措施，有的放矢，因材施教。

第三节　态度与品德的形成与培养

一、态度与品德的形成（品德的内化过程）

一般认为，态度与品德的形成是一个从外到内的转化过程，是社会规范的接受和内化。根据美国学者凯尔曼的研究，态度与品德的形成与改变经历顺从（依从或遵从）、认同和内化（信奉）等三个阶段。

（一）依从（遵从）

依从即表面上接受规范，按照规范的要求来行动，但对规范的必要性或根据缺乏认识，甚至有抵触情绪。它是规范内化的初级阶段，是品德建立的开端。

依从包括从众和服从两种：（1）从众是个体在群体的压力下，放弃自己的意见而采取与大多数人一致的行为的社会现象，即通常所说的"随大流"。从众是个人受到外界人群行为的影响，而在自己的知觉、判断、认识上表现出符合于公众舆论或大多数人的行为方式。根据外显行为与内在的自我判断是否一致，可将从众行为分为以下三类：第一，真从众；第二，权宜从众；第三，不从众或反从众。"阿希线条判断实验"是从众现象的经典性实验。（2）服从是指个体按照群体规范、社会要求或群体领导的命令而行动。服从是指在权威命令、社会舆论或群体气氛的压力下，放弃自己的意见而采取与大多数人一致的行为。服从可能是出于自愿，也可能是被迫的。被迫的服从也叫顺从，即表面接受他人的意见或观点，在外显行为方面与他人相一致，而在认识与情感上与他人并不一致。服从现象的发生是由于权威的命令及现实的压力。服从与从众都是由压力引起的行为，但两者又有一定的区别：服从是被动的，是在别人的直接要求命令下做出的决定，是无条件的，因此伴随有不满、不情愿等否定性情绪；而从众往往是主动的，是没有人直接命令或要求你怎么样做。

依从阶段的特征是：依从阶段的行为具有盲目性、被动性、不稳定，随情境的变化而变化。此阶段态度与品德水平较低，但却是一个不可缺少的阶段，是态度与品德建立的开端环节。

（二）认同

认同是在思想、情感、态度和行为上主动接受他人的影响，使自己的态度和行为与他人相接近。认同实质上就是对榜样的模仿。认同阶段的特征是：认同不受外界压力控制，行为具有一定的自觉性、主动性和稳定性等特点。影响认同的因素：榜样的特点、榜样行为的性质、示范的方式。

认同的类型：（1）偶像认同，指出于对某人或某团体的崇拜、仰慕等趋同心理而产生的遵从现象；（2）价值认同，指个体出于对规范本身的意义及必要性的认识而发生的对规范的遵从现象。

（三）内化（信奉）

内化指在思想观点上与他人的思想观点一致，将自己所认同的思想和自己原有的观点、信念融为一体，构成一个完整的价值体系。内化阶段的特征：在内化阶段，个体的行为具有高度的自觉性和主动性，并具有坚定性，表现为"富贵不能淫，贫贱不能移，威武不能屈"。此时，稳定的态度和品德即形成了。

二、影响态度与品德形成的一般条件

影响学生品德形成的因素极其复杂，归纳起来有环境因素（外部条件）和自身因素（内部条件）两个方面。环境因素包括家庭（核心家庭比直系家庭更有利于孩子品德的培养）、社会（消极社会风气影响下容易出现"5+2=0"的怪圈）、班集体和同辈团体等，自身因素包括学生本人的智力、个性、学业水平等。

（一）外部条件

外部条件是指学生自身以外的一切条件。

1. 家庭教养方式

若家庭教养方式是民主、信任、容忍的，则有助于儿童的优良态度与品德的形成与发展。

2. 社会风气

社会风气由社会舆论、大众媒介传播的信息、各种榜样的作用等构成。青少年由于其自身的道德、自我的发展尚未成熟，不善于做出正确的选择，所以易受不良社会风气的影响，教育者要特别重视。

3. 同伴群体

学生的态度与道德行为在很大程度上受到他们所归属的同伴群体的行为准则和风气的影响。小团体思想的健康与不健康都对青少年品德的形成和改变具有重要影响。

（二）内部条件

1. 认知失调

勒温、皮亚杰、费斯廷格（最早提出认知失调理论）和海德等人的研究都表明，人类具有一种维持平衡和一致性的需要，即力求维持自己观点、信念的一致，以保持心理平衡。当认知不平衡或不协调时，内心就会有不愉快或紧张的感受，个体就试图通过改变自己的观点或信念，以达到新的平衡。以戒烟为例，你很想戒掉你的烟瘾，但当你的好朋友给你香烟的时候你又抽了一支烟，这时候你戒烟的态度和你抽烟的行为产生了矛盾，引起了认知失调。态度的转变过程一般为"解冻—变化—凝固"三个阶段，而认知失调是态度改变的先决条件。但也应注意：认知失调是态度改变的必要条件，但不是充分条件。

2. 态度定势

个体由于过去的经验，对所面临的人或事可能会具有某种肯定或否定、趋向或回避、喜好或厌恶等内心倾向性，这种事先的心理准备或态度定势常常支配着人对事物的预料与评价，进而影响着是否接受有关的信息和接受的量。帮助学生形成对教师、对集体积极的态度定势或心理准备是使学生接受道德教育的前提。

3. 道德认知

态度与品德的形成与改变取决于个体头脑中已有的道德准则、规范的理解水平和掌握程度，取决于已有的道德判断水平。实施教育时，应结合学生的实际生活和切身体验，晓之以理。

此外，个体的智力水平、受教育程度、年龄等因素也对态度与品德的形成与改变有不同程度的影响。

三、良好态度与品德的培养

教师可以综合应用一些方法来帮助学生形成或改变态度与品德。常用的培养学生良好的态度和品德的方法有：说服、榜样示范、群体约定、价值辨析、奖励与惩罚等。

（一）有效的说服

用言语说服学生需要一些技巧，包括：

1. 有效地利用正反论据（单面证据与双面证据）

对于理解能力有限的低年级学生，教师最好只提供正面论据，以免学生产生困惑、无所适从。对于理解能力较强的高年级学生，教师可以考虑提供正反两方面的论据，使学生产生客观、公正的感觉，从而相信教师所言，进而改变态度。当学生没有相反的观点时，教师应只呈现正面观点，不宜提出反面观点，以免转移学生的注意，误导学生怀疑正面观点。当学生原本就有反面观点时，教师应主动呈现两方面观点，以增强学生对错误观点的免疫力。当说服的任务是解决当务之急的问题时，应只提出正面观点，以免延误时间。当说服的任务是培养学生长期稳定的态度时，应提出正反两方面的材料。

2. 发挥情感的作用，要以情动人（以理服人与以情动人）

一般而言，说服开始时，富于情感色彩的说服内容容易引起兴趣，然后再用充分的材料进行说理论证，比较容易产生稳定的、长期的说服效果。

对于低年级的学生来说，情感因素作用更大些。通过说服也可以引发学生产生某些负向的情绪体验，如恐惧、焦虑等，这对于改变作弊、吸烟、酗酒等简单的态度有一定的效果。

3. 考虑原有态度的特点

若原有的态度与教师所希望达到的态度之间的差距较大，教师不要急于求成，不要提出过高的不切实际的要求，否则将难以改变学生的态度，而且还容易产生对立情绪。教师应该以学生原有的态度为基础，逐步提高要求。

（二）树立良好的榜样

1. 呈现榜样注意点

（1）给学生呈现榜样时，应考虑到榜样的年龄、性别、兴趣爱好、社会背景等特点，尽量与学生的现状相似，这样可以使学生产生可接近感。

（2）给学生呈现受人尊敬、地位较高、能力较强且具有吸引力的榜样。

2. 榜样行为示范的方式

（1）直接的行为表现；

（2）以言语讲解来描述某种行为方式；

（3）身边的真人真事的现身说法；

（4）利用各种传播媒介。

（三）利用群体约定

教师可以利用集体讨论后做出的集体约定来改变学生的态度。具体操作程序如下：

1. 清晰而客观地介绍问题的性质；

2. 唤起班集体对问题的意识，使他们明白只有改变态度才能更令人满意；

3. 清楚而客观地说明要形成的新态度；

4. 引导集体讨论改变态度的具体方法；

5. 使全体学生一致同意把计划付诸实施，每位学生都承担执行计划的任务；

6. 学生在执行计划的过程中改变态度；

7. 引导大家对改变的态度进行评价，使态度进一步概括化和稳定化。

（四）价值辨析

价值辨析是指引导个体利用理性思维和情绪体验来检查自己的行为模式，努力去发现自身的价值观并指导自己的道德行动。

在价值观辨析的过程中，教师引导学生利用理性思维和情绪体验来检查自己的行为模式，鼓励他们努力去发现自身的价值观，并根据自己的价值选择来行事。比如，在一次活动中，学生被一起带进一个暗室，他们中间只有一支蜡烛。教师要学生想象他们都被困住了，他们要挖掘一条通道。越靠前的人，得救机会就越多。这个班的所有成员都要说出自己要排在前头的理由，在听完了所有人的理由之后，决定走出通道的次序。

一种观念要真正成为个人的道德价值观，须经历三个阶段七个子过程。

1. 选择阶段

（1）自由选择。让学生思考"你认为你是从什么时候第一次产生这种想法的？"

（2）从多种可选范围内选择。让学生思考"在你产生这一想法之前，你经常考虑什么事情？"

（3）充分考虑各种选择的后果之后再行选择。让学生思考"每一种可供选择途径的后果将会怎样？"

2. 赞赏阶段（珍视阶段）

（4）喜爱自己的选择并感到满意。让学生考虑"你为这一选择感到高兴吗？"

（5）愿意公开承认自己的选择。让学生回答"你会把你知道的选择途径告诉你的同学吗？"

3. 行动

（6）按自己的选择行事。教师可以对学生说"我知道你赞成什么了，现在你能为它做些什么呢？需要我帮忙吗？"

（7）作为一种生活方式加以重复。教师问学生"你知道这一途径已经有一段时间了吗？"

这整个的过程实际上就是一个"赋值过程"。

由于价值辨析的方法基本是诱导性的，教师的作用就在于设计各种活动，运用各种策略来诱发学生暴露、陈述、思考、体验并实现某种价值观。教育者不仅要帮助学生去辨析各种价值观念，而且还要引导学生自觉、自愿地选择符合社会道德原则的价值观念，但最终的抉择要由学生做出。

（五）给予恰当的奖励与惩罚

奖励和惩罚作为外部的调控手段，不仅影响着认知、技能或策略的学习，而且对个体态度与品德的形成也起到一定的作用。

1. 奖励的类型

奖励有物质的（如奖品），也有精神的（如言语鼓励）；有内部的（如自豪、满足感），也有外部的。

2. 给予奖励注意点

给予奖励时，首先要选择、确定可以得到奖励的道德行为。一般来讲，应奖励诸如爱护公物、拾金不昧、尊老爱幼等一些具体的道德行为，而不是奖励一些概括性的行为。其次，应选择、给予恰当的奖励物。同一奖励物，其效用可能因人而异，应考虑个体的实际情况，选用最有效的奖励物。最后，应强调内部奖励。外部的物质奖励只是权宜之计，不可过多使用，应引导学生进行自我强化，让学生亲身体验做出道德行为后的愉快感、自豪感、欣慰感，以此转化为产生道德行为的持久的内部动力。

3. 惩罚的方式

从抑制不良行为的角度来看，惩罚还是有必要的，也有助于良好的态度与品德的形成。当不良行为出现时，可以用两种惩罚方式：一是给予某种厌恶刺激，如批评、处分、舆论谴责等；二是取消个体喜爱的刺激或剥夺某种特权等，如不许参加某种娱乐性活动。应严格避免体罚或变相体罚，否则将损害学生的自尊，或导致更严重的不良行为，如攻击性行为。惩罚不是最终目的，给予惩罚时，教师应让学生认识到惩罚与错误的行为的关系，使学生从心理上接受，口服心服，同时还要给学生指明改正的方向，或提供正确的、可替代的行为。

总之，在道德教育中，教师应采取多种有效的干预手段才能促进学生品德的发展：（1）道德认知的培养方法：① 言语说服。② 小组道德讨论。让学生在小组中就某个有关道德的典型事件进行讨论，以提高他们的道德判断水平。这是基于科尔伯格道德判断理论而设计的道德模式。③ 道德概念分析。这种方法集中分析作为道德思维组成部分的一些最一般的概念或观念，一个道德概念可能是一种具体活动的名称，例如说谎或遵守诺言；也可以是一种比较一般的概念，如友谊、义务或者良心。（2）道德情感的培养方法：① 移情能力的培养。移情是亲社会行为的动机基础，能激发与促进亲社会行为的发展。发展移情能力可以从以下方面着手：a. 表情识别：即通过对方的表情来判断对方的态度、需求和情绪、情感体验，这可以通过照片、图片来训练。b. 情境理解：理解当事人的处境，从他的处境去感受他的情绪体验，考虑他需要的帮助。c. 情绪追忆：针对一定的情境，通过言语提示唤醒学生以往与此有关的感受，并对这种情绪体验产生的情境、原因、事件进行追忆，加强情绪体验与特定情境之间的联系。② 羞愧感。3岁儿童已出现萌芽状态的羞愧感。（3）道德行为的培养方法：① 群体约定。② 道德自律。曾子说："吾日三省吾身"，这种自省是通向完美人格修养的重要途径。班杜拉认为，自律行为大致包括三个环节：a. 自我观察：个人对自己的所作所为的觉察。b. 自我评价：在自我观察的基础上，个体根据自己的行为标准来评判自己的行为，看自己的所作所为是否符合自己的道德标准。c. 自我强化：在对自己的行为做了自我评价之后，在心理上对自己的行为给予奖励或惩罚。（4）品德的综合培养方法有案例研究法、游戏和模拟等。a. 案例研究法是发展道德推理技能和能力的一种实际活动，它从关于具体行为的各种决策开始，而不是从各种原则、价值或立项入手，从中归纳出相关的原则和价值范围。b. 角色扮演是指让儿童在团体的活动中扮演一定角色，按照相应的角色规范进行活动。它使个人暂时置身于他人的社会位置，并按这一位置所要求的方式和态度行事，以增进个人对他人社会角色及自身原有角色的理解，从而更有效地履行自己角色。

四、学生不良行为的矫正

（一）过错行为与不良品德行为

学生的不良行为主要是指学生经常违反道德准则或犯较严重的道德过错，有的甚至处在犯罪的边缘或已经有轻微的犯罪行为（或称准犯罪水平）。

学生的不良行为可分为过错行为与不良品德行为两种。这是两个既有联系又有区别的概念，在教育过程中应正确区分。学生的过错行为是指那些不符合道德要求的问题行为。调皮捣蛋、恶作剧、起哄、无理取闹、作业和考试作弊等常属于过错行为。学生的不良品德行为则是指那些由错误道德意识支配的、经常违反道德准则、损坏他人或集体利益的问题行为。

（二）过错行为与不良品德行为的特征

1. 道德认识特征

道德认识模糊，是非观念不清；道德信念淡薄，萌生错误人生观；道德评价具有两重性。

2. 道德情感特征

重感情，讲义气，有"结伙"愿望，易感情用事；爱憎、好恶颠倒，缺乏正义感；自尊感和自卑感常交织在一起；对教师、父母常有抵触对立情绪；情感不稳定，性情易变，喜怒无常，难以自控。

3.道德意志特征

有增强道德意识的愿望，但由于对道德意志存在错误的理解，因而常表现出错误的意志行动；缺乏自制力，随心所欲，言行脱节；毅力的发展表现出双向性。

4.道德行为特征

不良行为都经历着一个由偶然到必然、由量变到质变的过程。不良道德行为习惯的形成在年龄与性别上表现出一定的差异。

（三）学生不良行为的原因分析

1.社会环境中的消极影响

客观方面，中学生的不良行为受到来自家庭、学校和社会环境的影响：（1）家庭教育失误。家庭教育中经常出现的一些问题，如溺爱娇惯、宽严失度等，都会影响学生的品行；（2）学校教育不当。学校生活和学校教育中的一些不利因素是学生不良行为产生的直接原因；（3）社会文化的不良影响。中学生的社会接触面更加广泛，受到各种社会风气和思想意识的影响也在不断加深。主观方面，中学生的不良行为主要受这些因素的影响：缺乏正确的道德观念和道德信念、消极的情绪体验、道德意志薄弱、不良行为习惯的支配、性格上的缺陷等。

2.学生不良行为的内部心理原因

（1）中小学生的一般心理特点

中小学生的心理发展处在不成熟到成熟的过渡阶段，他们共同的心理特点是：

① 正处在迅速社会化阶段，未定型、可塑性大。他们既可以接受正确教育而把自己塑造成为符合社会要求的人，也可以接受错误思想的影响而成为违反社会要求的人。

② 自我意识能力差，因而抗腐蚀能力差，容易受到外部条件的诱惑。

③ 既有独立自主的强烈愿望，又乐意成群结队。如果他们加入了积极型非正式群体的活动，那么就会受其积极影响而健康成长；若加入了消极型非正式群体或破坏型非正式群体（又称犯罪团伙），必然受其不良影响而变坏。

④ 重感情，易激动。由于他们认知能力较差，明辨是非的能力不强，再加上还缺乏必要的社会生活经验，以理智控制自己的情感往往显得不足。此外，他们还具有强烈的好奇心和盲目的模仿心理等。

（2）不良行为者的心理特点

① 错误的道德观念。有的学生认为"勇敢"就是天不怕、地不怕，因而逞强，闹事，违反纪律。

② 异常的情绪表现。不良行为者大多在家庭中是娇生惯养的，他们脾气大，易冲动，稍不如意就大发雷霆。

③ 明显的意志薄弱。意志薄弱几乎是中小学生的基本心理特点之一，一般不会构成大的坏影响；但如果意志薄弱严重，往往经不起环境中消极因素的诱惑和坏人的教唆。

④ 不良的行为习惯。不良的行为最初是偶然发生的，但若未能得到及时的制止和矫正，侥幸得逞，这种不良行为就会同个人私欲的满足进一步联系起来，经过多次重复，建立起动力定型，形成不良习惯，就会成为继续产生不良行为的原因。

⑤ 不健康的个人需要。有的学生不切实际地追求物质享受而产生偷盗行为。

（四）学生不良行为的矫正

一般认为，学生不良行为的矫正要经历醒悟阶段、转变阶段和自新阶段三个过程。对学生的不良行为要及早矫正，在矫正时要以正面教育和疏导为主，要有诚心、细心和耐心。在着手工作时，要注意下列几点：

1. 培养深厚的师生感情，消除疑惧心理和对立情绪

犯错误学生常有一道心理防线，对别人有戒心，有敌意，并心虚敏感。此时教师不要急于批评，而是要更加关心、爱护、信任他，使之深受感动，从而消除其心理防线。教育实践表明，只要师生感情深厚，对于此类学生的教育就会收到事半功倍的效果。

2. 培养正确的道德观念，提高明辨是非的能力

由于缺乏道德观念和正确的是非观，有的学生常常犯错误。虽然他们在道德认知、道德评价方面的接受能力还较差，过多的说教可能收获不大，但联系他们生活实际的说教常常还是能被他们理解和接受的。只要我们注意儿童身心发展的特点和接受能力的实际情况，进行有效的说服工作，还是能够帮助他们形成正确的是非观念和是非感的。

3. 保护和利用学生的自尊心，培养集体荣誉感

学生是生活在班集体之中的，虽然犯了错误的学生在班集体中会受到集体规范的压力，从而产生自卑感；然而集体荣誉、集体感受、集体舆论、集体规范和集体目标等一系列涉及集体利益的因素都能促使他们觉醒，认识到所犯错误对班集体的危害。因此，教师要充分利用集体的力量，和其他学生一起做他们的思想转化工作，帮助和鼓励犯错误的学生消除自卑感，培养自尊心，使其自爱、自重、自强，并在此基础上鼓励他们和同学一起，共同参加集体活动，培养其集体荣誉感。集体荣誉感一旦产生，集体的道德行为规范会内化为个人的行动指令，并产生自觉的行动。

4. 锻炼同不良诱因做斗争的意志力，巩固新的行为习惯

有的学生之所以产生不良行为，固然有其内部错误的心理结构，但也与外部不良诱因有关。儿童可塑性的另一面就是易变性，正在改正错误的学生往往一遇到不良诱因，就很容易故态复发；因此，教师要有意识、有控制地进行信任性考验，并不断演化，以锻炼其与不良诱因做斗争的意志力。

对于中小学生来说，培养良好的道德行为习惯是很重要的。在改变不良行为习惯的同时需要帮助他们建立新的良好行为习惯。良好的行为习惯越巩固，不良行为习惯就越容易被克服；因此，必须对学生多鼓励、表扬，以强化学生的良好行为习惯。

5. 针对学生的个别差异，采取灵活多样的教育措施

学生的个性不同，矫正的方法也应不同。有的学生流氓习气严重，有恃无恐，在对待上就要加以分析。如果他怕集体，有些行为就可以通过集体帮助的方式来解决，当然使用这种方法要十分谨慎；如果学生自尊心特别强，教师可以先容忍一下，等事过之后再个别谈心，促进其思想转化；而对有的学生则需要冷处理，让他自己进行思想斗争；有的需要采取迂回的方法；有的则要从正面引导。

总之，矫正学生不良行为的办法和措施是多种多样的，切忌把有不良行为的学生看作罪犯，对他们实施"关、卡、压"的态度，而应把他们视为遭受病虫害侵蚀的花朵。只要我们真心地爱他们并进行精心的指导，他们仍然可以在爱的阳光下放射出绚丽夺目的光彩。

真题回顾与模块自测

一、单选题

1. 道德情感是个体伴随着道德认识而产生的一种内心体验。今年新冠肺炎疫情期间，许多中学生为"共和国勋章"获得者钟南山院士的大无畏精神所感动，立志报考医学专业，将来成为钟院士一样的人。从道德情感的角度看，这种情感体验最有可能是（　　）。（2020.12.5山东警官职业学院真题）

   A. 伦理的道德情感　　　B. 直觉的道德情感　　　C. 想象的道德情感　　　D. 理智的道德情感

2. 在海因茨偷药的故事中，儿童赞成海因茨偷药的理由是海因茨是为了帮助他妻子，因而不是自私的；反对的理由是他会为他如何给他的家庭带来不光彩而苦恼，他的家庭会因他而感到羞耻。按照科尔伯格的理论，这一时期的儿童处于的道德发展阶段是（　　）。（2020.12.26济南历城真题）

   A. 服从与惩罚对象　　　　　　　　　　B. 朴素的利己主义定向

   C. 使他人愉快和帮助他人定向　　　　　D. 权威和社会秩序定向

3. 现实生活中，不难发现有人凡事总是与多数人的行为反着来，比如在正式场合人人都要求穿正装，而他却偏要穿便装；人们都说地球是圆的，他硬要说地球是方的。这种行为在心理学上称之为（　　）。

   （2020.10.18济南平阴真题）

   A. 反压力　　　　　　　B. 独立行为　　　　　　C. 反服从　　　　　　D. 反从众

4. 亲社会行为是指人们在社会交往中表现出的有利于他人和社会的一切积极的、有社会责任感的行为。研究表明，个体亲社会行为的动机基础是（　　）。（2020.8.6济南十区县联考真题）

   A. 移情　　　　　　　　B. 真诚　　　　　　　　C. 羞愧　　　　　　　　D. 内疚

5. 曾子曰："吾日三省吾身——为人谋而不忠乎？与朋友交而不信乎？传不习乎？"从道德行为的养成角度看，这属于（　　）。（2020.8.6济南十区县联考真题）

   A. 群体约定　　　　　　B. 道德自律　　　　　　C. 道德内化　　　　　　D. 道德认同

二、多选题

1. 如果一个人能够认识到团体的行为规范，进而接受并付诸实践。按照科尔伯格的理论，这个人的发展水平可能处于（　　）。（2020.8.6济南十区县联考真题）

   A. 人际协调的定向阶段　　　　　　　　B. 社会契约定向阶段

   C. 维护权威和秩序的定向阶段　　　　　D. 普遍道德原则定向阶段

2. 影响学生态度和品德形成的外部因素有（　　）。（2020.7.25德州德城、经开、陵城真题）

   A. 家庭教养方式　　　　B. 个人道德认知　　　　C. 社会风气　　　　　　D. 自己的态度定势

3. 当老师进行说服学生时，应当只提出正面的材料的情况有（　　）。（2020.7.22济南高新真题）

   A. 低年级学生　　　　　　　　　　　　B. 高年级学生

   C. 解决当务之急的问题　　　　　　　　D. 培养长期稳定的态度时

三、判断题

1. 态度比品德广，但两者实质相同。（　　）（2020.8.8菏泽真题）

2. 皮亚杰采用道德两难故事法来研究儿童的道德认知发展。（　　）

3. 直系家庭比核心家庭更有利于孩子品德的培养。（　　）

【参考答案】

一、单选题

1. C　2. C　3. D　4. A　5. B

二、多选题

1. AC　2. AC　3. AC

三、判断题

1. √　2. ×　3. ×

第九章 问题解决与创造性

发展学生的问题解决能力、培养学生的创造性思维既是教学的一个重要目标，也是人类社会发展对教育提出的必然要求。

思维导图

```
                                    ┌─ 问题的概念及分类
                                    ├─ 问题解决的特点
                          问题解决概述 ─┼─ 问题解决的过程与模式
                                    ├─ 影响问题解决的因素
                                    └─ 问题解决能力的培养
问题解决与创造性 ─┤
                                    ┌─ 创造性的概念及类型
                                    ├─ 创造性的基本特征
                          创造性及其培养 ─┼─ 影响创造性的因素
                                    └─ 创造性的培养
```

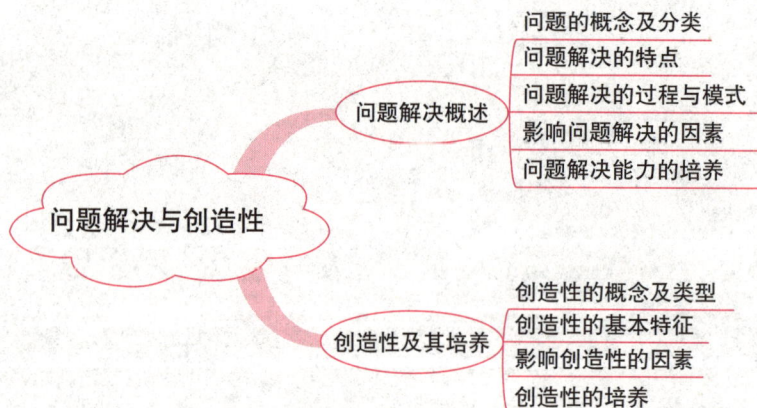

第一节 问题解决概述

一、问题与问题解决

（一）问题

1. 概念

问题是给定信息和要达到的目标之间有某些障碍需要被克服的刺激情境，或个体不能用已有的知识经验直接加以处理并因此而感到疑难的情境。

2. 基本成分

任何问题都必然包含三种成分：一是给定信息（初始状态）；二是目标（目标状态）；三是障碍（存在的限制或障碍）。

（1）给定的条件或信息，是一组已知的关于问题条件的描述，即问题的起始状态。

（2）要达到的目标，即问题要求的答案或目标状态。

（3）存在的限制或障碍，指那些阻碍实现目标状态的因素，它因人而异。

3. 分类

莱特曼等人按照问题的组织程度（问题的条件或目标是否被明确规定）将问题分为两类：结构良好问题和结构不良问题。

（1）结构良好问题

结构良好问题又称有结构问题或界定清晰的问题，学习者在学科学习中遇到的绝大多数问题都是此类问题。例如，"从北京出发乘火车到香港，最好的路线应该怎么走？"其初始状态、目标状态，以及问题解决的方法都是明确的。另外，诸如让学生进行加减乘除的运算，在考试中进行单项选择，或者解决一个复杂的物理问题，等等，都是结构良好问题。

（2）结构不良问题

结构不良问题又称无结构问题或界定含糊的问题，并不是指这个问题本身有什么错误或是不恰当，而是指它没有明确的结构或解决途径。例如，"修电脑"，其初始状态不明确，要先检查电脑的故障出在哪儿；"用Photoshop做一朵漂亮的玫瑰花"，其目标状态不明确，什么样的玫瑰花才算"漂亮"；让学生考查当地城市的污染状况并写出一篇论文，其初始状态、目标状态，甚至问题解决方案都不明确，是名副其实的结构不良问题。结构不良问题并不需要在所有方面都具有结构不良的特征。在学习中，理论上说，解决结构不良问题的价值要远远大于结构良好问题。

此外，按照问题的领域范围可以把问题分为常规问题（单学科和跨学科问题）和真实性问题。常规性问题是学生在学校中大量遇到的问题，如"有人买来5根2米长的木头，他能锯出几个1米长的木头？"真实性问题也称生活实际问题，属于结构不良问题，如"有人买来4根2.5米长的木头，他能锯出几个1米长的木头？"格里诺（1978）在分析了各种不同问题的基础上，提出将问题分为三类：归纳结构问题、转换问题和排列问题。

表3-9-1　问题的分类

维度	类别	描述	举例
概括水平	① 概括性问题	指向具有某一特征的一群人或物，具有一定普遍意义。适于抽样、定量研究。	随着光照时间的增加，植物生长速度呈现什么样的规律？
	② 特殊性问题	指向特殊的个体或现象，不具有广泛的概括性。适于个案、质性研究。	小学生张三的学习积极性如何？
关注焦点	① 关系性问题	关注事物或现象的结果、事物或现象间的异同以及相互关联。适于定量研究。	探究学习方法对学生学习成绩是否有积极影响？
	② 过程性问题	关注事物或现象发生和发展的动态变化。适于质的研究。	探究学习方法是如何对学生学习产生影响的？

（续表）

维度	类别	描述	举例
内容特性	①概念性问题	问题内容涉及学术性概念。	长方体的表面积与体积之间存在什么关系？
	②经验性问题	问题涉及生活经验。	在冰面上行走时如何防滑？
	③价值问题	问题涉及伦理道德、是非判断。	初中生该不该早恋？
探究深度	①描述性问题	描述事物的现状及其变化过程，适于定量、质的研究。	某城市的空气污染状况。
	②解释性问题	解释事物变化的原因。适于定量、质的研究。	在高山上用水煮食物为什么煮不熟？
	③预测性问题	基于对因果关系的解释而预测事物的未来变化。适于定量研究。	下周的天气变化。
领域范围	①单学科问题	可用某一学科知识加以解决。	数学相遇问题。
	②跨学科问题	需综合多学科知识加以解决。	本地区空气污染问题。
	③生活实际问题	不直接隶属于我们的某个学科，是学生在生活中所面临的、感兴趣的。	电视节目的益处与危害。
组织程度	①结构良好问题	具有明确的目标、条件和解答的问题。	野人和书生过河问题。
	②结构不良问题	具有不明确的目标、条件和解答的问题。	如何激发学生学习动机？

（二）问题解决

1. 概念

问题解决是指个人应用一系列的认知操作，从问题的起始状态达到目标状态的过程。或者说，问题解决是一种以目标定向的搜寻问题空间的认知过程。

2. 基本特点

加涅在对学习进行分类时，将问题解决视作高级规则的学习，强调问题解决是规则的组合，其结果是生成了新的规则，即高级规则。解决问题是由处理问题时所涉及的种种心理活动和行为构成，既涉及思维或认知的成分，也涉及情感或动机成分，还涉及行为或行动的成分。无论领域不同，问题情境怎样，解决问题的难易程度如何，解决问题都具有一些共同的特点：解决问题是解决新的问题，即所遇到的问题是初次遇到的问题；在解决问题中，要把掌握的简单规则（包括概念）重新组合，以适用于当前问题；问题一旦解决，人的能力或倾向随之发生变化。

（1）目的性。问题解决具有明确的目的性，它总是要达到某个特定的目标状态。没有明确目的指向的心理活动，如漫无目的的幻想等，不能称为问题解决。

（2）认知性。问题解决是通过内在心理加工实现的，整个活动过程依赖于一系列认知操作的进行。自动化的操作如走路、用绳打结等基本上没有重要的认知成分参与，因而不属于问题解决的范畴。

（3）序列性。问题解决包含一系列的心理活动，即认知操作，它需要运用高级规则进行信息的重组，如分析、联想、比较、推论等。这些心理操作是有一定序列的，序列出错，问题也无法解决。

此外，也有的观点认为，问题解决的基本特点包括：问题情境性、目的指向性、操作序列性、认知操作性。

3. 分类

问题解决有两种类型：一是常规性问题解决，使用常规方法来解决有结构的、有固定答案的问题；二是创造性问题解决，综合应用各种方法或通过发展新方法、新程序等来解决无结构的、无固定答案的问题。

二、问题解决的模式

（一）传统观点

1. 试误说

问题解决过程首先要通过一系列的盲目操作，不断地尝试错误，当发现一种问题解决方法时，即形成刺激情境与反应的联结，然后不断重复巩固这种联结，直到学会有效解决问题。

2. 顿悟说

人遇到问题时，会重组问题情境的当前结构，弥补问题缺口，达到新的完形，从而产生一种可行的解决方案。

试误说看到了问题解决的系列操作过程，但认为问题解决的尝试错误是盲目的，忽视了问题解决中的认知因素；顿悟说注意到重组情境的认知成分，但片面强调顿悟，忽视了顿悟中的操作过程。在实际的问题解决中，两者并无矛盾，而是辩证统一的。

除此之外，杜威将"问题解决"过程分为五个阶段：感觉问题的存在，确定问题的性质，提出各种可能的解决办法，考虑各种办法的可能结果，选择一种解答的方法。英国心理学家瓦拉斯（华莱士）于1926年提出问题解决的理论模型，又称为"创造性思维四阶段论"，包括准备期、孕育期、明朗期、验证期（准备、沉思、灵感、验证）。

（二）信息加工观点

信息加工论者把问题解决看作是通过信息加工系统对信息进行加工、把信息的最初状态转换成最终状态的过程。

纽维尔和西蒙提出"通用问题解决者模型"，这一模型对问题解决的过程做出了详细的阐述，用问题空间的概念说明问题解决的过程。纽维尔和西蒙认为问题一般包括三个方面：初始状态、目标状态和操作。初始状态：开始时的不完全的信息或令人不满的状况；目标状态：希望获得的信息或状态；操作（算子）：为了从初始状态迈向目标状态可能采取的步骤。这三部分加起来就构成了问题空间。从这个意义上说，问题解决实际上就是"一系列趋向目标的认知操作"。

（三）现代认知派观点

传统观点和信息加工论的观点，对问题解决模式的解释，基本停留在较为简单、机械的静态阶段的划分上。现代认知派则注重在认知层面上，使用"认知结构""图式激活""问题表征"等术语对问题解决的动态过程进行解释，不仅划分了问题解决的各个阶段，而且注重揭示各阶段之间的动态联系。如基克的问题解决模式：

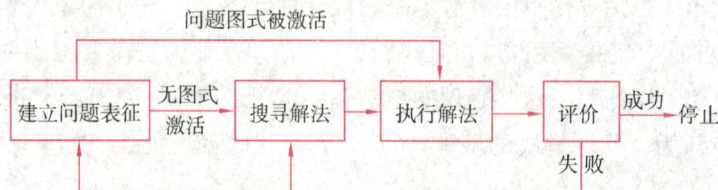

图3-9-1 基克的问题解决模式

此外，奥苏伯尔和鲁滨逊提出了一个问题解决的模式，该模式认为问题解决要经历以下四个阶段：（1）呈现问题情境命题；（2）明确问题目标与已知条件；（3）填补空隙过程；（4）解答之后的检验。

三、 问题解决过程

综合各家理论模式和阶段论，可以将问题解决过程分为理解和表征问题、寻求解答（选择操作）、执行计划或尝试某种解答（实施操作）、评价结果四个阶段。从完整的过程看，问题解决的过程一般分为发现问题、理解问题（分析、明确问题）、提出假设、检验假设四个阶段。

（一）发现问题

从完整的问题解决过程来看，发现问题是其首要环节。能否发现问题取决于三个因素：主体活动的积极性、主体的求知欲望和主体的知识经验。个体的好奇心、求知欲望越强，活动的积极性越高，则越能发现常人所发现不了的问题。个体的知识经验越丰富，视野也越开阔，这就更容易发现问题。

（二）理解问题

理解问题就是把握问题的性质和关键信息，摒弃无关因素，并在头脑中形成有关问题的初步印象，即形成问题的表征。通俗来讲就是要看清题意，必要时可以画示意图。

（三）提出假设

提出假设就是提出解决问题的可能途径与方案，选择恰当的解决问题的操作步骤。提出假设是问题解决的关键阶段。提出假设的数量和质量取决于两个条件：一是个体思维的灵活性；二是与已有的知识经验有关。思维越灵活，越能多角度地分析问题，就能提出更多的解决问题的途径。与问题解决相关的知识经验越丰富，就越有利于扩大假设的数量并提高其质量。

（四）检验假设

检验假设就是通过一定的方法来确定假设是否合乎实际、是否符合科学原理。检验假设的方法有两种：一是直接检验，即通过实践来检验，通过问题解决的结果来检验；二是间接检验，即通过推论来淘汰错误的假设，保留并选择合理的、最佳的假设。当然，间接检验的结果是否正确，最终还要由直接检验来证明。

此外，结构不良问题的解决过程与结构良好问题的解决过程有明显的差别，它的解决过程更主要的是一种"设计"过程，而不是在一定的逻辑结构中进行的系统的"解法搜寻"。乔纳森把结构不良问题的解决过程总结为以下七个环节：理清问题及其情境限制；澄清、明确各种可能的角度、立场和利害关系；提出可能的解决方法；评价各种方法的有效性；对问题表征和解法的反思监控；实施、监察解决方案；调整解决方案。

四、问题解决策略

现代认知心理学家提出，问题解决的策略主要可以分为两大类：算法和启发式。算法策略就是把解决问题的方法——进行尝试，最终找到解决问题的答案，如解决密码问题。启发式策略是根据一定的经验，在问题空间内进行较少的搜索，以达到问题解决的一种方法。算法式策略能够确保问题解决成功，却费时费力，有时甚至根本不可行。启发式策略简单省时，但往往不能确保一定成功。下面介绍几种常用的启发式策略。

（一）手段—目的分析法

手段—目的分析法，就是将需要达到的问题的目标状态分成若干子目标，通过实现一系列的子目标而最终达到总目标。它的基本步骤是：（1）比较初始状态和目标状态，提出第一个子目标；（2）找出完成第一个子目标的方法或操作，实现子目标；（3）提出新的子目标，如此循环往复，直至问题解决。手段—目的分析法是一种不断减少当前状态与目标状态之间的差别而逐步前进的策略，是一种常用的解题策略，对解决复杂问题有重要的应用价值。

（二）爬山法

爬山法与手段—目的分析法的内涵存在不同表述。

梁宁建在其主编的《心理学导论》中认为，"爬山法是指通过个体评价面前的问题状态，从而增加对初始状态与目标状态之间的差异，经过迂回前行，最终达到问题解决总目标的策略。"如同爬山一样，为了到达山顶，有时不得不先上矮山顶，然后再下来……这样翻越一个个的小山头，直到最终达到山顶。可以说，爬山法是一种"以退为进"的方法，即爬山法包括了这样一种情况：经过评价当前的问题状态后，限于条件，不是去缩小，而是去增加这一状态与目标状态的差异，经过迂回前进，最终达到解决问题的总目标。

彭聃龄在其主编的《普通心理学》中认为，"爬山法是采用一定的方法逐步降低初始状态和目标状态的距离，以达到问题解决的一种方法。""爬山法与手段—目的分析法的不同在于后者包括这样一种情况，即有时人们为了达到目的，不得不暂时扩大目标状态与初始状态的差异，以便最终达到目标。"

（三）逆推法

逆推法就是从问题的目标状态开始搜索直至找到通往初始状态的方法。逆推法更适合于解决那些从初始状态到目标状态只有少数解决方法的问题，数学中的推理运算、几何题有时采用这一策略。

（四）类比思维

当个体面对某种情境时，可以运用类比思维，先寻求与此相似的情境进行解答。如为让战舰确定潜艇隐藏在海下的方位，科学家们通过研究蝙蝠导航机制发明了声呐。

五、影响问题解决的主要因素

问题解决的思维过程受多种心理因素的影响，有些因素能促进思维活动对问题的解决，有些因素则妨碍思维活动对问题的解决。这些因素可以分成问题因素和个人因素。问题因素包括问题的刺激特点、功能固着以及反应定势。个人因素包括有关的知识背景、智慧水平、对问题的敏感性、好奇心和综合各种观念的能力以及动机和气质。

（一）问题的表征

问题表征是对问题信息的搜索、提取和理解、内化的过程，是对觉察到的问题的各种条件和规则的解释。问题的类型和呈现的方式影响问题的解决。首先，学生解决抽象而不带具体情节的问题时比较容易，解决具体而接近实际的问题时比较困难。解决不需通过实际操作的"文字题"时比较容易，解决需要实际操作的"实际题"时比较困难。此外，由于问题的陈述方式或所给图示的不同，也会直接影响问题解决的过程。问题本身的具体性也是解决问题的一个重要因素。

（1）情境中物体和事物的空间排列不同，会影响问题的解决。一般说来，解决某一问题所必需的物体比较靠近，都在人的视野之中，问题就容易解决，反之则困难。

（2）问题情境中的刺激模式与个人的知识结构越接近，问题就越容易解决。例如：已知一个圆的半径是2厘米，求圆的外切正方形的面积，用A、B两种方式呈现图形（见图3-9-2）。A图中不容易看出圆的半径与正方形的关系，问题解决就比较困难；B图中，人们很容易看出圆的半径与正方形的关系，问题较易解决。

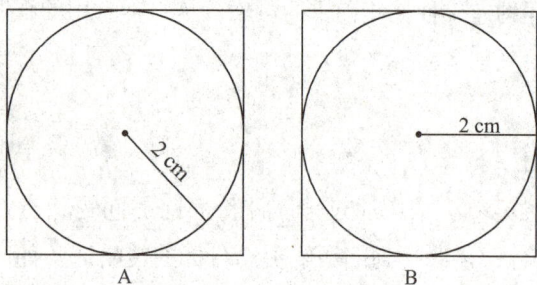

图3-9-2　圆的外切正方形呈现方式

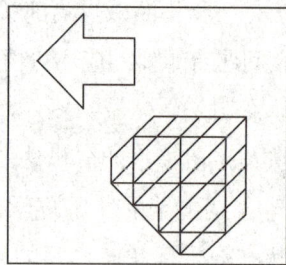

图3-9-3　镶嵌图形

（3）问题情境中所包含的物件或事实太少或太多都不利于问题的解决。太少可能遗漏事实，太多则会产生干扰。如图3-9-3，由于"心理眩惑"作用，右下侧的箭头形部分不易被看出。"心理眩惑"是人们在注意时产生的一种干扰性心理反应，它是注意中心被一些不必要的刺激因素混淆或模糊引起的，是大脑皮层里优势兴奋灶发生神经联系泛化的结果。

（二）已有的知识经验及其迁移

已有经验的质与量都影响着问题解决。与问题解决有关的经验越多，解决该问题的可能性也就越大。知识经验在头脑中的贮存方式决定了问题能否有效地解决。

专家与新手解决问题的能力差异表现在以下方面：（1）知识经验数量的多少。专家拥有某一领域大量的知识经验。（2）知识经验的组织。专家知识经验组织得非常合理。（3）知识经验的提取速度。专家在知识需要的时候能快速提取并加以应用。可见专家和新手解决问题的差异体现在专家不仅拥有丰富、组织合理的陈述性知识，而且也拥有解决问题所必需的、有效的心智技能和认知策略。下面是心理学家进行的详细的专家与新手的比较研究：

1. 专家与新手的差异

（1）庞大的知识储备。在某一领域，专家拥有大量的知识、事实、概念和程序的储备，并且这些知识的存储都是经过精细加工和组织化的，以便需要时很容易从长时记忆中提取出来。

（2）独特的知识组织方式。面对一个问题，专家综述围绕中心原理来组织他们的知识，而新手则围绕问题中陈述的细节来组织少量的知识。

（3）问题表征深度不同。当遇到一个新问题时，专家能很快抓住问题的实质，根据问题的内在结构表征问题。根据问题得以解决的原理对问题进行表征被认为是问题的深层表征。

专家与新手解决问题的差异可以归结为以下几点：第一，专家不注意中间过程，可以很快地解决问题；新手则需要很多中间过程，而且要有意识地加以注意。第二，新手先明确目的，从尾到头地解决问题；专家或者立即推理，或者搜集信息，从头到尾地解决问题，即是一种再认的过程。第三，专家更多地利用直觉，即根据生活经验的表征来解决问题；新手则更多地依赖正确的方程式来解决问题。专家解决问题所依据的经验中的基本关系是复杂方程式的基础。最后，通过比较新手与专家解决问题的过程表明，专家在解决问题时采用强方法，新手在解决问题时采用弱方法，从而导致他们解决问题的效率有明显的差异。由专门领域的知识构成的针对具体学科问题的方法被称为强方法，它们能保证问题迅速而有效地解决。而非针对具体学科问题的方法，被称为一般的启发式方法，这种方法与强方法相对，又被称为弱方法。后者是脱离了具体应用条件的知识，难以保证问题迅速而有效地解决。

2. 新手的误区

新手有时用一些错误的直觉观念或原理来解决问题，从而对其问题解决产生影响。

3. 专家的优势与隐患

（1）优势：与新手相比，专家有丰富的知识背景，而且他们的专业知识是高度组织化的，因此他们对本领域的信息记忆能力比新手要强；专家比新手更能够在更深层次上处理问题，更容易发现大量信息背后所隐藏的结构，他们思考的是问题所隐含的深意，而不是表面信息，而新手则关注于信息的细节；专家在他们所擅长的领域里通过处理各种问题，积累了大量的经验，使得他们对相关领域内的问题自动化地解决，专家执行任务的速度更快，错误更少；专家在行动前花更多的时间对问题进行分析，因此在处理问题的时候比新手更有效率。

（2）隐患：自动化也可能使专家变得僵化，只以一种固有的、习以为常的方式来看待一类问题，而不能换一个角度进行思考。

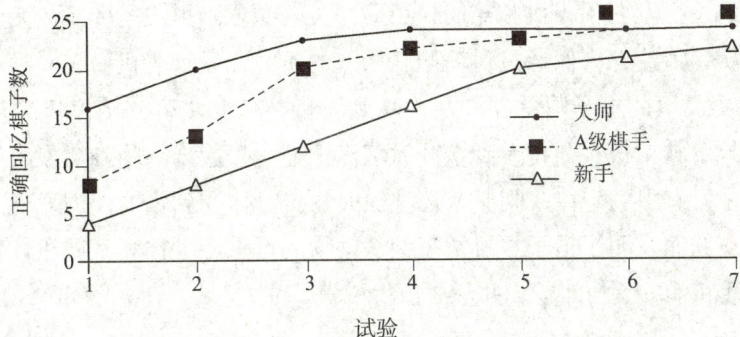

图3-9-4　专家与新手的比较

（三）定势与功能固着

定势也称反应定势，它是指以最熟悉的方式做出反应的倾向。最初研究定势在解决问题中的作用的是迈尔。定势对解决问题有积极作用，也有消极作用。虽然定势有时有助于问题的解决，但有时定势使解决问题的思维活动刻板化，会妨碍问题的解决。

人们把某种功能赋予某物体的倾向称为功能固着，最早由德国心理学家邓克儿在解决"蜡烛问题实验"时提出。在功能固着的影响下，人们不易摆脱事物用途的固有观念，从而直接影响问题解决的灵活性。例如：对于电吹风，一般人只认为它是吹头发用的，其实它还有多种功能，可以做衣服、墨迹等的烘干器；砖的主要功能是用来建筑，然而我们还可以用它来当武器、凳子等。要突破功能固着的影响，就要培养功能变通的能力。

图式的激活、功能固着性和反应定势都反映了灵活性在理解问题中的重要作用。

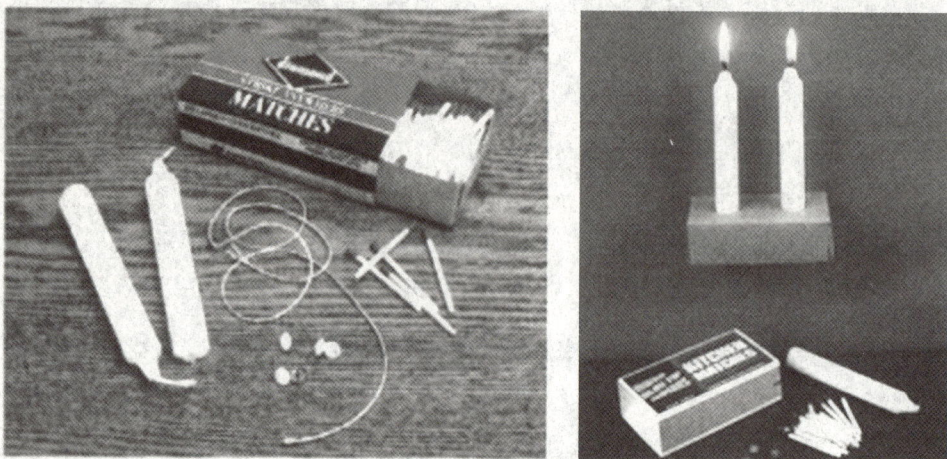

图3-9-5 蜡烛问题实验

（四）原型启发与酝酿效应

1. 原型启发

原型启发在创造性问题解决中的作用十分明显。通过联想，人们可从原型中找到解决问题的新方法。某事物能否起启发作用，不仅取决于该事物的特点，还取决于问题解决者的心理状态。

原型启发是指在其他事物或现象中获得的信息对解决当前问题的启发。其中具有启发作用的事物或现象叫作原型。作为原型的事物或现象多种多样，存在于自然界、人类社会和日常生活之中。例如：人类受到飞鸟和鱼的启发，发明了飞机和轮船；由蒲公英轻飘飘随风飞行受到启发，发明了降落伞；模拟蝙蝠定向作用而发明了雷达；人们通过对鸟翅膀构造的研究，设计飞机机翼；通过对狗鼻子构造的分析，发明了比狗鼻子更灵敏的电子嗅觉器；从飞鸟到飞机，从开水壶到蒸汽机，从海豹皮到南极探险服，从木蛀虫到地道导管软钻机；瓦特看到水开时蒸汽把壶盖顶起来，受到启发发明了蒸汽机；牛顿看到苹果掉到地上发现了万有引力定律；阿基米德洗澡时觉得身体受到水的浮力发现了浮力定律；鲁班被带齿的丝毛草划破了皮肤而发明了锯子。科学家们从动物的形态、动作和某些机体结构中获得启发，解决了大量的生产、生活和军事上的问题，并形成仿生科学。

2. 酝酿效应

有人反复探索一个问题的解答而毫无结果时，把问题暂时搁置几小时、几天或几星期，然后再回过头来解决，这时常常可以很快找到解决方法。这种现象称之为酝酿效应。酝酿效应来源于阿基米德实验中对浮力定律的发现，具有非逻辑性和自发突变性的特点。"山重水复疑无路，柳暗花明又一村"正是这一心理的写照。

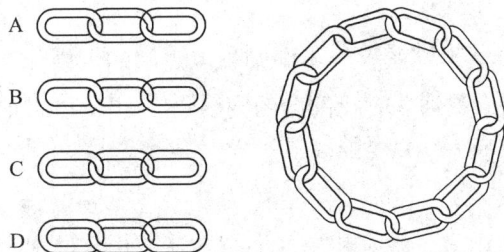

图3-9-6　西尔维拉项链问题实验

心理学家认为，酝酿过程中，存在潜在的意识层面推理，储存在记忆里的相关信息在潜意识里组合，人们之所以在休息的时候突然找到答案，是因为个体消除了前期的心理紧张，忘记了个体前面不正确的、导致僵局的思路，具有了创造性的思维状态。因此，面临一个难题时，不妨先把它放在一边，去和朋友散步、喝茶，或许答案真的会"踏破铁鞋无觅处，得来全不费功夫"。也就是说，在解决问题时会碰到百思不得其解的情形，此时，如若干脆把该问题搁置于一边而改做其他事，时隔几小时、几天或更长的时间后再来解决它，答案常可能较快地找到。这种效应产生的原因，据现代认知心理学的解释是，原初的定势不合适，致使问题得不到解决，后来通过暂时放下这个问题，不合适的知识结构得到消除，个体便能够运用新的定势去解决问题。

（五）情绪与动机

情绪对问题解决有一定影响，肯定、积极的情绪状态有利于问题的解决，而否定、消极的情绪状态则会阻碍问题的解决。人们对活动的态度、责任感等都可以成为发现问题的动机，影响问题解决的效果。一般说，高度紧张和焦虑的情绪状态会抑制思维活动，阻碍问题的解决；而愉快、兴奋的情绪状态则会使思维活跃，思路开阔，有利于问题的解决。但情绪过于兴奋和激动，也会抑制人的思维活动，使人的思路狭窄，妨碍问题的解决。

动机的强度不同，影响的大小也不一样。适中的动机强度最有利于问题的解决。动机超过适宜强度，反而不利于问题的解决。因为动机过强会造成很大的心理压力，易出现情绪紧张、思维紊乱的状况，反而抑制思维活动，降低解题成效。动机强度的适中点会随解决的问题的难度而变化。一般来说，越是解决复杂的问题，其动机强度的适中点越会偏低些。

此外，个体的智力水平、认知风格、个性特征等也会影响问题的解决。

六、问题解决能力的培养

在学校情境中，大部分问题解决是通过解决各个学科中的具体问题来体现的，这就意味着结合具体的学科教学来培养解决问题的能力是必要的，也是可行的。具体可从以下几个方面入手：

（一）提高学生知识储备的数量与质量

1. 帮助学生牢固地记忆知识

知识记忆得越牢固、越准确，提取的也就越快、越准确，成功地解决问题的可能性也就越大。教学中教师要通过不断改进教学来促进学生形成合理的知识结构，运用记忆和提取方法从而更容易地解决问题。

2. 提供多种变式，促进知识的概括

教师要重视概括、抽象、归纳和总结。应用同质不同形的各种问题的变式来突出本质特征，加强对不同类型问题的区分与辨别，提高学生对所学内容的理解水平。

3. 重视知识间的联系，建立网络化结构

教师要有意识地沟通课内外、不同学科、不同知识点之间的纵横交叉联系，使学生所获得的知识不只是一个孤立的点，而是能够融会贯通、有机配合的网络化、一体化的知识结构。

（二）教授与训练解决问题的方法与策略

1. 结合具体学科，教授思维方法

教师既可以结合具体的学科内容，教授相应的心智技能，也可以根据已有的研究成果，开设专门的思维训练课。

2. 外化思路，进行显性教学

教师在教授思维方法时，应遵循由内而外的方式，即把教师头脑中的思维方法或思路提炼出来，明确地、有意识地外化出来，给学生示范，并要求学生模仿、概括和总结。

（三）提供多种练习的机会

教师应考虑练习的质量，根据不同的教学目的、教学内容、教学时段等来精选、设计例题与习题，充分考虑练什么、什么时候练、练到什么程度，以什么方式练、如何检验练的效果等。多种形式的练习，可以调动学生主动参与学习的积极性，提高学生知识应用的变通性、灵活性与广泛性。

（四）培养思考问题的习惯

1. 鼓励学生主动发现问题

鼓励学生对平常事物多观察，不要被动地等待教师指定作业后，才去套用公式或定理去解决问题。

2. 鼓励学生多角度提出假设

在明确问题的基础上，教师可以鼓励学生从不同的角度，尽可能多地提出各种假设。

3. 鼓励自我评价与反思

要求学生自己反复推敲、分析各种假设、各种方法的优劣，对解决问题的整个过程进行监控与评价。

（五）训练逻辑思维能力，提高思维水平

问题解决需要借助于推理进行，而如何进行有效的思考才能使问题得到较好的解决呢？这需要一个人不断地提高思维的水平。提高思维水平主要靠进行思维训练，训练学生的思维主要有两种形式：一种是直接上思维训练课；另一种是在学科教学中穿插思维训练的内容。

第二节 创造性及其培养

一、创造性

（一）概念、本质及构成

创造性是指个体产生新奇独特的、有社会价值的产品的能力或特性。

创造性产物有两个根本特征：首创性和具有社会意义。新奇独特意味着能别出心裁地做出前人未曾做过的事；有社会价值意味着创造的结果或产品具有实用价值或学术价值、道德价值、审美价值等。创造性并不是少数人独有的，而是人类普遍存在的一种潜能。

心理学各派根据各自的理论，对创造性思维的本质纷纷提出了自己的看法。联想心理学认为，创造性思维是指在有关因素之间形成新奇的联结。格式塔心理学强调"心理场"在问题解决中的作用，认为创造性思维就是重新组织问题，使其形成新的完形。精神分析心理学重视"潜意识"以及"与驱力有关的冲动和观念"在创造性思维中的作用。人本主义心理学家认为创造性与个性因素密切相关，尤其是与"对经验的敏感性"和"不轻信原理和概念"的品质有关。

对于创造性人们往往从作品（产物）、个性特质和过程三方面来考虑，也就是创造性的产物、具有创造性的人、创作者进行创造的活动。关于创造力的构成，斯腾伯格认为，创造是智力、知识、思维风格、人格、动机与环境六种因素相互作用的结果；创造力是由三个维度构成的，即创造力的智力维度、智力方式维度和人格维度。艾曼贝尔的创造力成分理论认为创造力是由领域技能、创造技能与工作动机三者构成的。米哈里·切克森米哈赖认为，个人、学科和领域是创造系统的三个基本要素。

（二）类型

根据"新"的程度不同，创造分为真正的创造和类似的创造两类。

真正的创造是一种产生了具有人类历史首创性产品的活动，如鲁班发明锯子、牛顿提出万有引力定律、爱迪生发明灯泡等。类似的创造产生的产品并非首创，只对个体而言具有独创性，如高斯发明连加变乘法的简单运算。类创造是手段，真创造才是目的。

（三）基本特征

根据创造性的内容，创造性的心理结构包含创造意识、创造人格、创造性思维、创造方法等。

创造性思维是发散思维与聚合思维的统一。目前较公认的是以发散思维的基本特征来代表创造性。发散思维也叫求异思维，是沿不同的方向去探求多种答案的思维形式。与发散思维相对，聚合思维是将各种信息聚合起来，得出一个正确答案或最好的解决方案的思维形式。研究者认为，发散思维是创造性思维的核心。其基本特征如下：

1. 流畅性

流畅性是指个人面对问题情境时，在规定的时间内产生不同观念的数量的多少。该特征代表心智灵活、思路通达。对同一问题所想到的可能答案越多，即表示他的流畅性越高。吉尔福特把思维流畅性分为四种形式：用词的流畅性、联想的流畅性、表达的流畅性、观念的流畅性。流畅性重视思维的敏捷性，如曹植七步成诗。一般认为小学阶段流畅性最高。

2. 变通性（灵活性）

变通性即灵活性，指个人面对问题情境时，不墨守成规，不钻牛角尖，能随机应变，触类旁通。对同一问题想出不同类型答案越多者，变通性越高。变通性强调思维的广度，是指摒弃以往的习惯思维方法，开创不同方向的那种能力，如在非常用途测验中说出一块红砖的用途。

3. 独创性

个人面对问题情境时，能独出心裁，想出不同寻常的、超越自己也超越同辈的意见，具有新奇性。对同一问题所提意见愈新奇独特者，其独创性越高。

例如，让学生说出"红砖"有哪些用途，学生可能回答：盖房子、筑墙、砌台阶、修路、当锤子、当武器、压纸、作画写字、磨红粉当颜料、练功、垫东西、吸水……在有限的时间内，提供的数量越多，说明思维的流畅性越好；能说出不同的用途，说明变通性好；说出的用途是别人没有说出的、新异的、独特的，说明具有独创性。发散思维的这三个特点有助于人消除思维定势和功能固着等消极影响，顺利地解决创造性问题。

此外，托伦斯承袭了吉尔福特的观点，又增加了一个特性，就是精密性。他认为，创造性思维必须善于考虑事物的精密细节。

二、影响创造性思维的因素

（一）环境

从环境方面来说，家庭与学校的教育环境是影响个体创造性的重要因素。在家庭方面，父母受教育程度、管教方式以及家庭气氛等都在不同程度上影响孩子的创造性。在学校教育方面，学校气氛、老师对学生自主性的鼓励和学习活动的自由度影响学生的创造性。

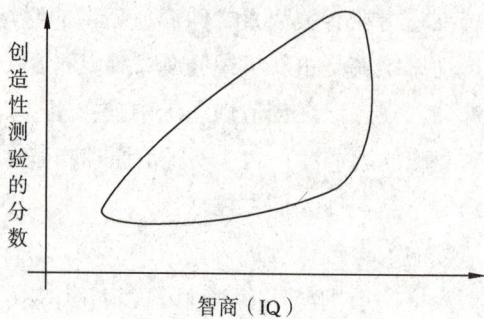

图3-9-7 创造性与智商的关系

（二）智力

研究表明，创造性与智力的关系并非简单的线性关系，二者既有独立性，又在某种条件下具有相关性，其基本关系表现在以下几个方面：

1. 低智商不可能具有创造性。

2. 高智商可能有高创造性，也可能有低创造性。

3. 低创造性者的智商水平可能高，也可能低。

4. 高创造性者必须有高于一般水平的智商。

这说明，高智力只是高创造力的必要条件，而不是充分条件；高创造力是高智力的充分条件。

（三）个性

一般而言，创造性与个性二者之间具有互为因果的关系。综合有关研究，高创造性者一般具有以下个性特征：

1. 具有幽默感。

2. 有抱负和强烈的动机。

3. 能够容忍模糊与错误。

4. 喜欢幻想。

5. 具有强烈的好奇心。

6. 具有独立性。

三、创造性的培养

要想培养人的创造力，就必须解决好两个问题：一是想不想创新的问题，即解决创新意识的问题；二是能不能创新的问题，解决的是创新的能力问题。一般而言，可从以下几个方面努力：

（一）创设有利于创造性产生的适宜环境

1. 创设宽松的心理环境

教师应给学生创造一个能支持或容忍标新立异者或偏离常规思维者的环境，让学生感受到"心理安全"和"心理自由"。为了创造自由的、无拘无束的环境，托兰斯提出五种原则：尊重与众不同的疑问；尊重与众不同的观念；向学生证明他们的观念是有价值的；给以不计其数的学习机会；使评价与前因后果联系起来。

2. 给学生留有充分选择的余地

在可能的条件下，应给学生一定的权力和机会，让有创造性的学生有时间、有机会干自己想干的事，为创造性行为的产生提供机会。一些专家认为，创造性的活动是需要花费时间的，创造性思维常常需要等待机会。

3. 改革考试制度与考试内容

应使考试真正成为选拔有能力、有创造性人才的有效工具，在考试的形式、内容等方面都应考虑如何测评创造性的问题。

（二）注重创造性个性的塑造

1. 保护好奇心

应接纳学生任何奇特的问题，并赞许其好奇求知。好奇是创造活动的原动力，可以引发个体进行各种探索活动，应给予鼓励和赞赏，不应忽视或讥讽。

2. 解除个体对答错问题的恐惧心理

对学生所提问题，无论是否合理，均以肯定态度接纳他所提出的问题。

3. 鼓励独立性和创新精神

应重视学生与众不同的见解、观点，并尽量采取多种形式支持学生以不同的方式来理解事物。对学生的观点，要用正面鼓励替代反面警告。

4. 重视非逻辑思维能力

教师应鼓励学生大胆猜测，进行丰富的想象，不必拘泥于常规的答案，去掉定势和从众的思维方式。

5. 给学生提供具有创造性的榜样

通过各种方式使学生领略创造者对人类的贡献，受到创造者优良品质的潜移默化的影响，从而启发他们见贤思齐的心理需求。

（三）开设培养创造性的课程，教授创造性思维策略

通过各种专门的课程来教授一些创造性思维的策略和方法，训练学生的创造力。创造性思维训练的常用方法有：

1. 发散思维训练

训练发散思维的方法有多种，如用途扩散、结构扩散、方法扩散与形态扩散等。

用途扩散即让学生以某件物品的用途为扩散点，尽可能多地设想它的用途。如尽可能多的举出砖的用途。

结构扩散即以某种事物的结构为扩散点，设想出利用该结构的各种可能性，如"'大'加一笔变个字"。

形态扩散即以事物的形态（如颜色、味道、形状等）为扩散点，设想出利用某种形态的各种可能性，如列举生活中绿色的物品。

方法扩散即以解决某一问题或制造某种物品的方法为扩散点，设想出利用该方法的各种可能性，如列举用"烤"的办法能解决的问题。

2. 推测与假设训练

这类训练的主要目的是发展学生的想象力和对事物的敏感性，并促使学生深入思考，灵活应对。

3. 自我设计训练

通过实际的操作活动，完成自己的设计。教师为学生提供必要的材料与工具，让学生利用这些材料和工具，实际动手去制作某种物品。

4. 直觉思维训练与头脑体操法

直觉思维是创造性思维的一种，是一种跳跃式的思维，是不经过明显的推理过程就得出结论的一种思维方法。

头脑体操法是一种训练直觉思维的有效方法，即问题出来后，马上就能凭直觉想到正确的答案。此

时，问题解决者也可能是"知其然而不知其所以然"的。

5. 头脑风暴法

教师鼓励学生创造性的最重要的一步，是让学生知道，他们的创造性会受到赞扬。**头脑风暴法**又称**脑激励法**（智力激励法）或自由思考法，是**奥斯本**于1939年提出的。头脑风暴法（脑激励法）的核心思想是把产生想法和评价想法区分开来，通过集体讨论，使思维相互撞击，迸发火花，达到集思广益的效果。其基本做法是：教师先提出问题，然后鼓励学生寻找尽可能多的答案，不必考虑该答案是否正确，教师也不作评论（延迟对答案作评论），一直到所有可能想到的答案都提出来了为止。这种做法在我国有时被人们称为"诸葛亮会"。

在课堂教学中，常常采用班组讨论的方式来解决问题，但是进行头脑风暴法（脑激励法）的讨论一般在 10—12 个人的情况下最有效。通过集体讨论，每个学生从各自不同的角度提出不同的见解，大大拓宽了解决问题的范围，最有利于产生社会心理学家称之为"**社会促进**"的现象。

具体应用头脑风暴法（脑激励法）时，应遵循四条基本原则或君子协议：一是让参与者畅所欲言，对所提出的方案暂不作评价或判断（不许评价）；二是鼓励标新立异，提出与众不同的观点（异想天开）；三是以获得方案的数量而非质量为目的，鼓励多种想法（越多越好）；四是鼓励提出改进意见或补充意见（见解无专利）。

6. 创意分合法

培养和发展创造性思维的策略有类比推理策略、对立思考策略、多路思维策略、综合运用多项思维策略等。**分合法**是通过同质异化使熟悉的事物变得新奇（由合而分），或通过异质同化使新奇的事物变得熟悉（由分而合）的一种类比方法。该方法是由美国哈佛大学教授**戈登**于1961年提出的，又称提喻法、综摄法等。

所谓"使熟悉的事物变得新奇"，也就是将熟悉的事物陌生化。这一过程在于使学生用新颖而富有创意的观点重新了解旧问题、旧事物、旧观念，以产生学习的兴趣。所谓"使新奇的事物变得熟悉"，也就是熟悉陌生的事物。面对陌生的事物或新观念时，教师可经由学生熟悉的概念来了解。通常可以用两种方式来熟悉陌生的事物：其一是分析法，先把陌生的事物尽可能划分成许多小部分，然后就每个小部分加以研究；第二个方法是利用类推法，即对陌生的事物加以类推。例如，可问学生："这个像什么呢？""它像你所知道的哪一样东西呢？"

创意分合法的技术有：

（1）隐喻。隐喻的功能在于使事物之间形成一定的"概念距离"，通过"概念距离"的形成，学生可以自由自在地思索其日常生活中的活动或经验，发挥想象力及领悟力。可以让学生从新的角度去思考熟悉的事物，如"生活不过是一袭华美的袍子"。

（2）直接类比。将两种蕴含一定相似性却又不同的事物加以类比，借以触类旁通，举一反三。例如，将电话比拟听觉系统的构造，将电脑比拟人脑的构造等。

（3）狂想类比。以尽可能不寻常或尽可能牵强附会的思路去考虑问题解决的途径。在学生产生各种不同的狂想观念之后，教师应引领学生回到"观点"进行分析和评价，然后决定何种方式为最有效的途径。"将球场上笨重的石块搬走，最理想的方法是什么？"学生运用"狂想类推"，提出下列解决办法："用大气球把它搬走""用大象搬运它""用好多小蚂蚁将它搬走"等等。狂想类比有利于训练学生的发散思维。

（4）拟人类比。将事物"拟人化"或"人性化"，如动画片中的卡通形象唐老鸭、米老鼠等。

（5）符号类比。运用符号象征类比，符号的类推可以起到一种"直指人心，立即领悟"的作用。如为了生动地刻画贪婪、刻薄的人物形象，有的漫画家会在人物的眼睛里画上"$"符号。

7. 自由联想技术

联想技术包括定向联想和自由联想两种。定向联想，指对联想的方向给出了规定，是有限制的联想方法。例如，给学生一个杯子，现在开始思考它的各种用途。<u>自由联想技术</u>源于弗洛伊德进行精神分析的方法，即教师提供一个刺激概念，让学生以不同的方式加以自由反应。期间教师不予批评或建议，当学生提出独特构思时，教师就进行鼓励。如教师提出"鸟"字，学生通过自由联想，可能想到"羽毛""飞机""天空""翱翔"等。

真题回顾与模块自测

一、单选题

1. 实践表明，结构不良问题的解决过程与结构良好问题的解决过程有明显的差别，它的解决过程更主要是一种（　　　）过程，而不是在一定的逻辑结构中进行的系统的"解法搜寻"。
   A. 问题类比　　　　　　　　B. 设计　　　　　　　　C. 问题分解　　　　　　　　D. 想法—检验

2. 个体在反复探索一个问题的解答而毫无结果的时候，如果把问题搁置几小时或几天，然后再回过头来解决，往往可以很快找到解决办法，这种现象在心理学上称之为（　　　）。（2020.8.6济南十区县联考真题）
   A. 顿悟效应　　　　　　　　B. 免疫效应　　　　　　　　C. 酝酿效应　　　　　　　　D. 搁置效应

3. 思考和讨论时，首先尽量联系出所有可能想出的方法，最后才集中加以评判，这种创造性思维训练方法被称为（　　　）。
   A. 脑激励法　　　　　　　　B. 分合法　　　　　　　　C. 自由联想技术　　　　　　　　D. 定向联想法

二、多选题

1. 在问题解决过程中，有两类通用的解决问题的策略，算法策略和启发式策略。其中启发式策略是指根据目标的指引，试图不断的将问题状态转化为与目标状态相近的状态，从而试探那些只对或必须向目标状态有价值的操作。下列属于启发式策略的是（　　　）。（2020.8.6济南十区县联考真题）
   A. 手段目的分析法　　　　　　B. 逆向反推法　　　　　　C. 爬山法　　　　　　D. 类比思维

2. 影响问题解决的心理因素很多，包括（　　　）。（2020.11.14山东技师学院真题）
   A. 迁移　　　　　　　　B. 定势　　　　　　　　C. 功能固着　　　　　　　　D. 个性特征

3. 思维的流畅性是创造性思维的三大特征之一，指个体在限定时间内产生观念的数量的多少，下列属于思维流畅性的是（　　　）。（2020.8.6济南十区县联考真题）
   A. 用词的流畅性　　　　　　B. 联想的流畅性　　　　　　C. 表达的流畅性　　　　　　D. 观念的流畅性

4. 创造性与智力的关系并非简单的线性关系，下列说法中正确的有（　　　）。（2020.12.26济南历城真题）
   A. 低智商不可能具有高创造性　　　　　　　　B. 高智商一定有高创造性
   C. 低创造性者的智商水平可能高也可能不高　　　　D. 高创造性者的智商水平一定高

三、判断题

1. "求169的平方根"属于结构良好的问题。（ ）（2020.11.28德州乐陵真题）

2. 在解决常规问题时，专家比新手快得多；在解决困难问题时，专家用于表征问题的时间比新手要长一些。（ ）（2020.7.15济南市中真题）

3. 一般说来，有创造性的人倾向于有见识、洞察力，好独立判断，善于吸取经验教训，言语流利，兴趣广泛。（ ）

【参考答案】

一、单选题

1. B 2. C 3. A

二、多选题

1. ABCD 2. ABCD 3. ABCD 4. ACD

三、判断题

1. √ 2. √ 3. √

第十章 教学设计

每个教师几乎无时无刻不在作教学设计。教学设计主要包括设置教学目标、选择教学策略或教学模式以及设计课堂教学环境等步骤，本章将重点讨论这些问题。

■ 思维导图

```
教学目标的概念与作用                              教学策略设计
    教学目标的分类                                教学媒体设计
    教学目标的陈述    教学目标设计    教学策略与    教学环境设计
       任务分析                      媒体设计

                          教学设计

                                                教学评价概述
    教学内容设计    教学内容与                    教学评价的分类
    教学时间设计    时间设计       教学评价设计    教学评价的功能
                                                教学评价的方法与技术
                                                教学评价结果的处理
```

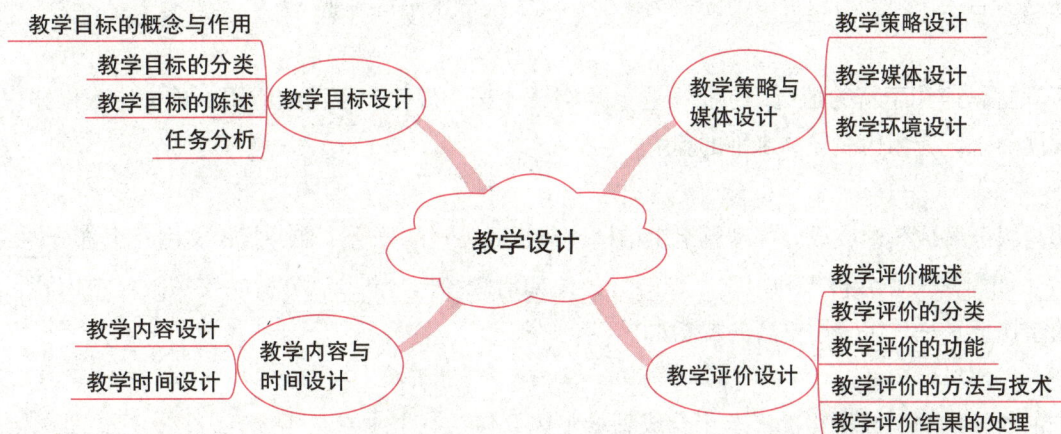

第一节 教学目标设计

教学设计是指在实施教学之前由教师对教学目标、教学方法、教学评价等进行规划和组织并形成设计方案的过程。教学设计的主要功能是导教和促学。

一、教学目标概念与作用

教学目标是预期学生通过教学活动获得的学习结果。教学活动以教学目标为导向且始终围绕实现教学目标来进行。教学目标是整个教学设计最重要的部分，也是应最先考虑的问题。它是对教学活动提出的具体要求，不仅规范着教师教的活动，而且也规范着学生学的活动。其作用主要体现在三个方面：（1）教学目标是选择教学方法的依据；（2）教学目标是进行教学评价的依据；（3）教学目标具有指引学生学习的作用。总之，教学目标能促进学生的学习，能促进课堂行为和交流，有利于教学评价和测验。

二、教学目标的分类

布鲁姆等人在其教育目标分类系统中根据学习情境与其测量情境的变化程度，将教学目标分为认知、情感和动作技能三大领域。

（一）认知目标

认知领域的教学目标分为知识、领会、应用、分析、综合和评价等六个层次，后一级的认知教学目标必须以前面的等级为基础。

1. 知识

指对所学材料的记忆，包括对具体事实、方法、过程、概念和原理的回忆。其所要求的心理过程是记忆。这是最低水平的认知学习。

2. 领会

指把握所学材料的意义，这可以借助三种形式来表明对材料的领会。一是转换，即用自己的话或用不同于原先表达方式的方式表达自己的思想；二是解释，即对一项信息加以说明或概述；三是推断，即能够估计预期的后果，领会超越了单纯的记忆，但仍代表最低水平的理解。

3. 应用

指将所学材料应用于新的情境，包括概念、规则、方法、规律和理论的应用。这一层次以知识和领会为基础发展而来，应用代表较高水平的理解。

4. 分析

指能将材料分解成其构成成分并理解组织结构，包括对要素的分析（如一篇论文由几个部分构成）、关系的分析（如因果关系分析）和组织原理的分析（如语法结构分析）。分析既要理解材料内容，又要理解材料的结构，是一种比应用更高的智能水平。

5. 综合

指将先前所学的材料或所得的经验组合成新的整体，包括三个水平：用语言表达自己意见时表现的综合（如发表一篇内容独特的演说或文章）；处理事物时表现的综合（如拟定一项操作计划）；推演抽象关系时表现出的综合（如概括出一套抽象关系）。综合目标所强调的是创造能力，需要产生新的模式或结构。

6. 评价

指对所学材料（如论点的陈述、小说、诗歌以及研究报告等）作价值判断的能力，包括按材料的内在标准（如材料内在组织的逻辑性）或外在标准（如材料对目标的适用性）。评价目标是最高水平的认知学习结果，因为它要求超越原先的学习内容，并需要基于明确标准的价值判断。

此外，2001年修订的布鲁姆教育目标分类学将教育目标分成两个维度：一是知识维度，按从具体到抽象顺序依次为事实性知识（即知晓一门学科或解决学科中的问题所必须获得的基本成分，又分为术语知识和具体细节与要素知识）、概念性知识（即能使各成分共同作用的一个大结构中基本成分之间的关系的知识，又分为分类知识、概念和原理知识以及理论、模型和结构知识）、程序性知识（即知晓如何做事，探究方法，运用技能、算法、技术和方法的标准，又分为特殊学科的技能和算法知识、特殊学科的技术和方法知识、决定何时运用适当程序的标准的知识）和元认知知识（又称反省认知，即一般认知的知识和有关自己认知意识的知识，又分为策略性知识、关于任务的知识、自我知识）；二是认知过程维度，按复杂程度不断加强顺序依次为记忆、理解、应用、分析、评价和创造。

表3-10-1　认知目标的具体内容

学习水平	含义	举例	评价方式
知识 （knowledge）	事实性信息的回忆	回忆杜甫的诗"烽火连三月"	是非题、简答题、匹配题以及多项选择题
领会 （comprehension）	理解的最低水平，领悟教材、观念、事实和理论的能力	用自己的话表述"烽火连三月"	可以采用上述的评价方式，但也可以采用论文的方式
运用 （application）	将所学原理、观点正确地应用于新的情境之中	学习了加减法之后，学生能到模拟商店自由购物	
分析 （analysis）	区分和领会各种相互关系	区分新闻报道中的事实、观点	
综合 （synthesis）	将所学的零碎知识整合为知识系统	写作或发表演说；给定一些事实材料，写出一篇报道	
评价 （evaluation）	对所学材料做价值判断	评定两篇有关某一事实的报道，哪一篇较为真实可信	论文

（二）情感目标

情感领域的教学目标根据价值内化的程度分为五个等级。

1. 接受

指学生愿意注意特殊的现象或刺激（如课堂活动、教科书、文体活动等）。这包括三个水平：一是知觉有关刺激的存在；二是有主动接受的意愿；三是有选择的注意。这是低级的价值内化水平。

2. 反应

指学生主动参与学习活动并从中获得满足。处于这一水平的学生，不仅注意某种现象，而且以某种方式对它做出反应（如自愿读规定范围外的材料），以及反应的满足（如以愉快的心情阅读）。这类目标与通常所说的"兴趣"类似，强调对特殊活动的选择与满足。

3. 形成价值观念

指学生将特殊对象、现象或行为与一定的价值标准相联系，对所学内容在信念和态度上表示正面肯定。这包括三个水平：接受某种价值标准（如愿意改进与团体交往的技能）；偏爱某种价值标准（如喜爱所学内容）；为某种价值标准作奉献（如为发挥集体的有效作用而承担义务）。这一水平的学习结果是将对所学内容的价值肯定变成为一种稳定的追求，相当于通常所说得"态度"和"欣赏"。

4. 组织价值观念系统

指将许多不同的价值标准组合在一起。在消除他们之间的矛盾和冲突的同时，开始建立内在一致的价值体系。这可以分为两个水平：一是价值概念化，即对所学内容的价值在含义上予以抽象化，形成个人对同类内容的一致看法；二是组成价值系统，即将所学的价值观汇集整合，加以系统化。与人生哲学有关的教学目标属于这一级水平。

5. 价值体系个性化

指个体通过学习，经由前四个阶段的内化之后，所学得的知识观念已成为自己统一的价值观，并融入性格结构之中。这包括两个水平：一是概念化心向，即对同类情境表现出一般的心向；二是性格化，即指心理与行为内外一致，持久不变。因此，这种行为具有普遍性、一致性，并且是可以预期的。其学习结果包括广泛的活动范围，尤其是那些有代表性的行为或行为特征。

表3-10-2 情感目标的具体内容

水平	含义	学习结果	举例
接受（receiving）	专注于特定现象或刺激，如专注于课堂教学活动、教科书、音乐等，即意识到或愿意注意某一刺激（听或看）	位于只是意识到某物的存在到有选择的注意之间	当教师阅读《火烧赤壁》时，学生专心坐着听
反应（responding）	积极参与活动，以某种方式做出反应，如学生提一些有关火烧赤壁的问题，这时，学生不仅专注于某一特定现象，而且采取某种方式作用于自己注意的对象	着重于默认的反应、自愿反应、满足的反应等方面	阅读指定教材，自愿阅读未指定的教材，为满足兴趣或享受而阅读
形成价值观念（valuing）	对特定的对象、现象或行为的价值或重要性的认识	注重行为的连贯和足够的稳定	当讨论有关小煤窑瓦斯爆炸事件时，学生应能积极表达自己关注生命等观点
组织价值观念系统（organization）	组合不同的价值、解决价值间的冲突、建立一种内部协调的价值体系等，其重点在于价值的比较、联系和综合	注重价值概念的形成（如认识自己对改善人与人关系的责任）、价值体系的建立等	学生应该能明确阐明其支持公民权利立法的理由，并能识别出那些不支持其信条的立法
价值体系个性化（characterization by value）	具有了一种价值体系，这一价值体系在相当长的时间内控制着他的行为，并使他形成独特的"生活方式"	包括广泛的活动范围，但重在那些有代表性的行为或行为特征	学生应该对残疾学生表现出乐于帮助和关心的态度，在课堂内外帮助残疾学生解决行动不方便的问题

（三）动作技能目标

动作技能教学目标指预期教学后在学生动作技能方面所应达到的目标。目前，这一方面的目标总是容易被多数不直接从事体育教学的教师所忽视。

1. 知觉

指学生通过感官，对动作、物体、性质或关系等的意识能力，以及进行心理、躯体和情绪等的预备调节能力。

2. 模仿

指学生按提示的具体要求行动或重复被显示的动作的能力。但学生的模仿性行为经常是缺乏控制的，如演示动作是冲动的、不完善的。

3. 操作

指学生按提示要求行动的能力，但不是模仿性的观察，如按照指示表演或练习动作等。这就是说，学生要能进行独立的操作。例如，教师讲解了显微镜的结构和操作步骤后，学生一步一步地跟着教师操作。

4. 准确

指学生的练习能力或全面完成复杂作业的能力。具体表现为，学生通过练习，可以把错误减少到最低限度，如有控制地、正确地再现某些动作。例如，在进行一段实践之后，学生能自如地调节显微镜的粗准焦螺旋或能按正确的方向移动载玻片。

5. 连贯

指学生按规定顺序和协调要求，去调整行为、动作等的能力。例如，能按操作步骤熟练地使用显微镜，能很快地调节照明、焦点和找到样品。

6. 习惯化

指学生自发或自觉地行动的能力，如经常性、自然和稳定的行为就是习惯化的行为。也就是说，学生能下意识地、有效率地、各部分协调一致地操作。例如，在光照较暗的条件下，能很好地调节显微镜的各种装置以得到足够明亮的照明效果。

表3-10-3 动作技能目标的具体内容

水平	含义	举例
知觉（perception）	通过感官对动作、物体、性质或关系等的意识能力，以及进行心理、躯体和情绪等的预备调节能力	观看游泳的演示，能感知正确的游泳方法和正确的步骤
模仿（imitation）	按提示要求行动或重复被显示的动作的能力，但模仿性行为经常是缺乏控制的，如表演动作是冲动的、不完善的	在观看游泳的姿势之后，能以一定的精确度来演示这一动作
操作（operation）	按提示要求行动的能力，但不是模仿性的观察，如按照指示表演或练习动作等	在进行了一段时间的练习之后，能在10级操作成绩表上达到7级水平
准确（accuracy）	全面完成复杂作业的能力，通过练习可以把错误减少到最低限度，如有控制地、正确地、准确地再现某些动作	能表演一个可以接受的抽球动作，成功率至少达到75%
连贯（consistency）	按规定顺序和协调要求而调整行为、动作等的能力，如准确而有节奏地演奏	能准确而有节奏地演奏一首曲子
习惯化（habituation）	自发或自觉地行动的能力，如经常性的、自然和稳定的行为就是习惯化的行为，也就是学生能下意识地、有效率地、各部分协调一致地操作	在需要的时候，不借助模板就能够正确地画出三角形、四边形和圆形

在实际生活中，认知、情感和动作技能这三方面的行为几乎是同时发生的，三者相互作用和渗透。例如，学生写字时（动作技能），也正在进行记忆和推理（认知），同时他们对这个任务会产生某种情绪反应（情感）。在教学中，教师往往需要同时设置这三个方面的目标。

除此之外，加涅将学生的学习结果或教学目标分为五类：言语信息、智力技能、认知策略、动作技能和态度。加涅的教学目标分类被公认为具有处方性，因为这种分类不只是条目的说明，还进一步告诉教师怎样设置情境去达成预定的教学目标。加涅还特别强调了与实现学生的学习结果密切相关的学习的内在条件。

人际交往领域教学目标是教学目标分类理论的新发展。很多学者在布鲁姆教学目标分类的基础上对教学目标分类进行了深入的研究。豪恩斯坦在布鲁姆提出的三大领域之外，提出了一个行为领域，用来统筹整合认知、动作技能和情感领域，即他把教学目标分为认知、动作技能、情感和行为四大领域。罗密佐夫斯基把教学目标分为认知技能、动作技能、反应技能和交互技能，其中认知技能、动作技能、反应技能分别对应布鲁姆教育目标分类中的认知领域、动作技能领域和情感领域。梅里尔、肯普把教学目标分为认知领域、心理动作领域、情感领域和人际关系领域。

三、教学目标的陈述

教学目标设计的前提是教学目标的明确化。教学目标的明确化陈述了教学目标的基本要求，需要做到：第一，教学目标要用可观察的行为来表述，使教学目标具有可操作性；第二，教学目标的表述要反映学生行为的变化，陈述学生的学习结果。依据这两点，下面具体介绍教学目标的表述方法。

（一）行为目标陈述法

行为目标也称操作目标，是指用可观察和可测量的行为陈述的教学目标。1962年，梅杰提出行为目标的陈述具备以下三个要素：

1. 具体目标（可观察的行为），即用行为动词描述学生通过教学形成的可观察、可测量的具体行为，旨在说明"做什么"，表述的基本模式是用一个动宾结构的短语，动词说明学习的类型，宾语说明学习的内容。

2. 产生条件（行为发生的条件），即规定学生行为产生的条件，旨在说明"在什么条件下做"。条件大体有：环境因素、人的因素、设备因素、信息因素、时间因素、问题明确性因素等。

3. 行为标准，即提出符合行为要求的行为标准，旨在说明"有多好"。它使教学目标具有了可测性。行为目标的表述使教学目标变得具体、明确、可测量，三者中最基本的表述是具体目标。

后来又有研究者认为有必要在此基础上加上对教学对象的描述。这样，一个规范的教学目标就包括四个要素，简称为教学目标陈述的ABCD技术。如提供10个图形，二年级学生能识别哪些是长方形、哪些不是长方形，10个图形中至少有8个识别正确。

A——对象（Audience）：阐明教学对象；

B——行为（Behavior）：用可观察的、具体的行为来说明通过学习后，学习者能做什么；

C——条件（Condition）：说明学生应该在什么条件下表现出上述行为；

D——标准（Degree）：说明达到上述行为的最低标准。

（二）心理与行为相结合的目标（认知目标表述法）

为弥补行为目标表述技术的不足，格兰伦主张采用内在心理过程与外在行为表现相结合的方法来陈述教学目标。它是通过内部过程和外部行为相结合的方法来表述教学目标的，用这种方法陈述的教学目标由两部分构成：第一部分为一般教学目标，用一个动词描述学生通过教学所产生的内部变化；第二部分为具体教学目标，列出具体行为样例，即学生通过教学所产生的能反映内在心理变化的外显行为。如"理解议论文写作中的类比法"是教学目标的概括性陈述，但相对显得笼统而难以直接观察和测量，所以还需要列举反映这种内在变化的若干行为样例，如"用自己的话解释运用类比的条件""在课文中找出包含了类比法的句子"等。

这种方法既强调了学生学习结果的内在心理变化，又克服了目标陈述上含糊不清的弊端，实现了内外结合。

（三）表现性目标表述技术

许多高级的教学目标（如爱国主义情感）并不是参加一两次教育活动就能达到的，教师也很难预期在一定的教学活动后学生内心将发生什么变化。为此，艾斯纳提出了表现性目标，只要求教师明确规定学生必须参加的活动，而不必精确规定每个学生应该从这些活动中习得什么。如爱国主义教育方面的一个表现性目标可以这样陈述："学生能认真观看学校组织的爱国主义影片，并在小组会上谈自己的观后感。"表现性目标只能作为教学目标具体化的补充，教师不可完全依赖这样的目标。

四、任务分析

一般来说，设计教学目标可以采用两个步骤：一是列举学习内容和行为，二是任务分析。所谓任务分析指将教学目标逐级细分成彼此相连的各种子目标的过程。在进行任务分析时，教师要从最终目标出发，一级子目标、一级子目标地揭示其先决条件，反复提出这样的问题："学生要完成这一目标，必须先具备哪些能力？"一直追问到学生的起始状态为止，然后把学生需要掌握的学习目标逐级排列出来。通过任务分析，教师能够确定出学生的起始状态；能够分析出从起始状态到最终目标之间必须掌握的知识、技能或行为倾向；能够确定出为实现最终目标而需要逐级实现的各种子目标的逻辑顺序。这样做的好处在于，使教学过程微观化、具体化，更便于教师领会和执行。当然，最终的受益者是学生。

第二节　教学策略与教学环境设计

一、教学策略的概念与基本特征

教学策略指教师采取的有效达到教学目标的一切活动计划，包括教学事项的顺序安排、教学方法的选用、教学媒体的选择、教学环境的设置以及师生相互作用设计等。在教学中，由于教学目标、课题特点以及所持学习理论取向不同，教师将会以不同方式来组织教学事项的程序结构，并采取相应的教学方法、媒体以及环境来实现这一程序。教学策略有如下特征：

（一）综合性

选择或制定教学策略必须对教学内容、教学组织形式、教学方法、教学步骤等要素加以综合考虑。

（二）可操作性

教学策略是可供教师和学生在教学中参照执行或操作的方案，有明确具体的内容。

（三）灵活性

教学策略根据不同的教学目标和任务并参照学生的初始状态，选择最适宜的教学内容、教学媒体、教学组织形式、教学方法，并将其组合起来，灵活组织教学，完成特定的教学任务。

二、教学策略的主要类型

对教学策略进行划分可以帮助人们系统深入地对其进行研究。教学策略的制定一般以教学过程的某个主要构成因素为中心，建立框架，将其他相关要素有机地依附于这个中心，形成一类相对完整的教学策略。根据教学策略的构成因素可将其分为内容型、形式型、方法型和综合型四种主要类型。

（一）内容型策略

内容型策略有强调知识结构和追求知识发生过程两种类别，即结构化和问题化策略。教学过程中如何有效地提供学习内容，是这两种策略试图解决的问题。

1.结构化策略

结构化策略强调知识的结构，主张抓住知识的主干部分，削枝强干，构建简明的知识体系。结构化策略在教材的排列上可分为直线式、分支平行式、螺旋式和综合式等几种。直线式是按照教学内容的内在逻辑顺序，将其划分为几个密切联系的阶段或步骤，教学活动由浅入深地进行。分支平行式是把教学内容分为若干个平行的单元，针对这些平行单元逐一开展教学活动，最后进行总结。螺旋式是根据不同年龄阶段学生的特点，分阶段设计教材，螺旋式地扩展和加深。综合式则是上述几个方式的综合。

2. 问题化策略

问题化策略颇受人们关注。关心未来教育的学者在20世纪80年代初就认为，未来的学习着重于考虑、发掘问题，及时培养问题求解能力。近年来，美国、英国、日本有不少人提出了"问题解决作为学校教育的中心"这一观点，有着根本性的创新意义；但知识的运用必须以系统化的知识为其坚实的内核，因为问题解决与结构化的知识具有不可忽视的互补关系。

（二）形式型策略

形式型策略就是以教学组织形式为中心的策略。美国教学设计专家肯普提出下列三种形式：集体教／学的形式、个别学习的形式和小组教／学的形式。英国教育技术学家波西瓦尔则提出两种基本策略：以教师／学校为中心的策略和以学生为中心的策略。

（三）方法型策略

方法型策略是以教学方法和技术为中心的策略。教学方法是教育学最古老、最基本的核心。从古至今，教育家们提出了各种各样的教学方法和模式，应当逐步对不同的教学方法做出科学的分类，即通过实验性的比较和分析，揭示所有方法的共同要素和每一种方法各自具有的特点，建立起方法型策略的体系。

（四）综合型策略

综合型策略与前面所述的三种策略不同，它不是以教学过程的某个构成因素为中心，而是直接从教学目标及任务出发，综合展开的教学策略。

近年来，综合型策略在改进上出现了两种取向：其一是融合行为主义与认知派学习理论的教师主导取向，或称指导教学，其要点是：以旧经验引导新学习，系统地讲解教材内容，及时练习与反馈校正；其二是体现人本主义与认知结构理论的学生自学取向，其要点是：学生在教师引导下进行发现式学习，将求知过程和生活联系起来，同时让学生在合作学习中追求新知。这两种取向各有优点，对于不同的学科、不同的年级有不同的适合程度。

三、几种典型的教学策略

（一）教师中心取向的教学策略

直接教学和接受学习强调教师在教学过程中的中心作用，可以称为教师中心取向的教学模式。

1. 直接教学（指导教学）

直接教学是以学习成绩为中心、在教师指导下使用结构化的有序材料的课堂教学策略。在直接教学中，教师向学生清楚地说明教学目标，在充足而连续的教学时间里给学生呈现教学内容，监控学生的表现，及时向学生提供学习方面的反馈。由于这种教学策略由教师设置教学目标，选择教学材料，控制教学进度，设计师生之间的交互作用，所以这是一种以教师为中心的教学策略。直接教学尤其适用于教授那些学生必须掌握的、有良好结构的信息或技能，如教授程序性的知识与技能（算术、体育等）。当教学的主要目标是深层次的概念转变、探究、发现或者是开放的教学目标时，直接教学就不太适用了。

2. 接受学习

接受学习是奥苏贝尔倡导的，是在他的认知结构同化理论的基础上提出来的，也是我们通常所提的讲授式教学策略。陈述性的知识，如历史、文学等，接受学习则更加合适。

接受学习中最重要的概念是先行组织者。关于先行组织者的概念我们已经在学习理论中提到了。

接受学习的教学过程主要有三个环节：① 呈现先行组织者；② 提供学习任务和学习材料；③ 增强认知结构。接受学习在讲授知识间的抽象关系时可能更有效，也为学生提供好方法帮助他们保持重要的信息。

（二）学生中心取向的教学策略

发现学习、情境教学和合作学习等教学策略强调学生在学习活动中的积极主动的中心地位，教师扮演指导者角色，可以称为学生中心取向的教学策略。

1. 发现学习

发现学习是指给学生提供有关的学习材料，让学生通过探索、操作和思考，自行发现知识、理解概念和原理的教学方法。发现学习的首倡者布鲁纳认为，教学不仅应当尽可能使学生牢固地掌握科学内容，还应当尽可能使学生成为自主、自动的思想家。这样的学生在结束正规的学校教育后，才能独立地向前迈进。

一般说来发现学习的教学要经过四个阶段：（1）创设问题情境，使学生在这种情境中发现其中的矛盾，提出问题；（2）促使学生利用教师所提供的某些材料，针对所提出的问题，提出要解答的假设；（3）从理论上或实践上检验自己的假设；（4）根据实验获得的一些材料或结果，在仔细评价的基础上引出结论。

布鲁纳还对发现教学的教学设计提出了四项原则：（1）教师要将学习情境和教材性质向学生解释清楚；（2）要配合学生的经验，适当组织教材；（3）要根据学生的心理发展水平，适当安排教材难度与逻辑顺序；（4）确保材料的难度适中，以维持学生的内部学习动机。

此外，探究学习（IBL）是指学生仿照科学研究的过程来学习科学内容，体验、理解和应用科学研究方法，获得科学研究能力的一种学习方式。探究学习重视科学概念、科学方法、科学态度三者的综合和对科学研究过程的理解。根据师生在探究活动中的作用程度，探究学习分为自由探究和定向探究。探究学习已经成为一种符合建构主义思想的重要教学模式和学习方式。根据美国国家研究理事会2000年的阐述，它包括以下五个方面的活动：（1）提出问题；（2）收集数据；（3）形成解释；（4）评价结果；（5）表达结果。

2. 合作学习

合作学习是相对于"个体学习"而言的一种学习组织形式，是指学生们以主动合作学习的方式代替教师主导教学的一种策略。它是一种由能力各异的多名学生组成小组，一起互相帮助共同完成一定的学习任务的教学方法。合作学习的目的不仅是培养学生主动求知的能力，而且发展学生在合作过程中的人际交流能力。合作性讲解的两个参与者都能从这种学习活动中受益，而主讲者比听者获益更大。

合作学习的内涵涉及以下几个层面的内容：（1）合作学习是以学习小组为基本形式的一种教学活动；（2）合作学习是以教学动态因素的互动合作为动力资源的一种教学活动；（3）合作学习是一种目标导向的教学活动；（4）合作学习是以团体成绩为奖励依据的一种教学活动。

合作教学在设计与实施上必须具备五个特征：第一，分工合作，指以责任分担的方式达成合作追求的共同目的。真正有效的分工合作必须符合两个条件：一是每个学生都必须认识到工作是大家的责任，成败是大家的荣辱；二是工作分配要适当，必须考虑每个学生的能力与经验，做合理安排。第二，密切配合，指将工作中应在不同时间完成的各种项目分配给每个人，以便发挥分工合作的效能。第三，各自尽力，合作学习的基本理念是取代为了获得承认和评级而进行的竞争，转而同心协力追求学业成就，因为合作学习的成就评价是以团体为单位的。因此大家都是成功者，没有失败者。要想成功，团体成员必须各尽其力，完成自己分担的工作，并且要帮助别人。第四，社会互动，合作学习的成效取决于团体成员之间的互动作用，即大家在态度上互相尊重，在认知上集思广益，在情感上彼此支持。为此，学生们必须具备两项基本技能，一是语言表达能力；二是待人处事的基本社交技巧。第五，团体历程，指由团体活动以达成预定目标的历程。这些团体活动包括如何分工、如何监督、如何处理困难、如何维持团体中成员间的关系等。

约翰逊兄弟认为，有5个要素是合作学习不可缺少的：积极的相互依赖、面对面的促进性相互作用、个人责任、社会技能和小组自加工（小组自评）。合作学习活动分为四种：师生互动、师师互动、生生互动、全员互动。合作学习的模式或方法包括：学生小组—成绩分组、团队—竞赛—友谊赛、第二类交错搭配、团队辅导的个别化等。实施"小组合作学习"的教学过程：（1）全班学生按"组内异质、组间同质"的原则，根据性别比例、兴趣倾向、学习水准、交往技能、守纪情况等合理搭配，分成学习小组，每组6人，按长方形围坐，以便启发引导之后，学生面对面地进行小组讨论。（2）小组人员分工及分工标准：根据每个人的不同特长进行不同的分工。善于组织活动的学生为组长；善于记录的学生为记录员；善于表达的学生为中心发言人。为了让每一名学生都得到锻炼，定期轮换主发言人，每人都有发言的机会，在主发言人表达之后，如有遗漏，中心发言人可以补充。（3）小组合作学习中教师的角色定位：教师是全班小组合作学习的组织者和掌控者；是组内研讨的参与者；是小组研讨的引导者。

3. 情境教学

情境教学指在应用知识的具体情境中进行知识的教学的一种教学策略。在情境教学中，教学的环境是与现实情境相类似的问题情境；教学的目标是解决现实生活中遇到的问题，学习的材料是具真实性的任务，这些任务未被作人为的简化处理，隐含于现实问题情境之中，并且由于现实问题往往同时涉及多方面的原理和概念，因此这些任务最好能体现学科交叉性；教学的过程要与实际解决问题的过程相似，教师不是直接将事先备好的概念和原理告诉学生，而是提出现实问题，然后引导学生进行与现实中专家解决问题的过程相类似的探索过程。学生解决问题所需的原理和概念往往隐含在问题情境之中，学生为了解决当前问题而学习它们，通过解决问题而深刻理解它们，并把这些知识的意义与应用它们的具体问题情境联系在一起。对学习结果的测验将融合于学生解决问题的过程之中，学生在解决实际问题过程中的表现本身就反映了其学习结果。

此外，基于问题的学习（PBL）是一种让学生通过解决不一定具有正确答案的真实性问题来获取知识的教学，是由理解和解决问题的活动构成的一种新的学习方式。PBL的主要特征包括：问题是课程的关键；以学生为中心；教师是学习的辅导者或引导者；学生通过小组合作共同提出解决问题的多种方法，共同学习；问题是解决问题技能发展的载体；通过自主学习获得新信息。PBL的基本环节包括：呈现问题情境、研究问题、重新研究问题、交流与汇报、反思与评价等。

（三）个别化教学策略

个别化教学指让学生以自己的水平和速度进行学习的一种教学模式。

个别化教学具有教学目的明确、自定进度、采用掌握学习方法、学生相互辅导、重视课程内容的选择和组织等特点。个别化教学大致包括这样几个环节：诊断学生的初始学业水平或学习中存在的不足之处；提供教师与学生或机器与学生之间的一一对应关系；引入有序的和结构化的教学材料，随之以操练和练习；容许学生以自己的速度向前学。

个别化教学的几种经典教学模式有：程序教学、掌握学习、计算机辅助教学等。

1. 程序教学

程序教学是一种能让学生以自己的速度和水平自学，以特定顺序和小步子安排的材料的个别化教学方法。其始创者通常被认为是教学机器的发明人普莱西。但对程序教学贡献最大的却是斯金纳。程序教学以精心设计的顺序呈现主题，要求学习者通过填空选择答案或解决问题，对问题或表述做出反应，在每一个反应之后出现及时反馈，学生能以自己的速度进行学习。

斯金纳的程序教学为直线式程序，即程序材料以一种直线方式呈现，学完一步进入第二步，所有的学习者都以同样的顺序学习这些材料。后来，克劳德在斯金纳直线式程序的基础上发展出了分支式程序，即程序的材料以各项可选的路径来呈现，学生的反应决定了后面的学习路径。程序教学材料常常被用于特殊教育中，用作对传统方法的补充。它们有助于满足那些超出全班水平或低于全班水平的学生的需求。

2. 掌握学习

掌握学习是由布卢姆等人提出来的，其基本理念是：只要给了足够的时间和适当的教学，几乎所有的学生对几乎所有的学习内容都可以达到掌握的程度（通常要求完成80%～90%的评价项目）。学习能力上的差异并不能决定学生能否学习要学习的内容和学习的好坏，而只能决定他将要花多少时间才能达到对该项内容的掌握。学习能力强的学习者，可以在较短的时间内达到对某项学习任务的掌握水平，而学习能力差的学习者，则要花较长的时间才能达到同样的掌握程度，但无论其能力如何，只要花相应时间，他们都能获得通常意义上的一等或二等，达到掌握的标准。

基于这一理念，布卢姆等人主张，将学习任务分成一系列小的学习单元，后一个单元中的学习材料直接建立在前一个单元的基础上，每个学习单元都包含一小组课，它们通常需要1～10小时的学习时间。然后，教师编制一些形成性测验（即在学习之前或之中的成绩测验）。学完一个单元后，教师对学生进行总结性测验（这些测验提供了学生对单元中的目标掌握情况的详细信息）来评价学生的最后能力。达到了所要求的掌握水平的学生，就可以进行下个单元的学习。若学生的成绩低于规定的掌握水平，就应当重新学习这个单元的部分或全部，然后再测验，直到掌握。采用掌握学习这个方法，学生的成绩是以成功完成内容单元所需时间而不是以在团体测验中的名次为依据的。学生的成绩仍然有差异，但这种差异表现在他们所掌握的单元数或成功学完这些单元所花的时间。

3. 计算机辅助教学

计算机辅助教学，简称CAI，是指使计算机作为一个辅导者呈现信息，给学生提供练习机会，评价学生的成绩以及提供额外的教学。计算机辅助教学的优越性主要体现在：（1）交互性，即人机对话；（2）即时反馈；（3）以生动形象的手段呈现信息；（4）自定步调。

4. 独立学习

独立学习指学生在教师的指导下利用校内外的资源，学习某一主题的学习方式。独立学习要求学生要有好奇、兴趣和独立的阅读和学习技能。

5. 适应性教学

适应性教学首先对学生的能力和学习技能进行最初诊断以及阶段性诊断，然后对课堂教学作出灵活性的调整，以满足不同学生的需求和能力。

6. 个别辅导

个别辅导包括同伴辅导、成人辅导和模拟一对一教学情景的个别化教学程序，如程序教学和计算机辅助教学等形式。

四、设计教学媒体

（一）教学媒体的概念

教学媒体是指在教学过程中传递信息的物质工具。按感官来分主要包括听觉、视觉、视听型和交互型；按媒体的表达手段可分为口语、印刷和电子媒体。一般来说，学校中的教学媒体包括：（1）非投影视觉辅助，如黑板、实物、模型、图片、表格等；（2）投影视觉辅助，如投影仪、幻灯机等；（3）视听辅助，如电影、电视、录像、计算机等；（4）听觉辅助，如录音机等。

（二）教学媒体的选择

选择教学媒体时，教师要综合权衡教学情境、学生学习特点、教学目标性质以及教学媒体的特性等因素。使用教学媒体是为了使教学遵循这样一个顺序而进行：从经验的直接动作表征、经验的图像表征直到经验的符号表征。因此，教师要确定学生的当前经验水平，利用教学媒体融入一定程度的具体经验，帮助学生整合新旧经验，促进学生对抽象概念的理解。

（三）教学多媒体的呈现

当信息的呈现包括两种或两种以上方式时，该信息就是多媒体信息。学生在处理多媒体信息时的记忆容量有限，所以，教师在呈现多媒体时可以遵循以下原则：文字以言语叙述的方式呈现；课程以学生可控的片段呈现，在信息组块之间留出时间；预先训练学生对内容进行命名；清除有趣但无关的材料；提供线索引导学生处理材料；当文字以言语叙述的方式呈现后，避免以完全一致的书面文字重复呈现；在播放动画的同时呈现相应的叙述，以便学生在记忆中保持表象。

（四）信息技术与教学

1. 计算机辅助教学

随着多媒体技术、通信网络技术的发展，人们把以计算机为核心的所有个别化教学技术都称为信息技术。计算机辅助教学（CAI）具有6种模式：（1）操练与练习；（2）个别辅导；（3）对话（苏格拉底教学模式）；（4）模拟；（5）游戏；（6）问题求解。

2. 专门的学习系统、多媒体网络学习环境

专门的学习系统通过一个中央服务器连成网络并统一提供课程、资源和进行其他核心控制，系统直接根据学生的需要面向学生提供内容演示、过程模拟，并支持学生的实验和探究。学习系统的课件和管理软件保存在服务器中，学生可以登录网络访问这些课件。登录后，文件服务器会将学生的作业和相关课件传送到学生所用的工作站中并开始追踪记录学习过程。教师的职责是向学生发送课程或布置任务，通过系统监控学生的学习过程等。

多媒体网络学习环境则为学生营造一个虚拟的教学环境和平台，学生可以利用其中的问题情境、学习资源、学习工具、交流平台以及评价工具，进行有效的学习和交流。

五、课堂空间设计

课堂空间环境一般通过两种基本的组织方法来发挥作用，一种遵循领域原则，另一种按功能安排空间。在此，将重点介绍课堂空间设计的形式。

1. 基本的课堂空间设计

基本的课堂座次排列是传统的纵横排列模式。传统排列适于独立的课堂作业、提问和回答，它有助于学生将注意集中于教师，使学生更容易配对学习。传统排列也最适合演示，因为学生更仅仅教师，但是如果教师希望鼓励大组交流时，这就不是一个好的安排了。

2. 特殊的课堂空间设计

以学生为中心的、非指导的教师与以课程为中心的、指导的教师相比，更倾向于采用非正式座次模式，如矩形、环形、马蹄形等。矩形式安排容许学生谈话，相互帮助，但是，对全班讲解可能差一些，并且使班级控制变得比较困难。环形比较适合讨论，并且仍然能够做课堂作业。上述两种方式都适于学

生交流，当任务需要较多的学生讨论时，这些模式较为有效，但没有把握的教师以及不擅长课堂管理的教师应当慎用。马蹄形中，教师处在"U"字缺口的对面，与学生目光接触的频率会增加，可以让全班学生尽可能多地参与课堂活动，比较适合于教师和学生一道讨论研究问题。

矩形、环形和马蹄形模式一般不超过25人，25人以上需要使用双矩形、双环形和双马蹄形模式。

3. 暂时性的课堂空间设计

辩论安排和兴趣站都适用于辩论会或者演讲会，而合作学习则主要采用兴趣站的形式。在堆式中，学生紧坐在一起，靠近注意的中心，利于产生凝聚力，比较适合呈现演示、让全班以脑激励法解决问题，或者媒体教学。

在安排课堂时应考虑以下几个因素：首先，教室设备的摆放以及空间布置。其次，教师要考虑可见性。再次，课堂设计应当尽量灵活，以便能做出修改以适于不同活动的要求和教学的不同分组。最后，维持最大"活动区"。

第三节　教学内容与时间设计

一、教学内容设计

教学内容设计是教师认真分析教材、合理选择和组织教学内容以及合理安排教学内容的表达或呈现的过程。教学内容设计是教学设计最关键的环节，是教学设计的主体部分，其质量高低直接影响教学活动的成败。教学内容设计一般分为以下三类：

（一）陈述性知识的教学设计

陈述性知识，主要是有关"是什么"的知识。在陈述性知识的教学设计中，要将设计的重点放在如何帮助学生有效地理解、掌握这类知识上，注重学生对其符号或词语意义的获取。具体设计过程中应注意以下方面：1. 找出新知识与原有相关知识的结合点，讲清二者间的相互联系，以帮助学生在理解的基础上有效吸收、同化新知识。2. 对学生的学习准备状况作认真分析，除了了解学生的一般学习状况外，还应对学生已有的知识准备、知识结构、学习动机和学习习惯作深入分析。3. 恰当引入教学媒体，如教具、学具的使用、教材呈现手段的变化等。

（二）程序性知识的教学设计

程序性知识是有关"怎么办"的知识，是关于方法和应用的知识。语文中的句子规则，数学、物理、化学中的大部分知识，体育中的动作技能等都属于程序性知识。

程序性知识的教学设计应确定教学目标，主要就是帮助学生形成运用概念、规则和原理解决问题的能力。教师在进行这类知识的教学设计时，要对讲授与练习的时间合理规划，使规则、概念的掌握与解决问题技能的形成在课堂教学中都能得到有效保障。

（三）策略性知识的教学设计

策略性知识也是回答"怎么办"的知识，它与程序性知识的主要区别在于它所处理的对象是个人自身的认知活动和个体调控自己认知活动的知识。这类知识是渗透在各科学习之中的，没有专门和具体的学科。

根据策略性知识的特点进行教学设计,需要解决三个难题:1.课程问题;2.教师问题;3.学生问题。

要搞好策略性知识的教学设计,教师必须首先学习和掌握有关学习策略、认知策略方面的知识,加强策略教学的训练,同时注意挖掘课程中的策略性知识内容,在此基础上根据策略性知识的特点和学生学习的特点进行有针对性的教学设计。总之,以上三种类型的知识设计都要遵循以下要求:1.内容适宜贴切;2.组织内容时要把逻辑顺序和心理顺序结合起来。

二、教学时间设计

学校教学活动总是在一定的时间内进行的,教学时间是影响教学活动的一个重要因素,控制和改变教学时间在一定程度上也就意味着控制和改变教学活动。设计教学时间主要包括以下几方面。

(一)整体时间分配

教师在设计教学时应注意:1.要依据课程标准的规定和教学的实际需要对整体教学时间(一般以学期为限)做出合理规划;2.应对每节课的教学时间分配有个合理的安排,如导课(包括组织教学和检查复习)需要几分钟、新课的讲解(包括讲授新课和巩固新课)需要多长时间、是否要给学生讨论时间、布置课外作业需要几分钟等。

(二)科学规划单元课时

(三)保证学生的实际学习时间

(四)注意学生的专注学习时间

(五)防止时间遗失

第四节 教学测量与评价

一、教学测量与评价概述

(一)教学评价

1.概念

教学评价是指有系统地收集有关学生学习行为的资料,参照预定的教学目标对其进行价值判断的过程。

2.教学评价包含的工作

(1)教学评价必须对成绩测验数据所表明的教学成效做出确切的诊断;

(2)教学评价必须对教学的成败原因进行分析,并对今后教学工作的改进方向做出明确的规定。

3.教学评价设计

合理设计教学评价,对于促进教学目标的达成和提高教学设计的科学性、有效性,都有着积极作用。教学评价设计主要表现在以下两个取向上:

(1)目标参照取向的终结性评价设计,指根据已经明确确立的课堂教学目标,对可能达到的结果进行测验、诊断和评价,用以检查教学目标达成程度。这种评价设计是目标导向的设计,是在课堂教学进行之前就关注其结果的设计，也是表现教师作为评价主体的设计方式。其采用的基本工具是课堂提问、课堂小测验。

（2）过程取向的形成性评价设计，指针对课堂上可能发生的学生学习状况进行的设计。这种设计具有过程性、情境性和动态性的特点，其采用的工具和方法更多地依赖于教师个人的教学智慧和艺术品格。评价的主体既包括教师，也包括学生。这种评价设计是教学评价设计发展的基本方向。

此外，在常用的评定中，大致存在着三类模式：传统的评定模式（如标准化参照测验）、动态评定模式（如非正式评定）和课程本位评定模式（又称自我参照评定，是特殊教育领域里使用得最广泛的评定模式）。

4. 教学评价步骤

教学评价是一种系统化的持续的过程，包括确定评估目标、搜集有关的资料、描述并分析资料、形成价值判断以及做出决定等。

（二）教学评价与测量及测验的关系

测验是测量一个行为样本的系统程序，即通过观察少数具有代表性的行为或现象来量化描述人的心理特征。测量主要指收集资料数据的过程，是根据某种标准和一定的操作程序，将学生的学习行为与结果确定为一种量值，以表示学生对所测问题了解的多少。教学测量就是借助于学业测验来对教学成效进行定量考核的一种方法。

教学评价与测验测量两者既有区别，又有密切的联系。一方面，测量和测验是对学习结果的客观描述，而教学评价则是对客观结果的主观判断与解释，以了解结果的实际意义；另一方面，教学评价这种主观判断和解释必须以客观描述为基础，测量与测验所得到的结果，只有通过教学评价，才能判断这种客观描述的实际意义。

二、教学测量与评价的分类

（一）诊断性评价、形成性评价和总结性评价

布鲁姆依据教学评价在教学活动不同阶段表现出的不同功能，把教学评价分为诊断性评价、形成性评价和总结性评价。诊断性评价又叫配置性评价或准备性评价，一般于教学目标确定后，在教学开始前进行，分析学生的现有水平及个别差异，确定学生对新任务的准备状况以便安排教学。诊断性评价的成绩仅供教师安排教学时参考，不记作学生的成绩，也可以与学习后的资料相比较，根据成绩的变化来评价教学和学生学习的效果。形成性评价又称诊断进步评定或进展评定，通常在教学过程中多次进行，一般由学生完成一些与教学活动密切相关的测验，也可以让学生对自己的学习状况进行自我评估，或者凭教师的平常观察记录或与学生的面谈情况进行判断。形成性测验的测验分数并不计入成绩册，也不评定学生的等级和名次。总结性评价，或称终结性评价，通常在一门课程或教学活动结束后进行，是对一个完整的教学过程进行测定，常用期末考试的方式进行。总结性评价要对学生的成绩进行分组，记入成绩报告单，作为某种资格认定或升、留级的根据。

也有观点认为：从实施教学评价的时机而言，有形成性评价和总结性评价之分。从教学评价的功能看，有配置性评价与诊断性评价之分。配置性评价，或称准备性评价，一般在教学开始前进行，为摸清学生的现有水平及个别差异，以便安排教学。通过配置性评价，教师可以了解学生对新学习任务的准备状况，确定学生当前的基本能力和起点行为。诊断性评价，有时与配置性评价意义相当，指了解学生的学习基础与个体差异；有时指对经常表现学习困难的学生所做的评价，多半是在形成性评价之后实施。

（二）常模参照评价和标准参照评价

根据教学评价资料的处理方式，有常模参照评价和标准参照评价之分。常模参照评价是指评价时以学生所在团体的平均成绩为参照标准（即所谓常模），根据其在团体中的相对位置（或名次）来报告评价结果，主要用于选拔或编组、编班。标准参照评价，是基于某种特定的标准，来评价学生对与教学密切关联的具体知识和技能的掌握程度。

（三）正式评价和非正式评价

根据教学评价的严谨程度，有正式评价与非正式评价之分。正式评价指学生在相同的情况下接受相同的评估，且采用的评价工具比较客观，如测验、问卷等。非正式评价则是针对个别学生的评价，且评价的资料大多是采用非正式方式收集的，如观察、谈话等。

（四）标准化学业成就测验和教师自编测验

按教学评价中使用测验的来源，分为标准化学业成就测验和教师自编测验。标准化学业成就测验是指由学科专家和测验编制专家按照一定标准和程序编制的测验，在国外得到普遍使用。教师自编测验是教师根据教学需要自行设计与编制的，通常没有统一、具体的规定，内容及取样全部由任课教师决定，操作过程容易，适用于测量教师设定的特殊教学目标，作为班内比较的依据。它在学校教学评价中应用最多，也是教师最愿意用的测验。

（五）最佳行为评价和典型行为评价

依据教学评价的目的，分为最佳行为评价和典型行为评价。最佳行为评价是用于确定学生发展的能力或成就的评价，能力倾向测验和成就测验都属于最佳行为评价范畴。典型行为评价是用于评价学生的代表性或典型性表现而不是最佳表现的评价方式，这种评价方式关系的不是学生能不能最好的问题，而是学生愿不愿意做的问题。如，"学生愿意学习数学还是愿意学习语文呢"，对这个问题的回答属于典型行为评价，而对于"学生的数学水平怎么样"的回答则属于最佳行为评价。

三、教学测量与评价的功能

教学测量与评价是检验教学成效、确定学生学习结果和教师教学效果的有效手段。它的根本作用在于了解学生的学习状况，改进教师教学，从而促进学习效果的提高。总的来说，评定的功能主要体现在以下几方面：提供反馈、提供信息、作为诱因、衡量教学。

（一）为师生调整和改进教学提供充足的反馈信息

（二）是学校鉴别学生学业成绩、家长了解学生学习情况的主要方式

（三）是教学过程的一个重要组成部分

（四）作为教育评价和决策的依据

四、教学测量与评价的方法与技术

教学评价应包括认知、情感和技能三个方面。对于认知和技能领域的学业成就，最常用的教学评价手段是标准化成就测验和教师自编测验（量化教学评价方法）；而对于情感以及道德行为表现则常常采用非测验性的评价手段（质性评价方法，如观察法、档案袋评价、评语法、访谈法等）。

（一）标准化成就测验

标准化成就测验是指由专家或学者们所编制的适用于大规模范围内评定个体学业成就水平的测验。它是评价学生学业成绩的重要工具之一。

标准化成就测验的特点如下：测验是由专门机构或专家学者按一定测验理论和技术，根据全国或某一

地区所有学校的共同教育目标来编制的。所有受试人所做的试题、时限等施测条件相同，计分手段和分数的解释也完全相同。它有以下三方面的优点：（1）客观性；（2）计划性；（3）可比性。对标准化测验的批评集中在以下几个方面：（1）不能促进学习（标准化测验与学校课程之间的关系往往极不合理，标准化成就测验难以给实际的教学活动提供支持）；（2）使用条件非常严格（标准化成就和能力测验对个体学生的成就有较差的预测性，利用标准化测验对学生分类和贴标签会带来很大伤害）；（3）未必真正公平。

（二）教师自编测验

学校教学评价中使用最多的是教师自编测验。教师自编测验是由教师根据具体的教学目标、教材内容和测验目的，自己编制的测验，是为特定的教学服务的。教师自编测验通常用于测量学生的学习状况。传统的课堂测验通常采用纸笔考试的形式来测量学生对课程内容的掌握情况。典型的纸笔测验题包括选择题、匹配题、是非题、填空题、论文题和问题解决题。其中，选择题评分客观、可靠，但编写困难，难以排除学生猜测的成分，且不易测量学生的综合能力。论文题能评价学生对所学知识的组织、分析、综合等较高级的认知能力，但评分困难，且主观性强，涵盖教学内容较少。教师自编测验可分为主观题和客观题，也可分为选择性反应题和构造性反应题。选择性反应题是指题目呈现给学生一系列项目，要求学生从中选择出正确答案，如选择题、匹配题和是非题。而构造性反应题则要求学生必须自己构造出答案，如完形填空和论文题。有效自编测验的特征有：信度、效度、区分度等。

（三）观察评价

观察评价是指教师在教学过程中对学生自身学习表现和学习行为进行自然观察，并对所观察到的现象做客观、详细的记录，然后根据这些观察和记录对教学效果做出评价。观察评价设计常采用行为检查单、轶事记录和等级评价量表等方式进行。

（四）档案评价（案卷分析）

档案评价又称文件夹评价或成长记录袋评价，是依据档案袋收集的信息对评价对象进行的客观、综合的评价。它是教师指导和学生学习一体化的过程，更多的体现了对学习过程的评价，以及评价主体的多元性和综合性。档案评价与传统的以分数为手段的标准化考试有明显的区别，传统方式仅仅将评价作为教学过程的一个环节，只重视对学习结果的评价，只有教师这一单一性评价主体。档案评价的实施过程分为组织计划、资料收集和成果展示三个阶段。组织计划是最重要的阶段。在这个阶段，教师要明确教学目标，确定评价的具体对象和所收集信息的形式与内容，并向学生解释档案评价的作用。资料收集阶段是根据前一个阶段所确定的计划和方案在学习和教学过程中具体收集学生的有关信息和作品的阶段。成果展示阶段是档案评价的最后阶段。在该阶段，学生展示自己的学习成果，教师据此对学生作学期性、总结性的评价。

在设计档案评价时，应注意的事项有：第一，档案评价要体现学生的自主性原则；第二，档案评价是一个连续性的过程；第三，档案评价是随着学习的进行逐步展开的；第四，档案评价的意义不仅在于评价学生的学习状况与结果，还要促进学生的成长与发展，使学生养成反思的习惯；第五，教师在给学生以指导的同时，又不能过分参与指导与评价。

（五）真实性评定

真实性评定要求学生展示应用在学校学习到的知识和技能来完成一些实际的操作，在真实的情境中展示水平。真实性评定的方法包括观察、案卷分析、概念图和操作评定。下面介绍一下概念图和操作评定。

1.概念图

当我们试图测量学生对知识的深层理解时，概念图是一个值得考虑的选择。借助概念图，教师可以清晰地把握学生在一段时间内知识理解的演变情况以及先前知识的准备状态。概念图一般采用树状或非线性的结构来表现文本。

2. 操作评定

教师在进行学习评定时，可以通过编制和实施问题解决题来考查学生高级思维技能和创造性能力，这就是操作评定。问题解决题给学生设置一定的问题情境和目标情境，要求学生通过对知识进行组织、选择和运用等复杂的程序来解决问题。通常有两种形式，一种是间接测验，采用纸笔测验来评价学生的学业成就或能力。如设想一个可以解决本市垃圾处理问题的方案。要求只写可行性措施，不超过500字。另一种是直接测验，让学生动手制作和发明一些东西。

五、教学评价结果的处理

（一）评分

学校教育中衡量学生学业成就一般采用评分这种评价方式。评分有相对评分和绝对评分两种。

相对评分就是以其他学生的成绩为依据，按照统计学上的常态分布原理，将学生分数按比例分为五个等级。它可以让每个学生从所得等级中看出自己在班级中的相对位置。绝对评分以学生所学的课程内容为依据，学生的分数与其他同学的分数没有关系，相当于我们平常所说的"百分制"。绝对评分简单易懂，但不利于了解某个学生在班级中的相对位置。

（二）报告

除了常用的评分方法外，教师还可以使用其他方式来报告学生的评价结果。有些课程采用合格和不合格来评价学生的成就，教师可根据学生是否完成每次作业或几次作业情况，甚至是出勤情况来评分。教师也可以通过写学生的个人鉴定或定期的综合评价，提供给家长和学生，以此来评价学生的学业情况。观察报告也是一种报告评价结果的形式。此外，与家长面谈也是交流关于学生学习、行为和态度等资料的一种方法。

六、有效教学测验的基本要求

（一）测验的效度

效度是指测量的准确性，即一个测验能够测量出其所要测量的东西的程度。效度是一个相对概念，任何一种测量工具只是对一定的目的来说才是有效的。效度考虑的问题是：测验测量什么？测验对测量目标的测量精确性和真实性有多大？效度的重要性大于信度，因为一个低效度的测验，即使具有很好的信度，也不能获得有用的资料。例如，用磅秤称量体重，连续多次都会得到相同的值，而且准确地反映了个体的重量，那么信度和效度都很高；但是如果使用它来测量身高，虽然测量值之间总是保持一致的，即信度很好，但是并没有说明个体的高度，因而不是适宜的测量身高的工具。

考察效度的方法很多，根据其侧重的问题不同，可将测验的效度分为三类，即内容效度、构想效度、实证效度（效标关联效度）。（1）内容效度指测验题目对有关内容或行为范围取样的适当性，也就是测验所选的项目是否符合所要测量的东西，其代表性是否适当。要编制内容效度高的测验，必须注意两点：第一，要有一个定义完好的内容范围，即对测量目标应有一明确的界定。第二，测题对所界定的内容范围应是代表性取样。（2）构想效度指测验对某种理论的符合程度，其目的在于用心理学的理论观点对测验的结果加以解释及探讨。当测验的目的是用来测量能力、创造力、人格等抽象而带有假定性的特质或结构时，我们就应重点考虑测验的构想效度。（3）实证效度又称效标关联效度，指测验对处于特定情境中的个体行为进行预测的有效程度。一个测验预测得越准确，就越有效。其中被预测的行为是检验效度的标准，简称效标。根据效标资料搜集的时间，实证效度可分为同时效度和预测效度。前者与用来诊断现状的测验有关，后者与预测将来结果的测验有关。

（二）测验的信度

信度是指测验的可靠性，即多次测验分数的稳定、一致的程度。它既包括在时间上的一致性，也包括内容和不同评分者之间的一致性。例如，采用性格量表测量学生，他们在这一个月的结果，如果大致等于六个月前和三个月前的得分，那么我们就认为测验的信度较高。

信度分析的常用具体方法有重测信度（再测信度）、复本信度（等值性信度）、内部一致性信度（分半信度、同质性信度中的α信度系数）、评分者信度等。（1）重测信度又称再测信度、稳定性系数，反映测验跨越时间的稳定性和一致性，即应用同一测验方法，对同一组被试者先后两次进行测查，然后计算两次测查所得分数的关系系数。（2）复本信度（等值性信度），即用两个等值（复本）测验施测同一组被试的测验得分的相关系数表示信度。这种相关系数反映两个复本测验的等值程度，所以又叫等值性系数。（3）内部一致性信度：将同一测验分成对等的两半并施测同一组被试，用得到的测验分数的相关系数表示信度。它是复本法的特例，还可用来估计测验内部的一致性。这种相关系数又叫内部一致性系数。（4）评分者信度，指的是多个评分者给同一批人的答卷评分的一致性程度。

应该说明的是，虽然信度和效度都是鉴定测验质量的指标，但两者并不是完全一致的。一般而言，效度高的测验，其信度也一定高；信度高的测验，其效度却不一定高。也就是说，高信度是高效度的必要但非充分条件。

（三）项目的难度与区分度

信度和效度是就整个测验而言的，难度和区分度则是就测验题目（简称项目）而言的。每个测验都包含有许多项目，每个项目都有它的难度和区分度。

难度指测验题目的难易程度，通常以答对或通过该项目的人数占应试总人数的百分比来表示。至于项目的难度多高合适，则取决于测验目的。

区分度是指测验项目对所测量属性或品质的区分程度或鉴别能力。它是根据学生对测验项目的反应与某种参照标准之间的关系来估计的。例如，可用年级或教师评定的等级作标准，看测验的项目能否把不同年级或不同水平的学生区分开来。

总之，信度、效度、难度和区分度是鉴定测验质量的客观指标。一个良好的测验必须既有较高的信度，又有较高的效度，并且每个项目都有一定的难度和区分度。广大教师在编制教学测验题目时，应该综合考虑这些要求。

真题回顾与模块自测

一、单选题

1. 某老师要求学生基于给定事实材料，写出一篇新闻报道。依据布卢姆的认知目标分类，这属于（　　）。
（2020.8.6济南十区县联考真题）

 A. 领会   B.运用   C.分析   D.综合

2. 数理化等学科包含高度的有结构的知识和技能，如果教学目标是要求学生尽快掌握这种知识和技能，最宜采用（　　　）。（2020.8.1泰安真题）

    A. 以教师为中心的讲授策略   B. 师生互动策略

    C. 以学生为中心的发现学习   D. 合作学习策略

3. 有研究发现，教学的物理环境以教师和学生都似乎意识不到的方式限制着学生的参与，坐在教室中间的学生似乎是最积极的学生，言语交流大多集中在教室的这个区域以及教室正中线上，教师大多时间都站在这条线的前面，研究者把这一区域称为（　　　）。

    A. 学习区   B. 活动区   C. 合作区   D. 气氛区

4. 在真实性评定的具体方法中，最能够有效测量学生对知识的深层理解的方法是（　　　）。

    A. 概念图   B. 操作评定   C. 案卷分析   D. 观察

二、多选题

1. 美国心理学家布鲁姆将教育目标分为三个领域，每个领域又由低到高有层次的列出系列目标，成为有等级的系统，这三个领域分别是（　　　）。（2020.11.14济南商河真题）

    A. 认知   B. 情感   C. 动作技能   D. 态度

2. 行为目标的表述必须具备（　　　）。（2020.7.11潍坊青州真题）

    A. 具体目标   B. 产生条件   C. 行为情境   D. 行为标准

3. 学习评定指对学生学习活动或学业成就的评定，是课堂评定的一个最重要的组成部分。总的来说，学习评定的功能主要体现在（　　　）。

    A. 提供反馈   B. 提供信息   C. 作为诱因   D. 衡量教学

4. 计算机辅助教学（CAI）是计算机辅助教育的一部分，是指使用计算机作为辅导工具，呈现信息，给学生提供练习机会，评价学生的成绩以及提供额外的教学。CAI在教学中的模式有（　　　）。

    A. 操练与练习   B. 个别辅导   C. 模拟与对话   D. 问题求解

三、判断题

1. 根据掌握学习理论，学习能力上的差异并不能决定学生能否学习要学习的内容和学习的好坏，而只是决定他将要花多少时间才能掌握该项内容。（　　　）

2. 常模参照评价对形成性评价的作用较大，而标准参照评价通常适用于总结性评价。（　　　）

3. 任何学业测验只要具有较高的测验效度，就一定具备较高的测验信度。（　　　）（2020.8.6济南十区县联考真题）

四、简答题

布鲁姆教学目标中关于认知目标呈现6级水平，对每一级水平分别举例说明。（2020.8.1泰安真题）

【参考答案】

一、单选题

1. D 2. A 3. B 4. A

二、多选题

1. ABC 2. ABD 3. ABCD 4. ABCD

三、判断题

1. √ 2. × 3. √

四、简答题

    （略）

第十一章　课堂管理

课堂管理是有效教学的重要组成部分，它涉及方方面面的工作，诸如教学管理、时间管理、环境管理和行为管理等，教师还应预防和处理课堂问题行为。

▌思维导图

```
                                        ┌─ 课堂管理的概念与功能
                        ┌─ 课堂管理概述 ─┼─ 课堂管理的目标
                        │               └─ 影响课堂管理的因素
                        │
                        │               ┌─ 群体概述
            课堂管理 ────┼─ 课堂群体管理 ─┤
                        │               └─ 群体动力
                        │
                        │               ┌─ 课堂纪律概述
                        └─ 课堂纪律管理 ─┼─ 课堂结构与课堂纪律
                                        └─ 课堂问题行为及其应对
```

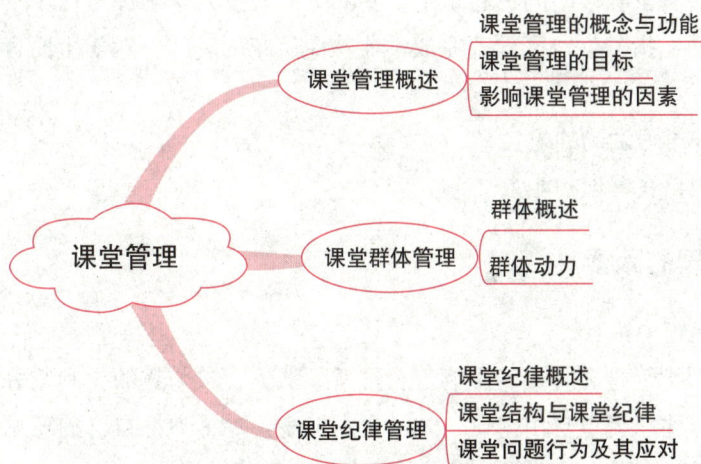

第一节　课堂管理概述

一、课堂管理的概念与功能

课堂是一种特别的环境，具有多维性、同时性、快速性、不可预测性、公开性、历史性等六大特征。课堂管理就是指教师通过协调课堂内的各种人际关系而有效地实现预定教学目标的过程。其功能主要体现在：

（一）维持功能

所谓维持功能，是指课堂管理能够在课堂教学中，持久地维持良好的学习环境，有效地排除各种干扰因素，使学生充分地参与到学习活动中。维持功能是课堂管理的基本功能。

（二）促进功能

课堂管理的促进功能是指教师在课堂里创设对教学起促进作用的良好的学习环境，满足课堂内个人和集体的合理需要，激励学生潜能的释放以促进学生的学习。

（三）发展功能

课堂管理本身可以教给学生一些行为准则，促进学生从他律走向自律，帮助学生获得自我管理能力，使学生逐步走向成熟。

二、课堂管理的目标

课堂管理的目的是建立一个积极的、有建设性的课堂环境，而不是让学生安静、驯服地遵守课堂纪律。科学有效的课堂管理，不仅能维持课堂秩序，而且能增进课堂效果；不仅能提高课堂教学质量，而且能促进学生健康发展。一般说来，课堂管理具有三个重要目标：

（一）为学生争取更多的学习时间

教学时间可分为四个层次：（1）分配时间，是指教师为某一特定的学科课程设计的时间，有课程表决定。（2）教学时间，是在完成常规管理以及管理任务之后所剩的用于教学的时间。（3）投入时间，也称为专注于功课的时间，属于教学时间，它是学生实际上积极投入学习或专注于学习的时间。（4）学业学习时间，属于投入时间，指学生以高效率完成学业功课所花的时间。对学生而言，最能反映学生学习时间的质量的是学业学习时间。

（二）增加学生参与学习活动的机会

（三）帮助学生形成自我管理的能力

三、影响课堂管理的因素

（一）教师的领导风格

教师的领导风格对课堂管理有直接的影响。普雷斯顿认为，参与式领导和监督式领导对课堂管理有不同的影响。参与式领导注意创造自由空气，鼓励自由发表意见，不把自己的意见强加于人；监督式领导则待人冷淡，只注重于集体讨论的进程，经常监督人的行为有无越轨现象。

（二）班级规模

班级的大小是影响课堂管理的一个重要因素。（1）班级的大小会影响成员间的情感联系。班级越大，情感纽带的力量就越弱。（2）班内的学生越多，学生间的个别差异就越大，课堂管理所遇到的阻力也可能越大。（3）班级的大小也会影响交往模式。班级越大，成员间相互交往的频率就越低，对课堂管理技能的要求也就越高。（4）班级越大，内部越容易形成各种非正式小群体，而这些小群体又会影响课堂教学目标的实现。

总之，班级规模会影响学生参与课堂活动的机会和程度，也会影响课堂管理和学习纪律。

（三）班级的性质

不同的班级往往有不同的群体规范和不同的凝聚力，良好的班级可以形成一种融洽、和睦、积极向上的群体心理气氛，这有利于课堂管理。

（四）对教师的期望

学生对教师的课堂行为会形成定型的期望，期望教师以某种方式进行教学和课堂管理，这种期望必然会影响教师的课堂管理。如果教师的实际行为与学生定型期望不一致，学生就会不满。

四、课堂管理的基本取向

课堂管理的基本模式概括起来，可以把它们分为三种取向：行为主义取向、人本主义取向和教师效能取向。

1. 行为主义取向

这种模式的基本理念是，学生的成长和发展是由外部环境决定的，他们在课堂中所表现出来的不良行为，或者是通过学习获得的，或是因为没有学会正确的行为。在课堂管理中，教师的责任是强化适宜的行为并根除不宜的行为。典型的行为主义取向的课堂管理模式有斯金纳模式和坎特模式。

（1）斯金纳模式又称为矫正模式。他认为人的行为本质是对环境刺激做出反应。行为能否得以维持，取决于后果。在课堂管理中，教师要想使学生在课堂中表现出适宜的行为，就必须奖励和强化适宜的行为，忽视学生的不良行为。为了维持良好的课堂环境，教师必须做好以下几个方面的工作：清楚地讲明规则；忽视不良行为；对遵守规则的行为给以奖励。

（2）坎特模式又被称为果断纪律模式。该模式也是行为主义指导下的课堂管理模式，它与强调行为强化的行为主义模式侧重不同，它希望借助有效制定和实施课堂秩序来进行课题纪律的管理。坎特指出，许多教师相信强力控制是沉闷的、残忍的等观点是错误的，仁慈的强力控制实际上是对学生负责的行为，也是行之有效的。教师应当使用果断的纪律来管理课堂，维持良好的课堂纪律，促进学生的发展。果断纪律包括：事先陈述和解释要求、期望；坚持自己的期望和要求，如"我要求你……"，"我喜欢这种做法"等提示学生，但是不要伤害学生的自尊；运用明确、冷静、坚定的口气和目光；用非语言性的姿势来支持言语要求；不用威胁和斥责来影响学生的行为；时时重复自己的要求，不要升格为训斥。

2. 人本主义取向

与行为主义不同，人本主义取向的课堂管理者认为，学生有自己的决策能力，他们可以对控制自己的行为负主要责任。在课堂管理中，教师不应该要求学生百依百顺，而是应该关注学生的需要、情感和主动精神，向学生提供最好的机会去发掘归属感、成就感和积极的自我认同，以此来维持一种积极的课堂环境；出现问题行为时，教师应更多地运用沟通技能，引导学生分析问题的性质和后果，自己把问题解决。典型的人本主义取向的课堂管理模式有格拉塞模式和基诺特模式。

（1）格拉塞（W.Glasser）模式被称为现实疗法和控制疗法。他认为人有两种基本需要，即爱和被爱的需要、希望自己的价值得到自己和他人认可的需要。如果这些需要不能得到满足就会产生行为问题。学生的这些需不到满足时就会产生行为问题，对自己不负责任。另外他相信学生是有理性并可以控制自己的行为的。因此教师不应该接受学生的不良行为接口，而是应该帮助学生做出好的选择。格拉塞提出了现实疗法的基本程序：联系学生、正确对待学生面临的行为问题、形成判断、制定计划、做出承诺、不接受接口、承受自然后果。

（2）基诺特（H.Ginott，1972）模式又称明智信息模式，这种课堂管理的核心概念是强调教师用明智的方式和学生进行和谐的沟通。基诺特认为，纪律是一点点地形成的。在纪律形成的过程中教师应该以身作则，在和有行为问题的学生进行沟通时应当做的设身处地的从对方的角度考虑。另外就是要相信学生的自控能力，并鼓励学生进行自我管理。教师与学生之间进行和谐沟通时应做到：表达"明智的"信息、接受感情宣泄而不是否决、避免贴标签、谨慎使用表扬、引导合作、理智的表达愤怒。

3. 教师效能取向

与行为主义和人本主义取向的课堂管理观不同，教师效能取向的课堂管理模式关注的是教师课堂管理技能的提高。持这一取向的研究者认为，课堂管理主要取决于教师的管理技能；通过培训提高教师的课堂管理技能可以达到改善课堂管理质量的效果，典型的教师效能取向的课堂管理模式有戈登模式和库宁模式。戈登模式又称教师效能训练模式。库宁模式是用来防止和应付不良行为的团体管理策略。

五、课堂管理的阶段性

不同年龄阶段的学生需要不同的课堂管理方式，布罗菲和伊伏特逊划分了课堂管理的阶段性。

1. 幼儿园和小学低年级阶段的管理

儿童正在学习如何上学，他们将要被社会化成一个新的角色。在这一阶段要直接教课堂规则和程序，只有儿童掌握了基本的规则和程序之后，才可能进行学习活动。

2. 小学中年级阶段的管理

这一阶段的儿童一般都已熟悉了学生这一角色，已经掌握了很多学校和课堂常规。但是在进行一个特定的活动时？对具体的，新的规则和程序还需要直接的教授。总的来说，在这一阶段，教师要花较多时间监控和维持管理系统而不是直接教授规则和程序。

3. 小学高年级和初中阶段的管理

在这一阶段，友谊以及在同伴群体中的地位对学生来说更重要，他们不再取悦教师而是取悦同伴。进入青春期的学生开始检验和否定权威，思想上、情感上都出现一定程度的混乱。当然，也表现在行为上的问题增多，而且不服从管理。这一阶段管理的关键是如何建设性地处理这些混乱，如何激励那些对教师的意见不以为然的学生以及更热衷社会生活的学生。

4. 高中阶段的管理

这一阶段的学生又重新开始关注学业，因此，这一阶段管理的主要任务是管理课堂、使学业材料适合学生的兴趣和能力、帮助学生较多地管理自己的学习。每一学期开始的时候都要教学生一些特别的程序，如使用材料和设备、做记录、做作业等，不过这 阶段，多数学生知道什么是教师所期望的。

六、课堂管理的过程

伊伏特逊等人提出，形成一个有效的课堂管理系统要经历三个时期：设计（学年开始之前）、建立（学年开始几周）、维持和完善（学年之中）。

1. 课堂规则和程序的设计

课堂规则和程序的设计一般由三步构成：（1）确定所期望的学生行为；（2）把期望转换成规则和程序；（3）确定后果。

2. 课堂规则和程序的建立

伊伏特逊等人的系统观察研究表明，一学年的开始几周决定这一学年学生在课堂中如何和教师、同学相互交往起着重要的作用。

3. 课堂规则和程序的维持和完善

教师一旦建立了课堂规则和程序，就要设法维持到课堂管理系统中，直到学年末。这就需要教师始终让学生投入到富有建设性的学习任务中，并且预防问题的产生，还要妥善处理不良的课堂行为。（1）鼓励学生投入学习。争取更多投入时间的策略有：注意教学进程的组织；教学过程具有参与性；保持教学的流畅性；保持动量；上课时维持团体的注意焦点（维持团体注意焦点的两个基本成分是问责制和团体警觉）；课堂自习时维持团体的注意力；鼓励学生管理自己的学习。（2）预防不良行为。（3）处理纪律问题。

第二节 课堂群体管理

一、群体概述

（一）群体的概念

所谓群体，是指人们以一定方式的共同活动为基础而结合起来的联合体。

（二）群体的特征

它的基本特征有三个：其一，群体由两个以上的个体组成；其二，群体成员根据一定的目的承担任务，相互交往，协同活动；其三，群体成员受共同的社会规范制约。

（三）群体心理

群体心理是普遍存在于群体成员的头脑中、反映群体社会状况的共同或不同的心理状态与倾向。群体心理与个体心理密切关联。没有个体心理，群体心理就没有基础。个人作为群体的成员，其心理状况必定会受群体心理倾向的影响。一个人心情不快时，欢乐的群体心理气氛会使他受到感染，忘记烦恼；如果群体有不良的心理气氛，如不信任等，就会投射到个人身上，成为个人的特点。

1. 社会助长、社会干扰与社会惰化

（1）社会助长与社会干扰

社会助长是指个体与别人在一起活动或有别人在场时，个体的行为效率提高的现象。例如，个体在独自骑单车的情况下时速是每小时20千米，如果与别人骑单车竞赛，时速会更快。社会助长包括两种情况：一种是在同他人共同活动时，活动效率的提高，这叫共同活动效应；另一种是当他人在场旁观时活动效率的提高，这叫观众效应。

有些时候，他人在场不但不能促进我们行为效率的提高，反而会影响我们的正常工作，使工作效率下降。比如，考试时，有些考生会因为老师站在旁边，一个字都写不出来。这种当他人在场或与他人一起从事某项工作时个体行为效率下降的现象，称作社会干扰（社会抑制）。

（2）社会惰化

林格尔曼通过"拉绳子"实验——经常称之为"林格尔曼效应"，分析了在拉绳过程中单个人在群体中的表现，提出了"社会惰性"的概念，即一个群体或团队往往会"隐藏着"缺少个人努力的现象。我国有句很古老的俗语"一个和尚挑水吃，两个和尚抬水吃，三个和尚没水吃"就是社会惰化的表现。

社会惰化（社会逍遥）主要指当群体一起完成一件工作时，群体中的成员每人所付出的努力会比个体在单独情况下完成任务时偏少的现象。这种现象一般发生在多个个体为了一个共同的目标而合作、自己的工作成绩又不能单独计算的情况下。有效减少社会惰化的途径是：① 公布每个成员的工作成绩，使大家都感到自己的工作是可评价的；② 帮助群体成员认识他人的成绩，使他们了解他人也在努力；③ 控制群体规模，使得更多的成员能够受到外在压力的影响。

2. 利他行为与侵犯行为

（1）利他行为

利他行为是指不期待任何回报、出于自觉自愿的助人行为，是一种把帮助他人当作唯一目的的行为。与利他行为关系密切的还有两个概念：助人行为与亲社会行为。<u>亲社会行为</u>是指任何对他人、对社会有利的行为，如帮助他人、自觉保护环境等。<u>助人行为</u>是指以个人为对象的亲社会行为。利他行为具有四个特征：第一，自愿性。利他行为是自觉自愿的，不是外界强迫的。第二，利他性。以有利于他人为唯一的目的。第三，无偿性。利他行为是不求任何回报的无私奉献。第四，损失性。利他行为具有自我牺牲性，它需要个人付出一定的代价。

20世纪70年代，美国的两位心理学家对利他行为进行研究，发现了责任分散效应（旁观者效应）。所谓<u>责任分散效应</u>是指随着旁观人数的增多，利他行为有减少的趋势，或者说，他人在场对个体利他行为所产生的抑制作用，这一现象让我们看到了利他行为复杂的一面。

（2）侵犯行为

<u>侵犯行为</u>又称为攻击行为，是一种有意伤害他人、引起他人生理上痛苦的行为。侵犯行为有几个特点：首先，侵犯行为具有外显性；其次，侵犯行为具有伤害性，即侵犯行为对他人造成了损害；再次，侵犯行为具有有意性，即行为者具有伤害的动机和意图。

中小学中经常出现的侵犯行为有哪些控制办法呢？

① 宣泄法。宣泄即能量的自然释放，一个人有了强烈的侵犯性情感，如果让他以某种方式把这种情感释放和表达出来，就能达到消除其侵犯行为的目的。

② 惩罚法。对侵犯行为进行惩罚，能够抑制侵犯行为，但是惩罚的运用要慎重，因为惩罚本身也是一种侵犯，对被惩罚者起着示范作用。要使惩罚取得积极效果，应当注意适时、适度、适量、公正。

③ 移情法。移情是对他人的了解和认同，是设身处地站在他人的立场上思考问题，体验他人的感受。可以采用角色扮演的方法，让一个攻击性强的孩子扮演一个被攻击的角色，了解其痛苦。

④ 认知干预。在日常生活中，应教会个体对接受的社会信息进行正确分析，帮助个体进行非敌意归因，逐渐发展起一套更具适应性的社会行为。

⑤ 榜样作用和大众媒体的宣传。根据社会学习理论，侵犯可以通过模仿习得。为儿童建立积极的榜样而不是宣传暴力，对消除儿童的攻击性行为有至关重要的作用。

3. 说服

说服是一种改变他人态度的最有效的方法，要注意运用说服的效应：（1）<u>睡眠者效应</u>，即由低可信性传递者造成的态度的改变量随着时间的推移而明显增加的效应；（2）<u>好心情效应</u>；（3）<u>接种效应</u>，即由于一个人受到劝导性攻击后引发对同一攻击抵抗强度提高的现象；（4）<u>过度理由效应</u>，即附加的外部理由取代了人们行为原有的内在理由而成为行为支持力量，从而行为由内部控制转向外部控制；（5）<u>留面子效应</u>，即互惠让步技术，开始时提出一个几乎总是被拒绝的极端要求，接着退回到一个更温和的要求（是要求者一开始预先设计的），激发被要求者做出一个互惠的让步；（6）<u>登门槛效应</u>，即在提出一个较大要求前，先提出一个小的要求，从而使别人对较大要求的接受性增大；（7）折扣技巧；（8）<u>滚雪球效应</u>，即一旦获得了起始的优势，雪球就会越滚越大，优势会越来越明显；（9）<u>超限逆反效应</u>，即机体过度接受某种刺激之后出现的逃避反应。

4. 去个性化

在大规模的、互不认识的人群中——无论他们是高兴的（如体育观众）或是愤怒的（如骚乱暴动者），人们常常意识不到自己的个性，似乎把"他们自己"交给了整个人群的情绪和行为，这是一种去个性化现象。<u>去个性化</u>是指个体把自己的情绪和行为融入群体情境的现象。人群中的个人被激发起来并处于匿名状态时，往往会产生去个性化现象。不论是在聚众闹事场合、摇滚音乐会、球赛或是参加礼拜活动，进入去个性化状态的人们更能响应群体行为。

5. 群体极化与群体思维

群体思维是指高内聚力的群体认为他们的决策一定没有错误，为了维持群体表面上的一致，所有成员都必须坚定不移地支持群体的决定，与此不一致的信息则被忽视，即群体决策时的倾向性思维方式。

群体决策可能使个人更加冒险，也可能使个人更加保守，即冒险偏移与谨慎偏移。群体决策比个体决策更容易走极端即群体极化。例如：原来就有种族偏见的高中生，在群体讨论中往往会变得更为极端；而那些原先偏见较少的人，往往变得更没有偏见。

二、正式群体与非正式群体

（一）正式群体

正式群体是指在校行政部门、班主任或社会团体的领导下，按一定章程组成的学生群体。班级、小组、少先队等都属于正式群体。正式群体的目标与任务明确，成员稳定，有一定的组织纪律和工作计划，对增强集体凝聚力起到非常重要的作用。

正式群体的发展要经历松散群体、联合群体和集体三个阶段。（1）松散群体是指学生在空间和时间上结成群体，但成员间尚无共同活动的目的和内容；（2）联合群体的成员已有共同活动的目的，但活动还只具有个人的意义；（3）集体是群体发展的最高阶段，是为实现有公益价值的社会目标，严密组织起来的有纪律及心理凝聚力的群体。成员的共同活动不仅对每个成员有个人意义，而且还有重要的社会意义。

教师在管理正式群体时：（1）要选好班级正式群体中的领导；（2）注意引导和支持；（3）适当授权，鼓励学生的自主管理。

（二）非正式群体

在同伴交往过程中，一些学生自由结合、自发形成的小群体被称为非正式群体。它是同伴关系的一种重要形式。非正式群体具有这样一些特点：（1）成员之间相互满足心理需要；（2）成员之间具有强烈的情感联系和较强的凝聚力，但有可能存在排他性；（3）受共同的行为规范和行动目标的支配，行为上具有一致性；（4）成员的角色和数量不固定。非正式群体对学生个体和正式群体既有积极影响，也有消极影响。教师在管理非正式群体时要注意以下几点：（1）要摸清非正式群体的性质；（2）对积极的非正式群体给予鼓励和帮助；（3）对消极的非正式群体给予适当的引导和干预。

（三）正式群体与非正式群体的协调

课堂管理必须注意协调正式群体和非正式群体的关系。（1）要不断巩固和发展正式群体，使班内学生之间形成共同的目标和利益关系，产生共同遵守的群体规范，并以此协调大家的行动，满足成员的归属需要和彼此之间的相互认同，从而使班级成为坚强的集体。（2）要正确对待非正式群体。在支持、保护积极型非正式群体的同时，还要对消极型的非正式群体给予教育、引导和改造，必要时依据校规、法律加以惩处或制裁。

（四）班集体——学生的正式群体

班集体是一种按教育管理要求组织起来的学生正式群体。班集体具有如下特点：1. 教育系统的一体；2. 组建有强制性；3. 成员水平相仿；4. 有共同目标；5. 教师处于核心地位。班集体的心理功能如下：1. 满足成员需要；2. 提供社会化机会；3. 比较调节。

三、群体动力

不管是正式群体还是非正式群体，都有群体凝聚力、群体规范、群体气氛以及群体成员的人际关系。所有这些影响群体与个人行为发展变化力量的总和就是群体动力。"团体动力"一词最初由勒温于1939年提出。

（一）群体凝聚力

群体凝聚力是指群体对成员的吸引力和成员之间的相互吸引力。它可以通过群体成员对群体的忠诚、责任感、荣誉感、成员间的友谊感和志趣等来说明。关系融洽、凝聚力强的班级，会使学生产生强烈的自豪感和认同感，顺利完成课堂教学任务。凝聚力常常成为衡量一个班集体成功与否的重要标志。

教师应采取以下措施提高课堂里群体的凝聚力：（1）了解群体凝聚力的情况；（2）帮助课堂里所有学生对一些重大事件和原则问题保持共同的认识和评价，形成认同感；（3）引导所有学生在情感上加入群体，形成归属感；（4）当学生表现出符合群体规范和群体期待的行为时，给予赞许和鼓励，形成力量感。

（二）群体规范

群体规范是约束群体内成员的行为准则，包括成文的正式规范和不成文的非正式规范。正式规范是有目的、有计划地教育的结果。非正式规范的形成则是成员们约定俗成的结果，受模仿、暗示和顺从等心理因素的制约。群体规范会形成群体压力，对学生的心理和行为产生极大影响，还可能导致从众现象的发生。群体规范通过从众使学生保持认知、情感和行为上的一致，并为学生的课堂行为划定方向和范围，成为引导学生行为的指南。

（三）课堂气氛

1.课堂气氛的概念与作用

课堂气氛是指在课堂上占优势地位的态度和情感的综合状态。

群体气氛具有独特性，不同的课堂往往有不同的气氛，即使是同 课堂，也会形成不同教师的气氛区。一种课堂气氛形成后，往往能维持相当长的一段时间，而且不同的课堂活动也会被同样的课堂气氛所笼罩。群体气氛对个体的活动是产生促进作用还是阻碍作用，主要取决于四个因素：一是活动的难易；二是竞赛动机的激发；三是被他人评价的意识；四是注意的干扰。

2.课堂气氛的类型及特征

通常情况下课堂气氛可以分为积极的、消极的和对抗性的三种类型。

积极的课堂气氛的特征是：课堂纪律良好，师生关系融洽；学生精神饱满，注意力集中，专心听讲，积极思维，反应敏捷，发言踊跃；课堂气氛热烈活跃与祥和。

消极的课堂气氛的特征是：课堂纪律问题较多，师生关系疏远；学生无精打采，注意力分散，反应迟缓；多数学生处于被动应付教师的状态；不少学生做小动作，情绪压抑等。

对抗的课堂气氛的特征是：课堂纪律问题严重，师生关系紧张；学生随心所欲，各行其是；注意力指向无关对象；教师无法正常上课，时常被学生打断或不得不停下来维持课堂纪律，基本上是一种失控的课堂状态。

3.影响课堂气氛的因素

影响课堂气氛的因素主要有教师、学生和课堂环境。

（1）教师的因素

教师在课堂教学中起主导作用，教师的领导方式、教师的威信、教师对学生的期望、教师的情绪状态以及教师的教学能力是影响课堂气氛的主要因素。

① 教师的领导方式直接影响课堂气氛的形成。在专制型领导、民主型领导和放任型领导这三种不同的领导方式中，民主型领导方式的课堂气氛最好。专制型领导对控制课堂秩序混乱、人际关系紧张的班级比较有效。

② 教师的威信通过对学生情感体验的直接影响来制约课堂气氛。当有威信的、受学生尊重的教师上课时，学生就会情绪饱满、精神振奋、专心听讲；反之，学生则表现出无精打采或过度紧张的状态。

③ 教师对学生的高期望能够对学生产生激励作用，激发学生的学习兴趣，提高对教师的信赖感；而教师对学生的低期望则可能导致学生自暴自弃、降低学习兴趣，从而影响课堂气氛。教师期望通过四种途径影响课堂气氛：接受、反馈、输入、输出。

④ 教师的积极情绪状态往往会投射到学生身上，使教师与学生的意图、观点和情感联结起来，从而在师生间产生共鸣性的情感反应，有利于创造良好的课堂气氛。焦虑是教师对当前或预计到可能对自己的自尊心构成威胁时做出的一种情绪反应倾向。适度的焦虑能够激起教师努力改变课堂现状，避免呆板或恐慌反应，从而推动教师不断努力以谋求最佳的课堂气氛，过高或过低的焦虑都会对课堂气氛产生不良的影响。

（2）学生的因素

学生是课堂活动的主体，课堂气氛是师生共同营造的，因此，学生因素对课堂气氛的影响也是至关重要的。

首先，学生对集体目标的认同是良好课堂气氛形成的必要前提。其次，学生自觉遵守课堂纪律，具有良好的品德和学习习惯，有利于形成良好的课堂气氛。此外，课堂中的集体舆论、学生之间的合作与竞争关系，都会影响课堂气氛。

（3）课堂物理环境因素

课堂物理环境主要是指教学时间和空间因素构成的特定的教学环境，包括教学的时间安排、班级规模、教室内的设备、光线、座位编排等。能让大多数人觉得舒适的课堂物理环境，有利于形成和维持良好的课堂气氛。

4. 营造良好积极的课堂气氛的方法

苏联教育家苏霍姆林斯基说过："如果教师不去设法在学生身上形成这种情绪高涨、智力振奋的内部状态，那么知识只能引起一种冷漠的态度，而不动感情的脑力劳动只会带来疲劳。甚至最勤奋的学生，尽管他有意识地集中自己的努力去识记教材，他也会很快地'越出轨道'，丧失理解因果联系的能力。"为了营造积极的课堂气氛，需要做好以下几个方面的工作：（1）建立和谐的课堂人际关系是创设良好课堂气氛的基础；（2）灵活运用各种教学方法；（3）采用民主的领导方式；（4）给予学生合理的期望。

（四）课堂里的人际关系

1. 人际关系概述

（1）概念

人际关系是人与人之间在相互交往过程中所形成的比较稳定的心理关系或心理距离。人际交往是教师和学生在课堂里传递信息、沟通思想和交流情感的过程。语言符号系统和非语言符号系统是主要的人际交往工具。

（2）人际需要理论

美国心理学家舒茨提出了人际需要的理论，最基本的人际关系需要有以下三类：

① 包容需要。这种需要表现为希望与别人发生相互作用、建立联系并维持和谐关系的愿望。强烈的

包容需要会提高与他人的相互作用水平，交往行为以沟通、相容、归属为特征，否则会降低与他人的相互作用水平，使人在交往中表现出孤立、退缩、疏离、忽视、排斥的特征。

② 控制需要。这种需要表现为在权力或权威基础上与别人建立和维持良好关系的愿望。控制需要较强的人，其行为特征表现为运用权力、支配和领导他人，而反向的表现则比较复杂，或是抗拒权威、忽视秩序，或是受人支配、追随别人等。

③ 感情需要。这种需要表现为在情感上与他人建立和维持良好关系的愿望。由此产生的积极动机和行为包括喜爱、亲密、关怀等。需要缺乏时则表现为冷漠、厌恶、憎恨、疏远等。

（3）人际关系中的心理效应（社会知觉偏差）

① 首因效应

"首因"也可以说是第一印象，一般指人们初次接触时各自对交往对象的直觉观察和归因判断。在人际交往中，首因效应对人们交往印象的形成起着重要作用。

初次见面时，对方的表情、体态、仪表、服装、谈吐、礼节等形成了我们对对方的第一印象。现实生活中，首因效应作用下形成的第一印象常常左右着我们对他人的日后看法。因为第一印象一旦形成，就不容易改变。

初次印象是长期交往的基础，我们在人际交往中应该注意留给他人好的第一印象。如何做呢？首先，我们应该注重仪表，比如衣着要整洁、服饰搭配要和谐得体等；其次，我们要注意自己的言谈举止，为此必须锻炼和提高言谈技能，掌握适当的社交礼仪。

② 近因效应

首因效应一般在交往双方还彼此生疏的阶段特别重要，而随着双方了解的加深，近因效应就开始发挥它的作用了。近因效应是相对于首因效应而言的，是指交往过程中，我们对他人最近、最新的认识占了主导地位，掩盖了以往的评价，也称为"新颖效应"。比如，你一个平凡的老邻居突然做了官，你就会一扫其平凡的印象，对其刮目相看；再比如，你的一个好朋友最近做了一件对不起你的事情，你提起他来就只记得他的坏处，完全忘了当初的好处。这一切都是近因效应的影响。

近因效应给了我们改变形象、弥补过错、重新来过的机会。例如，两个朋友因故"冷战"一段时间后，一方主动向对方表示好感或歉意，往往会出乎意料地博得对方的好感，从而化解恩怨。

③ 晕轮效应

所谓晕轮效应，是指我们在评价他人的时候，常常喜欢从某一点特征出发来得出或好或坏的全部印象，就像光环一样，从一个中心点逐渐向外扩散成为一个越来越大的圆圈，因此有时也称光环效应。晕轮效应对人际交往有很大的影响。多数情况下，晕轮效应常使人出现"以偏概全"的错误，影响理性人际关系的确立。话说回来，晕轮效应可以增加个体的吸引力而有助其获得某种成功，这或许是有利的一面。

晕轮效应具有遮掩性、表面性和弥散性。"一好百好，一差百差"，"一俊遮百丑"，成语中的"爱屋及乌""厌恶和尚，恨及袈裟"就是晕轮效应弥散的体现。晕轮效应的极端化就是推人及物了，从喜爱一个人的某个特征推及喜爱他整个人，又进而从喜爱他这个人泛化到喜爱一切与他有关的事物。这就是所谓"爱屋及乌"。"名人效应"和男女朋友之间的"情人眼里出西施"也正是体现了这一点。为了防止晕轮效应的不利影响，我们要善于倾听和接受他人的意见，尽量避免感情用事，全面评价他人，理性地和人交往。

④ 刻板效应

我们在评价他人时，往往喜欢把他看成是某一类人中的一员，而很容易认为他具有这一类人所具有的共同特性，这就是**刻板效应**。比如：北方人常被认为性情豪爽、胆大正直；南方人常被认为聪明伶俐、随机应变；商人常被认为奸诈，所谓"无商不奸"；教授常常被认为是白发苍苍、文质彬彬的老人。

刻板效应在人际关系交往中既有积极作用，又有消极作用：积极作用在于它简化了我们的认识过程，因为当我们知道某类人的特征时，就比较容易推断这类人的个体特征，尽管有时候有所偏颇；消极作用，常使人以点带面、固执待人，使人产生认知上的错觉，比如种族偏见、民族偏见、性别偏见等就是刻板效应下的产物。

总之，刻板印象指的是人们对某个特定的群体（以宗教、性别、民族或地域划分）或事物产生的比较固定、概括而笼统的看法。这也是人们通常所说的"戴着有色眼镜看人"。学生往往存在着刻板印象威胁，即学生个体因对自己在学业情境下的表现可能会证实人们对他所持有的刻板印象而怀有的额外的情绪和认知负担。教师对学生所持有的刻板印象会从两个方面对学生产生长期或短期的不良影响。一方面，刻板印象会影响教师对学生的期望，而教师对学生的期望和行为会导致学生成为教师期望他所成为的那种人。例如，物理老师如果认为数学成绩好的学生物理学的更好，那么他就会在日常教学中对这类学生更关注，给的表扬和赞许更多。即便数学成绩一高一低两个学生在一次物理考试中考了同样的高分，该老师会认为数学成绩高的学生学得好，而数学成绩低的学生则是因为运气好罢了。另一方面，当把个体置于刻板印象情境中时，会给他增加额外的情绪和认知负担。这种负担可能来自他们要让自己迎合这种刻板印象，如身体强的男孩要证明自己体育不差；也可能来自个体要证明这种刻板印象的不正确性，如女孩要证明自己数学并不差。

⑤定势效应

定势效应也称为心理定势效应。**心理定势**，是指人们在认知活动中用"老眼光"——已有的知识经验来看待当前事务的一种心理倾向。或许你听过这样一个故事：有一个农夫丢失了一把斧头，怀疑是邻居的儿子偷的。于是他观察邻居的儿子的言行举止，没有一点不像偷斧头的贼。后来农夫在深山里找到了丢失的斧头，再看邻居的儿子，怎么看也不像一个贼了。这个农夫就是受了心理定势效应的左右。

在人际交往中，定势效应常使人们对他人的认知固定化。比如：与老年人交往，我们往往会认为他们思想僵化、墨守成规、过时落伍；与年轻人交往，又会认为他们"嘴上无毛，办事不牢"；与男性交往，往往会觉得他们粗手粗脚、大大咧咧；与女性交往，则会觉得她们柔柔弱弱、心细如针；与一向诚实的人交往，我们会觉得他始终不会说谎；碰到圆滑的人，我们定会倍加小心。知道了定势效应的负面影响，我们就应该注意克制，看待别人要"与时俱进"，要有"士别三日，当刮目相看"的精神。

⑥投射效应

投射效应，就是"以己论人"，常常以为别人与自己具有同样的爱好、个性等，常常以为别人应该知道自己的所想所思。投射效应是一种严重的认知心理偏差。它是由怀疑引起的对别人人格的歪曲。"以小人之心度君子之腹"就是投射效应的典型写照。当别人的想法或行为与我们不同时，我们习惯用自己的标准去衡量别人，从而认为别人是错的。喜欢嫉妒的人常常认为每个人每天都在嫉妒。

克服投射效应的消极作用，我们应该辩证地、一分为二地看待自己和他人，严于律己、客观待人，尽量避免以自己的标准去判断他人。

此外，还应注意利用**破窗效应**（环境暗示的重要性与亡羊补牢）、**霍桑效应**（实验者效应，当即被观察者知道自己成为观察对象、受到别人注意时，会改变行为倾向）、**蝴蝶效应**（防微杜渐）、**鲇鱼效应**（竞争）、**马太效应**（两极分化与公平问题："凡有的，还要加倍给他叫他多余；没有的，连他所有的也要夺过来"）、**超限效应**（刺激过多、过强或作用时间过久引起不耐烦）等心理效应在人际交往中的作用。

（4）中小学生主要的人际关系

中小学生主要的人际关系包括亲子关系、师生关系和同伴关系。① 亲子关系。这是儿童与父母之间建立起的一种人际关系。小学生与父母在总体上仍保持着亲密关系，但随着人际交往的逐渐丰富，与父母的关系开始从依赖走向自主。到了初中阶段，学生的身心发生很大变化，独立意识和成人感增强，与父母的冲突增多。② 师生关系。小学低年级学生对教师绝对崇拜和服从，高年级学生的独立性和评价能力增长，开始对老师做出评价。中学阶段教师的影响力有所下降，学生对教师不再盲目接受，并逐渐提出一些新的理性要求。③ 同伴关系。这是年龄相同或相近儿童之间的一种共同活动并相互协作的关系。随着同伴交往的增多，同伴关系在儿童入学后日益重要，交往方式、择友要求也不断变化；而且，在意识到性别问题后，男女生之间的关系也会出现新的特点。小学儿童的择友特点表现出明显的同质性和趋上性。择友的同质性是指儿童倾向于选择与自己的兴趣、习惯、性格和经历相似的人做朋友。择友的趋上性是指儿童倾向于选择品行得到社会赞赏的人为朋友。中学生友谊占据十分重要和特殊的地位，小团体现象突出。

（5）影响学生人际关系的因素

现有的研究表明，距离的远近、交往的频率、态度的相似性、个性的互补以及外形等因素是影响人际吸引和排斥的主要因素。

① 相似性因素：相似度越低，人际关系越容易疏远，如"物以类聚，人以群分""同是天涯沦落人，相逢何必曾相识""志不同，道不合，不相与谋"。

② 接近性因素：空间距离的接近对发展相互关系能起到促进作用，但要有一定的"度"，如"远亲不如近邻""近水楼台先得月"。

③ 补偿性因素：补偿包括获得别人肯定、同情、勉励、援助等，如夫妻"性格互补"。

④ 仪表因素，如"颜值控"。

2.课堂里主要的人际交往与人际关系

人际交往是指人与人之间传递信息、沟通思想和交流情感等方面的联系过程。人际沟通所使用的符号系统可分为语言符号系统和非语言符号系统两类。

（1）学生间的人际交往与人际关系

① 吸引与排斥

人际吸引是指交往双方出现相互亲近的现象，它以认知协调、情感和谐及行动一致为特征；人际排斥则是交往双方出现关系极不融洽、相互疏远的现象，以认知失调、情感冲突和行动对抗为特征。距离的远近、交往的频率、态度的相似性、个性的互补性以及外形等因素是影响人际吸引和排斥的主要因素。课堂管理必须重视课堂里的被嫌弃者和被孤立者。

② 合作与竞争

合作是指学生们为了共同目的在一起学习和工作或者完成某项任务的过程。合作是实现课堂管理促进功能的必要条件。竞争指个体或群体充分实现自身的潜能，力争按优胜标准使自己的成绩超过对手的过程。

竞争的优缺点：适量和适度的竞争，不但不会影响学生间的人际关系，而且还会提高学习和工作的效率；但是，竞争有可能使一部分学生过度紧张和焦虑，容易忽视活动的内在价值和创造性。竞争与合作是对立统一的，它们都以能否满足各自的利益为转移。有效的课堂管理应该协调合作与竞争的关系，使两者相辅相成，成为实现促进功能的有益手段。

（2）师生间的人际交往与人际关系

师生之间的人际交往与人际关系有四种：① 单向交往；② 双向交往；③ 师生保持双向交往；④ 教师为中心的师生之间的双向交往。

单向交往，教学效果差；双向交往比单向交往教学效果好；师生保持双向交往，也允许学生之间的交往，教学效果很好；教师成为互相交往的中心，并且促使所有学生与教师形成双向交往，教学效果最佳。

第三节　课堂纪律管理

一、课堂纪律概述

（一）概念

为了维持正常的教学秩序，协调学生的行为，以求课堂目标的最终实现，必然要求学生共同遵守课堂行为规范，从而形成课堂纪律。课堂纪律是对学生课堂行为所施加的准则与控制。

（二）分类

根据形成途径，课堂纪律一般可分为以下四类：

1. 教师促成的纪律

即在教师的指导帮助下形成的班级行为规范。刚入学的儿童往往需要较多的监督和指导，课堂纪律主要是由教师制定的。随着年龄的增长和自我意识的增强，学生开始反对教师过多的限制，对教师促成的纪律的要求降低，但它始终是课堂纪律的一种重要类型。

教师促成的纪律应该包括结构的创设和体贴。教师的指导、监督、惩罚、规定、限制、奖励、操纵、组织、安排日程和维护标准等，都属于结构的创设。而体贴则包括同情、理解、调解、协助、支持、征求和采纳学生的意见等。

2. 集体促成的纪律

即在集体舆论和集体压力的作用下形成的群体行为规范。从儿童入学开始，同辈人的集体在促进儿童社会化方面就开始发挥重要的作用。随着年龄的增长，学生受同辈群体的影响会越来越大，开始以同辈群体的集体要求和价值判断作为自己的行为准则，以"别人也都这么干"为理由而做某件事情。

3. 任务促成的纪律

即某一具体任务对学生行为提出的具体要求。在日常学习过程中，每项学习任务都有它特定的要求，或者说特定的纪律，例如课堂讨论、野外观察、制作标本等。

4. 自我促成的纪律

简单说就是自律，即在个体自觉努力下由外部纪律内化而成的个体内部的约束力。形成自我促成的纪律是课堂纪律管理的最终目标。

二、课堂结构与课堂纪律

学生、学习过程和学习情境是课堂的三大要素，这三大要素的相对稳定的组合模式就是课堂结构，包括<u>课堂情境结构</u>和<u>课堂教学结构</u>。课堂情境结构是与教学内容无关的学生、学习过程和学习情境三大要素的组合模式，主要包括班级规模的控制、课堂常规的建立和学生座位分配。课堂教学结构是与教学内容相关的学生、学习过程和学习情境的组合模式，它使教师有条不紊地按照教学设计进行教学，主要包括教学时间的合理利用、课程表的编制和教学过程的规划。

（一）课堂情境结构

1. 班级规模的控制

班级过大容易限制师生交往和学生参加课堂活动的机会，阻碍课堂教学的个别化，有可能导致课堂出现较多的纪律问题。

2. 课堂常规的建立

课堂常规是每个学生必须遵守的最基本的日常课堂行为准则。它赋予学生的课堂行为以一定的意义，使学生明白行为所依据的价值标准，具有约束和指导学生课堂行为的功能。

3. 学生座位的分配

研究发现，分配学生座位时，教师主要关心的是减少课堂混乱。其实，<u>分配学生座位时，最值得教师关注的应该是对人际关系的影响</u>。学生座位的分配一方面要考虑课堂行为的有效控制，预防纪律问题的发生；另一方面又要考虑促进学生间的正常交往，形成和谐的师生关系。

（二）课堂教学结构

1. 教学时间的合理利用

学生在课堂里的活动可以分为学业活动、非学业活动和非教学活动三种类型。<u>在通常情况下，用于学业活动的时间越多，学业成绩越好</u>。

2. 课程表的编制

课程表是使课堂教学有条不紊进行的重要条件。既要将核心课程安排在学生精力最充沛的时间，又要注意不同性质学科的交错安排。在编制中要注意：第一，尽量将语文、数学、外语等核心课安排在学生精力最充沛的上午，而将音乐、美术、体育、习字等技能课安排在下午。第二，<u>文科与理科、形象性与抽象性学科应交错安排</u>，避免学生产生疲劳和厌烦。第三，新、老教师教平行班的时间间隔要不同。新教师间隔时间短，以保证第二班的教学效果更优；老教师间隔时间长，以避免简单重复产生乏味感。

3. 教学过程的规划

教学过程的合理规划是维持课堂纪律的又一个重要条件，不少纪律问题就是因教学过程的规划不合理造成的。

（三）维持课堂纪律的策略

1. 建立有效的课堂规则

课堂规则是课堂成员应遵守的课堂基本行为规范和要求。建立积极、有效的课堂规则可以从以下几个方面考虑：（1）由教师和学生充分讨论，共同制定；（2）尽量少而精，内容表述多以正面引导为主；（3）及时制定、引导与调整课堂规则。

2. 合理组织课堂教学

（1）增加学生参与课堂的机会；（2）保持紧凑的教学节奏，合理布置学业任务；（3）处理好教学活动之间的过渡。

3. 做好课堂监控

教师应及时预防或发现课堂中出现的一些纪律问题，并采取言语提示、目光接触等方式提醒学生注意自己的行为。

4.培养学生的自律品质

促进学生形成和发展自律品质，是维持课堂纪律的最佳策略之一。（1）教师要对学生提出明确的要求，加强课堂纪律的目的性教育；（2）引导学生对学习纪律持有正确、积极的态度，产生积极的纪律情感体验，进行自我监控；（3）集体舆论和集体规范是促使学生形成和发展自律品质的有效手段。

三、课堂问题行为及其应对

（一）问题行为概述

1.问题行为概念

问题行为指不能遵守公认的正常儿童行为规范和道德标准、不能正常与人交往和参与学习的行为。

2.问题行为的性质和特征

课堂问题行为的基本特征是消极性、普遍性，其程度以轻度为主。课堂问题行为是一种普遍行为，也是一种消极行为。

3.问题行为与后进生的区别

后进生是对少数学生的一种总体评价，他们往往有较多的问题行为。问题行为是一个教育性概念，主要是针对学生的某一种行为而言的，而且除了后进生有问题行为之外，优秀学生有时也有可能发生问题行为。

（二）问题行为的分类

威尔曼把破坏课堂秩序、不遵守纪律和不道德的行为等归纳为扰乱性的问题行为；把退缩、神经过敏等行为归纳为心理问题行为。奎伊提出另一种划分法：人格型、行为型、情绪型。我国学者把问题行为分为违纪行为和心理行为两类。

（三）问题行为的原因分析

课堂不良行为最常见的强化物一般有两种：一是获得老师和同伴的注意，一是逃避不愉快的状态或活动。

1.教师的注意

有时候，学生表现出不良行为是为了获得教师的注意，其解决办法是尽量忽视他们，当他们表现不良时只注意那些表现好的学生。

2.同伴的注意

学生表现不良另一个普遍的原因是为了获得同学的注意和赞赏，教师可以采用以下两种方法：一是将犯规者从班上驱逐出去，以剥夺同伴的注意；二是使用集体绩效，根据全班（或小组）所有成员的表现给予奖励，可以消除同伴对不良行为的支持。

3.逃避不愉快的状态或活动

不良行为的第三个重要的强化就是逃避烦闷、挫折、乏味和不愉快的活动。解决这一原因引起的不良行为的最好方法就是防患于未然。使用合作学习的方法，选择具有挑战性又不是很难的学习材料等，让学生积极参与课堂，帮助学生获得成功，从而消除因挫折而引起的行为问题。

（四）课堂问题行为的预防与处理

1.课堂问题行为的预防

维持管理体系的最佳方法是防患于未然。课堂规则和程序一旦建立，就要监督学生的行为，要求学生严格遵守，以防微杜渐。对于课堂不良行为要以预防为主，以处理为辅。科宁（Kounin）等在一项课堂管理研究中观察比较了有效管理者和无效管理者的行为，并且总结了可以很好地预防问题的四个方面：明察秋毫、一心多用、关注整体和转换管理。

（1）明察秋毫

明察秋毫是指教师要让学生知道他注意到了课堂里发生的每一件事，要求教师在课堂上以扫视的目光与学生的目光保持接触。

（2）一心多用

一心多用是指同时跟踪和监督几个活动，这同样需要教师不断地监控全班。

（3）关注整体

关注整体是指使尽量多的学生投入到班级活动中去，避免把注意力集中在一两个学生身上。在课堂上，所有的学生都应当有事可做。

（4）转换管理

转换管理的目的是使课和全班学生能够顺利地完成过渡，有适当而灵活的进度，能够多样化地变换活动。

2. 课堂问题行为的矫正与处理

对于课堂问题行为的矫正和处理，在选择处理策略前要注意：一是对问题行为的干预在多大程度上妨碍教学活动；二是把握问题行为的性质和严重程度；三是对于不同孩子既要一视同仁也要因人而异。

在处理日常课堂行为问题时，要以最少干预为原则，要用最简短的干预纠正学生的行为，尽量做到既有效又不打断上课。下面是一系列处理典型纪律问题的策略。这些策略是根据中断上课的程度排列的，前面的策略中断程度最小，后面的策略中断程度最大。

（1）教师非言语线索

教师使用非言语线索能消除许多课堂上的不良行为，而且不必中断上课。这些非言语线索包括目光接触、手势、身体靠近和触摸等。

（2）表扬学生与不良行为相反的行为

对学生来说，表扬是强有力的激励。如果学生常擅离座位，教师就要在他们坐在座位上认真学习时表扬他们。

（3）表扬做出良好行为的学生

表扬做出良好行为的学生，往往会使其他学生向他学习。

（4）简单的言语提醒

如果以上策略不能奏效，简单的言语提示可能会使学生重新回到学习上来。在学生犯规之后，教师要马上给予下面的提醒以表达对其未来行为的期望：告诉学生应该遵守规则，做老师要求做的事，而不要再做错事。教师也可以用一种平和、友好的方法引导学生自己说出正确的规则和程序并严格遵守。值得注意的是，给予提醒要对事不对人，尽管某个学生的表现令人无法容忍，但他本人始终应受到班级的接纳。

（5）反复提醒

教师应明确地告诉学生他们该怎么做，并且反复提醒直到学生接受为止。当学生认识到教师立场坚定并且会采取适当的措施时，违规的学生往往会收敛或纠正不良行为。

（6）应用后果

当前面所有的步骤都不奏效时，最后一招就是应用后果，让学生做出选择：要么听从，要么后果自负。如，把学生逐出教室、让学生站几分钟、剥夺学生的某些权力、让学生放学后留下，或者请学生家长等。不听从的后果应当是轻微的不快、时间短、并且尽可能在行为发生之后马上实施，而且老师要说话算数，尽量不要使用长时间的严厉的惩罚。后果必须能够贯彻实施，切不可干吓唬或者比较含糊。当后果实施完后，教师尽量不要再提这件事情。

四、处理严重的问题行为

我们可以根据实用行为分析，即应用行为主义学习原则来分析课堂行为，采用具体的行为矫正策略来预防和处理不良行为。常用的实用行为分析程序有：以家庭为基础的强化策略、日常报告卡程序、信物强化和集体绩效系统。一般地，前两者适用于个体学生，后两者适用于整班。

1. 以家庭为背景的强化

以家庭为背景的强化是指把学生在学校的行为报告给家长，家长提供奖励，常常被用来改善个别在课堂上捣乱的学生的行为，也可用于整个捣乱的班级。

2. 个人日志卡

日志卡是要求父母参与并且强化所期望的结果的一种行为管理系统。

3. 整班代币强化

整班代币强化是指学生能把因学习和积极的课堂行为而获得的代币，如小红星、分数等，变换成他们想要的奖品的一种强化系统。

4. 集体绩效系统

集体绩效系统是根据集体成员的行为对整个集体进行奖励的一种强化体系。它最适合于获得同伴注意的学生，比其他行为矫正方法更容易实施。

真题回顾与模块自测

一、单选题

1. 数学课上，学生由于惧怕教师而出现了紧张、拘谨、反应被动、心不在焉等现象，这种课堂气氛属于（　　）。（2020.11.8枣庄峄城真题）

　A. 积极型　　　　B. 对抗型　　　　C. 失控型　　　　D. 消极型

2. 新学期刚开始，小刘申请加入学校的轮滑社，希望在这个社团里能交到志趣相投的朋友。学校的轮滑社属于非正式群体，非正式群体具有的特征不包括（　　）。（2020.11.14德州陵城真题）

　A. 情感维系性　　　B. 心理凝聚性　　　C. 行为一致性　　　D. 内部成员稳定

3. 人们在群体中，一旦面临群情高涨，情绪激动时，极易丧失理智，做出与其身份和个性极不相符，与平时判若两人的举动来。这种现象属于（　　）。（2020.9.26济南钢城、山东护理学院真题）

　A. 群体极化　　　　B. 去个体化　　　C. 社会干扰　　　D. 社会助长

4. 小刘同学独自背诵课文时语言流畅，在班级同学面前背诵课文时，断断续续，总有卡顿，这一现象体现的是（　　）。（2020.7.31烟台牟平真题）

　A. 社会抑制　　　　B. 社会惰化　　　C. 去个性化　　　D. 群体极化

5. 通常情况下，一提到护士我们就会想到心细、体贴人、讲卫生，一提到空姐我们就会想到年轻、美丽

和高薪，这种现象在心理学上称之为（　　　）。（2020.8.6济南十区县联考真题）

A. 首因效应　　　　　　　B. 刻板效应　　　　　　　C. 晕轮效应　　　　　　　D. 偏见效应

6. 编制课程表时，尽量将文科与理科，形象性的学科与抽象性的学科（　　　）。（2020.7.31德州夏津真题）

A. 随机安排　　　　　　　B. 分类安排　　　　　　　C. 集中安排　　　　　　　D. 交错安排

二、多选题

1. 课堂管理是教师为了完成教学任务，调控人际关系，创造和谐教学环境，引导学生学习的一系列教学行为方式。下列属于影响课堂管理因素的是（　　　）。（2020.9.26济南钢城、山东护理学院真题）

A. 教师的领导风格　　　B. 班级规模　　　　　　C. 班级的性质　　　　　　D. 对教师的期望

2. 课堂管理是维持课堂秩序的重要手段，教师有效制止学生课堂不良行为的做法有（　　　）。（2020.7.18青岛真题）

A. 提供可选择的目标行为

B. 严厉地要求停止与任务无关的行为

C. 给学生提供足够的信息，使之明确理解课堂的要求

D. 忽视与任务无关的行为，对与任务有关的行为进行表扬

【参考答案】

一、单选题

1. D　2. D　3. B　4. A　5. B　6. D

二、多选题

1. ABCD　2. ACD

第十二章　心理健康及其教育

在竞争越来越激烈的现代，具有健康心理既是个体取得成功的必要保证，也是时代发展对教育提出的必然要求。

■思维导图

```
                                              心理健康的概念与标准
                                   心理健康教   心理健康教育的意义
                                   育概述      中小学生常见的心理健康问题
           心理健康及其教育
                                   心理评估与   心理评估
                                   心理辅导     心理辅导
```

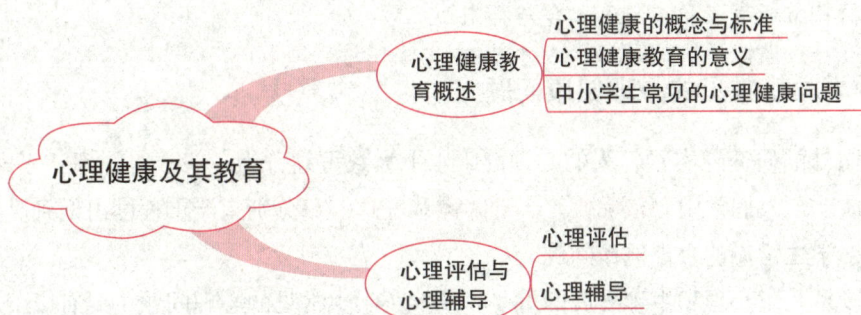

第一节　心理健康教育概述

一、心理健康概述

（一）心理健康的概念

健康指的是有机体的一种机能状态，一般指机能正常，没有缺陷和疾病。世界卫生组织（WHO）指出健康应包括生理、心理、社会适应和道德健康等。

所谓心理健康，就是一种良好的、持续的心理状态与过程，表现为个人具有生命的活力、积极的内心体验、良好的社会适应，能够有效地发挥个人的身心潜力以及作为社会一员的积极的社会功能。

心理健康是人类个体对其生存其间的社会环境的一种高级适应状态，它是人类个体对社会影响所做出的一种调节功能。它至少包括两层含义：一是无心理疾病；二是有一种积极发展的心理状态。

（二）心理健康的标准

国内外学者对心理健康的判断标准存在差别。心理健康的一般标准包括智力正常、情绪稳定乐观（情绪良好）、人际关系和谐（人际和谐）、人格完整、正确的自我观、良好的环境适应能力（社会适应）、心理行为表现符合年龄特征等。此外，归纳不同研究者的观点，目前比较公认的现代心理健康标准（综合标准）为：（1）对现实的有效知觉；（2）自知自尊与自我接纳；（3）自我调控能力；（4）与人建立亲密关系的能力；（5）人格结构的稳定与协调；（6）生活热情与工作高效率。

理解与把握此标准应考虑以下几个问题：首先，判断一个人心理健康状况应兼顾个体内部协调与对外良好适应两个方面。其次心理健康概念具有相对性。心理健康有高低层次之分。高层次（积极的）心理健康不仅没有心理疾病，而且能充分发挥个人潜能，发展建设性人际关系，从事具有社会价值和创造性的活动，追求高层次需要满足，追求生活的意义。再次，心理健康既是一种状态，也是一种过程。最后，心理健康与否，在相当程度上可以说是一个社会评价问题。

（三）心理健康的教育意义

1. 预防精神疾病、保障学生心理健康

2. 提高学生心理素质，促进其人格健全发展

3. 对学校日常教育教学工作的配合与补充

二、中小学生常见的心理健康问题

根据国内外的研究与实践，人的心理健康水平大致可划分为一般常态心理、轻度失调心理、严重病态心理。习惯上，人们常用心理困扰、心理障碍和心理疾病分别指严重程度由低到高的几类心理问题。

（一）小学生常见的心理健康问题

小学阶段是儿童心理和生理发展的重要时期。小学生常见的心理问题主要有以下几种：

1. 儿童多动综合征

儿童多动综合征（简称多动症）是小学生中最为常见的一种以注意力缺陷和活动过度为主要特征的行为障碍综合征。高峰发病年龄为8—10岁，多在7岁前就有异常表现，男孩的患病率明显高于女孩。

多动症儿童的主要特征有：（1）活动过多。这种儿童的多动与一般儿童的好动不同，他们的活动是杂乱无章的，缺乏组织性和目的性的。（2）注意力不集中。注意力集中困难是该类儿童突出的、持久的临床特征。（3）冲动行为。多动症儿童的行动多先于思维，即他们经常未考虑就行动。

多动症产生的原因可能有：（1）先天体质上的原因，如产前、产中和产后缺血、缺氧引起的轻微脑损伤和遗传因素的作用。（2）社会因素。不安的环境可能引起他们的精神高度紧张，如父母的经常性批评等。

多动症的治疗方法如下：（1）多动症可以在医生指导下采用药物治疗。（2）行为疗法。采用各种行为疗法的重点在于培养和发展其自制力、注意力，可用强化奖励法、代币法等。（3）自我指导训练的方法，即引导儿童进行自我对话，加强内部言语对自身行为的引导和控制作用。

2. 学习困难综合征

学习困难综合征主要表现为缺少某种学习技能、诵读困难、计算困难、绘画困难、交往困难等。它是儿童多动症的一种表现，但多动症儿童的学习困难主要是由好动、冲动、注意力缺陷和行为障碍造成的。而患有学习困难综合征的学生，则没有上述多动症的表现，他们在个性发展上是健康的，不存在多

动症儿童的情绪和行为问题。

3. 儿童过度焦虑反应

儿童过度焦虑反应是儿童情绪障碍的一种表现。在小学生中，女生的过度焦虑反应较为多见。过度焦虑的儿童常常对学习成绩、陌生环境反应敏感，担心害怕，甚至惶恐哭闹，显得很不安宁。这类患儿对教师的批评、同学的议论和日常生活中一些看来很小的事情非常敏感。当过度焦虑反应急性发作时，除焦躁、紧张等心理反应外，还伴有睡眠不安稳、做噩梦、说梦话、食欲不振、心慌、气短、汗多、尿频等症状。儿童过度焦虑反应同患儿的焦虑性人格特质以及家庭、环境的影响有密切关系。

4. 儿童厌学症

厌学症又称学习抑郁症，是由于人为因素造成的儿童厌恶学习的一系列症状。

原因：（1）学校教育的失误，如填鸭式教育；（2）家庭教育的不当；（3）社会不良风气的影响，如一切向"钱"看、读书无用论等。

治疗：（1）教师通过灵活多样的课堂教学活动和丰富多彩的第二课堂活动来调动学生的学习积极性；（2）家长需要改变自己的教养态度，采用民主式教养方式，建立和谐的家庭气氛；（3）纠正一些不良的社会风气，尽量避免这些风气对儿童造成不良影响。

5. 儿童强迫行为

儿童强迫行为是儿童情绪障碍的又一表现。强迫现象在正常儿童的发育过程中也可看到。研究发现，7—8岁是继2岁之后正常儿童出现强迫现象的又一高峰期。正常儿童的强迫现象包括反复玩弄手指、摇头、数栏杆、触摸灯柱、踩路沿等。不应把儿童在特定发育年龄出现的这种强迫现象视为异常行为，它不存在明显的心理冲突，只是机械地再三重复某些行为，且未造成严重适应不良，与成人的强迫症有明显区别。

强迫行为的发生除了遗传因素外，主要是社会心理因素和个人心理因素造成的。儿童的强迫行为不存在明显的心理冲突，只是机械地再三重复某些行为。在受到他人干涉时，患儿会感到焦虑不安，甚至发脾气。具有强迫行为的儿童一般智力水平较高，富于幻想，性格内向，遇事犹豫，拘谨固执，自我克制严重。

（二）中学生常见的心理健康问题

1. 焦虑症

焦虑症是以与客观威胁不相适合的焦虑反应为特征的神经症，这是将焦虑作为一种独立的神经症来看。此外，焦虑也是包括焦虑症、抑郁症、强迫症、恐怖症等在内的各种神经症的共同特征。

焦虑是由紧张、不安、焦急、忧虑、恐惧交织而成的一种情绪状态。正常人在面临压力情境，特别是在个人自尊心受到威胁时，也会出现焦虑反应，但他的焦虑与客观情境的威胁程度是相适合的。焦虑症的表现是：紧张不安，忧心忡忡，集中注意困难，极端敏感，对轻微刺激作过度反应，难以作决定。在躯体症状方面，有心跳加快、过度出汗、肌肉持续性紧张、尿频尿急、睡眠障碍等不适反应。

学生中常见的焦虑反应是考试焦虑。其表现是随着考试临近，心情极度紧张；考试时不能集中注意，知觉范围变窄，思维刻板，出现慌乱，无法发挥正常水平；考试后又持久地不能松弛下来。

学生焦虑症状产生的原因是学校的统考，升学的持久的、过度的压力；家长对子女过高的期望；学生个人过分地争强好胜；学业上多次失败的体验等。某些人具有容易诱发焦虑反应的人格基础，遇事易紧张、胆怯，对困难情境作过高程度估计，对身体的轻微不适过分关注，在发生挫折与失败时过分自责。这些人格倾向可称作焦虑品质。

采用肌肉放松、系统脱敏方法，运用自助性认知矫正程序，指导学生在考试中使用正向的自我对话，如"我能应付这个考试""成绩并不重要，学会才是重要的""无论考试的结果如何，都将不会是最后一次"，对于缓解学生的考试焦虑都有较好的效果。

2. 抑郁症

抑郁症是以持久性的心境低落为特征的神经症。过度的抑郁反应，通常伴随着严重的焦虑感。焦虑是个人对紧张情境的最先反应。如果一个人确信这种情境不能改变或控制时，抑郁就取代焦虑成为主要症状。

抑郁症的表现：一是情绪消极、悲伤、颓废、淡漠，失去满足感和生活的乐趣；二是消极的认识倾向，低自尊、无能感，从消极方面看事物，好责难自己，对未来不抱多大希望；三是动机缺失、被动、缺少热情；四是躯体上疲劳、失眠、食欲不振等。

抑郁症是由心理原因造成的，有各种不同理论的解释。大多数抑郁症患者能经治疗或不经治疗而逐渐恢复正常，但有人有复发的倾向。在对有抑郁症状的学生进行辅导时，首先要注意给当事人以情感支持和鼓励；以坚定而温和的态度激励学生做一些力所能及的事情，积极行动起来，从活动中体验到成功与人际交往的乐趣。其次也可采用认知行为疗法，改变学生已习惯的自贬性的思维方式和不适当的成败归因模式，发展对自己、对未来的更为积极的看法。最后，服用抗抑郁药物可以缓解症状。

3. 强迫症

强迫症包括强迫观念和强迫行为。强迫观念指当事人身不由己地思考他不想考虑的事情；强迫行为指当事人反复去做他不希望执行的动作。如果不这样想、不这样做，他就会感到极端焦虑，强迫洗手、强迫计数、反复检查、强迫性仪式动作是生活中常见的强迫症状。大多数人都有过强迫观念，但只有当它干扰了我们的正常适应时，才是神经症的表现。

对强迫症的产生有各种解释。有人认为，强迫观念与强迫动作是我们无意识地防止具有威胁性的冲动进入意识的一种替代方式，一个忙碌于强迫性仪式动作的人，一个脑中充满了琐碎强迫观念的人，必然无机会思考那些具有威胁性的事件与观念。强迫症还与一个人的人格特点有关，有些强迫症患者人格上有这样一些特征：主观任性、过分爱干净、过分谨慎、注意琐事、拘泥于细节、生活习惯刻板，往往有强烈的道德观念。另外，成人禁止子女表达负面的情感，是子女产生强迫症状的十分有代表性的背景特征。日本的森田疗法，强调当事人力图控制强迫症状的努力，以及这种努力所导致的对症状出现的专注和预期，对强迫症状起维持和增强作用。因此，为了矫治强迫症状，应放弃对强迫观念作无用控制的意图，而采取"忍受痛苦，顺其自然"的态度。治疗强迫行为的另一种有效的方法是"暴露与阻止反应"，例如，让有强迫性洗涤行为的人接触他们害怕的"脏"东西，同时坚决阻止他们想要洗涤的冲动，不允许洗涤。

4. 恐怖症

恐怖症是对特定的无实在危害的事与场景的非理性恐惧。恐怖症可分为单纯恐怖症（即对一件具体的东西、动作或情境的恐惧）、广场恐怖症（即害怕大片的水域、空荡荡的街道）和社交恐怖症。中学生中社交恐怖症较多见，包括与异性交往的恐惧。患有社交恐怖症的人害怕在社交场合讲话（如在会场上讲演、在公共场合进餐时交谈），担心自己会因双手发抖、脸红、声音发颤、口吃而暴露自己的焦虑，觉得自己说话不自然，因而不敢抬头，不敢正视对方的眼睛。

精神分析源观点认为恐怖是焦虑的移置。即个人将焦虑转移到不太危险的事物之上，从而避免了对焦虑来源的忧虑。行为主义观点认为恐怖是学习得来的，或者由直接经验中学习得来的（如在受到狗的一次攻击后，发展起来对狗的恐怖），或者由观察学习得来（如观察父母对某种场景的恐怖，而使子女形成同样性质的恐怖），或者由信号学习得来（如一个学生在采黄花时被蜜蜂蜇了，就形成了对黄花的恐怖）。认知派心理学家则认为恐怖症来源于个人对某些事物或情境的危险作了不现实的评估。

系统脱敏法是治疗恐怖症的常用方法，使用这一方法最好要及时进行。想帮助学生克服学校恐怖症，父母要有坚持性和耐心；一方面要坚决而友善地要求孩子回到学校，习惯学校生活。另一方面，改善班级中的人际关系，营造自由、宽松的学习氛围。此外，适当减轻学习压力，使学生获得成功体验，对于克服学校恐怖症同样具有重要意义。

5. 人格障碍与人格缺陷

人格障碍是长期固定的适应不良的行为模式，这种行为模式由一些不成熟的、不适当的压力应对或问题解决方式所构成。有人格障碍的人与有神经症的人相似，都没有丧失与现实接触，也没有明显的行为混乱。人格障碍有许多类型，例如，依赖型人格障碍者有被动的生活取向，不能决策和接受责任，有自我否定的倾向；反社会型人格障碍者有两个显著的特点：一是缺乏对他人的同情与关心，二是缺乏羞耻心与罪恶感。人格障碍一词多用于成人，对于18岁以下的儿童与青少年的类似行为表现通常称作人格缺陷、品行障碍或社会偏差行为。

人格障碍是个体先天素质与后天教养的产物。早期失去父母的爱，从小受到溺爱而缺乏惩戒或受到不一致的惩戒，一直受到保护、从未受到挫折，因而没有能力体验与同情他人的痛苦，父母提供的不正确行为范例等都是影响人格障碍形成的重要因素。班杜拉社会学习原理为有人格障碍的人提供良好行为的范例，奖励他们对良好行为的模仿，促使他们将社会规范与外部价值纳入到自我结构中，对于矫正他们的反社会行为有一定作用。

6. 性偏差

性偏差是指少年性发育过程中的不良适应，如过度手淫行为、迷恋黄色书刊、早恋、不当性游戏、轻度性别认同困难等，一般不属于性心理障碍。但对这些不适应行为，应给予有效的干预。手淫行为本身不是心理障碍，对身体并无损害，也不是罪恶，但应该注意的是对手淫行为的错误观念引起的心理冲突。对于过度手淫行为则要采取转移注意，如转向于参加文体活动的方法予以纠正。

7. 进食障碍

进食障碍包括厌食、贪食和异食癖等，其中神经性厌食是一种由于节食不当而引起的严重体重失常。凡是由于患者厌恶进食而导致正常体重骤然下降25%者，即被视为厌食症的症状。神经性厌食症多发生于女性（女生比男生多20倍），其症状是对食物极端厌恶、甚至恐惧，四肢无力，女生则有的出现闭经。由于家庭不断施加压力，当事人有可能变得脾气暴躁。神经性厌食的形成，可能与青少年担心发胖而极度限制饮食的错误做法，以及父母过分关注孩子体型或姿态的态度有关。神经性厌食可采用行为疗法、认知疗法予以矫正。

8. 睡眠障碍

睡眠障碍包括失眠、过度思睡、睡行症、夜惊、梦魇等。失眠可能由压力事件、脑力或体力劳动过度引起，也可能是神经症的伴生物。夜惊可能与儿童发育阶段精神功能暂时失调有关。梦魇与学生日间情绪压力有关。通常可采用肌肉松弛法来治疗失眠。

9. 中学生发展性心理问题

（1）自我概念发展问题：我是谁？我到底是个怎么样的人？我的特征是什么？别人喜欢我还是讨厌我？

（2）人际交往问题：交往主动性不足；人际间的亲密性和信任度不高，缺乏真诚的沟通；异性交往存在困惑；与父母、教师缺乏相互理解与平等交往。

（3）学业发展问题：学习动力不足（为他人而学，体会不到学习的乐趣，逃避学习）；学习能力问题（学习无计划，不会科学地利用时间，不求甚解，死记硬背，不能形成知识结构，不会听课，不会阅读，抓不住重点和难点）。

10. 网络成瘾

网络成瘾的主要表现：因过分依赖网络而失去对现实生活的兴趣。其症状有：在网络上工作时间失控，长时间使用网络以得到心理满足；沉湎于网上虚拟世界，嗜网如命，无法自拔等。

第二节　心理评估与心理辅导

一、心理评估

（一）心理评估的概念

心理评估，指依据用心理学方法和技术搜集得来的资料对学生的心理特征与行为表现进行评鉴，以确定其性质和水平并进行分类诊断的过程。心理评估既可采用标准化的方法，如各种心理测验，也可以采用非标准化的方法，如评估性会谈、观察法、自述法等。

（二）心理评估的两种参考框架

心理健康教育的对象应以正常学生（包括有轻、中度心理健康问题的正常学生）为主，心理评估应重视对学生发展潜能、自我实现程度的正向评定。现有的评估手段是在两种参考架构的基础上制定的：健康模式与疾病模式。疾病模式的心理评估旨在对当事人心理疾病的有无以及心理疾病的类别进行诊断；健康模式的心理评估旨在了解健康状态下的心智能力及自我实现的倾向。人的心理素质改善的程度，在学校心理健康教育中应受到高度重视。

（三）心理评估的方法

1. 心理测验

心理测验是一种特殊的测量，是测量一个行为样本的系统的程序。测验通过测量人的行为，去推测受测者个体的智力、人格、态度等方面的特征与水平。

按照所要测量的特征大体上可把心理测验分成认知测验、人格测验和神经心理测验三类。认知测验包括智力测验、特殊能力测验、创造力测验、成就测验；人格测验包括多项人格调查表、兴趣测验、成就动机测验、态度量表等；神经心理测验包括信息处理速度、运动技能、词语流畅、抽象或执行功能、学习和延迟回忆等测验。

需要注意的是，各种标准化的测验，特别是智力测验的施测与解释，都要求由经过专门培训的施测人员来进行。教师在选择测验时，必须充分考虑测验的意图、测验的适用年龄、测验的方式和性质等，在对测验结果的解释上，更要谨慎从事，不能迷信测验分数，更不能把某一次测验的分数当作教学决策与评判儿童的重要依据，而应把测验看成是一种检测学生某个方面特点的工具。只有把测验结果与其他信息相结合，才能充分发挥心理测验的功能。

2. 会谈

会谈是心理咨询与辅导的基本方法。教师通过这种会谈既可以了解学生的心理与行为，也可以对学生的认知、情绪、态度施加影响。

会谈可分为评估性会谈与影响性会谈两类。会谈法的优点是：在会谈中可以当面澄清问题，以提高所获得资料的准确性，通过观察会谈过程中双方的关系及学生的非言语行为，可以获得许多重要的附加信息。

会谈的技术如下：

（1）倾听。倾听是专注而主动地获取信息的过程。倾听时应采取开放态度，同对方保持目光接触，注意获取言语沟通与非言语沟通信息。倾听是建立良好辅导关系的手段。

（2）鼓励。在会谈中，辅导教师可以向对方提供鼓励信息。

（3）询问。不要提过多的问题，少提封闭式的问题，多提开放式问题，不但要问事实，还要问看法与感受。

（4）反映。反映就是辅导教师将受辅导学生表达出的思想、观念或流露出的情绪，加以综合整理，用自己的语言再表达出来，以协助学生更好地了解自己。

（5）澄清。辅导教师可把当事人的不连贯的、模糊的、隐含的想法与感受说出来，帮助对方从混乱的思想中理出头绪。

（6）面质。会谈中向受访者提问，以协助当事人弄清自己的真实感受。

在会谈和学校咨询活动中应遵循以下基本原则：积极关注和信任来访学生；充分支持和鼓励来访学生；注重来访学生的主动参与；严格为来访学生保密。

3. 其他方法

（1）观察法

观察法是按照研究目的有计划、有系统地直接观察学生个体的行为表现，对所观察的事实加以记录和客观的解释，以了解学生心理和行为特征的一种方法。记录方式通常有以下三种：

①项目检核表。将要观察的学生各项心理特质或特征性行为作为项目列于表上。

②评定量表。将欲观察的特质或行为列于表上，研究者将被观察学生的表现与表中项目相对照，并根据符合的程度进行等级评定，评定等级通常分为3级、5级或7级。

③轶事记录。轶事记录是教师对学生观察后，及时对所观察到的重要事实以叙述性文字所做的一种简明的记录。

（2）自述法

自述法是通过学生书面形式的自我描述来了解学生生活经历及内心世界的一种方法。日记、周记、作文、自传、内心独白都是自述法的具体形式。

二、心理辅导

（一）心理辅导的概念

所谓心理辅导，是指在一种新型的建设性的人际关系中，学校辅导教师运用其专业知识和技能，给学生以合乎其需要的协助与服务，帮助学生正确地认识自己，认识环境，依据自身条件，确立有益于社会进步与个人发展的生活目标，克服成长中的障碍，增强与维持学生心理健康，使其在学习、工作与人际关系各个方面能有良好的适应能力。

理解这一定义应注意：1. 学校心理辅导强调面向全体学生；2. 心理辅导以正常学生为主要对象，工作重点是预防和发展；3. 心理辅导是一种专业活动，是专业知识和技能的运用。

（二）心理辅导的特点

1. 学生心理辅导以身心发育正常的学生为对象，面向全体学生，以全面提高其心理素质为目的和重点，而不在于心理障碍或心理疾病的诊断和治疗。

2. 在学生健康心理辅导的过程中，也要向学生适当地介绍和普及有关心理健康的基本知识，但不在于学科理论的系统讲授，就是说，不能把学生心理辅导作为一门学科理论的知识体系来讲授。

3. 学生心理辅导是一种新型的、平等的、建设性的合作关系。在进行心理辅导时，不论采用何种方法，都必须以建立良好的辅导关系为前提。尽管在心理辅导的过程中也要体现教育性的原则，但辅导者与辅导对象之间并非教育者与被教育者之间的关系，也不同于医生与患者之间的关系。因而在学生心理辅导过程中，一般不提批评意见，不搞泛泛地说教，不可以不负责任地出主意，更不能把自己的观点、看法和意见强加于人，而只能通过平等的、民主的、讨论的方式帮助、鼓励、启发和引导学生面对现实，自己思考，自己去分析问题、认识问题和解决问题，任何包办代替的做法都是不可取的。

（三）学校心理辅导的目标

心理辅导的总目标是促进学生全面发展和健康成长。具体来讲，学校心理辅导的目标主要体现在两个方面：学会调适和寻求发展。

第一是学会调适，包括调节与适应；第二是寻求发展。这两个目标中，学会调适是基本目标，以此为主要目标的心理辅导可称为调适性辅导；寻求发展是高级目标，以此为主要目标的心理辅导可称为发展性辅导。简言之，这两个目标就是要引导学生达到基础层次的心理健康与高层次的心理健康。

（四）心理辅导的原则

1. 面向全体学生原则

2. 预防与发展相结合原则

3. 尊重与理解学生原则

4. 尊重学生主体性原则

5. 个别化对待原则

6. 整体性发展原则

（五）心理辅导的模式

1. 心理健康辅导的指导模式

指导模式是指辅导者在全面了解学生的素质、专长、兴趣、性格和其他人格特征的基础上，对学生升学、就业等方面进行的综合性指导。

2. 心理健康辅导的治疗模式

治疗模式是指在辅导过程中，辅导者站在医生的立场上，对心理偏常的学生给予严格的心理诊断与耐心的心理治疗，并积极发挥治疗对象在治疗过程中的积极作用，以减轻受辅者的心理压力和精神痛苦，促进其心理功能的恢复和协调。心理学家罗杰斯的"以人为中心疗法"就是心理治疗的一种比较有影响的模式。

3. 心理健康辅导的发展模式

发展模式是指学校心理健康辅导遵循个体心理发展的一般规律，针对学生在不同发展阶段所面临的任务、矛盾和个别差异，促使其心理矛盾得到妥善解决，心理潜能获得有效发挥，个性品质实现和谐发展，发展任务得以顺利完成。这一模式与前两种模式的主要区别在于其强调的重点不是当前发展障碍的排除和发展任务的解决，而是注重学生发展障碍的早期发现和预防，关注他们下一阶段发展工作的衔接和发展任务的准备。

4. 心理健康辅导的<u>社会影响模式</u>

社会影响模式是指在学校心理健康辅导中，辅导者应依据社会心理学关于人际交往和社会影响的原理，注重社会角色、性别差异、社会习俗等多种社会因素的影响，以及学校、家庭、社区等社会环境对辅导结果的影响，以便更好地提高辅导的成效，巩固辅导的成果。

（六）学校心理辅导的途径

学校心理辅导的三种主要形式为<u>心理辅导课程</u>、<u>教育教学渗透</u>和<u>心理咨询</u>。

1. <u>开设心理健康教育相关课程</u>

2. <u>开设专门的心理辅导活动课</u>

3. <u>在学科教学中渗透心理辅导的内容</u>

4. <u>结合班级团队活动开展心理辅导教育</u>

5. <u>开展面向个别学生的心理辅导或咨询</u>

6. <u>开展小组辅导</u>

7. <u>进行对学生家庭的心理辅导教育</u>

三、影响学生行为改变的方法

（一）教学中改变学生行为的基本方法

1. 强化法

强化法可以用来培养新的适应行为。根据学习原理，一个行为发生后，如果紧跟着一个强化刺激，这个行为就可能再一次发生。例如，<u>一个上课不敢发言的学生，一旦一次发言得到了老师的表扬和肯定，那么他的胆怯心理就会得到很大改善。</u>

2. 代币奖励法

代币是一种象征性强化物，筹码、小红星、盖章的卡片、特制的塑料币等都可作为代币。<u>当学生做出教师所期待的良好行为后，教师发给数量相当的代币作为强化物，学生用代币可以兑换有实际价值的奖励物或活动形式。</u>代币奖励的优点是：可使奖励的数量与学生良好行为的数量、质量相适应，代币不会像原始强化物那样产生"饱足"现象而使强化失效。

3. 行为塑造法

<u>行为塑造是指通过不断强化逐渐趋近目标的反应，来形成某种较复杂的行为。</u>有时候教师所期望的行为在某学生身上很少出现或很少完整地出现，这时就可以依次强化那些渐趋目标的行为，直至出现合意行为。例如，有人曾用行为塑造法让一个缄默无语的孩子开口说话。

4. 示范法

观察、模仿教师呈现的范例或榜样，是学生社会行为学习的重要方式。<u>模仿学习的机制是替代强化。替代强化的含义是：当事人（学习者）因榜样受强化而使自己也间接受到强化。</u>由于范例的不同，示范法有以下几种情况：辅导教师的示范，他人提供的示范，电视、录像、有关读物提供的示范，角色的示范等。

5. 惩罚法

处罚也叫负激励，处罚的作用是消除不良行为。处罚有两种：一是在不良行为出现后，呈现一个厌恶刺激（如否定评价、给予处分）；二是在不良行为出现后，撤销一个愉快刺激。

6. 自我控制法

自我控制是指让学生自己运用学习原理，进行自我分析、监督、强化和惩罚，以改善自身的行为。

从理论指导来说，它是一种经过人本主义心理学改善过的行为改变技术。它强调学生的个人责任感，增加了改善行为的练习时间。

7. 暂时隔离法

暂时隔离法是指在某种特定时间不对不良行为给予强化，同时转移情境，使行为不良者对新的情境产生厌恶的方法。暂时隔离意味着奖励、强化、关注、有趣活动的终止。

8. 角色扮演法

角色扮演法指通过扮演与来访学生问题有关的特定人物，将其可能出现的行为表现出来，以启发来访学生对人际关系及自我情况有所觉知的方法。

9. 厌恶疗法

厌恶疗法也叫惩罚消除法，指采用惩罚性的厌恶刺激来减少或消除一些不良的行为。

（二）行为演练的方法

1. 松弛训练

首创松弛训练法的心理学家是雅各布松。松弛训练通过改变肌肉紧张状况、减轻肌肉紧张引起的酸痛以应对紧张、不安、焦虑和气愤等情绪。松弛训练有不同的操作方式，紧张—松弛对照训练是最常见的一种。其要点是，训练者要学会接受自身生理状态的信息，辨认肌肉紧张、放松的感觉，对肌肉做"紧张—坚持—放松"的练习，从紧张与放松的感觉对比中学会放松；对全身多处肌肉按固定次序依次放松，每日练习，坚持不断。常见的松弛疗法有：呼吸松弛训练法、想象松弛训练法、自我暗示松弛训练法等。

2. 系统脱敏疗法

系统脱敏疗法又称交互抑制法，是由美国学者沃尔朴创立和发展的。系统脱敏的含义是当个体对某事物、某环境产生敏感反应（害怕、焦虑、不安）时，可以在当事人身上发展起一种不相容的反应，使其对本来可引起敏感反应的事物不再发生敏感反应。

系统脱敏法主要是建立在经典条件反射和操作条件反射的基础上的，它的治疗原理是对抗条件反射。该法可以用来治疗恐怖症，除此之外，也适应于其他以焦虑为主导的行为障碍，如口吃、性功能障碍和强迫症。

系统脱敏法包含三个步骤：一是训练来访者松弛肌肉；二是建立焦虑事件层次（从最轻微的焦虑到引起最强烈的恐惧依次安排）；三是实施脱敏，即让来访者在肌肉松弛的情况下，从最低层次开始想象产生焦虑的情境，直到来访者能从想象情境转移到现实情境，并能在原引起恐惧的情境中保持放松状态、焦虑情绪不再出现为止。举个例子说，如果一个学生过分害怕猫，我们可以让他先看猫的照片、谈论猫，再让他远远地观看关在笼中的猫，让他靠近笼中的猫，最后让他用手触摸，逐步消除对猫的惧怕反应。

3. 肯定性训练

肯定性训练，也叫自信训练、果敢训练，其目的是促进个人在人际关系中公开表达自己真实情感和观点，维护自己权益也尊重别人权益，发展人的自我肯定行为。自我肯定行为主要表现在三个方面：第一，请求。请求他人为自己做某事，以满足自己合理的需要。第二，拒绝。拒绝他人无理要求而又不伤害对方。第三，真实地表达自己的意见和情感。

（三）改善学生认知的方法

（1）概述

理性情绪疗法（Rational Emotive Therapy，简称RET），又称合理情绪疗法，是20世纪50年代由艾利斯（A. Ellis）在美国创立的。它是认知疗法的一种，因其采用了行为治疗的一些方法，故又被称之为认知行为疗法。

（2）理论基础

理性情绪疗法的理论基础是：情绪不是由某一诱发性事件本身引起的，而是由经历了这一事件的个体对这一事件的解释和评价引起的。这一理论又被称作"ABC理论"。

在ABC理论的模型中，A是指诱发性事件（Activating events）；B是指个体在遇到诱发事件之后相应而生的信念（Beliefs），即他对这一事件的看法、解释和评价；C是指在特定情景下，个体的情绪及行为的结果（Consequences）。

通常，人们会认为人的情绪及行为反应是直接由诱发性事件A引起的。ABC理论指出，诱发性事件A只是引起情绪及行为反应的间接原因，而B即人们对诱发性事件所持的信念、看法、解释才是引起人的情绪及行为反应的更直接的起因。正所谓，"人不是被事情本身所困扰，而是被其对事情的看法所困扰"。

（3）非理性信念的特征

人们所持有的不合理的信念（非理性信念）有三个明显特征：绝对化的要求、过分概括化和糟糕至极。

① "绝对化要求"是非理性信念最突出的特点，该信念常与"必须"和"应该"这类词联系在一起，必须如此，不可融通。按照对自己、对他人、对社会环境这三个维度，所有的"绝对化要求"非理性信念分为三类：（1）"我必须干得不错，必须赢得他人的赞赏，否则我就是个糟糕的人。"（2）"他人必须像我希望的那样、周到地对待我。"（3）"我的生活环境、条件必须样样合意，使我能轻松、迅速、方便地得到一切我想要的东西。"

② "过分概括化"是一种以偏概全的非理性思维方式。如自己失败时认为自己"一无是处""一钱不值""废物"，别人稍有过错时就认为他坏等。

③ "糟糕至极"是一种认为一件不好的事如果发生将是非常可怕、非常糟糕、甚至是一场灾难的想法，如课堂上回答问题出现错误就认为是极其糟糕的事。

通过改变不合理信念调整自己的认知，是维护心理健康的重要途径。用积极现实的合理信念代替绝对化的非理性信念是调节不良情绪和行为的关键。ABCDE理论中的D即"驳斥"非理性信念，E即产生"新效果"。

（四）人本主义疗法——来访者中心疗法

来访者中心治疗又称患者中心疗法，是由美国心理学家罗杰斯于1938-1950年期间创立的，是人本主义心理疗法的主要代表。该法认为，每个人都具有生存、成长和促进自身发展的本能的自我实现倾向。治疗者集中于来访者此时此地的内部心理表现，对来访者始终坚持坦诚和谐、无条件积极关注和感情移入性理解的基本治疗态度，就能开发这种自我实现倾向，使之成为治疗资源。这是构成治疗有效性的必要和充分条件。因此，不必采用什么治疗技术，更不应采取直接指导的态度对待求助者。

四、中小学生心理健康的维护

（一）学生个体进行积极的自我调适

自我调适的方法主要有放松训练、认知压力管理、时间管理、社交训练和态度改变、归因训练、加强身体锻炼等。这里主要谈以下三点：第一，观念改变。学生要学会正确地看待学习，培养乐观的人生态度，树立信心；正确认识自己，勇于接纳自己。第二，积极的应对策略和归因方式。学生应努力使自己成为更加内控的人，把原因归结为个体可以控制的因素；积极认知，理智、客观地看待压力对自身的影响，形成面对压力的良好心态。第三，合理的饮食和锻炼，保持身体健康。

（二）学校通过多种方式进行心理健康教育，维护学生心理健康

第一，学校积极开展专门的心理健康教育课和心理卫生教育课，教给学生心理健康的知识和调适心理的方法。第二，学校组织专门的心理老师对学生进行个别心理辅导。第三，在平时的课堂教学中注意穿插心理健康教育知识，培养学生积极的心理品质。第四，改变传统应试教育的教学方式和教育理念，提高教师的素质，培养学生对学习的兴趣，杜绝教师伤害事件的发生。

（三）与家长合作构建社会支持网络

学生心理健康产生的原因在于家长和学校以及社会的共同作用。第一，学校积极与家长配合，通过班会等形式，共同关注学生的心理健康问题，并且针对问题进行相互交流。第二，学校专门的心理健康教育机构应该为家长提供支持，对家庭教育中存在的问题及其解决提出建议。第三，国家采取切实措施，重视优化学校周边环境，打击不良媒体对学生心理健康的侵蚀，创造有利于学生心理健康发展的社会环境。

真题回顾与模块自测

一、单选题

1. 学生害怕在社交场合讲话，担心自己会因发抖、脸红、声音发颤、口吃等而暴露自己的紧张，因而不敢抬头，不敢正视对方眼睛。该学生的问题很可能是（　　）。（2020.12.26济南历城真题）

　　A. 抑郁症　　　　　　B. 恐惧症　　　　　　C. 焦虑症　　　　　　D. 强迫症

2. 小学四年级学生出现早恋倾向，班主任并未责备，而是分析学生的情况和原因，站在学生的角度看问题，体现了心理辅导中的（　　）原则。（2020.7.18青岛真题）

　　A. 发展性原则　　　　　　　　　　　　B. 尊重与理解学生原则

　　C. 价值中立原则　　　　　　　　　　　D. 保密性原则

3. 当儿童对学校产生一种严重的非理性的惧怕，出现害怕老师、害怕去教室等表现时，教师可以通过（　　）来帮助学生进行调适。（2020.7.31烟台牟平真题）

　　A. 药物治疗　　　　B. 系统脱敏法　　　　C. 森田疗法　　　　D. 代币法

二、多选题

1. 心理健康，是指心理的各个方面及活动过程处于一种良好或正常的状态。下列属于心理健康标准的是（　　）。（2020.9.26济南钢城、山东护理学院真题）

　　A. 情绪稳定乐观　　　　B. 人际关系和谐　　　　C. 人格完整　　　　D. 勇于助人

2. 学校开展心理健康教育的内容包括（　　）。（2020.8.8济南章丘真题）

　　A. 心理健康教育及心理问题的预防　　　　　　B. 学习指导

　　C. 行为矫正和心理咨询　　　　　　　　　　　D. 职业指导

三、判断题

1. 现在大多数被视为自闭症的幼儿，只是喜欢在自己的世界里一个人玩而已，应该说他们只具有自闭倾向，但非自闭症。（　　）（2020.12.22济宁微山幼儿真题）

2. 叔本华说："事物的本身并不影响人，人们只受对事物看法的影响"。这与埃利斯的理性情绪疗法不谋而合。（　　）

四、简答题

近年来，全国各地中小学校出现了多起学生自杀（或自残）的极端事件，全社会都对这些生命的消逝到痛惜。请分析：为预防此类极端行为发生，学校应采取哪些干预措施。（2020.7.15济南市中真题）

【参考答案】

一、单选题

1. B　2. B　3. B

二、多选题

1. ABC　2. ABCD

三、判断题

1. √　2. √

四、简答题

（略）

第十三章 教师心理

教师心理是教育心理学的重要组成部分，主要研究以下几方面：教师的专业品质（教师的心理特征），教师与学生之间的相互影响，教师的成长与培养（教师职业成长），教师的角色，以及教师的压力与职业倦怠（教师心理健康）。

思维导图

教师的认知特征
教师的人格特征
教师的行为特征 —— 教师心理特征
教师威信

专家教师与新教师的比较
教师职业成长历程 —— 教师职业成长
教师职业成长的途径

教师心理

教师角色特征
教师角色的形成 —— 教师角色
教师角色失调

教师心理健康的标准
职业压力与职业倦怠 —— 教师心理健康
影响教师心理健康的因素
教师心理健康的维护

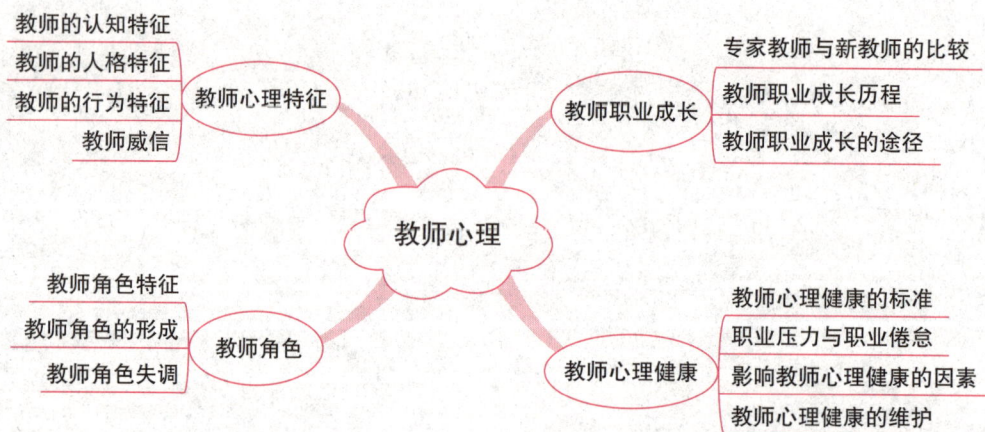

第一节 教师心理特征

教师的心理特征是指教师在教育教学实践活动中长期扮演的各种不同的角色并随之逐渐形成的特有的心理品质。教师的职业特点、社会角色决定了教师应具备一系列特定的心理品质，主要包括认知特征、人格特征和行为特征。

一、教师的认知特征

教师是在知识含量高的教育领域从事职业活动的人，职业的成功有赖于教师良好的知识结构和教学能力。教师的认知特征主要包括教师的智力、教师的学科知识、教师在学术方面的准备、教师的其他能力和知识等。

教师的专业知识结构是教师职业的核心部分，也是教师专业品质中研究最早的一个领域。一般认为，教师的知识结构主要包括专业学科内容知识、教育教学、心理学的知识和实践性知识。

教师的教学能力包括组织和运用教材的能力、言语表达能力、组织教学的能力、对学生学习困难的诊治能力、教学媒体的使用能力以及教育机智等。教师的教学能力可以分为三个方面：教学认知能力、教学操作能力和教学监控能力。在整个教学能力结构中，教学认知能力是基础，教学操作能力是教学能力的集中体现，教学监控能力是关键。（1）教学认知能力是指教师对所教学科的定理、法则和概念等的概括化程度，以及对所教学生的心理特点和自己所使用的教学策略的理解程度，它包括以下四个方面：概念、类同、运算和理解。（2）教学操作能力指教师在教学中使用策略的水平，其水平高低主要看他们是如何引导学生掌握知识、积极思考、运用多种策略解决问题的，它是教师课堂教学能力的集中体现。（3）教学监控能力指教师为了保证教学达到预期的目的，在教学的全过程中，将教学活动本身作为意识对象，不断地对其进行积极主动的计划、检查、评价、反馈、控制和调节的能力。此外，教师的交互沟通能力也是很重要的，优秀的教师应善于倾听。赫金斯按照倾听的对象把倾听分为三类：个人内部的、人与人之间的和外在的。赫金斯还按照倾听的方式区分了五种类型的倾听：鸡尾酒式的倾听、竞赛式的倾听、内容的倾听、承担义务的倾听和创造性的倾听。

许多研究表明，在智力与知识达到一定水平之后，教师的表达能力、组织能力、诊断学生学习困难的能力以及他们思维的条理性、系统性、合理性与教学效果有较高的相关性。研究表明，学生的知识学习同教师表达的清晰度有显著的相关性，教师讲解的含糊不清与学生的学习成绩有负相关性；教师思维的流畅性与他们教学效果有显著的正相关，教师在这方面能力较强，则学生的成绩好。这些研究启示我们，教师专业需要某些特殊能力，其中最重要的可能是思维的条理性、逻辑性以及口头表达能力和组织教学活动的能力。

二、教师的人格特征

教师的人格特征是影响教学的重要因素，其包含的内容是多方面的，如教师的职业信念、教师的性格特点和教师对学生的理解等。教师的人格特征主要包括"四心"：教师的责任心、教师的自信心、教师的宽容心、教师的合群心。在教师的人格特征中，有两个重要特征对教学效果有显著的影响：一是教师的热心和同情心；二是教师富于激励和想象的倾向性。

研究表明，能发挥激励作用、生动活泼、富于想象并热心于自己学科的教师，他们的教学工作较为成功。在教师的激励下，学生的行为更富建设性。还有研究发现，教师对学生思想的认可与学生成绩有正相关的趋势，尽管教师的表扬次数与学生成绩之间未发现明确的关系，但教师的批评或不赞成，与学生的成绩之间却存在着负相关。

1. 职业信念

教师的职业信念是指教师对成为一个成熟的教育教学专业工作者的向往和追求，它为教师提供了奋斗的目标，是推动教师成长的巨大动力。

（1）教学效能感

教学效能感一般指教师对自己影响学生行为和学习结果的能力的一种主观判断。这种判断会影响教师对学生的期待和指导，从而影响教师的工作效率。根据班杜拉的自我效能感理论，可以把教师效能感分为两个部分：一般教育效能感和个人教学效能感。教师的主观因素（教师的价值和自我概念）是影响教学效能感的关键。

① 一般教育效能感，指教师对教与学的关系、教育在学生身心发展中的作用等问题的一般看法和判断，即教师是否相信教育能够克服社会、家庭及学生本身素质对学生的消极影响，有效地促进学生的发展，如"我的学生一定会进步，会成才"。这与班杜拉理论中的结果预期相一致。教师的一般教育效能感随着教龄的增长而呈下降趋势。

② 个人教学效能感，指教师认为自己能够有效地指导学生，相信自己具有教好学生的能力，如"我一定能教好学生"。或者说，个人教学效能感是指教师对自己的教学效果的认识和评价。个人教学效能感随着教师教龄的增长表现出上升趋势。

研究表明，教师的教学效能感对学生的学生的学习成绩有很大的预测能力。教师的教学效能感是解释教师动机的关键因素。教学效能感对教师的行为有着重要的影响，其作用表现在：影响教师在工作中的努力程度（影响着教师对教育工作的积极性，影响教师对教学工作的努力程度，以及在碰到困难时他们克服困难的坚持程度等）；影响教师在工作中的经验总结和进一步的学习；影响教师在工作中的情绪。

（2）教学归因（教师的控制点）

教学归因是指教师对学生学习结果的原因的解释和推测，这种解释和推测所获得的观念必然影响其自身的教学行为。教师控制点是指教师将学生的好或坏的学业表现归为外部或内部原因的倾向。例如，倾向于将原因归于外部因素的教师，往往会更多地将学生的学习结果归结于学生的能力、教学条件等因素，因而在面对挫折时，就比较倾向于采取职业逃避策略，做出听之任之或者怨天尤人的消极反应。

除了教学效能感和教师的控制点，教师的基本信念系统还包括对学生的控制、与工作压力有关的信念以及教师对教学与学习的基本理解（所倡导的理论与所采用的理论）等。

2. 职业性格（教师的情感与个性品质）

有研究认为，优秀教师的性格品质的基本内核是促进，即对别人的行为有所帮助，教师的促进主要表现在以下三个方面：① 理解学生；② 与学生相处；③ 了解自己。

情感投入是成为好教师的关键。教师在课堂教学中的情感投入主要有以下三方面：① 对学生的责任感；② 为人师表，不断自我提高；③ 与学生间友好信赖的关系。胡均若将教师对学生的爱归结为以下三种体验：① 亲近感，即师生间的依恋；② 理解感，师生间心领神会，可以很容易的沟通；③ 期望感，教师对学生的发展抱以真诚的期望和信任。此外，学历和学校类型对教师的工作积极性有显著影响。

教师的有些个性特征和认知风格对教学活动有重要影响。黑尔等曾把教师分为三种类型：① 烦躁型，在教学中往往表现出烦躁、冲动和自发性的特征，缺乏精心的组织和调控；② 高度整合型，以自控、有条理和目的性为特征；③ 胆怯型，在教学中往往过于胆怯和焦虑，过于坚守规则，不敢越雷池一步。此外，教师的具体—抽象倾向和教师的场定向对其教学也有显著影响。有研究表明，抽象水平高的教师往往更能在教学中灵活应变，较少进行专制和惩罚。这样的教师教出的学生学习更专心，更积极主动，更有合作精神，也更有成就。

近年来，人们采用心理距离来描述人关注事物的抽象—具体水平。心理距离是个体以自我为中心（以此时此地自己的直接经验为参照点）对所描述的事件或行为在时空上的远或近以及发生概率的大或小的感知。心理距离包括时间距离（当下—过去或将来）、空间距离（临近—遥远）、社会距离（自己—他人）和假设距离（事件发生概率的大小）4个维度。例如，在一个考试上可能得满分而不是已经得满分会显得更遥远。能得满分的概率越小，心理距离就越远。

心理距离影响人对事物的解释水平。根据解释水平理论，人倾向于更多地使用反映事物内涵的一般的、核心的、去情境化的特征来解释心理距离遥远的事物，更多使用偶然的、外围的、情境化的特征来解释心理距离较近的事物。前者为高解释水平，后者为低解释水平。例如，人对马上要做的事情、自己要做的事情、更可能发生的事情更倾向于考虑怎么做，对未来要做的事情、别人要做的事情、更不可能发生的事情更倾向于考虑为什么做。

3. 教师领导方式与教学风格

教师的领导方式对班集体的社会风气具有决定性的影响，在教师的四种领导方式（强制专断型、仁慈专断型、放任自流型、民主型）中，民主型的领导方式是最理想的。（1）强制专断型。这类型的教师对学生时时严加监视，学生有严格的纪律，很少给于表扬，认为没有教师监督学生就不会自觉学习。这样会造成只要教师离开教室，学生就会明显松弛。（2）仁慈专断型。这类型的教师不认为自己是一个独断专行的人，经常表扬学生并关心学生。他专断的症结在于他的自信，他以自我为班级一切工作的标准。这样会造成学生在各方面都依赖教师，没有多大的创造性，屈从，缺乏个人的发展。（3）放任自流型。这类教师在和学生打交道中，几乎没什么信心，认为学生爱怎样就怎样，很难作出决定，没有明确目标。这样会造成学生和老师之间没什么合作，谁也不知道应该做些什么。（4）民主型。这类教师在管理学生的过程中，喜欢与学生交流，尽可能地鼓励学生集体活动，对学生给于客观评价和表扬。这样会营造出一种良好的课堂学习氛围，师生关系融洽，班级很少出现问题。

教师的领导风格经常涉及两个问题：（1）讲演式教学与讨论式教学。两种方法差别不大，如何选择需要根据具体因素来定。（2）以学生集体为中心和以教师为中心。从学生的学科成绩与学习兴趣来看，两种教学风格的效果无显著差异；但就加强集体合作、增强学生的积极动机和减少对教师的依赖而言，以学生集体为中心的教学风格较为有利。

三、教师的行为特征

教师教学行为可以从六个方面来衡量：教师行为的明确性、教学方法的多样性、任务取向、学生参与性、启发性、及时评估教学效果。教师在教学中做到这六点，必然会收到很好的教学效果。

教师行为的明确性，即教师的教学行为是否正确；教学方法的多样性，即教师的教学方法是否灵活多样，调动学生学习的积极性的手段是否有效；任务取向，即教师在课堂上的所有活动是否围绕教学任务来进行；富有启发性，即教师的课堂教学能否对学生启而得法；参与性，即在课堂教学中，班上的学生是否都积极地参与到教学活动中去；及时评估教学效果，即教师能否及时掌握学生的学习状况和课堂中出现的问题，并据此调整自己的教学节奏和教学行为。

教师通过行为表达出来的对学生的期望，也是影响学生的一种教学行为，这种影响称为教师期望效应，也称罗森塔尔效应或皮格马利翁效应（借用古希腊神话传说）。罗森塔尔等人的研究表明，教师的期望或明或暗地传送给学生，会使学生按照教师所期望的方向来塑造自己的行为。

有两类教师期望效应，第一类为自我应验效应，即原先错误的期望引起把这个错误的期望变成现实的行为。如果某同学的父亲是著名的文学家，那他的老师很自认的认为他具有成为出色的作家的潜力。假设该学生文学天赋平平，但这个老师对其满腔热情，表达对其能力的十足信心，鼓励他经常练习，常常对其作业进行额外的批改。结果这种对待使他果真成为优秀的小作家。第二类是维持性期望效应。在此，老师认为学生将维持以前的发展模式。如老师对差生和优等生的不同期望，使得他很难关注差生的进步，甚至对其进步持怀疑态度，认定他在别人的帮助下甚至作弊得到。

在实际的教育情境中，教师对学生的期望并不一定会发生自我应验的预言效应。教师期望效应的发生，既取决于教师自身的因素，也取决于学生的人格特征、原有认知水平、归因风格和自我意识等心理因素。

四、教师威信

教师威信就是教师在学生心目中的威望和信誉，是一种可以使教师对学生施加的影响产生积极效果的感召力和震撼力。教师的威信实质上反映了一种良好的师生关系，是教师成功地扮演教育者角色、顺利完成教育使命的重要条件。教师威信的形成过程是由"不自觉威信"向"自觉威信"发展的。教师威信主要有两种：权力威信和信服威信。教师威信的内容包括：人格威信，优秀教师的人格魅力是教师威信的重要来源；学识威信，教师应该有丰富的人文知识素养；情感威信，师生应建立信赖感和亲切感。

建立教师威信的途径如下：

（一）培养自身良好的道德品质

（二）培养良好的认知能力和性格特征

（三）养成良好的仪表、风度和行为习惯

（四）给学生以良好的第一印象

（五）做学生的朋友与知己

第二节 教师职业成长

一、专家型教师与新教师的比较

教师成长的一般过程是：新手—熟手—专家。专家—新手研究思路在20世纪80年代应用于教师的认知研究，对教师成长的研究在逐渐地转向教师的教学专长。研究者认为，教师的成长过程是一个由新手到熟手再到专家型教师的发展过程。

专家—新手比较研究是认知心理学家研究专门领域的知识时经常采用的方法。其研究步骤大致可分为三步：第一步，选出某一领域内的专家和新手；第二步，给专家和新手提出一系列任务；第三步，比较专家和新手怎样完成这一任务。根据研究结果，专家型教师和新教师在课前计划、课堂教学过程和课后教学评价三个方面都存在差异。

（一）课前计划（课时计划）的差异

专家型教师的课前计划简洁、灵活、以学生为中心并具有预见性，只突出课的主要步骤和教学内容，不涉及细节，修改与演练大都在正式计划时间之外；新手型教师在制订课前计划时往往依赖于课程目标，不会随着课堂情景的变化来修改课前计划。

（二）课堂教学的差异

课堂规则的制定与执行上，专家型教师制定的课堂规则明确，并能坚持执行；新手型教师的课堂规则较为含糊，难以坚持执行。在维持学生注意上，专家型教师有一套完善的维持学生注意的方法，新手型教师则相对缺乏。在教材内容的呈现上，专家型教师注重回顾先前的知识，并能根据教学内容选择适当的教学方法，新手型教师则不能。在教学策略的运用上，专家型教师具有丰富的教学策略，并能灵活运用，新手型教师则或缺乏或不会运用教学策略。另外，二者在课堂练习及作业检查方面也存在一定差异：专家型教师将练习看作检查学生学习的手段，而非必经的步骤，检查学生作业有一套规范化、自动化的常规程序，时间短、效率高；而新手型教师往往缺乏相应的规范。

（三）课后评价的差异

在课后评价时，专家型教师和新手型教师关注的焦点不同。新手型教师的课后评价要比专家型教师更多地关注课堂中发生的细节；而专家型教师则多谈论学生对新教材的理解情况和课堂中值得注意的活动。

除上述差异外，在师生关系方面，专家型教师能热情平等地对待学生，师生关系融洽，具有强烈的成就体验。在人格魅力方面，专家型教师具有鲜明的情绪稳定性、理智感、注重实际和自信心强的人格特点，能更好地控制和调节情绪，理智地处理面临的教育教学问题，并在课后进行评估和反思。在职业道德方面，专家型教师对职业的情感投入程度高，职业义务感和责任感强。

此外，斯腾伯格等人的研究认为，专家教师和新手教师的区别主要表现在专业知识、问题解决的效率和洞察力三个方面：（1）在专业知识方面，专家与新手之间最基本的差异在于专家将更多的知识运用于专业范围内的问题解决中，并且比新手更有效。专家教师不仅在知识的量上多于教师新手，而且在知识的记忆组织方式上也优于新手。专家教师拥有的知识以脚本、命题结构和图式的形式出现，比新教师的知识整合得更完整。（2）在效率上，专家解决问题的效率比新手更高。专家依靠广泛的经验，能迅速完成多项活动。程序化的技能使得他们能将通过自动化而"节约"的大量认知资源集中在教学领域高水平的推理和解决问题上。尤其是，在接触问题时他们具有计划性且善于自我觉察。（3）在洞察力方面，专家和新手都运用知识和分析来解决问题，但专家在解决教学领域里的问题时富有洞察力，能够鉴别出有助于问题解决的信息，并有效地将这些信息联系起来。专家能够通过注意，找出相似性及运用类推重新建构手边问题的表征。通过这些过程，专家型教师能够对教学中的问题取得新颖而恰当的解答。

研究表明，专家型教师具有普遍的共同特征：（1）教学策略以课前的计划、课后的评估、反思为核心；（2）具有鲜明的情绪稳定性、理智、注重实际、自信心和批判性强的人格特点；（3）对教师职业的情感投入程度高，职业的义务感和责任感比较强；（4）良好的师生互动、强烈的职业成就感。

二、教师的职业成长

（一）教师职业成长的取向

1. 理性取向

教师职业成长或称教师专业发展的理性取向即教师接受充足的学科知识与教育知识，这种取向的教师专业发展，主要就是向专家学习某一学科的学科知识和教育知识。

2. 实践—反思取向

教师专业发展的主要目的并不在于外在的、技术性知识的获取，而在于通过这种或那种形式的反思，促使教师对自己，对自己的专业活动直至相关的事、物有更为深入的理解，发现其中的意义，以促成反思性实践。

3. 生态取向

教师实现专业发展不仅要通过教师个人的学习和实践反思，更为重要的，是在教师群体形成合作的专业发展文化与模式。教师并非孤立地形成与改进其教学策略与风格，而是在很大程度上依赖于教学文化与教师文化。正是这些文化为教师的工作提供了意义、支持和身份认同。这一取向更为关注教师发展的方式或途径而不是教师专业发展的具体内容。

（二）教师职业成长的历程（有关教师专业发展的理论）

1. 福勒、布朗的生涯关注理论

福勒（或译为弗勒）和布朗根据教师的需要和不同时期所关注的焦点问题，把教师的成长划分为关注生存、关注情境和关注学生三个阶段。

（1）关注生存。处于关注生存阶段的一般是新教师，他们非常关注自己的生存适应性，最担心的问题是"学生喜欢我吗？""同事们如何看我？""领导是否觉得我干得不错？"等；因而可能会把大量的时间都花在如何与学生搞好个人关系上，想方设法控制学生，而不是更多地考虑如何让学生获得学习上的进步。

（2）关注情境。处于关注情境阶段的教师关心的是如何教好每一堂课的内容，以及班级大小、时间压力和备课材料是否充分等与教学情境有关的问题，如"内容是否充分得当？""如何呈现教学信息？""如何掌握教学时间？"等。传统教学评价集中关注这一阶段，一般来说，老教师比新教师更关注此阶段。

（3）关注学生。当教师顺利地适应了前两个阶段后，成长的下一个目标便是关注学生。教师将考虑学生的个别差异，认识到不同发展水平的学生有不同的需要，根据学生的差异采取适当的教学，促进学生发展。能否自觉关注学生是衡量一个教师是否成熟的重要标志之一。

2. 柏利纳的教师成长五阶段理论

（1）新手水平。新手水平的教师是师范生或刚进入教学领域的教师。在这个水平上，教师的任务是学习一些陈述性知识，如一般的教学原理、教材内容知识和教学方法等，并熟悉课堂教学的步骤和各类教学情景，获得初步的教学经验。

（2）高级新手水平（熟练新手水平）。高级新手水平的教师是有两三年教龄的教师，他们的言语知识与经验相融合，教学事件与特定知识相结合。

（3）胜任水平。并不是每个教师都能达到胜任水平的。其教学有两个特征：能有意识地选择要做的事；在教学活动中，能确定课堂中教学事件的主次。

（4）熟练水平（业务精炼水平）。熟练水平的教师对课堂教学情境和学生的反应有敏锐的直觉力。他们从不同的教学事件中总结共性，形成事件间的模式识别能力。因此，他们往往能准确地控制课堂教学活动与预测学生的学习反应。

（5）专家水平。在处理课堂教学事件时，专家水平的教师不是以分析和思考的方式有意识地选择、控制自己的注意力和教学活动，而是以直觉的方式立即作出反应，并轻松、流畅地完成教学任务。

3. 费斯勒教师职业生涯发展八阶段理论

（1）职前教育阶段。这个阶段是特定职业角色的准备时期，即教师的培训养成时期，主要是学院或大学进行知识学习和专业训练。

（2）实习导入阶段（入职转换阶段）。这个阶段是教师最初任教的前几年，他们要学习教师角色社会化，要适应学校系统的运作。

（3）能力建立阶段。这个阶段是教师尽量改善教学技巧，提高教学效率，寻求新材料，发现和运用新方法、新策略的时期。这个时期的教师一般容易接受新观念，乐于出席研讨会、观摩会，热衷于研究、进修课程。这时的工作富有挑战性，他们渴望教学技能的全面提高。

（4）热心和成长阶段。这个阶段的教师在能力水平建立以后，热心而不断成长，并能持续不断地追求自我实现。他们积极主动，热爱工作，不断充实、丰富教学方法，持有较高的工作满意度。

（5）生涯挫折阶段。这个阶段的教师可能受到某种因素的影响而产生教学上的挫折，出现理想幻灭，工作不满意，情绪沮丧，并开始怀疑自己的工作能力及所从事职业的正确性。这个阶段许多人称之为教师的职业倦怠期。

（6）稳定停滞阶段。这个阶段是生涯发展中的平原期。有的教师出现停滞状态，抱有"做一天和尚撞一天钟"的态度。这些教师只做分内的工作，只求无过，不求有功。还有些教师维持原状，这个阶段的教师是缺乏挑战性的阶段。

（7）生涯低落阶段。这个阶段教师是准备离开教育职业的低潮时期。

（8）生涯引退阶段。这个阶段是教师离开教学生涯以后的时期。有些人寻找了临时的工作，有些人享受天伦之乐，有的人选择非教学工作。

（三）教师职业成长的途径

1. 观摩和分析优秀教师的教学活动

课堂教学观摩可分为组织化观摩和非组织化观摩两类。组织化观摩是有计划、有目的的观摩，非组织化观摩则没有这些特征。一般来说，为培养提高新教师和教学经验欠缺的年轻教师宜进行组织化观摩，可以是现场观摩，如组织听课，也可以观看优秀教师的教学录像。非组织化观摩要求观摩者有相当完备的理论知识和洞察力，否则难以达到观摩学习的目的。

舒尔曼等人认为，"案例介乎理论与实践之间"，开展案例教学正成为一种有效的观摩与分析的学习形式。有研究者认为，视频案例至少具有以下几个功能：为教师提供真实可信的课堂情境；呈现内隐知识和提供多元表征；提供向专家学习的机会；整合教师进修课程和丰富的学习资源，使教学、学习、研究相互融合。

2. 开展微格教学

微格教学又称微型教学，是指以少数的学生为对象，在较短的时间（5—20分钟）内尝试做小型的课堂教学，并把这种教学过程摄制成录像，课后再进行分析。这是训练新教师、提高教学水平的一条重要途径。

3. 进行专门训练（教学决策训练）

教师的成长与发展也可以通过专门的教学能力训练来实现。训练新教师掌握教学过程中有效的教学策略，其中的关键程序有：（1）每天进行回顾；（2）有意义地呈现新材料；（3）有效地指导课堂作业；（4）布置家庭作业；（5）每周、每月都进行回顾。研究表明，专家型教师所具有的教学技能和教学策略是可以教给新教师的，新教师在掌握这些知识后，会在一定程度上促进其教学。但同时也要明白，仅仅通过学习专家型教师的经验是远远不够的，新教师还应注重对自身教学经验的反思，使两者有效结合，只有这样才能真正提高自己的教学水平。

4. 反思教学经验

反思是教师着眼于自己的教学过程来分析自己，从而做出某种行为、决策以及所产生的结果的过程，是一种通过提高参与者的自我观察水平来促进能力发展的手段。波斯纳提出了一个教师成长公式：经验+反思=成长。他还指出，没有反思的经验是狭隘的经验，至多只能形成肤浅的知识。

研究者提出，教师的反思包括这样三种：对于活动的反思（个体在行为完成之后对自己的活动、想法和做法进行的反思）、活动中的反思（个体在做出行为的过程中对自己在活动中的表现、自己的想法做法进行反思）、为活动反思（是以上两种反思的结果，以上面两种反思为基础来指导以后的活动）。教师反思的三种成分是：认知成分（即教师如何加工信息和做出决策）、批判成分（指驱动思维过程的基础）、教师的陈述（指教师对做出各种教学策略的情境的解释）。教师反思的四个环节是：具体经验（教师意识到问题的存在，并明确问题情境）——观察分析（用批判的眼光进行分析）——抽象的重新概括

（在观察分析的基础上，反思旧思想，并积极寻找新思想和新策略来解决所面临的问题）——积极的验证（检验上阶段所形成的概括的行动和假设），其中，反思最集中地体现在观察和分析阶段。

科顿等人1993年提出了一个教师反思框架，描述了反思的过程：（1）教师选择特定问题加以关注，并从可能的领域收集关于这一问题的资料；（2）教师开始分析收集来的资料，形成对问题的表征，以理解这一问题；（3）一旦对问题情境形成了明确的表征，教师就开始建立假设以解释情境和指导行动，并且在内心中对行动的短期和长期效果加以考虑；（4）考虑过每种行动的效果后，教师开始实施行动计划。

布鲁巴奇等人1994年提出了四种反思的方法：（1）反思日记。在一天教学工作结束后，要求教师写下自己的经验，并与其指导教师共同分析。（2）详细描述。教师相互观摩彼此的教学，详细描述他们所看到的情景，教师们对此进行讨论分析。（3）交流讨论（职业发展）。来自不同学校的教师聚集在一起，首先提出课堂上发生的问题，然后共同讨论解决的办法，最后得到的方案为所有教师及其他学校所共享。（4）行动研究。为弄明课堂上遇到的问题的实质，探索用以改进教学的行动方案。

第三节　教师角色

一、教师角色的概念

1935年，美国社会学家米德最早把角色这个概念引入教育心理学。教师角色，指教师按照其特定的社会地位承担起相应的社会角色，并表现出符合社会期望的行为模式。

二、教师角色意识

教师角色意识的心理结构包括以下三部分内容：

1. 角色认知

角色认知是指角色扮演者对角色的社会地位、作用及行为规范的认识和对与社会的其他角色的关系的认识。对于教师来说，只有具有清晰的角色认知才能在各种社会情境中恰当地行事，达到良好的社会适应。教师角色认知的实现是教师通过学习、职业训练、社会交往等，了解社会对教师角色的期望和要求。

2. 角色体验

角色体验是指个体在扮演一定角色的过程中，由于受到各方面的评价与期待而产生的情绪体验。一般来说，这种体验因主体行为是否符合角色规范并因此受到不同评价而有积极与消极之分。例如，责任感、自尊感或自卑感都是教师在角色扮演过程中产生的情绪体验。

3. 角色期待

角色期待是指角色扮演者对自己和对别人应表现出什么样的行为的看法和期望。它是因具体人和情境的不同而变化的。教师的角色期待是教师自己和他人对其行为的期望。角色期待包括两方面，一是自我形象，即个人对自己的行为期望；二是公众形象，指他人对某一特殊角色的期望。这两者是相互作用和相互影响的。教师只有对教师角色的社会期待不断地认同与内化才能尽快地把社会期望转化为自我期待，从而减少角色混淆与角色冲突。

三、教师角色的构成

心理学家认为，教师要充当知识传授者、团体的领导者、模范公民、纪律的维护者、家长的代理人、亲密朋友、心理辅导者等诸种角色（角色丛或角色组合）。在当代，师生之间已不再是单一的授受关系，同时可能是同伴关系、组织者与参与者的关系以及帮助与被帮助的关系。具体说来，教师要在教学中扮演以下重要角色。

1. 设计者

教师作为教学的设计者，要回答这样三个问题：① 我们要到哪里去（教学目标是什么）？② 怎样才能到那里去（选择什么样的教学策略和教学方法）？③ 怎样知道是否已经到达了目的地（选择什么测验手段）？教师要针对这些问题分析教学情境，进行教学设计。

2. 信息源

教师作为信息源有两层含义：一是指教师按自己设计的方案主动向学生提供一定的信息；二是学生在对一定的问题情境进行探索时，可能会在已知条件与目标之间进行探索的过程中感到缺乏必要的信息，从而主动向教师寻求一定的信息。

3. 指导者和促进者

任何时候教师的指导和促进作用都是不能否定的。所谓促进者是指教师要从过去作为单纯灌输者的角色中解放出来，促进以学习能力为中心的学生整个个性的和谐、健康发展。

4. 组织者和管理者

教师要激发学生的学习动机，进行班级管理，组织课堂教学，处理教学中的偶发事件等。

5. 平等中的首席

要实现教学过程中师生交往、共同发展的有效互动，教师需要从居高临下的权威转向"平等中的首席"。

6. 反思者与研究者

教学反思被认为是教师专业发展和自我成长的核心因素。教师要不断对自己的教学进行反思和评价，同时教师必须对自己的教学进行研究，成为一个科学研究者，从而能够以一定的理论为基础，灵活地解决教学中的各种实际问题。

7. 终身学习者

在科学技术飞速发展的社会，人们必须不断学习、终身学习才能适应社会的变革。

四、教师角色的形成

教师的角色形成，是指个体逐步认识到教师的职业角色及相应要求，通过实践将社会对教师的角色期待予以内化，形成相应的心理特征和能力的过程。这一过程有三个阶段：角色认知阶段，角色认同阶段，角色信念阶段。

1. 角色认知阶段

角色认知是指角色扮演者对某一角色行为规范的认识和了解，知道哪些行为是合适的，哪些行为是不合适的。对教师职业角色的认知，就是教师对教育事业的深刻理解过程，包括教育工作是怎样的职业，它所承担的社会职责是什么，它在历史、现实中处于怎样的地位等。

2. 角色认同阶段

教师角色的认同指个体亲身体验接受教师角色所承担的社会职责，并用来控制和衡量自己的行为。对教师角色的认同不仅在认识上了解到教师角色的行为规范、社会价值和评价，并经常用优秀教师的标准来衡量自己的心理和言行，自觉地评价与调节自己的行为；同时在情感上也有了体验，表现出较强的职业情感，如热爱教育事业、热爱学生等。

3. 角色信念阶段

信念是个体确信并愿意以之作为自己行为指南的认识。信念表现在教师职业中就是为教育事业献身的精神。在此阶段中，教师角色中的社会要求转化为个体需要，形成了教师职业特有的自尊心和荣誉感。教师意识和教师特有的情感，使他们自觉地奉献出毕生的精力。

五、教师的角色失调

教师在角色扮演的过程中常常会产生矛盾、障碍，甚至遭遇失效，这就是角色失调。常见的角色失调有四种形式：角色冲突、角色不清、角色中断及角色失败。

（一）角色冲突

个体在不同条件下往往有不同的地位、身份与角色。如果它们互不相容，出现矛盾，个体在心理上就会感到角色冲突。角色冲突有角色间冲突和角色内冲突。角色间冲突主要是指同一主体的两个或两个以上角色之间的矛盾所导致的冲突，比如教师，既需要权威者的角色，又需要和学生做朋友，这两种角色有时难以协调；角色内冲突主要是由于人们对同一角色有不同的期待所引起的冲突，例如教师的社会角色，国家期望教师在提高学生的素质下功夫，而家长和管理部门要求多做提高升学率的工作，经常会发生矛盾。

（二）角色不清

个体对其扮演的角色认识不清楚，或者公众对社会变迁期间出现的新角色认识不清，还未能形成对这一新角色的社会期待，都会造成角色不清。个体在角色不清时往往会产生应激反应，出现焦虑和不满足感。

（三）角色中断

由于各种原因使个体的角色扮演发生中途间断的现象。比如从旧角色退出来了，却不知如何或来不及建立新角色规范和行为准则，就会造成角色中断。

（四）角色失败

这是最严重的角色失调，角色承担者不得不退出舞台，放弃原有角色。比如官员由于渎职下台，就是角色失败。

六、教师角色创新

（一）由传统的"传道、授业、解惑"型教师转变为"激趣、启思、导疑"型教师

（二）由命令主导型教师转变为指导帮助型教师

（三）由被动阐释、执行型教师转变为主动研究、决策型教师

（四）由单一学科型教师转变为综合专家型教师

第四节 教师心理健康

一、教师心理健康的标准

（一）能积极地悦纳自我，即真正了解、正确评价、乐于接受并喜欢自己。承认人是有个体差异的，允许自己不如别人。

（二）有良好的教育认知水平。能面对现实并积极地去适应环境与教育工作要求。例如，具有敏锐的观察力及客观了解学生的能力；具有获取信息、传递信息和有效运用信息的能力；具有创造性地进行教育教学活动的能力。

（三）热爱教师职业，积极地爱学生。能从爱的教育中获得自我安慰与自我实现，从有成效的教育教学中获得成就感。

（四）具有稳定而积极的教育心境。教师的教育心理环境是否稳定、乐观、积极，将影响教师整个心理状态及行为，也关系到教育教学的效果。

（五）能控制各种情绪与情感。繁重艰巨的教育工作要求教师有良好的、坚强的意志品质，即教学工作中有明确的目的性和坚定性，处理问题时有当断则断的果断性和坚持性，面对矛盾时有沉着冷静的自制力等。

（六）和谐的教育人际关系。教师有健全的人格，在交往中能与他人和谐相处，积极态度（如尊重、真诚、羡慕、信任、赞美等）多于消极态度（如畏惧、多疑、嫉妒、憎恶等）。

（七）能适应和改造教育环境。教师能适应当前发展、改革与创新的教育环境，为积极改造不良教育环境、提高教学质量献计献策。

二、教师常见的心理冲突

（一）负担过重，过分疲劳。教师除了上课，还要批改作业，编制各种练习题或考试题，如果是班主任还得处理班务、进行个别教育、组织各种活动以及家访等。

（二）现实与理想之间反差巨大。教师普遍感到，应该坚持社会理想，用理想模式来塑造自己，但难免在现实中处处碰壁。如学校本来不应片面追求升学率，但又不得不为之。

（三）个人的需要、理想等主观需求与这些需求难以实现之间存在矛盾。教师面对个人主观需要与客观上难以满足个人主观需要的矛盾，往往无所适从。

（四）自我认知出现偏差。新教师的自我认知偏差主要表现为两种类型：一是自我扩张型；二是自我否定型。

三、职业压力与职业倦怠

健康的心理和健全的人格是教师职业成长心理的重要内容。教师的心理健康水平直接影响着教师对学生心理健康的维护和促进。由于教师职业的特殊性以及专业化进程的加快，教师的压力越来越大，教师的心理健康问题越来越受到广泛关注。职业压力和职业倦怠已成为维护和促进教师心理健康所亟待解决的问题。

（一）职业压力

教师的职业压力主要是由工作引起的，是教师对来自教学情境的刺激而产生的情绪反应。了解教师职业压力的来源，帮助教师有效地应对，是维护和促进教师心理健康的重要途径。伍尔若和梅将教师职业压力按性质的不同分为五类：1. 中心压力，即较小的压力及日常的麻烦；2. 外围的压力，即教师经历的重大生活事件或压力情节；3. 预期性压力，即教师预先考虑到的令人不愉快的事件；4. 情境压力，即教师现在的心境；5. 回顾压力，即教师对自己过去的压力事件及相关经历进行的评价。

（二）职业倦怠

长期的职业压力会导致教师的职业倦怠。它是个体在长期的职业压力下，缺乏应对资源和应对能力而产生的身心耗竭状态。教师的职业倦怠是长期工作压力和自身心理素质的互动形成的，并带来生理、情绪、认知和行为等方面的问题，导致教师出现严重的身心疾病。

20世纪70年代中期，美国的费登伯格最早提出了职业倦怠这个概念。玛勒斯等人认为职业倦怠主要表现为三个方面：一是情绪耗竭（个体压力成分），指个体情绪情感处于极度的疲劳状态，工作热情完全丧失；二是去人性化或人格解体（人际关系成分），即刻意在自身和工作对象间保持距离，对工作对象和环境采取冷漠和忽视的态度；三是个人成就感低（自我评价成分），表现为消极地评价自己，贬低工作的意义和价值。在以上三方面表现中，情绪耗竭是教师职业倦怠最为突出的特征，是职业倦怠的核心成分。

美国心理学家法贝认为，职业倦怠的行为表现在不同的个体身上是不同的。具体而言，主要有三种表现形式：一是精疲力竭型，这类教师在高压力下的表现是放弃努力，以减少工作的投入来求得心理平衡；二是狂热型，这类教师有着极强的成功信念，能狂热地投入工作，但理想与现实之间的巨大反差，使他们的这种热情通常坚持不了太长时间，整个信念系统突然塌陷，最终屈服于精力耗竭；三是低挑战型，这类教师工作本身缺乏刺激，他们觉得以自己的能力来做当前的工作是大材小用，因而厌倦工作，他们在工作一段时间后，就开始对工作敷衍塞责，并考虑更换其他工作。

此外，教师职业倦怠的发展经历热情期、停滞期、挫折期和冷漠期四个阶段。（1）热情期：高希望且希望不切实际；（2）停滞期：仍能工作，但更关注个人需要；（3）挫折期：感到无效能，对其他人不满，而且开始经历情绪、生理与行为的问题；（4）冷漠期：要求更少的工作，回避挑战。以倦怠的性质与强度为标志，职业倦怠可分为三级水平。（1）一级倦怠，表现为烦躁、担忧与挫折。此水平倦怠是短期的、可恢复的。（2）二级倦怠，表现为耗竭、玩世不恭、无效能、脾气起伏不定。此级倦怠比较固定、持久，不易克服。（3）三级倦怠，表现为生理、心理问题，自尊降低，从工作与人际交往中退却。此级倦怠是弥散的、剧烈的、难以处理的。

四、影响教师心理健康的主要因素

主观方面，教师的心理健康受其人格特征、心理素质等自身因素制约。客观方面，家庭、学校、社会环境的影响不容忽视，如教学工作量繁重而复杂，节奏紧张，教师不堪重负；工资待遇和社会地位与劳动强度不成正比，挫伤积极性，使其缺乏成就感和前途感；学校组织中人际关系复杂；家庭关系不和谐等。

1. 社会因素

社会各方面对教师的要求在逐渐提高，迫使教师处于高负荷运转中。如果教师的工资待遇和社会地位与其劳动强度不成正比，极易挫伤教师的积极性，导致心理上的极度疲劳。

2. 组织因素

学校本身是一个复杂的社会组织。学校的组织氛围、领导方式和评价机制等都会影响教师工作的积极性和创造性。

3. 个人因素

研究表明，那些具有A型人格、低自尊或外控的教师容易产生职业倦怠。

五、教师心理健康的维护

（一）个体积极的自我调适

个体自我调适的目的是通过改变个体自身的某些特点来增强适应工作环境的能力。自我调适的主要方法有放松训练、认知压力管理、时间管理、社交训练和态度改变、归因训练、加强锻炼等。这里主要谈以下三点：

1. 观念改变。教师要学会正确看待自己的工作，培养乐观的人生态度；要认识到教师工作的复杂性，也要树立信心；正确认识自己，结合自身实际，对工作做出合理期望，勇于接纳自己。既要努力工作，又要学会休闲，做到张弛有度。

2. 积极的应对策略和归因方式。努力使自己成为更加内控的人，把原因归结为个体可以控制的因素。注意培养良好的意志品质，当自己有职业倦怠的症状时，要勇于面对现实，主动应对，反思自己的压力来源，积极认知，理智、客观地看待压力对自身的影响，形成面对压力的良好心态。如有必要，应主动寻求专业人士的帮助。

3. 合理的饮食和锻炼，保持身体健康。注重饮食和锻炼，拥有一个健康的体魄，只有这样才能以更佳的精神状态对待自己和学生。

（二）组织的有效干预

组织干预的思路就是通过削减过度的工作时间、降低工作负荷、明确工作任务、积极沟通与反馈、建立有效的社会支持系统来防止和缓解教师的心理压力。学校对教学的评价机制是影响教师工作积极性和创造性的重要因素，改善学校领导方式是缓解教师职业压力的有效途径。学校应提倡过程性和发展性评价，为教师建立有效的社会认同支持系统，正确认识教师的教育教学成果。另外，要为教师提供深造及参与学校民主决策的机会，增强教师对学校的认同感和归属感。

（三）构建社会支持网络

维护教师心理健康，需要建立一个和谐的社会支持网络。首先，对教师的角色期待进行合理的定位；其次，国家应切实采取措施提高教师的经济待遇和社会地位，维护教师的合法权利，使教师切实感到社会的尊重；最后，教育部门应探索出有效的教师教育培训体系，将职前与职后培训有机结合起来，提高教师智力与非智力能力，重视教师承受压力和自我缓解压力的训练。

真题回顾与模块自测

一、单选题

1. 雪雪老师能够对不同年龄阶段的儿童确定适合他们的舞蹈学习目标、内容和方法，这是雪雪老师（　　）的体现。（2020.11.1德州经开幼儿真题）

    A. 教学认知能力　　　　B. 教学操作能力　　　　C. 教学反思能力　　　　D. 教学监控能力

2. 教师从班级学生中随机抽取一位学生，并对其寄予了高期待，数月后，这位学生比其他没被抽到的学生进步快，这在心理学中称为（　　）。（2020.7.18青岛真题）

    A. 潜移默化　　　　B. 霍桑效应　　　　C. 马太效应　　　　D. 皮格马利翁效应

3. 教师的成长发展可以总结为三个阶段，当教师关注的焦点是"如何教好这节课""如何提高学生成绩"等这样一些问题时，说明教师处于的发展阶段是（　　）。（2020.12.26济南历城真题）

    A. 关注生存　　　　B. 关注情境　　　　C. 关注学生　　　　D. 关注自我

4. 张老师经历了重大家庭变故，该压力属于（　　）。（2020.8.8菏泽真题）

    A. 外围压力　　　　B. 中心压力　　　　C. 预期性压力　　　　D. 情境压力

5. 如果一个教师觉得以自己的能力来做当下的教师工作是大材小用，因而厌倦工作，由先前对工作的认真负责变为敷衍了事，甚至考虑放弃教师工作而改做其他。若按照美国心理学家法贝的观点，上述教师的职业倦怠类型是（　　）。（2020.8.6济南十区县联考真题）

    A. 精疲力竭型　　　　B. 狂热型　　　　C. 低挑战型　　　　D. 高挑战型

二、多选题

1. 教师的职业角色决定教师应具备一系列的特定特征。它是个体的自然特点、知识技能、文化涵养、人格特征等方面的有机结合，是教师做好教育工作的重要条件，也是培养学生成才的可靠保证。下列属于教师职业认知特征的是（　　）。（2020.9.26济南钢城、山东护理学院真题）

    A. 教师的智力　　　　　　　　　　　　　B. 教师的学科知识

    C. 教师的以身作则　　　　　　　　　　　D. 教师在学术方面的准备

2. 教师角色是由教师的社会地位决定的、并为社会所期望的行为模式，其形成需要经历的阶段一般有（　　）。（2020.12.5山东警官职业学院真题）

    A. 角色认知　　　　B. 角色模仿　　　　C. 角色认同　　　　D. 角色信念

3. 刚参加工作的教师很容易产生心理冲突，如果不能得到及时的解决，就容易产生消极情绪，甚至会出现严重的心理障碍，这将直接影响新教师的生活和工作，下列调适教师心理冲突的方法主要包括（　　）。

    A. 充实提高，自勉自慰　　　　　　　　　B. 期望适度，劳逸结合

    C. 经常调休，外出放松　　　　　　　　　D. 情绪乐观，充满师爱

【参考答案】

一、单选题

1. A 2. D 3. B 4. A 5. C

二、多选题

1. ABD 2. ACD 3. ABD

附录　教育法律法规真题回顾

一、单选题

1. 由于教育关系到政治意识形态的传播、社会规范的传递、科学文化的传承与创新、劳动力的再生产，是一种对于个体发展和社会发展都具有重大意义的事务，因此，教育政策与法规的制定应体现（　　）。（2020.12.26济南历城真题）

A. 科学性　　　　　　B. 公共性　　　　　　C. 正义　　　　　　D. 思想性

2. 在教育法规中确立的有关教育管理体制、办学体制、教育基本制度和原则等必须符合（　　），这是教育法规的一个基本特点，也是在教育立法过程中必须遵循的基本要求。（2020.9.26济南钢城、山东护理学院真题）

A. 市场经济规律　　　　　　　　　　　　B. 教育规律

C.《中华人民共和国教育法》　　　　　　D.《中华人民共和国教师法》

3.《中华人民共和国职业教育法》第六条规定："各级人民政府应当将发展职业教育纳入国民经济和社会发展规划。行业组织和企业、事业组织应当依法履行实施职业教育的义务。"这一法律规范属于（　　）。（2020.11.14济南商河真题）

A. 委任性规范　　　　B. 禁止性规范　　　　C. 授权性规范　　　　D. 义务性规范

4.《中华人民共和国教育法》规定，学校及其他教育机构中的管理人员，实行（　　）。（2020.7.4枣庄滕州真题）

A. 教育官员制度　　　B. 教育职员制度　　　C. 聘任制度　　　　D. 末位淘汰制度

5. 下列选项中，不属于《中华人民共和国教师法》规定的教师权利的是（　　）。（2020.8.6济南十区县联考真题）

A. 开展教育教学改革和实验　　　　　　B. 从事科学研究、学术交流

C. 指导学生的学习和发展　　　　　　　D. 关心、爱护全体学生

6. 品行不良、侮辱学生、影响恶劣，被撤销教师资格的，自撤销之日起（　　）年内不得重新申请认定教师资格。（2020.7.15济南市中真题）

A. 1　　　　　　　B. 3　　　　　　　C. 5　　　　　　　D. 10

7. 某初中班主任李老师在批改学生作业时，发现学生张某的作业本中夹了写给×××的一封信，李老师拆封后发现，是张某写给一位女同学的情书，于是李老师在班会上阅读了这封情书并批评了张某，李老师的做法（　　）。（2020.8.6济南十区县联考真题）

A. 履行了对学生进行教育和管理的职责

B. 体现了对学生张某的爱护

C. 违反了《中华人民共和国未成年人保护法》，侵犯了学生的隐私权

D. 遵守了《中华人民共和国义务教育法》，保障了学生的受教育权

8. 《国家中长期教育改革和发展规划纲要（2010—2020）》指出，把育人为本作为教育工作的根本要求，把（　　）作为国家基本教育政策。（2020.8.1临沂真题）

    A. 改革创新　　　　　　B. 德育为先　　　　　　C. 促进公平　　　　　　D. 提高质量

9. 学校要求各班级以"健全人格，自我管理"为主题，开展系列班级活动，该措施属于培养学生核心素养中的（　　）。（2020.7.18青岛真题）

    A. 健康生活　　　　　　B. 实践创新　　　　　　C. 人文底蕴　　　　　　D. 自主发展

10. 在全国教育大会上，习近平总书记指出："我国是中国共产党领导的社会主义国家，这就决定了我们的教育必须把（　　）作为根本任务，培养一代又一代拥护中国共产党领导和我国社会主义制度、立志为中国特色社会主义奋斗终身的有用人才。"

    A. 培养什么人，怎样培养人，为谁培养人　　　　B. 培养社会主义建设者和接班人

    C. 立德树人　　　　　　　　　　　　　　　　　D. 培养德智体美劳全面发展的人

11. 2019年9月17日，国家主席习近平签署主席令，根据十三届全国人大常委会第十三次会议表决通过的全国人大常委会关于授予国家勋章和国家荣誉称号的决定，授予于漪、卫兴华、高铭暄（　　）国家荣誉称号。（2020.12.26济南历城真题）

    A. "人民科学家"　　　　B. "人民教育家"　　　　C. "人民艺术家"　　　　D. "人民英雄"

12. 《新时代公民道德建设实施纲要》强调，要加强师德师风建设，引导教师以德立身、（　　）、以德施教、以德育德，做有理想信念、有道德情操、有扎实学识、有仁爱之心的好老师。（2020.8.5济南天桥真题）

    A. 以德育人　　　　　　B. 以德修己　　　　　　C. 以德立学　　　　　　D. 以德治学

13. 2020年9月9日，在第36个教师节到来之际，习近平总书记代表党中央向全国广大教师和教育工作者致以节日的祝贺和诚挚的慰问，并希望广大教师不忘（　　）初心，牢记为党育人、为国育才使命，积极探索新时代教育教学方法，不断提升教书育人本领，为培养德智体美劳全面发展的社会主义建设者和接班人作出新的更大贡献。

    A. 教书育人　　　　　　B. 人才培养　　　　　　C. 服务社会　　　　　　D. 立德树人

14. 2020年10月，由中共中央、国务院印发的《深化新时代教育评价改革总体方案》中提出，教育评价改革的"重点任务"包括"改革教师评价，推进践行教书育人使命"，要求"坚持把（　　）作为第一标准。"

    A. 立德树人　　　　　　B. 师德师风　　　　　　C. 全面发展　　　　　　D. 素质教育

二、多选题

1. 教育政策与法规的功能是指教育政策与法规对教育改革和发展所发挥的功效和作用，教育政策与法规的功能主要有（　　）。

    A. 保障性功能　　　　　B. 规范性功能　　　　　C. 激励性功能　　　　　D. 制约性功能

2. 教育是社会主义现代化建设的基础，国家保障教育事业优先发展。国家鼓励企事业组织、社会团体及公民个人等依法举办学校及其他教育机构。根据《中华人民共和国教育法》规定，设立学校及其他教育机构必须具备的基本条件包括（　　）。（2020.10.18济南平阴真题）

    A. 有组织机构和章程　　　　　　　　　　　　B. 有符合规定的教学场所及设施、设备等

    C. 有合格的教师　　　　　　　　　　　　　　D. 有充足稳定的学生来源

3. 我国《教育法》规定的受教育者应当履行的义务有（　　）。（2020.11.29济宁职业学院真题）

A. 遵守法律法规

B. 遵守学生行为规范，尊敬师长，养成良好的思想品德和行为习惯

C. 努力学习，完成规定的学习任务

D. 遵守所在学校或者其他教育机构的管理制度

4. 根据《中华人民共和国义务教育法》，我国小学和初级中学的学生所享有的权利有（　　）。（2020.8.9济宁真题）

A. 免试入学权　　　　　B. 就近入学权　　　　　C. 不交学费权　　　　　D. 不交书费权

5. 《中华人民共和国未成年人保护法》提出，保护未成年人应当遵循的原则是（　　）。（2020.8.8济南章丘真题）

A. 尊重未成年人的人格尊严　　　　　　　　B. 教育与保护相结合

C. 优先保护未成年人的生存权　　　　　　　D. 适应未成年人身心发展的规律和特点

6. 2018年修订的《中小学教师违反职业道德行为处理办法》规定，教师若有（　　）行为的，将视情节轻重分别给予相应处分。（2020.7.25德州德城、经开、陵城真题）

A. 违反纪律，敷衍教学　　　　　　　　　　B. 教学质量低，长期不能提高

C. 从事影响教育教学本职工作的兼职兼薪行为　D. 歧视侮辱学生，虐待伤害学生

7. 《中国教育现代化2035》提出了教育的主要发展目标。关于2035年主要发展目标，下列表述正确的是有（　　）。（2020.12.26济南历城真题）

A. 全面普及学前教育　　　　　　　　　　　B. 实现优质均衡的义务教育

C. 普及高质量的高中阶段教育　　　　　　　D. 职业教育服务能力显著提升

8. 教育部发布《中小学教师实施教育惩戒规则（征求意见稿）》，根据学生违规违纪情况将教育惩戒权分为（　　）。（2020.6.26潍坊昌邑真题）

A. 较轻惩戒　　　　　　B. 一般惩戒　　　　　　C. 较重惩戒　　　　　　D. 严重惩戒

9. 2019年11月22日发布的《教育部关于加强和改进中小学实验教学的意见》强调，鼓励有条件的地方和学校，探索通过购买服务方式开展特色实验教学或实践活动，此举（　　）。（2020.11.8枣庄峄城真题）

A. 有利于引导学生增强实践能力，做到知行合一

B. 有利于学生理论联系实践，提升自身素质

C. 有利于丰富学生学习经验，发展自我

D. 告诉我们要重视实践，书本知识的学习不重要

10. 为贯彻落实党中央、国务院《深化新时代教育评价改革总体方案》精神，推进教师践行教书育人使命及强化一线学生工作，2020年12月5日山东省教育厅印发《山东省中小学家访八条要求》，其中要求（　　）。

A. 明确家访工作的周期和次数，实现每名学生1年内至少接受2次入户家访

B. 每学期班主任要采用电话或网络的方式主动沟通每位学生的家长至少1次，班主任和其他教师都要每年入户家访一定数量学生

C. 对单亲家庭、留守儿童家庭、建档立卡贫困家庭、失学辍学学生家庭、随班就读残疾学生家庭等，要列入重点家访对象，每学期至少入户家访1次

D. 家访教师要廉洁自律，不得向家长推荐、推销教辅材料或其他收费服务，不得收受或索要财物，不接受家长的吃请，时刻保持人民教师的良好形象

三、判断题

1.《教育法》第八条关于"教育活动必须符合国家和社会公共利益"的规定，确立了我国教育的方向性原则。（　　）（2020.8.8烟台招远真题）

2.《山东省职业教育条例》属于教育行政法规。（　　）

3. 教育法律关系是一种特定的政治关系。（　　）（2020.12.27临沂费县真题）

4. 过错责任原则是国内外中小学针对校园伤害事故普遍采用的最基本的规则原则。（　　）

5. 实施教育行政处罚的机关除法律、法规另有规定外，必须是省级以上人民政府的教育行政部门。（　　）

6.《中华人民共和国义务教育法》规定，对违反学校管理制度的学生，学校应批评教育，不得开除。（　　）（2020.7.15济南市中真题）

7.《中华人民共和国教师法》规定，教师对学校或者其他教育机构侵犯其合法权益的，或者对学校或其他教育机构做出的处理不服的，可以向教育行政部门提出申诉，教育行政部门应在接到申诉的一周内作出处理。（　　）（2020.11.28德州乐陵真题）

8.《学校体育工作条例》第14条规定，学校每学年至少举行两次以田径项目为主的全校性运动会。（　　）（2020.7.31德州夏津真题）

9. 教育部、公安部等九部委联合发布的《关于中小学生减负措施的通知》要求"引导孩子健康生活"，保证小学生每天睡眠时间不少于10个小时，初中生不少于9个小时，高中阶段学生不少于8个小时。（　　）

10. 到2035年，教师综合素质、专业化水平和创新能力大幅提升，培养、造就数以万计的骨干教师、卓越教师、教育家型教师，这是《关于全面深化新时代教师队伍建设改革的意见》中提出的目标任务。（　　）（2020.7.30烟台莱阳、海阳真题）

11. 2020年6月30日，中央全面深化改革委员第14次会议指出，教育评价事关教育发展方向，要针对不同主体和不同学段、不同类型教育特点，改进结果评价，强化过程评价，探索增值评价，健全综合评价。（　　）

12. 2020年10月，中共中央、国务院印发《深化新时代教育评价改革总体方案》，明确提出"落实中小学教师家访制度，将家校联系情况纳入教师考核"。（　　）

【参考答案】

一、单选题

1.B　2.B　3.D　4.B　5.D　6.C　7.C　8.C　9.D　10.B　11.B　12.C　13.D　14.B

二、多选题

1.ABCD　2.ABC　3.ABCD　4.ABC　5.ABD　6.ACD　7.BD　8.BCD　9.ABC　10.BCD

三、判断题

1.×　2.×　3.×　4.√　5.×　6.√　7.×　8.×　9.√　10.×　11.√　12.√